2013年11月25日，在国务院总理李克强、罗马尼亚共和国总理维克托·蓬塔的共同见证下，中国电力建设集团有限公司与罗方签署《罗马尼亚塔尼塔—拉普斯泰斯提抽水蓄能电站项目合作意向书》

2013年11月，国务院南水北调工程建设委员会第七次全体会议在北京市召开，中共中央政治局常委、国务院副总理、国务院南水北调工程建设委员会主任张高丽主持会议并讲话，中共中央政治局委员、国务院副总理、国务院南水北调工程建设委员会副主任汪洋出席会议

彭水水电站获得2013年度中国工程建设鲁班奖

河南省燕山水库获得2013年度中国工程建设鲁班奖

溪洛渡水电站工程俯瞰

向家坝水电站工程全景

2013年3月28 日，国家“西电东送”重点工程——装机容量240万kW的雅砻江官地水电站全部建成投产

2013年12月23日，305m的世界最高拱坝——雅砻江锦屏一级水电站大坝全线浇筑到顶，标志着锦屏一级水电站建设成功攻克了高边坡、高地应力、深部卸荷裂隙等世界级技术难题，开创了世界坝工技术的新纪元

西部大开发重点工程——嘉陵江亭子口航电枢纽工程远眺

2013年10月17日，糯扎渡水电站蓄水至设计蓄水位812m高程

加纳布维水电站（总装机容量40万kW）

2013年6月26日，巴基斯坦高摩赞水电站首台机组并网发电

大渡河大岗山水电站大坝施工面貌。大岗山水电站装机容量260万kW，计划2015年投产

大渡河枕头坝一级水电站厂坝工程施工面貌。枕头坝一级水电站装机容量72万kW，计划2015年全部投产

2013年10月13日，由中国水利水电第十四工程局有限公司担负施工的四川锦屏一级水电站3号机组转子完成吊装

溪洛渡机电安装项目部顺利完成溪洛渡右岸电站13号机组转子吊装

2013年11月6日，黄河上游水电开发有限责任公司首批水电站实现集中控制

2013年 12月6日，目前全球最大的水光互补项目——黄河上游水电开发有限责任公司龙羊峡水光互补320MW并网光伏电站并网发电

国电大渡河流域水电开发有限公司梯级调度集控中心监控室

2013年12月22日，糯扎渡水电站3号机组正式并网发电，成功实现“一年四投”目标

黄登·大华桥水电站生态保护示范园

大渡河瀑布沟黑马营地鱼类增殖站全景。截至2013年12月31日，大渡河瀑布沟、深溪沟鱼类增殖站已累计投放鱼苗193.5万尾

功果桥水电站边坡绿化

糯扎渡进水口分层取水

仙游抽水蓄能电站下水库

仙游抽水蓄能电站地下厂房

全国2013年装机容量和年发电量

项　目	总　量	水　电	火　电	核　电	风　电	太阳能发电
装机容量（万kW）	125768	28044	87009	1466	7652	1589
年发电量（亿kW·h）	53721	8921	42216	1115	1383	84

注：1．资料来源于中国电力企业联合会。

2．总量数中还包括其他能源发电的装机容量、发电量。

3．风电、太阳能发电为并网的装机容量、发电量。

4．未含台湾、香港、澳门数据。

全国2013年装机容量结构图

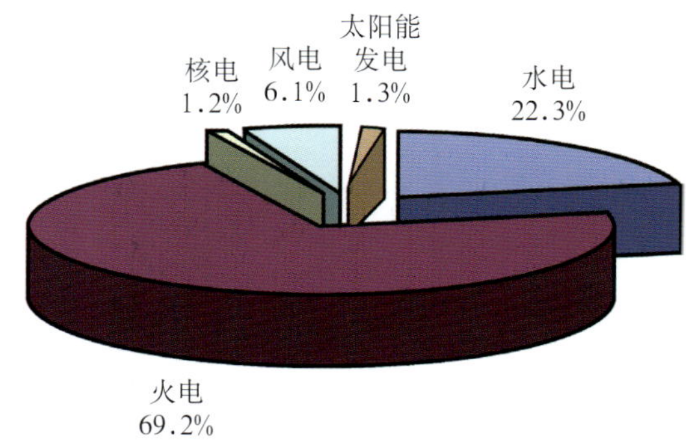

全国2013年年发电量结构图

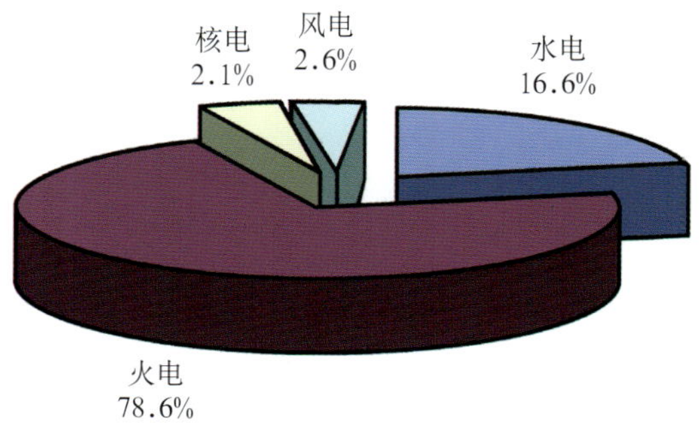

全国历年水电装机容量增长情况表

万kW

年份	中国大陆	中国台湾	全国合计	新增装机容量	年份	中国大陆	中国台湾	全国合计	新增装机容量
1949	36.0	18.0	54		1982	2295.9	138.7	2435	102.6
1950	36.2	22.1	58	4.3	1983	2416.5	143.1	2560	125.0
1951	37.8	(24.0)	(62)	(3.5)	1984	2560.0	148.0	2708	148.4
1952	38.5	(27.0)	(66)	(3.7)	1985	2641.5	248.9	2890	182.4
1953	53.0	(30.0)	(83)	(17.5)	1986	2754.2	256.4	3011	120.2
1954	60.6	33.0	94	10.6	1987	3019.3	255.8	3275	264.5
1955	69.5	(34.0)	(104)	(9.9)	1988	3269.8	255.8	3526	250.5
1956	91.4	(36.0)	(127)	(23.9)	1989	3458.3	256.2	3715	188.9
1957	101.9	(38.0)	(140)	(12.5)	1990	3604.6	256.2	3861	146.3
1958	121.6	(40.0)	(162)	(21.7)	1991	3788.3	256.2	4045	183.7
1959	162.0	(42.0)	(204)	(42.4)	1992	4068.1	257.7	4326	281.3
1960	194.1	44.8	239	34.9	1993	4489.3	257.7	4747	421.2
1961	233.3	(47.0)	(280)	(41.4)	1994	4906.1	364.8	5271	523.9
1962	237.9	53.8	292	11.4	1995	5218.4	418.3	5637	365.8
1963	243.0	(56.0)	(299)	(7.3)	1996	5557.8	428.8	5987	349.9
1964	268.3	(59.0)	(327)	(28.3)	1997	5972.6	428.8	6401	414.8
1965	302.0	62.8	365	37.5	1998	6506.5	442.2	6949	547.3
1966	363.8	(65.0)	(429)	(64.0)	1999	7297.1	442.2	7739	790.6
1967	383.9	(67.0)	(451)	(22.1)	2000	7935.2	442.2	8377	638.1
1968	438.8	(70.0)	(509)	(57.9)	2001	8300.6	442.2	8743	365.4
1969	505.3	72.2	578	68.7	2002	8607.4	451.1	9059	315.7
1970	623.5	90.1	714	136.1	2003	9489.6	451.1	9941	882.2
1971	780.4	(96.0)	(876)	(162.8)	2004	10524.2	451.0	10975	1034.5
1972	870.0	113.1	983	106.7	2005	11738.8	451.0	12190	1214.6
1973	1029.9	113.2	1143	159.9	2006	13029.2	451.2	13480.4	1290.4
1974	1181.7	136.5	1318	175.2	2007	14823.2	452.0	15275.2	1794.6
1975	1342.8	136.5	1479	161.1	2008	17260.4	454.0	17714.4	2439.2
1976	1465.5	136.5	1602	122.7	2009	19629.0	(454.0)	20083.0	2368.6
1977	1576.5	136.5	1713	111.0	2010	21605.7	(454.0)	22059.7	1976.7
1978	1727.7	139.2	1867	153.9	2011	23298	464	23762	1702
1979	1911.0	139.2	2050	183.3	2012	24947	(464)	25411	1649
1980	2031.8	138.6	2170	120.2	2013	28044	(464)	28508	3097
1981	2193.3	138.7	2332	161.6					

资料来源：2012年及以前的资料来源于《中国水力发电年鉴》第十七卷；2013年中国大陆资料来源于中国电力企业联合会；2013年台湾省数据沿用上年数据。

注：( )内数据表示缺当年资料，用上、下数插补得出或沿用上年数据。

全国历年水电年发电量增长情况表

亿kW·h

年份	中国大陆	中国台湾	全国合计	年增率（%）	年份	中国大陆	中国台湾	全国合计	年增率（%）
1949	12.0	6.0	18		1982	744.0	47.8	792	12.6
1950	13.2	9.7	23	27.2	1983	863.6	49.9	913	15.4
1951	14.9	(10.0)	(25)	(8.7)	1984	867.8	44.3	912	−0.2
1952	18.3	(12.0)	(30)	(21.7)	1985	923.7	69.3	993	8.9
1953	25.5	(14.0)	(40)	(30.4)	1986	944.8	74.2	1019	2.6
1954	32.0	15.6	48	20.5	1987	1002.3	71.2	1073	5.3
1955	34.0	(16.6)	(51)	(6.3)	1988	1091.8	61.5	1153	7.4
1956	47.1	(17.0)	(64)	(26.7)	1989	1184.5	66.8	1251	8.5
1957	48.2	(18.0)	(66)	(3.3)	1990	1263.5	81.9	1345	7.5
1958	41.1	(19.0)	(60)	(−9.2)	1991	1248.4	55.1	1303	−3.1
1959	43.6	(20.0)	(64)	(5.8)	1992	1314.7	83.5	1398	7.3
1960	74.1	20.6	95	48.9	1993	1516.0	67.2	1583	13.2
1961	74.1	(21.1)	(95)	(0.5)	1994	1667.9	88.9	1757	11.0
1962	90.4	21.6	112	17.6	1995	1867.7	88.8	1956	11.4
1963	86.9	(23.0)	(110)	(−1.9)	1996	1869.2	90.4	1960	0.2
1964	106.0	(24.0)	(130)	(18.3)	1997	1945.6	95.7	2041	4.2
1965	104.1	24.4	129	−1.2	1998	2043.0	106.1	2149	5.3
1966	126.2	(25.0)	(151)	(17.7)	1999	2129.3	89.4	2219	3.2
1967	131.4	(27.0)	(158)	(4.8)	2000	2431.3	78.5	2510	13.
1968	115.0	(28.0)	(143)	(−9.7)	2001	2611.1	82.3	2693	7.3
1969	160.1	30.5	191	33.3	2002	2745.7	57.9	2804	4.1
1970	204.6	26.4	231	21.2	2003	2813.3	64.3	2878	2.6
1971	250.6	(30.0)	(281)	(21.5)	2004	3309.9	59.7	3370	17.1
1972	288.2	34.2	322	14.9	2005	3964.0	59.7	4024	19.4
1973	389.0	34.0	423	31.2	2006	4147.7	80.0	4227.7	5.1
1974	414.4	47.1	461	9.1	2007	4714.0	87.0	4801.0	13.6
1975	476.3	52.6	529	14.6	2008	5655.5	77.4	5732.9	19.4
1976	456.4	42.8	499	−5.6	2009	5716.8	(77.4)	5794.2	1.1
1977	476.5	40.2	517	3.5	2010	6867.4	(77.4)	6944.8	19.9
1978	446.3	49.7	496	−4.0	2011	6681	(79)	6760	−2.7
1979	501.2	45.7	547	10.3	2012	8556	(79)	8635	27.7
1980	582.1	29.3	611	11.8	2013	8921	(79)	9000	4.2
1981	655.5	47.9	703	15.1					

资料来源：2012年及以前的资料来源于《中国水力发电年鉴》第十七卷；2013年中国大陆资料来源于中国电力企业联合会；2013年台湾省数据沿用上年数据。

注：( )内数据表示缺当年资料，用上、下数插补得出或沿用上年数据。

2013

中国水力发电年鉴

李锐

第十八卷

中国水力发电工程学会 主办
中国水力发电年鉴编辑部 编纂

中国电力出版社

二〇一四年·北京

图书在版编目（CIP）数据

中国水力发电年鉴．第18卷，2013/中国水力发电工程学会编．—北京：中国电力出版社，2015.1

ISBN 978-7-5123-7064-7

Ⅰ.①中… Ⅱ.①中… Ⅲ.①水利电力工业-中国-2013-年鉴 Ⅳ.①F426.61-54

中国版本图书馆CIP数据核字（2015）第003682号

中国电力出版社出版、发行

（北京市东城区北京站西街19号 100005 http://www.cepp.sgcc.com.cn）

北京盛通印刷股份有限公司印刷

各地新华书店经售

*

2015年1月第一版 2015年1月北京第一次印刷

787毫米×1092毫米 16开本 40印张 1300千字 8插页

定价 **320.00** 元

《中国水力发电年鉴》第十八卷

编纂委员会

许松林	伍展阳	邱大勇	杨　军	杨　薇
杨立峰	杨竞锐	李　军	李县辉	李冠成
李浩伟	李朝新	吴方明	吴登高	何道喜
何韵华	余小波	余圣刚	邹　君	闵四海
陆　原	张　宣	张　培	张敏娟	张喜英
陈广志	陈立秋	陈念水	陈剑锋	周　全
周维娟	郑　慧	郑丽英	郑桂斌	赵英林
赵建达	荆新爱	钟　萍	钟共清	祝平华
袁　蕊	高永辉	唐　兰	唐　勇	唐成书
唐奇志	黄　纯	蒋志清	韩　冰	程　平
曾　浩	谢兴发	路　建	谭玉斌	檀雅华

《中国水力发电年鉴》第十八卷
编辑出版工作人员

主　　　编	吴义航
副　主　编	黄景湖　李　新
技术编辑	张志良　殷利利　宁传新
编　　　务	李　明　雷定演　胡丹蓉　孙　卓
终　　　审	杨元峰
复　　　审	杨伟国
责任编辑	姜　萍　韩世韬　安小丹　孙建英
美术设计	杨晓东
版式设计	张　娟
责任校对	黄　蓓　朱丽芳
出版印刷	蔺义舟

编　辑　说　明

（一）《中国水力发电年鉴》属专业性行业年鉴，主要面向全国水电行业从事规划、勘测、设计、施工、科研、咨询、建设管理、设备制造、生产运行、院校教育的工程技术人员、师生和各级有关领导与专家。

（二）本卷年鉴的资料时段为2013年，按序排列为第十八卷。框架结构由篇目、栏目、条目三个层次组成，共编列17个篇目、54个栏目、475个条目。每个篇目均以隔页列出，栏目、条目名称分别用通栏、双栏并铺以不同的网底印出，以示醒目。

（三）本卷年鉴的编辑工作，紧密围绕中华民族伟大复兴的中国梦，按照国家“在保护生态的前提下积极发展水电”的方针，力求全面、真实地反映2013年度我国水电行业各方面所取得的成就和技术进步，努力做到“大事不漏、小事不上”，更好地服务于水电行业。

（四）本年鉴实行文责自负，各条目的内容、数据、插图等均由撰稿人核对无误并由单位有关部门审定、核实。

（五）本卷年鉴编辑实行主编负责制。主编负责总体框架结构设计、征询意见、组稿与初审等工作；各篇目的责任编辑负责稿件的征集、修改、编排、整理。

“特载”、“水能及风能开发”、“国际合作与技术交流”篇目的责任编辑为吴义航；“大中型水电工程”、“机电及金属结构”、“技术标准”、“水电站生产运行”、“环境保护与水库移民”、“农村水电及电气化”、“人物、机构与学术团体”、“统计资料”、“大事记”篇目的责任编辑为黄景湖；“科学研究与技术创新”篇目的责任编辑为李新；“工程勘测”、“水工设计”、“土建施工”、“水电建设管理”篇目的责任编辑为张志良。

（六）《中国水力发电年鉴》始终坚持政治的严肃性，资料的准确性，内容的全面性、科学性、实用性和连续性，对历史负责，对后人负责。编辑过程中力求资料翔实、语言规范、文字精练。但由于水平所限，不妥、疏漏甚至错误之处在所难免，敬请广大读者批评指正。

联系地址：北京市海淀区车公庄西路22号A座中国水力发电工程学会《中国水力发电年鉴》编辑部，邮编：100048。

《中国水力发电年鉴》主编

吴义航

2014.11

篇　　目

目　　录

2 水能及风能开发

3 大中型水电工程

4 工程勘测

5 水工设计

6 土建施工

7 机电及金属结构

8 科学研究与技术创新

9 国际合作与技术交流

10 技术标准

11 水电建设管理

12 水电站生产运行

13 环境保护与水库移民

14 农村水电及电气化

15 人物、机构与学术团体

16 统计资料

17
大事记

CONTENTS

Chapter 1 Specials

Chapter 3 Large and Medium-sized Hydropower Project

Chapter 4 Project Investigation

Chapter 5 Hydraulic Structure Design

Chapter 6 Civil Engineering Construction

Chapter 7 Electrical-Mechanical and Metal Structure

Chapter 8 Scientific Research and Technological Innovation

Chapter 9 International Cooperation and Technology Exchange

Chapter 10 Technical Norms

Chapter 11 Management of Hydropower Construction

Chapter 12 Production and Operation of Hydropower Stations

Chapter 13 Environment Protection and Resettlement of Reservoir Area Residents

Chapter 14 Rural Hydropower and Rural Electrification

Chapter 15 People, Agencies and academic groups

Chapter 16　Statistical Data

Chapter 17　Chronicle of Events

彩色插页目录

中國水力發電年鉴

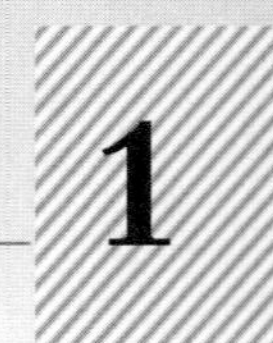

特　　载

重 要 文 件

长江三峡水利枢纽安全保卫条例

中华人民共和国国务院令
第 640 号

《长江三峡水利枢纽安全保卫条例》已经 2013 年 7 月 12 日国务院第 16 次常务会议通过，现予公布，自 2013 年 10 月 1 日起施行。

总理 李克强
2013 年 9 月 9 日

长江三峡水利枢纽安全保卫条例

第一章 总 则

第一条 为了加强长江三峡水利枢纽安全保卫工作，维护长江三峡水利枢纽的安全和秩序，制定本条例。

第二条 国家设立长江三峡水利枢纽（以下简称“三峡枢纽”）安全保卫区，依照本条例的规定对三峡枢纽实施保护。

第三条 三峡枢纽安全保卫区的范围包括三峡枢纽及其周边特定区域，分为陆域安全保卫区、水域安全保卫区、空域安全保卫区。

陆域安全保卫区、水域安全保卫区实行分区安全保卫制度，具体范围的划定和调整，由湖北省人民政府确定并公布。

空域安全保卫区为陆域安全保卫区、水域安全保卫区上空的低空空域。

第四条 三峡枢纽安全保卫工作坚持预防与应急处置相结合、专门机关管理与人民群众参与相结合、安全保卫与经济社会发展并重的原则。

第五条 国家统一领导三峡枢纽安全保卫工作。国务院公安、交通运输、水行政等部门和三峡枢纽运行管理单位依照法律、行政法规和国务院确定的职责分工负责三峡枢纽安全保卫有关工作。湖北省人民政府、宜昌市人民政府对三峡枢纽安全保卫工作实行属地管理。

第六条 任何组织或者个人都不得危害三峡枢纽的安全，发现危害三峡枢纽安全的行为和隐患应当立即报告。

对保护三峡枢纽安全做出突出贡献的组织和个人，按照国家有关规定给予表彰奖励。

第七条 三峡枢纽安全保卫工作所需经费，由有关人民政府和单位按照职责分工和规定的经费负担体制予以保障。

第二章 陆域安全保卫

第八条 陆域安全保卫区划分为限制区、控制区、核心区。各区的周边界线应当设置实物屏障或者警示标志，各区的出入口和重点部位应当配备警戒岗哨或者技术防范设施。

第九条 限制区是限制无关车辆接近三峡枢纽的区域。车辆凭限制区通行证方可进入限制区。

人员可以徒步进出限制区。但是，根据三峡枢纽安全保卫工作的需要，三峡枢纽运行管理单位可以临时限制人员通行。

第十条 控制区是限制无关车辆和人员接近三峡枢纽，并在紧急情况时提供有效缓冲和防护的区域。车辆和人员凭控制区通行证并按规定接受安全检查方可进入控制区。

第十一条 核心区是实行封闭式管理的区域。核心区实施下列安全保卫措施：

（一）出入口和重点部位由人民武装警察部队设置岗哨，车辆、人员凭核心区通行证、接受安全检查并确认资格身份方可通行；

（二）物资凭有效的物资转场、外运、内运申请单通行，必要时在出入口对所有通行物资进行危险物品检测；

（三）配备覆盖全区的视频监控等技术防范设施，实施全天候安全巡查。

第十二条 进入陆域安全保卫区的车辆、人员的通行证件，由三峡枢纽运行管理单位核发和管理，并报公安机关备案。

第十三条 严禁非法携带枪支、弹药、国家规定的管制器具或者非法运输危险物品进入陆域安全保卫区。

因施工作业等需要运输危险物品进入陆域安全保卫区的，应当经三峡枢纽运行管理单位同意，并依法报公安机关批准。

第十四条 在陆域安全保卫区活动的人员不得有下列行为：

（一）超越通行证限定的范围活动；

（二）通过设有禁止通行标志的区域；

（三）攀爬、钻越、移动、损毁实物屏障或者警示标志；

（四）扰乱管理秩序和危害设施安全的其他行为。

第十五条 未持有效的通行证件或者拒绝接受安全检查的车辆、人员，禁止进入陆域安全保卫区。安全保卫人员对非法进入或者违反本条例第十三条、第十四条规定的车辆、人员，应当立即制止；对不服从管理的，应当立即依法予以控制并移送公安机关处理。

第三章 水域安全保卫

第十六条 水域安全保卫区划分为管制区、通航区、禁航区。各区的周边界线应当设置警示标志，配备警戒岗哨或者技术防范设施。

第十七条 管制区是对拟通过三峡枢纽通航建筑物（以下称“过闸”）的船舶进行安全检查、防止未经批准通过的船舶接近三峡枢纽的缓冲水域。进入管制区的船舶，应当遵守下列规定：

（一）过闸船舶应当按照国务院交通运输部门规定的程序和要求，提前向三峡通航管理机构报告；

（二）不得运输国务院交通运输部门规定禁止过闸的危险物品；运输其他危险物品过闸的，应当向三峡通航管理机构申报，不得伪报、瞒报；

（三）不得进行容易引发火灾、爆炸事故的检修作业；

（四）不得在集泊期间上下除本船船员以外的其他人员或者装卸物品；

（五）不得抢航、追越或者有其他扰乱水上交通秩序的行为。

第十八条 通航区是由三峡通航管理机构统一指挥调度过闸船舶进出引航道和通航建筑物的特定区域。

船舶应当按照调度指令有序进出引航道和通航建筑物，不得在通航区内擅自停泊，不得抢航、追越或者有其他扰乱水上交通秩序的行为。过闸期间船员、乘客不得擅自离开本船，不得攀爬通航建筑物。

第十九条 禁航区是禁止船舶和人员进入的水域。除公务执法船舶以及持有三峡枢纽运行管理单位签发的作业任务书和三峡通航管理机构签发的施工作业许可证的船舶外，任何船舶和人员不得进入禁航区。

禁航区应当设置人民武装警察部队岗哨。

第二十条 对因机械故障等原因失去控制有可能进入水域安全保卫区的船舶，三峡通航管理机构应当立即采取措施使其远离。

对违反规定进入管制区、通航区的船舶，公安机关、三峡通航管理机构应当立即制止并将其带离。

对违反规定进入禁航区的船舶，人民武装警察部队执勤人员应当立即进行拦截并责令驶离；对拒绝驶离的，应当立即依法予以控制并移送公安机关处理。

第二十一条 运输危险物品过闸的船舶，应当按照规定的方式、时间过闸，不得与客运船舶同一闸次通过，除核定船员和押运人员外，禁止其他人员随船。

第四章 空域安全保卫

第二十二条 在空域安全保卫区飞行的航空器，应当严格按照飞行管制部门批准的计划飞行。

第二十三条 禁止在空域安全保卫区进行风筝、孔明灯、热气球、飞艇、动力伞、滑翔伞、三角翼、无人机、轻型直升机、航模等升放或者飞行活动。

第二十四条 负有三峡枢纽安全保卫职责的部门和单位，应当加强对空域安全保卫区安全情况的动态监控，发现违反三峡枢纽空域安全保卫规定的升放或者飞行活动，应当立即协调有关部门查明情况，依法采取必要的处置措施。

第五章 安全保卫职责

第二十五条 国务院确定的机构负责沟通协调和研究解决三峡枢纽安全保卫工作中的重大事项。

湖北省人民政府负责组织建立由长江流域各省、直辖市人民政府以及国务院有关部门和单位参加的三峡枢纽安全保卫指挥系统，制定三峡枢纽安全保卫方案，并做好信息沟通和汇总研判工作。

宜昌市人民政府负责组织建立由三峡枢纽运行管理单位、三峡通航管理机构、公安机关、人民武装警察部队等组成的三峡枢纽安全保卫指挥平台，统一管理三峡枢纽安全保卫工作。

三峡枢纽运行管理单位应当加强与三峡安全保卫区内其他机构、单位的沟通协调，并依法提供必要的保障和业务指导。

第二十六条 宜昌市人民政府应当会同三峡枢纽运行管理单位加强三峡枢纽安全保卫区及其周边地区社会管理综合治理，落实治安联防制度，维护社会秩序，防范针对三峡枢纽的破坏活动。

第二十七条 负有三峡枢纽安全保卫职责的地方人民政府应当组织开展经常性的安全宣传教育，提高社会公众安全防范意识和能力。

三峡枢纽周边地区的村民委员会、居民委员会、企业事业单位应当根据所在地人民政府的要求，结合各自的实际情况，开展三峡枢纽安全保卫和应急救援知识的宣传普及活动。

第二十八条　三峡枢纽运行管理单位是安全生产、治安保卫重点单位，应当依法落实安全生产、治安保卫重点单位职责，建立安全运行监测体系；对重要部位、特种设备进行重点排查梳理，加强对重要岗位工作人员的背景审查及其身份核对。

湖北省人民政府、宜昌市人民政府应当定期对三峡枢纽运行管理单位依法履行上述职责的情况进行监督检查，发现问题及时督促改正。

第二十九条　三峡枢纽运行管理单位应当加强计算机信息系统安全保护工作，依法落实信息安全等级保护制度和技术标准，建立安全管理制度、完善技术保护措施，做好通报预警、安全监测、应急处置等工作，发现危害计算机信息系统安全的情况应当立即向公安机关报告。

公安机关应当加强对三峡枢纽运行管理单位计算机信息系统安全保护工作的监督、检查、指导，发现影响计算机信息系统安全的情况应当及时通知三峡枢纽运行管理单位采取安全保护措施。

第三十条　三峡枢纽运行管理单位是消防安全重点单位，应当依法落实消防安全重点单位职责，配备消防设施和消防器材，建立消防安全制度和操作规程。

湖北省人民政府、宜昌市人民政府应当针对三峡枢纽安全保卫工作加强公安消防队、专职消防队建设，及时组织消除火灾隐患。

第三十一条　在三峡枢纽安全保卫区范围内设立或者调整游览项目，应当由三峡枢纽运行管理单位制定游览项目实施方案，报湖北省人民政府审批。湖北省人民政府应当组织有关部门和单位对设立或者调整的游览项目进行安全风险评估。三峡枢纽运行管理单位应当按照批准的游览项目实施方案组织游览活动，不得擅自扩大范围、增设游览项目。

根据三峡枢纽安全保卫、生产运行、防汛抗旱、水资源调度等需要，三峡枢纽运行管理单位可以会同有关部门控制进入游览区域的游客人数、暂停部分或者全部游览项目，并将相关信息及时予以公布。

第三十二条　长江流域各港口、码头应当建立由经营管理单位法定代表人负责的安全保卫制度，消除拟进入三峡枢纽安全保卫区的船舶的安全隐患。

拟进入三峡枢纽安全保卫区的船舶应当建立由船舶所有人、经营人负责的安全保卫制度，依法对船员、乘客和货物进行安全检查和登记。

第三十三条　三峡通航管理机构应当依照本条例和国务院交通运输部门制定的三峡枢纽通航安全管理规定，对拟过闸的船舶进行安全检查、航运调度指挥。

第三十四条　负有三峡枢纽安全保卫职责的地方人民政府、部门和单位，应当按照《中华人民共和国突发事件应对法》的规定，制定各类突发事件的应急预案，组织培训应急救援专业力量，定期开展联合演练；三峡枢纽运行管理单位应当对三峡枢纽安全保卫区内发生的突发事件进行先期处置。

第六章　法 律 责 任

第三十五条　有下列行为之一的，由公安机关责令改正，予以警告，对单位可以处 5 万元以下罚款，对个人可以处 1000 元以下罚款：

（一）违反本条例第十三条的规定，非法运输危险物品进入陆域安全保卫区的；

（二）违反本条例第十四条的规定，扰乱陆域安全保卫区管理秩序或者危害设施安全的；

（三）违反本条例第十五条的规定，非法进入陆域安全保卫区的；

（四）违反本条例第十九条的规定，人员非法进入禁航区的；

（五）违反本条例第二十三条的规定，非法进行升放活动的。

第三十六条　有下列行为之一的，由交通运输部门责令改正，予以警告，对单位可以处 10 万元以下的罚款，对个人可以处 2000 元以下罚款：

（一）违反本条例第十七条、第十八条的规定，非法进入管制区、通航区，或者进入后不服从管理的；

（二）违反本条例第二十一条的规定，非法运输危险物品过闸的；

（三）违反本条例第三十二条的规定，导致进入三峡枢纽安全保卫区的船舶存在安全隐患的。

第三十七条　负有三峡枢纽安全保卫职责的地方人民政府、部门和单位及其工作人员违反本条例规定，不依法履行三峡枢纽安全保卫职责的，对直接负责的主管人员和其他直接责任人员依法给予处分。

第三十八条　违反本条例规定，同时违反其他法律、行政法规规定的，由有关行政管理部门依照其他法律、行政法规的规定从重处罚。

第七章　附　　则

第三十九条　涉及三峡枢纽水库大坝安全、企业事业单位内部治安保卫、内河交通安全管理、电力设施保护等事项，本条例未作规定的，依照有关法律、行政法规的规定执行。

第四十条 葛洲坝水利枢纽的安全保卫规定，由湖北省人民政府参照本条例制定。

第四十一条 本条例自 2013 年 10 月 1 日起施行。

国务院关于发布政府核准的投资项目目录（2013 年本）的通知

国发〔2013〕47 号

各省、自治区、直辖市人民政府，国务院各部委、各直属机构：

为进一步深化投资体制改革和行政审批制度改革，加大简政放权力度，切实转变政府投资管理职能，使市场在资源配置中起决定性作用，确立企业投资主体地位，更好发挥政府作用，加强和改进宏观调控，现发布《政府核准的投资项目目录（2013 年本）》，并就有关事项通知如下：

一、企业投资建设本目录内的固定资产投资项目，须按照规定报送有关项目核准机关核准。企业投资建设本目录外的项目，实行备案管理。事业单位、社会团体等投资建设的项目，按照本目录执行。

二、法律、行政法规和国家制定的发展规划、产业政策、总量控制目标、技术政策、准入标准、用地政策、环保政策、信贷政策等是企业开展项目前期工作的重要依据，是项目核准机关和国土资源、环境保护、城乡规划、行业管理等部门以及金融机构对项目进行审查的依据。

对于钢铁、电解铝、水泥、平板玻璃、船舶等产能严重过剩行业的项目，国务院有关部门和地方政府要按照国务院关于化解产能严重过剩矛盾指导意见的要求，严格控制新增产能。

三、项目核准机关要改进完善管理办法，提高工作效能，认真履行核准职责，严格按照规定权限、程序和时限等要求进行审查。有关部门要密切配合，按照职责分工，相应改进管理办法，依法加强对投资活动的监管。对不符合法律法规规定以及未按规定权限和程序核准或者备案的项目，有关部门不得办理相关手续，金融机构不得提供信贷支持。

四、按照规定由国务院核准的项目，由国家发展改革委审核后报国务院核准。核报国务院核准的项目、国务院投资主管部门核准的项目，事前必须征求国务院行业管理部门的意见。由地方政府核准的项目，省级政府可以根据本地实际情况具体划分地方各级政府的核准权限。由省级政府核准的项目，核准权限不得下放。

五、法律、行政法规和国家有专门规定的，按照有关规定执行。

六、本目录自发布之日起执行，《政府核准的投资项目目录（2004 年本）》即行废止。

国务院

2013 年 12 月 2 日

政府核准的投资项目目录（2013 年本）

一、农业水利

农业：涉及开荒的项目由省级政府核准。

水库：在跨界河流、跨省（自治区、直辖市）河流上建设的项目由国务院投资主管部门核准，其余项目由地方政府核准。

其他水事工程：涉及跨界河流、跨省（自治区、直辖市）水资源配置调整的项目由国务院投资主管部门核准，其余项目由地方政府核准。

二、能源

水电站：在主要河流上建设的项目由国务院投资主管部门核准，其余项目由地方政府核准。

抽水蓄能电站：由国务院行业管理部门核准。

火电站：分布式燃气发电项目由省级政府核准，其余项目由国务院投资主管部门核准。

热电站：燃煤背压热电项目由省级政府核准，其余燃煤热电项目由国务院投资主管部门核准；其余热电项目由地方政府核准。

风电站：由地方政府核准。

核电站：由国务院核准。

电网工程：跨境、跨省（自治区、直辖市）400kV 及以上直流项目，跨境、跨省（自治区、直辖市）500、750、1000kV 交流项目，由国务院投资主管部门核准；非跨境、跨省（自治区、直辖市）400kV 及以上直流项目，非跨境、跨省（自治区、直辖市）750、1000kV 交流项目，由国务院行业管理部门核准；其余项目由地方政府核准。

煤矿：国家规划矿区内新增年生产能力 120 万 t 及以上煤炭开发项目由国务院行业管理部门核准，国家规划矿区内的其余煤炭开发项目由省级政府核准；其余一般煤炭开发项目由地方政府核准。国家规定禁止新建的煤与瓦斯突出、高瓦斯和中小型煤炭开发项目，不得核准。

煤制燃料：年产超过 20 亿 m^3 的煤制天然气项目，年产超过 100 万 t 的煤制油项目由国务院投资主管部门核准。

原油：油田开发项目由具有石油开采权的企业自行决定，报国务院行业管理部门备案。

天然气：气田开发项目由具有天然气开采权的企业自行决定，报国务院行业管理部门备案。

液化石油气接收、存储设施（不含油气田、炼油厂的配套项目）：由省级政府核准。

进口液化天然气接收、储运设施：由国务院行业管理部门核准。

输油管网（不含油田集输管网）：跨境、跨省（自治区、直辖市）干线管网项目由国务院投资主管部门核准，其余项目由省级政府核准。

输气管网（不含油气田集输管网）：跨境、跨省（自治区、直辖市）干线管网项目由国务院投资主管部门核准，其余项目由省级政府核准。

炼油：新建炼油及扩建一次炼油项目由国务院投资主管部门核准。

变性燃料乙醇：由省级政府核准。

三、交通运输

新建（含增建）铁路：跨省（自治区、直辖市）项目和国家铁路网中的干线项目由国务院投资主管部门核准，国家铁路网中的其余项目由中国铁路总公司自行决定并报国务院投资主管部门备案；其余地方铁路项目由省级政府按照国家批准的规划核准。

公路：国家高速公路网项目由国务院投资主管部门核准，国家高速公路网外的干线项目由省级政府核准；地方高速公路项目由省级政府按照国家批准的规划核准，其余项目由地方政府核准。

独立公路桥梁、隧道：跨境、跨重要海湾、跨大江大河（三级及以上通航段）的项目由国务院投资主管部门核准，其余项目由地方政府核准。

煤炭、矿石、油气专用泊位：在沿海（含长江南京及以下）新建港区和年吞吐能力1000万t及以上项目由国务院投资主管部门核准，其余项目由省级政府核准。

集装箱专用码头：在沿海（含长江南京及以下）建设的项目由国务院投资主管部门核准，其余项目由省级政府核准。

内河航运：千吨级及以上通航建筑物项目由国务院投资主管部门核准，其余项目由地方政府核准。

民航：新建机场项目由国务院核准，扩建军民合用机场项目由国务院投资主管部门会商军队有关部门核准。

四、信息产业

电信：国际通信基础设施项目由国务院投资主管部门核准；国内干线传输网（含广播电视网）以及其他涉及信息安全的电信基础设施项目，由国务院行业管理部门核准。

五、原材料

稀土、铁矿、有色矿山开发：已查明资源储量5000万t及以上规模的铁矿开发项目，由国务院投资主管部门核准；稀土矿山开发项目，由国务院行业管理部门核准；其余项目由省级政府核准。

钢铁：新增生产能力的炼铁、炼钢、热轧项目由国务院投资主管部门核准。

有色：新增生产能力的电解铝项目，新建氧化铝项目，由国务院投资主管部门核准。

石化：新建乙烯项目由国务院投资主管部门核准。

化工：年产超过50万t的煤经甲醇制烯烃项目，年产超过100万t的煤制甲醇项目，新建对二甲苯（PX）项目，由国务院投资主管部门核准；新建二苯基甲烷二异氰酸酯（MDI）项目由国务院行业管理部门核准。

化肥：钾矿肥、磷矿肥项目由省级政府核准。

水泥：由省级政府核准。

稀土：冶炼分离项目由国务院行业管理部门核准，稀土深加工项目由省级政府核准。

黄金：采选矿项目由省级政府核准。

六、机械制造

汽车：按照国务院批准的《汽车产业发展政策》执行。

船舶：新建10万t级及以上造船设施（船台、船坞）项目由国务院投资主管部门核准。

七、轻工

烟草：卷烟、烟用二醋酸纤维素及丝束项目由国务院行业管理部门核准。

八、高新技术

民用航空航天：民用飞机（含直升机）制造、民用卫星制造、民用遥感卫星地面站建设项目，由国务院投资主管部门核准。

九、城建

城市快速轨道交通项目：由省级政府按照国家批准的规划核准。

城市供水：跨省（自治区、直辖市）日调水50万t及以上项目由国务院投资主管部门核准。

城市道路桥梁、隧道：跨重要海湾、跨大江大河（三级及以上通航段）的项目由国务院投资主管部门核准。

其他城建项目：由地方政府核准。

十、社会事业

主题公园：特大型项目由国务院核准，大型项目由国务院投资主管部门核准，中小型项目由省级政府核准。

旅游：国家级风景名胜区、国家自然保护区、全国重点文物保护单位区域内总投资5000万元及以上旅游开发和资源保护项目，世界自然和文化遗产保护区内总投资3000万元及以上项目，由省级政府核准。

其他社会事业项目：除国务院已明确改为备案管理的项目外，按照隶属关系由国务院行业管理部门、地方政府自行确定实行核准或者备案。

十一、金融

印钞、造币、钞票纸项目：由中国人民银行核准。

十二、外商投资

《外商投资产业指导目录》中有中方控股（含相对控股）要求的总投资（含增资）3亿美元及以上鼓励类项目，总投资（含增资）5000万美元及以上限制类（不含房地产）项目，由国务院投资主管部门核准。《外商投资产业指导目录》限制类中的房地产项目和总投资（含增资）小于5000万美元的其他限制类项目，由省级政府核准。《外商投资产业指导目录》中有中方控股（含相对控股）要求的总投资（含增资）小于3亿美元的鼓励类项目，由地方政府核准。

前款规定之外的属于本目录第一条至第十一条所列项目，按照本目录第一条至第十一条的规定核准。

外商投资企业的设立及变更事项，按现行有关规定由商务部和地方政府核准。

十三、境外投资

中方投资10亿美元及以上项目，涉及敏感国家和地区、敏感行业的项目，由国务院投资主管部门核准。

前款规定之外的中央管理企业投资项目和地方企业投资3亿美元及以上项目报国务院投资主管部门备案。

国内企业在境外投资开办企业（金融企业除外）事项，涉及敏感国家和地区、敏感行业的，由商务部核准；其他情形的，中央管理企业报商务部备案，地方企业报省级政府备案。

国务院批转国家发展改革委《关于2013年深化经济体制改革重点工作的意见》

国务院于2013年5月18日以国发〔2013〕20号文，批转国家发展改革委《关于2013年深化经济体制改革重点工作的意见》，内容如下：

关于2013年深化经济体制改革重点工作的意见

党的十八大提出要加快完善社会主义市场经济体制，全社会热切期待改革取得新突破。顺应人民愿望，把握时代要求，不失时机深化重要领域改革，意义十分重大。现就2013年深化经济体制改革重点工作提出以下意见。

一、指导思想和总体要求

2013年深化经济体制改革工作的指导思想是，以邓小平理论、“三个代表”重要思想、科学发展观为指导，全面贯彻党的十八大精神，坚定不移走中国特色社会主义道路，坚持社会主义市场经济改革方向，以更大的勇气、智慧和韧性，大力推动促进经济转型、民生改善和社会公正的改革，坚决破除妨碍科学发展的体制机制弊端，促进经济持续健康发展与社会和谐稳定，使改革红利更多更公平惠及全体人民，为全面建成小康社会、实现中华民族伟大复兴的中国梦做出积极贡献。总体要求是，正确处理好政府与市场、政府与社会的关系，处理好加强顶层设计与尊重群众首创精神的关系，处理好增量改革与存量优化的关系，处理好改革创新与依法行政的关系，处理好改革、发展、稳定的关系，确保改革顺利有效推进。

二、大力推进年度重点改革

2013年改革重点工作是，深入推进行政体制改革，加快推进财税、金融、投资、价格等领域改革，积极推动民生保障、城镇化和统筹城乡相关改革。

（一）行政体制改革

1. 深化政府机构改革。完成新组建部门“三定”规定制定和相关部门“三定”规定修订工作。组织推进地方行政体制改革，研究制定关于地方政府机构改革和职能转变的意见。（中央编办牵头）

2. 简政放权，下决心减少审批事项。抓紧清理、分批取消和下放投资项目审批、生产经营活动和资质资格许可等事项，对确需审批、核准、备案的项目，

要简化程序、限时办结相关手续。严格控制新增审批项目。（中央编办、发展改革委、人力资源社会保障部、法制办等负责）

3. 创新政府公共服务提供方式。加快出台政府向社会组织购买服务的指导意见，推动公共服务提供主体和提供方式多元化。出台行业协会商会与行政机关脱钩方案。改革工商登记和社会组织登记制度。深化公务用车制度改革。（财政部、中央编办、发展改革委、民政部、人力资源社会保障部、国务院国资委、工商总局、国管局等负责）

（二）财税体制改革

4. 完善财政预算制度，推动建立公开、透明、规范、完整的预算体制。完善财政转移支付制度，减少、合并一批专项转移支付项目，增加一般性转移支付规模和比例。（财政部牵头）

5. 扩大营业税改征增值税试点范围，在全国开展交通运输业和部分现代服务业营改增试点，择机将铁路运输和邮电通信等行业纳入试点范围。合理调整消费税征收范围和税率，将部分严重污染环境、过度消耗资源的产品等纳入征税范围。扩大个人住房房产税改革试点范围。（财政部、税务总局会同住房和城乡建设部等负责）

6. 将资源税从价计征范围扩大到煤炭等应税品目，清理煤炭开采和销售中的相关收费基金。开展深化矿产资源有偿使用制度改革试点。（财政部、发展改革委、税务总局、国土资源部等负责）

7. 建立健全覆盖全部国有企业的国有资本经营预算和收益分享制度。落实和完善对成长型、科技型、外向型小微企业的财税支持政策。（财政部、国务院国资委、科技部、工业和信息化部、税务总局等负责）

（三）金融体制改革

8. 稳步推进利率汇率市场化改革。逐步扩大存贷款利率浮动幅度，建立健全市场基准利率体系。完善人民币汇率形成机制，充分发挥市场供求在汇率形成中的基础性作用。稳步推进人民币资本项目可兑换，建立合格境内个人投资者境外投资制度，研究推动符合条件的境外机构在境内发行人民币债券。（人民银行会同发展改革委、财政部、银监会、证监会、外汇局等负责）

9. 完善场外股权交易市场业务规则体系，扩大中小企业股份转让系统试点范围。健全投资者尤其是中小投资者权益保护政策体系。推进煤炭、铁矿石、原油等大宗商品期货和国债期货市场建设。（证监会、发展改革委、财政部、人民银行、国家能源局等负责）

10. 推进制定存款保险制度实施方案，建立健全金融机构经营失败风险补偿和分担机制，形成有效的风险处置和市场退出机制。加快和规范发展民营金融机构和面向小微企业、“三农”的中小金融机构。（人民银行、银监会、财政部等负责）

（四）投融资体制改革

11. 抓紧清理有碍公平竞争的政策法规，推动民间资本有效进入金融、能源、铁路、电信等领域。按照转变政府职能、简政放权的原则，制定政府投资条例、企业投资项目核准和备案管理条例。（法制办、发展改革委、财政部、工业和信息化部、交通运输部、人民银行、国务院国资委、银监会、国家能源局等负责）

12. 改革铁路投融资体制。建立公益性运输补偿制度、经营性铁路合理定价机制，为社会资本进入铁路领域创造条件。支线铁路、城际铁路、资源开发性铁路所有权、经营权率先向社会资本开放，通过股权置换等形式引导社会资本投资既有干线铁路。（发展改革委、财政部、交通运输部、铁路局等负责）

（五）资源性产品价格改革

13. 推进电价改革，简化销售电价分类，扩大工商业用电同价实施范围，完善煤电价格联动机制和水电、核电上网价格形成机制。推进全国煤炭交易市场体系建设。推进天然气价格改革，逐步理顺天然气与可替代能源的比价关系。推进大用户直购电和售电侧电力体制改革试点。（发展改革委牵头）

14. 在保障人民群众基本生活需求的前提下，综合考虑资源节约利用和环境保护等因素，建立健全居民生活用电、用水、用气等阶梯价格制度。（发展改革委牵头）

（六）基本民生保障制度改革

15. 整体推进城乡居民大病保险，整合城乡基本医疗保险管理职能，逐步统一城乡居民基本医疗保险制度，健全全民医保体系。研究制定基础养老金全国统筹方案。健全保障性住房分配制度，有序推进公租房、廉租房并轨。（人力资源社会保障部、卫生计生委、中央编办、财政部、住房和城乡建设部等负责）

16. 建立健全最低生活保障、就业困难群体就业援助、重特大疾病保障和救助等制度，健全并落实社会救助标准与物价涨幅挂钩的机制。整合社会救助资源，逐步形成保障特困群体基本生存权利和人格尊严的长效保底机制。（民政部、财政部、人力资源社会保障部、发展改革委、卫生计生委等负责）

17. 建立最严格的覆盖生产、流通、消费各环节的食品药品安全监管制度。建立健全部门间、区域间食品药品安全监管联动机制。完善食品药品质量标准和安全准入制度。加强基层监管能力建设。充分发挥群众监督、舆论监督作用，全面落实食品安全投诉举报机制。建立实施黑名单制度，形成有效的行业自律

机制。（食品药品监管总局牵头）

18. 建立健全最严格的环境保护监管制度和规范科学的生态补偿制度。建立区域间环境治理联动和合作机制。完善生态环境保护责任追究制度和环境损害赔偿制度。制定加强大气、水、农村（土壤）污染防治的综合性政策措施。深入推进排污权、碳排放权交易试点，研究建立全国排污权、碳排放交易市场，开展环境污染强制责任保险试点。制定突发环境事件调查处理办法。研究制定生态补偿条例。（环境保护部、发展改革委、财政部、林业局等负责）

（七）城镇化和统筹城乡相关改革

19. 研究制定城镇化发展规划。以增强产业发展、公共服务、吸纳就业、人口集聚功能为重点，开展中小城市综合改革试点。优化行政层级和行政区划。实施好经济发达镇行政管理体制改革试点。有序推进城乡规划、基础设施和公共服务一体化，创新城乡社会管理体制。（发展改革委、中央编办、住房和城乡建设部、民政部、农业部等负责）

20. 根据城市综合承载能力和转移人口情况，分类推进户籍制度改革，统筹推进相关公共服务、社会保障制度改革，有序推进农业转移人口市民化，将基本公共服务逐步覆盖到符合条件的常住人口。（公安部、发展改革委、财政部、人力资源社会保障部、卫生计生委、教育部、民政部、农业部、法制办等负责）

21. 积极稳妥推进土地管理制度、投融资体制等促进城镇化健康发展的改革，调研并制定相关配套政策。完善地方债务风险控制措施，规范发展债券、股权、信托等投融资方式，健全鼓励社会资本投资城乡基础设施、公共服务项目的政策和相关机制。（发展改革委、国土资源部、财政部、人民银行、银监会、证监会、保监会等负责）

22. 建立健全农村产权确权、登记、颁证制度。依法保障农民土地承包经营权、宅基地使用权、集体收益分配权。开展国有林场改革试点。研究提出国有林区改革指导意见。探索建立农村产权交易市场。推进小型水利工程管理体制改革。（国土资源部、发展改革委、农业部、财政部、水利部、林业局等负责）

三、继续深化已出台的各项改革

对已经部署并正在推进的各项改革，有关部门按职能分工，切实抓好落实，力求年内取得新的进展。

（一）继续推进国有企业改革。推动大型国有企业公司制股份制改革，大力发展混合所有制经济。推进国有经济战略性调整和国有企业并购重组，着力培育一批具有国际竞争力的大企业。完善各类国有资产监督管理制度。加快解决国有企业办社会负担和历史遗留问题。

（二）继续深化开放型经济体制改革。进一步扩大金融、物流、教育、科技、医疗、体育等服务业对外开放。完善口岸管理体制，推进通关便利化改革。加快海关特殊监管区域整合优化，完善政策和功能，开展保税工厂改革试点。加快制定并出台中国（上海）自由贸易试验区建设方案，推进港澳和内地服务贸易自由化，探索建立与国际接轨的外商投资管理体制。积极实施自由贸易区战略，建立健全双边、多边和区域投资贸易合作新机制。健全境外投资规划、协调、服务和管理机制，完善风险防控体系。继续深化流通体制改革。

（三）加快教育、文化、医药卫生等社会事业各项改革。围绕促进教育公平、提高教育质量，深化教育体制改革。加快推进文化领域政事、政企、政资分开，完善公共文化服务体系，优化促进文化产业创新发展的制度环境。深化医药卫生体制改革，加快公立医院改革，完善社会办医政策，逐步形成多元化办医格局。稳步推进事业单位分类改革，推进事业单位人事、收入分配和社会保险制度等改革，加快管办分离和建立法人治理结构。

（四）加快完善科技创新体制机制。构建以企业为主体、市场为导向、产学研相结合的技术创新体系，扩大国家自主创新示范区先行先试政策试点范围，整合资源实施科技重大专项，完善科技成果转移转化的激励政策，加强科技资源开放共享，发挥科技在经济发展中的支撑作用。

（五）深化收入分配制度改革。贯彻落实深化收入分配制度改革的若干意见，制定出台合理提高劳动报酬、加强国有企业收入分配调控、整顿和规范收入分配秩序等重点配套方案和实施细则。

四、完善改革协调推进机制

各地区、各部门要将改革工作放到更加突出的位置，切实完成各项改革任务，确保取得明显成效。

认真做好改革方案研究制定工作。深入调查研究，充分听取各方面意见，科学制定方案，统筹好改革力度与社会可承受程度，使改革更好地集中民智、体现民意、惠及民生。

扎实抓好改革方案实施和社会引导工作。牵头部门要明确提出工作方案、时间进度和阶段性目标。参与部门要各司其职，积极主动配合。要注重政策宣传和舆情引导，及时回应社会关切，为改革创造良好的舆论氛围和社会环境。

积极推进各项改革试点工作。继续推进综合配套改革试点，优先在试验区部署重大改革任务，发挥其探索创新、示范带动作用。及时总结和推广试点经验。围绕迫切需要推进的重大改革，组织实施一批攻关性试点。鼓励各地因地制宜进行改革试点。

进一步加强组织领导和统筹协调工作。各地区、各部门要把推进改革作为领导干部业绩考核的重要内容。发展改革委要采取建立联席会议、专题会议制度等多种形式，加强统筹安排，健全工作机制，协调解决重大问题，做好督促检查工作，及时将改革进展情况和重要问题报告国务院。

国务院办公厅印发《实行最严格水资源管理制度考核办法》

国务院办公厅于2013年1月2日以国办发〔2013〕2号文，印发《实行最严格水资源管理制度考核办法》，全文如下：

实行最严格水资源管理制度考核办法

第一条　为推进实行最严格水资源管理制度，确保实现水资源开发利用和节约保护的主要目标，根据《中华人民共和国水法》、《中共中央国务院关于加快水利改革发展的决定》（中发〔2011〕1号）、《国务院关于实行最严格水资源管理制度的意见》（国发〔2012〕3号）等有关规定，制定本办法。

第二条　考核工作坚持客观公平、科学合理、系统综合、求真务实的原则。

第三条　国务院对各省、自治区、直辖市落实最严格水资源管理制度情况进行考核，水利部会同国家发展改革委、工业和信息化部、监察部、财政部、国土资源部、环境保护部、住房和城乡建设部、农业部、审计署、统计局等部门组成考核工作组，负责具体组织实施。

各省、自治区、直辖市人民政府是实行最严格水资源管理制度的责任主体，政府主要负责人对本行政区域水资源管理和保护工作负总责。

第四条　考核内容为最严格水资源管理制度目标完成、制度建设和措施落实情况。

各省、自治区、直辖市实行最严格水资源管理制度主要目标详见附件；制度建设和措施落实情况包括用水总量控制、用水效率控制、水功能区限制纳污、水资源管理责任和考核等制度建设及相应措施落实情况。

第五条　考核评定采用评分法，满分为100分。考核结果划分为优秀、良好、合格、不合格四个等级。考核得分90分以上为优秀，80分以上90分以下为良好，60分以上80分以下为合格，60分以下为不合格。（以上包括本数，以下不包括本数）

第六条　考核工作与国民经济和社会发展五年规划相对应，每五年为一个考核期，采用年度考核和期末考核相结合的方式进行。在考核期的第2至5年上半年开展上年度考核，在考核期结束后的次年上半年开展期末考核。

第七条　各省、自治区、直辖市人民政府要按照本行政区域考核期水资源管理控制目标，合理确定年度目标和工作计划，在考核期起始年3月底前报送水利部备案，同时抄送考核工作组其他成员单位。如考核期内对年度目标和工作计划有调整的，应及时将调整情况报送备案。

第八条　各省、自治区、直辖市人民政府要在每年3月底前将本地区上年度或上一考核期的自查报告上报国务院，同时抄送水利部等考核工作组成员单位。

第九条　考核工作组对自查报告进行核查，对各省、自治区、直辖市进行重点抽查和现场检查，划定考核等级，形成年度或期末考核报告。

第十条　水利部在每年6月底前将年度或期末考核报告上报国务院，经国务院审定后，向社会公告。

第十一条　经国务院审定的年度和期末考核结果，交由干部主管部门，作为对各省、自治区、直辖市人民政府主要负责人和领导班子综合考核评价的重要依据。

第十二条　对期末考核结果为优秀的省、自治区、直辖市人民政府，国务院予以通报表扬，有关部门在相关项目安排上优先予以考虑。对在水资源节约、保护和管理中取得显著成绩的单位和个人，按照国家有关规定给予表彰奖励。

第十三条　年度或期末考核结果为不合格的省、自治区、直辖市人民政府，要在考核结果公告后一个月内，向国务院做出书面报告，提出限期整改措施，同时抄送水利部等考核工作组成员单位。

整改期间，暂停该地区建设项目新增取水和入河排污口审批，暂停该地区新增主要水污染物排放建设项目环评审批。对整改不到位的，由监察机关依法依纪追究该地区有关责任人员的责任。

第十四条　对在考核工作中瞒报、谎报的地区，予以通报批评，对有关责任人员依法依纪追究责任。

第十五条　水利部会同有关部门组织制定实行最严格水资源管理制度考核工作实施方案。

各省、自治区、直辖市人民政府要根据本办法，结合当地实际，制定本行政区域内实行最严格水资源管理制度考核办法。

第十六条　本办法自发布之日起施行。

附件1：各省、自治区、直辖市用水总量控制

目标

附件 2：各省、自治区、直辖市用水效率控制目标

附件 3：各省、自治区、直辖市重要江河湖泊水功能区水质达标率控制目标

附件 1

各省、自治区、直辖市用水总量控制目标

亿 m³

地区	2015 年	2020 年	2030 年
北京	40.00	46.58	51.56
天津	27.50	38.00	42.20
河北	217.80	221.00	246.00
山西	76.40	93.00	99.00
内蒙古	199.00	211.57	236.25
辽宁	158.00	160.60	164.58
吉林	141.55	165.49	178.35
黑龙江	353.00	353.34	370.05
上海	122.07	129.35	133.52
江苏	508.00	524.15	527.68
浙江	229.49	244.40	254.67
安徽	273.45	270.84	276.75
福建	215.00	223.00	233.00
江西	250.00	260.00	264.63
山东	250.60	276.59	301.84
河南	260.00	282.15	302.78
湖北	315.51	365.91	368.91
湖南	344.00	359.75	359.77
广东	457.61	456.04	450.18
广西	304.00	309.00	314.00
海南	49.40	50.30	56.00
重庆	94.06	97.13	105.58
四川	273.14	321.64	339.43
贵州	117.35	134.39	143.33
云南	184.88	214.63	226.82
西藏	35.79	36.89	39.77
陕西	102.00	112.92	125.51
甘肃	124.80	114.15	125.63
青海	37.00	37.95	47.54
宁夏	73.00	73.27	87.93
新疆	515.60	515.97	526.74
全国	6350.00	6700.00	7000.00

附件 2

各省、自治区、直辖市用水效率控制目标

地区	2015 年	
	万元工业增加值用水量比 2010 年下降	农田灌溉水有效利用系数
北京	25%	0.710
天津	25%	0.664
河北	27%	0.667
山西	27%	0.524
内蒙古	27%	0.501
辽宁	27%	0.587
吉林	30%	0.550
黑龙江	35%	0.588
上海	30%	0.734
江苏	30%	0.580
浙江	27%	0.581
安徽	35%	0.515
福建	35%	0.530
江西	35%	0.477
山东	25%	0.630
河南	35%	0.600
湖北	35%	0.496
湖南	35%	0.490
广东	30%	0.474
广西	33%	0.450
海南	35%	0.562
重庆	33%	0.478
四川	33%	0.450
贵州	35%	0.446
云南	30%	0.445
西藏	30%	0.414
陕西	25%	0.550
甘肃	30%	0.540
青海	25%	0.489
宁夏	27%	0.480
新疆	25%	0.520
全国	30%	0.530

注　各省、自治区、直辖市 2015 年后的用水效率控制目标，综合考虑国家产业政策、区域发展布局和物价等因素，结合国民经济和社会发展五年规划另行制定。

附件 3

各省、自治区、直辖市重要江河湖泊水功能区水质达标率控制目标

地区	2015 年	2020 年	2030 年
北京	50%	77%	95%
天津	27%	61%	95%
河北	55%	75%	95%
山西	53%	73%	95%
内蒙古	52%	71%	95%
辽宁	50%	78%	95%
吉林	41%	69%	95%
黑龙江	38%	70%	95%
上海	53%	78%	95%
江苏	62%	82%	95%
浙江	62%	78%	95%
安徽	71%	80%	95%
福建	81%	86%	95%
江西	88%	91%	95%
山东	59%	78%	95%
河南	56%	75%	95%
湖北	78%	85%	95%
湖南	85%	91%	95%
广东	68%	83%	95%
广西	86%	90%	95%
海南	89%	95%	95%
重庆	78%	85%	95%
四川	77%	83%	95%
贵州	77%	85%	95%
云南	75%	87%	95%
西藏	90%	95%	95%
陕西	69%	82%	95%
甘肃	65%	82%	95%
青海	74%	88%	95%
宁夏	62%	79%	95%
新疆	85%	90%	95%
全国	60%	80%	95%

国务院办公厅印发《国家能源局主要职责内设机构和人员编制规定》

国务院办公厅于 2013 年 6 月 9 日以国办发〔2013〕51 号文，印发《国家能源局主要职责内设机构和人员编制规定》，内容如下：

国家能源局主要职责内设机构和人员编制规定

根据第十二届全国人民代表大会第一次会议批准的《国务院机构改革和职能转变方案》和《国务院关于部委管理的国家局设置的通知》（国发〔2013〕15 号），设立国家能源局（副部级），为国家发展和改革委员会管理的国家局。

一、职能转变

（一）取消的职责。

1. 取消电力、煤炭、油气企业的发展建设规划和专项发展建设规划审批。

2. 取消电力市场份额核定。

3. 取消电力用户向发电企业直接购电试点审批。

4. 取消水电站大坝运行安全信息化验收和安全监测系统检查验收。

5. 取消发电厂整体安全性评价审批。

6. 取消电力二次系统安全防护规范和方案审批。

7. 取消电力安全生产标准化达标评级审批。

8. 取消电力行业信息系统安全保护、网络与信息安全应急预案审批。

9. 根据《国务院机构改革和职能转变方案》需要取消的其他职责。

（二）下放的职责。

1. 将国家发展和改革委员会的供电营业区的设立、变更审批及供电营业许可证核发职责与国家能源局的电力业务许可证核发职责整合，下放区域能源监管机构。

2. 根据《国务院机构改革和职能转变方案》需要下放的其他职责。

（三）加强的职责。

1. 强化能源发展战略、规划和政策的拟订及组织实施，加强能源预测预警，提高国家能源安全保障能力。

2. 推进能源体制改革，加强能源法制建设，进一步发挥市场在资源配置中的基础性作用。

3. 完善能源监督管理体系，加强能源监督管理，推动能源消费总量控制，推进能源市场建设，维护能源市场秩序。

二、主要职责

（一）负责起草能源发展和有关监督管理的法律法规送审稿和规章，拟订并组织实施能源发展战略、规划和政策，推进能源体制改革，拟订有关改革方案，协调能源发展和改革中的重大问题。

（二）组织制定煤炭、石油、天然气、电力、新能源和可再生能源等能源，以及炼油、煤制燃料和燃料乙醇的产业政策及相关标准。按国务院规定权限，审批、核准、审核能源固定资产投资项目。指导协调农村能源发展工作。

（三）组织推进能源重大设备研发及其相关重大科研项目，指导能源科技进步、成套设备的引进消化创新，组织协调相关重大示范工程和推广应用新产品、新技术、新设备。

（四）负责核电管理，拟订核电发展规划、准入条件、技术标准并组织实施，提出核电布局和重大项目审核意见，组织协调和指导核电科研工作，组织核电厂的核事故应急管理工作。

（五）负责能源行业节能和资源综合利用，参与研究能源消费总量控制目标建议，指导、监督能源消费总量控制有关工作，衔接能源生产建设和供需平衡。

（六）负责能源预测预警，发布能源信息，参与能源运行调节和应急保障，拟订国家石油、天然气储备规划、政策并实施管理，监测国内外市场供求变化，提出国家石油、天然气储备订货、轮换和动用建议并组织实施，按规定权限审批或审核石油、天然气储备设施项目，监督管理商业石油、天然气储备。

（七）监管电力市场运行，规范电力市场秩序，监督检查有关电价，拟订各项电力辅助服务价格，研究提出电力普遍服务政策的建议并监督实施，负责电力行政执法。监管油气管网设施的公平开放。

（八）负责电力安全生产监督管理、可靠性管理和电力应急工作，制定除核安全外的电力运行安全、电力建设工程施工安全、工程质量安全监督管理办法并组织监督实施，组织实施依法设定的行政许可。依法组织或参与电力生产安全事故调查处理。

（九）组织推进能源国际合作，按分工同外国能源主管部门和国际能源组织谈判并签订协议，协调境外能源开发利用工作。按规定权限核准或审核能源（煤炭、石油、天然气、电力等）境外重大投资项目。

（十）参与制定与能源相关的资源、财税、环保及应对气候变化等政策，提出能源价格调整和进出口总量建议。

（十一）承担国家能源委员会具体工作。负责国家能源发展战略决策的综合协调和服务保障，推动建立健全协调联动机制。

（十二）承办国务院、国家能源委员会以及国家发展和改革委员会交办的其他事项。

三、内设机构

根据上述职责，国家能源局设12个内设机构：

（一）综合司。

负责文电、会务、机要、档案、督查、财务、资产管理等机关日常运转工作，承担政务公开、安全保密、信访，以及能源行业统计、预测预警等工作，承担国家能源委员会办公室的综合协调工作。

（二）法制和体制改革司。

研究能源重大问题，组织起草能源发展和有关监督管理的法律法规、规章送审稿，承担有关规范性文件的合法性审核工作，承担行政执法监督、行政复议、行政应诉等工作，承担能源体制改革有关工作。

（三）发展规划司。

研究提出能源发展战略建议，组织拟订能源发展规划、年度计划和产业政策，参与研究全国能源消费总量控制工作方案，指导、监督能源消费总量控制有关工作，承担能源综合业务。

（四）能源节约和科技装备司。

指导能源行业节能和资源综合利用工作，承担科技进步和装备相关工作，组织拟订能源行业标准（煤炭除外）。

（五）电力司。

拟订火电和电网有关发展规划、计划和政策并组织实施，承担电力体制改革有关工作，衔接电力供需平衡。

（六）核电司。

拟订核电发展规划、计划和政策并组织实施，组织核电厂的核事故应急管理工作。

（七）煤炭司。

拟订煤炭开发、煤层气、煤炭加工转化为清洁能源产品的发展规划、计划和政策并组织实施，承担煤炭体制改革有关工作，协调有关方面开展煤层气开发、淘汰煤炭落后产能、煤矿瓦斯治理和利用工作。

（八）石油天然气司（国家石油储备办公室）。

拟订油气开发、炼油发展规划、计划和政策并组织实施，承担石油天然气体制改革有关工作，承担国家石油、天然气储备管理工作，监督管理商业石油、天然气储备。

（九）新能源和可再生能源司。

指导协调新能源、可再生能源和农村能源发展，组织拟订新能源、水能、生物质能和其他可再生能源发展规划、计划和政策并组织实施。

（十）市场监管司。

组织拟订电力市场发展规划和区域电力市场设置方案，监管电力市场运行，监管输电、供电和非竞争性发电业务，处理电力市场纠纷，研究提出调整电价建议，监督检查有关电价和各项辅助服务收费标准，研究提出电力普遍服务政策的建议并监督实施，监管油气管网设施的公平开放。

（十一）电力安全监管司。

组织拟订除核安全外的电力运行安全、电力建设工程施工安全、工程质量安全监督管理办法的政策措施并监督实施，承担电力安全生产监督管理、可靠性管理和电力应急工作，负责水电站大坝的安全监督管理，依法组织或参与电力生产安全事故调查处理。

（十二）国际合作司。

组织推进能源国际交流与合作，按分工承担同外国能源主管部门和国际能源组织谈判并签订协议有关工作，拟订能源对外开放战略、规划及政策，协调境外能源开发利用。

机关党委（人事司）。承担机关和区域能源监管机构等直属单位的人事管理、机构编制、队伍建设、纪检监察等工作，负责机关和在京直属单位的党群工作。

四、人员编制

国家能源局机关行政编制240名。其中：局长1名、副局长4名，党组纪检组组长1名，司局领导职数42名（含监管总监1名、总工程师1名、总经济师1名、机关党委专职副书记1名）。

五、其他事项

（一）与国家发展和改革委员会的有关职责分工。1. 国家能源局负责拟订并组织实施能源发展战略、规划和政策，研究提出能源体制改革建议，负责能源监督管理等；国家发展和改革委员会主要是做好国民经济和社会发展规划与能源规划的协调衔接。2. 国家能源局拟订的能源发展战略、重大规划、产业政策和提出的能源体制改革建议，由国家发展和改革委员会审定或审核后报国务院。3. 国家能源局按规定权限核准、审核能源投资项目，其中重大项目报国家发展和改革委员会核准，或经国家发展和改革委员会审核后报国务院核准。能源的中央财政性建设资金投资，由国家能源局汇总提出安排建议，报国家发展和改革委员会审定后下达。4. 国家能源局拟订的石油、天然气战略储备规划和石油、天然气战略储备设施项目，提出的国家石油、天然气战略储备收储、动用建议，经国家发展和改革委员会审核后，报国务院审批。5. 国家能源局提出调整能源产品价格的建议，报国家发展和改革委员会审批或审核后报国务院审批；国家发展和改革委员会调整涉及能源产品的价格，应征求国家能源局意见。6. 核电自主化工作，在国家发展和改革委员会指导下，由国家能源局组织实施。7. 输配电价格成本审核办法由国家发展和改革委员会会同国家能源局制定，共同颁布实施。电力辅助服务价格由国家能源局拟订，经国家发展和改革委员会同意后颁布实施。跨区域电网输配电价由国家能源局审核，报国家发展和改革委员会核准。大用户用电直供的输配电价格，由国家能源局提出初步意见，报国家发展和改革委员会核批。区域电力市场发电容量电价，由国家能源局研究提出初步意见，报国家发展和改革委员会核批。8. 国家发展和改革委员会、国家能源局共同部署开展全国电力价格检查。委托国家能源局对电力企业之间的价格行为（上网电价、输配电价）进行监督检查；在容量电价、输配电价方面，国家能源局会同国家发展和改革委员会进行监督检查；在终端销售电价方面，国家发展和改革委员会会同国家能源局进行监督检查。9. 国家发展和改革委员会、国家能源局按照各自的职责对价格违法行为进行处理。国家发展和改革委员会对电价违法行为实施行政处罚，国家能源局对查出的电价违法违规行为，应及时向国家发展和改革委员会提出价格行政处罚建议。

（二）国家能源局在核能对外合作方面与相关部门的职责分工。在国家能源委员会下建立核能对外合作的国内协调机制，协调合作中涉及跨部门的重大问题；国家能源局、国家国防科技工业局负责政府间和平利用核能协定的对外谈判和签约工作，外交部、科技部等部门按职责分工参与谈判，配合做好相关工作；协定的执行工作，由各部门根据职责分工分别落实；在国际原子能机构框架下的多双边合作事宜，由国家原子能机构负责牵头组织、落实。

（三）原国家电力监管委员会设立的6个电力区域监管局以及12个电力监管专员办公室，划给国家能源局实行垂直管理，核定行政编制500名，其中司局领导职数42名，负责所辖区域内电力等能源的监督管理和行政执法工作，以及电力安全监管工作。

（四）所属事业单位的设置、职责和编制事项另行规定。

六、附则

本规定由中央机构编制委员会办公室负责解释，其调整由中央机构编制委员会办公室按规定程序办理。

本规定职能转变中下放的职责第一项涉及法律规定的调整，按法定程序办理。

国务院办公厅关于调整国务院南水北调工程建设委员会组成人员的通知

根据国务院机构设置及人员变动情况和工作需要，国务院对国务院南水北调工程建设委员会组成人员作了调整。2013年6月30日，国务院办公厅以国办发〔2013〕65号文将调整后的名单通知如下：

主　任：张高丽　国务院副总理
副主任：汪　洋　国务院副总理
成　员：徐绍史　国家发展改革委主任
陈　雷　水利部部长
万　钢　科技部部长
杨焕宁　公安部副部长
楼继伟　财政部部长
姜大明　国土资源部部长
周生贤　环境保护部部长
姜伟新　住房和城乡建设部部长
杨传堂　交通运输部部长
刘家义　审计署审计长
鄂竟平　南水北调办主任
丁向阳　国务院副秘书长
杜　鹰　国家发展改革委副主任
余欣荣　农业部副部长
刘士余　人民银行副行长
邵　宁　国务院国资委副主任
赵树丛　林业局局长
宋大涵　法制办主任
项俊波　保监会主席
吴新雄　能源局局长
励小捷　文物局局长
胡怀邦　开发银行董事长
王安顺　北京市市长
黄兴国　天津市市长
张庆伟　河北省省长
李学勇　江苏省省长
郭树清　山东省省长
谢伏瞻　河南省省长
王国生　湖北省省长
娄勤俭　陕西省省长

国务院办公厅关于切实做好汛期灾害防范应对工作的紧急通知

国务院办公厅于2013年7月10日，以国办发明电〔2013〕18号发出关于切实做好汛期灾害防范应对工作的紧急通知。全文如下：

今年入汛以来，全国多地出现强降雨过程，特别是近日安徽、湖北、四川等地持续遭受暴雨袭击，一些江河部分河段发生超保证水位洪水，雅安、都江堰等地先后发生山洪、泥石流、滑坡等灾害，造成重大人员伤亡和财产损失。部分大中城市遭受短时强降雨袭击，造成严重的城市内涝、交通瘫痪，给人民群众出行和城市安全运行带来较大影响。党中央、国务院对此高度重视，李克强总理等领导同志多次做出重要批示指示，要求有关地方和部门密切关注强降雨和极端天气变化情况，加强汛情监测预警，防范洪涝及地质灾害，及时组织群众转移避让，全力搜救失踪遇险人员，确保群众和搜救人员安全，确保堤防、水库等设施安全。

目前全国已进入主汛期，台风进入活跃期，自然灾害多发，必须高度警惕。据气象部门预报，近期四川、山东、山西等部分地区还将出现强降雨过程，同时今年第7号超强台风“苏力”逐渐逼近我国东南沿海，抗灾救灾形势十分严峻。为进一步做好灾害防范应对工作，切实保障人民群众生命财产安全，根据国务院领导同志的指示，现就有关事项通知如下：

一、切实加强灾害防范和监测预警。各地区、各有关部门要认真落实国务院领导同志关于加强抗灾救灾工作的批示指示精神，把确保人民群众生命安全放在第一位，认真查找防灾抗灾中的薄弱环节，制定严密的防范措施，有效防范和应对各类灾害发生。要密切监视雨情、汛情、风情及其发展变化，充实监测力量，改进监测方法，加密监测频次，及时会商分析，滚动预测预报。重点加强局部性、突发性灾害天气的监测预报，努力提高预报精度、延长预见期，为抗灾减灾工作提供决策参考。充分利用手机短信、电子显示屏、广播电视、网络等多种途径，及时发布灾害预警信息，提醒社会公众主动采取防灾避险措施。

二、进一步做好抗灾救灾各项准备。要全力做好暴雨、山洪、泥石流、滑坡等灾害预防工作，坚决避免群死群伤事件的发生。进一步细化完善相关预案，增强针对性和可操作性。落实好各类专业抢险队伍和群众抢险队伍，加强与军队的沟通联系，及时通报情况，充分发挥人民子弟兵在抗灾救灾中的主力军和突击队作用。按照防大灾、抢大险要求，切实做好抢险救灾物资、装备等储备，确保满足抗灾救灾工作需要。

三、突出抓好各项防灾减灾措施的落实。要做好山洪泥石流灾害易发区、危险校舍、简易工棚等安全排查，遇有重大灾害性天气和险情，学校要停课、厂矿要停工、大型集会活动要取消，及时转移并妥善安置受威胁地区人员，避免造成人员伤亡。及早筛查易发生内涝的城市积水点，提前采取有效措施，将内涝积水对城市居民生活、生产的影响降到最低。前期遭受洪涝灾害地区要组织力量，加强对水利工程的巡查，做到险情早发现、早处理，确保江河防洪安全和水库安全度汛。当前，7 号超强台风“苏力”即将登陆东南沿海，有关地区和部门要高度重视，密切跟踪，加强研判，及时行动，切实做好人员、船只避险等防范工作。

四、全力做好灾害抢险和应急处置工作。灾害发生后，有关地区和部门要立即启动应急预案，及时协调解放军、武警、公安以及防汛抢险等专业队伍，千方百计搜救被困人员，全力做好伤员救治和卫生防疫，及时做好废墟清理、险情抢护和有关善后工作。妥善安置受灾群众生活，确保受灾群众有饭吃、有衣穿、有住所、有洁净水喝、有病能得到及时医治。要做好损毁的基础设施、公共设施和民房等恢复重建工作，积极组织恢复生产生活秩序。交通运输、铁路、电力、通信等部门要及时采取有力措施，确保交通运输和通信安全畅通，确保电力供应。

五、严格落实抗灾救灾工作责任制。要以对人民群众生命安全和国家财产高度负责的精神，进一步加强汛期灾害防范应对工作的组织领导。主要负责同志要靠前指挥，深入一线指导抗灾救灾，现场解决抗灾救灾中的突出问题。严格落实各项抗灾救灾责任制，做到任务逐级分解，确保责任层层落实到位。要进一步加强值守应急工作，安排熟悉情况、责任心强的人员 24 小时值班，有关负责同志要亲自带班，保证信息沟通联络畅通。专业指挥协调机构要充分履行综合协调职能，各有关部门要按照职责分工，各司其职、各负其责，共同做好抗灾救灾工作。遇突发性灾害事件，要立即组织处置，迅速发布信息，正确引导舆论，重大情况要及时向国务院报告。对领导不力、工作疏忽或处置失当造成严重后果的，要按照规定严肃追究有关领导和人员的责任。

国家发展和改革委员会、工业和信息化部、财政部、住房和城乡建设部、交通运输部、铁道部、水利部、国家广播电影电视总局、中国民用航空局令

第 23 号

为落实《国务院办公厅转发发展改革委法制办监察部关于做好招标投标法实施条例贯彻实施工作意见的通知》（国办发〔2012〕21 号）关于全面清理与招投标有关规定的要求，国家发展改革委会同有关部门，根据《招标投标法实施条例》，在广泛征求意见的基础上，对《招标投标法》实施以来国家发展改革委牵头制定的规章和规范性文件进行了全面清理。经过清理，决定：

一、对 1 件规范性文件予以废止。（附件 1）

二、对 11 件规章、1 件规范性文件的部分条款予以修改。（附件 2）

上述规章和规范性文件，属于国家发展改革委会同有关部门发布的，由国家发展改革委会同有关部门修改；属于国家发展改革委发布的，由国家发展改革委废止或者修改。

本决定自 2013 年 5 月 1 日起施行。

附件 1：决定废止的规范性文件

附件 2：决定修改的规章和规范性文件

附件 1

决定废止的规范性文件

关于抓紧做好标准施工招标资格预审文件和标准施工招标文件试点工作的通知（发改法规〔2008〕938 号）。

附件 2

决定修改的规章和规范性文件

一、对《招标公告发布暂行办法》（国家发展计划委员会令第 4 号）做出修改

（内容略）

二、对《工程建设项目自行招标试行办法》(国家发展计划委员会令第5号)做出修改

(内容略)

三、对《工程建设项目可行性研究报告增加招标内容和核准招标事项暂行规定》(国家发展计划委员会令第9号)做出修改

(内容略)

四、对《评标委员会和评标方法暂行规定》(国家发展计划委员会、国家经济贸易委员会、建设部、铁道部、交通部、信息产业部、水利部令第12号)做出修改

(内容略)

五、对《国家重大建设项目招标投标监督暂行办法》(国家发展计划委员会令第18号)做出修改

(内容略)

六、对《评标专家和评标专家库管理暂行办法》(国家发展计划委员会令第29号)做出修改

(内容略)

七、对《工程建设项目勘察设计招标投标办法》(国家发展和改革委员会、建设部、铁道部、交通部、信息产业部、水利部、民航总局、广电总局令第2号)做出修改

(内容略)

八、对《工程建设项目施工招标投标办法》(国家发展计划委员会、建设部、铁道部、交通部、信息产业部、水利部、民航总局令第30号)做出修改

(内容略)

九、对《工程建设项目招标投标活动投诉处理办法》(国家发展和改革委员会、建设部、铁道部、交通部、信息产业部、水利部、民航总局令第11号)做出修改

(内容略)

十、对《工程建设项目货物招标投标办法》(国家发展和改革委员会、建设部、铁道部、交通部、信息产业部、水利部、民航总局令第27号)做出修改

(内容略)

十一、对《〈标准施工招标资格预审文件〉和〈标准施工招标文件〉试行规定》(国家发展和改革委员会、财政部、建设部、铁道部交通部、信息产业部、水利部、民航总局、广电总局令第56号)做出修改

(内容略)

十二、对《国家发展计划委员会关于指定发布依法必须招标项目招标公告的媒介的通知》(计政策〔2000〕868号)做出修改

(内容略)

国家发展改革委、财政部、水利部关于水资源费征收标准有关问题的通知

国家发展改革委、财政部、水利部于2013年1月7日以发改价格〔2013〕29号文,发出关于水资源费征收标准有关问题的通知。全文如下:

自2006年《取水许可和水资源费征收管理条例》(国务院令第460号)颁布以来,各地积极推进水资源费改革,征收范围不断扩大,征收标准逐步提高,征收力度不断加强,对促进水资源节约、保护、管理与合理开发利用发挥了积极作用。但是,仍存在水资源费标准分类不规范、征收标准特别是地下水征收标准总体偏低、水资源状况和经济发展水平相近地区征收标准差异过大、超计划或者超定额取水累进收取水资源费制度未普遍落实等问题。为指导各地进一步加强水资源费征收标准管理,规范征收标准制定行为,促进水资源节约和保护,现就有关问题提出如下意见:

一、明确水资源费征收标准制定原则。(一)充分反映不同地区水资源禀赋状况,促进水资源的合理配置;(二)统筹地表水和地下水的合理开发利用,防止地下水过量开采,促进水资源特别是地下水资源的保护;(三)支持低消耗用水,鼓励回收利用水,限制超量取用水,促进水资源的节约;(四)考虑不同产业和行业取用水的差别特点,促进水资源的合理利用;(五)充分考虑当地经济发展水平和社会承受能力,促进社会和谐稳定。

二、规范水资源费标准分类。区分地表水和地下水分类制定水资源费征收标准。地表水分为农业、城镇公共供水、工商业、水力发电、火力发电、特种行业及其他取用水;地下水分为农业、城镇公共供水、

工商业、特种行业及其他取用水。特种行业取用水包括洗车、洗浴、高尔夫球场、滑雪场等取用水。在上述分类范围内，各省（自治区、直辖市）可根据本地区水资源状况、产业结构和调整方向等情况，进行细化分类。

三、合理确定水资源费征收标准调整目标。各地要积极推进水资源费改革，综合考虑当地水资源状况、经济发展水平、社会承受能力以及不同产业和行业取用水的差别特点，结合水利工程供水价格、城市供水价格、污水处理费改革进展情况，合理确定每个五年规划本地区水资源费征收标准计划调整目标。在2015年底（“十二五”末）以前，地表水、地下水水资源费平均征收标准原则上应调整到本通知建议的水平以上，具体水平见附表。各地可参照上述目标制定本地区水资源费征收标准调整计划和实施时间表，分步推进。

全省（自治区、直辖市）范围内不同市县水资源状况、地下水开采和利用等情况差异较大的地区，可分区域制定不同的水资源费征收标准。

四、严格控制地下水过量开采。同一类型取用水，地下水水资源费征收标准要高于地表水，水资源紧缺地区地下水水资源费征收标准要大幅高于地表水；超采地区的地下水水资源费征收标准要高于非超采地区，严重超采地区的地下水水资源费征收标准要大幅高于非超采地区；城市公共供水管网覆盖范围内取用地下水的自备水源水资源费征收标准要高于公共供水管网未覆盖地区，原则上要高于当地同类用途的城市供水价格。

五、支持农业生产和农民生活合理取用水。对规定限额内的农业生产取水，不征收水资源费。对超过限额部分尚未征收水资源费且经济社会发展水平低、农民承受能力弱的地区，要妥善把握开征水资源费的时机；对超过限额部分已经征收水资源费的地区，应综合考虑当地水资源条件、农业用水价格水平、农业水费收取情况、农民承受能力以及促进农业节约用水需要等因素从低制定征收标准。主要供农村人口生活用水的集中式饮水工程，暂按当地农业生产取水水资源费政策执行。

农业生产用水包括种植业、畜牧业、水产养殖业、林业用水。

六、鼓励水资源回收利用。采矿排水（疏干排水）应当依法征收水资源费。采矿排水（疏干排水）由本企业回收利用的，其水资源费征收标准可从低征收。对取用污水处理回用水免征水资源费。

七、合理制定水力发电用水征收标准。各地应充分考虑水力发电利用水力势能发电、基本不消耗水量的特点，合理制定当地水力发电用水水资源费征收标准，具体标准可参照中央直属和跨省水力发电水资源费征收标准执行。

八、对超计划或者超定额取水制定惩罚性征收标准。除水力发电、城市供水企业取水外，各取水单位或个人超计划或者超定额取水实行累进收取水资源费。由流域管理机构审批取水的中央直属和跨省、自治区、直辖市水利工程超计划或者超定额取水的，超出计划或定额不足20%的水量部分，在原标准基础上加一倍征收；超出计划或定额20%及以上、不足40%的水量部分，在原标准基础上加两倍征收；超出计划或定额40%及以上水量部分，在原标准基础上加三倍征收。其他超计划或者超定额取水的，具体比例和加收标准由各省、自治区、直辖市物价、财政、水利部门制定。由政府制定商品或服务价格的，经营者超计划或者超定额取水缴纳的水资源费不计入商品或服务定价成本。

各地要认真落实超计划或者超定额取水累进收取水资源费制度，尽快制定累进收取水资源费具体办法。

九、加强水资源费征收使用管理。各级水资源费征收部门不得重复征收水资源费，不得擅自扩大征收范围、提高征收标准、超越权限收费。要采取切实措施，加大地下水自备水源水资源费征收力度，不得擅自降低征收标准，不得擅自减免、缓征或停征水资源费，确保应征尽征，防止地下水过量开采。同时，要严格落实《水资源费征收使用管理办法》（财综〔2008〕79号）的规定，确保将水资源费专项用于水资源的节约、保护和管理，也可以用于水资源的合理开发，任何单位和个人不得平调、截留或挪作他用。

十、做好组织实施和宣传工作。各地要高度重视水资源费征收标准制定工作，加强组织领导，周密部署，协调配合，抓好落实。要认真做好水资源费改革和征收标准调整的宣传工作，努力营造良好的舆论环境。

各地制定和调整的水资源费征收标准，要及时报国家发展改革委、财政部和水利部备案。

附件：“十二五”末各地区水资源费最低征收标准（略）

国家发展改革委关于调整销售电价分类结构有关问题的通知

国家发展改革委于2013年5月24日以发改价格〔2013〕973号文，发出关于调整销售电价分类结构有关问题的通知。全文如下：

为健全和完善销售电价体系，促进电力用户公平负担，合理配置电力资源，根据《国务院办公厅关于印发电价改革方案的通知》（国办发〔2003〕62 号）、《国家发展改革委关于印发电价改革实施办法的通知》（发改价格〔2005〕514 号）等有关规定，决定逐步调整销售电价分类结构，规范各类销售电价的适用范围。现将有关事项通知如下：

一、调整销售电价分类结构

（一）将销售电价由现行主要依据行业、用途分类，逐步调整为以用电负荷特性为主分类，逐步建立结构清晰、比价合理、繁简适当的销售电价分类结构体系。

（二）将现行销售电价逐步归并为居民生活用电、农业生产用电和工商业及其他用电价格三个类别。

（三）销售电价分类结构调整，要考虑用户及电网企业承受能力，分步实施，平稳过渡。

二、规范各类销售电价适用范围

（一）居民生活用电价格，是指城乡居民家庭住宅，以及机关、部队、学校、企事业单位集体宿舍的生活用电价格。

城乡居民住宅小区公用附属设施用电（不包括从事生产、经营活动用电），执行居民生活用电价格。

学校教学和学生生活用电、社会福利场所生活用电、宗教场所生活用电、城乡社区居民委员会服务设施用电以及监狱监房生活用电，执行居民生活用电价格。

（二）农业生产用电价格，是指农业、林木培育和种植、畜牧业、渔业生产用电，农业灌溉用电，以及农业服务业中的农产品初加工用电的价格。其他农、林、牧、渔服务业用电和农副食品加工业用电等不执行农业生产用电价格。

（三）工商业及其他用电价格，是指除居民生活及农业生产用电以外的用电价格。

农村饮水安全工程供水用电，执行居民生活用电或农业生产用电价格，具体由各省（自治区、直辖市）价格主管部门根据实际情况确定。

各类销售电价具体适用范围见附件。

三、过渡时期的措施

销售电价分类结构原则上应于 5 年左右调整到位。过渡期间可采取以下措施：

（一）暂单列大工业用电类别。将现行大工业用电中的电解铝、电炉铁合金、电解烧碱、黄磷、电石、中小化肥等用电逐步归并于大工业用电类别。

（二）将现行非居民照明、非工业及普通工业、商业三类用电归并为一般工商业及其他用电类别。

（三）一般工商业及其他用电与大工业用电，逐步归并为工商业及其他用电类别。

（四）将目前单列的农业排灌用电、贫困县农业排灌用电和深井高扬程用电，逐步归并到农业生产用电类别。

（五）在用电类别归并过程中，按电压等级进行分档定价。具备条件的，可同时按电压等级、用电容量或单位容量用电量（利用小时）进行分档定价。

（六）一般工商业及其他用电中，受电变压器容量（含不通过变压器接用的高压电动机容量）在 315kVA（kW）及以上的，可先行与大工业用电实行同价并执行两部制电价。具备条件的地区，可扩大到 100kVA（kW）以上用电。

四、有关要求

各省（自治区、直辖市）价格主管部门要按照本通知要求，尽快规范各类销售电价适用范围。各类销售电价之间的归并涉及用户之间利益调整，影响面较宽，省级价格主管部门要深入细致地测算、分析对各类电力用户和电网企业的影响，积极稳妥、循序渐进地推进。实施过程中如有问题，请及时向国家发展改革委报告。

附件：销售电价分类适用范围。

附件

销售电价分类适用范围

一、居民生活用电

城乡居民住宅用电：是指城乡居民家庭住宅，以及机关、部队、学校、企事业单位集体宿舍的生活用电。

城乡居民住宅小区公用附属设施用电：是指城乡居民家庭住宅小区内的公共场所照明、电梯、电子防盗门、电子门铃、消防、绿地、门卫、车库等非经营性用电。

学校教学和学生生活用电：是指学校的教室、图书馆、实验室、体育用房、校系行政用房等教学设施，以及学生食堂、澡堂、宿舍等学生生活设施用电。

执行居民用电价格的学校，是指经国家有关部门批准，由政府及其有关部门、社会组织和公民个人举办的公办、民办学校，包括：①普通高等学校（包括大学、独立设置的学院和高等专科学校）；②普通高中、成人高中和中等职业学校（包括普通中专、成人中专、职业高中、技工学校）；③普通初中、职业初中、成人初中；④普通小学、成人小学；⑤幼儿园

（托儿所）；⑥特殊教育学校（对残障儿童、少年实施义务教育的机构）。不含各类经营性培训机构，如驾校、烹饪、美容美发、语言、电脑培训等。

社会福利场所生活用电：是指经县级及以上人民政府民政部门批准，由国家、社会组织和公民个人举办的，为老年人、残疾人、孤儿、弃婴提供养护、康复、托管等服务场所的生活用电。

宗教场所生活用电：指经县级及以上人民政府宗教事务部门登记的寺院、宫观、清真寺、教堂等宗教活动场所常住人员和外来暂住人员的生活用电。

城乡社区居民委员会服务设施用电：是指城乡居民社区居民委员会工作场所及非经营公益服务设施的用电。

二、农业生产用电

农业用电：是指各种农作物的种植活动用电。包括谷物、豆类、薯类、棉花、油料、糖料、麻类、烟草、蔬菜、食用菌、园艺作物、水果、坚果、含油果、饮料和香料作物、中药材及其他农作物种植用电。

林木培育和种植用电：是指林木育种和育苗、造林和更新、森林经营和管护等活动用电。其中，森林经营和管护用电是指在林木生长的不同时期进行的促进林木生长发育的活动用电。

畜牧业用电：是指为了获得各种畜禽产品而从事的动物饲养活动用电。不包括专门供体育活动和休闲等活动相关的禽畜饲养用电。

渔业用电：是指在内陆水域对各种水生动物进行养殖、捕捞，以及在海水中对各种水生动植物进行养殖、捕捞活动用电。不包括专门供体育活动和休闲钓鱼等活动用电以及水产品的加工用电。

农业灌溉用电：指为农业生产服务的灌溉及排涝用电。

农产品初加工用电：是指对各种农产品（包括天然橡胶、纺织纤维原料）进行脱水、凝固、去籽、净化、分类、晒干、剥皮、初烤、沤软或大批包装以提供初级市场的用电。

三、工商业及其他用电

工商业及其他用电：是指除居民生活及农业生产用电以外的用电。

大工业用电：是指受电变压器（含不通过受电变压器的高压电动机）容量在 315kVA 及以上的下列用电：①以电为原动力，或以电冶炼、烘焙、熔焊、电解、电化、电热的工业生产用电；②铁路（包括地下铁路、城铁）、航运、电车及石油（天然气、热力）加压站生产用电；③自来水、工业实验、电子计算中心、垃圾处理、污水处理生产用电。

中小化肥用电：是指年生产能力为 30 万 t 以下（不含 30 万 t）的单系列合成氨、磷肥、钾肥、复合肥料生产企业中化肥生产用电。其中复合肥料是指含有氮磷钾两种以上（含两种）元素的矿物质，经过化学方法加工制成的肥料。

农副食品加工业用电：是指直接以农、林、牧、渔产品为原料进行的谷物磨制、饲料加工、植物油和制糖加工、屠宰及肉类加工、水产品加工，以及蔬菜、水果、坚果等食品的加工用电。

国家发展和改革委员会关于做好 2013 年电力迎峰度夏工作的意见

国家发展改革委于 2013 年 6 月 8 日以发改运行〔2013〕1081 号文，发出关于做好 2013 年电力迎峰度夏工作的意见。全文如下：

夏季是我国用电高峰时期，负荷需求高，保障难度大，需要从增加有效供应和强化需求侧管理两方面入手，统筹做好各项工作。为确保今年电力迎峰度夏形势平稳，促进经济平稳增长，特制定本意见。

一、准确把握今年迎峰度夏面临的形势和总体工作要求

今年以来，受需求放缓影响，除天然气外，煤电油运供需均较为宽松。预计迎峰度夏期间，全国电力需求增速将有所回升，大部分地区供需基本平衡，个别地区高峰时段平衡偏紧，西南水电消纳压力较大；气温、来水方面存在较大不确定性，空调负荷可能增加较多。

今年迎峰度夏的总体工作要求是：认真落实党中央、国务院关于经济工作、安全生产工作的重要部署，把居民生活等重点用电摆在突出位置全力予以保障，积极消纳清洁能源，提高供电可靠水平，加强电力安全生产，强化电力需求侧管理，坚持深化改革，推动建立保障电力稳定运行的长效机制，确保电力迎峰度夏形势平稳。

二、尽力消纳清洁能源，缓解窝电矛盾

（一）加强运行调节。经济运行部门应科学制定年度电力电量平衡方案，大力实施差别电量计划和替代发电。水电富余地区应进一步拉大丰枯电价价差，挖掘用电潜力，加大替代发电力度，扩大替代区域。电力企业应提高科学调度水平，优化运行方式，强化跨省跨区电能交易；加强与水利、气象部门的沟通配

合，密切监测水情，合理安排腾库拦蓄，优化流域梯级发电。

（二）提高送电能力。电网企业应加快大型水电送出线路施工建设，力争尽早投运溪洛渡、糯扎渡水电送广东线路，溪洛渡水电送浙江线路应加快工期，确保明年汛期能发挥作用，今年通过现有线路转送电力。国家发展改革委、国家能源局将会同有关部门，支持加快云南、四川、蒙西和东北、西北等地的外送电通道建设。弃风严重地区应科学规划风电发展，暂停新上项目，积极探索风电消纳新途径。

（三）强化创新挖潜。有关方面应认真落实可再生能源发展规划，落实并完善新能源发展的各项优惠政策，进一步研究制定水火互济补偿政策，建立完善跨省区送电监管机制，加强对跨省跨区送电的指导和协调。

三、努力消除配电网瓶颈环节，提高供电可靠水平

（一）抓好配电设施落地。各地应将电网建设规划纳入城市规划和土地规划，预留电网建设用地，为企业征地拆迁、建设施工提供强有力的支持。

（二）抓好配电网改造。电网企业应提高城乡配电网投入水平，加快迎峰度夏工程建设进度，力争6月底前完成；查找薄弱环节，重点解决低压台区变压器和线路过载问题。

（三）抓好居民一户一表改造。电网企业应全力避免新增合表用电现象，加快现有合表用户的一户一表改造。

（四）抓好代建配电资产回购。对以前由用户出资形成的配电网资产，电网企业应尽快予以回购。

（五）抓好优质服务。电网企业应加强配电网运行管理和负荷预测，严格计划停电管理，尽可能减少临时停电；对新增合理用电需求，主动与用户沟通协商，优化作业程序，缩短接电时间；加强对服务热线反映信息的分析，有针对性的改进服务。

（六）抓好管理创新。鼓励社会力量参与配电设施建设、改造，可通过由电网企业保障投资方合理收益等方式，吸引社会投资，缓解配网矛盾。

四、强化各环节管理，确保安全生产

（一）开展安全检查。深刻吸取吉林德惠宝源丰禽业公司火灾特别重大人身伤亡事故教训，落实企业的主体责任和监管机构的监管职责，加强重大危险源安全监督管理。

（二）加强风险管控。超前制定控制策略，加快标准和系统建设，提高驾驭大电网的能力。

（三）排查治理隐患。彻底排查解决安全生产中的突出问题和薄弱环节，建立完善重大隐患排查公示、挂牌督办长效机制，重大隐患要限期整改。

（四）加强设备管理。加快老旧设备更新改造，提高设备健康水平。妥善安排设备检修和机组脱硝改造，稳定电煤库存水平，全力避免非计划停运，确保核电运行安全。

（五）强化设施保护。有关各方落实施工管理程序和安全责任，防止起重机碰线等外力破坏事件，严厉打击盗窃、破坏电力设施的违法行为。对盗窃、破坏电力设施集中地区建立公开通报制度。

（六）提升应急能力。各地应坚持“预防与应急并重，常态与非常态结合”的原则，不断完善和演练电力应急预案。电力企业应继续加强应急能力建设，积极研究和推广适用技术，做好应急物资储备，完善信息报告披露制度，全面提高事故处置、应急抢修和恢复供电的能力。

五、加强电煤衔接，努力保障电力生产供应

（一）推进中长期合同。国家发展改革委将会同有关部门，开展2013年电煤合同履行检查活动，研究推进中长期合同的鼓励政策，重点保障中长期合同的资源和运力，优先协调有关矛盾和问题；建立合同履约信用评价制度，推动第三方机构建立电煤合同履约信用记录，促进提高中长期合同兑现率。

（二）挖掘运能潜力。交通运输部门和铁路总公司应优化运输结构，加强电煤运输组织协调。

六、坚持有保有限，确保居民用电安全可靠

（一）常态化开展有序用电。各地应继续制定、完善不同负荷水平下的有序用电方案；强化工作责任，完善工作措施，加强监督检查；妥善处理一般用电和重点用电之间的关系，全力保障居民生活用电，不得发生与民争电。

（二）加强舆论监督。鼓励新闻媒体、社区群众进行监督，把保障老百姓生活用电落到实处。

七、加强需求侧管理，提升电力综合管理水平

（一）强化供需平衡。注重发挥电力负荷管理系统等技术手段的作用，促进错避峰用电，平衡供需缺口，避免拉闸限电；充分发挥峰谷、丰枯、尖峰电价等价格杠杆作用，促进移峰填谷和节约用电；尝试开展需求响应，通过技术手段和市场化方式削减高峰负荷。

（二）促进结构调整。有关各方应积极保证战略性新兴产业、服务业和产品有市场、附加值高、效益

明显的企业用电安全可靠，严格限制违规建成或在建项目用电，限制淘汰类、限制类企业用电。

（三）建立工作手段。积极推进电网企业电力需求侧管理目标责任考核；加快建立国家电力需求侧管理平台，发展电能服务业，扎实做好城市综合试点工作。

八、建立保障电力安全稳定运行的长效机制

（一）做好资源性产品价格改革工作。认真落实电价改革的相关措施，简化销售电价分类，扩大工商业用电同价实施范围，完善煤电价格联动机制和水电、核电上网价格形成机制。推进全国煤炭交易市场体系建设。在保障人民群众基本生活需求的前提下，综合考虑资源节约利用和环境保护等因素，不断完善居民生活用电、用水、用气等阶梯价格制度。

（二）探索发输售用电直接交易和售电侧电力体制改革试点。遵循市场经济规律和电力技术经济规律，按照《国务院批转发展改革委关于2013年深化经济体制改革重点工作意见的通知》（国发〔2013〕20号）要求，在售电侧逐步引入竞争机制，通过大用户直购电为主体等多种方式，培育售电侧市场，加快形成独立的输配电价机制，形成有效竞争的电力市场格局，构建政府监管下的统一电力市场体系。当前要在坚持明确输配电价、足额缴纳相关基金和附加、严格执行环保和电价政策的前提下，进一步做好大用户直供试点，开展电力用户与发、输、售电企业直接交易。支持电力富余特别是夏季水电可能大量弃水的地区先行尝试；支持风电、太阳能发电、分布式发电等通过直接交易多出力、多发电。

（三）完善电力运行调节机制。发挥煤电油气运保障工作部际协调机制的作用，不断完善调节机制和手段，统筹做好保障协调工作。加强发电生产运行管理考核，促使保持合理电煤库存，合理安排备用容量，提高火电机组负荷率，及时解决运行中的各种矛盾。建立健全停电管理考核机制，切实促进安全可靠供电。

国家发展改革委印发《分布式发电管理暂行办法》

国家发展改革委于2013年7月18日以发改能源〔2013〕1381号文，印发《分布式发电管理暂行办法》。全文如下：

分布式发电管理暂行办法

第一章　总　　则

第一条　为推进分布式发电发展，加快可再生能源开发利用，提高能源效率，保护生态环境，根据《中华人民共和国可再生能源法》、《中华人民共和国节约能源法》等规定，制定本办法。

第二条　本办法所指分布式发电，是指在用户所在场地或附近建设安装、运行方式以用户端自发自用为主、多余电量上网，且在配电网系统平衡调节为特征的发电设施或有电力输出的能量综合梯级利用多联供设施。

第三条　本办法适用于以下分布式发电方式：

（一）总装机容量5万kW及以下的小水电站；

（二）以各个电压等级接入配电网的风能、太阳能、生物质能、海洋能、地热能等新能源发电；

（三）除煤炭直接燃烧以外的各种废弃物发电，多种能源互补发电，余热余压余气发电、煤矿瓦斯发电等资源综合利用发电；

（四）总装机容量5万kW及以下的煤层气发电；

（五）综合能源利用效率高于70%且电力就地消纳的天然气热电冷联供等。

第四条　分布式发电应遵循因地制宜、清洁高效、分散布局、就近利用的原则，充分利用当地可再生能源和综合利用资源，替代和减少化石能源消费。

第五条　分布式发电在投资、设计、建设、运营等各个环节均依法实行开放、公平的市场竞争机制。分布式发电项目应符合有关管理要求，保证工程质量和生产安全。

第六条　国务院能源主管部门会同有关部门制定全国分布式发电产业政策，发布技术标准和工程规范，指导和监督各地区分布式发电的发展规划、建设和运行的管理工作。

第二章　资源评价和综合规划

第七条　发展分布式发电的领域包括：

（一）各类企业、工业园区、经济开发区等；

（二）政府机关和事业单位的建筑物或设施；

（三）文化、体育、医疗、教育、交通枢纽等公共建筑物或设施；

（四）商场、宾馆、写字楼等商业建筑物或设施；

（五）城市居民小区、住宅楼及独立的住宅建筑物；

（六）农村地区村庄和乡镇；

（七）偏远农牧区和海岛；

（八）适合分布式发电的其他领域。

第八条 目前适用于分布式发电的技术包括：

（一）小水电发供用一体化技术；

（二）与建筑物结合的用户侧光伏发电技术；

（三）分散布局建设的并网型风电、太阳能发电技术；

（四）小型风光储等多能互补发电技术；

（五）工业余热余压余气发电及多联供技术；

（六）以农林剩余物、畜禽养殖废弃物、有机废水和生活垃圾等为原料的气化、直燃和沼气发电及多联供技术；

（七）地热能、海洋能发电及多联供技术；

（八）天然气多联供技术、煤层气（煤矿瓦斯）发电技术；

（九）其他分布式发电技术。

第九条 省级能源主管部门会同有关部门，对可用于分布式发电的资源进行调查评价，为分布式发电规划编制和项目建设提供科学依据。

第十条 省级能源主管部门会同有关部门，根据各种可用于分布式发电的资源情况和当地用能需求，编制本省、自治区、直辖市分布式发电综合规划，明确分布式发电各重点领域的发展目标、建设规模和总体布局等，报国务院能源主管部门备案。

第十一条 分布式发电综合规划应与经济社会发展总体规划、城市规划、天然气管网规划、配电网建设规划和无电地区电力建设规划等相衔接。

第三章 项目建设和管理

第十二条 鼓励企业、专业化能源服务公司和包括个人在内的各类电力用户投资建设并经营分布式发电项目，豁免分布式发电项目发电业务许可。

第十三条 各省级投资主管部门和能源主管部门组织实施本地区分布式发电建设。依据简化程序、提高效率的原则，实行分级管理。

第十四条 国务院能源主管部门组织分布式发电示范项目建设，推动分布式发电发展和管理方式创新，促进技术进步和产业化。

第四章 电网接入

第十五条 国务院能源主管部门会同有关方面制定分布式发电接入配电网的技术标准、工程规范和相关管理办法。

第十六条 电网企业负责分布式发电外部接网设施以及由接入引起公共电网改造部分的投资建设，并为分布式发电提供便捷、及时、高效的接入电网服务，与投资经营分布式发电设施的项目单位（或个体经营者、家庭用户）签订并网协议和购售电合同。

第十七条 电网企业应制定分布式发电并网工作流程，以城市或县为单位设立并公布接受分布式发电投资人申报的地点及联系方式，提高服务效率，保证无障碍接入。

对于以35kV及以下电压等级接入配电网的分布式发电，电网企业应按专门设置的简化流程办理并网申请，并提供咨询、调试和并网验收等服务。

对于小水电站和以35kW以上电压等级接入配电网的分布式发电，电网企业应根据其接入方式、电量使用范围，本着简便和及时高效的原则做好并网管理，提供相关服务。

第十八条 鼓励结合分布式发电应用建设智能电网和微电网，提高分布式能源的利用效率和安全稳定运行水平。

第十九条 国务院能源主管部门派出机构负责建立分布式发电监管和并网争议解决机制，切实保障各方权益。

第五章 运行管理

第二十条 分布式发电有关并网协议、购售电合同的执行及多余上网电量的收购、调剂等事项，由国务院能源主管部门派出机构会同省级能源主管部门协调，或委托下级部门协调。

分布式发电如涉及供电营业范围调整，由国务院能源主管部门派出机构会同省级能源主管部门根据相关法律法规予以明确。

第二十一条 分布式发电以自发自用为主，多余电量上网，电网调剂余缺。采用双向计量电量结算或净电量结算的方式，并可考虑峰谷电价因素。结算周期在合同中商定，原则上按月结算。电网企业应保证分布式发电多余电量的优先上网和全额收购。

第二十二条 国务院能源主管部门派出机构会同省级能源主管部门组织建立分布式发电的监测、统计、信息交换和信息公开等体系，可委托电网企业承担有关信息统计工作，分布式发电项目单位（或个体经营者、家庭用户）应配合提供有关信息。

第二十三条 分布式发电投资方要建立健全运行管理规章制度。包括个人和家庭用户在内的所有投资方，均有义务在电网企业的指导下配合或参与运行维护，保障项目安全可靠运行。

第二十四条 分布式发电设施并网接入点应安装电能计量装置，满足上网电量的结算需要。电网企业负责对电能计量进行管理。

分布式发电在运行过程中应保存完整的能量输出和燃料消耗计量数据。

第二十五条 拥有分布式发电设施的项目单位、

个人及家庭用户应接受能源主管部门及相关部门的监督检查，如实提供包括原始数据在内的运行记录。

第二十六条　分布式发电应满足有关发电、供电质量要求，运行管理应满足有关技术、管理规定和规程规范要求。

电网及电力运行管理机构应优先保障分布式发电正常运行。具备条件的分布式发电在紧急情况下应接受并服从电力运行管理机构的应急调度。

第六章　政策保障及措施

第二十七条　根据有关法律法规及政策规定，对符合条件的分布式发电给予建设资金补贴或单位发电量补贴。建设资金补贴方式仅限于电力普遍服务范围。享受建设资金补贴的，不再给予单位发电量补贴。

享受补贴的分布式发电包括：风力发电、太阳能发电、生物质发电、地热发电、海洋能发电等新能源发电。其他分布式发电的补贴政策按相关规定执行。

第二十八条　对农村、牧区、偏远地区和海岛的分布式发电，以及分布式发电的科学技术研究、标准制定和示范工程，国家给予资金支持。

第二十九条　加强科学技术普及和舆论宣传工作，营造有利于加快发展分布式发电的社会氛围。

第七章　附　　则

第三十条　各省级能源主管部门会同国务院能源主管部门派出机构及价格、财政等主管部门，根据本办法制定分布式发电管理实施细则。

第三十一条　本办法自发布之日起施行。

国家发展改革委关于调整可再生能源电价附加标准与环保电价有关事项的通知

国家发展改革委于2013年8月27日，以发改价格〔2013〕1651号文发出关于调整可再生能源电价附加标准与环保电价有关事项的通知。全文如下：

为支持可再生能源发展，鼓励燃煤发电企业进行脱硝、除尘改造，促进环境保护，决定适当调整可再生能源电价附加和燃煤发电企业脱硝等环保电价标准，现将有关事项通知如下：

一、将向除居民生活和农业生产以外的其他用电征收的可再生能源电价附加标准由每千瓦时0.8分钱提高至1.5分钱。

二、将燃煤发电企业脱硝电价补偿标准由每千瓦时0.8分钱提高至1分钱。

三、对采用新技术进行除尘设施改造、烟尘排放浓度低于30mg/m^3（重点地区低于20mg/m^3），并经环保部门验收合格的燃煤发电企业除尘成本予以适当支持，电价补偿标准为每千瓦时0.2分钱。

四、以上价格调整自2013年9月25日起执行。

五、在保持现有销售电价总水平不变的情况下，主要利用电煤价格下降腾出的电价空间解决上述电价调整资金来源。各省（自治区、直辖市）具体电价调整方案，由省级价格主管部门研究拟订，于2013年9月10日前上报国家发展改革委审批。

国家发展改革委印发《2012年西部大开发工作进展情况和2013年工作安排》

国家发展改革委于2013年8月8日，以发改西部〔2013〕1529号文印发《2012年西部大开发工作进展情况和2013年工作安排》。摘要如下：

2012年西部大开发工作进展情况和2013年工作安排（摘要）

一、2012年进展情况

2012年，各地区、各部门、各单位认真贯彻落实党中央、国务院关于深入实施西部大开发的战略部署，以西部大开发2012年工作安排为指导，完善落实政策措施，强化资金项目支持，努力营造西部大开发良好发展环境。西部地区各族干部群众紧抓战略机遇，有效应对各种挑战，奋力推动经济社会继续保持良好发展态势，为全国经济持续健康发展做出了新的贡献。

（一）西部地区经济持续健康发展。2012年，西部地区实现生产总值113915亿元，增长12.5%，占全国国内生产总值比重由2011年的19.2%提高到19.8%。完成固定资产投资（不含农户）86 150亿元，增长24.7%。实现社会消费品零售总额36 614亿元，增长15.8%。进出口总额达到2364亿美元，增长28.5%。地方公共财政收入12 765亿元，增长18.0%。城乡居民收入大幅提高，增长速度与经济发展基本保持同步。到2012年末，西部地区人民币贷款余额12.1万亿元，增速比全国高2.7个百分点。自2007年起，西部地区主要经济指标增速已连续6年超过东部地区和全国平均水平，基本扭转了与其他地区发展差距不断扩大的势头，并成为我国经济增长潜力最大的区域。

（二）规划引导和政策支持力度不断加大。国务院批复实施《西部大开发“十二五”规划》，明确了“十二五”期间西部开发工作思路和主要目标任务。国务院印发进一步促进贵州经济社会又好又快发展的若干意见，批复同意了云南面向西南开放桥头堡、陕甘宁革命老区、呼包银榆经济区、天山北坡经济带等重点区域发展规划，以及乌蒙山、秦巴山等西部5个片区区域发展与扶贫攻坚规划。《西部大开发水利发展“十二五”规划》等一批专项规划编制实施。多层次的对口支援、对口帮扶体系初步建立，对新疆、西藏、青海等省藏区以及贵州困难市州的扶持力度进一步加大。中央财政对西部地区均衡性转移支付4020亿元，增长13.0％，对西部专项扶贫资金转移支付增长22.8％。利用国际金融组织贷款15.42亿美元，支持西部地区经济社会事业发展。鼓励类产业及优势产业项目在投资总额内进口的自用设备在政策规定范围内免征关税以及企业所得税优惠政策得到有效落实。对西部企业申请首次公开发行股票和并购重组实行优先审核的特殊政策，西部担保机构申报中小企业信用担保资金条件进一步放宽。新设立9家非银行金融机构，组建287家新型农村金融机构。实行中央分成新增建设用地有偿使用费向西部地区倾斜的政策，安排71.7亿元支持西部地区实施土地整治和高标准基本农田建设。甘肃舟曲灾后恢复重建胜利完成，青海玉树重建工作稳步推进。

（三）特色优势产业发展步伐加快。工业化进程扎实推进。完成一批重要矿区勘查开发专项规划编制，青藏高原等地区获得重要找矿新发现。启动建设甘肃金川等19家矿产资源综合利用示范基地。批复一批煤炭矿区总体规划，新核准煤矿项目的年生产能力达到2660万t。石油天然气产量占全国产量比重进一步提高，鄂尔多斯盆地东缘煤层气产业化基地初具规模，重庆等省（市）煤矿瓦斯抽采量均超过3亿m^3，新疆伊犁煤制天然气、内蒙古10万t甜高粱秸秆燃料乙醇等重大项目获得核准，宁夏煤炭间接液化等项目前期工作进展顺利。核准火电项目1205万kW，向家坝等大型水电站投产发电，观音岩等一批大中型水电项目开工建设。核准哈密东南部、酒泉风电基地二期等百万千瓦级风电项目，批复实施吐鲁番新能源微电网示范项目，推进宁夏新能源综合示范区建设。重庆钢铁节能减排环保搬迁等重点项目顺利实施。国家产业振兴和技术改造专项、智能制造装备发展专项等重大产业专项继续加大对西部地区支持力度。安排战略性新兴产业发展专项资金6.5亿元，支持西部地区100多个项目建设。西部地区的老工业基地调整改造工作有序推进，25个地级市和省会城市的9个老工业区列入《全国老工业基地调整改造规划（2013～2020年）》。中央财政安排西部地区资源枯竭城市转移支付40.8亿元，中央预算内投资支持转型项目21个。

特色农业和现代服务业稳步发展。中央投入180多亿元，专项用于支持西部地区加强粮棉油、畜产品生产能力建设以及农业机械化推广。农业综合开发、小型农田水利和种业基地建设等惠农工程稳步实施，以黄土高原苹果、新疆棉花和水果、桂滇甘蔗等为代表的特色农业产业带初步形成。现代物流技术应用、城市共同配送和“万村千乡市场工程”、“西果东送”农产品现代流通等试点项目有序推进。文化创意、现代物流、知识产权服务等现代服务业加快发展。旅游基础设施建设和产品开发力度继续加大，到西部地区旅游人数达到1923.5万人·次，比2011年增加18.1％；旅游外汇收入达到84.4亿美元，比2011年增加20.6％。

（四）基础设施建设深入推进。新开工西部大开发重点工程22项，投资总规模5778亿元。设立西部大开发重点项目前期工作专项补助资金，加强重大项目储备。加快推进西部地区对外联系通道、区域开发性铁路建设，新建铁路投产里程1793km，增建铁路复线投产里程1428km。西部地区“八纵八横”骨架公路建设加快，公路建设补助标准显著提高，新增公路通车里程3.7万km，其中高速公路3335km，农村公路3.2万km。民航航线网络和机场布局进一步优化，新建遵义机场，迁建昆明机场，改扩建成都、西安等机场，民用运输机场数达到91个。长江干线、西江航运干线等高等级航道和航运枢纽及港口建设项目取得新进展。城市轨道交通规划建设有序推进。一批重点水利枢纽工程开工建设和投产运营，大中型水库及城市水源工程建设加快推进。江河治理、灌区续建配套与节水改造、病险水库水闸除险加固、农村饮水安全等工程和山洪灾害监测预警系统建设全面推进。新增农村水电装机容量154万kW，重庆、广西农村水电增效扩容改造工程试点取得明显成效。藏中电网、新疆750kV主网架、西南水电外送、新疆和内蒙古风电外送、农网改造升级和无电地区电力建设等重点工程进展顺利。西气东输三线、中卫—贵阳管线等重点输气项目开工建设。补建2229个乡镇邮政局所。92％的20户以上自然村通电话，67％的行政村通宽带。基础设施建设用地得到及时保障，批准单独选址建设项目用地412件、面积310.5万亩。

（五）生态建设和环境保护取得新进展。安排中央林业投资440.2亿元，继续实施天然林资源保护、京津风沙源治理、石漠化综合治理、湿地保护等重点生态工程。巩固退耕还林成果专项安排基本口粮田建设770万亩、户用沼气17万口、生态移民17万人，特色种植业1183万亩，补植补造480万亩。安排草原生态保护补助奖励资金139亿元。退牧还草工程安排围栏建设6606万亩，退化草原补播2191万亩，人工饲草地建设83万亩，舍饲圈棚建设6.5万户。小水电代燃料生态保护工程建设装机容量19万kW，解决16.8万户农村居民的生活燃料问题。治理水土流失面积6553.2平方公里，实施坡改梯68.8万亩。建立健全生态补偿机制，中央财政安排重点生态功能区转移支付371亿元。深入开展生态文明市（县）示范工程试点，批复内蒙古乌兰察布等13个市（州、盟）和重庆巫山县等74个县（市、区、旗、团）为生态文明工程示范试点市县，批复贵阳建设全国生态文明示范城市。继续实施重点流域污染治理、重金属污染综合防治、重点区域大气污染防治、良好湖泊生态环境保护、尾矿库闭库治理等环保工程。继续支持重点节能工程和园区循环化改造示范试点、鄂尔多斯等城市工业固废综合利用试点、“城市矿产”示范基地建设，启动资源综合利用“双百工程”。稳步推进历史文化名城名镇名村、风景名胜区和世界遗产保护，新建古日格斯台等12个国家自然保护区和青格达湖国家城市湿地公园。

（六）教育科技人才事业得到加强。继续把教育放在优先地位。学前教育投入进一步加大，重点支持利用农村闲置校舍改扩建幼儿园和在农村中小学增设附属幼儿园，积极支持民办幼儿园和城市集体企事业单位开办幼儿园。中央安排资金590多亿元，全面实施农村初中校舍改造、农村义务教育薄弱学校改造、农村义务教育学生营养改善计划等项目。民族地区普通高中建设不断加强。中职教育示范校建设加快实施，东西部地区职校联合招生、合作办学和对口支援工作扎实推进。新设立32所普通高校，东部支援中西部地区招生协作计划比2011年增加2万人。中西部地区高校基础能力建设工程启动实施。对口支援西部高校的受援范围进一步扩大。国家助学金、奖学金和中职教育免学费政策向西部地区倾斜，继续实施西部开发助学工程，免费师范生招生规模进一步增加。农村学校教育硕士师资培养计划、农村义务教育阶段学校教师特设岗位计划、中小学教师国家级培训计划稳步实施。累计新建改扩建边远艰苦地区农村学校教师周转宿舍6.4万套。

科技支撑能力继续增强。相关国家科技计划专项基金继续向西部地区倾斜。新建新疆荒漠与绿洲生态等国家重点试验室以及重点实验室培育基地、国家野外科学观测研究站。累计支持西部地区建设70多个国家工程实验室、国家认定企业技术中心、国家地方联合工程研究中心（实验室）。“西部行动计划”、“院地合作西部专项工程”、“西部行动高技术项目计划”等取得新进展。云南玉溪等4个省级产业园区升级为国家级高新区。乌鲁木齐获批为国家创新型试点城市，重庆、成都、兰州、西安成为首批国家文化和科技融合示范基地。科技富民强县专项行动计划、科普惠农兴村行动专项、科技惠民计划试点、科技特派员农村创业行动等深入开展。知识产权投融资服务体系逐步健全，发明、实用新型和外观设计等专利的全年申请受理20.6万件，同比增长34.2%。

人才开发扎实推进。组织实施西部地区人才培养特别项目、少数民族高层骨干人才培养计划和边远贫困地区、边疆民族地区和革命老区人才支持计划等工程，“千人计划”、“长江学者奖励计划”、“春晖计划”继续向西部地区倾斜。深入开展党政领导干部双向交流，安排一批西部地区干部到中央、国家机关和经济相对发达地区挂职锻炼。博士服务团、“西部之光”人才培训计划、东部城市对口支援西部地区人才培训计划、西部地区管理人才创新培训工程等工作继续推进。举办公务员对口培训班31期，培训2200余人。组织高级专家和留学回国人员赴西部基层一线开展技术咨询服务活动。引智规模进一步增大，聘请外国专家6681人·次，资助专业人才出国（境）培训2991人·次。艰苦边远地区津贴动态调整机制逐步完善，事业单位岗位设置管理实施工作全面完成。

（七）社会事业薄弱环节进一步改善。（略）

（八）改革开放不断深化。（略）

二、2013年工作安排

2013年做好西部大开发工作，要全面贯彻落实党的十八大精神和党中央、国务院关于深入实施西部大开发的战略部署，进一步细化完善政策措施，进一步加大支持力度，加强对西部地区发展形势的预判、政策措施预研和重大项目储备，不断改善投资发展环境，不断增强经济发展的内生动力，不断提高经济增长的质量和效益，不断改善城乡居民生产生活条件，实现西部地区经济持续健康发展和社会和谐稳定。

（一）落实和完善西部大开发政策措施。（略）

（二）大力发展特色优势产业。继续加大农业投入力度。推进高标准农田和农田水利建设，着力提高农业综合生产能力。加强优势产区粮食、棉花、油料、糖料、桑蚕等农作物生产，支持生猪、奶牛、肉羊等标准化规模养殖场（小区）建设，鼓励发展林产业、沙产业。加强农业科技推广和公共服务。改善农业设施装备条件，积极推进农业产业化。大力支持农民合作组织发展，推动支农项目与农民合作组织对接，开展农民专业合作示范社建设。提高农产品流通效率，继续实施“西果东送”、万村千乡市场工程、新农村现代流通网络等工程。强化重大动物疫病防控和农产品质量安全监管。严守耕地红线，建立健全基本农田保护补偿机制。大力推进农村土地整治，实施土地整治重大工程。

调整优化能源结构和项目布局。合理安排火电项目，发展低热值煤发电项目，抓好在建的重点水电项目建设，进一步推进重点流域梯级电站前期工作。优化风电、太阳能发电布局，研究哈密风电基地项目规划和哈密、宁夏风电外送技术方案，深入研究酒泉基地风电与黄河上游水电协调运行。加强矿区总体规划管理，合理安排新建、改扩建煤矿项目，鼓励煤矿企业兼并重组和淘汰落后产能，加快煤炭、煤层气、页岩气勘探开发与综合利用。稳步推进大型炼油、煤制燃料和生物燃料项目建设。支持重大能源装备技术改造和国家能源研发中心（实验室）建设。加强国土资源调查评价，加快矿产资源接续基地建设。实施鄂尔多斯盆地矿产资源勘查开采专项规划，积极推进矿产资源节约与综合利用。加强土地和矿业权市场建设，改善矿业勘探开发投资环境，加强与周边国家矿业合作。

积极推进产业转型升级。在国家产业振兴和技术改造专项资金中安排中西部地区专题，支持优势矿产资源开发利用和民族医药产业发展。中小企业发展等专项资金继续向西部地区倾斜。加强政策引导，化解产能过剩矛盾。加快培育具有区域特色的战略性新兴产业，实施国家重大科技计划和重大科技工程，积极支持新能源、节能环保、新材料、生物产业等领域的技术研发和创新活动。部署一批重大关键技术研发任务，推进科技资源开放共享、科技成果转化、技术产权交易和科技金融发展。强化企业技术创新主体地位，鼓励优势企业牵头实施国家技术创新项目。深入实施知识产权战略。进一步落实老工业城市调整改造和资源枯竭城市转型发展扶持政策，加快城区老工业区搬迁改造，促进独立工矿区转型发展。

大力发展现代服务业。积极推进市场体系建设与商贸流通业发展，推动完成一批现代物流、电子商务、信息服务等方面的试点项目，加快居民服务业、人力资源服务业、展览业等发展。促进文化传媒产业发展，加强非物质文化遗产保护，推动文化产业与旅游、体育等产业融合发展，文化与科技融合发展。支持传统媒体发展新媒体新业务，推动西部地区出版业“走出去”。加快培育、打造一批知名旅游产品和品牌。

（三）加快推进基础设施建设。研究提出 2013 年西部大开发新开工重点工程，做好在建项目进展情况跟踪及协调推进工作。继续加强交通建设。抓好兰新铁路第二双线、成渝客专、贵广铁路、云桂铁路等在建重大项目，积极推进区际间联系通道、路网开发性新线以及既有线扩能改造前期工作。加快国家高速公路剩余路段、瓶颈路段建设，加大国省干线公路改扩建投资力度，继续扶持农村公路发展，重点支持建制村通沥青（水泥）路和口岸、红色旅游公路及公路运输客货运站场等建设。加强市政公用基础设施建设。全面推进内河高等级航道建设，继续实施长江三峡库尾航道整治、西江航运干线扩能、岷江梯级开发等工程。加快重庆港等内河港口规模化、专业化建设。完善机场网络布局，加强机场设施建设，扩大民航服务覆盖面，增强民航运输保障能力。有序推进重点城市轨道交通建设。完善电网主网架，推进农网改造升级和无电地区电力建设。

推进水利工程建设。加快渭河、四川五江一河等江河治理项目和四川小井沟、亭子口等重点工程建设，力争尽早开工引汉济渭、夹岩水利枢纽等工程，在慎重研究、科学决策的基础上稳步推进西江大藤峡、黄河古贤、滇中引水等重点工程前期工作。全面推进水资源配置、农村饮水安全、中小河流治理和病险水库水闸除险加固、山洪灾害、农村水电等工程及抗旱应急备用水源工程体系建设。

深入推进农村电信普遍服务。加快实施通信“村村通”工程和信息下乡活动，支持宽带基础设施建设，强化信息安全。实施西部农村地区邮政普遍服务基础设施建设项目，继续推进空白乡镇邮政局所补建工作和“村邮户箱”工程。

（四）积极开展生态文明建设。完善生态文明试点示范政策，修订生态文明评价指标和考核办法。加快实施主体功能区战略，进一步加大对西部地区国家重点生态功能区转移支付力度。加快建立生态补偿机制。实施《西部地区重点生态区综合治理规划纲要》。巩固退耕还林成果，统筹安排新的退耕还林任务。继续实施草原生态保护补助奖励、退牧还草、天然林保护、京津风沙源治理、水土流失和石漠化综合治理等重点生态工程。继续开展生物物种资源试点调查和生物多样性保护等工作。

加大环境保护和资源节约力度。深入推进重点流域水污染治理、重金属污染防治、城市群大气污染联防联控等重点环保工程。加快推进湖泊生态环境保护。加快城镇供水、污水处理、生活垃圾处理设施建设，开展存量垃圾治理、城市餐厨废弃物资源化利用和无害化处理试点。发展循环经济，加快国家“城市矿产”示范基地建设，推进园区循环化改造示范试点，深入推动资源综合利用百个示范基地和百家骨干企业建设。

严格落实节能减排目标责任制，加强对重点地区和企业的节能考核评价，推行主要污染物总量指标预算管理制度，稳步推进排污权交易试点。大力实施节能技术改造、合同能源管理等重点节能工程。支持西部地区城市创建节水型城市。实施农村清洁工程，积极开展农产品产地重金属污染防治和农业面源污染监测，加快农村河道、水环境综合治理。开展西部山区美丽家园综合试点。加大对国家级自然保护区、历史文化名城名镇名村、风景名胜区、湿地公园的保护力度。积极推进沙化土地封禁保护区建设试点工作。

（五）稳步提高社会事业水平。（略）

（六）深化改革扩大开放。（略）

（七）科学开展芦山地震灾后恢复重建。按照以人为本、尊重自然、统筹兼顾、立足当前、着眼长远的科学重建要求，突出绿色发展、可持续发展理念，创新体制机制，发扬自力更生、艰苦奋斗精神，认真做好《芦山地震灾后恢复重建总体规划》实施工作。

中华人民共和国国家发展和改革委员会令

第4号

为落实国家发展改革委切实转变职能、转变作风（大调研、大讨论、大转变）学习推进活动关于深化规范性文件“立改废”要求，经商国务院相关部门同意，决定废止《关于发布〈煤炭生产许可证管理办法实施细则〉的通知》等7件规章和《电力网和火力发电厂省煤节电工作条例》等108件规范性文件（见附件1），修改《关于编制资源枯竭城市转型规划的指导意见》等5件规范性文件（见附件2）。

附件1：国家发展改革委决定废止的规章和规范性文件目录

附件2：国家发展改革委决定修改的规范性文件目录

附件1

国家发展改革委决定废止的规章和规范性文件目录

（规章7件，规范性文件108件）

序号	类型	名称及文号	发文单位及日期
1	规章	关于发布《煤炭生产许可证管理办法实施细则》的通知（煤办字〔1995〕第150号）	煤炭工业部 1995年3月29日
2	规章	煤炭生产许可证档案管理规定（煤生字〔1996〕第128号）	煤炭工业部 1996年4月11日
3	规章	关于颁发《水电站大坝安全监测工作管理规定》的通知（电综〔1997〕500号）	电力工业部 1997年9月4日
4	规章	关于颁发《电力工程设计招标投标管理规定》的通知（电综〔1998〕9号）	电力工业部 1998年1月12日
5	规章	关于颁发《水电建设起重设备安全监察规定》等五项规定的通知（电综〔1998〕133号）—附件四：水电建设混凝土设备质量安全管理规定	电力工业部 1998年2月21日
6	规章	电力行业标准化管理办法（国家经贸委令〔1999〕第10号）	国家经贸委 1999年6月16日
7	规章	价格评估人员执业资格认定管理办法（国家发展改革委33号令）	国家发展改革委 2005年6月24日
8	规范性文件	电力网和火力发电厂省煤节电工作条例	电力工业部 1979年9月27日
9	规范性文件	关于将地方计划生育部门建设项目纳入各级政府基建投资计划的通知（计社〔1986〕2124号）	国家计委、国家计生委 1986年10月24日
10	规范性文件	关于颁发《水利电力勘测设计单位成本核算办法》的通知（水电财字〔1988〕1号）	水利电力部 1988年1月13日

续表

序号	类型	名称及文号	发文单位及日期
11	规范性文件	关于颁发《水电站大坝安全检查施行细则》的通知（能源电〔1988〕37号）	能源部 1988年8月29日
12	规范性文件	关于印发《新产品新技术开发推广基金管理办法》的通知（计科技〔1989〕47号）	国家计委、财政部 1989年1月21日
13	规范性文件	关于印发《国家重点企业技术开发计划管理办法》的通知（计科技〔1989〕1545号）	国家计委 1989年12月13日
14	规范性文件	关于贯彻国家产业政策加强电力建设行业管理的通知（能源计〔1990〕955号）	能源部 1990年10月26日
15	规范性文件	关于颁发《电力工业锅炉压力容器检验机构资格审批规定》的通知（能源安保〔1990〕961号）	能源部 1990年10月27日
16	规范性文件	关于颁发《能源部电力专用产品质检中心管理办法》等规章的通知（能源技〔1991〕900号）	能源部 1991年9月29日
17	规范性文件	关于印发《能源部关于加强电力系统外国经济专家工作管理的暂行规定》的通知（能源外〔1991〕1021号）	能源部 1991年12月3日
18	规范性文件	关于发布烟草专卖系统行政事业性收费项目及标准的通知（价费字〔1992〕187号）	国家物价局、财政部 1992年4月23日
19	规范性文件	关于进一步做好保证城乡人民生活照明用电工作的通知（能源电〔1992〕622号）	能源部 1992年5月30日
20	规范性文件	关于颁发《电力工业无损检测人员资格考核规则》的通知（电安生〔1995〕86号）	电力工业部 1995年2月14日
21	规范性文件	关于发布《煤炭生产许可证环境保护审查管理规定》的通知（煤生字〔1995〕第249号）	煤炭工业部 1995年5月16日
22	规范性文件	关于现有电厂利用外商投资进行技术改造有关问题的通知（电经〔1995〕336号）	电力工业部 1995年6月6日
23	规范性文件	关于颁发《发电主机设备合同范本》的通知（电政法〔1996〕185号）	电力工业部 1996年3月21日
24	规范性文件	关于颁发《电力建设工程施工合同范本》（暂行）的通知（电建〔1996〕202号）	电力工业部 1996年3月26日
25	规范性文件	关于印发《电力工业利用存量资产引进外商投资审批程序的规定》的通知（电经〔1996〕467号）	电力工业部 1996年7月19日
26	规范性文件	关于颁发《水电厂“无人值班”（少人值守）的若干规定》（试行）的通知（电安生〔1996〕484号）	电力工业部 1996年7月29日
27	规范性文件	电力工业利用存量资产与外商合营项目经济评价实施细则（试行）（电经〔1996〕635号）	电力工业部 1996年9月22日
28	规范性文件	关于电力工业引进外商投资建设火电项目经济评价实施细则（电经〔1996〕635号）	电力工业部 1996年9月22日
29	规范性文件	关于颁发《水电工程建设经济合同争议调解暂行规则》的通知（电水农〔1996〕876号）	电力工业部 1996年12月18日

续表

序号	类型	名称及文号	发文单位及日期
30	规范性文件	关于印发《电力工业利用外资项目设备国际招标采购暂行办法》的通知（电外〔1997〕3号）	电力工业部 1997年2月15日
31	规范性文件	关于颁布《煤炭生产许可证环境保护年检办法》的通知（煤生字〔1997〕第74号）	煤炭工业部 1997年2月24日
32	规范性文件	关于外商投资电力项目的若干规定（电政法〔1997〕155号）	电力工业部 1997年3月20日
33	规范性文件	关于印发《水电工程建设监理合同》示范文本的通知（电水农〔1997〕376号）	电力工业部 1997年6月27日
34	规范性文件	关于进一步清理整顿邮电价格的通知（计价费〔1997〕1995号）	国家计委、邮电部 1997年10月28日
35	规范性文件	关于颁发电力工程建设招标文件范本的通知（电综〔1997〕607号）	电力工业部 1997年10月28日
36	规范性文件	关于明确水电工程安全鉴定有关事项的通知（电综〔1997〕645号）	电力工业部 1997年11月14日
37	规范性文件	关于进一步规范电信资费文件的通知（计价费〔1997〕2485号）	国家计委、邮电部 1997年12月8日
38	规范性文件	关于降低部分电信业务资费标准的补充通知（计价费〔1998〕422号）	国家计委、邮电部 1998年3月17日
39	规范性文件	关于颁发《水电建设工程安全鉴定规定》的通知（电综〔1998〕219号）	电力工业部 1998年3月18日
40	规范性文件	关于调整邮政电信资费的通知（计价格〔1999〕134号）	国家计委 1999年2月10日
41	规范性文件	关于调整药用阿片收购和调拨价格的通知（计办价格〔1999〕142号）	国家计委 1999年3月5日
42	规范性文件	关于企业专用码头征收港口建设费问题的复函（计价格〔1999〕1998号）	国家计委、交通部、财政部 1999年10月8日
43	规范性文件	关于停止向列入清理整顿范围的“五小”企业供电的通知（国经贸电力〔1999〕1289号）	国家经贸委 1999年12月30日
44	规范性文件	关于印发《火电厂烟气脱硫关键技术与设备国产化规划要点》的通知（国经贸资源〔2000〕156号）	国家经贸委 2000年2月21日
45	规范性文件	关于茂名石化公司单点系泊系统征收港口建设费问题的复函（计办价格〔2000〕232号）	国家计委 2000年3月31日
46	规范性文件	关于价格指数统计、公布、使用以居民消费价格指数为主的通知（计经调〔2000〕267号）	国家计委、国家统计局 2000年3月15日
47	规范性文件	关于印发全国医疗服务价格项目规范（试行）的通知（计价格〔2000〕1751号）	国家计委、卫生部、国家中医药管理局2000年10月24日

续表

序号	类型	名称及文号	发文单位及日期
48	规范性文件	关于印发《关于加强工业节水工作的意见》的通知（国经贸资源〔2000〕1015号）	国家经贸委、水利部、建设部、科学技术部、国家环保总局、国家税务总局2000年10月25日
49	规范性文件	关于组织国家高技术产业发展项目计划实施意见的通知（计高技〔2000〕2433号）	国家计委、财政部 2000年12月27日
50	规范性文件	关于印发《国家高技术产业化示范工程授牌暂行办法》的通知（计办高技〔2001〕311号）	国家计委 2001年3月29日
51	规范性文件	关于车用乙醇汽油定价原则的通知（计价格〔2001〕1134号）	国家计委 2001年6月29日
52	规范性文件	当前国家鼓励发展的节水设备（产品）目录（第一批）（国家经贸委、国税总局公告〔2001〕第5号）	国家经贸委、国家税务总局 2001年7月3日
53	规范性文件	关于印发《直供乙烯作价规则》的通知（计价格〔2001〕1850号）	国家计委 2001年9月29日
54	规范性文件	关于明确中央直属棉花储备库设计变更和概算子项调整审批标准有关问题的通知（计办经贸〔2001〕1152号）	国家计委 2001年9月29日
55	规范性文件	关于加强煤炭生产许可证监督管理工作的通知（国经贸运行〔2001〕1095号）	国家经贸委 2001年10月26日
56	规范性文件	关于做好调整中央直属棉花储备库项目概算工作的通知（计办经贸〔2002〕506号）	国家计委 2002年4月23日
57	规范性文件	当前国家鼓励发展的节水设备（产品）目录（第二批）（国家经贸委、税务总局公告〔2003〕第12号）	国家经贸委、国家税务总局 2003年1月29日
58	规范性文件	关于下达2003年旱作农业示范基地建设项目中央预算内专项资金投资计划的通知（计投资〔2003〕353号）—附件三：中央预算内专项资金旱作农业示范基地建设项目管理办法	国家计委、农业部 2003年3月10日
59	规范性文件	关于加强价格预警预报工作防范和应对价格异常波动的通知（计办价格〔2003〕244号）	国家计委 2003年3月12日
60	规范性文件	关于统一车型分类后合理调整车辆通行费工作的通知（发改价格〔2003〕518号）	国家发展改革委 2003年6月11日
61	规范性文件	关于新标准汽油价格等有关问题的通知（发改价格〔2003〕594号）	国家发展改革委 2003年6月23日
62	规范性文件	关于电子工程建设概预算人员培训费收费标准的通知（发改价格〔2004〕36号）	国家发展改革委、财政部 2004年1月5日
63	规范性文件	关于印发《电力用户向发电企业直接购电试点暂行办法》的通知（电监输电〔2004〕17号）	电监会、国家发展改革委 2004年3月29日
64	规范性文件	关于加强煤炭生产许可证年检工作的通知（发改运行〔2004〕648号）	国家发展改革委 2004年4月13日
65	规范性文件	关于印发2004年流通业结构调整国家预算内专项资金（国债）项目建设实施意见的通知（发改经贸〔2004〕928号）	国家发展改革委 2004年5月24日

续表

序号	类型	名称及文号	发文单位及日期
66	规范性文件	关于进一步加强煤炭生产许可证监督管理工作的通知（发改运行〔2004〕1884号）	国家发展改革委 2004年9月3日
67	规范性文件	关于民用梯恩梯价格问题的批复（发改价格〔2004〕1916号）	国家发展改革委 2004年9月8日
68	规范性文件	关于请编报2004年农村基层计划生育服务设施（国债）建设项目建议方案的通知（发改办社会〔2004〕1987号）—附件一：国家发展改革委办公厅、国家人口计生委办公厅关于农村基层计划生育服务设施建设的指导意见（试行）	国家发展改革委、 国家人口计生委 2004年11月2日
69	规范性文件	关于加强价格调控努力保持价格总水平基本稳定的通知（发改价格〔2005〕442号）	国家发展改革委 2005年3月18日
70	规范性文件	关于认真贯彻《煤炭经营监管办法》严格规范煤炭经营资格审查监管有关问题的通知（发改运行〔2005〕1006号）	国家发展改革委 2005年6月7日
71	规范性文件	关于下达2005年灌区续建配套和节水增效示范项目中央预算内专项资金（国债）投资计划的通知（发改投资〔2005〕1506号）—附件：节水灌溉增效示范项目建设管理办法	国家发展改革委、水利部 2005年8月9日
72	规范性文件	关于印发海水利用专项规划的通知（发改环资〔2005〕1561号）	国家发展改革委、国家海洋局、财政部2005年8月18日
73	规范性文件	关于按照“一矿（井）一证”颁发煤炭生产许可证有关问题的复函（发改办运行〔2005〕1783号）	国家发展改革委 2005年8月28日
74	规范性文件	关于塑料安瓿包装小容量注射液价格的批复（发改办价格〔2005〕2410号）	国家发展改革委 2005年11月8日
75	规范性文件	关于新疆天然气出厂价格有关问题的复函（发改办价格〔2005〕2532号）	国家发展改革委 2005年11月22日
76	规范性文件	关于泛生舒复等药品价格的批复（发改办价格〔2005〕2609号）	国家发展改革委 2005年11月29日
77	规范性文件	关于通化东宝药业股份有限公司生产的重组人胰岛素最高零售价格的批复（发改办价格〔2005〕2846号）	国家发展改革委 2005年12月23日
78	规范性文件	关于含玻璃酸钠系列滴眼液价格问题的复函（发改办价格〔2006〕29号）	国家发展改革委 2006年1月6日
79	规范性文件	关于依法规范煤炭生产许可证有效期限管理的通知（发改运行〔2006〕350号）	国家发展改革委 2006年3月1日
80	规范性文件	关于奥美拉唑注射剂价格问题的复函（发改办价格〔2006〕530号）	国家发展改革委 2006年3月16日
81	规范性文件	关于更正枸橼酸氯米芬药品名称的复函（发改办价格〔2006〕708号）	国家发展改革委 2006年4月7日
82	规范性文件	《煤炭经营资格证申报材料规范》和煤炭经营资格证申请表（取得、变更、注销）格式与填表说明（国家发展改革委公告〔2006〕第27号）	国家发展改革委 2006年4月20日

续表

序号	类型	名称及文号	发文单位及日期
83	规范性文件	关于下达2006年大型排涝泵站改造项目中央预算内专项资金（国债）投资计划的通知（发改投资〔2006〕1726号）——附件：大型排涝泵站改造项目建设管理办法	国家发展改革委、水利部 2006年8月28日
84	规范性文件	关于调整部分药品价格的通知（发改办价格〔2006〕2559号）	国家发展改革委 2006年11月13日
85	规范性文件	关于调整煤炭生产许可证登记内容换发新版煤炭生产许可证的通知（发改运行〔2006〕2880号）	国家发展改革委 2006年12月20日
86	规范性文件	关于印发矿井水利用专项规划的通知（发改环资〔2006〕2893号）	国家发展改革委 2006年12月21日
87	规范性文件	关于印发“十一五”资源综合利用指导意见的通知（发改环资〔2006〕2913号）	国家发展改革委 2006年12月24日
88	规范性文件	关于调整煤炭经营资格证登记内容换发新版煤炭经营资格证的通知（发改运行〔2007〕20号）	国家发展改革委 2007年1月5日
89	规范性文件	关于印发节水型社会建设“十一五”规划的通知（发改环资〔2007〕236号）	国家发展改革委 2007年1月25日
90	规范性文件	关于印发现有燃煤电厂二氧化硫治理“十一五”规划的通知（发改环资〔2007〕592号）	国家发展改革委、国家环保总局2007年3月19日
91	规范性文件	关于美洛西林价格问题的复函（发改办价格〔2007〕665号）	国家发展改革委 2007年3月26日
92	规范性文件	关于做好稳定价格总体水平工作的通知（发改价格〔2007〕1806号）	国家发展改革委 2007年7月27日
93	规范性文件	关于制定进口荧光素钠注射剂临时最高零售价格的通知（发改价格〔2007〕2033号）	国家发展改革委 2007年8月16日
94	规范性文件	关于印发煤炭经营企业“十一五”结构调整与合理布局规划的通知（发改运行〔2007〕2451号）	国家发展改革委 2007年9月19日
95	规范性文件	关于重组人凝血因子Ⅷ临时最高零售价格的通知（发改价格〔2008〕307号）	国家发展改革委 2008年1月29日
96	规范性文件	关于在天津滨海新区先行先试股权投资基金有关政策问题的复函（发改办财金〔2008〕1006号）	国家发展改革委 2008年5月6日
97	规范性文件	关于做好中央直属猪肉储备冷库建设工作的通知（发改办经贸〔2008〕1124号）	国家发展改革委 2008年5月21日
98	规范性文件	《延续煤炭经营资格申报材料规范》和煤炭经营资格证申请表（延续）与填表说明（国家发展改革委公告〔2008〕第43号）	国家发展改革委 2008年6月10日
99	规范性文件	关于停止收取煤炭生产许可证工本费和规范煤炭生产许可证申领管理的通知（发改办运行〔2009〕163号）	国家发展改革委 2009年1月21日
100	规范性文件	关于加快推进国家电子政务外网建设工作的通知（发改高技〔2009〕988号）	国家发展改革委、财政部 2009年4月14日
101	规范性文件	关于印发《石油价格管理办法（试行）》的通知（发改价格〔2009〕1198号）	国家发展改革委 2009年5月7日

续表

序号	类型	名称及文号	发文单位及日期
102	规范性文件	关于印发2009年治理商品过度包装工作安排及部门分工的通知（发改环资〔2009〕1261号）	国家发展改革委 2009年5月16日
103	规范性文件	关于加强小水电代燃料和水电农村电气化建设与管理的通知（发改农经〔2009〕1937号）	国家发展改革委、水利部 2009年7月23日
104	规范性文件	关于规范电力用户与发电企业直接交易试点方案报送工作有关问题的通知（办发〔2010〕8号）	电监会、国家发展改革委、能源局2010年3月15日
105	规范性文件	关于发挥试点示范作用为实现"十一五"节能减排目标作贡献的通知（发改环资〔2010〕1158号）	国家发展改革委 2010年5月28日
106	规范性文件	"节能产品惠民工程"节能汽车推广目录（第一批）（国家发展改革委、工业和信息化部、财政部公告〔2010〕第13号）	国家发展改革委、工信部、财政部2010年6月18日
107	规范性文件	"节能产品惠民工程"节能汽车推广目录（第二批）（国家发展改革委2010年第19号公告）	国家发展改革委、工信部、财政部2010年8月11日
108	规范性文件	"节能产品惠民工程"节能汽车推广目录（第三批）公告（国家发展改革委2010年第26号公告）	国家发展改革委、工信部、财政部2010年9月25日
109	规范性文件	"节能产品惠民工程"节能汽车推广目录（第四批）公告（国家发展改革委2010年第32号公告）	国家发展改革委、工信部、财政部2010年12月3日
110	规范性文件	关于进一步规范试点地区股权投资企业发展和备案管理工作的通知（发改办财金〔2011〕253号）	国家发展改革委、工信部、财政部2011年1月31日
111	规范性文件	"节能产品惠民工程"节能汽车推广目录（第五批）（国家发展改革委2011年第1号公告）	国家发展改革委、工信部、财政部2011年2月11日
112	规范性文件	关于公布国内航线旅客运输燃油附加单位收取率的通知（发改价格〔2011〕638号）	国家发展改革委、民航局 2011年3月24日
113	规范性文件	"节能产品惠民工程"节能汽车推广目录（第六批）（国家发展改革委2011年第7号公告）	国家发展改革委、工信部、财政部2011年5月11日
114	规范性文件	关于调整铁路货物运输价格的通知（发改价格〔2011〕579号）	国家发展改革委、铁道部 2011年3月30日
115	规范性文件	关于公布国内航线旅客运输燃油附加单位收取率的通知（发改价格〔2012〕773号）	国家发展改革委、民航局 2012年3月23日

附件2

国家发展改革委决定修改的规范性文件目录

（规范性文件5件）

序号	名称及文号	发文单位及日期	修改内容	修改后内容
1	关于编制资源枯竭城市转型规划的指导意见（发改办东北〔2009〕2173号）	国家发展改革委 2009年10月19日	正文中的"我委会同有关部门分两批界定了全国44座资源枯竭城市"	我委会同有关部门分三批界定了全国69个资源枯竭城市
			第1条第3项中的"南票区、下花园区、东川区、弓长岭区、鹰手营子矿区、万山特区、杨家杖子开发区转型规划的编制由其所在市或地区人民政府负责"	列入资源枯竭城市的市辖区（开发区、管理区），其转型规划的编制由所在地级行政区人民政府负责

续表

序号	名称及文号	发文单位及日期	修改内容	修改后内容
1	关于编制资源枯竭城市转型规划的指导意见（发改办东北〔2009〕2173号）	国家发展改革委 2009年10月19日	第1条第4项中的“原则上规划到2015年”	规划期原则上为五年
			第3条第1项中的“转型规划由省级人民政府审批，审批前省级发展改革委应报送国家发展改革委审查衔接，国家发展改革委将组织专家或委托咨询评估机构对转型规划进行审查”	转型规划由省级人民政府审批，审批前省级发展改革部门应组织专家或委托有资质的咨询评估机构对转型规划进行审查论证，并出具审查论证意见
2	水电工程概算调整管理办法（试行）（国能新能〔2011〕92号）	国家能源局 2011年3月16日	第2条中的“本办法适用于在主要河流上建设的水电工程项目、总装机容量25万kW及以上水电工程项目、抽水蓄能电站项目，其他水电工程可参照执行”	本办法适用于国家核准（审批）的水电站项目和抽水蓄能电站项目。其他水电工程可参照执行
3	水电工程验收管理办法（国能新能〔2011〕263号）	国家能源局 2011年8月13日	第2条中的“本办法适用于企业投资的，在主要河流上建设的水电工程项目、总装机容量25万kW及以上的水电工程项目和抽水蓄能电站项目（以下简称‘水电工程’）。企业投资的其他水电工程可参照执行”	本办法适用于国家核准（审批）的水电站项目和抽水蓄能电站项目（以下简称“水电工程”）。其他水电工程可参照执行
4	水电工程勘察设计管理办法（国能新能〔2011〕361号）	国家能源局 2011年11月3日	第2条中的“本办法适用于在主要河流上建设的水电工程项目、总装机容量25万kW及以上的水电工程项目和抽水蓄能电站项目（以下简称‘水电工程’）。其他水电工程参照执行”	本办法适用于国家核准（审批）的水电站项目和抽水蓄能电站项目（以下简称“水电工程”）。其他水电工程可参照执行
5	水电设计变更管理办法（国能新能〔2011〕361号）	国家能源局 2011年11月3日	第2条中的“本办法适用于在主要河流上建设的水电工程项目、总装机容量25万kW及以上的水电工程项目和抽水蓄能电站项目（以下简称‘水电工程’）。其他水电工程参照执行”	本办法适用于国家核准（审批）的水电站项目和抽水蓄能电站项目（以下简称“水电工程”）。其他水电工程可参照执行

国家发展改革委关于调整发电企业上网电价有关事项的通知

国家发展改革委于2013年9月30日以发改价格〔2013〕1942号文，发出《关于调整发电企业上网电价有关事项的通知》。全文如下：

为贯彻落实《国家发展改革委关于调整可再生能源电价附加标准与环保电价有关事项的通知》（发改价格〔2013〕1651号），决定在保持销售电价水平不变的情况下适当调整电价水平。现就有关事项通知如下：

一、降低有关省（自治区、直辖市）燃煤发电企业脱硫标杆上网电价，具体降价标准见附件1。各地未执行标杆电价的统调燃煤发电企业上网电价同步下调。

二、适当降低跨省、跨区域送电价格标准，具体降价标准见附件2。

三、在上述电价基础上，对脱硝达标并经环保部门验收合格的燃煤发电企业，上网电价每千瓦时提高1分钱；对采用新技术进行除尘、烟尘排放浓度低于30mg/m^3（重点地区低于20mg/m^3），并经环保部门验收合格的燃煤发电企业，上网电价每千瓦时提高0.2分钱。

四、适当疏导部分地区燃气发电价格矛盾。提高上海、江苏、浙江、广东、海南、河南、湖北、宁夏等省（自治区、直辖市）天然气发电上网电价，用于解决因存量天然气价格调整而增加的发电成本。具体调价标准由省级价格主管部门从紧制定，并报国家发展改革委备案。

五、将向除居民生活和农业生产以外的其他用电征收的可再生能源电价附加标准由每千瓦时0.8分钱提高至1.5分钱（西藏、新疆除外）。

六、以上电价调整自2013年9月25日起执行。

七、请各省（自治区、直辖市）价格主管部门组织电网经营企业和发电企业严格贯彻执行上述调价措施。同时，不得超越价格管理权限另行降低发电企业上网电价，不得自行降低对电力用户尤其是高耗能企业的销售电价。

附件 1：各省（自治区、直辖市）统调燃煤机组上网电价调整表

附件 2：有关跨省、跨区域送电价格调整表

附件 1

各省（自治区、直辖市）统调燃煤机组上网电价调整表

分/（kW・h）（含税）

省级电网	降价标准	省级电网	降价标准
北京	1.35	湖北	1.98
天津	1.35	河南	1.30
河北北网	1.35	湖南	1.35
河北南网	1.04	江西	1.00
山西	0.90	四川	0.00
山东	1.17	重庆	1.60
内蒙古西部	1.05	陕西	1.10
内蒙古东部	1.15	甘肃	1.34
辽宁	1.20	宁夏	1.25
吉林	0.83	青海	0.90
黑龙江	0.60	广东	1.90
上海	2.50	广西	2.20
江苏	2.50	云南	0.00
浙江	2.50	贵州	0.97
安徽	1.49	海南	1.35
福建	1.44		

附件 2

有关跨省、跨区域送电价格调整表

分/（kW・h）（含税）

类别	项目	降价标准	类别	项目	降价标准
点对网	山西送华北	0.90	网对网	内蒙古西部送华北	1.05
	内蒙古西部送华北	1.35		山西送华北	0.70
	山西送山东	1.17		山西送河北南网	0.70
	宁东送山东	1.17		黑龙江送辽宁	0.60
	陕西送河北南网	1.04		吉林送辽宁	0.83
	皖电东送	1.49		东北送华北	0.60
	内蒙古东部送黑龙江	0.60		云南送广东	0.20
	内蒙古东部送吉林	0.83		贵州送广东	0.20
	内蒙古东部送辽宁	1.20			
	湖南鲤鱼江电厂送广东	1.90			

备注：1. 通过宁东直流工程送山东价格按上表所列标准调整后，有关电价相应调整。其中，华电灵武二期、京能水洞沟、鲁能鸳鸯湖电厂送山东电量为每千瓦时 0.311 3 元、宁东换流站结算价格为每千瓦时 0.339 3 元，山东落地电价为每千瓦时 0.424 8 元。

2. 内蒙古东部向辽宁送电价格调整后，呼辽直流工程配套电源项目呼伦贝尔、伊敏 三期、鄂温克电厂的上网电价相应调整为每千瓦时 0.306 元，辽宁落地电量结算价格 为每千瓦时0.384 4 元。

3. “皖电东送”燃煤发电企业上网电价调整为每千瓦时 0.421 1 元。

4. 云南、贵州向广东送电的价格按上表所列标准调整后，送广东落地电价相应调整。

5. 核电秦山联营公司 1、2 号机组上网电价调整为每千瓦时 0.414 元。

6. 送电价格调整后，华北、东北、华东、华中、西北区域电网公司统购统销电量与省（市）电网公司的结算价格相应调整。

国家发展改革委办公厅关于组织实施2013年国家认定企业技术中心创新能力建设专项的通知

国家发展改革委办公厅于2013年2月18日以发改办高技〔2013〕430号文，发出《关于组织实施2013年国家认定企业技术中心创新能力建设专项的通知》。全文如下：

为做好2013年国家认定企业技术中心创新能力建设专项的组织申报工作，现将有关事项通知如下：

一、总体目标

引导和扶持国家认定企业技术中心加大研发投入，加强自主创新基础能力建设。通过专项实施，鼓励支持企业完善关键研发试验条件，构建支撑企业开展关键技术研发的创新平台，增强企业核心竞争力和持续发展能力，为转变经济发展方式、推进产业结构战略性调整奠定基础。

二、支持重点

支持企业建设行业领先的研发设施、工程研究试验设施、系统集成验证平台等综合性研发条件，为行业、企业开展关键共性技术研发提供支撑平台。

三、具体要求

（一）申报条件：2011年国家认定企业技术中心评价得分70分及以上、且未获得过该专项支持的企业技术中心；以及2011年（第18批）获得国家认定的企业技术中心。

（二）主管部门应根据投资体制改革精神和《国家高技术产业发展项目管理暂行办法》的有关规定，结合本单位、本地区实际情况，认真组织做好资金申请报告编写和备案工作，并对资金申请报告及相关附件进行核实，负责对其真实性予以确认。资金申请报告需由具备甲级资质的工程设计、咨询单位编制，编制要点见附件。

（三）请主管部门于2013年5月15日前，将审查合格的资金申请报告和有关附件等一式二份报送国家发展改革委。

（四）此项工作职能属于省级发展改革委的，由省级发展改革委负责审核后行文上报国家发展改革委；此项工作职能属于省级经信委（经贸委）的，由省级发展改革委会同省级经信委（经贸委）联合行文报送国家发展改革委；国务院有关部门、中央管理企业可直接向国家发展改革委申报。

（五）在主管部门审核申报的基础上，国家发展改革委将按照公正、公平的原则，组织专家评审，择优支持。

附件：企业技术中心创新能力建设项目资金申请报告编制要点（略）

国家发展改革委办公厅关于请组织申报2013年国家地方联合工程研究中心（工程实验室）方案的通知

国家发展改革委办公厅于2013年2月21日以发改办高技〔2013〕453号文，发出《关于请组织申报2013年国家地方联合工程研究中心（工程实验室）方案的通知》。全文如下：

为落实《国务院关于印发“十二五”国家自主创新能力建设规划的通知》（国发〔2013〕4号）和《国家发展改革委关于印发加强区域产业创新基础能力建设工作指导意见的通知》（发改高技〔2010〕2455号）（以下简称“《指导意见》”），进一步提升我国区域创新能力建设水平，国家发展改革委将组织开展2013年国家地方联合工程研究中心（工程实验室）建设工作。现将有关事项通知如下：

一、请按照《指导意见》的有关要求，组织符合条件的单位编制国家地方联合工程研究中心（工程实验室）方案，并进行严格审查、择优推荐。每个省市区（包括计划单列市）申报国家地方联合工程研究中心或工程实验室合计不超过3家，拥有国家创新型城市或国家自主创新示范区的省份可放宽到5家（其中国家创新型城市或国家自主创新示范区原则上不少于2家）。

二、拟申请国家地方联合工程研究中心（工程实验室）应具备以下条件：

（一）已经批复为省级工程研究中心（工程实验室）并运行1年以上（2011年12月31日前批复），且省级政府已给予财政资金支持或有明确的安排计划。

（二）符合区域发展规划和产业布局，所在产业领域属于省市区主导产业、特色产业，能为解决当地产业或经济发展的瓶颈问题提供关键共性技术支撑，并具有较好的辐射、带动作用。

（三）在本行业具有较强的影响力。一是总人数不少于50人，其中专职科研人员数量不少于30人。二是相关研发设备原值不少于3000万元，相关研发场地面积不少于2000平方米。三是主持或承担过国家科研计划或行业标准的制定。

（四）同一个承担单位（法人）申报不能超过1项工程研究中心（工程实验室）。

三、请于2013年6月15日前将通过审核的方案和审核意见一式二份报送国家发展改革委，并填写国家地方联合工程研究中心（工程实验室）申请表（见附件），另附电子版光盘。

在你们审核、申报的基础上，国家发展改革委将按程序对方案进行合规性复核，对符合条件的国家地方联合工程研究中心（工程实验室）进行命名。

特此通知。

附件1：国家地方联合创新平台方案编制提纲（略）

附件2：2013年国家地方联合工程研究中心和工程实验室（以下简称“创新平台”）申请表（略）

国家发展改革委办公厅关于请组织申报2013年第20批国家认定企业技术中心的通知

国家发展改革委办公厅于2013年3月4日以发改办高技〔2013〕542号文，发出《关于请组织申报2013年第20批国家认定企业技术中心的通知》。全文如下：

根据《国家认定企业技术中心管理办法》(以下简称“《办法》”)，为做好2013年(第20批)国家认定企业技术中心的组织申报工作，现将有关事项通知如下：

一、申请国家认定企业技术中心的企业应符合重点认定领域（见附件1）。企业应具备的基本条件和编写申请材料的相关要求，按《办法》的有关规定执行（见附件2、3、4）。

二、地方企业向所在省、自治区、直辖市、计划单列市相关主管部门提出申请并按要求报送申请材料。

三、各省市发展改革委、经信委（经贸委）会同同级科技、财政、海关、税务等部门根据相关条件和要求，对企业报送的申请材料进行审查，每个省市择优推荐申请企业不超过8家，有创新型城市的省市可推荐企业不超过13家，有两个以上创新型城市的省市可推荐企业不超过15家，有国家自主创新示范区的省市可推荐企业不超过15家（其中推荐的创新型城市的企业、自主创新示范区的企业原则上应不少于5～7家）。

四、此项工作职能属于省级发展改革委的由省级发展改革委会同省级科技厅联合行文报送国家发展改革委；此项工作职能属于省级经信委（经贸委）的由省级经信委（经贸委）会同省级发展改革委、省级科技厅联合行文报送国家发展改革委。国家认定和省市认定职能分开的由省级发展改革委会同省级经信委（经贸委）、省级科技厅联合行文报送国家发展改革委。同时将推荐企业名单抄报科技部，抄送同级财政部门、主管海关、国家税务局。

五、国务院有关部门、中央管理企业可直接报送国家发展改革委。同时将推荐企业名单抄报科技部、财政部、海关总署、国家税务总局。

六、请于5月15日前将推荐企业的申请材料（一式三份）上报国家发展改革委。

附件1：2013年重点认定领域（略）

附件2：申请企业应具备的基本条件（略）

附件3：《国家认定企业技术中心申请报告》编写提纲（略）

附件4：企业技术中心评价材料（略）

国家能源局关于做好2013年风电并网和消纳相关工作的通知

国家能源局于2013年2月16日以国能新能〔2013〕65号文，发出《关于做好2013年风电并网和消纳相关工作的通知》。全文如下：

随着我国风电装机快速增长，2012年部分地区弃风限电现象严重，全国弃风电量约200亿kW·h，风电平均利用小时数比2011年有所下降，个别省（区）风电利用小时数下降到1400h左右，浪费了清洁能源和投资，加剧了环境矛盾。为提高风能利用率，减少化石能源消费，改善大气环境质量，促进生态文明建设，现将2012年度各省（自治区、直辖市）风电年平均利用小时数予以公布，并就2013年进一步加强风电并网和消纳的相关工作通知如下：

一、更加高度重视风电的消纳和利用，把提高风电利用率作为做好能源工作的重要标准。目前，我国风电发电量仅占全部电力消费量的2%，大量弃风限电暴露的是我国能源管理的问题。各省（自治区、直辖市）有关部门和企业要充分认识消纳风电的重要性，把实现风电全额消纳作为推动能源生产和消费革命的重要载体，作为衡量能源管理水平的重要标志，积极创新体制机制，采取各种技术手段和政策措施，促进风电的市场消纳，不断提高风电在电力消费中的比重。要加强监测各省（自治区、直辖市）风电并网的运行情况，把风电利用率作为年度安排风电开发规模和项目布局的重要依据；风电运行情况好的地区可适当加快建设进度，风电利用率很低的地区在解决严重弃风问题之前原则上不再扩大风电建设规模。同时将及时向社会公布大规模弃风限电地区的相关情况。

二、认真分析风电限电的原因，尽快消除弃风限电。弃风限电严重的地区，要全面分析风电不能有效送出和消纳的原因，找准问题的关键环节，采取切实有效的措施，及早解决问题。内蒙古自治区和吉林省要把推广风电供热作为当前重要工作，加强规划引导，完善政策措施，优化电网运行管理，着力提高风电在电力消费中的比重；甘肃省要认真研究酒泉基地的建设方案和消纳市场，加强风电与高载能负荷的协调运行，充分发挥风水互补运行优势，着力做好酒泉基地的风电建设和管理工作；河北省要督促有关企业落实张家口风电发展座谈会的有关要求，加快推进张家口地区与京津唐电网和河北南网的输电通道建设，大力解决弃风限电问题。

三、加强资源丰富区域的消纳方案研究，保障风电装机持续稳定增长。对开发潜力较大、未来风电建设规模增长较快的地区，要未雨绸缪，加强风电消纳技术方案的研究，为保障今后风电持续健康稳定发展打好基础。云南省要会同南方电网公司加强风水互补运行整体技术方案研究；宁夏回族自治区要会同国家电网公司积极研究利用宁东地区电力外送通道增加风电消纳的方案；新疆维吾尔自治区要会同国家电网公司做好利用哈密—郑州特高压直流输电线路外送风电的技术方案和管理措施研究；山西省要会同国家电网公司研究山西省风电消纳整体方案，保障全省风电建设的统筹协调发展。

四、加强风电配套电网建设，做好风电并网服务工作。各电网企业要把保障风电消纳作为电力管理的重要内容，加强电网建设，打破行政区域限制，扩大风能资源配置范围，提高电网消纳风电的能力。对已列入核准计划的项目，电网企业应积极开展接入系统设计和评审，原则上应在核准计划下发的当年出具项目并网承诺函，避免电力配套设施建设滞后造成弃风限电。要进一步优化电网运行调度，科学安排风电场运行，统筹协调系统内调峰电源配置，深入挖掘系统调峰潜力，确保风电优先上网。特别是吉林、内蒙古、黑龙江和河北省（区）的电网调度机构，应积极参与制定本地促进消纳的技术方案，并出台确保风电优先上网的具体措施。

附件：2012 年度各省级电网区域风电利用小时数统计表

附件：

2012 年度各省级电网区域风电利用小时数统计表

国家电网			1869		
华北电网	2029	西北电网	1853	东北电网	1490
京津唐	2167	陕西	1997	蒙东	1499
冀南	1883	甘肃	1645	辽宁	1732
山西	2149	青海	1474	吉林	1420
蒙西	1922	宁夏	1889	黑龙江	1780
山东	1986	新疆	2450		
华中电网	1844	华东电网	2292		
河南	1907	上海	2363		
湖北	1621	江苏	1958		
湖南	1814	浙江	2082		
江西	2380	安徽	1682		
四川	2476	福建	2803		
重庆	1773				
南方电网			2265		
广东	1847	云南	2555	海南	1845
广西	1655	贵州	2069		
全国平均			1890		

注 以上数据仅供参考，西藏自治区无并网运行风电项目，故数据暂缺。

国家能源局印发《水电工程质量监督管理规定》

国家能源局于 2013 年 3 月 8 日以国能新能〔2013〕104 号文附件 1，印发《水电工程质量监督管理规定》。全文如下：

水电工程质量监督管理规定

第一章 总 则

第一条 为加强水电工程质量监督管理，确保水电工程建设质量，保障工程安全，根据《建设工程质量管理条例》等有关法律法规，制定本规定。

第二条 本规定适用于中华人民共和国境内新建、扩建、改建的水电工程。

第三条 国家能源局负责全国水电工程质量监督

管理工作。

省级人民政府能源主管部门按规定权限负责或参与本行政区域内水电工程质量监督管理工作。

第四条 水电工程质量监督实行分级、属地管理。

国家能源局委托水电工程质量监督总站负责国家核准（审批）水电工程质量监督具体工作。

省级人民政府能源主管部门根据工作需要，可成立省级水电工程质量监督机构或委托水电工程质量监督总站（分站），负责本行政区域内地方核准（审批）水电工程质量监督具体工作。

第五条 本规定所称工程质量监督，是指主管部门依据有关法律法规和工程建设强制性标准，对工程实体质量和工程建设、勘察、设计、施工、监理单位（以下简称“工程质量责任主体”）和质量检测等单位的工程质量行为实施监督。

第六条 本规定的水电工程质量监督范围为水电项目主体工程及其附属工程。建设征地移民安置工程中的质量监督由地方政府相关部门负责组织实施。

第七条 水电工程质量监督工作从建设项目办理监督手续开始，至工程项目通过竣工验收结束。

第八条 工程质量监督的依据：

（一）国家有关法律、法规及行业有关规定；

（二）国家及行业相关规程规范和技术标准；

（三）项目审批、核准、备案文件；

（四）经批准的设计文件。

第九条 所有水电工程项目和工程质量责任主体必须接受水电工程质量监督机构的监督。质量监督不代替建设、监理、设计、施工等单位的质量工作。

第十条 国家鼓励和支持单位、个人对水电工程的质量缺陷、质量事故，以及工程质量责任主体、质量监督机构及其人员的违法行为进行投诉和举报。

第二章 组织机构及管理

第十一条 国家水电工程质量监督机构分三级设置：水电工程质量监督总站（以下简称“总站”）、水电工程质量监督分站（以下简称“分站”）、水电工程项目质量监督站（以下简称“项目站”）。

省级人民政府能源主管部门设立的水电工程质量监督机构可分省站和项目站两级设置。

第十二条 国家能源局委托水电水利规划设计总院组建总站。

分站是总站的派出机构，负责区域内国家核准（审批）水电工程质量监督管理工作。

大型水电项目、流域开发水电项目可设立项目站或流域站（以下统称“项目站”），一般由分站经总站批准组建。根据工程实际情况，总站可直接组建项目站。

省级水电工程质量监督机构可根据具体情况组建项目站。

第十三条 各级工程质量监督机构开展水电工程质量监督工作时，应接受工程项目所在省（自治区、直辖市）能源主管部门的监督和指导。

第十四条 各级工程质量监督机构应建立与质量监督工作任务相适应的管理体制、机制和规章制度，加强质量监督队伍的建设，不断提高质量监督工作水平。各级工程质量监督机构应配备满足质量监督工作需要的专职质量监督人员。质量监督人员应具备以下条件：

（一）高级工程师及以上职称或相关专业本科及以上学历，并具有十年以上从事水电工程设计、施工、监理、咨询、建设管理或质量管理的工作经历。

（二）熟悉相关法律法规和技术标准，具有一定的组织协调能力和良好的职业道德。

（三）符合水电工程质量监督资格管理相关要求。

第三章 职责和权限

第十五条 总站的职责

（一）贯彻执行国家有关工程建设质量管理的方针政策、法律法规、工程建设强制性标准及水电工程质量监督有关规定。

（二）制定水电工程质量监督管理实施细则及相关规定，并组织实施。

（三）负责全国水电工程质量监督工作的归口管理。管理各分站、项目站工作，对各省能源主管部门成立的省站进行技术指导。

（四）负责对水电工程质量监督人员进行培训、考核和资格管理。负责对水电工程检测机构质量工作进行考核、评价和管理并及时发布。

（五）负责编制并落实国家核准（审批）的水电工程项目质量监督工作计划，向分站（或项目站）下达质量监督任务。

（六）根据需要，对技术复杂、建设难度大的水电工程，组织国内有关专家开展质量监督巡检工作。

（七）负责监督检查重大设计变更论证和实施是否合规合法。

（八）负责受理水电工程质量方面的举报和投诉，组织调查处理，组织开展或参与重大质量事故的调查处理。

（九）负责组织提交质量监督报告，参与水电工程截流、蓄水、机组启动阶段验收和竣工验收。

（十）负责水电工程质量监督信息化建设，建立质量监督网站，组织开展质量宣传教育和培训，分析工程质量动态，定期通报质量问题。

（十一）负责定期向国家能源局报送质量监督综合情况报告，及时报告重大质量事故。

（十二）完成国家能源局交办的其他工作。

第十六条 分站的职责

（一）贯彻执行国家有关工程建设质量管理的方针政策、法律法规、工程建设强制性标准及水电工程质量监督有关规定。

（二）接受并组织落实总站下达的工程项目质量监督任务，组织本地区国家核准（审批）水电工程的质量监督工作。

（三）管理由其组建的项目站。

（四）向总站报送年度质量监督工作计划、年度工作总结、工程质量监督检查情况报告以及政府主管部门要求报送的资料信息。

（五）参与所监督工程的阶段验收和竣工验收。

（六）组织或参与所监督工程的重大质量事故调查和处理，及时向总站报送质量监督工作中发现的重大问题。

（七）定期向总站报送所监督工程质量监督综合情况报告。

（八）建立工程质量监督工作档案。

（九）负责落实水电工程质量监督信息化建设要求，分析工程质量动态并向总站报送。受总站委托，承担水电工程质量宣传教育、培训具体工作。

（十）可以接受省级人民政府能源主管部门委托，承担省级水电工程质量监督机构职责。

（十一）完成总站交办的其他工作。

第十七条 项目站的职责

（一）贯彻执行国家有关工程建设质量管理的方针政策、法律法规、工程建设强制性标准及水电工程质量监督有关规定。

（二）负责开展总站或分站安排的项目质量监督具体工作。

（三）参与所监督工程的阶段验收和竣工验收。

（四）组织或参与所监督工程的质量事故调查和处理，及时向分站（或总站）报送质量监督工作中发现的质量问题。

（五）定期向分站（或总站）报送所监督工程质量监督综合情况报告。

（六）建立工程质量监督工作档案，向分站（或总站）归档。

（七）负责落实水电工程质量监督信息化建设要求，分析工程质量动态并向分站（或总站）报送。受分站（或总站）委托，承担水电工程质量宣传教育、培训具体工作。

（八）完成总站和分站交办的其他工作。

第十八条 省站的职责

（一）贯彻执行国家有关工程建设质量管理的方针政策、法律法规、工程建设强制性标准及水电工程质量监督有关规定。

（二）负责组织实施地方核准（审批）水电工程质量监督工作，制定相关管理规定。

（三）管理由其组建的项目站。

（四）参加地方核准（审批）水电工程的阶段验收和竣工验收，并负责组织提交相应的质量监督报告。

（五）接受总站的技术指导，定期向省级人民政府能源主管部门和总站报送质量监督综合情况报告。

（六）组织或参与质量事故调查处理。

（七）完成省级人民政府能源主管部门委托的有关工作。

第十九条 质量监督机构的权限

（一）要求被监督检查单位提供有关工程质量安全和体现其质量行为等方面的文件资料。

（二）持证进入被监督工程的施工现场进行检查。

（三）发现有资质不符的、工程转包或违法分包的，及时向相关主管部门报告，并责成相关责任单位依法改正。

（四）发现有影响工程质量安全的问题和行为，有权责令工程质量责任主体限期改正。

（五）对存在质量问题或隐患的部位，责成相关责任单位落实整改要求。必要时，委托水电工程质量检测单位进行工程质量抽样检测与质量复核。

（六）对工程质量责任主体违反国家有关法律法规和规章制度的行为，及时向相关主管部门报告并提出处理建议。

第二十条 各级质量监督机构需进行工程质量检测的，应委托取得省级以上计量认证合格证书并经总站认可的水电工程质量检测单位承担。

第四章 工程质量监督的实施

第二十一条 质量监督实施程序

（一）项目法人应在“三通一平”等筹建工程施工和主体工程开工前分别办理质量监督手续，向质量监督机构提交质量监督申报书及以下材料：

1. 前期工作或项目核准（审批）文件；

2. 有关设计文件；

3. 项目法人与监理、设计、施工单位签订的合同（或协议）情况；

4. 建设、监理、设计、施工等单位的基本情况和工程质量管理体系情况。

（二）质量监督机构收到质量监督申报书后，对符合条件的项目应在15个工作日内向项目法人下达工程质量监督通知书，明确受理事宜，包括具体监督机构、监督范围、监督方式及相关要求等。工程质量监督通知书同时抄报能源主管部门。

（三）承担具体工作的质量监督机构应按规定开展质量监督工作，每次现场巡检或阶段质量监督检查后，及时提出质量监督报告。驻站监督的项目，每月提出质量监督报告。

（四）工程质量责任主体应按规定配合开展质量监督工作，并对质量监督报告中提出的问题及时整改，重大问题应提交整改报告。

（五）工程竣工验收时，质量监督机构应提出工程质量监督总结报告，并按规定完成全部工程质量监督文件归档。

第二十二条　质量监督工作内容

（一）检查工程质量责任主体贯彻执行有关质量管理方针政策、法律法规、工程建设强制性标准情况。

（二）检查工程质量责任主体工程质量管理体系建立、运行情况，工程质量管理规章制度执行情况。

（三）检查工程施工现场，查阅工程建设有关资料，监督检查工程实体质量状况。

（四）分析研究工程质量行为、工程实体质量和安全文明施工存在的主要问题，提出意见和建议。

（五）对工程质量行为、工程实体质量做出客观、公正评价，对工程是否具备阶段验收条件做出结论。

第二十三条　质量监督方式

水电工程质量监督采取巡视检查和驻站监督两种方式，其中巡视检查分为不定期现场巡视和工程阶段监督检查。

（一）巡视检查每季度不少于1次。重大项目应设立项目站并驻站监督。

（二）开展截流、蓄水、机组启动阶段验收和枢纽工程专项验收的质量监督检查。

（三）建立工程质量监督网络系统平台，实时获取工程建设质量管理及质量检测检查情况，并及时进行分析。

（四）建立质量监督信息员制度。吸收参建单位有关技术负责人作为质量监督总站的信息员，及时报告工程的重大质量隐患和相关质量信息。

（五）设立工程举报邮箱和电话，实现网上在线受理工程质量问题举报投诉。对举报投诉事项进行核查，对核查事项进行公示。

（六）根据需要，委托第三方检测机构进行抽样检查和质量评价。

第二十四条　质量监督机构应综合采取听取汇报、现场检查、分别与建设各方座谈、抽查施工记录和质量检测记录、专题研究等形式，深入了解工程质量状况，切实履行工程质量监督职责。

第二十五条　水电工程发生重大质量事故的，项目法人应当及时、如实地向有关主管部门、质量监督机构报告。

第五章　工作纪律

第二十六条　质量监督工作应坚持依法监督、科学严谨、公正透明的原则。质量监督机构不得从事质量监督以外的业务。从业人员应当廉洁从业，不得滥用职权、玩忽职守、徇私舞弊，不得泄漏被监督责任主体的涉密信息。

第二十七条　对于违反质量监督工作纪律的机构和人员，按有关规定予以处罚，构成犯罪的，依法追究刑事责任。

第二十八条　工程质量责任主体应积极配合做好质量监督工作，并对所提供资料的真实性负责。对提供虚假资料的，按有关规定承担相应责任。

第六章　附　　则

第二十九条　质量监督是工程验收的必要条件。未接受质量监督，以及未按要求对质量问题整改到位的工程，不得通过工程验收和投入使用。

第三十条　省级人民政府能源主管部门和总站可以根据本规定制定具体实施办法或细则。

第三十一条　本规定由国家能源局负责解释。

第三十二条　本规定自发布之日起施行。原《水电建设工程质量监督规定（试行）》同时废止，本规定发布前的有关规定与本规定相抵触的，以本规定为准。

国家能源局印发《水电工程安全鉴定管理办法》

国家能源局于2013年3月8日以国能新能〔2013〕104号文附件2，印发《水电工程安全鉴定管理办法》。全文如下：

水电工程安全鉴定管理办法

第一章　总　　则

第一条　为加强水电工程安全鉴定工作管理，提高工程验收工作质量，保障工程安全，根据《建设工程质量管理条例》、《水库大坝安全管理条例》等有关法律法规，制定本办法。

第二条　本规定适用于中华人民共和国境内新建、扩建、改建的水电工程。

第三条 工程安全鉴定分为蓄水安全鉴定、枢纽工程竣工安全鉴定和专项安全鉴定。

工程蓄水验收和枢纽工程专项验收前必须分别进行蓄水安全鉴定和竣工安全鉴定。建设过程中根据需要可开展专项安全鉴定。

第四条 水电工程安全鉴定工作，应当做到独立、客观、科学、规范。

第五条 国家能源局负责全国水电工程安全鉴定工作的管理、指导和监督。

省级人民政府能源主管部门按规定权限负责或参与本行政区域内水电工程安全鉴定工作的管理、指导和监督。

第六条 水电工程安全鉴定的主要依据：

（一）国家有关法律、法规及行业有关规定；

（二）国家及行业相关规程规范与技术标准；

（三）项目审批、核准、备案文件；

（四）经审定或批准的可行性研究设计、施工图设计、设计变更等文件；

（五）工程建设的有关招标文件、合同文件及合同中明确采用的质量标准和技术文件等。

第二章 安全鉴定工作组织

第七条 水电工程安全鉴定工作，由项目法人委托安全鉴定单位承担。特别重要项目的安全鉴定单位可由国家能源局直接指定。

国家能源局和省级人民政府能源主管部门按各自权限对安全鉴定单位实施监督和管理。

第八条 安全鉴定单位应建立完善的管理制度和专业齐全的专家库，加强对技术专家的安全教育和岗位培训，保证安全鉴定工作水平和质量。专家应从本行业工程经验丰富的相关专业人员中选取。

第九条 安全鉴定单位应组织成立专家组，负责开展水电工程安全鉴定工作，通过现场检查和查阅工程资料，对枢纽工程质量和安全进行评价，编制安全鉴定报告。

安全鉴定单位及专家组应对工程资料涉及的商业秘密和技术成果承担保密责任。

第十条 安全鉴定专家组主要成员应由规划、地质、水工、施工、金属结构、机电、安全监测等有关专业，工程经验丰富、具有高级职称的专家组成。

承担或从事过所鉴定水电工程的建设管理、设计、施工、监理、安全监测、设备制造安装、运行等人员，不得担任该工程的安全鉴定专家组成员。

第十一条 安全鉴定专家组应深入现场检查工程实际状况，调查分析工程应具备的安全鉴定条件，并在此基础上编制安全鉴定工作大纲，明确建设各方配合工作的要求，制定安全鉴定工作计划。

第十二条 安全鉴定专家组原则上应在工程现场编写安全鉴定报告。在形成安全鉴定报告的过程中，应与参建单位交换意见。

第十三条 安全鉴定报告应经安全鉴定单位法定代表人或授权代表人签署，并加盖公章。

第十四条 安全鉴定单位应向工程蓄水验收委员会或枢纽工程专项验收委员会报告蓄水安全鉴定或竣工安全鉴定工作情况及安全鉴定报告结论性意见，并做好相关配合工作。

第十五条 各安全鉴定单位应于每年 3 月底前向安全鉴定主管部门报送上年度的工程安全鉴定工作年度总结报告。安全鉴定年度总结报告应包括本年度安全鉴定工作基本情况、水电工程安全现状总体分析评价、存在主要问题、处理情况及有关建议。

第十六条 安全鉴定主管部门定期组织专家或通过后评价等方式，对完成的安全鉴定报告质量进行评价，对安全鉴定过程进行检查，对安全鉴定单位进行监督、考核，并视情定期予以公布。

安全鉴定工作有重大失误或安全鉴定报告质量低劣的，安全鉴定单位应向安全鉴定主管部门做出说明、按要求及时整改并提交整改报告。

第十七条 工程安全鉴定工作应由项目法人与安全鉴定单位签订合同，费用列入工程概算。

第三章 参建单位职责

第十八条 项目法人应组织设计、施工、监理、安全监测、设备制造安装、运行等参建单位将工程安全鉴定工作纳入工作计划，配合安全鉴定单位认真做好安全鉴定相关工作。

第十九条 项目法人应组织设计、施工、监理、安全监测、设备制造安装、运行等参建单位及时提交安全鉴定所需的资料，并对专家组提出的问题进行补充分析，必要时提供相应的专题报告。

第二十条 参建单位应对所提供资料的真实性负责。对在工程安全鉴定工作中提供虚假资料，发现工程安全隐患隐瞒不报或谎报的单位，按有关规定承担相应责任。

第二十一条 参建单位对安全鉴定报告有重大分歧意见的，应形成书面意见送安全鉴定单位，并抄报验收主持单位。

第二十二条 参建单位不得妨碍和干预安全鉴定单位和安全鉴定专家组独立地做出鉴定意见。

第二十三条 工程安全鉴定工作不代替和减轻参建单位在建设管理、设计、施工、监理、安全监测、设备制造安装、运行等方面应承担的质量安全责任。

第四章　蓄水安全鉴定

第二十四条　蓄水安全鉴定的范围以大坝为重点，主要为与蓄水安全有关的工程项目，一般应包括挡水建筑物（含渗流控制工程）、泄水（排沙）建筑物、输水建筑物的进（出）水口、下游消能防护工程、具备条件的发电引水工程等主要水工建筑物及近坝库岸，金属结构工程、配套电气设备工程及相关的安全监测工程。

第二十五条　根据蓄水计划安排，项目法人应及时委托有资格单位开展蓄水安全鉴定工作，与蓄水验收申请一并履行上报程序。

第二十六条　蓄水安全鉴定工作的重点内容：

（一）检查工程形象面貌是否符合蓄水要求；

（二）检查评价安全鉴定范围内工程设计、施工是否满足国家和行业规程规范、经批准的设计文件以及相关合同文件规定的质量和安全标准。重点检查关键部位、出现过质量事故的部位等，必要时应使用技术手段进行检验检测；

（三）评价工程蓄水方案的合理性；

（四）评价工程防洪度汛方案和措施的合理性和可靠性；

（五）评价与蓄水安全有关的工程项目是否满足工程蓄水的要求。

第二十七条　蓄水安全鉴定的工作程序一般包括：

（一）安全鉴定专家组制定蓄水安全鉴定工作大纲，明确安全鉴定的主要内容，向参建单位提出安全鉴定工作所需资料清单；

（二）安全鉴定专家组听取项目法人、设计、施工、监理、监测、设备制造安装等参建单位的情况介绍；

（三）安全鉴定专家组进行现场调查，收集资料；

（四）项目法人、设计、施工、监理、监测、设备制造安装等参建单位分别编写自检报告；

（五）安全鉴定专家组集中分析、研究有关工程资料和参建单位自检报告，与参建单位沟通，必要时进行复核、现场检验检测；

（六）安全鉴定专家组在与参建单位充分交换意见的基础上，做出是否可以蓄水的明确结论，完成蓄水安全鉴定报告，专家组全体成员签字认可。

第二十八条　分期蓄水的工程可以分阶段开展蓄水安全鉴定，并在蓄水安全鉴定大纲中明确各阶段的鉴定范围。

第五章　竣工安全鉴定

第二十九条　竣工安全鉴定的范围是以大坝和引水发电系统为重点的整个枢纽工程，包括土建工程（含渗流控制工程、两岸坝肩及近坝库岸边坡工程）、安全监测工程、金属结构工程和机电工程。

第三十条　竣工安全鉴定可以分阶段开展，但在枢纽工程专项验收前必须汇总提出完整的安全鉴定报告。分期建设的工程，可以根据工程建设实际情况，分期或一次性开展安全鉴定。

第三十一条　根据工程建设及运行情况，项目法人应及时委托有资格单位开展竣工安全鉴定工作，与枢纽工程专项验收申请一并履行上报程序。

第三十二条　竣工安全鉴定工作的重点内容是：

（一）检查工程是否按设计要求全部建成，形象面貌是否符合枢纽工程专项验收要求。

（二）检查评价枢纽工程设计、施工是否满足国家和行业规程规范、经批准的设计文件以及相关合同文件规定的质量和安全标准。重点检查关键部位、出现过质量事故的部位及运行情况，必要时应使用技术手段进行检验检测。

（三）评价枢纽工程初期运行期工作性态。

（四）评价枢纽工程长期运行的安全可靠性。

第三十三条　开展竣工安全鉴定应同时满足以下条件：工程运行已经过至少一个洪水期的考验，多年调节水库需经过至少两个洪水期的考验；最高库水位已经达到或基本达到正常蓄水位；全部机组均已按额定出力运行，每台机组至少已运行 2000 小时以上（含电网调度安排的备用时间），抽水蓄能电站每台机组投入运行至少 6 个月以上。

第三十四条　竣工安全鉴定的工作程序一般包括：

（一）制定竣工安全鉴定工作大纲，明确安全鉴定的主要内容，向参建单位提出安全鉴定工作所需资料清单；

（二）安全鉴定专家组听取项目法人、设计、施工、监理、监测、设备制造安装等参建单位及运行单位的情况介绍；

（三）安全鉴定专家组进行现场调查，收集资料；

（四）项目法人、设计、施工、监理、监测、设备制造安装等参建单位及运行单位分别编写自检报告；

（五）安全鉴定专家组集中分析、研究有关工程资料和各单位自检报告，与参建及运行单位沟通，必要时进行复核、现场检验检测；

（六）安全鉴定专家组在与参建及运行单位充分交换意见的基础上，作出是否可以安全运行的结论，完成竣工安全鉴定报告，专家组全体成员签字认可。

第六章 专项安全鉴定

第三十五条 以下情况，水电工程应开展专项安全鉴定：

（一）采用河床分期导流的工程，永久建筑物和隐蔽工程在蓄水安全鉴定前需要提前投入使用的；

（二）重要永久建筑物、隐蔽工程或单项工程在竣工安全鉴定、专项验收前需提前投入运行的；

（三）建设过程中发现安全隐患，需要专门针对发生问题的情况和部位进行安全鉴定的；

（四）安全鉴定主管部门、工程验收委员会或验收主持单位认为有必要进行专项安全鉴定的。

第三十六条 专项安全鉴定工作的重点内容是检查评价安全鉴定范围内工程设计、施工是否满足国家和行业规程规范、经批准的设计文件以及工程建设中相关合同文件规定的质量和安全标准；评价工程是否满足投入运行要求。

第七章 附 则

第三十七条 蓄水安全鉴定、竣工安全鉴定和专项安全鉴定工作应相互衔接，原则上同一工程由同一单位承担。特殊情况下，需变更安全鉴定单位的，项目法人应向安全鉴定主管部门做出说明。

第三十八条 水电工程安全鉴定工作不进行工程质量等级评定或评优。

第三十九条 水电工程通过枢纽工程专项验收后，项目法人应将竣工安全鉴定报告报送水电站大坝安全注册单位，并按规定进行大坝注册和安全定检。

第四十条 本办法由国家能源局负责解释。

第四十一条 本办法自颁布之日起施行。本办法发布前的有关水电工程安全鉴定的规定，与本办法相抵触的，以本办法为准。

国家能源局关于印发“十二五”第三批风电项目核准计划的通知

国家能源局于2013年3月11日以国能新能〔2013〕110号文，发出《关于印发“十二五”第三批风电项目核准计划的通知》。全文如下：

为规范风电项目开发建设，促进风电产业持续健康发展，根据《风电开发建设管理暂行办法》，统筹考虑风能资源、电力市场及各地区发展状况，现就“十二五”第三批风电项目核准计划等事项通知如下：

一、列入“十二五”第三批风电核准计划的项目共491个，总装机容量2797万kW。此外，安排促进风电并网运行和消纳示范项目4个，总装机容量75万kW。上述两类项目合计2872万kW，具体项目详见附表。黑龙江、吉林、内蒙古的核准计划另行研究。

二、请各省（自治区、直辖市）发展改革委（能源局）加强组织协调，认真落实项目建设条件，特别是电网接入条件和消纳市场，督促项目建设单位深化前期工作，待各项建设条件落实后，按风电项目核准权限规定核准建设。2013年内未能核准的项目，可结转到2014年核准。不具备建设条件的项目，应申请取消，不得置换。

三、各电网公司要积极配合做好列入核准计划风电项目的配套电网建设工作，落实电网接入和消纳市场，及时办理并网支持性文件，加快配套电网送出工程建设，确保风电项目建设与配套电网同步投产和运行。

四、各风电投资开发企业要认真做好核准计划内风电项目的建设工作，高度重视环境保护和工程建设质量，按计划完成风电建设任务。对已列入核准计划且在核准计划规定的时间范围内未能完成核准的项目须说明原因。

附件1：各省（自治区、直辖市）“十二五”第三批拟核准风电项目计划表（略）

附件2：促进风电并网运行和消纳示范项目列表（略）

国家能源局关于加强风电产业监测和评价体系建设的通知

国家能源局于2013年5月23日以国能新能〔2013〕201号文，发出《关于加强风电产业监测和评价体系建设的通知》。全文如下：

为全面准确掌握风电产业发展信息和形势，提高产业技术水平和工程质量，促进风电产业健康持续发展，现就加强风电产业信息监测和评价工作有关要求通知如下：

一、产业信息监测和评价是行业管理的重要手段。为此要加强风电产业的发展动态、开发建设、并网运行和设备质量等重要信息的监测和评价工作。各有关单位要高度重视，建立机制，按要求报送信息，确保各类信息及时、准确和完整。

二、重点监测的产业发展信息包括：

（一）国际风电产业发展动态：全球风电产业发展状况及趋势、风电相关技术发展和市场演变、主要设备制造企业状况、各国风电装机及发电数据、发展规划和政策动态等。

（二）风电开发建设情况：各省（自治区、直辖市）和各风电开发企业核准容量、在建容量等。

（三）风电并网运行情况：各省（自治区、直辖市）和各风电开发企业风电并网容量及其占电力总装机的比例、风电发电量及其占全部发电量的比例、弃风率、风电场利用小时数、配套接入工程和电力外送通道建设总体情况等。

（四）风电设备制造产业信息：风电设备出货量、风电机组吊装量、风电设备出口量以及风电设备可靠性、重大事故情况等。

三、国家可再生能源中心负责风电产业发展总体情况的监测和评价，收集和分析国际风电产业发展状况、各国风电开发和运行数据、产业政策信息等，并汇总形成风电产业发展动态信息，按季度上报国家能源局。

四、水电水利规划设计总院负责各省（自治区、直辖市）和各开发企业的风电建设、并网运行、发展规划和年度实施方案完成情况的统计和分析，汇总形成风电建设统计信息，按季度上报国家能源局；按年度综合评价产业发展形势、面临问题和产业政策执行情况，形成评估报告上报国家能源局；并于每年初提交上年度风电开发建设总体情况的分析评价报告，经国家能源局审核后对社会公开发布。

五、国家电网公司、南方电网公司和内蒙古电力（集团）有限公司负责本电网经营区域内各省（自治区、直辖市）风电配套电网建设情况、风电并网运行和市场消纳情况的统计和评价，包括新增风电并网运行容量和发电量、年累计利用小时数等，按月上报国家能源局；按有关规定统计弃风电量并汇总形成风电运行信息，按季度上报国家能源局。

六、中国可再生能源学会风能专业委员会（中国风能协会）负责风电设备制造产业数据的统计分析和评价，包括主要风电整机和零部件制造企业的生产经营情况、设备进出口情况、已安装的风电设备的运行质量数据等，汇总形成风电设备信息，按季度上报国家能源局。按照《国家能源局关于加强风电场安全管理有关要求的通知》（国能新能〔2011〕373号）的要求，风电设备重大事故应及时报告国家能源局，对共性事故及时提出行业预警信息。每年年初提交上年度风电设备运行质量评价报告，经国家能源局审核后对社会公布。

七、国家可再生能源中心会同水电水利规划设计总院负责风电产业监测与评价体系建设的组织和协调，请各单位按上述分工要求，指定专人负责，制定工作方案，做好信息收集、整理、分析、评价和报告编制与上报。按月上报的信息，应在下一月的15日之前报送；按季度上报的信息，应在下一季度第一个月的月底之前报送。

八、各省（自治区、直辖市）能源主管部门对本地区风电项目的前期工作、核准情况、建设进度、配套电网、并网运行以及市场消纳等情况进行总结和分析，对本省（自治区、直辖市）风电发展情况进行全面评估，形成本省（自治区、直辖市）的风电发展评估年度报告，于每年1月底前上报国家能源局。

九、各省（自治区、直辖市）能源主管部门督促有关企业配合信息报送工作。企业上报信息情况将作为落实产业政策、项目并网运行、发放补贴资金、并网运行以及市场准入的参考依据。

十、各有关单位可根据信息报送的需要，加强协调合作，提出相关的建设方案，加强机构能力建设，编制信息报送工作管理规定，规范信息报送，确保提交的各项数据真实可靠，不断提高风电产业信息监测和评价水平，充分发挥信息监测和评价工作对产业发展的指导作用。国家能源局将依据《中华人民共和国政府信息公开条例》的规定，适时向全社会公布风电产业监测和评价结果，引导和规范风电市场秩序，保障风电产业健康持续发展。

国家能源局关于加强抽水蓄能电站运行管理工作的通知

国家能源局于2013年6月18日以国能新能〔2013〕243号文，发出《关于加强抽水蓄能电站运行管理工作的通知》。全文如下：

抽水蓄能电站是具有调峰填谷、调频调相和事故备用等多种功能的特殊电源，是确保电网安全、稳定、经济运行的重要保障。针对近年来蓄能电站运行调度存在的问题，为进一步加强运行管理，有效发挥其调峰、蓄能和备用的功能，现将有关要求通知如下：

一、高度重视运行管理工作。抽水蓄能电站是解决电网调峰问题的重要手段和目前最具经济性的大规模储能设施。近年来，随着电力系统规模的不断扩大、第三产业和居民用电比重的增加、可再生能源电力的快速发展，调峰矛盾、拉闸限电和弃风弃水弃光等问题突出，必须充分认识抽水蓄能电站在电力系统中的重要性，高度重视抽水蓄能电站运行管理，优化电力调度，有效发挥已建电站在解决电网峰谷运行矛盾、保障电力系统安全稳定运行、提高电网消纳可再生能源电力的能力、保障能源高效利用等方面的作用。

二、充分发挥调峰填谷作用。调峰填谷是抽水蓄能电站的重要功能，也是衡量电站是否发挥作用的重要指标。针对目前部分电站抽水发电利用小时数明显偏低的情况，各电网企业、调度机构和蓄能电厂要从整个电力系统安全可靠和经济性以及化石燃料消耗最少的角度，合理安排电站调峰和备用运行，加强调峰蓄能调度，充分发挥蓄能电站的多种功能以及静态和动态两方面效益。采取切实有效措施，提高电站利用效率，将调峰填谷运行作为缓解和解决电网峰谷差大、拉闸限电频繁和弃风弃水弃光等矛盾的首选手段。

三、加快制定运行调度规程。各电力调度机构要根据《抽水蓄能电站调度运行导则》，结合各地区电网电源结构和负荷特性等情况，会同蓄能电站运行管理单位制定各抽水蓄能电站运行调度规程，明确各电站的调度原则、管理要求和具体运行指标，按程序报国家能源局备案。电力调度机构要严格按照调度规程进行调度运行。

四、建立健全考核监督制度。各电力监管机构要根据运行导则要求和各电站具体运行调度规程，监管蓄能电站运行调度情况，制定考核和监管具体办法，明确运行效果考核指标、标准及监管措施和要求。重点监督考核电站运行是否安全可靠、运行调度规程是否执行到位和调峰蓄能与备用作用是否有效发挥；重点加强迎峰度夏、冬季供暖等时段拉闸限电情况和弃风弃水弃光地区蓄能电站调峰运行的监管。各电力监管机构要建立考核监管信息通报机制，定期报告并发布各电站运行调度情况和考核监管信息。

五、不断完善运行管理机制。水电水利规划设计总院要认真研究抽水蓄能电站运行管理涉及的运行体制、电价机制等问题，加强对已建蓄能电站运行情况和利用状况的分析，研究完善抽水蓄能运行管理机制和措施。积极探索电力系统辅助服务政策，推动发电侧分时电价机制建立，充分调动蓄能电站低谷抽水蓄能和高峰发电顶峰的积极性，促进抽水蓄能电站作用有效发挥。

请各派出机构，各省（自治区、直辖市）发展改革委、能源局和有关单位，按照上述要求认真做好抽水蓄能电站建设运行调度管理各项工作，保障抽水蓄能电站有效发挥作用，促进蓄能电站健康有序发展。

水利部关于加快推进水生态文明建设工作的意见

水利部于2013年1月4日以水资源〔2013〕1号文，发出关于加快推进水生态文明建设工作的意见。全文如下：

为贯彻落实党的十八大关于加强生态文明建设的重要精神，加快推进水生态文明建设，促进经济社会发展与水资源水环境承载能力相协调，不断提升我国生态文明水平，努力建设美丽中国，提出意见如下：

一、充分认识加快推进水生态文明建设的重要意义

水是生命之源、生产之要、生态之基，水生态文明是生态文明的重要组成和基础保障。长期以来，我国经济社会发展付出的水资源、水环境代价过大，导致一些地方出现水资源短缺、水污染严重、水生态退化等问题。加快推进水生态文明建设，从源头上扭转水生态环境恶化趋势，是在更深层次、更广范围、更高水平上推动民生水利新发展的重要任务，是促进人水和谐、推动生态文明建设的重要实践，是实现“四化同步发展”、建设美丽中国的重要基础和支撑，也是各级水行政主管部门的重要职责。

各流域机构、各级水行政主管部门必须深刻领会党的十八大精神，从保障国家可持续发展和水生态安全的战略高度，加强学习、提高认识，增强紧迫感和责任感，把水生态文明建设工作放在更加突出的位置，加大推进力度，落实保障措施，加快实现从供水管理向需水管理转变，从水资源开发利用为主向开发保护并重转变，从局部水生态治理向全面建设水生态文明转变，切实把水生态文明建设工作抓实抓好。

二、水生态文明建设的指导思想、基本原则和目标

水生态文明建设的指导思想是：以科学发展观为指导，全面贯彻党的十八大关于生态文明建设战略部署，把生态文明理念融入到水资源开发、利用、治理、配置、节约、保护的各方面和水利规划、建设、管理的各环节，坚持节约优先、保护优先和自然恢复为主的方针，以落实最严格水资源管理制度为核心，通过优化水资源配置、加强水资源节约保护、实施水生态综合治理、加强制度建设等措施，大力推进水生态文明建设，完善水生态保护格局，实现水资源可持续利用，提高生态文明水平。

水生态文明建设的基本原则是：

——坚持人水和谐，科学发展。牢固树立人与自然和谐相处理念，尊重自然规律和经济社会发展规律，充分发挥生态系统的自我修复能力，以水定需、量水而行、因水制宜，推动经济社会发展与水资源和水环境承载力相协调。

——坚持保护为主，防治结合。规范各类涉水生产建设活动，落实各项监管措施，着力实现从事后治理向事前保护转变。在维护河湖生态系统的自然属性，满足居民基本水资源需求基础上，突出重点，推进生态脆弱河流和地区水生态修复，适度建设水景

观，避免借生态建设名义浪费和破坏水资源。

——坚持统筹兼顾，合理安排。科学谋划水生态文明建设布局，统筹考虑水的资源功能、环境功能、生态功能，合理安排生活、生产和生态用水，协调好上下游、左右岸、干支流、地表水和地下水关系，实现水资源的优化配置和高效利用。

——坚持因地制宜，以点带面。根据各地水资源禀赋、水环境条件和经济社会发展状况，形成各具特色的水生态文明建设模式。选择条件相对成熟、积极性较高的城市或区域，开展试点和创建工作，探索水生态文明建设经验，辐射带动流域、区域水生态的改善和提升。

水生态文明建设的目标是：最严格水资源管理制度有效落实，"三条红线"和"四项制度"全面建立；节水型社会基本建成，用水总量得到有效控制，用水效率和效益显著提高；科学合理的水资源配置格局基本形成，防洪保安能力、供水保障能力、水资源承载能力显著增强；水资源保护与河湖健康保障体系基本建成，水功能区水质明显改善，城镇供水水源地水质全面达标，生态脆弱河流和地区水生态得到有效修复；水资源管理与保护体制基本理顺，水生态文明理念深入人心。

三、水生态文明建设的主要工作内容

（一）落实最严格水资源管理制度

把落实最严格水资源管理制度作为水生态文明建设工作的核心，抓紧确立水资源开发利用控制、用水效率控制、水功能区限制纳污"三条红线"，建立和完善覆盖流域和省、市、县三级行政区域的水资源管理控制指标，纳入各地经济社会发展综合评价体系。全面落实取水许可和水资源有偿使用、水资源论证等管理制度；加快制定区域、行业和用水产品的用水效率指标体系，加强用水定额和计划用水管理，实施建设项目节水设施与主体工程"三同时"制度；充分发挥水功能区的基础性和约束性作用，建立和完善水功能区分类管理制度，严格入河湖排污口设置审批，进一步完善饮用水水源地核准和安全评估制度；健全水资源管理责任与考核制度，建立目标考核、干部问责和监督检查机制。充分发挥"三条红线"的约束作用，加快促进经济发展方式转变。

（二）优化水资源配置

严格实行用水总量控制，制定主要江河流域水量分配和调度方案，强化水资源统一调度。着力构建我国"四横三纵、南北调配、东西互济、区域互补"的水资源宏观配置格局。在保护生态前提下，建设一批骨干水源工程和河湖水系连通工程，加快形成布局合理、生态良好，引排得当、循环通畅，蓄泄兼筹、丰枯调剂，多源互补、调控自如的江河湖库水系连通体系，提高防洪保安能力、供水保障能力、水资源与水环境承载能力。大力推进污水处理回用，鼓励和积极发展海水淡化和直接利用，高度重视雨水和微咸水利用，将非常规水源纳入水资源统一配置。

（三）强化节约用水管理

建设节水型社会，把节约用水贯穿于经济社会发展和群众生产生活全过程，进一步优化用水结构，切实转变用水方式。大力推进农业节水，加快大中型灌区节水改造，推广管道输水、喷灌和微灌等高效节水灌溉技术。严格控制水资源短缺和生态脆弱地区高用水、高污染行业发展规模。加快企业节水改造，重点抓好高用水行业节水减排技改以及重复用水工程建设，提高工业用水的循环利用率。加大城市生活节水工作力度，逐步淘汰不符合节水标准的用水设备和产品，大力推广生活节水器具，降低供水管网漏损率。建立用水单位重点监控名录，强化用水监控管理。

（四）严格水资源保护

编制水资源保护规划，做好水资源保护顶层设计。全面落实《全国重要江河湖泊水功能区划》，严格监督管理，建立水功能区水质达标评价体系，加强水功能区动态监测和科学管理。从严核定水域纳污容量，制定限制排污总量意见，把限制排污总量作为水污染防治和污染减排工作的重要依据。加强水资源保护和水污染防治力度，严格入河湖排污口监督管理和入河排污总量控制，对排污量超出水功能区限排总量的地区，限制审批新增取水和入河湖排污口，改善重点流域水环境质量。严格饮用水水源地保护，划定饮用水水源保护区，按照"水量保证、水质合格、监控完备、制度健全"要求，大力开展重要饮用水水源地安全保障达标建设，进一步强化饮用水水源应急管理。

（五）推进水生态系统保护与修复

确定并维持河流合理流量和湖泊、水库以及地下水的合理水位，保障生态用水基本需求，定期开展河湖健康评估。加强对重要生态保护区、水源涵养区、江河源头区和湿地的保护，综合运用调水引流、截污治污、河湖清淤、生物控制等措施，推进生态脆弱河湖和地区的水生态修复。加快生态河道建设和农村沟塘综合整治，改善水生态环境。严格控制地下水开采，尽快建立地下水监测网络，划定限采区和禁采区范围，加强地下水超采区和海水入侵区治理。深入推进水土保持生态建设，加大重点区域水土流失治理力度，加快坡耕地综合整治步伐，积极开展生态清洁小流域建设，禁止破坏水源涵养林。合理开发农村水电，促进可再生能源应用。建设亲水景观，促进生活空间宜居适度。

（六）加强水利建设中的生态保护

在水利工程前期工作、建设实施、运行调度等各个环节，都要高度重视对生态环境的保护，着力维护河湖健康。在河湖整治中，要处理好防洪除涝与生态保护的关系，科学编制河湖治理、岸线利用与保护规划，按照规划治导线实施，积极采用生物技术护岸护坡，防止过度“硬化、白化、渠化”，注重加强江河湖库水系连通，促进水体流动和水量交换。同时要防止以城市建设、河湖治理等名义盲目裁弯取直、围垦水面和侵占河道滩地；要严格涉河湖建设项目管理，坚决查处未批先建和不按批准建设方案实施的行为。在水库建设中，要优化工程建设方案，科学制定调度方案，合理配置河道生态基流，最大程度地降低工程对水生态环境的不利影响。

（七）提高保障和支撑能力

充分发挥政府在水生态文明建设中的领导作用，建立部门间联动工作机制，形成工作合力。进一步强化水资源统一管理，推进城乡水务一体化。建立政府引导、市场推动、多元投入、社会参与的投入机制，鼓励和引导社会资金参与水生态文明建设。完善水价形成机制和节奖超罚的节水财税政策，鼓励开展水权交易，运用经济手段促进水资源的节约与保护，探索建立以重点功能区为核心的水生态共建与利益共享的水生态补偿长效机制。注重科技创新，加强水生态保护与修复技术的研究、开发和推广应用。制定水生态文明建设工作评价标准和评估体系，完善有利于水生态文明建设的法制、体制及机制，逐步实现水生态文明建设工作的规范化、制度化、法制化。

（八）广泛开展宣传教育

开展水生态文明宣传教育，提升公众对于水生态文明建设的认知和认可，倡导先进的水生态伦理价值观和适应水生态文明要求的生产生活方式。建立公众对于水生态环境意见和建议的反映渠道，通过典型示范、专题活动、展览展示、岗位创建、合理化建议等方式，鼓励社会公众广泛参与，提高珍惜水资源、保护水生态的自觉性。大力加强水文化建设，采取人民群众喜闻乐见、容易接受的形式，传播水文化，加强节水、爱水、护水、亲水等方面的水文化教育，建设一批水生态文明示范教育基地，创作一批水生态文化作品。

四、开展水生态文明建设试点和创建活动

为加快推进水生态文明建设，充分吸收节水型社会建设、水生态系统保护与修复、水土保持和水利风景区建设等工作经验，水利部拟选择一批基础条件较好、代表性和典型性较强的市，开展水生态文明建设试点工作，探索符合我国水资源、水生态条件的水生态文明建设模式。在此基础上，尽快启动全国水生态文明市创建活动，在更大范围、更高层面上推进水生态文明建设工作。通过水生态文明建设试点和创建活动，树立典型，发挥示范带动效应。各省（自治区、直辖市）水行政主管部门可结合当地工作实际，组织开展本省（自治区、直辖市）水生态文明建设试点或创建活动。水生态文明建设试点和创建工作相关要求另行制定。

加强水生态文明建设是一项长期而复杂的系统工程，各流域机构和各级水行政主管部门主要负责同志要亲自抓，积极安排部署，认真督促检查，及时研究解决工作中的重大问题，确保各项工作落到实处。要按照本意见的要求，抓紧制定具体工作方案，加快推进水生态文明建设工作，及时将有关情况报水利部。

财政部与水利部发布《农村水电增效扩容改造绩效评价暂行办法》

财政部与水利部于 2013 年 2 月 21 日以财建〔2013〕45 号文，印发《农村水电增效扩容改造绩效评价暂行办法》。全文如下：

农村水电增效扩容改造绩效评价暂行办法

第一章 总 则

第一条 为进一步加强和规范农村水电增效扩容改造项目建设和资金管理，建立健全激励和约束机制，提高资金使用效益，确保工程建设质量，根据《财政部关于印发〈财政支出绩效评价管理暂行办法〉的通知》（财预〔2011〕285 号）和《财政部、水利部关于印发〈农村水电增效扩容改造财政补助资金管理暂行办法〉的通知》（财建〔2011〕504 号）及国家有关规定，制定本办法。

第二条 本办法所称绩效评价，是指对农村水电增效扩容改造项目工作组织、建设管理、资金管理、工程验收、改造效果及长效机制落实情况等运用定量、定性指标相结合的评价方法和统一的评分标准，综合评价农村水电增效扩容改造绩效目标的实现程度。

第三条 绩效评价遵循科学、规范、公开、公平、公正的原则。

第四条 绩效评价工作按统一组织、分级实施的方式进行。实行项目单位自评，县、市级审核评价，省级复核汇总，财政部和水利部组织抽查并审定的工

作程序。财政部、水利部根据审定后的绩效评价结果，采取相应奖惩措施。

第二章　绩效评价依据和内容

第五条　绩效评价工作依据：

（一）财政部、水利部颁布的相关管理制度，国家有关规程、规范、技术标准。

（二）水利部、财政部批复的省级农村水电增效扩容改造实施方案。

（三）财政部、水利部与省（自治区、直辖市），省（自治区、直辖市）与市、县，市、县与项目单位签订的农村水电增效扩容改造责任书。

（四）经批准的项目初步设计文件、审查意见、批复文件等。

（五）农村水电增效扩容改造项目申报表。

（六）资金筹措、预算下达、使用管理等有关资料和文件。

（七）项目设计、施工、监理、设备供货等单位出具的工作报告或技术文件及其他建设过程中形成的有效文件等。

（八）农村水电增效扩容改造机组启动验收、项目完工验收等鉴定结论和报告。

（九）其他相关资料。

第六条　绩效评价对象。绩效评价以省（自治区、直辖市）为单位，对象为上一年度应完工的项目和地方财政部门、水行政主管部门的管理服务。

第七条　绩效评价内容：

绩效评价内容包括地方财政部门、水行政主管部门管理服务绩效评价和项目绩效评价两部分。

（一）地方管理服务绩效评价主要内容。

（1）组织实施管理：组织协调情况，组织机构设置及运行情况，项目审核把关情况，建设管理、资金管理、工作责任制等制度建立与落实情况，监督检查情况。

（2）资金安排使用：中央财政补助资金是否及时分解下达，省级配套资金是否落实到位，项目资金安排情况是否及时报送。

（3）惠农强农措施：是否出台增效扩容改造强农惠农措施，强农惠农措施是否得到有效落实等。

（4）长效机制建设：上网、电价、定岗定员和生态保护等长效机制建设情况。

（5）技术服务：是否组织开展相关培训，是否组织专家进行技术指导，是否为项目单位设备订货提供相关服务等。

（6）档案管理及统计：各类档案资料是否齐全完整，是否按要求及时、准确报送相关统计信息。

（二）项目绩效评价主要内容。

（1）项目改造效果：改造后机组效率、增效扩容效果是否达到设计要求。

（2）项目建设管理：项目前期工作是否到位，建设管理“三制”是否落实；合同管理、质量管理、安全管理是否规范，统计报表是否及时准确报送。

（3）项目资金管理：项目单位财务管理制度是否健全，自筹资金是否足额及时到位，资金使用是否合规，工程款支付是否及时，财务管理是否规范等。

（4）工程进度和验收情况：工程进度是否符合要求，各项验收是否及时、规范，是否规范设置了“农村水电增效扩容改造”标识，项目档案资料是否齐全。

（5）强农惠农效果：通过改造是否促进当地农村经济和农村公益事业发展，是否改善当地农业灌溉及农村供水条件。

（6）可持续发展能力：通过改造是否消除安全隐患，定岗定员、生态流量、梯级联合调度等促进电站可持续发展的措施是否落实，对当地环境是否有负面影响。

第八条　绩效评价指标体系。财政部、水利部根据农村水电增效扩容改造目标任务，结合项目建设和资金管理要求，建立农村水电增效扩容改造绩效评价指标体系。

第三章　绩效评价程序

第九条　绩效评价工作按以下程序进行：

（一）项目完工验收完成后，项目单位应对绩效目标完成情况进行自评，按项目管理权限及时将农村水电增效扩容改造项目绩效评价表上报地方水行政主管部门、财政部门。地方水行政主管部门会同财政部门在审核上述已完工验收项目绩效评价表的基础上，综合应完工未完工项目和已完工未通过验收项目等情况，于年度终了后编制本行政区域年度应完工项目的绩效评价报告，并于2月底前逐级汇审上报至省级财政部门和水行政主管部门。

（二）省级财政部门会同水行政主管部门采用现场检查、专家评审等方式，对各地上报的项目绩效表和绩效评价报告进行复核、汇总，同时对地方管理服务进行自评，填写地方管理服务绩效评价表，编制本省（自治区、直辖市）农村水电增效扩容改造绩效评价报告，于每年3月20日前报财政部、水利部。

（三）财政部、水利部根据各地上报材料，组织抽查并审定各省（自治区、直辖市）最终绩效评价结果。

第四章　绩效评价结果及运用

第十条　绩效评价实行100分制，其中：地方财政部门、水行政主管部门管理服务绩效评价部分占25分，各省（自治区、直辖市）得分由财政部、水利部核定；项目绩效评价部分占75分，单个项目得分原则上由各省（自治区、直辖市）财政部门、水行政主管部门核定，全部项目得分以项目改造后装机容量值为权重的加权平均值核定。

省级绩效评价总得分为该省（自治区、直辖市）地方管理服务绩效评价和项目绩效评价得分之和。

第十一条 出现下列情况之一的，项目绩效评价不得分：

（一）违反基本建设程序，擅自进行重大设计变更和改变主要建设内容；

（二）项目建设或运行发生重大质量问题或安全事故；

（三）资金管理存在作假骗补或截留挪用等重大问题；

（四）项目绩效评价弄虚作假；

（五）未按时完成改造并通过验收。

第十二条 财政部、水利部根据得分情况对各省（自治区、直辖市）农村水电增效扩容改造绩效评价结果进行认定。总得分85分及以上为优秀，60～84分为合格，60分以下或有下列情况之一的为不合格。

（一）在地方管理服务绩效评价过程中弄虚作假的；

（二）财政部、水利部抽查项目绩效评价得分比省级复核得分低20分及以上的。

第十三条 绩效评价结果与中央财政补助资金安排直接挂钩。

（一）对弄虚作假骗取或截留挪用补助资金，或未实现增效扩容基本任务与改造效果的项目，全额扣回该项目中央财政补助资金，并按规定对有关违纪违规人员进行处理；出现本办法第十一条规定的其他四种情况之一的，扣减该项目中央财政补助资金的10%。

（二）绩效评价结果为优秀的省份，在全国范围内通报表扬，及时清算该年度完工验收项目中央财政补助资金，并奖励中央财政补助资金的1%，专项用于农村水电增效扩容改造相关支出，不得用于发放奖金等非生产性支出。

（三）绩效评价结果为不合格的省份，在全国范围内通报批评，并扣减中央财政补助资金的10%。

第五章 附 则

第十四条 本办法由财政部、水利部负责解释。

第十五条 本办法自发布之日起施行。

国家能源局综合司、工业和信息化部办公厅关于规范电力用户与发电企业直接交易的通知

国家能源局综合司、工业和信息化部办公厅于2013年10月21日，以国能综监管〔2013〕506号文发出《关于规范电力用户与发电企业直接交易的通知》。全文如下：

近年来，各地按照完善社会主义市场经济体制要求，认真贯彻落实科学发展观，积极推进能源利用方式的转变，在促进资源优化配置和经济发展方式的转变方面做了大量工作，取得了明显成绩。但是最近发现，部分省（区）以电力用户与发电企业直接交易为名，利用行政手段，强制指定交易对象、交易电量和交易价格，违背市场原则，不利于经济可持续发展，也不符合国务院关于简政放权的总体要求。为维护市场秩序，保护企业合法权益，现将有关事项通知如下：

一、支持各地开展规范的电力用户与发电企业直接交易。各地要按照《国家能源局综合司关于当前开展电力用户与发电企业直接交易有关事项的通知》（国能综监管〔2013〕258号）和《工业和信息化部关于做好工业领域电力需求侧管理工作的指导意见》（工产业政策〔2011〕5号公告）要求，在资源优化配置和产业结构调整的基础上，按照市场的原则开展直接交易工作。参与交易的标准和政策确定后，对符合条件的企业应一视同仁，科学制定工作方案和交易规则，在平等自愿的基础上开展电力直接交易。电力用户与发电企业直接交易的工作方案、交易规则、输配电价以及参与的标准、企业名单应予公布。不得通过行政手段指定直接交易的对象、电量和电价，不得指定交易的降价优惠幅度。

二、请认真纠正各种变相的让利优惠行为。请按照国家关于电力用户与发电企业直接交易的政策开展自查，凡是存在用行政方式指定交易对象、交易电量、交易价格，以及指定向特定企业降价让利的，应立即纠正；已出台有关“政策”但尚未组织实施的，应予以停止，重新按要求制订公平、规范的电力用户发电企业直接交易的工作方案，按规定上报备案。

三、加强监督管理。国家能源局各派出机构要会同当地政府有关部门做好监管工作，发现违反政策开展“直接交易”的，应及时报告。国家能源局、工业和信息化部将会同有关部门对各地开展直接交易的情况进行监督检查，保证电力用户与发电企业直接交易工作健康有序发展。

国家能源局综合司关于公布全国水电站大坝运行单位安全责任人名单的通知

国家能源局综合司于2013年6月6日以国能综字〔2013〕162号文，发出《关于公布全国水电站大坝运行单位安全责任人名单的通知》。全文如下：

根据《水库大坝安全管理条例》的有关规定和原国家电监会《水电站大坝运行安全管理规定》、《关于做好2013年电力防汛工作的通知》（办安全〔2013〕72号）的要求，现将电力行业372座注册和备案的水电站大坝运行单位的安全责任人名单予以公布（详见附件）。

各电力企业要进一步完善水电站大坝安全责任制，落实大坝安全第一责任人的具体责任，健全大坝安全管理机构和职责，健全大坝安全管理制度和标准，配备必要的专业技术人员并加大安全生产投入，强化风险分析和应急管理，建立与当地政府、防汛主管部门的应急联动和协调机制，确保大坝运行安全和社会公共安全。各派出机构要切实履行水电站大坝安全监管责任，与水电站大坝所在地人民政府密切配合，加强辖区内水电站大坝运行安全监管。大坝安全监察中心要加强对运行水电站大坝的技术监督服务和安全监管的技术支撑，不断提升水电站大坝运行安全监督管理水平。

附件：全国水电站大坝运行单位安全责任人名单

附件

全国水电站大坝运行单位安全责任人名单

序号	地区	大坝名称	注册等级	运行单位责任人		
				姓名	单　位	职务
1	北京	十三陵上池大坝	甲级	任志武	北京十三陵蓄能电厂	总经理
2	北京	落坡岭（下苇甸）大坝	乙级	赵剑波	北京京西发电有限责任公司	总经理
3	北京	珠窝（下马岭）大坝	乙级	赵剑波	北京京西发电有限责任公司	总经理
4	河北	潘家口下池大坝	甲级	毛忠义	国网新源控股有限公司潘家口蓄能电厂	厂长
5	河北	张河湾抽蓄上库坝	转商备案	王国玉	河北张河湾蓄能发电有限责任公司	总经理
6	河北	张河湾抽蓄下库坝	转商备案	王国玉	河北张河湾蓄能发电有限责任公司	总经理
7	山西	西龙池抽蓄上库坝	转商备案	王胜军	山西西龙池抽水蓄能电站有限责任公司	总经理
8	山西	西龙池抽蓄下库坝	转商备案	王胜军	山西西龙池抽水蓄能电站有限责任公司	总经理
9	辽宁	太平湾大坝	甲级	陈　复	太平湾发电厂	厂长
10	辽宁	蒲石河抽蓄上库坝	转商备案	张泽明	辽宁蒲石河抽水蓄能有限公司	厂长
11	辽宁	蒲石河抽蓄下库坝	转商备案	张泽明	辽宁蒲石河抽水蓄能有限公司	厂长
12	辽宁	桓仁大坝	甲级	任井利	国电电力发展股份有限公司和禹水电开发公司	总经理
13	辽宁	回龙山大坝	甲级	任井利	国电电力发展股份有限公司和禹水电开发公司	总经理
14	辽宁	太平哨大坝	甲级	任井利	国电电力发展股份有限公司和禹水电开发公司	总经理
15	吉林	丰满大坝	丙级	杨成虎	丰满发电厂	厂长
16	吉林	白山大坝	甲级	宋树川	白山发电厂	厂长
17	吉林	红石大坝	甲级	宋树川	白山发电厂	厂长
18	吉林	云峰大坝	甲级	李伯君	云峰发电厂	厂长
19	吉林	小山大坝	甲级	杨　克	吉林松江河水力发电有限责任公司	总经理

续表

序号	地区	大坝名称	注册等级	运行单位责任人		
				姓名	单 位	职务
20	吉林	松山大坝	甲级	杨 克	吉林松江河水力发电有限责任公司	总经理
21	吉林	雪山湖大坝	甲级	朴相禹	吉林两江水力发电股份有限公司	总经理
22	黑龙江	莲花大坝	甲级	张宝灵	牡丹江水力发电总厂	厂长
23	黑龙江	镜泊湖堤坝	甲级	张宝灵	牡丹江水力发电总厂	厂长
24	江苏	宜兴上库坝	甲级	朱冠宏	华东宜兴抽水蓄能有限公司	总经理
25	江苏	宜兴下库坝	甲级	朱冠宏	华东宜兴抽水蓄能有限公司	总经理
26	江苏	沙河上库坝	甲级	李贵桃	江苏沙河抽水蓄能发电有限公司	总经理
27	浙江	新安江大坝	甲级	钱建明	国网新源水电有限公司新安江水力发电厂	厂长
28	浙江	富春江大坝	甲级	章品勋	国网新源水电有限公司富春江水力发电厂	厂长
29	浙江	百丈漈一级大坝	甲级	夏和忠	温州百丈漈水力发电厂	副厂长（主持工作）
30	浙江	天荒坪上库坝	甲级	李浩良	华东天荒坪抽水蓄能有限责任公司	总经理
31	浙江	天荒坪下库坝	甲级	李浩良	华东天荒坪抽水蓄能有限责任公司	总经理
32	浙江	桐柏上库大坝	甲级	厉建宇	华东桐柏抽水蓄能发电有限责任公司	总经理
33	浙江	桐柏下库大坝	甲级	厉建宇	华东桐柏抽水蓄能发电有限责任公司	总经理
34	浙江	紧水滩大坝	甲级	任乐鸣	紧水滩水力发电厂	厂长
35	浙江	石塘大坝	甲级	任乐鸣	紧水滩水力发电厂	厂长
36	浙江	湖南镇大坝	甲级	张士军	浙江华电乌溪江水力发电厂	厂长
37	浙江	黄坛口大坝	甲级	张士军	浙江华电乌溪江水力发电厂	厂长
38	浙江	滩坑大坝	甲级	吴荣辉	浙江浙能水电管理有限公司	总经理
39	浙江	华光潭一级大坝	甲级	吴荣辉	浙江浙能水电管理有限公司	总经理
40	浙江	华光潭二级大坝	甲级	吴荣辉	浙江浙能水电管理有限公司	总经理
41	浙江	溪口上库坝	甲级	周 杰	宁波溪口抽水蓄能电站有限公司	总经理
42	浙江	溪口下库坝	甲级	周 杰	宁波溪口抽水蓄能电站有限公司	总经理
43	安徽	琅琊山上库坝	甲级	陈大鹏	华东琅琊山抽水蓄能有限责任公司	总经理
44	安徽	响水涧抽蓄上库坝	转商备案	魏 伟	安徽响水涧抽水蓄能有限公司	总经理
45	安徽	响水涧抽蓄下库坝	转商备案	魏 伟	安徽响水涧抽水蓄能有限公司	总经理
46	安徽	陈村大坝	甲级	张万福	大唐陈村水力发电厂	厂长
47	安徽	纪村大坝	甲级	张万福	大唐陈村水力发电厂	厂长
48	安徽	毛尖山大坝	甲级	罗红兵	国电安徽毛尖山水电有限公司	总经理
49	福建	水口大坝	甲级	卓赐源	福建水口发电集团有限公司	总经理
50	福建	街面大坝	甲级	卓赐源	福建水口发电集团有限公司	总经理
51	福建	雍口大坝	甲级	卓赐源	福建水口发电集团有限公司	总经理
52	福建	水东大坝	甲级	卓赐源	福建水口发电集团有限公司	总经理
53	福建	仙游抽蓄上库坝	转商备案	陈兆文	福建仙游抽水蓄能有限公司	总经理
54	福建	仙游抽蓄下库坝	转商备案	陈兆文	福建仙游抽水蓄能有限公司	总经理

续表

序号	地区	大坝名称	注册等级	运行单位责任人		
				姓名	单 位	职务
55	福建	安砂大坝	甲级	陈炳达	华电福新能源股份有限公司 安砂水力发电厂	厂长
56	福建	池潭大坝	甲级	黄金其	华电福新能源股份有限公司 池潭水力发电厂	厂长
57	福建	古田溪一级（古田）大坝	甲级	叶子国	华电福新能源股份有限公司 古田溪水力发电厂	厂长
58	福建	古田溪二级（龙亭）大坝	甲级	叶子国	华电福新能源股份有限公司 古田溪水力发电厂	厂长
59	福建	古田溪三级（高洋）大坝	甲级	叶子国	华电福新能源股份有限公司 古田溪水力发电厂	厂长
60	福建	古田溪四级（宝湖）大坝	甲级	叶子国	华电福新能源股份有限公司 古田溪水力发电厂	厂长
61	福建	船场溪二级大坝	甲级	林明双	华电福新能源股份有限公司 南靖水力发电厂	副书记（代厂长）
62	福建	华安大坝	甲级	徐孝峰	华电福新能源股份有限公司 华安水力发电厂	厂长
63	福建	白沙大坝	甲级	杨为城	福建棉花滩水电开发有限公司	总经理
64	福建	棉花滩大坝	甲级	杨为城	福建棉花滩水电开发有限公司	总经理
65	福建	上培大坝	甲级	林泰裕	福建闽东电力股份有限公司 屏南上培水电厂	厂长
66	福建	竹洲大坝	甲级	郑固凌	福建三明竹洲水电有限公司	董事长
67	福建	斑竹大坝	甲级	雷德铤	三明中银斑竹水电有限公司	总经理
68	福建	高砂大坝	甲级	林自标	福建省高砂水电有限公司	总经理
69	福建	沙县城关大坝	甲级	孔庆建	福建省沙县城关水电有限公司	总经理
70	福建	贡川大坝	甲级	王素瓶	福建省永安贡川水电站有限公司	总经理
71	福建	西门大坝	甲级	陈连明	福建华投西门发电有限公司	总经理
72	福建	芹山大坝	甲级	黄宪培	闽东水电开发有限公司	董事长
73	福建	周宁大坝	甲级	黄宪培	闽东水电开发有限公司	董事长
74	福建	丰源大坝	乙级	钟成忠	福建穆阳溪水电开发有限公司	董事长兼总经理
75	福建	丰海大坝	甲级	冯英山	永安丰海发电有限公司	总经理
76	福建	金造桥大坝	甲级	刘东华	福建金造桥水电有限公司	总经理
77	福建	孔头大坝	甲级	邹宣永	福建省金湖电力有限责任公司	总经理
78	福建	范厝大坝	甲级	邹宣永	福建省金湖电力有限责任公司	总经理
79	福建	良浅大坝	甲级	邹宣永	福建省金湖电力有限责任公司	总经理
80	福建	大言大坝	甲级	邹宣永	福建省金湖电力有限责任公司	总经理
81	福建	北津大坝	乙级	邵国勤	福建省建瓯北津水电开发有限公司	总经理
82	福建	洪口大坝	甲级	林 森	福建洪口水电有限公司	董事长

续表

序号	地区	大坝名称	注册等级	运行单位责任人		
				姓名	单　位	职务
83	福建	峡阳大坝	甲级	廖燕说	福建闽兴水电有限公司	总经理
84	福建	照口大坝	甲级	廖燕说	福建闽兴水电有限公司	总经理
85	福建	牛头山大坝	甲级	周　伟	福建寿宁牛头山水电有限公司	总经理
86	福建	万安溪大坝	甲级	陈瑞兴	福建省龙岩万安溪水力发电有限责任公司	董事长
87	福建	双口渡大坝	乙级	陈友云	福建古田双口渡水电有限公司	总经理
88	福建	沙溪口大坝	甲级	陆意勇	中电（福建）电力开发有限公司沙溪口发电分公司	总经理
89	江西	柘林大坝	甲级	何友农	江西省电力公司柘林水电厂	厂长
90	江西	万安大坝	甲级	梁明云	中国国电集团公司万安水力发电厂	厂长
91	江西	江西江口大坝	甲级	朱建辉	中电投江西电力有限公司江口水电厂	厂长
92	江西	上犹江大坝	甲级	蔡泽洪	中电投江西电力有限公司上犹江水电厂	厂长
93	江西	洪门大坝	甲级	陈智云	中电投江西电力有限公司洪门水电厂	厂长
94	江西	罗湾大坝	甲级	孙国才	中电投江西电力有限公司罗湾水电厂	厂长
95	江西	东津大坝	甲级	熊小钢	江西东津发电有限责任公司	总经理
96	江西	抱子石大坝	甲级	姚迪明	江西赣能股份有限公司抱子石水电厂	厂长
97	江西	居龙滩大坝	甲级	伍　健	江西赣能股份有限公司居龙潭水电厂	厂长
98	山东	泰安大坝	甲级	牛明证	山东泰山抽水蓄能电站有限责任公司	总经理
99	河南	宝泉上库坝	甲级	费万堂	河南国网宝泉抽水蓄能有限公司	总经理
100	河南	宝泉下库坝	甲级	费万堂	河南国网宝泉抽水蓄能有限公司	总经理
101	河南	回龙上库坝	甲级	张　涛	国网新源控股有限公司回龙分公司	总经理
102	河南	回龙下库坝	甲级	张　涛	国网新源控股有限公司回龙分公司	总经理
103	湖北	黄龙滩大坝	甲级	周　毅	湖北省电力公司黄龙滩水力发电厂	厂长
104	湖北	三峡大坝	甲级	张曙光	中国长江三峡集团公司三峡枢纽建设运行管理局	局长
105	湖北	葛洲坝大坝	甲级	薛福文	中国长江电力股份有限公司检修厂	厂长
106	湖北	南河大坝	甲级	魏贵海	国电大渡河新能源投资有限公司南河水力发电厂	厂长
107	湖北	陡岭子大坝	甲级	朱　泽	国电大渡河陡岭子水电有限公司	总经理
108	湖北	松树岭大坝	甲级	陈万亮	国电长源堵河水电有限公司	总经理
109	湖北	水布垭大坝	甲级	王小君	湖北清江水电开发有限责任公司	总经理
110	湖北	隔河岩大坝	甲级	王小君	湖北清江水电开发有限责任公司	总经理
111	湖北	高坝洲大坝	甲级	王小君	湖北清江水电开发有限责任公司	总经理
112	湖北	过渡湾大坝	甲级	冯新生	葛洲坝湖北南河水电开发有限公司	总经理
113	湖北	寺坪大坝	甲级	冯新生	湖北寺坪水电开发有限公司	总经理
114	湖北	白水峪大坝	甲级	汪照育	湖北省谷城银隆电业有限公司	董事长
115	湖北	潘口大坝	转商备案	徐新明	湖北堵河潘口水电发展有限公司	总经理
116	湖北	洞坪大坝	甲级	杨太华	湖北宣恩洞坪水电有限责任公司	总经理

续表

序号	地区	大坝名称	注册等级	运行单位责任人		
				姓名	单 位	职务
117	湖北	小璇大坝	转商备案	徐新明	汉江水电开发有限责任公司	总经理
118	湖北	野三河大坝	转商备案	曾 晶	建始县野三河流域水电开发有限责任公司	总经理
119	湖南	柘溪大坝	甲级	秦 兵	湖南省电力公司柘溪水力发电厂	厂长
120	湖南	凤滩大坝	甲级	张亚林	湖南省电力公司凤滩水力发电厂	厂长
121	湖南	东江大坝	甲级	张 勤	湖南省电力公司东江水力发电厂	厂长
122	湖南	小东江大坝	甲级	张 勤	湖南省电力公司东江水力发电厂	厂长
123	湖南	贺龙大坝	甲级	黄大林	大唐华银张家界水电有限公司 贺龙水力发电厂	总经理
124	湖南	鱼潭大坝	甲级	黄大林	大唐华银张家界水电有限公司 鱼潭水力发电厂	总经理
125	湖南	白渔潭大坝	乙级	刘 敏	大唐衡阳发电股份有限公司	总经理
126	湖南	马迹塘大坝	甲级	雷晓斌	五凌电力有限公司马迹塘水电厂	厂长
127	湖南	五强溪大坝	甲级	胡勇胜	五凌电力有限公司五强溪水电厂	厂长
128	湖南	凌津滩大坝	甲级	张 舜	五凌电力有限公司凌津滩水电厂	厂长
129	湖南	黑麋峰上库坝	甲级	唐建国	五凌电力有限公司黑麋峰抽水蓄能电厂	厂长
130	湖南	黑麋峰下库坝	甲级	唐建国	五凌电力有限公司黑麋峰抽水蓄能电厂	厂长
131	湖南	株溪口大坝	甲级	徐跃云	五凌电力有限公司株溪口水电厂	厂长
132	湖南	东坪大坝	甲级	周 乐	五凌电力有限公司东坪水电厂	厂长
133	湖南	碗米坡大坝	甲级	刘 峰	五凌电力有限公司碗米坡水电厂	厂长
134	湖南	近尾洲大坝	甲级	傅 旭	五凌电力有限公司近尾洲水电厂	厂长
135	湖南	洪江大坝	甲级	刘 强	怀化沅江电力开发有限责任公司 洪江水力发电厂	厂长
136	湖南	花木桥（沙田大坝）	乙级	刘海吾	湖南省湘能电力股份有限公司沙田分公司	总经理
137	湖南	木龙滩大坝	甲级	刘运东	葛洲坝张家界水电开发有限公司	总经理
138	广东	广州蓄能上库坝	甲级	刘国刚	中国南方电网有限责任公司 调峰调频发电公司	厂长
139	广东	广州蓄能下库坝	甲级	刘国刚	中国南方电网有限责任公司 调峰调频发电公司	厂长
140	广东	惠州蓄能上库坝	甲级	郭许文	中国南方电网有限责任公司 调峰调频发电公司	厂长
141	广东	惠州蓄能下库坝	甲级	郭许文	中国南方电网有限责任公司 调峰调频发电公司	厂长
142	广东	新丰江大坝	甲级	陈绍群	广东粤电新丰江发电有限责任公司	总经理
143	广东	长湖大坝	甲级	庄宁生	广东粤电长湖发电有限责任公司	总经理
144	广东	青溪大坝	甲级	钟振斌	广东粤电青溪发电有限责任公司	总经理
145	广东	长潭大坝	甲级	陈 旺	广东粤电长潭发电有限责任公司	总经理
146	广东	南水大坝	甲级	周喜安	广东粤电南水发电有限责任公司	总经理

续表

序号	地区	大坝名称	注册等级	运行单位责任人		
				姓名	单 位	职务
147	广东	流溪河大坝	甲级	赵小光	广东粤电流溪河发电有限责任公司	总经理
148	广东	枫树坝大坝	甲级	吴振光	广东粤电枫树坝发电有限责任公司	总经理
149	广东	泉水大坝	甲级	赖显东	乳源瑶族自治县银源水电有限责任公司	总经理
150	广西	龙滩大坝	甲级	戴 波	龙滩水电开发有限公司	总经理
151	广西	岩滩大坝	甲级	张 超	大唐岩滩水力发电有限责任公司	总经理
152	广西	大化大坝	甲级	容党生	广西桂冠电力股份有限公司大化水力发电总厂	党委书记兼厂长
153	广西	百龙滩大坝	甲级	容党生	广西桂冠电力股份有限公司大化水力发电总厂	党委书记兼厂长
154	广西	乐滩大坝	甲级	刘静波	广西桂冠开投电力有限责任公司	总经理
155	广西	平班大坝	甲级	施建升	广西平班水电开发有限公司	总经理
156	广西	西津大坝	甲级	陈永忠	横县江南发电有限公司	厂长
157	广西	长洲大坝	甲级	周文勇	广西长洲水电开发有限责任公司	总经理
158	广西	红花大坝	甲级	邓远兴	中广核红花水电有限公司	总经理
159	广西	京南大坝	甲级	王连庆	梧州桂江电力有限公司	总经理
160	广西	麻石大坝	甲级	梁兴举	广西水利电力建设集团有限公司麻石水力发电厂	厂长
161	广西	拉浪大坝	甲级	李 芸	广西水利电力建设集团有限公司广西宜州水力发电厂	厂长
162	广西	洛东大坝	甲级	李 芸	广西水利电力建设集团有限公司广西宜州水力发电厂	厂长
163	广西	叶茂大坝	乙级	刘文荣	广西桂茂电力有限责任公司	总经理
164	广西	浮石大坝	丙级	温 娜	广西融江美亚水电有限公司	总经理
165	广西	左江大坝	甲级	蒙海林	广西左江美亚水电有限公司	总经理
166	广西	桥巩大坝	转商备案	黄华标	广西方元电力股份有限公司桥巩水电站分公司	总经理
167	广西	山秀大坝	乙级（批复中）	李金宝	扶绥广能电力开发有限公司	董事长
168	广西	金鸡滩大坝	甲级（批复中）	韦现新	广西隆安广能电力开发有限公司	董事长
169	广西	金牛坪大坝	甲级（批复中）	唐 华	昭平广能电力有限公司	董事长
170	广西	下桥大坝	甲级（批复中）	王连庆	广西龙江电力开发有限责任公司	总经理
171	海南	大广坝大坝	甲级	陈传渊	国电海南大广坝发电有限公司	总经理
172	海南	牛路岭大坝	甲级	苏云志	海南省水利电力集团有限公司牛路岭水电站	站长
173	重庆	彭水大坝	甲级	段文伟	重庆大唐国际彭水水电开发有限公司	总经理
174	重庆	银盘大坝	转商备案	李树军	重庆大唐国际武隆水电开发有限公司	总经理
175	重庆	牛栏口大坝	甲级	陈 龙	重庆市龙泰电力有限公司	总经理
176	重庆	藤子沟大坝	甲级	陈 龙	重庆市龙泰电力有限公司	总经理

续表

序号	地区	大坝名称	注册等级	运行单位责任人		
				姓名	单位	职务
177	重庆	大河口大坝	注册办理中	刘 阳	重庆乌江电力有限公司	董事长兼总经理
178	重庆	巴山大坝	注册办理中	谭 磊	重庆巴山水电开发有限公司	总经理
179	重庆	大洪河大坝	甲级	汪成岗	重庆中电狮子滩发电有限公司	总经理
180	重庆	狮子滩大坝	甲级	汪成岗	重庆中电狮子滩发电有限公司	总经理
181	重庆	上硐大坝	甲级	汪成岗	重庆中电狮子滩发电有限公司	总经理
182	重庆	回龙寨大坝	甲级	汪成岗	重庆中电狮子滩发电有限公司	总经理
183	重庆	下硐大坝	甲级	汪成岗	重庆中电狮子滩发电有限公司	总经理
184	重庆	马岩洞大坝	甲级	陈 龙	重庆马岩洞水电开发有限公司	总经理
185	重庆	西酬大坝	乙级	秦 霖	重庆西水水电开发有限公司	总经理
186	重庆	石板水大坝	甲级	郭道斌	重庆市涪陵水资源公司石板水电厂	厂长
187	重庆	鱼剑口大坝	甲级	陈 龙	重庆鱼剑口水电有限公司	总经理
188	重庆	重庆江口大坝	甲级	武建勤	重庆江口水电有限责任公司	总经理
189	重庆	中梁一级大坝	转商备案	黄 实	巫溪县远大水利电力产业有限责任公司	总经理
190	重庆	鱼跳大坝	乙级（批复中）	刘明月	葛洲坝重庆大溪河水电开发有限公司	总经理
191	四川	映秀湾大坝	甲级	吴 耕	映秀湾水力发电总厂	厂长
192	四川	渔子溪大坝	甲级	吴 耕	映秀湾水力发电总厂	厂长
193	四川	耿达大坝	甲级	吴 耕	映秀湾水力发电总厂	厂长
194	四川	冷竹关大坝	甲级	雷 军	四川华能康定水电有限责任公司	总经理
195	四川	小天都大坝	甲级	雷 军	四川华能康定水电有限责任公司	总经理
196	四川	太平驿大坝	甲级	熊 斌	四川华能太平驿水电有限责任公司	总经理(代)
197	四川	青居大坝	甲级	刘宏文	四川华能嘉陵江水电有限责任公司	总经理
198	四川	东西关大坝	甲级	刘宏文	四川华能东西关水电股份有限公司	总经理
199	四川	自一里大坝	甲级	贺瑜章	四川华能涪江水电有限责任公司	总经理
200	四川	水牛家大坝	甲级	贺瑜章	四川华能涪江水电有限责任公司	总经理
201	四川	木座大坝	甲级	贺瑜章	四川华能涪江水电有限责任公司	总经理
202	四川	明台大坝	甲级	贺瑜章	华能明台电力有限责任公司	总经理
203	四川	阴坪大坝	甲级	贺瑜章	四川华能涪江水电有限责任公司	总经理
204	四川	铜头大坝	乙级	代必奎	四川华能宝兴河水电有限责任公司	总经理
205	四川	雨城大坝	乙级	代必奎	四川华能宝兴河水电有限责任公司	总经理
206	四川	小关子大坝	甲级	代必奎	四川华能宝兴河水电有限责任公司	总经理
207	四川	宝兴大坝	甲级（批复中）	代必奎	四川华能宝兴河水电有限责任公司	总经理
208	四川	硗碛大坝	甲级	代必奎	四川华能宝兴河水电有限责任公司	总经理
209	四川	干溪坡大坝	转商备案	张 健	大唐雅安电力开发有限公司	厂长
210	四川	城东大坝	甲级	于 洋	大唐洪雅发电有限公司	总经理
211	四川	昭化大坝	转商备案	陈耀华	大唐四川川北电力开发有限公司	总经理

续表

序号	地区	大坝名称	注册等级	运行单位责任人		
				姓名	单 位	职务
212	四川	龚嘴大坝	甲级	张谭斌	国电大渡河流域水电开发有限公司检修安装分公司	总经理
213	四川	铜街子大坝	甲级	张谭斌	国电大渡河流域水电开发有限公司检修安装分公司	总经理
214	四川	瀑布沟大坝	转商备案	周业荣	国电大渡河瀑布沟发电有限公司	总经理
215	四川	深溪沟大坝	转商备案	周业荣	国电大渡河瀑布沟发电有限公司	总经理
216	四川	南桠河三级大坝	甲级	李永递	国电四川电力股份有限公司南桠河发电厂	厂长
217	四川	姚河坝大坝	甲级	高福荣	国电四川发电有限公司南桠河水电分公司	总经理
218	四川	冶勒大坝	甲级	高福荣	国电四川发电有限公司南桠河水电分公司	总经理
219	四川	宝珠寺大坝	甲级	黄铜锁	华电四川发电有限公司宝珠寺水力发电厂	厂长
220	四川	沙坪大坝	转商备案	牟遗中	华电雅安发电有限公司	总经理
221	四川	薛城大坝	乙级	徐祝山	四川华电杂谷脑水电开发有限责任公司	总经理
222	四川	向家坝大坝	转商备案	曹广晶	中国长江三峡集团公司	董事长
223	四川	二滩大坝	甲级	刘志强	雅砻江流域水电开发有限公司二滩水力发电厂	厂长
224	四川	官地大坝	转商备案	赵云亮	雅砻江流域水电开发有限公司官地水力发电厂	厂长
225	四川	锦屏二级大坝	转商备案	王继敏	雅砻江流域水电开发有限公司锦屏水力发电厂	厂长
226	四川	茶布朗大坝	转商备案	刘 峰	中广核亚王木里县沙湾电力有限责任公司	总经理
227	四川	烟岗大坝	转商备案	莱承德	四川华润鸭嘴河水电开发有限公司	总经理
228	四川	脚基坪大坝	转商备案	邓 东	四川天全脚基坪水力发电有限公司	总经理
229	四川	洪坝大坝	甲级	董天祥	四川松林河流域开发有限公司	总经理
230	四川	湾坝大坝	甲级	董天祥	四川松林河流域开发有限公司	总经理
231	四川	千佛岩大坝	转商备案	张 斌	四川夹江千佛岩水力发电有限责任公司	总经理
232	四川	槽渔滩大坝	乙级	蒋玉兵	四川槽渔滩水电股份有限公司	总经理
233	四川	玉田大坝	转商备案	何爱民	四川玉田能源发展有限公司	总经理
234	四川	福堂大坝	甲级	陈安勇	四川福堂水电有限公司	总经理
235	四川	桐子壕大坝	甲级	贺晓春	四川嘉陵江桐子壕航电开发有限公司	总经理
236	四川	新政大坝	乙级	贺晓春	四川嘉陵江新政航电开发有限公司	总经理
237	四川	金溪大坝	乙级	贺晓春	四川嘉陵江金溪航电开发有限公司	总经理
238	四川	凤仪大坝	转商备案	贺晓春	四川嘉陵江凤仪航电开发有限公司	总经理
239	四川	苍溪大坝	转商备案	贺晓春	四川嘉陵江苍溪航电开发有限公司	总经理
240	四川	小龙门大坝	转商备案	贺晓春	四川嘉陵江小龙门航电开发有限公司	总经理
241	四川	沙溪大坝	转商备案	贺晓春	四川港航嘉陵江金沙航电开发有限公司	总经理
242	四川	金银台大坝	甲级（批复中）	贺晓春	四川港航嘉陵江金沙航电开发有限公司	总经理
243	四川	色尔古大坝	甲级	史胜军	阿坝水电开发有限公司	总经理

续表

序号	地区	大坝名称	注册等级	运行单位责任人		
				姓名	单　位	职务
244	四川	柳坪大坝	甲级	史胜军	阿坝水电开发有限公司	总经理
245	四川	毛儿盖大坝	转商备案	史胜军	毛儿盖水电有限公司	总经理
246	四川	仙女堡大坝	转商备案	黄汉艺	四川川汇水电投资有限责任公司	总经理
247	四川	沙湾大坝	甲级	罗　武	四川圣达水电开发有限公司	总经理
248	四川	泸定大坝	转商备案	杨体中	四川华电泸定水电有限公司	总经理
249	四川	华山沟大坝	转商备案	吴永贵	四川巴郎河水电开发有限公司	总经理
250	四川	青龙大坝	转商备案	向　东	九寨沟水电开发有限责任公司	副总经理（主持工作）
251	四川	紫兰坝大坝	甲级	黄铜锁	四川紫兰坝水电开发有限责任公司	总经理
252	四川	三棵树大坝	甲级	杨　洁	四川安宁河能源开发有限责任公司	总经理
253	四川	新马大坝	转商备案	袁念一	德昌县新马水电开发有限责任公司	总经理
254	贵州	天生桥二级大坝	甲级	李定林	中国南方电网调峰调频发电公司天生桥水力发电总厂	厂长
255	贵州	红枫大坝（猫跳河一级）	甲级	卢启友	国电贵州电力有限公司红枫水力发电厂	厂长
256	贵州	百花大坝（猫跳河二级）	甲级	卢启友	国电贵州电力有限公司红枫水力发电厂	厂长
257	贵州	修文大坝（猫跳河三级）	甲级	卢启友	国电贵州电力有限公司红枫水力发电厂	厂长
258	贵州	窄巷口大坝（猫跳河四级）	甲级	卢启友	国电贵州电力有限公司红枫水力发电厂	厂长
259	贵州	红林大坝（猫跳河五级）	甲级	卢启友	国电贵州电力有限公司红枫水力发电厂	厂长
260	贵州	红岩大坝（猫跳河六级）	甲级	卢启友	国电贵州电力有限公司红枫水力发电厂	厂长
261	贵州	洪家渡大坝	甲级	杨新伟	贵州乌江水电开发有限责任公司洪家渡发电厂	厂长
262	贵州	东风大坝	甲级	黄定奎	贵州乌江水电开发有限责任公司东风发电厂	厂长
263	贵州	索风营大坝	甲级	令狐昌仁	贵州乌江水电开发有限责任公司索风营发电厂	厂长
264	贵州	乌江渡大坝	甲级	谌　波	贵州乌江水电开发有限责任公司乌江渡发电厂	厂长
265	贵州	构皮滩大坝	甲级	曹险峰	贵州乌江水电开发有限责任公司构皮滩发电厂	厂长
266	贵州	思林大坝	注册办理中	杨　焱	贵州乌江水电开发有限责任公司思林发电厂	厂长
267	贵州	大花水大坝	甲级	费　晶	贵州乌江清水河水电开发有限公司	经理
268	贵州	格里桥大坝	甲级	费　晶	贵州乌江清水河水电开发有限公司	经理
269	贵州	引子渡大坝	甲级	刘安国	贵州黔源电力股份有限公司引子渡发电厂	厂长
270	贵州	普定大坝	甲级	唐代隆	贵州黔源电力股份有限公司普定电站	站长
271	贵州	光照大坝	甲级	冯顺田	贵州北盘江电力股份有限公司光照发电厂	厂长

续表

序号	地区	大坝名称	注册等级	运行单位责任人		
				姓名	单　位	职务
272	贵州	董箐大坝	甲级	李　文	贵州北盘江电力股份有限公司董箐发电厂	厂长
273	贵州	鱼塘大坝	甲级	潘文贤	贵州北源电力股份有限公司鱼塘水电站	站长
274	贵州	三板溪大坝	甲级	莫育军	贵州清水江水电有限公司三板溪水力发电厂	厂长
275	贵州	挂治大坝	甲级	孙立峰	贵州清水江水电有限公司挂治水力发电厂	厂长
276	贵州	天生桥一级大坝	甲级	肖克平	天生桥一级水电开发有限责任公司水力发电厂	厂长
277	贵州	石垭子大坝	转商备案	杨秀勇	贵州中水能源股份有限公司遵义分公司	厂长
278	贵州	双河口大坝	乙级	张　良	贵州蒙江流域开发有限公司	总经理
279	贵州	团坡大坝	转商备案办理中	张　良	贵州蒙江流域开发有限公司	总经理
280	贵州	泥猪河大坝	转商备案	周留群	水城汇通水电开发有限责任公司	站长
281	云南	鲁布革大坝	甲级	李国强	中国南方电网有限责任公司调峰调频发电公司鲁布革水力发电厂	总经理
282	云南	西洱河一级大坝	甲级	陈德兴	云南电网公司大理供电局	主任
283	云南	西洱河二级大坝	甲级	陈德兴	云南电网公司大理供电局	主任
284	云南	西洱河三级大坝	甲级	陈德兴	云南电网公司大理供电局	主任
285	云南	西洱河四级大坝	甲级	陈德兴	云南电网公司大理供电局	主任
286	云南	小湾大坝	甲级	张洪涛	华能澜沧江水电有限公司小湾水电厂	厂长
287	云南	徐村大坝	甲级	李志兴	华能大理水电有限责任公司	总经理
288	云南	漫湾大坝	甲级	杨国庆	华能漫湾水电厂	总经理
289	云南	功果桥大坝	转商备案	袁湘华	华能澜沧江水电有限公司	总经理
290	云南	糯扎渡大坝	转商备案	袁湘华	华能澜沧江水电有限公司	总经理
291	云南	景洪大坝	转商备案	袁湘华	华能澜沧江水电有限公司	总经理
292	云南	崖羊山大坝	甲级	张成虎	云南大唐国际李仙江流域水电开发有限公司	总经理
293	云南	居甫渡大坝	甲级	张成虎	云南大唐国际李仙江流域水电开发有限公司	总经理
294	云南	戈兰滩大坝	甲级	张成虎	云南大唐国际李仙江流域水电开发有限公司	总经理
295	云南	土卡河大坝	转商备案	张成虎	云南大唐国际李仙江流域水电开发有限公司	总经理
296	云南	龙马大坝	甲级	张成虎	云南大唐国际李仙江流域水电开发有限公司	总经理
297	云南	石门坎大坝	转商备案	张成虎	云南大唐国际李仙江流域水电开发有限公司	总经理
298	云南	那兰大坝	甲级	郝桂生	云南大唐国际那兰水电开发有限公司	总经理
299	云南	马鹿塘二期大坝	转商备案	王　礼	云南大唐国际文山水电开发有限公司	总经理

续表

序号	地区	大坝名称	注册等级	运行单位责任人		
				姓名	单 位	职务
300	云南	南沙大坝	甲级	王华林	红河广源水电开发有限公司	总经理
301	云南	大寨大坝	甲级	蒋忠华	中国国电集团公司大寨水力发电厂	厂长
302	云南	六郎洞大坝	甲级	肖小东	中国国电集团公司六郎洞水力发电厂	厂长
303	云南	螺丝湾大坝	甲级	魏兴文	国电迪庆香格里拉发电有限责任公司	总经理
304	云南	冲江河大坝	甲级	魏兴文	国电迪庆香格里拉发电有限责任公司	总经理
305	云南	吉沙大坝	甲级	魏兴文	国电迪庆香格里拉发电有限责任公司	总经理
306	云南	以礼河一级（毛家村）大坝	甲级	任宗良	华电云南发电有限公司以礼河发电厂	厂长
307	云南	以礼河二级（水槽子）大坝	甲级	任宗良	华电云南发电有限公司以礼河发电厂	厂长
308	云南	以礼河三级（盐水沟）大坝	甲级	任宗良	华电云南发电有限公司以礼河发电厂	厂长
309	云南	以礼河四级（小江）大坝	甲级	任宗良	华电云南发电有限公司以礼河发电厂	厂长
310	云南	绿水河大坝	甲级	杨雄伟	华电云南发电有限公司绿水河发电厂	厂长
311	云南	平地哨大坝	乙级	张 明	华电云南发电有限公司石龙坝发电厂	厂长
312	云南	阿海大坝	转商备案	高盈孟	云南金沙江中游水电开发有限公司	总经理
313	云南	大朝山大坝	甲级	苏振华	国投云南大朝山水电有限公司	总经理
314	云南	云鹏大坝	甲级	董 宇	云南华润电力（红河）有限公司	副总经理（主持工作）
315	云南	泗南江大坝	甲级	陈永庆	云南滇能泗南江水电开发有限公司	副总经理（主持工作）
316	云南	茄子山大坝	乙级	郑保荣	云南保山苏帕河水电开发有限公司	总经理
317	云南	阿鸠田大坝	甲级	郑保荣	云南保山苏帕河水电开发有限公司	总经理
318	云南	小岩头大坝	转商备案	霍海平	云南滇能会泽牛栏江水电开发有限公司	总经理
319	云南	天花板大坝	转商备案	霍海平	云南滇能牛栏江水电开发有限公司	总经理
320	云南	金安桥大坝	转商备案	吴华峰	金安桥水电站有限公司	副总经理（主持工作）
321	云南	威远江大坝	转商备案	李慧欣	景谷威远江水电站开发经营有限公司	总经理
322	云南	庙林大坝	转商备案	霍海平	彝良滇能洛泽河流域发电有限公司	总经理
323	云南	弄另大坝	甲级	王南中	德宏州龙江水电开发有限公司	总经理
324	云南	大盈江一级大坝	乙级	董其学	德宏福榕大盈江水电开发有限公司	总经理
325	云南	大盈江三级大坝	乙级（批复中）	段荣国	德宏凯瑞大盈江水电开发有限公司	董事长
326	云南	大盈江四级大坝	转商备案	关玉春	盈江县多源水电开发有限公司	董事长兼总经理

续表

序号	地区	大坝名称	注册等级	运行单位责任人		
				姓名	单位	职务
327	云南	那邦大坝	转商备案	付 俊	盈江华富水电开发有限公司	总经理
328	云南	木星土大坝	转商备案	沈象志	浙江瓯能集团 香格里拉县尼汝河流域水电开发有限公司	总经理
329	西藏	羊湖大坝	甲级	张江平	西藏羊卓雍湖抽水蓄能电厂	厂长
330	西藏	直孔大坝	甲级	焦兴义	西藏电力有限公司直孔发电分公司	总经理
331	西藏	金河大坝	乙级	刘旭耀	西藏电力有限公司昌都公司	总经理
332	西藏	狮泉河大坝	乙级	魏 杰	西藏电力有限公司阿里电力公司	总经理
333	西藏	查龙大坝	乙级	王照岐	西藏电力有限公司那曲分公司	总经理
334	陕西	安康大坝	甲级	薄兰丁	安康水力发电厂	厂长
335	陕西	石泉大坝	甲级	高进义	大唐石泉水力发电厂	厂长
336	陕西	蔺河口大坝	甲级	程雍涛	陕西岚河水电开发有限责任公司	总经理
337	陕西	天生桥大坝	甲级	宋明贵	二郎坝水力发电公司	总经理
338	陕西	喜河大坝	甲级	井永强	陕西汉江投资开发有限公司喜河水力发电厂	厂长
339	甘肃	刘家峡大坝	甲级	李永清	甘肃省电力公司刘家峡水电厂	总经理
340	甘肃	碧口大坝	甲级	贾 进	大唐碧口水力发电厂	总经理
341	甘肃	麒麟寺大坝	甲级	贾 进	甘肃大唐白龙江发电有限责任公司	总经理
342	甘肃	八盘峡大坝	甲级	刘金明	黄河上游水电开发有限责任公司陇电分公司	总经理
343	甘肃	盐锅峡大坝	甲级	刘金明	黄河上游水电开发有限责任公司陇电分公司	总经理
344	甘肃	海甸峡大坝	甲级	吴鑫明	甘肃电投九甸峡水电开发有限责任公司	总经理
345	甘肃	炳灵大坝	甲级	李培义	甘肃电投炳灵水电开发有限责任公司	总经理
346	甘肃	天王沟大坝	乙级	左 荣	甘肃电投大容电力有限责任公司	总经理
347	甘肃	龙首一级大坝	甲级	曹世伟	甘肃电投河西水电开发有限责任公司	总经理
348	甘肃	龙首二级大坝	甲级	曹世伟	甘肃电投河西水电开发有限责任公司	总经理
349	甘肃	三道湾大坝	甲级（批复中）	曹世伟	甘肃西兴能源投资有限公司	总经理
350	甘肃	大峡大坝	甲级	胡 金	国投甘肃小三峡发电有限公司	总经理
351	甘肃	小峡大坝	甲级	胡 金	国投甘肃小三峡发电有限公司	总经理
352	甘肃	乌金峡大坝	甲级	胡 金	国投甘肃小三峡发电有限公司	总经理
353	甘肃	宝瓶河大坝	转商备案	曹世伟	甘肃双冠水电投资有限公司	总经理
354	甘肃	铁城大坝	乙级	杨永崇	甘肃明珠水电开发有限公司 大通河水电分公司	总经理
355	甘肃	柴家峡大坝	甲级	石松强	甘肃柴家峡水电有限公司	总经理
356	青海	直岗拉卡大坝	甲级	宁卫东	青海大唐国际直岗拉卡水电开发有限公司 （青海真兴—爱依斯电力有限公司）	总经理

续表

序号	地区	大坝名称	注册等级	运行单位责任人		
				姓名	单　位	职务
357	青海	龙羊峡大坝	甲级	张空海	黄河上游水电开发有限责任公司龙羊峡发电分公司	总经理
358	青海	拉西瓦大坝	转商备案	于文革	黄河上游水电开发有限责任公司拉西瓦发电分公司	总经理
359	青海	李家峡大坝	甲级	夏　峰	黄河上游水电开发有限责任公司李家峡发电分公司	总经理
360	青海	公伯峡大坝	甲级	林　原	黄河上游水电开发有限责任公司公伯峡发电分公司	总经理
361	青海	苏只大坝	甲级	王思德	青海黄河中型水电开发有限责任公司	总经理
362	青海	康扬大坝	乙级	王桂明	青海西部水电有限公司康扬分公司	总经理
363	宁夏	青铜峡大坝	甲级	席明强	黄河上游水电开发有限责任公司宁电分公司	总经理
364	新疆	别迭里大坝	转商备案	赵　龙	华能新疆能源开发有限公司托什干河水电分公司	经理
365	新疆	察汗乌苏大坝	转商备案	王援生	国电新疆开都河流域水电开发有限公司	总经理
366	新疆	吉林台一级大坝	甲级	赵立远	国电新疆吉林台水电开发有限公司	总经理
367	新疆	小石峡大坝	转商备案	韦春侠	国电阿克苏河流域水电开发有限公司	总经理
368	新疆	铁门关大坝	甲级	徐保旗	新疆巴州自力工贸有限责任公司铁门关水力发电分公司	厂长
369	新疆	大山口大坝	甲级	赵彦春	新疆新能发展有限责任公司新疆大山口水力发电厂	党委书记
370	新疆	托海大坝	甲级	何伊利	新疆新能发展有限责任公司托海水力发电厂	厂长
371	新疆	哈巴河山口大坝	甲级	吕金和	阿勒泰电力有限责任公司哈巴河山口水电厂	厂长
372	新疆	库什塔依大坝	转商备案	蒋志全	新疆伊犁库克苏河水电开发有限公司	总经理

说明：注册等级是指按照《水电站大坝运行安全管理规定》和《水电站大坝安全注册办法》的规定，根据水电站大坝安全状况和管理水平确定的大坝安全注册等级，分为甲级、乙级和丙级。

转商备案是指已蓄水运行的水电站大坝虽因未完成工程竣工安全鉴定而未评定注册等级，但已按规定办理注册备案。

领 导 讲 话

正确发挥政府在新能源市场中的作用

国家能源委专家咨询委员会主任、
国家能源局原局长 张国宝

近年来，围绕气候变暖问题，各国对新能源的发展给予了更多的关注。无论是美国、欧盟、日本还是新兴发展中国家，都积极制定了新能源发展计划。有的目标是2020年，有的是2030年，有的是2050年，总之在今后的某一个时间点要使新能源成为能源供应和消费的主力能源。

特别是在2011年福岛核事故以后，更多国家把目光投向新能源的发展。我国近年来新能源发展也十分迅速，取得了令人瞩目的成绩。2004年，中国的风力发电仅占世界风电的1.66%，现在这一比重已经增长到27%。去年风力发电占全国发电总量的2.02%，已经超过了核电的发电量。也就是说不到10年的时间，原来名不见经传的小产业已经发展成为发电量高于发展了40年的核电产业。

中国新能源的快速发展引起了世界的瞩目。奥巴马在第二任期的国情咨文中，就提到中国的新能源发展太快，美国不能落后。特别是今年（2013年）1月份以来我国的雾霾天气引起了国人乃至世界的关注。雾霾问题在全国大部分城市频繁发生成为不争的事实。围绕雾霾多发问题，国务院已经做出了重要决定，采取一系列措施进行治理，包括在整个区域增加清洁能源，减少煤炭使用量。所有这些都和大力推广新能源的使用，调整能源结构有着密切关系。

近期，三中全会通过的改革决议中有一个提法令国人大为关注——“使市场在资源配置中起决定性作用”。2004年，风电产业在我国刚刚起步，只占全世界风电的1.66%，当时的风电装备也几乎全部从国外进口，而风力发电的最低价格是0.8元/（kW·h），最高达到2.5元/（kW·h）。这个价格并不能为市场接受，也难使风电成为有竞争力的能源。

当时主要是希望通过引入市场竞争机制，通过竞争引导价格来促进风电行业的发展。在引入市场竞争机制初期，这一政策受到各方的阻力。首先政府部门内部意见就不一致。一直以来，已经习惯接受由政府部门来审批价格，引入竞争机制后，和原来的定价机制产生了矛盾。其次，一些媒体和业内人士也对这一政策提出质疑，认为这一政策必将把民营企业挤出风电市场，因为国有企业可以不计成本降低价格来参与竞争。另外，还有一些业内人士担心市场竞争过于激烈，企业会无利可图（因为企业必然会通过降价进行竞争），从而降低风力发电投资者的投资意向，最终导致无人投资的局面。我认为，非理性竞争会在一定程度上发生，但这样的局面不可能持久。

近期，国家能源局正在讨论新能源是否可能做到与煤电有同样的竞争力。我认为，至少风电领域已经做到。当前，风电价格是0.6元/（kW·h），广东省的火力发电上网电价大约是0.5元/（kW·h），还是要比煤电高一些。但是，我们发现由于诸多原因，存在弃风现象，去年弃风总量大概200亿kW·h，今年情况好转，但是弃风量也要达100～150亿kW·h。如果我们多收购15%的电量，做到少弃风，不弃风，风电运营商的电价再降10%，那么风电和煤电就能具有同样的竞争力。

但是，降价会不会使风力发电商无利可赚？实践证明，降价不仅不会使风电企业无利可赚，还会提高企业的竞争力。统计数据显示，华能新能源今年上半年的销售收入达到28.66亿元，比去年同期增长了58.4%，其中利润是6.68亿元，比去年同期增长了141.3%；中广核风力发电部分今年也赢利9亿元。这些成绩的取得显然是市场机制在发挥作用。

另外，我们也看到，民营企业不仅没有退出风电市场，反而扮演了很重要的角色。在风电领域，国企、民营企业在同一起跑线上进行竞争，尤其是风力发电设备制造企业。随着我国制造能力的增强，同类企业的竞争非常激烈，导致了风力发电设备制造商的利润下降，但是，从另一方面来讲，激烈的竞争降低了风电投资成本，也促使了风电制造企业走向国际市场。

正是因为在风电行业引入了竞争，由市场来引导价格，逐渐向“市场在资源配置中起决定性作用”迈进。无论采用什么样的定价机制，都已经形成了比过去更有竞争力的价格。而在太阳能领域，由于太阳能发电情况和风力发电略有不同，总量上也没有风电大，价格比风电要高，因此，太阳能发电在没有补贴的情况下要做到有竞争力难度可能更大。当前，在太阳能行业仍然采取的是全国统一定价机制，我认为也不妨引入竞争机制，辅以政府扶持政策，尝试使太阳能的成本降低，由市场来引导价格，让价格反映市场的情况。

除了让市场在资源配置中起决定性作用外，还要转变政府职能。像风电、太阳能这种本身容量不大，且非常分散的项目不需要都拿到中央层面来批。如果说像核电或者装机容量更大的发电站，在选址和安全性方面需要政府审批的话，风电和太阳能则应该放开给市场去决定。

市场经济概念比较强的地区，像广东对这一决定欢欣鼓舞，但是有个别地方发展改革委对此还有顾虑，像黑龙江等地发展改革委就跑到北京，要国家能源局下文件说这些项目不批了才踏实。所以说转变观念不是一件容易的事情。

在新能源发展中放松政府的控制和审批，已经迈出了新的一步。关于新能源的补贴，我认为在一个行业弱小的情况下，政府给一点补贴，是行业发展阶段必不可少的。给补贴就好像吃西药，能治病，但是也有副作用。副作用就是不求进取，躺在政府补贴的怀里，不想进一步花大力气降低生产成本。另外新能源发的电越多，补贴也要越多，当财政承受不了时就制约了新能源的发展规模。所以给每度电补贴，不如拿出一部分钱用来支持新能源技术发展，或者给新能源发展创造降低成本的条件，这样更为公平。

另一个阻碍新能源发展的因素是送出通道不畅。这几年尽管新能源发展很快，但与其他行业相比，比例仍然是很小，以风电为例，风力发电只占总发电量的2.02%。弃风问题被炒得这么厉害，是因为在局部地区风电比例较高。前一段时间有观点认为，风电等新能源发电不能超过本地区发电量的10%，超过了就会影响电网的稳定。对于这个数字是不是科学计算出来的，不得而知。但是在欧洲的西班牙、丹麦等国家，风电比重早就超过20%，电网不也是运行得很好吗？实际上，内蒙古局部地区风力发电已经超过了20%～30%，这说明风电等新能源发电并不是一定不能高于本地区发电量的10%。

其实，阻碍新能源发展的更大的问题是没有形成新能源消纳的机制，长期以来大家抱怨的就是不能把内蒙古和河西走廊这些新能源丰富地区的清洁电送出来。随着新技术和智能电网的发展，在全国范围内消纳这点新能源不是问题。四川省的发电量有1700多亿kW·h，其中水电有1200亿kW·h，而火电的上网电价是0.49元/（kW·h），水电只有0.228元/（kW·h）。今年1～8月四川省电量外送395亿kW·h，相当于减少受电地区煤炭消耗1343万t，减排二氧化碳3760万t、烟尘13.23万t、灰渣376万t。从上述这些数据可以看出，水力发电创造了巨大的价值。由于今年溪洛渡、向家坝、锦屏及金沙江中游水电站有机组相继投产，而输电线路规划和建设滞后，导致今年四川、云南有近100亿kW·h水电弃水。根据输电线路建设进度和水电机组投产情况，预计明年弃水还将更严重。究其原因，是因为特高压输电长期争论、无人拍板，至使“十二五”已经过去三年了，而重要的输电规划还没有制定出来。输电线路怎么建定不下来，清洁能源的输出就会受影响。如果能够解决输电线路怎么建问题，中国新能源还能得到长足的发展。

有人把可再生能源的集中式和分布式发展对立起来，其实这两种方式从来都是相辅相成，因地制宜的。能分布式就地消纳当然要提倡分布式，特别是对于可再生能源分散、小型的特点可能更适合分布式发展。但对于甘肃河西走廊、内蒙古这些风力、太阳能资源丰富而电力市场又不大，适合搞大规模可再生能源基地的地方，都要就地消纳不现实，完全可以为其他地区输出可再生能源，这些地方就应该建一些集中式外送的基地。

我国现在一共有17个核电反应堆在运行，核电去年只发了980亿kW·h电，占全国发电量的1.97%。这一比重不仅远远低于核电发电比重最高的法国，也低于世界平均水平。近年中国的核电发展很大程度上受到了福岛核事故的影响，但是事故的教训让我们更加重视核电的安全问题。大亚湾核电站在深圳运行投产的20多年来，一直保持着良好的安全记录。可以说，只要重视核电安全，制度完备，设备先进，是可以做到核电安全运行的。

现在雾霾如此严重，中国的能源结构中67%是煤，在下一步调整能源结构的过程中应该适当增加核电的比重。核电的发展又会给其他产业带来一系列进步，也给企业提供很多的商机。能源问题始终是我们经济生活中的一个重要话题，无论是家庭生活还是社会运转都离不开能源。在经济运行中，如果我们处置得当，能源是更好的发展机遇。在很多行业产能过剩的情况下，能源发展仍然是个新兴项目，给众多企业带来了新的商机。而且我们现在能源结构的调整任务十分繁重。我们每度电的能耗过去是400多克，现在可达到270g，如果全国现存的机组能够进行技术革新，脱硫脱硝，会使空气更加清洁，也会给更多的企业带来更大的商机。

（本文是根据作者在2013深圳中国国际高新技术成果交易会上的发言整理）

加强水生态文明建设 大力节约保护水资源

水利部部长 陈 雷

（2013 年 3 月 22 日）

今天是第二十一届“世界水日”，第二十六届“中国水周”宣传活动也在今天拉开帷幕。联合国确定今年“世界水日”的宣传主题是“水合作”，我国纪念“世界水日”和开展“中国水周”活动的宣传主题是“节约保护水资源，大力建设生态文明”。

水是生命之源、生产之要、生态之基，水生态系统是人类赖以生存和发展的重要载体和物质基础。我国基本水情特殊、水资源供需矛盾突出、水生态环境容量有限，强化水资源节约保护，大力建设水生态文明，是一项长期而艰巨的战略任务。党中央、国务院始终高度重视解决水资源问题，先后采取一系列重大举措，推动水生态文明建设取得明显成效。但是，由于我国经济发展方式尚未得到根本改变，加之受全球气候变化和工业化、城镇化快速推进影响，水资源短缺、水污染严重、水生态环境恶化等问题日益凸显。这种状况如不尽快加以扭转，水资源难以承载，水环境难以承受，人与自然难以和谐，子孙后代的可持续发展将受到严重影响。

建设生态文明，是关系人民福祉、关乎民族未来的长远大计。水生态文明是生态文明的核心组成部分，加快水生态文明建设是建设美丽中国的重要基础。党的十八大把水利放在生态文明建设的突出位置，对水资源保护管理、水利基础设施建设、水生态保护修复、水生态补偿机制构建等工作做出重要部署，充分体现了党中央、国务院对水利工作的高度重视，为推进水生态文明建设指明了方向。我们要站在全面建成小康社会、保障中华民族永续发展的高度，充分认识推进水生态文明建设的重要意义，引导各地各部门加快转变经济发展方式和用水方式，努力从源头上扭转水生态环境恶化趋势，给子孙后代留下山青、水净、河畅、湖美、岸绿的美好家园。

水生态文明建设是一项复杂的系统工程，当前要着力做好以下重点工作。

一是以“三条红线”管理为抓手，着力推动用水方式转变。把落实最严格水资源管理制度作为水生态文明建设的核心，加快健全和完善覆盖流域和省、市、县三级行政区域的水资源开发利用控制、用水效率控制、水功能区限制纳污“三条红线”指标体系。严格控制用水总量，加强相关规划编制和建设项目水资源论证以及取水许可审批管理，坚决遏制不合理新增取水，切实做到以水定需、量水而行、因水制宜。严格用水效率控制，强化用水定额和用水计划管理，严格限制水资源短缺地区、生态脆弱地区发展高耗水项目，坚决遏制用水浪费，加快实施节水技术改造。严格水功能区和入河湖排污口监督管理，从严核定水域纳污容量，制定分阶段限制排污总量意见，对排污量超出水功能区限排总量的地区，限制审批新增取水和入河湖排污口。

二是以江河湖库水系连通为途径，着力增强水资源配置调控能力。重点推进规划确定的河湖水系连通骨干工程建设，支持区域河湖水系连通，加快推进中小河流水系连通，构建布局合理、生态良好，引排得当、循环通畅，蓄泄兼筹、丰枯调剂，多源互补、调控自如的江河湖库水系连通体系，增强区域水资源和水环境承载能力，提高抗御水旱灾害能力。加快实施重点水源工程建设，积极开展调水引流、生态修复、排污口整治、河湖清淤等水资源保护工程建设。抓紧制订完善主要江河水资源调度方案、应急调度预案和调度计划，全面实施水资源统一调度。因地制宜建设城乡备用水源，继续推进城乡供水一体化，保障城乡饮水安全。

三是以水资源可持续利用为目标，着力推进节水型社会建设。把节约用水贯穿于经济社会发展和群众生产生活全过程，坚持以水定产业、以水定项目、以水定发展，不断调整优化用水结构，形成有利于节约用水的生产方式和消费模式。

农业领域要抓好灌区节水改造，加快实施东北四省（区）节水增粮行动，积极推进规模化高效节水灌溉工程建设；工业领域要重点抓好钢铁、火力发电、纺织、化工等高耗水行业节水减排技改，提高工业用水的循环利用率；城市生活领域要加快城市供水管网改造，强化生活与服务业用水管理，做好重点用水监控单位监控管理，大力推广节水生活器具。要加强非常规水资源开发利用，积极开展海水淡化和综合利用，推进城市污水处理回用，促进雨洪资源利用，科学开发空中云水资源。

四是以改善城乡水生态环境为核心，着力加强预防保护和综合治理。深入推进水土保持生态保护，强化水土流失监测和生产建设项目水土保持监督，积极推动生态清洁小流域建设。全面落实全国重要江河湖泊水功能区划，实施水功能区分级分类监督管理，建立水功能区水质达标评价体系，严格饮用水水源地保护，进一步强化水源地应急管理。严格地下水开发利用总量和水位双控制，加强地下水水量水质监测，实施超采区综合治理，防治地下水污染。加强对重要生态保护区、水源涵养区、江河源头区和湿地的保护，推进生态脆弱河湖和地区的水生态修复。积极发展水电清洁能源，推进绿色发展、循环发展、低碳发展。大力开展水生态文明城市创建活动，抓好农村水环境综合治理。

五是以水资源监控体系建设为重点，着力夯实水生态文明建设基础支撑。建立健全取水、排水、入河湖排污口计量监控设施，强化省界等重要控制断面、水功能区和地下水的水量水质监测能力建设，提升应急机动监测能力。积极推进国家水资源管理信息系统建设，尽快建立中央、流域和地方水资源监控管理平台，实现主要控制指标可监测、可评价、可考核，全面提高监控、预警和管理能力。抓紧完善水资源监测、用水计量与统计制度，规范统计口径和监测标准，加强数据衔接与整合。深入开展水资源重大基础问题研究，加强水生态保护监测关键技术或工艺设备的研发推广应用，全面提高水生态文明建设的科技支撑能力和创新水平。

六是以落实各项政策措施为保障，着力构建水生态文明建设长效机制。要将生态环境保护理念贯穿于水利规划编制、项目论证、工程建设以及运行调度等各个环节，建立和完善指标体系、考核办法、奖惩机制。要积极开展水生态文明建设试点工作，尽快形成符合我国水资源、水生态条件的水生态文明建设模式。要强化水资源统一管理，深化水价改革和水权制度建设，积极探索建立水生态补偿机制。要健全完善水资源管理、水生态文明建设方面的法律法规，严厉打击破坏水生态环境的违法行为。要广泛开辟资金渠道，推动建立政府引导、市场推动、多元投入、社会参与的水生态文明建设投入机制。要大力开展水生态文明宣传教育，培育公民在生产生活中的水道德观念，凝聚公众爱水、惜水、亲水、护水的共识，形成全社会关心水利、重视水利、支持水利、参与水利的良好氛围。

“美丽中国”走尊重自然的发展之路

全国政协常委、国务院南水北调工程建设委员会办公室原主任　张基尧

［编者按：本文是全国政协委员、国务院南水北调工程建设委员会办公室原主任张基尧接受《今日中国》记者李媛专访时关于“美丽中国”话题的谈话，中国网 2013 年 3 月 7 日报道，略有修改。］

在与记者谈到“美丽中国”话题时，张基尧说：“党的十八大提出将生态文明建设纳入‘五位一体’的战略布局，是对自然规律认识的进一步深化，是结合中国国情高瞻远瞩的决策。”

一、生态保护迫在眉睫

2013 年初持续的雾霾天气使人们对空气污染问题倍感突出，张基尧认为这既有自然原因也有人为原因。全球气候变化致使冬季西北风偏少，粉尘污染物无法及时扩散，是今年雾霾天气的客观原因，降雨及河道径流减少也会导致水污染加重。然而东部地区污染情况比西部地区严重的现实，说明经济发展节奏和结构出了问题。产能过剩，产业结构不合理，高耗能、高污染的生产方式及生活方式是造成雾霾天气的主观原因。

“目前我国 GDP 居世界第二，财政收入超过十一万亿元，基础设施建设不断加强，国际地位不断提高。但发展经济的同时，对环境保护不够，我们要为此付出高昂的代价。”他以太湖、滇池的污染为例，告诉记者环境一旦破坏，不是一朝一夕可以修复的。

“三河三湖投入几百亿的资金治理，但效果不尽如人意。这都是我们应从过去‘重治理、轻保护’陈旧理念中吸取的教训。”他说。

二、南水北调，尊重自然的典范

张基尧长期主持南水北调工作，对水资源的保护颇有体会，他说人们对自然规律要去认识，探索，遵循。在保护的基础上去开发，在开发过程中去保护。南水北调工程伊始就提出了“要调水，更要节水”，不能盲目调水。并分别编制了详细的受水区水资源规划，确定了 2010 年、2030 年的需水量和需调水量。

在调水区，把洪水作为资源，通过加高丹江口水库大坝，把水害变为水利，增加的水库库容大于调水量。为了保证汉江下游水资源的有序利用和有效保护，建设兴隆水利枢纽及引江济汉工程，把调水对生态环境的危害减到最低；同时对受水区采用倒逼机制，不能缺多少水就调多少，要增加节水紧迫感，加大节水力度，提高水环境保护意识。在调水工程沿线，开展清水廊道工程，沿线两岸一公里内不得进驻工业，并对两岸污水全部截留，沿线河流全部立体交叉，以保证调水沿线水质安全。

“南水北调即是调水工程，又是生态保护工程，也是水资源优化配置综合利用工程。现在有些地方为了发展经济，也在兴建调水工程，我建议在工程开工前都要统筹规划，全面考虑，深入论证。切勿造成水系混乱，灾害搬家。”

调水工程在世界各国较为普遍，但中国南水北调工程有规模大、战线长等特点，自开工伊始就引起了国际社会的广泛关注。国际水电协会董事长雷法·阿

伯德尔—马莱克，执行理事查德·泰勒（Richard Taylor）就多次和张基尧进行交流，张基尧也把调水的做法及经验作为人类公共财富介绍给他们。

“南水北调工程东线马上就要通水了，但生态环境的保持是个长期，持续的工作，不但需要制度的支持，还需要持之以恒的严格管理以及全方位的社会监督。”他说。

谈到近期公众普遍关注的水污染问题，张基尧说目前全国平均缺水量为500多亿立方米，水功能区总体水质达标率仅为46%，一些长期作为主要饮用水源的水库、河流等不达标率依然较高。他认为加快执行饮水安全行动计划的步伐，摒弃“重治理、轻保护”的错误理念，完善水源地保护的责任体系和协调机制，大力推广水源地及上游生态补偿是破题之道。

三、走适合自身的发展之路

“发展经济是为了人民生活更美好，国家更富强。党的十八大已经做出‘五位一体’的战略布局，加大生态文明建设是全面建成小康社会的必然要求。我们必须走适合我们自己的发展之路。”

他提到“光盘计划”世人拍手称快，殊不知我国的能源浪费更有甚之。当前私家车的急骤发展不符合我国地少，人多，石油资源短缺的国情；盲目追求奢侈，浮华的浪费之举也随处可见。人们在追求生活质量的同时，也不应丢下勤俭节约的优良传统，在给子孙后代留下青山、净水、蓝天的同时也要为子孙后代的生存留有更大的空间。

张基尧说：“生态文明建设是中国特色社会主义建设的重要组成部分。生活富裕，生态良好，环境优美，社会和谐是中国梦的深厚内涵。”

张基尧认为治理空气污染应从以下方面入手：

（1）呼吁尽快完善防治空气污染的法律。法律是维护国家正常秩序的最主要手段。设置空气污染物排放国家总量，行业总量，地区总量，不同地区可以设置有区别的标准，重点区域甚至可以高于正常标准，建立空气污染治理责任体系，落实各级政府及排污重点企业的责任，而且要限时达标。

（2）加快产业结构调整力度，促进企业转型升级，对资源消耗大、污染重的企业，对产能过剩转型无望的企业下决心关闭。

（3）通过行政、经济、技术手段加大空气污染治理力度，采用多种手段调控大、中城市小型汽车发展。引到公交出行、绿色消费。

（4）建立大气污染监测预警体系和信息实时发布系统，发挥政府、媒体、社会的监督作用。

（5）城市和农村综合治理一体化。农村含氮肥料挥发及燃烧废气也是空气污染不可忽视的源头之一。需要城乡结合，综合治理。

专 家 论 坛

水利工程说到底是生态工程

中国大坝协会理事长、水利部原部长 汪恕诚

［编者按：2013年8月，中国大坝协会理事长、水利部原部长汪恕诚获得国际大坝委员会终身成就奖。与此同时，他的著作《人水和谐科学发展》一书出版。9月12日上午，就水利发展的相关问题，《中国水利》对他进行了专访。本文是他在专访时的谈话。］

一、水电开发和大坝建设不可或缺

中国水利：首先，祝贺您获得国际大坝委员会终身成就奖。国际大坝委员会高度赞扬了您在倡导水利水电可持续发展理念，尤其是推动中国水库大坝安全建设、快速发展和国际合作，推进发展中国家水库大坝建设等方面的突出贡献。然而，中国的水电开发和大坝建设一直伴随着众多的质疑，对此您是怎么看的？

汪恕诚：大坝在抗御洪水灾害、调蓄利用水资源、提供清洁电能，以及促进经济社会可持续发展方面发挥着重要作用。因此，无论是从世界范围来讲，还是从我国的实际情况来说，大坝是肯定要修的，而且是不可或缺的。

从能源利用的角度来看，中国的能源构成中，石油紧缺，以煤炭为主。但是，过度地依赖煤炭不仅会导致资源最终枯竭，而且二氧化碳的大量排放也会造成严重的环境问题。据测算，1t煤燃烧可产生2t多的二氧化碳。因此，中国的能源发展战略，不仅要包括未来的能源发展规模，还应对能源的组成结构做出明确规划，以水电为主的可再生能源未来将在中国得

到大力发展。虽然核能、风能、太阳能等的发展也将得到足够的重视，但与这些能源的发电价格相比，水电的价格最低。目前，大体上每千瓦时水电的上网平均价是0.28元，而煤电是0.38元，核电是0.45元，风力发电是0.51元，太阳能发电是1.1元。再加上我国的水能资源总量居世界首位，我国水电的技术也比较成熟，虽然目前水电装机容量已达到2.4亿kW，但与发达国家相比开发程度还很低，还有很大的发展余地。

到2020年，我国的水电总装机容量将发展到3.5亿kW，届时水力发电相当于每年减少5.1亿t标准煤的燃烧，减少二氧化碳排放11.2亿t、二氧化硫排放1020多万吨，这将对能源的可持续利用和环境安全起到十分重要的作用。

从水资源管理也就是水利的角度来讲，我国是一个水资源短缺、水旱灾害频发的国家，而且水资源时间和空间分布不均。随着经济社会的快速发展和人口的不断增加，我国水资源的供需矛盾产生了根本性变化。洪涝和干旱对我国的粮食安全、饮水安全等造成了很大危害，而我国气候和地理的特点，决定了仅仅依靠河流自然调蓄不可能有效解决问题。要实现水资源优化配置，必须建设水库大坝和跨流域调水工程。

当然，修水库、建大坝，有没有生态问题呢？肯定会有的。但只要我们重视生态问题，就能够解决好。

二、水利工程要重视和发挥生态功能

中国水利：您刚才提到了，修水库、建大坝，开发水电会出现一些生态问题。请您谈一谈，我国是如何避免这些问题的出现或是将这些问题带来的影响降到最低的？

汪恕诚：修水库、建大坝，进行水电开发会出现一些生态问题。主要包括两个方面：一个是移民问题，一个是流域生态问题。

移民问题其实是社会管理问题，是工作问题，可以通过加强政府管理、社会管理来解决。地方各级政府和相关机构，只要切实履行职责，肯定能做好移民工作。国务院出台了《大中型水利水电工程建设征地补偿和移民安置条例》，总体来看条例很好，适合当前移民工作需要。而有些水库的移民单项工程如果还需要支持，现在的水电价格还有较大的调整空间，可以适当加以解决。此外，我认为，移民资金要更多的用于移民专项工程，用于集体，让移民本身和间接受影响的农民都能受益，以减少社会矛盾。

还有就是流域生态问题。近年来，水利水电行业高度重视生态问题，在大坝建设的勘察、设计、施工、运行、管理等各个阶段贯彻保护生态的理念，开发与保护并举，充分发挥大坝的生态功能，已经取得了很好的成效。例如，小浪底工程对保护黄河中下游生态发挥了很好的作用。黄河已经实现了从1999年以来不断流，河口湿地得到很好保护，经过这些年调水调沙河床也下切了1.2～2.0m。

当然，有些生态问题被过分渲染了。例如，有人说修水库排放的温室气体比火电还多。这个情况在国外确实出现过，像南美洲的热带雨林，一旦修建大坝就会淹没大片森林，树木腐烂会产生沼气，自然会排放大量温室气体。但是，我国水电站大多建在高山峡谷中，蓄水前会严格清库。因此在这个问题上，我们与国外一些地方情况不同。

还有人以美国拆坝来反对我们建坝，这更是不了解情况了。美国要拆的坝都是由于各种原因被淘汰的大坝，并非主要因为生态问题。

中国水利：您刚才提到，要充分发挥大坝的生态功能？

汪恕诚：是的，水利工程应该建设成为生态工程。

我们修水库、建大坝原来的目标是开发水资源、利用水资源、管理水资源。现在呢？功能需要扩展，要更加注重节约水资源、保护水资源、合理配置水资源。水利工程说到底是生态工程。水利工程在发挥防洪、灌溉以及其他功能的同时，还应更好地发挥其生态作用。但是，之前由于我们认识的片面性，总觉得发电越多越好，比较注意经济效益，而忽视了生态效益。今后，在设计、科研、建设、运行、管理等过程中，都应该时刻注意发挥水利工程的生态功能。

什么是水利工程的生态功能呢？举个例子说，在黄河上，小浪底工程除了满足防洪、发电等要求外，很重要的一条就是在保护黄河中下游生态中发挥了巨大作用。上面提到的河口湿地保护，人造异重流对泥沙进行冲刷，使河床下切等，都是水利工程生态功能的体现。等宁夏大柳树工程建成以后，黄河宁蒙段的生态也将得到极大改善。

再举个例子，珠江在上游来水很少的情况下，会发生海水倒灌，对一些地区尤其是澳门的供水造成影响。我们对1000km外的水库进行调度，加大流量，压咸补淡，保证了澳门供水安全。此外，还有向白洋淀补水，向扎龙湿地补水，塔里木河、黑河全流域复流，引江济太，以及三峡水库牺牲发电利益为干旱的长江中下游加大下泄水量等，都是水利水电工程为保护生态环境做出的突出贡献。

因此，我再次强调，在今后大坝建设中，设计要认真考虑发挥大坝的生态功能，对已建大坝则要在调度上注意生态问题，充分认识到大坝除了发电、防洪、灌溉、航运、旅游等功能以外，还应该强调一个重要的功能——保护生态。水利工程要建设成为生态工程，才能适应现代社会的需要。

三、人水和谐理念的确立是历史的必然

中国水利：您最近刚出版的《人水和谐科学发展》一书，是上一本书《资源水利——人与自然和谐相处》观点和理念的延续。请您谈一谈，从您提出人与自然和谐相处到人水和谐、科学发展经历了怎样一个过程?

汪恕诚：新中国成立 60 多年来，在不同发展阶段，遇到不同的制约因素。20 世纪末，水资源的一些问题已经尖锐地摆在全国人民面前，在实践上必然要有所回答，理论上要有所探讨，才能把中国水利的事情办好，把水资源的事情办好。因此，从提出人与自然和谐相处，到人水和谐、科学发展的理念，是实践的产物，历史的必然。在这个历史阶段，水利必然会有新发展，必然会有新理论出现，必然会推动历史前进，这是一种历史的必然。

1998 年，长江流域出现特大洪涝灾害，引起全国关注。与之形成鲜明对比的是，黄河却出现了严重断流。当时，100 多位院士联名给中央写信，认为黄河断流是一种标志，说明中国的生态已经出现严重问题。黄河断流反映问题的严重性要远远超过长江的洪涝灾害。黄河断流标志着中国水资源供需状况出现了实质性变化，水利工作要进行根本性转变。

以往中国水利的工作方式是，地方发展需要多少水，水利部门赶紧修大坝、建水库来满足需求，再不够就打井。因此，华北地区一段时间内打了几百万眼井，造成河道断流、地下水水位下降，导致了“有河皆干、有水皆污”的严重后果。

解决中国水资源的问题，首先需要一个指导思想和指导理念。从根本上说，如果思想和理念不调整、不转变，问题会越来越严重。

因此，人与自然和谐相处，人水和谐、科学发展的理念和发展思路是在大的时代发展背景下和实践需要下，总结了历史经验提出的。

四、加强制度管水是未来的重要工作

中国水利：2011 年中央 1 号文件和同年的中央水利工作会议都强调要实行最严格水资源管理制度，并确定了“三条红线”。2012 年初，国务院又印发了《关于实行最严格水资源管理制度的意见》。您认为，我国水资源管理下一步的重点应该放在哪里?

汪恕诚：最严格水资源管理制度，是吸收和凝练近年来节水型社会建设、国家水权制度建立以及水资源评价和规划等实践探索的主要成果，系统总结和梳理了多年来水资源论证、节水监管、水功能区划以及排污口管理等方面积累的管理经验和好的做法，明确了今后一段时期全国水资源工作的方向与重点。

在这里我想重点谈一下水权。最严格水资源管理制度，设定了水资源开发利用三条不可逾越的“红线”。这既是中国由传统水利向现代水利、可持续发展水利转变的关键性一步，也为中国水权制度付诸实践进行了制度准备。

根据 2002 年新水法，我国水资源的所有权归国家。我们说的水权，主要指使用权范围，是水资源开发、利用、保护和管理等相关权利的总称。

应该说，水权及其衍生出的水市场理论是最严格水资源管理制度的基础。只有全面推进国家水权制度建设，形成不断提高水资源利用效率和效益的节水机制，才能为克服中国经济社会可持续发展一系列制约因素提供必要保证。因此，从政府来说，重要的工作应放在国家水权制度的确立上，加强制度管水是未来的重要工作。

在我国的水权理论体系中，应该包含 3 个基础要素：一是重视初始水权分配，尤其要注意在分水前预留河流的生态水量。二是加强流域的综合管理，注意流域的功能、地域、时间等要素，在此过程中应充分利用民主协商，让跟水利相关的政府部门、地方政府、企业、用水户、科技人员等各方共同参与，提高水权管理等各项决策的科学性。三是水权本身是可以转换的，可建立水市场，进行有序的水权交易。

水利部提出，要力争用 5～10 年时间，基本完成主要跨省江河流域水量分配方案。这是国家水权制度建立的关键一步。这一步能够让每一条河流的水量都能够像黄河一样进行总量控制，每一个地区、企业、灌区乃至全社会都有具体的用水指标，这样会促进节水，寻找新的替代水源。例如，雨洪资源、再生水、海水淡化等水源，都属于各地的二次指标，由其自由分配。

值得注意的是，“三条红线”管理制度也好，总量控制和定额管理结合的制度也好，目的并不是为了限制各地的发展，而都是为了推进科学发展、可持续发展。

中国水利：中国的水问题可以概括为 4 个方面，即“水多、水少、水脏、水浑”。目前来看，您最担心哪个问题?

汪恕诚：我最担心的是水生态尤其是水污染问题，如果这个问题解决不好，将影响中国经济社会发展。

针对水污染问题，水利部门主要是抓好面源污染治理，还要做好生态清洁小流域综合治理。在这方面北京就做得不错。

五、水情教育的重点是节水和防污

中国水利：水情教育也是2011年中央1号文件和当年中央水利工作会议提出的一个重点。对于水情教育，您有什么意见？

汪恕诚：当前，中国经济社会发展存在的主要问题是经济发展模式问题，结构调整问题，生态环境问题。中国的水情教育问题重点是节水和防治水污染问题，是水生态问题。

我国人多水少，水资源时空分布不均，与生产力布局不相匹配，水旱灾害频繁发生。水资源与土地资源、能源资源一样，是我国经济社会可持续发展的重要战略资源。长期以来，社会上对我国人多地少的国情认识比较充分，但对人多水少的国情还缺乏足够的认识。

做水情教育，首先是要通俗化。我认识的香港大学副校长、中国工程院院士李焯芬教授，他写了一个小本子叫《水的反思》。这个本子完全是给中小学生看的，里面有很多反映我国水资源问题的卡通画，这样就能够很直白地让中小学生了解我国的水资源问题。而这方面，我们则做得很不够。

当然，做水情教育还应加强宣传。“中国水利报社”在这方面做得很不错，今后还应进一步加大宣传力度，为实现人水和谐、科学发展夯实基础。

（摘自中国水力发电工程学会网）

应给三峡工程更多宽容

中国科学院院士 陈祖煜

［编者按：本文是中国科学院院士陈祖煜接受《瞭望东方周刊》专访时的谈话］

一、要理直气壮地宣传三峡工程

瞭望东方周刊：三峡工程蓄水即将10年，它到底给中国带来多大效益？近年来对它的主要功能——防洪方面的质疑也比较多。

陈祖煜：谈起三峡工程的效益，自然要从防洪开始。在长江中游防洪形势图中，可以看到明显的荆江大堤，江水在汛期高过江汉平原10m之多，一旦大堤溃决，滔滔洪水将直取沙市、武汉。出现这种“腹背受敌”局面，是无法采用工程措施防御的。三峡工程修建以前，长江中下游的防洪标准仅为10年至20年一遇。修建三峡工程主要目的是为了防洪。

三峡工程建成以来，长江中游虽然尚未遭遇类似20世纪那样的几次全流域规模的洪水，但是也已经在抗御特大洪灾中发挥了重要的作用。2010年7月20日，三峡工程迎来自20世纪以来最大入库流量，达7万m^3/s，经过三峡工程的调控，出库流量仅为4万m^3/s。

2012年，长江上游又出现了更大的一次洪峰，达7.12万m^3/s。如果没有三峡工程，长江会一次又一次地出现像1998年那样上百万军民严防死守的场面。可以说，三峡工程蓄水以后，已经为保卫人民生命财产建立了丰功伟业。

三峡工程建成后，在不超过百年一遇标准洪水情况下，可不启用荆江分洪区和其他分蓄洪区。因此，三峡工程对于湖北省国民经济建设具有重大的潜在推动力，也是重要的民生工程。

此外，就是发电方面。它是世界上最大的水电站。2010年是长江的丰水年，三峡年发电量达到了900亿kW·h，而这一年，上海市的用电量是1020亿kW·h。在过去的9年里，三峡为华东、华南地区国民经济发展注入了源源不断的动力。三峡工程还大大促进了我国水电工程建设的技术水平。

瞭望东方周刊：除了防洪和发电以外，三峡还有哪些效益呢？

陈祖煜：应该说航运的效益并不亚于发电。长江2008年的货运量超过12亿t，是1978年的29倍，相当于18条京广铁路的年运量。2010年干线货运量达15.02亿t，是欧洲莱茵河的5倍、美国密西西比河的3倍。但是，川江河道通航能力历来受到激流险滩的限制。

三峡建成蓄水后，长江上游干流渠化里程近700km，航道尺度增大，吃水深度增加，大部分河段可双向通航。沿线绞滩站全部撤销，全线全年可昼夜通航，船舶单位平均能耗降低了20%以上；三峡枢纽2010年过闸的货物量7880万t，比2003年增长了5倍。它为重庆市打开了一个通往外部世界更大的窗口，为这座新兴的城市的发展打下了基础。

三峡工程蓄水后还增加了一个新的功能，那就是抗旱供水。2011年，长江流域降水较历史同期均值偏少近5成。这是50多年来最严重的旱情。当年1～5月，三峡水库向下游补水约200亿m^3，为保证下游沿江两岸地区粮食增收和人民生活、工农业正常用水做出了重要贡献。

三峡工程就像一头老黄牛，它连草都不吃，只挤奶。我觉得，可以理直气壮地宣传三峡工程。

瞭望东方周刊：在谈论三峡工程效益的同时，人们总还是要提出对三峡工程在生态、环境等方面的种种质疑，您是如何看待这些问题的？

陈祖煜：谈起三峡工程对生态环境，以至于对国民经济的影响，应该说在三峡工程论证阶段是经历过激烈的争论的。现在，三峡工程已经建成，回答各种质疑的最令人信服的论据就是事实。当年各种关于三峡工程负面效益的担忧出现了吗？让我们依据三峡工程这 9 年的实际表现逐一回顾。

泥沙。鉴于三门峡工程的教训，泥沙淤积是当年三峡工程论证中的头号问题。三峡水库蓄水以来，多年平均泥沙量为 2.18 亿 t，仅为建成前的多年平均值的 48%，这要归功于近年来长江中、上游卓有成效的水土保持工作。

黄万里先生曾担忧："四条巨川排泄着侵蚀性盆地上的大量卵石进入峡谷，在水库蓄水后，这些卵石和泥沙就会堵塞住重庆港……所以长江三峡根本不可修高坝，永远不可修高坝。"黄先生预言的这一现象至今尚未见到，以后也不可能出现。因为上游的向家坝和溪洛渡这两大水电站分别将 2012 年、2013 年建成，即便有"卵石"，也不会流入三峡水库。

水质。三峡水库布置的 5 个国控断面提供的监测成果表明，库区长江干支流各月水质均达到或优于Ⅲ类，蓄水前后和蓄水期间水质未发生明显变化。

自 2003 年蓄水以来，三峡库区支流回水区多次出现水华现象，时间集中在 3～8 月。支流回水区的问题是由于农村耕地和人畜生活条件尚未适应由河流转变为水库带来的改变造成的。目前，正在加紧治理。由于是小范围的环境改造，问题是不难解决的。

地震和地质灾害。175m 试验性蓄水以来，三峡库区共发生地灾 378 起。滑坡崩塌总体积约 3.2 亿 m^3，塌岸 57 段总长约 25.1km。紧急转移群众10 482 多人，至今没有灾害造成死亡的报道。

水库诱发地震是一种常见的现象，但是学术界普遍认定这是浅层、低量级的地壳运动，与自然界频发的构造地震不在同一数量级。三峡水库在论证阶段，确定其最高震级不会超过 5.1 级。实际监测到的最大的一次为 4.1 级。

水库诱发的地震和地质灾害有一个共同特点，就是经过蓄水初期一段高发期后就会平静下来。这里有两张图分别显示了地质灾害和地震随时间演变的发生频率。可以看到，三峡工程的地震和地质灾害经过了一段活动期，现已趋向平缓。

国力和移民。在三峡论证阶段专家对国民经济的承受能力和高达 120 万移民对社会带来的冲击，表达过关注意见。当年有的专家认为三峡工程快上不如缓上。等将来翻两番任务实现，国家实力增强，科技水平提高了，到那时再来考虑三峡工程的修建问题。

至今，三峡工程已发电近 7000 亿 kW·h，通过电费已经得到了 3500 亿元的回报，而三峡工程包括移民和输电线路的动态投资估算为 2628.4 亿元。三峡工程赶上了我国国民经济飞速发展的最好时机，不仅没有拖垮国民经济，而且促进了经济发展和技术进步。

二、客观评价三峡负面效应

瞭望东方周刊：那么，三峡工程难道没有一点负面效应吗？

陈祖煜：应该说上面提到的有关泥沙、地质灾害和移民、环境等问题均或多或少包含有负面效应，只是处于受控状态，和三峡工程带来的巨大效益相比，当属次要的地位。

另外，尚有一个实实在在的负面效应，那就是长江的渔业资源在三峡工程建成后确实减产了。特别是中华鲟，仍然处于濒临灭绝的状态。

中华鲟原产卵场位于长江上游干流和金沙江。20 世纪 60 年代，葛洲坝水电站建成后截断了中华鲟通往金沙江的水道。为了挽救这一珍贵鱼种，专门成立了中华鲟研究所，开展人工繁殖中华鲟的研究。2009 年 10 月，经过 15 年的培育，中华鲟幼苗终于出世了。如今这些子二代已经长到 1m 多长了。我们期待着这一科研成就开花结果。

此外，地质灾害部门对水位变化有严格要求。这样一来，三峡的航运、发电、蓄水等效益都受到制约，无法最大化。水位从 145m 到 175m 的升降，这里面的制约因素太多了，学问太大了。

另外，就地后靠移民居住地的地质灾害问题，是当初没有意识到的。实际操作中，才发现这是一个问题。一个大的工程项目，很难保证顺顺当当，很难保证不出现滑坡、塌方、移民上访的问题。但总体来看，蓄水 9 年来三峡工程应该说比较平稳。

瞭望东方周刊：库区水质基本稳定在三类水体，但部分支流出现了富营养化问题，有哪些好的方法和策略治理支流水质？

陈祖煜：支流富营养化属于今后三峡工程要治理的问题。一个是改变当地的生活习惯，目前也有人专门研究一种化肥，不让氮、磷等有机物质大量流入水体。只要愿意投入的话，具体办法很多。

对于这些小支流，工程院院士魏复盛说过一个比较好的办法，就是养鱼，不是网箱养鱼，而是投放养鱼，现在也有很多成功的经验。鱼把富营养的藻类都吃掉了，渔业也发展起来了。现在比较大的问题是，投了鱼苗以后还要知道有没有效果，投放、监测这样一整个的系统，现在没有一个完整的计划。我最近参加了一个乌江的验收项目。他们在投放鱼苗，也不知道效果的好坏。每年几千万尾鱼苗投放进去，没人去管，没人监测。

三、反对妖魔化大坝

瞭望东方周刊：根据您对三峡工程正、反效应的论述，应该说事实是清楚的。那么为什么三峡工程一直是个焦点，建坝前是、建坝后仍然是，今后还会继续争论下去吗？

陈祖煜：有关的学术争论还会继续，而且是有益的。但是，我们不得不承认，有些人见了三峡工程不高兴。建坝以前担忧的问题已经被事实澄清了，于是又要用放大镜去找新的毛病。提的问题越来越离谱。

2007年，在武汉召开了一次三峡工程生态环境建设与保护工作研讨会，有关领导和专家在肯定三峡工程建设的巨大成就时，研讨对支流出现的生态问题的改善措施。没有想到，这一会议成了西方记者恶意炒作的机会。

英国《泰晤士报》9月27日以一种不失嘲讽的语气说，“三峡大坝曾被誉为20世纪的一个建筑壮举”，但现在“这个横跨长江的大坝可能变成一场环境灾难”。德国《法兰克福邮报》称，当年有关三峡工程会污染的预言，今天“不幸言中”。在西方世界对中国经济建设成就的种种质疑中，三峡工程不幸从一头老黄牛又变成了替罪羊。

我这里想举一些数字。三峡工程的蓄水量只有295亿m^3，在世界高坝大库中，列第26位，排位第一的乌干达的欧文瀑布水库库容为2048亿m^3。三峡大坝坝高185m，列第81位，排位第一的是中国的锦屏一级水电站达305m。三峡既不是蓄水量最多，也不是水头最高的大坝。在谈到水库对环境的关系时，为什么总要拿三峡说事呢？

瞭望东方周刊：全世界目前有近20万座大坝，中国有近8.5万座左右，不过现在有人说美国已经开始拆坝了，您如何评价这个情况？

陈祖煜：千万不要上当。根据我们了解，美国拆掉的是有数的几个年久失修小池塘，他们才不会那么傻，把胡佛大坝都给炸掉。

大坝在防洪、保证国民经济和人民生活用水方面的作用是无法替代的。水能又是我国得天独厚的资源。2004年，随着公伯峡水电站最后一台水电站并网，我国水电装机容量达到了1亿kW，超过美国，居世界第一。

在以后的7年里，我国的水电事业一路高歌猛进，目前装机容量已突破2亿kW。到21世纪中叶，当完成了西藏地区的水电开发事业后，水电装机容量将突破5亿kW。“万里大江向东流，流的都是煤和油”。我们不但不会拆除那些有用的大坝，还将会建设更多世界级规模的大坝。

瞭望东方周刊：您怎么评价目前反对大坝的理由？

陈祖煜：大坝，作为一个区域性地改变了流域的地质、生态、环境和社会结构的控制性建筑物，不可能只有百利而无一弊。有一些问题，甚至成为了工程上马的制约因素。

例如，位于虎跳石的金沙江龙盘水电站，该电站装机容量420万kW，建成后带动下游的梯级水库，保证出力可以增加1146万kW，相当于1.5个三峡的效益。但由于该工程需迁移8.91万以少数民族为主体的人口，目前还没有妥善处理的方案，只能搁下来。任何一个大中型水电工程都要对生态、环境和移民问题进行慎重、细致的研究。

我们欢迎任何科学的、实事求是的有关大坝对生态、环境影响的研究，并愿意一起努力，把可能的负面效应降至最小。但是，决不容忍没有根据地罗织罪名，妖魔化大坝。

有的人说：我就知道流水不腐。如果你指的是支流回水区，那没有问题，我们有同样的看法。但如前所述，这是局部的、容易治理的问题。如果你指修了大坝水就不流了，那是在误导百姓。修了三峡，长江在宜昌这个地方的1.4万m^3/s的水还在流动，水体的交换率远大于天然湖泊。

还有一些人说修了水库以后，排放的二氧化碳比火电站还要多，这是常识所不容了。有一本书叫《沉默的河流》，翻成中文，叫“大坝经济学”，在我们国家一些院校还被列为教材。先把结论下了，然后找一些有利于他们的证据，已经没有客观科学的态度可言。

瞭望东方周刊：由此可见，修建三峡工程并不仅仅是一个经济建设的问题。

陈祖煜：这使我不得不回想起96年前，孙中山先生首次在他的“建国方略”中提出的关于修建三峡工程的宏伟构思。今年，中国土木工程学会庆祝了由詹天佑任会长的“中华工程师会”成立100周年。我想孙先生、詹天佑先生和无数的先辈如果能够看到今天的三峡工程，他们一定会热泪盈眶。随着像三峡工程、青藏铁路、杭州湾大桥等无数一流工程的拔地而起，我们中国的工程师可以骄傲地说：中国人民站起来了！

总的来说，三峡工程还是好的，功在当代，利在千秋。我们应该给三峡工程更多的宽容。在讨论三峡工程时，我最后要说的一句话是，“从来不要忘记：三峡属于中国，属于每一个炎黄子孙。”

（摘自中国大坝协会网）

转变能源发展思路势在必行

国家能源局可再生能源司副司长 史立山

2012年，我国能源消费量为36.2亿t标准煤，成为世界第一大能源消费国。当前我国能源消费以煤为主，煤炭消费占能源消费总量的67%，由此带来的环境问题日益突出。

近来，我国多地连续发生雾霾天气，除去地形、风力、风向等客观原因，在燃煤、机动车排放、沙尘和建筑扬尘等众多人为因素中，不合理的能源结构，特别是燃煤过度排放，是加剧雾霾天气的重要原因。在目前主要大气污染物中，50%以上的总悬浮颗粒物、二氧化硫、二氧化碳、氮氧化物均来自煤炭燃烧。我国煤炭消费占全球煤炭消费量的40%，且仍以年均5%的速度增长，高度依赖煤炭的能源结构是导致我国环境污染不断加剧的直接原因。

因此，要有效治理大气污染问题，必须在能源结构调整和建设布局上迈出更大的步伐。加快转变能源利用方式，调整能源布局，优化能源结构，是应对雾霾之困、解决大气环境问题的优选之策。

（一）不断扩大可再生能源利用规模

可再生能源包括水能、风能、太阳能、生物质能、海洋能、地热能等，具有取之不尽、清洁环保的特点，可以持续满足人类的能源需要。面对日益严峻的能源环境问题，许多国家把开发利用可再生能源、减少化石能源消费作为重要的能源发展战略，通过制定法律和政策措施，推动可再生能源快速发展。

2012年底，全球风电装机容量达到2.8亿kW，近10年来年均增长近30%；光伏发电装机容量达1亿kW，近10年来年均增长率40%。可再生能源已成为许多国家能源发展的重要战略，德国2012年新增光伏发电容量760万kW，成为德国新增发电装机规模最大的电源。可再生能源在许多国家能源和电力消费中的比重不断扩大，2012年丹麦风电已占到全部电力消费的28%，2020年将达到50%。同时，可再生能源在未来能源中的地位日益明确，许多国家制定了清晰的可再生能源发展战略和目标。德国制定的2050年能源发展战略是，可再生能源将占到全部能源消费的60%，将占电力消费的80%；丹麦提出了到2050年完全摆脱对化石能源依赖的目标。可以预见，经过几十年的持续努力，欧洲许多国家将会实现能源转型，能源消费将会主要依赖可再生能源，《第三次工业革命》描绘的互联网与可再生能源融合、形成新的经济社会发展模式的目标将会实现。

近年来，在《可再生能源法》的推动下，我国可再生能源发展取得了举世瞩目的成就，特别是风电装机容量已达7000万kW，2013年风电发电量将达到1400亿kW·h，约占全部发电量的2.5%。光伏发电容量将达到1500万kW，发电量超过100亿kW·h。

同时，水电装机容量将达到2.7亿kW，年发电量约9000亿kW·h。虽然可再生能源发展明显加快，但可再生能源占能源消费的比重仍然很低，尚不足10%，特别是面临的矛盾在加大，弃风、弃水问题突出，暴露了我国能源发展思路和管理体制机制的缺陷。

目前，我国总发电装机容量已超过12亿kW，年发电量超过5万亿kW·h。如按风电发电量占到全部发电量的20%测算，可消纳风电发电量1万亿kW·h,按风电平均2000h测算，需安装风电装机容量5亿kW，风电发展潜力很大。随着发电装机容量和发电量的增加，风电装机容量还可以增加。此外，无论从需求还是可能来看，太阳能发电的利用潜力更大。专家分析，实现能源转型，2050年非化石能源发电可满足能源消费的62%，非化石能源发电占到电力消费的86%，风电装机容量达到20亿kW，光伏发电装机容量达到24亿kW，因此，必须下大的力气推动可再生能源发展，不断提高可再生能源的消费比重。

（二）努力提高能源利用效率

节能优先一直是我国能源发展的重要方针。近年来，我国能效水平不断提高，2010年与2005年相比，火电供电煤耗由每千瓦·时370g标准煤降到了333g标准煤，下降10.0%；吨钢综合能耗由688kg标准煤降到605kg标准煤，下降12.1%；水泥综合能耗下降28.6%；乙烯综合能耗下降11.3%；合成氨综合能耗下降14.3%。“十一五”期间，我国以能源消费年均6.6%的增速支撑了国民经济年均11.2%的增长，能源消费弹性系数由“十五”时期的1.04下降到0.59，节约能源6.3亿t标准煤。

但与国际先进水平相比，我国能源利用效率仍总体偏低。2012年的万元GDP能耗为0.697t标准煤，是世界平均水平的1.8倍，是美国的2.2倍、欧盟的3.1倍、日本的3.8倍。特别是工业用能比重大，超过70%，远高于27.9%的世界平均水平，钢铁、化工、建材、电力、石化和有色六大高耗能行业用能比重超过50%。因此，提高能源利用效率的任务仍艰巨，也是实现能源产业健康发展的重要组成部分。

提高能源效率是涉及面很广的系统工程，与产业结构、技术水平和管理体制密切相关，其中管理体制起基础性的作用，对产业结构调整和技术进步有极大的促进作用。丹麦不仅可再生能源发展世界领先，能源利用效率也是全球最先进的，值得学习和借鉴。从1990年以来，丹麦国内生产总值增加了约75%，能源消费总量不仅没有增加甚至还略有下降，主要得益于其有效的能源节约政策。

一是大力推广热电联产。目前丹麦已是典型的分布式能源系统，过去主要依靠几座大型电站供电，现在已变成了由几百座分布式热电联产电站供能，燃料主要为天然气和生物质，丹麦80%的区域供热是热电联产电厂供给的，60%的电力是热电联产电厂生产的。特别是其热电联产电厂运行非常科学，都必须建设储热罐，实现高效运行，而且完全以热定电，把发电时用不了的多余热能储起来，当储热罐储满后就停止发电，由储热罐进行供热，这样就保证了很高的能源利用效率。

二是高度重视建筑节能。丹麦对建筑用能管理非常严格，建筑能耗标准已由1961年的年平方米350kW·h下降到2010年的65kW·h。目前，丹麦已提出2015年新建建筑能耗标准为45kW·h，包括供热、制冷、通风、生活热水和照明等，计划到2020年达到零能耗，建筑能源消费基本来自于可再生能源，最大程度利用可再生能源提供电力和热能。

三是征收能源税和建立电力市场。丹麦1977年开始征收能源税，1992年开征二氧化碳税，并正在研究征收能源供应安全税。目前，丹麦的能源税收入约400亿丹麦克朗，占国内生产总值的2%。特别是1996年实施了电力市场化改革，打破电力输配环节的垄断，实现了发电和电力交易的完全开放，并融入了北欧电力市场。这些能源政策措施，极大地促进了丹麦能源利用效率的提高和可再生能源的发展。

总体来看，我国能源利用效率比较低，既与我国的产业结构有关，也与我国的能源结构相关，暴露了我国能源政策和能源管理体制的不完善。必须尽最大努力提高能源利用效率。

一是要调整优化产业结构，抑制高耗能行业过快增长，淘汰落后产能，促进产业优化升级，推动服务业和战略性新兴产业发展。

二是要调整能源结构，尽最大努力减少煤炭消费，特别要限制煤炭的直接燃烧，提高能源利用技术水平，发展热电联产技术，鼓励能源梯级利用，高度重视建筑节能工作。

三是要完善能源政策和管理体系，加快征收能源税，建立能源利用效率标准体系，并加强监督管理。深化能源管理体制改革，建立公平开放的能源市场，充分发挥市场在配置能源资源和提高能源效率方面的决定性作用。

（三）做好能源布局的顶层设计

我国能源资源和能源消费呈明显的逆向分布态势，能源资源主要分布在北部和西部地区，而能源消费相对集中在东部和南部地区，实现能源跨区合理流动和优化配置是我国能源管理的重要任务。长期以来，我国电力实行以省为实体的管理体制，电力发展以就地平衡为主，煤电机组主要集中在中东部地区。目前，我国中东部地区煤电装机容量约5.4亿kW，占全国煤电装机总量的60%以上。到2012年底，京津冀鲁和长三角地区煤电装机容量分别为1.3亿kW和1.4亿kW，占全国的15%和17%，单位国土面积煤电装机为西北地区的13倍和26倍。据有关调查，京津冀地区有燃煤电厂196座，仅河北省就有燃煤电厂152座。长江沿岸每30km就建有一座燃烧煤发电厂，长三角地区每平方公里每年的二氧化硫排放量达45t，是全国平均水平的20倍。这种状况不仅导致煤电运紧张反复出现，而且造成环境污染问题不断加剧。数据显示，煤炭运输占到我国铁路运货运量的60%以上，过去10年，我国铁路新增运力的70%以上用于煤炭运输。

当前，我国中东部地区大气环境承载能力已近极限，必须下决心改变能源利用方式，做好能源规划和布局工作，打破地区和行业垄断，发挥不同地区的优势，减少煤炭的直接消费，终端能源消费更多地利用天然气和电力，实现能源的高效清洁利用。为了实现这样的目标，必须重视以下几项工作。

一是要更加重视发挥热电联产联用的作用。热能和电能都是能源终端消费的重要形式，为了提高能源利用效率，过去我们较为重视热电联产电厂建设，以实现能源的梯级利用，把锅炉生产的蒸汽先发电再供热，能源利用效率理论上很高。但由于很多热电联产电厂建设偏重发电，甚至以热电联产名义建设火电厂，发电能力与热负荷不够匹配，热负荷很小，并没有很好发挥热电联产在提高能源利用效率中的作用。事实上，虽然热和电都是能源的终端形式，但热能和电能的特性有很大的不同，热能是可以储存的，而电能则不能储存，必须做到发用随时平衡，用多少发多少。但热能和电能是可以转换的，为了有效提高能源利用效率，需要很好地发挥电能和热能的优势。

首先，热电联产电站的发电能力和供热需要须总体匹配，并建设一定比例的储热设施，用储能设施来调节发电和供热的不平衡，使热电联产电站始终处于高效运行状态，以提高能源利用效率。

其次，在城市供热系统中建设一些集中储热式电锅炉，利用电力系统低谷时段的富余电量，特别风电等可再生能源的发电量进行供热，既可以满足供热的需要，也可以参与电力系统的调节，改善电力系统运行环境。

第三，要鼓励分散用户优先使用电供热设施进行供热，并尽可能参与电力系统运行的平衡。过去重视热电联产，今后要同时重视热电联产和联用，这将是优化能源结构、提高能源利用效率的重要措施。

二是要更好发挥各类大型能源基地的作用。根据我国能源资源的禀赋特性，我国可以形成多种特色的大型能源基地，包括西南地区水电基地，山西、内蒙古、新疆等地区的煤电基地，以及今后可能发挥重要作用的“三北”地区风电基地和西北地区太阳能发电基地。发挥好这些能源基地的作用，对保障能源清洁可靠供应意义重大。为解决中西部地区大气污染问题，需要调整中东部地区的能源发展思路。

首先，充分利用好本地的可再生能源资源，做到能用尽用，努力提高可再生能源的消费比重。

第二，优先利用天然气、瓦斯气、页岩气、生物沼气等气体燃料建设小型分布式热电联产项目，用于满足各类用热需要。

第三，严格控制新建煤电项目，当地可再生能源发电和天然气发电不能满足的电力需求，主要依靠大型能源基地输电解决，特别是要优先考虑可再生能源基地的电力，加强抽水蓄电电站和储能设施的建设和运行管理，提高电力系统的智能化水平，尽最大努力减少煤炭消费特别是煤炭直接燃烧消费。这是根本改变大气环境质量的重要措施。

三是要发挥好能源战略和政策的引领作用。能源设施是重要的基础性产业，具有使用期长和对经济社会发展影响大的特点，必须统筹规划，科学发展。目前，我国能源建设已取得大成绩，基本满足了当前能源消费的需要，但面临的矛盾和问题很多，特别是从我国现代化建设的长远发展来看，如何保障能源的经济、清洁、可靠供应是非常艰巨的任务。因此，必须从战略和政策等方面做好能源发展的引领工作。

首先，要制定清晰的能源发展战略和目标。目前，全球正处在重要的能源转型时期，实现由化石能源向可再生能源的转变，这是第三次工业革命的重要基石。能否实现能源转型将是检验能否抓住第三次工业革命机遇的重要试金石，制定明确的能源转型战略和发展目标，凝聚全社会的力量向这个目标共同努力，对实现能源持续健康发展意义重大。

第二，要制定科学的能源税收政策。目前，我国还没有完善的能源税收体系，现有的能源税主要是资源税和生产过程的增值税，即使这样的税收政策，也没有很好体现对不同能源品种生产和消费的引导作用，能源税率设置总体还是从增加税收的角度考虑的。能源税收政策的制定，既要从保障国家税收需要出发，更要从引导调整能源结构、支持清洁能源发展的需要出发，当前最重要的要加快制定化石能源消费税政策。

第三，要放开能源消费价格，发挥市场的力量，有效调节能源消费。价格是发挥市场配置资源决定性的关键，没有灵活反映市场供需和要求的价格政策，不可能发挥好市场配置资源的决定性作用。目前我国的能源价格，特别是电力价格总体是控制的，既不反映电力市场供需状况，也不反映电力的丰枯和峰谷特性，对优化能源结构、提高能源效率十分不利。

我国能源产业发展到一个新的历史阶段，提高能源利用效率，优先利用可再生能源资源，是今后能源发展最突出的特点。必须紧紧把握这个时代特点，综合施策，推动能源真正走向可持续发展的轨道。

做好新闻宣传　让更多人理解水电

《求是》杂志社原社长　高明光

[编者按：本文是《求是》杂志社原社长高明光2013年8月应邀到宜昌为三峡传媒公司通讯员培训班授课时，接受《中国三峡工程报》记者专访的谈话。]

一、不要担心争论

高明光说，水电工程的作用是多方面的，比如包括防洪、航运、发电等。尤其是今天，我们既要发展经济，又面临着环境保护的任务。发展经济需要能源，使用煤炭、石油等化石能源又会带来污染，水电作为清洁可再生能源，可以化解这一矛盾。

“不要担心对水电工程有争论”，谈到水电新闻宣传工作，高明光说。古今中外几乎每个伟大工程都曾面对争论，包括三峡工程，从筹备，到建设，直到今天，始终是有争论的。真理越辩越明，时间会得出最终的结论。

高明光说，有些人不支持水电，实际是因为对水电不太了解。比如水电究竟对环境带来什么影响？如果说一点影响都没有，那是不客观的，因为它改变了河流原来的状态。但是，世界上的没有有百利而无一害的事物，我们只能两利权衡取其利大而弊小者。我认为发展水电的利是远远大于弊的。要通过客观、真实的新闻报道，让大家了解这些。

二、水电新闻宣传不要回避问题

谈到水电新闻报道应注意的方面，高明光说：

“水电新闻宣传不要回避问题。随着社会的发展和媒介的进步，受众的认知心理已经发生了很大的变化，人们接受信息的渠道更多，看待问题的角度更加多元化，新闻媒介如果只说成绩不说问题，就很难获得受众的信任，传播效果就会大打折扣。”

此外，信息传播有先入为主的效应，有些问题不先说，等错误的观点传播开来，我们往往只能处于辩解、辩护的被动地位。比如，就我所知，大众对三峡的担心，主要有三个方面，一是对环境造成的影响；二是战时安全；三是对下游的供水影响。我们主动回应了，就能消除公众的误解，取得理解，争取主动。

三、关注水电工程带来的发展机遇

高明光说，水电新闻还要更多地报道水电工程给周边人民群众生活带来的新变化。

据我了解，向家坝水库建成后，可引水灌溉下游14个县市的农田约370万亩，并可解决灌渠沿线部分城镇工业和生活用水问题，今天，《宜宾日报》、《凉山日报》、《昭通日报》等单位的负责人都介绍了金沙江下游水电开发给移民带来的致富机会，对于改善当地人民生活水平，促进经济发展和社会稳定将起到积极作用。这些都应是我们新闻宣传工作的着力点。

高明光表示，做好水电新闻宣传还要广泛争取其他行业媒体和公共媒体的关注，多角度地宣传水电。我相信，通过我们的共同努力，一定可以让大多数群众真正理解水电，支持水电。

再论怒江水电开发的巨大生态环境效益

云南省社科院特约研究员、
教授级高工　张建新

2003年以来，关于怒江水电资源开发的争议一直没有间断。以少数极端环保人物为代表的反对开发者的主要理由是认为水电开发将极大的破坏生态环境，如鱼类和动植物减少、引发泥石流滑坡、破坏“三江并流”景观、河流截断成为“死水”、造成大面积水土流失，等。甚至耸人听闻的提出什么“将导致特大地震”，“一旦溃坝后果不堪设想”；那么什么才是科学完整的“生态环境”，什么才是真正的事实真相呢？

一、生态环境的科学定义

生态环境，是指影响人类生存与发展的水资源、土地资源、生物资源以及气候资源数量与质量的总称，是关系到社会和经济持续发展的复合生态系统。

生态环境其实是生态和环境两个名词的组合。生态原来是指一切生物的状态，以及不同生物个体之间、生物与环境之间的关系；环境可以理解为人类赖以生存和发展的物质条件的综合体，而人类环境一般可以分为自然环境和社会环境。自然环境即人类周围的自然界。包括大气、水、土壤、生物和岩石等。社会环境指人类在自然环境的基础上，为不断提高物质和精神文明水平，在生存和发展的基础上逐步形成的人工环境，如城市、乡村、工矿区等。《中华人民共和国环境保护法》则从法学角度对环境下了定义：“本法所称环境是指影响人类生存和发展的各种天然的和经过人工改造的自然因素的总体，包括大气、水、海洋、土地、矿藏、森林、草原、野生生物、自然遗迹，人文遗迹、风景名胜区、自然保护区、城市和乡村等。”

可以看出，生态与环境既有区别又有联系。生态偏重于生物与其周边环境的相互关系，更多地体现出系统性、整体性、关联性，而环境更强调以人类生存发展为中心的外部因素，更多地体现为人类社会的生产和生活提供的广泛空间、充裕资源和必要条件；离开了人类的生存发展去奢谈什么“保留最后一条生态江”，离开了“以人为本”去片面强调“鱼道”和“兽道”，就必然会走上“自然中心主义”的邪路。

二、用全生命周期评价（Life Cycle Assessment，LCA）法测算，水电是目前各类能源中最清洁最环保最经济的能源

众所周知，自开始工业化一百多年来，特别是自1990年开始的近20多年来，由于以煤炭和石油为主的化石能源加速消耗，大气中温室气体浓度急剧增加而导致的气温上升、冰山融化、海平面上升，各种灾害性气象增加的频度和速度都大大增加了。节能减排成为世界各国的共识，也成为我们中国未来数十年发展阶段的重要战略任务。中国要发展离不开能源保障，而在各类能源中最具“节能减排”特征的莫过于水力发电。

某种能源是否低碳、环保、是否值得大规模发展，不能仅以某一个环节的能效作为评价基准。只有采用全生命周期评价（Life Cycle Assessment，LCA）法测算、评价它从开发、建设、设备生产、原材料使用、运输、到最终利用直至消亡全过程的能量消耗和环境排放，并通过与其他种类的能源进行横向比较，才能系统、客观地认识这些能源种类的优劣，准确把握各类能源产业化过程中的突出问题，然后进行路径选择和绩效改善。

LCA法是一种重要的环境管理工具，用于评价产业、项目、产品、工艺过程或活动从原材料的采集和加工到生产、运输、销售、使用、回收和最终处理的整个生命周期系统环境负荷的完整过程。

人们常说的新能源，如核能、太阳能、风能、生物质能、地热能、海洋能、氢能等，这些能源本身确实是清洁的，可是生产这些能源的设备、材料等在制造、储存、运输的时候，也会有能源耗费和碳排放，甚至污染环境的东西产生，如辐射、酸、碱、氮氧化物等，这些都会在生产过程中对环境、土壤和水造成污染。

联合国政府间气候变化专门委员会（IPCC）2011年通过详尽调查和繁杂计算，对各类能源全生命周期的温室气体排放进行了评估测算，评估结果表明，水力发电和海洋能发电的温室气体排放是最低的。

在能源效率方面，水力发电也是最高的。这是由于水的能量密度高，并且水能转换为电力的效率也比较高。小型发电站可达到80%以上，大型电站能够达到90%左右，年平均利用小时4000左右。而风力发电在理论上的最大转换效率为60%（贝兹理论），年平均利用小时2000左右。至于传统的火力发电，其能量转换效率为40%左右。

在能源收获率方面，德国最早提出用全部产出能源除以建设或生产时消耗能源得出的“能源收获率”来表达某种能源在其全生命周期的贡献率（the harvesting factor），经测算，水力发电的能源收获率为1200，是唯一超过1000的能源。而风力发电为90，太阳热发电为13，太阳光发电为1.3。这一指标充分展示了水力发电的优势。

在经济性方面，从长期来看，水力发电是成本最低的能源。虽然在建设期一次性投入较大，但水电站至少能运行50年以上，且运行期间只需要花费很少的维护管理费用而无需燃料成本。在全球范围，运行超过100年的发电站也并不少见。在德国，关于实际使用年限的规定是，水电站为80年，核电站为40年，太阳能发电与风力发电为20年。

三、美国田纳西河水电梯级开发的生态环境效益（摘要）

田纳西河位于美国东南部，是密西西比河的二级支流，流域面积10.5万km^2，干流全长约1050km。在20世纪的20年代和30年代，该流域地区经济落后，工业基础薄弱，只有少量采掘工业和农业加工业。田纳西河谷由于森林的破坏而形成严重的水土流失，洪水泛滥成灾，交通闭塞、水运不通，自然环境恶化，疾病流行，文化落后，因此而成了美国最贫困的地区之一。1933年，该流域人均收入不足全国平均水平的一半（45%），62%的农业人口生活尤其贫困。

1935年，美国国会立法成立田纳西流域管理局（Tennessee Valley Authority，TVA），开始了规模宏大的田纳西流域水电综合开发工程。TVA在田纳西河流域的开发方案中首次提出多目标梯级开发的主张，在田纳西河干流上规划建设了9座梯级水电站，支流上规划了数十座中小电站。20世纪40年代末基本完成了流域规划的水电开发。

经过40多年卓有成效的规划和建设，田纳西流域的自然资源得到了综合和合理的开发，使区域经济得以振兴，生态环境得到良好的修复和提升，创造了举世赞誉的田纳西奇迹。到1977年，全流域平均国民收入比1933年增加了34倍。

特别是在生态环境方面，虽然建设了众多大坝，田纳西河流域仍然是北美地区生物多样化最丰富的河流之一。由于清洁能源对大气污染较小，加之科学的规划管理，TVA依托大坝而建设的100多座公园及其他景观每年都会吸引数以千万计的旅游者前来旅游。

四、我国乌江水电梯级开发改善生态环境的成功经验（摘要）

随着西部大开发和“西电东送”战略的实施，至2012年，乌江已成为国家“西电东送”的重要基地，干流上已建源头段洪家渡、普定、引子渡水电站，主干段的东风、索风营、乌江渡、构皮滩、彭水水电站，思林、沙沱两电站即将完工；共10个梯级电站，总装机容量891.5万kW，年发电量422.47亿kW·h,是我国十大水电基地之一。

1999年，按照“流域、梯级、滚动、综合”的方针，乌江干流贵州境内河段梯级电站建设全面启动。在水电开发中通过科学规划、优化设计、相互协调和实施有效的工程措施，切实减少对生态环境、水库移民等不利影响，同时又能充分利用水电开发对航运、防洪、灌溉、供水、旅游开发、水土保持等产生的有利影响，从而实现水电开发与环境保护的双赢。

乌江梯级水电开发通过在工程建设同时实施环保措施，“绿色水电公园”如今已经呈现在人们眼前。这里自然生态保护完好，峡谷两岸风光秀丽，库区鸳鸯、白鹭、野鸭等飞鸟成群，并有珍稀鸟类蓑羽鹤出没其间。乌江流域各梯级水电站已经成为乌江七峡中一颗颗璀璨的水电环保明珠。

五、怒江水电开发的巨大生态环境效益

怒江是我国主要的国际河流之一，在我国境内长

2020km，流经西藏、云南两省区，出境后经缅甸进入印度洋。其中下游穿越横断山区的高黎贡雪山和碧罗雪山，742km的河段，天然落差达1578m。怒江中下游地区水能资源丰富，待开发量在国内众多江河中排名第二。按2003年怒江13级水电开发规划，总装机容量达2132万kW，年发电量近900亿kW·h，和三峡水电站相当。怒江水电将作为“西电东送”的重要组成部分，为我国提供新的能源支持。

怒江流域的现状与开发前的美国田纳西河流域具有较强的可比性。怒江是全国唯一的傈僳族自治州，总人口49万，下辖四县均为国家扶贫开发重点扶持县。由于特殊的地理、历史等方面的原因，怒江地区生存条件的恶劣超出了一般人想象，扶贫攻坚任务艰巨。至2012年末，全州还有22万人处于贫困线下，有12.7万贫困群众需要通过易地安置搬出不宜生存地区。该州98%以上的土地为高山峡谷，少数民族比重达92.2%，至今还保留着刀耕火种、人背马驮等原始生产方式。

怒江干流至今未建任何水电站，但生态环境问题一直十分严峻。国家环保部稍早的一项调研报告说：“怒江河谷两岸由于大量砍伐森林、毁林开荒、陡坡垦殖等落后生产方式导致森林涵养水源的功能急剧下降，生物多样性和以森林为主的生态系统遭到严重破坏”，滑坡、山洪、泥石流等昔日罕见的灾害及旱灾也日趋频繁。一到雨季，怒江沿线即灾情不断，防汛形势十分严峻。造成这一状况的原因很多，其中包括当地落后的生产生活方式及近乎于零的环保投入（怒江州环保局每年只有数十万元工作经费）；考虑到落后甚至是原始的生产生活方式对怒江不断造成的生态破坏，借助水电开发所带来的资金支持进行易地安置移民和生态环境修复实际上是对环境的一种最大保护。

按照全生命周期评价（Life Cycle Assessment，LCA）法测算，怒江梯级水电开发将产生巨大的生态环境效益：

（1）减排效益：根据北京大学环境科学与工程学院的一项研究报告，对中国发电行业按全生命周期法温室气体减排潜力及成本进行详尽分析后的结果表明，水力发电全生命周期法温室气体排放系数为每千瓦·时20.0～25.0g当量二氧化碳，单位减排成本为每吨当量二氧化碳－104.3～－104.8元；则怒江梯级水电开发后的全生命周期内（暂按40年计）总减排量约达36亿t当量二氧化碳，可获得减排收益约3614亿元。

（2）以电代柴效益：怒江峡谷地区地理位置封闭，自然环境恶劣，能源短缺，当地群众主要以木柴烧火做饭，林木资源长年累月不断损失。怒江梯级电站建成以后可以实现以电代柴，据估计每年可以节约50万m^3用柴，年减少林木资源损失4亿元左右，50年可以减少林木资源损失约220亿元。

（3）防洪、灌溉效益：怒江梯级水电开发后，可有效调节怒江丰枯季流量及水位，对沿江城镇防洪发挥较大作用，产生一定的防洪效益；在保山及以下的干热河谷丘陵地区，配套适当水利泵站灌渠设施后，相应梯级水库可以发挥较大的灌溉效益。

（4）绿化碳汇效益：怒江梯级水电开发后，各梯级电站坝区和库区周边将根据规划要求进行生态环境修复，植树造林种草，控制和减少滑坡、泥石流等地质灾害；新增山林和绿地将有效改善开发前环境状态，同时实现大量新增碳汇。

（5）“水塔”效益：怒江上游地处青藏高原南麓，海拔高达2000m以上。怒江梯级水电开发后，可联合澜沧江、金沙江上游水量，通过科学规划形成“大西线调水”水源地，发挥“水塔”效益向中国西北极度缺水地区输水，有效解决中国水资源时空分布不均问题。

六、尽快审批怒江水电开发规划利国利民

以怒江为标本的中国水电开发与环境保护的争议已经持续了整整十年。这十年里，涛涛怒江流失了相当于5亿t原煤的能量，损失了900亿元的减排效益，拖了怒江流域地区经济社会发展的后腿，冷了怒江50万人民群众迫切要求脱贫解困的心。这十年里，中国水电建设者们执著地坚守着为中国为世界奉献清洁能源的理念，在怀疑、责难、围攻甚至是咒骂声中艰难前行，并且取得了一项又一项举世瞩目的业绩。今天全世界特别是高速发展中的中国所面临的严峻环境，已经使广大的人民群众擦亮了眼睛，认清了形势，辨明了是非。那些居心叵测不断妖魔化水电的各种声音已渐去渐远。为了应对高速发展中能源环境的双重制约，为了履行中国在国际社会节能减排的庄严承诺，为了祖国大地的碧水蓝天，是尽快审批怒江水电开发规划、尽快全面启动怒江水电梯级开发的时候了！

央 企 工 作

中国电力建设集团有限公司 2013 年工作情况

一、基本情况

中国电力建设集团有限公司（以下简称“中国电建集团”）是经国务院批准，于2011年在中国水利水电建设集团公司、中国水电工程顾问集团公司和国家电网公司、中国南方电网有限责任公司所属的14个省（市、区）电力勘测设计、工程、制造企业基础上组建，是国家出资并由国务院国资委代表国务院履行出资人职责的国有独资公司，是经批准的国家授权投资机构。中国电建集团是提供水利电力工程及基础设施投融资、规划设计、工程施工、装备制造、运营管理为一体的综合性建设集团，水利电力建设一体化（规划、设计、施工、制造、运营、维护）能力和业绩位居全球第一。

中国电建集团注册资本金300亿元，员工20万人，资产总额3474亿元。主营业务为：建筑工程（含规划设计和工程承包）；电力、水利及其他资源开发与经营；房地产开发与经营；相关装备制造与租赁。2013年实现营业收入2257亿元，实现利润91亿元。2013年，位居《财富》世界500强企业第354位、中国跨国公司100大企业第16位、全球最大225家国际工程承包商第14位和全球工程设计公司150强第15位，在国务院国资委组织的2012年和2010～2012年任期考核结果均为A级，获得国务院国资委“业绩优秀企业”称号，实现“保位进级”目标。

中国电建集团拥有工程设计综合甲级资质、水利水电工程施工总承包特级资质、公路工程施工总承包特级资质、工程勘察综合甲级资质及进出口贸易权、对外工程承包经营权等资质权益，拥有世界一流的综合工程建设施工能力、世界顶尖的坝工技术、世界领先的水电站机电安装施工技术、世界先进的地基基础处理技术、世界领先的特大型地下洞室施工、岩土高边坡加固处理、砂石料制备施工等技术，具有大中型水利水电工程设计、咨询及监理、监造的技术实力，具备水利水电及相关领域工程总承包（EPC）项目、BOT、BT项目的建设能力。集团所属的全资、控股子企业分布于国内各大区域，业务范围遍及全球90多个国家和地区。

在水利水电设计建设领域，中国电建集团以设计建成和在建规模、技术能力稳居世界第一而成为水电行业的领军企业和享誉国际的第一品牌。承担了国内大中型以上水电站65%以上的建设任务和80%以上的规划设计任务，设计建成了国内大中型水电站二百余座、水电装机容量超过2亿kW。先后设计建设了长江三峡、南水北调、龙羊峡、小浪底、二滩、龙滩、小湾、广州抽水蓄能电站、天荒坪、溪洛渡、向家坝、锦屏一级、拉西瓦等举世闻名的水利水电工程，创造了具有中国特色的国内国际先进和领先的设计和建造技术，成就了中国成为世界第一水电大国的辉煌。

在火电电网及新能源开发领域，中国电建集团在100万kW及以下高低参数火电、天然气、太阳能、生物质能、分布式能源、核电配套工程等以及在1000kV及以下交直流输变电工程设计、建设方面处于国内国际领先水平。先后设计建设了平顶山二电厂、新密电厂2×100万kW超临界机组，单机容量最大的110万kW火电机组——新疆农六师煤电公司二期五号机组，国内首个10万kW级EPC光伏发电项目——华能共和县光伏发电项目，世界最高500kV输变电工程——四川藏区乡城500kV变电站项目，向家坝至上海±800kV、晋东南至荆门1000kV特高压输变电等多项工程，建设了广东大亚湾等多项核电工程。组织完成中国风能资源普查和国家及行业技术标准制修订，规划设计建设甘肃酒泉等9个1000万kW级风电基地，设计建成河北张北坝上100万kW风电场、江苏如东海上风电场分别是中国最大陆地和海上风电场。设计建成中国首座潮汐电站—浙江江夏电站。

在海外工程承包和投资领域，中国电建集团已形成了以亚洲、非洲为主，辐射美洲、大洋洲和东欧的多元化市场格局。截至2013年底，公司各企业在92个国家和地区执行在建项目1021个。承建的苏丹麦洛维水电站、马来西亚巴贡水电站、埃塞俄比亚泰可泽水电站、巴基斯坦巴罗域水电站、印度嘉佳火电厂、安哥拉本格拉体育场、摩洛哥伊阿高速公路、伊朗塔里干水利枢纽、卡塔尔多哈新国际机场等全球瞩目的重点大型工程多次荣获海外工程金质奖、国际工程鲁班奖。投资建设的柬埔寨甘再水电站、老挝甘蒙塔克水泥厂、老挝万象平原钾盐矿及刚果（金）铜钴矿资源开采工作，均取得可喜成绩。

在大型基础设施建设领域，中国电建集团同样拥有雄厚实力。承建京沪高铁等多条高速铁路，成为掌握具有世界领先水平高速铁路技术的企业之一。以BOT方式投资建设福建武邵和四川邛名两条高速公路，以BT方式投资建成四川成都至简阳高速公路。参与设计建设了北京西客站、国家大剧院、天津市政基础设施建设、德州新湖治理工程、曹妃甸填海造地工程、济南市政综合改造工程、昆明市污水处理厂等国家大型基础设施建设项目，赢得了社会的广泛赞誉。

在装备制造领域，中国电建集团是电力及其他建筑工程专用设备的研发者，是我国长江、黄河、大渡河、雅砻江、澜沧江及巴基斯坦、泰国、伊朗等国家多座大中型水电站金属构件和专用机电设备、火力发电及电网配套设备制造商。公司生产的锅炉给水泵、风机、磨煤机、阀门等火力发电关键辅机国内市场占有率全国领位先居前列。自主开发和合作研制的水利水电工程金属结构、闸门启闭机和升船机等专用设备，多次荣获国家和部委的科技进步奖。

中国电建集团坚持以科技进步引领行业发展。截至2013年底，共有4个国家级研发机构，21个省级研发机构，4个博士后工作站，18家企业被认定为省级高新技术中心，2家企业被认定为科技部火炬计划重点高新技术企业；获得国家、省部级科技进步奖600余项，获得专利1203项（其中发明专利149项），软件著作权203项；制修订国家及行业标准460项。

中国电建集团坚持精工良建、品臻致远，为业主、为社会奉献精品，承建的多项水利电力工程及基础设施建设项目获得了中国建筑工程鲁班奖69项、中国土木工程詹天佑大奖16项、国家优质工程金（银）奖126项、全国优秀工程设计金奖、优秀工程勘察金奖、优秀工程设计软件金奖、优秀工程标准设计奖94项。

中国电建集团致力于成为全球清洁可再生能源和水利资源开发建设行业的领先者，中国电力和水利工程行业的龙头企业，带动行业结构优化、产业升级、产品出口的重要力量，努力成为清洁可再生能源和水利电力工程建设行业国际领先，提供集成式、全产业链、综合性基础设施建设服务，拥有核心技术和国际知名品牌，具有较强国际竞争力的质量效益型世界一流综合性建设集团。

二、2013年中国电力建设集团有限公司改革发展情况

2013年以来，中国电建集团全面贯彻落实党中央、国务院和国务院国资委各项决策部署，积极应对复杂多变的国内外经济形势，大力开拓市场，全面深化改革，创新商业模式，加快转型升级，强化基础管理，提升价值创造，全面超额完成国务院国资委下达的各项经营指标，继续保持平稳较快发展。2013年，实现营业收入2257亿元，实现利润91亿元，中国电建集团在《财富》世界500强企业中排名第354位，较2012年上升36位，位列上榜中国企业第56位、上榜中央企业第32位；在国务院国资委组织的2012年和2010～2012年任期考核结果均为A级，获得“业绩优秀企业奖”，实现“保位进级”目标。

（一）市场开拓成效显著，经营业绩稳中有进

中国电建集团围绕“保增长、提效益”目标，坚持营销为重、履约为先、创效为本，生产经营实现了稳中求进、进中提质。一是市场营销业绩显著。通过高端营销，有效拓展了重点市场，延伸了产业链，年内先后与8家重要客户签订战略合作协议、实现产业对接，涉及大型项目350余项，金额1.5万亿元；通过搭建营销平台、加强资源整合和市场协同，集团化营销体系进一步完善，年内成功签订多项重大合同，新签合同金额、合同存量均实现25%左右的增长。二是合同履约能力稳步提升。中国电建集团承担设计、施工、安装任务的溪洛渡、向家坝等大型水电站均实现大容量机组“一年多投”，连创全国纪录；南水北调中线一期主体工程、加纳布维水电站等一批国内外重大项目顺利投运，其他项目均有序推进，各业务板块全部完成收入计划。三是企业效益稳步增长。中国电建集团成本管控效果明显，资产负债率同比降低，职务消费、“三公”经费实现负增长。“一企一策”、结对帮扶成效显著。各业务板块实现全面盈利，水电集团、勘测设计与装备制造板块均超额完成营收和利润指标，水电顾问营收与利润实现两位数增长，电力工程板块整体经营质量持续改善。2013年，中国电建集团各项经营指标全面超额完成年度计划，主要指标实现两位数增长。总体来看，中国电建集团的市场营销增幅超过营业收入增幅、利润增幅超过营业收入增幅，市场营销和经营业绩实现了协调平稳综合增长。

（二）着力推进国际业务优先发展，海外业务持续增长

中国电建集团优先配置海外资源，积极扩展海外市场，品牌影响力在全球范围内持续增强，国际业务对集团公司的支撑作用进一步显现。一是国际业务稳

步发展。中标了科特迪瓦苏布雷水电站、巴西输变电工程等一批大型综合性项目，巴基斯坦、尼日利亚、沙特等国的多个项目高端营销取得了重大进展。截至2013年底，中国电建集团在92个国家执行合同1021项，在建项目合同总金额达到700亿美元以上。二是国际业务发展质量进一步提高。发布了《国际业务管理指导手册》，集成国际业务知识和管理规范，全面促进海外项目经营管理、风险管控和资源要素全球配置能力的持续提升。积极开展对外战略合作，与通用、西门子等全球领先企业的战略合作进一步加深，实现在多个市场共享资源；收购了TLT公司，成功迈出海外并购战略性的第一步；编译出版《中国电力行业标准》，成为中国水电行业的首套英文标准。母品牌统领下的多品牌经营模式初具雏形，中国电建集团统筹营销与法人主体自主营销、平台公司带动营销与子企业自主营销、市场营销与项目履约相互促进的“三结合”形式初步形成。2013年，中国电建集团跨国经营指数达到28.61%，名列央企第四位、建筑类央企第一位，国际经营比较优势继续保持。

（三）调整结构促进转型，质量效益双双提升

中国电建集团深入推进结构调整优化产业布局，创新商业模式促进转型升级，增强了大型复杂项目的驾驭能力和价值创造能力。一是业务结构调整成效明显，非传统业务继续迅猛增长，顶起了“半边天”。电力、房地产等投资类业务利润贡献显著增强，成为公司稳定发展的重要保障。投资业务的营业收入贡献占比与利润贡献占比达到1∶3，与目前世界一流综合类建筑企业的比例相当。二是转型升级步伐加快。以产业链一体化为核心的工程总承包模式成为公司承揽业务的重要方式，全年以BT、BOT、EPC、PPP等新型商业模式承建的较大规模项目达到62项，合同金额近650亿元，最大单项合同超百亿元，市场营销和管理模式升级成效显著。部分子企业通过签署紧密型战略合作协议、专业对接、内部市场挖潜，初步建立了项目管理一体化协调机制和利益共享、风险共担的合作机制。三是金融支撑服务作用持续放大。截至2013年底，集团公司获金融机构综合授信额度近6000亿元，增强了融资能力。推进“总对总”授信额度分配使用模式，以集团公司资信和影响力为子企业提供融资担保，降低了融资门槛和成本。积极探索资产证券化盘活BT项目应收账款，成简项目采用“股权回购+债务承接”方式，大大加速回购进程；武清项目通过债权转让方式一次性回收回购款12亿元，有效规避了投资风险。2013年，中国电建集团承建的BT项目通过种种方式实现了回收款全额回收，得到了国务院国资委的高度肯定。

（四）企业改革持续深化，体制机制迸发活力

中国电建集团上下勇于探索、大胆实践，破除体制机制障碍，推动管理体制改革和经营机制创新，为企业发展注入了强劲动力。一是多项重大改革深入推进。水电顾问及其所属全民所有制企业按期完成公司制改建，整体改制上市工作取得阶段性成果。火电勘测设计、施工和装备制造板块相关企业的改制工作全面启动。初步完成了两级总部整合，界定了四大主业和八大业务板块，为进一步提高集团管控力和决策执行效率创造了有利条件。稳妥推进了厂办大集体改革、关联企业清理规范工作，在部分改革试点企业开展了国有产权界定工作，并购了部分关联企业，规范了关联交易。二是三项制度改革继续推进。中国电建集团出台9项配套办法，从政策层面重点解决了人员分类管理和退出机制等关键问题。部分子企业构建形成了业绩和能力导向的干部选拔任用体系，市场化、规范化的劳动用工体系和“业绩升薪酬升、业绩降薪酬降”的收入分配机制。强化了对子企业领导班子和领导人员的约束激励，考评结果成为班子调整和人员升降、奖惩、分配的重要依据，不同程度做到了干部能上能下、收入能高能低。采用竞争性选拔方式补充调整了部分子企业领导岗位，提高了选人用人公信度。

（五）夯实基础狠抓专项，管理水平稳步提升

中国电建集团着力提高核心业务和关键环节的专项管理水平，扎实推进管理能力的全面提升，初步形成了持续改进的常态机制。一是专项管理提升扎实推进。子企业普遍健全了项目管理体系，制定了项目索赔、绩效评价、分包商管理等专项制度；强化了项目管理责任制和绩效考核，对项目收入、成本、利润和质量、安全、工期六大要素的管控普遍加强。三级对标体系基本形成，开展了运营、盈利、偿债、发展等多领域多维度的对标，着力查找短板并持续改进。加强了对重点指标的刚性约束和动态监管，全面预算管理得到有效强化。积极开展风险与内控体系建设，开展了EPC、BT项目风险管控模板研究，建立了多层级的投资项目评审流程和科学的决策机制。二是综合管理水平稳步提高。认真开展安全生产大检查，强化隐患排查治理，推进安全生产标准化建设，有效提升地质灾害防治及应急能力，确保了安全生产形势总体趋好受控，全年没有发生重大及以上安全生产责任事故。质量管控体系进一步完善，质量管理制度进一步健全，全年获得国家级优质工程（产品）奖11项、省部级优质工程（产品）奖40项。京沪高铁三标段工程项目经国家检查鉴定并通过了两年的试运行，被评价为“优质工程”，建设质量赶上并超越传统铁路建设企业；单标170亿元的深圳地铁项目在2013年

深圳市政府组织的综合评比中位列第1名，是集团技术支撑转型升级取得的重大成果，对集团开拓国内外铁路、地铁轨道交通市场意义重大。开发建设了“采购电子商务平台”，初步实现集中采购管理信息化。总法律顾问制度日益完善，法律管理标准化建设不断加强，妥善处置了一批重大专项事务和当期风险。审计、监察工作重点加大对子企业领导班子履职监督力度，加强了对公司投资项目的效能审计和后评价。社会责任管理水平再上台阶，圆满完成玉树重建、四川雅安抗震救灾任务，援藏工作有序推进；年度定点扶贫任务全面完成。

（六）技术创新步伐加快，行业科技水平持续领先

中国电建集团以创新型企业建设为抓手，以行业科技领先为目标，大力加强科技创新，继续保持了行业领先水平。一是科技实力得到进一步增强。中国电建集团全年获国家级科技进步奖3项、省部级科技进步奖215项；获得专利授权942项，同比增长46%。一批关键技术实现了重点突破，部分首创技术填补了国内空白；数字流域、智能电厂等先进理念和技术在工程设计建造中获得应用，效益显著。科技创新体系进一步完善，各类研发平台相继建立，国家创新型企业试点第二阶段各项目标任务全面完成。二是信息技术与业务融合度显著提高。初步建立了集团决策支持系统“一库四平台”的总体架构，信息化“311”平台建设初具规模。信息技术、业务发展和应用需求形成良性互动，三维数字化系统集成设计、P3等项目管理软件、现场视频监控系统等先进工具在生产管理一线得到广泛应用。

（七）教育实践活动扎实推进，党建工作成效显著

中国电建集团认真学习贯彻党的十八大和十八届三中全会精神，坚决执行中央“八项规定”，扎实开展党的群众路线教育实践活动，为企业科学发展提供了强大的精神动力。一是贯彻执行中央“八项规定”态度坚决、反应迅速、措施到位、成效显著，文山会海、铺张浪费现象得到遏制，工作作风明显改进，受到国务院国资委领导的充分肯定。二是深入扎实开展了党的群众路线教育实践活动，各级党委领导有力、组织有序、严肃认真、扎实推进，系统查摆了以“四风”为重点的影响和制约企业改革发展、领导班子能力发挥、生产经营管理、群众利益保障等方面的问题，认真、深入分析产生这些问题的体制机制、管理制度、责任落实等方面的原因，以严格的责任制抓整改、促落实、保成效，领导班子战斗力不断加强，基层和职工群众的满意度持续提升。三是把握“五位一体”党建要求，以学习型党组织建设为抓手，组织全集团党员干部深入学习贯彻党的十八大、十八届三中全会及习近平总书记系列讲话精神，统一了思想认识，强化了党性修养、理想信念，增强了政治责任感和使命感，提高了理论水平。四是狠抓反腐倡廉建设，完善反腐倡廉制度体系，坚持落实领导人员责任承诺和廉洁谈话制度，丰富廉洁从业教育形式，整合监督资源形成监督合力，为中国电建集团平稳较快发展保驾护航。

（中国电力建设集团有限公司）

中国长江三峡集团公司 2013年工作情况

2013年是“十二五”最为关键的一年。中国长江三峡集团公司（以下简称“中国三峡集团”）上下以科学发展观为统领，围绕建设国际一流清洁能源集团的战略目标，认真贯彻落实中央八项规定精神，深入开展党的群众路线教育实践活动，凝心聚力，克难奋进，强化管理，改进作风，全面超额完成国务院国资委年度经营业绩考核指标，发电量、营业收入、利润总额、经济增加值再创历史新高，具备连续第七年进入A级企业条件，实现了规模和效益的同步增长。截至2013年底，中国三峡集团可控装机容量达到4240万kW，其中水电装机容量约占全国水电装机容量的14%。

（一）三峡工程安全高效运行10周年

自2003年蓄水运行以来，三峡工程防洪、发电、航运、抗旱、补水等综合效益充分发挥，两次成功经受超过1998年长江特大洪峰考验，累计发电超过7000亿kW·h，累计对下游补水超过900亿m^3，船闸年通过货运量突破1亿t，为社会经济发展做出了重大贡献。2013年，通过合理安排蓄水时间，统筹实施三峡、向家坝、溪洛渡三库联调，三峡工程连续第四年成功实现175m试验性蓄水目标。精心组织三峡升船机建设，土建施工进入收尾阶段，主体设备制造全部完成，船厢结构拼装完工并吊装到位，设备安装进入高峰期。2013年，三峡工程荣获全国质量“卓越项目奖”和“国际百年工程项目奖”。

（二）溪洛渡、向家坝水电站投产发电

历经10年艰苦奋战，高质量完成溪洛渡、向家坝水电站主体工程建设任务，完成两库区近18万移民的搬迁安置和两座新县城、23座新集镇的建设任务，两座世界级水电站按期实现蓄水发电目标。2013年，两电站创造了年投产装机容量1164万kW的成绩，约占全国全年新增水电装机容量的40%。其中，溪洛渡水电站投产12台77万kW的特大型水电机组，年投产装机容量924万kW，刷新单座电站年投产规模世界纪

录。乌东德、白鹤滩水电站前期工作稳步推进，枢纽可行性研究、移民安置规划、土地预征、环境影响评价等工作全面展开；三峡金沙江川云、云川公司挂牌成立，金沙江水电开发体制进一步完善。

（三）电力生产和营销工作成绩显著

坚持“建管结合、无缝交接”的管理模式，圆满完成溪洛渡、向家坝15台机组高强度接机发电任务，新投产机组全部实现“零非停”，成功实现电站“调控一体化”管理。面对长江上游来水严重偏枯的不利形势，通过精确预报、科学调度，三峡、葛洲坝电站全年节水增发电量54.8亿kW·h，水能利用提高率达5.7%。不断创新管理方法和手段，三峡右岸地下电站成功实现无人值班运行。

（四）新能源业务快速发展

2013年，新增新能源投产装机容量140万kW，年末累计投产装机容量接近300万kW，装机规模同比翻番。实行“区域加要素”管理，加强协同配合，资源获取能力明显增强，全年新增核准项目210万kW，同比增长163%。呼和浩特抽水蓄能电站上下水库完成初期试验性蓄水，1号引水系统全线贯通，1号机组完成总装；该工程建设推动中国抗低温沥青混凝土技术达到世界领先水平。

（五）国际业务稳健发展

国际承包业务稳中有进，全年实现营业收入86.8亿元，同比增长5.2%；新签国际承包合同总额112亿元，同比增长21%；新兴市场开拓取得突破，成功与乌干达签署首个大型EPC项目，与玻利维亚签署圣波公路项目。沐若水电站成功下闸蓄水，全年实现营业收入11.45亿元。

国际投资业务基本完成海外市场布局。全年落实可开发资源超过1000万kW，跟踪可开发资源超过1500万kW。

（六）企业管理水平持续提升

进一步健全法人治理结构，规范董事会运作机制，充分发挥董事会重大决策、风险管控、监督执行作用，自觉接受国务院派驻监事会的检查监督，中国三峡集团各项重大决策和部署得到贯彻落实。按照国务院国资委统一部署深入开展管理提升活动，并将中央八项规定精神严格贯彻落实到企业管理中。

加强成本管理，降本增效取得明显成效。建立了更加科学的投资评价体系。创新融资方式，多渠道筹集低成本资金。进一步加强参股股权管理。“三标一体”管理体系开始有效运行。全面风险管理和内控体系建设取得重要进展，中国三峡集团层面的内控体系整体框架初步形成。

（七）扎实开展党的群众路线教育实践活动

按照中央统一部署，中国三峡集团认真参加中央第一批党的群众路线教育实践活动。紧紧围绕“凝心聚力、转变作风，为建设国际一流清洁能源集团提供坚强保障”的主题，以贯彻落实中央八项规定精神为切入点，聚焦“四风”突出问题，全面抓好“学习教育、听取意见”、“查摆问题、开展批评”、“整改落实、建章立制”三个环节各项工作。中国三峡集团党组率先垂范，带头开展学习教育，带头查摆突出问题，带头制定整改方案，带头狠抓“四风”专项整治，以实际行动推动整改方案落实。经过为期半年的活动，各级领导干部对群众路线的认识进一步深化，坚持群众路线的自觉性进一步增强，党群干群关系进一步密切，整治“四风”取得明显成效，中国三峡集团“三公”经费同比下降12%、会议费同比下降35%，中国三峡集团领导职务消费同比下降26%。

中国三峡集团高度重视，积极配合中央第九巡视组完成对中国三峡集团的巡视。以教育实践活动和中央巡视为契机，加强党风廉政建设和反腐倡廉工作，坚持教育、制度、监督并重，结合教育实践活动督导工作对八个二级单位进行巡视，强化违法违纪案件查办。改进新闻宣传报道，宣传策划和舆情应对能力进一步提高，三峡品牌影响力进一步扩大，三峡精神和三峡文化进一步弘扬。积极履行社会责任，全年各类捐赠支出1.24亿元，中国三峡集团荣获中华慈善奖“最具爱心企业奖”。认真办理职代会提案，全年46件提案全部按时答复。

（中国长江三峡集团公司）

中国水利水电建设股份有限公司 2013年发展情况

2013年，中国水利水电建设股份有限公司（以下简称“股份公司”）积极转变经济发展方式，着力推进国际业务优先发展，优化调整国内业务结构，坚持“建设具有较强国际竞争力的质量效益型世界一流企业”的战略目标，牢牢把握行业转型升级的历史机遇，推动公司由传统的建筑工程承包商向建筑服务供应商及资源资产经营商转变，由资源驱动型向创新驱动型转变，由劳动资金密集型向技术商务管理领先型转变，不断提升公司在全球工程承包和资源资产经营领域的竞争力。公司继续推动以电力投资、房地产开发以及特许经营投资为主，相关多元的投资战略。

根据2013年美国《工程新闻纪录》(ENR) 的排名，股份公司营业总收入位列全球最大250家工程承包商第14位，与2012年持平，在上榜的中国企业中名列第7位。公司海外营业收入位列全球最大250家国际工程承包商第20位，较2012年提升3位，在上榜的中国企业中名列第2位。

（一）全面完成考核指标，生产经营持续稳健增长

2013年，股份公司实现营业收入1448.37亿元，为年度营业收入计划的100.86%，同比增长13.99%；实现净利润52.00亿元，同比增长18.35%；实现归属于上市公司股东的净利润45.56亿元，同比增长10.39%。2013年，国际业务收入370.25亿元，同比增长5.16%，占主营收入的25.80%。股份公司主营业务综合毛利率14.47%，同比增长0.63个百分点，保持行业较高水平。2013年，股份公司新签合同总金额达到2101.53亿元，超额完成年度营销计划，同比增长22.28%，其中：国内新签合同金额1364.41亿元，同比增长27.61%；国际业务新签合同额737.12亿元，同比增长13.51%。合同存量达到3668.09亿元，同比增长19.53%。资产总额达到2314.64亿元，同比增长25.53%；

股份公司在确保新签合同稳步增长方面，主要采取了以下措施：一是进一步落实“大集团、大土木、大市场、大品牌”的营销策略，在巩固传统水利水电市场份额的基础上，大力拓展国内基础设施业务，加强与地方政府战略合作的落实力度，积极稳妥推动BOT、BT业务的发展；二是加强国际市场自主营销能力建设，优先配置海外资源，深度开发重点国别市场，通过专业互补、产业整合，打造产业链一体化设计施工能力，积极承揽EPC总承包项目；三是进一步创新商业模式，加快培育公司在新兴业务领域的市场竞争能力，促进公司现有施工能力、传统竞争优势向新的市场领域拓展。

（二）核心竞争能力进一步增强

2013年，股份公司的核心竞争力显著增强。

一是品牌知名度提升，影响力不断彰显。股份公司在海内外具有良好的品牌形象，“中国电建”、“中国水电”已经成为工程建筑领域的全球知名品牌。股份公司在全球工程建筑领域的品牌知名度和影响力进一步提升和彰显，市场竞争地位持续巩固，并逐步在铁路、公路、房地产开发等领域树立起优质的品牌和形象。

二是技术水平领先，资质能力提升。股份公司在建筑行业尤其是电力建设行业继续保持领先的技术优势。在水利水电建设领域，股份公司代表着中国水利水电工程建设的最高水平并不断开发和掌握水利水电建设的关键核心和领先技术，引领行业技术发展。在非水利水电建设领域，股份公司持续开展技术研究，在高速铁路施工关键技术、盾构施工控制技术、燃气电站施工技术等方面达到国内领先水平。股份公司拥有国家级企业技术中心，水利水电工程施工总承包特级资质，水利行业工程设计甲级资质，以及众多公路、市政、房建、港口、隧道施工等一级资质。2013年，股份公司新取得房建总承包一级资质2项、市政总承包一级资质2项、公路总承包一级资质1项，还取得矿山、冶炼、机电、化工石油等二级总承包资质10多项。2013年，股份公司取得的专利总数在原有基础上大幅增加，新获得专利授权194项，其中发明专利17项。截至2013年底，股份公司共获得授权专利达570项，其中发明专利77项，共取得软件著作权8项。股份公司以重大专项课题研究为重点，掌握水电、基础设施等领域的业务核心技术，继续提高公司在整个建筑领域的竞争力。股份公司立项的科技项目共有65项完成验收，较2012年大幅增加，其中，被专家鉴定为国际领先11项、国际先进34项、国内领先9项、国内先进11项。一批依托大型、特大型工程项目开展的课题（如京沪高铁、南水北调、溪洛渡、向家坝、锦屏一级水电站等）较好地支撑了工程的质量、安全与进度，实现了集成创新，公司在关键领域的科研成果正在逐步丰富。

三是已形成全球市场营销网络，国际化比较优势明显。股份公司通过20多年的国际市场开发和区域市场深耕，在全球拥有广泛的市场营销网络，具有海外经营的先行优势和布局优势。2013年，股份公司优先配置海外资源，积极扩展海外市场，国际业务稳步发展，年内中标了乌干达卡鲁玛水电站、科特迪瓦苏布雷水电站等一批大型综合性项目，新增了吉尔吉斯斯坦等9个新国别市场，巴基斯坦、尼日利亚、沙特等国的多个项目高端营销取得了重大进展。截至2013年底，股份公司已在72个国家和地区建立了95个驻外机构，执行项目合同486个。国际业务的管理体制和管理模式进一步调整优化，公司国际业务经营的全产业链优势逐步显现，国际业务市场领域不断拓展，海外工程项目风险总体受控。国际业务以水利水电专业领域为核心业务向相关专业多元化发展，涉及火电、新能源、电网、交通、房建、市政等其他基础设施领域，在国际上承建了很多地标式的工程。同时大力进行融资模式创新，紧跟国家对外经济合作政策及国家发展战略。经过多年的国际业务开发和积累，逐步形成了国际业务市场、人才、管理、资金、技术和品牌优势，国际化经营程度较高，比较优势明显。

四是产业链优势凸显，高端市场营销能力增强。股份公司依托中国电建集团，拥有从设计、施工、监理到设备制造的电力工程建设全产业链的资质和能力，大大增强了公司工程承包业务的全产业链服务水平（如承揽综合性的EPC工程），为公司迈向高端建筑市场，增强国际市场竞争力奠定了坚实的基础。

五是产业结构优化，主业协同发展。股份公司通过实施大集团、大土木、大市场、大品牌战略，在继续巩固传统水利水电建筑核心业务优势地位的同时，不断加大对非传统业务的发展力度，在公路、铁路、市政、轨道交通、港口航道、房屋建筑等业务领域的市场竞争能力明显增强，市场占有份额不断提升。报告期内，股份公司工程承包、投资、房地产等业务板块间的协同效应进一步加强，工程承包能力、投资开发能力和国际竞争力进一步提高。

（三）转型升级战略持续推进，市场开拓成效显著

2013 年，股份公司深入推进结构调整优化产业布局，不断完善工程总承包产业链，以产业链一体化为核心的工程总承包模式成为公司承揽业务的重要方式。同时公司还积极探索并持续推进 EPC、BOT、BT 等新型商业模式。公司基础设施市场开拓成效显著，电力投资类业务利润贡献显著增强，房地产业务在国家宏观调控力度不断加大的情况下，逐步完善投资拓展模式，保持了持续良性发展。水利水电建筑业务传统主业优势地位继续巩固，基础设施建筑市场开拓成效显著。

（四）人才强企战略深入实施

截至 2013 年底，股份公司中高级专业技术（技能）人员占全体员工的比例超过 24%。房地产、铁路、地铁等非水电业务领域的人才力量进一步增强。进一步加强了绩效考核和薪酬分配管理，完善了岗位职务序列及配套薪酬体系。

（五）高度关注股东利益，不断加强投资者关系管理

2013 年，股份公司在资本市场低迷，投资者信心缺失，公司股价严重偏离良好基本面的情况下，努力提升经营业绩，积极克服资本市场不良因素影响，采取一系列措施维护公司股东的利益。报告期内，股份公司成功实施了大股东增持计划、30%比例现金分红计划、促使中国水电工程顾问集团主动延长限售股份锁定期等维护公司全体股东利益的措施。在当前低迷的市场情况下，为避免勉强推出注入方案摊薄现有股东每股收益的不利影响，公司董事会从有利于维护投资者特别是中小投资者的根本利益的原则出发，协助中国电建集团积极探讨现行政策许可的实现资产注入的各种可能方案，并在该事项取得阶段性成果的关键时点，持续披露事项的进展情况，及时召开投资者见面会，向监管机构、资本市场积极沟通事项进展。2013 年，股份公司被上海证券交易所评为“上市公司信息披露工作年度评价 A 类公司”。

（中国水利水电建设股份有限公司）

2

水能及风能开发

水 能 开 发

水电发展“十二五”规划评估（2013年度）

《水电发展“十二五”规划》（以下简称“《规划》”）实施三年来，除常规水电新增规模完成了97%，抽水蓄能投产规模完成了67%外，水电开工投产、西电东送等规划目标基本上完成了30%左右，主要目标实现程度见图1。从目前水电项目建设进展情况来看，预计“十二五”期间，水电新增投产目标可提前完成，但开工规模与《规划》目标存在差距，西电东送规模较拟订目标略低。其他生态保护、移民工作、科技装备、管理体制、国际合作等目标正在有序推进实施。

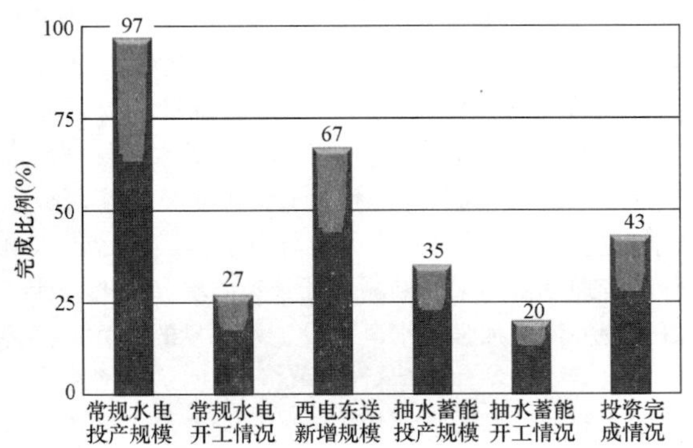

图1 “十二五”规划主要目标已实现程度

（一）常规水电投产目标

《规划》提出“十二五”期间常规水电新增投产规模达到6100万kW，其中大中型水电5100万kW，小水电1000万kW，到2015年底，常规水电总装机容量达到2.6亿kW，2020年达到3.5亿kW。

“十二五”前三年，随着功果桥、糯扎渡、向家坝、官地、泸定、深溪沟、三峡地下电源等电站的投产发电，我国常规水电新增投产规模达到5938万kW，其中大中型水电5068万kW，小水电870万kW。从当前在建项目工程实施进度来看，预计2014年、2015年常规水电新增投产规模可以达到2800万kW，其中大中型水电2400万kW，小水电400万kW，新增投产的重点项目主要有阿海、龙开口、溪洛渡、锦屏一级、锦屏二级等。预计“十二五”期间常规水电新增投产规模可达8740万kW，高于《规划》拟订的目标；到2015年底，我国常规水电总装机容量将达到2.87亿kW，可以提前完成《规划》拟订的目标。

（二）常规水电开工目标

《规划》提出“十二五”期间我国常规水电开工规模达到12 000万kW，其中大中型水电11 000万kW，小水电1000万kW。

“十二五”前三年，我国常规水电核准开工规模达到3274万kW，其中大中型常规水电核准开工2674万kW，小水电开工600万kW，核准的大中型水电项目主要有苗尾、梨园、龙开口、鲁地拉、观音岩、猴子岩、黄金坪等。从当前项目前期工作进展情况（包括现场施工准备情况）及项目面临的外部环境等来看，预计2014年、2015年常规水电具备开工条件的电站总规模可以达到5350万kW，其中大中型水电4950万kW，小水电400万kW，主要项目有金沙江的苏洼龙、乌东德、白鹤滩，大渡河的双江口、金川，雅砻江的两河口，澜沧江的黄登等水电站。

（三）西电东送目标

《规划》提出“十二五”期间，我国西电东送新增规模5000万kW，到2015年西电东送总规模达到8500万kW。

“十二五”前三年，随着澜沧江糯扎渡水电站、三峡地下电站、锦屏二级水电站、官地水电站、向家坝等水电投产发电，以及锦屏—苏南、糯扎渡—广东等特高压直流输电工程相继建成投产，新增的西电东送规模达到3299万kW。到2013年底，西电东送规模达到6831万kW。从目前西电东送项目实施进度来看，2014～2015年，新增的西电东送规模预计可以达到1601万kW，主要包括溪洛渡水电站、锦屏一级水电站、金沙江梨园阿海水电站（送电广西）等，预计到2015年西电东送规模可以达到8432万kW，与“十二五”规划拟订的外送目标基本一致。

（四）抽水蓄能电站投产目标

《规划》提出“十二五”期间抽水蓄能电站新增投产1324万kW，2015年底总装机目标3000万kW。

“十二五”前三年抽水蓄能电站新增投产规模460万kW，到2013底，抽水蓄能电站总装机容量达到2154.5万kW。2014～2015年，仙游、呼和浩特、仙居、洪屏一期、清远等抽水蓄能电站将陆续投产发电，预计新增投产规模达到453万kW。预计“十二五”期间抽水蓄能电站新增投产规模达到913万kW，到2015年底抽水蓄能电站总装机容量将达到2607.5万kW，低于《规划》拟订的目标。

（五）抽水蓄能电站开工目标

《规划》提出“十二五”期间抽水蓄能电站核准开工目标是4000万kW，其中重点开工项目合计3135万kW。

“十二五”前三年抽水蓄能电站核准开工规模800万kW，主要有丰宁一期、海南琼中、吉林敦化、安徽绩溪、黑龙江荒沟和广东深圳等。从目前项目前期工作进展情况来看，预计2014～2015年，厦门（140万kW）、金寨（120万kW）、梅州（120万kW）、阳江（120万kW）、天池（120万kW）、镇安（140万kW）、蟠龙（120万kW）、平江（140万kW）、阜康（120万kW）、文登（180万kW）、沂蒙（120万kW）等12座前期工作进展较快的电站具备在核准开工的条件，总规模约1575万kW。预计“十二五”期间抽水蓄能电站开工总规模为2375万kW，占《规划》开工目标的59.4%。

（六）其他目标

1. 生态保护　“十二五”前三年以向家坝、糯扎渡等大型水电站为代表的环境友好型水电开发和河流生境修复技术取得了一定突破。金沙江中下游、澜沧江中下游流域的生态安全监控系统已初步建立并有效运转，研究提出了金沙江下游、澜沧江中下游梯级电站生态调度初步方案；各流域在建大型水电工程采取了全过程防护与生态修复措施，重视建设过程监管，全面落实环保监测、监理制度，环境保护效果十分明显；新报批水电项目均按照“统筹兼顾”的原则，注重水生生物栖息地保护方案和生态流量泄放方案研究，在大渡河上下游、雅砻江锦屏大河湾段启动了鱼类栖息地保护规划编制和实施工作。乌江、岷江等已开发河流生境修复和生态建设取得了一定进展，提出了《岷江上游流域生态修复研究》等一批具有较高推广应用价值的科研成果。编制完成了《水电环境保护专业技术标准体系建设规划》以及《水电工程鱼类增殖放流站设计规范》等多部水电建设环境保护技术标准，建立了金沙江上游水电开发协调机制，正式启动了澜沧江、大渡河流域综合管理机制研究，陆续起草形成《关于建立健全生态补偿机制的若干意见》、《生态补偿条例》等生态补偿政策法规。提出了《河流水电规划环境影响评价技术规范》征求意见稿，开展了水电环保评估准则、可持续水电和绿色水电指标体系研究，科学系统的环境影响评价体系已初步建立。

2. 移民工作　“十二五”前三年随着向家坝、溪洛渡等大型水电工程的投产发电以及金沙江上游水电开发协调机制的启动，水电移民协调管理机制日趋成熟。随着立洲、沙坪二级水电站、巴拉水电站“先移民后建设”工程项目的实施，水电移民政策措施体系初步形成。随着《大中型水利枢纽和水电工程移民统计管理暂行办法》的实施以及《水电工程建设征地移民工作管理办法》、《水电工程建设征地移民安置验收规程》等文件陆续编制，移民安置政策体系正在逐步完善，移民工作规章制度建设得到进一步加强。

3. 科技装备水平　“十二五”前三年以锦屏一级水电站为依托的300m级混凝土拱坝的建造技术得到了较大幅度的提高。依托向家坝水电站自主制造的80万kW级混流式水轮机组全部投产发电，100万kW级水轮机组研发已经取得了阶段性的成果。随着绩溪、敦化抽水蓄能电站的开工建设，额定水头在600m以上的混流机组自主化制造水平有了较大提升；随着阳江抽水蓄能电站前期工作推进，单机容量40万kW的抽水蓄能机组也启动国产化研究。随着向家坝、溪洛渡、锦屏一级、糯扎渡等大型工程相继投产，一批水电科技研发、装备制造专业水平领先、科技创新能力突出的人才和团队已经建立起来。

4. 管理体制机制　“十二五”前三年启动了金沙江上游水电开发协调机制，金沙江下游移民工作协调机制继续发挥作用；2013年，为推动雅鲁藏布江下游水电开发，建立了雅鲁藏布江下游水电规划研究论证工作协调机制；开展了《水电发展战略研究》、《水电电价机制研究》等多项研究工作；出台了水电验收管理办法、水电勘测设计管理办法和水电设计变更管理办法；加强了水电建设工程质量的监管；完善了抽水蓄能电站建设运行管理体制；明确了河流水电规划和规划环境影响评价报告的审查办法；规范了市场秩序，明确了澜沧江、雅砻江和怒江等河流的开发主体，水电建设运行管理体制机制逐步完善。

5. 国际合作　“十二五”前三年，召开了两次中印战略经济对话会，对中印两国在水电政策、规划、专业技术和工程项目等方面进行了充分的讨论；与巴基斯坦、哈萨克斯坦等国家的水电合作也取得了新的进展。在昆明成功举办了“澜沧江—湄公河流域环境保护技术国际研讨会”，充分利用大湄公河次区域等合作机制，加强与其他国家和地区的区域水电合作，为跨境河流开发创造了良好条件。《中国电力行业标准（英文版）》出版发行，加快了我国的水电技术、水电标准、水电设备“走出去”步伐。通过参加国际大坝协会年会、国际水电协会会议，加强与国际水电行业的沟通，提升我国在世界水电行业的影响力。

根据当前在建水电项目建设进展情况，待建项目前期工作进度及开发环境情况分析，预计到2015年底，"十二五"规划拟订的目标中常规水电投产目标可以提前实现，西电东送、投资等目标在各方努力的前提下可以完成，常规水电开工目标、抽水蓄能电站投产和开工目标实现程度相对较低，见图2。

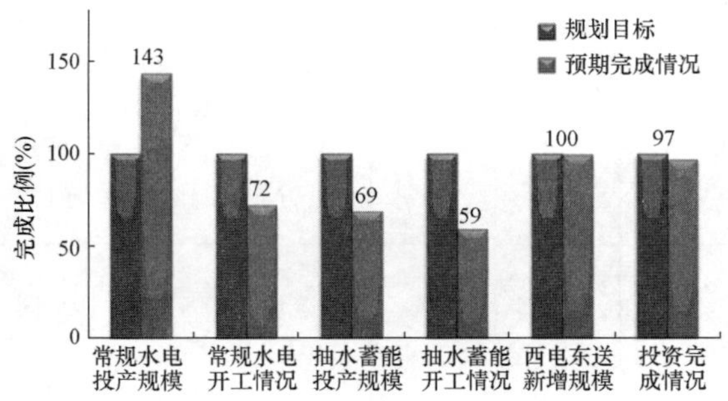

图2　"十二五"规划主要目标预期实现程度

（中国水电工程顾问集团有限公司　严秉忠　叶　睿）

"十二五"前三年我国抽水蓄能电站选点规划审批情况

2011～2013年，我国有22个省（市、区）的抽水蓄能电站选点规划获得国家能源局审批，情况见表1，2020年新建抽水蓄能电站推荐站点共60个，总装机容量达到7845万kW。其中2011年审批装机容量2540万kW，2012年审批装机容量2335万kW，2013年审批装机容量2970万kW。

截至2013年底，我国已建成抽水蓄能电站28座，已投产装机容量2154.9万kW；在建抽水蓄能电站12座，装机容量1484万kW。目前尚在开展前期工作的抽水蓄能电站59座，装机容量7545万kW，其中已获得"路条"的电站13座，装机容量1985万kW，已开展可行性研究工作的电站21座，装机容量3085万kW。

2013～2020年，我国抽水蓄能电站装机容量将新增4845万kW，其中国家电网公司区域内的华东、华北电网新增规模都超过1000万kW。到2020年我国抽水蓄能电站装机容量达到7000万kW，从分区布局来看，国家电网公司范围内的华东电网占全国的28.6%、华北电网占22.3%、华中电网占15.1%、东北电网占13.4%，南方电网占全国的15.7%。

2021～2030年，我国抽水蓄能电站装机容量将新增4000万kW，主要集中在华东电网和华北电网。到2030年我国抽水蓄能电站装机容量将达到1.1亿kW，从分区布局来看，国家电网公司范围内的华东电网占全国的27.5%、华北电网占22.2%、华中电网占15.5%、东北电网占13.0%，南方电网占全国的15.5%。

表1　2011～2013年我国抽水蓄能电站选点规划审批成果表

省（区、市）	审查时间（审查意见文号）	审批时间（批复文号）	普查站点		2020年新建推荐站点		
			装机容量（万kW）	站点个数（座）	装机容量（万kW）	站点个数（座）	站点名称及规模
黑龙江	2012年9月 水电规规〔2013〕43号	2013年9月 国能新能〔203〕349号	2326	29	220	2	尚志100万kW、前进120万kW
吉林	2012年9月 水电规规〔2013〕47号	2013年11月 国能新能〔2013〕409号	3280	22	240	2	蛟河120万kW、桦甸120万kW
辽宁	2013年3月 水电规规〔2013〕52号	2013年12月 国能新能〔2013〕500号	1756	17	380	3	清原180万kW、大连庄河80万kW、兴城120万kW
内蒙古	2011年7月 水电规规〔2012〕12号	2012年10月 国能新能〔2012〕335号	4205	41	360	3	赤峰Ⅰ（芝瑞）120万kW、美岱120万kW、乌海120万kW
河北	2011年6月 水电规规〔2012〕22号	2012年11月 国能新能〔2012〕361号	9430	76	600	3	丰宁360万kW、易县120万kW、抚宁120万kW

续表

省（区、市）	审查时间（审查意见文号）	审批时间（批复文号）	普查站点		2020年新建推荐站点		
			装机容量（万kW）	站点个数（座）	装机容量（万kW）	站点个数（座）	站点名称及规模
山东	2010年10月 水电规规〔2012〕23号	2011年11月 国能新能〔2011〕364	2290	25	780	6	文登180万kW、泰安二期180万kW、沂蒙120万kW、莱芜100万kW、海阳100万kW、潍坊100万kW
山西	2012年8月 水电规规〔2013〕39号	2013年8月 国能新能〔2013〕309号	2095	19	240	2	运城120万kW、大同120万kW
陕西	2010年12月 水电规规〔2011〕42号	2011年9月 国能新能〔2011〕304号	1640	14	120	1	镇安120万kW
新疆	2010年11月 水电规规〔2011〕41号	2012年2月 国能新能〔2012〕49号	1180	13	240	2	阜康120万kW、天山120万kW
甘肃	2011年5月 水电规规〔2012〕65号	2013年1月 国能新能〔2013〕20号	1500	15	240	2	昌马120万kW、大古山120万kW
重庆	2011年6月 水电规规〔2011〕131号	2012年3月 国能新能〔2012〕71号	8851	58	240	2	蟠龙120万kW、栗子湾120万kW
河南	2013年3月 水电规规〔2013〕65号	2013年12月 国能新能〔2013〕518号	4270	29	580	5	天池120万kW、大鱼沟120万kW、宝泉二期120万kW、花园沟120万kW、五岳100万kW
湖北	2011年5月 水电规规〔2011〕128号	2012年6月 国能新能〔2012〕362号	9096	40	240	2	大幕山120万kW、上进山120万kW
湖南	2011年4月 水电规规〔2011〕74号	2012年6月 国能新能〔2012〕188号	9197	42	240	2	安化120万kW、平江120万kW
江西	2013年4月 水电规规〔2013〕46号	2013年7月 国能新能〔2013〕283号	2605	24	240	2	洪屏二期120万kW、奉新120万kW
江苏	2010年4月 水电规规〔2011〕8号	2012年6月 国能新能〔2012〕189号	2265	22	415	3	句容135万kW、竹海180万kW、连云港100万kW

续表

省（区、市）	审查时间（审查意见文号）	审批时间（批复文号）	普查站点		2020年新建推荐站点		
			装机容量（万kW）	站点个数（座）	装机容量（万kW）	站点个数（座）	站点名称及规模
浙江	2012年5月 水电规规〔2013〕12号	2013年4月 国能新能〔2013〕167号	5010	47	750	5	长龙山210万kW、宁海140万kW、缙云180万kW、磐安100万kW、衢江120万kW
安徽	2010年5月 水电规规〔2010〕109号	2011年11月 国能新能〔2011〕363号	2825	23	540	4	金寨120万kW、桐城120万kW、绩溪180万kW、宁国120万kW
福建	2010年6月 水电规规〔2010〕108号	2011年5月 国能新能〔2011〕154号	6547	49	380	3	厦门140万kW、永泰120万kW、周宁120万kW
广东	2010年9月 水电规规〔2010〕110号	2011年10月 国能新能〔2011〕350号	8359	56	600	3	梅州240万kW（一期120万kW）、阳江240万kW（一期120万kW）、新会120万kW
海南	2010年7月 水电规规〔2010〕118号	2011年5月 国能新能〔2011〕155号	5958	40	120	2	琼中（大丰）60万kW、三亚（羊林）60万kW
宁夏	2013年12月 水电规规〔2013〕107号	2013年12月 国能新能〔2013〕519号	5400	7	80	1	牛首山80万kW
合计			100 085	708	7845	60	

（中国水电工程顾问集团有限公司　杨百银　叶　睿）

澜沧江上游西藏段水电规划报告获得国家正式批复

澜沧江上游（西藏境内河段）水电规划报告在2012年12月通过审查后，于2013年7月获得国家发展改革委的正式批复，同意“一库七级”梯级布局及资源规划方案。从上游到下游分别是侧格、约龙、卡贡、班达、如美、邦多、古学电站，再加上滇藏交界的古水河段开发方案调整后新增的曲孜卡电站，共八个梯级电站。其中，侧格、卡贡、如美、古学电站已列入国家能源发展“十二五”规划，如美、古学电站同时列入国务院批准的“十二五”支持西藏经济社会发展建设项目规划方案。

澜沧江发源于青藏高原唐古拉山青海杂多县，昌都以上称扎曲，扎曲和昂曲于昌都汇合后称澜沧江，习惯上自西藏昌都—云南功果桥河段称为上游。《澜沧江上游（古水—苗尾河段）水电规划报告》已于2006年完成，并经云南省人民政府、西藏自治区人民政府批复同意。澜沧江上游（西藏境内河段）水电规划河段范围上自昌都扎曲和昂曲汇合口，下至芒康县古学村，与已批复的古水—苗尾河段规划相衔接，河长317km，天然落差877m，平均坡降0.277%，年径流量约211.6亿m^3。该河段蕴藏着较丰富的水力资源，规划方案利用落差803.5m，装机容量6274MW，多年平均年发电量313亿kW·h，是澜沧江水电能源基地的重要组成部分。规划河段所在的西藏昌都地区，经济发展相对滞后，电力供应能力严重不足，迫切需要加快水电开发。开发澜沧江上游水力资源，在满足当地用电的基础上实施“藏电外送”，对促进西藏经济社会跨越式发展和长治久安，构建我国“西电东送”接续能源基地，优化调整能源结构，减少温室气体排放，保护和改善生态环境，促进生态文明建设等都具有重要意义。

2012年8月22日，国家能源局关于澜沧江等流域水电开发有关事项的通知中明确由中国华能集团公司控股的华能澜沧江水电有限公司统一负责澜沧江干流水能资源开发，梯级电站开发包括西藏昌都—云南南腊河口出国境处范围。

目前，澜沧江上游（西藏境内河段）各梯级电站正在开展预可行性及可行性研究工作。如美电站预可行性研报告已通过审查，并取得国家发展改革委同意开展前期工作的路条。

澜沧江上游（西藏境内河段）各梯级主要技术经济指标见表1。

表1 澜沧江上游（西藏境内河段）各梯级主要技术经济指标表

梯级电站名称	侧格	约龙	卡贡	班达	如美	邦多	古学	曲孜卡	备注
建设地点	昌都县	昌都县	察雅县	察雅县	芒康县	芒康县	芒康县	芒康县	
多年平均流量（m^3/s）	480	482	545	618	648	662	670	670	
开发方式	坝式	坝式	坝式	坝式	坝式	坝式	坝式	坝式	
正常蓄水位（m）	3194	3146	3104	3054	2895	2605	2525	2345	
总库容（亿 m^3）	0.28	0.225 6	0.817 9	9.67	39.7	0.91	3.77	0.35	
调节库容（亿 m^3）	0.1	0.073 7	0.187 5	3.34	22.51	0.15	0.75	0.13	
调节性能	日调节	日调节	日调节	周调节	年调节	日调节	日调节	径流式	
利用落差（m）	30	22	45.4	159	281	80	185	43	
发电引用流量（m^3/s）	621.3	618.3	658	757.6	1002.4	1036	1076	1288	
装机容量（MW）	129	120	240	1000	2100	680	1600	405	
装机台数（台）	3	3	4	4	4	4	4	3	
保证出力（MW）	29.6	28.5	54	232.12	696	200	470	118.71	
年发电量（亿 kW·h）	6.36	6.44	12.639	52.34	105.82	34.25	77.52	18.29	联合运行
装机利用小时数（h）	4933	4990	5266	5234	5039	4964	4969	4516	联合运行
坝型	混凝土重力坝	闸坝＋心墙坝	碾压混凝土重力坝	面板堆石坝	心墙堆石坝	重力坝	面板堆石坝	混凝土重力坝	
最大坝高（m）	61.2	38	83	210	315	128	220	73	
坝顶长（m）	301.3	375.15	226.25	612	666.2	280	462	361.5	
总工期（月）	48	55	56	88	156	73	102	44	
工程静态总投资（万元）	274 688	277 200	397 547	2 244 488	4 042 841	1 498 002	2 704 090	483 889	
单位静态投资（元/kW）	21 293	21 488	16 564.46	22 445	19 251.62	22 029	16 901	11 948	
单位电量静态投资（元/kW·h）	4.32	4.30	3.15	4.288	3.82	3.39	3.69	2.65	
工程总投资（万元）	327 073	329 550	463 507	2 662 505	5 782 791	1 858 573	3 481 299	532 618	

（华能澜沧江上游水电有限公司　段兴林）

西北地区发展抽水蓄能电站的意义与面临的主要问题

（一）西北地区发展抽水蓄能电站的意义

西北地区能源资源富集，在我国能源发展总体布局和“西电东送”战略规划中，是重要的能源外送基地。

西北地区是我国风能资源最丰富地区之一，新疆和甘肃70m高风能资源技术可开发量分别为4亿kW和2.4亿kW，仅次于内蒙古。国家在全国风电“十二五”发展规划中，将新疆、甘肃以及宁夏列为重点开发区域，初步规划到2015年西北地区实现风电装机容量2600万kW以上，其中新疆1000万kW，甘肃1100万kW，宁夏300万kW，青海和陕西力争达到200万kW以上。

西北地区也是我国太阳能资源最丰富地区之一，预计到2015年实现安装规模560万kW以上，其中：青海规划200万kW，新疆规划200万kW，甘肃规划100万kW，宁夏规划100万kW，陕西规划60万kW。

截至2012年底，西北电网风电并网装机容量1232万kW，太阳能光伏发电并网装机容量214万kW，分别占电网总装机容量10.6%和2%。2012年11月3日，西北电网风电最大日发电量首次突破1亿kW·h大关，达到1.10亿kW·h，日利用小时数（发电量与装机容量的比值）达到10.9h，超过当日全网水电利用小时数。

风电、光电发电出力具有间歇性、随机性、波动性的特点。随着风电、光电并网规模的不断加大，对电力系统的影响也日益显现，电网安全稳定运行的压力也在不断加大。

目前西北电网新能源接纳存在的主要问题有：

（1）负荷水平相对较低，对风电、光电等新能源的接纳空间有限。

（2）调峰能力不足。陕西、宁夏、新疆主电网都是以火电为主，热电机组比较多，常规水电受综合利用制约，调峰能力成为制约电网接纳风电、光电能力的重要因素。

（3）配套的电网送出工程、调峰电源建设滞后。大规模风电、光电等新能源仅仅依托西北电网以750kV为主的主网架和网内调峰电源无法完全消纳，需和其他具有调峰调频能力电源共同组建输电平台，依托特高压输电线路外送至区外消纳。

（4）风、光功率预测系统，电能质量在线监测等新能源接入电网相关技术仍需进一步完善；动态无功补偿装置、功率控制系统等装备水平有待进一步提高。

解决风电、光电并网及消纳问题，需要从多方面入手，采取多种措施予以解决。配置抽水蓄能电站，是增强电网接纳风电光电能力的重要措施之一。

抽水蓄能电站对促进风电、光电消纳及外送的作用主要体现在以下几方面：

（1）抽水蓄能电站可以增强电网调峰能力，并相应提高电网接纳风电、光电的能力。

（2）抽水蓄能电站是当前最具规模化和最经济的“储能”方式。利用这种独特的“储能”功能，可以平滑风电、光电的出力过程，减轻对电网安全稳定运行的影响。

（3）抽水蓄能电站是构建“多能互补”平台的关键组成部分。抽水蓄能、风电、光电、水电、火电等多种电源合理组合形成“多能互补”平台，能够取长补短，发挥各类电源的优势，能对出力过程进行控制、调节和优化。抽水蓄能电站具有增、减出力的双重功能，是调节、优化出力过程的关键和有效措施。

（4）抽水蓄能与风电、光电具有较好的容量和电量互补特性。风电、光电主要为电网提供电量，而抽水蓄能电站则以容量作用为主，因此，抽水蓄能是风电、光电合适的配套互补电源。

西北地区风电、光电的快速发展，对建设抽水蓄能电站提出了迫切要求。目前，甘肃、新疆等地已经出现因为电网调峰能力不足而制约风电消纳的情况，今后更大规模的风电、光电并网对电网调峰能力的要求将更高，因此，在这些地区建设抽水蓄能电站已变得十分必要。

在远离负荷中心的大型风电、光电基地附近，配套建设一定规模的抽水蓄能电站和其他电源，构建“多能互补”平台和坚强送端电网，可显著提高长距离外送电力的稳定性和经济性。甘肃酒泉、新疆哈密千万千瓦风电基地和青海柴达木千万千瓦光电基地，都具有大规模开发的优良资源条件，但远离负荷中心，并且也难以全部在本区电网内消纳，所以需要长距离输送到其他区域消纳。在这些基地附近配套建设一定规模的抽水蓄能电站，构建“多能互补”平台，对促进大型风电、光电基地开发和电力外送，实现可再生能源在更大区域范围的优化配置，具有重要作用和深远影响。

（二）西北地区发展抽水蓄能电站面临的主要问题

（1）前期工作推进难度大。长期以来，西北地区的经济结构中重工业比重较大，日负荷率保持在0.8左右，电力供给中电量需求矛盾为主，而与之相交，电源结构中，水电比重保持在30%左右，且调节性能较好，电网调峰矛盾不突出。因此，难以接受抽水蓄能电站对电量的消耗，得不到地方政府的有力支持，前期工作难以推进。配合千万千瓦级新能源基地外送的抽水蓄能前期工作远滞后于输电通道的工作进程。

（2）工程投资相对较高。西北大部分地区海拔高，新疆、青海、甘肃抽水蓄能电站基本位于海拔2000～3500m高程；陕西以外，西北其他地区极端最低气温在－30℃以下，甚至达到－40℃；降雨量小、蒸发量大，陕西以外省区年降雨量在150～300mm，蒸发量在2000mm以上；河流含沙量高。保证过机含沙量不超标、保证电站发电用水及冰冻期电站安全运行，是西北地区抽水蓄能电站设计中需要解决的重要问题。此外，适应风电与光伏发电随机性、间歇性、波动性的调频、调峰要求，机组运行工况转换频次增加，对机组性能也会有更高的要求。与我国南方的抽水蓄能电站相比，西北地区抽水蓄能电站备用库容要大一些，坝体较高，普遍在库尾布置拦沙坝。因此，建设投资相对较大，根据目前进行前期工作的项目分析，单位千瓦投资较好的站点在4800元左右，一般在5000元左右。

（3）配合大基地外送的抽水蓄能电站运行方式及评价方法有待进一步研究。配合大基地外送的抽水蓄能电站，其主要运行方式为在风电、光电出力大系统无法消纳时抽水储能，风电、光电出力变化较大时或系统负荷高峰时发电；其主要静态效益包括容量效益、提高可再生能源电量利用率、提高输电线路经济性等。与网内配套抽水蓄能电站不同，如何量化计算这种抽水蓄能电站的效益有待进一步研究，以合理评价其经济性。

（三）促进西北地区抽水蓄能电站发展的措施

（1）做好选点规划工作，重新认识抽水蓄能电站。目前，西北五省（区）中陕西、甘肃、新疆、宁夏抽水蓄能电站选点规划已完成，青海抽水蓄能电站选点规划已开展。随着经济社会的不断发展以及电网结构和新能源发展的变化，应适时开展动态的选点规划以适应新的要求。对抽水蓄能电站在电力系统尤其是配合新能源运行等方面的作用和意义，需加大宣传力度。

（2）加快开展前期工作，优化工程设计。西北地区仅陕西镇安、新疆阜康、甘肃肃南正式开展了前期勘察设计工作，新疆哈密、甘肃玉门、宁夏中宁、青海格尔木等配合风电、光电运行的抽水蓄能电站均未正式开展前期工作。这些区域风电、光电规模大，发展速度快，而抽水蓄能电站建设周期较长，为保障新能源消纳，需加快开展西北地区抽水蓄能电站前期工作。同时，为合理降低抽水蓄能电站投资，保障项目的经济合理性，在设计中应加强方案比较论证，优化工程设计。

（3）加强系统理论研究，尤其要加强抽水蓄能电站促进新能源发展的作用和效益研究。电价机制的不完善也是影响抽水蓄能电站建设的重要原因，应尽快开展价格机制研究，理顺价格体制。

（4）加强建设管理和运行管理，建立完善的建设运行管理机制。

（中国水电顾问集团西北勘测设计研究院
冯 黎 王社亮）

风 能 开 发

中国水电顾问集团华东勘测设计研究院有限公司近海（潮间带）勘测技术的新进步

近海（潮间带）地质勘测难度大，常遇到海域勘察作业恶劣、地层结构复杂、海相土原状样取样困难、海床结构相互作用参数取值困难等难题。中国水电顾问集团华东勘测设计研究院有限公司（以下简称“华东院”）通过多年的探索和实践创新，近海（潮间带）勘测技术有了新发展。现简介如下：

（一）海上深层旁压与扁铲综合测试技术

华东院通过对梅纳旁压探头的改造，使其适应大体积变形，开发了大量程的水下深层旁压测试系统，提高了水下测试的可靠性和精度。该系统的旁压器端部采用滑动连接方式，大大减少了橡胶膜套的端部应变，使得橡胶膜套可以在耐受高压作用下不会鼓破。另外，采用引进Marchetti扁铲侧胀仪，对其进行适当改进，在每层海洋土布置3个以上测点，获得各层土体的原位物理力学参数，与钻探取样和其他测试手段相互补充和验证，可为确定设计指标提供依据。

（二）海上物探测试技术及解译方法

从经济可行角度，综合考虑海上恶劣的勘测环境及有效作业的时间和空间，华东院创新性地选择单孔悬挂式剪切波速测试设备。其采用的XG-Ⅰ悬挂式测井仪，具有分时采样，叠加、滤波、信号增强、抑制噪声以及现场实时计算、显示实测波形和测试结果等功能，操作简便。在水下测试时，将悬挂式探头快速放入孔内，自下而上以逐点检测，测试精度高，操作方便，海域作业适用性好，有效测试深度较深，成本较低。

华东院通过对江苏海域场地剪切波速原位测试及土工试验成果分析，总结了标贯击数 N 与剪切波速 v_s 部分研究文献，同时与小洋口潮间带场地实测 N-v_s 曲线进行了对比分析。结果表明：土体压缩密实至一定程度后，随着有效压力的增大，土颗粒接触面积亦有一定程度的增加，但增速变慢，导致剪切波速增幅变缓，也反映了土体埋深愈深压缩愈难，需吸收更大的能量才能进一步固结密实。

基于测试成果，建立了原位剪切波速与测试深度幂函数统计关系式、不同地层情况下回归方程及与土层物理力学参数的统计关系式；同时，基于场地剪切波速、孔隙比、密度及有效自重应力建立了一种复合关系式并进行了验证，可在无法测试或无法取得原状土力学参数时，利用剪切波速度推算而得，且已知其任意3个分量指标，即可推求另一分量指标，一定程度上解决了当前海上勘测面临的难题。另外，发展和建立了基于剪切波速循环剪应力比法的地震液化评判系统，创新性地对场地中广泛分布的深厚粉砂层进行了地震液化判定。

（三）静力触探测试技术

为解决潮间带及近海深水区域测试施工难题，华东院自主开发了三重套管测试施工方法。该方法是在双桥静力触探实施前，先行打入单层套管至泥面下，再挂上第二层套管进行衔接，静探探杆随第三层导管实施测试工作。这可使测试工作不受或少受海上风大浪急、甲板剧烈摇晃等恶劣作业环境的干扰，取得稳定可信的测试成果。

（四）黏性土原状样即时测试技术

为了保持黏性土的原位应力及物理状态，避免试样封存、运输过程中水分流失及结构性扰动，对所取黏性土原状样，华东院采取了在勘探船上进行即时十字板剪切测试和各向异性触变测试。微型十字板测试时，确立了测试操作标准：①扭转速率应按规格控制；②土样宜保持在套筒内，需在有边载情况下测试；③圆柱形土样横截面直径宜大于3倍板头尺寸，不满足时宜对板头尺寸进行调整，防止边界效应影响；④在正交两个方向进行测试，评判各向异性程度；⑤可测试土样的残余强度，可进行触变性评判。测试获取原状黏性土的不排水抗剪强度，与所取一级样试验进行对比，为桩基设计提供可靠参数。

（五）海洋地层钻探取样技术

海洋工程中，地基基础遭受波浪、潮流、地震、机器振动等荷载，地层承受主应力方向往复旋转的复杂应力路径。为了避免对土样结构及其状态的扰动，防止产生较大的试验误差，华东院自主研发了中空样取土器及独创性钻探工艺：在导向杆底端增加了中空内管，可直接取得原位地层的中空圆柱形土样，为三轴—扭转多功能剪切试验提供原状中空试样，用于室内复杂应力路径和复杂应力状态的特种土工试验。华东院还研制了一种敞口式取原状土样的取土器。该取土器上接头上端连接钻杆，上接头下端螺纹连接导向杆；导向杆的上、下部位均开有径向通孔，下端为实心圆锥台；上接头与导向杆内部形成一个轴向的中空通道并与径向通孔连通，与常规取土器相比，起钻次数可减少一半。

（六）近海和潮间带勘点和勘线布置技术

华东院提出了适用于近海和潮间带的勘点和勘线布置方案、工程地质测试方案和地层特性试验方案，采用了先进性、自主性、多手段相结合的勘察方法。测量放样采用南方RTK（S86）测量设备，海底地形地貌采用多波速测深设备进行探测，可自动成图。以风机中心桩为中心，沿风机中桩两侧布置两只勘探孔，分别为钻孔及静力触探孔，间距适当，部分为标贯钻孔，部分勘探孔为取土兼标贯钻孔及综合原位测试孔，孔深满足桩基设计和桩端下卧层验算要求。已有资料收集利用充分，工作量和费用恰当，勘点布置经济合理。

（七）近海及潮间带生产组织及勘测管理技术

华东院针对潮间带、近海风电场工程可行性研究报告的编制工作，制定了行业标准《海上风电场工程可行性研究报告编制规程》，内容包括编制原则、程序、内容、深度及编写要求规定。为控制海上钻探、取样、原位测试、土工试验等现场工作质量，以及做到技术先进、经济合理，保护环境和节约资源，保证海洋工程钻探取样与测试的质量，制定了《海上钻探取样与测试管理手册》；为有效预防海上勘察作业中的各种伤害、保护员工的安全和健康、防止对环境造成污染和破坏，制订了《海上作业安全管理实施细则》，逐步完善后，拟行业内推广应用。

（八）海床地层物理力学参数确定及桩基分析技术

海洋地层物理力学参数，华东院采用高压固结试验、颗分试验、三轴不固结不排水试验、特种土工试验、固结快剪试验、慢剪和快剪试验、地下水和海床土腐蚀性分析等综合试验确定，方法全面、系统。

对海上风电桩基主要设计计算的 p-y 曲线法，华东院提出了参数敏感性增量分析方法，可了解各测试参数对桩基设计指标（水平位移、转角、桩基最大弯矩、剪力及其位置、最大土反力等）的影响及影响程度。对软黏土、砂性土参数及桩基结构参数，采用基准参数上下浮动20%，间隔5%作为计算参数，所分析敏感性参数包括不排水抗剪强度 C_u、重度 r、摩擦角 ϕ 及变形度 e_{50}。桩基直径 D 和抗弯刚度 EI。计算分析时，所需分析的某一敏感性参数按上述比例变化，其他基准参数不变，求得其变化规律，来判定分析单一基准参数变化对桩基设计指标的影响程度，作为判定该参数的敏感性依据。以黏性土为例，C_u 为敏感性因素，e_{50} 为中等敏感性因素，r 为非敏感性因素。确定敏感性因素及相对非敏感性因素，不但在勘察工作中做到目的明确，也可为桩基设计计算提供有益参考。

（中国水电顾问集团华东勘测设计研究院有限公司 狄圣杰）

风电场设计年上网电量的概率折减法

年上网电量的确定是风电场可行性研究阶段的基本任务之一，其大小直接关系到风电场的效益水平和风险程度，影响和决定着风电场的投资决策。目前国内普遍采用综合折减法进行计算，但只得出单一上网电量结果，难以灵活应对。工程中往往通过修改折减系数的方式调整上网电量，但这种调整所蕴含的风险很难有效控制。为满足项目业主风险管理的需求，在风电场设计过程中应将发电量和风险进行有机结合。

概率折减法本身具备保证率属性，能够很好的服务于风险控制决策，是国外风电项目设计上网电量的计算方法之一。中国水电顾问集团西北勘测设计研究院经过研究，在做阿根廷 Lama Blanca 风电场、巴基斯坦 DAwood 风电场和巴基斯坦 Jhampire 风电场可行性设计时，采用了概率折减法计算年上网电量。目前国内对该方法采用相对较少，现简要介绍如下。

（一）概率折减法要点

概率折减法又称为不确定分析（Uncertainty Analysis）。

风电场的发电过程受到多种相互独立的因素影响，年上网电量可以认为是服从正态分布的随机变量，概率折减法正是基于正态分布进行建立的。

概率折减法假设风电场设计年上网电量 AEP_{net}（简记为 E）服从 $E \sim N(E_m, E_\sigma^2)$，密度函数曲线示意图见图 1。

图中概率密度曲线与 $e=E_i$ 围成的阴影部分面积即为年上网电量 E_i 的保证率（超越制概率），可以看出，随 E_i 增大，阴影部分面积减小，即保证率降低。由于概率密度曲线关于 $e=E_m$ 对称，有 $P(e>E_m)$

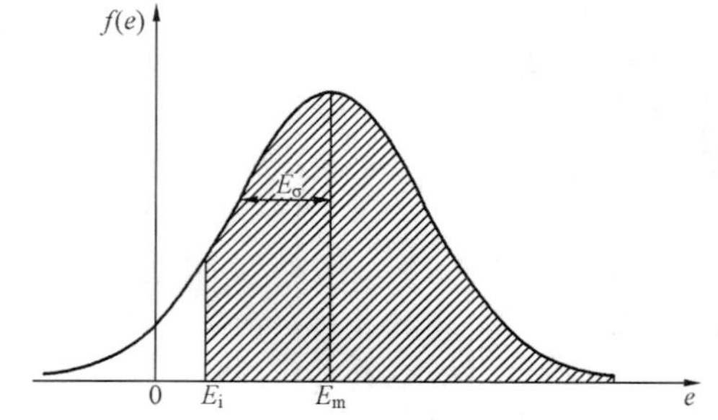

图 1　设计年上网电量概率密度函数曲线示意图

$=50\%$，习惯上将保证率为 n 的发电量记作 Pn，因此 E_m 也称为 $P50$ 电量。

与综合折减法类似，概率折减法同样会考虑到多种折减因子的影响，并通过给定系数的方式间接估算 E_m 和 E_σ。概率折减法将折减因子分为两类：第一类因子主要发生在风电场建成后的运行阶段，其结果将导致发电量减小，称为直接折减因子，用于估算 E_m；第二类因子主要发生在风资源评估阶段，其结果可能导致发电量低估，也可能导致发电量高估，称为不确定因子，用于估算 E_σ。

（二）实例对比

我国西北地区某风电场，设计安装 33 台单机容量 1500kW 的风力发电机组，总装机容量 49.5MW，风机轮毂高度为 80m。经 WindFarmer5.0 软件优化布置后计算出该风电场的年理论发电量为 14 874.4 万 kW·h，尾流影响后发电量为 13 771.2 万 kW·h，平均尾流损失系数为 7.42%，平均地形效率为 99.645%。

采用传统的综合折减法，取综合折减系数为 26%计算出该风电场年上网电量为 10 190.7 万 kW·h，年等效满负荷小时数为 2059h，容量系数为 0.235。

采用概率折减法计算风电场设计年上网电量，计算结果见表 1 和表 2。

表 1　某风电场直接折减计算及结果表

直接折减项	折减系数
风电机组可利用率	3.0%
控制与湍流	4.0%
叶片污蚀	3.0%
气候停机	2.0%
场用电、线损	3.0%
电网因素	2.0%
直接折减系数	15.9%
$P50$ 发电量（万 kW·h）	11 588.1
$P50$ 发电量等效满负荷小时数（h）	2341

表 2　某风电场不确定折减计算及结果表

项目	概率折减项	折减系数
风速	测风塔安装	2.0%
	测风仪性能	2.5%
	测风数据记录	0.5%
	测风时段	4.0%
	水平推算	3.0%
	代表性订正	6.0%
	风速总不确定性	8.5%
	敏感度	201.0%
	风速影响发电量不确定度	17.0%
地形模型	地形模型	5%
	敏感度	0.35%
	地形模型影响发电量不确定度	0.02%
尾流模型	尾流模型	15%
	敏感度	7.42%
	尾流模型影响发电量不确定度	1.11%
电能参数	功率曲线保证率	5%
	敏感度	100%
	电能参数影响发电量不确定度	5%
不确定度		17.8%

由表 1 计算结果可知，该风电场直接折减系数为 L_w=15.9%，得到 $P50$=11 588.1 万 kW·h。由表 2 计算结果可知风电场发电量的不确定度为 L_u=17.8%，可计算得出特定保证率下的设计年上网电量值，表 3 列出了保证率从 50%到 99%共 7 个风险水平下的计算结果。

表 3　某风电场不同保证率设计年上网电量计算成果表

项目	保证率	Z_n	设计年上网电量（万 kW·h）	年等效满负荷小时数（h）	容量系数
$P50$	50%	0	11 588.1	2341	0.27
$P75$	75%	0.674	10 201.6	2061	0.24
$P80$	80%	0.842	9856.0	1991	0.23
$P85$	85%	1.036	9457.0	1911	0.22
$P90$	90%	1.282	8950.9	1808	0.21
$P95$	95%	1.645	8204.2	1657	0.19
$P99$	99%	2.326	6803.4	1374	0.16

对比表 3 可以看出，采用传统的综合折减法计算得到的年上网电量水平（年等效满负荷小时数为 2059h）与概率折减法计算 $P75$（保证率 75%）的接近。

（三）优点

概率折减法建立在统计学理论基础上，细致全面考虑了可能影响发电量的各种不利因子。折减过程依据因子的作用阶段不同划分为直接折减和不确定折减，依据因子的作用效果不同引入敏感度参数进行修正，可以发挥工程师丰富的实践经验确定出尽可能接近风电场实际的折减系数。计算过程科学可靠，计算结果能够清晰地反映出上网电量的保证率水平，可为项目业主进行风险决策提供强有力的技术支持，具有很强的工程实用价值。

（中国水电顾问集团西北勘测设计研究院
胡己坤　吉超盈　刘　玮　牛子曦）

中国水电顾问集团成都勘测设计院有限公司参与的四川省部分风电场建设简况

（一）大唐普格海口风电场

大唐普格海口风电场地处四川凉山彝族自治州普格县西南面高原山区，位于螺髻山省级自然保护区，距普格县城 10km。风电场址区位于以水海子水库为中心的周围几条山脊上，海拔在 3400～3700m，属高海拔区风电场，总面积 11km^2。

大唐广元风电开发有限公司于 2013 年 8 月，对大唐普格海口风电场工程可行性研究报告编制及施工勘测设计进行公开招标。中国水电顾问集团成都勘测设计院有限公司（以下简称“成都院”）以综合排名第一的单位顺利中标。这是成都院承担中国大唐集团公司第三个风电场全阶段勘测设计项目。2013 年 11 月，成都院完成《大唐普格海口风电场可行性研究报告》，并通过四川省发展改革委新能源局审查。

普格风电场设计安装 2.0MW 风电机组 24 台，总装机规模 48MW，年利用小时数 2289h，计划 2014 年开工，2015 年全部建成。

（二）会东鲁南风电场

西昌会东鲁南风电场为四川能源有限责任公司投资项目，由中国水电顾问集团华东勘测设计研究院与中国水利水电第七工程局有限公司联合中标，实行 EPC 总承包。成都院控股的四川二滩国际工程咨询有限责任公司（以下简称“二滩国际公司”）承担该项目监理工作。

会东鲁南风电场位于四川凉山彝族自治州会东县，场址处在会东境内的鲁南山脉地带，属川西高原与云贵高原结合带，地势较开阔，海拔 2800～3050m，风速 7.8m/s。该风电场建设规模为 49.5MW，风机单机容量 1.5MW，共装机 33 台；相应设计 33 台箱式变压器，35kV 集电线路；电机总高 69m，分为三段，总重量 109.36t。

2013 年 10 月完成风机基础混凝土浇筑，11 月

20日首台风机吊装成功。计划2014年上半年全部机组并网发电。

（三）会东拉马风电场

2013年3月22日，成都院与四川省能源投资集团有限责任公司签订了四川省会东县拉马风电场EPC总承包合同，合同金额约3.39亿元。

会东拉马风电场项目位于四川凉山彝族自治州会东县拉马乡、海坝乡境内，距会东县政府所在地20km，距西昌260km。该风电场场址处在会东鲁南山脉山脊地带，海拔2700～3100m，呈东北—西南走向，起伏较小，地势较开阔。拉马风电场长约10km，平均场宽1.3km总面积13km²，总装容量49.5MW，单机容量1.5MW，共33台。

拉马风电场于2013年5月正式开工，由中国水利水电第五工程局有限公司承担施工；2013年10月28日，提前14d完成了33台风机基础混凝土浇筑任务；2013年11月8日，首台风机开始吊装。

（四）德昌二、三期风电场

四川德昌风电场是德昌风电开发有限公司投资建设的中国首座山谷型风力发电场，也是四川首座100MW级风力发电场；地处德昌安宁河谷地区，场址横跨麻栗、阿月、银鹿等乡镇，距德昌县城5～15km，交通方便。

四川德昌二、三期（即阿月、李家坝）风电场，由成都院参股，并承担工程总承包建设。两个风电场共42台风机，其中阿月风电场装机容量46MW，安装23台单机容量2.0MW的风电机组，机组轮毂高度80m。

2013年9月4日，阿月、李家坝风电场工程通过启动验收，10月8日，两个风电场42台风机顺利实现并网发电。

四川德昌风电一期（示范）工程，由成都院实施工程总承包，于2011年建成并网发电，成为四川凉山彝族自治州新能源建设的新起点。

至2013年10月，成都院风电总承包项目并网发电总装机容量达到109.5MW。

（中国水电顾问集团成都勘测设计院有限公司
刘吉祥　唐　兰）

长江勘测规划设计研究院新能源开发的几项工作

（一）丹江口库区风电场规划

在丹江口库区范围内的湖北省郧西县、丹江口市和河南省淅川县境内共规划选择6个风电场场址，总装机容量420MW。其中郧西大槐树林场拟规划布置安装60台2MW风电机组，总装机容量120MW，风电机组分布于林场北部与陕西交界的山梁之上，沿山脊走向东西排；郧西上津铁箍岭拟规划布置安装25台2MW风电机组，总装机容量50MW；郧西景阳嵩山拟规划布置安装25台2MW风电机组，总装机容量50MW；郧西羊尾镇娘娘山拟规划布置安装25台2MW风电机组，总装机容量50MW；丹江口石鼓风电场拟规划50台2MW风电机组，总装机容量为100MW，其中淅川境内20台，装机容量40MW，丹江口境内30台，装机容量60MW；淅川县九重镇风电场拟规划安装25台2MW风电机组，总装机容量50MW。

（二）采用P&H无张力灌注桩风机基础

长江勘测规划设计研究院拟在大唐国际马段头和东岭风电场设计中采用P&H无张力灌注桩风机基础。这种基础由美国地球系统公司发明，是目前比较新颖的一种风机基础型式，在美洲大陆，太平洋区域（美国，古巴，加拿大，新西兰，墨西哥，委内瑞拉等）的风电工程应用较广泛，市场占有率为27.26%。

P&H无张力灌注桩受力机理与普通摩擦灌注桩相似，利用桩本身自重及土体与桩的侧摩擦力来抵抗弯矩。其特点是混凝土和钢筋用量大幅减小，施工工期快，特别是适合砂土、泥质土、砾岩、粉土等地质条件；但需专业设备或长臂挖掘机进行基坑开挖，适用于地下水位较深、土质条件均匀、能够垂直开挖的地区。

这种风机基础形式在我国湿陷性黄土地区已有应用。相比重力式扩展基础，可节省钢筋30%以上，节省混凝土40%以上，减少开挖量50%以上，具有较好的经济性。并且钢筋绑扎简单，施工方便，施工周期较短。但是，这种基础形式对沉筒内外波纹钢筒的材料强度、弹性模量、防腐等要求较高。

（三）三沙永兴岛微电网规划

永兴岛是由白色珊瑚贝壳沙堆积在礁平台上而形成的珊瑚岛，平均海拔高度5m，东西长约1950m，南北宽约1350m，面积2.13km²，为海南省三沙市人民政府所在地。

光伏规划拟安装容量500kWp，包含多个屋顶子项目，拟使用屋顶面积约4000m²。光伏并网逆变器选用10kW、20kW、30kW三种形式。

接入系统考虑将岛上划分为几个区域，配套建设10kV配电室。配电室低压侧接入新能源电源，采用10kV单环网结构将各处所发电能接入钢结构楼内配电房内。钢结构内楼配套建设10kV开闭所一座，在10kV开闭所低压侧集中设置储能系统，高压侧集中接入三沙市已有的10kV环网。储能和新能源都分散在各配电室0.4kV侧接入。

（长江勘测规划设计研究院
何　杰　曾　杰　朱宜飞）

3

大中型水电工程

常 规 水 电 工 程

溪洛渡水电站工程2013年建设情况

2013年，是溪洛渡水电站工程蓄水发电决胜年，全年以蓄水验收为中心开展各项工作，按时实现蓄水发电，完成和超额完成年度生产经营目标。各节点目标完成情况：2013年4月28日，枢纽工程蓄水验收正式获得批准，5月4日顺利实现下闸蓄水，5月10日大坝实现首仓封顶，6月23日成功蓄水至540m，12月8日实现第一阶段560m水位蓄水目标。全年共有12台机组投产，共评定单元工程3089个，合格3089个，优良2998个，优良率97.1%。

（一）投资完成情况

溪洛渡水电站工程2013年计划投资101.88亿元，实际完成投资219.87亿元，占计划的215.82%。其中：建筑安装工程完成投资14.43亿元，比计划投资16.45亿元减少2.02亿元；设备费完成投资23.17亿元，比计划投资23.61亿元减少0.44亿元；建设征地和移民安置完成投资50.14亿元，比计划投资39.99亿元增加10.15亿元。

截至2013年底，溪洛渡水电站工程自开工累计完成投资756.26亿元，其中：建筑安装工程完成投资221.1亿元，永久设备完成投资84.19亿元，建设征地及移民安置费完成投资204.77亿元，其他费用完成投资92.93亿元，贷款利息153.27亿元。

（二）主要工程形象进度

1. 大坝工程　两岸坝段全部浇筑至设计高程610m，河床坝段表孔闸墩最高浇筑至高程610m，最低浇筑至高程605m，实际平均上升高度20.2m。

2. 地下厂房引水发电工程　进水口、主厂房、主变压器室、尾水洞等主要工作基本完成。尾水洞出口冲损边坡的混凝土衬砌完成。已发电机组对应的母线洞及主变压器室防爆墙施工完成。地下厂房土建完工，装修正在进行。

3. 泄水洞工程　左、右岸泄洪洞工程全部完工，并投入使用。

4. 机组安装

（1）2013年，溪洛渡工程自7月15日首台机组正式投产，在不到半年时间内，左、右岸电站各安装投产6台77万kW机组，总容量达924万kW，投产密度和强度创世界第一。这12台机组投产情况是：7月15日右岸电站13号机组顺利结束72h试运行，正式投产发电；7月24日右岸电站10号机组顺利完成72h试运行，7月28日移交电厂；7月27日左岸电站6号机组顺利通过72h试运行，7月29日正式交付电厂投入商业运行；7月31日，左岸电站8号机组顺利通过72h试运行；8月24日右岸电站11号机组顺利完成72h试运行，并移交电厂正式并入南方电网投入商业运行；9月18日左岸电站9号机组圆满完成72h试运行，正式投产发电；9月22日右岸电站12号机组顺利完成72h试运行，并移交电厂正式投入商业运行；10月15日左岸电站5号机组顺利移交电厂，进入正式运行阶段；10月21日右岸电站14号机组完成72h试运行，直接进入正式运行；11月25日左岸电站7号机组72h试运行圆满结束；12月16日右岸电站15号机组顺利完成72h试运行，并正式移交电厂运行管理；12月29日左岸电站4号机组在12月28日完成72h试运行后，正式移交电厂管理。

（2）未投产机组安装进展情况：1号机组完成座环现场机加工及定子下层线棒下线；2号机组完成座环现场机加工及转子叠片；3号机组完成转轮吊装、顶盖与筒阀吊装、下机架吊装、转子吊装及上机架组焊；16号机组完成转轮吊装、顶盖与筒阀吊装、下机架吊装、转子吊装及上端轴吊装；17号机组完成转轮吊装、导水机构预装、下机架预装及转子叠片；18号机组完成座环现场机加工及转子立筋加工。

（中国长江三峡集团公司）

向家坝水电站工程2013年建设情况

2013年，向家坝水电站工程如期实现右岸机组全部投产发电、左岸首批机组投产发电和水库水位抬高至370、380m运行的目标，主要项目进度总体受控。各节点目标完成情况：2013年4月12日，大坝主体工程混凝土浇筑全线至设计高程384m；7月5日顺利蓄水至防洪限制水位370m，9月12日蓄水至正常蓄水位380m；5、1、2号机组分别于5月30

日、10月24日、12月21日完成72h试运行。右岸坝后电站已完成大面开挖，全面转入混凝土浇筑工序。

2013年二期厂坝工程、右岸地下电站等重点项目共评定单元工程3090个，一次合格单元3090个，优良单元2924个，优良率94.63%。

（一）投资及主要工程量完成情况

向家坝水电站2013年计划投资77.49亿元，实际完成投资148.88亿元，占全年计划投资192.14%。其中：建筑安装工程完成投资13.77亿元，比计划投资19.05亿元减少5.28亿元；设备费完成投资13.43亿元，比计划投资16.36亿元减少2.93亿元；建设征地及移民安置费完成投资36.43亿元，比计划投资29.86亿元增加6.57亿元。

截至2013年底，向家坝水电站工程自开工累计完成投资668.88亿元，其中：建筑安装工程完成投资153.17亿元，永久设备完成投资52.4亿元，建设征地及移民安置费完成投资303.41亿元，其他费用完成投资59.08亿元，贷款利息100.82亿元。

2013年向家坝水电站工程主要工程量完成情况见表1。

表1 2013年向家坝水电站工程主要工程量完成情况统计表

项 目	单位	年度计划	年度完成	完成率
混凝土浇筑	万 m^3	64.49	76.36	118.41%
帷幕灌浆	万 m	12.28	12.63	102.82%
接缝灌浆	万 m^2	0.32	0.33	102.22%
金属结构埋件	万 t	2.39	2.08	87.31%
钢筋制作安装	万 t	1.83	2.38	129.58%

（二）主要工程形象进度

1. 挡水工程

（1）大坝全线到顶，混凝土浇筑完成。

（2）升船机渡槽段左侧混凝土浇筑至设计高程382 m，右侧混凝土浇筑至高程367.5～379.4m（设计高程382m）。左岸厂房坝段Ⅰ区混凝土均浇至设计高程307.15m，Ⅱ区混凝土分别浇至设计高程277.69m，Ⅲ区主厂房下游墙混凝土均浇至设计高程307.15m，尾水墩混凝土均浇至设计高程297m。

（3）泄洪坝段和右非坝段金属结构，2013年完成安装的有：①坝顶门机（5月具备运行条件）；②12孔表孔弧门及液压启闭机（7月初完成5、8～12号，9月初完成2～4号，12月底完成1、6、7号）；③12扇表孔事故检修门（9扇临时门+3扇永久门）；④中孔闸门的1扇检修门、2扇事故门；⑤右非6坝段生活取水进口拦污栅体及检修门体。

（4）左厂坝段金属结构，2013年完成安装的有：①拦污栅；②坝顶双向门机和顶清污门机；③1、2号机进水口快速事故闸门联门调试，3、4号机进水口事故闸门拼装及启闭机安装；④升船机上闸首导承槽埋件、活动桥、事故检修闸门；⑤左岸冲沙孔进水口门槽埋件、检修门门叶拼装。

2. 左岸厂房工程

（1）2013年初，主厂房4号机组段上、下游墙均浇筑至设计高程306.95m，发电机层浇筑至设计高程277.74m，3月15日向机电标交面，厂房混凝土施工全部完成。

（2）1号机，2013年6月22日完成转子吊装，9月10日完成总装和无水调试，10月9日开始有水调试，10月24日完成72h试运行，机组投产发电。2号机，2013年10月14日完成转子吊装，12月上旬完成机组无水调试，12月8日首次启动，12月21日完成72h试运行，12月27日机组投产发电。

（3）截至2013年底，3号机完成定子机座组装，水轮机安装50%，定子下线60%，转子组装60%；4号机完成定子组装50%，转子组焊50%；公用设备，除通风空调外，全部移交向家坝电厂运行。

3. 右岸地下电站

（1）2013年完成进厂交通洞2、4、6号支洞岔口和5号支洞、主变压器室岔口边墙衬砌，完成灌排廊道喷护施工，完成243m高程廊道新增混凝土衬砌及防渗处理、新增机组备用排水管和安装场大门安装。

（2）5号机组于2013年5月30日完成72h试运行，投产发电。至此，4台机组全部投产发电。

4. 升船机工程

（1）船厢室段混凝土除左中块和右中块达到高程296m外，全部浇筑至设计高程393 m。下游引航道除ZD36、ZD37块浇筑至高程270m后停浇，作为汛后三期临时围堰拆除出渣的通道外，其他全部浇筑至设计高程281.5m。

（2）筒体结构混凝土浇筑至设计高程393m，完成船厢室顶部纵、横梁浇筑。平衡重导轨安装至设计高程388m，对接锁定导轨安装至设计高程383m，纵向导轨安装至设计高程381.5m，齿条安装至高程296.8m（设计高程383.2m），螺母柱安装至高程296.15m（设计高程386.15m）。

（3）下闸首检修闸门的门槽及门库埋件安装、门叶拼装、门机安装均已完成。

5. 右岸坝后电站

（1）9、10、11号机组段混凝土浇筑：扩散段分别至高程251.4、251.4、263.5m，主机间均至高程247.5m，上游副厂房分别至高程243、252、277m，压力钢管下平段均至高程 252m，压力钢管下弯段分别至高程 252、256、256m。

(2) 安Ⅱ段混凝土：上游副厂房段浇筑至高程 246m，中块浇筑至高程 253m，下游块浇筑至高程 245m。

(3) 尾水渠加宽段混凝土，第 1～7 块均浇筑至设计高程 280m。

6. 其他

(1) 北总干渠取水隧洞：2013 年完成主洞开挖 1363m，占年计划的 129.8%。

(2) 南总干渠取水隧洞：2013 年完成主洞开挖 1115m，占年计划的 111.5%。

(3) 升船机完建期码头：2013 年 5 月底，具备投运条件；9 月中旬，正式投入使用。

(4) 上游水库运行管理码头：2013 年 6 月完成高程 372m 以下全部施工项目，8 月完成高程 380.5m 混凝土浇筑，12 月完成剩余的墙体砌筑及码头平台栏杆安装。

(5) 上游锚地：全部完成并通过项目验收。

(三) 翻坝转运

2013 年，翻坝转运系统安全运行 282d，转运总量 114.47 万 t，其中磷矿 93.89 万 t，占转运总量的 82%，煤 20.58 万 t，占转运总量的 18%。日均转运量 4059.24t，最高日转运量 9603.21t（4 月 28 日）。全年共有 25 艘货船参与翻坝转运工作；全年船舶翻坝 761 艘次，其中磷矿 623 艘次，煤 138 艘次。

截至 2013 年 12 月 31 日，翻坝转运系统已累计安全运行 1441d，累计转运货物总量 543.62 万 t。

（中国长江三峡集团公司
中国水电顾问集团中南勘测设计研究院
有限公司　潘江洋）

三峡工程 2013 年建设情况

2013 年，三峡升船机工程建设取得重大进展，枢纽管理区规划项目实施有序推进，顺利实现质量、安全“双零”管理目标。升船机土建与金属结构安装工程质量共评定完成 395 个单元，合格率 100%，优良率 96.7%。

(一) 投资完成情况

2013 年，三峡工程投资计划 14.19 亿元，实际完成投资 5.58 亿元，占年度计划的 39.37%。其中：建筑安装工程完成投资 1.7 亿元，比计划投资 6.84 亿元减少 5.14 亿元；设备费完成投资 0.92 亿元，比计划投资 4.85 亿元减少 3.93 亿元。

2013 年三峡地下电站投资计划 2.07 亿元，实际完成投资 0.84 亿元，占年度计划的 40.22%。

截至 2013 年底，三峡工程累计完成 1692.03 亿元，其中：枢纽工程静态投资完成 491.43 亿元，占枢纽工程概算 500.9 亿元的 98.11%；库区移民完成静态投资 530.02 亿元，占库区移民静态投资 530.02 亿元的 100%；价差 519.25 亿元；贷款利息 151.33 亿元。静态、动态投资均控制在国家批准的概算及预测的投资范围内。

(二) 主要工程形象进度

1. 升船机续建　船厢室段顶部机房混凝土浇筑至设计高程 218.5m。下闸首完成 2 个排架柱混凝土浇筑，中间底板混凝土浇筑完成 60%的工程量。齿条组件完成最高第十三层安装（高程 115.47m），螺母柱安装完成最高第九层（高程 104.5m）。船厢室结构完成全部拼装及焊接，其他设备完成部分安装。完成全部平衡重块及部分平衡链的安装。

2. 地下电站　5 月完成电站厂房装修工程。9 月下旬签订进水口拦污栅改造金属结构制造合同。

（中国长江三峡集团公司）

锦屏水电工程 2013 年进展情况

(一) 完成的主要工程量

2013 年，锦屏水电工程共完成土石方开挖 281.1 万 m^3，混凝土浇筑 251.1 万 m^3，固结灌浆 146.7 万 m，喷混凝土约 4.3 万 m^3。

(二) 主要工程形象进度

1. 锦屏一级水电站

(1) 大坝工程：2013 年 5 月 31 日，大坝接缝灌浆至 1832m 高程，导流洞封堵及接缝灌浆全部完成，满足工程度汛要求；6 月 20 日，泄洪深孔工作门安装调试完成；9 月 26 日开始进行第三阶段下闸蓄水，10 月 14 日顺利蓄水至 1840m；12 月 23 日，大坝主体混凝土全部完成，大坝接缝灌浆至 1859m 高程；12 月 25 日，导流底孔封堵混凝土全部完成。

(2) 引水发电系统及泄洪洞工程：引水系统土建、金属结构全部完成；发电系统除 1～2 号机配合机电的二期混凝土外，土建全部完成；升变电系统除部分下部防爆墙外，其余全部完成；尾水及调压室土建和金属结构全部完成。泄洪洞有压段和无压段混凝土浇筑完成；龙落尾段混凝土浇筑，边墙完成 41 仓（剩余 14 仓），顶拱完成 18 仓（剩余 37 仓），底板完成 3 仓（剩余 52 仓）。

(3) 左岸基础处理工程：除 1670m 高程帷幕洞帷幕三角区新增帷幕灌浆及受导流洞影响段补强化学灌浆正在施工外，1885m 高程及以下帷幕（水泥）灌浆、排水孔、混凝土回填及其回填灌浆、接缝灌浆全部完成。全年完成固结灌浆约 5.38 万 m，帷幕 5.91 万 m，排水孔 4.52 万 m，化学灌浆 2091m，回填混凝土 1.39 万 m^3。

（4）印把子人工骨料生产系统工程：料场整体开挖至 1775m 高程，外缘开挖至 1760m 高程。1775m 高程以上边坡浅层支护完成。毛料开挖总量约 142 万 m^3，骨料生产供应量约 229 万 t。

（5）三滩右岸人工骨料生产系统工程：料场大面开挖至 2010m 高程；2010m 高程以上浅层支护完成，2025m 高程以上深层支护完成，2010～2025m 高程深层支护完成 60%。毛料开挖总量约 115 万 m^3，骨料生产供应量约 184 万 t。

（6）泄洪雾化区边坡及下游河道防护工程：原合同标段项目已全部完成。新增“8·30”地质灾害治理项目，截至 2013 年 12 月 31 日，左岸坝肩边坡新增加固处理工程除框格梁锚索混凝土完成 30%，其余全部完成（包括挡石坝、锚筋束、锚索）；新增右岸 1～4 号危岩体施工排架搭设完成 55%，其余项目将陆续施工。

（7）雅砻江锦屏·官地水电站鱼类增殖放流站：2013 年 10 月 31 日至 11 月 1 日，成功放流鱼苗 65 万尾；11 月 19 日，成功放流鱼苗 10 万尾。截至 2013 年 12 月 31 日，累计成功放流鱼苗 120 万尾。

（8）机电设备安装工程：6、5、4、3 号机组，分别于 2013 年 8 月 24 日、8 月 30 日、11 月 25 日、12 月 22 日完成 72h 试运行。截至 12 月 31 日，2 号机组转子磁轭第一大段的第一段（0.8m）压紧完成，定子下线完成 90%，导水机构预装完成，筒阀导向条配刨完成 30%；1 号机组转子支架焊接完成，定子第五段（累计高度 2.5m）压紧完成。

2. 锦屏二级水电站

（1）闸坝工程：实现了单位工程验收。

（2）引水隧洞工程：2 号引水隧洞于 2013 年 8 月 19 日启动试充水；3 号引水隧洞混凝土衬砌全部完成，灌浆剩余 1.2km 洞长；4 号引水隧洞混凝土衬砌剩余约 0.8km 洞长。

（3）厂区枢纽工程：除 3、4 号调压室剩余部分工作外，其他基本完成。

（4）进水口工程：实现了单位工程验收。

（5）机电设备安装工程：3、4 机组分别于 2013 年 10 月 1 日、10 月 19 日完成 72h 试运行。截至 12 月 31 日，5 号机组总装基本完成，开始无水调试；6 号机组上端轴、上机架安装完成，机组盘车中水导摆度超过公司优良标准，准备进行镗孔处理；7 号机组导水机构预装完成 80%，定子下线完成 90%，转子副立筋安装完成，推力外循环管路配装完成，下机架组拼完成；8 号机组座环现场机加工完成 60%，定子定位筋调整完成，叠片准备工作完成。

（三）其他工作完成情况

1. 安全管理　未发生一般及以上人身死亡事故，无火灾、中毒等事故发生；确保了工程项目安全度汛，有效防范了各类自然灾害造成人员伤亡；未发生造成重大不良社会影响的公共安全事件；主要负责人和安全生产管理人员持证上岗率达到 100%。

2. 质量管理　截至 2013 年底，锦屏一、二级水电站工程累计完成单元评定 10 617 个。其中土建工程共评定 9333 个单元，优良单元 8581 个，单元工程优良率 91.9%；金属结构工程共评定 642 个单元，优良单元 625 个，单元工程优良率 97.4%；机电安装工程共评定 642 个单元，优良单元 639 个，单元工程优良率 99.5%。全年无质量事故发生，工程质量总体受控。

3. 环保水保管理　按照环境影响报告书、水土保持方案报告书和“三同时”制度要求落实各项环保水保措施，积极开展施工区域环境治理工作，保护周边生态环境，未发生重大环境污染与生态破坏事故。对存在水土流失风险的部位采取渣坡防护、框格梁植草绿化等有效措施防止水土流失，同时开展了河道清渣工作，将水土流失强度控制在可控范围内，未发生重大水土流失危害事件。结合达标投产开展考核考评工作，外部环境监测数据达标率达到 95%，全年未收到环保水保事件公众投诉和个人投诉，未受到限批、停产及通报批评等处罚。

（雅砻江流域水电开发有限公司　邓　庆）

桐子林水电站 2013 年工程进展情况

2013 年是桐子林水电站工程混凝土浇筑高峰年，金属结构与机电安装工程也全面展开。本年度未发生任何质量、安全事故，质量、安全一直处于受控状态，工程进度总体满足工程总进度计划和年度计划要求。工程进展主要情况如下：

（一）厂房和泄洪闸工程

2013 年厂房及泄洪闸工程完成主要工程量为：混凝土浇筑 70.03 万 m^3，固结灌浆 14 023m，钢筋制作安装 2.1 万 t，金属结构安装 0.21 万 t。

1. 土建工程　截至 2013 年底，左岸 1～4 号挡水坝段混凝土浇筑至坝顶 1020m 设计高程；厂房 5、6、7、8 号坝段（1、2、3、4 号机组）混凝土浇筑分别至 1005.7、1002.7、996.7、994.2m 高程，1 号机组蜗壳顶板以下二期混凝土浇筑完成，安装间封顶；

9～11号泄洪闸坝段闸墩混凝土浇筑至1006m高程。

2. 金属结构与机电安装

（1）完成1～4号机组肘管、尾水中墩护头、进水口中墩护头安装。

（2）完成1号机组蜗壳安装。2号机组蜗壳衬板制作全部完成，安装完成80%；3号机组蜗壳衬板制作完成70%，安装完成25%；4号机组蜗壳衬板制作完成50%，安装完成15%。

（3）完成主厂房2号坝段（安装间）网架骨架、屋面结构安装。

（4）2013年6月完成1号机锥管安装，8月完成1号机座环安装及2号机锥管安装，9月完成2号机座环安装，10月完成1、2号机转轮室安装。

（5）2013年12月厂房配电中心正式投入运行。

（二）下游河道护岸工程

下游岸坡防护工程共分左、右岸两个标，必须在2013年汛前完成，工期紧、工程量大。通过合理组织管理，加大资源投入，左岸防护工程于2013年5月31日前全部完工，右岸防护工程1006.0m高程以下各施工项目汛前完成，通过了6月5日的汛前验收，且经受住了2013年汛期洪水考验。

2013年下游岸坡防护工程完成主要工程量为：混凝土浇筑完成3.27万m^3，锚索施工390束，钢筋混凝土桩5967m，土石方开挖100 468m^3，大块石护脚（护坡）35 200m^3。

（三）金龙沟人工骨料生产系统工程

2013年，金龙沟人工砂石系统砂石骨料生产、供应满足主标混凝土生产需要，料场边坡支护满足边坡安全和进度计划要求。2013年完成骨料供应160.55万t，开工累计供应260.61万t。

（四）主体及边坡安全监测工程

2013年，主要进行下游右岸防护监测仪器安装、厂房及泄洪闸坝段监测仪器的安装埋设，以及已完工项目监测仪器的日常监测及维护等工作。2013年仪器埋设同土建工程同步，共完成各类仪器埋设安装121台（套），安全监测数据采集满足工程需要。

（雅砻江流域水电开发有限公司　何长青）

糯扎渡水电站2013年建设情况

糯扎渡水电站是澜沧江中下游河段梯级规划“两库八级”的第五级电站，位于普洱市思茅区与澜沧县交界处，是国家“西电东送”、“云电外送”的重要骨干项目。电站安装9台65万kW的发电机组，总装机容量585万kW，水库库容237亿m^3，是云南省境内和澜沧江流域在建、筹建规模最大的水电站。

2013年，糯扎渡电站进入土建收尾和机电安装的关键时期，电站在完成机组“一年四投”目标的同时，积极做好机组安装调试质量、剩余土建工作收尾、竣工验收、基本建设创一流等重点工作。电站于2013年10月17日蓄水至设计蓄水位812m高程。全年电站大坝安全监测工作正常开展，各枢纽建筑物性态良好，工程建设各项工作按计划推进，年度各项建设目标均成功实现。

（一）工程建设进展情况

（1）机电设备安装工程主关键线路节点工期均按期完成，并略有提前。其中6、5、4、3号机组分别于2013年3月18日、6月25日、9月21日、12月21日正式投入商业运行，较原工期计划分别提前了13、6、9、10d，机组投产后运行情况良好，设备运行稳定。

（2）电站下游围堰量水堰改造工程于2013年3月初完成；坝顶防浪墙，2013年5月底全部完成；左岸泄洪洞改造段混凝土浇筑及灌浆，2013年5月底全部完成，具备过流条件。

（3）2013年4月14日完成溢洪道闸室段溢流堰混凝土浇筑（较计划提前16d），溢洪道金属结构安装调试完成，闸门下闸挡水。

（4）2013年9月底，1号尾水隧洞改造段混凝土浇筑完成。

（二）环保水保工作情况

2013年，糯扎渡水电工程环境保护和水土保持处于良好受控状态，未发生任何环境污染和水土流失事故；未发生地方政府通报批评的环境事件。电站年度环保水保项目按计划实施，环保水保设施规范运行。鱼类增殖站开展了叉尾鲇、中国结鱼、巨魾、中华刀鲇等鱼种的人工增殖技术研究工作；6月15日，联合普洱市农业局组织开展了2013年库区增殖放流活动，共放流叉尾鲇1万尾、巨魾1.5万尾。

（三）基建创一流及达标创优工作情况

根据工程建设收尾期特点以及现阶段各项重点工作开展的需要，建立了达标投产、工程创优及基建创一流相整合的工作体系；编制了基建创一流工作实施细则，重新修订实施方案及对标体系；进一步提高了工程建设管理精细化水平，开展工区美化、亮化，基建创一流第二阶段工作圆满完成。

（四）履行社会责任情况

积极承担国有大型企业社会责任，深入实施“百千万工程”，开展支持社会主义新农村建设活动。2013年，在电站所在的普洱地区及周边的临沧地区共投入援建资金276万元，涉及建设项目19个、培训项目1个、帮扶项目2个。开展“一对一”帮扶，结对661对，捐助帮扶资金17.58万元。为电站周边移民群众解决了饮水难、行路难、看病难等实际困难，进一步改善了学校软硬件设施和教学条件，提升农村劳动力的素质条件，为促进当地经济发展和社会稳定发挥了积极作用。

2013年，糯扎渡水电工程圆满完成年度工程建设各项任务，"一年四投"目标顺利实现，为2014年电站9台机组全部投产发电奠定了坚实基础。

（华能澜沧江水电有限公司）

龙开口水电工程2013年进展简况

2013年，华能龙开口水电有限公司龙开口水电工程建设管理局以开展创先争优、"创一流"及管理提升活动为契机，全面推进工程建设，实现"一年四投、土建收官、无缝交接、竣工验收及达标创优再上新台阶"四大目标。

（1）全面完成年度工程建设目标。通过强化施工、组织协调、过程控制，克服了工期紧、机电设备有制造缺陷、工程后期人员流动频繁、验收工作量大等困难，完成大坝土建施工及金属结构安装，实现"一年四投"。2号机于2013年5月21日投入运行，1号机于6月2日投入运行，4号机于8月6日投入运行，5号机于11月29日投入运行。

（2）防汛任务圆满完成，安全标准化、重大危险源监控、隐患排查、培训教育等可控在控。共开展安全生产大检查74次，排查和整改安全隐患324项，安全生产管理的突出问题及时得到消除。

（3）竣工验收及完工结算工作快速推进。累计完成178个合同标段验收，材料核销完成100个合同标段，工程档案移交150个合同标段；累计完成合同完工结算项目166个，占总数的93.3%。

（4）积极推进达标创优工作。荣获省部级科技成果一等奖3项，省部级QC成果一等奖1项、二等奖1项、三等奖2项，国家实用新型专利3项，为工程达标创优奠定了基础。

（5）认真落实各项水保环保措施。完成了厂前区景观绿化工程、上游鱼类放流码头、水保环保管护中心等建设，开展了燕子崖渣场和料场、左岸施工场地等施工迹地的植被恢复，启动了燕子崖砂石加工系统和右岸生产辅助系统的迹地恢复工作。累计完成绿化面积54万多平方米，种植各种苗木22 000余株，放流鱼苗11万尾。

（6）全面完成鹤庆县、丽江市古城区和永胜县建设征地红线范围内的移民搬迁工作，基本实现了移民先行要求。截至2013年12月，丽江市古城区和鹤庆县搬迁移民已基本入住永久房屋；永胜县90%移民完成主房封顶，57%移民已入住永久房屋。

（华能龙开口水电有限公司龙开口水电工程建设管理局　张锦星）

长河坝水电站工程2013年建设进展情况

长河坝水电站位于四川省甘孜藏族自治州康定县境内，是大渡河干流水电规划"3库22级"的第10级电站，水库总库容11.4亿m^3，安装4台单机650MW的混流式机组。

2013年完成投资27.61亿元，开工至2013年底累计完成投资约106.71亿元。

2013年工程建设形象进度如下：

1. 大坝工程　大坝为砾石土心墙堆石坝，最大坝高240m，坝顶长度502.85m，坝顶宽度16m，总填筑方量约3400万m^3，其中砾石土总填筑方量428万m^3。

（1）2013年，完成填筑388万m^3，主要节点为：2013年4月30日，上游先期断面填筑至1521m高程；2013年7月23日，砾石土填筑开始；2013年10月28日，高塑性土填筑至1471 m高程；2013年12月31日，心墙砾石土填筑至1491.1 m高程。截至年底，大坝坝体累计填筑约651.8万m^3，其中堆石料累计填筑456.3万m^3，上下游压重体填筑72.8万m^3，过渡料累计填筑22.43万m^3，反滤料累计填筑25.77万m^3，砾石土料（包括高塑性黏土）累计填筑74.53万m^3。

（2）2013年，完成混凝土浇筑56 030m^3，钢筋制作安装3133.4t；完成覆盖层固结灌浆45 701.9m，帷幕灌浆16 212.3m。左右岸盖板混凝土浇筑至1530m高程，大坝左岸固结灌浆完成至1520m高程，右岸完成至1500m高程。

（3）响水沟料场具备大坝堆石料大规模出料条件；江咀料场A区开始堆石料、过渡料爆破试验，B区开始进行覆盖层的剥离。

（4）汤坝砾石土料场筛分系统已建成并投入使用；新莲土料场已完成复勘工作，开展砾石土碾压试验、场内排水系统施工规划和运输道路修建施工工作。

2. 泄洪放空系统及中期导流洞工程　主要包括三条泄洪洞、一条放空洞及一条中期导流洞。泄洪洞进口开口线外边坡支护全部完成，出口开口线外边坡支护完成95%；泄洪洞进口开挖完成约40%，放空洞进口开挖完成约90%，各洞室开挖支护累计完成约70%。2013年完成洞挖52万m^3，边坡开挖43万

m^3，锚索 1526 根，混凝土浇筑 1.43 万 m^3，具体如下：

（1）泄洪洞进口开口线内开挖支护大面至 1697m 高程（1 号泄洪洞进口底板设计高程为 1645m 高程，2、3 号泄洪洞进口底板设计高程为 1663m 高程）。放空洞进口开口线内开挖支护大面至 1604m 高程（进口底板设计高程为 1585m 高程）。

（2）中期导流洞总长 1432m，第一层开挖全部完成；第二层开挖完成 1070m，剩余 362m；保护层开挖完成 1060m。底板混凝土垫层浇筑完成 797m，边顶拱浇筑完成 536.1m。

（3）放空洞总长 1711m，上层开挖已完成，第二层开挖完成 1305m。

（4）1 号泄洪洞总长 1362m，上层中导洞开挖累计完成 1299m，剩余 63m；第二层开挖完成 430m。

（5）2 号泄洪洞总长 1508m，上层中导洞开挖累计完成 1458m，剩余 50m；第二层开挖完成 620m。

（6）3 号泄洪洞总长 1540m，上层中导洞开挖累计完成 1540m，第二层开挖完成 620m 。

3. 引水发电系统土建工程 主要包括引水系统（进水塔、引水隧洞）、厂房系统（主副厂房、主变压器室、母线洞）及尾水系统（尾水调压室、尾闸室及尾水隧洞）。除斜井和尾水出口段外，开挖支护全部完成，已经全面转入混凝土浇筑阶段，累计完成约 20%，其中厂房 4 号机开始进行座环支墩混凝土浇筑。2013 年完成洞挖 33.5 万 m^3，边坡开挖 53.4 万 m^3，锚索 210 根，混凝土浇筑 18.7 万 m^3，具体如下：

（1）进水塔浇筑高度为 74m，底板混凝土浇筑已完成，1、2、3 号闸墩混凝土浇筑完成，开始塔身浇筑施工。

（2）引水隧洞，上平洞和下平洞开挖支护施工均已完成，开始斜井的开挖施工。1 号斜井直径为 11.7m，长 172.758m，一次扩挖（直径 3.4m）已完成；2 号斜井直径为 11.7m，长 173.84m，直径 1.4m 反导井已贯通；3 号斜井直径为 11.7m，长 174.937m，一次扩挖（直径 3.4m）已全部完成；4 号斜井直径为 11.7m，长 176.027m，直径 1.4m 反导井已贯通。

（3）厂房总长 228.8m，共分 10 层开挖，开挖支护已完成。厂房肘管混凝土浇筑设计高度为 12.35m，3、4 号机已全部完成；锥管层一期混凝土浇筑设计高度 11m，3 号机已浇筑 3m。

（4）主变压器室开挖支护全部完成。4 条母线洞均由小洞（长度 31.8m）和大洞（长度 15.2m）组成，小洞段边顶拱混凝土衬砌已全部完成，开始进行大洞段混凝土衬砌。1 号母线洞大洞段设计高度为 20.1m，混凝土累计浇筑高度 12.8m；2、3、4 号母线洞大洞段浇筑均完成。

（5）尾水调压室长 161.1m，共分 10 层开挖，开挖支护基本完成。

（6）1 号尾水主洞长 1370m，底板混凝土浇筑累计完成 1079m，边顶拱混凝土衬砌累计完成 579m。2 号尾水主洞长 1155m，底板混凝土浇筑累计完成 912m，边顶拱混凝土衬砌累计完成 624m。

（7）1 号出线竖井设计开挖高度为 205m，二次扩挖（直径 9.5m）已完成。2 号出线竖井设计开挖高度为 205m，二次扩挖（直径 9.5m）已完成 88.5m。

4. 机电安装工程

（1）Ⅰ标于 2013 年 8 月 1 日开始施工，已完成地下厂房 2 台 2×420t 双小车桥式起重机的安装调试，已完成检修、渗漏集水井 1461m 高程以下部位、3 和 4 号机组肘管段及尾水扩散段、1～4 号离相封闭母线廊道的相关管路及电气预埋，已完成 3 和 4 号机肘管和 4 号机锥管的安装工作。

（2）Ⅱ标于 2013 年 8 月 1 日开始施工，已完成 1、2 号机组肘管段及尾水扩散段相关的管路及电气预埋和 1、2 号机肘管的安装工作。

（大唐国际发电股份有限公司 余圣刚
中国水利水电第五工程局有限公司 陈沛勇）

黄金坪水电站工程 2013 年建设进展情况

黄金坪水电站位于四川省甘孜藏族自治州康定县境内，是大渡河干流水电规划“3 库 22 级”的第 11 级电站，安装 4 台单机容量 200MW 的混流式大机组和 2 台单机容量 25MW 的混流式小机组。

2013 年完成投资 22.00 亿元，开工至 2013 年底累计完成投资约 50.22 亿元。

2013 年工程建设形象进度如下：

1. 大坝工程及溢洪道

（1）完成大坝开挖 40 万 m^3，完成大坝坝体先期填筑次堆石料Ⅱ27.8 万 m^3。完成大坝河床观测廊道边墙及底板浇筑 15 块，累计完成 9449m^3。

（2）大坝覆盖层固结灌浆完成 4573.2m，大坝洞室固结灌浆 1131m，大坝基座固结灌浆完成 1480m，大坝帷幕灌浆完成 3679m。

（3）溢洪道闸室左中墩浇筑至高程 1454m，左边墩浇筑至高程 1455.5m，右中墩浇筑至高程 1448m，累计完成混凝土浇筑 23 989m^3。

（4）完成溢洪道消力池 4 块底板第一层浇筑，累计完成 2520 m^3；完成消力池护坦 3 块底板浇筑施工，累计完成 1042m^3。溢洪道固结灌浆完成 13 897m

2. 引水发电系统

(1) 左岸引水发电系统共布置 4 台单机容量 200MW 的混流式大机组。除调压室外，其余引水隧洞及压力管道已基本开挖支护完成，完成土石方开挖 293.6 万 m^3，已开始钢筋混凝土和钢衬施工。

(2) 右岸引水发电系统布置 2 台单机容量 25MW 的混流式小机组。除尾水岩梗段还未开挖完成外，其余引水及尾水建筑物均已完成开挖支护，完成土石方开挖 11.8 万 m^3，已开始钢筋混凝土浇筑施工。

3. 机电安装工程

(1) 左岸主厂房，2×350t 桥式起重机安装与调试完成；3、4 号机组已完成肘管、锥管安装，1、2 号机组已完成肘管安装。

(2) 右岸小厂房完成安装间的基础埋件、接地、照明埋管等部分安装工作。

(3) 泄洪洞桥式起重机、轨道安装完成并通过验收，机械部分安装基本完成。

（大唐国际发电股份有限公司　余圣刚）

托口水电站工程 2013 年建设进展情况

托口水电站坝址位于湖南省洪江市境内沅水干流上，装机总容量 830MW，枢纽建筑物由东游祠主坝、王麻溪副坝、白土冲副坝和河湾地块防渗工程等组成。2013 年，工程施工项目为：王麻溪副坝厂房尾水渠开挖和混凝土浇筑，东游祠主坝混凝土浇筑、黏土心墙堆石坝填筑、帷幕灌浆，水轮发电机组及电气设备安装、闸门安装等，进展情况如下：

（一）土建工程

1. 王麻溪副坝工程　土石方开挖当年完成 9.5 万 m^3，累计完成开挖量约 643.00 万 m^3。混凝土浇筑当年完成 3.19 万 m^3，累计完成约 72.96 万 m^3。截至 2013 年 12 月底，各部位施工形象如下：

(1) 土石方开挖：左右岸坝肩边坡、1～16 号坝段、1～4 号机水道段、1～4 号机组段、安装间、引水明渠、上游引航道、下游引航道、尾水渠、进厂公路路基及边坡、左右岸高程 253m 灌浆洞开挖，均已完成。

(2) 混凝土浇筑：1～16 号坝段全部浇筑至坝顶设计高程 253.00m，6～9 号坝段事故门槽、检修门槽、拦污栅槽二期混凝土和坝顶油泵房混凝土浇筑完成，5 号坝段坝顶配电房及电梯机房浇筑完成；1～4 号机，水道浇筑至设计高程 226.00m，主机段浇筑至设计高程 203.20m，尾水段浇筑至设计高程 209.00m，尾水门槽二期浇筑完成；主厂房及安装间排架柱、1～4 号机上下游副厂房、开关站、出线平台、中控楼浇筑至设计高程，主副厂房屋面已封顶；引水明渠前端底板及护底浇筑完成，升船机上下游排架柱全部浇筑到顶；上航道 1～3 号靠船墩浇筑到设计高程 251.50m，上航道 Z21 墩柱浇筑至设计高程 254.50m，下航道左右侧导航墙浇筑至设计高程 194.00m；尾水渠底板浇筑完成，右岸灌浆洞混凝土完成。

(3) 边坡支护：左岸坝肩高程 253.00m 以上边坡、上下游引航道边坡、安装间高程 202.75m 以上边坡、进厂公路路基以上边坡、尾水渠左侧高程 186.00m 以下边坡、尾水渠右侧 CG0～CG8 段边坡支护全部完成，引水渠仅剩右岸末端塌方区边坡支护排水孔施工未完成，进厂公路边坡、下航道左边坡、业主营地水下边坡锚索施工完成。

(4) 固结灌浆：1～16 号坝段、1～4 号机水道段、厂房 1～4 号机肘管段及尾水段、安装间集水井、上航道墩柱基础、下航道墩柱基础等部位固结灌浆均已施工完成。

(5) 帷幕灌浆及排水孔：1～16 号坝段及左右岸坝肩灌浆洞帷幕灌浆完成，2～15 号坝段坝基排水孔完成。

(6) 接缝灌浆：1～4 号机管坝、1～4 号机主厂房厂 0+14.50m 接缝灌浆施工完成、1、2 号机蜗壳接触灌浆完成。

(7) 压力钢管安装：1～4 号引水压力钢管制作、安装全部完成。

2. 东游祠主坝工程　黏土心墙堆石坝当年完成填筑 5 万 m^3，累计完成填筑量约 59.00 万 m^3。混凝土坝当年完成混凝土浇筑 3.54 万 m^3，累计完成混凝土浇筑量约 94.64 万 m^3。帷幕灌浆当年完成 0.72 万 m，累计完成 3.89 万 m。截至 2013 年 12 月底，各部位施工形象如下：

(1) 土石方开挖：堆石坝段、1～24 号坝段、左右岸坝肩边坡、导流明渠底板及右挡墙、左岸下游护坦等部位均已开挖完成。

(2) 堆石坝填筑：上下游侧坝壳料及黏土心墙均已填筑至高程 252.50m。

(3) 混凝土浇筑：堆石坝段垫层、下游高程 218m 以下面板混凝土施工完成；1～24 号坝段浇筑至坝顶高程 253.00m，18 号坝段生态出水口与压力钢管衔接段浇筑完成；1～9 号表孔溢流面混凝土、弧门锁定二期混凝土浇筑完成，1～9 号孔检修及弧门门槽二期混凝土浇筑至高程 253m；6、8、13、15 号坝段下游导墙浇筑至设计高程，5 号坝段电梯井与配电房混凝土施工完成。

（4）边坡支护：左岸坝肩边坡高程 253.00m 以上网格梁支护完成。

（5）固结灌浆：堆石坝段缓坡段、1～24 号坝段已全部完成。

（6）帷幕灌浆：堆石坝段、1～24 号坝段及左、右坝肩段施工已完成；1～21 号坝段坝基排水孔施工完成。

（7）坝顶梁系：坝顶预制梁全部预制完成，门机大梁共 18 根，公路梁共 90 根，H 梁共 27 根。梁系架设除 5～8 号导流底孔启闭机钢梁占压区外，其他已全部架设完成。

3. 河湾地块防渗灌浆工程

（1）主坝区防渗工程已全部施工完成，本年度完成新工艺钻灌 0.44 万 m，累计完成新工艺钻灌 1.59 万 m；本年度完成常规工艺钻灌 0.1 万 m，累计完成常规工艺钻灌 3.96 万 m。

（2）王麻溪副坝区防渗工程全部施工完成，本年度完成新工艺钻灌 0.1 万 m，累计完成新工艺钻灌 3.35 万 m；本年度完成常规工艺钻灌 0.03 万 m，累计完成常规工艺钻灌 7.71 万 m；本年度完成溶洞回填 0.24 万 m^3，累计完成溶洞回填 1.77 万 m^3。

（二）机电及金属结构设备安装工程

截至 2013 年底，各部位形象进度面貌如下：

（1）水轮发电机组安装：1、2、3、4 号水轮发电机组及辅助设备安装完成（1～3 号机调速器系统完成调试）。

（2）全厂公用设备安装：公用技术供水安装完成，渗漏检修排水系统、厂区排水系统、主坝及副坝廊道排水系统投入运行，透平油库油系统及 1～4 号机油系统安装完成，中、低压气系统投入运行。

（3）电气设备安装：1～4 号主变压器、GIS 设备、出线平台设备、封闭母线设备，安装完成；公用 10kV、公用 400V、照明动力柜及干式变压器、1～4 号机组 400V 动力柜、副坝坝顶配电屏、主坝坝顶配电屏，投入运行；全厂接地网安装完成，公用及 1～4 号机电气二次设备基本安装完成，计算机系统、通信系统主控系统、公用直流系统安装调试完成。

（4）主坝区金属结构安装：主坝 1～4 号导流底孔门槽、门封、封堵门安装完成，固定卷扬启闭机安装调试完成；1～9 号孔检修门槽、弧形门槽及锁定装置安装完成，弧形闸门及液压系统安装调试完成；溢洪道门机安装完成，检修门安装完成。生态机组压力钢管、进水口拦污栅、工作闸门安装完成。

（5）副坝区金属结构安装：尾水门机、尾水闸门、浮式导航提、坝顶门机安装完成，1～4 号孔进水口事故门、拦污栅、检修门、液压启闭机装置安装调试完成。升船机安装调试完成。

（6）其他设备安装：中控楼通风空调投入运行，上游副厂房通风设备基本安装完成，1、2 号主变压器消防管路、上游副厂房 213.75m 和 199m 高程消防管路和透平油库消防管路安装完成，全厂火灾报警系统基本安装完成。

（中国水电顾问集团中南勘测设计研究院有限公司 詹前波）

黄河上游水电开发有限责任公司 2013 年在建水电站建设管理情况

（一）工程进展情况

1. 茨哈峡水电站　该电站位于青海省海南藏族自治州兴海县与同德县交界的黄河干流河段，上接尔多水电站，下游为班多水电站，为黄河干流龙羊峡以上、海拔 3000m 以下河段水电规划的第一座梯级电站，也是黄河龙羊峡以上河段大坝最高、装机容量最大、施工难度最高的水电站。工程是以发电为主，初选装机容量 2600MW，水库正常蓄水位 2990m，相应最大坝高为 254m。枢纽建筑物主要由面板堆石坝、右岸泄洪建筑物、左岸地下引水发电系统等组成。2011 年 12 月 28 日，国家发展改革委以发改办能源〔2011〕3263 号文函复青海省发展改革委、中国电力投资集团公司，同意黄河茨哈峡水电站开展前期工作，由黄河上游水电开发有限公司负责建设和管理。2013 年 3 月，《黄河茨哈峡水电站预可行性研究报告》通过了水电水利规划设计总院会同青海省发展改革委的审查。

2013 年，茨哈峡水电站工程完成投资 23 435.53 万元，完成年度投资计划的 74.35%。截至 2013 年底，电站勘测定界、两岸施工区的实物指标调查及文物考古等工作全部完成；35kV 施工供电线路完成，对外交通第Ⅰ标段开挖及支护累计完成 3415m，完成总长度的 95%。

2. 羊曲水电站　该电站位于青海省海南藏族自治州兴海县与贵南县交界的黄河干流上，总装机容量 1200MW。2013 年工程完成投资 54 913.66 万元，完成年度投资计划的 55.56%。8～9 月，110kV 施工用电工程灯塔开关站通过最终验收，并顺利接入海南藏族自治州 110kV 主网，110kV 变电站投产送电；右岸枢纽区征地完成，右岸高线公路及右岸低线公路工程、砂石加工、混凝土拌和系统建筑安装工程、右岸施工供水等工程已全面复工，右岸贵南县境内坝址施工区及库区实物指标调查已经收口，补偿资金已全部到位。截至 2013 年 12 月底，对外交通专用公路完工投入使用，左岸进厂及上坝公路工程完工，生活营地公寓楼、单身楼、业主食堂均已投入使用，办公楼工程主体框架施工完成已转入装修施工；左岸供水系统土建施工已完成，剩余控制盘柜安装；左岸明挖工程基本完工，导流洞上层开挖支护完成884m，完成总长的74%；右岸开挖及引水系统工程完成土石方开挖60万m^3，完成总开挖量的19%；右岸高低线路路基已具备通车条件，砂石拌和系统场平及设备基础开挖已完成，右岸供水系统完成渗管埋设。

（二）安全管理

新颁布安全生产规章制度3部，修订7部，印发了安全生产管理制度汇编；成立了安全生产委员会，健全了安全生产组织机构；开展安全生产大检查活动，先后开展安全专项检查工作14次；每月开展建设项目安全生产与文明施工检查考核工作，及时发现、整改施工过程中存在的安全问题。开展隐患排查治理和危险源辨识与管控工作，共排查出安全隐患395项，整改完成395项；高度重视防汛工作，落实度汛措施，未发生责任性防汛事故。

（三）施工管理

根据羊曲水电站工程建设实际，研究制定了《羊曲水电站安全文明施工考核管理办法》并颁发实施。

工程质量始终处于受控状态。在建项目单元工程合格率为100%，羊曲、茨哈峡水电站单元工程优良率分别为93%、95.3%。

加大招投标基础工作力度，及时编制各类计划和工程快报、月报、简报以及科技信息；及时组织参与各项目的验收工作。

针对建设管理单位项目较多的实际，调整了办公管理模式，将管理关口前移，各职能部室搬迁至羊曲水电站现场办公；根据征地移民情况，专门安排了专职人员长期驻扎在各项目点负责现场征地移民工作。

（四）科研项目

2013年，与多家相关单位合作，开展了羊曲镶嵌组合坝方案可行性研究、茨哈峡水电站高模量基础垫层面板坝关键技术研究等5个科技项目研究工作，并取得中间成果，投入科研经费320万元。工程建设管理单位申报了建设工法、QC小组、科技成果等各类奖项38项，其中：7项成果获得黄河上游水电开发有限责任公司科技进步奖，2项成果获得中国电力建设协会科技进步奖，2项成果获得中国电力企业联合会软科学奖；2项科技成果被鉴定为国际领先水平，3项科技成果被鉴定为国内先进水平；6个QC小组被评为青海省优秀QC小组、1个QC小组被评为中国电力建设协会优秀QC小组。工程建设管理单位被评为青海省质量管理小组活动优秀企业。与中国水电工程顾问集团公司共同主编了《水电水利工程项目文件与档案整理规范》，该规范送审稿已通过审查；《光伏发电厂项目档案整理规范》已被国家能源局立项，由黄河上游水电开发有限责任公司起草编制。

（黄河上游水电开发有限责任公司　许为宁）

国电大渡河流域水电开发有限公司2013年主要在建工程建设情况

（一）大岗山水电站

大岗山水电站位于四川省雅安市石棉县境内大渡河干流上，最大坝高约210m，总库容7.42亿m^3，调节库容1.17亿m^3，总装机容量260万kW，多年平均年发电量114.3亿kW·h。枢纽建筑物由混凝土双曲拱坝、水垫塘及二道坝、泄洪隧洞、引水及尾水建筑物、发电厂房、开关站等组成，发电厂房为地下式。

截至2013年12月31日，大岗山大坝工程混凝土浇筑完成总量的73.5%，坝基固结灌浆完成总量的97.48%；右岸边坡卸荷裂隙加固工程下三层抗剪洞完成，上三层抗剪洞二期回填混凝土施工完成。厂房系统1号机蜗壳混凝土浇筑完成一层，2号机发电机层混凝土浇筑完成，3号机及4号机发电机层混凝土浇筑完成并提交机组安装工作面，厂房吊顶施工完成45榀拱梁浇筑和44跨顶板浇筑。引水系统进水塔1～3号机一期混凝土浇筑完成，4号机浇筑完成总量的98%；尾水系统1、2号尾水洞开挖完成。泄洪洞累计浇筑完成533m，顶拱混凝土累计完成366m，进口溢流面及边墙混凝土浇筑完成，出口底板混凝土浇筑及固结灌浆完成。帷幕灌浆完成总量的87.49%。机电安装按计划稳步推进。工程整体进度可控。全年未发生任何重大及以上责任安全事故，保持连续3043d安全生产无事故纪录。

（二）猴子岩水电站

猴子岩水电站位于四川省甘孜州康定县境内大渡河干流上，部分库区在丹巴县和小金县。电站装机容量170万kW，单独运行多年平均年发电量70.15亿kW·h。2011年11月3日，猴子岩水电站项目获得国家核准。计划2016年首台机组发电，2017年竣工投产。

截至2013年12月31日，猴子岩大坝左岸趾板混凝土浇筑至1705m高程，右岸趾板混凝土浇筑至1695 m高程，累计完成坝体填筑167.1万m^3，挤压边墙施工110层。色龙沟料场石料开采完成计划的29%，桃花料场完成计划的17%。角坝堆积体锚杆束施工全部完成。引水发电系统工程电站进水口1号进水塔混凝土浇筑至1791.5m高程，2号浇筑至

1788.5m高程，3号浇筑至1788.5m高程，4号浇筑至1791.5m高程。主厂房第Ⅴ层下游半幅开挖支护与第Ⅵ层开挖支护完成，主变压器室锚索施工完成设计量的70%。1号尾水洞上层开挖支护完成设计量的91.4%，2号尾水洞完成96%。开关站边坡锚索钻孔完成计划的84.8%；进厂交通洞水沟边墙浇筑与洞门浇筑完成，4号公路隧道及进风洞工程水沟侧墙浇筑基本完成；泄洪洞工程A标和B标按计划推进。实现全年安全生产“零事故”，被评为四川省电力安全生产先进集体、四川省安全文化建设示范企业。

（三）枕头坝一级水电站

枕头坝一级水电站位于四川省乐山市金口河区大渡河干流上，电站总装机容量72万kW，多年平均发电量32.9亿kW·h。工程于2012年3月通过核准。

截至2013年12月31日，枕头坝一级水电站大坝厂房工程左右岸非溢流坝段、进水口、1～2号泄洪闸全部浇筑到设计高程626.5m高程，尾水平台全部浇筑至设计高程601.5 m高程；安装间和4号机组段已全面向机电工程移交工作面；副厂房4号机组段浇筑至613.65 m高程，完成了4层；3号机座环已吊装到位、调整完成；副厂房辅助设备及管路已启动安装。全年未发生任何重大及以上责任安全事故。

（四）沙坪二级水电站

沙坪水电站分两级开发，沙坪一级和沙坪二级，规划总装机容量78万kW，位于枕头坝水电站下游。沙坪二级水电站位于乐山市峨边县境内大渡河干流上，电站总装机容量34.8万kW，多年设计平均发电量16.5亿kW·h。工程于2011年全面完成可行性研究收口，2012年3月通过核准，2013年11月9日实现主河床截流。

截至2013年12月31日，沙坪二级水电站前期各项工作有序推进，上下游围堰临水边坡填筑至设计体型，上下游防渗墙成墙共4544m²；纵向岩堤535m高程以上开挖完成，537m高程马道形成；右坝肩危岩体开挖完成，锚杆、排水孔完成15%，挂网完成；砂石系统所有车间基础开挖完成，所有车间挡墙砌筑完成；拌和系统基础开挖完成，局部开始基础浇筑。全年未发生任何重大及以上责任安全事故。

（国电大渡河流域水电开发有限公司　明书勤）

中国水电建设股份有限公司投资的4个水电站建设情况

（一）安谷水电站

该电站位于四川省乐山市境内，是大渡河下游最后一个梯级，为发电、防洪、航运、灌溉、供水等综合利用的大（2）型水电工程。安谷水电站为混合式开发，枢纽布置从左至右为左岸副坝、左岸非溢流坝、13孔泄洪冲砂闸、河床式电站、船闸、右岸接头坝。电站正常蓄水位为398m，总库容6330万m³；安装4台19万kW和1台1.2万kW轴流转桨式水轮发电机，总装机容量77.2万kW，设计年平均发电量31.44亿kW·h，总投资96.99亿元。2012年3月主体工程开工。

2013年，工程质量管理体系总体运行正常，工程质量处于受控状态，各项工程建设重点目标均有提前。主体工程征地全部结束，房屋全部拆迁完毕，安置点建设全面启动，移民生产安置工作全面对接实施，企业搬迁全部完成，专项复改建工作全部结束，临时用地复垦和弃渣造地已经开展实施，土地整理立项报批工作进展顺利，全年共实施征地1126亩，清场1983亩，搬迁移民292户1000余人。完成了《安谷生态河道宽度及造地回填区边界方案》、《张坝连通工程、鱼类增殖放流站的方案》等多项实施方案的编写。水、气、声常规监测、水土保持监测有序开展，湿地生态监测完成第一期监测，水生生物、鱼类资源、水生生境的第一次调查监测也已经完成，并进行了标本鉴定。远期放流鱼种亲本的搜集与驯养研究启动实施，放流标记物的筛选已经完成。对施工现场各施工单位环保水保工作开展常态性管理，对环保水保费用的支付进行严格监督。至2013年底，累计完成投资57.19亿元。

（二）春堂坝水电站

该电站位于四川省阿坝州境内，为沃日河梯级开发中的第四级，采用引水式开发；拦河坝采用混凝土闸坝形式，最大坝高21.5m，引水隧洞长13.059km。电站装机3台，单机容量1.8万kW，总装机容量5.4万kW，设计年平均发电量2.37亿kW·h，总投资7.81亿元。该电站于2010年12月30日核准，主体工程于2012年9月动工。

2013年，首部枢纽工程提前完成闸首一枯任务，进行泄洪闸和冲砂闸闸门埋件安装、闸坝基础固结灌浆和帷幕灌浆、进水口开挖等施工，工程进度、质量、安全全面受控。引水隧洞工程完成支洞开挖支护2755m、主洞开挖支护3200m，工程进度、质量、安全全面受控。完成征地移民21户（厂区枢纽工程共计涉及征地户23户，完成21户，剩余2户）。项目工程环境保护工作有序到位，经地方政府相关部门检查，确认达标受控。至2013年底，累计完成投资2.14亿元。

（三）杨家湾水电站

该电站位于四川省阿坝州境内，为小金川支流抚边河水电梯级规划中的第四级；采用引水式开发，引水隧洞长 11.366km；水库正常蓄水位 2574m，具有日调节性能。该电站装机 3 台，单机容量 2 万 kW，总装机容量 6 万 kW，设计年平均发电量 2.59 亿 kW·h,总投资 8.38 亿元。2011 年 12 月 15 日获得省发展改革委核准批复。

2013 年，完成 5 座贝雷桥、1 座永久高架桥、5 条临时进场交通公路和 730m 隧洞开挖支护任务；完成主体工程部分征地、移民工作；环境保护受控。至 2013 年底，累计完成投资 0.81 亿元。

（四）塔日勒噶水电站

该电站位于新疆柯尔克孜自治州乌恰县吾合沙鲁乡的克孜勒苏河中游河段上，坝址距乌恰县约 63km，是克孜河规划“二库六级”开发方案中的第二个梯级，为引水式开发。该电站装机 4 台，单机容量 1.25 万 kW，总装机容量 5 万 kW，设计年平均发电量为 1.6 亿 kW·h，总投资 7.49 亿元。2012 年 5 月，开始前期工作。

2013 年 5 月 29 日，该水电站项目获得新疆维吾尔自治区发展改革委的核准（新发改能源〔2013〕2122 号）；7 月 11 日，导流洞衬砌完成；9 月 12 日，引水隧洞全线贯通；9 月 17 日，提前 13d 成功截流，整个工程建设进度整体受控。环保工作进展顺利，已委托新疆维吾尔自治区水土保持生态环境监测总站及克州环境监测站开展电站水保、环保监测工作。移民工作总体推进有序，相继开展核准后林地、土地征用工作以及移民安置等相关工作。至 2013 年底，累计完成投资 4.5 亿元。

（中国水电建设集团四川电力公司　刘元秀）

立洲水电站工程建设情况

（一）工程概况

立洲水电站是木里河干流（上通坝—阿布地河段）水电规划“一库六级”的第六个梯级，坝址位于四川省凉山彝族自治州木里藏族自治县境内，控制流域面积 8603km^2，多年平均流量为 131m^3/s。电站采用混合式开发，枢纽工程由碾压混凝土双曲拱坝、坝身泄洪系统、右岸地下长引水隧洞及右岸地面发电厂房组成，最大坝高 132.0m，装机容量 355MW（包含 10MW 生态机组），多年平均发电量为 15.46 亿 kW·h。水库正常蓄水位 2088.0m，总库容 1.897 亿 m^3，调节库容 0.82 亿 m^3，具有季调节性能。开发任务以发电为主，为二等大（2）型工程。

（二）工程进展情况

截至 2013 年底，立洲水电站工程主要项目的进展如下：

（1）大坝坝体混凝土，左岸碾压混凝土浇筑至 2085.00m 高程，右岸碾压混凝土浇筑至 2091.50m 高程，中孔闸墩常态混凝土浇筑至 2040.00m 高程。消力池开挖完成 0＋000～0＋120m 桩号段。坝肩边坡预应力锚索完成。帷幕灌浆累计完成 65000.0m，完成总量的 70.4%。

（2）引水隧洞主洞混凝土衬砌累计完成 9381m，完成总衬砌工程量的 56.68%。压力管道开挖支护完成，下平段固结灌浆完成。调压井边坡开挖支护完成，井筒开挖支护至 2106.00m 高程。

（3）厂房混凝土，安装间浇筑至 1914.50m 高程；1 号机组段，下游闸墩及挡水墙浇筑至 1900.00m 高程，上游墙浇筑至 1894.40m 高程；2 号机组段，下游闸墩及挡水墙浇筑至 1894.90m 高程，上游墙浇筑至 1891.90m 高程；3 号机组段，下游闸墩及挡水墙浇筑至 1883.10m 高程，上游墙浇筑至 1886.10m 高程。

（4）机电方面，1 号机组完成座环安装，2 号机组完成锥管安装，3 号机组完成肘管安装。

（中国水电顾问集团贵阳勘测设计研究院有限公司　向贤镜）

吉牛水电站下闸蓄水

吉牛水电站于 2013 年 1 月下闸蓄水。

吉牛水电站位于四川省甘孜州丹巴县革什扎河干流上，是革什扎河“一库四级”水电开发方案的最后一级，总装机容量 240MW。闸址位于独狼沟汇口下游约 600m，厂房位于大渡河干流革什扎河汇口以上约 200m，闸、厂区距丹巴县城分别约 30km 和 2.8km。工程以发电为主，并兼顾下游环境景观用水要求。

革什扎河干流全长 94.4km，全流域集水面积 2533km^3，平均坡降 3.10%；其得到四川省发展改革委批准的“一库四级”开发方案，从上至下分为两河口、二瓦槽、大桑、吉牛四级，总装机容量 423MW。

吉牛水电站为低闸引水式水电站，由首部枢纽、引水发电系统，厂区枢纽组成。主河床布置两孔泄洪闸，左岸紧靠进水口布置一孔泄洪闸，构成正向冲沙、泄洪，侧向取水的引水防沙的首部枢纽布置格局；进水口侧向布置于河床左岸，引水系统采用引水隧洞、埋藏式压力管道，发电厂房为地面厂房。闸坝顶高程为 2380.00m，全长约 175.43m，最大闸高 23m；水库正常蓄水位 2378.00m，总库容 197.5 万

m^3，具有日调节性能；引水隧洞全长 22.305km，采用城门洞型，底宽 5.7/5.6m，上部圆弧半径 2.85m，洞高 5.65m；调压井采用双室式，竖井高 72m、内径 5.6m，上室宽 6.4m、高 8.0m、长 260m；压力管道主管内径 3.8m、总长 1059.19m，支管内径 2.2m、总长 60.45m；厂房主机间长 46.73m，宽 26m，高 41.91m，安装 2 台单机容量 120MW 的 6 喷嘴冲击式水轮发电机组；尾水渠采用单机单洞布置，正向出水与大金川河相接，为矩形暗涵结构，长 6.0m、单渠宽 9.0m，孔口尺寸为（宽×高）5 m×4.41m，设平板防洪闸一道。

吉牛水电站水头范围 456.5～506.5m，经技术比较，选择水斗式水轮机，额定转速 300r/min，转轮直径 2.89m，喷嘴数 6 个。电站出线电压采用 220kV 一级电压，出线回路数为 2 回，其中一回线路接入丹巴 500kV 变电站。

吉牛水电站可行性研究报告于 2006 年 2 月通过四川省工程研究院的评估，2007 年 8 月完成吉牛水电站初步设计报告，随后通过四川省发展改革委组织的审查。项目于 2007 年获得四川省发展改革委核准，主体工程开始建设。2011 年 12 月河道截流，2013 年 1 月 19 日下闸蓄水成功，为 2014 年元月首台机组发电创造了条件。

（中国水电顾问集团成都勘测设计院有限公司 刘吉祥　唐　兰）

善泥坡水电站工程建设情况

（一）工程概况

善泥坡水电站位于北盘江干流中游河段的贵州省六盘水市水城县顺场乡境内，是北盘江流域综合规划中的第八个梯级，为混合式开发。工程以发电为主，坝址多年平均流量为 $129m^3/s$，多年平均径流量为 40.8 亿 m^3，总库容 0.85 亿 m^3，属日调节水库。电站装机 2 台，总装机容量 185.5MW，保证出力 20.78MW，多年平均发电量 6.788 亿 kW·h，年利用小时为 3659h。

该电站为三等中型工程，枢纽由碾压混凝土双曲拱坝、坝身泄洪建筑物、右岸引水系统及地下厂房组成。拱坝最大坝高 110m（原为 119.4m，施工期建基面抬高 9.4m），坝顶弧长 204.29m，坝顶高程 888.00m，坝底厚 23.50m，厚高比 0.214。泄洪建筑物布置于拱坝坝身，由 3 个溢流表孔（14m 宽、10m 高）和 2 个泄洪中孔（6m 宽、7.5m 高）组成，最大下泄流量 $6294m^3/s$。

引水发电系统布置于右岸，采用一洞两机的布置方式，主要建筑物包括进水口、引水隧洞、调压井及压力钢管、地下厂房、尾水隧洞、尾水闸门井、尾水渠等组成。进水口为塔式进水口，底板高程为 845m；引水隧洞洞长 2314.4m，圆形断面，内径 8m。调压井位于引水隧洞末端，采用圆筒阻抗式，井筒内径为 23m，高为 70m。压力管道位于调压井至厂房之间，由一条压力主管、卜型岔管、两条支管组成，压力钢管主管直径 6.7m，支管直径 4.2 m。

地下厂房布置位于右岸下游山体内，厂内装有 2 台单机容量 90MW 的混流式水轮发电机组，主厂房长 91.25m、宽 20.6m、高 51.06m。主要洞室有主厂房、主变压器洞、尾水闸门室、母线洞、尾水洞等，还有交通、通风、出线、排水等辅助洞室和竖井，以及各层施工支洞。厂房、主变压器洞、尾水闸门室三洞室平行布置，机组安装高程 773.10m。主变压器洞布置在主厂房下游侧，由母线洞、运输洞和交通洞相连。开关站为 220kV GIS 开关站，布置于主变压器洞内。

考虑到坝厂脱水河段生态水源问题，在大坝右岸下游约 200m 处山体内布置一个生态机组厂房，装机容量 5.5MW，引用流量为 $7m^3/s$。该厂房由主机间、安装间、副厂房和尾水渠组成，尾水送至导流洞流入坝下游主河道。

（二）工程进展情况

工程于 2009 年 12 月 26 日正式开工，2011 年 11 月 20 日截流；2012 年 9 月，引水隧洞开挖全线贯通；12 月 12 日，开始大坝混凝土浇筑。截至 2013 年底，工程主要进展情况如下：

（1）大坝混凝土施工整体上升至 840m 高程，坝高约 62m。

（2）基本完成帷幕灌浆隧洞的混凝土衬砌，帷幕灌浆施工过半。

（3）进水口混凝土已浇筑至检修闸门启闭平台。隧洞衬砌混凝土施工过半，调压井井筒衬砌混凝土浇筑基本完成，尾水隧洞衬砌混凝土浇筑基本完成。

（4）压力钢管制作安装工作过半。

（5）主厂房发电机层以下混凝土基本完成，机电安装工作即将全面展开。

（中国水电顾问集团贵阳勘测设计研究院有限公司 罗洪波）

桃源水电站工程建设情况

（一）概况

桃源水电站位于湖南省常德市桃源县城附近的沅水干流上，为沅水流域十三级开发规划方案中最末梯级凌津滩电站下游河段新增的水电开发梯级，上距离凌津滩水电站38.2km；以发电为主，兼顾航运、旅游等综合利用，总投资为269 040万元。坝址紧临桃源县城，控制流域面积8.67万km^2，多年平均流量2060m^3/s，多年平均径流量650亿m^3。水库校核洪水位48.98m，总库容6.86亿m^3；正常蓄水位39.50m，相应库容1.28亿m^3。电站装设9台单机容量20MW的贯流式机组，多年平均年发电量7.93亿kW·h，装机年利用小时数4404h。

（二）前期设计情况

2008年11月，中国水电顾问集团中南勘测设计研究院（以下简称“中南院”）受湖南省桃源县人民政府委托，编制沅水凌津滩水电站至桃源河段的水能梯级开发补充规划报告。2009年6月，湖南省政府以湘政函〔2009〕111号文批复了《沅水凌津滩—桃源河段补充规划报告》，同意沅水凌津滩—桃源河段增加一级水电开发梯级，开发任务以发电为主，兼顾航运、旅游等综合利用。

受中国水电顾问集团投资有限公司的委托，中南院开展了桃源水电站预可行性研究，2009年9月，《湖南省沅水桃源水电站预可行性研究报告》通过评审。2010年8月，《湖南省沅水桃源水电站可行性研究报告》通过湖南省发展改革委组织的评估，并获得批准；同月，桃源水电站项目正式通过湖南省发展改革委核准。

（三）枢纽布置与主要建筑物

桃源水电站坝址位于桃源县城旁的双洲岛洲尾，河道被河中双洲岛（顺河长约2.9km，宽约550m，呈近似纺锤状）分隔成左、右河槽。左、右河槽宽400～600m，河床高程25.5～33.6m；两岸为宽阔的河流阶地，地面高程41～45m。

工程枢纽主要由泄洪闸、发电厂房、船闸等水工建筑物组成，坝顶全长1286m。泄洪闸布置于左、右两河槽的主河床部位；电站厂房布置于双洲岛右侧，即右河槽左岸；通航建筑物布置于双洲岛中的左侧，航道基本由岛体开挖而成，轴线全长约1900m。泄洪闸、发电厂房及船闸等建筑物与河槽两岸的连接及其彼此之间的挡水建筑物过度连接均采用土石副坝。

桃源水电站属二等大（2）型工程。泄洪闸、土石副坝、河床式电站厂房及通航建筑物挡水部分按3级建筑物设计；次要建筑物如导墙、消力池、护坦、海漫、挡土墙、厂房及通航建筑物非挡水部分按4级建筑物设计；通航建筑物船闸为Ⅳ级。

泄洪闸坝段布置于河道两侧主河床，左、右槽分别布置14孔和11孔，闸孔净宽20m，底板为宽顶堰，堰顶高程26.00m。挡水工作门采用弧形门，液压启闭，上游设置浮式检修门。泄洪闸中墩厚3.2m，边墩厚2.5m，闸墩顺水流方向长29.50m，闸墩顶部设置启闭机油泵房。坝顶高程50.7m，最大坝高30.20m。

电站厂房布置于双洲岛的右侧，主厂房总长222.20m，单机组段长21.50m，边机组段长22.50m；主安装间布置于主厂房左侧，长49.00m；副安装间布置在主厂房右侧，长22.2m；开关站设置于尾水平台。

通航建筑物布置于双洲岛中的左侧，采用单级船闸，由上游导航墙、上闸首、闸室、下闸首、下游导航墙组成。上闸首长40m、宽36m，工作门采用下沉门，工作门前设置检修门；闸室长120m、净宽18m，采用整体式结构；下闸首长36m、宽36m，工作门采用人字形钢闸门，出口处设置检修门。下游主导航墙长545m。

土石副坝包括左槽左坝头土石副坝、左槽右岸土石副坝、双洲土石副坝、右槽右坝头土石副坝共4座。坝顶高程50.7m，坝顶宽10m。副坝坝体防渗采用高喷灌浆截渗墙。

（四）工程建设简况

桃源水电站建设管理单位为中国水电顾问集团桃源开发有限公司。该工程建设采用设计—采购—施工一体化的总承包模式，即EPC模式，总承包单位为中南院。

总承包工作范围包括：工程的招标设计和施工详图设计，枢纽工程的永久建筑物、临时建筑物的建设，配套设备、材料的采购、运输、安装、调试和试运行，工程建设所涉及的临时、永久征地及移民安置，库区专项工程，水土保持与环境保护工程，水电站送变电工程。

中国水利水电第三工程局有限公司和中国葛洲坝集团股份有限公司为主体工程施工分标承包商。浙江富春江水电设备股份有限公司为灯泡贯流式水轮发电机组及其附属设备制造承包商。

工程于2010年8月18日正式开工建设。2012年11月24日，桃源水电站船闸顺利实现了首次通航。2013年3月22日，一期工程蓄水；10月30日桃源首台机组成功并网，11月3日完成72h试运行正式投产。计划2014年10月全部机组发电。

（中国水电顾问集团中南勘测设计研究院有限公司 奉伟清）

乡城水电站具备发电条件

（一）工程概况

乡城水电站位于四川省乡城县上游硕曲河上。硕曲河是金沙江一级支流定曲河的一条最大的支流，发源于四川省理塘县克日则洼，自北向南流经四川理塘、乡城县，流至乡城县青麦乡后折向西南流，经云南省香格里拉县后进入四川省得荣县折向西流，在古学大桥处汇入定曲河。闸址控制流域面积 4038km^2，多年平均流量为 56.3m^3/s。工程区距云南省香格里拉县公路里程约 320km，距成都约 860km。

电站装机容量为 120MW，多年平均发电量为 5.453 亿 kW·h（联合运行），保证出力为 39.3MW（联合运行）。

该工程以发电为主，规模为中型，等别为三等。大坝设计洪水标准为 50 年一遇，相应洪峰流量为 679m^3/s；校核洪水标准为 500 年一遇，相应洪峰流量为 1010m^3/s。厂房设计洪水标准为 50 年一遇，相应洪峰流量为 715m^3/s；校核洪水标准为 200 年一遇，相应洪峰流量为 973m^3/s。抗震设计烈度为Ⅶ度。

工程由左岸非溢流重力坝、泄洪冲砂闸坝、右岸非溢流重力坝、引水隧洞、发电厂房等建筑物组成。

首部枢纽拦河坝采用混凝土闸坝坝型，共分为 9 个坝段，总长 180.30m（左岸坝长 38.30m，闸室段长 52.00m，右岸坝长 90.00m），坝顶宽度 7.0m，坝顶高程 2935.00m，最大坝高 31.0m。正常蓄水位为 2933.00m，死水位为 2930.00m。4 孔泄洪冲沙闸，孔口尺寸为 8m×6m（宽×高）。引水系统进水口 1 个，采用岸塔有压式，布置于坝前左岸，入口段由隔墩分为两孔，单个孔口断面为 5.5m×9.7m（宽×高）。电站设计引用流量 90.6m^3/s，最大过栅流速为 1.05m/s。

左岸全埋藏式引水隧洞长 16.4km，洞径 6～7.8m。阻抗式调井位于引水隧洞末端，井筒内径 15.5m，高 84m。压力管道段长约 570m，采用地下埋管钢板衬砌，主管内径 4.5m。

电站地面式厂房布置在河床左岸，轮廓尺寸 61m×16.4m×33.1m（长×宽×高），其中主机间 3 个机组段长度 45m，安装间段长度 16m。副厂房平行布置于主厂房上游侧，220kV 开关站和出线场布置在厂房上游侧。

（二）项目立项和审批

大唐四川水电开发有限公司通过设计招标，委托北京国电水利电力工程有限公司［中国水电顾问集团北京勘测设计研究院（以下简称“北京院”）］承担乡城水电站预可行性研究、可行性研究、招标设计和施工图设计各阶段勘测设计工作。2007 年 7 月，北京院完成了《四川省甘孜州硕曲河乡城水电站预可行性研究报告》，并通过四川省发展改革委主持的审查。2008 年 10 月，北京院编制完成了《四川省甘孜州硕曲河乡城水电站可行性研究报告》；四川省工程咨询研究院受四川省发展改革委委托，对该报告进行了评审，并以川工咨〔2008〕318 号函发出了《四川省硕曲河乡城水电站可行性研究工程方案技术评审意见》。2008 年 12 月，四川省发展改革委以川发改能源函〔2008〕990 号文，对甘孜州乡城县硕曲河流域乡城水电站项目进行了核准。

（三）工程建设情况

（1）项目由大唐四川水电开发有限公司、四川活兴投资有限责任公司和四川协兴投资有限公司分别按 51%、24.5%和 24.5%的比例共同出资组建的大唐乡城唐电水电开发有限公司负责建设和管理。设计单位为中国水电顾问集团北京勘测设计研究院，监理单位为水利部丹江口水利枢纽管理局建设监理中心。施工单位：首部枢纽、引水隧洞 S3＋600 以前段土建及金属结构安装工程为中国水利水电第九工程局有限公司；引水隧洞 A 标 S3＋600～S9＋600 为湖南省水利水电工程总公司；引水隧洞 B 标 S9＋600～S14＋800 为云南建工水利水电建设有限公司；引水隧洞 S14＋800 以后段调压井、压力管道、厂区枢纽土建及金属结构安装工程为中国水利水电第十四工程局有限公司；机电安装单位为中国水利水电第十工程局有限公司。监测单位为四川省西点电力设计有限公司，砂石骨料供应单位为四川省川建建筑有限公司乐山第二分公司，压力钢管由中国水利水电第十四工程局有限公司制作，闸门（拦污栅）由云南省水利机械有限公司制作。

（2）工程施工主要进展情况：2009 年 2 月 3 日，主体工程开工。2010 年，1 月 26 日完成大坝一期过水前的阶段验收，6 月 6 日完成坝前全部混凝土防渗墙工程，10 月 6 日完成大坝二期过水前的阶段验收。2011 年 6 月 24 日，闸坝坝体结构混凝土浇筑至设计坝顶高程 2935m。2013 年 5 月 25 日，大坝左右岸帷幕灌浆工程全部完成；5 月 27 日，首部枢纽分部工程验收完成；8 月 9 日，大坝安全鉴定完成；12 月 3 日，大坝蓄水阶段移民专项验收完成；12 月 17 日大坝蓄水验收完成。

截至 2013 年 12 月底，乡城水电站工程已具备投产发电的条件。计划 2014 年内完成机组启动验收后投入商业运行。

（中国水电顾问集团北京勘测设计研究院　李　猛）

国电新疆吉林台水电开发有限公司 2013 年工程建设情况

2013 年，国电新疆吉林台水电开发有限公司水电工程建设保持良好态势，工程建设项目稳固推进。

（一）尼勒克水电站

尼勒克一级水电站是伊犁喀什河流域八级梯级规划中的第六个梯级，径流式，采用引水式开发，以发电为主。工程主要由拦河引水枢组、引水渠道、压力前池、压力管道、电站厂房、尾水渠、泄水陡坡、退水渠等组成。引水渠道全长30.90km，电站装机容量240MW（4×60MW），多年平均年发电量12.79亿kW·h，保证出力126.4MW。工程总投资21.72亿元。

2013年7月21日，完成了引水渠道混凝土衬砌，比预计工期提前15d；7月27日，完成了二期截流及引水工程阶段验收；8月2日，一期围堰开始拆除；8月5日，二期围堰截流，渠道进入试通水阶段。

2013年8月，尼勒克一级水电站工程通过了新疆水利水电工程质量监督中心站组织的机组启动前质量监督检查；10月29日，2、3号机组完成72h试运行，正式并网运行，比预计投产发电时间提前30d。

（二）温泉水电站

温泉水电站位于新疆伊犁尼勒克县境内，是伊犁喀什河流域八级梯级规划中的第七个梯级；总装机容量135MW（3×45 MW），多年平均年发电量7.07亿kW·h（不调水）；水库总库容2.07亿m^3，调节库容1.15亿m^3，具有月调节能力。枢纽工程由大坝、深孔泄洪洞、表孔泄洪洞、引水发电洞、厂房等组成，大坝型式为混凝土面板堆石坝，坝高102m，采用地面厂房。规划主要送电范围为北疆电网。由于艾比湖工程实施时间推后，公司为合理利用水能资源，新增一台容量为45MW的机组。扩机工程项目于2013年4月28日获得新疆维吾尔自治区发展改革委批准。扩机后4台机组多年平均年发电量将达到7.29亿kW·h（不调水）。截至2013年12月31日，温泉水电站主体工程全部完工，4台机组已全部投产发电。

（三）萨里克特水电站

萨里克特水电站工程位于新疆伊犁尼勒克县的喀什河上游河段上，是伊犁喀什河流域八级梯级规划中的第一个梯级，主要由拦河引水枢纽、输水建筑物（引水渠道、引水隧洞）、前池、压力管道及电站厂房等主要建筑物组成，装机容量80MW。2013年6月17日引水隧洞全线完工。截至2013年12月31日，厂房土建工程已完成，共计完成土石方开挖287万m^3，土石方填筑130万m^3，完成混凝土浇筑14.06万m^3。

（四）塔勒德萨依水电站

塔勒德萨依水电站是伊犁喀什河流域八级梯级规划中的第二个梯级，装机容量80MW，引水设计流量140m^3/s，冬季最小流量9.75m^3/s，引水渠全长7.4km；保证出力5.26MW，装机年利用小时数3500h，多年平均发电量2.8亿kW·h。截至2013年12月31日，完成土石方开挖226万m^3、填筑103.456万m^3，完成混凝土浇筑9.635 8万m^3；已完成隧洞开挖1375m，剩余140m。

（国电新疆吉林台水电开发有限公司
周海江　李县辉）

国电新疆开都河流域水电开发有限公司2013年水电建设进展情况

（一）开都河中游河段水电前期进展情况

2013年9月，国电新疆开都河流域水电开发有限公司（以下简称“国电开都河公司”）取得了中国国际工程咨询公司《关于新疆开都河霍尔古吐水电站工程预可行性研究报告的审查意见》（咨能源〔2013〕2927号）和《关于新疆开都河哈尔嘎廷郭勒水电站工程预可行性研究报告的审查意见》（咨能源〔2013〕2928号）。

（二）柳树沟水电站工程建设情况

柳树沟水电站是新疆开都河中游新规划中的第五个电站，装机容量180MW（2×90MW），年发电量为6.9亿kW·h，为三等中型工程，以发电为主。

2013年4月，首台机组发电，7月第二台机组发电，并顺利完成转商运工作。全年无安全责任重大事故，无安全责任保卫事故案件的发生。

该工程2013年优化了大坝至厂房连接道路设计，由原来沿厂房右岸边坡的路线优化为1号渣场回填平台至厂房之字路，降低了路面坡度，在节省资金的同时更便于施工作业，避免了右岸边坡落石、塌方对道路行车的安全隐患。

（三）其他

（1）2013年科技创新方面，一是滚哈布奇勒项目科研攻关，研究解决高震区深厚覆盖层上建设面板坝的问题；二是对已实施完成的察汗乌苏水电站高震区深厚覆盖层上面板坝的科技项目的申报工作。

（2）察汗乌苏CDM项目，2009年9月14日在联合国CDM执行理事会一次性正式注册，成为中国国电集团公司成功注册的第一个水电CDM项目。2013年，察汗乌苏水电站CDM项目完成了联合国安排的第十二次后期核证工作。

（国电新疆开都河流域水电开发有限公司　杨宝先）

国电阿克苏河流域水电开发有限公司 2013 年水电工程建设情况

（一）前期项目进展情况

1. 大石峡水电站　由国电阿克苏河流域水电开发有限公司负责开发建设的大石峡水电站工程位于新疆维吾尔自治区阿克苏市温宿县境内的阿克苏河一级支流——库玛拉克河中下游温宿县与乌什县交界处，为库玛拉克河水电规划报告中的龙头水库工程。电站预可行性研究阶段设计装机容量为 600MW，年发电量约 20 亿 kW·h，拦河坝最大坝高约 250m。坝址区位于峡谷出口至上游约 3.80km 河段上，上游距国境线 35km（吉尔吉斯斯坦共和国），下游距规划的小石峡坝址约 14.70km，距阿克苏市约 100km。

2013 年，陆续完成了《大石峡水电站装机容量报告专题》、《大石峡水电站工程可能最大降雨》、《大石峡移民安置规划大纲（中间成果）》和《大石峡水电站坝型比选专题报告》、《奥库—大石峡综合利用专题报告》、《安全预评价报告》等专题的审查，其他各个专题也已完成初稿的编制。

2013 年，大石峡水电站已列入自治区"十二五"大中型水库建设规划。鉴于自治区发展改革委关于保持自治区低电价优势有关事宜的通知（新发改能价〔2013〕3401 号）限定水电上网电价为 0.235 元/(kW·h)，为适应市场环境，经请示国电新疆电力有限公司，决定大石峡水电站由"电口"核准改走"水口"审批。2013 年 7 月完成《大石峡水利枢纽项目建议书》修编，并报塔里木河流域管理局预审查。

2. 铁米尔苏河梯级水电站　铁米尔苏河位于新疆维吾尔自治区温宿县境内，为库玛拉克河左岸一支流，发源于天山南麓，河段全长约 60km。此次梯级规划中，铁米尔苏河水电梯级自上而下共布置了 3 个梯级，均采用右岸引水洞式开发，梯级总装机容量 312MW，总发电量 8.50 亿 kW·h。

2013 年 8 月 15～18 日，按照国家相关规定，由新疆维吾尔自治区发展改革委委托中国国际工程咨询公司对《阿克苏铁米尔苏河一、二、三级水电站水电项目核准申请报告》进行了评审。2013 年 11 月，铁米尔苏河一、二、三级水电站项目获得自治区发展改革委核准，核准文号分别为新发改能源〔2013〕3535 号、新发改能源〔2013〕3536 号、新发改能源〔2013〕3537 号。

（二）在建工程进展情况

1. 小石峡水电站　该电站位于温宿县与乌什县交界处，是库玛拉克河河段水电规划的第二级，为大石峡水电站的反调节电站，采用堤坝式开发，总装机容量 5×27.50MW，年均发电量 4.24/4.71 亿 kW·h（单独/联合运行）。工程动态投资为 10.2351 亿元（27.50MW 扩容机组另增加投资 8804 万元）。

2013 年 1 月 29 日，完成大坝备案登记，取得了大坝备案登记证。7 月 30 日，5 号机组完成 72h 试运行。至此，1～5 号机组全部通过 72h 试运行，正式并网发电。

2013 年 11 月 3 日，工程通过了竣工安全鉴定；11 月 6 日，通过达标投产竣工验收初验；11 月 17 日，通过了劳动安全与工业卫生专项验收；12 月 5 日，通过水土保持专项验收；12 月底，完成主体标合同内完工结算。

2. 台兰河一级、二级水电站　工程位于自治区阿克苏地区温宿县境内，一级水电站装机容量 48MW，多年平均年发电量为 1.50 亿 kW·h；二级水电站装机容量 48MW，多年平均年发电量为 1.53 亿 kW·h。

台兰河一、二级水电站工程，于 2013 年 8 月 9 日通过消防验收；11 月 16 日，通过达标投产竣工验收；11 月 17 日，通过劳动安全与工业卫生专项验收；12 月 22 日，通过水土保持专项验收；12 月底，完成主体三个标段合同内完工结算。

（三）安全生产

截至 2013 年 12 月 31 日，未发生人身重伤和较大及以上事故，基建项目实现全年安全施工。

（国电阿克苏河流域水电开发有限公司
彭荣兴　严新海　关祖滨　王仕军）

国电四川阿水电力开发有限公司 2013 年水电开发项目进展情况

国电四川阿水电力开发有限公司由国电四川发电有限公司（股比 90%）和阿坝州政府国有资产监督管理委员会（股比 10%）共同投资组建，现阶段主要负责阿坝州境内部分水电资源的开发和经营管理，计划用 8～10 年时间，完成上寨水电站、绰斯甲水电站、观音桥水电站和卜寺沟水电站的开发建设，形成总装机容量约 138.85 万 kW，年发电量约 58 亿 kW·h的水电生产能力。2013 年，各水电项目进展情况如下：

1. 绰斯甲水电站　2013 年 4 月 15 日，取得《绰斯甲水电站水工程规划论证报告》批文（长许可〔2013〕92 号）；6 月 20 日，完成《四川省绰斯甲河干流（曾克寺—麦斯卡）水电开发环境影响回顾性评价研究报告》审批（川环建函〔2013〕137 号），解除了绰斯甲河水电站开发的环境限制因素；7月15日，完成《绰斯甲水电站水资源论证报告》审批（长许可〔2013〕182号）；8月14日，取得国家电网公司印发的关于绰斯甲水电站工程接入电网意见的函（国家电网发展函〔2013〕54号）；8月26日，取得《绰斯甲水电站水土保持方案报告书》批文（水保函〔2013〕273号）；8月26日，完成《绰斯甲水电站环境影响报告书》预审；9月6日，完成《绰斯甲水电站可行性研究报告》预审；9月26日，取得绰斯甲水电站取水许可批文（长许可〔2013〕270号）；10月15日，完成《绰斯甲水电站社会稳定风险分析报告》在地方政府的审批（金川府〔2013〕63号）（壤府〔2013〕51号）；11月29日和12月2日，分别取得中国农业银行和中国工商银行的贷款承诺函。

2. 观音桥水电站　2013年2月4日，取得观音桥水电站接入系统方案的批复（川电发展〔2013〕62号）；3月5日，完成《观音桥水电站防震抗震设计专题》审查（川工咨〔2013〕121号）；8月22日，完成《观音桥水电站工程建设规划论证报告》审批（长许可〔2013〕237号）；10月24日，完成《观音桥水电站移民规划大纲》审批（川府函〔2013〕274号）；11月18日，取得《观音桥水电站水资源论证报告》批文（川水函〔2013〕1718号）；11月28日，完成《观音桥水电站移民规划报告》审查；11月27日，《观音桥水电站水生生物研究报告》通过水产局组织的审查；11月29日和12月2日，分别取得中国农业银行和中国工商银行的贷款承诺函。

（国电四川阿水电力开发有限公司　刘丽莎）

国电四川民和水电投资有限公司2013年工程建设情况

国电四川民和水电投资有限公司（以下简称“民和公司”）负责东义河流域水电开发。东义河流域规划建设14个梯级电站（含干流6级、支流龙达河2级和6个支沟电站），初拟总装机容量为51.94万kW。其中，分布在四川凉山州木里县境内电站3个，规划装机容量21.9万kW；分布在甘孜州稻城县境内电站11个，规划装机容量30.04万kW。

（一）项目前期工作

按照有储备、有重点、有保有压、着力提升发展质量和效益的原则，认真研究梳理前期项目，及时调整开发时序，转变前期工作理念，把前期工作的重点转到加强论证优化和降低工程投资上，转向效益好的项目。按照战略重要性、竞争力、价值创造能力等指标，对前期项目进行比选评优。重点突出色苦、俄桠、小水牙水电站核准工作和东义水电站的设计优化。

2013年，色苦水电站完成了110kV送出工程可行性研究和电站地质灾害、矿产压覆、水土保持和环境保持等专题审核工作。俄桠水电站完成地下水环境影响评价专题报告及环评报告编制；往子沟水电站概算调整报告取得甘孜州发展改革委批复，接入系统方案取得四川省电力公司批复；益地水电站完成了施工规划专题报告的复核、审查及渣场、料场优化调整报告的审查工作；东义水电站完成了电站预可行性研究报告初审、永久营地的设计方案审查及地质灾害评估。

（二）工程建设情况与管理

1. 往子沟水电站　已完成首部枢纽工程、引水隧洞开挖及支护、玻璃钢管安装、调压塔基础混凝土浇筑、主副厂房机电设备安装及部分设备静态调试，电站基本达到投产发电条件。

2. 益地水电站　已完成1、3、5、6号支洞及出线兼排风洞施工，基本具备主体工程开工条件。

3. 工程安全　修编完善安全管理制度12项、制定应急预案8项，排查安全隐患30起，增设防洪设备，完成防汛项目施工，成功应对“4·20”芦山地震及山洪暴雨泥石流灾害，实现安全度汛。截至2013年12月31日，实现连续安全生产1541d，再创安全生产新纪录。

（国电四川民和水电投资有限公司　袁超林）

毛滩水电站2013年建设进展情况

毛滩水电站位于青衣江干流夹江县顺河乡境内，为混合式开发，总装机容量10.5万kW（3×3.4万kW+1×0.3万kW），水库总库容3000万m^3，调节库容100万m^3，多年平均发电量5.08亿kW·h，年利用小时数4838h。

2013年，国电四川毛滩水电开发有限公司将确保工程安全度汛和实现投产发电作为重点工作目标，主要进行了电站闸坝、尾水渠等工程的修复重建，电站机电设备安装、防洪堤及排水沟、送出线路等工程的施工。完成了：①1～23号冲砂泄洪闸、尾水渠修复及剩余工程；②库区两岸防洪堤、厂房及厂坝的土建施工；③库区两岸排水沟贯通施工；④全厂金属结构设备安装调试；⑤1～4号水轮发电机主设备及公用、辅助设备的安装调试；⑥220kV开关站和送出工程施工。

毛滩水电站1、2号机组分别于2013年12月13、16日通过72h试运行，投产发电。3号机组也于2013

年12月30日进入72h试运行。4号机组计划于2014年1月6日完成72h试运行。

毛滩水电站工程建设，2013年基本完成，剩余尾工主要有排水沟部分工程、海漫修复、库区左岸防洪堤近坝段渗水处理和机组消缺等项目。

（国电四川毛滩水电开发有限公司　王晓明）

二瓦槽水电站

（一）工程概况

二瓦槽水电站位于四川省甘孜州丹巴县境内大渡河右岸一级支流革什扎河干流上，为革什扎河“一库四级”水电开发方案的第二个梯级；装机2台，总容量为9万kW，水库总库容为57万m^3，引用流量为32.5m^3/s。电站首部枢纽距厂址约13km，距丹巴县城45km。该工程的开发任务主要为发电，并兼顾下游生态环境用水要求，无防洪、航运、供水等综合利用要求。工程等别为三等，地震设防Ⅶ度。

该工程于2010年完成预可行性研究报告，并通过了四川省工程咨询研究院的审查。2011年4月，四川省发展改革委下发了《关于做好甘孜州革什扎河二瓦槽水电站可行性阶段前期工作的函》，并同意该预可行性研究报告评估意见。中国水电顾问集团成都勘测设计研究院受委托于2010年10月开始进行二瓦槽水电站可行性研究，2013年5月编制完成了二瓦槽水电站可行性研究报告。2013年8月，二瓦槽水电站可行性研究通过四川省发展改革委、能源局的审查。经四川发展改革委批准，2013年底，主体工程已开始招标施工。

（二）总体布置及主要建筑物

二瓦槽水电站由首部枢纽、引水隧洞、气垫式调压室、压力管道、地面厂房组成。

1. 首部枢纽　由泄洪闸、冲沙闸、左右岸混凝土挡水坝及取水口建筑物等组成。拦河闸坝轴线总长为137.50m，闸顶高程2823.00m，最大闸高24m。在主河槽左侧部位布置两孔净宽5m的泄洪闸，泄洪闸左侧布置净宽为2.5m的冲砂闸。冲沙闸的左侧布置有2个左岸挡水坝段。泄洪闸的右侧布置3个右岸挡水坝段。

为了避免水流对右岸堆积体的冲刷，并且改变水流流向，提高冲沙效果，在右岸此闸（坝）轴线上游布置混凝土重力式导墙，顶高程为2812.00m，导墙建基面以下布置深度为7～9m、厚1m的混凝土防冲墙。

2. 引水隧洞　取水口布置于河床左岸冲沙闸前侧，设2孔拦污栅闸，每孔净宽为3.2m。拦污栅闸后接16m长的渐变段，孔口净宽度由8m渐变为4.5m。渐变段后接进水闸，进水闸顺水流方向长8m，闸室底板高程为2806.00m，设置一道平板工作闸门，孔口尺寸为4.5 m×5.0m（宽×高），闸顶设置排架及启闭设备。引水隧洞采用“一坡到底”的高压引水隧洞形式，过水断面为城门洞型4.5 m×4.5m（宽×高）。隧洞从进水口至气垫式调压室全长11.307km，底坡i=0.004 923～0.054 59。隧洞沿线布置了6条施工支洞。

3. 气垫式调压室　气垫式调压室为长条形，布置在压力管道左侧，与压力管道中心线夹角为60°，与岩体最大主应力夹角28°（水平投影角度）。气室采用城门洞形断面，宽10m，高16～15.3m，长70m；采用钢筋混凝土夹钢板方式封闭气室内高压气体。气室底板做成倾向连接井的1%的斜坡，以利于在引水建筑物放空检修时气室内水体的放空。气室采用平压系统平衡气室内气压力和气室外水压力，平压系统由平压钢管和平压孔组成。调压室临界稳定体积为4426m^3；气室设计气压P_0=3.075MPa，调压室的稳定气体体积7741m^3；机组丢荷时，调压室最大气体压力为3.69MPa；机组增荷时，调压室最小气体压力为2.65MPa。

4. 压力管道　压力管道布置为地下埋藏式，采用一条主管，经一个“Y”形岔管分为两条支埋管分别向厂房内两台机组供水的联合供水布置方式。压力管道主管长605m，钢衬段主管内径2.8m；支管内径2.0m，最长为81.997m。岔管采用月牙肋内加强“Y”形岔管，分岔管60°。

5. 主副厂房及GIS楼

（1）主厂房宽度19.5m，总长度55.5m，其中主机间长35.0m，安装间长20.5m。主机间内安装2台单机容量为45MW的混流式水轮发电机组。

（2）副厂房和GIS楼相结合布置于主厂房上游侧（靠山体一侧），平面尺寸为65.5m×13.5m（长×宽）。

（三）水力机械与接入系统

二瓦槽水电站采用2台45MW的混流式水轮发电机组。水轮机额定转速500r/min，最大工作水头344.4m，最小工作水头309.7m，额定水头316.0m，额定流量16.5m^3/s。

二瓦槽水电站设置革什扎河梯级开发方案“一库四级”电站中的梯级联合开关站，220kV出线三回并预留一回。三回出线中，第一回至丹巴500kV变电站，线路长度约为45km；第二回至大桑，线路长度约为10km，第三回至两河口，线路长度约为15km。

（中国水电顾问集团成都勘测设计院有限公司　刘吉祥　唐　兰）

华能涪江古城水电站并网发电

2013年12月31日，华能涪江古城水电站两台机组顺利完成72h试运行，成功并网发电。

涪江古城水电站位于四川省绵阳市平武县境内，为嘉陵江右岸一级支流涪江上游干流河段“一库四级”梯级规划的第二个梯级，由华能涪江水电开发有限公司开发。该电站为低闸引水式，闸坝最大坝高19m，坝轴线长202m；引水隧洞全长约6900m，断面为圆形，内径9.5m，开挖直径达11.5m；装机容量为2×5万kW，单独运行多年平均年发电量3.761亿kW·h、年利用小时3761h，与上游铁笼堡水电站联合运行多年平均年发电量4.025亿kW·h、年利用小时4025h；供电四川电网。

工程于2010年12月开工建设。2013年1月，引水隧洞混凝土衬砌浇筑完成；6月，首部枢纽闸坝工程全部完工。

华能涪江水电有限责任公司成立于2002年，由华能四川水电有限公司和平武县光大国有投资（集团）有限公司分别按95%、5%的比例出资组建，主要负责涪江流域水电的开发建设和生产经营。所属电站有自一里水电站（13万kW）、水牛家水电站（7万kW）、木座水电站（10万kW）、阴坪水电站（10万kW）、红岩水电站（2.40万kW）。2010年，与华能明台电力有限责任公司（成立于1994年，由华能四川水电有限公司、四川省水电投资经营集团永安电力股份有限公司、绵阳市电力公司分别按53.73%、42.99%、3.28%的比例出资组建，辖管4.50万kW的明台水电站）采用“两块牌子一套班子”的管理模式管理涪江流域电站。在涪江上游干流，除古城水电站外，公司正致力于高坪铺水电站（9.20万kW）、小坪子水电站（10万kW）和铁笼堡水电站（28万kW）等项目的开发建设。

（华能四川水电有限公司）

贵州都柳江从江航电枢纽工程进展情况

贵州都柳江从江航电枢纽工程位于贵州省黔东南州从江县境内，处于柳江干流中上游都柳江河段，为都柳江干流梯级规划中的第11级。该航电枢纽为三等中型工程，通航船闸等级为Ⅳ级，航道等级为Ⅴ级，船闸年设计通过能力390万t，过船吨位500t；坝顶高程为205.3m，总长350.66m；水库正常蓄水位193m，总库容5476万m^3；电站总装机容量2×22.5MW，年发电量1.7321亿kW·h。

都柳江从江航电枢纽工程土建施工及金属结构安装Ⅰ标，由中国水利水电第五工程局有限公司承担。主体工程项目包括：发电厂房工程、一期泄水闸坝工程、左岸重力坝工程、左岸护坡工程、厂房和泄水闸金属结构及设备安装以及一期施工导流工程等。工程于2013年3月26日正式开工建设。2013年共完成主体工程土石方明挖65万m^3；钢筋制作安装500t；混凝土浇筑2.4万m^3；土石方回填9万m^3；高压摆喷灌浆5089.5m。

（中国水利水电第五工程局有限公司　李荣清）

雅砻江中上游水电开发2013年进展情况

2013年，雅砻江中上游各项目工作进展情况如下：

（一）雅砻江中游水电站

根据已审定的雅砻江中游河段开发方案以及2012年勘测设计成果，中游河段规划两河口（3000MW）、牙根一级（260MW）、牙根二级（1080MW）、楞古（2575MW）、孟底沟（2400MW）、杨房沟（1500MW）和卡拉（980MW）等7级开发。其中两河口梯级为雅砻江干流中下游河段“龙头”水库，具有多年调节能力。

1. 两河口水电站　坝址位于四川省甘孜州雅江县境内。电站的开发任务为发电，结合汛期蓄水兼有减轻长江中下游防洪负担的作用。水库正常蓄水位2865m，总库容108亿m^3，具有多年调节性能。电站装机容量3000MW，多年平均年发电量约114亿kW·h，项目总投资约663亿元。枢纽工程主要由砾石土心墙堆石坝、泄水及地下引水发电系统等建筑物组成，砾石土心墙堆石坝最大坝高295m，是世界最高的土石坝之一。2013年，两河口水电站可行性研究报告通过审批，环境影响评价报告书获批；向国家发展改革委正式报送项目申请报告。截至2013年底，累计完成投资约91.95亿元。

2. 牙根一级水电站　该电站为两河口水电站的下游衔接梯级，位于四川省甘孜州雅江县境内。电站正常蓄水位2605m，相应库容为4140万m^3，装机容量260MW，与两河口水电站联合运行时多年平均年发电量11.41亿kW·h。枢纽建筑物由混凝土闸坝和河床式厂房组成，闸坝最大坝高62.10m。电站总投资约49亿元。牙根一级水电站于2010年启动预可行性研究设计工作，2012年完成；2013年正常蓄水位选择专题报告、机组台数和机组型式选择专题报告通过审查。

3. 牙根二级水电站　该电站为雅砻江中游第三个梯级电站，位于四川省甘孜州雅江县境内。枢纽建筑物由碾压混凝土重力坝、坝身泄洪消能建筑物、左岸引水发电系统等组成。碾压混凝土重力坝最大坝高153m。坝址控制流域面积7.11万km^2，多年平均流量745m^3/s。电站开发主要任务为发电，水库正常蓄水位2560m以下库容2.54亿m^3，调节库容1.09亿m^3，总装机容量1080MW，多年平均年发电量44.11亿kW·h（与上游两河口梯级联合运行）。工程总投资约189亿元。2010年12月，预可行性研究报告通过审查。2013年，装机容量选择专题报告通过审查；获省政府下达"封库令"并基本完成移民实物指标调查外业工作。

4. 楞古水电站　该电站是雅砻江中游第四个梯级电站，位于四川省甘孜州康定县、雅江县交界处；初拟正常蓄水位2475m，相应库容1.71亿m^3，初选电站装机容量2575MW，与两河口水电站联合运行时多年平均年发电量117.40亿kW·h，总投资为435亿元。楞古水电站采用混合式开发，工程枢纽由拦河大坝、长引水系统、地下厂房系统等建筑物组成。2013年积极推进可行性研究阶段勘察设计工作。

5. 孟底沟水电站　该电站是雅砻江中游第五个梯级电站，位于四川省甘孜州九龙县与凉山州木里县交界处；正常蓄水位2254m，相应库容8.53亿m^3，初选装机容量2400MW，与两河口水电站联合运行时多年平均年发电量99.43亿kW·h，项目总投资约306亿元。孟底沟水电站采用坝式开发方式，工程枢纽由挡水建筑物、泄水建筑物、引水发电系统组成，拦河大坝为混凝土双曲拱坝，最大坝高201m。2013年，可行性研究阶段坝址坝型及枢纽布置选择专题通过审查。

6. 杨房沟水电站　该电站是雅砻江中游第六个梯级电站，位于四川省凉山州木里县境内；正常蓄水位2094m，水库总库容5.12亿m^3，调节库容0.54亿m^3，装机容量为1500MW，与两河口水电站联合运行时多年平均年发电量68.56亿kW·h，项目总投资约204亿元。枢纽建筑物由混凝土双曲拱坝、坝身泄洪消能系统、左岸引水发电系统等建筑物组成。混凝土双曲拱坝最大坝高155m。2013年，可行性研究报告通过审批，环境影响评价报告通过技术审查。

7. 卡拉水电站　该电站是雅砻江中游的最末一级水电站，位于四川省凉山州木里县境内；正常蓄水位1987m，总库容2.47亿m^3，调节库容0.37亿m^3，具有日调节能力；电站装机容量980MW，与两河口水电站联合运行时多年平均发电量45.35亿kW·h,项目总投资约132亿元。枢纽建筑物由碾压混凝土重力坝、坝身泄洪消能建筑物、右岸引水发电系统等建筑物组成。碾压混凝土重力坝最大坝高126m。2013年，建设征地及移民安置规划大纲基本完成编制工作，交通专用公路全线贯通。

（二）雅砻江上游水电站

2013年，雅砻江上游水电规划和环评规划完成编制工作，甲西、共科、新龙、仁达预可行性研究报告基本完成，甲西、共科、新龙、乐安、仁达、林达、格尼7个梯级启动筹建工程建设，上游输电规划报告基本完成编制工作。

（雅砻江流域水电开发有限公司　姚　雷）

国电大渡河流域水电开发有限公司 2013年前期项目筹建情况

2013年，大渡河公司流域水电前期项目筹建工作稳步推进，取得了重要进展。

（一）双江口水电站

双江口水电站位于四川省阿坝州马尔康县、金川县交界处，是大渡河干流上游的控制性枢纽工程，电站设计装机容量200万kW。截至2013年12月31日，双江口水电站工程场内交通已基本形成，左岸初期导流洞已具备过水条件，坝肩开挖已接近水面，整个工程已初步具备截流条件。2013年6月，环保报告取得环保部批复，可行性研究报告获得水电水利规划设计总院同意，社会稳定风险分析报告通过审查评估。2013年双江口项目完成了可行性研究收口和项目评估，取得项目核准所需全部支撑性文件，并在四川水电行业中率先完成社会稳定风险评估，取得大渡河干流梯级电站首个选址意见书。

（二）金川水电站

金川水电站位于四川省阿坝州金川县大渡河干流上，选定装机容量86万kW，枢纽布置主要由混凝土面板堆石坝、左岸引水发电系统及右岸泄洪建筑物组成。截至2013年12月31日，金川水电站S211改线公路工程、下游永久大桥、上游临时索道桥、灌浆试验、改线路Ⅰ标K0＋480-K0＋630段塌滑体处理混凝土挡墙均已完工。2013年9月，项目可行性研究报告获得水电水利规划设计总院审查意见；12月，环境保护报告取得批复。

（三）安宁、巴底水电站

巴底水电站分为安宁、巴底两个梯级开发，规划总装机容量110万kW，位于大渡河上游阿坝州境内。安宁水电站设计装机容量38万kW，枢纽建筑物由最大坝高66m的沥青混凝土心墙堆石坝、左岸开敞式溢洪道、左岸泄洪放空洞、右岸引水发电系统等组成。巴底水电站设计装机容量72万kW，枢纽建筑物由最大坝高97m的沥青混凝土心墙堆石坝、左岸开敞式溢洪道、左岸泄洪放空洞、右岸地下厂房和引水系统等组成。2013年，安宁、巴底项目完成可行性研究报告（枢纽工程）咨询后的修改、完善工作，首次在前期项目中完成可行性研究阶段设计优化专题报告，并完成水土保持报告书的预审。

（四）丹巴水电站

丹巴水电站位于甘孜州丹巴县境内大渡河干流上，规划装机容量119.66万kW。枢纽建筑物主要由最大坝高42m的混凝土闸坝、泄水建筑物、输水建筑物、发电厂房等组成。2013年，丹巴项目开展了实物指标调查，重大科研完成中间成果协调，枢纽设计按计划进行。

（五）枕头坝二级水电站

枕头坝二级水电站为大渡河枕头坝河段两级堤坝式开发的第二级，坝址位于四川省乐山市金口河区上游，初拟装机容量24.6万kW。2013年枕头坝二级项目完成预可行性研究审查，重点对坝址选择问题开展了专题研究。

（六）沙坪一级水电站

沙坪水电站位于四川省乐山市金口河区和峨边彝族自治县境内大渡河干流上，分两级开发，总装机容量为62.8万kW。沙坪一级水电站初拟装机容量33万kW，多年平均发电量15.33亿kW·h。2013年4月，沙坪一级项目通过预可行性研究审查，重点对库区公路复建标准和有关部位防洪标准等重点问题进行了复核，即将完成预可行性研究收口。

（七）老鹰岩水电站

老鹰岩水电站规划装机容量64万kW，位于大渡河中游雅安市境内。2013年老鹰岩项目完成了开发方式研究。

（八）帕隆藏布流域

帕隆藏布位于西藏自治区东南部，是雅鲁藏布江左岸一级支流。根据初步规划成果，帕隆藏布规划“一库八级”，从上至下依次为安目（28万kW）、甲忠（33万kW）、松宗（年调节、110万kW）、连得（70万kW）、比通（137万kW）、通麦（100万kW）、新玉（248万kW）、帕隆（450万kW），初拟总装机容量约1176万kW。2013年，帕隆藏布完成了规划大纲和规划环评大纲评审。

（国电大渡河流域水电开发有限公司　明书勤）

去学水电站工程建设进展情况

（一）工程概况

去学水电站位于金沙江二级支流硕曲河上，距四川甘孜州得荣县城约40km，距云南香格里拉县城126km。工程建筑物处于四川甘孜州得荣县境内，水库淹没区长18.56km，其中15.56km位于云南迪庆州香格里拉县境内（东旺河），3km位于四川甘孜州得荣县境内（许曲河）。坝址位于得荣县古学乡毛屋村上游峡谷河道中，距四川省与云南省边界约3km，多年平均流量84.2m^3/s，电站引用流量158.1m^3/s，利用落差212m。去学水电站的开发任务以发电为主，正常蓄水位2330m，水库总库容1.326亿m^3，属季调节水库；安装2台额定容量123MW立轴混流式水轮发电机组，总装机容量246MW，保证出力71.4MW，多年平均发电量10.833亿kW·h；供电范围为四川省电网，送往甘孜州乡城500kV变电站。

该电站枢纽工程主要是由沥青混凝土心墙堆石坝、右岸洞式溢洪道、右岸泄洪洞、左岸输水系统、左岸地下厂房等部分组成，为二等大（2）型工程。沥青混凝土心墙堆石坝坝顶高程为2334.20m，坝顶长219.85m，坝顶宽15m；最大坝高164.2m，心墙最大高度132m。

去学水电站由大唐香电得荣电力开发有限公司开发，由中国水电顾问集团北京勘测设计研究院有限公司负责设计；施工总工期42个月，第一台机组发电工期39个月。

（二）工程进展情况

1. 2012年工程进展情况　2012年3月，去学水电站现场施工供电系统建成投入运行；2012年6月业主营地建成。2012年8月下旬施工单位首批人员进场。截至2012年12月31日，去学水电站项目进展情况如下：1号施工支洞洞身开挖至K0+060m；5号公路路基开挖完成；毛屋村营地下游场平A、B、C、D区进行土石方开挖、清表、挡土墙基础处理及挡土墙砌筑；3号公路的3-1号隧道出口至3号施工支洞进口之间的路基部分施工基本完成；3-1号隧道洞身开挖进尺110m并完成洞身支护35m；3号施工支洞洞脸支护完成，并完成洞身开挖进尺20m；下拥沟营地场平D、E、G区挡土墙进行砌筑；导流洞施工支洞洞挖及支护完成；导流洞施工支洞与主洞衔接部位30m洞身开挖、支护完成。

2. 2013年工程进展情况　2013年8月28日和8月31日，在距工程区约28km的云南香格里拉县与德钦县、四川省德荣县交界处，相继发生了5.1级和5.9级地震，造成工程区对外交通部分路段塌方和坝址区右岸扰动边坡的稳定状态恶化，影响导流洞进、出口施工。11月19日，电站所在地发生洪水，造成导流洞上游围堰冲毁、导流洞过流、沿河道路和挡墙损毁，严重影响了工程进度。在此情况下，电站建设者克服地震、洪水造成的困难，完成了前期场内施工道路、营地建设等工作，加紧导流隧洞、引水发电系统等建筑物施工，为2014年全部进入主体工程施工奠定了基础。

截至2013年12月底，已完成的工程项目有：引水隧洞1号施工支洞，总长443m；引水隧洞2号施工支洞，总长137m；引水隧洞3号施工支洞，总长346m；3-1交通隧洞，总长724m；4-1、4-2、4-3交通隧洞，总长757m；下拥沟、毛屋村等承包商营地场平及营地建设。正在开展的工程项目中，左岸交通支洞总长793m，已完成开挖支护680m；4号交通洞总长1090m，完成开挖支护20m；拦河坝导流隧洞总长780m，已完成全洞开挖，衬砌工程量还剩余100m；引水隧洞总长6.0km，完成1.0km上半洞开挖支护；厂房通风洞进尺140m；厂房交通洞进尺116m；引水调压井通气洞进尺8m。首部枢纽处于施工准备阶段，尚未正式开工。

（中国水电顾问集团北京勘测设计研究院有限公司
杨 健 刘海宇 刘士佳）

大华桥水电站项目进展情况

（一）概况

大华桥水电站位于云南省怒江州兰坪县兔峨乡境内的澜沧江干流上，是澜沧江上游河段规划推荐开发方案的第六级电站，上、下游梯级分别为黄登和苗尾水电站；坝址距昆明市公路里程约588km、距大理市257km、距兰坪县城77km，控制流域面积9.26万km^2，多年平均流量925m^3/s。该电站开发任务以发电为主，为二等大（2）型工程。水库总库容2.93亿m^3，正常蓄水位1477.00m，相应库容2.62亿m^3，死水位1472.00m，调节库容0.413亿m^3；电站额定水头62.5m，安装4台单机容量为230MW的混流式水轮发电机组，总装机容量为920MW，多年平均年发电量为44.4亿kW·h，年发电利用小时数为4501h。

电站施工导流采用断流围堰一次拦断河流，枯水期围堰挡水、导流隧洞泄流，汛期基坑和导流隧洞联合泄流，基坑内枯水期施工的导流方式。

工程施工总工期为69个月，其中施工准备期10.5个月，主体工程施工期49.5个月，完建期9个月；首台机组发电工期为60个月。2010年7月工程开始筹建准备工作，计划2014年11月实现大江截流，2018年6月首台机组发电。

（二）主要建筑物

大华桥水电站为堤坝式开发，枢纽主要建筑物由挡水建筑物、泄洪消能建筑物和引水发电建筑物等组成。

挡水建筑物为碾压式混凝土重力坝，坝轴线直线布置，坝顶高程1481.00m，最大坝高为106m，坝顶长度231.5m。

泄洪消能排沙建筑物由5个溢流表孔、1个泄洪底孔联合泄洪排沙。泄洪表孔坝段布置在主河床，孔口尺寸13.5 m×17m（宽×高），采用宽尾墩+台阶溢流面+戽式消力池消能。泄洪底孔坝段布置在表孔坝段左侧，孔口尺寸6 m×8m（宽×高），采用异型鼻坎挑流消能工。

电站进水口采用岸塔式，“一”字型并排布置。压力管道采用一管一机布置，共4条，每条长179.43m，采用60°斜井布置，除下平段采用钢板衬砌外，其他均采用混凝土衬砌，衬砌厚度0.8m。

地下厂房由主厂房和副厂房组成，主厂房包括主机间和安装间。主机间、安装间、副厂房呈“一”字形布置。主机间内布置4台机组，安装间布置在主机间左端，副厂房布置在主机间右端。地下厂房开挖尺寸为196.0m×27.8m×68.5m（长×宽×高），其中主机间为122.0m×27.8m×68.5m，安装间为56.85m×27.8m×27.8m，副厂房为17.15m×27.8m×38.6m。

地下厂房和主变压器洞通过母线洞相连，母线洞采用“一机一洞”布置，断面尺寸为7.5 m×7.5m，母线洞长度为41.0m。主变压器洞平行布置于主厂房和尾水调压室之间，开挖尺寸为130.40m×17.5m×19.5m，分两层布置。

尾水管洞连接机组尾水管扩散段和尾水调压室，一机一洞，共四条，每条长74.9m，截面为城门洞形，尺寸为10.8m×15.7m（宽×高）。尾水调压室采用矩形长廊阻抗式，两个调压室总长160m，闸门检修平台以下宽20m，以上宽21m，中间设置10m厚的中隔墙将调压室分为1号和2号两个调压室。尾水调压室上游侧并排布置4孔检修闸门，闸孔尺寸10.8m×15.7m（宽×高）。尾水隧洞采用“两机一洞”的布置形式，共两条，洞径均为16m，1号尾水隧洞长为655.16m，2号尾水隧洞长692.00m，均采用钢筋混凝土衬砌，厚度为0.8m。两个出水口布置在坝轴线下游约2.5km处的左岸岸边，采用岸塔式结构，孔口尺寸为12.6m×16m（宽×高）。

（三）设计进展情况

中国水电顾问集团北京勘测设计研究院有限公司（以下简称“北京院”）受华能澜沧江水电有限公司委托，承担大华桥水电站的勘测设计任务。

2004年9月，大华桥水电站预可行性研究工作正式开始；2006年6月，北京院完成了《云南省澜沧江大华桥水电站预可行性研究报告》；2008年9月，预可行性研究报告通过了水电水利规划设计总院会同云南省发展改革委主持的审查。

2009年，北京院完成大华桥水电站可行性研究正常蓄水位选择专题报告、枢纽布置比选专报告、施工总布置规划专题报告。2010年6月，北京院编制完成了《云南澜沧江大华桥水电站“三通一平”工程水土保持方案初步设计报告书（报批稿）》；6月24日，云南省水利厅以云水保〔2010〕150号《云南省水利厅关于澜沧江大华桥水电站“三通一平”工程水土保持方案初步设计报告的批复》对该报告书进行批复。2012年6月，北京院编制完成《云南澜沧江大华桥水电站工程水土保持方案报告书（送审稿）》；7月21～22日，受水利部水土保持司委托，水电水利规划设计总院在云南昆明组织召开了《云南澜沧江大华桥水电站工程水土保持方案报告书（送审稿）》技术审查会议，该水土保持方案报告书顺利通过了专家审查；2013年，水利部以水保函〔2013〕120号文件对方案报告书进行了批复。2013年10月，北京院最终完成了《云南澜沧江大华桥水电站可行性研究报告》；12月11日，该可行性研究报告通过了水电水利规划设计总院、云南省发展改革委组织的专家审查。

截至2013年12月底，由北京院编制的大华桥水电站项目申请报告已基本完成，准备提交国家发展改革委。项目即将通过核准、正式开工。

（中国水电顾问集团北京勘测设计研究院有限公司 高永辉 马世军）

枕头坝一级水电站工程建设情况

枕头坝一级水电站位于四川省乐山市金口河区大渡河干流上，安装4台单机容量为18万kW的水轮发电机组，总装机容量72万kW，多年平均发电量32.9亿kW·h；由国电大渡河枕头坝水电建设有限公司负责建设和管理，中国水电顾问集团贵阳勘测设计研究院有限公司负责设计。2012年5月8日，主体工程正式开工建设。

截至2013年底，工程共计完成土石方开挖约680万m^3，混凝土浇筑约130万m^3；电站左岸堆积体开挖及过坝公路修建、库区S306公路复建已经基本完成，二期基坑主体已经完成混凝土覆盖，正进行结构混凝土的浇筑施工。主要工程形象进度如下：

（1）左、右岸非溢流坝段混凝土浇筑至坝顶626.50m高程。

（2）厂房坝段混凝土浇筑：1号机进水口浇筑至622.00m高程、2号机进水口浇筑至619.00m高程，3、4号机进水口浇筑至坝顶626.50m高程；1～3号主机间浇筑到锥管层，4号机主机间浇筑至母线层；尾水副厂房，1、3号机浇筑至主变层，2、4号机浇筑至电缆层；尾水平台已经浇筑到顶部601.50m设计高程；安装间浇筑完成，并完成屋顶网架的安装。

（3）1、2号泄洪闸坝段浇筑至坝顶626.50m高程，消力池浇筑至577.00m高程；3～5号泄洪闸（兼二期导流明渠）浇筑至602m高程。

（4）机电安装：厂房内2×420t桥式起重机和125t桥式起重机负荷试验完成；4号机完成机组座环、机坑里衬的安装，1～3号机组完成肘管、锥管的安装；进水口门机安装完成，尾水门机安装完成，正进行尾水闸门的安装。

（5）大坝帷幕灌浆共完成14 600m，已经基本完成帷幕灌浆工程量。

（6）尾水左挡墙下游灌注桩混凝土累计完成287根，完成设计总量318根的90.2%。

（7）鱼道工程已开工，主要进行基础开挖和槽身支墩灌注桩的施工。

枕头坝一级水电站建设征地涉及直迁人口为573人，已经基本完成移民安置工作。2013年12月下旬，电站蓄水安全鉴定开展了第一次现场活动。预计于2014年10月首台机组具备发电条件，2015年5月，全部四台机组投产发电。

（中国水电顾问集团贵阳勘测设计研究院有限公司 陈小东）

枕头坝二级水电站工程简介

枕头坝二级水电站为大渡河枕头坝河段两级堤坝式开发的第二级，其上一级为正在建设的枕头坝一级水电站，下一级为沙坪一级水电站。坝址位于四川省乐山市金口河区上游，距成都市约260km，省道S306公路从库、坝区左岸通过，成昆铁路沿工程区左岸通过。坝址处控制流域面积73 197km^2，多年平均流量1360m^3/s。电站开发任务为发电，兼顾库区取水，采用堤坝式开发；初拟正常蓄水位592m，最大坝高57m，装机容量246MW，多年平均发电量12.19亿kW·h，水库总库容0.115亿m^3，为径流式电站。

该电站为三等中型工程，推荐枢纽布置由左岸非溢流坝段、泄洪闸坝段、河床厂房坝段以及右岸非溢流坝段组成。坝顶高程 594.00m，坝顶总长 393.75m，最大坝高 57m。

泄水建筑物为开敞式泄洪闸，共设 7 孔，单孔尺寸为 11m×20m（宽×高）。泄洪闸坝段长 115m，闸室顺水流方向长度 52.00m。泄洪闸上游设置混凝土铺盖，长 50.00m，下游设长 100.00m 的混凝土消力池，消力池基础为砂卵砾石层基础。

河床式厂房布置在河床右侧，安装 6 台单机容量为 41MW 的灯泡贯流机组。主机间段长度 126.2m，顺水流方向厂房总宽度 76.5m，由进水口段、主机间、下游副厂房及 GIS 开关站、尾水闸墩等组成。安装间布置在厂房主机间左端岸边。

左、右岸布置非溢流重力坝坝段。左岸坝段长 44.25m，坝顶宽 8m，最大坝高 34.00m，下游坡比 1：0.75，坝顶设泄洪闸检修门库。右岸坝段长 108.3m，坝顶宽 8m，最大坝高 53.00m，下游坡比 1：0.75，坝顶设进水口检修门库。

鱼道布置在右岸，主要由鱼道进口、梯身、鱼道出口等建筑物组成。

该工程导流分为 2 期。主要导流挡水建筑物包括一期纵向围堰、二期上下游围堰及纵向混凝土导墙，主要导流泄水建筑物包括一期束窄河床、左岸 3～7 号泄洪闸。

工程总工期 5 年 6 个月，施工准备期 5 个月，主体工程施工期 4 年 3 个月，工程完建期 10 个月。

枕头坝二级水电站由国电大渡河枕头坝水电建设有限公司负责建设和管理，中国水电顾问集团贵阳勘测设计研究院有限公司负责设计。项目预可行性研究报告于 2013 年 7 月通过了水电水利规划设计总院审查。

（中国水电顾问集团贵阳勘测设计研究院有限公司 陈 琰）

抽 水 蓄 能 工 程

溧阳抽水蓄能电站 2013 年建设情况

2013 年是溧阳抽水蓄能电站主体土建工程施工高峰年和攻关年，也是从土石方开挖、大坝填筑向混凝土浇筑、钢管制作安装和机电设备安装的转折年。经过参见各方共同努力，工程总体进展顺利，安全、质量、投资管理目标均已实现。

（一）主体工程量及投资完成情况

2013 年，主体土建完成工程量为：石方明挖 381 万 m^3，堆石填筑 596.72 万 m^3，库底过渡料回填 19.04 万 m^3；土建工程实际完成投资 56 276 万元。截至 2013 年底，工程开工以来枢纽工程累计完成投资 323 510 万元。

（二）主要项目工程形象进度

1. 上水库主坝及下水库工程（C1 标）

（1）上水库主坝：填筑至高程 291.5m，主堆石区填筑 241 万 m^3，下游堆石区填筑 200 万 m^3，反滤料填筑 3.5 万 m^3，增模区填筑 73.2 万 m^3，过渡料填筑 56.7 万 m^3，垫层料填筑 17.7 万 m^3，网格梁吊装完成 8240 件。

（2）下水库工程：2013 年全年石方开挖完成 381 万 m^3；库岸边坡喷混凝土支护 9685m^3；贴坡混凝土 17 989m^3。石方开挖累计完成 1882.0 万 m^3，边坡喷护累计完成 14 668m^3，贴坡混凝土累计完成 21 834m^3。

（3）下水库进出水口工程：开挖支护工作完成，完成渐变段、闸门井、扩散段、拦污栅、明渠底板混凝土总计 37 039m^3。

2. 上水库库盆工程（C2 标）

（1）库岸工程：295m 高程以下库岸开挖施工完成，完成石方开挖 288 553m^3。完成 27 号岩脉刻槽置换及深挖区换填混凝土浇筑 4458m^3，钢筋制作安装 80.05t，锚筋桩 68 根，锚杆 459 根，挂网钢筋 17.7t，喷混凝土 562m^3。完成乳化沥青施工 87 025.85m^2，完成无砂混凝土浇筑 19 661m^3。

（2）库底工程：库底排水廊道开挖全部完成，浇筑混凝土 18 000m^3；库底二期填筑完成；库底过渡料填筑除进/出水口区域外全部施工完成，共计完成过渡料填筑 190 403m^3。

（3）副坝工程：1 号副坝完成乳化沥青施工 11 030.668m^2；面板混凝土浇筑 2426m^3，钢筋 112.12t；无砂混凝土浇筑 1010m^3。2 号副坝完成坝体填筑 4.62 万 m^3。

（4）上水库进出水口工程：1 号进出水口塔井座

段混凝土累计完成 3489m³，钢筋制作安装 340t。2 号进出水口塔井座段混凝土累计完成 300m³。

3. 引水系统及地下厂房工程（C3 标）

（1）主厂房：已开挖至第Ⅶ层，其中 4、5、6 号机开挖支护完成；6 号机弯肘段已完成Ⅲ层混凝土浇筑，5 号机机窝弯肘段混凝土浇筑完成，4 号机弯肘段准备混凝土浇筑。桥机已完成安装，网架安装平台搭设完成，具备网架施工条件。

（2）引水隧洞：开挖支护工作已完成，2 号竖井开挖支护工作已基本完成，1 号竖井开挖支护完成 70%。压力钢管成品制作完成 43%，引水支管钢管安装完成约 45%，引水上半段完成 8%。

（3）主变压器洞：顶拱底脚锚索造孔累计完成 18 索，下索灌浆累计完成 18 索，张拉累计完成 10 索；下游腰线新增锚索造孔 8 索，下索灌浆 4 索；下部坑槽支护完成 41.4%。1、2 号事故油池顶板混凝土浇筑完成，3 号事故油池顶板混凝土备仓中。到主厂房电缆廊道开挖支护完成。

（4）母线洞：1、2、3、4、5、6 号母线洞衬砌混凝土分别完成 100% 、67.2%、89.6%、67.8%、100%、100%。

（5）尾水闸门室：完成第Ⅰ、Ⅱ、Ⅲ层开挖支护。

4. 尾水系统工程（C4 标）

（1）尾水主洞：1、2 号尾水主洞顶拱混凝土衬砌完成，正进行底拱开挖及混凝土衬砌，完成衬砌长度的 40%。

（2）尾水调压井：1 号尾水调压井扩挖完成 42%，2 号尾水调压井扩挖完成 20%。

（3）自流排水洞：开挖到桩号 1＋383m，剩余 12m。

5. 安全监测工程（C5 标） 完成多点位移计安装 641 套、锚索测力计 329 套、锚杆应力计 584 支、钢筋计 96 支、钢板计 63 套、渗压计 89 支、测缝计 64 支、水管式沉降仪 60 套、土体位移计 18 支、土压力计 16 支、应变计 26 支、无应力计 10 套、测斜孔 9 个、观测墩 77 个。

（三）工程建设质量情况

2013 年度，主体工程项目评定 4249 个单元工程，合格率 100%，其中优良单元 4034 个，优良率 95.1%。

（四）安全生产情况

2013 年，溧阳抽水蓄能电站工程安全生产总体平稳，未发生各类安全生产事故。截至 2013 年 12 月 31 日，已实现连续安全生产无事故 1845d。

（中国水电顾问集团中南勘测设计研究院有限公司 宁永升）

呼和浩特抽水蓄能电站 2013 年建设情况

呼和浩特抽水蓄能电站位于内蒙古自治区呼和浩特市东北部的大青山区，距呼和浩特市中心约 20km；额定水头 521m，总装机容量为 1200MW（4×300MW），设计年发电量 20.075 亿 kW·h，年抽水电量 26.767 亿 kW·h，年发电利用小时数 1673h，年抽水利用小时数 2174h。枢纽主要由上水库、水道系统、地下厂房系统、下水库工程组成。工程建成后投入蒙西电网运行，承担系统调峰、填谷、调频、调相以及事故备用的任务。项目于 2006 年 8 月通过国家发展改革委核准。

2013 年是呼和浩特抽水蓄能电站建设关键的一年，完成了上、下水库的蓄水安全鉴定和上水库蓄水验收工作，上水库成功正式蓄水，下水库进行了试蓄水，为 2014 年实现第一台机组发电目标奠定了基础。

截至 2013 年底，工程的主要形象进度如下：

1. 上水库工程 2013 年 7 月，堆石坝坝体填筑、库底和库岸垫层填筑、沥青混凝土面板和库底排水廊道施工全部完成；7 月 13 日，通过了蓄水安全鉴定；8 月 8 日，利用施工供水系统开始初期试充水；8 月 19 日，通过蓄水验收；12 月 31 日，库水位蓄至 1907.31m，高于首台机组有水调试水位 1907.12m，具备了首台机组水轮机工况启动条件。

2. 水道系统工程 上、下水库进/出水口土建、闸门及启闭机安装、调压井施工全部完成。1 号引水隧洞混凝土浇筑、固结灌浆完成，引水钢管安装基本完成；2 号引水隧洞混凝土浇筑 70%，引水钢管安装完成 60%。1、2、3 号尾水隧洞混凝土浇筑完成，1、2 号尾水钢管安装完成 90%，3、4 号尾水钢管安装完成 70%。

3. 机电设备安装及厂房混凝土工程 主厂房机组段混凝土，1、2 号机组浇筑至发电机层，3 号机组浇筑至母线层，4 号浇筑至水轮机层；地下副厂房、主变压器室副厂房的主体施工完成，砌体及装修进行中；主变压器室的主体施工和 GIS 层装修完成，1、2 号母线洞混凝土浇筑完成，地面副厂房、地面排风楼土建施工全部完成。

1 号机水泵水轮机主要部件已吊入就位，转子、下机架组装完成，自用盘柜、空压机盘柜安装就位，水机附件开始安装。2 号机座环安装完成，球阀开始安装。10kV 系统带电、调试完成；10kV、400V 以及公用联络电气一次电缆敷设完成。GIS 室设备和桥架、出线洞 GIL 正安装。1 号母线洞封闭母线开始安装。排风楼排风机投入运行。

4. 下水库工程 泄洪排沙洞和下游生态补水设施施工、闸门及启闭机安装全部完成，碾压混凝土重力拦沙坝、拦河坝除坝顶结构外施工完成，拦沙库河道清理和岸坡治理、下水库库盆边坡处理和防渗帷幕工程全部完成。2013 年 9 月 30 日通过了下水库蓄水安全鉴定，10 月 17 日完成蓄水验收前第一次现场检查。拦沙库于 12 月 1 日进行试蓄水，12 月 4 日蓄至 1399.0m（比正常补水水位低 1m）；下水库于 12 月 8 日开始试验性初期蓄水，12 月 31 日蓄至 1352.0m（比死水位低 3m）。

电站第一台机组计划于 2014 年 10 月发电运行。

（中国水电顾问集团北京勘测设计研究院有限公司 赵 轶 杨 威）

丰宁抽水蓄能电站一期工程正式开工

2013 年 5 月 29 日，丰宁抽水蓄能电站一期工程正式开工。

（一）工程概况

丰宁抽水蓄能电站位于河北省丰宁满族自治县境内，距北京市区直线距离 180km，距承德市直线距离 150km。电站规划装机容量 3600MW，为一等大（1）型工程，总投资 170 亿元人民币。枢纽工程由上水库、下水库、输水系统、地下厂房和地面开关站等建筑物组成。上、下水库调节库容分别为 4061 万、4148 万 m^3，电站具有周调节性能，机组额定水头 425m。该项目分两期建设，一期建设规模为 1800 MW，安装 6 台单机容量为 300 MW 的可逆式抽水蓄能机组，设计年发电量为 34.24 亿 kW·h，相应抽水电量 45.65 亿 kW·h。一期工程总投资 99.8 亿元人民币，施工期为 86 个月，首台机组发电工期为 66 个月。

丰宁抽水蓄能电站的供电范围为京津唐电网。电站建成后，将和十三陵等先期建设的抽水蓄能电站及其他调峰电源一起，共同解决京津唐电网调峰能力不足的问题；同时，由于该电站位于我国河北千万千瓦级风电基地核心，具有配合风电储能、促进资源合理利用的作用。因此，丰宁抽水蓄能电站的开发任务包括承担系统调峰、填谷、调频、调相、负荷备用、紧急事故备用及黑启动，并根据系统需要配合风电运行、适时储能。丰宁抽水蓄能电站的兴建，对促进河北北部风能、太阳能等可再生能源的大规模发展，对满足电网调峰需求，维护电网安全稳定运行，提高供电质量和电网运行的经济性，具有十分重要的意义。

（二）枢纽布置

1. 上水库 位于永利村上游滦河左岸灰窑子沟顶部，是一天然库盆，在三条支沟交汇处筑坝而成，坝址以上控制流域面积 4.4km^2。上水库按最终规模在一期一次建成，坝型采用钢筋混凝土面板堆石坝坝，最大坝高 120.3m；正常蓄水位（1505m）以下库容达 4814 万 m^3，其中调节库容 4061 万 m^3。上水库四周地形具有良好的封闭性，成库条件十分优越，不存在大面积的整体渗漏问题，因此库区不做全面防渗处理。

2. 水道系统 由引水系统和尾水系统两部分组成。引水、尾水系统均采用“一洞两机”的布置形式，共有三套独立的水道系统。引水系统建筑物包括上水库进/出水口、引水事故闸门井、引水隧洞、引水调压室、高压管道（包括主管、岔管和支管）。尾水系统建筑物包括尾水支管、尾水事故闸门室、尾水混凝土岔管、尾水调压室、尾水隧洞、尾水检修闸门井和下水库进/出水口等。水道系统总长 3212m，其中引水系统长 2163m，尾水系统长 1049m。

3. 地下厂房及开关站 厂区建筑物主要由地下厂房、主变压器洞、母线洞、交通洞、通风洞、排风竖井、出线洞、出线竖井、排水廊道、主变压器运输洞和地面开关站等组成，其中地面开关站在一期工程中一次建成。地下厂房轴线方向为 SN，洞室总开挖尺寸为 214.5m×25.0m×53.5m（长×宽×高，下同）；主变压器洞平行布置在主厂房下游侧，与主厂房净距离为 40m，开挖尺寸为 226.5m×21.0m×22.5m；母线洞与主厂房、主变压器洞正交连通，一机一洞，断面为圆拱直墙型，净尺寸为 40.0m×8.5m×9.5m，布置母线、发电机断路器、换相隔离开关等设备；地面开关站位于主变压器洞下游北侧，布置有 GIS 开关楼、500kV 出线场等；中控楼布置在业主营地。

4. 下水库 利用滦河干流上已建成的丰宁水电站水库作为下水库。下水库按照最终规模在一期一次建成。由于泥沙淤积严重，为使抽水蓄能电站正常运行，下水库需设置拦排沙设施。通过在库尾设置拦沙坝，将原丰宁水库分成拦沙库和蓄能专用下水库两部分。蓄能专用水库正常蓄水位以下库容 5961 万 m^3，调节库容 4148 万 m^3。

拦沙坝采用复合土工膜防渗心墙堆石坝坝型，坝顶高程为 1066.0m，轴线长度 548m，最大坝高 23.5m。蓄能专用下水库由拦河坝和拦沙坝围筑形成，拦河坝由已建丰宁水电站拦河坝加高改造而成，改建后的下水库拦河大坝为混合坝型：即左岸钢筋混凝土面板堆石坝、右岸混凝土重力坝。坝轴线长度

377.7m，其中混凝土坝段长 116.4m，最大坝高 28m；堆石坝坝段长 261.3m，最大坝高 51.3m。

（三）项目进展情况

2012 年 8 月 21 日，国家发展改革委以发改能源〔2012〕2565 号文对河北丰宁抽水蓄能电站项目核准进行了批复，同意建设河北丰宁抽水蓄能电站。2013 年 5 月 29 日，丰宁抽水蓄能电站一期工程正式开工。

项目筹建期的各项工作正在紧张有序开展，实施情况为：①道路工程标 Q1（1、2、3、4 号道路）正在开挖；②通风洞、交通洞、泄洪排沙洞标 Q2，以开挖为主，洞挖和部分回填工程；③上水库施工供水工程标 Q3，以泵站水池的开挖为主；④施工供电工程标 Q4，已基本完工，具备供电条件；⑤料场开采及砂石料加工供应标 Q5；⑥业主营地建筑工程标 Q6，已经签订合同；⑦水情测报系统标 O2，已经投运。

（中国水电顾问集团北京勘测设计研究院有限公司 张万祝）

山东沂蒙抽水蓄能电站工程水土保持方案获得水利部批复

沂蒙抽水蓄能电站位于山东省临沂市费县境内，装机容量 1200MW（4×300MW），多年平均发电量 20.08 亿 kW·h，属一等大（1）型工程；主要承担系统调峰、调频、调相、紧急事故备用及黑启动等任务。枢纽工程主要由上水库、输水系统、地下厂房系统、地面开关站及下水库等建筑物组成。工程征占地面积 330.82hm^2，土石方挖填总量 2312.58 万 m^3，总工期 92 个月（含筹建期 14 个月），静态总投资 52.71 亿元。

2012 年，沂蒙抽水蓄能电站工程设计工作进入可行性研究阶段，枢纽布置比选专题报告、正常蓄水位选择专题报告和施工总布置规划专题报告陆续通过咨询或审查。中国水电顾问集团北京勘测设计研究院有限公司于 2013 年 5 月编制完成《山东沂蒙抽水蓄能电站工程水土保持方案报告书（送审稿）》。2013 年 6 月 24 日，受水利部水土保持司委托，水电水利规划设计总院在山东省费县组织召开了《山东沂蒙抽水蓄能电站工程水土保持方案报告书（送审稿）》的技术评审会议，该水土保持方案报告书顺利通过了专家审查。经过修改完善后，该报告书上报水利部。2013 年 9 月 4 日，水利部以水保函〔2013〕286 号文对方案报告书予以批复。山东沂蒙抽水蓄能电站工程水土保持方案报告书获得水利部批复，标志着该项目前期工作取得又一重大进展。

根据批复，水利部同意山东沂蒙抽水蓄能电站主体工程水土保持评价，水土流失防治标准、范围和防治分区及防治措施，以及水土保持投资和水土保持方案实施进度安排。批复同时对水土保持后续设计、水土保持监测监理和水土保持“三同时”制度等方面提出了明确要求。

（中国水电顾问集团北京勘测设计研究院有限公司 位丽换）

中国南方电网有限责任公司调峰调频发电公司 2013 年电源项目建设情况

（一）总体规划情况

截至 2013 年底，中国南方电网有限责任公司调峰调频发电公司（以下简称“调峰调频公司”）在运的抽水蓄能电站有广州抽水蓄能电站 2400MW（包括香港中华电力公司 600MW 份额），惠州抽水蓄能电站 2400MW，在运的常规水电站有天生桥二级电站 1320MW，鲁布革水电站 600MW，共计 6720MW。在建抽水蓄能电站 3 座，清远抽水蓄能电站 1280MW，首台机组计划 2015 年投产；深圳抽水蓄能电站 1200MW，海南抽水蓄能电站 600MW，计划在“十三五”期间投产。开展前期工作的抽水蓄能电站有 2 座，分别是阳江抽水蓄能电站 1200MW（远景规划 2400MW）、梅州抽水蓄能电站 1200MW（远景规划 2400MW），计划 2015 年获得核准开工建设。2012 年启动了广西壮族自治区抽水蓄能选点规划工作，2013 年完成了选点规划报告编制工作，已报送中国南方电网有限责任公司。

（二）项目前期工作情况

梅州抽水蓄能电站项目于 2013 年 1 月防洪评价报告通过审查，并于 4 月取得审查意见；2 月取得水工程建设规划同意书批复意见；3 月水资源论证报告通过审查，并于 10 月取得审查意见；3 月完成可行性研究报告编制、咨询；4 月取得防震抗震设计审查意见；4 月水土保持方案通过技术审查，并于 10 月取得技术审查意见；9 月取得环境影响评价批复意见；12 月完成可行性研究报告预审。2013 年共计 7 项专题通过审查或取得批文。

阳江抽水蓄能电站项目 2013 年 4 月取得“禁建令”，5 月取得水工程建设规划同意书批复意见和压覆矿床审查意见，6 月取得工程场地地震安全性评价批复意见；7 月水资源论证报告通过审查，并于 11 月取得审查意见；7 月防洪评价报告通过审查，并于 9 月取得审查意见；9 月防震抗震设计通过审查；11 月完成可行性研究报告编制、咨询。2013 年共计 8

项专题通过审查或取得批文。

（三）在建工程进展情况

1. 清远抽水蓄能电站 2013年，电站工程在安全、质量、进度、投资等方面均处于良好的受控状态。其中土建方面：上水库工程已于4月16日正式下闸蓄水；下水库工程总体完成72%，下水库大坝正在进行填筑；水道系统工程总体完成77%，引水竖井、斜井直线段衬砌完毕，正在进行剩余部位混凝土衬砌及灌浆；厂房开挖已经全部结束，正在进行混凝土浇筑。机电方面：1号机顶盖以下安装完成，发电机定子叠片；2号机蜗壳安装完成，定子机座校核；3号机蜗壳等安装完成，顶盖组装完成；4号机蜗壳等安装完成，机坑里衬安装中。安全方面：12月13日，完成安全生产风险管理体系外审，达到“三钻一星”水平。质量方面：全面推行质量控制作业标准（WHS），WHS合格率达92.24%。

2. 深圳抽水蓄能电站 2013年，电站工程在安全、质量、进度、投资等方面均处于良好的受控状态。其中土建方面：上水库工程总体完成22.03%，主坝垫层混凝土已浇筑；水道系统工程总体完成22.81%，1、2号施工支洞开挖完成，上平洞上层、中平洞开挖完成，上水库进出水口开挖基本完成；厂房系统工程总体完成27.98%，通风洞、交通洞开挖完成，9月24日完成厂房首层开挖，11月2日完成主变压器洞首层开挖。机电方面：6月5日完成桥式起重机设备合同签订，7月8日完成主机合同签订。安全方面：12月20日，完成安全生产风险管理体系外审，达到“二钻二星”等级。质量方面：全面推行质量控制作业标准（WHS），WHS合格率达92.27%。

3. 海南琼中抽水蓄能电站 项目于2013年2月27日获国家发展改革委核准。使用林地及临时占用林地申请于2013年8月21日获国家林业总局批准，枢纽区人工林砍伐手续已完成办理，天然林砍伐手续正在办理。前期工程的用地、用林问题已经基本落实，可满足施工需要。进场公路已建成通车；进厂交通洞及1号施工支洞工程于2013年3月16日开工，进展较为顺利；上下水库连接公路、自流排水洞、3号施工支洞、1号渣场排水渠等工程项目已陆续开工建设。质量方面：全面推行质量控制作业标准（WHS），WHS合格率达87.30%。

（中国南方电网有限责任公司调峰调频发电公司）

南 水 北 调 工 程

南水北调工程2013年建设情况

2013年，是南水北调工程建设最为特殊、最为关键、最为出彩的一年。一年来，按照“紧盯重点大推进度，再加高压严管质量，落实帮扶稳定移民，治保并重提升水质，安全高效监控资金”的总体部署，转变作风，开拓进取，依靠机制，严防意外，扎实推进南水北调工程建设，实现了东线工程正式通水和中线主体工程基本完工目标，工程质量、安全总体受控，移民总体稳定，治污环保有序推进，资金监管成效显著，应急供水、防汛抗旱、生态保护等综合效益初步显现。

（一）工程建设管理和进度

2013年，实施进度管理组合拳，全面完成建设计划。

（1）围绕“东线抓验收、保通水，中线抓形象、保完工”，“大抓两点（重点、节点），建两机制（预警机制、奖惩机制）”，强化风险项目（标段）挂牌督导、关键事项督办、重点项目半月会商、进度季度协调会、铁路交叉部办联席会等工作机制，建立东线通水目标保障领导机制和中线进度办省联席会议制度，快速解决制约工程建设的重大问题。

（2）针对跨渠桥梁建设、铁路等专项设施迁建、干线渠道衬砌等，定期梳理风险因素，开展进度专项督导，并成立现场进度督导组，有针对性地集中协调解决影响工程建设的关键问题。

（3）建立东线通水和中线进度目标保障三级预警机制，及时预警、响应和处置进展滞后的工作和意外事件。

（4）严格考核奖惩，在中国南水北调网发布公告，并将考核结果纳入信用管理体系，推动工程又好又快建设。根据国务院南水北调工程建设委员会办公室（以下简称“国务院南水北调办”）的安排部署，各省（市）南水北调办（建管局）和各项目法人创新督导、奖惩、预警、服务等机制，抓重点、抓难点、抓节点，各具特色推进度，如期完成了工程建设任务。

截至2013年底，累计完成投资2434亿元，连续3年超额完成年度投资计划。扎实推进东线工程扫尾，全面完成通水验收工作，认真组织分区试通水、全线试运行，经国务院批准，2013年11月15日正式通水。12月10日首次调水结束，累计向山东供水3400万m^3。通水期间，各梯级泵站机组运行平稳、工况良好，输水干线水质达标，河道航运平稳，沿线群众生活及公共设施等均未受影响。经多方协调，东线运行管理机构组建方案已经七次建委会议审议原则通过，按程序进行报批。中线主体工程基本完工，穿黄隧洞、沙河渡槽、湍河渡槽、双洎河渡槽等特大型建筑物全面建成，39座铁路交叉工程全部完工，石家庄以南1016座跨渠桥梁全部建成通车，渠道填筑、衬砌全部完成，2013年12月25日全线贯通。陶岔渠首工程、丹江口大坝加高工程分别于2013年7月底、9月底通过蓄水验收，兴隆枢纽工程于2013年11月5日并网发电。

已建工程持续发挥效益。中线京石段工程自2008年开始，已4次从河北向北京调水，累计入京水量15亿m^3。受水区6省（市）配套工程建设全面推进，北京、天津部分工程已经建成，河南全部开工、进展较快，河北、山东、江苏也已部分开工。

（二）质量安全管理

2013年，高压监管再出新招、再发威力，质量问题渐少渐轻。

（1）围绕“高压高压再高压，延伸完善抓关键”，强化具有南水北调特色的查、认、罚三位一体质量监管新机制，加密检查频次，加大检查力度，加快质量认证，加重责任追究。

（2）实施信用管理，开展“311”专项整治、“167”亮剑行动，健全以责任制为核心的质量监管措施。

（3）丰富举报、飞检、专项稽查、质量巡查等手段，实施挂牌督办、驻地监督、特派监管、“回头看”等措施，强化一线和过程监管。

（4）对大型渡槽、穿黄隧洞、倒虹吸、跨渠桥梁、高填方等重点标段重点部位，实施重点监管。

（5）创新警示和震慑机制，每处理一批责任单位和个人，全部通过南水北调网、南水北调手机报，通告所有参建单位负责人。

通过多措并举、重拳出击，对各参建单位触动很大，警示和震慑效果明显。各省（市）南水北调办（建管局）和各项目法人认真落实国务院南水北调办的一系列高压措施，壮大质量监管队伍，在辖区内大力开展飞检、巡查和稽查等，实现了质量总体可控、持续向好。

2013年，国务院南水北调工程建设委员会专家委员会（以下简称“专家委”）分别对中、东线工程开展了质量检查，进行了全面评估。专家委认为，国务院南水北调办对工程质量管理再施高压，创新监管方式，突出监管重点，强化监管措施，进一步落实质量责任，加大奖惩力度，严防质量意外事故发生，实施了参建单位信用管理等一系列监管措施，效果明显，发现的质量问题渐少渐轻，并均得到了及时有效整改。各参建单位质量意识普遍增强，管理制度健全，管理体系运行良好，管理水平稳步提升，工程质量总体优良。

（三）征地移民

2013年，坚持“两个不动摇（清库标准不动摇、清库时限不动摇），一个不放松（移民后扶持不放松）”，深入落实“两制度（移民进度定期商处制度、移民矛盾纠纷定期排查化解制度），两机制（移民权益保障机制、移民上访快速处理机制）”，按时高质量地完成了库底清理和蓄水验收，保障了工程建设，实现了移民稳定。

（1）继顺利完成移民搬迁任务后，豫鄂两省集中力量，全力打好库底清理攻坚战，2013年6月完成省级初验，8月通过蓄水前国家终验，为丹江口水库抬高蓄水位奠定了坚实基础。

（2）豫鄂两省及时划拨、调整移民生产用地，认真落实移民后扶政策，增添移民稳定发展后劲。调查显示，经过帮扶发展，移民生活水平总体高于搬迁前水平。河南省创新社会管理，实施“强村富民”战略，加快生产发展步伐，逐步实现移民身安、心安。湖北省库区156个高切坡治理已基本完成，保障了移民生命财产安全。

（3）各地高度重视移民信访稳定工作，妥善处理移民关切，目前，移民在安置地生产、生活稳定，没有出现大的群体性事件或个人极端事件。

（4）沿线各级征迁部门，着眼工程大局，保证新增建设用地需要。通过共同努力，已累计完成永久征地43万亩、临时用地45万亩、永久用地获批23.8万亩、临时用地复垦退还25万亩。

（四）东线治污和中线水源保护

2013年，围绕“治保并重提升水质”，东线深化治污、分区监控，水质全面稳定达到调水要求标准；中线突出重点，全面整治，严格考核，水质总体保持良好。

1. 东线治污　经过苏鲁两省的共同努力，治污规划及实施方案确定的426项治污项目已全部建成投运，2013年5月通过专家委组织的总体评估；治污环保不断深化，2011年新补充的200亿元深化治污项目全面开工，部分已建成并投运发挥效益；运河船舶“油改气”工作加快推进，航运污染防控进一步强化；沿线高压治污保水质的力度不断加强，风险防控能力进一步提升；水质监测方案和评价办法已经出台，监测网络基本实现全覆盖，监测工作全面展开。据环保部门监测，东线 36 个控制断面持续达到规划目标要求。全年及试通水以来，输水干线 17 个监控断面水质稳定保持在Ⅱ-Ⅲ类。

2. 中线水源保护　为加快治污步伐，主动争取发挥部际联席会议作用，简化水污染防治和水土保持“十二五”规划项目审批程序，下放审批权限，加快项目实施；出台考核办法，会同有关部门开展规划实施考核，督促实施进度，保障实施效果；协调批复京津与水源区对口协作方案，召开启动会议部署落实；针对部分不达标入丹江口水库河流，提出“一河一策”治理方案，积极协调发展改革委审定并实施；加快监测能力项目建设，加强水质监测和评估；组织编制中线干线生态带建设规划并上报待批，丹江口水库水源保护区划定工作已经启动；积极争取中央财政加大对中线水源重点生态功能区的转移支付力度。水源区各地全面加快规划项目实施，严格新上项目环境准入，加强点源面源污染治理，不断提高污染治理和水源保护的水平和能力。通过标本兼治、综合施策，丹江口水库及陶岔取水口水质总体优于Ⅱ类，满足调水需要。

（五）投资控制与资金管理

2013 年，围绕“安全高效监控资金”，实行“收口关闸，严查内纠”，投资规模得以有效控制，资金使用效益稳步提高。

1. 投资控制方面　制定并实施进一步加强投资控制的一系列管理办法，加强重大设计变更管理，规范设计变更程序，开展变更索赔专项核查，建立投资控制动态分析报告制度；开展人工和砂石料价差调整专题调研，合理确定价差调整标准，及时审查审批工程价差和待运行维护管理资金。在 2012 年国家审计署对南水北调工程全面审计的基础上，国务院南水北调办协助国家发展改革委提出了东、中线一期工程新增投资及筹资方案。国务院确认的增资筹资方案中，因工程量增加和设计方案变更增加的投资只占可行性研究总投资的 5.9%。

2. 资金使用方面　加快资金拨付进度，保障一线资金供应；严格资金拨付管理，积极消化存量资金；加强内部审计，完善资金使用和监管制度。通过合理管理调度资金，减少银行利息支出。各单位按照国务院南水北调办的要求，采取了一系列措施，防范风险堵漏洞，严把关口控投资，紧盯现场解难题，既为工程建设提供了资金保障，也将投资规模控制在合理范围之内。

（国务院南水北调工程建设委员会办公室）

习近平就南水北调东线一期工程正式通水做出重要指示

经多年建设，南水北调东线一期主体工程已完工，正式通水。中共中央总书记、国家主席、中央军委主席习近平对此做出重要指示，强调南水北调东线一期工程如期实现既定通水目标，取得重大进展，向为工程做出贡献的全体同志表示慰问和祝贺！南水北调工程是事关国计民生的战略性基础设施，希望大家总结经验，加强管理，再接再厉，确保工程运行平稳、水质稳定达标，优质高效完成后续工程任务，促进科学发展，造福人民群众。

中共中央政治局常委、国务院总理李克强做出批示，指出南水北调是优化我国水资源配置，促进经济社会可持续发展的重大战略性基础工程。东线一期实现正式通水，凝聚了参与工程建设运营的全体干部职工和技术人员的不懈努力和辛勤汗水，谨向你们表示慰问和感谢！要再接再厉，着力做好通水后的质量、环保、安全以及各项保障工作，扎实推进后续工程建设，确保清水北送，造福沿线群众，让千家万户受益。

中共中央政治局常委、国务院副总理、国务院南水北调工程建设委员会主任张高丽就贯彻落实习近平重要指示和李克强批示做出部署，要求切实做好工程维护、水质安全、水量配售和沿线环境生态保护等工作，充分发挥经济社会效益。

按照计划，这次调水于 2013 年 11 月 15 日开始，12 月 10 日结束。南水北调东线一期工程自长江下游江苏境内江都泵站引水，通过 13 级泵站提水北送，经山东东平湖后分别输水至德州和胶东半岛；工程干线全长 1467km，设计年抽江水量 87.7 亿 m^3，供水范围涉及江苏、安徽、山东 3 省的 71 个县（市、区），直接受益人口约 1 亿人，总投资 500 多亿元。

南水北调工程是缓解我国北方水资源严重短缺局面的战略性基础设施。按照规划，工程分东、中、西三条线路从长江调水北送，总调水规模 448 亿 m^3。南水北调工程分期建设，正在实施东、中线一期工程。

（国务院南水北调工程建设委员会办公室）

国务院南水北调工程建设委员会召开第七次全体会议

国务院南水北调工程建设委员会第七次全体会议

于2013年11月18日在北京召开。中共中央政治局常委、国务院副总理、国务院南水北调工程建设委员会主任张高丽主持会议并讲话。他强调，党中央、国务院高度重视南水北调工程建设，历届中央领导集体都非常关心、支持，社会各界也非常关注。各有关部门和地方要全面贯彻党的十八大和十八届三中全会精神，认真落实习近平总书记、李克强总理重要批示要求，以对国家和人民高度负责的态度，再接再厉，扎实做好工程建设、运行管理、环境保护和移民安置等各项工作，充分发挥工程经济和社会效益，促进科学发展，造福人民群众。

中共中央政治局委员、国务院副总理、国务院南水北调工程建设委员会副主任汪洋出席会议。

张高丽指出，南水北调工程是优化我国水资源配置、促进经济社会可持续发展的重大战略性基础工程，关系国计民生和中华民族长远发展。工程自2002年开工以来，经过各方面的共同努力，建设进展顺利，质量总体良好，治污工程和水源保护有序推进，移民搬迁安置任务全面完成，应急供水、防洪抗旱、生态保护等综合效益初步显现，工程取得重要阶段性成果。

张高丽要求，当前南水北调东、中线一期工程已进入收尾阶段，要着力提高工程建设管理水平，加快中线主体工程和配套工程建设，建立科学合理的管理体制机制，确保工程运行平稳顺畅。统筹做好蓄水、调水准备工作。加强人员培训，抓好工程维修养护、水量配售和地下水压采。以特色产业发展和就业服务为重点，切实安排好移民群众的生产、生活和长远生计。牢固树立过紧日子的思想，严格资金管理，真正把钱用在刀刃上。

张高丽强调，质量、环保、安全是工程成败的关键，要始终坚持高标准、严要求。要严格执行质量标准，加强全过程、全方位监管；坚持预防为主，确保施工、运行安全，建设精品工程、放心工程和安全工程。加强水环境综合治理，推进工程沿线生态带建设，强化水质监测和考核，加大生态保护转移支付力度，建立治污环保长效机制，确保水质稳定达标。

汪洋充分肯定了南水北调工程建设取得的显著成绩。他指出，要科学安排好收尾阶段各项工作，坚持节水与调水并举，统筹解决好生活、生产和生态用水，扎实开展对口协作，促进移民群众生产生活良性发展。

国务院南水北调工程建设委员会办公室和有关部门负责人在会上汇报了南水北调工程建设和运行管理工作有关情况。国务院南水北调工程建设委员会各成员单位负责人参加了会议。

（国务院南水北调工程建设委员会办公室）

南水北调工程2013年建设投资及工程量完成情况

据统计，南水北调工程2013年1～12月完成投资404.9亿元（其中东线一期工程完成20.3亿元，中线一期主体工程340.1亿元，库区移民安置工程15.2亿元，过渡性资金融资利息29.3亿元），完成土石方9461万m^3，完成混凝土浇筑742.5万m^3。

截至2013年12月底，国务院南水北调工程建设委员会办公室已累计下达南水北调东、中线一期工程投资2448.6亿元，其中中央预算内投资247.3亿元，中央预算内专项资金（国债）106.5亿元，南水北调工程基金196.5亿元，国家重大水利工程建设基金1419.8亿元，贷款478.5亿元。工程建设项目（含丹江口库区移民安置工程）累计完成投资2434.1亿元，占在建设计单元工程总投资2493.4亿元的98%；其中东、中线一期工程分别累计完成投资314.0亿元和2058.6亿元，分别占东、中线在建设计单元工程总投资的96%和98%；过渡性资金融资利息60.6亿元，其他0.9亿元。工程建设项目累计完成土石方158 369万m^3，占在建设计单元工程设计总土石方量的99%；累计完成混凝土浇筑4122万m^3，占在建设计单元工程设计混凝土总量的98%。

（国务院南水北调工程建设委员会办公室）

南水北调东线工程2013年主要节点工作情况

（一）南水北调东线排污口关闭，36个断面水质全部达标

2013年1月，南水北调东线工程输水干线沿线排污口全部关闭，36个控制断面水质已全部达到《南水北调东线工程治污规划》要求的水质标准。

在2002年南水北调东线工程开工时，沿线江苏、山东两省大多数工业和城市污水未经处理直接排入河道，南水北调输水干线和支流水质大多为五类或劣五类，黄河以南36个控制断面中仅1个断面水质达标，南四湖、东平湖污染严重，主要指标超标10～180倍，被一些专家视为流域治污“世界第一难”。

2010年6月，国务院南水北调工程建设委员会办公室（以下简称“国务院南水北调办”）、国家发展改革委等六部门《关于进一步深化南水北调东线工程治污工作的通知》专门要求，“输水干线或设计洪水位淹没线内不得设置排污口，原来排污口应在2012

年底前全部拆除”。

为此，江苏省“十一五”以来，已累计关停沿线化工企业800多家；山东省对于环境容量饱和的区域，禁止新增排污总量的项目建设，严格控制新上造纸、化工、酿造等重污染行业项目。近年来，在有关部门和沿线省、市的共同努力下，东线沿线主要污染物排放总量和浓度均较规划实施前削减80%以上，入河总量基本达到或接近目标控制要求。

输水干线排污口全部关闭，深化东线治污的措施全面发力。东线全线首次消灭不达标断面，实现36个控制断面水质全部达标，输水干线水质基本达到规划确定的水质目标，为东线通水创造了条件。

（二）南水北调东线一期工程江苏段试通水

2013年5月30日，南水北调东线一期工程江苏段试通水。这标志着中国南水北调工程从开工建设向通水达效的转变。

南水北调东线一期江苏段工程从2002年12月底开工建设，至2013年5月已全部完成工程试运行和通水验收。江苏既是南水北调的源头，担负着向北方送水的责任，同时也是南水北调东线的受水区。工程建设后，可促进江苏地区的社会经济发展，改善沿线地区的水资源和生态环境。

（三）南水北调东线一期工程通过全线通水验收

2013年8月15日，国务院南水北调办副主任、南水北调东线一期工程全线通水验收委员会主任张野在徐州市主持召开验收会议。

验收委员会观看了工程建设专题片，听取了工程建设管理、质量监督、运行管理准备、设计单元工程通水验收、全线通水验收技术性检查等相关工作报告，检查了工程现场，查阅了验收资料，讨论形成了《南水北调东线一期工程全线通水验收鉴定书》。验收委员会认为，南水北调东线一期工程与通水有关的设计单元工程形象面貌满足全线通水条件，已通过通水验收，试通水期间运行正常，满足通水要求，同意通过全线通水验收。

南水北调东线一期工程顺利通过通水验收，是南水北调工程建设中一个重要的里程碑，具有十分重要的意义。

张野要求，参建各方一要认真落实本次验收提出的建议和意见，二要加快后续工程建设，三要切实做好工程运行准备工作。

（四）南水北调东线一期工程正式通水

经国务院批准，2013年11月15日南水北调东线一期工程正式通水。12月10日首次调水结束，累计向山东供水3400万m^3。通水期间，各梯级泵站机组运行平稳、工况良好，输水干线水质达标，河道航运平稳，沿线群众生活及公共设施等均未受影响。

（国务院南水北调工程建设委员会办公室）

南水北调中线工程2013年几个节点工作完成情况

（一）南水北调中线总干渠下穿京广铁路工程完成

2013年1月9日，郑州铁路局对京广铁路因南水北调工程而改线的路段（薛店至新郑间）进行了拨接施工，将京广铁路下行线由既有线段（老线）拨接至前期已经铺设好的改线段（新线）。至此，南水北调中线总干渠下穿京广铁路工程全部完成。

京广铁路是全国最繁忙的铁路干线之一，每天有140多对列车通过。为保证京广线正常运营，郑州铁路局提前对改线段（新线）进行施工，将钢轨、石枕、道砟、接触网、信号机等设备全部提前铺设到位。根据列车运行密度，选在影响列车运行相对少的7时40分到11时10分，对下行线单方向停电，利用210min时间将京广铁路既有线段和改线段进行拨移连接。对接完毕后，按既有标准恢复列车通行。

河南段南水北调中线总干渠涉及与京广、陇海、焦枝、宁西等铁路交叉工程共27处，按预定规划，全部工程在2013年“春运”前全部完成。

（二）南水北调中线水源区开始全面清理库底

2013年1月，丹江口水库库底清理工作全面展开。

丹江口水库库底清理，是确保中线水源地水质的关键环节，为南水北调工作的重要组成部分，涉及河南、湖北两省。其中，河南省共需清理房屋265.2万m^2、大中型桥梁20座、线杆44 069根、各种线路3621km等；卫生清理21.32万亩，主要包括沼气池1848个、粪池32 756个、牲畜栏27 668个、公共厕所309座、坟墓18 737座、医院垃圾35.2t、居民区灭鼠21 195亩、耕作区灭鼠130 721亩；固体废物清理7133.9m^3；清理林地2.53万亩、零星树木124.93万株。湖北省需清理房屋面积共566万m^2，生活垃圾1.6万t，工业固体废物70处8万m^3，砖石围墙28万m^2，网箱134万m^2，成片林地近11万亩，零星树木（含绿化树、行道树）超过100万株。需消毒面积64万m^2，清运污物19万m^3，回填坑穴17万m^3，大中型桥梁33座、线杆4.55万根、堤坝109处；卫生清理化粪池、沼气池4.5万多处，牲畜栏5万处、公共厕所500多处、普通坟墓3.6万座、传染病死亡者坟墓近500座，医疗卫生机构82处、医疗卫生垃圾39t，污染土壤37处11万m^3；高危项目中，以丹龙化工为代表的危险废物堆放点清理困难多、难度大。

河南省清理任务已完成95%以上。湖北库区农村移民已拆除房屋总面积达405.8万m^3，占任务的71.7%。

（三）南水北调丹江口库区移民安置通过蓄水前终验

2013年8月22日，国务院南水北调工程建设委员会办公室（以下简称“国务院南水北调办”）副主任、南水北调丹江口库区移民安置终验验收委员会主任蒋旭光宣布，南水北调丹江口库区移民安置验收通过蓄水前终验。

在陆续完成蓄水要求的库底清理、移民搬迁安置和文物保护终验技术性初验工作基础上，8月21日，国务院南水北调丹江口库区移民安置终验验收委员会在湖北省丹江口市开展蓄水前终验行政验收。验收委员会听取了湖北省移民局、河南省移民办和中线水源公司关于库区移民工作情况的报告、南水北调工程设计管理中心关于技术性验收的情况汇报，实地查看了丹江口市谷庙岭移民安置点、丹龙化工清理现场、小胡家岭居民点、码头等地的移民搬迁安置、复建和库底清理现场，并进行了审议，通过了验收报告。

验收委员会认为，南水北调丹江口水库库底清理工作按照批复的实施规划任务已经完成，卫生清理，固体废物清理，建（构）物清理、林木清理及易漂浮物清理总体质量符合《南水北调一期工程丹江口水库库底清理技术要求》。库区农村移民搬迁安置按规划完成，移民房屋建成并搬迁入住，各项基础设施和公共服务设施配套完善，生产用地分配到户，移民比较稳定；城（集）镇迁建、单位及工业企业淹没影响处理、专业项目复建按规划基本完成。库区文物保护总体完成了淹没区地下文物的野外挖掘工作和地面文物的搬迁保护工作，文物存放地点安全，文物保护状况良好。

验收委员会认定，南水北调丹江口水库大坝加高工程建设征地补偿和移民安置蓄水前终验评定为合格，能够满足丹江口水库大坝加高的蓄水要求。在前期技术性初步验收成果的基础上，南水北调丹江口库区移民安置蓄水前验收顺利通过国家终验。

丹江口库区移民安置顺利通过蓄水前验收，为丹江口水库顺利实现蓄水，实现中线通水目标奠定了坚实基础。

（四）南水北调中线一期丹江口大坝加高工程通过蓄水验收

2013年8月29日，南水北调中线一期丹江口大坝加高工程通过蓄水验收。国务院南水北调办副主任、验收委员会主任张野主持验收会议。

验收委员会听取了工程建设管理、安全评估、质量监督、技术性初步验收等工作报告，察看了工程现场，并经充分讨论形成了《南水北调中线一期丹江口大坝加高工程蓄水验收鉴定书》。

验收委员会认为，大坝加高工程形象面貌满足蓄水要求，库区和坝区征地补偿与移民安置已通过验收，工程施工、设备制造和安装质量满足相关标准和设计要求，各建筑物、主要设备及安全监测系统工作正常，验收委员会同意南水北调中线一期丹江口大坝加高工程通过蓄水验收。

丹江口大坝加高工程规模大、难度高，其如期建成并顺利通过蓄水验收，意义重大。

（五）湍河渡槽主体工程完工

2013年9月28日10时，南水北调中线湍河渡槽第54榀槽身浇筑完成。至此，这一世界上规模最大的U形输水渡槽主体工程正式完工。

湍河渡槽位于河南省邓州市，是南水北调中线干线的控制性工程。渡槽槽身为相互独立的三线三槽预应力混凝土薄壁U形结构，全长1030m，共18跨，单跨长40m、重达1600t；设计流量为350m^3/s，加大流量为420m^3/s。

作为南水北调中线开工最晚的大型建筑物之一，湍河渡槽除了技术难度高、安全生产风险点多等诸多压力外，还面临着极大的工期压力。为了保障工期和施工质量，建设者们在短时间内完成了造槽机设备技术革新21项，解决施工技术难题7项，在保证安全生产和施工质量的情况下，使单榀槽身施工周期从50多天缩短至35d以内。

（六）南水北调中线干线河北段工程全线贯通

2013年12月9日，南水北调中线干线河北段主体工程全线贯通。

南水北调中线干线河北段工程全长596km，总投资419亿元，包括北京至石家庄段河北段工程、石家庄至邯郸段工程、天津干线河北段工程。其中，北京至石家庄段应急供水河北段工程于2008年5月建成，天津干线河北段主体工程于2013年6月完工。河北石家庄至邯郸段工程于2010年4月开工建设，2013年12月9日主体工程基本完工。

（七）南水北调中线干线主体工程胜利完工

2013年12月25日9点35分，南水北调中线南阳宁西铁路暗涵内衬完成混凝土浇筑。至此，南水北调中线干线主体工程经过10多万建设者10年的拼搏奉献而胜利完工，实现了国务院确定的中线一期工程2013年底主体工程基本完工的目标。

南水北调中线干线主体工程基本完工、全线贯通，是确保2014年汛后通水的根本性保证。

（国务院南水北调工程建设委员会办公室）

2013年南水北调工程建设的几个重要会议简况

（一）2013年南水北调工程建设工作会议

2013年1月15～16日，南水北调工程建设工作会议在山东济南召开。会议总结了2012年的建设成果，表彰了2012年南水北调工程建设先进单位；安排部署2013年工作，向各项目法人颁授了目标责任书，确保东线工程三季度通水、中线主体工程基本完工。公安部、监察部、财政部、国土资源部、环境保护部、交通运输部、铁道部、水利部、审计署等有关司局负责同志出席会议。国务院南水北调工程建设委员会办公室（以下简称"国务院南水北调办"）主任鄂竟平出席会议并讲话。

2013年南水北调工程建设，计划全年完成投资420亿元；东线二季度试通水，三季度努力实现正式通水；中线主体工程基本完工，渠道衬砌、大型建筑物、自动化系统等重要工程建设形象满足2014年汛后通水要求。征地移民方面，6月底前全面完成库底清理，9月底前完成库区移民蓄水前验收，为水库蓄水创造条件；全面完成干线征迁扫尾任务。治污环保方面，东线治污补充规划骨干项目基本建成发挥作用，输水干线考核断面全部稳定达标；加快实施中线水源区水污染防治"十二五"规划、经济社会发展规划及干线生态带建设规划和对口协作方案，落实"一河一策"治理方案，推动尾矿治理，确保丹江口水库水质越来越好。

（二）稽查大队2012年度总结暨培训会议

2013年1月5日，南水北调工程建设稽查大队2012年度总结暨培训会议在北京召开。国务院南水北调办副主任蒋旭光出席会议并讲话。

针对2013年工作，蒋旭光强调，稽查大队要牢记使命，做好以下工作：一要清醒认识质量监管工作的形势和任务艰巨性，始终保持质量监管的高压态势，强化质量责任监管，强化质量一线飞检，管控质量风险，确保通水。二要发挥飞检优势，提高飞检发现问题的效率。稽查大队要结合在建工程特性，调配力量，突出重点，抓好重点监管项目的检查：要扩大飞检覆盖面，加大飞检频次，独立快捷发现问题，同时，要加强与"三位一体"的有效配合，形成监管合力。三要强化培训，不断提高人员素质。随着飞检队伍不断壮大，要尽快提高人员素质和业务技能，要加强人员现场培训，注重在实践中熟练掌握检查仪器设备的使用，快速发现问题，提高判别问题的能力，不断积累经验，提高专业素质。四要强化作风建设。稽查大队要继续保持廉洁正派、任劳任怨、实事求是的优良作风。要严格管理，秉公办事，坚持原则、敢于碰硬，认真查处问题。五要坚持两手抓，加强队伍建设。稽查大队要建章立制，规范管理，有序运作，严明纪律，提高整体效能，为建设优质工程做出更大贡献。

（三）专家委员会2013年工作会议

2013年2月21日，国务院南水北调工程建设委员会专家委员会（以下简称"专家委"）在北京召开2013年工作会议。专家委秘书长沈凤生汇报了2012年工作情况和2013年工作安排。

专家委主任陈厚群院士在讲话中说，2012年专家委先后开展了咨询、评审、调研和检查等活动共计31次，解决了一批影响工程质量、制约工程进度的技术难题。2013年要紧紧围绕工程建设的大局，以"促进度、保通水、保质量"为目标，继续深化"准、快、实"措施，特别要紧盯"严防意外"，找准并及时解决工程建设过程中的技术难题，预防"意外"发生。对于"意外"出现的技术问题，要及时提出解决方案，避免因"意外"影响工程质量和进度。重点要做好东线运行管理和中线工程建设进度等方面的咨询工作。

鄂竟平主任对专家委2012年的工作给予了高度评价。强调，2013年是南水北调工程开工以来最为特殊、最为关键的一年，迫切希望能得到专家委的支持和支撑。同时，对专家委工作提出三点建议：一是在重视工程施工技术咨询的同时，还要重视运行管理领域的咨询；二是不但要解决技术方面的突出问题，还要发挥专家委的独特作用；三是不但要深入研究重大、关键的技术难题，还要为严防意外多做贡献。

（四）南水北调中线河南段工程建设进度第一次联席会议

2013年5月17日，国务院南水北调办、河南省政府在河南省郑州市召开南水北调中线河南段工程建设进度第一次联席会议。国务院南水北调办副主任张野、河南省政府副省长王铁共同主持会议并讲话。

为适应南水北调工程建设新形势、新要求，国务院南水北调办和河南省政府经协商，决定建立南水北调中线河南段工程建设进度办省联席会议制度。这次会议听取了南水北调中线建管局和河南省南水北调办、移民办关于工程情况的汇报，总结分析了河南段工程建设形势，研究协调了影响工程建设进度和安全的重大问题。

张野在讲话中指出，要实现河南段主体工程年内完工的目标，工程建设仍面临不少困难和问题，必须坚定通水目标不动摇，拿出破釜沉舟的勇气，努力奋斗，攻坚克难。要求下一步工作，一是突出重点，落实机制，加快工程建设进度；二是分工负责，密切协作，消除工程建设制约因素；三是加强质量安全监管，确保工程、人身安全；四是扎实做好防汛各项工作；五是加快配套工程建设。

王铁副省长在会上转达了谢伏瞻省长对河南段南水北调工程建设“两个如期，一个落实”的要求，即如期实现主体工程完工、如期实现总干渠通水目标，坚决落实好河南段工程建设进度联席会议精神。王铁强调，在今后的工作中，要做到“四个确保”，即一是确保环境造好；二是确保难题解好；三是确保质量管好；四是确保主体干好。

（五）南水北调工程建设安全生产工作会议

2013年6月6日，南水北调工程建设安全生产工作会议在北京召开。国务院南水北调办副主任张野出席会议并讲话，国务院南水北调工程安全生产领导小组成员，各省（直辖市）南水北调办（建管局）、各项目法人有关负责同志，以及部分项目管理、监理、施工单位代表参加了会议。

对2013年安全生产工作，张野要求重点抓好以下几方面：一是严格落实安全生产管理制度。二是严格落实安全生产责任。三是深入开展隐患排查活动。四是抓好重大危险源监控与管理。五是完善应急预案体系，提高应急管理水平。六是加强安全生产宣传教育培训。七是继续开展好文明工地创建活动。八是狠抓防汛工作，严防意外发生。

（六）南水北调配套工程建设座谈会

2013年9月23日，国务院南水北调办在北京召开南水北调配套工程建设座谈会。国务院南水北调办副主任张野出席会议并讲话。

会上，北京、天津、河北、河南、江苏、山东等省（市）南水北调办（建管局）负责人介绍了配套工程各项工作进展情况，就前期工作、资金筹措、征地拆迁等相关问题进行了研究讨论，提出了下一阶段工作计划。

张野强调，与主体工程建设明朗的形势相比，当前配套工程形势依然不容乐观，面临着任务重、责任大、资金紧、工期短的形势。针对下一阶段配套工程建设，张野强调，要增强配套工程建设的责任感和紧迫感，坚定信心，凝心聚力，克难攻坚，确保按期建成配套工程。一是统一思想，坚定信心，打好配套工程建设攻坚战。二是发扬“蚂蚁啃骨头”精神和“钉子”精神，确保配套工程和主体工程同步建成，同步发挥效益，实现南水北调水的科学合理调配，为南水北调受水区经济社会发展做出积极贡献。

（国务院南水北调工程建设委员会办公室）

南水北调中线源头水质列入地方政府考核指标

2013年6月21日，经国务院同意，国务院南水北调工程建设委员会办公室、国家发展改革委、环境保护部、住房和城乡建设部、水利部联合印发了《关于印发丹江口库区及上游水污染防治和水土保持“十二五”规划实施考核办法的通知》。

根据该考核办法，河南、湖北和陕西三省人民政府是《丹江口库区及上游水污染防治和水土保持“十二五”规划》（以下简称“《规划》”）实施的责任主体，对水污染防治和水土保持工作负总责。中线水源区各级地方政府对本辖区内的规划项目实施和水质负总责。

考核工作采用百分制。考核内容包括《规划》确定的目标、任务、措施以及国务院南水北调办与省级人民政府签订的《规划》实施工作目标责任书明确的各项内容，共分为水质、水污染防治项目进展、水土保持项目进展和保障措施落实四类，分值分别为50分、15分、15分、20分。

考核办法规定，河南、湖北和陕西三省人民政府在对《规划》实施情况进行自查的基础上，由国务院南水北调工程建设委员会办公室、国家发展改革委、财政部、环境保护部、住房和城乡建设部、水利部组成工作组进行考核。考核结果报经国务院同意后，将作为对水源区各级地方政府领导班子和领导干部综合考核评价的重要依据。

（国务院南水北调工程建设委员会办公室）

南水北调工程再现重拳严控工程质量

国务院南水北调工程建设委员会办公室（以下简称“国务院南水北调办”）决定，从2013年5月起到2014年3月底，在南水北调工程全线深入开展以“三清除一降级一吊销”为核心的监理整治行动，坚决遏制监理违规行为，充分发挥监理的质量控制作用，促进南水北调工程质量形势稳定好转，确保把南水北调建设成优质精品工程。

南水北调是我国水资源配置的战略性基础设施，百年大计，质量为本。质量事关工程安全和效益的发挥，事关沿线群众的生命财产安全。国务院南水北调办一直视质量为工程的生命，严抓工程质量常态化，尤其是2013年以来，根据办党组确定的“高压高压再高压，延伸完善抓关键”质量监管总体工作思路，年初就工程质量问题集中约谈了139家参建单位主要负责人，办领导及有关部门多次实行“飞检式”突击检查。在工程参建各方的共同努力下，南水北调工程质量整体形势向好。

南水北调工程质量实行“项目法人负责、监理单位控制、设计和施工单位保证和政府监督相结合”的质量管理体制。监理单位受项目法人委托，对工程建设项目实施中的质量、进度、资金、安全等进行管理，是施工质量过程控制中的重要力量，是工程质量的“守护神”，在质量监控体系中具有至关重要的作用。

在工程质量监督检查中发现，一些监理单位在履行合同和人员履职等方面存在许多不容忽视的问题，严重质量管理违规行为时有发生，没能发挥监理质量控制的应有作用，给南水北调工程质量管理带来很大隐患。如：一些监理单位进场监理人员数量和质量不能满足合同约定和工程建设需要，对现场监理人员管理不力；部分监理人员业务素质不高，责任心不强，对工程质量监管不力、把关不严，甚至存在不按规定实施旁站监理、不按要求进行平行检测和跟踪检测、检验不合格的工程及原材料等失职渎职现象。

南水北调工程建设已进入决战决胜的关键时期，国务院南水北调办确定以强化监理工作为加强质量管理、严控工程质量的切入点和突破口，出重拳、用重典，开展以“三清除一降级一吊销”（即针对不同的违规行为和质量事故，实施清除监理单位、清除总监理工程师、清除监理工程师，降低监理单位资质等级，吊销资质资格证书等处罚）为核心的监理整治行动。

为开展好监理整治行动，国务院南水北调办根据监理工作实际，研究制定了对监理单位和监理人员实施“三清除一降级一吊销”责任追究的标准和对项目法人、建管单位实施连带责任追究的标准，并紧紧围绕这两个标准部署行动，提出要求。一是严查严处监理违规行为。对出现严重违规行为、造成严重质量问题的监理单位、总监理工程师和监理工程师，按照处罚标准坚决清除出场，直至实施五部联处，包括对监理单位降低资质等级、吊销资质证书，对总监理工程师、监理工程师注销注册证书等。通过严厉的处罚手段，警醒各监理单位和监理人员，强化责任意识，按规办事、认真履职、敢于担当。二是严肃连带责任追究。凡监理单位和监理人员被国务院南水北调办实施“三清除一降级一吊销”责任追究的，相关项目法人、建管单位、现场建管部门将实施连带责任追究。通过连带责任追究的方式，迫使项目法人、建管单位进一步认清责任，切实加强监理合同管理，及时解决监理单位合理诉求，加强质量管理，共同把工程质量控住管好。

南水北调功在当代、利在千秋，国务院南水北调办要求各有关单位以此次监理整治行动为契机，以对党、对人民高度负责的态度，“严”字当头，强化责任，真抓实干，严密组织、严格检查、严肃整改、严厉处罚，真正把南水北调工程监理抓好抓实，发挥好监理对质量的控制作用，确保南水北调工程质量经得起时间、历史和人民的检验。

（国务院南水北调工程建设委员会办公室）

中國水力發電年鉴

4 工 程 勘 测

工程地质勘察与评价

吉牛水电站的工程地质条件

吉牛水电站位于甘孜州丹巴县革什扎河干流上，是革什扎河“一库四级”水电开发方案的最后一级，为低闸引水式，引水线路全长22.377km，引用流量60.28m³/s，装机2台，总装机容量240MW。

（一）区域地质概况和地震影响

吉牛水电站在地貌单元上位于青藏高原东南部川西北丘状高原（川西高原）南缘山原地带，属川西北强烈隆起区的南端，区域地貌以高山峡谷为主。

工程建筑区主要由一套震旦系至三叠系变质的海相碎屑岩、泥质岩及碳酸盐岩组成。其中库闸区出露地层为震旦系灰白色厚层块状变粒岩夹少量二云英片岩及白云质大理岩，引水系统及厂区为志留系茂县群二云英片岩、二云片岩及少量石英岩和大理岩。

第四系沉积物包括崩坡积、坡残积、冲积、冰积、洪积、泥石流堆积及滑坡堆积。冲积、洪积堆积物沿河谷带状分布，在局部沟口发育泥石流堆积物。滑坡堆积为大桑滑坡堆积体。冰碛物断续零星分布于高山区或河流高阶地。崩坡积、残积分布在沟谷两侧山坡。

工程区位于鲜水河、龙门山、安宁河三个地震带间交汇区，其中鲜水河地震带的强震活动影响最大，该地震带发生的多次中、强地震，对厂址、闸址均造成了不同程度的影响，最大影响烈度为Ⅶ度。其他地震带地震活动影响相对较弱。

经四川省地震安全性评定委员会评审、由四川赛思特科技有限责任公司提出的《四川革什扎河梯级电站工程场地地震安全性评价报告》称，吉牛水电站地震危险主要来源于道孚、康定、炉霍等三个潜在震源区的影响，它们的震级上限分别为7.5、7.5、8.0级，其中道孚潜在震源区对吉牛水电站影响占主导。

吉牛水电站闸址、厂址工程场地50年超越概率为10%的基岩水平峰值加速度值分别为165、137cm/s²，相应地震基本烈度为Ⅶ度。

（二）库区地质条件

库区两岸山体雄厚，河谷形态总体呈宽缓的U形谷，除部分库段为崩坡积块碎石土堆积岸坡外，其余均为基岩岸坡。基岩岸坡自然坡度45°～75°，覆盖层岸坡25°～35°。河谷心滩发育，Ⅰ级阶地沿河断续分布，阶面平坦宽阔，拔河高1～2m，受河水涨落影响，局部有小型塌岸现象。

库区两岸基岩为厚～巨厚层变粒岩，岩层走向与河谷大角度相交，无连续的顺坡结构面或软弱夹层分布，谷坡整体稳定性良好。坡崩积块碎石土岸坡自然坡度一般小于35°，粗大颗粒基本构成骨架，天然状态下整体稳定。由于基岩岸坡高陡，库岸局部范围分布的小型危岩体对枢纽建筑可能造成危害。

（三）闸基地质条件

闸址河床覆盖层深厚，勘探最大厚度80.8m，层次结构较复杂。闸基基础主要持力层为④层含漂砂卵砾石层，厚14.64～19.86m，粗颗粒构成基本骨架，允许承载力0.33～0.38MPa，变形模量25～30MPa，经处理可满足低闸对地基的承载和变形要求。但靠左岸闸基下部的④-1层含卵（碎）砾石砂透镜体（最小埋深4.6m，最厚达14.08m）和闸基下部的③层含砾中细砂层及粉细砂层，小于5mm颗粒含量大于75%，承载力和变形模量均较低。

闸基持力层各层的组成物质、结构及物理力学性质存在差异，分布位置和厚度亦不尽相同。因此，闸基存在不均一沉降变形问题，需采取适当工程措施解决闸基渗透变形。

（中国水电顾问集团成都勘测设计院有限公司
刘吉祥　唐　兰）

二瓦槽水电站水文和工程地质条件

二瓦槽水电站位于四川省甘孜州丹巴县境内大渡河右岸上游一级支流革什扎河干流上，为“一库四级”水电开发方案的第二级电站。

（一）水文条件

革什扎河流域集水面积2533km²，河流全长94.4km，平均坡降3.1%。

二瓦槽电站闸址在党岭河汇口下游约0.13km，集水面积1118km²，厂房在磨子沟汇口以上约1.8km，集水面积1338km²。

位于革什扎河出口布科村的布科水文站，距河口4.1km，控制集水面积2519km²。该站有1961年至今的实测水位资料和1961～1967年、1970年至今的流量资料。闸址、厂址设计洪水均采用布科水文站计算成果，闸址500、200、100、50年一遇洪水流量分别为462、423、347、347m³/s。

闸址多年平均输沙量15.4万t，平均含沙量221g/m³，汛期（6～9月）平均含沙量303 kg/m³。厂址河段、河床推移质取样，推移质最大粒径260mm，中数粒径92mm，代表年推移质输沙量3.3万t。

（二）工程地质条件

1. 区域 工程区域位于甘孜—松潘褶皱系巴喀拉山昌地槽南部，闸址位于金汤弧形构造带的两翼。

经四川省地震安全性评定委员会评审，并在四川"5·12"大地震后复核，二瓦槽工程闸、厂址未来50年超越概率为10%的基岩水平峰值和速度值分别为166、164cm/s²，相应地震基本烈度为Ⅶ度。

2. 水库区 处于高山峡谷，两岸山体雄厚，岸坡及库盆基岩岩性为花岗岩，透水性微弱。水库无通往下游的区域性断层切割，也未发现通向库外的构造透水带，封闭条件较好，不存在向下游或邻谷渗漏问题。

水库区两岸山势走向与河流向基本一致，两岸以陡坡地形为主，局部形成陡壁，为峡谷型水库。库内无耕地，且无人居住，不存在浸没问题。

两岸谷坡岩体强卸荷水平深度一般为20～50m，带内裂隙普遍张开5～10cm，充填次生泥、岩屑等，岩体松弛，但未见具有控制性结构面。发生Ⅶ度烈度地震时，除局部可能崩塌外，库岸整体稳定。

3. 闸址区 基岩为中生代燕山期晚期灰白色二长花岗岩，矿物成分以斜长石、微斜长石和石英为主，含少量黑云母和小于1%绿帘石，岩石致密、坚硬，岩体完整性较好。岩体内石英脉较发育，多呈条带状分布。

闸区2km范围内构造主要发育东谷断裂，在闸区西南侧。断面总体倾向北东，倾角50°～70°，破碎带宽20～30m，以断层角确岩、挤压透镜体及条带状碎粒岩为主，断层产状N65°W/NE∠78°，未发现新近活动迹象。未见较大规模断层分布，仅有小型断层。岩体为二长花岗岩，河床基岩弱风化水平深度40～60m，垂直深度15～18m。两岸谷坡岩体强卸荷水平深度25～35m，弱卸荷水平深度40～60m。岩体结构面以节理裂隙为主。

河床覆盖层厚35～52m，从下至上分4层。闸基覆盖层除③－2层细粒层具中等透水性外，④层含漂（块）卵砾石层、②层含卵砾石层、①－1含块卵砾石层及崩坡积孤块碎石土层均为粗粒层，透水性强，闸基渗漏采用防渗墙处理。②层承载力高，可做闸基持力层。

闸（坝）基③－1、③－2层可能液化，①－2层埋深大，形成年代早，液化可能较小。

闸基地层中，④层、②层以粗颗粒为主，抗滑稳定性较好；③层以细粒土为主，形成年代新，细粒土连续分布、抗剪强度较低，是坝基抗滑稳定研究的重点。

4. 引水隧洞 沿线地层岩性为燕山晚期二长花岗岩（$\eta_{\gamma5}^{3}$），泥盆系危关群第三、四段（D_{wg}^{3-4}）石英岩夹板岩及石英片岩，燕山晚期侵入的石英闪长岩（δ_{o5}^{3}），泥盆系危关群第一段（D_{wg}^{1}）厚层块状石英岩。围岩以Ⅱ、Ⅲ类为主，Ⅳ、Ⅴ类次之，总体成洞条件较好。隧洞岩体完整性好、地应力高的洞段，存在发生岩爆的可能性。

5. 厂区 包括调压室、压力管道、地面厂房，地质条件分述如下：

（1）气垫式调压室上覆岩体埋深厚216m，岩体为泥盆系危关群第一段（D_{wg}^{1}）厚层块状石英岩，岩层产状N25°E/SE∠25°～40°。此段岩体新鲜、坚硬，完整性好，呈层状～厚层状结构。调压室系统置于微新岩体内，以Ⅲ类围岩为主，Ⅱ类次之。调压室位置岩体完整性好、地应力高，存在发生岩爆的可能性。

（2）压力管道岩体由厚层块状石英岩组成，结构面不发育，岩体较完整，呈次块状～碎裂状结构，以Ⅲ类围岩为主，稳定性较好，具备建压力管道的条件。断层及影响带以Ⅳ、Ⅴ类为主。压力管道岩体完整性好、地应力高的洞段，存在发生岩爆的可能性。

（3）地面厂房坐落于②层卵砾石层，承载力及抗震能力高，最大地基承载力350kPa。厂房后坡岩体发育裂隙未构成大的不利组合体，边坡整体稳定性较好。厂房后坡存在小型局部裂隙不利组合形成的块体及浅表部松弛倾倒的小型危岩体，处理后不影响厂房安全。

（中国水电顾问集团成都勘测设计院有限公司
刘吉祥 唐 兰）

金川坝坝基饱和砂土液化评价及工程措施

金川水电站位于四川省金川县境内大渡河干流上，为二等大（2）型工程，装机容量860MW，大坝为混凝土面板堆石坝，最大坝高112m。地震设防标准按50年超越概率10%的地震动参数0.097g作为设计地震（地震烈度Ⅶ度），取100年超越概率5%的地震动参数0.183g进行校核（地震烈度Ⅷ度）。

（一）颗粒级配分析

河床覆盖层（第四系）最大厚度65m，坝基部位厚52.65～60.65m。自上而下分为Ⅲ、Ⅱ、Ⅰ三层，其中砂层透镜体多为饱和粉土质砂，不连续，厚度2.50～13.44m，最大平均埋深35.40m，天然密度平均值1.92g/cm³，干密度平均值1.70g/cm³。

通过分析，Ⅲ岩组Ⅲ-S层分类定名为级配不良砂，埋深8.66～12.30m，小于5mm粒径颗粒含量为100%，小于0.075mm细粒含量为4.72%；Ⅱ岩组Ⅱ-S层分类定名为粉土质砂，埋深23.10～43.20m，小于5mm粒径颗粒含量为91.08%，小于0.075mm细粒含量为23.70%；Ⅰ岩组Ⅰ-S层砂层分类定名为粉土质砂，埋深34.98～42.10m，小于5mm粒径颗粒含量为99.64%，小于0.075mm细粒含量为42.15%。

（二）坝基液化势及液化破坏评价

在Ⅶ度、Ⅷ度地震条件下，坝基饱和砂层透镜体是否存在振动液化势和液化破坏的可能，需要根据相关规范，类比已建大坝工程进行评价。

1. 液化势初判　根据GB 50011—2001《建筑抗震设计规范》，对砂层透镜体，就埋深条件进行初判；根据GB 50287—2006《水利水电工程地质勘察规范》，对砂层透镜体，从地层年代、粗粒P5含量、粗粒P5和土层剪切波速等进行初判。结果表明：Ⅲ、Ⅱ、Ⅰ三个岩组中的砂层透镜体天然状态下存在液化势。

2. 液化势复判　根据GB 50287—2006，测定了砂土的标准贯入锤击数、相对密度和相对含水量，对坝基砂土液化进行复判。结果表明：建坝前坝基砂层透镜体整体上未见连续的液化势，但不排除个别部位存在液化势。

3. Seed简化法液化势评判　基于室内振动三轴试验的Seed简化法液化破坏评判时，比较土层地震引起的平均剪应力τ_{av}与抗液化的剪切强度τ_L，若$\tau_{av}>\tau_L$，即地基土可能存在液化区域。

经对6组饱和砂、粉土进行室内三轴振动试验，取相应地震烈度Ⅶ、Ⅷ度时的等效循环次数为10、20次。结果均为$\tau_{av}<\tau_L$，表明坝基砂层透镜体不存在液化势。

4. 三维有限元总应力法动力计算液化破坏评判　在总应力分析方法中，F_e为单元动强度安全系数。Seed认为，F_e小于1.30，为完全液化区，介于1.30～1.50，为可能液化区，大于1.50，不会发生液化。

经计算，建坝后设计地震（0.097g）下砂层的F_e为2.07，校核地震（0.183g）下砂层F_e为1.81，均大于1.50，坝基砂层透镜体在设计和校核地震时均不会发生液化破坏。

5. 三维有限元有效应力法动力计算液化破坏评判　在评判中，若液化度>1，则认为单元不会发生液化破坏，液化安全度为震前上覆有效荷重与振动孔隙水压力的比值。振动孔隙水压力采用沈珠江模式。

经计算，建坝后设计地震（0.097g）砂层单元最大振动孔压为115kPa，最小安全系数为2.3；校核地震（0.183g）安全系数在1.98以上，均大于1.5，坝基砂层透镜体在Ⅶ度和Ⅷ度地震时不会发生液化破坏。

（三）工程措施

经初判、复判和计算，结果表明：建坝后坝基砂层透镜体不会发生液化破坏。但鉴于金川大坝的重要性，为提高坝基抗液化能力，采取如下工程措施：

（1）坝后2165m高程（高于下游校核洪水位1m）以下回填宽40m石渣形成压重平台，有效提高坝基Ⅲ岩组中砂层透镜体的约束应力。

（2）沿整个建基面（趾板上游50m至压重平台下游20m）用重型振动碾碾压加密。

（3）挖除Ⅲ岩组中埋深小于5m范围内的砂层透镜体，尤其是6号透镜体浅表部，并用反滤料置换、振动碾压。对埋深5～15m的砂层透镜体进行强夯处理。点夯夯击能3000kN·m，点距4m，排距2m，每点夯击次数10击，最后两击平均夯沉量不大于50mm，点夯结束后进行满夯，满夯夯击能2000kN·m，夯后表部干密度至少提高5%以上。

（4）上游混凝土防渗墙与趾板下灌浆帷幕形成封闭防渗系统，减缓水库蓄水后渗透水向砂层透镜体的渗透速率。

（中国水电顾问集团西北勘测设计研究院有限公司　付恩怀
国电大渡河金川水电建设有限公司　高海涛）

金沙江小南海、金沙、银江、旭龙水电站2013年勘测工作情况

（一）小南海水电站

2013年度小南海水电站可行性研究阶段完成的地勘工作主要包括：库周交通道路复建工程地质勘察、16个移民安置点勘察、江南职校库岸防护工程勘察和坝区一期纵向围堰小口径补充勘探等。全年累计完成各种比例尺填图（1∶2000、1∶1000、1∶500）面积10.3km²，实测地质剖面累计长14.5km（1∶500）；小口径钻孔206个，总进尺4848.3m；现场原位测试510段，岩土试验142组。全年提交勘察成果报告共20份，地质篇5份，主要成果包括16个移民安置点地质勘察报告。

到2013年底，小南海水电站可行性研究阶段地勘工作已基本完成，其中《重庆长江小南海水电站可行性研究阶段水库影响区范围界定工程地质专题报告》通过了水电水利规划设计总院审查，《重庆长江小南海水电站可行性研究报告 第四分册 工程地质》和《重庆长江小南海水站地下水环境影响评价专题研究报告》通过了中国水利水电建设工程咨询公司咨询。

（二）金沙水电站

金沙水电站位于金沙江干流中游末端的攀枝花河段上，是一座以发电为主，兼供水、改善城市水域景观和取水条件、对观音岩进行反调节等任务的中型水电站。2013年，在完成预可行性研究、可行性研究的坝址与枢纽布置、坝线与枢纽布置、施工总布置规划、防震抗震等专题研究的基础上，补充完成了老花地骨料场和花石崖2号挠曲详查、现场岩体力学试验，还完成了库区防护工程规划阶段、坝址区2座跨江高压线塔、施工变电站、进场公路的勘察。共完成平洞进尺185.13m/2个，小口径陆地钻孔进尺744.11m/32个，编写完成了《金沙水电站可行性研究阶段地质勘察报告》和其他项目的地质勘察报告。

（三）银江水电站

银江水电站位于金沙江中游攀枝花河段末端——金沙江和雅砻江汇合口上游约3.6km，是一座开发任务为发电、改善城市水域景观和取水条件的中型水电站。2013年，在完成预可行性研究、可行性研究阶段正常蓄水位选择专题的基础上，针对可行性研究阶段的坝址、坝线和坝型，以及枢纽布置、施工总布置规划专题、水库影响区开展地质勘察工作。完成陆地小口径钻孔1033.51m/21个，水上小口径钻孔272.78m/4个，陆地斜孔393.1m/3个，总进尺1699.39m/28个。编写完成了《银江水电站可行性研究坝址、坝线、坝型及枢纽布置格局专题报告》、《银江水电站水库影响区界定专题报告》等地质勘察报告。

（四）旭龙水电站

旭龙水电站是金沙江上游河段规划“一库十三级”开发方案的第二个梯级电站，初拟总库容8.27亿m^3，装机容量2222MW。主要建筑物包括坝高213m的混凝土双曲拱坝、泄洪消能建筑物、引水发电建筑物。项目业主为中国国电集团公司，勘测设计由长江勘测规划设计有限公司承担。

2013年旭龙水电站进行的可行性研究阶段勘察，包括水库和坝址的工程地质、施工区、天然建材等的勘察。运用地形测量、地质测绘、小口径钻孔、勘探平洞、物探、岩（土）物理力学试验等手段，完成了茂项河泥石流沟、坝址高边坡工程地质、水库矿产压覆调查评估等专题研究。完成各种比例尺地形测量1860km^2，地质测绘1212.15km^2，小口径钻探4037.53m，勘探平洞1449.9m。编写了《金沙江旭龙水电站坝址比选专题报告 地质篇》、《金沙江旭龙水电站坝型、坝线与枢纽布置格局专题报告 地质篇》。

（长江勘测规划设计研究院 曹伟轩 贾建红 刘培培 罗飞 钟华）

长江岩土工程总公司（武汉）2013年水电工程勘测工作情况

（一）乌江构皮滩水电站勘测

2013年构皮滩水电站除通航建筑物外，电站拦河大坝、地下厂房、泄水建筑物等主体工程均已完建。

通航建筑物位于左岸煤炭沟至野狼湾一线，全长2306m，为三级垂直升船机，最大提升高度分别为52、127、79m，设计通航标准为Ⅳ级航道，可通行500t级船舶，第一级升船机与上游引航道已施工完成。通航隧洞出口卸荷带边坡、第二级升船机软岩高边坡（最高145m）与软基变形等问题是工程处理的重点和难点。2013年完成下游引航道招标设计阶段勘察工作，基本完成第二、三级升船机边坡、通航隧洞、14号公路隧洞、1号和3号明渠底板及边坡等的施工，完成2号和3号渡槽灌注桩破坏试验，并完成部分桩的施工。

全年编写地质简报3份，地质编录总面积约0.17km^2。

（二）乌江银盘水电站勘测

2013年，坝区主要是三期主体工程施工，包括纵向围堰右侧护坦、泄10～12号坝段、船闸、右非溢流坝段、船闸上游导航墙、下游引航道边坡和右岸上坝公路等。勘测工作完成三期主体工程纵向围堰右侧护坦、泄洪坝段、船闸坝段、下游引航道边坡和右岸上坝公路的地质编录及验收12 390m^2。库区施工地质主要是修编工作资料整理等。

（三）乌江白马航电枢纽勘测

乌江白马航电枢纽可行性研究阶段勘察由长江岩土工程总公司（武汉）负责组织实施，其中库区羊角滑坡由长江勘测技术研究所单独承担专题研究。

2013年度可行性研究勘测工作主要是内业资料整理工作，包括白马地灾评估专题报告编制、移民安置规划大纲的审查与修改、移民安置规划报告的预审与修改、可行性研究地质报告编制。

完成的勘测工作量：坝址区地下水长期观测360

组日、平洞试验墩地质编录30组日、配合测量90组日。

完成的勘察成果：《重庆乌江白马航电枢纽建设场地地质灾害危险性评估报告》、《重庆乌江白马航电枢纽白马坝址边坡稳定性工程地质专题研究报告》（内审修改稿）、《重庆乌江白马航电枢纽白马坝址区构造（F_1断层）专题研究工程地质报告》（内审修改稿）。

（四）汉江孤山水电站勘测

孤山水电站可行性研究阶段勘察工作由长江岩土工程总公司（武汉）负责组织实施。2013年度的工作主要有：移民安置点总体规划阶段工程地质勘察、水库区公路桥梁复建工程初步设计阶段工程地质勘察、孤山水电站（湖北、陕西境内）地质灾害危险性评估、孤山坝址及明滩坝址可行性研究阶段工程地质补充勘察、近坝滑坡工程地质详查、砂砾石料场详查。

完成的勘察工作：1∶2000平面地质测绘3.5km^2、1∶500平面地质测绘9.6km^2、陆地钻探5127.3m/303孔、水上钻探788.8m/21孔、平洞185.6m/2个、钻孔声波2002.32m/63孔、压水试验414段、原位直剪试验18组、现场变形8组、滑带土现场直剪试验9组、岩石力学试验83组、砂砾石全分析52组。

完成的勘察成果：《汉江孤山水电站可行性研究报告（第四分册工程地质）》、《湖北省十堰市汉江孤山水电站工程地质灾害危险性评估报告》、《汉江孤山水电站工程（陕西境内）地质灾害危险性评估报告》、《汉江孤山水电站水库区涉水房屋工程地质勘察报告（详勘）》、《汉江孤山水电站移民安置点工程地质勘察报告（总体规划阶段）》、《汉江孤山水电站水库区公路、桥梁复建工程地质勘察报告（初设阶段）》、《汉江孤山水电站砂砾石料场工程地质勘察报告（可行性研究阶段）》、《汉江孤山水电站可行性研究阶段枢纽布置格局专题报告（工程地质）》、《汉江孤山水电站可行性研究阶段砂混系统场地工程地质勘察报告》和《汉江孤山水电站可行性研究阶段坝区弃渣场工程地质勘察报告（详勘）》。

（五）赣江井冈山水电站勘测

井冈山水电站可行性研究阶段勘察工作由长江岩土工程总公司（武汉）组织实施。2013年度主要是内业整理，完成工作量约600组日。外业工作主要是库坝区21孔地下水位长期观测。

完成的勘察成果：《江西赣江井冈山水电站工程地质勘察报告》（可行性研究阶段）、《江西赣江井冈山水电站可行性研究报告（工程地质）》（3）、《赣江井冈山水电站浸没区地下水数值模拟及防治对策研究专题报告》。

（六）怒江岩桑树水电站勘测

岩桑树水电站位于云南省保山市境内的怒江下游干流上，为怒江中下游水电开发的第十二个梯级。可行性研究阶段勘察工作由长江岩土工程总公司（武汉）负责组织实施。

2013年度勘察工作主要有：岩桑树怒江大桥初步设计阶段、枢纽布置专题研究和人工骨料专题等的工程地质勘察。

完成的勘察工作量：1∶2000平面地质测绘2.5km^2、近坝段1∶10 000平面地质测绘9.6km^2、钻探3667.2m/36孔、平洞192.2m/1个、钻孔声波1354.6m/30孔、钻孔录像1725m/27孔、压水试验418段、原位直剪试验9组、现场变形9组、岩石力学试验31组。

完成的勘察成果：《云南省保山市岩桑树怒江大桥地质勘察报告（初步设计阶段）》、《云南省怒江岩桑树水电站可行性研究坝址比选专题报告》、《云南省怒江岩桑树水电站干田坝堆积体稳定性专题研究报告》、《云南省保山市岩桑树怒江大桥项目建设用地地质灾害危险性评估报告》。

（七）玉曲河扎拉水电站勘测

玉曲河（又称伟曲）是怒江中游左岸一级支流，扎拉水电站是玉曲河干流下游河段七级开发方案中的第六级，初拟装机容量939MW（含生态电站9MW），主要建筑物包括大坝、引水隧洞、厂房。可行性研究阶段勘察工作由岩土总公司（武汉）负责组织实施。

2013年度进行扎拉水电站可行性研究阶段工程地质勘察，对库区、坝址区、引水线路、厂址区、料场进行勘察，对引水隧洞围岩、地下厂房及厂址后边坡、水库库岸、卸荷岩体等的稳定问题进行专门研究。完成了水库影响区范围界定专题研究，以及进场公路和场内公路可行性研究阶段勘察。

完成工作量：地质测绘及校测45.5km^2，钻探2778.2m，平洞825.7m，坑槽595.1m^3，钻孔注（压）水297段，常规物理力学性质试验25组，大地电磁9.085km，高密度电法0.89km，平洞声波425.6m，钻孔声波和录像2163.85m。

［长江岩土工程总公司（武汉） 向能武
王雪波 谢礼明 王启国 罗仁辉
刘基华 般先松］

工程地质问题处理

深厚覆盖层超深振冲碎石桩试验

2013年底，由中国水电基础局有限公司承担的西南某深厚覆盖层超深振冲碎石桩试验工程，使用振冲法成功制桩最大深度90m，超过国外最深记录22m，标志着我国振冲工艺技术已达国际先进水平。

该项目工程区域地震烈度高，覆盖层深厚。覆盖层物理力学特性差，砂层在强烈地震作用下易产生液化。根据钻孔资料，表层厚约15～20m为砂卵砾石层（含漂石），其下部70m范围内为河湖相沉积的含砾中粗砂层、砂质粉土层及粉质黏土层，深90m以下为粗粒土层。

深厚覆盖层超深振冲碎石桩试验工程主要是采取振冲技术对70～90m以上深覆盖层进行加固处理，以解决其沉降变形、抗滑稳定、砂层液化等问题。

为满足超深振冲碎石桩施工深度、桩径、加密效果的要求，技术研发团队攻克了多项技术难题，已申报专利十余项，主要情况如下：

（1）采用多层伸缩式导杆技术，将大功率振冲器送至90m深度。

（2）使用专用起吊设备，替代600t吊车，成本低、效率高、安全可靠。

（3）研制220kW大功率电动振冲器，更能适应超深振冲碎石桩施工要求，工程质量有保证、安全可靠。

（4）开发适合超深振冲碎石桩施工的工艺技术，如定量泵振冲供水技术、水气联动出砂技术等。

（5）造孔参数控制系统，控制振冲造孔垂直度满足技术要求。

（6）多参数振冲监控系统，实时监测记录振冲桩的施工参数。

振冲试验工程完成后，对振冲碎石桩复合地基进行了多项质量检测。根据地震波测试成果，通过天然地基与处理后桩间土对比分析，桩间土的地震纵、横波速度平均提高20%，其中含砾中粗砂桩间土提高30%。

深厚覆盖层超深振冲碎石桩试验工程取得了巨大成功，技术先进、可靠，解决了困扰我国多年的振冲法施工的诸多难题，给具有深厚覆盖层的水电建设项目基础加固处理提供了新的技术支撑。

（中国水电基础局有限公司　赵　军）

古仙洞水电站拱坝坝肩开挖及地基处理措施

古仙洞水电站位于汉江南岸二级支流冲河下游，水库拦河大坝为双曲拱坝，坝顶高程516.40m，最大坝高61.4m，坝顶厚度3.5m，坝体为细石混凝土砌块石。

坝址河谷呈V形，两岸自然边坡50°～60°，近河床岸坡陡峻，基岩裸露。左岸山体雄厚，覆盖层及风化层浅；右岸山体单薄，河谷垂直高度100m，且受坝下游约40m处的一小冲沟切割，使拱座三面临空，拱座风化较深。

坝址区出露地层为经浅变质的火山碎屑岩，坝基下伏基岩以片岩类为主，为云母石英片岩、石英钠长片岩及蚀变辉长岩，属坚硬岩类。左坝肩和河床段坝基完整性较好，为中厚层岩体，节理较为发育，表层裂隙经开挖基本清除，建基面为弱～微风化及新鲜岩层。

为确保坝体的稳定，设计采取了坝基开挖、固结灌浆、接触灌浆、帷幕灌浆、基础排水、断层破碎带处理和岸坡锚固支护等有效措施。

拱坝坝基处理的原则是：①挖除松动破碎、卸荷、风化严重的岩体；②确保坝肩岩体有足够的强度、刚度、整体性和抗滑稳定性，以及坝基具有渗透稳定性；③开挖深度考虑坝肩30°传力和坝肩宽度要求；④考虑基础面变化的连续性，尽可能减小开挖量；⑤对坝肩埋深浅的断层必须挖除，较深的换填或洞塞处理；坝基埋藏不深地质缺陷结合开挖予以处理，断层必须深度开挖并换填混凝土。

坝基处理具体措施如下：

1. 坝肩坝基开挖　河床部位为Ⅲ类岩体，较完整，有一定强度，但抗滑、抗变形性能受岩石结构面和强度的控制，需采取混凝土置换和固结灌浆提高岩体完整性。

左坝肩岸坡陡峻、强风化层较浅，岸坡自稳条件较好。为避免大范围开挖及由此产生的高边坡，先对强风化岩体和开挖区内的卸荷裂隙开挖，清除松动的不稳定体、风化程度较强的岩体，再在弱风化岩体中采用窑洞式掏挖方式对左坝肩进行开挖。

右岸地形比左岸稍缓，断层、裂隙较左岸发育，存在较大断层。断层为陡倾角发育、埋藏较深，若全部挖除至影响带以外，则开挖过深，开挖量大，坝体混凝土方量随之增加。为此，将开挖深度定为弱风化岩的中下部或微风化岩表层附近，并对大断层深层固结灌浆及混凝土洞塞置换处理。右坝肩开挖先将坝基开挖影响范围内的表层覆盖层清理，再将岩面表层的不稳定、风化程度较强岩体清除，在此基础上开始拱坝坝基的开挖。

河床段坝基开挖尽量保持水平面，但避免向下游倾斜。左右岸拱圈在两岸亦不应挖成倒喇叭形。整个坝基利用岩面的纵坡需平顺、无突变，基坑内不同形状的利用岩面间应有缓和渐变区。开挖完成的坝基建基面上局部岩石不好时，可挖除并回填混凝土形成规则建基面，再在其上浇筑坝体混凝土。

2. 固结灌浆　梅花形布孔，一般孔排距 2.5 m×2.5m，断层、裂隙、溶蚀、溶隙发育处 2m×2m，基岩完整性好的部位 3m×3m。灌浆孔孔深，在帷幕灌浆线上游区为 15m，其余 10m，但拱坝坝肩部位断层破碎带及其两侧影响带，局部灌浆孔加深至 20～30m，下游消能区护坦基础固结灌浆孔深 5～8m。固结灌浆在有混凝土盖重条件下、分两序自上而下分段钻灌，盖重一般厚 1.5～2m。

3. 接触灌浆　在坝体混凝土充分冷却收缩后、基础排水孔钻孔埋设前，对坝体与两岸坝基接触面超过 45°的部位进行接触灌浆。对较大断层，两侧壁陡于 45°时进行接触灌浆。同时对较大断层的混凝土置换洞塞、回填探洞和溶洞在回填灌浆后也要接触灌浆。

4. 帷幕灌浆　对坝基及两岸山体做垂直防渗，即沿大坝基础灌浆廊道及两岸山体布置一道防渗帷幕及主排水幕。

按《混凝土拱坝设计规范》（SL 282—2003）规定，50～100m 拱坝，帷幕灌浆的深度应伸入透水率为 3～5Lu 的相对隔水层，或结合工程经验在 0.3～0.7 倍水头范围内选择。左右岸在坝顶设置灌浆平洞向两岸延伸，帷幕向上游方向倾斜，并与河床部位的帷幕保持连续性。灌浆平洞为城门洞形，3m×3.5m，全断面衬砌，衬砌厚 0.4m，并做回填灌浆。

5. 基础排水　在灌浆廊道内防渗帷幕下游侧设一道坝基排水幕，排水孔孔深为主帷幕深度的 0.6 倍，排水孔倾向下游，倾角 10°，排水孔孔距 3m，孔径 110mm。为减小两岸拱座下游抗力体的渗透压力，在防渗帷幕及排水下游的坝后护坦边坡上增设部分长排水孔，孔径 160mm，孔距 5m，倾向坡外朝下，倾角 10°，长度 50m 以上，并在穿过断层等地质不良区域时设反滤保护。

6. 不稳定岩体开挖和支护　边坡及开挖清理结合地形进行，对两岸坝肩及坝顶开挖范围内的不稳定体予以清理。开挖边坡及时喷混凝土，挂钢筋网，设系统或随机锚杆支护。

（陕西江河水利水电土木勘测设计研究院　周玉安）

苗尾水电站左坝基边坡监测与支护

苗尾水电站左坝肩由千枚状绢云板岩及变质砂岩构成，且变质砂岩与板岩夹片岩，岩体倾倒变形严重，倾倒变形岩层产状为 N5°～20°W，NE∠30°～85°。原始地形变形深度超过 50m，断层 F_{144} 的存在对左坝肩下游侧稳定尤为不利。左岸建筑物密集布置，边坡稳定至关重要，开挖中在左坝基边坡布设了监测点，监测变形情况。

（一）左坝肩边坡开挖及支护

苗尾水电站左坝基边坡开挖范围为高程 1455.00～1365.00～1280.00m，其中高程 1365.00m 为上下游临时通道，左坝基下游侧为松散堆积体，再往下游方向为灌溉取水洞，上游侧为电站进水口边坡。

左坝基下游侧边坡于 2012 年开挖，原开挖顶部高程为 1455.00m，初期 1415.00m 高程以上采用网格梁支护。同年 10 月中旬挖至 1386.00m 高程时，1415.00m 高程平台出现开裂，后在 1400.00～1415.00m 高程采用喷锚支护。在 1394.00、1390.00m 高程分别布置了 15 根和 13 根预应力锚索。

2012 年 11 月 29 日该部位继续下挖导致表层裂缝迅速增加，表面变形速率明显增大。同年 12 月 15 日前后完成了 1390.00m 高程以上 15 根锚索的张拉，边坡暂时处于稳定状态。2013 年 1 月 20 日继续开挖至 1360.00m 高程，到 1 月底完成 1376.00m 高程 14 根锚索的张拉。由于表层岩石风化严重，造成 1376.00m 高程附近锚索预应力损失较大，在 2013 年 3 月 5 日进行补偿张拉，并完成 1372.00m 高程的 13 根锚索施工和张拉。

2013 年 3 月后，高程 1365.00m 以下开挖，在该处设 20 根锚索，并全部张拉完成。1384.00、1380.00m 高程分别增设 14、13 根，下游侧松散体的各 4 根完成张拉，上游侧未张拉。4 月中旬末的监测成果显示变形加剧，5 月 10 日决定减载卸荷，即由 1455.00m 高程顶部整体开挖至 1441.00m 高程形成平台，对下部坡面削坡、布设锚索及锚筋桩支护，设测斜孔监测边坡内部滑动面。

二期开挖实施中，受持续降雨影响于 2013 年 7 月 20 日边坡发生突变，导致 1355.00m 高程附近一根预应力锚索在锁定处断开；表层岩石软化使 1365.00m 高程以上部分锚墩严重下陷、锚墩间连系梁断开，失去支护作用。之后加快开挖支护，并对开挖部位快速封闭处理。2013 年 10 月底减载开挖至 1365.00m 高程，1380.00m 高程以上在灌溉取水洞与边坡间安装 1500kN 对穿锚索，开挖期间在边坡内部设置了 5～15m 深浅结合排水孔。

（二）监测成果分析

在卸荷开挖前后进行监测，随左坝基边坡变形的发展，对监测点进行动态调整。

1. 前期监测成果分析　根据开挖进度，初期安装 7 个临时变形测点、4 台锚索测力计、2 套四点位移计及 22 个临时裂缝监测设施。

（1）裂缝发展有个过程。左坝基下游侧边坡 2012 年 10 月初挖到高程 1390.00m 以下时，1400.00、1415.00m 高程先出现较小裂缝。之后高程 1390.00m 以上边坡开始支护，但在完成锚筋桩施工、锚索尚未张拉情况下继续开挖时，裂缝增加。在 1415.00m 高程平台及 1400.00m 高程临时马道安装 10 个临时裂缝监测点。2012 年 11 月 29 日边坡裂缝突然增加形成连线，裂缝有 15～47mm/d 突变发生，于是要求 1390.00m 高程以上锚索张拉后方可继续下挖。12 月 15 日完成大部分锚索张拉并安装 3 台测力计，裸露岩石喷锚，填充裂缝，在表面变形趋缓后开始下挖。开挖至 1365.00m 高程并完成 1376.00m 高程监测锚索安装，但 1380.00m 高程以下未封闭处理，2013 年 2 月边坡 1435.00m 高程马道出现明显裂缝，向下游侧发展且范围超过高程 1415.00m 以下裂缝；3 月底 1455.00m 平台出现裂缝，到 4 月中旬高程 1350.00m 以下开挖及降雨导致裂缝又有增加，多点位移计测值超出量程（100mm），表面变形又有突变。临时裂缝监测点中，1415.00m 平台 J－5 和 1400.00m 马道 J－6、J－7 突变明显，J－6 开合度最大值达 115mm。

（2）前期在高程 1400.00m 以上安装了 7 个临时变形监测点。1415.00、1400.00m 的 L01～L04 变形最大，2012 年 11 月 15 日至次年 5 月 5 日期间水平位移和垂直位移均呈增加趋势。其中 2012 年 11 月 30 日坡脚方向水平变形产生 25～100mm 突变，之后增加较小。2013 年 3 月初，随下部边坡开挖变形加剧，当月水平位移和垂直位移变形速率分别为 2.74～7.94 mm/d、1.09～4.57mm/d。到 5 月 5 日 L01～L04 水平位移为 215.5～530mm，变形速率 2～3.94mm/d，整体偏向下游侧朝临空面变形；垂直位移为 102.6～320.3mm，变形速率 1.6～3.45mm/d，整体向下沉降。表面变形的水平位移总体占主导。

左坝基在 1386.00、1372.00m 高程各安装 1 套多点位移计。79d 后多点位移计 MBJZ－1386 在 2013 年 3 月 13 日超量程损坏，该仪器测得的最大变形量由 2013 年 2 月 23 日的 3.81mm 达到损坏前的 89mm。监测数据表明，该部位在坡面至 25m 范围内均匀变形，变形期集中发生在 2 月底至 3 月 13 日间。MBJZ－L1372 在 2013 年 5 月 4 日各测点测值为 80.50～130.17mm，最深测点传感器超量程（100mm），变形发生在边坡表面至 20m 范围内。

（3）为监测支护效果，左岸坝基边坡布置 4 台 1000kN 锚索测力计，即①DBJZ-L1390、②DBJZ-L1394-1、③DBJZ-L1394-2、④DBJZ-L1376。

初期③、④号测力计锁定荷载均超过 30%，但④号补偿张拉后损失仍达 22%，这与表面岩石破碎承载力较小有关。2013 年 3 月监测的锚索荷载达设计荷载的 89.59%～117.61%，其中④号测力计的最大锁定荷载为 771.6kN（2013 年 3 月 5 日重新补拉锚索），5 月初为 1176.1kN，2 个月内荷载增加 404.5 kN，比前述锁定荷载增加 52.4%。监测锚索荷载在 2013 年 4 月 14 日后均有突变发生，主要受高程 1365.00m 以下边坡开挖以及降雨影响。从空间分布来看，边坡上游侧的锚索荷载及增量小于下游侧，与变形监测资料规律一致。

随持续开挖较高部位变形有所增加，表面裂缝呈渐退式发展，即由 1400.00m 高程向边坡后缘顶部发展，表面变形监测成果也印证了这个结论。在总结和分析了初期开挖、支护和变形的关系后，确定了减载开挖并紧跟支护的方案。

2. 减载期间及后期监测成果分析　减载方案确定后先完成 1415.00～1455.00m 高程的道路修建。开挖于 2013 年 6 月初开始，7 月 19 日削坡至 1415.00m 高程（部分未挖除），1415.00m 平台大面积暴露，此前断续的降雨对边坡稳定极不利，加之高程 1350.00m 以下开挖扰动，故边坡又发生突变。1394.00m 高程下游侧③号测力计荷载消失，1390.00m 高程锚索荷载增至 1159.kN，之后几天有锚索断裂，1350.00m 高程锚索直接被剪断。

2013 年 5 月 31 日～7 月 16 日各表面变形测点新增变形量较小，变形速率处于较低水平。7 月 20～21 日各测点变形发生突增，21 日下午 4 点测得累计顺坡向变形量最大为 1074.1mm，累计沉降值最大为 735.8mm（1415.00m 部位），水平变形速率最大达 487.2mm/d。

为此，对边坡开挖后暴露部位用彩条布覆盖，顶部整体开挖至 1441.00m 高程，1360.00m 高程以下部位堆渣压脚。2013 年 9 月 25 日卸荷挖至

1365.00m高程。到10月底除1380.00～1395.00m高程间对穿锚未完成张拉外，其余措施基本完成。初期测点自2013年8月5日后被挖除，替代测点监测成果表明，8月10日后变形趋稳，说明防水及开挖效果明显。随后期锚索张拉完成，①号测力计8月1日锚索荷载达到1330.1kN后也有减小趋势，后期安装的锚索荷载基本处于稳定状态。

3. 监测小结　2012年10月中旬左坝基裂缝出现后的监测成果反映，自2012年11月至2013年底，该部位出现4次加速变形，应力和锚索荷载突变时间与变形基本吻合，分别为2012年11月29日、2013年2月底至3月15日、4月15日、4月底至5月初。

第一次是因为1390.00m以上锚索虽已安装但尚未张拉，即开始高程1380.00m以下开挖。

第二次开始高程1365.00m附近开挖，1376.00m高程锚索虽张拉但周边一直未封闭，降雨入渗边坡恶化了承载条件，锚墩变形、锚索荷载急剧下降。

第三次边坡继续变形原因初步判断为与该阶段降雨及下部施工扰动有关。

第四次边坡整体突变、锚索断裂，监测数据又突变，2013年8月10日后变形趋缓，内部应力基本稳定。

（三）支护措施及其效果评价

监测到的变形底界线与预测的变形底界线在1410.00m高程以上基本吻合，1410.00m高程以下基本与强卸荷底部相重合。

针对边坡监测异常情况，采取了一系列措施：清除表层强风化覆盖层；锚索施工紧跟开挖，并贯穿边坡强倾倒破裂区，锚固端深入边坡内弱倾倒变形区，加大锚墩尺寸，并在锚墩间用连系梁连接；在1380.00m高程以上安装1500kN上仰对穿锚索，确保边坡“腰部”稳定；对坡脚（1365.00m高程以下）锚索补偿张拉，限制坡脚变形，坡脚压载确保边坡稳定；采取防水措施和设排水孔减小降水对边坡稳定的影响。

采取措施后边坡变形和支护荷载趋于稳定，2013年11月初边坡治理基本结束至12月初监测值趋于稳定，后期开挖部位安装的测斜孔监测数据表明，边坡内部滑动面无滑动趋势。

（中国水电顾问集团昆明勘测设计研究院有限公司
张玉龙　聂成良
西南民族大学　鲁米香）

金家坝水电站引水隧洞塌方段安全快速通过技术

（一）概况

金家坝水电枢纽工程位于重庆市酉阳县双河镇境内，为甘龙河流域水电规划梯级电站的第三级，属二等大（2）型工程，是一座以发电为主的引水式电站。主要建筑物由挡水坝、岸坡式溢洪道、引水隧洞、发电厂房及开关站等组成。总装机容量75MW，引水隧洞长7144m。2010年11月28日下闸蓄水，2011年6月27日正式并网发电。

（二）塌方处理施工

金家坝引水隧洞后期施工中发生了塌方，塌方段洞顶桩号为K5＋089.5～103.5m，长14m，主塌区在隧洞左侧，塌腔最大长度26m，宽度23m，最大高度30m，塌方量约9000m^3。塌方渣体表面块度较大，下部块度较小。该段设计采用锚杆挂网喷混凝土支护。隧洞左侧顶部存在强度很低的泥质灰岩软弱夹层，在内外水压力作用下失稳发生坍塌，并拉动邻近区域岩体，造成大塌方。现场勘查后，确定保留塌方渣体管棚通过的处理方案。

1. 设计方案　管棚方案实施前先对K5＋103.5下游变形岩体锁口加固，对渣坡表面固结灌浆和喷混凝土固化。

管棚分全长管棚和分段管棚。在洞顶渣体中布置单排管棚，中心线半径$R\geqslant4.3$m，管间中心距40～50cm，管体倾角5°～10°，单根长度15m；当采用分段跟管法施工时，单根长度不小于6m，每排管棚搭接长度1.5m。管棚管用ϕ90mm无缝钢管加工，管壁厚8～10mm。管体四周钻ϕ16mm出浆孔，每断面2孔，断面间距50cm，梅花形布置，管内设内径ϕ25mm灌浆钢管和内径ϕ20mm回浆钢管，灌浆管距离孔底1.5m，回浆管距离孔底0.5～1m，浆液为M30水泥砂浆或水泥净浆。

为使衬砌混凝土厚度达到1m，开挖半径取4.2m。型钢拱架采用20a工字钢，内径4m，单榀长度依据开挖情况确定，榀间距50cm。型钢拱架间用ϕ25mm纵向钢筋连接，焊接固定。钢筋网用ϕ6.5mm钢筋加工，网格10cm×10cm。喷射C25混凝土，厚20cm。型钢拱架采用ϕ32mm长3m自钻式锚杆锁脚。作为管棚的补充措施，支护过程中在开挖轮廓线外随机增设ϕ42mm小导管（无缝钢管）注浆，长3m，每30cm2个ϕ10mm注浆孔，梅花形布孔。

2. 管棚施工程序　施工通道在塌方下游侧，塌方处理自下游向上游推进。全长管棚施工时，先用锚固钻机跟管法成孔，安装ϕ90mm管棚管。再在管内插入3ϕ25mm加强钢筋束，注入M30水泥砂浆或水泥净浆，对渣体进行固结。如全长管棚无法实施，不能一次到达上游原状岩体时，采用分段管棚，分段管棚每段长度不小于6m。为保证渣体固结效果，减少工作循环，管棚尽量一次到达上游原岩体，在塌腔内形成长23m管棚支撑体。管棚注浆达到待强期后，以“短进尺，紧跟支护”方式开挖渣体，然后架设型钢拱架、挂网喷混凝土，如此循环直至通过塌方体。

3. 管棚施工要点

(1) 管棚造孔使用 MGZ-50 锚固钻机，ϕ146 套管同时跟进。若发生塌孔、卡钻，则退出钻杆，孔内用砂浆固壁，扫孔后重新钻进。

(2) 单根管棚管体安装到位后，及时在管体内注入 M30 水泥砂浆或水泥净浆。若吃浆量和浆液扩散半径过大，则调整灌浆压力、浆液浓度，或采用间歇灌浆处理。

(3) 为保证安全，灌浆固化后的塌腔渣体采用反铲直接开挖或人工辅助风镐施工。必要时爆破开挖，但要严控装药量。渣体清理按每 0.5～1m 进尺谨慎自下游侧开始，开挖形成 2～2.5m 高的环形槽，然后以 0.5m 一榀间距架设型钢拱架，并及时挂网、喷 C25 混凝土封闭拱架间空隙，待强后反铲挖除渣体，进入下一循环，依次推进。

(三) 塌方处理注意事项

(1) 各种原材料必须保证质量，特别是工字钢必须为国标产品。

(2) 用徕卡全站仪和收敛钢尺全过程监测拱顶下沉、侧壁收敛等位移变化，为调整施工方案提供依据。

(3) 固结灌浆后注意观察堆渣体下游渗水量，必要时在渣体下部打排水孔排水，避免上游水位抬高，形成安全隐患。

(4) 型钢拱架下部接腿时，要求左右两侧短长度交错进行，不宜同时进行。

(5) 为确保安全，在全断面开挖 6m 时，可优先进行二衬混凝土施工。

(6) 开挖过程中对灌浆不密实、岩体不稳定部位，采取喷混凝土、增设随机自钻式锚杆、随机小导管加固。

(7) 实施过程中需根据现场情况合理调整方案。

(中国水利水电第三工程局有限公司　李红伟　李远征)

勘测技术与设备

航空摄影测量新方法在风电场大比例尺成图中的应用

(一) 常规航空摄影测量的瓶颈环节

伴随着我国风电能源的发展，对大面积、大比例尺地形图的需求越来越大，航空摄影测量方法日渐成为主要成图方式。常规航空摄影测量数字化成图方式已不能满足项目对成图的要求，成图环节存在阶段性返工，从而影响整体工程进度。

华家岭风电场二期地形图测量项目，测图面积约 27km^2。统计结果表明，在获取测区影像和完成基础控制后，航空摄影测量成图的环节较多，其中像控点布测、全要素立体采集和符号库转换与归层三个工序的工程消耗较高，占总工程消耗的 60.53%，有必要进行改进。

(二) 改进方法

中国水电顾问集团西北勘测设计研究院（以下简称西北院）对像控点布测、全要素立体采集和符号库转换与归层三个工序进行改进，方法要点如下：

1. 电子刺点作业　像控点布测采用电子刺点作业。作业要点为：①借助冲印的刺点片圈定像控点概略位置；②在 Google Earth 对应地物找寻概略位置并导出其大地坐标（BLH）；③将所有像控点 BLH 导入手持 GPS；④手持 GPS 导航至概略范围；⑤在 GlobalMapper 中打开对应刺点片，采用无极放大，准确判定后，完善电子标记及点位说明，架站测量。刺点精度小于 0.10mm，返工率为零，成果以电子形式回传内业。电子刺点作业模式的优势见表 1。

表 1　　两种刺点对比

序号	传统纸质刺点	电子刺点
1	在戈壁等影像纹理相似地区易陷入“相似地形迷宫”，造成误判，产生错误点位	手持 GPS 导航，快速准确抵达概略区域，避免误判；Google Earth 可提供优化的交通路线
2	放大镜放大倍率有限，难以辨清微观地形	无极放大，可确定点位到像素级，刺点可靠性高，误差均小于 0.10mm
3	因冲印不清晰等造成刺点返工率高	判读准确，不易返工
4	纸质资料不便保存和传输，制约后续工序开展	便于保存和网络传输，整理完毕可迅速转入内业进行空三/立体建模

续表

序号	传统纸质刺点	电子刺点
5	风电场使用纸质影像，容易丢失，损坏资料	平板电脑续航能力强，像片压平状态不受风等外界环境的影响

使用手持GPS导航辅助影像判读，提高找点速度。Google Earth的高分辨率卫星影像具有较清晰、实感好的道路信息，可为到达预定点位附近提供最优交通路线。

采用的Garmin 60CSx手持GPS接收机，定位精度在20m以内，能满足实时导航和像控点概略定位的需求。操作时用手持GPS数据线将接收机和平板电脑连接，保证端口正常通讯。打开Google Earth，在“GPS”菜单项，选择协议“Garmin PVT”，点击开始。当接收机正常导航时，在Google Earth自动显示当前位置，测量员根据目标像控点位可选择较为合理的交通路线。另外，下载Google Earth高分辨率影像后在Global Mapper中也可实时导航。

2. 立体采集作业的规范化管理

(1) 针对航测成图中存在立体采集的管理与分工不到位，作业不够细化，地物和地形要素的混合采集可能造成采集漏洞，以及重复工作等问题，制定了《工程测绘立体测图作业规程》。

作业规程的重点是针对不同的地形类别与成图比例，对地貌与地物采集中的成图精度、地貌的表示方法和取舍原则、等高线与其他地形要素关系的处理、高程点读取、高程限差、图幅接边和数据上交格式等环节提出详细要求。立体采集时，必须按照规程规定加载相应的符号库，并按指定的要素采集顺序、线性地物采集方向等进行采集，便于后续编图阶段利用批量转换程序实现符号库的自动转换与按西北院标准模板进行归层。同时尽可能减小接边差，减少后续的编图工作量。

(2) 根据作业员在项目中遇到的常见问题，结合实际要求，制定《工程测绘公司数字摄影测量工作站操作指南》(以下简称《操作指南》)，规定了每个环节的操作步骤、注意的问题，并对采集中可能遇到的异常情况及对应措施进行了详细的说明。对于航测成图关键环节，尤其是立体采集环节进行截图说明，初学者通过系统的训练即可很快进行作业。

3. 符号转码归层的批量程序处理　运用基于AutoCAD Lisp的二次开发可将繁琐、重复的转码归层工作批量化和自动化，大幅提高作业效率。

(1) 将摄影测量工作站的符号库与统一的西北院模版层码进行对照，建立层码对照表。目的是顺利地将摄影测量工作站MapMatrix所采集的数据导入西北院普遍采用的编图软件Cmap，确保编图环境正确显示与编辑地物，无需人工干预而自动实现采编衔接。

(2) 全要素采集结束后，按照《操作指南》具体设置，在摄影测量工作站MapMatrix中导出采集线划数据(dxf格式)。运行批量转换程序可快速实现MapMatrix标准到西北院标准的转换。该环节将人工修编变为实现计算机批量自动化转换归层。

基于AutoCAD Lisp的二次开发程序是在Cmap中读取两套软件层码对照表，根据当前地物属性码和现有地物坐标在Cmap环境下快速重建模型，并根据西北院出图标准进行自动整理成符合设计方需求的线划图(dwg格式)。

该程序以开放式的 * ·LSP文件形式存放，易于理解，具有一定编程基础的技术人员可根据项目的实际情况随时修改和调整程序，实现大批量的地物符号库自动化转换与归层，大幅度提高成图效率。

(三) 结语

航空摄影测量新方法首次引入了电子刺点理念，实现航空摄影测量内业到外业的全数字化，并借助手持GPS导航技术，提高了外业速度，保证了外业的精度。在生产管理层面，对内业采集的作业规程和细则进行了改进、整理和总结，使内业生产更规范。基于AutoCADLisp的二次开发，大幅缩减人工劳动和工程耗时，源码可根据出图标准要求灵活修改，易于推广。

(中国水电顾问集团西北勘测设计研究院有限公司
黄文钰　尚海兴　张成增
巨天力　贺丽娟)

高坝洲坝前水下地形采用多波束测深系统测量

2013年7月，高坝洲水电站坝前淤积情况检查，采用引进的多波束测深系统进行水下地形测量。

(一) 多波束测深系统简介

多波束测深系统配有精度很高的GPS定位设备，可准确测定波束脚印中心位置，防止由于测点布置密集造成的测点错位使探测结果失真。数据采集与处理通过工作站完成。数据采集包括实时采集的水深数据、运动传感器数据、定位数据的储存、显示与打印等；数据处理包括实时处理和数据后处理。为获得波束脚印的真实三维坐标，处理模块将船身姿态、船速和航向等定位数据，实时声速和潮汐数据，以及换能器吃水深度，经过船体坐标计算、坐标系转换、声速改正、波浪补偿、吃水改正等换算至最终水深之中。通过坐标投影变换、网格插值、数字化成图等步骤，按要求比例输出图件。

（二）实施要点

（1）扫测采用 GPSRTK 技术提供平面位置，坐标系统采用北京 1954 坐标系，高斯 3°带投影，测区中央子午线为 111°，高程采用吴淞高程系统。

（2）测量大坝迎水面至上游 95m 间的水下地形，需绘制 5 个纵断面和 6 个横断面图。

（3）根据实测的平面位置和水位、水深数据，在测量专用软件中绘制水下地形图。

（三）实测成果

（1）根据实测数据，利用测量专用软件绘制水下地形图，形成坝前水域的水下点云分色水深图和立体三维地形图。从水深图及立体三维地形图中可直观看出，坝前 10～80m 范围水下地形与 1998 年坝前地形基本一致。

（2）以 2 号机组轴线为例分析断面地形变化，该机组 7 号坝段坝前纵断面变化较稳定（见图 1），坝前 10m 左右水下地形比 1998 年坝前地形还要低 2m 左右，坝前 10～80m 范围与以前基本一致，没有明显淤积现象。

（四）结语

多波束测深能一次给出与航线相垂直平面内的几十个甚至上百个深度，并能精确、快速测定沿航线一定宽度内水下目标的大小、形状、最高点和最低点，较可靠地描绘出水下地形的精细特征。本次现场实测面积达 33 万 m^2，总耗时不到 4h。多波束测深与传统的单波束测深仪相比较，具有范围大、速度快、精度高、记录数字化以及成图自动化等优点。

（湖北清江水电开发有限责任公司）

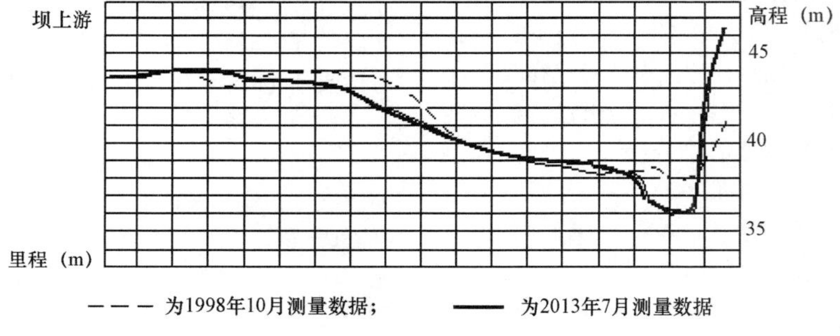

图 1　高坝洲 7 号坝段坝前纵断面测量数据对比图

中國水力發電年鉴

5

水 工 设 计

大 坝 设 计

糯扎渡心墙堆石坝设计

（一）设计条件

1. 建筑物等级和洪水标准　糯扎渡心墙堆石坝最大坝高 261.5m，在同类坝型中居国内之首、世界第三，为强震区建设的超高心墙堆石坝。水库正常蓄水位 812.00m，总库容 237.03 亿 m^3，电站装机 9 台总容量 5850MW。大坝按 1 级建筑物设计，设计洪水标准 $P=0.1\%$，相应坝前水位 810.92m、坝后水位 631.43m；校核洪水标准采用 PMF，相应坝前水位 817.99m、坝后水位 636.85m。

2. 地形和地质条件　糯扎渡坝址河段总长约 2.5km，河道总体较顺直。两岸谷坡较陡，右岸平均坡度约 40°、左岸约 45°，河谷为不对称 V 形断面。两岸坝基除左岸 690～810m 以上出露沉积岩外，其余均置于花岗岩体上。该花岗岩体的风化程度在河床及左岸较弱，全、强风化层厚度较薄；右岸深度大且不均一，存在槽状风化、隔层风化和囊状风化。

坝址区右岸在 F_{12} 与 F_{13} 断层之间，花岗岩岩体受构造、风化、蚀变等因素的影响，形成了大致顺河方向延伸的构造软弱岩带，岩体风化深度大，全风化带底界垂直深度 0～70m，强风化带 20～130m。强卸荷带发育深度一般为 20～70m。岩体结构多为碎裂、镶嵌碎裂和散体结构，心墙部位坝基岩体以Ⅳa 及Ⅳb 为主。

河床冲积层厚 8～30m。上部细砂层、含砾砂层，较松散；下部漂石、卵砾石层或砂卵砾石层，中等密实～密实，夹有薄层透镜状黏土层及泥质粉细砂层。

坝址区地下水以基岩裂隙潜水为主，水位坡降小。基岩透水性自地表至深部逐渐变小。但在构造破碎带，尤其是构造破碎带的交汇地段，岩体的透水性较大，往往形成强透水带。

工程枢纽区地震基本烈度为Ⅷ度，大坝抗震设计采用基准期 100 年超越概率 2%的概率水准，相应基岩水平峰值加速度为 0.380g，并采用基准期 100 年超越概率 1%的动参数校核，相应基岩水平峰值加速度为 0.436g。

（二）坝料设计

1. 心墙防渗土料　心墙防渗土料料源为农场土料场，主采区面积约 0.6km^2，可采储量约 630 万 m^3。土料分类为黏土质砂和含砂低液限黏土。主采区天然土料的矿物成分为伊利石、高岭土和石英，性能较稳定。平均颗粒组成：砾（>5mm）15.6%、砂 48.6%、粉粒 19.1%、黏粒 16.7%，小于 0.075mm 细粒 45.3%。小于 5mm 土料的液限为 35.7%，塑限为 17.8%，塑性指数为 17.9%。天然含水量平均值 18.9%，一般值 11.3%～26.9%；可溶盐含量小于 0.001%，有机质含量小于 1%；属非分散性土和非膨胀性土（自由膨胀率 16.4%）。

天然土料防渗性较好，但颗粒级配细，黏粒含量偏高，力学指标偏低，难以满足高坝筑坝要求。经研究，采用人工掺砾石土料，掺砾量 35%（重量比）。掺砾石土料压实标准参考 2690kJ/m^3 击实功能击实密度，压实度不低于 95%，接触黏土压实标准参考 595kJ/m^3 击实功能击实密度。

2. 反滤料及细堆石料　坝址区无足量的天然砂砾料，反滤料采用开采花岗岩人工轧制而成，细堆石过渡料从石料场爆破开采。心墙防渗土料为宽级配砾石土料，Ⅰ层反滤料以保护防渗土料中小于 5mm 细粒土为目的；Ⅱ层反滤料以保护Ⅰ层反滤料为目的；细堆石料能保护Ⅱ层反滤料，同时起到协调心墙与坝壳堆石体的变形作用。

考虑到地震烈度较高，确定Ⅰ层反滤料相对密度大于 0.80，参考设计干密度 1.8g/cm^3；Ⅱ层反滤料相对密度大于 0.85，参考设计干密度 1.89g/cm^3。从应力应变过渡条件考虑，确定细堆石料压实标准为孔隙率 22%～25%。

3. 坝壳堆石料　坝壳堆石料优先采用枢纽建筑物的开挖可用料，岩性为砂泥岩和花岗岩。此外，堆石料不足部分从白莫箐石料场开采。

根据坝料分区设计要求，坝壳堆石料分为两类：Ⅰ区堆石料为料场及枢纽区开挖的弱风化及以下角砾岩和花岗岩，基本为硬岩料；Ⅱ区堆石料为枢纽区开挖的弱风化及以下沉积岩（为软岩与硬岩混合料）及强风化花岗岩。坝壳堆石料压实标准为：Ⅰ区孔隙率小于 22.5%，Ⅱ区孔隙率小于 20.5%。

（三）坝体结构设计

1. 坝体断面　坝体基本剖面，中央为砾质土直心墙，心墙两侧先后为反滤层、堆石体坝壳。坝顶高程 821.50m，坝顶宽 18m。心墙基础最低建基面高程

560.00m。根据坝坡稳定性和抗震要求，确定上游坝坡坡度 1∶1.9，下游坝坡 1∶1∶8。

2. *防渗心墙* 经直心墙、斜心墙两方案比较，采用直心墙。为满足防渗和渗透稳定要求，参考类似工程，确定心墙顶宽 10m，上、下游坡度为 1∶0.2。心墙顶高程 820.50m，最低建基面高程 560.00m。要求砾石含量压后不得低于 30%，不超过 50%，砾石不能集中。

3. *反滤层及过渡料区* 为保护心墙土料，在心墙上下游设Ⅰ、Ⅱ两层反滤，上下游两层宽度分别为 4、6m。为避免反滤Ⅱ与粗堆石料直接接触粒径相差太大，同时也为了协调心墙与坝壳堆石体的变形，在反滤层与堆石料间设 10m 宽的细堆石过渡料区。

4. *上、下游堆石坝壳及其分区* 上、下游坝壳设计要满足坝坡稳定安全；要尽量利用枢纽建筑物的开挖料；坝壳要分区，将好料用在关键部位。

经估算，Ⅰ区料实际可利用坝上填筑量为 1124.24 万 m^3，Ⅱ区料实际可利用坝上填筑量为 1386.89 万 m^3。

坝壳堆石料分区原则：坝顶、坝壳外部及下游坝壳底部，是坝体抗震和坝坡稳定的关键部位，为堆石料Ⅰ区（见图 1），采用具有较高强度、透水性好的优质堆石料（弱风化及其以下角砾岩和花岗岩）；坝壳内部的石料强度可适当降低，为堆石料Ⅱ区，采用强度稍低的次堆石料（强风化花岗岩及弱、微风化砂泥岩）；在满足坝坡稳定、坝壳透水及坝体应力应变等前提下，尽量扩大Ⅱ区范围，以充分利用开挖料；在堆石料与基岩接触部位，设水平厚 2～3m 的细堆石料。

坝壳粗堆石料分区主要是Ⅱ区堆石料（软岩、硬岩混合料）在不同位置、范围大小的利用研究。根据对 14 个不同分区方比较，上游坝壳内部设置相当数量的Ⅱ区堆石料是可行的。从工程安全、Ⅱ区堆石料利用量、填筑施工规划、坝体造价等考虑，在下游坝壳干燥部位及上游 750m 以下靠心墙部位设置Ⅱ区堆石料。

5. *抗震措施* 糯扎渡大坝主要抗震措施如下：

（1）坝轴线采用直线，大坝建于岩基上，坝基覆盖层全部清除，防渗体采用砾质黏土，坝壳料采用级配良好的块石料。防渗体与垫层基础间设接触黏土，并在防渗体上、下游面各设 2 层反滤层及 1 层细堆石过渡层。

（2）适当加大坝顶宽度至 18m，大于规范要求的 10～15m，心墙顶宽 10m。

（3）预留足够的坝顶超高。

（4）在坝顶 1/5 坝高范围内采用块度大、强度高的优质堆石料。上游 750m 高程以上、下游 760m 以上全部采用优质的Ⅰ区堆石料。

（5）上游 790m 以上、下游 800m 以上采用 1m 厚的 M10 浆砌块石护坡。

（6）770m 以上的上、下游坝壳堆石中埋入不锈钢锚筋，锚筋每隔 2m 高程设一层（原则上每两层坝料铺设一层钢筋网），沿坝轴线水平间距 2.5m，埋入坝壳堆石中的长度约 18m，锚筋不伸入反滤料Ⅰ。

（7）在心墙顶面上布设贯通上、下游的不锈钢钢筋，间距 1.25m，并分别锚入上游防浪墙及下游的混凝土路肩。

（8）在 770m 以上的上、下游坝面布设不锈钢扁钢网，并与埋入坝壳内的不锈钢锚筋焊接。

（四）坝基处理

1. *基础开挖* 心墙及反滤层基础，在河床、左岸及右岸中下部坝基风化较浅处开挖至弱风化基岩；右岸中、上部风化较深，强风化底界垂直最深达 70m，该处开挖至强风化岩层中部，并采取帷幕灌浆、固结灌浆和预应力锚固等措施。

坝壳基础，在坝高较大的部位（700.00m 高程以下，坝高 121.5～261.5m）开挖至全风化岩层底线；坝高较小的部位（700.0m 高程以上，坝高小于 121.5m）开挖至全风化岩层中部，并清除表面松动石块和突出的岩石；全部挖除坝基范围内的河床冲积层。

2. *心墙与基础和岸坡的连接* 在心墙防渗料，反滤Ⅰ、Ⅱ与基岩接触范围铺设钢筋混凝土垫层，也作为固结及帷幕灌浆的盖重。混凝土垫层下设系统锚筋，间排距 3m，交错布置。在混凝土垫层与心墙砾石土料间设一层厚 2m 的高塑性接触黏土层（采用土料场黏粒含量较高的坡积层土料），在填筑土料前在钢筋混凝土垫层面上刷厚 5mm 的浓黏土浆。

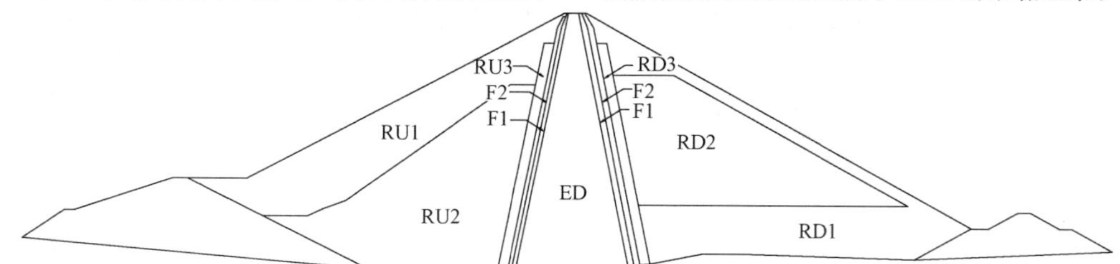

ED—心墙；F1—反滤Ⅰ；F2—反滤Ⅱ；RU1、RD1—Ⅰ区堆石料；RU2、RD2—Ⅱ区堆石料；RU3、RD3—细堆石料

图 1 设计坝剖面及其分区

垫层采用 $C_{90}30$ 混凝土，表层及底层均布设双向钢筋。垫层厚度一般为 1.2m，在右岸软弱岩带范围加厚至 3m。垫层不设垂直于坝轴线方向的横向结构缝，但设 6 条顺坝轴线方向的纵向结构缝，结构缝采用铜片止水。

3. 帷幕灌浆　坝基防渗帷幕的轴线沿心墙轴线布置，左岸与引水发电系统及溢洪道帷幕相接，右岸通过坝顶灌浆洞进行帷幕灌浆，延伸至相对隔水岩体。

以基岩 $q\leqslant 1$Lu 作为相对不透水层界线，在心墙下设 1～2 排帷幕灌浆。第一排深入相对不透水层不小于 5m，右岸风化蚀变软弱岩带部位加深至微新岩体。河床底部加深至高程 510.00m。第二排为加强帷幕，设在左岸高程 690.00m 以下、右岸 760.00m 以下和河床部位。第二排灌浆孔深一般为第一排深度的 2/3，右岸风化蚀变软弱岩带部位加深。两排帷幕的排距 1.5m，孔距一般均为 2m，右岸风化蚀变软弱带及强风化部位坝基为 1.5m，采用干磨细水泥灌浆。

4. 固结灌浆　垂直基础面呈梅花形布孔，孔距 3m。左岸 760.00m 高程以上、右岸 782.00m 以上孔深 5m，其余 7m。右岸 660.00～782.00m 范围为风化蚀变软弱带及强风化坝基，此范围采用干磨细水泥加强固结灌浆，孔深 25m，孔距 2m。廊道周边采用干磨细水泥环向加强固结灌浆，孔深 15m 或 7m。固结灌浆终灌压力不小于 1.5MPa。

5. 坝基局部缺陷处理　心墙及反滤层区开挖后，对出露的断层及其两侧的蚀变带、张开节理裂隙逐条开挖清理，并用 C15 混凝土或水泥砂浆回填封堵。其中较大断层 F_{16}、F_{12}、F_{13}、F_{14}、F_{5} 采用梯形断面挖槽回填混凝土处理。对于出露于 1 倍水头范围内下游坝壳区域的断层及蚀变带，采用反滤保护方式处理。

对心墙基础开挖后存在的地质钻孔用水泥砂浆回填封堵，探洞采用 C15 混凝土回填，并在顶拱部位回填灌浆。对坝壳基础开挖后的探洞采用干砌石回填。

右岸软弱岩带下游坝壳基础面上约 1 倍水头范围内铺设反滤，与心墙下游反滤相连。

（中国水电顾问集团昆明勘测设计研究院有限公司
袁友仁　张宗亮　冯业林　邓建霞）

糯扎渡心墙堆石坝防渗土料的设计、研究与实践

糯扎渡心墙堆石坝坝高 261.5m，总填筑量 3400 万 m^3，心墙填筑量 464 万 m^3。在心墙防渗料的设计中，对天然土料掺加 35%（质量比）的人工级配碎石的掺砾土料进行了研究，并成功地应用于工程。

（一）料源及勘察

在经过 3 个料场的初查基础上，最终选择农场土料场作为防渗土料场并进行详查，可行性研究阶段共钻探 14 孔 464m、坑探 533 个 4162m，土料常规物理力学试验 226 组。

农场土料场天然土料母岩岩性以砂岩、泥岩为主，主采区各层土料的岩性：①坡积层为含砂高液限黏土（CHS），厚 1～3m；②构造残积层为黏土质砂（SC）、卵石混合土（SICb）和黏土质砾（GC），厚 4～6m；③坡、残积混合料矿物成分为伊利石、高岭土和石英。

坡积层不单独开采作为防渗土料，而是与下部残积层立采混匀后作为天然土料使用。试验结果表明，天然土料在 1470kJ/m^3 击实功能下平均最大干密度 1.779g/cm^3，最优含水率 15.6%，渗透系数 2.10×10^{-7}cm/s，饱和浸水压缩系数 0.16/MPa。经研究，通过在天然土料中掺入人工级配碎石构成砾质土，可改善土料力学性质。

（二）土料特性试验

为了解土料的物理力学特性，分别对坡积层、残积层、坡残积混合料（以下简称天然土料）、坡残积混合料掺人工级配碎石（以下简称掺砾土料）4 种土料在 595、1470、2690kJ/m^3 3 种击实功能下进行击实、固结、渗透、三轴等常规试验研究和多项专项研究。

不同掺砾量土料击实试验成果表明，全料密度随含砾量的增加而持续增加，细料密度在含砾量 40%（1470kJ/m^3）、50%（2690kJ/m^3）以前随含砾量的增加而增加，随后密度呈下降趋势，土料掺砾量在 30%～40%时压实密度较高。同时，通过固结试验、渗透及渗透变形试验论证了掺砾量的合适范围。试验结果表明，掺砾量 20%以下效果不明显，掺砾量 30%～50%较合适，最多不超过 50%。

在招标及施工图设计阶段，对选定的掺量 35% 的掺砾土料进行 12 组 1470、2690kJ/m^3 两种击实功能下的土料物理力学性能对比试验。试验成果表明，击实功能从 1470kJ/m^3 增加到 2690kJ/m^3，天然土料的最大干密度平均增幅 0.05g/cm^3，平均增长率为 2.9%；掺砾土料的最大干密度平均增幅 0.05g/cm^3，平均增长率 2.64%。提高击实功能，对提高砾石土料的压实密度效果明显。其他项目试验成果表明，提高击实功能，能减少压缩变形，降低渗透系数，提高土料的抗渗能力，抗剪强度及变形模量也有所增加，因此糯扎渡工程中采用高击实功能 2690kJ/m^3 作为土料的压实功能标准。

表 1、表 2 是在确定的设计指标（掺砾量 35%，击实功能 2690kJ/m^3，压实度 95%）下，掺砾土料的固结和三轴试验成果，其各项指标均符合土料一般规律，满足超高土石坝防渗材料的要求。

表1 掺砾土料固结试验成果

试验状态	压缩系数（MPa^{-1}）		压缩模量（MPa）		最大轴向应变（%）	
	范围值	平均值	范围值	平均值	范围值	平均值
饱和	0.034～0.146	0.053	9.58～40.92	29.91	5.14～9.86	7.96
非饱和	0.012～0.044	0.025	40.52～114.67	65.84	4.68～7.03	6.46

表2 掺砾土料CD剪强度及邓肯—张 *E-B* 模型参数

数值	c（kPa）	ϕ（°）	K	n	R_f	K_b	m
范围值	40～140	27.5～33.6	375～542	0.29～0.63	0.68～0.86	277～456	0.18～0.53
平均值	81.3	30.0	443.8	0.48	0.82	365.0	0.32

（三）施工工艺

施工前对掺砾工艺、填筑铺层厚度、碾压机械及碾压遍数进行研究，并进行现场碾压试验，提出设计推荐的施工工艺方案后由施工单位验证实施。

掺砾土料施工工艺为：①土料场天然土料立采（高度5～8m），自卸车运至混掺料场（容积约2万m^3）。②天然土料与人工碎石水平互层铺料，土料层厚1.03m，砾石层厚0.5m，推土机平料，相间铺料3层，总厚控制在5m内。以挖掘机立采方式使土料和碎石料混合，汽车运至坝面。③推土机平料，铺层厚25～30cm，20t自行式标准振动凸块碾（激振力＞400kN）震压8遍，行车速度1挡（或≤3km/h）。

（四）填筑质量控制

掺砾土料的压实填筑采用施工工艺参数与设计指标双控检测标准。施工工艺参数控制采用新研制开发的糯扎渡水电站工程质量与安全监测信息系统实现。该系统运用GIS和GPS技术、数据库管理技术，对大坝坝料开采、运输、铺层、碾压等进行有效监控，对质量监测信息进行动态高效的集成管理和分析。

掺砾土料压实设计指标为按修正普氏2690kJ/m^3击实功能应达到95%以上，按普氏595kJ/m^3击实功能应达到100%。规范要求对掺砾土料采用全料压实度控制，但掺砾土料全料三点快速击实试验时间长，工作量过大，难以满足现场进度要求。为此，研究了全料与细料在不同击实功能下的压实特性，寻求两者压实度的对应关系。全料2690kJ/m^3击实功能、压实度95%与细料595kJ/m^3击实功能、压实度98%（特定条件下）的干密度比值见表3。

表3 特定条件下全料与细料的干密度比值

掺砾量（%）	0	20	30	40	50	60	80	100
超大型	1.009	1.002	0.996	0.991	0.983	0.971	0.908	0.738
大型	1.026	1.024	1.016	1.005	0.989	0.966	0.887	0.741

由表3可见，当土料掺砾量为20%～40%时，在特定条件下全料与细料的干密度比值在0.991～1.024之间。因此，认为全料2690kJ/m^3击实功能、压实度95%时土料细料密实度与细料595kJ/m^3击实功能、压实度98%的相当。

掺砾土料设计指标现场压实度控制采用小于20mm细粒595kJ/m^3击实功能进行三点快速击实检测，控制细料压实度应大于98%，并定期进行全料2690kJ/m^3击实功能、95%压实度的复核检测。现场检测细料含水率在12.0%～22.9%之间，平均16.4%，与最优含水率差值平均0.8%；细料压实度96.4%～103.8%，平均99.4%，填筑质量总体控制良好。

（五）安全监测与反馈分析

到2012年7月底，大坝填筑至808.00m，填筑高度为248m，距坝顶仅差13.5m，水库蓄水至770.00m，挡水水头达210m。心墙实测最大沉降位于心墙中部736.6m，最大值为3436mm，约为填筑高度的1.39%，分布特征与有限元计算成果基本一致，满足设计要求。

心墙实测水平位移最大值为指向下游变形212.27mm，右岸指向左岸变形984.50mm，左岸指向右岸为816.69mm。心墙内最大渗压水头出现在高程626.10m心墙内，为2.18MPa，换算水位为847.30m，反映为超静孔隙水压力；心墙轴线下游侧渗压与水库水位变化相关性不明显，心墙防渗效果良好，坝体处于非稳定渗流期，坝基实测渗漏量小于2L/s。

工程中开发研制了大坝“工程安全评价与预警信息管理系统”，并用该系统对糯扎渡大坝进行初步反馈分析。坝料参数反演分析方法为基于人工神经网络的演化算法，对邓肯—张 *E-B* 模型中与坝体变形密切相关的K，n，K_b，m进行反演分析，结果见表4。模型其他参数为试验室确定值。从图1对两组参数计算得到的本构关系曲线可见，反演参数的整体力学性质略有降低。相同围压下，反演参数计算得到的 q—ε_1 关系曲线略低于设计推荐参数计算曲线，K，n 综合反映出的切线模量降低；反演参数 K_b，m 均低于设计推荐参数，因此体积模量较小，计算得到的体积应变 ε_v 较大。

表 4 掺砾土料模型参数反演结果

参数	K	n	K_b	m
设计推荐参数	443.8	0.48	365.0	0.32
反演结果	509.9	0.25	339.8	0.15

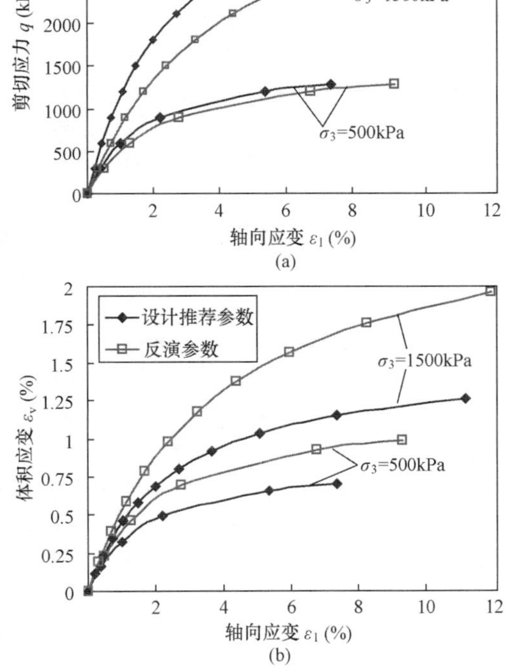

图 1 计算本构关系曲线

(a) 应力应变曲线；(b) 体积应变曲线

根据心墙内观测孔压分布，反演得到的不同高程掺砾土料渗透系数见表 5。反演结果表明，心墙内部掺砾土料渗透系数小于现场表测渗透系数，同时，心墙底部反演得到的渗透系数小于上部的反演值，表明心墙底部掺砾石土料经坝体填筑压密后，渗透系数进一步减小，其防渗性能完全达到设计预期。

表 5 掺砾土料渗透系数反演结果

高程（m）	626.00	660.00	701.00
渗透系数（m/s）	7.1×10^{-10}	2.9×10^{-9}	2.9×10^{-9}

（六）结语

（1）高坝防渗土料宜采用砾质土料，含砾量 30%～50%，击实功能标准为 2690kJ/m³，压实度采用 95%。砾质土料的压实度控制可通过大型击实试验进行，也可通过细料击实试验来满足快速检测的需要。

（2）应重视施工质量控制与信息反馈，确保大坝安全。糯扎渡工程开发实施的“工程质量与安全监测信息系统”可对填筑过程进行实时监控和质量评定；“工程安全评价与预警信息管理系统”可对检测质量及监测数据综合分析，及时有效地进行大坝安全评价。

（中国水电顾问集团昆明勘测设计研究院
张宗亮 相 彪 冯业林 袁友仁）

糯扎渡高心墙堆石坝初次蓄水速度研究与设计

糯扎渡心墙堆石坝最大坝高 261.5m，2011 年汛期上下游坝体填筑至 760.00m，年底心墙顶填筑到 765.00m。按计划，工程于 2011 年 11 月下闸蓄水，2012 年 6 月 20 日前蓄至要求水位 760.00m。由于初蓄前期低高程水库容积相对较小和汛期洪水较大等原因，部分时段库水位上升速度较快。根据国内外心墙堆石坝的运行经验，水库初次蓄水特别是当蓄水速度过快时，易对大坝安全造成不利的影响，甚至造成安全事故。为此，需针对初次蓄水速度进行深入研究。

经比较与分析，确定以丰水年来水保证率 15% 情况下的蓄水过程为蓄水基本工况。蓄水过程：671.67m 以下水位上升相对较快，最大速度达 9.25m/d；671.67～760.00m 上升速度相对平均，最大速度 0.84m/d；760.00m 以后，上升速度较低，最大速度 0.17m/d。

（一）蓄水速度研究

为研究坝体在不同的蓄水速度及影响因素下的安全特性，对不同的蓄水速度和本构模型，是否计入流变和湿化，是否考虑渗透系数变化，是否设置渗透弱面单元并考虑“水压楔劈”效应引发水力劈裂等因素进行组合计算。表 1 为计算中考虑的影响因素。

表 1 计算中考虑的影响因素

影响因素	方 案 分 类
蓄水速度	1. 设计蓄水过程； 2. 比设计快 1 倍蓄水过程； 3. 不同高程的分段极限蓄水过程Ⅰ～Ⅵ
本构模型	1. 邓肯—张 E—v 模型； 2. 邓肯—张 E—B 模型

续表

影响因素	方 案 分 类
流变	1. 不考虑坝料的流变变形； 2. 采用沈珠江院士提出的七参数流变模型
湿化	1. 不考虑坝料的湿化变形； 2. 采用沈珠江湿化模型
渗透系数	1. 心墙料渗透系数不变； 2. 心墙料渗透系数随应力状态变化（采用幂函数经验关系模型）
渗透弱面	1. 不设置渗透弱面； 2. 在心墙上游表面附近分别设置 1、2、3 个渗透弱面单元

组合计算方案达 45 种，以下是几个主要方面的计算成果。

1. 设计蓄水过程条件下大坝的应力变形特性 基本工况（E—B 模型，不考虑坝料的流变、湿化，不考虑渗透系数变化，不设渗透弱面）计算所得坝体应力变形特征值见表 2。

表 2 设计蓄水条件下计算所得坝体应力变形特征值

工 况	最大沉降（cm）	向上游最大水平位移（cm）	向下游最大水平位移（cm）	竖向应力与自重应力之比（$\sigma_z/\gamma h$）
① 施工至 802m 高程	194.10	29.72	29.34	0.494
② 施工至 802m 高程后蓄水至 760m	189.90	25.34	35.22	0.588
③ 施工至坝顶（水位 760m）	190.90	25.81	36.19	0.607
④ 施工至坝顶后蓄水至 812m	188.00	22.29	52.58	0.704

（1）在表 2 的 4 种工况条件下，坝体向上、下游最大水平位移分别在 22～30cm 及 29～53cm 范围内。向上游最大水平位移在填筑时增加，蓄水位升高时变小；向下游水平位移在施工、蓄水时均连续增加，在工况④达最大值 52.58cm，约为最大坝高的 0.20%，位于距坝顶 1/3 坝高的位置。

（2）4 种工况条件下坝体的最大沉降值变化不大，且蓄水后稍有抬升。工况④的最大沉降值为 188cm，沉降最大值均发生在约 1/2 坝高稍下的位置。

（3）4 种工况条件下 $\sigma_z/\gamma h$ 值在 0.5～0.7 左右，表明心墙的拱效应明显。上游坝壳应力水平较高，心墙上游部分区域达到 0.9，但不会导致坝壳向上游滑动，也不会对坝体整体稳定造成影响。

2. 蓄水速度对大坝应力变形及抗水力劈裂特性的影响 对表 1 中的 8 种蓄水过程分别进行计算。为模拟心墙水力劈裂效应，采用了考虑心墙“水压楔劈”效应，并在心墙上游表面设置渗透弱面单元的计算方法，得到的主要结论如下：

（1）当不考虑材料流变、湿化和渗透系数随应力状态变化时，蓄水速度对大坝应力变形计算成果的影响较小。在不同的蓄水速度下，大坝在满蓄条件下的应力分布、位移分布等差别微小；水平位移分布有一定差异，但不是全局性的，且差异有限。

（2）在心墙上游面设置渗透弱面单元并考虑“水压楔劈”效应时，随着水位上升，渗透弱面尖端单元沿坝轴向的有效应力迅速降低，降低比例达 40%～80%，其中蓄水速度加快时尖端单元沿坝轴向的有效应力降低比例加大，表明在心墙上游面存在渗透弱面以及蓄水速度加快时，心墙发生水力劈裂的可能性增加。

（3）采用变形倾度及剪应变法判别坝顶纵向和横向裂缝发生的可能性，结果表明：对于不同的蓄水速度，坝顶范围内变形倾度数值均低于 1%，且数值较小，说明坝顶出现纵向裂缝的可能性低。各方案在靠近坝头附近剪应变数值接近 1%，但数值普遍不大，且大值区域极小，表明坝顶在靠近两侧岸坡附近具备出现横向裂缝可能性较低。

3. 蓄水速度对大坝渗流特性的影响 分别对 8 种蓄水过程进行了非饱和、非稳定渗流有限元分析，得到主要结论如下：

（1）纵观大坝渗流场表明，心墙体具有良好的防渗效果，上下游水头差的 90%以上经心墙承担及消刹。总体上看，心墙体在不同蓄水位状态下的平均渗流梯度约 1.3～1.8。

（2）随库水位的不断上升，心墙内饱和区首先在心墙体的上游面很小范围内饱和，然后随历时的延长逐步向下游侧发展。当库水位上升至正常高水位时，1/3 坝高以下的部分心墙基本处于全饱和状态。

（3）心墙渗透系数为 1×10^{-5}cm/s 时，各方案稳定渗流单宽渗流量 1.24×10^{-6}m^3/（s·m）。心墙渗透系数采用 2.6×10^{-6}cm/s 时，单宽渗流量降至 3.24×10^{-7} m^3/（s·m），这种情况下蓄水到 812.00m 水位后达到稳定渗流约需 34 年。

4. 蓄水速度对大坝坝坡稳定特性的影响 采用强度折减有限元法和极限平衡法，对不同蓄水速度条件下大坝上、下游坝坡稳定性，进行计算，计算结果表明：

（1）强度折减有限元法计算时，设计蓄水速度下坝坡安全系数为 1.65，蓄水速度增大一倍时安全系数 1.60，蓄水速度加快后，坝坡稳定安全系数略有下降，但幅度有限。

（2）极限平衡法计算时，不管是否考虑边界孔压，蓄水速度对坝坡稳定影响很小，仅为 0.5%～0.05%左右。

总的说，不同蓄水速度对坝坡稳定性影响可忽略不计。

5. 坝料流变、湿化作用和渗透系数的变化对大坝安全的影响 分别对流变、湿化及渗透系数的变化等不同工况进行计算，主要结论如下：

（1）流变变形的整体趋势是坝体的体积收缩。对基本计算工况，考虑流变后，坝体正常蓄水位条件下的最大沉降由不考虑流变时的 1.88m 增至 3.37m，增幅明显。由于心墙的流变幅值大于堆石料，心墙的流变变形在蓄水后期是速率发展较快的阶段，因此受到堆石料的顶托作用而形成强烈的拱效应，造成心墙上游面应力迅速下降，容易出现水力劈裂等风险。

（2）蓄水过程中，上游堆石体因浸水湿化而出现体积收缩，堆石体湿化将对心墙产生向下的拖曳作用，可进一步减小心墙发生水力劈裂破坏的风险。在横断面上，湿化变形仅发生在上游堆石体中，湿化导致的位移增量几乎全部指向心墙上游侧的坝体底部。对基本计算工况，考虑湿化时，水平位移增量最大值为 1.86m，竖向位移增量最大值为 1.80m。

（3）当考虑渗透系数的应力敏感性时，心墙土料的实际渗透系数明显降低，应力变形过程中的“不排水”特性更加显现。与不考虑渗透系数应力敏感性时相比，心墙外侧朝向上、下游的变形明显增大，并对上下游堆石体形成指向坝外方向的“推移”作用，心墙的沉降变形和竖向应力也有所增大。

（二）蓄水速度设计

（1）在设计蓄水速度条件下，大坝的应力变形、抗水力劈裂、非稳定渗流特性等均较为正常，心墙不会发生水力劈裂，坝坡稳定性也有安全保证。

（2）水位在 780m 以下，虽蓄水速度的变化对大坝安全影响不大，但为保证大坝安全，最好控制在 8m/d 下；水位为 780～800m 时，上升速度控制在小于 4m/d；水位高于 800m 时，严控上升速度小于 2m/d。

（3）为充分保证大坝上、下游坝坡的稳定，需严控水位骤降速度小于 1m/d。

（4）若出现连续暴雨、洪水等极端情况，当库水位达 780m 以上且上升速度过快时，需加密对大坝位移、孔压等的监测，及时分析评价大坝的安全，发现问题及时采取措施。

（三）初蓄期大坝性态与评价

糯扎渡心墙堆石坝于 2011 年 11 月开始蓄水，到上游水位蓄至 776m 高程过程中，水位变速均在控制范围之内。根据实测资料分析，大坝心墙、堆石体的沉降、水平变形、应力等的分布符合一般规律，大坝渗流量及心墙内部孔隙水压力等未发生异常变化。总的说，大坝整体处于受控状态、安全可靠。

（中国水电顾问集团昆明勘测设计研究院有限公司
雷红军 冯业林 刘兴宁）

三里坪碾压混凝土双曲拱坝设计

（一）概况

三里坪水利水电枢纽工程位于湖北省房县境内，地处汉江中游右岸一级支流南河的中游，为二等大（2）型工程。水库正常蓄水位 416m，相应库容 4.72 亿 m^3，水库总库容 4.99 亿 m^3。枢纽由大坝、泄洪消能建筑物和引水发电系统等组成。大坝为碾压混凝土双曲拱坝，坝顶高程 420m，河床建基面高程 287m，最大坝高 133m，坝轴线长 284.61m，采用坝身 3 个表孔和 2 个中孔泄洪（见图 1）。

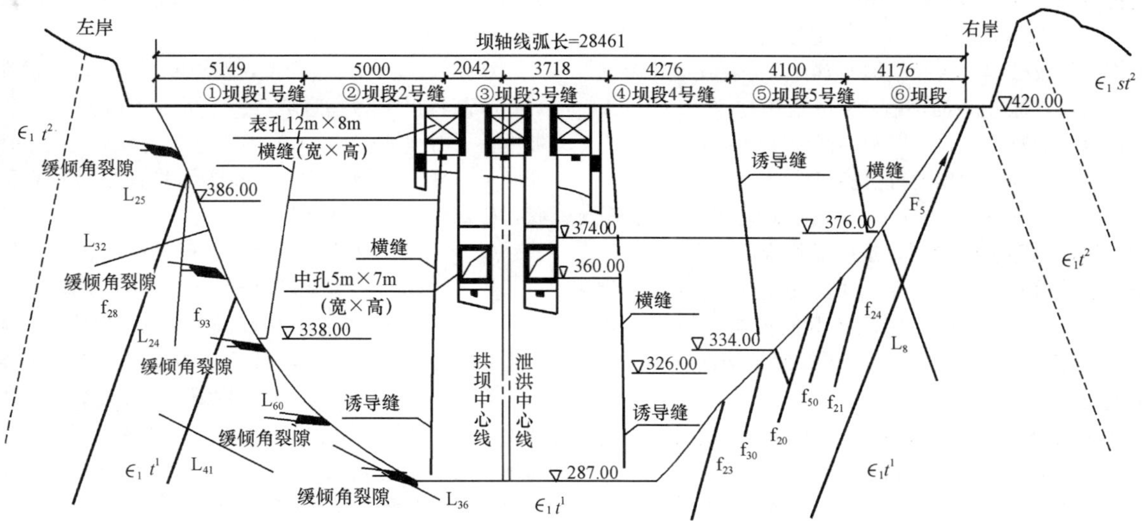

图 1 三里坪拱坝上游展示图（单位：cm）

（二）坝址地质条件

坝址区两岸坡顶山脊绵延，河谷深切，谷坡陡峻，属U形横向河谷。左岸自然坡度60°～70°，拱座稍显厚实；右岸40°～50°，拱座较为单薄，地形不对称。岩层总体倾向下游，走向60°～80°，倾角71°～81°。拱坝河床坝基坐落在$\in_1 t^1$灰质串珠体页岩和泥质条带灰岩夹鲕粒灰岩上，属Ⅰ、Ⅱ类岩体。两岸坝肩均为$\in_1 t^{1+2}$厚层泥质条带灰岩、豆状灰岩及灰质串珠体页岩和鲕粒灰岩，岩石抗变形能力强，主要利用Ⅰ、Ⅱ类优良岩体。总体上，Ⅰ类岩体占大坝建基岩体的10%左右，Ⅱ类占75%左右，Ⅲ类占10%左右，Ⅳ类、Ⅴ类仅占5%左右。

（三）拱坝体形设计及坝体混凝土分区

根据坝址区的地形地质条件，比选三心圆拱、抛物线拱和对数螺旋线拱3种拱型。在应力水平及坝肩抗滑稳定安全系数基本相当的情况下，从坝体工程量看，以对数螺旋线拱为最优，对不对称地形的适应性较好，所以选定拱圈线型为对数螺旋型。拱坝坝顶高程420m，建基面高程279m（下挖后），最大坝高141m，坝顶宽5.5m，拱冠梁底厚度22.7m，拱端最大厚度32.82m，厚高比0.17，最大中心角100.85°，最小中心角64.33°，坝顶弧长284.62m，坝体混凝土方量44.8万m^3。

坝体碾压混凝土设计抗压强度为90d龄期20MPa。上游部位采用二级配碾压混凝土，内部采用三级配碾压混凝土，中孔为C30常态混凝土，表孔为C25常态混凝土。上游中高富胶凝材料二级碾压混凝土防渗层厚2～8.3m（沿坝高变化），抗渗指标W8，强度等级$C_{90}20$。

（四）主要技术问题及处理措施

枢纽大坝工程的地质条件极其复杂，使得拱坝坝肩抗滑稳定和变形问题突出。

1. 河床基础处理　由于构造运动裂隙张开连续，局部岩体较破碎，缓倾结构面发育，并存在风化溶蚀填泥区域，原建基面高程287m需下挖至279m。下挖部分用混凝土填筑，以利降低坝体应力水平，减小两岸拱推力和增加坝肩抗滑稳定性。

2. 左坝肩深层处理　左坝肩缓倾结构面发育，构成块体的随机底滑面，是抗滑稳定的控制性因素。抗滑稳定分析表明，控制左坝肩抗滑稳定的块体为345块体及375块体，块体底滑面控制区域为高程305～318m，故对此高程范围内缓倾结构面进行深层缺陷处理。

深层处理是在高程303～319m间设横向和纵向抗滑洞。其中，两个横向抗剪洞洞长分别为45、63m，洞高分别为13、17m，洞宽6m；两个纵向抗剪洞洞长15m、洞高8m、洞宽5m，规模超出同类工程。为确保抗剪洞周围爆破松动和卸荷松动的浅表岩体对抗剪洞的传力效果不构成影响，对抗剪洞洞周进行固结灌浆，灌浆孔间排距2.5m×2.5m，呈梅花形布置，孔深4.5m。为保证回填混凝土与基岩接触良好，在高程316m预留接触灌浆平洞。

3. 右坝肩深层处理　右坝肩抗滑稳定受控于顺河向平行发育的小断层f_{21}、f_{23}、f_{24}等，底滑面无特定发育的结构面。块体抗滑稳定计算时考虑特定的侧滑面及随机的底滑面，计算表明，右坝肩控制性的结构面为断层f_{23}。因此，针对断层f_{23}进行深层处理。

顺河向f_{23}断层采取在高程306、294m分别设抗剪洞加置换斜井的处理方案。对断层F_5，考虑其变形对大坝应力应变的影响，采取分高程布置4层置换洞的处理方案，以提高F_5断层破碎带的抗变形能力。

（长江勘测规划设计研究有限责任公司
龚道勇　杨晓红）

阿海水电站碾压混凝土大坝设计

（一）概况

阿海水电站位于云南省丽江地区玉龙县与宁蒗县交界的金沙江中游河段，为金沙江中游河段规划的第四个梯级，一等大（1）型工程。工程枢纽由碾压混凝土重力坝、溢流表孔、消力池、左岸泄洪（冲沙）底孔、右岸冲沙底孔、坝后厂房等组成。坝顶长482m，最大坝高132m。

阿海水电站地处扬子准地台和松潘—甘孜褶皱系相接部位，新构造运动较强烈，50年超越概率10%及100年超越概率2%的基岩水平地震动峰值加速度分别为0.160g和0.344g，地震动峰值加速度较高。

（二）坝体断面设计

坝体基本断面为三角形，左岸溢洪道上游坝面在1445m高程以上为垂直坡，以下为向上游倾1∶0.3坡度，下游坝坡坡度1∶0.75。为方便碾压混凝土快速施工，减少模板工程量，将下游坡面设计成台阶状，后期将其改造为绿化平台。

（三）坝基薄层状岩体适应性研究和建基面设计

1. 坝基薄层状岩体建坝适应性研究　阿海水电站坝区总体呈横河向岩层中陡倾上游的单斜构造，地层主要为泥盆系浅变质岩及后期顺层侵入辉绿岩条带，各向异性明显，两岸基岩裸露。浅变质岩地层岩性为砂岩、砾岩、板岩及泥灰岩，其中阿冷初组D_{1a}为坝址区主要地层，划分为$D_{1a}{}^1$～$D_{1a}{}^5$ 5层。主要结构面为岩层层面及层间挤压面或挤压带。

坝基主要持力层$D_{1a}{}^2$多为砂岩类夹板岩类岩体，

部分为砂板岩互层状岩体。砂岩类为薄～中厚层状，板岩类为薄层状，一般厚0.05～0.15m，最大厚度0.30m。通过勘察、试验和专题研究，认为采取适当开挖措施、灌浆处理及调整坝体结构（厂坝联合作用、两岸非溢流坝段采用上分下连的分缝措施），薄层状岩体完全能满足坝基抗滑变形稳定要求。

2. 大坝建基面优化设计　在大坝建基面开挖中，根据勘探揭露的地质情况及两岸坝肩的开挖结果，在没有水平预裂孔情况下，垂直爆破造成的松弛带达3～5m。若河床坝段利用1382.00m作为建基面，则至少要预留3m以上保护层，然后对保护层采用水平孔（钻孔方向需垂直岩面）预裂爆破，否则开挖到1382.00m时将存在较大厚度松弛带。

开挖采用控制爆破，坝基开挖至1378.00～1380.00m高程时，79.3%测点声波值已大于4000m/s设计值，其余测点均在3000m/s以上，岩体质量可满足要求。经分析研究后，将9～13号厂房坝段的建基面由1372.00m高程上抬至1378.00～1380.00m高程。上抬后，不影响大坝及坝后厂房的上部结构布置，大坝抗滑稳定及坝基应力均满足规范要求，且可减少基岩开挖6.1万m^3，减少坝体混凝土6.1万m^3，节省投资和缩短了工期。

（四）大坝动力分析和抗震措施研究

1. 新颖实用的陡岸坡坝段群抗震措施　岸坡坝段建基面较陡，开挖坡比1∶0.4，设计地震条件下侧向抗滑稳定不满足规范要求。对此采用上部切诱导缝、下部并缝连接的并缝结构措施（见图1），并缝高程距建基面10m。在不增加工程投资情况下，既简化了坝段间诱导缝的施工，提高了效率，又改善了陡岸坡坝段的整体抗震稳定性。

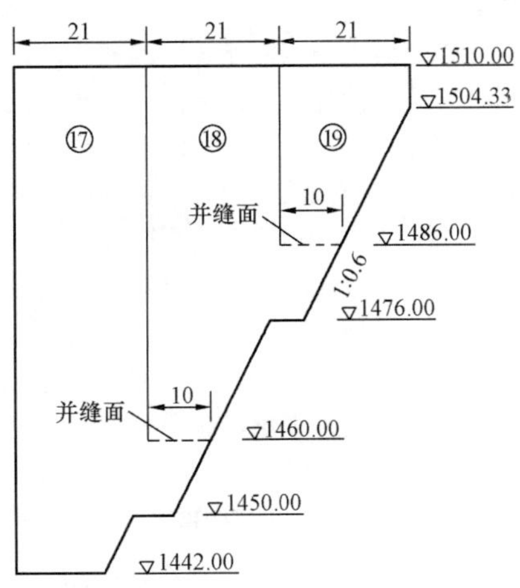

图1　岸坡坝段并缝构造（单位：m）

2. 坝体分缝　大坝抗震和坝基侧向抗滑稳定要求横缝间距越大越好，但混凝土温控要求其不宜太大。为此，确定坝体横缝间距20～30m，横缝具有弱连接诱导缝性质，这样同时满足了温控和大坝整体性要求。由于机组结构的要求，河中厂房进水口坝段的横缝或诱导缝的最大间距为34m，为避免上游坝面库水冷击出现劈头裂缝，在上游坝面的中心线处设3～5m深的铅直短缝（见图2），对降低坝体拉应力效果明显。

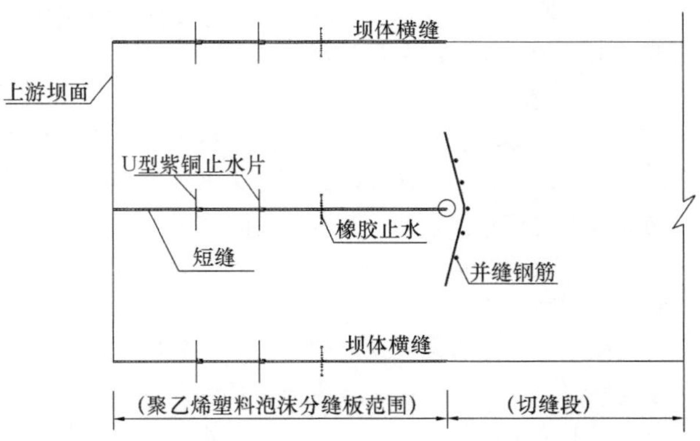

图2　坝体横缝（诱导缝）和短缝构造

3. 降低地震震害的坝体体形设计　高程较高且体形突变的坝颈处是混凝土重力坝的抗震薄弱部位。为此，将坝颈的下游面按圆弧曲线设计，减小应力集中。坝颈体形修改后，该处拉应力得到了极大的改善。

4. 抗震薄弱部位精细化抗震设计　数值计算分析表明，大坝抗震的薄弱部位为拉应力集中的坝踵、压应力集中的坝趾、体形突变部位（与坝颈对应的上游坝面区域、坝高较大坝段的上游坝面折坡处和拦污栅结构、坝头悬挑部位）。设计提出了有针对性的抗震设计：上游坝面结合坝体变态混凝土防渗层和下游主变平台折角应力集中区配置抗震钢筋，在表孔闸墩上锚块与闸墩相接的高应力区域配筋中增加抗震钢筋。

5. 厂、坝间连接型式设计　经计算分析和比较，厂、坝分缝采用"下连上分"的半连接式，该连接方式对两者抗震均最有利。

（五）大坝渗控设计

坝体为自身防渗，即采用富胶凝材料二级配碾压混凝土作为大坝防渗结构主体，并在坝上、下游迎水面铺设一定厚度的变态混凝土，以封闭碾压混凝土层面。在施工详图阶段，为确保防渗系统的可靠性，在上游面1425.00m高程以下设黏土防渗铺盖，1421.00m到正常蓄水位间涂刷水泥基渗透结晶防水剂，结合坝体排水系统，形成"前堵后排"渗控体系。

坝基采用帷幕灌浆防渗。为形成完整的坝基抽排区域，上、下游均设帷幕，还在上、下游帷幕之间布置连接帷幕。

在此基础上，设置排水系统控制坝体和坝基扬压力。坝基排水系统除设上下游主排水孔幕外，在河床抽排区域布设网格状基础廊道，在廊道内设置坝基辅助排水系统和集水井。

阿海碾压混凝土大坝渗控设计取得了良好效果，大坝的渗漏量稳定在4～5L/s，与同类型百米级碾压混凝土大坝相比，渗漏量较小。

（六）基础处理

前期预测坝基局部可能存在宽度较大的板岩集中带，拟采用混凝土置换及铺设底筋等措施。开挖中仅局部有板岩相对富集带，且宽度有限（最大0.68m），层间挤压带胶结紧密，最大宽度为0.35m，后期石英脉充填胶结表现为岩脉特征，不需专门处理。

坝基主要问题是开挖爆破后，大部分坝段在开挖建基面以下1～2m存在松弛岩体，仅左岸1420.00高程以上坝基松弛岩体达3～5m。因此，坝基处理以固结灌浆为主，对开挖爆破松弛区，采取加大清基深度、加强人工清撬、加强固结灌浆和固结灌浆孔内设锚筋桩等措施。

（七）大坝三维协同设计技术

在阿海水电站的设计中，结合水电行业的特点，进行了全坝段的三维设计。三维设计有利于参建各方的沟通和协调，工作效率高，且设计成果直观明了。

（八）结语

阿海水电站2009年7月21日开始浇筑大坝混凝土，2011年12月大坝蓄水，2012年12月28日首台机组并网发电。监测结果表明大坝的变形和应力符合一般规律，各项指标正常，大坝运行状况良好，阿海大坝设计方案合理、安全可靠。

（中国水电顾问集团昆明勘测设计研究院有限公司
何兆升 李立年 毕 静）

阿海水电站碾压混凝土重力坝抗震性能研究

（一）项目研究背景

阿海水电站工程区位于鲜水河一滇东地震带内，区域地震地质环境复杂，分布有多条晚更新世以来活动强烈的断裂，地震活动频繁且强度大。虽然坝址区位于地震活动相对较弱的地段，但外围地震活动对稳定性影响不可忽视。

坝址区总体呈横河向岩层中陡倾上游的单斜构造，分布地层主要为泥盆系下统的一套浅变质岩系以及后期顺层侵入的辉绿岩（$\beta_{\mu 4}{}^{3}$）条带，两岸基岩裸露。浅变质岩地层岩性主要为砂岩、砾岩、板岩及泥灰岩等。坝基岩体大部分为阿冷初组的$D_{1a}{}^{2}$岩层，以薄～中厚层状长石石英砂岩、粉砂岩为主夹粉砂质板岩、板岩互层，地质条件复杂，各向异性明显，对坝体稳定和安全不利。

阿海碾压混凝土重力坝设防类别为甲类，地震设防烈度为Ⅸ度，抗震概率水准采用基准期100年超越概率2%，基岩水平峰值加速度0.344g。基准期100年超越概率1%的地震校核水准，相应水平向基岩峰值加速度0.415g。在高地震地区复杂薄层状坝基上修筑高碾压混凝土重力坝，需进行抗震安全性评价和抗震措施专项研究。

（二）大坝抗震研究

分析方法分数学模型和物理模型两类。

1. 计算分析 大坝抗震计算分析分传统拟静力法和动力分析法。采用传统理论计算方法与数值有限元法，对大坝进行强度和稳定计算分析、极限抗震计算分析，以及坝基各向异性对坝体安全的分析。

（1）大坝抗滑稳定性分析结果：在设计地震工况下，用两种抗震计算方法，无论是单个坝段还是大坝整体沿建基面抗滑稳定性、沿碾压混凝土层面抗滑稳定性、深层抗滑稳定性均满足规范要求，即使稳定安全裕度最小的非溢流坝段，其安全裕度也高于现行规范值6%。

校核地震工况下，按规范计算的安全系数均大于2。各坝段整体稳定性较设计地震工况降低8%～12%，普遍在11%左右，3、15号非溢流坝段降低最多。

（2）大坝应力分析采用材料力学法（悬臂梁法）及线弹性平面有限元法对典型坝段进行应力及强度计算分析研究。

材料力学法应力分析表明，除坝踵、坝趾及下游折坡点附近区域部位外，坝体大部分区域主拉应力不超过坝体混凝土允许抗拉强度1.78MPa，满足强度要求，局部区域需配钢筋加固。坝体各部位主压应力普遍小于4MPa，满足抗压强度要求。

悬臂梁法与有限元法计算成果对比可见，对坝体体形简单的非溢流坝段，两方法的应力成果对比性较强，应力较大区域的位置较相似，坝体应力的规律基本一致。但受角缘应力影响，有限元应力值较大，无法与悬臂梁法对比。对体形复杂的坝段，两方法计算的坝颈处应力值均较大，且数值相差不大，成果对比性强。

（3）以坝基面为折线型、地基应力情况较复杂的4号溢流坝段为研究对象，研究坝基各向异性对坝体应力应变的影响。

计算成果表明，坝基变模取各向异性时，坝体在坝顶处位移为 22.06mm，坝基位移 13.37mm，坝体位移没有超过正常范围；坝踵处正应力没有出现拉应力，满足规范的要求。坝基变模对坝体位移的影响要大于对应力的影响。可见坝基变模的各向异性没有危及大坝的变形稳定。此外，坝基岩体的各向异性对坝体的应力应变有一定影响，考虑坝基岩体各向异性后，坝顶处各方向的位移值均介于两种坝基岩体各向同性的计算之间，同样，坝基顺岩层方向位移及垂直岩层方向位移也呈类似规律。

(4) 地震具有非常大的不确定性，超过设计地震的地震是存在并有可能发生的。当超过设计地震时，破坏性很大。因此，有必要研究大坝的极限抗震能力。

坝体极限抗震能力和破坏模式研究采用的技术路线为：按超地震加速度法，根据整体失稳准则确定计算坝段的极限抗震加速度；以设计地震加速度值 0.344g 为初始值，以极限抗震加速度为上限，逐级增加地震加速度，探求坝体混凝土结构塑性开裂的渐进破坏规律，查明典型坝段的抗震薄弱部位。

选了 6 种计算工况，同时计入水平向和竖直向的地震波作用，计算采用的竖直向峰值加速度为水平向的 2/3，将迁安波按各工况的峰值加速度值进行调整后，作为地震的时程输入，推求地震时程上各时刻的坝体抗滑稳定安全系数。

通过对沿建基面稳定性最差的 3 号非溢流坝段和 4 号溢流坝段的极限抗震能力分析：遭遇小于 0.65g 的地震加速度时，3、4 号坝段不会发生整体失稳破坏；但地震加速度达到 0.557g 时，溢流表孔闸墩结构将发生严重的断裂倾倒破坏。需说明的是，若计入大坝三维整体效应、固结灌浆对坝基岩体的加固效果，则 3、4 号坝段的极限抗震加速度还可提高。考虑到两个坝段是计算坝段中稳定性最低的，可以认为阿海水电站大坝整体的极限抗震加速度值为 0.65g。

2. 物理模型试验　通过对阿海典型坝段振动台仿真模型所做的顺河向和竖直向动力破坏试验，可定性地看到其破坏形态和过程与那些遭受地震破坏的大坝比较接近。模型试验的结论是：

(1) 在地震作用下，考虑基础影响时最先在坝踵处开裂，裂缝向地基内部延伸；不考虑基础影响时，坝体头部下游坝颈处是大坝的抗震薄弱部位。

(2) 当地震动峰值增加到一定级别时，坝体薄弱部位的应变出现突变，在当前地震动荷载作用下或再施加一级地震荷载后，坝体相应位置会出现宏观裂缝。

(3) 抗震措施对挡水坝段的起裂加速度没有影响，但对裂缝发展有明显的限制作用，可延缓裂缝贯穿，抗震配筋能提高坝头的抗震效果。有抗震措施坝段裂缝条数多于无抗震措施坝段，裂缝分布区域更大。这与主裂缝开裂后，模拟配筋区域发生应力重分布有关。坝顶颈部配筋过多，刚度增大很大时，坝体下部上游折坡点等拉应力集中裂缝会有较大发展，对坝体防渗和长久使用不利，而且在开裂后继续增大。坝体颈部的适当配筋对于坝体的整体性和刚度的提高有明显的作用，能有效提高坝体的抗震性能，但钢筋的配筋率不宜过高。

（三）结语

(1) 大坝抗震的薄弱部位为：拉应力集中的坝踵、压应力集中的坝趾、体形突变部位。薄弱部位的地震应力水平较高，需采取结构设计优化体形、提高混凝土强度等级、配置抗震钢筋等综合措施。

(2) 大坝整体三维有限元分析表明：在不计入坝段间分缝的弱连接作用情况下，坝段间的相对位移差不大。坝段的抗震稳定性即可满足，若考虑诱导缝的作用，则大坝的整体抗震稳定性将有所提高。

(3) 坝基各向异性未引起地基承载能力的显著降低，地震工况下坝体关键点的位移、应力及坝基变形均未超过承载能力限值，大坝不会发生不均匀沉降破坏。

(4) 考虑到大坝混凝土后期强度提高、抗震计算假定偏于安全等因素，以及极限抗震能力的分析，可以认为大坝在遭遇设计地震时结构是稳定和安全的，可以满足抗震规范要求，且有较大的安全裕度。

(5) 模型试验表明：在设计地震加速度为 0.344g 的地震幅值输入下，未出现裂缝，各坝段有一定的安全裕度，大坝在设计地震加速度作用下整体是稳定的。

（中国水电顾问集团昆明勘测设计研究院有限公司
邹小红　何兆升　王小锋　毕　静）

功果桥水电站泄洪消能建筑物设计

（一）概况

功果桥水电站位于云南省云龙县大栗树西侧澜沧江干流上，大坝为碾压混凝土重力坝，坝顶高程 1310m，最大坝高 105m，总装机容量 900MW，年发电量 40.41 亿 kW·h。其下游为小湾水电站，上游为在建的苗尾水电站。

大坝设计洪水标准 $P=0.20\%$，相应流量12 800m^3/s，校核洪水标准 $P=0.05\%$，相应流量 14 900m^3/s。电站的洪水调度和泄洪排沙要考虑上游苗尾水电站。在苗尾水电站正常运行前，功果桥水电站汛期（6～9 月）水位降至排沙运行水位 1303m 运行；

在其投入运行后，由于入库沙量大为减少，不设汛期排沙水位，一般在正常蓄水位 1307m 运行。消能区左岸边坡覆盖层深厚（最厚 50.20m），抗冲流速能力差，仅 2～3m/s；电站最大泄洪总功率达 7000MW（是电站装机容量的 7.8 倍），因此，消能区下游水流的衔接和岸坡的防护问题突出。

（二）泄洪建筑物设计

泄洪建筑物在主河床略靠右侧布置 5 个 15m×19m（宽×高）表孔和 1 个 5m×7m（宽×高）底孔，底孔紧靠表孔右侧。

1. 溢流表孔　电站 5 个泄洪表孔（8～12 号坝段）坝段总长 95m，其中 8～11 号坝段宽 20m，12 号坝段宽 15m，横缝位于每孔闸墩的边线上。泄洪表孔采用开敞式溢流堰，堰顶高程 1288m，堰顶弧形工作门尺寸 15m×19m（宽×高）。堰顶上游为三圆弧组合曲线，堰顶下游采用 WES 幂曲线。堰面曲线的末端设 1.02m 高的掺气挑坎，后接斜率为 1∶0.7 的 22 级台阶面。台阶面高度结合碾压混凝土施工层厚设计，尺寸为 1.05m×1.50m（宽×高）。台阶面后通过半径为 8m 的反弧段与戽式消力池相连。为使进流平顺并提高消能效果，表孔墩头采用椭圆平面曲线，墩尾采用 X 形宽尾墩，其特征参数见表 1。

表 1　表孔宽尾墩体形特征参数表

名称	H_d（m）	Z_a（m）	孔口尺寸（m×m）	宽尾墩体形特征参数		
				收缩角 θ（°）	收缩比 ε	η
中表孔	18.2	25.3	15×19	21.5	0.4	0.72
边表孔	18.2	25.3	15×19	18.42	0.4	0.72

注　H_d 为定型设计水头，Z_a 为堰顶与宽尾墩末端堰面间的高差，$\eta=H_d/Z_a$ 为宽尾墩末端断面底部位置参数。

表孔有 4 个中墩，2 个边墩。中墩厚 5m，左边墩厚 4m，右边墩厚 4.5m。下游弧门牛腿高度 6m，宽度沿上游至下游从 5m 过渡到 4.5m，牛腿外伸长度 2.2m。闸墩弧门总推力 37 000kN，单侧弧门推力 18 500kN。通过三维有限元分析和技术经济比较，采用开缝锚块式预应力闸墩，开缝位于锚块与闸墩结合的颈部位置，张拉后回填混凝土。预应力锚索采用后张式黏结型，锚索孔道用预埋钢管形成。

单个中墩主锚索布置 20 根，次锚索 8 根。中墩主锚索设计吨位 3100kN，超张拉吨位 3300kN，拉锚系数 1.68。中墩次锚索设计吨位 1500kN，超张拉吨位 1600kN。单个边墩主锚索 11 根，次锚索 8 根。边墩主锚索设计吨位 3100kN，超张拉吨位 3300kN，拉锚系数 1.84。边墩次锚索设计吨位 1500kN，超张拉吨位 1600kN。从拉锚系数可见，预应力闸墩设计经济合理。

2. 泄洪底孔　底孔采用坝身有压泄水孔型式，进口底槛高程 1260m，进口事故检修门断面尺寸为 5m×8.4m（宽×高），出口工作弧门控制断面尺寸 5m×7m（宽×高），事故检修门后有 2 个直径 110cm 的通气孔。底孔有压进口段为矩形断面三面收缩的喇叭口形。底孔底板和两侧边墙 1m 高范围铺设 50cm 厚的抗冲耐磨混凝土。底孔弧门采用 3m×4.50m 的深梁式支承结构，泄槽为 5m 等宽平底泄槽。

3. 消能防冲　泄洪消能设计考虑电站水头高、流量大、河谷窄狭顺直、两岸陡峻、下游水位变幅大、河床覆盖层深厚、左岸边坡地质条件差等因素，结合模型试验，表孔采用 X 形宽尾墩—阶梯式溢流坝面—戽式消力池联合消能，底孔采用贴角导向鼻坎挑流消能。

戽式消力池底板顶高程 1225m，底板过流面设 50cm 厚抗冲耐磨混凝土。从坝体反弧末端算起，戽池长 49.66m，其末端设反坡尾坎。尾坎顶高程 1232m，宽 1.5m，坎前反坡坡比 1∶2。尾坎下游设 30m 长混凝土护坦，护坦下游为 1∶4 的宾格石笼海漫，长 121m，延伸至下游原河床。

通过模型试验分析，底孔出口鼻坎优选贴角导向型挑流鼻坎，该挑射水舌向河道中部偏转，同时具有横向和纵向扩散效果，水舌落点位置在消力戽下游水垫较厚的护坦和海漫段区域内，消能效果良好。

下游导流围堰拆除时，围堰防渗墙的河床部分拆至 1240m，两岸基本保留。戽池检修时，下游修建 3m 高的临时草土围堰，即可满足要求。

（中国水电顾问集团西北勘测设计研究院有限公司　李浚元　刘　园）

呼和浩特抽水蓄能电站上水库面板型式研究与应用

呼和浩特抽水蓄能电站上水库位于大青山主峰料木山顶峰的东北侧，库区吕梁期片麻状黑云母花岗岩广泛分布，抗风化能力较弱的云母片岩呈不规则团块状或夹层状。上水库最冷月平均气温－15.7℃，极端最低气温－41.8℃，极端最高气温 35.1℃，年冻融循环次数 140 次。主要建筑物包括堆石坝、库盆和排水系统。正常蓄水位 1940.00m，死水位 1903.00m，库水位涨落频繁，运行条件恶劣，防渗面板抗冻问题突出，面板若破坏将引起混凝土开裂、库水外渗、堆石坝失稳，影响电站安全运行。为此，开展了包括钢筋混凝土面板和沥青混凝土面板在内的面板型式的研究。

（一）钢筋混凝土防渗面板研究

钢筋混凝土面板坡度，在死水位以上为 1∶1.6，死水位以下 1∶10，库盆防渗面积 24.6 万 m^2。面板为 30cm 等厚，下部碎石垫层基础，堆石坝段水平宽 3m，岩石边坡开挖段和库底厚 0.6m。库岸面板垂直缝，直线段分缝间距 15m，弧线段分缝间距顶部约 10m。库底面板纵、横向分块尺寸一般为 15m×30m。为降低混凝土饱和程度，避免上水库面板的冻融和冻胀破坏，避免库面冰盖与面板冻结，在连接板和库岸面板表面涂刷一层 2mm 厚的防水防冰黏涂料。

1. 面板抗冻性能　钢筋混凝土面板存在裂缝和冻融破坏问题，要求面板具有良好的防渗、抗冻性能，以及较高的抗拉强度、极限拉伸值和适应变形的能力。面板采用二级配混凝土，在库岸和连接部位为 C30W12F400，库底为 C30W12F300，极限拉伸值不小于 100×10^{-6}。配合比试验表明，选用性能优良的外加剂、掺合料及纤维，能改善面板混凝土的抗裂性及耐久性，各项指标均满足要求并有一定富余。

2. 面板表层止水结构及材料低温性能　在面板垂直缝、周边缝、防浪墙底缝、面板与进/出水口接缝处均设一道底部铜片止水和一道表层止水。要求表层止水具有良好的抗冻抗裂性能，根据受冰荷载作用条件不同，水位变化区采用下卧式，设抗冻性强的塑性填料，填料表面上覆三元乙丙加筋无炭黑橡胶板，由镀锌扁钢和锚栓压固；库底表层止水不下卧，改用膨胀螺栓固定。

模拟工程运行条件的试验表明，下卧式表层止水结构减少了冰层对混凝土咬合面积，降低了冰层与止水的黏结力，结构密封性能提高，大大降低了冰块对止水结构的推、拽力。

通过改良止水塑性填料配方，提高了材料的低温拉伸黏结性能，在（−45±2）℃的干燥条件下，断裂伸长率不小于 50%；500 次冻融循环的断裂伸长率不小于 125%；拉伸不破坏。

3. 面板表层防水防冰黏涂料性能　试验表明，选用的防水防冰黏涂料具有较好的耐久性、热稳定性及抗低温性能，能耐受 40℃高温和−45℃低温，500 次冻融循环不破坏；具有良好的防渗性能，当面板出现微细裂缝时，能承受 60m 水头的作用；与面板有较强的黏结能力，在水位频繁升降和冰冻作用下不破坏，冬季不与冰产生黏结。

（二）沥青混凝土防渗面板研究

沥青混凝土面板坡度为 1∶1.75，库盆防渗面积 24.5 万 m^2。面板采用简式断面，由内至外的结构顺序为 8cm 厚整平胶结层、10cm 厚防渗层、2mm 厚封闭层。面板下设碎石垫层基础，堆石坝段水平宽 3m，岩石边坡开挖段和库底厚 0.6m。

上水库高低温差最大达 77℃，对面板的高温抗斜坡流淌和低温抗裂性能要求高，二者相互制约。前者通过坡面洒水降温措施得以缓解，后者通常以提高沥青混凝土性能来解决。

防渗层采用改性沥青混凝土，封闭层采用改性沥青玛蹄脂。试验表明，采用当地大理岩碱性人工骨料和石灰石矿粉填料，以及推荐的改性沥青，能够满足面板低温抗冻断和高温抗斜坡流淌的要求，首次达到改性沥青混凝土平均冻断温度−45℃、改性沥青玛蹄脂抗裂温度−50℃的水平。

（三）防渗面板研究结论和工程应用

上水库面板型式研究表明，钢筋混凝土面板的冻融问题和沥青混凝土面板的低温抗裂问题较为突出，但技术上均可行。两个方案在枢纽布置、建筑材料、施工进度、工程量及土建投资方面差异不大，沥青混凝土面板在施工、质量保证、适应基础变形、防渗效果和检修等方面较优。

上水库最终采用沥青混凝土面板全库防渗。2010 年 5 月库盆及堆石坝开挖完成，2011 年 12 月堆石坝填筑至坝顶。面板施工从 2012 年 4 月开始，于 2013 年 7 月结束。2013 年 8 月 19 日上水库通过蓄水验收，12 月 31 日库水位蓄至 1907.31m，运行正常。

（中国水电顾问集团北京勘测设计研究院有限公司
赵　轶　陈建华）

潘口水电站面板堆石坝防渗系统设计

潘口水电站位于湖北省十堰市竹山县境内的堵河干流上游河段，为堵河梯级规划的龙头电站，一等大（1）型工程。水库正常蓄水位 355.00m，相应库容 19.70 亿 m^3，总库容 23.38 亿 m^3。电站装机 2 台，总装机容量 500MW。工程枢纽建筑物由混凝土面板堆石坝、右岸岸边开敞式溢洪道、右岸泄洪洞、左岸引水发电系统组成。面板堆石坝坝顶高程 362.00m，河床趾板建基面高程 248.00m，最大坝高 114m。

潘口水电站混凝土面板堆石坝防渗系统由两部分构成，即混凝土面板与其周边趾板、防浪墙和分缝止水形成坝体防渗体；同时趾板作为地基灌浆的盖板，与经过固结灌浆、帷幕灌浆处理后的基岩形成地基防渗结构，两者构成了坝体完整的防渗体系。

1. 面板　为钢筋混凝土面板，等宽分缝，板宽12m，顶部厚 0.3m，最大厚度 0.63m。面板承受的水力梯度为 9.4～179，小于 200，满足抗渗要求。面板混凝土采用 C25W12F150 二级配混凝土，在面板中部布置单层双向钢筋，配筋率以 0.4%控制。面板临近趾板周边缝的垂直缝两侧布置抗挤压的构造钢筋。

2. 趾板　趾板基础置于弱风化中下部或经处理的稳定地基上，宽度分别为 4、6、8m，对应的趾板厚度分别为 0.5、0.6、0.7m。混凝土的标号、耐久性参数及配筋原则与面板混凝土相同。为增强趾板与地基的连接，趾板基础设置锚筋，深入基岩 5m，间排距 1.5m，梅花形布置，锚筋与面层钢筋相焊接。

3. 接缝止水　接缝包括面板与趾板间的周边缝、面板间的垂直缝、趾板间的伸缩缝等。针对不同部位受力特点及结构差异，接缝间采用不同的止水型式。

（1）周边缝设 3 道止水，底部采用 F 型止水铜片，缝间用 12mm 沥青杉板填充，缝口设橡胶棒，上覆适应变形的波形橡胶止水带，顶部设柔性材料，外部用三元乙丙复合盖板保护。

（2）垂直缝共 23 条，大坝左侧 6 条和右侧 3 条采用 A 型止水，中部 14 条采用 B 型止水。垂直缝均设两道止水，底部 W 型止水铜片，顶部柔性填料，外部用三元乙丙复合盖板保护。A 型止水比 B 型止水顶部柔性填料面积大 50%。

（3）伸缩缝分缝长度按 10～15m 控制。“X”拐点部分的趾板分缝根据实际情况适当调整。趾板缝中间设橡胶止水带，下部设 T 形止水铜片，T 形止水带下端嵌固于趾板下的基岩内，顶部设柔性材料，外部用三元乙丙复合盖板保护。上部的橡胶止水带伸入周边缝的柔性填料内进行封闭，而下部的 T 形止水铜片则与周边缝的 F 形止水铜片相焊接封闭。

4. 固结灌浆　趾板地基以弱风化基岩为主。在 4、6、8m 宽度的趾板基础上，沿帷幕灌浆线的上下游侧分别布置 2、3、3 排趾板基岩固结灌浆孔，孔距 3m，孔深 8.5m。

5. 帷幕灌浆　在大坝趾板、溢洪道、泄洪洞及两岸进行帷幕灌浆。坝基帷幕灌浆中心线沿趾板线布置，孔深按深入相对不透水层（$q \leqslant 3\text{Lu}$）顶板线以下 5m 控制。左右岸坝肩防渗帷幕延伸至相对不透水层（$q \leqslant 3\text{Lu}$）与坝顶高程交汇处。左岸坝肩处设灌浆平洞将防渗帷幕向山里延伸约 24m，右岸坝肩帷幕灌浆线通过 362.00m 平台穿过右岸溢洪道闸室，沿溢洪道右侧向泄洪洞进水塔公路延伸，穿过泄洪洞无压隧洞进口段经帷幕灌浆平洞向山体内延伸约 23m。防渗帷幕在高程 290.00m 以上设 1 排主帷幕，孔距 2m，290.00m 高程以下增设 1 排副帷幕，副帷幕中心线位于主帷幕中心线下游 1.5m，孔距 2m，帷幕深度为相应位置主帷幕的一半。趾板基础固结灌浆及帷幕灌浆布置典型剖面见图 1。

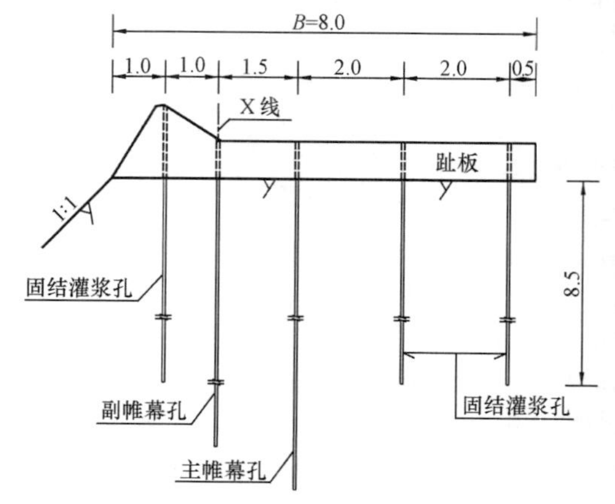

图 1　趾板基础固结灌浆及帷幕灌浆布置典型剖面图（单位：m）

（中国水电顾问集团中南勘测设计研究院有限公司　郭卫平）

我国大坝设计洪水计算、评估与确定

大坝设计洪水计算是一超长期的预报问题，由于资料、方法、设计人员的知识和经验等原因，计算成果存在一定的不确定性。因此，有必要对大坝设计洪水的计算、评估和确定进行总结和研究。

（一）我国大坝设计洪水计算方法的发展历程

新中国成立以来，大坝设计洪水计算方法经历了从历史洪水加成法逐步过渡到频率分析法，以及 1970 年代后引入可能最大洪水，1980 年代提出梯级水库设计洪水计算方法的发展过程。

1979 年，原水利部和电力工业部总结 20 多年的实践经验，并参照国外的成果，联合颁发了《水利水电工程设计洪水计算规范》（试行）（以下简称《计算规范》）。这个规范充分总结了中国大坝设计洪水计算的经验和教训，强调“多种方法、综合分析、合理选用”的计算原则。

到 1990 年初，长江水利委员会水文局等单位对《计算规范》进行了修订。1993 年水利部和能源部颁布了新的设计洪水计算规范，增加了有关设计洪水地区组成和干旱、岩溶、冰川地区设计洪水计算方面的内容。1995 年编写并出版了与 1993 年规范配套的《水利水电工程设计洪水计算手册》。2006 年水利部水利水电规划设计总院组织专家对 1993 年的规范进行修编。2010 年水电水利规划设计总院对 1993 年的规范进行修编，发布了水电工程设计洪水计算规范，增加受水库调蓄影响的设计洪水、抽水蓄能电站、潮汐电站设计洪水等内容。至此设计洪水的计算形成了比较完整的体系。

（二）设计洪水计算

1. 天然设计洪水计算　设计洪水计算规范规定的三种计算方法是：①坝址或其上、下游邻近地点具有 30 年以上实测和插补延长的洪水流量资料，并有调查历史洪水时，采用频率分析法计算设计洪水；②工程所在地区一般具有 30 年以上实测和插补延长的暴雨资料，并有暴雨洪水对应关系时，采用频率分析法计算设计暴雨，再推算设计洪水；③工程所在流域内洪水和暴雨资料均短缺时，利用邻近地区实测或调查暴雨和洪水资料，进行地区综合分析，估算设计洪水。

三种方法概括为两类：一类是通过流量资料推求设计洪水，即“直接法”；一类是通过雨量资料推求设计洪水，即“间接法”。前者依据的基本资料为实测流量过程，中间环节较少，工程设计计算中大多采用这类方法。

（1）“直接法”推求天然情况下的设计洪水，主要包括设计洪峰流量、设计时段洪量和设计洪水过程线的分析计算。推求设计洪量和设计洪峰流量的方法均为频率分析法，推求设计洪峰流量时：①按防洪安全标准的含义及独立选样原则，对实测洪水资料进行选样，得出洪峰流量样本系列，分析其可靠性、一致性和代表性；②对历史洪水及其考证期进行分析、确定；③应用频率分析方法进行设计洪峰流量的分析计算，经合理性分析后，确定采用成果。

《计算规范》及以后的历次规范均规定，经验频率计算采用期望公式。依连序系列和不连序系列，经验频率计算采用不同的公式。

如果 N 年之外，有更远的 N' 年内的调查洪水，则同样可把 N 年内的历史洪水与 N' 年内的历史洪水以及实测洪水组成不连序系列，再按公式估算各项经验频率。

中国现行的 SL 44—2006《水利水电工程设计洪水计算规范》规定频率曲线线型一般采用 P—Ⅲ型曲线。特殊情况，经分析论证后也可采用其他线型。

P—Ⅲ型频率曲线的统计参数采用均值 $\overline{X}$、变差系数 C_V 和偏态系数 C_S 表示。统计参数采用矩法或其他参数估计方法初估，适线法确定。尽管估计 P—Ⅲ型分布统计参数的方法很多，在工程设计中，最终常以适线法来确定理论频率曲线的统计参数。

当统计参数确定后，从 P—Ⅲ型曲线的离均系数值 ϕ_p 表或模比系数 K_p 值表取值，再用相应公式计算各频率天然设计洪水的设计值。

对于梯级水库天然设计洪水计算，先选择各梯级电站的水文设计代表站，分别计算各站天然设计洪水，对设计成果进行合理性检查，合理取用各水文站设计洪水成果。根据各水文设计代表站及各梯级水库坝址的集水面积，合理进行站坝转换，得到各梯级水库大坝天然设计洪水成果。

（2）“间接法”推求设计洪水，能充分利用暴雨资料，特别是当工程所在流域流量资料不足时，常成为主要的途径。该方法假定设计暴雨与据之推算的设计洪水是同频率的。分析计算步骤为：①设计暴雨分析：包括暴雨洪水特性分析、暴雨的时—面—深关系分析、暴雨频率分析、设计暴雨雨型；②产流分析计算：即降雨径流关系分析或净雨计算，分降雨径流相关法和扣损法两类；③汇流分析计算：含流域坡面汇流和河道汇流。根据设计流域面积的大小，汇流计算常采用推理公式法、单位线法以及各种基于流域蓄泄关系的方法。

随着计算机的应用，设计洪水计算中流域产流、汇流计算也采用流域降雨径流模型。流域降雨径流模型正由集总式向分布式和基于 GIS 的模型发展。

（3）利用水文气象学原理和方法，估算出可能最大降水（PMP），然后经流域产流汇流计算，转化为可能最大洪水（PMF），是推求水利水电工程设计洪水的主要途径之一。我国从 40 年前就开始 PMP/PMF 的研究，1970 年代末引入到工程设计中。黄河水利委员会王国安的专著《可能最大暴雨和洪水计算原理与方法》，总结了推求 PMP/PMF 的方法和步骤。

2. 设计洪水过程线　采用放大典型洪水过程线的方法推求，通常选择能反映坝址以上流域洪水特性、对工程防洪运用较不利的实测大洪水作为典型。放大典型洪水过程线时，根据工程和流域洪水特性，采用同频率放大法和同倍比放大法。

为大坝防洪安全推求的设计洪水过程线应是入库洪水过程线，它与坝址断面设计洪水过程线有区别。前者一般比后者峰形更尖瘦，峰现时间要提前。因此，由后者求得的大坝防洪库容一般要小于由前者求得的大坝防洪库容。对此，目前已提出多种处理方法。

3. 受上游水库调蓄影响的设计洪水计算　在进行水库防洪安全设计时，如果其上游有调蓄作用较大的已建或近期将建的梯级水库或水库群，则应考虑这些水库的调洪作用对下游设计断面的设计洪水的影响。

为推求下游水库设计断面的设计洪水，直接的方法是将实测洪水流量资料按梯级水库的调洪规则逐年进行模拟调洪，推求出下游水库设计断面的洪水过程线，从中统计出受上游水库调洪影响后下游水库设计断面洪水的特征值系列。但根据受水库调洪影响后的洪水系列进行频率计算遇到的问题是：这种系列难以用任何已知频率曲线线型来适配，以达外延目的；根据这个系列点绘的经验频率点据也难以用一条光滑的曲线来拟合，使外延趋势不确定。特别当有的水库下泄流量在某种频率的洪水上下发生突变，经验频率曲线即使外延幅度不大，都可能有很大误差。在实际应用中，采用一定概化条件下的近似方法，即地区组成法、频率组合法和随机模拟法。

地区组成法是将设计水库断面某一指定防洪标准情况下，通过拟定洪水地区组成来确定各分区设计洪水过程线。根据梯级水库调洪原则进行上游梯级水库调洪计算，求得各种频率上游梯级水库的下泄流量过程线，再按设计拟定的洪水地区组成方式，经与区间洪水过程组合后，得到设计水库受上游梯级水库调蓄影响的设计洪水过程线，统计其特征值作为设计水库的设计洪水成果。此法概念清晰，计算简便，较适用于工程设计。但各分区洪水过程具有随机性，拟定的洪水地区组成方式难以也不可能包括全部遭遇组合，有局限性。

频率组合法可考虑洪水的所有地区组成及其相应的发生概率，能较好地反映水库对不同频率洪水的调洪效应，较直观，不必对水库的调洪规则进行简化，适用于各种条件，特别是水库调洪规则比较复杂及梯级水库采用联合防洪调度的情况。但对资料条件要求高，此外，随着梯级水库数量的增加，计算工作量呈幂指数增加。

随机模拟法利用随机生成足够长系列的多站同步洪水过程线直接做调洪计算，得出水库下游断面洪水特征值的概率分布。它不必简化调洪函数，也不必处理复杂的洪水组合遭遇问题。同时，它把洪水特征值（峰、量）与过程线合并起来处理，减少了环节，其精度取决于所建模型是否合理，能否反映设计流域洪水的客观规律。但洪水过程线的生成是利用已有洪水资料，将来洪水如何变化是未知的，得到的洪水过程线没有增加未来洪水的变化信息，尚不足以指导工程设计。

地区组成法在工程设计中已获得广泛应用，且常选择对工程防洪安全不利的组合，具有相当的安全性。

（三）设计洪水评估与确定

1. 设计洪水评估　在洪水频率分析计算中，不可避免存在误差和不确定因素。为提高设计洪水成果的精度，对计算成果要进行洪水资料评估和合理性分析。

（1）洪水资料评估主要评估历史洪水及其重现期、实测或插补资料的精度以及系列代表性。

（2）洪水统计参数具有一定的水文意义：均值是衡量流域洪水量级的特征值，C_V 是表征流域洪水年际变化情况的特征值，C_S 是反映流域中大小洪水出现概率的特征值。由于洪水具有地区性特点，其特征值主要受气候和地理条件支配，常可表为地理经、纬度的函数，因此可在地图上画出洪水特征值的等值线图。利用等值线图所显示的地理规律，可对位于这一地区的某一领域的洪水统计参数进行合理性分析，或进行必要的修正。此外，河流上、下游同一洪水统计参数及不同时段洪量统计参数之间也存在一定关系。

2. 设计洪水确定

（1）我国水文工程师确定大坝设计洪水的原则是：在现有雨洪资料的基础上，依据已发布的规程规范，采用多种分析计算方法进行设计洪水计算，并对成果进行合理性分析，综合确定所采用的设计洪水成果，尽可能使不确定性降到最小，把握好经济与安全的尺度。

（2）大坝在运行期间抗御洪水的安全度取决于设计洪水重现期 T（年）和设计使用年限 N，中国现行大坝防洪标准的水文安全度为：$R_N=\left(1-\dfrac{1}{T}\right)^N$。

（3）在对设计洪水修正时，应通过原始资料的精度、系列的代表性、历史洪水调查考证程度、古洪水研究成果精度以及统计参数和设计值的合理性分析后，再定性判断。当发现有偏小可能，为安全计，在校核标准洪水设计值上再加安全修正值。安全修正值可根据综合分析成果偏小的可能幅度，并参考均方误差计算结果确定。

SL 44—2006《水利水电工程设计洪水计算规范》规定：“对大型工程或重要的中型工程，用频率分析法计算的校核标准设计洪水，应计算抽样误差。经综合分析检查后，如成果有偏小的可能，应加安全修正值，一般不超过计算值的 20%。”

（4）根据 GB 50201—1994《防洪标准》、SL 252—2000《水利水电工程等级划分及洪水标准》和 DL 5180—2003《水电枢纽工程等级划分及设计安全标准》的规定，一等大（1）型工程，土坝、堆石坝的校核洪水标准为可能的 PMF 或 10 000～5000 年一遇洪水。

现行防洪标准规范规定，在选择采用频率法的重现期 10 000 年一遇洪水还是 PMF 时，应根据计算成果的合理性来确定。当用水文气象法求得的 PMF 较为合理时，采用 PMF；用频率分析法求得的重现期 10 000 年一遇洪水较为合理时，采用重现期 10 000

年一遇洪水；两者可靠程度相同时，为安全起见，采用其中较大者。

（中国水电顾问集团西北勘测设计研究院有限公司　王正发）

国内宽尾墩的工程应用与发展

宽尾墩消能工是我国首创的一种新型收缩式消能工，最早由我国学者林秉南院士和龚振瀛在20世纪70年代初提出。西北勘测设计研究院通过工程实例，总结了我国三十多年来宽尾墩与其他消能工联合运用的效果和最新发展。

（一）宽尾墩联合消能工的应用

1. 宽尾墩—消力池

（1）1997年Y形宽尾墩—消力池联合消能工首次在安康水电站应用。该电站重力坝最大坝高128m，设计洪水时消力池单宽流量147.5m^3/（s·m）。试验表明：采用联合消能工后，与二元水跃消能相比，第二共轭水深降低20%～30%，跃长减小20%～30%，单位体积消能率提高约一倍，尾坎上平均流速降低30%～38%，表、中孔消力池的长度分别缩短了1/3和1/2，底板减薄2m，节省造价约1173万元。由于消力池中大量掺气，水深和动水压力增加，坝面上出现60%～70%无水区，可完全免除高速水流的空蚀，降低对施工不平整度要求。Y形宽尾墩—消力池在安康水电站的应用，表明其适用于具有低水头、大流量、低弗氏数、深尾水和下游水位落差变幅大等特点的工程。

（2）百色水电站消能防冲标准为百年一遇洪水，溢流坝下泄单宽流量161m^2/（s·m），泄洪功率9695MW，上下游落差94m，消力池水深仅30m。消力池基础70%为软弱的沉积岩，地质条件较差。试验比较了一般底流式和戽式消力池两个方案，主坝泄洪消能最终采用Y形宽尾墩—中孔跌流—底流消力池联合消能工。在溢流坝下游面设置的掺气坎，起到对下泄水体四周全面掺气的作用，减轻了高速水流对坝面的空蚀破坏，与表孔平尾墩方案相比，消力池长度缩短了1/3。试验表明：表、中孔重叠式布置和共用一个消力池较好地解决了百色水电站高落差、浅尾水和大单宽泄洪功率泄流消能难题。

2. 宽尾墩—戽式消力池

（1）岩滩水电站重力坝最大坝高110m，设计洪水时消力池单宽流量212m^3/（s·m），是国内首次将宽尾墩应用于戽式消力池进行联合消能的电站。模型试验表明：采用联合消能工后，戽池内形成稳定而完整的三元戽跃，Q_1＝24 300m^3/s时，戽池水深增加37.8%，戽首底板时均水压力增加47.3%，水流空化数相应提高。在典型洪水时，库底、库槛及河道表面流速大幅度降低，其中戽坎流速平均降低41%。另外，联合消能工在削减下游波浪、改善厂房尾水渠流态和降低戽跃临界水深也有显著作用。1996年汛期电站原型观测和工程运行资料成果表明，原型和模型戽池内流态、时均动水压力和脉动压力的量级和分布、底流速和尾坎边墙处流速、厂房尾水渠流态等方面基本吻合，近坝区河床冲淤变化，原型与模型动床试验相似。

（2）平班水电站溢流表孔采用顶部跌流型宽尾墩—戽式消力池联合消能后，戽池水平段长度缩短了20m，戽坎末端上移16.92m，戽体建基面面积减少1929m^2，仅溢流坝段就节省投资1604万元。采用顶部跌流型宽尾墩后，戽池内形成的多向运动水流改变了常规戽池二元水流运动特征，不再出现“三滚一浪”的典型流态，从而使下游防护工程开挖量减小，节约了工程投资。平班水电站采用的联合消能方式证明，在中型坝应用宽尾墩联合消能技术是可行的。

3. 宽尾墩—底孔（挑流）—消力池　这种联合消能方式为我国首创。五强溪枢纽重力坝最大坝高85.83m，设计洪水时左边消力池内单宽流量236m^3/（s·m），消力池长120m，1996年底全部机组投产。该电站水流弗氏数低，岩石抗冲能力弱，采用宽尾墩—底孔（挑流）—消力池联合消能工后，枢纽总布置得到调整，消力池长度大幅缩短，围堰工程量减少。与经典底流消能枢纽布置方案比较，开挖量减少109万m^3，混凝土减少4万m^3，节约投资4000万元。五强溪枢纽联合消能工的应用，解决了泄洪消能存在的大单宽、低弗氏数和溢流前沿挤占坝轴线的技术难题。

4. 宽尾墩—挑流

（1）潘家口电站1984年建成，是国内首次尝试采用宽尾墩的大型工程，它仅在右边7孔中最靠右的3个表孔采用宽尾墩。模型试验表明：宽尾墩与平尾墩相比减少了水流对右岸的冲刷及左岸的回流；采用宽尾墩—挑流消能工，水流纵向扩散掺气消能充分，综合冲刷系数比平尾墩型小12%，明显增强了平尾墩挑流消能的效果。随着下泄流量的加大，宽尾墩型的挑流水舌入水单位面积的能量大大减小，相应的回流流速与范围也减小，左岸坝趾处几乎没有出现淘刷现象。

（2）蟒塘溪水电站重力坝最大坝高43m，上下游落差27m。该电站是国内外最早在低水头范围采用宽尾墩挑流消能的工程。模型试验表明：过坝水流收缩、碰撞、扩散、掺气情况较好，大中小流量过坝在墩后均能形成不同程度的无水区，水舌挑射情况良好，起挑流量小，避免了坝后水流贴壁冲刷。当宽尾墩收缩比为 0.60 时，与平尾墩相比，下游河道冲深降低了 28.7%，保证了大坝安全。该工程 2004 年经历了下泄流量 5300m³/s 的洪水检验。

5. 宽尾墩—阶梯式溢流坝　在下泄小流量时，宽尾墩对水流的缩窄效果较差，宽尾墩—阶梯式溢流坝联合消能工利用台阶坝面消能；下泄大流量时，宽尾墩竖向拉起的部分水流直接跌入下游消力池，减小了台阶坝面承受的泄流，同时宽尾墩后的无水区又有利于台阶坝面的通气。

(1) 水东水电站采用宽尾墩—阶梯式坝面—戽池联合消能，是我国首次将宽尾墩应用于阶梯式坝面泄洪的工程。大坝最大坝高 57m，于 1994 年建成发电，同年 5 月经历了一场百年洪水的运行考验，宽尾墩闸孔出口单宽流量 204m³/(s·m)，入池单宽流量 78m³/(s·m)，戽池水深 22.4m，洪水过后，台阶和戽池完好无损。

(2) 大朝山水电站 2001 年 11 月首台机组试运行，最大坝高 115m，单宽流量 165m³/(s·m)，是大单宽流量条件下采用宽尾墩阶梯式坝面的成功实例。其整个宽尾墩、戽式消力池的消能率约 60%～70%。

(3) 索风营水电站最大坝高 121.84m，单宽流量 243m³/(s·m)，采用 X 形宽尾墩—台阶坝面—消力池联合消能工。在利用宽尾墩大单宽泄洪消能的同时，充分发挥了台阶坝面中小流量的消能作用，使消力池底板冲击压力减小 30%，解决了常规宽尾墩存在的问题。电站 2007 年 7 月库水位达正常蓄水位，几年来新型消能工的消能效果良好，泄水建筑物无破坏痕迹。

6. 宽尾墩—岸边溢洪道　新疆某水电站水工模型试验将宽尾墩消能模式运用到岸边溢洪道上。在消力池内布置 2 个 T 形墩，出口设尾坎，在溢洪道陡槽适当位置加了宽尾墩后，溢洪道缩窄导致水舌升高形成射流，射流的强烈冲击波在消力池入口处相交，使水流相互碰撞、破碎而消耗大部分能量。水流在消力池形成的三元水跃，使水舌底部水流碰到 T 形墩后进一步破碎、混掺、紊动。加上消力池的尾坎保证了池内水跃的淹没度，使电站下游河道冲刷深度从 8.86m 减小到 2.60m，消力池的长度缩短近 50%。这表明，宽尾墩运用到岸边溢洪道也能达到较好的消能效果。

(二) 新型宽尾墩的研究与发展

除上文提到的 X 形和顶部跌流型宽尾墩外，目前国内工程中发展了新 X 形、异形、T 形、XT 形、V 形和工字形等新型宽尾墩。

(1) 功果桥水电站整体水工模型试验提出 T 形和 XT 形宽尾墩，这两种新型宽尾墩较常规宽尾墩水流扩散更充分，消力池底板受力更均匀，能有效改善宽尾墩—消力池联合消能存在的消力池内的压强分布不均、最大冲击压强和动水压强集中度过大等问题。

(2) 白石水库水工试验模型表明：选用 $S=2.5$m 异形宽尾墩—挑流消能后，水库水流平稳、流态较好，下游冲坑深度和断面都比相应的宽尾墩小。库水位在 133.88m 时，异形宽尾墩的最大冲刷坑深度比常规宽尾墩的浅 4.3m，冲坑断面积约为平尾墩的 50%。

(3) 思林水电站模型试验表明：采用新 X 形宽尾墩后，不足 65m 长的消力池就能保证下游消能充分，且池后水面波动、底板冲击压强和脉动压强均较小，满足发电运行和安全要求。而根据单宽流量计算的普通消力池和采用宽尾墩的消力池长度分别为 180、80m 以上。

(4) 四川大学高速水力学国家重点实验室研究结果表明：当堰顶水头为 18cm 时，实测 V 形宽尾墩的最大临底流速比 X 形宽尾墩小 84%。V 形宽尾墩兼具窄缝挑流的水力特性，能显著降低水垫塘临底流速，减轻下泄水流对下游河道的冲刷。

(5) 滚弄水电站试验结果表明：工字形宽尾墩增加了水体的掺气量，减小了消力池底板脉动压力，适应流量的变化范围较大，消能效果较 X 形宽尾墩和纯底流消能方案好。

(三) 结语

工程实践证明，各种宽尾墩在与常规的挑流、底流、戽流和坝面消能联合消能中均取得了好的效果。但水利水电工程条件千差万别，加之宽尾墩技术发展时间短、涉及问题多，因此，在实际应用中应参考已建工程原型观测结果，结合宽尾墩的特点和水工模型试验合理选用。

(中国水电顾问集团西北勘测设计研究院有限公司
刘　锦　孙宇飞)

厂 房 设 计

三里坪水电站地下厂房工程布置

三里坪水电站位于湖北省房县境内，是汉江一级支流南河中段开发的一座梯级水电站。电站装机2台，单机容量35MW，总装机容量70MW，保证出力12.4MW，多年平均发电量1.834亿kW·h，装机利用小时2620h。

（一）地质条件

地下电站洞室群所处山体地面高程400～446m，主厂房洞群位于山体中部，埋深72～118m（以电站厂房顶拱高程328m起算）。厂房范围内岩层走向北东东—近东西，倾向345°～8°，倾角60°～65°，走向与厂房轴线夹角34°～50°。主、副厂房均在$\in_1t^1$新鲜岩体中，岩体完整，属Ⅰ类岩石；岩体岩溶发育微弱，属弱岩溶层组，在地表30m以下仅见一些溶蚀的晶孔，孔径在1cm内，少量方解石充填；透水性十分微弱，在3Lu以下。

地质资料显示$\in_1t^1$岩层中发育有多组裂隙，其中两组为陡倾角裂隙，一组为少量发育的缓倾角裂隙，成为洞室围岩稳定的控制性结构面。

（二）地下厂房洞群布置

电站主厂房布置在流道中部，经调保计算，上下游均不需设调压室。通过综合技术经济比较，主变压器设在地面，运行、检修及管理方便，有利于主厂房洞室的围岩稳定。因此，主厂房为单一洞室布置。

电站主厂房洞群包括主厂房、母线洞、出线洞、交通洞、排水洞等。

1. 主厂房　尺寸为70.2m×17.2m×41.33m（长×宽×高），从左至右依次布置副厂房段、主机段（2台机）、安装场段。

（1）副厂房位于主机段左侧，长15.2m，宽17.2m；设三层：第一层屋顶高于发电机层，高程310.00m；第二层与发电机层同高，高程306.00m，布置有0.4kV配电室、蓄电池室、直流盘室；第三层与水轮机地面同高，高程299.50m。

（2）主机段长28.3m，两机一缝；共设三层：蝶阀层、水轮机层、发电机层。蝶阀层在底层，位于主机段上游侧，高程292.60m，平面开挖尺寸为28.3m×4.7m（长×宽），贯通至安装场，是检修和安装蝶阀场地。第二层为水轮机层，高程299.50m，布置蝶阀油压装置、机组供水系统等。顶层为发电机层，高程306.00m，桥机轨顶高程317.50m，厂房顶高程328.00m，布置发电机油压装置、机旁盘、励磁盘等。

（3）安装场段长26.7m，其大门与进厂交通洞相连，地面与发电机层同高（306.00m）。安装场段设四层：从上至下，第一层为发电机、水轮机、变压器等大型设备的检修场地，与发电机层同高；第二层为水轮机层，布置有楼梯间、透平油罐、油处理室、水泵水轮机调相压水空压机室及中低压空压机室；第三层高程295.50m，布置楼梯间、机组检修排水井泵房和厂内渗漏排水井泵房；第四层高程292.60m，为1号楼梯通道，由此通往主机段的蝶阀廊道层，并可由此上至发电机层。

在安装场和主、副厂房上部317.50m高程处，安装75t+75t/15t+15t双小车桥式起重机一台。在高程306.00m层设3.2m×2.1m吊物孔，用桥机可将机电设备吊入各层就位。

2. 母线洞　每台机组设一条母线洞，衬砌平面尺寸22m×5.2m，洞底高程306.00m，洞顶高程311.60m。下游侧设交叉洞将两条母线洞相互连通，并与出线洞汇合。

3. 出线洞　衬砌断面尺寸5.2m×5.7m，洞底高程320.00～306.00m，洞长75m，纵向坡度18.67%，母线经出线洞送到地面开关站。

4. 进厂交通洞　其外部进口位于大坝下游的上坝公路处，洞宽7m，高6m，混凝土衬砌厚0.5m。进厂交通洞从安装场右端下游侧进入主安装间，总长221m。

5. 排水洞　设一层排水洞，平面上呈“口”形包围主厂房及母线洞，总长350m，上下游侧距主厂房洞室分别为20m和32m。

各洞室的断面均为城门洞形。

（三）主厂房洞室围岩稳定分析

根据厂区地形地质条件及地下厂房洞室布置特性，采用弹塑性有限元进行洞室围岩稳定计算。计算结果表明：洞室整体变形较小；顶拱以受压为主，洞室交叉处有局部拉应力区；顶拱塑性区在2～3m范围，上游边墙塑性区深达10m左右，下游边墙围绕母线洞上下的塑性区与尾水管塑性区贯通。总体上，由于洞室规模小、岩体条件较好，在采用主厂房单一洞室布置的条件下，主厂房的洞室变形和应力均较小，局部塑性区贯通的区域通过加强支护可满足稳定要求，洞室安全能够得到满足。

（长江勘测规划设计研究有限责任公司
王禹红　韩前龙）

仙游抽水蓄能电站厂房结构振动研究

仙游抽水蓄能电站安装4台单机容量300MW的可逆式抽水蓄能机组，额定水头430m，额定转速428.6r/min。

高水头、大容量抽水蓄能电站具有机组转速高、水流双向运转及工况变换频繁等特点，振动能量较常规电站更突出。目前，我国包括张河湾在内的多个抽水蓄能电站厂房振动问题比较明显，甚至影响到电站的安全运行。因此，进行了仙游抽水蓄能电站厂房结构的振动研究。

（一）厂房自振特性与共振复核

通过数值模拟方法进行厂房结构前10阶自振频率计算厂房结构的自振特性，是以厂房上部结构的整体平动和楼板的局部振动为主，第1、2阶自振频率分别为16.7、20.0Hz。共振复核方面，厂房结构的自振频率与机组正常转频、飞逸转速频率均具有超过30%的错开度。

（二）结构振动控制分析研究

1. 分析方法及其适用性对比　分别采用拟静力法和动力法进行仙游抽水蓄能电站厂房结构的结构振幅与动力强度复核。计算结果显示，拟静力法计算所得结构振动位移响应较动力法均偏大，说明规范采用1.5的动力系数具有足够的安全性。但动力法（谐响应法）施加荷载更能体现振动荷载的周期性特点和结构真实的振动响应情况，因此厂房结构振动计算采用动力法。

2. 结构振动控制标准研究　目前水电站厂房结构振动控制标准比较少，仅SL266《水电站厂房设计规范》对机墩振幅给出了控制标准。中国水电顾问集团华东勘测设计研究院参考该规范，在《抽水蓄能电站厂房振动控制标准和结构减振措施专题研究报告》中，对抽水蓄能电站厂房抗振减振研究成果进行了梳理，提出了仙游抽水蓄能电站厂房振动控制标准（见表1）。

表1　仙游抽水蓄能电站厂房振动控制标准建议值

结构构件		振动位移（mm）	振动速度（mm/s）		加速度（mm/s^2）	
			竖向	水平	竖向	水平
楼板	作为建筑结构	0.135	5.0		1000	
	人体健康评价		3.6	6.4	315	
机墩		0.10（0.15）	5.0		1000	

注　括号内数字为水平向位移控制标准。

仙游抽水蓄能电站厂房结构额定运行工况振动控制计算分析结果见表2。

表2　额定运行工况下典型部位振动幅值

结构部位	方向	最大位移（mm）	均方根速度（mm/s）	均方根加速度（mm/s^2）
机墩	水平	0.080	2.54	113.8
	竖向	0.080	2.54	113.8
发电机层楼板	横向	0.052	1.65	74.0
	纵向	0.012	0.38	17.1
	竖向	0.011	0.35	15.7

由表2可见，额定运行工况的最大振幅、均方根速度和均方根加速度均小于厂房控制标准允许值，最大振动响应均发生在机墩部位的荷载作用位置。综合评价认为，以仙游厂房振动控制标准建议值评价，在额定运行工况下厂房的振动响应在容许范围内。

（三）结构减振和抗振措施研究

根据工程经验，仙游抽水蓄能电站厂房结构采取的减振和抗振措施如下：

（1）加强结构与围岩的连接，将振动能量直接传给围岩，充分利用围岩的巨大刚度限制和吸纳机组振动。

（2）尽量减少结构开孔，在结构开孔部位合理布设加强结构，确保结构刚度。

（3）选择合适的机组，加强振动的主动控制。

从几个振动问题比较突出的抽水蓄能电站看，引起厂房振动的主要原因是机组的高频水力激振。在设计初期合理进行机组选型，严格进行水轮机模型试验验收，控制水轮机压力脉动幅值，加强机组精细化安装，可避免或减少机组振动。

仙游抽水蓄能电站正常运行时机组的振动较小，曾在顶盖和发电机层楼板上放置直立硬币数分钟不倒。电站运行实践表明，厂房结构抗振性能良好。

（中国水电顾问集团华东勘测设计研究院有限公司
刘建峰　王慧锋　谭支超）

响水涧工程地下厂房的优化调整及三维协同设计

响水涧抽水蓄能电站（以下简称响水涧电站）位于安徽省芜湖市三山区峨桥镇，邻近华东电网负荷中心。电站由上水库、下水库、输水系统、地下厂房及地面开关站等组成。设计过程中，中国水电顾问集团华东勘测设计研究院（以下简称华东院）根据可行性研究复核审查意见及项目核准意见，利用天荒坪抽水蓄能电站等的经验和教训，不断细化和优化，并通过三维协同设计进一步验证和优化原有的布置。

（一）地下厂房主要结构布置

地下厂房系统由主厂房、副厂房、主变洞、母线洞等洞室群组成，主厂房、副厂房、安装场（含安装场风机房）布置于同一洞室。主厂房轴线方向为N30°E。高压钢管与厂房轴线的夹角为60°，斜向进厂，厂房轴线与尾水管轴线成60°夹角。主厂房安装4台单机容量为250MW的单级可逆式水泵水轮电动发电机，总装机1000MW。主副厂房洞尺寸为175m×（25～26.4m）×55.7m（长×宽×高）。主变洞位于主厂房（发电水流方向）下游，尺寸167m×18m×20.8m，平行于主厂房，两洞室净距35m。主厂房与主变洞以4条（每机一条）母线洞及左右端的主变运输洞和交通电缆道相连接。

主厂房、主变洞洞室的周边设置上、中、下三层排水廊道，排水廊道的渗漏水汇集至安装场底部集水井内，用深井泵将水抽排至厂房顶部的排烟兼排水洞内，再自流排至厂外。

（二）地下厂房轮廓尺寸的调整优化

1. 主厂房宽度调整　响水涧电站可行性研究阶段主厂房引水钢管中心线与机组中心线夹角为60°，净宽21.5m，上下游边墙厚各为1m，厂房总宽23.5m。其中，厂房上游边线距机组中心线13.3m，厂房下游边线距机组中心线10.2m，机组段长度28m。

招标阶段对厂房平面尺寸进行复核，与发电机单机容量、转速及设备布置相似的桐柏等电站进行比对，根据实际情况进行调整。厂房上游侧宽度按下部（蜗壳层）控制，考虑初定的蜗壳控制外形尺寸和蜗壳外包混凝土厚度、辅助系统设备的布置、水泵等设备的巡检和维护通道要求等因素，主厂房上游需加宽0.6m，最终厂房上游侧宽度为13.9m。

厂房下游侧宽度按中部（中间层）控制。参考相似工程下游侧宽度、发电机机坑尺寸、中间层下游通道等，厂房下游侧宽度需增加0.9m，最终厂房下游侧宽度为11.1m。

厂房总宽度由23.5m调整至25m，调整后保证了厂房正常运行的要求。

2. 安装场长度调整　可行性研究阶段安装场总长40m，与主厂房同一洞室布置。招标阶段根据后期对厂房顶部通风系统及风机房的布置，兼顾前期安装定子、转子设备等的需要，安装场总长调整为42.5m。调整后，能满足厂房不同阶段、不同功能的需要。

（三）厂房渗漏检修排水系统的优化

厂房内部排水系统由集水井、深井泵、排水管等组成。可行性研究阶段在主厂房右端底部设渗漏集水井（1号机组右侧位置），渗漏水直接排至1、2号尾水隧洞。机组检修排水由布置在3号机组段管道廊道内的检修排水泵沿尾水隧洞直接抽排至下水库。根据专家审查意见，需优化厂房渗漏排水系统设计。

华东院考虑了两个厂内渗漏排水方案，经比较选定抽排方式，将水通过厂房顶部的排烟兼排水洞排出厂外。此方案消除因渗漏排水和检修排水系统故障导致的尾水倒灌的可能性，增加了排水系统的可靠性。

同时，集水井位置改至安装场右端的底部，渗漏水泵室的地面高程由上阶段的蜗壳层高程抬高至水轮机层高程，增加了地下厂房的安全可靠度。集水井位置修改后与1号机组段及副厂房之间的施工干扰减小，节省1号机机组段因布置渗漏水泵房而增加的长度。而且，集水井下游紧靠厂房下部施工支洞，开挖及施工运输更方便。

（四）厂区排水形式的优化

响水涧电站由于输水线路短，地下厂房洞群距上、下水库都比较近，约200～300m。据勘探资料，厂区地下水位较高，在176.85m高程左右。地下水主要为岩基裂隙水，在探洞内存在沿裂隙滴落或渗流，并受季节降雨影响。电站投入运行后，上、下游输水道的内水外渗也将成为地下水的补给源。为保护厂内电气设备的安全运行以及围岩的稳定，需引排上下游的渗漏水。为此，在厂房洞室群四周设上、中、下三层排水廊道，下层排水廊道与厂房渗漏集水井相接。各层排水廊道间设排水幕，优化并形成厂区完整的排水网络。

（五）厂房岩壁吊车梁的设计及施工处理

地下厂房洞室围岩较好，以Ⅱ类为主，局部Ⅲ类，采取岩壁吊车梁形式可减小厂房跨度，还可提前安装吊车，开挖厂房下部及浇筑混凝土。

根据岩梁部位开挖揭露围岩情况，对断层、节理做锁边锚杆支护，不稳定的组合块体进行随机锚杆支护。对岩台开挖缺陷，采取混凝土回填、增设锚杆及设施工缝等处理措施。

2009年11月18～20日进行岩壁梁动静载试验，2011年1～2月吊装1号机转子、定子。岩壁吊车梁运行安全正常。

（六）厂房结构的动静力分析成果及相应处理措施

响水涧电站水轮机单机容量250MW，转轮拆卸方式为上拆，机组采用半伞式结构，蜗壳最大内水压力3.45MPa，最大静水压力2.74MPa，机组转速正常工况250r/min，飞逸工况375r/min，极频振动频率50Hz。机墩开孔较多，对结构刚度削弱较大，为此对风罩机墩、蜗壳、尾水管结构进行静、动力三维有限元分析。

为使蜗壳外包混凝土有效地吸收机组振动，采取充水预压蜗壳方式，使蜗壳与外包混凝土联合受力，消减机组振动，同时又不至于传给外包混凝土过大的荷载，引起混凝土开裂。通过蜗壳与外包混凝土的变形与应力比较分析，确定合理的打压比率，优化配筋设计，做到既经济又安全。

通过对蜗壳静力分析，考虑初始缝隙作用，对蜗壳外围混凝土合理配筋。结合锦屏二级电站蜗壳计算的经验，复核原线弹性应力计算结果所得的配筋量。在接力器坑、机坑进人孔等部位设孔边环向加强配筋，防止裂缝开展。

经机组振源特性分析、厂房结构固有振动特性计算、共振复核和动力系数复核，电站的结构设计总体合理，不会发生显著共振。应力集中主要出现在机墩与下机架基础等动荷载作用部位，可加强配筋解决。厂房整体结构振动强度满足设计要求。电站现已运行发电，厂房机组运行平稳，振动小，室内振动噪声满足规范要求。

（七）地下厂房三维协同设计

对地下厂房中的主厂房、副厂房、主变洞等进行工厂化建模布置设计，协同厂房、建筑、水机、电一、电二、暖通、给排水等专业，完成地下主厂房、副厂房及安装场、母线洞、主变洞的总装。各专业均按实际设备尺寸建立模型、协调布置。利用Microstation中的专业软件包及相关专业设计软件，进行全厂管路及电缆桥架布置的三维设计，并实现与土建结构及其他专业管路进行碰撞检查的要求。

为充分利用三维设计在碰撞检查方面的优势，各专业协同三维建模时，对主要设备布置、大管路布置、吊物孔、墙体上开孔及设备布置等均有所反映，并完成二维抽图设计，满足现场的供图及施工进度要求。

（中国水电顾问集团华东勘测设计研究院有限公司 谭建梅）

响水涧抽水蓄能电站地下厂房岩梁设计、施工及加固处理

（一）岩梁设计概况

响水涧抽水蓄能电站（以下简称响水涧电站）主副厂房和安装场的开挖尺寸为175m×25m×55.7m（长×宽×高）。吊车使用范围为主厂房及安装场，前期使用长度为157m，其中主厂房114.5m，安装场42.5m；后期安装场侧端5m范围用做主厂房风机房区域。响水涧电站采用岩壁梁作为吊车支撑结构。

1. 岩梁设计　岩壁吊车梁设计采用成熟的刚体平衡法。

参照国内外水电站岩梁经验，结合岩壁吊车梁的结构型式，响水涧电站选定岩壁梁壁座角$\beta=27.5°$（图1），A、B锚杆为ϕ36mm@75cm，入岩深度8.5m，锚杆倾角分别为$\alpha_1=25°$，$\alpha_2=20°$，岩壁梁最大高度2.55m，最大宽度1.9m。

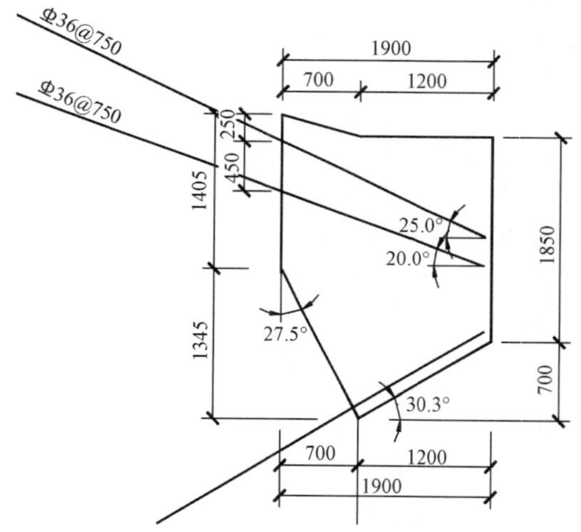

图1　岩梁断面及锚杆参数（单位：mm）

2. 岩梁设计复核　按中国水电顾问集团公司标准Q/CHECC 003—2008《地下厂房岩壁吊车梁设计规范》复核，岩梁锚杆截面积和锚固长度、岩梁抗滑稳定均满足规范要求。

（二）岩梁开挖及混凝土浇筑施工

1. 开挖　岩梁开挖区域采用二次预裂爆破，岩面开挖保护层厚分别为5、0.7m。岩台下部5m厚的保护层为第1次预裂爆破，岩台上部0.7m厚的保护层为第2次预裂爆破。保护层开挖采用光面爆破，线装药密度150～200g/m。严控爆破孔孔距及炸药量，减小爆破对岩石的影响，对倾向厂内的构造或节理裂隙采用锚杆加固。

2. 混凝土施工 响水涧地下厂房长 175m，岩壁吊车梁岩台以上厂房净宽 26.4m，岩台以下净宽 25m。单根岩壁吊车梁长 157m，梁顶宽 1.9m，高 2.55m。岩壁吊车梁混凝土强度等级为 C30F100。

(1) 岩壁吊车梁高内不分层浇筑，长度方向按 12m 分段并一次完成浇筑。

(2) 混凝土施工前，完成岩壁吊车梁牛腿锚杆、超挖部位和断层等地质缺陷处理、观测仪器埋设和验收。清除岩壁梁和吊顶牛腿范围内松动岩块、灰尘，凿除岩面散落喷混凝土料，光滑岩面凿毛并用清水冲洗干净。混凝土浇筑时岩面为湿润状态。

(3) 岩壁吊车梁底模采用镜面竹胶板，侧模用 3m×4m（宽×高）钢结构大模板，模板表面按要求涂刷专用脱模剂。大模板背面用 20 号双槽钢支撑，上下两排 ϕ25mm 拉筋与岩壁锚杆（固定模板用）连接固定。

混凝土采用人工控制卧罐入仓、均匀下料。拟在 10 月初开始混凝土施工，此时坝址区最高气温 34.3℃。结合浇筑时段考虑，混凝土出机口温度为 22℃，入仓温度约 24℃，洞内环境温度为 25℃，浇筑过程中内外温差不大于 20℃。岩梁侧模拆除后，侧面喷洒养护液、顶面灌水养护，梁身包裹塑料薄膜、养护毯全封闭保湿保温养护。

（三）施工超挖及其处理

1. 施工超挖的影响 在上述选定断面及锚杆参数下，当超挖 20cm 时，岩壁吊车梁抗倾、抗滑安全系数尚能满足校核安全系数 2 的要求。

2. 结构面处理 开挖揭露围岩为新鲜中粗粒花岗岩，以Ⅱ类为主，局部Ⅲ类，岩质坚硬，岩体较完整，局部完整性差。对揭露延伸的断层（含破碎带）、节理采用锁边锚杆支护，不稳定的组合块体用随机锚杆支护。

3. 吊车梁岩台开挖缺陷处理

(1) 岩梁部位整体超挖小于 20cm、岩台成型良好，且壁座角大于 25°，但下部岩体受 NNE、NEE 裂隙切割，岩体完整性较差处，增设 2 排预应力锚杆。

(2) 岩梁整体或局部超挖大于 20cm，但其纵向长度小于 1m 时，超挖部分用混凝土回填，并增设 1～2 根普通砂浆锚杆，与岩梁整体浇筑。

(3) 岩梁上部整体或局部超挖大于 20cm，但下部成型良好时，超挖部分用钢筋混凝土回填，与岩梁整浇。

(4) 岩梁上部成型、壁座角成型良好，但下部整体超挖大于 20cm 时，超挖部分采用钢筋混凝土回填，并增设预应力锚杆，与岩梁整体浇筑。

(5) 岩梁下部超挖大于 20cm，且壁座角出现塌落，成型很差，超挖部位采用钢筋混凝土回填，与岩梁之间设施工缝，并增设预应力锚杆。

（四）岩梁的监测及岩梁锚杆超应力处理

响水涧电站地下厂房岩壁吊车梁分别设置了锚杆应力计、钢筋计及侧缝计。主厂房第 6 层开挖到位后，主厂房下游侧厂左 0＋064 监测断面显示岩梁锚杆应力计和多点变位计增量明显。经专家、设计、施工、监理各方讨论，并结合下游侧断层岩梁锚杆应力计偏大的处理经验，对锚杆应力突变部位进行加固处理。即在 2～4 号机组段厂房下游边墙岩锚梁上部岩体上增加 2 排 ϕ32/6、T＝100kN、间距 1.5m、长 12m 的涨壳式中空预应力锚杆（1 号机组段 2009 年初增设），并在新增锚杆中设 2 根观测锚杆。立即实施岩梁下部 3 号母线洞混凝土衬砌浇筑。采取措施后，桥机运行安全。监测数据表明，该部位应力值已趋稳定。

地下厂房已经完成开挖，观测资料表明厂房各部位围岩位移逐渐减小，并趋于稳定。

（五）岩梁承载试验

主厂房内安装的 2 台起重量为 QD250/50t/10t-23.5A3 的双梁、单小车电动桥式起重机，轨距 23m。最大最重的起吊件是发电电动机定子和转子，均用 2 台桥机通过平衡梁起吊。最重起吊件发电电动机转子（带起吊轴）重 385t，平衡梁重 24t，总计 409t。2 台桥机并车时主起升机构采用电气同步方式。桥机轨道基础布置在岩壁吊车梁上。

为保证岩壁吊车梁的安全运行，结合桥机试验进行了岩壁梁的承载试验。试验成果表明，承载试验未对周围岩体产生较明显的不利影响，说明厂房走向与地质断层虽形成不利结构面，但对岩锚梁载荷影响不大。岩壁与吊车梁混凝土接触良好，吊车梁工作状态正常。

（中国水电顾问集团华东勘测设计研究院有限公司 谭建梅）

输水建筑物设计

锦屏二级水电站引水发电系统布置

锦屏二级水电站位于四川省凉山彝族自治州木里、盐源、冕宁三县交界处的雅砻江干流上，是雅砻江干流上水头最高、装机容量最大的电站，也是四川省除界河外最大规模水电站。该电站利用雅砻江卡拉至江口下游河段150km长大河湾的天然落差，通过4条长16.7km的引水隧洞，截弯取直，获得水头约310m。电站总装机4800MW，单机容量600MW，额定水头288m，多年平均发电量242.3亿kW·h，保证出力1972MW，年利用小时5048h。

（一）地质条件

工程枢纽主要由首部低闸、引水系统、尾部地下厂房等组成，是一座低闸、长隧洞、大容量引水式电站。该工程布置7条平行穿越锦屏山的隧洞（如图1所示），即2条辅助洞、1条施工排水洞和4条引水隧洞，组成世界上规模最大的水工隧洞群。引水隧洞平均长度16.7km，一般埋深1500～2000m，最大埋深2525m；沿线地应力普遍较高，实测最大主应力达94.97MPa；沿线外水压力也很高，长探洞中实测引水隧洞工程区域最大外水压力达10.22MPa。隧洞沿线主要地层为三叠系中统的大理岩，碳酸盐岩占90%，自西向东分别为T_{2z}杂谷脑组大理岩、T_{2b}白山组大理岩、T_{2y}盐塘组大理岩；其余为碎屑岩，还有T_1绿片岩和T_3砂板岩。引水隧洞沿线工程地质和水文地质条件十分复杂，不同地层的大理岩在力学特性方面存在差异，施工期遭遇围岩高应力破坏和岩爆、地下水、岩溶和工程软岩等问题。

（二）引水发电系统布置

电站引水发电系统由进水口、引水隧洞、上游调压室、高压管道、尾水出口事故闸门室以及尾水隧洞等建筑物组成。引水系统采用4洞8机布置，尾水系统采用单机单洞布置。

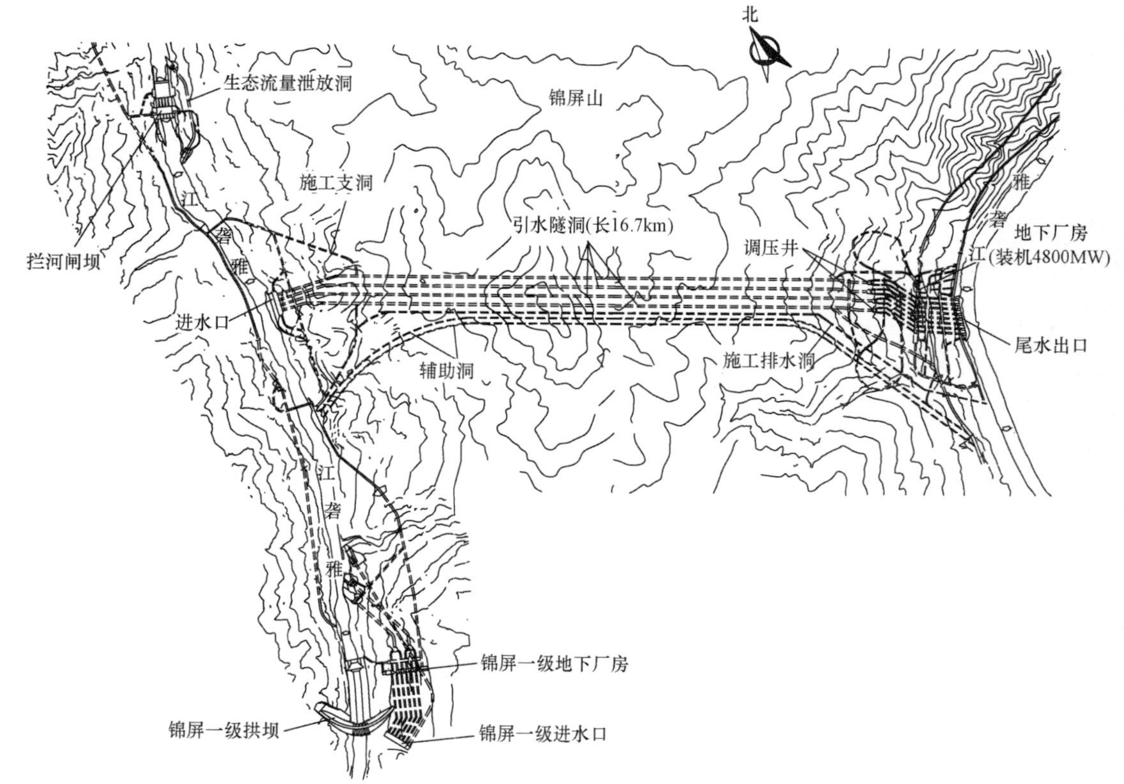

图1 锦屏二级水电站枢纽布置图

首部枢纽将闸坝与进水口分离布置，电站进水口位于闸址上游2.9km处的景峰桥。进水口为地下埋藏式，洞外设拦污栅墩，事故闸门室设在山体内100m处。

4条引水隧洞平行布置，邻洞中心间距60m，洞主轴线方位角N58°W。1、3号引水隧洞东端采用TBM法开挖，其余洞段均用钻爆法施工。钻爆法开挖洞径一般为13m，TBM掘进洞径为12.4m，洞断面主要为马蹄形和圆形，全长采用混凝土衬砌。引水隧洞立面为缓坡，由进口底板高程1618.00m降至高程1564.70m与上游调压室相接，纵坡3.65‰。

上游调压室位于引水隧洞末端，4座调压室与下游侧地下厂房水平距离约300～350m，调压室底部与厂房机组安装高程之间垂直高差约250m。上游调压室为差动式加扩大上室，由竖井、上室、事故闸门井兼升管、交通洞和通风洞等组成。上游调压室总高140m，顶拱最大跨度30m，竖井开挖直径23m。

高压管道在上游调压室底部分岔，采用竖井式布置，单管单机供水，8条高压管道长度为540～584m，上平渐变段后全部采用钢板衬砌，管径6.5m，以60°斜向进厂。

尾水系统采用单机单洞布置，由尾水隧洞、尾闸室和尾水出口建筑物组成。8条尾水隧洞平行布置，垂直厂房出流，洞长215～263m，断面尺寸9.5m×12.8m（宽×高），为城门洞形。尾闸室位于尾水隧洞出口上游侧约115m，地下埋藏式布置。洞室纵轴线方位角为N25°E，与尾水隧洞成80°交角，尾闸室结构尺寸为351m×13m/8m×25.5m（长×上宽/下宽×高）。闸门室内共设8个事故闸门井和8扇事故闸门，闸门孔口尺寸为9m×12.8m（宽×高），事故闸门井兼有部分尾水调压室功能，以减小引水发电系统水力过渡过程中尾水管进口的真空度。每条尾水隧洞出口设检修闸门槽，检修闸门采用检修叠梁门。

（中国水电顾问集团华东勘测设计研究院有限公司　潘益斌）

积石峡水电站引水进水口变形规律分析

积石峡水电站位于青海省循化县境内积石峡出口处，是黄河上游干流“龙青段梯级规划”25座水电站中的第11座，为二等大（2）型，最大坝高103m，总库容2.94亿m^3，总装机容量1020MW。2009年9月大坝主体填筑完成，2010年12月12日3台机组全部投产发电。工程建成后对电站引水进水口进行了变形监测。

（一）变形监测设计

1. 表部变形　沿引水进水口平台及溢洪道堰闸顶部布设了1条引张线监测系统，其张紧端（左端点）位于溢洪道左岸1861.00m高程平台处，锚固端（右端点）位于电站引水进水口顶部平台1号机右边墩处。4个测点分别位于溢洪道左、右闸墩顶部及3、2号机进水口顶部。采用垂线对引张线端点进行校核，其中左端点处垂线为1条40m的倒垂线，右端点垂线为1条正垂线和1条倒垂线组成的垂线组。倒垂线入岩28m，在1812.00m高程灌浆廊道与正垂线衔接，正垂线悬挂点位于进水口1号机右边墩，顶部高程1861.00m。另外在进水口顶部引张线测点旁布设垂直位移测点，采用精密水准法观测。

2. 基础变形　在2、3号机进水口基础处埋设测缝计和岩石变位计监测基岩变形。

（二）垂线资料整理

引水进水口变形监测中，正、倒垂线的变位计算首先是通过几何关系确定垂线点P的坐标（X_P，Y_P）。求得垂线坐标后，需确定垂线坐标值的增减与坝体的实际变位方向之间的对应关系，再按规范的规定计算位移值。以图1中正、倒垂线为例说明如下。

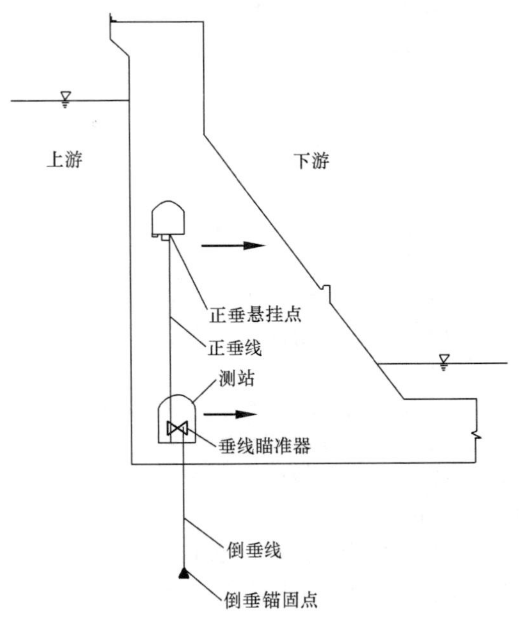

图1　坝体位移方向参考图

（1）倒垂线是将垂线钢丝的根部用锚块锚固在大坝地基深层基岩上，顶端采用浮箱支撑特制的浮体将钢丝拉紧，成为一条顶端自由的铅垂线，以此得到建筑物的绝对变位。

进水口倒垂线的垂线瞄准器圆弧面均朝向上游安装。垂线瞄准器固定在坝体上，其变位代表坝体的变位。当坝体变位朝向下游时，垂线瞄准器也向下游移动，相对于垂线瞄准器而言，垂线向上游移动，则$\Delta X_{P倒}>0$。即当$\Delta X_{P倒}>0$时，倒垂线测站处坝体向下游移动。

同理，当坝体变位朝向左岸时，垂线瞄准器也向左岸移动，反之，垂线向右岸移动，此时，$\Delta Y_{P倒}>0$。即当$\Delta Y_{P倒}>0$时，倒垂线测站处坝体向左岸移动。

（2）正垂线是在坝体某一位置（坝顶或某一高程廊道处）从上而下悬挂钢丝，钢丝底部连接放置在油桶内的重锤，钢丝始终处于铅直状态，并提供了一条基准线。因此，正垂悬挂点与正垂线同步变位，观测得到的是正垂悬挂点相对于测站处的相对变位。

进水口正垂垂线瞄准器圆弧面朝向下游安装。当正垂悬挂点相对于测站处发生向下游的位移时，认为垂线瞄准器不动，正垂线向下游移动，则有$\Delta X'_{P正}>0$。即当$\Delta X'_{P正}>0$时，正垂悬挂点相对于测站处向下游位移。

同理，当正垂悬挂点相对于测站处向左岸变位时，认为垂线瞄准器不动，正垂线向左岸移动，此时，$\Delta Y'_{P正}>0$。即当$\Delta Y'_{P正}>0$时，正垂悬挂点相对于测站处向左岸位移。

从以上分析可知，要求得正垂悬挂点处的绝对位移值，只有将正垂线与倒垂线测值进行叠加，即：$\Delta X_{P正}=\Delta X_{P倒}+\Delta X'_{P正}$，$\Delta Y_{P正}=\Delta Y_{P倒}+\Delta Y'_{P正}$。

（三）监测资料分析

1. 垂线　垂线位移向下游为正、向左岸为正，反之为负。

（1）倒垂线IP1：2010年12月13日前1812.00m高程廊道内倒垂测点相对1784.00m基岩锚固点有不到1mm的向右岸、向下游的位移值。此后廊道内施工，无监测资料，2011年8月9日恢复观测。至2012年4月22日，倒垂测点一直向下游、右岸位移，最大向下游位移接近3mm，最大向右岸位移2.4mm。2012年4月底到7月初廊道灌浆，无监测资料。2012年7月底到8月初，溢洪道泄水加密观测，期间测值相对平稳，向下游位移测值接近于0，向右岸位移测值4.6mm。2012年11月初自动化改造施工后，向下游位移增至2.3mm，向右岸位移减至2mm。2013年3月17日向下游位移2.9mm，向右岸位移1.6mm。

（2）正垂线PL1：2010年12月13日，进水口顶部1861.00m高程正垂悬挂点相对于1784.00m基岩锚固点有0.3mm向左岸、0.9mm向下游的位移。此后，廊道内施工，无监测资料，2011年8月9日恢复观测。至2012年4月22日，正垂测点向下游、右岸位移，向下游位移7.4mm，向右岸位移4.7mm。2012年4月底到7月初廊道灌浆，无监测资料。2012年7月底到8月初，溢洪道泄水加密观测，期间测值相对平稳，向下游位移近4mm，向右岸位移7.5mm。2012年11月初进行自动化改造施工后测值波动，向下游位移增至7.4mm，向右岸位移4.5mm。

总的看，进水口右边墩基础变位（倒垂线IP1）、表部变位（正垂线PL1）均朝向下游、右岸，并呈一定的年周期性变化，夏季向右岸位移最大，冬季向右岸位移最小。

（3）倒垂线IP2受外界干扰较小，测值随气温呈年周期性变化。上下游变位在－0.5～0.5mm间波动，左右岸变位在－1.5～1.1mm间波动，夏季7～8月间向左岸位移最大，冬季2～3月向右岸位移最大。

2. 引张线　引张线各测点位移向下游为正，反之为负。蓄水后各测点水平位移朝向下游，测值呈年周期性变化，冬季向下游水平位移增大，夏季减小。向下游最大水平位移出现在3号进水口右边墩EX1－3测点，2013年2月15日为9.4mm。

3. 水准点　垂直位移在进水口设3个点，即1、2、3号坝段右边墩顶部、上游人行道旁各设1个；溢洪道堰闸段左、右边墩各设1个。起测基点位于左岸下游上坝公路附近。

在下闸蓄水前2010年10月13日开始监测垂直位移，位移值下沉为“＋”，上抬为“－”。

各测点沉降值呈年周期变化，测值在－8～10mm间波动，冬季沉降最大，夏季上抬最大。2013年3月18日，溢洪道堰闸段左边墩LDY3沉降值最小，接近0；堰闸段右边墩LDY2和1号进水口右边墩LDJ04沉降最大，分别为6、6.7mm；2、3号进水口右边墩LDJ5、LDJ6沉降值居中，分别为3.5、4.1mm。

4. 基岩变位计与测缝计　进水口基岩面布置1支岩石变位计和1支测缝计监测变形。

岩石变位计呈压缩状态，2009年10月中旬压缩量最大，为－2.7mm，之后逐渐减小，2010年12月1日～2011年8月9日测值缺失，恢复观测后测值基本稳定在－1.5mm。测缝计变形值接近于零，2012年4月25日后进水口下部廊道灌浆，2012年9月28日恢复观测。监测结果表明，该部位基岩有1.5mm压缩，基岩与坝体混凝土面之间呈压紧状态。

（中国水电工程顾问集团西北勘测设计研究院有限公司
管　强　顾永明　郭　恒）

潘口水电站引水系统设计

（一）概况

潘口水电站位于堵河干流上游河段湖北省十堰市竹山县境内，工程枢纽由混凝土面板堆石坝、溢洪道、泄洪洞、引水隧洞、地面厂房和开关站等组成。

水库正常蓄水位 355.00m，电站装机容量 500MW，电站最大水头 93.4m。

引水系统采用2管2机供水方式，两条引水隧洞平行布置，轴线间距 34m 和 26m。两条隧洞穿越地层岩性为元古界武当山群化口组白云母石英片岩夹云母片岩、加里东期灰绿色绿泥钠长片岩岩组，工程地质条件相近。隧洞埋深 30～130m，除冲沟内有残坡积物分布外，基岩裸露较好。

（二）进水口设计

两孔进水口为岸塔式进水口，对称布置在左岸坝前，底板开挖高程 307.00m，顶部高程 362.00m，进水塔高 55m。进水口由引水渠段、喇叭口段、闸门井段构成。

引水渠长约 120m，依山体呈弧形布置，圆弧段最小半径 29.38m，旋转角度 45°，底板高程 307.00m。

每个进水口喇叭口段均设3个中墩和2个边墩，形成4孔拦污栅。进水口胸墙厚 2m，上唇曲线采用 1/4 圆，圆半径为 2.5m。外边墩厚 2.5m，内侧边墩厚 2.29m，中墩厚 1.8m。进水口底板高程 309.00m，底板厚 2m，每孔拦污栅槽孔口尺寸 6.0m×19.5m（宽×高），拦污栅顶部高程 328.50m。为增加中墩的整体刚度，在中墩与边墩之间及中墩与胸墙之间设置6层框架梁结构。为避免漂浮物等进入进水口，在高程 329.20m 层设置厚 0.5m 的现浇板，与拦污栅形成封闭防污系统。闸门井段顺水流方向依次设检修门槽和事故门槽，门槽宽度均为 9m。每个进水口单独设置1扇事故闸门，2个进水口共用1扇检修闸门。

（三）引水隧洞及压力钢管设计

有压引水隧洞分上平段、上弯段、斜井段、下弯段及下平段，通过长 15m 的渐变段与进水口连接。引水隧洞除下平段后段外均采用钢筋混凝土衬砌，内径 9.5m，衬砌厚度 0.7m，额定流量（339.4m^3/s）时隧洞水流速度 4.79m/s。下平段后段采用钢板衬砌，内径 8.5m，外包 0.6m 厚素混凝土，额定流量时钢管水流速度 5.98m/s。1号机引水隧洞自渐变段至蜗壳进口总长 462.711m，其中钢筋混凝土衬砌段 317.740m，钢板与素混凝土组合衬砌段 144.971m；2号机引水隧洞自渐变段至蜗壳进口总长 398.278m，其中钢筋混凝土衬砌段 276.443m，钢板与素混凝土组合衬砌段 121.835m。

（四）结构特点及关键问题处理

潘口水电站引水系统设计，通过采取合理布置、动态设计和相应结构措施，解决了进水渠布置、进水口结构、引水隧洞的设计难点。其特点是：

（1）根据左岸坝前地形条件，采用岸塔式进水口（包括进水渠段、喇叭口段和闸室段）。进水渠宽 68.4m，特点是依山体呈弧线布置，旋转角度 45°，最外侧弧长约 120m。这样布置缩短了进水渠长度，减少了进水渠的开挖，同时避免形成高边坡。

（2）进水塔的设计将挡水胸墙设在闸室前沿，顶板通过弧线与闸室段形成整体；拦污栅孔口设置顶板与闸室前沿挡水胸墙相接，中墩通过联系梁与闸室胸墙、边墩连接成整体。该布置方式缩短了胸墙与闸室间的距离，中墩和胸墙结构简单且受力明确。进水口塔体结构采用三维有限元法计算，进水塔基础底板压应力均小于混凝土抗压强度设计值，局部最大拉应力值为 1.41MPa。

（3）两条引水隧洞平行布置，钢筋混凝土衬砌段轴线间距 34m，开挖洞径 10.9m，隧洞间围岩最小厚度 23.1m；钢管衬砌段轴线间距 26m，开挖洞径 9.7m，隧洞间围岩最小厚度 16.3m。一般在隧洞间围岩厚度较小、岩性较软的负片岩段开挖大断面隧洞时，通常需要大量系统锚杆支护。潘口水电站采用动态设计，根据先期开挖的导流洞地质情况类比，跟踪现场开挖情况及监测仪器采集的数据，对围岩较好的洞段取消了系统锚杆，对节理和裂隙发育段采取锚喷支护。动态支护节省了投资，缩短了工期。

（中国水电顾问集团中南勘测设计研究院有限公司　高　宇）

洪屏抽水蓄能电站输水系统设计

洪屏抽水蓄能电站位于江西省靖安县境内，属一等大（1）型工程，为周调节纯抽水蓄能电站，装机容量 1200MW。电站建成后，在电网中承担调峰、填谷、调频、调相和事故备用等任务。

（一）地质条件

输水发电系统自上水库狮子口冲沟主坝右侧进/出水口至下水库进/出水口（位于下坝址上游约 3.8km 处），长 2621.5m。沿线山体较雄厚，上、下水库地形高差 557m；中部分布一大冲沟，它与主坝冲沟同属狮子口冲沟，沟内常年流水，上覆岩体厚度较单薄。

输水发电系统基岩为单一的变质含砾中粗砂岩，岩石致密坚硬，呈中厚层状—厚层状。地质构造较复杂，发育的断层以 NE—NEE 方向压扭性高倾角为主，与洞线近直交。围岩以Ⅱ、Ⅲ类为主，少量Ⅳ、Ⅴ类。

输水系统水文地质条件较复杂，受断层、节理发育程度和性状控制，断层渗透性较强。

高压管道和岔管地段岩石呈微～新鲜，小断层较发育，岩体较完整～完整，围岩以基本稳定的Ⅱ、Ⅲ类岩体为主。

（二）输水系统设计

输水发电系统包括引水系统和尾水系统，平面上均采用二洞四机的布置。引水系统立面采用竖井布置，上、下库进出水口均采用岸坡竖井式。输水系统由上库进/出水口、引水上平洞、引水调压室、引水压力钢管、钢岔管、尾水支管、尾水岔管、尾水调压室、尾水隧洞及下库进/出水口等组成。上、下库进/出水口之间输水系统总长2621.5m（沿1号机输水系统长度，下同），其中引水系统长1400.7m，尾水系统长1220.8m。发电工况最大水头损失为13.8m，抽水工况最大水头损失为10.2m。

1. 进/出水口设计　洪屏电站单机额定流量62.09m³/s，隧洞内流速3～4m/s，在各种工作水位和流量组合下进/出水口上方都不会产生贯通吸气旋涡、负压，进/出水口分流墩使出流各流道分流均匀良好。

上库进/出水口为箱形混凝土结构，由拦污栅和扩散段组成，每个进/出水口宽（含分流墩厚度）25.2m，净高9m，其后为直线变化的扩散段，渐变为4.8m×6m的矩形孔口。进/出水口总长45.8m。

下库进/出水口为箱形混凝土结构，由拦污栅和扩散段组成，每个进/出水口宽（含分流墩厚度）19.3m，净高10m，其后为直线变化的扩散段，渐变为5m×6.5m的矩形孔口。进/出水口总长50.8m。

2. 引水上平洞及调压室　引水上平洞共2条，中心间距31.2m，洞径6m，洞轴线方位角为N14°E。上平洞长393.3m，底坡7.31%。围岩以Ⅱ、Ⅲ为主，局部断层Ⅳ类，采用钢筋混凝土结构。

引水上平洞末端设2个开敞式引水调压室，调压室大井直径9m，净高分别为70.5、82.5m，小井直径4m。

3. 引水压力钢管　引水系统从上竖井上弯段至高压支管均采用钢板衬砌，在主厂房上游约74m处设2个对称钢岔管，形成4条高压钢管，斜向65°进厂，分别与4台机组相连。引水上竖井、中平洞直径5.2m，下竖井、下平洞直径4.8m。钢岔管为对称Y形内加强月牙形肋岔管。压力钢管埋管段板材采用Q345R和600、800MPa钢板，厚度18～54mm。

压力钢管附近设排水廊道及系统排水孔，钢管外围设集水槽收集渗水，用排水管排水。

4. 引水钢岔管　为埋藏式钢岔管，分岔角70°，主管直径4.4m，支管直径3m，设计内水压力850m，*HD*值为3740m²，管壳厚度54mm，月牙肋厚度100mm。

5. 尾水支管及岔管　机组尾水管出口接尾水支管，尾水支管长107m，洞径4.4m，Q345R钢钢板衬砌，厚22mm。4条尾水支管与2条尾水岔管连接，岔管为钢筋混凝土衬砌隧洞。

6. 尾水隧洞及调压室　尾水隧洞在尾水岔管处转弯，洞轴线方位角由N42.5°E转为N12.5°W，主洞间距30m。尾水岔管后隧洞中心线高程为88.85m，调压室下游20m后以坡度6.6%的斜坡与下库进/出水口相接。尾水隧洞围岩以Ⅱ、Ⅳ为主，局部断层Ⅴ类，采用钢筋混凝土结构。尾水调压室设在尾水岔管下游15、60m处，为阻抗加上室式。调压室大井直径11m，净高59m。

（中国水电顾问集团华东勘测设计研究院有限公司
姚敏杰　冯仕能）

输水发电系统调节保证设计中存在的几个问题

常规水电站和抽水蓄能电站的输水系统布置和机组安全稳定性十分重要，涉及输水系统的调节保证设计问题。中国水电顾问集团西北勘测设计研究院（以下简称西北院）对有关调节保证设计的问题进行了梳理，现简介如下：

1. 设计标准分级　目前规范中对过渡过程计算工况的规定较笼统，缺乏明确的工况标准。设计单位虽在机组采购合同中提出调节保证设计值，并要求厂家提供水力过渡过程计算分析报告，但由于两者对计算工况的选择理解不同，常导致控制性参数极值发生的工况不同。因此，设计单位在机组采购合同中，应明确机组的计算工况，根据发生的概率与后果可被接受的程度，对调节保证设计的计算工况进行分级，将其分为设计工况与校核工况。

设计工况是指电站的正常操作（包括组合）和电站稳定运行时考虑一个偶发事件。在设计工况下，应保证过渡过程计算值在计算目标值范围内。校核工况是指电站在正常操作过程中考虑一个偶发事件和电站稳定运行时，考虑两个相互独立的偶发事件。一般不考虑三个及以上偶发事件。在校核工况下，应保证输水系统及机组不产生结构破坏，不出现无法预测后果的运行状态。

抽水蓄能电站的输水系统中存在双向水流，水力学条件比常规机组电站复杂，工况繁多；常规机组与蓄能机组结合的混合式抽水蓄能电站及纯抽水蓄能电站，可根据电站可能出现的情况拟定工况。如纯抽水蓄能电站，水体在一个周期内基本保持定量，并在上下水库间往复利用，上下库均出现死水位的工况概率小，如果将该工况下出现的极值作为设计依据并提高设计标准是不合理的。

2. 相似特性曲线的选择　水电站设计中，从预可行性研究至机组招标阶段，真机模型综合特性曲线无法提供给设计人员，常常根据水电站水头和负荷的工作范围，套用水头或比转速相近的已建电站的水轮机特性曲线，作为过渡过程计算的机组边界条件。不同型号的水轮机特性曲线不一样，计算结果有明显差异。因此，应根据水头段并结合机组的过流特性、效率等对真机模型综合特性曲线进行收集及统计，建立数据库；在获得真机特性曲线前，对于机组容量大或输水系统复杂布置的常规机组水电站及抽水蓄能电站，采用至少两家不同厂家的相似特性曲线进行计算。

3. 最大转速升高率保证值的选取　在 DL/T 5186—2004《水力发电厂机电设计规范》中，机组甩负荷时的最大转速升高率保证值是以机组容量占电力系统工作总容量的比重即占比来确定的。目前，国内电站通常占比较小，最大转速升高率保证值取大值。但随着机组转速的升高，转动机构振动的摆度会剧烈增加。

水泵水轮机转速要高于同级别容量的常规混流式机组，而且双向旋转、启动频繁，飞逸转速与额定转速的比值远小于常规水轮机，因此转子稳定性问题比常规混流式机组更突出。广东某抽水蓄能电站在发电工况下满负荷温升试验中，当 1 号机组在甩满负荷、最高速率上升到 680r/min（额定转速 500r/min）时，发生磁极线圈甩出事故。山西某抽水蓄能电站双机甩 100%负荷试验时，2 台机组发电机相继冒烟、起火，造成发电机损坏。事后分析，均是因厂家设备制造质量问题引起的，但也说明高转速下机组存在的风险。

4. 蜗壳最大压力升高率保证值的选取　在 DL/T 5186—2004 中，机组甩负荷的蜗壳（贯流式机组导水叶前）最大压力升高率保证值由额定水头的大小确定。DL/T 5058—1996《水电站调压室设计规范》中建议压力水道中的水流惯性时间常数大于 2～4s 时，设置上游调压室。在调节保证设计中，蜗壳末端压力计算值一般比推荐值（规范值）小，但对设有调压室的水电站，在一定条件下，通过增加管道壁厚、提高压力钢管强度等级和机组过流部件的承压水平等方式取代调压室，由此增加的投资仍然比设调压室经济。因此，通过充分论证，可适当提高蜗壳最大压力升高率保证值。

5. 水轮发电机组转动惯量的确定　从输水发电系统的过渡过程品质看，增大飞轮力矩 GD^2 有利于缩短调节时间，有利于保证电网安全稳定运行；可减小机组转动加速度，在一定意义上可减小转速上升值；对低比转速机组，可减小转速对流量的影响，即减小流量的变化率，缓和水击压力上升值，这对抽水蓄能电站更明显。但 GD^2 过大会增加机组制造、运输及安装的困难，增大机组和厂房尺寸，从而增加造价；也会增加机组运行时因转子安装微小的偏心而带来的振动的程度，给运行环境及机组寿命带来不利影响。总之，GD^2 的确定既要结合输水发电系统过渡过程计算成果，又要充分考虑机组结构的限制和制造水平。

6. 设计裕度的合理选择　对于高水头常规机组电站及抽水蓄能电站，调节保证设计裕度的选取需考虑水流压力脉动引起的压力上升、涡流引起的压力下降和过渡过程计算误差等。尤其抽水蓄能电站，其过渡过程比常规机组电站更复杂，目前，过渡过程计算程序均未考虑压力脉动的影响，机组的压力上升和转速上升的标准不能满足高水头抽水蓄能电站建设和发展的要求。广东某抽水蓄能电站 1 管 4 机布置，最大水头 557m，蜗壳压力按 775m 水头设计，在 2 台机同时甩负荷的实测中，压力上升到 747m，接近设计压力，与计算值相差较大。目前设计裕度取值主要参考日本等国过去的统计资料，而现在机组已有较大发展，输水系统的设计水平也有提高，需对国内已建电站实测数据与计算结果进行对比分析，再合理选择设计裕度。

7. 小波动过渡过程和水力干扰过渡过程　西藏地区水电站和部分海外水电站，机组容量在当地电网中占比较大，它们不仅要有足够的安全稳定性，还要有良好的调节品质，保证输出高质量的电能。在小波动过渡过程中，水轮机调节系统动态特性的要求在 DL/T 563—2004《水轮机电液调节系统及装置技术规程》和 GB/T 9652.1—2007《水轮机控制系统技术条件》有规定。对水力干扰过渡过程的机组超出力问题，在 GB/T 7894—2009《水轮发电机基本技术条件》中对水轮发电机在事故条件下定子绕组过电流倍数与相应的允许持续时间做了要求。但这些要求均针对调速器或发电机，对小波动过渡过程和水力干扰过渡过程，仍缺乏明确的控制指标要求。

在一定的条件下，小波动的稳定性甚至成为制约输水系统体型设计的关键因素。小波动过渡过程的计算成果主要反映调节系统的动态特性，而调节系统的动态特性受许多因素影响，因此应结合调速器的发展和性能要求，对小波动过渡过程进行详细的计算和研究。

8. 过渡过程计算的难点及发展趋势　目前过渡过程计算存在很多尚未圆满解决的难题：①变顶高尾水洞、含长引水或尾水明渠等存在明满流的引水或尾水系统、一管多机（如一管六机）等复杂布置下的过渡过程计算；②含复杂阻抗式、多室式、差动式、气垫式等类型或“特殊”调压室（交通洞代替尾水调压室等）的输水发电系统过渡过程计算；③水泵水轮机的特性曲线插值方法等。水电站输水发电系统实际上是水力（输水系统）、机械（水轮机、调速器）和电气（发电机、电网）构成的非线性的复杂动力系统。目前小波动与水力干扰的过渡过程计算中，均对电气系统采用了简化的数学模型，所得结果与实际情况有一定差别，因而对水机电联合过渡过程展开深入研究，并开发相关计算软件。同时随着流体动力学及计算机技术的发展，通过先进的CFD软件建立输水发电系统三维模型，寻求合适的三维弹性水击计算方法进行过渡过程计算成为新的研究方向和发展趋势。

（中国水电顾问集团西北勘测设计研究院有限公司
刘　君　段宏江　刘国峰　张继成　刘立峰）

施工导流与围堰设计

鲁地拉水电站下游土石过水围堰设计

（一）概况

鲁地拉水电站位于云南省大理宾川县与丽江永胜县交界的金沙江中游河段上，上接龙开口水电站，下邻观音岩水电站，为一等大（1）型工程，水库总库容17.18亿m^3，装机容量2160MW。工程采用枯水期隧洞导流、汛期导流洞和基坑（坝体缺口）联合度汛方式。枯水期围堰挡水标准为20年一遇，相应流量2170m^3/s；初期度汛标准为20年一遇，相应流量10 700m^3/s；中期度汛标准为50年一遇，相应流量12 200m^3/s。上游围堰采用土石－碾压混凝土新型过水围堰，下游围堰过水水头较低，采用土石过水围堰。

下游围堰河水面宽80～90m，河道顺直。左岸发育Ⅱ级阶地，地形相对较缓。右岸岸边发育宽60～80m的古河槽，冲洪积层厚37～45m，基岩面高程在1115～1120m，以上为45°陡坡。堰基岩体左岸岩性为正长岩，右岸为浅变质砂岩，岩体中断层及裂隙发育，河床局部强风化带厚3～5m，弱风化带厚20～25m。河床砂卵砾石层厚10～24m，河床及两岸覆盖层主要为砂卵砾石、含粉细砂及淤泥质粉细砂层，且含较多漂石和块石，透水性强。

（二）下游围堰设计

下游围堰为土石过水围堰，堰面采用混凝土楔形板防护。

1. 围堰布置　下游围堰设在坝轴线下游河道顺直河段，以减少弯道水流对围堰的影响。

2. 断面设计　设计挡水标准下，下游围堰的下游原河床水位高程1135.90m，截流后抬高了2～3m。另考虑风浪，设计堰顶高程定为1141.00m。最大堰高19.5m，堰顶宽20m。上游坡1∶1.7，在1133.00m高程设防护平台，平台以下1∶1.5。下游坡比1∶5，消能平台高程1135.40m（见图1），为减小平台下游坡及坡脚防护难度，适当加长消能平台。

3. 其他设计考虑

（1）为防止堰前水流对上游边坡造成破坏，改善堰前水流条件，堰前10m范围内采用混凝土防护，上游防护平台采用钢筋笼护面。

（2）考虑枯水期两岸交通，堰顶宽度取20m，采用厚1m的钢筋混凝土板进行防护。为保证堰顶平台的稳定性，在平台与上游坡交接部位设置混凝土齿槽。

（3）下游堰面采用钢筋混凝土楔形板防护。下游消能平台采用“宽消能平台＋分区防护”模式，其前端采用1m厚混凝土板，后端上游侧采用下部1.25m钢筋笼＋上部20cm厚混凝土，下游侧采用串联大块

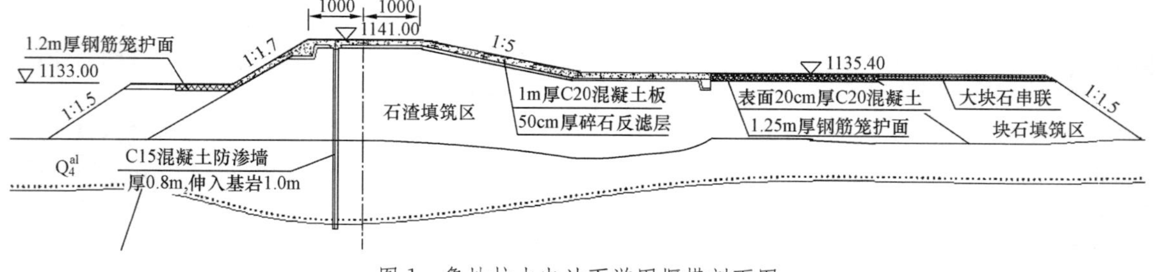

图1　鲁地拉水电站下游围堰横剖面图

石防护，堰脚不再进行水下抛投。

4. 两岸防护　模型试验表明，水流过堰后，对两岸边坡有一定冲刷，冲刷最大流速 7.75m/s。两岸防护采用“右护岸左压边”复合防护，与围堰堰面防护形成一个封闭的过水保护体系。

右岸古河槽，覆盖层深度厚，采用混凝土护岸。为保证围堰运行安全，充分利用永久防护，施工时左护岸堰顶以上部位与下游围堰一起建成，围堰防护面板与护岸面板相接。围堰左岸为岩质边坡，防冲效果好，仅在围堰与岸坡接触部位做压边混凝土防护。

5. 围堰防渗　堰体防渗采用混凝土防渗墙，防渗墙上部与混凝土面板连接。右岸古河槽开挖形成防渗平台后，再进行防渗墙施工。防渗墙与两岸接头处的强风化岩体进行帷幕灌浆。

6. 细部结构设计　即过渡层、排水体系和面板缝的设计。

（1）在下游围堰溢流面防护混凝土板与下部堆石体间设过渡层（反滤层），过渡层厚 50cm，使用连续级配碎石料，最大粒径小于 100mm。

（2）排水体系由排水棱体及排水孔组成。排水棱体用开挖石渣填筑而成，排水孔布置在下游堰面及消能平台上。

（3）混凝土面板分块浇筑，分块间设连接钢筋，面板缝间采用泡沫板填缝，不设止水。

（三）围堰运行情况

下游土石过水围堰经历了 2009 年至 2012 年 4 个汛期，运行良好。

1. 2009～2011 年汛期　围堰过流时上游来水由上游围堰控制，各年过流情况为：①2009 年过流未断流，一次过流历时长 2230h。期间坝址处金沙江最大洪水流量 9000m^3/s，最大过堰流量 5225m^3/s，最大单宽流量 30m^3/（s·m），过堰最大流速 6.70m/s；②2010 年有三次过水历程，总历时 2064h，河道最大洪水流量 6220m^3/s，最大过堰流量 2788m^3/s，最大单宽流量 16.2m^3/（s·m）；③2011 年有 4 次过水历程，总历时 864h，河道最大洪水流量 5780m^3/s，最大过堰流量 2327m^3/s，最大单宽流量 13.5m^3/（s·m）。

2. 2012 年汛期　大坝表孔坝段汛期继续施工，将度汛缺口调整至左岸挡水坝段。模型试验表明，调整后的水流消能不充分，下游围堰前冲坑最大深达 6m，坡脚几乎全被冲垮，在堰顶及堰后一定范围形成淤积。为此，汛前对堰前基坑进行防护。2012 年汛期，围堰过流历时 2376h，最大来流量 7650m^3/s，过堰最大流量 3500m^3/s，最大单宽流量 20.8m^3/（s·m）。汛后检查，围堰完好无损。

（中国水电顾问集团西北勘测设计研究院有限公司
康文军　冀培民　杨鑫平）

亭子口水利枢纽施工导流设计

亭子口水利枢纽位于四川省广元市苍溪县境内，是嘉陵江干流唯一的控制性工程。该枢纽以防洪、灌溉、供水和发电为主，兼顾航运，并具有拦沙减淤功能。主体工程于 2009 年 11 月 25 日正式开工，2010 年 1 月大江截流，2013 年 8 月第一台机组并网发电。

嘉陵江洪水主要由暴雨形成，陡涨陡落，汛期流量大，坝址处河段平直，河谷开阔，呈浅 U 形。经比选采用三期导流方案，围堰全年挡水，基坑全年施工。

（一）导流建筑物设计

1. 导流明渠　根据地形地质条件，导流明渠布置在右岸，结合升船机及其航道布置方案进行设计，同时满足施工期导流要求。

导流明渠设计洪水为全年 5%频率，最大瞬时流量 21 200m^3/s。明渠进出口与主河床夹角约 25°，进口底高程 370.00m，出口底高程 369.50m，底宽 50m，进、出口为喇叭口形，轴线总长 1444.73m，明渠不通航。

明渠水面线以下的左边坡及底板全部采用 0.8m 厚钢筋混凝土板防护。明渠出口设消力池，坐落在弱风化岩石上，池深 6m，总长 149m，其中扩散段长 30m，扩散角 6.8°，池底高程 363.50m，护坦长 40m。

2. 一期土石围堰　布置在混凝土纵向围堰的进出口段，进口段全长 93m，出口段长 473m，中间地段利用岩埂挡水。

一期围堰为枯水期围堰，设计洪水采用 11 月至次年 4 月 20%频率最大瞬时流量 1600m^3/s。采用高喷防渗墙防渗，围堰最大填筑高度 5.5m，高喷墙平均高 10m。

3. 混凝土纵向围堰　混凝土纵向围堰是与溢流坝右导墙结合，为二期和三期导流共用的建筑物，布置在右岸台地上，分为上纵段、坝身段、下纵导墙段、下纵段和下纵延长段，全长 899.509m。混凝土纵向围堰采用碾压混凝土重力结构。

上纵段堰顶高程 409.20m，宽 6m，底高程 350.00～370.00m，外侧（临江侧）边坡 1∶0.6，内侧边坡为垂直坡，最大堰高 62m。坝身段顶高程 465.00m，底高程 349.00～350.00m，一期施工到高程 448.00m，满足明渠过流要求，二期再加高到顶。下纵导墙段顶高程 402.00～396.50m，其外侧（临江侧）满足表孔泄流和消能要求，明渠侧满足升船机闸室布置要求。下纵段为边坡 1∶0.36 的梯形断面，顶高程 396.50～386.00m，宽 6m，底高程 364.00～369.50m，最大堰高 32m。下纵延长段堰顶高程 386.00m，宽 3m，底高程 360.00～364.00m，外侧坡 1∶0.6，内侧边坡为垂直坡，最大堰高 26m。各段平顺连接。

4. 二期上、下游围堰　均为全年挡水土石围堰，上游设计水位 407.50m，下游 385.09m。上游围堰位于坝轴线上游 130m 处，围堰轴线长 340m，堰顶高程 409.00m，顶宽 10m，最大堰高 40m。下游围堰轴线位于下游护坦尾部以外 110m 处，围堰轴线长 321m，堰顶高程 386.50m，顶宽 10m，最大堰高 18.5m。

上下游围堰均采用混凝土防渗墙上接土工合成材料防渗，防渗墙厚 80cm，下部接帷幕灌浆，帷幕灌浆底部低于 10Lu 等值线。

5. 三期围堰　布置在导流明渠内，建基面（明渠底板）高程 370.00～369.50m。

三期上游围堰为枯水期土石围堰，设计水位 388.68m，汛期由上闸首及坝体挡水度汛。上游围堰位于坝轴线上游约 214～317m 处，围堰轴线长约 108.2m，堰顶高程 389.60m，顶宽 10m，最大堰高 19.6m。

三期下游围堰为全年挡水土石围堰，设计水位 385.09m，位于坝轴线下游 385m 处，围堰轴线长 64.6m，堰顶高程 386.50m，顶宽 10m，最大堰高 17m。

上下游围堰均采用高喷防渗墙上接土工合成材料防渗。

（二）截流设计

二期截流为主河床截流，采用单戗堤、立堵、单向进占方式。计划截流时段为第二年 11 月上旬，截流流量标准为 11 月 10％频率月平均流量 641m³/s，相应下游水位 372.02m。根据水力学计算，截流最终落差约 1.92m，龙口最大平均流速 4.56m/s。龙口合龙后，水流全部从导流明渠下泄。

三期截流为导流明渠截流，拟采用单戗堤、立堵、单向进占的方式。明渠将于第 5 年 11 月上旬截流，截流流量标准为 11 月 10％频率月平均流量 641m³/s。根据水力学计算，截流落差 7.78m，落差大、水流流速大，截流难度高。龙口合龙后，水流从河床 5 个泄洪底孔和 8 个溢流表孔下泄。

（三）蓄水发电与施工期下游供水

大坝泄洪底孔下闸时间拟为第 6 年 9 月 21 日，从底孔底高程 374.00m 上升到表孔堰顶高程 438.5m 时库容为 17.66 亿 m³，分别按 9、10、11、12 月 75％％保障率的月平均流量 656、450、273、188m³/s 蓄水。在电站机组发电前，蓄水时均由大坝底孔闸门部分开启向下游供水，流量 120m³/s，需蓄水至 12 月 19 日，即蓄水 90d。12 月底第一台机组发电。

二期通过导流明渠向下游供水，三期通过泄洪底孔向下游供水，施工期可保证下泄流量不小于生态流量。

（长江勘测规划设计研究院　陈超敏）

苗尾水电站大坝上、下游围堰结构及施工

苗尾水电站位于云南省大理白族自治州云龙县旧州镇境内的澜沧江河段上，是澜沧江上游河段“一库七级”开发方案中的最下游一级。电站以发电为主，正常蓄水位 1408.00m，相应库容 6.60 亿 m³，总装机容量 1400MW。

枢纽建筑物由砾质土心墙堆石坝、溢洪道、冲沙兼放空洞、引水系统、发电厂房等组成。堆石坝坝顶高程 1414.80m，最大坝高 139.80m，坝顶轴线长 576.68m，坝顶宽 12m。大坝、厂房施工采用全年断流围堰、隧洞导流。上下游围堰和导流隧洞为 3 级临时建筑物。

（一）上游围堰

上游围堰位于坝轴线上游约 450m 处，江水面宽约 75m，河床地面高程 1297m。河床覆盖层为冲积砂卵石，厚 5～15m，渗透系数 15.4m/d，属强透水性。基岩为弱风化砂板岩，岩层陡立，弱风化上段岩体透水率大于 30Lu，弱风化下段岩体透水率一般为 3～10Lu。

上游围堰堰顶高程 1360.00m，最大堰高 65m，堰顶宽 15m，堰顶轴线长 338.57m。上游边坡 1316.00m 高程以上为 1∶1.8，1316.00m 高程以下为 1∶1.5，下游边坡为 1∶1.65，坡面布置堰后下基坑道路，道路综合坡度 10.5％。

混凝土防渗墙施工平台高程为 1316.00m。1316.00m 高程以上堰体采用土工膜心墙防渗，防渗体顶高程 1359.5m，防渗体高度 43.5m。心墙土工膜两侧分别设置 2m 厚的垫层和 3m 厚的过渡层防护。1316.00m 高程以下堰体及基础采用 C20 混凝土防渗墙防渗，防渗墙厚 0.8m，最大墙深 38m，防渗墙下接帷幕灌浆，灌浆深度至 10Lu 线。截流戗堤顶宽 30m，戗堤轴线位于围堰轴线下游约 64m。

（二）下游围堰

下游围堰位于石砂场沟口上游约 180m 处，江水面宽约 70m，河床地面高程约 1290m，深河槽靠近左岸。河床覆盖层为冲积漂卵石，厚度约 10m，属强透水层，漂卵石最大粒径可达 2m 以上。基岩为弱风化

砂板岩，岩层陡立。

下游围堰堰顶高程 1319.50m，最大堰高 28.5m，堰顶宽度 10m，堰顶轴线长 151.54m，围堰呈对称布置，上、下游边坡均为 1∶1.8（1311.50m 高程以下为 1∶1.5），在 1311.50m 高程各设一宽 8m 的马道。

围堰防渗墙施工平台高程 1311.50m。1311.50m 高程以上采用土工膜心墙防渗，防渗体高度 7.5m。1311.50m 高程以下堰体及基础采用 C20 混凝土防渗墙防渗，防渗墙厚 0.8m，最大墙深 25m，防渗墙下接帷幕灌浆，灌浆深度至 30Lu 线。

下游围堰距导流隧洞出口较近，仅 35～50m，迎水面水流流速较大，1311.50m 高程以下迎水面采用钢筋石笼护坡，护坡厚 5m；1311.50m 高程以上迎水面采用干砌块石护坡，护坡厚 0.5m。

（三）上、下游围堰施工

苗尾水电站大坝上、下游围堰于 2012 年 11 月 27 日截流开工。上游围堰填筑量 110.91 万 m^3，施工高峰期为 2013 年 3 月中旬～5 月底，高峰月平均填筑 33.43 万 m^3；混凝土防渗墙 0.64 万 m^2，施工集中在 2012 年 11 月～2013 年 1 月底，月平均强度 0.256 万 m^2；帷幕灌浆钻孔总量 8860m，施工集中在 2013 年 2 月初～3 月中旬，月平均施工强度 5906m。

2013 年 5 月 30 日上下游围堰竣工，目前运行情况良好。

（中国水电顾问集团华东勘测设计研究院有限公司
王永明　任金明　魏　芳）

白鹤滩水电站导流隧洞进、出口围堰设计及实践

白鹤滩水电站位于金沙江下游四川省宁南县和云南省巧家县境内，上接乌东德梯级，下邻溪洛渡梯级，坝址控制流域面积约 43.03 万 km^2，占金沙江流域面积的 91%。白鹤滩水电站以发电为主，兼顾防洪，并有拦沙、库区航运和改善下游通航条件等功能，是“西电东送”骨干电源点之一。电站装机容量 16 000MW。

白鹤滩水电站设 5 条导流隧洞，左岸 3 条，右岸 2 条，从左岸至右岸依次为 1～5 号导流隧洞。进口高程“4 低 1 高”，1～4 号为 585.00m，5 号为 605.00m，出口高程均为 574.00m。5 条隧洞总长 8980.26m，导流隧洞下游段均与尾水隧洞相结合，过水断面为 17.5m×22.0m 城门洞形。为满足导流隧洞施工，进出口均需修建施工围堰。

（一）进出口围堰挡水设计标准

DL/T 5397—2007《水电工程施工组设计规范》规定，导流泄水建筑物进出口围堰按 5 级设计。白鹤滩水电站导流隧洞规模大，且是工程关键线路，其进出口围堰按 4 级建筑物设计。挡水标准采用全年 10 年一遇洪水，Q=22 700m^3/s，进口和出口围堰处水位分别为 624.3、620.71m，确定进出口全年挡水围堰堰顶高程分别为 626.00、623.00m。

（二）围堰布置及结构型式

根据地形及地质条件，导流隧洞进出口围堰均采用预留岩埂加混凝土围堰挡水结构。

1. 左岸导流隧洞进口围堰　采用预留岩埂顶部加混凝土围堰挡水结构，堰顶高程 626.00m，轴线长 345m，最大堰高（混凝土加岩埂）41m（图 1）。其中混凝土围堰为 C15 混凝土重力结构，最大高度 26m，堰顶宽 3m，挡水面为直立坡，背水面为 1∶0.7，其基础进行固结灌浆，混凝土工程量约 6 万 m^3。岩埂背水面开挖坡比为 1∶0.3，采取喷锚支护、设排水孔等措施。围堰堰脚至闸门井上游面距离约 12～50m。

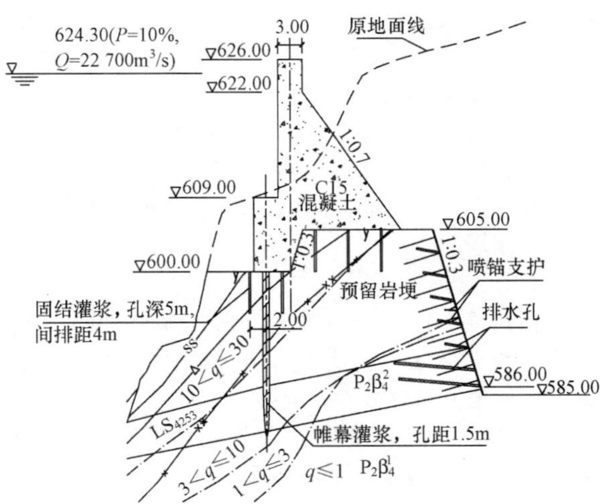

图 1　左岸导流隧洞进口围堰典型断面图（单位：m）

为减少围堰（岩埂）渗水及临江侧导流隧洞进口段渗漏水，设一道防渗帷幕，并向上下游各延伸约 150m，帷幕灌浆深入 10Lu 线。考虑到岩埂层内错动带发育，围堰挡水头高 41m，帷幕伸入进口明渠底板高程 585.00m 以下 5～23m。灌浆孔距 1.5m，压力 0.3～1MPa。

2. 右岸导流隧洞进口围堰　采用预留岩埂顶部加混凝土围堰挡水结构，堰顶高程 626.00m，轴线长 230m，最大堰高（混凝土加岩埂）41m。其中混凝土围堰为 C15 混凝土重力结构，最大堰高 28m，堰顶宽 3m，挡水面为直立坡，背水面为 1∶0.7，其基础进行固结灌浆，混凝土工程量约 5 万 m^3。岩埂背水面

开挖坡比为 1∶0.3，围堰堰脚至闸门井上游面距离约 8～50m。防渗处理、排水孔设置等措施同左岸导流隧洞进口围堰。

3. 左岸导流隧洞出口围堰　左岸出口围堰部分利用预留岩埂挡水，部分采用预留岩埂顶部加混凝土围堰挡水结构。堰顶高程 623.00m，轴线长 375m，最大堰高 49m。预留岩埂挡水结构堰顶宽 8～20m 不等，背水面开挖坡比 1∶0.4。岩埂顶部加混凝土围堰挡水结构，混凝土围堰为 C15 混凝土重力结构，最大堰高 13m，堰顶宽 3m，挡水面为直立坡，背水面为 1∶0.65，基础进行固结灌浆，混凝土工程量约 0.7 万 m^3。围堰堰脚至进洞口距离 12～35m。防渗处理、排水孔设置等措施同左岸导流隧洞进口围堰。

4. 右岸导流隧洞（尾水隧洞）出口围堰　右岸出口围堰部分利用预留岩埂挡水，部分采用预留岩埂顶部加混凝土围堰挡水结构。堰顶高程 623.00m，轴线长 240m，最大堰高 49m。预留岩埂挡水结构堰顶宽 12～18m 不等，背水面开挖坡比 1∶0.5。岩埂顶部加混凝土围堰挡水结构，混凝土围堰为 C15 混凝土重力结构，最大堰高 23m，堰顶宽 3m，挡水面为直立坡，背水面 1∶0.7，基础进行固结灌浆，混凝土工程量约 1.7 万 m^3。右岸出口预留岩埂层内错动带发育，并倾向山内，对围堰稳定不利。为确保围堰稳定，汛前堰后先挖至 612.50m 高程，612.50m 以下部分在最后一个枯水期内施工完成。预留岩埂边坡采用喷锚支护，设置排水孔。防渗处理同左岸导流隧洞进口围堰。

（三）结语

白鹤滩水电站导流隧洞进、出口围堰规模大，轴线总长约 1200m，最大堰高 49m；场地狭小、调整余地有限；地质条件复杂，混凝土围堰基础多为弱风化、强卸荷～弱卸荷的Ⅲ、Ⅳ类岩体，预留岩埂内发育 20 多条层内错动带，有缓倾角穿过，对稳定不利。围堰设计采用动态设计，根据实际情况对围堰开挖体型及支护措施进行优化，确保围堰稳定。

进、出口围堰于 2013 年汛前完建，汛期未出现异常情况，经受了洪水考验，汛后分期分区拆除围堰至经济断面，计划于 2014 年 5 月上旬爆破拆除。

（中国水电顾问集团华东勘测设计研究院有限公司
张志鹏　蔡建国　邓　渊）

桃源水电站施工导流设计

（一）概况

桃源水电站位于湖南省常德市桃源县城附近的沅水干流上，是沅水干流最末一个水电开发梯级，装机总容量 180MW；坝址控制流域面积 8.67 万 km^2，水库正常蓄水位 39.50m，相应库容 1.28 亿 m^3。

施工导流采用二期导流方式，即利用双洲岛作为纵向围堰，一期围右河槽，在围堰保护下施工右河槽的 11 孔泄洪闸、厂房、船闸及土石副坝，左侧原主河槽过流、通航，汛期一期基坑参与泄洪。二期围左河槽，在围堰保护下施工左河槽的 14 孔泄洪闸及土石副坝，右岸 11 孔泄洪闸泄流，一期已完建的船闸进行二期施工期临时通航，利用二期围堰挡水发电，汛期二期基坑参与泄洪。

（二）导流标准及导流流量

桃源水电站属二等大（2）型工程，主要建筑物级别为 3 级，次要建筑物为 4 级，导流建筑物为 5 级。二期利用围堰挡水发电，相应的导流建筑物等级提高为 4 级。

一期枯水期（2010 年 9 月～2011 年 3 月、2011 年 9 月～2012 年 3 月）导流标准：9 月 1 日～次年 3 月 31 日 10 年一遇洪水，洪峰流量 11 400m^3/s，相应上、下游水位分别为 40.06、38.63m，上、下游围堰顶高程分别为 40.90、39.20m；汛期度汛标准为全年 20 年一遇洪水，洪峰流量 22 300m^3/s，2011 年汛期由左岸河床及右岸基坑联合泄洪度汛，相应上、下游水位分别为 43.39、43.27m；2012 年汛期由左岸河床及右岸 11 孔泄洪闸联合泄洪度汛，相应上、下游水位分别为 43.27、43.11m。

二期枯水期（2012 年 9 月～2013 年 3 月、2013 年 9 月～2014 年 3 月）导流标准：9 月 1 日～次年 3 月 30 日 10 年一遇洪水，洪峰流量 11 400m^3/s，相应上、下游水位分别为 41.58、38.68m，上、下游围堰顶高程分别为 42.30、39.20m。2013 年汛期度汛标准为全年 20 年一遇洪水，洪峰流量为 22 300m^3/s，由右岸 11 孔泄洪闸及左岸基坑联合泄洪度汛，相应上、下游水位为 43.73、43.03m。

（三）施工期通航

一期由左侧主河槽通航。拟定通航参数：当河道断面平均流速小于 2m/s 时，船舶自航；桥区附近河道断面流速为 2～2.5m/s 时，拖轮助航；河道断面流速大于 2.5m/s 时，河道断航。桥区以下河道断面流速为 2～3.5m/s 时，拖轮助航；河道断面流速大于 3.5m/s 时，河道断航。经水力学计算及通航模型试验验证，一期最小通航流量 400m^3/s，最大通航流量 3600m^3/s，通航保证率 85.5%。

二期由已完建的永久船闸通航。船闸上下游最低通航水位分别为 36.50、29.44m。二期最小通航流量 400m^3/s，最大通航流量 5000m^3/s，通航保证率 92%。

一、二期围堰填筑及两侧河道截流期间，考虑

35d断航期。

（四）工程建设情况

桃源水电站于2010年11月正式开工，11月17日右侧河道截流、一期围堰填筑。2011年6月8日一汛基坑充水度汛，8月22日一期基坑恢复施工。期间厂房工程汛前未能按原进度要求达到自身挡水全年施工的条件，为确保发电目标，增设厂房全年围堰。2012年4月底厂房全年围堰完工，厂房基坑汛期连续施工。2012年6月21日一期围堰拆除，10月2日二期截流，转入二期施工。2012年11月24日永久船闸施工期临时通航。2013年10月由二期上游围堰挡水发电，计划2014年3月底二期围堰拆除至原河床。

（五）导流建筑物的布置及特点

1. 一期围堰　纵向围堰利用双洲岛，结合引航道布置设计，全长506m，堰顶高程42.50m，顶宽7m。最大堰高4m。堰体由块石、砂砾料填筑而成，迎、背水面边坡均为1∶2.5。上游横向土石围堰位于坝轴线上游255m处，轴线长876.64m，堰顶高程40.90m，顶宽10m，最大堰高13.9m。堰体由块石、砂砾料等填筑而成，迎、背水面边坡分别为1∶2.5和1∶3.5，背水面设一级过水平台，平台高程36.5m，宽度17.1m。下游横向土石围堰位于坝轴线下游255m处，轴线全长638.71m，堰顶高程39.2m，顶宽10m，最大堰高12m。堰体由块石、砂砾料等填筑而成，迎、背水面边坡分别为1∶2.5和1∶3.5。一期纵向围堰和上、下游横向围堰的堰身和堰基覆盖层均采用高喷灌浆防渗，堰面及堰脚采用0.5m厚膜袋混凝土防冲保护（实际采用格宾石笼护面）。

2. 二期围堰

（1）纵向围堰与一期相同。

（2）上游横向土石围堰位于坝轴线上游135m处，轴线全长496.46m，堰顶高程42.30m，顶宽7m，最大堰高15m；堰体主要由块石、砂砾料等填筑而成。基于对上游防洪堤安全考虑，二期围堰按汛期主动拆除方案分层设计，主动拆除至高程36.5m。高程36.5m以上堰体迎、背水面边坡均为1∶2.5，堰身采用土工膜心墙防渗，迎水面采用0.5m厚的大块石防冲保护；高程36.5m以下堰体迎、背水面边坡分别为1∶2.5和1∶3.5，高程36.5m平台宽度55.57m，堰身和堰基覆盖层采用高喷灌浆防渗，上下游坡面、平台及堰脚用0.5m厚膜袋混凝土防冲保护（实际采用格宾石笼护面）。

（3）下游横向土石围堰位于坝轴线下游145m处，轴线全长468.35m，堰顶高程39.20m，顶宽7m，最大堰高13m。堰体主要由块石、砂砾料等填筑而成。与上游围堰相同按主动拆除方案设计，拆除至高程36.5m。堰体迎、背水面边坡、堰身和堰基覆盖层防渗措施以及防护措施均同二期上游横向土石围堰。但高程36.50m平台宽度为24.50m。

3. 厂房全年围堰　围堰设计标准为全年20年一遇，相应洪峰流量22 300m^3/s，最高水位43.6m。厂房全年围堰大部分在一期围堰上加高，在厂房右侧副安装间坝段上下游方向布置纵向围堰，它包括一期上、下游横向土石围堰加高段、纵向围堰加高段、厂房纵向围堰（含上游段、下游段和混凝土段）。

一期上游横向土石围堰加高段，轴线长348.31m，堰顶高程44.00m，顶宽7m，最大堰高4m。堰体由黏土、混合石渣、风化细料填筑而成。迎、背水面边坡分别为1∶1.75和1∶1.5。堰身采用黏土心墙防渗，迎水面采用50cm厚砂土袋防冲保护。

一期下游横向土石围堰加高段，轴线长323.81m，堰顶高程44.00m，顶宽3.5m，最大堰高15m。堰体由黏土、混合石渣、风化细料填筑而成。迎、背水面边坡分别取1∶1.75和1∶1.7，迎水面采用0.3m厚格宾石笼防冲保护。

纵向围堰加高段，围堰全长505.96m，堰顶高程44.00m，顶宽3.5m，最大堰高5.3m。堰体由混合石渣、砂砾料填筑而成，迎、背水面边坡分别为1∶1.75和1∶1.5，堰身采用黏土心墙防渗，迎水面用50cm厚砂土袋防冲保护。

厂房纵向围堰上游段，轴线全长342.86m，堰顶高程44.00m，顶宽3.5m，最大堰高15m。堰体由混合石渣、风化细料等填筑而成，迎、背水面边坡分别为1∶1.75和1∶1.7。堰身采用土工膜心墙防渗，迎水面用0.5m厚格宾石笼防冲保护，堰脚用1m厚格宾石笼压脚防冲。

厂房纵向围堰下游段，轴线全长261.80m，堰顶高程44.00m，顶宽3.5m，最大堰高20m。堰体由混合石渣、风化细料填筑而成，迎、背水面边坡分别为1∶1.5～1.75和1∶1.7。

混凝土纵向围堰段，轴线全长80.68m，堰顶高程44.00m，顶宽1.5m，最大堰高23m。采用重力式结构，迎水面铅直，背水面边坡为1∶0.65。

（中国水电顾问集团中南勘测设计研究院有限公司　虞东亮　陈　钰）

枕头坝一级水电站二期围堰设计及优化

（一）概况

枕头坝一级水电站为大渡河干流的第19个梯级，

位于大渡河中下游乐山市核桃坪河段上。流域面积 $73057km^2$，多年平均流量 $1360m^3/s$，坝址处枯水期河面高程 589～590m。电站采用堤坝式开发，为径流式电站，正常蓄水位 624m，水库总库容 0.469 亿 m^3，最大坝高 86.5m，装机容量 720MW。枢纽布置从左至右为左岸非溢流坝段、河床厂房坝段、左岸 1～2 号泄洪闸、排污闸坝段、3～5 号泄洪闸坝段、右岸非溢流坝段。

施工导流采用分期导流。一期在右岸滩地上修筑土石子围堰，由束窄后的左岸主河床过流，在一期基坑中施工导流明渠和纵向混凝土导墙，以及 3～5 号泄洪闸闸墩浇筑至 595m 高程。2011 年 11 月，导流明渠具备过流条件后拆除一期围堰的进、出口横向部分。2011 年 11 月 27 日主河床截流，由导流明渠过流，在二期上下游围堰保护下施工左岸非溢流坝段，河床厂房坝段，左岸 1、2 号泄洪闸坝段。2013 年 11 月～2014 年 4 月完成 3～5 号泄洪闸 595m 高程以上混凝土浇筑及金属结构安装。拟在 2014 年 5 月拆除二期上下游围堰。2014 年 10 月填筑三期下游围堰，1、2 号泄洪闸过流，由 3～5 号泄洪闸 3 扇事故门及三期下游围堰挡水形成三期基坑。

（二）围堰地形地质条件

二期上游围堰在大坝上游约 200m，枯水期河面宽 80m，水深 6～7m，河床右侧深槽水深 11.7m，两岸谷坡坡度 40°～50°，基岩裸露。下游围堰在大坝下游约 400m，枯水期河谷宽 80m，水深 6～7m，两岸谷坡坡度 30°～45°，左岸坡覆盖层深厚，右岸 620m 高程以上基岩裸露，以下坡段地形平缓，被Ⅰ级阶地砂卵砾石层所覆盖，未见基岩出露。

围堰地基由河床含漂砂砾石层组成，厚 35～50m。漂石块径 20～70cm，表层靠岸坡有大孤石，最大块径达 5m 以上，卵砾石粒径 4～9cm，以白云岩、砂岩、玄武岩及灰岩为主，由中粗砂及少量细砂充填。河床砂卵砾石层中，卵砾石占 70%～90%，砂粒占 30%～10%，渗透系数 $2.28\times10^{-2}\sim7.5\times10^{-2}cm/s$，属强透水层。

围堰下伏基岩顶面高程 548～533m，岩性为玄武岩，多为弱风化状态，裂隙中等～较发育，岩体总体较坚硬，基岩浅部呈中等透水性。

两岸堰基仍为玄武岩，其中，上游围堰两岸基岩多为强～弱风化，裂隙发育，堰肩岩体水平向渗透性较强。下游围堰在 600m 高程以下均为覆盖层，岩性为碎块石及阶地砂卵砾石层，黏土含量较少，透水性较强。

堰基漂砂卵砾石层的地基承载力和变形满足要求，主要问题是强透水砂卵砾石层的防渗及下部间夹砂层的抗滑稳定问题。

（三）围堰设计方案

1. 围堰的特点　上下游围堰的特点是：①堰基河床覆盖层最大深达 50m，堰顶距基坑深度 73m；②防渗工程量大，上、下游围堰防渗墙面积分别为 6883、10 $357m^2$，最大深度分别为 63、59m，工期紧张；③围堰堰脚防淘刷十分重要；④上游已建瀑布沟水电站，围堰施工时可对洪水进行调节，上游具备较完善的自动水情测报系统，洪水预报的准确率较高。

针对这些特点，在设计中收集了类似工程实例；委托科研院校进行导流模型试验，筛选方案，结合模型试验优化防护方案；对堰脚抗淘刷薄弱处采取针对性防护设计。

2. 围堰结构设计　二期上下游围堰均为土石不过水围堰，建筑物级别 4 级，按全年 20 年一遇洪水重现期设计，相应流量为 $6600m^3/s$（瀑布沟调蓄后流量）。

上游围堰堰顶高程 613.00m，最低高程 585.00m，最大堰高 28m，堰顶宽 10m，堰顶长 172.2m。迎水面边坡 1∶2，背水面边坡 1∶2。堰体由护坡块石、钢筋笼护面、过渡层、夹土石渣及防渗体组成。堰体在 602m 以下采用塑性混凝土防渗墙防渗，墙厚 1m；602m 以上采用 HDPE 复合土工膜防渗，土工膜结构采用“之”字形布置。上游堰面水面以下采用大块石抛填护脚，水面以上用钢筋笼护坡。

下游围堰堰顶高程 600.00m，最低高程 583.00m，最大堰高 17m，堰顶宽 10m，堰顶长 204m。背水面和迎水面边坡均为 1∶2。堰体由块石、过渡层、夹土石渣、防渗体组成。右岸端头 33m 范围 594m 高程以下部分采用 C20 混凝土面板护面，同时设一道厚 1m、最大深度 10m 的混凝土连续墙作为防淘墙，保护堰脚。堰体在 594m 以下采用塑性混凝土防渗墙防渗，墙厚 1m；594m 以上采用 HDPE 复合土工膜防渗，土工膜结构采用“之”字形布置。下游堰面水面以下采用大块石抛填护脚，水面以上用钢筋笼护坡。

（四）围堰设计优化

1. 堰面防护优化　水工模型试验验证上游来水量在 3510～$6600m^3/s$ 时，上游围堰堰前水流流态平稳，流速小于 0.1m/s；下游围堰迎水面回流流速 1m/s，只在河道左岸流速较大，约 5m/s，洪水回流对围堰堰脚产生淘刷的可能性较小。因此，只保留上游围堰高程 594～604m（0＋000.00～0＋080.00m）和下游围堰左岸堰边 591～600m 的钢筋笼护面（0＋210.15～0＋230.15m），其余部位堰面防护改为厚 10cm 挂网喷 C20 混凝土，钢筋网 ϕ8mm@20cm×20cm。喷混凝土范围内设 ϕ100mm 排水孔，预埋 ϕ100mm PVC 管，管内设 ϕ90mm 塑料盲材，管长

60cm，外露 5cm，俯角 5°，间排距 2.5m×2.5m。

2. 围堰体形调整　二期上游围堰右岸存在基岩陡坎，防渗墙未深入基岩，存在较大的渗漏通道，需进行补强灌浆。由于处理难度大，至 2012 年 5 月初仍未完成。要在 5 月底达到度汛面貌，还需完成二期上游围堰 602～613m 的填筑及土工膜施工，原方案土工膜需待防渗墙施工完毕后才能施工。为此对上游围堰防渗墙施工平台以上体形进行优化，将二期围堰迎水面堰顶边线由原设计位置向下游移至围堰轴线处，迎水面 603m 以上坡比由 1∶2 调整为 1∶1.75，603m 以下坡比不变；背水侧堰顶边线向下游偏移 4m，堰体坡比仍为 1∶2，600m 高程马道由 3m 调整为 2m，堰顶宽度由 10m 调整为 9m；取消复合土工膜迎水面的砂垫层及过渡料，在复合土工膜上直接挂网喷 C20 混凝土作为护面。

3. 优化设计的效果　取消部分钢筋笼护面，优化围堰护面结构，节约工程投资 800 万元。调整二期上游围堰体形后，在 602m 高程预留出 8m 宽平台，可作为补强灌浆施工平台，灌浆与土工膜同步施工。直接在土工膜上挂网喷混凝土，加快了二期上游围堰 602～613m 高程的填筑和护面施工进度，确保了围堰在 2012 年汛前达到设计要求的度汛面貌。

2012 年 7 月 28 日，大渡河上游普降暴雨，坝址处最大洪水达 6100m³/s，超过 5000m³/s 以上的洪水历时 10 余天。经历了长历时、大流量洪水考验后围堰护面结构未破坏，二期上下游围堰运行安全，上下游围堰迎水面水流流态、回水流速与水工模型试验基本一致，说明结合水工模型试验，对二期上下游围堰护面结构的优化是合理的。

（中国水利水电第三工程局有限公司
刘　儒　林国辉）

拉拉山水电站导流明渠设计

（一）概况

拉拉山水电站位于甘孜州巴塘县境内巴楚河上，闸址位于松多乡松多村。水库正常蓄水位 3004m，总装机容量为 96MW（2×48MW）。首部枢纽为混凝土闸坝，坝长 156m，最大坝高 23.5m，坝顶高程 3005.50m。从左向右布置左岸非溢流坝段、闸坝和右岸非溢流坝段，闸坝由 3 孔泄洪闸、1 孔排污闸、1 孔冲沙闸组成，取水口布置在坝前左岸。

据实测资料统计，多年平均降水量 468.3mm，汛期（6～9 月）雨量占年雨量的 84%。巴楚河流域洪水主要由暴雨形成，年最大洪水一般发生在 6～9 月，洪水以单峰为主。年最大流量的年际变化大。

右岸连接坝段（0+043～0+122）为Ⅰ级阶地，地面高程 3010.95～3018.05m，覆盖层厚 29～40.9m，从上至下为泥石流堆积碎砾石土和冲洪积含漂砂卵砾石。碎砾石土层厚 10～22m，结构松散～稍密；含漂砂卵砾石层厚 7～30.9m，结构稍密～中密～密实。

（二）导截流方案

1. 导流方式及布置　分两期导流，一期为右岸明渠导流，左岸河床截流形成左岸一期基坑，在一期围堰的围护下施工左岸坝段，包括 1 孔排污闸、1 孔冲沙闸和 3 孔泄洪闸及进水口。二期利用已建冲沙闸和泄洪闸过流，导流明渠截流，施工右岸非溢流坝段和左岸剩余上部结构。

2. 导流标准、时段及流量　拉拉山水电站为三等工程，主要建筑物为 3 级，次要建筑物为 4 级。根据工程总进度计划安排，临时建筑物设计洪水按 7 月底汛期洪水标准进行设计和施工，一期设计洪水标准为 $P=10\%$，$Q=240\text{m}^3/\text{s}$。

（三）导流明渠设计

1. 设计方案　根据地形条件，导流明渠布置在坝址右岸台地，为梯形断面。明渠进口底板高程 2989.2m，出口底板高程 2986.7m，全长 268.27m，上游纵比降 0.35%，下游 60m 比降 2.6%，出口与下游河道顺接，边坡坡比 1∶1，底宽 9.4m。

计算明渠断面时，设底宽 9.4m，当流量为 240m³/s、比降取 0.003 5、糙率取 0.016 时，经迭代试算，相应水深为 3.12m，明渠进口的水位为 2992.32m。考虑安全超高 0.5m，取护坡混凝土高度 3.7m。

2. 护面和防冲设计　根据水力学计算，当洪水流量为 240m³/s 时，流速 6.15m/s，已超出砂卵石不冲流速的要求。为此，在导流明渠底板和边坡浇筑 C25 防冲混凝土，边坡浇筑 30～40cm、底板浇筑 50cm 厚混凝土，并铺设 ϕ10mm@15×15cm 防裂钢筋。

为降低上游水位壅高，进口设 16.5m 长喇叭渐变段，进口两侧设长 10m、高 5m 混凝土贴坡挡墙裹头。出口设 38.45m 喇叭口渐变段。进出口底板端头设混凝土齿墙，下游齿墙的下游用毛石混凝土防护。

（四）结语

2013 年巴楚河流域降雨明显多于往年，且降雨强度较大，河水持续上涨，7 月 22 日经明渠内水位—流速测算，最大过水流量为 245m³/s。明渠进口最高水位为 2993.5m，中部水位为 2992.5m，明渠断面基本满足要求。但由于尾部设置了陡坡，出口流速明显增大，出口河床及两侧冲淘刷较为严重。因此，在导流明渠下游围堰与明渠出口交汇处、明渠出口右边坡、出口底板等部位应加强防冲防护。

（中国水利水电第三工程局有限公司　王思维　刘占昭）

枢 纽 布 置

呼和浩特抽水蓄能电站枢纽布置及特点

（一）概况

呼和浩特抽水蓄能电站（以下简称呼蓄电站）位于内蒙古自治区呼和浩特市东北部的大青山区，承担蒙西电网调峰、填谷、调频、调相及事故备用任务。

呼蓄电站为一等大（1）型工程，永久性主要建筑物为1级建筑物，永久性次要建筑物为3级建筑物。上水库堆石坝和库盆、地下厂房系统建筑物、下水库拦河坝等正常运用洪水标准为200年一遇，非常运用洪水标准为1000年一遇；下水库拦沙坝和泄洪排沙洞正常运用洪水标准为500年一遇，非常运用洪水标准为2000年一遇。

（二）枢纽布置

枢纽由上水库、水道系统、地下厂房系统、下水库等组成，采用尾部开发方式。上、下水库总库容分别为690、715万m^3，装机容量1200MW。

1. 上水库　包括堆石坝、库盆和库底排水廊道系统。正常蓄水位1940.00m，死水位1903.00m。库坝顶高程1943.00m，顶宽10m，库底高程1900.00m，库内侧坡1∶1.75，堆石坝下游坡1∶1.6，每20m高差设一条2m宽马道。坝趾处最大坝高95.2m，库顶轴线长1818m。全库盆采用沥青混凝土面板防渗，防渗面积24.48万m^2。

2. 水道系统　由上水库进/出水口、引水隧洞、调压室、压力管道、尾水隧洞和下水库进/出水口组成，长约2310m。引水系统为1管2机，尾水系统为1管1机。进/出水口为岸边侧式，引水隧洞洞径6.2m，钢筋混凝土衬砌。调压室为阻抗上室式，竖井内径9m。2条压力管道为斜井式，主管直径5.4～4.6m，支管直径3.2m，全部钢板衬砌。高压岔管为对称Y形内加强月牙肋钢岔管。4条尾水隧洞平行布置，洞径5m，下平段和部分斜井段用钢板衬砌，其余钢筋混凝土衬砌。

3. 地下厂房系统　由主副厂房、安装场、母线洞、主变洞、主变运输洞、排水廊道、出线洞及出线场、排风洞及排风竖井、通风洞、交通洞、地面副厂房和地面油库等组成。主、副厂房和安装场"一"字形布置，开挖尺寸152m×23.5m×50m（长×宽×高），机组间距22m，安装高程1280.00m。主变洞设在厂房下游46m处，开挖尺寸121m×17m×33.5m。交通洞设在安装场左侧，通风洞设在厂房通风机室右侧。出线洞位于主变洞下游边墙，经出线平洞、出线斜洞通向地面出线场。地面出线场在下水库环库公路边，长45.5m，宽33m。地面副厂房位于通风洞洞口左侧。

4. 下水库　由拦河坝、拦沙坝及左岸泄洪排沙洞组成。正常蓄水位1400.00m，死水位1355.00m，库底1347.00m高程以上河床覆盖层全部清除。拦沙坝和拦河坝均采用碾压混凝土重力坝，坝顶高程1401.00m，坝顶宽6m。拦沙坝最大坝高58m，坝顶长200m，上、下游坝坡均为1∶0.5，坝上设电站自流补水设施。拦河坝最大坝高73m，坝顶长236m，上游坝坡上部直立，下部1∶0.1，下游坝坡1∶0.7，坝上设泄洪放空设施。泄洪排沙洞进口高程1380.00m，设7m×9m（宽×高）事故门和7m×8m工作门；明流洞身长525.4m，底坡4.14%，洞宽7m，高9.5～8.5m；出口高程1358.00m，挑流消能。泄洪排沙洞进水塔右侧设下游生态供水设施。

（三）枢纽特点

（1）上水库沥青混凝土面板全库防渗。上水库位于地势较高的近山顶部位，开挖填筑修建而成，无天然径流。库区斜长角闪岩脉较发育，还发育断层和裂隙密集带，全、强风化的片麻状黑云母花岗岩及斜长角闪岩体透水性较强，相对不透水岩体顶板埋深15～100m，平均55m。库区地下水位和泉水露头一般低于正常蓄水位，局部低于库底，存在库水外渗条件。因此，上水库采用沥青混凝土面板全库防渗。

（2）就地堆渣，减少征地。上水库土方开挖169.4万m^3，石方开挖463.1万m^3，堆石坝及库盆填筑313.5万m^3，弃渣量较大。因此，在堆石坝后设堆渣场，顶高程1875.00m，下游坡1∶2，在1855.00m高程设一条2m宽马道，堆渣约91万m^3。

（3）多种措施避沙运行。下水库位于哈拉沁沟上，河道泥沙大部分被拦河坝上游约2.6km的哈拉沁水库拦截，但进入下水库的悬移质含沙量仍高达15.3kg/m^3。若不采取设拦沙坝，在拦河坝上设泄洪排沙底孔，上下水库进/出水口设沉沙池和挡沙坎等措施，洪水时电站不避沙运行，则过机含沙量仍会达

1.5～2kg/m³，水泵水轮机将难以摆脱泥沙磨损危害，转轮等过流部件大修周期不到2年；洪水期机组停运，则电站失去日调峰、事故备用的作用。为此首次采用洪水全部由泄洪排沙洞宣泄，拦河坝和拦沙坝围筑形成封闭的蓄能电站专用下水库布置格局。

（4）枢纽布置和建筑结构设计采取综合防冰抗冻措施。工程地处严寒地区，上、下水库极端最低气温分别为－41.8℃、－32.8℃，年冻融循环次数140次。采取的措施包括：上水库面板封闭层采用改性沥青玛蹄脂，防渗层和加厚层采用改性沥青混凝土，改性沥青混凝土平均冻断温度首次达－45℃；上、下水库进/出水口采用竖井式闸门井；下水库拦河坝和拦沙坝碾压混凝土重力坝采用“金包银”型式，坝体表面喷涂聚氨酯保温保湿材料；廊道和竖井出口设封闭门。

（中国水电顾问集团北京勘测设计研究院有限公司
赵　轶　钱玉英　杨　威）

三峡右岸地下电站设计

三峡地下电站位于长江右岸白岩尖山体中，与右岸电站相毗邻（见图1）。地下电站共安装6台混流式水轮发电机组，总装机容量4200MW。其主要建筑物由引水渠及进水塔、引水隧洞、排沙洞、主厂房、母线洞（井）、尾水洞及阻尼井、尾水平台及尾水渠、进厂交通洞、通风及管道洞、管线及交通廊道、地面500kV升压站和厂外排水系统等组成。

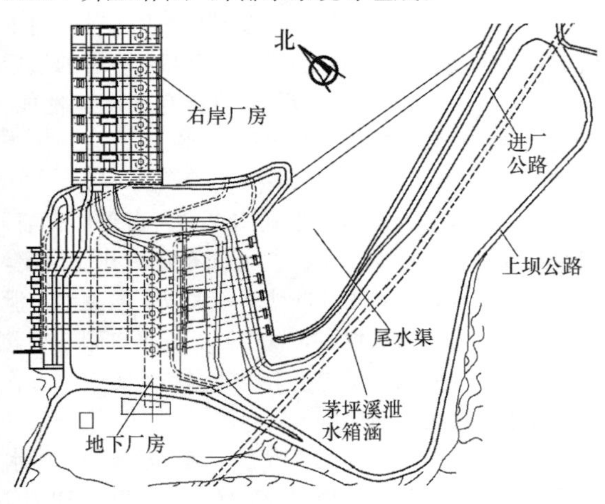

图1　三峡地下电站总平面布置图

（一）输水系统设计

1．进水口　为岸塔式，由引水渠、进水塔、安装平台、交通桥等组成。

引水渠位于茅坪溪出口附近的弯道右侧，渠中水流流速控制标准不大于1m/s，渠底高程100.50m，渠宽216.50m。右侧以1∶1.5边坡至高程185.00m的上坝公路，左侧以1∶1.5边坡至高程140.00m，与右岸电站引水渠连通。

地下电站采用1机1洞引水，与引水隧洞对应设有6个发电进水塔，在1号与2号、3号与4号、5号与6号发电进水塔间设3个排沙进水塔，在2号与3号、4号与5号发电进水塔间设2个连接塔。进水塔“一”字形排列布置，纵轴线与坝轴线平行，塔体组轮廓尺寸：216.50m×40m×85m（垂直水流向长度×顺水流向长度×高度），靠进水塔右侧为39m×33.70m×55m的安装平台，设有交通桥与上坝公路相通，进水塔和安装平台顶高程均为185.00m。

进水塔闸门段设平板检修门，孔口尺寸9.6m×15.86m（宽×高），由塔顶的3500/1000/100kN双向门机操作；设快速事故门，孔口尺寸9.60m×15.25m，由容量为4500kN/8000kN的液压启闭机操作。

2．引水隧洞　位于微新花岗岩体内，岩体完整性、稳定性较好，为I类围岩。隧洞由上平段、上弯段、倾角60°斜井段、下弯段和下平段等组成，不设调压室。1机1洞，6条隧洞平行布置，隧洞中心间距38.3m。洞轴线垂直于进水塔，并与主厂房纵轴线垂直。平面上为直线，立面上分别用2个半径40m圆弧段，将上平段、斜井段、下平段连接。隧洞入口中心高程119.75m，出口中心高程57.00m。每条引水隧洞轴线长244.64m。

引水隧洞断面为圆形，上平段至下弯段直径13.5m，下平段直径由13.5m渐变为12.4m，并与蜗壳进口相接。机组额定流量946.40m³/s时，引水隧洞流速为6.61～7.84m/s。

3．变顶高尾水隧洞和阻尼井　尾水隧洞为变顶高1机1洞形式，进口高程22.00m，出口高程44.00m。尾水洞沿流向分4段：扩散段、连接段、变顶高段1和变顶高段2。

6条尾水洞平行布置，与主厂房纵轴线夹角80°并偏向河床侧，轴线间距37.7m。尾水洞为方圆形断面，其中尾水管扩散段宽18m，连接段宽由18m渐变为15m，变顶高段1宽15m，变顶高段2宽由15m渐变至13m。变顶高段1、2同高，为25m，顶坡和底坡相同，27～32号机坡度分别为6.19%、5.81%、5.49%、5.20%、4.93%和4.70%，长度分别为191.38、198.03、204.68、211.33、217.96、224.62m，6条尾水洞总长1248m。

每条尾水隧洞布置1个阻尼井，位于尾水隧洞轴线正上方，其轴线距机组中心线72.74m，井筒直径7m，顶拱高程94.30m。在其上部的下游侧89.00m高程布置通风廊道连接6个阻尼井，并经1号施工支洞通向右岸电站厂房的厂前区，出口高程82.00m。

4. 尾水平台和尾水渠　尾水平台垂直于尾水洞呈“一”字形布置，长205.60m，宽30m，高程82.00m，底板高程44.00m，相邻尾水出口间预留20.72m岩墩。靠尾水渠侧为尾水闸门段，宽10m，高程82.00m布设尾水门机，其下部设6个尾水闸门门孔，孔口尺寸13m×25m。靠边坡侧是宽20m公路桥，为墩墙支撑的预制梁结构，是右岸电站的永久进厂交通通道。

尾水渠采用弧线接直线布置方式，最大设计流速3m/s，最小底宽216m，底板高程52.00m。靠尾水平台侧设1∶4反坡与尾水洞出口高程44.00m相接，其出口设1∶5反坡与右岸电站尾水渠底板高程56.00m相接，出口宽度520余米。尾水渠左侧边坡与右岸电厂右侧边坡相交，在右岸电厂厂前区形成“半岛裹头”。右侧边坡总体走向N73.5°，其末端与原导流明渠护岸顺接。进厂公路高程82.00m，其下游端接已建西陵大道，上游端至地下电站进厂交通洞洞口，车辆经地下电站尾水平台交通桥至右岸电厂厂前区。

（二）发电系统建筑物设计

1. 发电系统建筑物　包括地下厂房、母线洞、附属洞室、升压站、排沙洞等。

地下厂房开挖尺寸为311.30m×31.00m(32.60m)×87.30m（长×宽×高）。主厂房内布置6台单机容量700MW的水轮发电机组，机组安装高程57.00m。洞室断面为直墙曲顶拱形，顶拱高程105.30m，吊车梁以下厂房跨度31m，以上32.6m。最大高度87.3m，全长311.3m，其中机组段231.3m，安装场段（设在机组段右侧）80m。厂房内安装2台1200t/125t单小车大桥机，轨顶高程90.50m。

主厂房下游侧有6条母线洞、1条母线廊道和3条母线竖井，将大电流封闭母线从67.00m高程引至地面151.50m高程的500kV升压站。

500kV升压站设在地下厂房上方，站内布置封闭母线竖井出口建筑物、500kV主变压器、500kVGIS、20kV厂用变压器和生产辅助楼等。3个封闭母线竖井出口位于生产辅助楼的第一层，每个母线竖井引出2回封闭母线。

进厂交通洞布置在安装场下游侧，由安Ⅰ段高程75.30m至进厂公路高程82.00m，长约230.5m，断面尺寸12m×9.9m，城门洞形。

通风及管道洞布置在主厂房左端墙上部，长约81m。主厂房左端墙93.00m高程至120.00m高程栈桥路，采用竖井接平洞方式布置，竖井断面尺寸5m×5m，平洞断面尺寸5m×5m，城门洞形。在120.00m高程栈桥路的通风及管道洞出口处布置空调机房和配电房，以及6台室外风冷冷水机组。

管线及交通廊道位于主厂房左端墙下部，呈S形布置，长118.5m，断面尺寸由厂房端墙部位的5.1m×11.8m渐变为平段的5.1m×6.5m，是地下厂房与右岸电站上游副厂房间最直接的管线及交通连接通道。

地下电站进水口采取分散排沙方式，在排沙进水塔底板下设3条排沙支洞，直径4m，支洞进口底板高程102.00m。3条排沙支洞在进水塔中向左逐渐汇合成1条直径5m的排沙总洞，再经右非坝段坝基和右岸电站安Ⅱ段，出口于右岸电站尾水渠。

2. 地下电站厂外防渗排水设计　厂区基岩采用防渗帷幕和排水相结合来控制渗流。帷幕线与大坝右坝肩绕坝渗流控制相结合，左起右岸非溢流坝7号坝块右端，顺右岸上坝公路向右延伸，止于白岩尖山体右侧，全长342m。防渗标准为灌后基岩透水率$q\leqslant$1Lu，帷幕深入相对不透水岩层（$q\leqslant$1Lu）以下5m，并进入引水洞底10m，底线高程90～100m。

在地下厂房洞室围岩及引水隧洞钢衬段围岩中，分别设置了由排水洞与洞内排水孔组成的厂外和钢衬段外减压排水系统。

（长江勘测规划设计研究有限责任公司
周述达　王　煌）

吉牛水电站工程枢纽布置

吉牛水电站位于四川省甘孜州丹巴县革什扎河干流上，是革什扎河“一库四级”水电开发方案的最后一级，水库总库容197.5万m^3，具有日调节性能。装机2台，总装机容量240MW。

（一）枢纽布置及工程等别

吉牛水电站为低闸引水式水电站，由首部枢纽、引水系统、厂区枢纽组成。主河床布置两孔泄洪闸，左岸紧靠进水口布置1孔冲沙闸，构成正向冲沙、泄洪，侧向取水的首部枢纽布置格局。进水口侧向布置于河床左岸。引水系统包括引水隧洞和埋藏式压力管道。发电厂房为地面厂房。

吉牛水电站工程为三等中型。挡水建筑物、引水系统和厂房等主要建筑物均为3级，次要建筑物为4级。挡水流量679m^3/s。

（二）首部枢纽

首部枢纽建筑物从右至左依次布置右岸挡水坝段，泄洪闸、冲沙闸、取水口、左岸挡水坝段。水库正常蓄水位2378.00m，死水位2375.00m。

1. 拦河闸　泄洪闸和冲沙闸底板都位于高程

2362.00m，与原平均河床高程相同。2孔泄洪闸，单孔尺寸6m×6m（宽×高），孔顶以上设胸墙，胸墙底高程2368.00m。河床覆盖层达80m以上，闸基置于含漂砂卵砾石层上。各闸室段闸顶总长4.5m。闸坝顶高程2380.00m，坝顶全长175.43m，最大闸高23m。中墩采用缝墩，墩厚2m，闸底板厚3.5m，闸室顺水流方向长30m。泄洪闸和冲沙闸内均设弧形工作闸门和平板检修闸门。泄洪闸和冲沙闸的工作闸门由液压式启闭机操纵，平板检修闸门共用1台门式启闭机。

闸室上游设钢筋混凝土铺盖，铺盖长15～23m，厚1.5m。在冲沙闸和泄洪闸之间的上游铺盖上设一道束水墙，墙顶高程2370.00m，长21.7m，厚1m。

闸室下游设长49m的钢筋混凝土护坦，厚2m，坡度1∶20，超点高程2362.00m。护坦下设纵、横向反滤排水管。护坦下游设21m长的分离式钢筋混凝土板式海漫保护区与下游河床相接。

闸基防渗采用悬挂式混凝土防渗墙，墙厚0.8m，伸入第②层含漂砂卵砾石层，底高程2312.00m，悬挂深度45m。两岸基岩采用帷幕灌浆，灌浆深度伸入强卸荷下3～5m，左、右岸灌浆平洞分别长44.69、42.7m。在第③层含砾粉细砂层打设振冲碎石桩，碎石桩间排距2m×2m。第④－1层用振冲法处理，振冲碎石桩间排距1.5m×1.5m。

2. 进水口　与左岸挡水坝结合布置。拦污栅闸前缘与拦河闸轴线呈106°27′12″交角，拦污栅闸净宽10m，中墩厚1.5m。拦污栅闸底处设防漂胸墙，采用回转式清污机清污。

受左岸地形条件限制，为改善水流条件，在进水口左侧上游方向设长65.41m的弧形导水墙，并连接至左岸，墙顶高程2375.00m。

3. 挡水坝段　左岸挡水坝段长72.2m，为重力式混凝土坝，分三个坝段（包括一个储门槽坝段），坝顶宽11.6m，坝顶高程2380.00m，最大坝高21m。坝上游面在2378.50高程向下游按1∶1收缩坝断面。左岸挡水坝内设引水廊道。

右岸挡水坝段长78.73m，为混凝土重力坝，分4个坝段（含1个储门槽坝段），储门槽坝段顶宽11.5m，其余坝段坝顶宽7.5m，坝顶高程2380.00m，最大坝高22m。

左右岸挡水坝段坝基均为含漂砂卵砾石层。

（三）引水系统

1. 引水隧洞　布置在河道左岸，长22.305km，城门洞形。洞线穿越变粒岩、二云英片岩、大理岩、石英岩。为满足隧洞过沟埋深要求及施工支洞的布置，平面上布置了12个控制点，转弯半径均为100m。

对引水隧洞地质条件较好洞段采用锚喷衬砌，较差洞段现浇混凝土衬砌。Ⅱ类围岩，洞底宽5.7m，上部圆弧半径2.85m，洞高5.65m，边、顶拱喷素混凝土支护，喷厚10mm，底板浇筑素混凝土，厚20cm；Ⅲ类围岩，洞底宽5.6m，上部圆弧半径2.8m，洞高5.6m，边、顶拱用挂网锚喷混凝土支护，喷厚15cm，底板浇筑素混凝土，厚20cm；Ⅳ类和Ⅴ类围岩，洞断面均同Ⅲ类围岩，分别采用50、60cm厚钢筋混凝土衬砌；Ⅳ类和Ⅴ类围岩段顶拱进行回填灌浆、周边固结灌浆。

2. 调压室　为双室式，顶高程2383.00m，底板高程2311.00m，竖井高72m，圆形断面，内径5.6m。上室宽6.4m，高8m，城门洞形断面，长260m，底高程2383.80～2383.00m，坡降0.01。最高涌浪水位2388.371m时，上室水深5.371m。下室为钢筋混凝土衬砌。

3. 埋藏式压力管道　由1条主管和Y形分岔的2条支管组成。主管内径3.8m，总长1059.19m，流速5.49m^3/s；支管内径2.2m，长60.45m，流速8.18m^3/s。

压力管道上平段长62.19m，中心高程2312.9m；上斜井段长167.64m，倾角55°；上中平段长84.68m，中心高程2161.40m；中斜井段长167.78m，倾角55°；下中平段长84.68m，中心高程2009.9m；下斜井段长151.21m，倾角55°；下平段主管长255.68m，安装高程1870.75m，支管长60.45m。

为便于压力管道首端蝶阀检修，设蝶阀室及交通洞。蝶阀室长15.5m，城门洞形断面，宽7m，高14.8m。交通洞断面为城门洞形，宽5.5m，高6m。

（四）厂区枢纽

1. 主厂房和安装间　厂房主机间长46.73m，宽26m，高41.91m，安装2台单机容量120MW六喷嘴冲击式水轮发电机组，水轮机安装高程1870.75m。主机间分四层：第一层球阀层，高程1867.55m，布置球阀及漏油装置、转轮拆卸廊道；第二层水轮机层，高程1873.55m，布置球阀油压装置、球阀液近控柜、球阀压力油罐及吊物孔；第三层电气夹层，高程1877.80m，布置机旁动力盘、发电机中性点柜、调速器及油压装置控制柜、压力油罐和励磁变、吊物孔；第四层发电机层，高程1883.05m，布置励磁柜、机旁屏及吊物孔等。各层间设交通通道。桥吊轨顶高程1894.55m，主机间建基高程1861.04m。

安装间长19.5m，宽26m，高28.1m，在主机间上游侧。安装间分两层，上层为机组安装及检修场地，高程1883.05m；下层为水机辅助设备间，高程1876.55m。

2. 副厂房及GIS楼 副厂房位于主厂房发电水流方向的上游侧，与主厂房平行，长度与主厂房同为66.23m，宽11m。副厂房分三层：第一层高程1877.80m，布置厂用变、开关柜、低压配电盘室、厂用配电装置室、蓄电池室和工具间；第二层高程1883.05m，布置通信室、中央控制室、卫生间；第三层高程1889.05m，布置值班室、集控室、卫生间。

GIS楼在主、副厂房下游侧，与主、副厂房平行，长42m，宽13.2m。分两层，下层底板高程1877.55m，布置2台220kV变压器、中性点设备和吊物孔；上层底板高程1888.55m，布置GIS设备及吊物孔。GIS楼顶面高程1900.55m，布置220kV出线场设备。

3. 尾水渠 采用单机单洞尾渠形式，正向出水与大金川河相接。尾水渠长6m，单渠宽9m，矩形暗涵结构，孔口尺寸5m×4.41m（宽×高），设平板防洪闸一道，配备电动葫芦启闭。尾水平台高程1873.55m，宽6m，与回车场上游公路连接，其临河侧设混凝土挡土墙。发电引水为跨流域引水，厂房运行最高尾水位按20年一遇洪水位1867.34m设计。

4. 回车场及厂区挡墙 主、副厂房厂区回车场在安装间上游侧，长25m，厂区地坪高程与后坡S211公路高程相同，从211公路可直接进入回车场，不需另修进厂公路。

GIS楼回车场位于GIS楼临河侧，宽22m，GIS楼地坪高程与楼下游公路路面高程相同，可直接与公路连接。

厂房校核洪水位1869.93m，主、副厂房、GIS楼地坪高程分别为1883.05、1877.55m，均高于校核洪水位。在临河侧设混凝土挡土墙，挡土墙脚采用6m长钢筋石笼护脚。

厂房地基为砂卵砾石层，不能满足承载与变形要求，存在地震液化可能，用振冲桩处理。

（中国水电顾问集团成都勘测设计院有限公司
刘吉祥 唐 兰）

二瓦槽水电站枢纽布置

二瓦槽水电站位于四川省甘孜州丹巴县境内大渡河右岸上游一级支流革什扎河干流上，为“一库四级”水电开发方案的第二级电站，三等工程。水库总库容57万m^3，电站装机2台，总容量9万kW。永久性主要建筑物按3级设计，次要建筑物按4级设计，临时建筑物按5级设计，地震设防烈度Ⅶ度。

二瓦槽水电站枢纽由首部枢纽、引水隧洞、气垫式调压室、压力管道、地面厂房组成。

1. 首部枢纽 由泄洪闸、冲沙闸、左右岸挡水坝和取水口等组成。拦河闸坝轴线总长137.50m，闸顶高程2823.00m，最大闸高24m。主河槽左侧布置2孔净宽5m的泄洪闸，其左侧设净宽2.5m的冲沙闸。冲沙闸左侧是2个挡水坝段，泄洪闸右侧是3个挡水坝段。

右岸闸（坝）轴线上游设混凝土重力式导墙，墙顶高程2812.00m，导墙建基面以下设深7～9m、厚1m的混凝土防冲墙。

闸基覆盖层布设悬挂式混凝土防渗墙，其最低高程2768.00m，最大深度34m；两岸基岩布置帷幕灌浆，左右岸帷幕长度均为45m。下游护坦基础设水平排水系统。

闸坝河床覆盖层③-1粉质土层和③-2含卵砾细砂层承载力低，采用振冲碎石桩加固，桩间距1.5m，桩径1.2m。左右岸挡水坝坝肩及取水口后边坡基岩出露，按1∶0.5边坡开挖，边坡高度大于20m，设马道。对边坡浅表松动和不稳定岩体采用挂网锚喷支护。

2. 引水隧洞 取水口布置于河床左岸冲沙闸前侧，并设2孔拦污栅闸，每孔净宽3.2m。拦污栅闸顺水流长19.5m，底板高程2810.00m。拦污栅闸后接16m长渐变段，孔口净宽由8m渐变为4.5m。渐变段后接进水闸，进水闸顺水流方向长8m，闸室底板高程2806.00m，设一道平板工作闸门，尺寸为4.5m×5m（宽×高），闸顶设排架及启闭设备。

引水隧洞为“一坡到底”的高压引水隧洞，断面为城门洞形，4.5m×4.5m（宽×高）。从进水口至调压室全长11.307km，底坡0.004 923～0.054 59。隧洞沿线有6条施工支洞。

不同围岩的隧洞采用不同衬砌：Ⅱ类围岩段边、顶拱素喷C20混凝土，厚10cm，设随机锚杆，底板现浇素混凝土，厚20cm；Ⅲ类围岩段边、顶拱挂网喷C20混凝土，厚12cm，设系统锚杆，底板现浇素混凝土，厚20cm；对内水压力较低的Ⅳ、Ⅴ类围岩段（低于0.5MPa），钢筋混凝土衬砌，衬砌厚40～60cm。

3. 气垫式调压室 调压室为长条形，布置在压力管道左侧，与压力管道中心线夹角为60°，与岩体最大主应力夹角28°（水平投影角度）。气室为城门洞形断面，宽10m，高16～15.3m，长70m。采用钢筋混凝土夹钢板方式封闭气室内高压气体，底板为倾向连接井1%的斜坡，以利于放空气室内水体。采用平压系统平衡气室内气压力和气室外水压力，平压系统由平压钢管和平压孔组成。

调压室临界稳定体积 4426m³，气室设计气压 3.075MPa，稳定气体体积 7741m³。机组丢荷时调压室最大气体压力为 3.69MPa，增荷时调压室最小气体压力为 2.65MPa。

4. 压力管道　为地下埋藏式，采用一条主管，经 Y 形岔管分为两条支管分别向两台机组联合供水的布置方式。主管长 605m，压力管道钢衬段起点桩号为（管）0+030.00m，起点前布置 2 排帷幕灌浆，以后为地下埋藏式钢管。钢衬段主管内径 2.8m，支管内径 2m，支管最长 81.997m，两者外侧均回填微膨胀混凝土。岔管采用月牙肋内加强 Y 形岔管，分岔管 60°。压力钢管沿线顶拱回填灌浆，底部接触灌浆。

引水系统引用流量 32.36m³/s，压力管道水头损失 5.12m。压力管道最大水击升压为第一相水击，最大升压水头 36.69m，压力钢管末段最大内水压力 4.23MPa；最大水击降压为第一相水击，最大降压水头 42.851m，压力管道首端最小内水压力 3.05MPa，满足最小压力要求。

5. 主副厂房及 GIS 楼

（1）主机间建基面位于②层卵砾石层，承载力和变形模量满足要求。安装间建基面在④层含漂（块）卵砾石层，下卧可液化含卵砾石粉细砂层，采用振冲桩处理。主厂房总长 55.5m。主机间长 35m，宽 19.5m，最大高度 34.68m。安装间长 20.5m，宽 19.5m，最大高度 23.90m。主机间与安装间之间设 0.02m 宽的沉降缝。进厂大门设在安装间下游端侧。

主机间安装 2 台 HLE-LJ-215 型立轴混流式水轮机及 SF45-12/425 型发电机组，装机容量 2×45MW。主机间从下至上分四层，分别为球阀层、水轮机层、电气夹层和发电机层。

（2）副厂房和 GIS 楼相结合布置于主厂房上游侧（靠山一侧），平面尺寸 65.5m×13.5m（长×宽），其中与主机间对应段长 45m，共三层，与安装间对应段长 20.5m。GIS 楼及副厂房层顶高程 2506.70m，布置出线场设备。

厂房边坡局部危岩体采用长 20、30m 锚索加固，锚固力 2000kN，锚索间、排距 5m；交替布置 ϕ28mm，长 5、8m 砂浆锚杆，锚杆间、排距 1.5m；设长 4m 间、排距 3m 地排水孔，坡面顶部设截水沟和柔性防护网。

（中国水电顾问集团成都勘测设计院有限公司　刘吉祥　唐　兰）

其　　他

乌弄龙水电站不同岩石室内破碎及性能试验

乌弄龙水电站位于云南省迪庆藏族自治州维西县巴迪乡境内的澜沧江上游河段，是该河段规划 7 个梯级电站中的第二级。初拟的碾压混凝土重力坝方案混凝土总量 179.70 万 m³。为论证灰岩、砂板岩、砂岩和板岩作为混凝土骨料的可行性，对破碎骨料的级配及性能进行了对比试验。

（一）岩石和骨料试验及成果分析

1. 岩石强度　依据 DL/T 5151—2001《水工混凝土砂石骨料试验规程》制取规格为 ϕ50mm×50mm 的圆柱体芯样并测试岩石强度，计算软化系数，试验成果见表 1。由于板岩和砂板岩无法钻取芯样，本次只对灰岩和砂岩进行强度试验。从表 1 可知，灰岩的软化系数较小，强度较砂岩低；从其岩芯的制取过程看，比钻取砂岩容易，岩块裂隙较多。

表 1　　岩石强度测试成果

岩石种类	抗压强度（MPa）		软化系数
	气干状态	饱和状态	
灰岩	58.30	38.70	0.66
砂岩	74.60	59.40	0.80

2. 骨料破碎试验　取燕子崖料场的灰岩和砂板岩，以及右岸地下厂房洞挖砂岩和板岩各 100kg（粒径 150mm 左右），使用 PE250×400 型颚式破碎机，保持破碎机出料口相同。破碎后分别用 40、20、5mm 圆孔筛过筛分级并称重，比较 4 种岩石破碎成大石、中石、小石和砂所占的比例，并计算骨料的比表面积。试验成果见表 2。

表 2　　岩石的破碎级配试验成果

品种	各级骨料级配分布（%）				比表面积 S（m²/kg）
	40～80 mm	20～40 mm	5～20 mm	<5mm	
灰岩	33	39	20	8	80
砂板岩	37	37	19	7	75
砂岩	42	31	18	8	76
板岩	44	35	15	6	68

从表2可知，板岩骨料破碎后表面积最小，因而最容易破碎，砂板岩和砂岩次之，灰岩相对较难破碎。

3. 骨料性能对比

（1）表3列出了不同骨料的表观密度。由表3可见，板岩的表观密度相对较高，灰岩和砂板岩次之，砂岩略小。同种岩石加工的不同粒径粗骨料，其密度相近。4种骨料的表观密度均满足DL/T 5144—2001《水工混凝土施工规范》中不小于2550kg/m³ 的要求。

表3 岩石骨料表观密度测试成果 kg/m³

品种	砂	小石	中石	大石
灰岩	2670	2720	2720	2730
砂板岩	2660	2700	2710	2720
砂岩	2650	2670	2680	2680
板岩	2680	2730	2740	2740

（2）压碎试验结果见表4。由表4可知，砂岩和板岩压碎指标较小，灰岩和砂板岩相对较大，它们的压碎指标均满足DL/T 5144—2001的要求。

表4 岩石压碎指标测试成果

骨料粒径（mm）	岩石种类	压碎指标质量标准	压碎指标（%）
10～20	灰岩	≤20%	12.0
	砂板岩		11.7
	砂岩		6.3
	板岩		8.7

（3）坚固性试验结果见表5。由表5可知，砂岩坚固性较好，灰岩裂隙发育，板岩和砂板岩呈层片状解理结构，它们的坚固性相对砂岩差些。4种骨料坚固性均满足DL/T 5144—2001中不大于5%（粗骨料）和不大于8%（细骨料）的要求。

表5 岩石骨料坚固性测试结果

岩石种类	骨料坚固性（%）			
	砂	小石	中石	大石
灰岩	2.2	0.3	3.6	0.0
砂板岩	1.9	1.0	3.7	0.1
砂岩	1.3	0.4	0.1	0.0
板岩	1.8	0.9	2.4	0.0

（4）骨料针片状颗粒试验结果见表6。由表6可见，灰岩针片状颗粒含量相对较多，其他3种骨料的各级针片状颗粒含量相差不大，均满足DL/T 5144—2001中≤15%的要求。

表6 岩石针片状颗粒含量测试结果

岩石种类	骨料针片状颗粒含量（%）		
	小石	中石	大石
灰岩	6	4	1
砂板岩	3	4	1
砂岩	3	2	1
板岩	3	2	2

（5）骨料碱活性反应是引起混凝土耐久性下降的原因之一，掺入优质粉煤灰可有效抑制碱活性。碱骨料反应包括碱—硅酸和碱—碳酸盐反应两种，以前者为主，后者主要针对白云岩和白云质灰岩等碳酸盐岩石。对4种骨料采用砂浆棒快速法进行碱—硅酸反应及其抑制试验，对灰岩骨料进行碱—碳酸盐反应试验。

由试验结果可知，灰岩砂浆试件14d膨胀率小于0.1%，为不具有潜在碱—硅酸反应的非活性骨料，砂板岩、板岩、砂岩砂浆试件14d膨胀率大于0.2%，均为具有潜在碱—硅酸危害性反应的活性骨料。但该3种骨料掺入20%的Ⅱ级灰，砂浆试件14d的膨胀率均小于0.1%，可有效抑制碱—硅酸反应活性。

灰岩骨料碱—碳酸试件浸泡84d时的膨胀率为0.054%，不超过0.10%的评定值，为不具有潜在碱—碳酸危害反应的非活性骨料。

（二）结语

通过对乌弄龙水电站混凝土所用灰岩、砂板岩、砂岩和板岩的室内破碎及骨料性能试验可知：

（1）砂岩强度相对较高，灰岩次之。板岩容易破碎，灰岩相对较难破碎。

（2）灰岩骨料各项性能满足混凝土施工规范的要求，宜优先选用；砂岩骨料压碎指标、坚固性和针片状颗粒含量均较低，但它是具有潜在碱—硅酸反应的活性骨料，掺入20%以上粉煤灰可有效抑制其碱活性；板岩和砂板岩质量较差。

（中国水电顾问集团西北勘测设计研究院有限公司
何惠英 毕亚丽 李晓玲）

陕西镇安抽水蓄能电站施工组织设计要点

（一）工程概况

1. 枢纽工程 镇安抽水蓄能电站位于陕西商洛市镇安县月河镇东阳村，为一等大（1）型工程，日调节纯抽水蓄能电站，装机容量1400MW。枢纽建筑物由上、下库大坝、下库拦沙坝、下库右岸溢洪道、下库1号和2号泄洪排沙洞、电站进/出水口、输水隧洞、地下厂房和地面开关站等组成。

上库在月河右岸支沟（金盆沟），利用天然地形开挖成库，库容996万m^3。大坝为混凝土面板堆石坝，最大坝高125.9m，坝顶长363m，不设泄水建筑物。下库坝区位于月河干流上，利用天然地形修建库盆，库容1308万m^3。设计主坝和拦沙坝各一座，大坝为混凝土面板堆石坝，最大坝高95m，坝顶长298m，并设溢洪道和泄洪排沙洞。

输水系统及地下发电厂房布置在月河右岸上、下库间的山体内，1洞2机，总长1774.1m。

2. 水文气象条件　上、下库坝址处控制流域面积分别为1.4、181km^2，多年平均径流量分别为50.3、6500万m^3，多年平均流量分别为0.02、2.04m^3/s。

工程区域属亚热带湿润、半湿润气候区，气候温和。多年平均气温13.6℃，极端最高气温39.6℃，极端最低气温－13.7℃，年平均降水量766.40mm。

3. 地形地质条件

(1) 上库为狭谷型水库，东、南、西三面均为山梁，西面和南面山体雄厚，两岸坝头（北面）和东面分水岭较单薄，地下水位及相对不透水层低于正常蓄水位。上库岩性为大理岩、结晶灰岩、砂质灰岩等。大理岩分布在上库坝址区，结晶灰岩分布在库盆和库周。

(2) 输水发电系统沿线山体雄厚，围岩为微风化～新鲜、坚硬的花岗闪长岩，上平洞及上斜井段井口为结晶灰岩，无大的断层通过，地应力中等，围岩基本稳定，以Ⅱ～Ⅲ类为主。上、下库进/出口段为Ⅳ类。地下厂房上覆岩体厚度大，围岩为微风化～新鲜、坚硬的花岗闪长岩，岩体较完整，稳定性较好，以Ⅱ类为主，局部Ⅲ类。

(3) 下库所在河谷呈V形，上缓下陡，两岸基岩裸露，岩性为中～细粒花岗闪长岩，岩石坚硬、强度高。坝址区下游、反阳坡、泄洪排沙洞出口、进厂交通洞进口、西磨沟等地段出露条纺纹条痕大理岩。

4. 主要工程量　土方明挖63.43万m^3，石方明挖917.78万m^3，石方洞挖及井挖109.1万m^3，大坝填筑585.41万m^3，库底石渣回填438.3万m^3，混凝土48.89万m^3，土工膜19.81万m^2。

（二）施工导流

1. 上库导流　结合枢纽布置、水文条件和施工特点，上库导流分三部分：①芹菜沟和空洞沟洪水，流域面积占61%，利用永久A、B截水洞（兼导流洞）导流；②左、右岸洪水，流域面积占12%，利用坡顶截水沟和环库公路排水沟截排洪水至库外；③库盆洪水（占27%）用水泵抽至库外。

A截水洞将芹菜沟洪水排至空洞沟，长338.5m，断面2.5m×3m（宽×高），城门洞形，导流流量4.41m^3/s。B截水洞将芹菜沟和空洞沟洪水排至临谷，长605.628m，断面3.5m×5m（宽×高），城门洞形，导流流量13.43m^3/s。截水洞洞口处沟道内设混凝土挡墙作为上游挡水围堰，最大高度7.6m。截水洞出口布置在金盆沟临谷，无需设下游围堰。

上库初期洪水标准采用10年一遇设计洪水，初期上库三部分的导流流量：左、右岸2.64m^3/s，库盆5.94m^3/s，芹菜沟和空洞沟13.43m^3/s。

2. 下库导流　下库在拦沙坝前修建枯水围堰挡水，拦沙坝建成后兼上游全年围堰挡水。在主坝前修建挡区间洪水的坝前围堰，拦沙坝前洪水由1号泄洪排沙洞（兼导流洞）下泄，区间洪水由2号泄洪排沙洞（兼导流洞）下泄。

1号泄洪排沙洞为无压洞，洞长2186.89m，标准断面由7m×10.5m过渡至7m×9m（宽×高），城门洞形。2号泄洪排沙洞为有压洞，洞长915m，闸室段前标准断面为直径4m的圆形隧洞，闸室段后为3.3m×4.8m（宽×高）的城门洞形。

下库拦沙坝为堆石混凝土坝，最大坝高32.50m。坝前上游围堰为土石围堰，最大堰高17.8m，采用土工膜＋截水槽联合防渗。下游围堰为土石围堰，最大堰高8.8m，采用土工膜＋截水槽联合防渗。

拦沙坝枯水期围堰为土石围堰，最大堰高8.8m，采用高喷灌浆防渗。下库大坝初期导流标准为20年一遇洪水，相应流量765m^3/s。拦沙坝枯水期围堰为20年一遇洪水，相应流量94.8m^3/s。主坝前区间洪水标准采用20年一遇洪水，相应流量75.3m^3/s。

（三）料源选择

1. 混凝土骨料　混凝土总量约58万m^3，另需上、下库垫层料和粗砂等。上库库盆开挖料为弱风化结晶灰岩，约613.54万m^3，料源充足，且其线膨胀系数小，不具有碱活性，对混凝土温度控制及防裂有利。因此，上、下库所需骨料料源全部为上库库盆开挖料。在上库山顶平台设一套砂石加工系统，生产砂石料。

2. 坝体堆石料料源选择及渣场规划

(1) 上库库盆开挖料在用作上、下库混凝土骨料（含垫层料及粗砂）后，剩余库盆开挖料及花岗闪长岩在满足坝体填筑料质量要求的前提下，用于上库坝体堆石料填筑，剩余弱风化及强风化开挖料用作库底石渣回填。

上库用于筑坝料填筑及库底石渣回填的开挖可用料786.54万m^3（自然方），堆石料以弱风化结晶灰岩料及洞室开挖料花岗闪长岩作为主要料源，可实现挖填平衡，不另设料场。

(2) 下库堆石料填筑优先利用下库主体工程开挖料，下库用于筑坝料填筑的开挖可用料 126.11 万 m^3（自然方），堆石料以弱风化开挖料及洞室开挖料花岗闪长岩作为主要料源，可满足坝体填筑设计需要量，不另设料场。

（四）场内交通规划

场内交通以左岸永久改线公路为主干线，从下库月河永久大桥到上库永久环库公路，由上、下库连接道路沟通上库施工区和下库施工区。在上、下库分别布置其他道路，包括去调压井永久道路、上下库环库公路、永久库岸路、去永久营地道路及左右岸低线公路等。场内交通道路 34.54km，其中永久道路 18.79km。主干线为水电三级路，双车道，路面宽 6.5m，路基宽 7.5m。

（五）弃渣场规划

1. 上库弃渣场　上库不设弃渣场，设 1 个混凝土毛料临时堆存场，堆存毛料 48 万 m^3（自然方）。上水库区弃渣量约 15 万 m^3（松方），但场地有限，因此全部弃于下库西磨沟。

2. 下库场地　规划 1 个弃渣场、3 个中转料场和 1 个表土堆存场。弃渣场位于下库下游西磨沟，弃渣总量 255.64 万 m^3（松方）。在下游右岸西磨沟、下库上游基坑和深沟拦沙坝分别设中转料场，总中转量 132.54 万 m^3（松方）。表土堆存场临时中转土料 35 万 m^3（松方）。

（六）施工总布置

根据工程枢纽布置、场内外交通和场地条件，以上库、下库及输水发电系统为中心，采取分区与集中相结合，按上库和下库两施工区综合布置。

1. 上库区施工布置　上库可用场地较少，经比选，上下库连接路从月河进厂交通桥经西磨沟至上库环库公路右侧里程 12.04km。在上库库盆下游附近山顶平台开阔地，布置砂石骨料加工系统、混凝土拌和系统和综合加工厂。上库承包商营地布置在上、下库连接路下游地势平缓处。混凝土骨料临时堆存场布置在上、下库连接路永久交通洞出口约 200m 的山坡地。

2. 下库区施工布置　结合西磨沟方案施工场地布置及上、下库连接路选择，在下游月河两岸、进厂永久大桥附近的左、右岸滩地及缓坡地，布置综合仓库、下库混凝土拌和系统、钢管加工厂及机电设备拼装厂、机械修配厂和机械停放场等临时设施。

业主和下库承包商营地布置在下库面板坝下游的反阳坡平缓处，距下库坝址约 3km。

（七）施工总进度

总工期 67 个月，其中准备期 4 个月，主体工程施工 54 个月，完建期 9 个月。

厂房系统工程开工后，经 4 个月的施工准备，其通风洞于第 2 年 1 月初到达厂房顶拱层。厂房自拱顶开挖至开挖完成共 25 个月。第 4 年 2 月初开始厂房混凝土浇筑，同年 5 月初第一台机组尾水管里衬安装开始，全面进入机电设备安装调试，至第 6 年 6 月底第一台机组发电。其中，混凝土浇筑 16 个月（与机电安装交叉 13 个月）、机电安装和调试至并网发电 29 个月，以后每隔 3 个月有一台机组投产，至第 7 年 3 月底第四台机组投产。自厂房顶拱开挖至第一台机组发电工期需 54 个月，自工程开工至第一台机组发电工期为 58 个月。

输水系统工程有 6 条平行作业线路，即：上库进出水口；1 号施工支洞→引水隧洞及上游调压井；2 号施工支洞→中平洞→上斜井；3 号施工支洞→下平洞→下斜井→引水钢支管；4 号施工支洞→尾水钢支管→尾水洞及尾水调压井；5 号施工支洞→尾水洞；下库进出水口。这 6 条线路自第 1 年 9 月初先后开工，第 5 年 9 月中上、下库下闸蓄水前，输水系统内输水管路的各项工程先后完工。

工程完建期为第 1 台机组投入运行后各项作业的施工期，共 9 个月。

施工的关键线路：施工准备→通风洞→厂房开挖→厂房混凝土浇筑→机电安装调试→机组发电→竣工收尾。

（中国水电顾问集团西北勘测设计研究院有限公司
康晓娟　刘志新　许战军）

6

土 建 施 工

大　坝　施　工

溪洛渡水电站大坝3、4号导流底孔闸墩锚索施工技术

（一）概况

溪洛渡水电站大坝为混凝土抛物线双曲拱坝，坝顶高程610.00m，最大坝高285.5m。坝身设10个导流底孔、8个深孔及7个表孔。3、4号导流底孔分别位于拱坝中部的15、16号坝段，为大坝最低导流底孔，其闸墩顶部高程为430.50m。

3、4号导流底孔闸墩锚索由位于导流底孔左、右出口闸墩上的12根U形主锚索（设计吨位3000kN）和位于支撑大梁上8根直线型次锚索（5根设计吨位3000kN，3根2000kN）组成（如图1所示）。锚索为单孔全长黏结普通拉力型对穿锚索，索体最大长度92.15m，后张法施工。

（二）闸墩锚索设计

1. 锚索孔道　孔道由锚索钢套管、注浆管、锚垫板及附件组成，孔位允许偏差±10mm。U形锚索由上部直线段、环形段和下部直线段组成，环形段为半圆形状，最小半径3.2m。钢套管内壁要求平顺。锚垫板为正方形Q235钢板，边长40cm，厚60mm。锚垫板附件包括与钢套管之间连接的柔性材料和分散应力的螺旋筋等。每根锚索预埋3根注浆管，分别位于环形段钢套管底部和钢套管两端离管口0.5m处。

2. 锚索索体　索体由成束钢绞线、隔离架、锚夹具及测力计等组成。3000、2000kN锚索分别由19根和13根7ϕ5mm1860MPa级低松弛有黏结钢绞线组成。锚夹具为OVM-15系列。隔离架安装在索体直线段，间隔1～2m，尼龙材质，外径比索体略小，与锚具孔对应布孔。

3. 孔道注浆　采用真空注浆法，压力为0.3～0.5MPa，使用强度M45的普通硅酸盐水泥浆液，水灰比0.3～0.35，流动度不大于18s。

（三）闸墩锚索施工

1. 工艺流程　锚索施工分两个阶段：①孔道预埋，在坝体及闸墩混凝土浇筑中完成；②锚固施工，在坝体及闸墩混凝土浇筑完成，且混凝土龄期及强度满足要求后进行。工艺流程：孔道预埋→施工平台搭设→穿索→张拉→临时封锚→孔道注浆。

2. 孔道预埋　预埋作业包括钢套管支撑架、钢

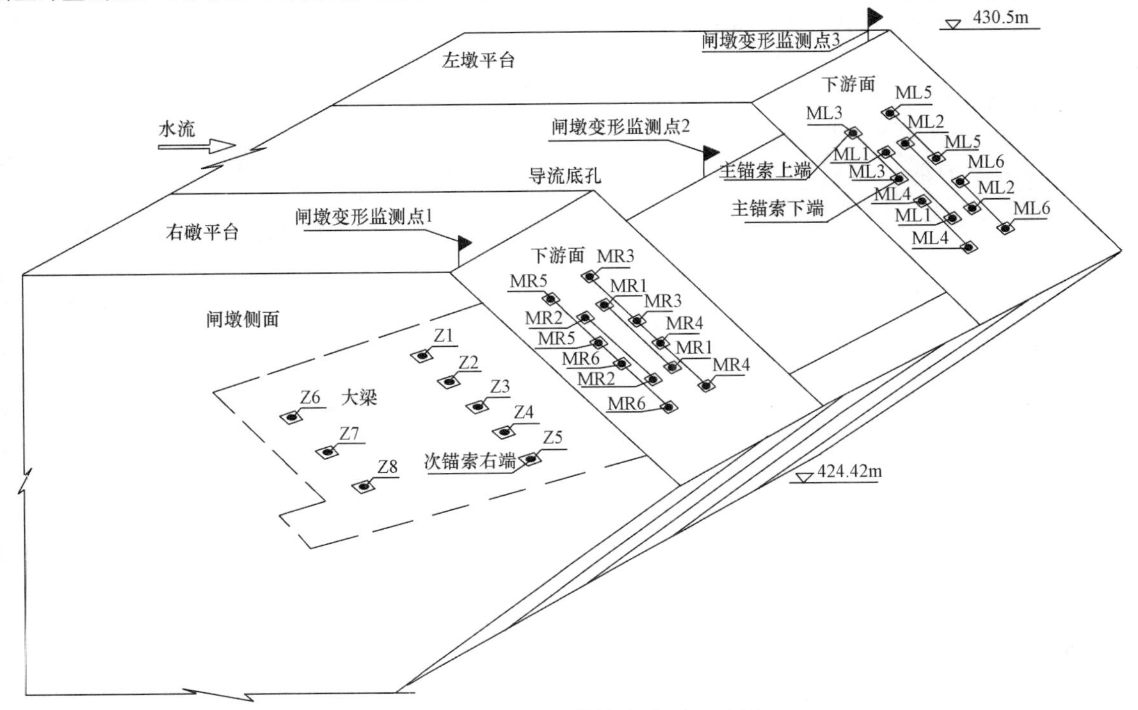

图1　导流底孔闸墩锚索布置示意图

套管、灌浆管、钢垫板及附件的安装。

(1) 坝体及闸墩混凝土浇筑至相应高程时，按施工图安装锚索钢套管支撑架。安装前用全站仪放样定位。支撑架焊接牢固，应能承受混凝土浇筑时的冲击力。

(2) 锚索钢套管分节制作，按设计控制坐标点位敷设，全站仪放样。初次放样在仓面上定控制点位，待钢套管基本定位后，再二次放样调整误差，最后检查测量，确保安装精度。钢套管焊接在支撑架上，管内预先穿入直径为 6mm 的钢丝绳作为牵引绳，其长度大于孔道总长度 4m 以上。环形段底板注浆管由 1 根主管分成 2 根支管分别上引。

(3) 钢垫板与钢套管轴线垂直套接安装，螺旋筋、保护套管、柔性填充材料和橡胶垫圈等附件按设计位置安装。

(4) 钢套管安装后清除管内异物，检查管道密封性、畅通性。验收合格后，用钢板保护盖临时封闭管口，注浆管口堵头封堵。

3. 锚索穿索　导流底孔闸墩锚索施工作业面临空，需搭设施工平台。穿索工序包括锚索孔道清理、钢绞线下料及标识、锚索制作与安装。

(1) 穿索前采用专用清孔器疏通与清扫锚索孔道，清除异物，同时将孔道内直径较小的牵引绳换成直径较大的钢丝绳。

(2) 单根钢绞线下料长度为锚索长度加千斤顶、工作锚、工具锚及测力计的长度，再留 30cm 左右余量。下好料的钢绞线用标牌在两端标识相同编号。

(3) 次锚索制作在施工现场入孔道前一次完成，利用锚索施工平台人工安装。

(4) 主锚索制作与安装分卷盘和下索两道工序。

标识好的钢绞线用人工卷在转盘上，转盘直径 2.6m，宽 1m。转盘的外圆柱体利用隔板分隔成 19 个单独的圆环槽，每个圆环槽安放 1 根钢绞线。卷盘时，19 根钢绞线依次缠绕在圆环槽内，其端头采用专用扣件固定在转盘上，且 19 根钢绞线的端头均保持一致。

使用特制装置将转盘上的 19 根钢绞线编制成束，同时带动锚索从孔道一端穿入，另一端穿出，完成锚索安装。在牵引过程中，人工将隔离架固定在钢绞线相应位置上。下索完成后，卸下疏孔器和穿索导向器。锚索两端头钢绞线编号左右、上下对称，如不符合对应关系，则应沿阻力较小的方向小角度转动锚索，直到锚索不回弹且两端头编号对应为止。

4. 锚索张拉　混凝土龄期及强度满足设计要求后，对锚索分序、分步骤、分级张拉。U 形主锚索用两套设备两端同时张拉，直线型次锚索一端固定，一端张拉。

(1) 3、4 号导流底孔闸墩主、次锚索均分 4 次序张拉，同一次序锚索均同时张拉。

(2) 张拉步骤：钢绞线表面清理→测力计安装→工作锚具安装→单根调直张拉→整束张拉设备安装→整束预张拉→整束张拉锁定。

(3) 单根调直张拉为 30%设计吨位，整索预张拉为 35%设计吨位。整束张拉加载分级按 50%、75%、100%和 110%设计吨位，每级加载持荷时间不少于 10min，最后一级稳定 20～30min 后锁定。钢绞线实测伸长值与理论伸长值相差超过 6%时停止张拉，查明原因后再重新张拉。

(4) 主、次锚索的一个端头安装测力计监测锚索张拉力，主锚索安装测力计 18 只、次锚索 8 只。监测分张拉中和长期锚固力监测。钢弦式测力计的误差精度不超过 0.5%。

5. 闸墩变形监测　3、4 号导流底孔左、右闸墩及大梁中间各设 1 个变形监测点，用全站仪实时监测张拉中的变形。

6. 孔道注浆　注浆前锚索端头采用 M20 预缩砂浆进行临时封锚，封锚必须密实。孔道采用真空注浆工艺，施工时值夏季，用冷却水制浆，浆液温度控制在 5～25℃。

(1) 通过试验确定注浆浆液配比（见表 1），浆液中添加高效减水剂 X404。

表 1　3、4 号导流底孔锚索注浆浆液配合比

强度等级	水灰比	X404 掺量（%）	单位材料用量（kg/m³）		
			水	峨胜 42.5 水泥	X404
M45	0.35	1	521	1490	14.9

(2) 真空注浆法工艺流程：注浆管路清理→真空泵抽真空→浆液配制→注浆→管路封闭。注浆前用 ZKGJ.0 型真空泵将孔道抽至－0.08～0.1MPa 真空度。用 3SNS 灌浆泵从锚索孔道底部注浆管注入浆液，并继续抽真空保持孔道真空度不变。在真空泵和孔道顶部排浆孔之间连接一段半透明 PVC 管，待浆液流经 PVC 管时停止抽真空，关闭与真空泵连接的阀门，打开排气管排浆。排浆浓度达到进浆浓度后关闭排气管，继续灌浆 1～2min 后结束。

（四）锚索施工成果分析

1. 锚索张拉成果分析　张拉成果见表 2。由表 2 可见：

(1) 锚索实际伸长值与理论伸长值基本一致，最大张拉力、锁定力及至今锚固力均满足设计吨位要求。

表 2 3、4 号导流底孔闸墩锚索张拉成果

部位	锚索类别	理论伸长值（mm）	实际伸长值（mm）	设计吨位（kN）	最大张拉力（kN）	锁定力（kN）	至今锚固力（kN）
3 号导流底孔	U 形主锚	392～549	396～551	3000	3054～3297	3017～3168	2968～3157
	直线型次锚	91.4～95.3	96.4～98.5	2000～3000	2145～3288	2059～3192	2016～3171
4 号导流底孔	U 形主锚	384～557	397～585	3000	3180～3356	3070～3232	3039～3210
	直线型次锚	90.9～93.4	91.8～96.4	2000～3000	2224～3289	2142～3136	2121～3092

（2）实测伸长值与理论伸长值偏差均在 6%内，最小偏差 0.4%，锚索张拉及锁定正常。

（3）现场实测锚索张拉后锁定损失率一般在 4%以内，远低于设计允许值。长期监测锚索锁定损失率一般在 3%左右，锚固力随锚墩混凝土温度变化而变化。除最先张拉编号为 MR3 锚索外，其余锚索至今锚固力仍大于设计张拉力，锚索锚固正常。

2. 闸墩变形监测成果分析　锚索张拉过程中闸墩监测到的变形量一般在 2mm 左右，属正常变形，未见不均匀变形。

3. 注浆成果分析　锚索孔道真空注浆成果见表 3。

表 3 3、4 号导流底孔闸墩锚索孔道真空注浆成果

部位	锚索类别	灌浆压力（MPa）	真空度（MPa）	浆液密度（kg/L）	注浆量（L）	
					理论值	消耗量
3 号导流底孔	U 形主锚	0.45～0.51	－0.08	2.01～2.05	1802～2453	1806～2469
	直线型次锚	0.46～0.50	－0.08	2.02～2.05	306～457	308～461
3 号导流底孔	U 形主锚	0.45～0.50	－0.08	2.02～2.04	1802～2453	1810～2463
	直线型次锚	0.48～0.51	－0.08	2.00～2.01	303～457	305～460

由表 3 可见，注浆中灌浆压力、真空度及浆液密度均满足设计要求，实际注浆量与理论值基本一致，锚索孔道被浆液充填密实。

（中国水利水电第八工程局有限公司
周崇刚　王海东　贺　毅　郭国华）

向家坝水电站右坝肩边坡预裂成型质量控制

向家坝水电站枢纽建筑物由混凝土重力挡水坝、右岸地下引水发电系统、左岸坝后厂房及左岸河中垂直升船机等组成。

右坝肩自然边坡高陡，无冲沟切割。出露地层岩性以厚～巨厚层砂岩为主，夹少量薄层粉砂岩、泥质粉砂岩、粉砂质泥岩。右坝肩边坡开挖高度 66m，分高程 351、318m 两个台阶，沿水流方向最大开挖长度约 123m。边坡开挖中，预裂成型的质量得到有效控制。

（一）质量控制标准

预裂成型质量控制标准是：①局部超欠挖允许偏差±15cm；②开挖面不平整度不大于 15cm；③坡脚及建基面标高允许偏差 0～＋15cm；④开挖岩面外观样板标准：岩面清洁，轮廓清晰平整；坡面残留半孔对齐偏差不大于 5cm，且应平直呈直线顺接；节理裂隙不发育岩体半孔率大于 90%，节理裂隙发育岩体半孔率大于 60%，节理裂隙十分发育，岩体半孔率大于 30%。

（二）质量控制的措施

1. “一超一欠”设计预裂施工边线　右坝肩边坡开挖梯段高度 33m，坡比 1：0.3，如一次性预裂到底，结构面超欠挖难以控制。因此，将 33m 高边坡分为 10、10、13m 三级预裂开挖。同时，为满足钻孔设备操作技术要求，相邻两级坡面按一超一欠相结合方式（单级坡面超欠挖均在 20cm 内），形成 40cm 宽小平台。

2. 优化爆破参数　边坡预裂孔按 80cm 间距布置，线装药密度 360g/m，主药卷采用 ϕ25mm 乳化炸药，堵塞长度 0.8m，底部设 ϕ32mm 加强药卷，加强装药段控制在 700g。为减小主爆区爆破对预裂面的破坏，距离预裂面 1.8m 布设一排缓冲孔，孔间距 1.8m，按 2kg/m 线装药密度控制。局部有夹层穿过

部位进行个性化设计，线装药密度按 300～330g/m 控制，堵塞长度 0.6m，底部 ϕ32mm 加强药卷 500～650g，效果较好。

3. 预裂孔样架搭设质量控制　预裂孔采用 QZJ-100E 潜孔钻造孔。钻机导向架用外径 ϕ48mm、壁厚 3.5mm 钢管搭设。为提高导向架刚度，增强稳固性，与钻机连接的水平钢管采用壁厚 5mm，长 3m 或 6m 钢管。在平台面施钻时，搭设三角形导向架，地面按 2m 间距布置两排 ϕ25mm、长 1m、外露 20cm 的锚筋，样架水平杆将锚筋连接成内外两排，样架内外斜杆底部与水平杆连接牢固，外侧斜杆上部水平杆连接，上下两水平杆作为钻机固定杆。在马道面施钻时，搭设梯型导向架，坡面按 2m 间距布置两排 ϕ25mm、长 1.5m、外露 1m 的插筋，样架竖杆直接固定在坡面锚筋上，水平杆将竖杆连接成一个整体，上下两水平杆作为钻机固定杆。样架搭设中用水平尺检测，搭设完成后，用全站仪校核并做微调处理，在上下两排水平杆上测量放出钻机固定点位。测量人员对导向架逐一检查、校正，确保其导钻方向和斜度与预裂孔一致。钻机摆放完毕后，检查钻机倾角并调整，确定与设计倾角相符后使用扣件将钻机固定于导向架上，安装钻杆，采用坡度尺检查钻杆倾角。

4. 造孔质量控制

(1) 检查、校核钻机架设情况，确保钻机开孔方向、点位与爆破设计一致。开孔部位基岩面有不平整的，用人工凿平。

(2) 开孔前，技术人员对钻工技术交底，挂牌标示钻孔孔深、孔斜及钻孔责任人。

(3) 在钻进中，钻杆易发生偏移。QZJ-100E 钻机增加限位挡板和孔内扶正器，有效缩小钻杆偏移幅度。用地质罗盘检查样架、钻杆角度，检查样架与钻机的连接。当钻杆倾角偏差大于 0.3°、方位角偏差大于 0.5°或钻机固定卡松动时，必须停钻采取措施纠偏。在开孔 1m 范围内，每钻进 20cm 检查钻杆倾角，之后每 1m 检查一次。

(4) 钻至设计孔深后停止钻进，终孔后检查孔深、孔向。若孔深超出设计 10cm，超钻孔段用砂子或砂浆回填，保证预裂孔底落在同一高程上。若倾角偏差大于 0.3°、方位角偏差大于 0.5°、孔深偏差大于 5cm，即为不合格孔，用砂浆回填，重新开孔。

5. 预裂孔装药及网络现场施工控制

(1) 预裂孔线装药密度严格按爆破设计参数控制。对局部岩层较差部位，在孔口 2m 段范围内按正常装药量的 10%减装药量，以改善预裂面孔口成型质量。

(2) 预裂孔竹片装药，竹片宽 3～4cm。预裂药卷现场绑扎。

(3) 装药前检查预裂孔是否塌孔、堵孔，装药完毕后逐孔检查，避免漏装、漏堵。

(4) 根据边坡及附近受保护质点振动速度要求设计爆破网络，控制最大单响药量在规定范围内。右坝基预裂爆破按边坡质点振动速度 5cm/s 控制。

(三) 预裂效果

从边坡预裂面成型情况看，软弱夹层或层间结合带半孔率偏低，孔位偏差最大 8cm，不平整度最大 11cm。节理、软弱夹层很大程度上影响了爆炸应力波和爆生气体对岩石的作用，使预裂爆破抵抗线和岩石裂纹扩展方向发生变化，从而产生不规整的爆破轮廓线。边坡开挖面其余炮孔均可见半孔，半孔率达 100%，孔位偏差在 3cm 内，坡面不平整度在 8cm 内。爆破振动检测结果表明，右坝肩开挖对保留边坡岩体爆破影响深度在 1m 范围内，且多数情况下岩体爆后波速变化率较小，属甚微爆破破坏或未破坏。

(中国水利水电第三工程局有限公司　刘　儒)

无损爆破技术在丹江口大坝加高工程中的应用

丹江口大坝加高工程坝体拆除时枢纽仍要正常运行，对爆破控制要求高。各部位的安全质点振动速度控制标准为：①钢筋混凝土框架结构基础部位不大于 5cm/s；②机电设备基础部位不大于 0.9cm/s；③水电站中央控制室不大于 0.5cm/s；④已灌浆部位不大于 1.2～1.5cm/s；⑤保留的大体积老混凝土体不大于 10cm/s；⑥新浇混凝土按现行相关规范确定。

中国水利水电第三工程局有限公司承担的右岸标段坝体混凝土拆除合同工程量 2.3 万 m^3，分布在坝体 6 个部位，拆除工程量大、种类多、条件差，为此进行了无损爆破技术研究与应用。

(一) 爆破试验

现场爆破试验包括：①火工材料检测；②素混凝土梯段＋预裂爆破；③素混凝土梯段＋光面爆破；④素混凝土拆除面保护层爆破；⑤钢筋混凝土剥离钢筋爆破；⑥钢筋混凝土拆除（不保留钢筋）爆破试验；⑦监理工程师指示的其他试验。

各项爆破试验至少进行 2 次，内容包括火工材料性能指标检测、爆破质点振动衰减规律测试、破坏范围弹性波检测、爆破振动安全监测（试验区周围 50m 内的大坝混凝土、新浇混凝土、灌浆区等重要建筑物的监测，每次每个部位最少 2 个测点）。

在上述②、③项各做 3 次试验后，确定的素混凝土不同爆破方法的爆破参数见表 1。

表 1　　素混凝土不同爆破方法的爆破参数

试验项目	爆破类型	梯段高度 (m)	孔距 (m)	排距 (m)	孔径 (mm)	药卷直径 (mm)	单耗 (kg/m³)	线装药量 (g/m)
②项	主爆破孔	2.5	1.20	1.00	40	32	0.3	
	预裂孔	2.8	0.45		40	32/2		0.13
③项	主爆破孔	2.5	1.20	1.00	38	32	0.3	
	光爆孔	2.8	0.45		38	32/2		0.15

在上述④项 2 次试验后，确定的素混凝土拆除面保护层的爆破参数见表 2。

表 2　　素混凝土拆除面保护层的爆破参数

爆破类型	梯段高度 (m)	孔距 (m)	排距 (m)	孔径 (mm)	药卷直径 (mm)	单耗 (kg/m³)	柔性垫层厚 (cm)
主爆破孔	1.0	0.80	0.60	38	32	0.25	15

在上述⑤、⑥项各做 4 次试验后，确定的钢筋混凝土不同爆破方式的爆破参数见表 3。

表 3　　钢筋混凝土不同爆破方式的爆破参数

试验项目	爆破类型	梯段高度 (m)	孔距 (m)	排距 (m)	孔径 (mm)	药卷直径 (mm)	单耗 (kg/m³)
⑤项	双临空面爆破体	2.5	0.80	0.60	38	32	0.42
	三临空面爆破体	2.5	1.00	0.80	38	32	0.38
⑥项	双临空面爆破体	2.5	0.80	0.60	38	32	0.55
	三临空面爆破体	2.5	1.00	0.80	38	32	0.48

（二）施工方法

对预裂（光面）爆破面弹性波检测得出，声波速度范围在 3856～4619m/s 之间，平均波速 4276m/s，影响深度 0.2～0.4m，平均影响深度 0.3m。为使保留坝体不受影响，所有预裂（光面）爆破面钻孔时，离开设计边线 0.3m（特殊部位留 0.5～0.8m），预留部分进行静态爆破或人工凿除；拆除基础面采用柔性爆破；对保留部位振动要求高的部位，在其与爆破区之间采用布孔减振。

爆破质点振动衰减规律的测试及对保留面的弹性波的检测结果表明，预裂爆破振动比光面爆破大，对保留坝体的损伤程度大。故在结构混凝土爆破拆除中，以光面爆破为主。

爆破使用 ϕ32mm 2 号岩石乳化炸药，网络起爆方式为电雷管起爆，传爆方式为导爆索和非电雷管传爆。

主要孔网参数：①钻孔采用 YT—28 手风钻，梅花形布孔，孔径 38mm；②孔、排距，主爆孔与预裂（光爆）孔均按爆破试验给出的各类爆破参数布设；③孔深，主爆孔与梯段高度相等，预裂（光爆）孔较主爆孔深 0.1～0.3m；④炸药单耗，根据爆破类型，取相应爆破试验给出的参数；⑤单孔装药量由 $q=KabL$ 计算得出；⑥装药结构，所有爆破孔均采用“不耦合间隔装药”的方式，主爆孔内分两段装药且分别采用一发非电雷管传爆，预裂（光面）孔内采用竹片实现炸药间隔、导爆索传爆的方式；⑦堵塞长度，主爆孔按 0.8～1.0 倍的抵抗线封堵，预裂（光面）孔封堵取 0.35cm；⑧起爆网络，采用非电雷管实现孔内、孔外微差，实现“单孔单响”。

（三）爆破安全技术

1. 爆破震动　为了降低爆破震动效应，采用微差起爆技术，实现“单孔单响”，并最大限度地减少一次最大起爆药量（Q_{max}）。Q_{max} 与保护目标至爆点距离、允许振动速度、与地质条件有关的系数、地震波衰减系数和修正系数等有关。经计算 Q_{max} 为 3.33kg，而设计最大段药量不大于 1kg，远小于计算最大段药量。

2. 飞石控制　混凝土爆破中，严控飞石产生的措施是：①控制炮孔质量，严格验收，确保孔深、最小抵抗线等符合设计要求；②按设计装药，严防超量；③确保炮孔堵塞物的质量及堵塞质量；④设计中使爆渣朝无飞石控制要求的方向抛出；⑤用沙袋压住炮孔，再覆盖胶皮、胶管帘、草袋，并固定牢固。

3. 空气冲击波　混凝土爆破中，对爆破冲击波的控制和防护措施是：①严格控制单孔装药量；②确保炮孔的堵塞质量；③加强装药部位的覆盖；④做好玻璃门窗等部位的防护。

（四）结语

右岸混凝土拆除爆破共进行370测线振动安全监测，测点布置涵盖所有控制部位。监测结果表明，所有测点的质点振速均在安全控制范围内。宏观调查结果显示未出现新裂缝，老裂缝也未张开，说明拆除爆破对周围建筑物和构件影响甚微。声波检测结果表明，爆破对拆除面垂直影响深度大多为0.2～0.5m，拆除部位平均波速均在4500m/s以上，爆破影响范围较小。

（中国水利水电第三工程局有限公司
刘　儒　潘纪良）

布西水电站堆石坝混凝土面板施工工艺

（一）面板设计

布西水电站大坝为混凝土面板堆石坝，坝高135.8m，坝顶宽12m，坝顶长271m，上游坝坡坡度1∶1.4，下游坝坡平均坡度1∶1.5，坝顶高程3305.80m。

面板总面积3.7万m^2，混凝土总方量1.88万m^3。其宽度分12m和6m两种，中部为12块12m宽的受压面板，两侧为21块6m宽的受拉区面板，面板间为垂直伸缩缝。面板最大斜长155.8m，顶部厚0.3m，底部最大厚度0.78m（法向），厚度$B=0.3+0.0035H$（H为计算点与坝顶的高差）。面板配单层双向钢筋，垂直缝两侧面板钢筋封闭、周边缝侧的面板设置挤压钢筋。

面板分二期施工，设水平施工缝。一期面板顶高程3259m，二期面板顶高程3303m。水平施工缝面凿毛后垂直于坡面，并设过缝钢筋，缝面两侧各5m。面板混凝土原设计为C30W12F300，为降低水泥用量，减少裂缝，优化后改为C25W12F300聚丙烯腈纤维混凝土。混凝土采用P.O 42.5号普通硅酸盐水泥，二级配，要求强度保证率大于95%，水灰比不大于0.45，入仓坍落度3～9cm。

（二）面板混凝土原材料及配合比

布西水电站处于高原高寒地区，对混凝土抗渗、抗冻和耐久性要求高，为此进行多次配合比试验。骨料采用料场开采的结晶灰岩人工骨料，经优选，确定小石与中石掺配比例为45∶55，砂率0.36，水胶比0.42，坍落度5～7cm。每立方米混凝土原材料：水125kg、水泥238kg、砂712kg、小石569kg、中石696kg，另加0.8%的KDNOF-2减水剂和0.035%引气剂。为提高抗裂能力、抗渗性和抗冻性，掺加了60kg/m^3 Ⅱ级粉煤灰和0.9kg/m^3 PANF-6（A）聚丙烯腈纤维。砂石骨料、水泥、外加剂检测结果均满足相关规范要求。

（三）混凝土面板施工

1. 滑动模板　采用型钢和钢板制成，为空腹梁板结构，底部滑板用宽1.2m、厚20mm钢板制作。顶部设操作平台，尾部设抹面平台。设在两端的拉耳，与牵引钢丝绳及手动葫芦连接，滑模行走借助固定在坝顶上的两台10t卷扬机牵引。滑模的重量和刚度满足规范要求，要防止面板变形。拉耳位置要合适，高了滑升时模板易向上飘，低了模板易下潜，不易滑升，且不能保证面板的厚度。共制作3套长度为7.5m的无轨滑模，组合拼装后可施工12m宽的面板。

2. 止水加工　止水加工在坝面进行，采用自制加工机，沿坝坡面边加工边下放，一次成型，可减少施工焊缝和工作量。

3. 钢筋　在坝面加工，用钢筋台车运至安装部位，再在仓内安装。钢筋台车长5m，宽1.5m，高1.5m，牵引端为敞开式，下端为封闭式。

4. 混凝土浇筑　混凝土运输采用10～15t自卸汽车，每次3～4.5m^3，坝坡顶设受料斗，斗宽3m，将受料平台加设配重块结合挤压边墙坡面固定，并采用1.8m×1.8m×1.5m混凝土预制块拉固。

溜槽用1.2mm厚铁皮制作，梯形断面，上部40cm，下部60cm，每节长2m，用ϕ8mm钢筋作为溜槽拉筋，溜槽上部采用柔性材料作盖板，端部设连接挂钩。

混凝土下料高度1.5～2m，铺料厚度25～30cm。作业人员在滑模前沿的操作平台上振捣，仓面中部用ϕ70～100mm插入式振捣器，靠近侧模和止水片的部位用ϕ50mm软轴振捣器。振捣插点均匀，间距不大于振捣器有效半径的1.5倍，深度达到新浇混凝土层底部以下5cm，以混凝土不再显著下沉、不出现气泡并开始泛浆为准。

模板匀速滑升，两端同步、平衡地提升。每浇完一层混凝土滑升高度25～30cm。滑升速度取决于脱模时混凝土坍落度、凝固状态和气温等因素，平均滑行速度1～2m/h，拉升间隔时间10～15min。

5. 人工抹面及养护　及时用抹子对脱模后的混凝土进行第一次人工抹面。面板平整度用2m靠尺检查，差异不大于5mm。

在终凝前，及时对混凝土表面进行第二次人工压面抹光，使其表面密实、平整，避免表面出现微通道或早期裂缝。二次抹面后的混凝土表面用塑料薄膜覆盖养护，并注意保护混凝土表面不受损伤。后浇块施工时，应防止其表面磨损。

（四）面板施工要点

（1）无轨滑模不能太轻，可采用压重或滑模空腔内注水加大重量，以防滑模上浮。

（2）混凝土坍落度应根据气温调整，以保证滑模滑升速度。

（3）控制滑升速度，过快容易产生起伏，太慢易造成冷缝，且不易抹面施工。

（4）混凝土浇筑时，要在止水边充填饱满，并振捣密实。

（中国水利水电第三工程局有限公司
刘 儒 刘占昭）

布西水电站大坝面板混凝土的质量控制

评定面板混凝土质量指标是：抗压强度、抗渗强度、抗冻强度、面板厚度及平整度等。前三项指标通过检测试验得到数据，将其列为内在质量控制指标；其余指标通过测量得到数据，将其列为外在质量控制指标。

（一）面板混凝土的内在质量控制

混凝土原材料性能与配合比、施工方法与工艺、养护措施等是影响强度指标的主要因素。因此，要控制内在质量指标，必须控制施工全过程。

1. 混凝土配合比

（1）布西水电站大坝面板混凝土试验中，水灰比的选择除考虑混凝土的强度、抗渗、抗冻耐久性的等级外，还考虑了使用的水泥品种和标号、砂石骨料质量、外加剂品种和掺量等。结合以往工程经验，试验确定水灰比为0.35，水泥用量为310kg/m^3。

（2）经验表明，5～7cm坍落度的混凝土富于塑性和流动性，适宜用溜槽输送。如坍落度大于9cm，混凝土的黏聚性降低，在下滑中易分离；坍落度小于4cm，混凝土呈干松状，滑行速度减慢，影响施工进度和施工质量。

（3）在确定水灰比和选定的坍落度范围条件下，选择3～5个砂率进行混凝土试拌，试验确定最佳砂率为34%。

（4）为降低混凝土的水泥水化热温升，减少单位混凝土水泥用量，增加混凝土的和易性，通过试验选用15%的粉煤灰做掺合料。

（5）根据DL/T5016－1999《混凝土面板堆石坝设计规范》的要求，寒冷及严寒地区的混凝土应有4%～6%含气量。混凝土中掺减水剂和引气剂，可降低水灰比，提高强度及抗冻性能。使用时外加剂配制成一定浓度的液体，使其充分溶解，确保在混凝土中的均匀性。

（6）聚丙烯纤维直径小、数量多和纤维间距小，能减少混凝土因温度及干缩引起的裂缝，也能提高混凝土的抗裂能力和韧性，对克服混凝土的脆性有较好的效果。

2. 原材料质量控制与检测 面板混凝土原材料中，水泥由业主指定供货商供应，砂石骨料是现场加工厂生产的右岸料场天然石集料，掺合料选用攀枝花电厂的Ⅰ级粉煤灰，外加剂选用山西凯迪牌KDNOF-1型高效减水剂和石家庄的DH-9型引气剂，还掺加江苏丹阳的小包装水解纸袋“丹强丝”纤维。

（1）水泥采用西昌航天水泥有限责任公司生产的P. O 42.5普通硅酸盐水泥，除要求符合GB 175—1999《硅酸盐水泥、普通硅酸盐水泥》标准外，还要保证出厂28d强度不低于水泥标准抗压强度的1.18倍。

根据DL/T 5016—2011《混凝土面板堆石坝设计规范》要求，细骨料吸水率不大于3%，含泥量小于3%，细度模数2.3～3；粗骨料吸水率不大于2%，含泥量不大于1%。其他指标应符合GB/T 14685—2001《建筑用卵石、碎石》的有关规定。

外加剂产品质量应符合GB 50119—2003《混凝土外加剂应用技术规范》的有关规定。

（2）原材料的检测程序是：试验室与物资部门对原材料进场验收，审查出厂合格证和质量检验报告，水泥运至工地应有各项试验结果，其中28d强度资料在出厂32d内补报；然后对原材料按批次、品种和数量等抽样检测，结果报监理工程师审批，对不合格产品按降低级使用、不能使用和退返分类处理。

3. 严控施工过程质量 主要控制混凝土生产和浇筑两个重点环节的质量。

（1）混凝土在拌和楼生产，采用计算机控制混合料配合比，确保混合料的均匀和搅拌时间。在搅拌楼测定砂石含水量，并由试验室根据砂石含水量、配合比及气温，调整水和砂石的用量。在混凝土出机口和浇筑现场分别检测混凝土坍落度和含气量。

（2）混凝土浇筑时按板边、边角和板中的顺序均匀布料，层厚250～300mm，止水片周围辅以人工布料，避免大骨料集中。振捣器插入下层混凝土50mm，止水片附近采用小振捣器振捣。

4. 旁站监督 面板混凝土施工期间实行全天候跟踪旁站监督。

（二）面板混凝土的外在质量控制

1. 编制质量控制计划 明确工程设计中的关键部位和薄弱环节，分析面板混凝土质量控制要点和技术要求，对可能出现的意外情况进行预测，制定相应的处理措施。

2. 面板体形的控制　面板体形主要由模板控制，模板包括侧模和无轨滑模。侧模为木模板，兼作滑模支撑，高度顺应面板厚度而渐变，分块长度 2m。侧模固定在钢筋网上，接头用螺栓拧紧，安装偏差必须在规范要求范围内。无轨滑模要有足够的强度、刚度、自重和配重，适应面板条块宽度和滑模平整度要求，并为浇筑振捣和收光抹面提供工作平台。

3. 面板平整度的控制　在混凝土坍落度稳定情况下，每次滑升距离不大于 500mm，每次滑升间隔时间不超过 60min，以出模混凝土无光泽，手轻按有指印，且不粘混凝土为好。出模过早，混凝土会出现波纹状表面；出模过晚，混凝土对滑模的黏结力较大，影响收光。

混凝土出模后立即进行修整和压面，待混凝土初凝前完成二次压面，对接缝两侧各 50cm 内的混凝土表面及时整平，用 2m 长直尺检查，确保平整度符合设计要求。

4. 养护和拆模　当面板混凝土完成二次压面，混凝土开始凝结（用手指按压无痕迹）时，及时覆盖无纺土工布养生，均匀洒水，保持潮湿状态。气温较低时，及时用塑料薄膜覆盖保温。混凝土洒水养护持续至少 30d 或至水库蓄水混凝土被水淹没。

5. 施工期防护　混凝土浇筑前，现场必须准备必要的防雨、防晒措施。

6. 施工缝处理　面板分期浇筑时会产生施工缝，另外，浇筑中意外情况也会造成施工缝。用人工凿毛凿去施工缝混凝土表面乳皮和砂浆，使石子外露，用压力水将表面冲洗干净，浇筑前使结合面保持湿润状态 2～3h。结合面用常规配合比配制混凝土做结合浆。

7. 裂缝处理　面板混凝土浇筑完成 3d 后，检查表面，记录裂缝条数、宽度、产状和是否贯通等，提出报告，分析原因，研究发展规律，为后期面板混凝土浇筑提供参考。

根据设计要求，需要处理的裂缝包括三种类型：①贯通裂缝；②宽度 $\delta \geqslant 0.2$mm 的裂缝；③$0.10\text{mm} \leqslant \delta < 0.2$mm 的裂缝。

采用钻孔灌注水溶性聚氨酯处理裂缝，孔间距由缝的畅通性而定，一般为 15～25cm，孔深不小于混凝土厚度的 1/3。水溶性聚氨酯是由异氰酸酯与水性聚醚等经加工合成的单组分灌浆材料，遇水分散乳化，再凝胶固结，与周围的混凝土有较强的黏结能力，具有止水和加固补强的双重效果。孔口用高强封堵材料即“水不漏”封填密实，表面恢复原状。

（中国水利水电第三工程局有限公司
郭海志　王　腾）

布西水电站面板堆石坝挤压式边墙混凝土施工

布西水电站大坝面板堆石坝体分区为：面板、垫层区、过渡区、主堆石区、次堆石区、排水反滤区、抛石区、大块石护砌。面板下部采用挤压式混凝土边墙施工技术。

（一）挤压边墙混凝土配合比设计

1. 初始配合比设计　要求挤压边墙混凝土的抗压强度 5～6MPa，弹性模量 4000～10 000MPa，渗透系数 10^{-3}～10^{-4} cm/s，干密度 2.1～2.2g/cm^3。施工前经室内和现场挤压试验，混凝土成型好，抗压强度 5.8MPa、弹性模量 9800MPa、干密度 2.15g/cm^3 均满足要求，但渗透系数 7.5×10^{-5}cm/s 偏小。配合比主要指标：水灰比 1.16，砂率 33%，每立方米混凝土中水泥 90kg、水 104kg、砂 665kg、小石 1351kg，加速凝剂 4%，湿容重 2210kg/m^3。

2. 调整技术参数后的配合比　施工前重新调整了混凝土技术指标，抗压强度不大于 5MPa，弹性模量小于 9000MPa，渗透系数 2×10^{-3}～2×10^{-4}，干密度大于 2.1/cm^3。为此，对初始配合比和设计推荐的配合比进行多次修改和试配，试图降低混凝土弹性模量和提高渗透系数。试验采用 P.O42.5 和 P.C32.5R 普通硅酸盐水泥，拌和站拌制混凝土，人工和罐车上料，挤压边墙机现场成型，人工干掺速凝剂方式进行。

试验结果表明，各配合比成墙效果虽都较好，但Ⅱ级配混凝土成墙困难，边墙机易堵塞、磨损严重，难以连续作业。调整后的Ⅰ、Ⅱ级配混凝土弹性模量为 6400～8400MPa，但渗透系数 1.71×10^{-4}～3.54×10^{-4}cm/s 不满足设计要求。又多次试验，使弹模控制在 8000MPa 以下。最终确定配合比的主要指标是：水灰比 1.27，砂率 38%，每立方米混凝土中水泥 55kg、水 70kg、砂 827kg、小石 587kg、中石 761kg，速凝剂掺量 4% 为 0.99kg，减水剂掺量 0.8%为 0.44kg。

（二）挤压式边墙施工

挤压式边墙高 40cm，上游坡比 1∶1.4，与面板一致，顶宽 10cm，底宽 80cm，内侧坡比为 8∶1，边墙混凝土共约 36 000m^2。

1. 施工程序　在每填筑一层垫层料前，将下层已填筑垫层料碾压整平，定位画线后用边墙挤压机筑出一个 40cm 高低强度、低弹模、半透水的混凝土墙体。待到一定龄期（一般 2h 左右），并具有一定强度后，在其下右侧按设计要求铺筑垫层料，推土机摊铺平整后用自行式振动碾碾压，碾压合格后重复上述工序，直至完成上游坝面的施工。

2. 施工要点

(1) 为便于挤压机行走作业，需提供一个平整的施工作业面。在边墙混凝土挤压前和垫层料填筑后，都必须对垫层进行检查、修补和人工平整，垫层不平整度控制在±2cm。

(2) 对垫层料高程进行复核后，精确放线，标出边墙的下边线和挤压机的行走路线。

(3) 边墙挤压前，将挤压机调整至同一水平面上，并使出料口高度为40cm。

(4) 因机械原因边墙与两岸岸坡趾板不能直接接口，使用与边墙同断面的定型模板定位，人工将混凝土夯实连接。

(5) 确定变形观测点并埋设位移计，在施工中观测，指导后续施工并验证设计数据。

(6) 各层混凝土挤压边墙之间的错台，水平方向超过2cm时，必须测量放线，将其找平或铲除整平。对边墙坍塌、混凝土缺陷，用与混凝土同标号的砂浆人工修补。

(三) 挤压式边墙混凝土的特点

1. 挤压式边墙混凝土的优点　边墙挤压断面为不对称梯形，以铰接方式使边墙适应垫层区变形，防止其底部因碾压不达标形成空腔，有效控制对面板的不利影响。其优点是：

(1) 边墙挤压机操作简单，施工便捷，速度可达40～80m/h。边墙成型后2～3h即可铺筑和碾压垫层料，工序衔接紧密、顺畅，大坝几乎可同步上升，加快了施工进度。

(2) 挤压式边墙在上游坡面的限制作用，使垫层料不会超填，也省去了斜坡碾压，简化了工序、设备和机具，提高了施工的安全性，确保了垫层的施工质量。

(3) 挤压边墙在上游坝面形成了一个规则、平整、压实且可抵御冲刷的坡面，增强了度汛的安全性，避免洪水对垫层料的冲刷，省掉了上游坝面的恢复工作。

2. 挤压式边墙混凝土的缺陷　国内面板堆石坝普遍存在大坝沉降期不够即开始施工混凝土面板的情况，挤压边墙随大坝沉降变化，与面板间易产生脱空，造成面板破坏。

此外，现有边墙挤压机是根据具体工程制作的，只适合该工程使用。因此要改进挤压机的外观、受力、进料、成型尺寸等，使它在一个工程用完后还可用于其他工程。

(中国水利水电第三工程局有限公司
郭海志　刘　儒　王　腾　李朋雨)

布西水电站面板堆石坝填筑料爆破开采试验

马岗沟料场是布西水电站工程的主堆石料场，根据地形地貌、储量、剥采比、有用料分布和采运等因数，对爆破开采进行了试验。

(一) 爆破试验

1. 试验目的　确定爆破参数，并按石料的大块率和减少岩石飞散要求，调整参数。

2. 试验器材　爆破试验使用2号岩石乳化炸药。直径90、70mm药卷的参数分别为：长度均为36cm，单卷重分别为2.5、1.5kg，猛度均为12mm以上，爆力均为260mL以上，爆速均为3200m/s。

爆破试验使用塑料导爆管雷管，导爆管爆速1900～2000m/s，毫秒微差非电管段号1～15段；电雷管全线电阻4～6Ω，最大安全电流0.18A；CG-500S型电起爆器，最大起爆电阻680Ω。

3. 试验项目　包括：①爆破参数及爆破方法的选择，包括孔网参数、药量、装药结构及起爆网络，检查预裂和光爆半孔率；②爆破可用料的大块率及级配；③爆破震动分析。

4. 试验内容　在开采区选择地势平坦、待开采或已开采部位、岩石完整坚实的场地作为试验场地。试验前将场地内的覆盖层清理干净，掌子面采用汽腿式风钻大致平整。

(1) 结合试验场地的岩石结构和性能、环境条件和相关技术资料，设计钻孔孔径、梯段高度、钻孔角度、抵抗线、间排距、炸药类型、装药结构、炸药单耗、堵孔长度、起爆方式和网路等爆破参数。

参照类似工程初拟两组爆破参数：孔径均为110mm，梯段长均为10m，孔距分别为4、3m，排距为3、2.5m，药卷直径均为70mm，单耗均为0.4～0.53kg/m^3，封堵长度均为2.0～2.5m。

(2) 在清理和整平的场地上，按试验要求布孔。钻孔采用液压钻D7和Atlas460，按试验大纲确定的间排距、炮孔方向进行。钻孔完毕后检查钻孔质量，并做好记录。

(3) 在爆破技术人员指导下，由具有爆破资格的炮工按安全操作规程和试验大纲装药和操作，控制单孔装药量和堵孔长度，同时做好现场数据信息的采集和记录。

(4) 爆破试验人员结合现场情况，确定合理的起爆方式、顺序和网络，根据孔位布置分段爆破，分段时差应使每段独立爆破。要及时确定警戒范围，确保其他人员和机械撤离爆破警戒区。装药、联网、网络检测工作和安全警戒工作完毕后，由爆破人员起爆。

(5) 起爆后爆破人员及时勘查现场，确定无盲炮后解除警戒。由相关人员检测、审核和评定爆破效果，采集、记录爆破信息和数据，进行爆破料筛分和数据分析，结合现场情况修正爆破参数，进行下一次试验。

(6) 爆破开采区周边无建筑物，乔岭村与骨料加工系统距离超过 300m，且爆破临空面方向与乔岭村方向相背、与骨料加工系统斜交，飞石和震动影响小，不进行爆破震动监测试验，只了解附近住户的震感情况。

(7) 现场试验结束后，汇总和分析全部试验数据和信息，对爆破试验的效果进行评定和总结，编写爆破试验报告，并最终确定爆破参数。

（二）爆破参数选择

布西大坝工程采用大面积深孔梯段爆破，按高程 3360～3370m 梯段为设计计算对象。

1. 炮孔深度 L　与梯段高度和钻孔超深有关。经计算钻孔超深取 1m。计算后求得 L=10.8m。

2. 底板抵抗线 W_1　与地质系数（取 0.9）、炮孔直径（0.09m）、装药密度（1.15t/m³）、岩石密度（蛇纹岩取 2.7t/m³）有关，经计算 W_1=2.5m。

3. 炮孔间距 a 与排距 b　$a=mW_1$，$b=W_1$。m 为孔邻近系数，根据岩石情况及爆破料粒径要求，m 取 1.2，W_1 已知为 2.5m。计算得 a=3m，b=2.5m。单区爆破设 1 排预裂孔 238 个、1 排缓冲孔 126 个和 21 排主爆孔 1323 个孔，共 23 排爆破孔。

4. 装药量　根据工程前期使用的炸药品种，深孔梯段爆破预裂孔选用 ϕ32mm 乳化炸药作为起爆药，线装药量 0.3kg/m，主爆孔和缓冲孔选用 ϕ70mm 乳化炸药作为起爆药，炸药单耗与岩石可爆性、炸药特性、自由面条件、起爆方式和块度要求有关，根据前期使用情况及爆破试验结果计算单孔药量 Q。

计算中，炮孔间距 3m，排距 2.5m，孔深 10.8m，线装药量 0.3kg/m，炸药单耗主爆孔取 0.533kg/m³，缓冲孔取 0.4kg/m³。计算得 Q，预裂孔 3.24kg，缓冲孔 32.4kg，主爆孔 43.2kg。

5. 装药与堵塞　深孔爆破均从孔底连续装药，起爆药包置于炮孔中下部，每个炮孔按照起爆顺序要求装毫秒非电雷管，通过非电管引爆起爆炸药，达到爆破效果。

炮孔装药后，剩余空段用黏土堵塞密实。根据现场及爆破试验情况分析，堵塞长度预裂孔取 1.5m，缓冲孔取 2.5m，主爆孔取 3.0m。

6. 爆破参数　根据前期其他施工部位数据计算和料场爆破试验，得到的单区爆破参数如下：孔径 89、105mm，梯段高度 10m，炮孔超深 0.8m，孔深 10.8m，孔距 3m，排距 2.5m，炮孔总数 1772 个，底板抵抗线 2.5m，炮孔倾角 63.4°，炮孔每米装药量 5.5、3.9、0.34kg/m，装药长度 7.8、8.3、9.3m，堵塞长度 3.0、2.5、1.5m，单孔装药量 43.2、32.4、3.24kg，单段最大起爆药量 5.302kg，排间延迟时间 11ms，一次爆破面积 11 400m²（长 190m，宽 60m），炸药单耗 0.512kg/m³，一次爆破工程量超过 10 万 m³，炸药总量 58.33t，爆破等级为 B 级。

（三）结语

通过爆破试验对爆破参数优化，并将连续装药结构改为间隔装药，下部占 60%左右，上部占 40%左右。对爆破料筛分，筛分曲线全部处于设计级配包络范围内，满足设计颗粒级配要求，爆堆形状和外观也较理想。

（中国水利水电第三工程局有限公司
郭海志　蔡亮亮）

海勃湾水利枢纽粉细砂地基深基坑开挖

海勃湾水利枢纽位于内蒙古自治区乌海市境内的黄河干流上，为大（2）型工程，枢纽由河床电站、泄洪闸、土石坝等组成。电站坝段最大坝高 35.2m，坝顶长 6905.7m，总装机容量 90MW。

坝址区地层主要由第四系松散堆积物组成，总厚度大于 500m，地层复杂，勘察揭露最大厚度 80m。在勘探深度范围内，坝基上层以粉砂、细砂为主，中密～密实状，夹有砂壤土、粉土、壤土和黏土透镜体，层底高程在 1022～1026m 间，埋深在河床面以下约 40m 处；下层以砂砾石为主，中密～密实状，泥质含量高，夹有黏性土透镜体。

基坑主要在粉细砂层中开挖。

1. 粉细砂地层的特点　在无压重无渗流情况下处于湿润状态时，具有假黏聚力，可直接用装载机或反铲开挖，形成陡坡。但坡面会因失水干燥或雨水冲刷而滑塌，形成顶部 1m 范围内为陡坎，以下为松散堆积的坡面（坡角接近自然休止角）。

在有压重无渗流情况下，干地直接开挖面应距路堤或压重的坡脚一定距离，以防止开挖粉细砂危及路堤安全。形成粉细砂开挖面只宜短期暴露，要尽快施工护坡或采用垫层混凝土覆盖。

2. 主厂房基础开挖　采取边开挖边支护，并结合降、排水措施循序渐进，确保开挖至建基面设计高程。

主厂房基础B块下游齿槽开挖设计坡比为2：1，开挖分层控制在1～1.5m。先中间大面积开挖，再周边修坡。修坡过程中为保证设计体形，坡脚部位适当超挖。超挖部分回填级配碎石，起到反滤作用，有效控制粉细砂被渗漏水带走。饱和粉细砂底层开挖中，采用快速支护，确保设计体形。坡面支护方法有：覆盖塑料薄膜、水泥砂浆抹面、砂（土）包叠置、挂网（钢丝网或铁丝网）抹面或喷浆等。

在集水井施工时，在其外围增设1圈高喷墙和1圈混凝土防渗墙，确保集水井的体形和边坡稳定。

3. 护岸和上游护坦部位开挖　开挖中粉细砂液化严重，为此采用置换、衬砌方法满足边坡体形的要求。即对原地基不易成型部分进行超挖，再换填粒径为40～80mm的碎石，用C20W6F200二级配垫层混凝土衬砌。

上游护坦开挖中，地下水位高，砂砾层的渗漏十分严重。在强力开挖后，用级配碎石对齿槽坡脚渗漏水进行反滤。在护坡建基面表面铺设10cm厚、粒径40～80mm的大石并碾压，使地基相对密实度达到0.75。

在保证施工质量的同时，开挖中对上下游齿槽设计体形进行了优化。

4. 开挖中地下水的处理　随基坑深度的增加，地下水会涌入基坑，粉细砂地层会发生渗透、液化、管涌等问题。施工中设置集水坑集中排水，以及设置井点降水。一般将管涌冒出的水引向集水井，排出基坑外即可。还可在管涌眼上铺粗砂一层，再铺级配碎石一层，管涌眼冒出的带泥沙混水，经砂砾石过滤后变为清水，再将其引入排水沟中。

如果基坑边坡出现裂缝、变形，甚至滑动的失稳险情，立即采取削坡、坡顶减载、坡脚压载、增设防滑桩体及降低地下水位或加强表面排水等应急防护措施。

5. 基坑开挖中的注意事项　主要有：①土方开挖后，建基面及时铺设混凝土垫层防护；②施工道路采用砂砾石或级配碎石回填、整平、碾压，确保开挖设备和运输车辆正常运行；③雨天或有涌水时，边坡上加盖塑料薄膜；④禁止在边坡上方堆土，如需要堆放材料，应距离边坡上缘至少1m，堆置高度不得超过1.5m；⑤备好编织袋、草袋、木桩等，一旦边坡局部塌方，可清除坡脚塌方，并采取保护措施；⑥若边坡失稳严重，在征得设计和监理同意后，加大边坡坡度或用压密注浆加固土体等方法，确保基坑安全。

（中国水利水电第三工程局有限公司
王秀红　程选勤）

安谷水电站尾水渠免爆破机械开挖工艺

（一）概况

四川省安谷水电站尾水渠全长9461.02m，尾水渠纵坡1/8000，起始点高程355.20m，末端高程356.62m。渠道沿线主要为右岸现代河床、漫滩、心滩，局部地段为Ⅰ级阶地地貌单元，地形起伏不大，地面高程360～376m。沿线地层为第四系冲积卵砾石夹砂、砂壤土等，覆盖层下伏基岩为白垩系下统夹关组中厚层～薄层砂岩夹泥岩薄层。无强风化，弱风化带厚5～11m。

尾水渠前半段基础置于弱风化岩体上，后半段置于砂卵石覆盖层上。迎水面堤坡均为1：1.6，左堤采用砂卵石填筑，顶宽5m。中国水利水电第五工程局有限公司承担施工尾水渠桩号0+800～4+000段工程，其中土石方开挖936万m^3（石方238万m^3）、土石方填筑45万m^3。到2013年底，堤身土石方填筑全部完成，土石方开挖完成95.2%，左堤具备挡水条件。尾水渠采用免爆破石方开挖技术施工。

（二）免爆破石方开挖技术的应用

安谷水电站地处经济发达地区，周边民居及企业众多。受施工周边环境制约，为避免爆破作业对周边民房及其他建筑造成影响，尾水渠采用免爆破石方开挖技术施工。

1. 免爆破石方开挖　在石方开挖中，不用爆破方式破碎岩石，而是使用机械作业完成施工。在开挖中，使用卡特彼勒D11直接破碎和开挖岩石，液压强力松土器修整边坡，液压挖掘机装20t自卸汽车运输挖方料至指定渣场。

2. 免爆破机械开挖施工工艺流程　施工准备→测量放线→机械开挖→装运石渣→下一循环作业。

3. 免爆破机械开挖技术的优点

（1）考虑砂岩、泥岩产状及物理特性，采用卡特彼勒D11开挖，速度快，完全可以满足开挖要求。根据卡特彼勒D11技术参数，结合D11R推土机性能参数，经计算，实际施工中卡特彼勒D11每小时负荷工作距离约800m，平均松土宽度约1m，平均松土深度约1m，即800m^3/h。计算中，考虑受工程作业区地形、工作区域及施工安排等因素的限制，D11挖掘机作业为掘进向前、空行后退交替方式，而不是连续掘进，掘进速度取1挡。

（2）开挖时间不受限制，可根据需要，连续作业。

（3）作业灵活，各机械可交叉进行。

（中国水利水电第五工程局有限公司　齐　磊）

呼和浩特抽水蓄能电站低 VC 值混凝土生产性试验

呼和浩特抽水蓄能电站下水库的拦河坝及拦沙坝均为碾压混凝土重力坝，其防渗区域要求采用常态混凝土浇筑。常态混凝土在仓内靠近模板周围及防渗区域浇筑时，难以用碾压设备振碾密实。如果在那些部位采用变态混凝土，则在混凝土硬化后与碾压混凝土之间界面均存在一定的缺陷。加之，若在一个仓面采用多种混凝土，则混凝土配合比更替频繁，且使用不同的施工机械和方法，导致工作面干扰较大。经研究，提出用低 VC 值混凝土代替常态或变态混凝土，使其既能碾压振实也可振捣施工，从而保持碾压混凝土快速连续施工的优势，并确保混凝土结合效果和各项设计性能指标。为此，在现场进行了生产性试验。

1. 低 VC 值混凝土的配合比　采用室内试验确定的 C_{90}25 二级配和三级配配合比，使用材料：乌兰察布中联水泥厂生产的 P. O42.5 普通硅酸盐水泥，托克托电厂Ⅰ级粉煤灰，内蒙古混凝土宝外加剂有限公司生产的 TBFD-2 型高效减水剂和 TBKW-2 型引气剂，拌和用水，水电八局砂石系统生产的大理岩人工骨料。

生产性试验的混凝土在二、三级配碾压混凝土和常态混凝土配合比的基础上，对参数进行调整，配合比见表 1 和表 2。

表 1　混凝土配合比主要参数

序号	设计指标	水胶比	粉煤灰掺量（%）	级配	砂率（%）	TBFD-2 减水剂（%）	TBKW-2 引气剂（%）	VC 值（s）
1	C_{90}25F150W8	0.45	30	三	30	1.8	2.5	≤2
2	C_{90}25F300W8	0.45	30	二	35	1.8	2.5	≤2

表 2　混凝土配合比材料用量

序号	每立方米混凝土材料用量（kg）								
	水	水泥	粉煤灰	砂	小石	中石	大石	TBFD-2	TBKW-2
1	90	120	80	676	473	473	631	3.600	5.00
2	97	151	65	778	722	722	/	3.888	5.40

2. 低 VC 值混凝土出机口检测　混凝土由武警 180 强制式拌和机拌制。出机口检测结果：五组 C25W8F150 实测 VC 值 1.21～3.04s，气温 25～26℃，混凝土温度 24～26℃，含气量 4.8%～5.6%。一组 C25W8F300 实测 VC 值 1.41s，气温 25℃，混凝土温度 24℃，含气量 5%。

3. 低 VC 值混凝土现场检测　现场检测结果见表 3。

4. 碾压试验　现场试验分四层进行，其中 C_{90}25F150W8 三级配 75m^3 三层，C_{90}25F300W8 二级配 25m^3 一层。每层按松铺厚度 40cm，压实厚度 30cm 控制，并测定最佳碾压遍数。碾压次序：①无振 2 遍＋有振 4 遍＋无振 2 遍；②无振 2 遍＋有振 6 遍＋无振 2 遍。按①碾压后用核子密度仪法现场测定的密实度见表 4。

碾压次序为无振 1 遍＋有振 4 遍时，混凝土可达到压实液化效果，在有振碾压第二遍表面已经充分泛浆，第三遍、第四遍碾压面无粗骨料外漏。

5. 振捣试验　模板周边 0.5m 范围采用 100mm 插入式振捣棒振捣，混凝土振捣泛浆效果较好，泛浆比较快，接近常态混凝土的振捣效果。

6. 低 VC 值混凝土试件试验　HX-126 三级配 C25W8F150 和 HX-127 二级配 C25W8F300 混凝土试件的设计 VC 值均为≤2s，水胶比均为 0.45，粉煤灰掺量均为 30%。抗渗试验采用逐级加压法。强度试验、抗渗试验、抗冻试验、拉伸试验和弹性模量试验的结果见表 5。

表 3　现场混凝土检测结果

铺设层数	铺设条带	上料时间	碾压时间	实测 VC 值（s）	入仓温度（℃）	气温（℃）	含气量（%）
Ⅰ	1	16∶30	—	5.20	25	27	4.0
Ⅰ	2	17∶03	17∶20	2.09	24	26	4.6
Ⅱ	1	17∶51	18∶00	0.98	24	25	6.2
Ⅲ	2	18∶30	18∶40	1.38	23	24	4.8
Ⅳ	1	19∶03	19∶25	2.01	22	23	4.3

表 4　　碾压试验实测密实度

层号条带号	Ⅰ-1	Ⅰ-2	Ⅱ-1	Ⅱ-2	Ⅲ-1	Ⅲ-2	Ⅳ-1	Ⅳ-2
测试深度（m）	0.3	0.3	0.3	0.3	0.3	0.3	0.3	0.3
湿密度（kg/m^3）	2590	2578	2583	2580	2550	2514	2522	2570

表 5　　低 *VC* 值混凝土试件试验结果

试件编号	强度试验						抗渗试验		抗冻试验		拉伸试验		弹模试验	
	劈拉强度（MPa）			抗压强度（MPa）			最大压力（MPa）	试验结果	300 次抗冻结果		极限拉伸（$\times10^{-4}$）		弹性模量	
	7d	28d	90d	7d	28d	28d			重量损失（%）	相对动弹模量（%）	28d	90d	28d	90d
HX-126	1.12	1.62	2.68	11.8	18.1	29.3	1.0	>W8	1.7	83.7	0.89	1.13	38.6	46.1
HX-127	1.11	1.58	2.89	13.4	20.3	31.2	1.0	>W8	1.9	81.4	0.83	1.01	35.1	43.5

7. 试验结论　试验结果表明：①低 *VC* 值混凝土性能满足施工要求，达到了可振可碾的效果，碾压后密实度满足要求；②在满足设计指标前提下，低 *VC* 值混凝土单位用水量及胶凝材料用量低，降低了混凝土由于水泥水化热引起裂缝的风险；③低 *VC* 值混凝土与常态混凝土相比，简化了工序，节约了成本。

（中国水利水电第三工程局有限公司
罗小平　蒲玉盆　王　凯）

粉煤灰烧失量对水工混凝土性能影响

火电厂排放的固体废弃物粉煤灰，约占煤的平均灰分的 30%左右，其品质受烧失量影响。粉煤灰是一种非活性物质，密度小，比表面积较大，强度低，需水量大。为满足混凝土生产的需要，进行了粉煤灰烧失量对水工混凝土性能影响的试验。

（一）试验原材料

粉煤灰为武汉阳逻电厂生产，烧失量分别为 5.48%、4.18%。其他各项性能指标满足Ⅰ级粉煤灰要求。水泥使用四川宜宾双马 42.5 中热水泥，28d 抗压强度 51.9MPa，抗折强度 9.4MPa。砂石骨料为石灰岩人工骨料，砂的细度模数 2.66，石粉 15.8%，饱和面干密度 2600kg/m^3，碎石饱和面干密度 2680kg/m^3。高效减水剂 JM-Ⅱc 减水率 23.5%，高性能减水剂 JM-PCA 减水率 30.5%，松香类引气剂减水率 6.8%。

（二）试验结果及分析

1. 混凝土拌和物试验　水胶比分别为 0.52、0.50、0.30，粉煤灰掺量 50%、35%、30%，在同水胶比情况下混凝土拌和物坍落度与含气量控制基本相同。试验结果见表 1。

表 1　　混凝土拌和物性能试验结果

编号	粉煤灰烧失量（%）	水胶比	粉煤灰掺量（%）	级配	砂率（%）	JM-Ⅱc（%）	JM-PCA（%）	ZB-1G（%）	用水量（kg/m^3）	坍落度（mm）	含气量（%）
D-416	5.48	0.52	50	四	28	0.6	—	0.022	86	80	5.0
D-417		0.50	35	三	29	0.6	—	0.018	88	78	4.9
D-418		0.30	30	二	31	—	0.8	0.080	95	50	3.4
D-419	4.18	0.52	50	四	28	0.6	—	0.020	84	80	5.1
D-420		0.50	35	三	29	0.6	—	0.014	86	79	5.0
D-421		0.30	30	二	31	—	0.8	0.070	93	48	3.3

注　四级配为小石：中石：大石：特大石=20：20：30：30；三级配为小石：中石：大石=30：30：40；二级配为小石：中石=50：50。

由表1可知，在同水胶比和粉煤灰掺量下，混凝土拌和物达到相同坍落度和含气量时，粉煤灰烧失量大的用水量和引气剂掺量高于烧失量小的，用水量约增加 2kg/m³，引气剂增加 0.002%～0.010%。主要是粉煤灰烧失量中的炭分大部分以多孔形态出现，烧失量大，多孔含炭量多，比表面积大，需水量就大；引气剂被多孔吸附，减少其周围的气泡量。

2. 混凝土不同龄期强度　不同烧失量的粉煤灰混凝土力学性能试验结果见表2。

试验结果表明，在水胶比（0.52、0.50）较大时，粉煤灰烧失量的大小对混凝土强度影响不大，小水胶比（0.30）时粉煤灰烧失量大的强度略高。由于大水胶比中胶凝材料与粉煤灰相对量较少，粉煤灰本身二次水化反应中参与量较少，所以混凝土强度无明显区别。小水胶比中胶凝材料较多，粉煤灰参与二次水化相对较多，又由于混凝土中高性能减水剂掺入，加速了水泥水化，弥补了高性能减水剂的静电斥力不足，更有利于粉煤灰的三大效应发挥，因此烧失量较大的粉煤灰混凝土强度略高，但粉煤灰烧失量对混凝土强度影响不大。

3. 混凝土变形性能试验　两种不同烧失量的粉煤灰混凝土 28d 极限拉伸与抗拉弹模试验结果见表3。

由表3可知，不同烧失量粉煤灰的混凝土极限拉伸与抗拉弹模基本相同，对它们无明显影响。

4. 混凝土抗冻性能　不同烧失量的粉煤灰混凝土 28d 快速冻融试验对比结果见表4。

表2　烧失量不同粉煤灰混凝土力学试验结果

试验编号	粉煤灰烧失量（%）	粉煤灰掺量（%）	水胶比	用水量（kg/m³）	抗压强度（MPa）				劈拉强度（MPa）
					7d	28d	90d	180d	28d
D-416	5.48	50	0.52	86	12.9	26.9	34.4	35.4	2.13
D-417		35	0.50	88	19.9	35.2	45.7	47.5	2.06
D-418		30	0.30	95	46.8	63.2	70.3	77.4	3.41
D-419	4.18	50	0.52	84	12.9	26.0	37.8	40.6	2.15
D-420		35	0.50	86	20.4	37.9	48.7	53.9	2.04
D-421		30	0.30	93	42.5	58.8	65.8	71.7	3.17

表3　不同烧失量粉煤灰混凝土极限拉伸与抗拉弹模试验结果

试验编号	粉煤灰烧失量（%）	粉煤灰掺量（%）	水胶比	用水量（kg/m³）	极限拉伸（$\times10^{-4}$）	抗拉弹模（GPa）
					28d	28
D-416	5.48	50	0.52	86	1.08	29.8
D-417		35	0.50	88	1.12	29.9
D-418		30	0.30	95	1.19	37.1
D-419	4.18	50	0.52	84	1.06	30.6
D-420		35	0.50	86	1.17	30.1
D-421		30	0.30	93	1.18	36.8

表 4 不同烧失量粉煤灰混凝土抗冻试验结果

试验编号	粉煤灰烧失量	水胶比	粉煤灰掺量（%）	含气量（%）	抗冻性能（28d）		
					冻融次数	相对动弹模量（%）	质量损失率（%）
D-416	5.48	0.52	50	5.0	100	95.27	0.63
D-417		0.50	35	4.9	150	95.30	0.32
D-418		0.30	30	3.4	200	97.65	0.03
D-419	4.18	0.52	50	5.1	100	95.30	0.59
D-420		0.50	35	5.0	150	92.87	0.29
D-421		0.30	30	3.3	200	95.29	0.00

由表 4 可知，烧失量不同粉煤灰混凝土在含气量基本相同的情况下，相对动弹模量和质量损失无明显差别。研究和工程实践表明，混凝土抗冻性能与混凝土拌和物有效含气量大小有关。在含气量（大于 3%）相同情况下粉煤灰烧失量对混凝土抗冻性能无明显影响。

（三）结语

（1）粉煤灰烧失量对混凝土含气量影响较大，但对用水量、混凝土强度、极限拉伸值影响较小；在粉煤灰混凝土含气量（大于 3%）基本相同情况下，粉煤灰烧失量对抗冻性能无明显影响。掺用高性能减水剂可减少粉煤灰烧失量对其性能的影响。

（2）在大型水利水电工程施工中，混凝土强度等级较低，粉煤灰用量大，在 I 级不能满足高强度混凝土生产的需要时，可将 I 级粉煤灰烧失量放宽至 6%。

（中国水利水电第三工程局有限公司
张　祥　姚云德）

引水泄水建筑物施工

溪洛渡水电站右岸 3、4 号泄洪洞混凝土施工

（一）工程概况

溪洛渡水电站右岸 3、4 号泄洪洞均为有压接无压、洞内龙落尾型式。泄洪洞由进水塔、有压洞段、地下工作闸门室、无压洞段、龙落尾段和出口挑坎等组成。两条泄洪洞轴线平行布置，中心间距 50m，长度分别为 1433.550、1633.624m。

泄洪洞无压上平段衬砌断面形式为圆拱直墙形，衬砌后断面尺寸为 14m×19m（宽×高），底板宽 14m，边墙高 14.87m，顶拱弧长 17.05m，半径 8m，角度 122.09°，拱顶至底板最高为 19m，设计泄洪流速 20～30m/s。

边墙及底板混凝土为 C_{90} 40F150W8，顶拱混凝土为 C_{90} 25F150W8。混凝土温控要求：夏季采用预冷混凝土，出机口温度不高于 14℃，浇筑温度不高于 18℃，最高温度不高于 39℃；冬季浇筑温度不高于 18℃的情况下，采用常温混凝土，最高温度不高于 38℃。过流面混凝土平整度设计控制指标为 5mm。

（二）施工特点、难点及应对措施

1. 施工特点、难点　泄洪洞的特点是大断面、大流量、高流速，流道混凝土分缝特殊，表面平整度要求较高。因此，钢模台车和渐变段模板的设计、制安、运行难度大；混凝土达到抗冲、防裂和不平整度的要求不易；分缝线将增加浇筑的难度。

2. 应对措施　主要有：①夏季用预冷混凝土，减少运输过程温升，通水冷却；②采用低变形模板，增加附着式振捣设备；③边墙浇筑常态混凝土；④拐角模板的直立面与盖模区分体设计，初凝前拆除盖模抹面，消除气泡；⑤纵向搭接采用硬搭接。

（三）混凝土施工

1. 分层分块及施工顺序　设计分缝线纵向按 9m 分段，局部按 6～9m 调整；断面上按底板（加矮边

墙 30cm)、边墙（起拱线以下 2m)、顶拱的顺序分块浇筑。

2. 底板浇筑　采用普通模板立模，20t 自卸车运输混凝土，长臂反铲或正铲输送混凝土入仓，人工平仓振捣，刮轨工艺收面，台阶法分两层浇筑，控制混凝土内部温升。

（1）底板及边墙两侧堵头模板采用组合钢模板现场拼装，通过钢筋围模和蝴蝶卡扣连接固定。钢筋围模加工成 U 形弯折，以保护橡胶止水带及铜片止水，防止止水片两侧模板移位。两侧 30cm 矮边墙用拐角模板立模，拐角模板在夹角处采用螺栓连接，在初凝前对底部 15cm 压模做翻模抹面处理。

（2）自卸车将坍落度 7～9cm 二级配常态混凝土卸入集料斗后，长臂反铲再将混凝土输送入仓，按台阶法分层布料浇筑（坯层厚 40cm 或 50cm，左右方向布料，台阶宽 3～4m)。30cm 矮边墙用受料斗加溜槽入仓浇筑，每侧设一受料斗，长臂正铲将混凝土卸入受料斗。

（3）底板混凝土采用刮轨工艺收面，将可调套筒托撑焊接固定在直立插筋上，以便刮轨安装调节。浇筑前对刮轨高程测量复核，对不符合要求的点位进行调整。混凝土刮平作业采用水准仪复核，刮平后用原浆填补坑槽，最后用抹面机配合人工抹面压光。人工压光收面 3 次：第一次在刮平后，第二次在混凝土初凝前 0.5h，第三次接近初凝时。

3. 边墙浇筑　采用钢筋台车安装钢筋，钢模台车立模，20t 自卸车运输混凝土，向底板上集料斗卸料后，用长臂正铲输送至台车顶部料斗，再经供料系统输送至下料点，通过溜槽接溜筒入仓。平铺法分层下料，人工平仓振捣，两侧均匀上升。

（1）无压段边墙台车为整体钢模台车，单仓浇筑长 9m，宽 14m，高 12.58m。与上一仓边墙环向搭接为软搭接。在台车面板搭接端增加 10cm 角钢与面板采用螺栓连接，对已浇筑边墙搭接处局部打磨后粘贴双面胶，面板整体贴合紧密。与先浇底板矮边墙纵向搭接为硬搭接。台车就位前对矮边墙开口处用铝合金方钢和拉线对搭接缝验收，对不平整处或偏差较大部位进行打磨，确保开口线平直。台车就位后在混凝土开口线处粘贴双面胶，将面板整体贴合紧密。

（2）台车顶部常态混凝土供料系统由受料斗、2 条可逆供料皮带及 1 条定向输送皮带组成。采用 20t 自卸车将坍落度 7～9cm 二级配常态混凝土卸入集料斗，再用长臂正铲送至台车顶部受料斗内，根据需要通过供料皮带经左右侧 4 个下料点的溜槽、溜筒向仓内供料。下料和振捣按以下要求进行：

1）每侧水平施工缝面需铺筑厚 2～3cm 砂浆，砂浆入仓后人工铺设均匀。

2）下料层厚不大于 40cm，开仓前在模板上标出下料层厚，下料时按标示线控制。溜筒尾节下料中分散布料，若骨料堆积或集中于模板边，用人工将骨料分散至富浆处。

3）平仓后按顺序依次振捣，沿水流方向设两排振捣插点，插点间距 30～40cm。首次用 ϕ70mm 振捣棒，复振用 ϕ50mm 振捣棒，在首次振捣完毕 10～20min 后进行。振捣时间 20～30s。振捣第一层混凝土时，距基岩或混凝土垫层面不宜超过 5cm；振捣上层混凝土时，振捣器头部插入下层混凝土表面以下 5cm 左右。

4. 顶拱浇筑　采用泵送加溜筒入仓，泵管沿钢模台车上升至堵头模板最高处横向延伸，再接软管、溜筒至浇筑面。每侧单仓设 3 个下料点，两侧同步均匀下料。混凝土上升到人无法在仓内作业时，由里向外边浇边撤出泵管，用自密实混凝土封拱。

5. 温控措施　主要有：优化配合比，使用预冷混凝土，运输罐车洒水和覆盖隔热，确保浇筑速度，仓内通水冷却，底板蓄水养护，边顶拱洒水养护，冬季覆盖和设洞帘保温。重点是采用常态混凝土浇筑。冷却水管为 ϕ32mmPE 管，在底板和边墙内布置：

1）底板冷却水管埋设在混凝土中部，通过竖向架立钢筋支撑（间排距 1m×1m)，水平架立筋固定。冷却水管水平间距 1m，单根水管长度不大于 150m，顺水流方向呈蛇形布置。

2）边墙仓内冷却水管从矮边墙顶面开始铺设，布置在衬砌层厚中部，通过横向架立钢筋支撑（间排距 1m×1m)，水平架立筋固定。固定形式为活动连接，浇筑前冷却水管放置在内层钢筋处，浇筑时移到中部。冷却水管间距 1m，顺水流方向呈蛇形布置。

（四）结语

（1）底板 30cm 矮边墙浇筑中的立模和模板设计，对消除盖模区水气泡、防止拐角处浇筑时出现隆起十分有效。混凝土供料系统，实现了大断面边墙台车常态混凝土入仓浇筑。拐角模板和常态混凝土供料系统已获批实用新型专利。

（2）采用可调丝杆托撑支撑刮轨，便于调节刮轨高程，控制刮轨精度，提高了底板平整度及体形控制精度。

（3）浇筑完成的底板和边墙混凝土平整度都在 5mm/1.5m 内。体形检测最大偏差 23mm，偏差在 20mm 以内的点占 95%以上，体形控制较好。平均浇筑温度为 16.1℃，混凝土内部平均最高温度为 34.4℃，满足设计温控要求。目前尚未发现温度裂缝。

（武警水电部队三峡工程指挥部第六支队
邓良超　孙峰　覃壮恩）

沉井法在喜儿沟水电站调压井施工的应用

喜儿沟水电站位于甘肃省舟曲县白龙江干流上，为引水式电站，电站设计水头57.8m，装机容量72MW。调压井布置在河谷右岸Ⅵ级阶地上，上部地层为冲洪积漂卵砾石层，开挖中如采用锚索或锚杆、锚筋束辅以喷混凝土加固井壁，成孔困难，且很难找寻合适的锚固段，经研究，采用沉井法施工。

沉井边坡1595m高程以上主要以冲积粉砂质土为主，沉井段高程1589～1524m为冲积含漂石砂卵石，高程1523m以下为灰绿～深灰色绢英千枚岩。

(一) 沉井结构

喜儿沟水电站调压井采用沉井法施工，可减少开挖、工程用地和渣场面积，沉井结构与永久衬砌结合，施工完成后不再衬砌混凝土。根据有限元数值模拟计算结果，调压井沉井结构在永久工况下受力较小。在施工中采取合理的开挖下沉方法，刃脚和井壁各部位最大应力小于C25混凝土的设计强度，不会发生破坏、开裂。

该调压井上接引水隧洞，下接压力管道，为开敞阻抗式调压井，地面高程1622.00m，河水位1471.63m，相对高差150m。调压井顶高程1589.00m，底高程1487.00m，高102m。主井段直径18m，高38m，阻抗孔直径4m，高28m。沉井断面为圆形钢筋混凝土结构，内径22m，井壁厚1.5m，高36m，衬厚1.5m。沉井段顶高程1589.00m，底高程1524.00m。由于井内孤石较多，实际沉井下沉65m。

沉井井筒体形设计充分考虑用作调压井永久混凝土衬砌，底节外径25.2m，壁厚1.6m，向上每节外壁向内缩10cm。沉井采用C25二级配混凝土，Ⅱ级钢筋，竖向钢筋用套筒连接，环向钢筋搭接焊连接。沉井刃脚钢板材质为Q235，焊接刃脚钢板焊缝的焊条、焊丝和焊剂与刃脚钢板材质相匹配，焊缝为三类焊缝。沉井刃脚内侧钢板底部每3m设一直径50mm的圆孔。沉井混凝土分层浇筑，在第一、二层混凝土达到设计强度后方可进行上一层混凝土浇筑，其他层达到设计强度的70%后进行上一层浇筑。各节沉井井壁不设缝，开仓后一次性浇筑完毕，每层水平缝须凿毛处理。沉井体形剖面见图1。

沉井第一、二层混凝土强度达到设计强度后方可开挖下沉，下沉开挖应分段、对称、跳段进行，以确保均匀下沉防止倾斜。下沉中用精密水准仪和全站仪对井筒位移、倾斜、偏转等进行动态观测，以便为及时纠偏提供数据。

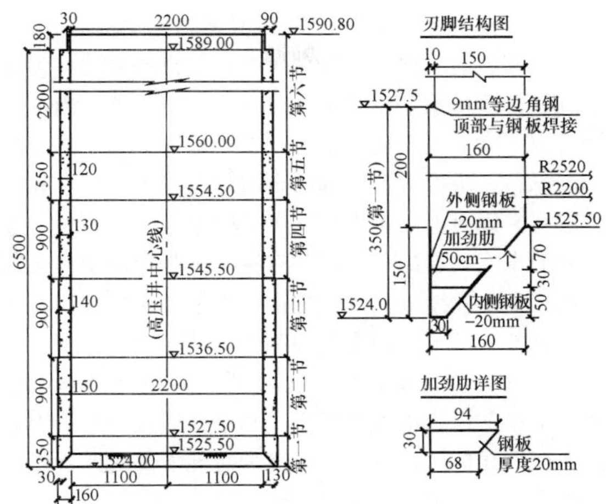

图1 沉井体形剖面图（单位：cm）

(二) 沉井施工

1. 沉井刃脚 根据分析和试算结果，踏面宽为20cm时，底节高300cm可满足要求。在此条件下计算沉井第一节自重7109kN，踏面承载要求地基极限承载力0.45MPa，砂卵石地基的承载力能满足要求。

在调压井井口场地平整后，进行刃角踏面部位的精确整平和压实处理，用5～10cm厚C10混凝土找平，找平层宽40cm，沉井内外均超出踏面5cm。当找平混凝土达到设计强度后，即可浇筑钢刃脚和底节混凝土。

2. 漂卵砾石段开挖下沉 根据下沉系数分析，在各深度下沉中，均需开挖刃脚下方土体，沉井才能顺利下沉。在25m深度以上，用0.2m^{3}小型反铲挖锅底，挖土厚0.4～0.5m，沿刃脚周围保留0.8～1.5m宽的土堤，然后人工沿沉井壁逐层、对称、均匀地削薄土层。除将刃脚斜面接触土体开挖完外，还需将踏面下方土体开挖10～30cm。在25m深度以下，需开挖土体宽度维持在1.2～1.3m，当刃脚斜面下方土体开挖完后，沉井均可顺利下沉。为保证沉井平稳下沉，应控制每层开挖的高度。

3. 胶结砾岩和破碎千枚岩段开挖下沉 胶结砾岩承载力较高，与沉井壁间摩阻系数比漂卵石层有明显提高，在刃脚踏面下方土体开挖完后，沉井悬空难下沉。因此，要设法减小摩阻力，采取加水润滑和小药量井中激震爆破等措施。遇大面积砾岩层停止下沉时，要减小井筒与土体接触面积和改变接触情况，即沿刃脚周围保留宽约2m土体，采用液压破碎锤破除、分段间隔预留墙面支撑、刃脚外侧开挖范围外延30cm等措施。对沉井底部夹杂花岗岩条带破碎千枚岩段，采用浅孔弱爆破分解剥离。

4. 软硬相间不均匀地层的施工 井体开挖遇到软硬相间含孤石地层时，施工方法不当可能造成井筒开裂。开挖中严格按先中间后预留、先硬基后软基、先其他部位后支撑点的顺序进行，使沉井对称、匀速下沉。孤石单次清理高度控制在 0.2～0.3m 内，在清理完刃脚下孤石前，禁止开挖刃脚底部的软弱土层或砂砾料，确保刃脚底部孤石清理后受力点均在软弱土层或砂砾料上，且刃脚靠沉井中心线一侧需留足够厚度的未扰动岩层承受沉井自重。刃脚内侧土体必须预留宽 2m 平台，平台开挖随刃脚底部开挖进行，平台与沉井中部开挖面高差控制在 0.5～1m。

5. 沉井下沉测量控制与观测 在沉井外部地面及井壁顶部设纵横十字中心线和水准基点，井筒内做出垂直轴线标记，各吊线坠逐个对准下部的标板以控制垂直度。沉井下沉时观测其位置、垂直度及标高（沉降值），并在沉井施工平台布设下沉高度观测水平管路，配合井壁监测墨线标尺，监测沉井姿态，保证沉井平稳下沉。最终观测成果显示，沉井达到设计高程后，中心偏移 46.3cm、倾角 25′18″，符合设计要求。

6. 调压井开挖出渣 调压井沉井开挖漂卵石 29475m^3，紧密砾岩 3799 m^3，挖深大，方量多。井底平洞未完成前，上部 32m 用 0.2m^3 小型反铲挖装，塔吊配 2 m^3 吊斗吊运出渣；下部 33m 用 1 m^3 反铲开挖，2m 直径导井溜渣出渣；井口锁口混凝土完成后用人工开挖。

7. 沉井刃脚底部固定 沉井下沉就位后，刃脚有 2/3 以上部位坐落在基岩面上，其余悬空部分需采用工字钢、双层钢筋喷混凝土临时支撑。即间隔 10m 左右分段设支撑墩，单个支撑墩长 2m，墩内布置双层 ϕ16mm 钢筋网，喷射 80cm 厚混凝土（外侧超挖 30cm，刃脚底部 50cm）。喷射混凝土完成后，在刃脚底部布设长 12m 3ϕ32mm 锚筋桩，间距 3.5m，上下布置 2 排，排距 3.5m，并充分利用锚筋桩注浆管进行固结灌浆，水泥浆起始水灰比 1∶0.5，最后变为 0.5∶1 结束，灌浆压力 0.5MPa。

在阻抗孔和下部大井混凝土衬砌到沉井刃脚部位后，回填钢筋混凝土，斜模板高出刃脚顶面 30cm，混凝土经溜管送入仓。

8. 安全防护

（1）在沉井混凝土浇筑前预埋 ϕ36mm 钢筋，埋入 0.3m，外露 0.6m（斜撑的外露钢筋向上倾 45°），埋入部分形成弯头并焊接在沉井钢筋上，预埋筋间距 2.5m，单圈 27 根。外露钢筋上套长 2m、ϕ50mm 钢管，与钢筋焊接牢固。外部平台钢管与斜撑钢管用扣件连接，形成沉井内圈钢管搭接而成的平台。在对应的平台钢管上支长 2m、ϕ50mm 钢管立柱，立柱间用 ϕ50mm 钢管搭接，形成护栏。平台上铺设叠加搭接的竹夹板，搭接长度不少于 25cm，竹夹板间或竹夹板与钢管间用 8 号铁丝绑扎牢固，护栏上安设安全防护网。

（2）沉井外圈的脚手架搭设前，先对地基找平、夯实，尽量控制在高程 1589m 上。脚手架钢管间用扣件连接。在形成排架后，在高程 1593m 平台铺设竹夹板和安全防护网。竹夹板的搭设同上。

（中国水利水电第五工程局有限公司
姜凌宇 任有丽 张 黎）

弹性滑模在锦屏二级水电站闸门井二期混凝土施工中的应用

（一）概况

锦屏二级水电站四条引水隧洞末端设置的上游调压室，均为差动式调压室。调压室由底部分岔段、阻抗板、竖井，以及为事故闸门设置的闸墩、闸门检修和启闭平台、闸门后通气孔等组成。上游调压室为目前世界最大的调压室。

每个调压井设 2 个闸门井，闸门井底部起始高程 1564.70m，顶部高程 1680.00m，总体深度 115.30m。其中高程 1564.70～1583.40m 段与高程 1677.00～1680.00m 牛腿段二期混凝土存在渐变，厚度由 70cm 过渡到 190cm，滑模施工极为不便。因此该段采用搭设落地式脚手架及组合钢模进行浇筑（牛腿段直接利用滑模作为平台搭设脚手架）。闸门井高程 1583.40～1677.00m 段设计断面保持不变，但在一期混凝土浇筑时，滑模滑升过程中偏移，使浇筑完成的断面与设计断面间存在偏差，影响了二期混凝土结构尺寸。弹性滑模可随闸门井的现有结构尺寸变化，自动调整模板尺寸，快速、高质量地完成二期混凝土的浇筑。

（二）弹性滑模结构

滑模设计为弹性拼装式，选用 3t 滑升千斤顶，滑升动力装置为 ZYXT-36 型自动调平液压控制台。滑模装置由模板、液压提升系统、滑模盘、辅助盘等组成，其设计如下：

1. 模板 采用 5mm 厚钢板及∠50 等边角钢加工而成，高度均为 180cm，宽度根据闸门井二期混凝土分为 190、90cm。为避免因一期混凝土浇筑缺陷而造成滑模卡模，将模板截去 30cm，采用加工的弹簧与主模板连接，使提升过程中随一期混凝土体形自动伸缩。模板同桁架梁骨架相连固定，锥度按 5mm 控制，即在垂直方向模板上口大于设计尺寸 2.5mm，下口小于设计尺寸 2.5mm（见图 1）。

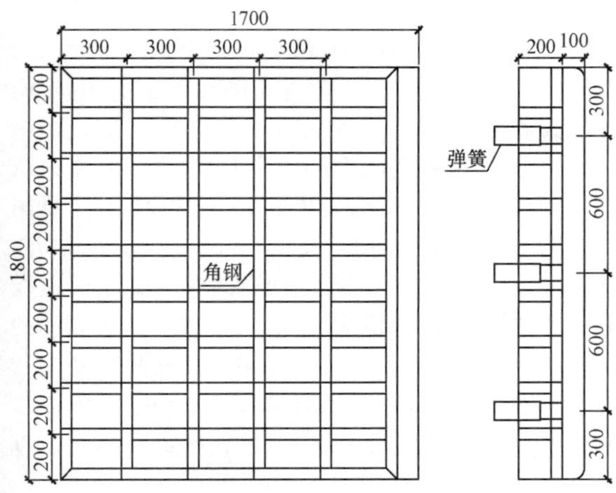

图 1 闸门井弹性滑模模板设计示意图（单位：mm）

2. 千斤顶与爬杆 根据闸门井门槽的情况，每个门槽布置 3 台千斤顶，千斤顶直接固定于桁架上，利用千斤顶向上牵引力把整个滑升荷载传给爬杆，使滑模向上爬升。爬杆顶部焊接在高程 1680m 闸门井井口的型钢上，底部不埋入混凝土，利用辅助盘拆卸重复使用。爬杆用 ϕ25mm 钢筋制成，通过内外车丝连接。规范要求，爬杆在同一水平内接头不超过1/4，因此第一套爬杆有 2.8、3.2、3.6、4.0m 四种长度规格，要求平整无锈皮，接头对齐，不平处用角磨机找平。液压操作系统设在滑模上。根据计算和滑模结构，共设 12 台千斤顶，12 根支撑杆，提升力 36t。考虑千斤顶效率（0.75），其整体提升力为 27t，滑模结构自重、施工荷载及摩擦力为 8t 左右，滑模设计满足要求。图 2 为平面示意图。

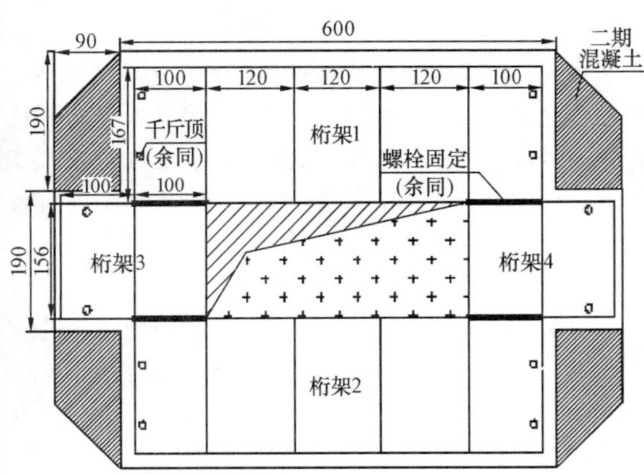

图 2 调压室闸门井及弹性拼装滑模平面示意图

3. 操作盘 为施工操作平台，承受工作、物料等荷载，同时又是模体的支撑构件和滑模的主要结构，它采用∠70、∠50 等边角钢制作。闸门井场地狭小，操作盘设计成拼装式。根据闸门井二期混凝土情况，分两种型号，4 块框架，高度均为 150cm，桁架 1、2 为 560cm×187cm（长×宽），桁架 3、4 为 200cm×156cm（长×宽），用 M12 螺栓固定。拼装完成后，在桁架梁上铺 3cm 厚木板形成封闭操作平台。

4. 辅助盘 是用做混凝土养护、修面，一期混凝土缺陷处理及爬杆拆卸收集等的工作平台，高 1.5m，宽 1m。辅助盘为钢结构，采用∠70 和∠50 角钢焊制，上铺 3cm 厚木板，用 ϕ20mm 圆钢悬挂在桁架梁上。辅助盘距井壁 150mm，人员可通过拼装滑模中间空间焊接的爬梯上下（见图 3）。

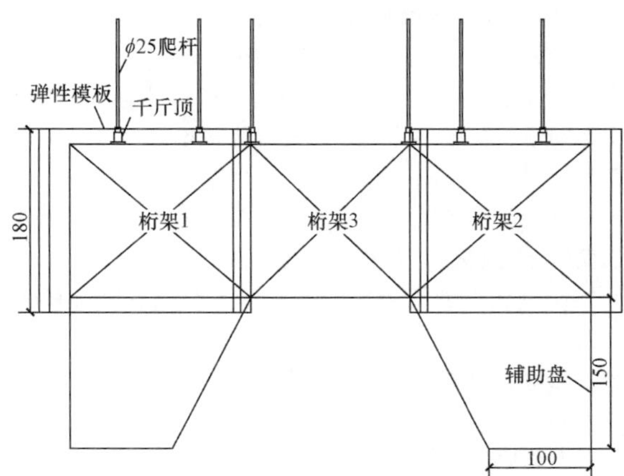

图 3 弹性拼装滑模侧立面示意图（单位：cm）

（三）滑模混凝土施工

1. 井下滑模组装 用 12t 汽车吊将模体材料吊运至高程 1680.00m 平台，再利用 5t 卷扬机（后期用作人员上下），分块下放至井内高程 1583.4m 脚手架平台上组装。组装验收后，安装调试千斤顶、爬杆。门槽二期混凝土施工完成后，利用设置的悬挂钢丝绳悬挂固定平台，依次拆除滑模平台桁架、爬杆及千斤顶，完成滑模拆除。

2. 井内悬吊系统形成 利用卷扬机完成井内下料管的安装。

施工现场敷设一条 3×25＋1×1090 电缆，提供 380 V 电源，确保顺利滑模，不发生混凝土粘模事故，并在滑模体上安装备用蓄电池照明系统。

在下料口设斜溜槽，斜溜槽接至下料钢管。混凝土由下料钢管通过缓冲器避免分离，在仓内经受料斗和溜槽入仓。下料时做到对称、均匀下料，避免滑模偏移。

3. 施工工艺 滑模浇筑混凝土顺序：下料→平仓振捣→待凝→滑升模板→下料。下料对称均匀，混凝土坍落度 140～180mm，正常浇 1 层 50cm。插入式振捣器振捣，插入深度不超过下层混凝土内 50mm，经常变换振捣方向，避免直接振动爬杆及模板，模板滑升时停止振捣。根据混凝土初凝、供料、施工配合等确定滑升速度，分层浇筑间隔时间不超过允许间隔时间。正常滑升每次间隔 1h 左右，控制滑升高度 50cm，日滑升高度 8～10m。

混凝土初次浇筑和模板初次滑升时严格按以下步骤进行：首浇 5cm 砂浆；按 50cm 1 层浇 2 层，厚度 100cm；滑升 3～5cm，检查脱模混凝土凝固是否合适；第三层浇筑 30cm 后滑升 15cm；继续浇第四层 30cm，滑升 30～40cm；第五层浇筑 30cm 后滑 50cm，若无异常情况，便可按浇筑 50cm、滑升 50cm，进入正常浇筑和滑升程序。

（四）滑模体控制及施工中问题的处理

滑模中常会出现滑模体倾斜、平移、扭转和变形，以及混凝土表观缺陷等问题。其原因是千斤顶工作不同步，荷载不均匀，混凝土浇筑不对称，纠偏过急等。因此，要制定相应措施确保模板正常运行；加强垂直度和变形观测，发现问题及时处理，使模板处于良好运行状态。常见问题的处理方法：

1. 纠偏　利用千斤顶高差自身纠偏或施加外力纠偏。纠偏不能操之过急，以免造成混凝土表面拉裂、死弯、模体变形、爬杆弯曲等事故发生。

2. 模板变形　二期混凝土量不大，浇筑厚度薄，侧压力造成变形的可能性小。因其他外力造成模板较小的局部变形，可采用撑杆加压复原，变形严重时，将模板拆除修复。

3. 混凝土表观缺陷　局部立模，补浇比原标号高一级的膨胀细骨料混凝土，用抹子抹平。滑模混凝土施工段，严格控制提升时间，避免拉裂。表面缺陷在辅助盘上人工修缺。

4. 停滑措施及施工缝　滑模需连续进行，因结构需要或意外原因停滑时，要采取停滑措施。混凝土停止浇筑后，每隔 15 min，滑升 1～2 个行程，直至混凝土不与模板黏结。停滑造成的施工缝，按规范要求处理。在复工前除去混凝土表面残渣，用水冲净，施工缝铺一层 10cm 厚的水泥砂浆，再浇原配比混凝土。

（五）结语

锦屏二级水电站 1 号调压井闸门井二期混凝土采用活动弹性式滑模，可有效限制模板偏移，防止卡模。调压井闸门井二期混凝土历时 25d 完成，混凝土表面平滑，外观平整。

（中国水利水电第五工程局有限公司
唐铭鸿　刘　欢）

牵引式边墙钢模台车在溪洛渡泄洪洞混凝土施工中的应用

（一）概况

溪洛渡水电站右岸 3、4 号泄洪隧洞均为有压接无压、洞内“龙落尾”型式，“龙落尾”将总能量的 80%左右集中在尾部占洞长 15%的洞段内。泄洪洞内流速大多控制在 25m/s，龙落尾段流速由 25m/s 增至反弧段末端的 50m/s。

龙落尾段接无压段终点，由上直坡段、奥奇曲线段、斜坡连接段、反弧曲线段、下直坡段组成（见图 1），为圆拱直墙形断面，尺寸 14m×19m（宽×高）。上直坡段坡度 2.3%，与无压段底坡相同；奥奇曲线段起始端设与大气相通的补气洞，它与反弧曲线间的斜坡连接段坡度为 22.457°；斜坡连接段两端设 1、2 号掺气坎，跌坎高度分别为 1.85、1.3m；反弧曲线段半径 300m，末端设 3 号掺气坎，坎高 1.5m；下直坡段紧接反弧段末，坡度 8%。

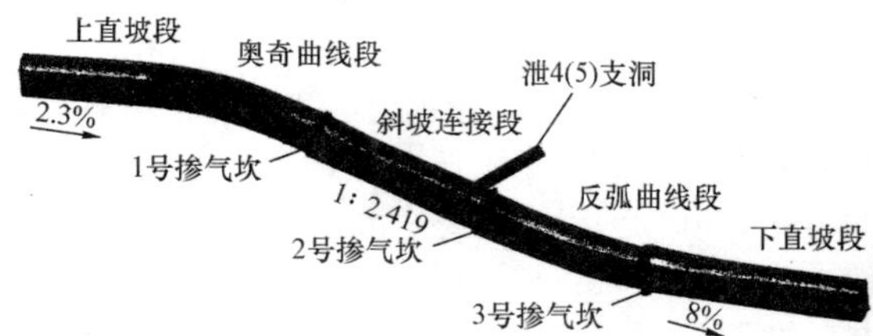

图 1　溪洛渡水电站右岸泄洪洞龙落尾段示意图

龙落尾段围岩主要为Ⅱ、Ⅲ类，局部Ⅳ类，全断面钢筋混凝土衬砌，边墙和底板混凝土为 C_{90} 60F150W8 抗冲耐磨硅粉混凝土，顶拱 C_{90} 25W8F150 混凝土。温控要求：夏季用预冷混凝土，出机口温度≤14℃，浇筑温度≤18℃，最高温度≤39℃；冬季浇筑温度≤18℃的情况下，采用常温混凝土，最高温度≤38℃。过流面混凝土平整度设计控制指标为 3mm。

龙落尾段混凝土采用大型牵引式钢模台车浇筑，工程的主要特点是：①坡度大，有 3 个掺气坎，台车行走难；②要求混凝土抗冲耐磨性好、不平整度小，斜坡段底板表面形体控制难；③高标号硅粉混凝土的温控防裂难度大；④掺气坎结构复杂、参数各异，模板及体形控制难；⑤工期紧，施工干扰大，安全问题突出。

（二）混凝土施工要点

龙落尾段混凝土分边墙（从底板岩石面至起拱线下 2m）、顶拱、底板三层浇筑，纵向分段长 9m，3、4 号泄洪洞分别设 49、43 仓（各含 3 仓掺气坎）；边墙单仓浇筑长度 9m，宽度 14m，高度 12.58m。

边墙钢模台车由下游向上游推进，采用 55t 卷扬机牵引，顶拱钢模台车在下直坡段采用 20t 卷扬机牵引，斜坡段采用 55t 卷扬机牵引，边墙和顶拱浇筑时段错开。利用锚杆加长段和架立筋形成钢筋排架用作钢筋安装平台，减少台车数量。行走中采用 4 个 30t 级防坠器及 2 个 60t 级液压夹轨器做保险，台车尾部设钢柱支撑，防止台车下滑。

过掺气坎时，用混凝土或钢栈桥过坎。台车工作状态下，采用4个保险丝杆做二次保险。掺气坎边墙模板采用定型大钢模拼装，型钢做背楞，满堂脚手架做横向支撑，仓内钢筋内拉内撑保证模板固定，控制混凝土表面平整度。边墙混凝土设计专用供料系统。

下直坡段底板采用刮轨工艺，反弧曲线段以上底板采用拖模收面，全站仪全程复核刮轨钢筋高程和混凝土面平整度。

轨道小车采用JMM 10t摩擦式快速卷扬机牵引，运输常态混凝土至台车下方，台车上的提升系统提升料斗至台车顶部，再经溜槽溜筒入仓。

（三）钢模台车和卷扬机

1. 边墙钢模台车　为全断面钢桁架结构台车，尺寸14 000mm×13 878mm×9000mm（宽×高×长）。台车底部设8个滚轮，行走在P50轨道上，轨距10 000mm。面板为10mm厚钢板，定向支撑液压千斤脱模。

2. 台车安全性　台车模板在浇筑混凝土工况下受力最大，门架需分析在浇筑混凝土、平面行走和斜面行走三种工况下的安全性。对台车的模板和门架三维有限元分析结果表明：①浇筑混凝土工况下，模板最大变形1.33mm，门架最大变形1.98mm；②门架在平面行走工况下，最大变形2.86 mm；在坡度为26.48°斜面行走时，最大变形6.37 mm；③台车总重175.3t，门架重心竖直方向距门架纵梁底部7676 mm，横向在门架正中，纵向离门架纵梁尾部4860 mm；④斜坡行走工况下，台车所需牵引力最大（44.28t），55t卷扬机牵引力满足要求；⑤斜坡行走工况下，牵引架受力最大，等效应力最大值小于60MPa，满足要求；⑥台车静止或浇筑混凝土时对卷扬机牵引力没有影响，可忽略不计。总之，在各种工况下台车安全可靠，卷扬机牵引力满足要求。

3. 台车加工图设计要点

（1）加长台车底部大梁，增加下游面斜撑，使台车尾部立柱在斜坡上呈垂直状态，确保台车在斜坡段上整体稳定。

（2）改进面板支撑系统，设计了定向液压油缸支撑和调节面板，在面板上游端增加吊耳，确保面板在斜坡段稳固安全，不发生扭曲。

（3）采用电梯设计模式，在台车门架内设两道垂直提升井、提升框和运行轨道，通过设在中部的2台10t慢速卷扬机提升混凝土吊罐至台车顶部，经溜槽、溜筒向仓内供料。

（4）牵引中，为防止牵引钢丝绳发生断裂或卷扬机发生滑车，在台车行走大梁两侧布置2组4台30t级防坠器配保险钢丝绳及在行走大梁尾部各配1台60t级液压夹轨器进行二次保险。浇筑中，为确保台车稳固，在行走大梁前端及底部布置4台60t级保险丝杆。

4. 卷扬机系统设计　采用1台JMM 55t摩擦式卷扬机单点双倍率牵引台车，可满足台车需要的最大牵引力。卷扬机布置在奥奇曲线段上游侧，牵引钢丝绳覆盖整个龙落尾段，在斜坡面安装2组压绳轮和4组托绳轮。

（四）结语

溪洛渡水电站右岸3、4号泄洪隧洞龙落尾段采用大型牵引式钢模台车浇筑常态混凝土，取得了较好效果：

（1）温度控制好，平均浇筑温度16.7℃，混凝土内部平均最高温度35.4℃，满足设计温控要求（低于39℃）。仅发现3仓出现局部长度小于1.5m裂缝，尚未发现温度裂缝。

（2）混凝土整体性好，整体钢模台车边墙一次浇筑成型，不设纵向施工缝，混凝土整体性好、平整度高。体形测量偏差范围－26～15mm，偏差值小于10mm的点占所有测点的89.2%，局部不平整度最大值3mm，平均2.2mm，均满足最大不超过3mm的设计要求。

（3）表观质量好，通过适当的浇筑工艺、有序振捣，减少了混凝土表面气泡。

此项技术荣获2012年度中国电力科学技术成果奖二等奖、中国施工企业管理协会科学技术奖技术创新成果二等奖。

（武警水电部队三峡工程指挥部第六支队
覃壮恩　周　燚　邓良超）

乌东德水电站导流隧洞及地下电站主厂房开挖

乌东德水电站位于四川会东县和云南禄劝县交界的金沙江河道上，是金沙江水电基地下游河段四大巨型水电站——乌东德、白鹤滩、溪洛渡和向家坝水电站的第一梯级，为一等大（1）型工程。水库总库容76亿m^3，电站装机容量10 200MW。

（一）导流隧洞开挖

乌东德水电站左岸布置1、2号导流隧洞，右岸布置3、4、5号导流隧洞。1～4号导流隧洞为低洞，净断面16.5 m×24m（宽×高，下同），开挖断面（18.1～19.9）m×（25.7～27.2）m。5号导流隧洞为高洞，净断面12m×16m，开挖断面（13.3～15.4）m×（17.4～19.4）m。导流隧洞岩性为因民组、落雪组的极薄、薄层及互层大理岩化白云岩、灰岩，岩层走向与隧洞轴线呈中到大角度相交，岩层墙角约50°～70°。1、2号导流隧洞以Ⅱ、Ⅲ类围岩为主，3～5号导流隧洞Ⅳ类围岩约占68%。1、2导流隧洞全洞及3、4号导流隧洞下游段均分3层开挖，开挖高度9m；3、4号导流隧洞上游段分4层及5层开挖，4层的开挖高度分别为9、6、6、6.2m，5层的开挖高度分别为9、4.5、4.5、4.2、4.7m。

1、2号导流隧洞2013年1月至8月底完成中下层开挖，3、4号导流隧洞2013年完成中下层开挖，5号导流隧洞2013年完成部分洞段开挖。

1、2号导流隧洞及3、4号导流隧洞下游段因围岩条件较好，其中层及下层一般采用半幅领先开挖，各层采用台阶爆破，洞周采用预裂爆破。主爆孔用351型高风压钻机造孔，预裂孔用100B潜孔钻钻孔，$3m^3$装载机及$2m^3$挖掘机配20～25t自卸汽车出渣。

3、4号导流隧洞上游段围岩为Ⅳ类及Ⅳ类差，2013年4～5月开挖至Ⅲ层时，边墙多点位移计及锚杆应力计实测变形及应力陡升。为此，部分洞段两侧边墙增加3排1000kN锚索，锚索施工使工期延迟约3个月。除顶层外，开挖分层高度降低至4.5～4.7m，采用减弱松动爆破、周边光面爆破，爆后用挖掘机修整壁面。

（二）地下电站主厂房开挖

乌东德水电站左右岸对称布置地下电站，两岸主厂房开挖尺寸均为333m×30.5m×89.8m（长×宽×高）。

两岸主厂房施工进度基本相同，顶层岩石均以Ⅱ、Ⅲ类围岩为主。右岸主厂房2013年1月至12月完成中导洞及其下2m抽槽开挖，以及顶层上、下游扩挖。

右岸主厂房中导洞开挖断面12m×10m，顶拱与永久轮廓线结合。中导洞采用全断面开挖，顶拱光面爆破，中部楔形掏槽。利用钻孔台架登高、手风钻钻孔，钻孔深度3.8m，爆破循环进尺约3.5m。1台$3m^3$或$3.5m^3$侧卸式装载机装渣，$1.6m^3$挖掘机配合，配以20～25t自卸汽车出渣。中导洞于2013年1月至5月中旬开挖完成（中导洞顶部支护滞后），平均开挖进尺60.5m/月，平均开挖强度0.73万m^3/月。顶拱光爆孔孔距0.5m，抵抗线0.65m，使用直径25mm光爆专用药卷，线装药密度0.15kg/m。光爆壁面光滑平整，错台不平整度最大不超过8～10cm，炮孔壁面爆破裂隙较少，残留半孔分布均匀，半孔率达95.1%～98.2%。

（长江勘测规划设计研究院　刘晓军）

布仑口—公格尔水电站富水冰碛体隧洞水平旋喷桩预支护技术

（一）概况

布仑口－公格尔水电站位于新疆克尔柯孜自治州阿克陶县境内的盖孜河上。该工程引水隧洞长18.04km，为4.82m×5.00m马蹄形断面。隧洞穿越10余条长大冲沟，水文地质条件复杂，沿线穿过断层及构造裂隙受高山区冰雪融水渗入影响，会出现断层涌水和裂隙渗水。第四系冰碛层（Q_1^{gl}）在工程区盖孜河两岸片状分布，结构密实，半胶结碎石，主要为石英片岩、泥石石英片岩颗粒为主的大厚度互层，透水率3～5Lu，对洞室稳定有较大影响。4号冲沟洞段长245m，其中冲沟底部洞段长128m，洞室埋深92～128m。因地下水发育，施工中最大透水量达$200m^3/h$，开挖揭露后岩体迅速泥化成泥石流。

施工初期隧洞采用常规的开挖和组合支护方法，但丰富的地下水造成频繁塌方，工程进展缓慢。采用水平旋喷桩预支护技术可阻断地下水，确保工程顺利实施。

（二）技术方案的提出

1. 前期施工情况　工程前期按Ⅴ类围岩全断面开挖，采用超前小导管或超前锚杆＋喷锚网＋型钢拱架结构支护。施工中，细颗粒泥石流从小导管或锚杆缝隙中流出继而形成较大塌方。经商定，采用小导管注浆和密集自进式注浆锚杆处理，但仍有多次大规模塌方，每次塌方均需多次小导管注浆和待强，分台阶人工开挖，进展缓慢。

2. 原因分析

（1）开挖洞段不良地质第四系冰碛层（Q_1^{gl}）及4号冲沟发育的地下水是塌方的主因。对遇水迅速泥化的第四系冰碛层产状及地下水情况估计不足，超前注浆小导管等不能解决问题。

（2）受季节性高山雪融水影响，地下裂隙水丰富，掌子面顶部及前方岩体已局部扰动浸蚀软化，渗水通道不明，注浆不能从根本解决阻水排水问题。

（3）塌方发生后，在对塌方体处理尚未达预期效果情况下便急于掘进，地下水沿掌子面移动使前方岩体遭到浸蚀，导致塌方体继续发展与扩大。

3. 水平旋喷桩处理方案　几次大塌方后，认为传统的开挖方法难以解决问题，经对小导管注浆、长大管棚注浆、水平高压旋喷灌浆、全断面固结等超前预加固方案对比分析，决定采用水平高压旋喷预支护方案，解决后续过沟洞段塌方的难题。

（三）水平旋喷桩施工

1. 方案的实施　先对坍塌体坡面采用袋装干水泥垒砌小台阶，并喷射20cm厚混凝土封堵形成止浆墙。再根据现场地质条件，在隧洞拱顶施工水平高压旋喷桩，加固隧洞拱顶软弱围岩。

施工时在隧洞拱部180°范围内形成长30m直径500mm的水平旋喷柱，旋喷桩在纵向搭接长度8m（含工作室）。采用HTG－100型管棚钻机打设水平孔，钻至设计深度后，开始通过钻杆、喷嘴（直径

2.7mm）以35～40MPa的压力喷射水泥水玻璃浆液（水灰比0.8∶1～1∶1），借助冲击力切削岩体。同时钻杆一面以20r/min速度旋转，一面以15～30cm/min低速上提，使土体与水泥浆充分搅拌混合，胶结硬化后形成直径比较均匀、具有一定强度（0.5～8MPa）的旋喷桩。在隧洞拱顶及周边形成的水平旋喷帷幕体，起到阻水和改良土体的作用。采用此方案，用30d即安全地通过了扰动塌方段，从2012年8月至2013年2月未发生塌方，顺利通过4号冲沟影响段。

2. 施工要点　通过多个循环完成了冰碛层不良地质洞段的开挖，隧洞洞壁干燥无滴水。施工要点如下：

（1）在塌方体上码放编织袋防护坡脚，并对塌滑体喷浆防护，防止灌浆时塌方体流动而影响灌浆效果。局部渗水或集中渗水处埋设ϕ50mm排水管，集中引排至封闭面外，并安装球阀，以便灌浆冒浆时随时关闭。

（2）水平旋喷灌浆设计第一循环仰角坡度13%～15%钻进15m，第二循环仰角坡度1%～3%钻进30m，第三循环仰角坡度13%～15%钻进15m。旋喷桩孔间距35cm，相邻桩咬合15cm。泵压达到设计压力时才开始喷浆。孔底喷浆时应停留一定时间，再缓慢上提钻杆。钻杆每上提0.6m，应回拖0.3m，同时高压喷浆。当钻杆离孔口1m时停止喷浆，拔出钻杆，进行封孔作业。

（3）旋喷桩施工完成后，顶拱形成封闭面，上部渗水积聚较多。可根据旋喷桩钻孔记录，在渗水较多的孔位上方，钻设20m长的排水孔、埋设ϕ108mm花管，集中排水泄压。

（4）在排水孔出水量较大且集中的部位用小导管注浆固结，以确保水平帷幕阻水效果。小导管在安装好的钢拱架上方按角度15°～20°钻进，长6m，间距25cm，梅花形布孔，可根据钻孔情况适当调整。注浆水泥浆液为1∶0.5～1∶0.8，注浆压力3～5MPa。注浆待强24h后可进行小药量控制爆破开挖。

（5）形成水平旋喷桩帷幕后，在帷幕下施工大管棚组合预支护。帷幕固结了富水冰碛体围岩；大管棚有效地支撑了帷幕，管棚注浆增强了帷幕的强度。两者合力起到了良好的承载和堵漏阻水效果。实践表明，处理过沟洞段塌方，采用水平旋喷桩＋大管棚（同心圆分层布置，见图1）方案，比单纯水平旋喷桩更有效。

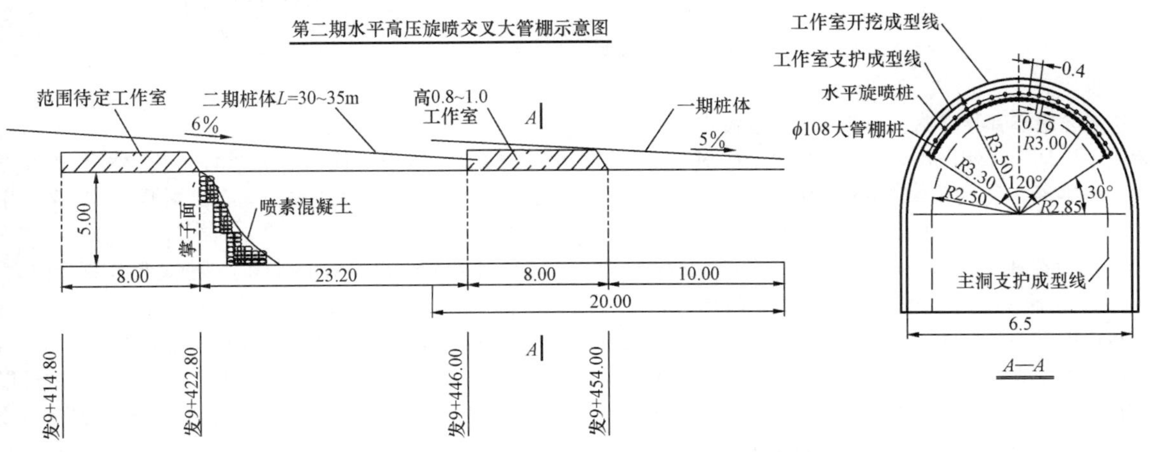

图1　水平高压旋喷桩＋大管棚循环布置图

（6）处理完塌方段后，继续钻进开挖。在不影响开挖下，再对该塌方段回填灌浆。

（7）加强对塌方段及附近围岩的监测，发现险情及时排除。

（中国水利水电第五工程局有限公司　骆红兵）

阿尔及利亚德拉迪斯大坝取水室半球形穹顶施工技术

（一）工程概况

阿尔及利亚德拉迪斯（Draa diss）大坝取水室布置在坝上游库区左岸山体旁的底部排水洞（施工期作导流洞）进口处。取水室为钢筋混凝土结构，高22.05m，下部圆柱形，内直径15m，壁厚1m，顶部为内直径15m的半球形穹顶结构（见图1）。取水室内布置有旋转桥吊、DN1000和DN600饮用水钢管道、DN1600灌溉水钢管道、各类控制阀门、泄水工作闸门、检修闸门、液压启闭机及各类控制开关柜等水机和电气设备，是承担工程运行期水库高、中、低位生活饮用水和底部灌溉水取水及底部排水洞泄洪控制的建筑物。工程运行期，取水室顶部到底部处在最大库水位下约36～58m。因此，对施工质量要求高，尤其半球形穹顶结构的跨度大、体形特殊，给模板及其支撑体系的设计与施工、混凝土施工带来一定难度，是取水室施工控制的关键点。

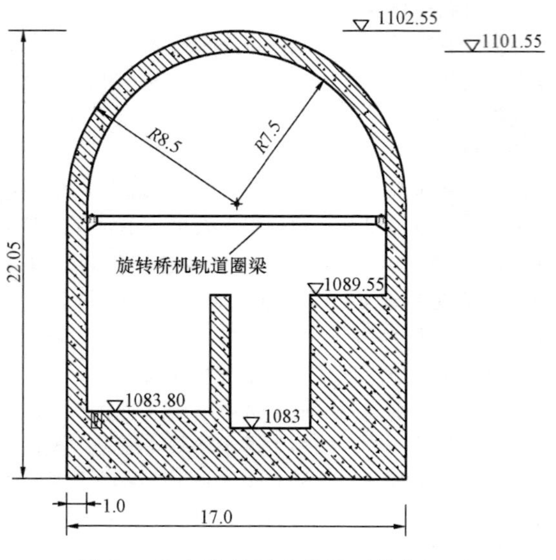

图1　取水室剖面示意图（单位：m）

（二）内、外模板支撑体系设计与施工

1. 基本条件　由取水室内部尺寸可知，穹顶内模板承重支撑横向、纵向最大长度15m，支撑底部和周围边界均为已浇筑并达到设计强度的C25混凝土。周围边界除底部有导流洞、交通廊道、灌溉水进口和底排水进口是开口外，其他为封闭边界。底板混凝土不在一个平面，最大高差6.5m，内模板支撑最大高度18.5m（见图1）。半球形穹顶混凝土402.44m³，钢筋26.2t，总荷载9722.15kN（不含模板和其他荷载）。

2. 设计与施工　根据受力分析，虽然穹顶部分荷载可由下部圆环体墙壁承担，但作用在内模板承重支撑架上垂直和水平向的力依然较大。考虑工地现有材料及施工条件，为确保安全，经技术经济分析，拟将穹顶混凝土分4层浇筑，内模板承重支撑架一次搭建完成，外模板安装固定及施工工作平台分次搭建。这样，可降低穹顶内模板承重支撑体系荷载设计标准和施工难度。

按4层浇筑方案，确定每层浇筑的荷载效应组合，进行受力分析计算。第1层浇筑时，模板和支撑按类似边墙受力考虑，主要受混凝土侧压力，内模板支撑架受到的竖向荷载在4层浇筑中最小。第2层以上浇筑时，随浇筑层升高，穹顶圆心角变小，内模板支撑架受到的水平向力逐渐减小，竖向荷载逐渐增大。因此，为减小内模板承重支撑架的受力，分层时第1层尽量高，第3、4层高度尽量小，第3、4层混凝土浇筑间歇控制在7～10d，使第3层以下混凝土具备一定承载强度，第4层混凝土荷载可由第3层已硬化的混凝土承担一部分，以减小内模板承重支撑架受力。穹顶混凝土分层见图2。

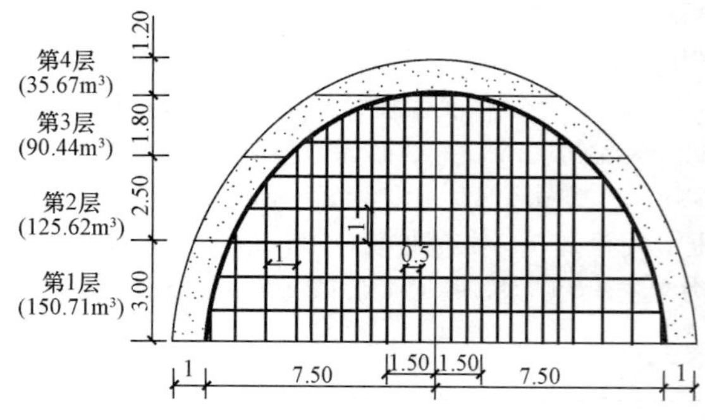

图2　穹顶混凝土分层方案（单位：m）

为便于计算，简化边界条件，按最不利情况考虑，即不考虑下层钢筋牵拉，上层钢筋自重完全作用于模板及支撑架上。经计算，内模穹顶部分支撑体系设计采用ϕ48mm×3.5mm脚手架钢管制作钢管拱梁，拱梁各节点焊接连接。拱梁分A、B、C、D型，沿穹顶纬线方向设计拱梁外端底角安装间距为0.491m，拱梁形状及平面见图3。穹顶中心部位C、D拱梁以下设计用ϕ48mm×3.5mm钢管制作的圆环，将A、B拱梁焊接连接成整体，圆环ϕ3m，沿垂直方向布置间距1m。拱梁以下支撑体系全部采用ϕ48mm×3.5mm脚手架钢管搭设满堂扣件式支撑架，钢管拱梁上的竖

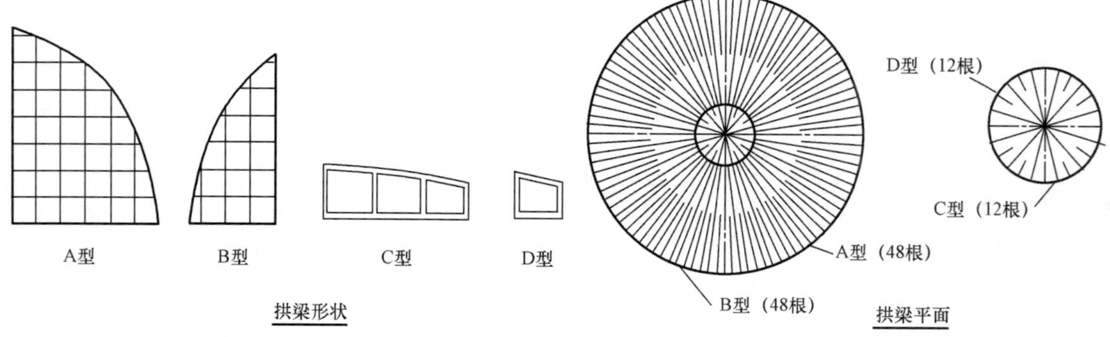

图3　穹顶支撑拱梁形状与拱梁平面

杆与满堂支撑架竖杆对接成为整体，所有横杆与已经浇筑完成的取水室侧壁混凝土紧密接触。经计算，满堂支撑架立杆纵向、横向间距设计为1m，横纵向水平杆间距也为1m。其中，穹顶第3、4层投影下立杆纵横向间距加密为0.5m。外模板支撑固定采用拉筋与内模板连成整体，施工工作平台用脚手架钢管搭设，钢管与拉筋焊接，铺设厚5cm木板形成工作平台走道，走道宽70cm，外侧设1.2m高护栏，挂安全保护网。

经法国COYNE ET BELLIER设计咨询公司（Draa diss工程设计方）对“取水室穹顶施工支撑架体系设计及受力计算书”审核批准后开始支撑架搭设，承重支撑架自底部开始自下而上搭设，满堂支撑架搭设完成后开始安装穹顶拱梁。支撑架施工严格遵循中国行业标准JGJ 130－2011《建筑施工扣件式钢管脚手架安全技术规范》和JGJ 162－2008《建筑施工模板安全技术规范》中技术要求。支撑架体系施工完成，经项目部技术、安全现场联合检查合格，业主和监理方检查通过后，开始第1层混凝土浇筑施工。内、外模板支撑架体系施工用时约一个月，使用脚手架钢管及各种扣件约46 150kg。

（三）内、外全曲面模板设计与施工

根据设计图纸计算，穹顶内模板面积353.25m^2，外模板面积453.73m^2。为保证穹顶内、外混凝土体形，穹顶内、外模板均需制成全曲面模板。内、外模板均采用厚2.5cm、宽25cm、长3m木板，现场切割拼接制作。先在每个支撑拱梁弧线方向上固定截面为5cm×4cm方木条，作为固定内模模板的肋条，将制作完成的每块模板条沿经线和纬线方向自下向上逐层拼接整齐，用钉子固定在肋条上。外模板采用ϕ20mm拉筋与内模板固定，拉筋横向和纵向间距均为0.5m。实际施工中，内模板用时15d，内、外模板共用木材约21m^3。

（四）混凝土浇筑

1. 混凝土原材料和配合比　根据合同要求，混凝土采用欧洲标准设计，水泥采用阿尔及利亚产CRS 42.5水泥，人工砂细度模数2.60～2.70，人工碎石采用3～15mm和15～25mm两级，Sika BV40高效塑化剂，掺量0.9%，减水率约27%。混凝土设计强度等级C25，水灰比0.51，砂率48%，设计坍落度14～16cm。每立方米混凝土中各种材料用量见表1。

表1　每立方米混凝土各种材料用量　kg/m^3

水泥	水	外加剂	砂	石子 3～15mm	石子 15～25mm
350	180	3.15	917	229	764

2. 混凝土浇筑及施工缝处理　穹顶混凝土总量约402.44m^3，从1～4层的浇筑方量分别为150.71、125.62、90.44、35.67m^3。采用中国产2台0.75m^{3}双卧轴强制式JS750型搅拌机拌和混凝土，3台8m^{3}混凝土搅拌罐车运输，42m汽车泵全覆盖入仓，5台ϕ70mm振捣棒振捣。浇筑中控制混凝土上升速度不大于0.3m/h，并由专人监测承重支撑架及外部脚手架变形，每层浇筑间歇期对承重支撑架进行检查。混凝土浇筑封顶后，根据取样检测资料，混凝土达到设计强度后，开始拆除内模板承重支撑架，先拆除内模板，然后自上而下逐层拆除。拆模后要把混凝土内、外表面固定模板的拉筋割除，然后将拉筋周边混凝土至少凿到5cm深，并割除露出的拉筋，清理干净后用Sika公司Top SF 126水利专用砂浆填补空穴。拆模后的混凝土外表面用流水养护14d。

在先浇层施工缝面混凝土初凝前，在缝面中部嵌入截面为20mm×12.5mm、每根长度为2m的木条，木条首尾连接成折线环形闭合圈。终凝后对混凝土施工缝面进行人工凿毛，待下层混凝土浇筑前，将施工缝面内木条取出，清除沟槽内浮渣乳皮，并用清水冲洗干净后，嵌入截面为20mm×25mm的Bentotek strip膨胀型止水条（阿尔及利亚生产），止水条外露高度12.5cm。止水条为聚合物膨润土材料制成，在无约束条件下遇水体积能膨胀4～5倍，有约束条件下，遇水膨胀起到阻断渗水的良好作用。浇筑时，先在施工缝面均匀铺设一层2～3cm厚砂浆，然后再浇筑混凝土。嵌入止水条后如不立即浇筑混凝土，应对施工缝面覆盖保护，以防损坏止水条。每层混凝土浇筑约4～10h，每层间歇约3～8d，从第一层开始，共22d完成穹顶全部混凝土浇筑。

（中国水利水电第三工程局有限公司　史　迅）

基 础 处 理

溪洛渡水电站深孔帷幕施工技术

溪洛渡水电站坝为混凝土双曲拱坝，最大坝高285.50m。坝基岩体以二叠系上统峨眉山玄武岩（P2β）为主，二叠系下统茅口组石灰岩（Plm）埋深于坝基以下约80m，属坚硬岩类。主要结构面为层间错动带、层内错动带、挤压带和基体裂隙。306.00m高程以上岩体透水率以大于30Lu为主；238.00～306.00m高程间岩体透水率10～30Lu；180.00～200.00m高程下为茅口组灰岩，透水率小于1Lu，为相对隔水层。建基面高程350.00m以下地下水丰富，规模较大的层间、层内错动带及主要裂隙有渗水。

河床坝基对中等偏强透水带（$q \geqslant 30$Lu）区域布置3排孔帷幕，其他为2排孔帷幕。主帷幕最大设计孔深180m，最大灌浆压力6.5MPa，灌后岩体透水率要求小于1Lu。

坝基帷幕灌浆主要在以玄武岩为主地层内进行，岩石坚硬，孔深大，钻孔易发生孔斜超标、卡钻、掉钻；帷幕设计标准高，灌浆压力大，灌浆中易出现铸钻事故；起下钻时间长，劳动强度高，工效低。针对上述问题采取了一系列措施。

（一）选择适宜的钻进方法

金刚石取芯钻头的优点是适应硬性岩层，钻孔孔径可选75mm，出现孔内事故可补救处理。缺点是工效较低，排污成本较高，作业人员劳动强度较大。

全断面无芯钻头的优点是可节省起下钻时间，降低排污成本。缺点是成本高，适应软性岩层，适宜小孔径作业（如60mm），一旦出现孔内事故无法补救，钻深孔时返砂困难。

两种钻头的施工工效及耗材分析见表1。

表1 两种钻头的施工工效及耗材分析

钻进工艺	耗材名称	规格型号（mm）	成本（元/m）		进尺用时（h/m）
回转取芯钻进	金刚石钻头	75	8.53	12.75	1
	扩孔器	75.5	3.12		
	岩芯管	73×3	0.625		
	合金盖头	75	0.475		
全断面钻进	金刚石钻头	62	6.5	10.43	0.8
	合金牙轮	60	1.1		
	扩孔器	62.5	2.2		
	岩芯管	60×0.5	0.35		
	合金盖头	60	0.28		

经试验和测算，在孔深较浅、岩层单一、强度稍弱地层段，选用全断面无芯钻头、62mm孔径钻孔；孔深较深、岩层复杂、岩石等级较高、强度较大、易出现孔故的地层段，选用金刚石回转钻头、75mm孔径钻孔。

控制钻进中的孔斜十分重要，减少钻孔孔斜的措施：

（1）采用自重大的XY-2型地质钻机，并埋设地锚固定机座。确保钻机安装水平，立轴中心与钻孔中心重合，按要求的孔向对准孔位开孔。

（2）孔口管安装牢固。在开孔和浅层钻进中，立轴钻杆不能太长。

（3）使用符合规格的钻孔器具，随时检查、及时更换弯曲的钻具或磨损严重的立轴。

（4）钻孔较深或岩石换层时减压钻进，确保提升吊环与立轴和钻孔中心线在一条直线上。如发现钻机有移动或立轴钻进方向发生变化，及时纠正。

（5）孔深20m以上，钻进5～10m测一次孔斜；20m以下，钻进20m测一次孔斜。

（二）帷幕灌浆工艺的改进

灌浆采用孔口封闭法，采取多种措施改进工艺和预防事故发生。

1. 合理选择灌浆孔孔径　钻杆接头直径52mm，

孔径需大于 52mm；为便于打捞工具入孔，孔径要大于 60mm。综合考虑技术、安全和经济等因素，选孔径 75mm。

2. 钻杆及接头选型 灌浆地层以玄武岩为主，岩性硬、孔深大及灌浆过程中钻杆旋转等原因，对钻杆、钻杆接头承受扭矩、压力、材质等要求高。经试验，宝钢 R780 材质的钻杆和耐磨性更高的高频淬火钻杆接头的力学性能好。

R780 钻杆和常规 DZ40 钻杆的屈服强度分别不小于 520、400 MPa，抗拉强度分别不小于 780、650MPa，断后伸长率均不小于15%。可见，R780 钻杆适宜于岩性硬的地层。

3. 下钻前检查 长时间高扭矩、高压力条件下运转，优质钻杆、钻杆接头也会磨损和断裂。下钻前需用肉眼检查钻杆和钻杆接头是否有薄壁、裂纹等不良情况，一旦发现，及时标记并移除工作面。或用小锤逐个敲击，通过声音辨别有无瑕疵，若有异常立即废弃。

4. 改进孔口封闭器 帷幕灌浆压力在 80m 以下为 6.5MPa，普通水压式灌浆塞难以长时间承受如此高压。改进后的孔口封闭器效果良好，在帷幕灌浆施工中得到应用。

为有效保证灌浆连续、不发生铸钻事故，灌浆中可高速或低速转动钻杆而不需停泵。常用方法是立即卸压，同时提放钻杆，如正常则继续灌注；如提放困难，则立即用清水冲洗钻孔，将钻杆提出孔口，扫孔复灌。

5. 浆液的改性 灌浆过程中铸钻的主要原因是灌浆孔深、浆液黏度大，在高压作用下浆液凝结时间短，造成钻杆与孔壁凝结而无法转动、提放。解决方法之一是在普通水泥浆液中掺入 0.5% X414 型减水剂，添加减水剂的水泥浆液物理性能指标见表 2。

表 2 添加 X414 型减水剂的水泥浆液物理性能指标

水泥浆液	黏度（s）	密度（g/cm³）	温度（℃）
0.5∶1 普通水泥浆液	—	1.71～1.72	37～39
掺加减水剂的 0.5∶1 水泥浆液	49	1.81～1.83	29～31

加减水剂后浆液黏度、密度及温度等虽有改善，但铸钻风险依然存在。经部分孔段试验，采用掺加膨胀土的混合浆液，取得一定的效果。两种浆液的性能指标对比见表 3、表 4。

表 3 混合型浆液与普通浆液的物理性能指标对比

水灰比	膨胀土（%）	UNF-5（%）	相对密度	漏斗黏度（s）	泌水率（%）	流变参数		凝结时间（h∶min）	
						τ_0（Pa）	η（mPa·s）	初凝	终凝
0.8∶1	3	0.4	1.64	32.5	3.7	1.04	5.30	11∶57	13∶50
0.8∶1	0	0	1.62	33.5	16.1	7.3	32.2	8∶57	12∶06

表 4 混合型浆液与普通浆液结石的力学性能指标对比

水灰比	膨胀土（%）	UNF-5（%）	抗压强度（MPa）			渗透系数（cm/s）
			3d	7d	28d	
0.8∶1	3	0.4	7.20	11.27	16.00	1.22×10^{-11}
0.8∶1	0	0	15.03	26.23	42.37	6.18×10^{-11}

（三）灌浆效果检查与分析

AGRl 灌浆平洞帷幕灌浆灌后检查，压水试验透水率小于 1Lu（设计标准）孔段占所有检查孔段的 99%，孔内录像、钻孔芯样及压水成果与前期地质物探报告完全吻合。第三方压水试验检查近一半时，压水合格率为 99%，最大透水率 1.63Lu。

（中国水电基础局有限公司 曹佳林 刘 潇）

纳子峡水电站大坝固结灌浆生产性试验

（一）概况

纳子峡水电站是大通河流域规划的 13 个梯级中第 4 座水电站，总库容 7.33 亿 m³，装机容量 87MW，属二等大（2）型工程。大坝为混凝土面板坝，最大坝高 117.6m。

左岸趾板斜切左岸，呈折线布置，长约 225m，轴线总体方向 NE17°～NE36°。岸坡 3133m 高程以上至坡顶大部分基岩裸露，由黑云母石英片岩夹花岗片麻岩组成，岩性致密坚硬，抗风化能力强，无强风化层，弱风化岩体厚 14～18m。受构造作用影响，岩体断裂发育，较破碎，尤其是顺坡向卸荷裂隙发育对岸坡稳定性和趾板渗漏影响较大，需采取固结灌浆。岩体透水性大，表层 40～60m 范围内为中等透水～弱透水上带（5～100Lu），60～70m 内为弱透水中带（3～5Lu），70m 以下为弱透水下带（<3Lu）。

固结灌浆孔沿趾板布置，8m 宽趾板上设 4 排孔，

6m宽趾板设3排孔，4m宽趾板设2排孔，梅花形布孔。

（二）灌浆试验参数和试验目的

左岸改趾0＋139.85～0＋159.85m段选作固结灌浆试验Ⅰ试区。

1. 试验参数　Ⅰ试区按3排布孔，排距2m，孔距3m，孔深8m，孔垂直于坡面。按下游排、上游排、中间排次序施工，每排分两序。试区布置3个灌前物探测试孔、24个灌浆孔、2个抬动观测孔、2个试验检查孔。在3个物探孔做灌前灌后原位测试。灌前物探孔和灌浆孔深入基岩8m，抬动观测孔深入基岩20m，检查孔深入基岩6.4m。

2. 试验目的　论证大坝趾板因开挖爆破造成应力松弛的岩体及表层裂隙岩石的可灌性，比选灌浆施工方法和施工工艺，优化设计方案和技术参数，确定灌浆质量检查的标准及方法，检验浆液掺合料或外加剂对提高灌浆效果的必要性。

（三）灌浆试验施工方法

1. 灌浆孔钻进　灌浆分序分段进行。钻孔中记录返水、塌孔、掉钻等情况。在每段次灌浆孔钻孔结束后，用大流量水冲洗钻孔，直到孔内沉积物厚度不超过20cm。裂隙冲洗压力为灌浆压力的80%，以冲净孔内岩粉和杂质、回水清净为标准，时间不大于20min。灌浆连续作业，因故中断时间间隔超过24h，应在灌前重新冲洗裂隙。

2. 制浆和灌浆　集中制浓浆，再给灌浆点配浆，使用青海省大通水泥厂生产的42.5普通硅酸盐水泥。制浆供浆系统包括高速搅拌机ZJ-400、TTB180/10泵、储浆桶。

采用自上而下分段灌浆，灌浆塞设在灌段以上0.5m处，防止漏灌。灌浆塞为75mm液压栓塞或91mm顶压栓塞。孔深8m的分2m、6m两段灌浆，第1段灌浆压力0.2～0.3MPa，第2段0.4～0.5MPa，用灌浆自动记录仪实时记录压力和注入量。

浆液由稀变浓，逐级变换，水灰比采用3∶1、2∶1、1∶1、0.5∶1四个比级。开灌水灰比3∶1。当某一比级浆液注入量达300L以上，或灌注时间达30min，而灌浆压力和注入率均无改变或改变不显著时，改浓一级水灰比。当注入率大于30L/min时，根据情况越级变浓。当注入率大于30L/min而压力低于设计值、水灰比大于1∶1时越级变换；当浆液单位注入率不小于60L/min时，越级变浓。灌浆过程中，压力或注入率突然改变较大时，查明原因，并采取相应措施。固结灌浆在该灌段最大设计压力下，当注入率不大于1L/min，继续灌注30min，即可结束灌浆。

3. 抬动变形观测　抬动观测孔观测压水和灌浆过程中引起的抬动变形，观测孔铅直向，孔入岩20m。抬动变形监控标准按基础影响半径范围内，混凝土及基岩抬动值不大于200μm控制。试验中未发现有抬动现象。

4. 特殊情况及异常情况的处理

（1）表层段灌浆时，LG9-2-7孔的0.9～2.9m段、LG9-3-2孔0.9～2.9m段、LG9-3-6孔0.9～2.9m段等冒浆。采用表面封堵、低压、浓浆、限流、间歇灌浆等方法处理后，能达到灌浆结束标准。灌浆中不起压，难以结束时采取待凝处理。

（2）对吸浆量大且压力有缓慢上升趋势的灌浆孔，采取越级变浆、0.5∶1的浓浆灌注、降压或低压、限流、缓慢升压等措施，当流量减小时及时升至设计压力，效果明显。

（3）对吸浆量大且压力无显著变化的灌浆孔，需与业主、监理工程师研究处理。试验中多为注灰量达到5t时，压力和流量无明显变化，采取低压、浓浆、限流、限量、间歇、越级变浆灌浆等措施；当注入量达到10t时，压力和流量变化不明显时，待凝12h后复灌，复灌后用开灌比级灌注，一般待凝后吸浆量较小，能达到结束标准。特殊孔段第二次复灌压力有所升高，但流量较大，短时间内压力和流量变化不明显，采取低压、浓浆、限流、限量（20～30L/min）、间歇、越级变浆灌浆等措施，当注入量达到5t时待凝，扫孔复灌，复灌后用开灌比级灌注，若注入量还较大时，考虑在浆液里加入3%的水玻璃（一般采用在1∶1～0.8∶1浆液里加入），效果明显，能快速达到结束标准。

（4）LG9-3-2孔的0.9～2.9m段灌浆中因故中断，立即冲洗钻孔，其后恢复灌浆，用开灌比级的水泥浆灌注，按规定的浆液变换原则灌注到正常结束。

5. 封孔　采用全孔灌浆封孔法。全孔灌浆完毕后，先用灌浆管注入水灰比0.5∶1的浓浆将孔内余浆置换出来，留一根灌浆管在孔内，再将灌浆塞卡在孔口，继续浓浆进行纯压式灌浆封孔。封孔灌浆的压力使用该孔最大灌浆压力，持续时间不小于30min。上部脱空段用人工回填水泥砂浆（水∶水泥∶砂＝0.5∶1∶1）封实。

（四）灌浆试验效果和检测成果分析

1. 声波测试　在左岸斜趾板改趾0＋157.98、0＋156.24、0＋154.51m 3个灌浆孔进行单孔和跨孔声波测试。测试成果表明：

（1）波速小于3000m/s的岩体，灌后波速平均增长48.9%，说明低波速岩体灌浆效果很明显；波速3000～3500m/s岩体，平均增长16.3%，效果明显；波速3500～4000m/s岩体，平均增长10.7%，效果较明显；而波速大于4000m/s岩体，仅平均增长 4.75%，效果不明显。

（2）灌浆对低波速岩体有明显提高和改善。波速小于 3000m/s 的岩体，灌前占 42.3%，灌后仅占 10.5%。波速小于 3500m/s 的岩体，灌前占 63.8%，灌后占 21.6%。说明经固结灌浆后，岩石节理裂隙被填充，岩石的密实度和整体性得到提高。

2. 灌浆试验成果分析

（1）Ⅰ排序孔、Ⅱ排序孔单位注入量分别为 1345.9、650.2kg/m，Ⅱ排序孔单位注入量比Ⅰ排序孔递减 51.7%。Ⅰ排序Ⅰ、Ⅱ序孔单位注入量分别为 1851.2、714.3kg/m，Ⅱ序孔比Ⅰ序孔递减 61.4%。Ⅱ排序Ⅰ、Ⅱ序孔单位注入量分别为 967.6、332.8kg/m，Ⅱ序孔比Ⅰ序孔递减 65.6%。各次序孔的单位注灰量随灌浆次序递进迅速递减，符合灌浆规律。

Ⅰ排序孔单位注入量大于 1000kg/m 的孔段占 58%；Ⅱ排序孔大于 1000kg/m 的孔段占 25%。Ⅰ排序Ⅰ序孔单位注入量大于 1000kg/m 的孔段占 80%，Ⅱ序孔大于 1000kg/m 的孔段占 31%。Ⅱ排序Ⅰ序孔单位注入量大于 1000kg/m 的孔段占 50%，Ⅱ序孔全部小于 1000kg/m。随灌浆次序递进，单位注入量分布区间逐序向较小单位注入量方向显著移动，前序孔灌浆有效。

（2）Ⅰ排序孔、Ⅱ排序孔灌前平均透水率分别为 287.7、79.2Lu，Ⅱ排序孔平均透水率比Ⅰ排序孔递减 72.5%；Ⅰ排序Ⅰ序孔、Ⅱ序孔灌前平均透水率分别为 312.6、256.6Lu，Ⅱ序孔平均透水率比Ⅰ序孔递减 17.9%；Ⅱ排序Ⅰ序孔、Ⅱ序孔灌前平均透水率分别为 122.1、36.3Lu，Ⅱ序孔平均透水率比Ⅰ序孔递减 70.3%；前序孔灌浆有效地充填孔隙。

Ⅰ排序孔灌前透水率大于 50Lu 的孔段占 72%，Ⅱ排序孔灌前透水率大于 50Lu 孔段占 67%。Ⅰ排序Ⅰ序孔灌前透水率大于 50Lu 孔段占 80%，Ⅱ序孔灌前透水率大于 50Lu 孔段占 62%；Ⅱ排序Ⅰ序孔灌前透水率大于 50Lu 孔段占 100%，Ⅱ序孔灌前透水率大于 50Lu 孔段占 33%。随灌浆次序递进，透水率分布趋势向较小值方向显著移动，前序孔的灌浆有效。

（3）灌后在检查孔 LG9-J1 和 LG9-J2 各做 2 段压水试验，试段透水率均小于 5Lu，合格率为 100%，达到了设计要求的指标。

（中国水电顾问集团西北勘测设计研究院有限公司　金永才）

武都水库预应力锚索的监测

武都水库大坝为碾压混凝土重力坝，重力坝表孔闸墩采取预应力锚索支护。在预应力锚索工程实施中，使用测力计对锚索进行了实时和永久的监测。

（一）锚索测力计选型、布置及安装

1. 测力计选型　选用北京基康有限公司的 BGK-4900 系列弦式测力计，监测荷载范围 0～4000kN 或 0～2500kN，可用于测量加载液压千斤顶上的荷载及锚索的长期应力、温度等。测力计为高强合金钢圆筒，内置高精度弦式传感器，传感器可测读作用于测力计上的总荷载和偏心荷载，适合于武都水库预应力锚索施工实时和永久监测。

2. 测力计布置　重力坝 16～18 号坝段泄洪表孔闸墩主锚索为 3500kN 级，顺水流斜向上布置，每个表孔溢流面侧面布置 1 组，共 4 组。在表孔工作门支铰座上游侧设置有弧形段。单组主锚索立面上分 5 层布置，其中中间 3 层各设 2 束锚索，顶层和底层各设 1 束锚索。每组主锚索 8 束，4 组共 32 束（见图 1）。测力计布置：16 号坝段右闸墩上的锚索 Z1-3 和 Z2-2，测力计编号 DP1 和 DP2；17 号坝段左闸墩上的锚索 Z1-3 和 Z2-2，测力计编号 DP3 和 DP4；17 号坝段右闸墩上的锚索 Z1-2、Z1-3、Z1-4 和 Z2-2，测力计编号 DP5、DP6、DP7 和 DP8；18 号坝段左闸墩上的锚索 Z1-3 和 Z2-2，测力计编号 DP9 和 DP10。

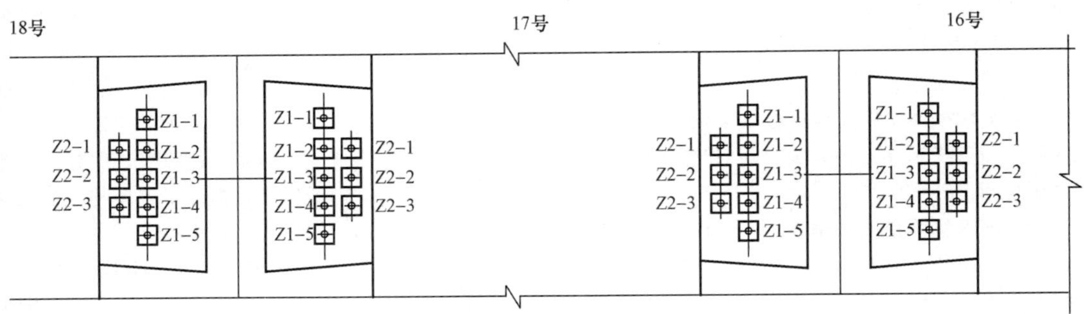

图 1　主锚索布置图

3. 测力计安装

（1）安装流程：垫板加工→率定检验→安装→观测电缆敷设→观测。

（2）按测力计和预应力锚具的尺寸加工垫板。

（3）测力计率定时压力机需配特殊的加压头（垫块），测力计承载筒上下均应设置专用的承载垫板。加压前先对测力计预压三次，预压压力大于测力计额定压力的10%，缓慢施加压力并在最大压力处停留1min以上。预压完成后，测力计静置5min以上才正式率定。率定读取测点数据时，确保施加压力的稳定。由实测值计算得出技术指标，符合规范要求的测力计方可使用，否则立即更换。

（4）测力计安装搬运中要避免碰撞或跌落。安装前检查、记录测力计测值，确保承压板平整，将锚板与测力计整体穿过钢绞线，缓慢地下放钢绞线至设计张拉段预留长度，使锚板和测力计与承压板对中，避免承受偏心荷载。锚板与锚索孔的中心线垂直，允许偏差90°±1.5°（见图2）。

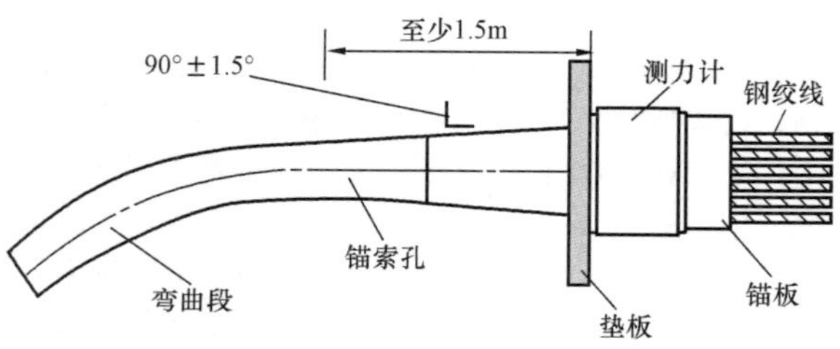

图2　锚索测力计安装示意图

（5）基康4900型6弦式锚索测力计，出线14根，采用配套的BGK－408读数仪进行6弦测读，然后读数，按公式$P=G(R_0-R_1)+K(T_1-T_0)$计算荷载。其中G为仪器率定系数，R_0为初始读数（平均值），R_1为当前读数（平均值），K为仪器温度率定系数，T_0为初始温度，T_1为当前温度。大多测力计K值为1～2kN/℃，如初始温度与现测温度相差较大，则由于温度影响的测力计的P值将产生显著变化。虽测力计受温度影响较小，但考虑长期监测，准确地测量温度非常重要。

（二）锚索张拉

1. 锚索整体张拉

（1）主锚索整体张拉前先单根预紧张拉。机具为YCJ26型，前卡式千斤顶预紧力为设计吨位的25%，持荷稳压时间10min。

（2）主锚索整体张拉采用YCW500B型穿心式千斤顶，按设计张拉力的25%、50%、75%、100%、111.4%分五级张拉，即875、1750、2625、3500、3900kN。前四级持荷稳压时间5min，最后一级超张拉持荷稳压时间10min。整体张拉完成后，选定一根钢绞线测量其卸荷前后的长度，其差值即为夹片回缩量。24h后再次量测该根钢绞线长度，根据长度变化判定索体是否松弛（安装测力计的可依据测力计的实测数据判定）和是否要补偿张拉。索体应力无变化不必补偿张拉。

因主锚索弧形段采用钢隔离架，为避免在大荷载下隔离架与钢绞线错动，在预紧张拉后，对索体孔道进行回填灌浆，然后整体张拉。整体张拉时注意：

1）用应力和伸长值控制张拉过程。实际伸长值为理论伸长值的95%～110%，张拉前根据锚索的实际张拉长度计算出理论伸长值，以便校对。

2）缓慢平稳地加载和卸载，加载速率每分钟不宜超过0.1倍张拉控制应力，卸载速率每分钟不宜超过0.2倍张拉控制应力。

3）张拉中夹片错牙不应大于2mm，否则应退锚重新张拉。

4）锚具锁定时，夹片回缩量不大于5mm。

（3）整体张拉时8套监测锚索均出现偏心受力，并发生钢绞线断丝现象。其原因是弯曲主锚索的钢绞线长度不一，张拉时同样的伸长值，钢绞线短的比钢绞线长的受力大。

测力计6弦测读结果：测力计DP1～DP8的平均吨位分别是3600.4、2820.4、2139.2、2947、2602.02、3159.9、2996、2322.2kN，测力计的分弦吨位最大差值为436.7～1192.8kN。由于有7束锚索没有达到设计吨位，设计在每侧闸墩增设两根补强主锚索（共8束），补强主锚索额定工作吨位3500kN，超张拉力为3900kN，均为对穿锚。

鉴于整体张拉的缺陷，剩余的锚索决定采用单根张拉，并降低设计锁定吨位10%。

2. 锚索单根张拉

（1）主锚索单根张拉前先预紧张拉，机具为YCJ26型，前卡式千斤顶预紧力为设计吨位的25%，持荷稳压时间为10min。

（2）主锚索单根张拉时，第一级按原预紧吨位张拉测量初始值，因已降了设计吨位的10%。第二级开始按现设计吨位分级张拉，第一级测量出初始值即可张拉第二级，第二级至第四级各稳压5min，第五级稳压10min。单根张拉采用内外圈对称张拉方式，分别对应编号记录。张拉注意事项同整体张拉。

（3）单根张拉比整体张拉耗时长，但提高了张拉质量，未发生一起断丝，也提高了整体吨位，解决了偏心所产生的断丝问题。

测力计6弦测读结果是：测力计DP9、DP10的平均吨位分别是3323.57、3503.4kN；测力计的分弦吨位最大差值分别为551.12、262.5kN。可见单根张拉时锚索产生的偏心力较小，分弦吨位最大差值小于整体张拉，没有发生钢绞线断丝，达到了预期效果。

3. 锚索的预应力损失　从锚索锁定 92～185d 测力计监测情况看，武都水库工程锚索的预应力损失率在 0.05%～2.85%间，能满足工程的需要。

（中国水利水电第三工程局有限公司　张礼朋）

拉西瓦水电站高边坡治理安全施工技术

拉西瓦水电站地处龙羊峡谷，坝址区两岸山坡陡峻，边坡最大高度约 700m，天然坡角 60°～70°。电站在左右岸消能区、右岸出线楼、右岸鸡冠梁和青石梁都有高边坡，支护高度分别为 215、440、350、470m。

拉西瓦高边坡施工的特点是：①边坡高深，场地狭小；②要搭设大量脚手架；③施工作业危险程度高，安全隐患突出。

（一）施工布置

1. 交通及作业平台　拉西瓦消能区右岸高边坡钢栈桥是覆盖支护区的通道和作业平台，它结合边坡支护点布置在不同高程。钢爬梯是钢栈桥间的连接通道，根据现场情况顺边坡每 300m 布置一个。右岸施工区高边坡共设钢栈桥 6 层，相应高程为 2295.00、2350.00、2405.00、2450.00（2460.00）、2520.00、2611.00m，总长约 2.8km。在各层钢栈桥间、右岸出线楼后边坡、右岸青草沟及右岸鸡冠梁等布置钢爬梯，总长约 9.3km。

2. 钢栈桥及钢爬梯　钢栈桥的主体是三角形悬挑承重钢结构，每榀钢结构固定于边坡上，各榀间用杆件连接，形成连续的悬挑桥型结构。钢栈桥设计考虑建成后的用途，合理选用荷载限值。经计算，每榀钢结构设计承载力为 3t，主要受力部位为上弦杆及支撑斜杆。这两个部件采用 2 根 12 号槽钢焊接而成，为增强三角支撑整体承重能力，三角支撑区内用 50×50 角钢作为腹杆。支撑架间用工字钢或槽钢连接，再在上面满铺 4mm 厚花纹钢板或 50mm 厚木板。支撑架间距 1.2m，桥面宽 3m，满足一般小型运输器具通行。

钢栈桥施工时，先在边坡钢栈桥起点搭设脚手架临时作业平台（也可利用上升的钢爬梯作为钢栈桥起点），架设脚手架范围内的钢栈桥，再利用已完栈桥作施工平台，进占施工后续钢栈桥。钢栈桥与边坡的连接，主要是与横向连接杆件焊接的插筋，以及与支撑斜杆焊接的插筋。前者承受拉拔力，插筋为长 4.5mϕ32mm 倒楔式锚杆，入岩 4m 外露 0.5m，与槽钢满焊，锚杆饱满灌浆。插筋应做拉拔试验。支撑架安装后，及时用横向连杆与已经形成的钢栈桥相连。施工结束后，标明钢栈桥的最大限荷。

钢爬梯用钢材在现场依边坡地形制作，最大荷载为每踏步 300kg。爬梯宽 1.2m，踏步为 3mm 厚花纹钢板，宽 25cm，踏步间高差 20cm。钢爬梯边上升边焊接，并及时将爬梯支撑杆件与边坡插筋焊接。钢爬梯和钢栈桥在边坡悬崖施工，要注意个人安全防护。

3. 材料运输　现场设卷扬机提升系统和材料转运平台，卷扬机布设尽量覆盖整个施工区。同一部位使用多台卷扬机时，卷扬机要分散布置。卷扬机主缆绳水平长度不宜超过 200m，垂直方向以 40～60m 为宜。运距过远 1 台卷扬机不能满足时，可采用卷扬机接力，在接力点设钢结构材料转运平台，一般面积 6m×12m，如平台用作支护作业，加大至 6m×30m。转运平台与边坡连接，其支撑结构采用大号型钢，平台周围设 1.2m 高的防护栏杆。

4. 安全防护网（平台）　高边坡一般会交叉作业，施工安排要尽量错开上下区域作业时段，还应设柔性被动防护网。一般网高 7m，设在每层钢栈桥靠近边坡一侧，确保底部作业区的安全和施工通道上人员设备的安全。防护网在施工中循环使用。

（二）高边坡支护施工

1. 高边坡支护程序　边坡清理→施工系统布置→搭设支护脚手架→支护施工→工程验收→脚手架拆除→清理现场→工程竣工。

2. 施工方法

(1) 高边坡支护施工前，人工分片清除支护区边坡上方的浮石和岩块。边坡清理作业人员要经必要的培训，采取专门的安全措施。清坡过程中，在清坡范围下方设安全警戒范围。清坡完成后布设风水电和交通系统。

(2) 分区搭设脚手架，一个区支护全部完成后，再将其拆至另一区域。支护脚手架搭设成悬挑式双排扣件钢管脚手架，高度以 20m 为一梯段，钢管外径 48mm，壁厚 3.5mm。钢管立杆纵距 1.5m，横距 1.8m，平杆步距 1.5m。第一排立杆贴坡布置，距坡面不大于 30cm，倾角与边坡相同，第二排立杆垂直布置。脚手架搭成后，仅在作业层（2 层同时作业）铺设 5cm 厚的马道板，并在外侧和底部设安全防护栏。脚手架每 2 步 3 跨与岩石面连接，连接点为 ϕ25mm、长 3m 插筋，入岩 2.5m，用水泥卷锚固剂锚固，并与脚手架的短平杆焊接。脚手架外侧在基岩面上每隔 5m 设支撑杆。随锚桩（锚杆）施工完毕，用 ϕ6.5mm 盘条与脚手架内侧立杆绑扎或与短平杆焊接。喷混凝土作业时，要清理干净马道上残留混凝土。边坡支护的脚手架利用钢栈桥作为基础，但到一定高度时须将脚手架的重量分配到边坡。

（3）边坡支护施工中，支护材料用载重汽车运至施工区附近，再用该部位的卷扬机将钢筋或钢绞线运至材料转运平台。钢筋和钢绞线在平台或钢栈桥上加工成锚筋桩或锚索，再用平台上的小型卷扬机或倒链配合人工安装。喷混凝土时，拌和好的材料通过卷扬机转运至施工平台，然后再施喷。钻机也在脚手架上作业。

（三）高边坡支护施工安全措施

高边坡施工安全隐患突出，采取的安全措施是：①成立高边坡安全隐患监控小组，在项目部内部实行安全生产风险抵押金制度，将安全责任落实到人；②加强职工入场教育培训；③编写施工安全专项措施；④经常进行安全检查，例行检查的项目有脚手架搭设是否规范，卷扬机运行是否安全，以及钢栈桥钢爬梯的安全性；⑤大量采用 SNS 主动、被动防护网系统以保证边坡的稳定，进水口青石梁高边坡共挂设了 28 万 m^2 的柔性防护网。

柔性防护网分主动和被动防护网两种。主动柔性防护网由高强度热镀锌钢丝绳柔性防护网、锚杆及附件组合安装而成，它具有高韧性、高防护强度、易铺展等优点，适应任何坡面地形，施工简便。

被动防护是在冲沟内设立一道钢丝绳网和菱形网复合防护层，如有跌落的石头将被网子挡住，它是由格栅网、钢绳网、支撑绳、钢立柱、缓冲环等组成的柔性结构。

（中国水利水电第三工程局有限公司
薛 恒 蔡占顺 赵 琦）

围堰与导流施工

玛尔挡水电站截流施工技术

（一）概况

玛尔挡水电站位于青海省海南藏族自治州同德县与果洛藏族自治州玛沁县交界处的黄河干流上，是龙羊峡以上黄河干流湖口—羊曲河段规划的第十二个梯级水电站，为一等大（1）型工程。主要任务是发电，装机容量 2200MW。枢纽建筑物由混凝土面板堆石坝、右岸泄洪洞、右岸三孔溢洪道及右岸引水地下厂房等组成。

玛尔挡水电站施工导流采用河床一次断流、全年围堰挡水、隧洞过流的方式，由上、下游围堰和左岸导流洞组成。导流洞长 1261.8m，断面为 13m×16m 城门洞形。上、下游围堰均采用土石围堰，最大高度分别为 53.5、16m，上游围堰采用防渗墙上接土工膜防渗，下游围堰采用防渗墙防渗。

（二）工程水文气象及地质条件

1. 水文气象　黄河上游洪水涨落缓，历时长，洪次少，大小洪水年周期交替较明显。一次洪水过程约 40d，7 月及 9 月洪水出现次数较多，9 月洪峰流量比 7 月大。6、8 月次之，10 月偶有发生。

2. 地质条件　河床覆盖层厚 2～5m，堰基覆盖层以卵石为主，含漂石，强透水，渗透破坏主要为管涌。左岸岸坡坡角 68°，地形完整，整体稳定，裸露基岩为二长岩。右岸边坡上陡下缓，3165m 以上坡度为 73°，以下坡度为 42°，岸坡地形完整，稳定性好，裸露基岩为变质砂岩。

（三）截流设计

1. 截流方式与截流标准　上游围堰采用单向立堵法截流，由左岸向右岸进占。戗堤沿线填筑备料平台时，在围堰轴线两侧 5m 范围内尽量使用粒径小于 40cm 的石渣料。截流龙口设在河道右侧，预留龙口顶口宽 60 m，流速 5.77m/s。

截流戗堤为上游围堰堰体组成部分，戗堤轴线设在上游围堰轴线上游侧 79.25m 处。戗堤顶长 118.7m，堤顶高程 3105.00m，堤顶宽 30m，梯形断面，迎水面和背水面坡比均为 1∶2。

截流标准采用 10 年一遇，11 月份平均流量 443m^3/s。主河床截流拟定于 2013 年 11 月下旬，预进占时间 2013 年 11 月 20～22 日，截流时段 11 月 23 日～28 日，择机拟用时 72h。

2. 截流水力学计算　立堵截流时，龙口泄水能力按梯形或三角形断面宽顶堰计算。通过计算和水力学模型试验，得到龙口和导流洞的水力学参数。龙口的水力学参数：宽度 60～40m 为龙口合龙困难区，相应的分流量为 402～254 m^3/s，流速 5.77～4.97m/s，单宽能量 76.636～174.244t・m/(s・m)；在 50～40m 区间，龙口流速最大，达到 6.38m/s，单宽能量最大，达到 174.244 t・m/(s・m)，抛填最困难。当宽度至 10m 内时，顶宽缩至 15～20m，可加快龙口合龙。

3. 龙口抛石稳定　由水力学参数可知，龙口宽度至60～40m时，抛填最困难。由龙口流速可计算块石能够入水稳定的当量粒径，从而可确定不同龙口宽度时的抛投料的计算粒径。

戗堤抛填为动水抛填，石块在河底的稳定点与入水点不在同一位置，稳定点距抛投点的距离与水流参数和河床粗糙度有关。经计算，龙口抛投石料最小粒径和抛石冲距见表1。

表1　龙口抛投石料最小粒径和抛石冲距计算成果

龙口宽度（m）	60	55	50	40	30	20	10
龙口流速（m/s）	5.77	6.02	6.38	4.97	4.68	4.15	2.57
抛石计算粒径（cm）	88	96	108	66	58	56	>10
抛投体重量（t）	0.92	1.20	1.71	0.39	0.26	0.24	>0.01
抛石冲距（m）	31.00	20.19	37.80	36.50	33.00	23.55	—

4. 截流材料及数量　由表1可知，最大流速出现在龙口宽度50m接近三角区时，流速为6.38m/s，抛投料不被冲走的最小粒径为108cm。

截流备料主要为裹头钢筋笼块石，龙口石渣料、块石料和钢筋石笼，型钢桁架及葡萄串材料和混凝土四面体。通过计算并结合类似工程确定各种材料的数量，总计为187 340m³。

根据截流时流速的变化对抛填料的要求，将龙口分为三个区抛填：

Ⅰ区：预进占至龙口缩减至60m处，抛填料为粒径60cm以下混合料，抛填量83 639m³，包括30%流失量。

Ⅱ区：龙口由60m缩减至40m。随龙口宽度逐渐减小，龙口水头不断抬高，但导流洞分流能力有限，龙口流速由5.77m/s增至最大流速6.38m/s。除抛投石渣外，还抛投粒径40～110cm的块石及大量块石钢筋笼和四面体。抛填量44 146m³，包括50%流失量。

Ⅲ区：龙口由40m缩减至20m，此后变三角区。随龙口不断向右岸进占，底部高程不断抬高，大部分来水被导流洞分流，流速由6.38m/s减小至4.15m/s。前半段除抛投20～40cm石渣外，还抛投40～80cm块石及一定数量的块石钢筋笼、型钢桁架、十字撑和四面体。抛填量36 842m³，包括50%流失量。接着在戗堤下游侧及水面上回填石渣和块石料跟进，一个接一个循环进占。

Ⅳ区：从龙口宽度20m至0m，流速由4.15m/s减小至0m/s。龙口形状为三角形，此时流量很小，抛投20～40cm石渣及少量块石，龙口迅速合龙。抛填量22 713m³，包括10%流失量。

上游围堰龙口抛填强度为750m³/h，不包括Ⅰ区预进占。

（四）截流施工

1. 截流前完成的项目　包括：①导流洞及左岸消能区工程具备过流条件，通过验收；②导流洞进出口围堰拆除完毕，截流施工道路通畅；③截流料准备充足，机械设备、人员到位。

2. 截流程序　0号支洞出口修筑回车平台和备料平台→备料平台上堆放四面体、葡萄串及钢筋笼块石→戗堤预进占至龙口→裹头防护→龙口Ⅱ区、Ⅲ区、Ⅳ区抛填（含下戗堤预进占）→龙口合龙。

3. 戗堤填筑阶段　第一阶段左岸戗堤预进占，即在正常截流标准下，沿截流戗堤中心线从左岸向右岸预进占，直至设计龙口处，再对裹头防护，取料点在旗中沟桥头下游原洞挖料场；第二阶段为龙口困难区施工阶段，该阶段抛填强度高，抛填料以粒径大于60cm的混合料为主，取料点为旗中沟左岸桥头下游块石料场；第三阶段为龙口合龙阶段，合龙时间为2013年11月28日，取料点同第一阶段。

第一阶段左岸非龙口段戗堤施工时，在导流洞工程0号施工支洞洞口填筑垂直河道、宽30m、顺河道长40m的会车平台。利用导流洞出口纵向围堰拆除料及旗中沟堆存洞渣料进行戗堤预进占，同时沿左岸岸坡顺河道填筑备料平台，在左岸戗堤和过坝下叉洞洞口间形成长约180m、宽30～40m平台，堆放四面体、葡萄串及钢筋笼块石，局部用钢筋笼护脚（围堰轴线上下游侧各5m范围内除外）。戗堤预进占至龙口后，对龙口裹头用钢筋笼防护，厚度2m。

第二、三阶段中，戗堤龙口段全断面推进施工：①用大石料、钢筋石笼以及葡萄串块石等抛在堤头上游角迎水侧抗冲稳角，石渣料、中大石料、特大石料、钢筋石笼和混凝土四面体全断面进占；②尽量用自卸汽车抛填，酌情采用堤头集料、推土机推料抛投；③在容易坍塌区段，堤头集料约100m³时，用2台YT220推土机推料抛填。如此循环进占直到合龙；④当戗堤龙口合龙因流速过大而进展缓慢时，利用过坝下叉洞洞口下方回车平台，同时向河道内填筑，改善过坝下叉洞洞口上游至戗堤间水力条件，促进戗堤加快合龙。

实践证明，在主河床截流中，克服了施工面狭窄布置受限、黄河流速大和落差大等难题，取得了立堵截流的成功；并通过设计计算，经济合理地储备截流材料，节约了成本；采取丁坝和超宽戗堤进占的施工方法，经济效益十分显著。

（中国水利水电第三工程局有限公司
丁　莉　李鑫斌）

置换黏土法在土石围堰防渗体中的应用

（一）概况

猴桥水电站是槟榔江中上游河段规划的第二个梯级电站，厂区纵向围堰基础的强透水层厚9.7～16.98m，由卵砾石、孤石、大块石、砂卵砾石组成。苏家河口水电站是槟榔江四级梯级开发方案中的第三级水电站，厂房纵向围堰堰基在中等透水率的地表冲积层上，且透水层较深。等壳电站的上下游横向围堰基础堆积层厚5～6m，为砂卵砾石夹粉细砂、块石、漂石，有架空现象，下伏岩体强风化存在不均一性。

以上3个电站的围堰设计均为土石围堰，堰体用石渣填筑，并根据水流特性铺设块石护坡。围堰堰体采用黏土心墙防渗，心墙外侧包裹一层土工布，堰基采用高压喷射灌浆防渗，入岩1m。

猴桥水电站厂房和苏家河口厂房的纵向围堰，以及等壳水电站横向围堰的地质勘查资料显示，河床坡降大，冲积层、坡积层覆盖厚度较小，孤石、漂石、砾石含量较多。在这种地层中进行高喷灌浆，不利于形成旋喷桩和控制桩体质量，同时在喷射管下设过程中遇孤石容易偏斜，造成防渗体不闭合，防渗效果不佳，决定改变围堰的防渗方案。

（二）深黏土心墙防渗

上述电站的河道坡降大，河床常年受强力冲刷，下伏基岩埋深较浅，经深挖容易进入密实层或基岩。因此，决定取消高喷灌浆，采用在黏土心墙部位深挖、加深黏土心墙的方案，即用黏土心墙置换原透水地层。主要的好处是：

1. 缩短施工工期　高喷方案一般在围堰填筑到一定防洪高程后，将其作为作业平台，施工需要较长时间，尤其在孤石、漂石、砾石含量较多条件下难度更大；且填筑中断，填筑设备闲置，堰体的稳定也有一定风险。

深挖堰基填筑黏土心墙防渗体，实际上是堰体防渗体的延伸，可按常规土石围堰施工程序进行。堰基处理可分段平行作业，确保堰体填筑的连续性。根据上述三个围堰施工情况推算，可缩短2～3个月工期。

2. 确保施工质量　高喷灌浆形成的是喷射浆液与周围土体结合的防渗体，是地下隐蔽工程，在质量控制和检验方面存在一定难度，虽可通过破坏性试验检测，但不能完全避免质量死角。

深挖堰基心墙是在基坑围护下，用液压反铲直接挖除心墙部位下面的冲积层、松散岩体、孤石等，属于明挖，根据水头可开挖至强风化密实层、弱风化岩体等。堰基开挖完成后，按坝基的条件、方式进行基础验收，黏土填筑可分层进行密实度检测，完全在可控范围内，防渗体质量有保证。围堰完成后一半没有堰基渗漏。

3. 节约成本　在原定开挖深度上继续堰基开挖，其成本肯定较一般土石方明挖大，但与高喷灌浆比造价大大降低。心墙材料只需黏土，土石围堰一般都设置黏土料场，可选择合适的开挖料用于堰体心墙填筑。增加的仅是土石方开挖的造价。

高喷灌浆需水泥，也需部分黏土，材料用量非常大。喷射过程中会造成跑浆，专业设备的造价、进出场费用较高，工期短，摊销成本大，成本在1000元/m左右，与仅增加部分堰基开挖的方案比，造价大幅增加。

（三）黏土心墙防渗体施工

黏土心墙的开挖采用长臂液压反铲分区段进行，开挖前各段周边采用临时围堰围护，根据基坑深度布置抽水泵坑，确保黏土在干地条件下填筑。

黏土心墙的填筑采用自卸汽车运到填筑区域，进占法卸料、铺土。推土机平料，松铺厚度40cm。碾压采用16t自行式振动碾，顺围堰轴线方向平行错距碾压，行驶速度3～5km/h，相邻碾迹重叠宽度0.3～0.5m。碾压参数根据试验确定，保证压实度满足设计要求。靠近两岸的接触带黏土采用电动蛙夯顺岸边夯实。填黏土料前，应将黏土与基础接触表面清洗干净，并涂刷一层厚3～5mm的浓黏土浆，随刷浆随填土，平整压实，防止泥浆干硬。

（中国水利水电第三工程局有限公司
贾高峰　陈晓燕　孟宪坤）

其　　他

亭子口水利枢纽工程电站厂房清水混凝土施工

亭子口水利枢纽位于四川省广元市苍溪县境内，是嘉陵江干流开发中唯一的控制性工程，为一等大(1)型工程，水库正常蓄水位458m，总库容40.67亿m^3，总装机1100MW。电站厂房安装4台混流式水轮发电机组，一些部位的混凝土采用清水混凝土。

目前，清水混凝土施工在国内尚无技术规范可循，其施工工艺、过程控制及外观质量标准等亦无统一规定。但国内很多大型水电站主副厂房墙体、排架柱及闸墩等部位的清水混凝土施工，有较多经验可供参考。亭子口水利枢纽电站厂房的混凝土总量约30.4万m^3，为使厂房混凝土质量达到内实外光、符合创建示范工程的要求，对电站厂房清水混凝土施工进行研究，最终提供有价值的施工技术参数。

(一) 施工特点

(1) 采用特制平面大模板，提高模板刚度和平整度，并施以装饰条隐蔽一些混凝土浇筑缺陷，使浇筑成形的混凝土墙面光滑、整洁、美观。

(2) 根据混凝土墙体尺寸和混凝土仓位一次浇筑的高度，平面大模板可制成300cm×240cm、200cm×240cm等规格，以满足混凝土浇筑仓位一次支立完成。

(3) 使用手动葫芦或大型吊装机械拼装平面大模板，施工速度快，拼装准确度高，安全性强，施工质量能得到保证。

(4) 采用高掺粉煤灰混凝土配合比，和易性好，使成形后混凝土表面光洁度增加。

(二) 模板配置和应用部位

模板工程的质量是达到清水混凝土效果的首要条件和技术关键，必须保证模板尺寸准确，有足够的刚度，拼缝严密平整，板面平顺清洁，粗糙度、平整度和刚度必须达到要求。

平面大模板和WISA模板用于安装间边墙、副厂房上下游边墙、尾水闸墩、高程392m以上桥机承重墙和下游挡水墙等部位。

悬臂模板使用钢材制作，因其不用拉条，便于机械化施工，可为大体积混凝土快速施工创造条件，主要用于厂房室外大面、直面等部位。

定型组合钢模板具有重量轻、不宜漏浆、成本低以及混凝土表面光整、光滑等特点，适用于各种仓位，可采用内拉外撑方法加固，型号有P1015、P3015、P6015。

定型圆弧模板可与平面大模板配套施工，用于主厂房尾水闸墩的墩头。圆弧模板高度以2.4m为主，用6mm钢板作背带，1mm钢板作面板，普通钢管作围檩。

(三) 施工工艺及效果

施工工艺流程为：基础层混凝土浇筑→混凝土毛面处理→模板拆除→模板清理→刷脱模剂→模板安装→刮填缝腻子→混凝土浇筑→外观墙面加工。

从施工效果看，电站厂房清水混凝土外观质量平整、美观。在中国大唐集团公司创建亭子口水利枢纽优质示范工程的目标中，电站厂房安装间清水墙混凝土示范点达到创优策划书的要求并通过审核，由四川省水利厅亭子口水利枢纽质量监督站核备。

(中国水利水电第五工程局有限公司
李春峰　余　龙)

南水北调总干渠镇平Ⅰ标工程中弱膨胀土的改性试验及其应用

南水北调中线一期工程总干渠(以下简称总干渠)镇平段镇平Ⅰ标总长12km，土石方开挖560万m^3，土石方填筑278万m^3。该段地层大部分土属弱膨胀土，可能导致局部边坡失稳或影响渠道的正常输水。因此，在料源紧张的情况下，弱膨胀土的改性十分必要。

弱膨胀土是一种含一定数量亲水矿物质(蒙脱石、伊利石、高龄石或混层结构)，且干燥收缩、吸水膨胀和强度衰减的黏性土，其液限和塑性指数较高，压缩性偏低，在天然含水量状态下较坚硬。可掺加石灰降低膨胀性和提高压实性，或掺入水泥改善性能和结构。

(一) 弱膨胀土掺生石灰和水泥的室内试验

1. 自由膨胀率　在试验室进行弱膨胀土掺生石灰和水泥的试验，生石灰为内乡马鞍山厂生产，水泥是邓州中联厂生产。生石灰掺量为0%、2%、4%、

6%、8%、10%，测得相应1d自由膨胀率分别为56%、51%、47%、41%、38%、36%，28d自由膨胀率分别为56%、49%、44%、39%、36%、34%。水泥掺量为0%、2%、4%、6%、8%、10%，测得相应1d自由膨胀率分别为56%、48%、38%、32%、28%、22%，28d自由膨胀率分别为56%、44%、34%、29%、24%、18%。试验结果表明：弱膨胀土随生石灰、水泥掺量的增加，1d和28d的自由膨胀率都出现下降趋势，掺水泥的自由膨胀率比掺生石灰降得快。总干渠水泥改性土施工技术规定：自由膨胀率小于40%为非膨胀土，40%～65%为弱性膨胀土，65%～90%为中性膨胀土，大于90%为强性膨胀土。故生石灰掺量6%及以上、水泥掺量4%及以上时，改性后均为非膨胀土。

2. 最大干密度和最优含水率　采用重型击实仪进行弱膨胀土掺生石灰和水泥的击实试验。生石灰掺量为0%、4%、6%、8%、10%、12%，测得最大干密度分别为1.72、1.74、1.76、1.74、1.72、1.71g/cm³，最优含水率分别为18.8%、19%、19.3%、20.1%、20.3%、20.8%。水泥掺量为0%、4%、6%、8%、10%、12%，测得最大干密度分别为1.72、1.75、1.77、1.79、1.81、1.83g/cm³，最优含水率分别为18.8%、18.4%、18.1%、17.8%、17.1%、16.6%。试验结果表明：①随生石灰掺量的增加，最大干密度先升后降，过程呈抛物线状；最优含水率逐渐上升，过程呈上升曲线；②随水泥掺量的增加，最大干密度逐渐增大，过程呈上升曲线；最优含水率逐渐减小，过程呈下降曲线。

3. 不同掺量生石灰、水泥的EDTA消耗量　EDTA为稳定剂，从试验结果看，生石灰和水泥掺量与EDTA消耗量成正比关系，生石灰、水泥掺量越大，EDTA量消耗越多。同时，同掺量生石灰、水泥，水泥消耗的EDTA大于生石灰消耗的EDTA。

4. 液限、塑限、塑性指数　试验结果显示：生石灰掺量为0%～12%，测得液限为51%～37.9%，塑限为24%～26.8%，塑性指数为27%～11%。水泥掺量为0%～12%，测得液限为51%～35.4%，塑限为24%～18.5%，塑性指数为27%～16.9%。

试验表明：①随生石灰、水泥掺量增加，掺生石灰土的液限和塑性指数递减，塑限缓慢递增；掺水泥土的液限和塑性指数递减，塑限缓慢递减；②生石灰和水泥土掺量相同时，水泥的液限比生石灰的液限降得快；③生石灰和水泥土掺量相同时，生石灰的塑性指数比水泥塑性指数降得快；④随生石灰掺量的增加，塑限递增；随水泥掺量的增加，塑限递减。

5. 不同掺量的水泥、生石灰对弱膨胀土含水率的影响　试验结果显示：生石灰掺量为0%～12%，测得含水率为20%～17%。水泥掺量为0%～12%，测得含水率为20%～15.2%。由此可知，掺生石灰和水泥都可有效地降低弱膨胀土的含水率；掺同比例的生石灰和水泥，对同一种土料降低含水率的程度有所不同，掺水泥比掺石灰降低含水率效果好。

（二）改性土的生产流程

1. 生石灰改性土的生产流程　料场取土掺灰→闷灰砂化→翻样（根据最优含水率）→碎土→粒径检测→弱膨胀土掺石灰拌制→EDTA滴定→土料运输摊铺→碾压→环刀检测。

（1）采用挖掘机取土、掺灰，堆成大堆，做好防水和排水。在2～4d内使生石灰充分反应，使土充分吸水。期间用挖掘机配合装载机翻动土料2～3次，使生石灰和土与空气接触，拌和均匀，降低土的含水量。

（2）用稳定液压碎土机碎土，剔除内径大于10cm的钙质结核或土块，最好采用轮式装载机上料碎土、拢堆，用塑料布临时覆盖。碎土后要检测土料粒径，最大粒径不大于10cm，10～5cm粒径含量不大于5%，50～5mm粒径含量不大于50%（不计姜石）。

（3）将拌好的土料用装载机送至拌和机集料斗。拌和称量系统按试验室确定参数控制土料、生石灰和水的重量，拌和时间一般不少于2min。

（4）根据室内滴定的EDTA标准曲线图，检测生石灰掺量是否达标。根据生石灰掺量标准差检测生石灰是否拌和均匀。

（5）用装载机挖装、自卸汽车运输，进占法铺料，推土机摊铺压平，凸块振动碾碾压。碾压遍数按试验确定参数控制，碾压采用先静1+强2+弱（N）方式，铺土厚度30cm，速度2～4km/h。

（6）填土碾压后，在4h内完成质量检测，6～8h内完成上土覆盖。采用200cm³或500cm³环刀在填筑层下三分之一处取样。

2. 水泥改性土的生产流程　土料开采堆方→测定天然含水率→晾晒或加水（根据最优含水率）→碎土→粒径检测→弱膨胀土掺水泥拌制→EDTA滴定→土料运输→找平摊铺→碾压→环刀检测。

从两种改性土施工流程可见，生石灰改性土需料场取土掺灰，水泥改性土只需土料开采堆放；生石灰改性土需闷灰砂化2～3d，水泥改性土不需要闷灰。其他工序基本相同。

（三）试验结果

通过试验可见，掺生石灰和水泥都可不同程度改善弱膨胀土的性能。掺水泥比掺生石灰降低自由膨胀率明显，降低含水率效果好；生石灰改性土比水泥改性土硬化后强度低，耐水性差，体积收缩大；生产水泥改性土比生产生石灰改性土简单些。所以，南水北调工程中线干线镇平Ⅰ标段渠道和倒虹吸工程选用掺水泥的土，公路工程选用掺生石灰土。

（中国水利水电第三工程局有限公司
杨永强　王　栋　薛　磊　陈　杨）

白市水电站泵送混凝土质量控制

白市水电站位于贵州省黔东南苗族侗族自治州天柱县境内清水江下游，是沅水规划梯级的第4级，为中低水头坝后式电站。枢纽由河中溢流坝、右岸坝后式厂房、左岸垂直升船机、两岸非溢流坝及消力池等组成。左岸升船机系统，为独立于坝体上下游的柱状结构，最大柱高68m。升船机系统采用滑模施工，混凝土泵送到位。

泵送混凝土必须具有良好的工作性能，其粗骨料粒径一般不大于管径的四分之一，细骨料宜采用中砂，通过0.315mm筛孔的砂不应少于15%，还需加防止混凝土拌和物在泵送管道中离析和堵塞的泵送剂，以及在泵压下顺利通行的外加剂，加入适量粉煤灰料等混合料，可改善混凝土性能。白市水电站泵送混凝土质量控制的主要做法是：

1. 选择混凝土配合比　升船机系统的泵送混凝土为二级配$C_{28}25$混凝土，经试验确定的配合比：水灰比0.42，砂率44%，每立方米混凝土中水泥324kg、水170kg、砂812kg、小石413kg、中石620kg、粉煤灰81kg（掺量20%）、泵送剂4.86kg（掺量1.2%）、引气剂0.008 1kg（掺量0.002%），坍落度16～18cm。出机混凝土的实测坍落度为17cm，扩散度38.7cm，常压泌水率6.5%，压力泌水率16.7%，含气量4.3%，混凝土7d强度22.8MPa，28d强度32.3MPa。

2. 优化混凝土配合比　在确定的配合比三个月的使用中，泵送混凝土的可泵性波动较大，常造成混凝土泵车输送管的堵管和爆管，可泵性差，泵送效率低。主要原因是：人工碎石（D_{20}5～20mm）10mm以上含量高达80%以上，而DL/T 5144—2001《水工混凝土施工规范》规定，人工碎石（D_{20}5～20mm）中经10mm方孔筛的筛余量应在40%～70%范围内，加之人工砂的细度模数值始终处于规范要求的上限。碎石粒径大，骨料孔隙率就大，浆体不能形成有效包裹，没有富余浆液润滑，所以可泵性差。

曾考虑增加胶凝材料用量来解决，但从混凝土检验资料看，126次检测的28d平均抗压强度为33.9MPa，说明泵送混凝土有一定超强，不必再增加胶凝材料。而保持胶凝材料总重量不变下，增加粉煤灰掺量将提高胶凝材料在混凝土中的体积比，这有利于增加混凝土的流动性。因此，将粉煤灰掺量提高到30%，对原配合比进行了优化。其配比为：水灰比0.42，砂率44%，每立方米混凝土中水泥283kg、水170kg、砂812kg、小石413kg、中石620kg、粉煤灰121kg（掺量30%）、泵送剂4.86kg（掺量1.2%）、引气剂0.008 1（掺量0.002%），坍落度16～18cm。出机混凝土的实测坍落度为18.2cm，扩散度46.9cm，常压泌水率6.1%，压力泌水率14.2%，含气量3.8%，混凝土7d强度20.6MPa，28d强度33.4MPa。

优化后的泵送混凝土配合比用于生产后，虽然仍受人工砂细度模数较大、人工碎石级配不合格的影响，但配合比的可调性变大，可泵性波动变小，基本没有出现混凝土泵车输送管的堵管和爆管。371次检测的28d平均抗压强度为35.5MPa，说明提高粉煤灰掺量并没有降低混凝土的强度，反而因粉煤灰改善了混凝土的性能，使其更加密实，泌水更少，从而提高了强度。

通过对泵送混凝土配合比的调整，保证了泵送混凝土抗压强度保证率一直在98%以上。

3. 取样对泵送混凝土的影响　《普通混凝土拌和物性能试验方法》规定，在同一盘或同一车混凝土中约1/4、1/2、3/4处分别取样，取样后人工搅拌。在拌和楼出机口和工地现场，可以做到从规定的部位取样，而对于封闭混凝土罐车则不易做到。此外，混凝土罐车在装运时，会有水或水泥浆液落入混凝土罐车中，待装入混凝土时，就会在混凝土上部形成一定的浮浆；运输过程中，因为罐车封闭不严而出现漏浆。这些因素都会影响取样混凝土的性能指标。

为此对同批混凝土的拌和楼出机口与混凝土罐车在现场卸料一半时的样品进行对比试验。从46组对比试验可见，拌和楼出机口混凝土样品的坍落度和含气量的平均值，比现场样品要高，抗压强度相差不大，不过现场样品的抗压强度偏差更小。

由此可见，混凝土的合理取样，对判定混凝土施工性能是否满足要求很重要，也是泵送混凝土质量控制中的一个关键环节。

（中国水利水电第三工程局有限公司　黄运华）

呼和浩特抽水蓄能电站人工砂石粉含量对混凝土拌和物的影响

人工砂石粉是生产砂及粗骨料过程中产生的粒径小于0.16mm的微细颗粒，呼和浩特抽水蓄能电站试验中心就大理岩人工砂石粉的含量对常态及泵送混凝土的影响进行了试验研究。

（一）试验用原材料

使用的原材料：电站营地生活用水，中联水泥厂的P.O42.5普通硅酸盐水泥，托克托电厂Ⅰ级粉煤灰，内蒙古混凝土宝外加剂有限公司生产的TBFD-2型高效减水剂和TBKW-2型引气剂，水电八局砂石系统生产的大理岩人工骨料，砂石系统旋风机收集的石粉。

试验的二级配常态和泵送混凝土的坍落度分别为50～70mm和140～180mm，含气量均为4%～6%，人工砂细度模数2.79。试验中保持混凝土配合比主要参数不变（见表1），人工砂的石粉含量为16%，依次再掺入2%石粉，使石粉含量分别为16%、18%、20%及22%。

（二）石粉含量对混凝土性能的影响

1. 石粉含量对泵送混凝土坍落度、含气量及抗压强度的影响

（1）在保持用水量、砂率、粉煤灰掺量、外加剂及所用原材料不变的情况下，不同石粉含量对泵送混凝土坍落度、含气量及强度的影响见表2。

（2）在保持用水量、粉煤灰掺量、胶凝材料、外加剂、粗骨料用量不变情况下，调整砂率，随着石粉含量的增加，对泵送混凝土坍落度、含气量及强度的影响见表3。

（3）在保持粉煤灰掺量、胶凝材料、砂率、外加剂及骨料用量不变的情况下，调整用水量使混凝土坍落度达到设计要求。随着石粉含量的增加对泵送混凝土坍落度、含气量及强度的影响见表4。

2. 石粉含量对常态混凝土坍落度、含气量及抗压强度影响

（1）在保持用水量、砂率、粉煤灰掺量、外加剂及所用原材料不变的情况下，不同掺量的石粉对常态混凝土坍落度、含气量及强度的影响见表5。

（2）在保持用水量、粉煤灰掺量、胶凝材料、外加剂及粗骨料用量不变的情况下，调整砂率，随着石粉含量的增加，对常态混凝土坍落度、含气量及强度的影响见表6。

（3）在保持粉煤灰掺量、胶凝材料、砂率、外加剂及骨料用量不变的情况下，调整用水量使混凝土坍落度达到设计要求，随着石粉含量的增加，对常态混凝土坍落度、含气量及强度的影响见表7。

表1 混凝土配合比

序号	混凝土种类	级配	水胶比	坍落度（mm）	砂率（%）	粉煤灰掺量（%）	减水剂掺量（%）	引气剂掺量（%）	材料用量（kg/m³）							
									水	水泥	粉煤灰	减水剂	引气剂	砂	小石	中石
1	常态	二	0.50	50～70	35	30	1.8	1.5	125	175	75	4.50	3.75	730	542	813
2	泵送	二	0.50	140～180	40	30	1.8	1.0	150	210	90	5.40	3.00	786	649	530

注 配合比采用绝对体积法计算，常态的中石：小石＝60：40，泵送的中石：小石＝45：55。

表2 石粉含量对泵送混凝土坍落度、含气量及抗压强度的影响

序号	试验编号	用水量（kg/m³）	设计坍落度（mm）	石粉含量（%）	砂率（%）	实测坍落度（mm）	含气量（%）	抗压强度（MPa）	
								7d	28d
1	HX-80	150	140～180	16	40	175	6.0	18.4	28.6
2	HX-81	150	140～180	18	40	155	5.5	17.9	28.8
3	HX-82	150	140～180	20	40	90	4.0	20.6	31.6
4	HX-83	150	140～180	22	40	65	3.6	20.0	30.6

表3 调整砂率时石粉含量对泵送混凝土坍落度、含气量及抗压强度的影响

序号	试验编号	用水量（kg/m³）	设计坍落度（mm）	石粉含量（%）	砂率（%）	实测坍落度（mm）	含气量（%）	抗压强度（MPa）	
								7d	28d
1	HX-89	150	140～180	16	40	170	6.0	15.6	27.6
2	HX-90	150	140～180	18	38	150	5.5	16.4	28.8
3	HX-91	150	140～180	20	36	140	5.0	16.7	28.5
4	HX-92	150	140～180	22	34	73	4.6	19.8	33.9

表 4　调整用水量时石粉含量对泵送混凝土坍落度、含气量及抗压强度的影响

序号	试验编号	用水量 (kg/m³)	设计坍落度 (mm)	石粉含量 (%)	砂率 (%)	实测坍落度 (mm)	含气量 (%)	抗压强度（MPa）	
								7d	28d
1	HX-124	150	140～180	16	40	180	4.5	19.2	29.1
2	HX-125	155	140～180	18	40	180	4.2	17.2	27.9
3	HX-126	168	140～180	20	40	160	4.0	15.9	25.4
4	HX-127	175	140～180	22	40	145	4.6	14.2	24.3

表 5　石粉含量对常态混凝土坍落度、含气量及抗压强度的影响

序号	试验编号	用水量 (kg/m³)	设计坍落度 (mm)	石粉含量 (%)	砂率 (%)	实测坍落度 (mm)	含气量 (%)	抗压强度（MPa）	
								7d	28d
1	HX-76	125	50～70	16	35	65	5.0	19.0	28.9
2	HX-77	125	50～70	18	35	57	4.7	17.9	28.8
3	HX-78	125	50～70	20	35	47	4.5	20.6	30.1
4	HX-79	125	50～70	22	35	25	3.4	23.0	35.6

表 6　调整砂率时石粉含量对常态混凝土坍落度、含气量及抗压强度的影响

序号	试验编号	用水量 (kg/m³)	设计坍落度 (mm)	石粉含量 (%)	砂率 (%)	实测坍落度 (mm)	含气量 (%)	抗压强度（MPa）	
								7d	28d
1	HX-84	125	50～70	16	35	65	5.0	19.4	29.8
2	HX-85	125	50～70	18	33	57	4.7	22.3	36.1
3	HX-86	125	50～70	20	31	50	4.5	21.8	36.6
4	HX-87	125	50～70	22	28	25	3.4	21.0	35.7

表 7　调整用水量时石粉含量对常态混凝土坍落度、含气量及抗压强度的影响

序号	试验编号	用水量 (kg/m³)	设计坍落度 (mm)	石粉含量 (%)	砂率 (%)	实测坍落度 (mm)	含气量 (%)	抗压强度（MPa）	
								7d	28d
1	HX-128	125	50～70	16	35	55	4.9	14.7	24.6
2	HX-129	130	50～70	18	35	65	4.7	14.5	24.3
3	HX-130	138	50～70	20	35	70	4.2	13.8	22.8
4	HX-131	145	50～70	22	35	65	4.3	13.6	21.5

（三）试验成果分析

（1）人工砂中适宜的石粉含量能改善混凝土拌和物性能。石粉颗粒能填充细集料间空隙，降低混凝土的孔隙率，提高拌和物的流动性、黏聚性、保水性、抗分离性及密实性，有利于混凝土的液化。但在保持用水量、胶凝材料、外加剂掺量、骨料及混凝土施工性能不变的情况下，混凝土单位用水量随石粉含量的增加而增加才能保证混凝土施工性能。

（2）人工砂中石粉含量在规范要求范围内（石粉含量上限 18%）对混凝土出机口性能无明显的改变，随着石粉含量增加，则需要调整砂率来保证混凝土工作性能；超过规范要求时，对常态或泵送混凝土性能有明显的影响。在 20%以内可通过调整砂率来保证混凝土的施工性能，大于或等于 22%时就不具有可调性，需要进一步设计配合比参数。

（3）人工砂石粉含量对混凝土含气量有影响，随着砂石粉含量的增加，在用水量不变的情况下，常态和泵送混凝土的含气量都会随石粉含量的增加而降低，石粉含量每增加 2%，含气量大约降低 0.5%～0.3%左右。

（4）在保证混凝土拌和物坍落度不变的情况下，混凝土用水量随人工砂石粉含量的增加而增加，石粉含量每增加 2%时，拌和物用水量随之增加约 5kg/m³ 及以上。

(5) 随人工砂石粉含量的增加，在保证混凝土用水量及所用原材料均不变的条件下，其强度随坍落度的降低而增加。在保证混凝土用水量、胶凝材料、外加剂及粗骨料不变的条件下，在人工砂石粉含量可调的范围内调整砂率来保证其工作性能，混凝土强度没有明显的变化。在混凝土所用原材料均不变，满足其工作性能的条件下，随石粉含量的增加，只有调整混凝土用水量才能保证其工作性能。但随着混凝土用水量增加，水胶比随之变大，石粉含量每增加2%，强度随用水量的增加而降低，降幅1～3MPa。

(中国水利水电第三工程局有限公司　蒲玉盆)

7

机电及金属结构

水电机组及辅机

东方电气集团东方电机有限公司2013年重大水电机组简介

东方电气集团东方电机有限公司（以下简称东方电机）是我国研制发电设备的重要基地，是涉及国家安全和国民经济命脉的国有重点骨干企业，截至2013年底，累计实现发电设备产量3.6亿kW，已成为全球重要的发电设备供货厂家之一。2013年，东方电机自主开发的溪洛渡、杰瑞、仙游等一系列世界顶级大型水电机组相继成功投运，在世界水力发电设备行业具有里程碑意义。

（一）溪洛渡770MW混流式水轮发电机组

溪洛渡水电站是目前我国在建的第二大水电站，共安装18台单机容量770MW的混流式水轮发电机组。东方电机为溪洛渡水电站右岸厂房生产制造全部9台770MW混流式水轮发电机组。

溪洛渡水轮发电机组的单机容量达770MW，超过三峡机组单机容量。东方电机研制的溪洛渡水轮机，各项水力指标都达到当前国际领先或先进水平，在有多家国外著名企业参与的同台对比试验中，综合指标排名第一，得到专家的一致好评，是唯一一个在同台对比试验中没有做补气试验的模型转轮，也是唯一一个没有修改设计就通过专家验收的模型转轮。到2013年底，东方电机自主开发的溪洛渡水电站770MW混流式水轮发电机组已经成功投运6台，创造了行业年投运新纪录。机组性能及运行稳定性行业领先。

东方电机在溪洛渡770MW混流式水轮发电机组研制中取得四项突破性创新：一是通过艰苦开发，获得了溪洛渡230m水头段水轮机模型最好稳定性，打破了这个水头段跨国公司的长期垄断，为机组安全可靠提供了基础保障。二是在没有外来技术引进的情况下，溪洛渡9台770MW水轮发电机全部采用自主研发的全空冷技术。东方电机成为在水电行业同时拥有水冷、空冷、蒸发冷却三项发电机关键技术的公司。三是在绝缘结构、绝缘工艺、绝缘材料等方面进行了系统开发，有4项绝缘专利技术应用于溪洛渡机组。四是在9台770MW溪洛渡水轮发电机组里均安装获得专利授权的“全数字集成式筒形阀电液同步控制系统”，该系统简洁易于维护，降低了成本，同时又结束了对国外技术及产品的依赖。

（二）巴西杰瑞75MW贯流式水轮发电机组

巴西杰瑞电站75MW贯流式水轮发电机组，是东方电机自主研制的世界单机容量最大的贯流式水轮发电机组。东方电机签订的巴西杰瑞电站22台75MW大型贯流式机组的订货合同，也是迄今中国水电设备最大金额出口项目。

东方电机研制的巴西杰瑞电站75MW贯流式水轮发电机组水轮机模型转轮在瑞士洛桑工学院水力机械试验室试验台通过了验收试验。试验结果表明，各项技术指标全面满足技术合同要求，加权平均效率、空化等重要指标优于国外同行转轮

2013年8月31日，东方电机研制的巴西杰瑞左岸电站首台机组成功完成机组调试和试运行，移交电厂正式投入商业运行。这是整个杰瑞电站50台机组中首台投运的机组，标志着东方电机大型贯流式水轮发电机组研制又迈入了一个新的台阶。该项目的研究成果可以应用到国内外其他新建及改造的贯流式电站，为占领该领域的广阔国内外市场打下坚实基础，社会效益非常显著。

同时，杰瑞项目也是东方电机有史以来自营出口的首个项目，通过对该项目的独立执行和运作，使东方电机的技术研发、生产制造和设备交付、质量管理和控制，以及综合管理和项目执行能力得到了较大提升，为将来进一步开拓南美以及全球发电设备市场奠定了良好基础。

（三）仙游300MW抽水蓄能机组

福建仙游300MW抽水蓄能机组，是东方电机为适应市场需求开发的水电新产品。为提高机组的运行稳定性，东方电机进行了充分的水力设计优化和模型试验，对可能出现的不稳定工况进行详细的计算机模拟和模型试验分析，以消除可以预见的不稳定因素。东方电机开发的仙游模型水泵水轮机在瑞士洛桑工学院水力试验台上进行了模型复核试验，验证其具有国际先进水平。

在自主研制300MW仙游抽水蓄能机组的过程中，东方电机在水力、绝缘、轴承等多项技术上获得突破，首次实现抽水蓄能机组国内企业主导安装调试。2013年东方电机制造的4台300MW仙游抽水蓄能机组全部顺利并网发电。

（东方电气集团东方电机有限公司　余小波）

鲁地拉水电站水轮发电机转子大立筋安装及热加垫技术

鲁地拉水电站安装6台额定转速100r/min、额定功率为360MW的半伞式水轮发电机。转子外径为14 063.3mm，高2574mm，总重847t；采用大立筋结构及热加垫与磁轭连接固定。转子支架中心体、扇形支臂及20根大立筋在现场组装焊接。大立筋单根重621kg，高2487mm。

(一) 大立筋安装

大立筋在转子支架中心体、扇形支臂组装、焊接完成并检查合格后安装。大立筋安装及热加垫有关器件布置见图1。

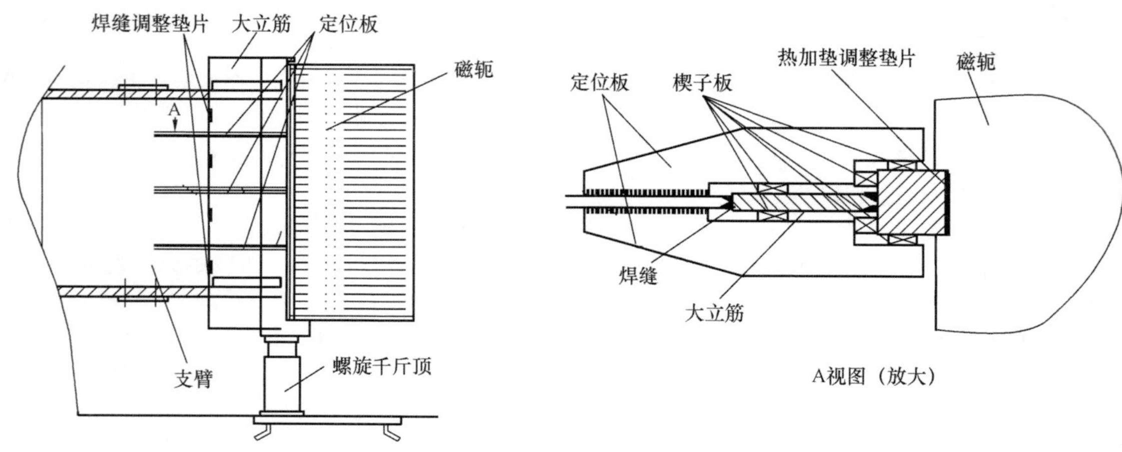

图1 大立筋安装及热加垫有关器件布置示意图

1. 挂装定位

(1) 用专用工具吊装大立筋，对准支臂相应筋板，落在螺旋千斤顶上；进行初步调整，使其挂钩与中心体下法兰高差为75mm（设计为73mm），分布半径比设计值大3mm（考虑到焊接收缩的影响），径向、周向垂直度在1.0mm以内；并用花兰螺栓临时点焊固定在支臂上。

(2) 以$+Y$方向大立筋作为基准筋，用内径千分尺测量调整其半径满足要求；挂钢琴线测量调整其周向、径向垂直度偏差不大于0.15mm。

(3) 进行磁轭预叠装，高度为100mm。以$+Y$方向为起始点，顺时针开始，用测圆架及内径千分尺测量预堆磁轭的半径及圆度满足要求。分别将涂抹有二硫化钼的导向销钉插入预堆磁轭上穿压紧螺栓的孔里，用手应灵活转动，否则需进行整形处理。

(4) 磁轭半径、圆度整形满足要求后，检查基准筋半径、垂直度、高程应满足要求。基准筋调整合格后，用如下方法调整其他大立筋：① 旋动大立筋底部支撑千斤顶螺杆，调整其与转子中心体下法兰面高差满足要求；② 在测圆架上架两块百分表，以基准筋上、下两点为起点，调整其他大立筋半径及径向垂直度满足要求；③ 以基准大立筋磁轭键顶部中点为起点，分别测量相邻大立筋间弦距满足要求。

(5) 在大立筋调整完成后，进行磁轭的正式叠装。由于磁轭与大立筋之间没有径向间隙，磁轭每压紧一次，都应该按上述要求检查大立筋。

2. 焊接

(1) 在大立筋焊接前，分上、中、下三处焊接定位板，并打紧楔子板（参见图1）。同时，为监测变形，在各焊缝两侧处打上测量样冲点。

(2) 焊缝全部采用$\phi3.2$焊条进行焊接。焊接时应严格控制层间温度不大于250℃，操作应连续完成。焊缝要求采用多层多道焊，每层熔敷金属厚度5～6mm，且每层之间的接头错开30～50mm；焊缝要求短弧操作，窄幅小摆动，每道熔敷金属表面宽度小于20mm。除打底和盖面外，其余每焊一层都要进行锤击振动消除应力处理。

(3) 在每次大立筋焊接前进行大立筋数据测量，并在各焊缝打底及填充过程中连续监测大立筋的变化，如出现异常变形，随时调整焊接顺序和焊量。

(4) 焊接并探伤检查完成后，检查转子中心体水平、磁轭半径及圆度。并挂钢琴线测量1号（$+Y$方向）磁极处磁轭垂直度，依据半径数据计算其他位置磁轭径向垂直度；同时，测量大立筋与磁轭间间隙，并做详细的记录，以备磁轭热加垫配垫时用。

（二）磁轭热加垫

转子磁轭热加垫是通过对磁轭加温使之膨胀，在大立筋与磁轭之间产生间隙，加入垫片，冷却降温收缩后使磁轭与支架紧箍形成整体。这与常规磁轭热打键有所不同。常规磁轭热打键是在磁轭热状态下将磁轭键打入与设计计算的径向变形增量项对应的长度，往往不能使磁轭产生预期的紧量。热加垫是一种全新工艺，与常规热打键相比，能全面兼顾大立筋与磁轭间隙，达到面结合要求，操作方法也更简便、有效。

1. 磁轭加热　加热方法有铜损法（将已挂装好的磁极绕组串联起来通入直流电流，使导线发热从而加热磁轭）、铁损法（未挂装磁极时在磁轭绕以励磁绕组，通入工频交流电使磁轭产生铁损发热）、电热法（在磁轭底部及通风沟内均匀布置特制的电热器或远红外来加热）。鲁地拉电站根据实际情况，加热方法选择电热法。这种方法简单易行，适用范围广。磁轭加热的温升控制在6～10℃/h，温差不超过10℃，否则应调节。由于加热时间较长，转子支臂及大立筋会因热传导作用而温度上升，使磁轭与大立筋的间隙不易达到要求，可采用在转子支臂喷水雾方法，使转子支臂降温收缩。每30min记录一次温度，包括磁轭内、外侧的上、中、下各部，以及磁轭和转子支架的顶面及底面，在圆周方向每极测一点。

2. 热加垫　鲁地拉电站转子磁轭热加垫理论值$t=3.4$mm，过程如下：

（1）磁轭叠片及大立筋焊接合格后，用专用工具测量磁轭与每个大立筋之间上1、上2、中、下1、下2五处的间隙d，并分别做标记。

（2）计算调整垫片厚度$t_1=t+d$，配置调整垫片。如果上、中、下测量的间隙差别大于0.3mm时，要考虑配制不同厚度的垫片。

（3）加热磁轭至径向膨胀约4.1mm，参考加热温度为室温+75℃，间隙达到要求后，迅速插入调整垫片。

3. 冷却　磁轭在热加垫完成后，缓慢降低温度至室温，按要求记录相应温度，并保证圆周范围内温差不大于20℃。冷却到室温的时间不少于设计要求时间，至少48h。冷却后，测量磁轭圆度、半径及径向垂直度，应满足要求。

冷却后，测量磁轭上压板与大立筋上部凹槽顶面的距离，根据测量数据，计算锁定板与上压板之间所需加的垫片厚度，安装大立筋锁定板。

（中国水利水电第三工程局有限公司　周若愚）

鲁地拉水电站水轮机座环安装

鲁地拉水电站水轮机为混流式，座环采用钢板焊接制成，最大外径10 500mm，高度3730mm，总重量为165.7t；分4瓣运输至工地，现场组合、焊接后安装。座环上、下环板采用ASTM A516M Gr485-Z25抗撕裂优质钢板，底板和立圈材质为Q345C，焊缝坡口为不对称X型坡口；固定导叶材质为ASTM A516MGr485，过渡板采用ADB610D制作。座环分瓣面处过渡板（上下各4块）已在车间预装配割并开好坡口，在工地待座环分瓣面焊缝焊接完成后进行安装与焊接。座环与顶盖、底环、固定止漏环的配合面，留有3～5mm的加工余量，浇筑混凝土后，进行加工。

（一）座环组装焊接

分瓣座环在安装间组合，调整合格后进行分瓣面处的焊缝及过渡板焊接。

（1）焊接采用手工电弧焊，层间温度不大于200℃，摆动宽度不大于3倍焊条直径；焊接速度3～8cm/min。用电加热器预热，使待焊区域及其附近100mm范围内达到120℃，并在整个焊接过程中不低于预热温度。手工电弧焊（SMAW）采用直流反接，焊接电流、电压见表1。

表1　手工电弧焊（SMAW）焊接的焊接参数

钢材	填充金属		焊接电流（A）			焊接电压（V）
	名称	直径（mm）	平、横焊	立焊	仰焊	
低合金钢（ASTMA516M Gr485-Z25）	E5015	3.2	110～160	90～140	100～150	21～24
		4.0	135～200	130～175	135～170	21～25
低合金调质钢（ADB610D）	CHE62CFLH	3.2	110～160	90～140	100～150	20～23
		4.0	135～200	130～175	135～170	22～25
异种钢（0Cr18Ni9+Q345C）	E309MoL-16	3.2	90～110	80～100	80～100	23～27
		4.0	120～160	110～150	110～150	24～28

（2）整个座环焊缝，焊接顺序为上下环板→底板→立圈→上下过渡板；单条焊缝焊接顺序：正缝焊接50%→背缝清根、打磨、探伤→背缝焊接50%→正缝焊接100%→背缝焊接100%。

（3）为减少座环在安装间工位占用时间，座环在安装间拼装完成后时，只对座环上下环板、底板及立圈进行焊接，其余焊缝在座环吊至机坑调整完成后再进行焊接。

（4）上下环板焊接时，采用对称分段退步焊、窄道焊工艺。由4名焊工上下对称进行焊接，每层焊缝之间的接头应错开至少20mm。先进行焊缝坡口打底焊，焊接上环板正面、下环板背面坡口（坡口形式见图1）一定量（35～45mm）后，清根，再焊接上环板背面、下环板正面坡口一定量，如此交替焊接直至坡口填满。按照上、下环板工艺焊接座环底板及立圈。焊接完成并冷却至常温24h后，按照ASME标准对座环焊缝做UT探伤。

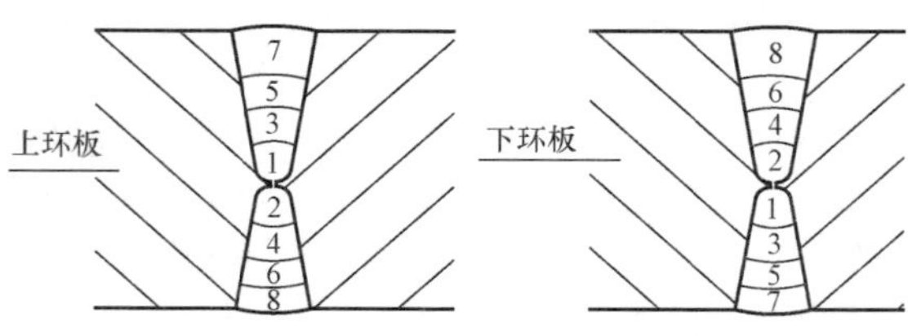

图1 上、下环板坡口形式

（二）座环安装

（1）在座环吊装前，将分瓣的锥管凑合节及拼焊好的基础环整体吊入机坑。基础环的放置高程比设计高程低约50mm。

（2）座环吊装前，在座环支墩均布4个临时调整用的100t千斤顶，用厂房550t桥机整体吊装座环就位于机坑已布置好的支墩上。调整临时千斤顶将座环整体顶起，调整楔子板及永久千斤顶的顶面高程比实际需要高程低3～5mm。根据校核的各固定导叶中心点确定出固定导叶中心平面。调整临时千斤顶，使座环固定导叶中心平面的高程与设计值的偏差不超过±3mm。

（3）根据预设机组基准线 X、Y 标点挂十字钢琴线，利用拉筋、千斤顶等工具调整座环的中心及方位。使座环上法兰面上的 X、Y 标记与十字钢琴线重合，单个值的偏差应不超过±4mm，平均值的偏差应不超过±3mm。座环的高程、水平、中心及方位调整完成后，测量座环上、下密封面的圆度及同轴度，两者都应不超过2mm。必要时应重新调整座环的水平。

（4）座环的高程、水平、中心及方位调整和同轴度检查合格后，将相应的楔子板打紧，将相应的永久千斤顶预紧，其后取出调整用的临时千斤顶，按设计要求将相应的地脚螺栓预紧到设计值。复查座环的中心、方位、高程、水平、同轴度，合格后将楔子板、千斤顶、地脚螺栓圆螺母与相应的座环底座及基础板点焊固定。

（三）座环加工

（1）在整个机坑混凝土浇筑养护合格后，将座环、机坑里衬清理干净，安装座环加工工具。以座环下镗口中心为基准同时兼顾上镗口中心调整座环加工工具的回转中心，使其与下镗口中心偏差小于0.10mm。调整座环加工工具回转中心垂直，使其转臂回转一周的高程差不大于0.05mm。

（2）座环加工工具安装合格后，首先对底环安装面进行加工，直至从固定导叶中心线到该加工平面距离满足图纸要求，其平面度偏差在周向应不大于0.30mm，径向应不大于0.20mm。

（3）对座环下镗口及上镗口进行加工，加工后的直径应满足图纸要求，上、下镗口同轴度偏差应不大于1mm。

（4）对座环上平面进行加工，考虑到座环下沉导致导叶端面间隙减小，加工后该平面到底环安装面距离应比设计要求值大0.30mm左右，同时该平面的平面度偏差在周向应不大于0.30mm，径向应不大于0.20mm，与底环安装面的平行度应不大于0.20mm。

鲁地拉电站座环的安装，形成了一整套完整的座环现场组焊及安装工艺和方法，4、5、6号座环的安装工期比1、2、3号座环平均缩短了25d。

（中国水利水电第三工程局有限公司 周若愚）

金康、冷竹关、小天都三座高水头、多泥沙、径流式电站混流式水轮机运行出现的问题

金康、冷竹关、小天都三座水电站均位于四川省甘孜藏族自治州康定县境内，金康水电站为金汤河最末一级电站，冷竹关、小天都水电站为瓦斯河最后两级电站，三座水电站主要技术参数见表1。

三座电站的共同特点为：①高水头、高转速、多泥沙、长引水压力隧洞；②径流式水电站，负荷变化大，枯水季节最小出力约为单机容量的13%；③上、下游水位变幅均不大；④均采用气垫式调压井。

三座水电站多年运行中，水轮机存在的主要问题如下：

（1）枯水季节来水流量小，又是径流式电站，机组最小出力只有额定负荷的13%左右，运行工况差，噪声、振动大。

表 1　　金康、冷竹关、小天都水电站主要技术参数表

序号	项　　目	金　康	冷竹关	小天都
1	总装机容量（MW）/装机台数	150/2	180/3	240/3
2	压力引水隧洞长度（m）	16 303	6274	6130
3	可调节库容（万 m^3）	33.14	32.94	56.16
4	泥沙含量（g/m^3）	100（枯水期） 134（汛期）		
5	水轮机型号	HL（E）-LJ-215	HL（E）-LJ-234	HL（E）-LJ-270
6	最大水头（m）	498	387.5	392.9
7	额定水头（m）	458	362	358
8	最小水头（m）	457.7	361.3	351.5
9	单机额定流量（m^3/s）	18.5	18.45	24.88
10	额定转速（r/min）	600	500	428.6
11	吸出高程（m）	−8.21	≤−4.8	≤−7.04
12	单机出力（MW）	75	60	80
13	水轮发电机组厂家	GE	GE	GE、东方电机
14	设计年利用小时数（h）	5230	5480	4515
15	设计年发电量（亿 kW・h）	7.846	9.89	10.39

（2）由于泥沙多、硬度高，机组过流部件磨损非常严重，最多经过 2 个汛期必须大修。因现场无法处理，过流部件需返厂修复或重新更换，大修成本高。

金康水电站机组经过 3 个汛期后，于 2013 年 2 月大修，拆出机组过流部件后，导叶上、下轴颈封水环全部冲掉，冲出的沟槽很深，局部深度达 16mm 以上；导叶背水面成蜂窝状，出水边严重缺边，已经不具备修复价值，只能更换新导叶；顶盖和底环抗磨面在满负荷开度处冲出很深的沟槽，局部已见母材，深度达 50mm（抗磨层厚度 8mm），必须深度修复。

（3）厂区振动大。机组过流部件严重磨损后，转轮运行工况极差，引起厂区出现强烈振动及噪声，严重威胁电站安全稳定运行。金康电站 2011 年 2 台机组在大修后第 3 个汛期运行期间，副厂房办公区出现持续振动和抖动，幅度极大，声音极不正常，非常恐怖。

（4）机组无法自动开机。因过流部件磨损严重，导叶漏水量大，使机组正常自动开机时转速上升极快，常常过速，只能采取手动方式开机。开启球阀的旁通阀时，进水量不足以补充漏水量，球阀无法平压，压差达到 2MPa 以上，远高于平压要求，不得已强行开启球阀，非常危险。

（5）机组效率低。主要体现在两个方面，一方面径流式电站机组因受来水限制，枯水期间长期处在小负荷、低效率区域运行；另一方面机组过流部件磨损后，水轮机效率急剧下降，水耗激增，如金康电站单机设计流量为 18.5m^3/s，第三个汛期最高达到 22m^3/s，增加 4.5m^3/s。

（6）利用机组放空长引水压力隧洞时，造成机组轴瓦烧损。长引水压力隧洞因故需要停水检修时，利用机组空转放空。由于压力引水隧洞放空时对放水流量、水位下降速度都有具体要求，而机组空转的速度也有明确的要求，两方面要求很难协调，金康水电站就出现过因转速控制不当造成机组轴瓦烧毁事故。

（7）导叶易被河道垃圾堵塞致使不能正常开机。曾经手动将导叶开到 40%开度使机组空转、手动并网、全开全关反复拉动，才排除垃圾，恢复正常。另外，机组长期运行负荷波动不大，开度变化较小，垃圾堵塞造成水力不平衡，甚至某个方向被堵死，轴承温度急剧上升，甚至引起意外停机。

金康、冷竹关、小天都三座电站混流式水轮机，运行中暴露的问题较多，选型的合理性值得商榷。混流式水轮机具有结构紧凑、运行可靠、效率高，能适应很宽的水头范围等特点，技术十分成熟，是目前国际国内应用最广泛的水轮机机型，对于高水头、大容量的电站越来越多地使用混流式水轮机，似乎成为当今潮流和趋势。但对于高水头、长引水压力隧洞、泥沙重、尾水变幅不大、径流式水电站，冲击式水轮机具有很大的选择优势，应合理选用。

（四川金康电力发展有限公司　蔡正华
小湾水电厂　蔡　垚）

加纳布维水电站技术供水系统设计选型

加纳布维水电站装机容量 400MW（3×133.34MW），多年平均发电量 10.04 亿 kW·h，业主为加纳共和国能源部布维电力局（BPA）。中国水利水电建设集团公司为该电站 EPC 总承包商。

电站技术供水，合同要求采用自流减压阀供水方式，水源引自压力钢管。在施工详图设计阶段，BPA 的咨询工程师要求技术供水采用单元二次密闭循环冷却供水方式。一次水水源取自机组压力钢管，经过滤水器和热交换器后排入尾水。二次密闭循环水循环方式为水泵→机组各部件轴承冷却器→热交换器→水泵，在供水总管路上设置一只膨胀罐用于密闭循环水系统的补水和稳压。

（一）设计基本资料

（1）电站环境年平均气温 27.2 ℃，最低月平均气温 25.7 ℃，极端最高温度 42℃，月平均最高温度 29.7℃，平均湿度 75%。

（2）各技术供水用户的水量、水压要求以及压力损失、容积见表 1。

表 1　用户的水量、水压要求及容积等基本参数表

	供水部门名称	冷却水量（m^3/h）	水压（MPa）	压力损失（m）	冷却器容积（m^3）
机组冷却水量	发电机空气冷却器	8×100	0.3～0.7	1.5	8×0.95
	上导轴承冷却器	12	0.3～0.7	2	0.028
	推力、下导轴承冷却器	120	0.3～0.7	3.2	4×0.166
	水导轴承冷却器	18	0.3～0.7	3.2	0.068
	调速器回油箱冷却器	4	0.3～0.7	3	0.05
	机组冷却水总量	953.6	—	—	—
低压技术用水量	水轮机主轴密封	18	0.35～0.7	—	—
	全厂深井泵润滑	15	—	—	

（3）根据电站的环境温度，热交换器进口水温按现场测定河水最高温度 30℃，相应的热交换器出口水温为 32.5℃；二次循环水（进入机组各部轴承冷却器）水温按 33℃、出口水温不大于 36℃设计。

（二）二次密闭循环冷却供水系统设备选型

二次密闭循环供水系统设备主要包括加压泵、板式换热器、膨胀罐。

1. 加压泵

（1）加压泵的额定工作流量一般为机组总技术供水量的 105%～110%，本机组总技术供水量为 $954m^3/h$，故加压泵的额定流量应为 1001.7～$1049.4m^3/h$。根据加压泵流量以及主机厂的水气管路图，选择技术供水总管、支管的管径，并据此计算的相应流速。

（2）加压泵扬程。首先选择最不利管路计算水头总损失：发电机空气冷却器供、排水管路，水流流速 4.17m/s，水力损失较大，应作为备选的水力计算最不利管路；上导轴承离水泵出口距离最远，技术供水支管路较长，也应作为备选的水力计算最不利管路。经计算：发电机空冷器供、排水管路的水头总损失为 40.22m，发电机上导轴承冷却器供排水管的水头总损失为 24.9m。考虑一定的余量，加压泵的扬程取 48m。

（3）加压泵选型。根据上述计算，选择额定流量为 $1034m^3/s$、额定扬程为 48m、电机功率为 200kW 的立式离心管道加压泵。

2. 板式换热器

每台机组用板式换热器 2 台，一台工作，一台备用，全厂共 6 台。板式换热器布置于尾水副厂房中技术供水室内，其主要技术参数见表 2。

表 2　板式换热器主要技术参数表

序号	项　目	单位	参数
1	设计压力（冷、热介质进、出口侧）	MPa	0.6
2	设计温度（冷介质进口侧）	℃	30
	设计温度（冷介质出口侧）	℃	32.5
	设计温度（热介质出口侧）	℃	36
	设计温度（热介质进口侧）	℃	33
3	换热面积	m^2	528.1
4	换热片厚度	mm	0.5
5	冷介质/热介质处理水量	m^3/h	1241/1034
6	冷、热介质进、出的接管尺寸	mm	300

3. 膨胀罐

(1) 设置位置及工作压力。膨胀罐可以设置在水泵出口，亦可设置在水泵的进口。布维水电站的二次密闭循环水系统各冷却水用户压力为0.3～0.7MPa，膨胀罐补水管路的给水压力为0.5MPa，而加压水泵扬程为48m。如果膨胀罐设置在水泵出口，补水以及压力调节范围较小。另外，膨胀罐的补水管路上的压力开关整定值不易整定。因此，将膨胀罐设置在加压水泵进口。根据加压水泵布置位置和各个冷却水用户所在位置高度差（7.2～16.65 m）以及各排水管出口背压的要求，膨胀罐的正常工作压力应设置为0.1MPa。

(2) 容积计算及选型。根据计算，结合膨胀水箱规格，并考虑一定设计余量，布维水电站二次闭式循环供水系统选择1只$V=1.0m^3$、$p=1.6$MPa的落地式膨胀罐。

(三) 一次冷却水系统设备确定

(1) 供排水管路公称直径，按公式计算为0.383m，选用400mm。

(2) 选择2台$Q=1402m^3/h$、$p=1.6$MPa、公称直径400mm的全自动复合排污滤水器，一台工作，一台备用。

(3) 选择一台$p=1.6$MPa、公称直径400mm的活塞式减压阀。

(4) 水轮机主轴密封供水采用两路供水，主供水引自全厂低压生活水供水总管，备用供水引自一次供水系统。全厂深井泵润滑水引自全厂低压生活水供水总管。根据润滑水水量（分别为$18m^3/h$，$15m^3/h$）算得水轮机主轴密封供水、全厂深井泵润滑水供水管路及设备公称直径分别为32、25mm。

加纳布维水电站首台机于2013年4月22实现并网发电，2013年5月3日进入为期一个月的运行考核期。当上游库水位为170m时，测得一次冷却水实际流量为$1266.8m^3/h$，减压阀后压力为0.5MPa，一次冷却水流量、减压阀的阀后压力满足要求。发电机空冷器、上导轴承冷却器、推力（下导）轴承冷却器、水导轴承冷却器、调速系统回油箱冷却器的技术供水水压、水量也满足设计要求，发电机组定子、转子线圈温度，上导、推力、下导、水导的轴瓦运行温度良好。单元二次密闭循环供水方式在加纳布维水电站成功运用。

（中国水电顾问集团西北勘测设计研究院
刘国峰　王　龙　陶建民）

桃源水电站贯流式水轮机导水机构安装

桃源水电站装设9台20MW的灯泡贯流式水轮发电机组。转轮公称直径7.2m。导水机构主要由外配水环、内导环、导叶、控制环、压环、内侧轴套、外侧轴套、导叶臂、导叶密封装置、传动机构、重锤装配、液压接力器、锁定装置、反馈机构等组成，工件最大外径10 330mm，高3115mm，重量165t。外配水环内表面为球形过流面，内导环外表面为球形和圆锥形构成的过流面。外配水环尺寸较大，分为四瓣，用螺栓把合。导水机构安装采用整体吊装方案。

(一) 导水机构组装

1. 场地　桃源电站主安装间地面设计高程为40.0m，主厂房170t桥式起重机主钩最大起升高程位置为50.37m。在进行内导环的装配时，需将外导环及其上已安装完成的部件整体吊起，然后再落入内导环外侧。因内导环高度为2.695m，外导环高度为2.140m，在主安装间无法完成这一吊装过程。通过协商，最后按安装单位提出的方案在35.0m高程运行层1、2号机组之间进行这一工序。另外，因外配水环最大直径为10.33m，组装后的导水机构也不能在主安装间竖立，设计在副安装间35.0m高程进行；但根据实际施工情况及1、2号机组的发电工期安排，现场条件不能满足设计意愿。因此，按照安装单位的提议，在运行层35.0m高程1、2号机组接缝处预埋基础版，增设一套翻身（竖立）工具，在此进行1、2号机组导水机构竖立。

运行层1、2号机组发电机吊物孔之间净距离只有9.7m，在此进行导水机构总体组装及竖立，给现场安装带来挑战，但为1、2号机组导水机构顺利吊装奠定了坚实基础。

2. 主要工艺

(1) 外配水环与导叶装配。在主安装间，将四瓣外配水环放于平台上进行组合，按编号将外侧轴套分别装入，吊至专用支墩上进行导叶的插装。插装导叶时，导叶采用两点起吊方式（一端用钢丝绳带倒链、另一端只用钢丝绳挂于桥机吊钩），用桥机吊起导叶并用倒链调整，使其轴线与水平夹角约30°；同时，在外配水环外侧将导叶的引入工具螺杆旋入导叶颈端；调整导叶轴端螺杆和倒链，将导叶引入外侧轴套。到位后，安装导叶臂、端盖、定位键等。

(2) 内导环与导叶装配。在运行层总体组装及竖立场地，事先将内导环放置于调整垫块上进行调平，然后将外配水环及其上装配完成的部件一同吊入到翻身支架上，两者的摆放方位应考虑使导水机构竖立起吊时能与桥机主、副钩在同一直线方向；调整外法兰面与内法兰高差控制在975mm，两法兰的水平、方位偏差均小于0.5mm，使导叶的下端对正内导环的轴套孔，然后进行导叶内侧轴的装配。

(3) 控制环、导叶臂、接力器装配。将全部16

个导叶调整至关闭位置，并在外配水环中间环形筋板上均匀放置4台32t千斤顶，然后将组装完成的控制环整体吊到千斤顶上，将钢珠依次放入钢珠槽内，添加防水、防锈锂基脂，装上轴承压环，拧紧螺栓。在压环上均布四块百分表，在拧紧压板螺栓的同时，同时拧紧推力螺钉，使钢珠间隙达到设计要求，此时控制环转动应灵活。调整控制环的+Y线与外配水环的导叶全关位置线处于对齐，测量相对应连杆安装销孔距离应与设计一致且均在销钉的调整范围内。控制环上有16只小耳朵钢板，倾斜均布地焊在控制环大法兰平面上，与外配水环的导叶臂进行弹性连杆、刚性连杆的安装。

（4）导叶端面、立面间隙调整。将导叶全关，然后调整导叶端面、立面间隙，测量导叶大、小头与导叶外配水环、内导环的间隙；根据倾斜规律调整内导环，使导叶无规律性的倾斜。若导叶立面间隙不在允许范围内，通过精磨使之在允许范围内，并满足设计要求。安装两个3t倒链，由两个操作者协调拉动倒链，控制导叶的全开全关，检验导叶与控制环连接后的灵活性。复测所有数据应达到设计要求。

（5）安装组合支撑、控制环加固工具、导水机构整体竖立吊装工具，以减小导水机构吊装过程的变形量。

（二）导水机构整体吊装

吊装前，安装内外配水环上游侧法兰的“O”型密封圈，将导水机构竖立。吊装到位后先进行内导环与内壳体的连接，然后进行外导环与外壳体的连接。利用外壳体下部两侧45°处预埋的两块基础板调整中心和方位，先对齐内导环与内壳体二者法兰上的+X、+Y轴线点标记，打紧内导环四分之一连接螺栓；再进行外配水环与外壳体的连接，同样对正二者法兰的+X、+Y轴线标记。在导水机构与管形座连接时要注意检查法兰上的密封圈。打紧一半的把合螺栓后复测全部导叶端面间隙，间隙合格后可释放桥机主钩并打紧其余的螺栓，钻铣连接法兰的销钉孔。导水机构吊装后其导叶端面、立面间隙均会出现变化，因此需进行调整直至合格为止。重锤在安装间组合成整体，插入连接销使之与导水机构连接；测量调整垫的加工厚度，加工好后装入调整垫。接力器在安装间进行行程检查，调好压紧行程，合格后吊入基坑与控制环连接安装，浇筑支墩混凝土。

（三）结束语

该机组采用导水机构整体吊装，设计了一套完整的竖立、吊装、组装工具，减少吊入基坑后的工作量，为整个工期提前创造了先决条件。

（中国水利水电第三工程局有限公司　潘军伟　姜明忠）

电　气

龙开口水电站计算机监控系统设计

龙开口水电站装机容量1800MW，以500kV电压等级接入电力系统，在系统中担任调峰、调频和事故备用，由云南省电力调度所统一调度和管理。电站按“无人值班”（少人值守）方式设计，计算机监控系统选用南瑞公司SJ-3000计算机监控系统。

（一）结构与配置

1. 系统结构　采用开放分布式体系结构，设电站级和现地控制单元级。电站级设备通过两台模块化核心网络交换机和各现地控制单元交换机组成双星型以太网。网络传输速率为100Mbps，通信协议采用TCP/IP协议，具有网络链路断线时备份链路进行网络数据传输恢复的功能，恢复时间不大于0.3s。各LCU与远程I/O的连接采用双通道通信光缆。

2. 系统配置原则

（1）所有服务器和工作站选用同一家供货商。

（2）采用开放分布式体系结构，符合行业技术发展的趋势，系统功能分布配置，主要设备采用冗余配置。

（3）符合二次系统安全防护的规定。

（4）应能适应于功能扩展，新功能的扩展可通过现有的硬件或增加新的节点而方便地实现。

（5）采用先进通用的计算机硬件和成熟的软件技术。

（6）电站级和现地控制级电源冗余配置。

（7）交换机采用双电源冗余输入，光纤环网具有线路冗余功能。

3. 系统硬件配置　电站控制级设备主要包括：2套主计算机、2套历史数据服务器、2套操作员工作站、2套远动通信工作站、1套工程师兼培训工作站、8套调度通信服务器、1套厂内通信服务器、1套生产信息服务器、1套语音告警及ON-CALL服务器、

8套纵向认证加密装置、1套报表工作站、4台网络打印机、4台路由器、2套横向隔离装置、2套GPS时钟装置、1套网络装置、2套不停电电源。现地控制级设备主要包括：5套机组LCU（LCU1～5）、1套公用LCU（LCU6）、4套开关站LCU（LCU7～10）、1套坝区LCU（LCU11）。

（1）电站级硬件配置。主计算机和历史数据服务器选用美国SUN公司生产的SPARC Enterprise T5240服务器，历史数据服务器还带有Sun StorageTek™6140 FC Array XTD6140R11A2J1500Z光纤磁盘阵列。操作员工作站、工程师兼培训工作站选用美国SUN公司生产的Sun Ultra27工作站；调度通信服务器选用美国Nematron公司生产的NPCII无盘无风扇远动通信工作站；集控通信服务器选用HP DL380 G6服务器；厂内通信服务器和生产信息服务器选用美国HP公司生产的DL380G6服务器。配置8套获得国家安全权威机构安全检验证明，并通过电力行业的电磁兼容性检测的纵向认证加密装置，4套设置在与两个集控中心通信的边界、2套设置在与省网调度通信的边界、2套设置在与南网调度通信的边界。具体型号为NARI Netkeeper-2000（四网口）。配置1套Syskeeper2000正向安全隔离装置用于生产控制大区与管理信息大区之间的安全隔离，正向安全隔离装置用于生产控制大区到管理信息大区的单向数据传输。网络设备配置为主干网交换机由2套三层网络交换机组成，采用德国Hirschmann公司的MACH4002骨干级工业以太网交换机，现地级交换机选用德国Hirschmann公司的MS20系列工业级两层以太网交换机。

（2）现地控制单元硬件配置。LCU采用SJ-500系列单元监控装置，以Schneider公司的Unity Quantum系列可编程控制器为基本构成，CPU采用双重化冗余配置，CPU模件型号为Pentium 266型。配置Schneider公司的15″TFT彩色液晶触摸屏，并在触摸屏中配置1块MB+通讯卡，这样触摸屏可以直接通过CPU模件上的MB+口直接与CPU模件通讯，保证触摸屏的监视和控制的实时性。

各LCU配置2套交直流双供电电源插箱，每套电源插箱均采用交流厂用电和直流同时供电方式，保证LCU供电的可靠性。

每台机组LCU共由8面柜组成，其中本体柜7面，进水口远程I/O柜一面。本体柜中除配置有主PLC外，还配置有交流采样装置（美国Acuvim Ⅱ系列产品）和同期装置（2套ABB公司的SYN5202-0271单对象双微机自动准同期装置）。机组LCU柜中包含水机保护PLC，主PLC和水机保护PLC可编程控制器CPU模件型号为TSXP57204M型。

公用设备LCU共由10面柜组成，其中本体柜2面，机组检修排水泵远程I/O柜1面，厂房渗漏排水泵远程I/O柜一面，坝体渗漏排水泵远程I/O一面，厂坝间雨水排水泵远程I/O柜一面，低压压气系统远程I/O柜一面，中压压气系统远程I/O柜一面，主变事故油池排水泵远程I/O控制柜一面，坝顶水池补水泵远程I/O柜一面。除配置PLC外，还配置有交流采样装置（美国Acuvim Ⅱ系列产品）。公用设备LCU主要负责厂内公用设备、10kV和400V厂用电、直流电源系统的监视和控制。500kV GIS第1～3串LCU，每串配置1套LCU，保证了GIS每串设备检修时不影响其他串设备的正常运行。每套LCU由2面柜组成，就近布置在GIS室，均配置有交流采样装置（美国Acuvim Ⅱ系列产品）和同期装置（2套ABB公司的SYN5202－0277多对象双微机自动准同期装置）。另外，500kV母线和公用设备配置一个独立的LCU，由2面柜组成，布置在500kV继保室内。坝区LCU由2面柜组成，主要负责坝区厂用电设备、上游水位、栅后水位和进水口闸门液压启闭机、各溢洪道弧形闸门液压启闭机、各泄洪中孔闸门液压启闭机的监视和控制。

4. 系统软件配置

（1）系统软件主要有：符合国际开放标准的Digital UNIX操作系统软件；Windows操作系统软件；TCP/IP、FTP、NFS网络通讯软件和网络管理软件；语言及编译软件；图形显示的软件包和报表软件；链接软件和文本编辑软件等。

（2）应用软件主要有：数据采集与处理软件，数据库管理软件，人机接口，事故、故障、操作等生成及管理软件，AGC 、AVC和EDC软件，网络通讯与管理软件，PLC编程软件，自诊断及远方诊断等。

（二）特点

龙开口电站计算机监控系统除采用国内先进技术和配置基本功能外，为了确保电站和人员的安全，系统设计时，还作如下考虑。

（1）二次系统安全防护重点是电站计算机监控系统。计算机监控系统是实时生产监控系统，是整个安全防护的核心。根据《电力二次系统安全防护总体方案》关于主机加固的条款和《南方电网电力二次系统安全防护技术实施规范》对重要的服务器和通信网关必须进行安全加固的要求，对计算机监控系统每台SCADA AGC/AVC数据库、历史数据库、调度通信、集控通信、厂内通信、生产信息服务器（共14台）配有核心系统防护软件。

（2）水机保护配置采用与机组LCU相同品牌和相同档次的Unity Quantum系列可编程控制器，设置独立的电源和独立的I/O模件，独立组态完成机组重要水机和电气保护事故停机和紧急事故停机。机旁紧急事故按钮和中控室一键式落进水口闸门按钮接点还通过硬布线直接作用进水口闸门的紧急关闭回路。

(3) 全厂设置1套防水淹厂房控制PLC柜，用于发生水淹厂房事故时报警及紧急停机用。在每台机组的水车室、尾水管进人廊道、蜗壳进人廊道分别设置冗余的水位信号计，当某台机组水位信号计发水位过高信号时，即水淹厂房事故信号，动作相应机组紧急事故停机。

(4) 电站计算机监控系统还包括对全厂水、气等辅机设备的监控，不再对辅机监控设备进行招标。这样既可提高辅机控制设备的档次、统一监控设备(PLC)品牌，也有利于和监控系统的通信管理，减少相互间的协调工作。

(中国水电顾问集团华东勘测设计研究院有限公司 钱玉莲 王汉武)

仙游抽水蓄能电站计算机监控系统设计

仙游抽水蓄能电站安装4台单机容量为300MW的可逆式抽水蓄能机组。电站按无人值班(少人值守)的要求设计，受福建省调度中心调度控制。调度中心EMS系统通过电站计算机监控系统对电站进行控制和调节，也可由电站操作人员通过计算机监控系统的操作员工作站对电站进行控制和调节。电站计算机监控系统采用基于Solaris10操作系统跨平台的全分布开放系统结构、SAT250监控系统软件。

电站计算机监控系统由东方电气集团东方电机有限公司成套，佛山安德里茨技术有限公司供货。

(一) 计算机监控系统结构配置与功能

电站计算机监控系统结构充分体现分层分布和开放性、可移植性和可扩充性，主要包括调度级、电站控制级、现地控制级，其配置和功能如下：

1. 调度级　主要包括福建省调EMS系统，及其与本厂电站控制级相连的通道。电站监控系统通过远动终端装置向福建省调EMS系统发送上行遥测、遥信量，接收福建省调EMS系统下行的遥控、遥调量，直接控制机组或经电站计算机监控系统电站控制级控制和调节整个电站；另外通过远动终端装置与调度中心的数据通信网进行批量数据信息交换。本电站的远动信息同时上送华东网调。

2. 电站控制级　主要包括：2套SUN T4-2服务器，地面中控室2套操作员工作站，地下副厂房值班室1套操作员工作站，1套工程师工作站，1套培训工作站，2套调度通信工作站，1套厂内通信工作站，1套语音电话自动告警工作站，1套卫星同步时钟系统，2套在线式自带蓄电池的不间断电源装置，1套模拟屏，4台网络打印机及2套网络交换设备。其中工作站采用HP Z800型。

电站控制级对全电站设备的电气量和非电气量以及运行信息定时或随机进行采集，并经处理后及时更新数据库；对全厂主要设备运行状态和运行参数进行巡回检测、越限报警、趋势分析、事故追忆和显示记录；根据机组特性和上、下库水位情况实现电站的优化运行；编制和打印运行报表、事故/故障报表；在操作人员工作站上通过人机接口，或者监控系统根据调度的命令(包括AGC、AVC等)自动进行控制和调节；通过冗余总线网络进行内部通信等。

3. 现地控制级　电站设有9套现地控制单元，分别为：机组现地控制单元LCU1～4(包含发电电动机远程I/O，水泵水轮机远程I/O)，厂房公用设备现地控制单元LCU5(包含10kV厂用电远程I/O)，主变压器洞现地控制单元LCU6，开关站现地控制单元LCU7，中控楼公共设备现地控制单元LCU8(包含下库启闭机室远程IO、下库溢洪道远程IO、下库导流洞远程IO、柴油机远程IO)，上库公共设备现地控制单元LCU9。现地控制单元LCU的PLC模件采用安德里茨公司的AK1703智能控制处理器。在每套PLC中，均配置为冗余双CPU、冗余双网络、冗余电源以及冗余现场总线方式。

现地LCU分别采集各自监视控制范围内设备的模拟量、开关量和脉冲量，完成数据处理任务后，存入数据库，根据需要上送电站控制级；通过人机接口，显示主要电气量以及有关设备的状态或参数及主要操作画面，并对越限报警信号进行监视；正常接受电站控制级命令，进行控制操作，当电站控制级退出或通信中断的情况下，LCU能独立工作，完成对所控设备的闭环控制；完成与电站控制级的数据交换，接收GPS对时信号，保持与电站控制级同步。

(二) 计算机监控系统网络结构

电站控制级采用2套Hirschmann交换机，实时控制信号采用交换式快速以太网传输。电站控制级与各单元控制级之间的通信采用双环网结构交换式快速以太网，通信介质采用光纤，设备的冗余配置及双环网结构保证个别节点损坏时不影响网络通信。网络传输速率为100Mbps，通讯协议采用TCP/IP协议。

(三) 安全硬布线措施

电站计算机监控系统除了在机组控制流程里设计了完善的电气事故停机和机械事故停机逻辑，同时将重要的信号(如事故低油压低油位、过速、紧停按钮动作等)送入继电器硬布线回路，直接动作于关导叶和球阀，进行紧急停机。

另外，在电站中控室模拟屏上设置机组紧急停机和上库、尾水闸门紧急关闭按钮，在地下厂房发电机层两端分别设置1只水淹厂房紧急按钮箱。紧急情况下触动按钮，可用来紧急停机、关闭上库闸门及尾水闸门。在中控楼LCU8、地下副厂房LCU5、上库LCU9分别设置独立于计算机监控系统的紧停PLC，通过独立光缆来传输紧急停机和关闭闸门的信号。水淹厂房的信号同时送LCU5和紧停PLC，启动应急程序。上述紧急按钮触动后，同时启动计算机监控系统的事故停机软件流程和关闭导叶、球阀的电缆硬布线回路，紧停PLC回路和电缆硬布线回路的设计保证了机组运行的安全可靠。

仙游抽水蓄能电站1～4号机组分别于2013年4月4日、6月18日、11月19日、12月19日投入商业运行。计算机监控系统投入运行以来，设备可靠性较高，运行情况良好。电站已完成AGC、AVC系统的静态试验及控制功能试验和限值功能试验，具备AGC、AVC控制条件。电站二次系统安全防护设计合理，具备数据防护能力，投运以来未发生网络安全威胁事件。

（中国水电顾问集团华东勘测设计研究院有限公司　羊　鸣）

仙游抽水蓄能电站发电电动机继电保护设计

仙游抽水蓄能电站是一座周调节纯抽水蓄能电站，安装4台单机容量为300MW的可逆式抽水蓄能机组，采用一机一变的单元接线，每两组单元接线在主变高压侧联成一组联合单元，开关站采用内桥接线，以500kV一级电压、两回线路接入距电站约为57km的500kV泉州北变电站，承担福建电网调峰、填谷、调频、调相、紧急事故备用等任务。

电站4台发电电动机由东方电气集团东方电机有限公司设计供货，为立轴、悬式、空冷。发电电动机继电保护采用南瑞继保RCS-985系列数字式保护装置。

（一）发电电动机保护设计原则及配置

发电电动机配置二组独立的保护，电流互感器和电压互感器的二次回路相互独立，电源和出口继电器也相互独立，并与主变压器保护范围交叉重叠。

为了提高保护系统的可靠性，电流互感器、电压互感器回路不切换。

对于发电电动机和主变压器各差动保护范围的划分，以不存在保护死区、对主回路构成双重化的差动保护为原则进行设计。对于发电电动机的保护，主、后备保护功能综合在一套装置内，共用电流互感器和电压互感器二次回路。其中发电电动机A、B套大差动中还包含了一个缩小范围的发电电动机小差动，保证机组在各种运行工况下至少有两组差动保护存在，在电流互感器故障或一套保护装置故障退出时另一套保护仍能全区域覆盖。

电站发电电动机主要配置如下：

(1) 纵联差动保护（87G-A、87G’-A、87G’-B、87G-B），由带制动特性的快速差动继电器构成，作为发电电动机定子绕组内部及其引出线相间短路故障的主保护。

(2) 低电压过电流保护（51/27G-A、51/27G-B），作为发电电动机相间内部和外部短路的后备保护。过电流保护为记忆型，以防止因短路电流的衰减而使保护中途返回。

(3) 发电工况负序过电流保护（46Gg-A、46Gg-B），不仅作为发电电动机因外部故障或不平衡负荷引起的负序电流所产生过热现象的保护，还是发电电动机及相邻设备不对称短路的后备保护。保护由一个定时限负序电流元件和一个反时限负序电流元件构成。

(4) 电动工况负序过电流保护（46Gm-A、46Gm-B），功能与（46Gg-A、46Gg-B）相同。

(5) 单元件横差保护（51GN-A、51GN-B），由具有谐波抑制功能的瞬间动作交流过流继电器构成，作为发电电动机定子绕组内部匝间短路故障和分支开焊的主保护。

(6) 裂相横联差动保护（87GTD-A、87GTD-B），由带制动特性的快速差动继电器构成，作为发电电动机定子绕组内部相间故障、匝间故障和分支断线的主保护。

(7) 低频过电流保护（51/81G-A、51/81G-B），保护装置在电动工况起动和电制动过程中作为发电电动机和起动母线相间短路故障的保护。

(8) 低频保护（81G-A、81G-B），作为电动工况及调相运行时，电源突然消失的保护；同时作为低功率保护的后备保护。

(9) 逆功率保护（32G-A、32G-B），作为发电工况时出现泵水现象的保护，检测发电工况时由系统流向发电电动机的有功功率。

(10) 低功率保护（37G-A、37G-B），检测从系统流向发电电动机的有功功率，在电动工况运行有功消失时起保护作用。

(11) 失磁保护（40G-A、40G-B），由检测失磁状态的阻抗型继电器构成。

(12) 失步保护（78G-A、78G-B），作为发电电动机因轴负荷过大，电压过低或其他故障等引起机组失步的保护。

(13) 定子过负荷保护 (49G-A、49G-B),包括电流型保护和温度型保护两部分。电流型定子过负荷保护采用一个定时限过电流继电器作为发电电动机定子绕组过负荷保护。温度型过负荷保护装置采用带有记忆功能的绕组发热特性模拟原理。

(14) 过电压保护 (59G-A、59G-B),采用二段式定时限电压继电器作为发电电动机定子过电压保护。整定值与励磁系统的整定相配合,以保证强励的额定工况下不致误动。

(15) 过激磁保护 (59/81G-A、59/81G-B),由二段式 U/f 继电器构成,作为防止发电电动机因铁心饱和而过热的保护。

(16) 电压相序保护 (47G-A、47G-B),保护作用于鉴别机组电压相序与旋转方向是否一致。

(17) 100%定子接地保护 (64S-A),无论发电电动机处于何种状态,保护继电器均能检测包括发电电动机中性点在内的整个定子绕组的接地故障。保护采用注入式原理。

(18) 95%定子接地保护 (64S-B),保护装置采用测发电电动机基波零序电压的方法来检测定子接地故障,设有三次谐波抑制器,能检测定子接地故障达 95%。

(19) 转子接地保护 (64R-A、64R-B),通过监视转子的绝缘水平,来检测转子一点接地故障。

(20) 断路器失灵保护 (50BF-A、50BF-B),由发电电动机保护和主回路的电流检测元件共同启动。

(21) 电流不平衡保护 (46-A、46-B),为防止发电电动机电制动停机时定子绕组端头短接接触不良的保护,保护可延时动作于切断电制动励磁电流。

(二) 主保护配置方案比较

仙游电站发电电动机采用分数槽 ($q=17/2$) 叠绕组 (定子绕组节距为 $y_1=21$),14 极,定子槽数为 357,每相 7 分支,每分支 17 个线圈,较为特殊,并网空载运行方式下所有可能发生的同槽和端部交叉故障共计 7490 种。因此,委托清华大学运用多回路分析法对发电电动机内部故障类型和各类主保护方案进行了对比分析。

本工程根据不同的中性点引出方案,结合完全纵差、不完全纵差、单元件横差、完全裂相横差、不完全裂相横差等主保护配置,选择了 12 种方案对同槽故障和端部故障的不能可靠动作故障数进行了计算分析。以单套保护配置为例,中性点七分支采用 3－1－3 引出,每相装设 3 个 TPY 型电流互感器,配两套零序电流型横差保护＋一套不完全裂相横差保护＋三套不完全纵差保护的方案最灵敏,不存在保护死区,但该方案中性点电流互感器数量众多 (机坑内布置不下),保护配置复杂。综合比选后仙游工程选择了同槽故障有 1 种不能可靠动作,端部故障有 5 种不能可靠动作 (占内部故障总数的 0.08%),但中性点电流互感器数量减少,主保护配置简化的优化方案,即中性点七分支采用 3－4 引出,每相装设 2 个 TPY 型电流互感器,配一套零序电流型横差保护＋一套完全裂相横差保护＋一套完全纵差保护的方案。

发电电动机保护配置方案的设计是一个多变量复杂系统的工程优化设计问题,必须兼顾设计的科学性和实用性。仙游电站发电电动机继电保护系统设计符合规范要求,保护动作正确。1～4 号机组分别于 2013 年 4 月 4 日、6 月 18 日、11 月 19 日、12 月 19 日投入商业运行,自投运以来,继电保护装置运行正常。

(中国水电顾问集团华东勘测设计研究院有限公司 羊 鸣)

龙开口水电站微机防误操作系统设计

电力系统的电气"五防"是指:①防止误分、合断路器;②防止带负荷分、合隔离开关;③防止带电挂 (合) 接地线 (接地开关);④防止带地线 (接地开关) 合断路器 (隔离开关);⑤防止误入带电间隔。为了防止这些误操作,大部分电站和变电站设计采用了防误操作装置。但对断路器、隔离开关、接地开关通常采用硬接线闭锁,而对带电挂临时接地线及误入带电间隔等很难用硬接线闭锁方式来避免,很多电站的闭锁措施及闭锁范围不能完全满足要求。因此,龙开口水电站配置了一套微机防误操作系统。

(一) 系统结构

龙开口水电站微机防误操作系统由站控层、间隔层、过程层三大部分构成,采用性能可靠的无线网络通信方式,通过无线网络主站、无线基站、无线电脑钥匙及锁具附件,在电站内搭建一个实时在线网络防误系统。

系统防误软件操作平台采用 WINDOWS 操作系统,包括操作系统、编译系统、诊断系统以及各种软件维护、开发工具等。整个系统具有良好的防病毒、抗干扰、无死机的防护措施,使用方便可靠、快捷灵活。

(二) 闭锁方案

微机防误操作系统闭锁锁具主要有:闭锁盒、电气编码锁、机械编码锁、高压带电显示闭锁装置、地线管理柜、智能地线桩、地线头及其他辅助部件等。

闭锁盒、电气编码锁、机械编码锁等均采用无线编码锁片，实现“双无”技术。一是“无”接触，即在采码时物理上没有接触、没有连线、没有机械触点等，探头和编码之间采用无线方式交互信息，克服了采用传统机械采码技术带来的各种弊端，提高了系统采码的可靠性；二是“无”重码，即在整个编码系统中没有重码现象，每个设备的编码为全球唯一编码，对微机五防装置中设备编码时已经不存在点数的限制。

1. 闭锁范围　根据电气主接线图，对全站电气设备操作实现闭锁。主要包括：500kV 开关设备、18kV 开关设备、10kV 开关设备、400V 开关设备、电压互感器柜、厂用电变压器、励磁变压器、中性点设备柜等。

2. 闭锁方式

(1) 电站内 18kV 断路器、隔离开关、接地开关及 10kV 断路器、400V 断路器等现地操作采用闭锁盒进行闭锁，远方操作通过与监控系统通讯实现软件闭锁（目前龙开口电站监控远方操作闭锁由监控系统完成，微机防误系统对监控远方操作不进行闭锁）。

(2) 对于手动操作设备的闸刀、地刀均采用机械编码锁闭锁，安装在相应设备的操作把手或网门上。对小车开关摇孔，加装专用的小车闭锁附件进行闭锁。

(3) 对于带电间隔的各开关柜、变压器网门等采用高压带电显示装置配合电磁锁进行闭锁，当设备带电时，高压带电显示装置有带电指示并闭锁网门（柜门）电磁锁，网门（柜门）无法打开。

(4) 对于临时挂接地线等的闭锁方式是设置无线地线管理系统。无线地线管理系统由地线管理器主机、监测闭锁机构（从机）、智能地线头、智能地线桩构成。现场安装时将地线桩焊接在临时接地点上，进行规范化处理，使其具有接地开关闭锁功能。

(5) 闭锁盒、机械编码锁能适应电站内各种运行方式，在紧急状态下，可通过机械解锁钥匙对其进行解锁操作。

（三）操作流程

当操作时，电脑钥匙通过无线网络接受主机下达的操作指令，按照预演正确的顺序显示当前操作项，运行人员依照电脑钥匙提示的设备号依次解锁。对于闭锁盒，电脑钥匙通过无线网络发送解锁申请给五防主机，五防主机通过系统总线直接解锁相应的闭锁盒，闭锁盒就地解锁运行人员可直接进行操作。对于编码锁，将电脑钥匙插入相应的编码锁内，若实时闭锁逻辑正确，则开放其闭锁机构，运行人员可进行就地操作设备的倒闸操作；若锁码错误，系统禁止操作，并在主机界面弹出报警窗口，给出禁止操作的原因，同时通知电脑钥匙相关信息。

若有控制室和现场交替操作时，运行人员无须返回控制室，在现场用电脑钥匙通过无线局域网回传给五防主机；五防主机自动将已经操作过的设备状态进行刷新，然后按原模拟顺序解锁下一步操作；在主控室操作完成后，五防主机再通过无线网络传输下一步的操作给现场的电脑钥匙，由等在现场的运行人员继续进行手动设备的操作；如此反复，省却了运行人员的来回跑动，同时控制室对现场手动操作设备的状态得到及时掌握。

（四）无线地线管理系统

无线地线管理系统由地线管理器主机、监测闭锁机构（从机）、智能地线桩和地线管理柜组成。地线管理器主机负责管理控制检测闭锁机构，并提供地线使用情况查询。检测闭锁机构负责检测识别地线与闭锁解锁地线，个数可根据地线数量配置。一个主机最多可以管理 64 个检测闭锁机构。每根需要管理的地线上安装有地线识别与闭锁附件。该附件上安装有无线码片，挂到检测闭锁机构指定的卡位上时，检测闭锁机构上的无线码片识别电路将识别到码值，从而识别地线并能将正确的地线闭锁。检测闭锁机构和地线管理器主机安装在地线管理柜内。

（五）系统功能

1. 操作票专家系统功能

(1) 开票功能。提供“图形模拟开票”、“手工开票”、“预存操作票调用”和“典型操作票调用”等多种开票方式，用户可任意选择一种，也可互相转换使用。能开出并打印包括一、二次设备操作项及检查、测量、验电、提示等特殊操作在内的完整操作票。

(2) 图形管理功能。图形界面直观，一次主接线图可随意放大、缩小，对选定的图形进行放大，任意漫游、不失真、不变形。图形的修改与增加还可在线进行。

(3) 数据库管理功能。允许维护人员对相关数据库和文件进行扩充和修改。

(4) 操作权限管理功能。操作权限实行分级管理制度，可根据需要决定是否将某种操作的操作权限开放给某一操作人员。

(5) 统计报表功能。能统计报表，完成对历史操作票、一、二次设备变化的各项报表的统计、查询和打印。

(6) 数据检索功能。能按班组、开票人、开票时间、完成时间、完成情况等对已完成的操作票进行检索，对人员登录情况进行检索。

(7) 仿真操作、培训功能。可直观、实时地在屏上进行仿真操作演练，监控每一步操作，并能对错误操作告警，指出操作错误的原因，提示正确的操作步骤。

2. 多级操作权限管理功能　具有严密、完善的用户权限分级管理功能，可以定义每个操作人员在使用本系统时所具有的权限，能够具体到定义可以操作设备的级别。

3. 通信接口功能　通过 RS485 串口与监控上位机通信，获取断路器及隔离开关等电气设备的实时位置信息，当开关位置不对应时，本装置报警并进入自动对位。对监控上位机的遥控操作和现场就地操作进行五防控制，监控上位机的遥控命令必须满足本装置主机的五防逻辑方为有效命令。本装置独立形成五防操作系统，除闭锁由监控系统操作的断路器、电动刀闸外，不影响后台监控系统的运行。可向监控系统提供包括开关、刀闸、网门、临时地线等虚遥信量，确保监控系统及时刷新其状态。

4. 多任务功能　支持多任务并行操作功能，允许多个操作班组同时进行倒闸操作，且各组之间无相互联系，操作时不必考虑各任务彼此间的顺序。

（中国水电顾问集团华东勘测设计研究院有限公司　刘秋华　王汉武）

亭子口水利枢纽电站电气设计主要技术问题及特点

亭子口水利枢纽电站共装设 4 台单机容量 275MW 的混流式水轮发电机组，总装机容量 1100MW；水库具有年调节能力，投产后，是四川电网理想的调峰电源之一，可改善四川电网水电站的调节性能。电站为坝后式电站厂房，上游副厂房 392.0m 高程层与厂坝平台相连，布置 500kV 主变压器和 500kV 并联电抗器（预留）。主变压器布置在每个机组段内，其低压侧与封闭母线连接，高压侧采用油/SF_6 套管与 GIS 连接。

亭子口水利枢纽电站电气设计的主要技术问题及特点如下：

1. 角形接线的特有问题　近年来，部分采用 3/2 接线和角形接线的水电站 GIS 曾出现过电压互感器铁磁谐振现象，给 GIS 设备和主接线运行带来较大危害。据分析，上述电站的主接线均存在“T 区接线”（即线路/主变压器进出线的电压互感器接于两组断路器之间），投切“T 区接线”的断路器，且在线路/主变压器进出线为开路时，容易导致 GIS 母线电容和断路器的均压电容对 PT 放电并发生铁磁谐振。

亭子口水电站电气主接线设计为终期四角形接线，初期为三角形接线（一回出线），均存在上述“T 区接线”形式，因此必须结合接线形式和 GIS 设备特性对铁磁谐振进行分析并采取措施，避免该现象的发生。本电站的 GIS 为现代重工产品，其断路器为单断口，断口两侧没有装置并联均压电容器，GIS 回路仅存在极间电容和母线对地电容，相对于双断口断路器的均压电容而言，断路器极间电容很小，震荡回路没有足够的能量，因此发生铁磁谐振的条件不具备。

本电站 GIS 布置确定后进行了铁磁谐振解析计算，其结果验证了上述分析，电站 GIS 不存在铁磁谐振条件，也不需装设谐振抑制装置。

2. 发电机回路电流互感器的布置　电站发电机一变压器单元设有发电机断路器（GCB），根据发一变差动保护配置，需在发电机断路器两侧设置 TYP 型电流互感器，各单相每侧 1 台（每台两个 TPY 绕组）。该处电流互感器的具体布置有两种方式，一是布置在离相封闭母线水平段，设专用的电流互感器可拆装置，二是布置在发电机断路器内（发电机断路器两端预留有电流互感器安装位置）。

根据电站离相封闭母线和发电机断路器的布置，若发电机断路器两侧的电流互感器布置在离相封闭母线段，由于发电机断路器至主变压器侧水平段离相封闭母线长度仅为 1.6m，其间还有厂用分支母线需引出，可用于安装电流互感器的水平段不足 0.8m，不满足设置电流互感器可拆装置所需的空间要求，因此仅能设置占用水平尺寸小的离相封闭母线可拆伸缩节装置。同样，在发电机断路器下游（靠发电机侧）水平段仅为 0.6m 即接直角弯头垂直引下，发电机断路器下游侧电流互感器无法安装在离相封闭母线垂直段上。按以往经验，电流互感器装在垂直段需进行特殊设计，并设置专用拆装工具。根据上述分析，发电机断路器两侧的电流互感器若装在离相封闭母线上，需在离相封闭母线（母线导体和外壳）上增加两处断口，且需特殊设计，不仅增大设计、制造难度，对设备的性能、布置均有不利影响。

由于发电机断路器内已预留有发电机回路专用电流互感器的安装位置和固定装置，电流互感器安装、拆卸比较方便，此外由于发电机断路器和离相封闭母线导体为可拆软连接，不需在母线上再设断口，也不需设置单独的端子箱，设备布置合理，大大简化离相封闭母线的设计和制造难度。经初步核实发电机出口断路器两侧预留有电流互感器安装空间的最大尺寸为 341mm，该尺寸安装国产或进口 TPY 型电流互感器均是可行的。

综上，亭子口水电站采用发电机断路器两侧各内装 1 台电流互感器（两个 TPY 绕组）的方案，电流互感器由发电机断路器厂家选配，在工厂组装，整体试验，成套交货。要求电流互感器的特性参数尽量与发电机主、中引出线的电流互感器相一致。发电机回路电流互感器在发电机断路器内装的方式，国内外工程较少采用，该方式需考虑电流互感器暂态特性参数的一致性和不同厂家设备成套组装所带来的责任界面划分及相互影响等问题。本电站结合工程实际，较好的解决了上述问题，使发电机主回路相关设备布置大为简化、合理。

3. 主变压器厂内运输及卸车就位方式　大型水电站主变压器厂内运输和卸车就位有两种方式。方式一，运输车运至安装场，利用主厂房桥机卸车，通过专设的变压器运输轨道拖至变压器间就位。该方式需考虑安装场和厂坝平台（主变压器布置层）互通和同高，需沿安装场、厂坝平台设专用运输轨道和拉锚。方式二，变压器运输车直接运至变压器安装间直接卸车并就位。该方式可不通过安装场，厂坝平台不需设置轨道，但需核实进厂运输通道，运输车的长度、转弯半径和轮压等参数。

主变压器运输重约195t，采用总长22.2m的运输车，转弯半径最小10m，轮压为2.78t。厂坝平台和进厂公路通过厂房左侧消防通道连通，进厂公路宽为10m，消防通道宽为5.8m，厂坝平台宽约为32m，运输车可整体开到厂坝平台再转弯。另外，平台上涵管沟盖板经加厚设计后，可承受运输主变时的轮压。因此，经综合比较后，亭子口电站主变压器在厂内的运输及卸车方式选用方式二，即运输车带变压器整体至变压器安装间，采用电动液压顶推平移，千斤顶配合枕木就位的方式（变压器检修移出可反向操作）。该方式的采用不仅使安装场和主厂房结构（主要是桥机梁高度）不受变压器卸车条件的限制，而且省去专用运输轨道及沿线拉锚，厂房土建结构设计得以简化，也使主变压器在厂内的运输、卸车及就位变得简单、可靠、方便。

4. 厂用电　亭子口水利枢纽范围大，除电站外坝区其他各供电点的供电距离较长，因此必须采用两级电压供电。同时枢纽内的施工电源采用10kV，而电站又需引接施工电源作为厂用电源，将两者结合可以节省工程投资，因此，厂用电压第一级电压采用10kV，第二级电压采用0.4kV。为了保证泄洪闸的安全运行，提高泄洪闸供电的可靠性，在泄洪闸供电点0.4kV母线上接一台容量为800kW的柴油发电机组作为保安电源。当外来电源全部失去时，启动柴油发电机组供大坝泄洪设施用电，确保大坝安全度汛。为满足电站黑启动要求，在电站厂房区域设置黑启动专用柴油发电机组，并以0.4kV专用电缆线路接入1、2号机组自用电系统，专设联络开关柜，将黑启动电源连至电站0.4kV各供电系统。该接线方式除确保电站黑启动设备用电外，还可为电站抽排水泵等其他重要用户供电。

（长江勘测规划设计研究院）

龙开口水电站直流电源系统主要设备的选择与计算

龙开口水电站装机容量为5×360MW，输电电压为500kV。其直流电源采用220V一个等级，负荷较大且分散，设置了机组及公用设备、事故照明、500kV开关站、坝区四大直流电源系统。

（一）总体设计

1. 机组及公用设备直流电源系统　布置在上游副厂房内，2套，每套配置2组容量为800Ah的蓄电池组和3套充电和浮充电装置。第一套直流电源为1、2、3号机组LCU、励磁、调速器及辅助设备，1、2、3号发变组控制、保护、录波设备，监控系统上位机不停电电源，厂房渗漏排水泵，中、低压压气机等设备提供操作电源；第二套直流电源为4、5号机组LCU、励磁、调速器及辅助设备，4、5号发变组控制、保护、录波设备，监控系统上位机不停电电源，机组检修排水泵，公用设备LCU等提供操作电源。

2. 事故照明直流电源系统　本电站为大型水电站，事故照明负荷大，且具有突发性，基于安全性考虑，设置一套事故照明直流系统，专为事故照明供电。该系统独立布置在上游副厂房，1套，配置1组800Ah蓄电池组和1套充电和浮充电装置。

3. 500kV开关站直流电源系统　由于500kV开关设备与厂内距离较远，直流负荷多且相对集中，为提高直流电源供电的可靠性，设置1套专为500kV开关设备供电的直流系统，为500kV各LCU、开关设备控制、保护、信号、安全自动装置、电能计量等提供直流电源。该系统布置在500kV继保室，配置2组容量为200Ah的蓄电池组和3套充电和浮充电装置。

4. 坝区直流电源系统　为提高进水口事故闸门、溢洪弧形闸门、泄洪中孔闸门及坝区配电系统的供电可靠性，在坝区配电室设1套直流电源系统，设2组容量为200Ah的蓄电池组和3套充电和浮充电装置，为坝区设备提供可靠的操作电源。

（二）主要设备选择

1. 蓄电池　选用阀控式密封胶体铅酸蓄电池。经过性价对比，龙开口水电站最终选择海志牌蓄电池。每组蓄电池组的容量选择，按满足带2段直流母线上的所有负荷、持续放电按1h计算。

2. 充电和浮充电装置　所有直流系统均选用高频开关电源。高频开关电源具有均流性能好，稳压、稳流精度高，体积小、重量轻、效率高，输出纹波及谐波失真小、自动化程度高等优点，能够满足重要直流系统安全、稳定的要求。每台充电和浮充电装置的容量，应满足能同时带2段母线上的所有经常负荷并能给1组蓄电池均衡充电的要求。充电模块按N+1原则配置，即每套装置配置1块备用模块。充电模块选用艾默生的HD22020-3。

3. 微机型集中监控装置　集中监控装置实现对充电装置的投入、退出及运行方式的切换。除了完成恒压、恒流充电及恒流放电功能外，该装置应能对电池的充放电电流、蓄电池室环境温度及其他参数作实时在线监测；可准确地根据电池的充电、核对性放电情况估算蓄电池容量的变化，还能在电池放电后按用户事先设置的条件自动转入限流均充状态，通过直流母线电压来完成电池的正常均充过程；可自动完成电池的定时均充维护，根据蓄电池室环境温度对蓄电池浮充电压进行温度补偿；可监测蓄电池组的使用情况，实现全智能化，不需任何人工干预，并能够与蓄电池巡检装置、电站计算机监控系统进行数据通信。本工程选用艾默生生产的型号为EMU10微机主控单元。

4. 放电装置　采用智能型微机控制的移动式蓄电池放电装置。发电机层上游副厂房直流电源系统蓄电池放电装置的额定放电电流为100A，500kV开关站直流电源系统和坝区直流电源系统蓄电池放电装置的额定放电电流为20A。以上三个区域的直流系统各设一套移动式智能蓄电池放电装置，型号为XF-ZF/220V。

5. 蓄电池巡测装置　每组蓄电池配置一套微机型蓄电池巡检装置，能对单体电池的端电压及蓄电池组电压进行巡回检测，并以数据通信方式将巡检结果送至相应的微机型集中监控装置。本电站选用的是艾默生的型号为EBU01交流配电监控模块。

6. 自动调压装置　为了保证控制母线电压的恒定，采用自动调压装置来维持控制母线电压的稳定，当充电装置对蓄电池充电时，均/浮充电压通常会高于控制母线允许的波动电压范围，所以采用自动调压装置，使充电装置的输出电压满足控制母线的要求。本电站由于发电机起励电流和监控系统上位机不停电电源直流负荷较大，所以发电机层上游副厂房直流电源系统设动力母线和控制母线。

自动调压装置由二极管分若干档进行调压，每档电压为2～3V。其控制方式为浮充、均充选择开关和运行方式联动控制，并可根据动力母线电压自动调节。本电站选用的是无锡星火生产的型号为DJA/5A 60A35V硅链自动调压装置。

（三）计算与选择

1. 机组及公用设备直流电源系统　每套直流电源直流负荷，经常电流为48.5A，事故放电电流为190A；直流母线电压容许变化范围按（90%～110%）U_n（U_n为直流系统额定电压）设计，经计算：

（1）每组蓄电池个数为108只；按公式计算容量为718.9Ah，考虑一定的裕度，取800Ah；截止电压1.83V。

（2）充电装置模块数量，计算得出$n_1=6$，应选择7块20A模块，共140A。为了提高系统的可靠性，800Ah直流系统充电整流装置选择了8块20A的高频开关电源模块，充电整流装置的额定电压259.2V。

2. 事故照明直流电源系统　事故放电电流为181.8A，经计算：

（1）蓄电池数为104只；容量按公式计算得687Ah，最终选择800Ah；放电截止电压为1.90V。

（2）取单个模块额定电流为20A；选择每组开关电源模块8只，共160A。直流220V蓄电池整流装置的额定电压选249V，系统仅设动力母线。

3. 500kV开关站直流电源系统　直流负荷，经常负荷为27.27A，事故负荷为20.45A。经计算：

（1）蓄电池容量选200Ah，108只，两组；放电截止电压为1.83V。

（2）直流220V蓄电池整流装置的额定电压选259.2V。

（3）取单个模块额定电流为20A。选择每组开关电源模块4只，共80A。系统仅设控制母线。

4. 坝区直流电源系统　直流负荷，经常负荷24.53A，事故负荷21.63A。经计算：

（1）蓄电池容量选200Ah，108只，两组；放电截止电压为1.83V。

（2）直流220V蓄电池整流装置的额定电压选259.2V。

（3）取单个模块额定电流为20A；选择每组开关电源模块4只，共80A；系统仅设控制母线，不设降压装置。

（中国水电顾问集团华东勘测设计研究院有限公司　钱玉莲　王汉武）

金安桥水电站自动发电控制策略及应用

金安桥水电站装机容量4×600MW，设计额定水头111m，通过500kV双回线接入云南楚雄换流站，是±800kV云广特高压直流输电工程的主要电源，由南方电网总调直调，在电力系统中担任基荷、调峰和事故备用任务。2012 年 8 月份 4 台机组全部投入运行，2013 年 7 月份自动发电控制（AGC）正式投入。AGC 投入后，发电机跟踪电力调度指令，以安全、经济的方式控制水电厂机组的有功功率分配，大大减少了电厂运行值班人员的劳动强度。

（一）自动发电控制控制方式

金安桥电站采用负荷控制模式。自动发电控制的控制权在调度时，只有定值方式，调度 EMS 系统通过电厂远动通信定时下发全厂总有功目标值，自动发电控制程序模块依据预定分配原则将这个目标值分配到各台参加自动发电控制的机组。当调度将金安桥电厂作为调频厂时，自动发电控制按照系统频率自动进行负荷调整。

自动发电控制的控制权在电厂时，厂内自动发电控制可以按定值方式或曲线方式进行控制。电厂定值方式，运行人员可直接在自动发电控制画面上设置全厂总有功目标值，自动发电控制模块依据预定分配原则将这个目标值分配到各台参加自动发电控制的机组。电厂曲线方式，自动发电控制程序依据调度预先下发的全厂日负荷曲线计算出各个时间点全厂总有功目标值，再按预定分配原则将这个目标值分配到各台参加自动发电控制的机组。

（二）自动发电控制分配原则

1. 正常负荷分配　自动发电控制将根据有功增量平均分配到参与自动发电控制的机组：

$$P_{agc}=P_{总}-P_{agc未参与}$$

式中：P_{agc} 为自动发电控制总的分配值；$P_{总}$ 为调度下发总有功；$P_{agc未参与}$ 为未参与自动发电控制机组所带负荷。

$$P_i=P_{agc}/n$$

式中：P_i 为分配至机组 i 的自动发电控制值；n 为参加自动发电控制的机组台数。

2. 小负荷分配　当全厂有功和设定值之差小于小负荷调节门槛、大于有功设值死区时，自动发电控制根据小负荷分配策略将有功设定分配到有功调节余量较大的机组。先依据机组的调节余量排序，确定优先级和需要参与小负荷分配的机组台数，最后完成小负荷差额分配。

（三）自动发电控制安全性策略

1. 自动避开振动区策略　为保证机组安全，根据水轮发电机组的稳定性试验，在自动发电控制程序中设定每台机组在不同水头下的振动区，机组投入自动发电控制运行时自动避开振动区，遇到振动区将快速穿越。检测到全厂负荷给定在机组振动区内，自动发电控制拒绝分配执行。

当需停某台机组时，运行人员将该机组下穿优先标记置 1。当自动发电控制分配结果有机组需下穿振动区时，优先考虑该机组。在某机组下穿优先标记置 1 前，须将其余机组下穿优先标记置 0。某机组停机解列后，下穿优先标记自动清零。某机组单机自动发电控制退出后，下穿优先标记自动清零。

2. 事故保护策略　当检测到母线频率超出 50Hz ±0.5 范围或电厂有事故时，全厂自动发电控制自动退出，全厂有功功率跟踪全厂实发有功功率。

自动发电控制水头给定方式有自动和手动两种。默认是自动水头，当自动水头超过设定差限（3m）时，进行告警并保持原值不变，值班人员切至“手动”，采用人工设定水头，进行人为设置。

（四）单机自动发电控制和自动发电控制联控功能投/退的条件

单机投入自动发电控制功能的条件：机组有功远控可调（调速器在远方自动方式、机组现地控制单元控制方式在远方）、有功 PID 调节投入、现地控制单元无故障（与上位机通讯正常、功率测量正常）、水头信号正常（水头在正常范围之内）、机组在发电态。当上述条件除水头信号异常外其他任意一条不满足，该机组自动发电控制自动退出。

全厂自动发电控制正常投入条件为：有机组投入自动发电控制、系统频率正常、机组无事故、自动发电控制远控时与南方电网通信正常、水头信号正常、各现地控制单元无故障（发电态机组与上位机通讯正常、功率测量正常）、全厂有功设定值与实发值偏差在全厂调节死区内。

若检测到全厂单机自动发电控制均退出、电网频率故障、电厂有事故、自动发电控制控制权在“调度”时与调度通信故障、发电态机组状态突变、发电态机组现地控制单元故障、机组有功量测异常，任一条件满足，全厂自动发电控制退出。

（五）自动发电控制控制与一次调频的协调关系

4 台机组单机自动发电控制调节均满足《中国南方电网自动发电控制（AGC）技术规范》中的指标要求，即：响应时间不大于 30s、调节速度不小于每分钟 50%额定机组有功、动态误差不大于 1.5%额定机组有功、静态误差不大于 1.5%额定机组有功。

当自动发电控制投入，指令没有变化，一次调频动作时，机组能迅速根据一次调频动作调整到位；当自动发电控制投入，在一次调频动作的同时自动发电控制有新指令时，机组优先响应自动发电控制指令。

（六）存在的问题

金安桥电厂自动发电控制调节速率测试均满足南方电网规范要求，但在进行小负荷调节时还是存在调节速率不够的问题，此问题正在进一步研究。

（金安桥水电站有限公司　李春兰）

±800kV 楚穗直流孤岛试运行圆满完成

2013 年 9 月 11 日 5：05 时至 2013 年 9 月 19 日 01：20 时，楚穗直流将近 9 天的孤岛试运行顺利完成。

孤岛试运行期间，金安桥电厂全厂设备运行正常；在联网与孤岛方式的切换中，安稳装置信号正常，金安桥电厂 4 台发电机组调速器、励磁参数切换正常。

楚穗直流孤岛试运行采用 5 线方式。即由云南小湾电厂小楚双线、小和线一和楚甲线和金安桥电厂金楚甲、乙线共 5 回 500kV 交流线路在楚雄换流站交汇后，通过楚雄换流站变换为±800kV 直流输送至广东穗东站，再由穗东站将±800kV 直流变换为 500kV 交流并入广东电网。具体接线如图 1 所示。

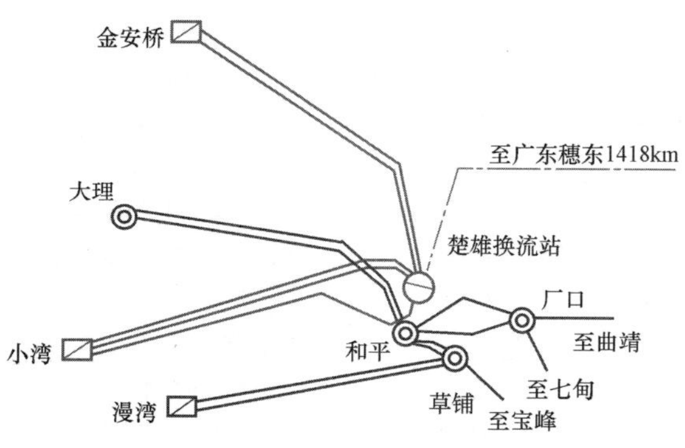

图 1 楚穗直流孤岛运行方式接线图

（一）金安桥电厂孤岛试运行期间的设备状态

1. 一次设备

（1）500kV 开关站三串合环运行，500kV 金楚甲、乙线运行。

（2）1、2、3、4 号变压器运行，1、2、3、4 号机组并网发电。

（3）厂用电运行方式：10kV Ⅴ段带 10kVⅠ段母线运行；12B 带 10kV Ⅱ段母线运行；13B 带 10kV Ⅲ 段母线运行；14B 带 10kV Ⅳ段母线运行；外来电源Ⅰ回带 10kV Ⅴ段；0.4kV 厂用电分段运行。

2. 二次设备 保护及自动装置按正常要求投入。安稳 A\B 套按孤岛运行方式投入。失步解列装置按孤岛运行方式投入。

3. 负荷情况 金安桥电厂分别在送出 2136、1700、1300MW 功率的 3 种情况下进行了孤岛试运行。各机组负荷见表 1。

表 1 金安桥电厂孤岛试运行各机组负荷

序号	1 号机	2 号机	3 号机	4 号机	总负荷
1	471MW	600MW	600MW	472MW	2136MW
2	50MW	600MW	600MW	50MW	1300MW
3	50MW	600MW	600MW	450MW	1700MW

（二）楚雄换流站直流输出功率和参与直流孤岛电厂的送出功率

在保证楚雄换流站总的直流输出功率 5000MW 的情况下，金安桥电厂 4 台 600MW 机组和小湾电厂 6 台 700MW 机组并网运行。两参与直流孤岛试运行电厂的送出功率见表 2。

表 2 两参与直流孤岛电厂试运行的送出功率

序号	金安桥电厂	小湾电厂	楚雄换流站直流负荷
1	2136MW	3000MW	5000MW
2	1300MW	3840MW	5000MW
3	1700MW	3450MW	5000MW

楚穗直流试运行的成功，为即将投产的溪洛渡、糯扎渡直流工程运行和特高压直流电网发展提供了宝贵经验，也为能源远距离大容量输送提供了一条有效可行的方式选择，标志着我国电力工业技术与管理达到新的水平。

（金安桥水电站有限公司 李春兰）

白山发电厂智能化建设环境与气象监测系统正式投入运行

（一）白山发电厂梯级电站气象信息系统

该系统为白山发电厂智能化建设的一部分，项目于 2011 年 6 月开始启动，在经历了可行性研究、方案设计、系统研发、现场实施、试运行及验收后，于 2013 年 3 月正式投入运行。

1. 系统定位 白山发电厂梯级电站气象信息系统是白山发电厂梯级电站群水库调度系统的重要组成部分，也是白山发电厂智能化改造的子项目之一。其主要功能：通过对电厂气象站、气象部门相关气象信息及卫星云图的采集处理和统计分析，实现对灾害性天气的监视跟踪和预报预警，并为电网负荷预测、经济调度、事故预想和处理等提供可靠的气象信息，从而为梯级水电站经济安全运行提供决策支持以及控制手段。

2. 建设目标　立足于水电厂智能化统一平台，在完成白山发电厂气象信息及卫星云图信息的采集、统计、分析的基础上，实现气象短期、中期数值预报，候、旬降水相似预报，月～季气候趋势预测等，为电厂经济安全运行提供决策支持。

3. 开发思路　开发一款专业气象数据采集程序，定期采集电厂流域内日、周、旬、月、季常规天气预报和台风、暴雨、雷电等灾害性天气有关气象要素的实测值、预报值、多普勒雷达监测数据、吉林省加密气象站数据，并对数据进行分类入库。建立 WRF 流域面雨量预报系统平台，利用 WRF 预报模式软件进行流域面雨量预测，并定期将预报结果上传气象数据库。改造原有气象卫星接收装置及可视化气象会商平台，最终将整编好的气象信息通过 FLEX 技术开发的页面，以报表、过程线、柱状图、动态效果图等展示出来。

4. 系统创新性

(1) 国内首创地将气象信息系统引入到水电厂智能化建设中，完成气象系统在水电厂中的智能化改造。通过气象信息的采集、处理、预测，为水电厂经济、安全运行提供决策依据。

(2) 成功开发了专业气象数据采集程序，将不同来源的数据纳入到数据统一平台中，便于气象信息系统对原始数据进行分析预测。

(3) 基于 C/S 模式，开发了首套智能水电厂梯级电站气象信息展示平台，将气象信息以报表、过程线、柱状图及动画效果展示出来。

(二) 白山抽水蓄能电站环境监测系统

白山抽水蓄能电站环境监测系统项目始于 2012 年 12 月，经过 3 个月的开发，2013 年 4 月通过验收，正式投入运行。该系统作为智能化水电厂的子项目之一，通过加强对厂房环境等因子的监测与管理，可预防突发性环境安全事故，保障工作人员的人身安全及电网安全稳定运行，同时实现电厂生产与资源环境相协调。

1. 系统定位　在白山电厂三期厂房内建设一套环境在线监测系统，实现环境数据的实时采集、通讯等应用功能；同时开发环境监控管理操作系统，作为电厂工作人员的监控平台，实现以下主要功能：系统运行监视、运行管理、设备操作，系统图形、数据查询调用、测值超限报警、因子趋势分析等。通过该环境监测系统，可最大限度地减少突发性环境安全事故，提高电站的预警和处置能力，确保电力设施安全可靠运行，并在一定程度上延长设备使用寿命，保证工作人员的人身健康，保障电站的稳定运行。

2. 建设目标　通过在白山电厂三期厂房各关键点位布设环境因子（包括温度、湿度、有毒有害气体、氧气含量、氢气等）在线自动监测装置，实现对白山电厂三期厂房环境因子的实时监测，同时铺设光纤局域网，将实时监测数据传输至中心站，并在中心站建立一套环境监测软件平台，实现对整个环境监测系统的监控和管理。

3. 开发思路　在白山电厂三期厂房内确定各环境探测器的安装地点和安装方式，在保证探测器稳定工作的同时尽量布设到最佳安装位置，以保障及时准确地识别危险因子和危险区域。采用先进的通信技术、计算机软件技术，将不同类别、不同型号的数据传感器信号接入统一的数据采集平台中，实现数据的整合、封装。同时，该数据采集平台采用可视化界面，实现运行参数的设置、运行状况的查看等。通过 B/S 模式，将采集数据以电站气体实时监测图、单站气体监测过程线、多站单因子监测对比棒状图、气体实时评价报表、气体逐时评价日报表、气体逐日评价周报表、气体逐日评价旬报表、气体逐日评价月报表、气体逐日评价季报表、气体逐月评价年报表等形式展示出来，便于工作人员分析预测厂房环境的安全性。

4. 系统创新性

(1) 形成了国内第一套智能电站环境监测系统平台，为调度人员提供了应用界面，包括系统运行监视、运行管理、设备操作、系统图形、数据查询调用、超限报警、趋势分析等功能。

(2) 项目的数据传输阶段，通过光纤传输技术，构建完整的局域网环境，确保电站监测数据的安全性和传输的有效性。

(3) 统一的数据中心及综合应用平台是整个项目的核心部分，监测平台以实时监测数据为基础，针对电站需求进行设计，实现了环境监测因子的实时监控和预警、数据的深入分析和应用。智能化的设计为电站的安全生产提供了决策支持。

（南京南瑞集团公司　贾　旭）

武都水库大坝强震监测系统布设及实施

(一) 概况

武都水库工程位于四川省江油市武都镇涪江干流，拦河大坝为碾压混凝土重力坝，最大坝高 120m，坝顶长 727m。水库库容 5.72 亿 m^3，厂房装机 3×5 万 kW。工程区本身不仅直接坐落在规模较大、活动性较强的龙门山断裂带上，而且外围还展布有众多的全新世活动断裂。“5·12”汶川地震发生后，按照相关设计和专题会议要求，大坝设置了独立的强震监测系统。

与为地震学服务的地震监测有所不同，强震动监测着眼于为工程安全服务，通过自动触发（关闭）监测系统全过程记录建筑物的场地震动和结构的强震动反应，不仅为确定地震烈度和采取震后维护措施提供定量数据和理论依据，同时又可检验抗震设计理论和工程处理措施是否符合实际。强震监测包括地震加速度监测和结构静态监测，本工程强震监测只包括地震加速度监测，其系统设计原则如下：

（1）测点布置应尽量充分考虑坝体、地基以及库水三者的耦合作用，布置在能够反映出主体结构特征的位置，以坝体主振型监测为主。

（2）能记录大坝的地震反应全过程。利用强震记录进行实时处理，可对大坝发出不同等级的强震安全报警。

（3）可远程监控检查系统的运行状态和事件文件。

（4）根据记录计算观测点的地震反应，如地震反应谱、功率谱、加速度峰值、速度峰值、地震动持续时间等，为抗震设计、地震特性研究提供必要的资料。

（5）采用最新开发的地震数据网络通信记录器。

（6）具有完善的远程遥测、遥控等功能。

（7）具有稳定可靠的特点。

（二）强震监测设备及布设

1. 监测设备　武都水库大坝强震监测系统，主要由中央控制器、强震动监测仪（简称强震仪）、监控主机组成；采用星形拓扑结构，中央控制器通过光缆连接8台强震仪，并通过无线路由器连接自由场观测台1台强震仪。设备选用瑞士GeoSIG公司产品，其中：

（1）中央控制器，1套，最多可以连接16台GMSplus-63强震仪，支持星型网络拓扑结构，具有同步触发、同步采样、同步时间的功能，可以通过modem等连接远程操作。

（2）GMSplus-63强震仪，9套，每套有3或6通道，A/D转换分辨率为24位，动态范围为146dB或137dB，采样率1000、500、250、200、100、50sps可选，8 GB可插拔SD卡（可选CF卡），外壳保护等级为IP65，90～260 V、50～60Hz AC电源；内置的AC-63三向力平衡式加速度计，动态范围大于120dB，量程为±3g，满量程有效。

（3）CDMA无线路由器1套，完整TCP/IP，可支持多台设备兼容CISCO。

（4）GeoDAS数据分析软件和GeoDAS-COM管理软件，可在Window2000/XP/Vista/7下运行。

2. 强震监测设备布设　9台强震仪测点位置，依据图纸及相关规范要求，经初步布设和坐标放样，最终现场踏勘确定。其中8台分别布置在左、右岸边坡基岩处，7、15、17、19号坝段坝顶，15号坝段601.5、557m高程廊道观测房；另外1台布设在左岸下游约200m处的自由场观测台。

（三）强震监测系统施工

1. 监测墩施工　强震仪需固定安装在现浇混凝土监测墩上，并安装保护箱。监测墩尺寸根据不同的布设位置有所不同，但要求墩顶面平整、安装有强震仪基座，墩体预留导线出入孔。按设计要求施工，浇筑混凝土墩时，预埋光缆、电线管道、排水管。

2. 系统通讯和电源设备施工　根据布设方案和工程情况进行电缆和通讯光缆敷设。对于电源电缆、通讯光缆，露天野外的穿设钢管进行屏蔽保护。供电电缆带单层铝箔屏蔽层，其中2根4mm^{2}为交流供电线路，9根0.4mm^{2}合为地线。各观测点强震仪与中央控制器信号通讯连接采用4～16芯单模光纤。坝顶布设的各台强震仪的光缆汇集到大坝右岸TS18观测房内，廊道内测站布设的强震仪光缆与自动化系统通讯光缆走线一致；出坝外后的所有通讯光缆通过外穿ϕ50镀锌钢管开挖沟槽形式保护。

3. 系统安装调试　将仪器安装和走线完成后，按照规范、说明书在厂家指导下进行调试。主要注意事项如下：

（1）信号接通后，应确定加速度计的振动方向与记录仪图形振动波形方位的对应关系。

（2）预调整强震仪各记录到的灵敏度，使仪器处于待触发状态，一旦地震发生能自动记录。

（3）调试运行采集、分析软件，并模拟采集运行，保证软件运行正常。

（中国水利水电第三工程局有限公司　邢　昊）

金 属 结 构

向家坝水电站泄洪中孔弧形工作闸门设计

向家坝水电站共设有 10 个泄洪中孔，每孔出口布置 1 扇弧形工作闸门。弧门孔口尺寸 6.0m×11.259m（宽×高），门槽底坎高程 296.515m，设计操作水头 83.485m，采用单吊点摇摆缸式液压启闭机操作，启闭机容量 5500/1000kN（启门力/闭门力）。

该闸门的门体结构是由主纵梁、主横梁、小纵梁、小横梁、边梁等同层布置的梁系和面板组成的焊接结构。为保证门叶的整体刚度，门体结构根据孔口尺寸为窄高型而采用主纵梁为主、主横梁为辅的“井”字型布置，主纵梁和主横梁为箱型梁；4 根 T 型小纵梁分别布置在 2 根主纵梁两侧，4 根工字型小横梁分别布置在顶、底部及 2 根主横梁之间。为满足运输要求、减少现场安装工作量和难度、确保安装质量，门体结构从中间纵向分为左右两块；每块在分块处设置一块大的纵隔板，其连接面进行机加工，块间用高强螺栓和铰制孔螺栓连接，避免了现场焊接引起的变形；为了止水，弧门面板外表面拼缝处用小 V 型坡口焊并磨平。

弧门的支臂采用 2 直支臂结构，支臂支腿为箱形断面、厚型钢板焊接而成，上、下、左、右支腿间由工字型截面连接系焊接为整体。考虑运输限制，支臂在上支腿裤衩处分段，在现场用螺栓连接。支臂前后端板与门体、支铰连接面均进行机加工，其与门体、支铰连接均用螺栓连接。

中孔弧形工作闸门所采用的板材较厚，结构焊接后存在着较高的焊接残余应力，设计采用门叶及支臂整体退火方法消除焊接残余应力。为了提高闸门制造精度，减少焊接变形，提高闸门止水效果，在对门叶整体退火后对弧门面板进行整体加工。

向家坝中孔弧门设置了 3 道顶止水，顶部为 P 型橡皮的压盖式止水，其余 2 道为转铰式防射水封；侧止水为方头 P 型橡皮，底止水为条型止水橡皮。压盖式止水、侧止水和底止水布置在门体结构四周，当弧门全关时，通过门槽埋件预压各止水来达到止水的目的；2 道转铰式防射水封布置在门槽门楣上，在弧门启闭过程中，借助不锈钢片和上游库水压力将止水组件压紧在弧门面板上来防止因缝隙高速射流而引起弧门振动。为防止顶侧转角部位水封漏水，将顶侧转角水封设计成整体异型件，使得其与顶、侧水封的连接分别在直段胶合，并在顶侧转角水封周边设置封闭顶紧压板，使得转角水封端部处于封闭的环境。考虑到防射水封与侧水封接触处易发生漏水，设计采用了双道转铰防射水封装置，其目的为万一第一道转铰防射水封装置发生射水现象，可削弱水能，从而起到减压的作用，确保闸门不会发生因射流而引起激流振动，2 道防射水封采用了 2 种不同硬度的止水材料。

由于门楣防射水封在弧门启闭过程中止水始终接触着弧门面板，为了防止防射水封磨损快和面板防腐层破坏，弧门面板设计采用了在其整体加工后表面贴焊 4mm 不锈钢板的新方案。这种新的面板结构型式，在龙滩水电站底孔弧门设计时已委托武汉大学进行了三维有限元分析，得出：与纯钢板方案比较，焊接不锈钢板后（不锈钢板与面板不粘接），面板的应力与位移约下降 1%，不锈钢板的应力很小，可以认为焊接不锈钢板对面板的应力与位移基本上没有影响，不锈钢板只起传递水压力的作用，基本不受力。

由于中孔最大流速高达约 35m/s，中孔流道从事故闸门门槽至弧门门槽范围内设置了不锈钢复合钢板衬砌，以保护孔道免遭冲刷和空蚀破坏。同样，中孔弧门门槽底坎、门楣下部过水面、与水工专业钢板衬砌相应部位的连接封板的外露表面板均采用了抗冲耐磨性较高的不锈钢复合钢板，侧轨外露表面板采用了不锈钢钢板。为保证门槽安装精度，所有埋件的固定就位均采用了可调螺杆来实现。

根据向家坝水电站泄洪调度规程，中孔弧形工作闸门泄洪操作频率较高，动水操作水头高，并在运行初期有局部开启工况。因此，向家坝中孔弧形工作闸门是向家坝水电站安全泄洪的重要设施，闸门在设计时对于闸门的门叶结构、门槽埋件型式、水封等关键部位都作了深入研究，为闸门精心制造和安装，以及安全可靠运行提供了保障。向家坝中孔弧形工作闸门从设计、制造到安装均按照精品工程要求实施，目前在各种局部开启工况下已运行已有 2000 多次，相当于一个正常电站二、三十年的运行频率，其运行效果证明向家坝中孔弧形工作闸门的技术水平处于国内领先水平。

（中国水电顾问集团中南勘测设计研究院有限公司 徐永新）

越南小中河水电站压力明钢管设计

小中河水电站工程位于越南老街省沙巴镇东南10.5km，处在埃博河一级支流小中河上。电站设计装机容量为22MW，额定水头833.6m，最大设计水头969m，额定流量3.42m^3/s，安装2台单机容量为11MW冲击式水轮机组。水库正常蓄水位1562.00m，总库容761万m^3；输水系统采用1洞（管）2机形式，压力钢管为明管。工程区山高坡陡，地形复杂，主要岩性为黑云母花岗岩、闪长黑云母花岗岩及黑花岗岩，压力钢管沿线山体全风化层厚。

该工程是目前东南亚水头最高的电站，2012年12月底投产运行，运行良好。

（一）管线布置与设计特点

1. 管线布置　压力明钢管沿山脊线布置，包括蝶阀室、钢管主管、岔管和支管。钢管弯折处设置镇墩，沿线共设置20个镇墩；镇墩间每8m或10m设置一个支墩，共设置182个支墩。引水隧洞出口至镇墩MN1之间设置蝶阀，自带伸缩节；在MN1～MN18镇墩下游侧均设置长度为2.0m的波纹管伸缩节。MN19镇墩下游岔、支管外包钢筋混凝土，厂房前设置球阀，自带有伸缩节与钢管连接。镇墩MN1上游设置蝶阀，蝶阀下游设置一个通气孔；蝶阀上游主管及蝶阀内径为1.2m，蝶阀下游主管内径为1.1m，额定流量时相应流速为3.024m^3/s、3.599m^3/s，主管长度2137.181m。支管内径为0.6m，额定流量时相应流速6.048m^3/s，两条支管长度分别为16.097m和30.468m。主管与支管通过一个“卜”形钢岔管相连。考虑到满足水压试验要求、施工进度要求和运行维护要求，在镇墩MN1、MN4、MN6、MN9、MN13、MN15、MN19上游侧设置进人孔，共7个，进人孔内径450mm。

2. 设计特点　压力明钢管水头高、线路长，地形起伏大，沿线多数镇、支墩基础置于全风化、强风化的软弱基础上（土层最小内摩擦角12.9°，最小承载力为150kPa）。压力钢管管体、岔管和细部结构设计要求高，钢管的布置及支座型式、镇支墩基础的处理要与实际地形地质条件及施工条件相适应。由于中、下部钢管承担的水头高，镇墩荷载大，建于软基上镇、支墩的稳定、基础承载力等问题较为突出，需要开展压力钢管的支座型式、镇支墩基础处理研究，提出安全可靠、经济合理的设计方案。

此外，前期地勘工作由越南设计单位完成，地勘深度欠缺，钢管放样、开挖后发现多处地形、地质条件与实际不符，且差别很大，设计上只能根据实际揭露的地形、地质条件及时对钢管管线、钢管结构、钢管镇支墩基础设计进行修改调整，为此，给设计增加了很大工作量和设计难度。

（二）压力明钢管结构设计

压力明钢管结构设计根据DL/T 5141—2001《水电站压力钢管设计规范》中明管的相关规定进行。设计计算控制工况包括正常运行工况、水压试验工况、放空检修工况和地震工况。各工况荷载组合见表1。

表1　各设计计算工况荷载组合表

作用类别	设计工况			
	正常运行工况	水压试验工况	放空检修工况	地震工况
内水压力（含水锤）	√	√		√
管道结构自重	√	√	√	√
管内满水重	√	√		√
温度作用	√			√
管径变化处、弯道及作用在闷头、闸阀、伸缩节上的内水压力（含水锤）	√	√		√
弯道离心力	√			√
镇、支墩不均匀沉降引起的力	√			√
风荷载	√			
地震作用				√
管道放空时通气设备引起的气压差			√	

根据计算结果，压力明钢管按光面管设计，支墩处钢管设置支撑环，镇墩内钢管设置止推环。桩号xY4＋177.448m上游段钢管管壁材质采用Q235-C，管壁厚度为10～14mm；桩号xY4＋177.448m下游段钢管管壁材质采用Q390-D，主管管壁厚度为12～36mm；岔管管壁厚度40mm，两腰梁厚度50mm，U梁厚度90mm，支管管壁厚度22mm。钢岔管进行了三维有限元分析，各部位应力均在设计允许范围内。止推环和支承环等附件采用Q235-B。

（三）关键技术问题及处理措施

压力明钢管的主要关键技术问题包括明钢管管线布置，软基上镇、支墩的结构设计，高压钢岔管结构设计及明钢管现场水压试验技术措施等。

（1）压力明钢管管线沿山脊线敷设，镇墩选择在地质条件相对较好、两侧边坡稳定的位置，以保证钢管镇、支墩基础的稳定。

（2）镇墩为封闭式钢筋混凝土重力墩，支墩支座为鞍型支座，对应每个支墩，设置一套支承环及支承垫板，以限制钢管横向摆动。厂房上游约 200m 钢管外包钢筋混凝土，以改善钢管运行条件。由于花岗岩风化土层中含粉沙量高，C 值低，镇、支墩的抗滑稳定计算分析时不考虑黏结力的作用。镇墩基础位于全风化层内的有 MN4A、MN7、MN8、MN10 ～ MN13、MN15 ～ MN18；对于外凸的弯管、置于软基上的镇墩 MN7、MN8、MN10～MN13、MN17、MN18 基础设置抗滑桩，共设 18 根深度 6～12m，断面直径为 1.4、1.6、1.8m 的钢筋混凝土抗滑桩，桩体嵌入强风化岩体 2～4m；其余镇墩采用扩大钢筋混凝土基础设计。

（3）岔管采用“卜”形三梁钢岔管，外包混凝土的镇墩结构，镇墩底板布置锚筋。岔、支管均按明管设计。岔管主管与厂房轴线平行布置，分岔角 45°。分岔部位设置导流板。

（4）为检验钢管的制作、安装和混凝土结构施工质量，消除施工缺陷，确保压力钢管运行安全，采用了全长整体连续分段式现场水压试验。水压试验过程主要包括四个部分：充水、加压、减压、排水。水压试验过程中及结束后对压力钢管沿线进行了检查，未见钢管、焊缝、伸缩节及进人孔等有渗水现象，镇、支墩混凝土没有出现异常裂缝、异常变位等现象，压力钢管成功通过了水压试验的验证。

（中国水电顾问集团中南勘测设计研究院有限公司 谢柳林 朱中平）

大吨位滑轮组倒提安装压力钢管新工艺在仁宗海水电站的应用

（一）概况

仁宗海水电站安装 2 台 120MW 大型冲击式水轮发电机组，最大水头 610m，额定水头 560m。电站引水隧洞全长 7.4km。调压井高度为 108.5m，井筒为直径 8.4m 的圆型断面，混凝土衬砌高 96m、厚 0.6m；底部宽度 9.2m，混凝土衬砌高 13m、厚 1.0m，其中倒悬段高度 7m。压力管道为埋管，主管长约 1264m，由一个垂直段、3 个水平段和 2 个斜段（倾角 57°）组成，开挖直径为 4.8m，钢管回填混凝土厚度为 0.6m。压力管道竖井段全长 46m，钢管共 23 节，直径 3.6m，单节长度 2m，管壁平均厚度 20mm，总重量为 92.2t。

按施工进度安排，调压井滑模泵送混凝土施工要在 5 月中旬施工完毕。因引水隧洞内空间狭小，输送泵摆放位置挡住钢管运输通道。钢管安装，工期 45d，采用倒提方案，不需等待就可以进行，5 月中旬即可结束。这样，可减少对调压井部位施工的工期压力，虽对蝶阀室部位施工有影响，完工日期要延后 20d，但 5 月底前可完成，总体施工进度可提前。经研究，决定钢管安装采用倒提方案。

（二）倒提施工方案

为满足上下同时施工安全要求，需布置钢平台，将上下两个作业面隔离。钢平台布置高程要同时满足调压井底部倒悬混凝土施工和倒提钢管安装空间要求，经计算确定在 2842.0m 高程设置。

钢平台下部布置吊装提升系统。由于空间相对较小，承重吊点主梁断面不宜过大，以免影响钢筋安装，因此不考虑箱梁结构，采用型钢和大直径钢丝绳组合结构进行承重。利用滑轮组变向省力原理，采用大吨位多轮滑轮组，跑头拉力小、安全系数高，配合小吨位卷扬机即可。

竖井钢管由斜坡道运至上站平台，经蝶阀室交通洞、压力管道上平段，进入压力管道竖井底部；卷扬机将滑轮组放下，将大直径钢丝绳穿入第一节压力钢管吊耳挂于滑轮组吊钩上，提起足够高度（3m 左右，以能拼装下一节钢管为准）；运入下一节钢管，与第一节组装、焊接，合格后提升两钢管；依此，再进行下一节钢管安装。

（三）倒提体系

（1）吊点钢梁及钢丝绳布置：在竖井中心线位置布置一整根 9m 长 40a 工字钢，作为钢管吊装吊点使用。工字钢直接伸入钢筋混凝土结构中，并与井壁结构钢筋可靠焊接。吊点钢丝绳固定在工字钢两端，均距调压井混凝土面 10cm，用 $\phi 28$ 钢筋（或钢板挡块）固定，防止受力后向中间滑动。在工字钢准备浇入混凝土的两端下部各焊接 5 根 $\phi 28$ 钢筋，使之与钢筋网连成整体，以便钢梁两端混凝土承受更大的压力。为确保施工安全，吊点钢梁两端吊点正下方各增设一根竖直向 40a 工字钢，并在距固结端部 0.1m 处各增设一根斜撑 20a 工字钢，两工字钢底部均支撑在岩坎顶面。为满足补浇混凝土局部受压强度需要，竖直向工字钢底部增设 2.0m 长 40a 工字钢以分散集中应力。

（2）250T 滑轮组中心线、跑头与压力管道中心线共面，跑头与卷扬机连接，活头与吊点钢梁连接。

（3）10T 卷扬机布置在压力管道渐变段进口处，其中心线与压力管道中心线共面。基础找平后直接与固定在岩石中的锚筋焊接，锚筋长 $L=3.5$m，入岩深度 $l=3.0$m，并对卷扬机进行加固。

（四）钢管安装

1. 钢管安装程序

（1）将首节（加吊耳、米字撑）钢管运输至安装位置，基本定位后开始调整管节与管道中心线对齐，检查配合标记。调整合格后由滑轮组吊起至满足下一节钢管调整位置高度，开始运装下一节钢管，调整合格后，下降首节钢管对接。

（2）钢管和相邻的钢管管口进行压缝，压缝时根据相邻管口的周长值确定压缝时应该留出的错牙值，调整错牙时以钢管内壁为准、沿圆周均匀分配，压缝过程中不得对焊缝进行点焊，用挡板临时固定相对位置，在环缝全部压缝完成后对称点焊固定。

（3）每节钢管在全部调整完毕后填写验收单报监理工程师验收，验收合格后才能进行焊接。

2. 下弯段钢管安装　竖井段起吊后，对中，并立即采用型钢加固，防止其在拼装下弯段钢管时移位。下弯段钢管就位前，先铺设滑移轨道，钢管采取顶推办法就位，另外把预埋的地锚作为牵引点，用倒链辅助位移。钢管顶推就位后，先调整管口位置，当上下管口基本调至符合要求后便调中心，用千斤顶顶动钢管，使其与上节钢管合拢，用4台千斤顶将钢管均匀地顶至设计高程。反复调整上下游管口的几何中心至误差在5mm以内，用型钢将钢管固定于滑轨和岩壁锚筋上，焊接后再进行下一节钢管安装。

3. 钢管加固　压力钢管焊接完成，进行自下而上加固。加固选用20工字钢，一端焊接固定于加劲环，另一端焊接固定于洞壁锚筋上，加固间距为2m，米字型布置。

（五）结语

仁宗海电站压力管道竖井段钢管采用倒提安装，长46m重约100t压力钢管安装工期45d，施工过程中未发生任何人员伤亡事故，按计划顺利实施完成。

该工艺解决了竖井段钢管安装与调压井混凝土浇筑施工在空间上的冲突问题，缓解了工期压力，为电站正式投产发电奠定了基础。

（中国水利水电第三工程局有限公司　刘　刚）

溧阳抽水蓄能电站的狭窄岔洞钢管运输方案设计应用

溧阳抽水蓄能电站两条引水钢管的下平段、大岔管、小岔管、支管共计3805t、270个安装单元节。由于地质条件等诸多因素，钢管洞内运输路线变更为进厂交通洞→2号施工支洞→10号施工支洞→主洞下平段。隧洞断面为城门洞型，底宽7.5m，上部圆弧半径4m，洞高7.5m。两个大岔管，每个92t，采用瓦片运输、洞内拼焊方式安装。要整体运输最大外形尺寸的是小岔管，每个54t，运输状态长8.4m、底宽6.98m、高6m。

（一）运输方案选择

采用汽车运输，小岔管要用60t半挂车，其最短车长15m，最小回转半径9m。经实际测量，从进厂交通洞向2号施工支洞拐弯处不满足要求。因要扩挖部位为Ⅴ类围岩并存在断层，形成目前这样的岔洞已经是非常不容易了，不宜再行扩挖，采用汽车直接运到安装部位的方案行不通。

如果采用在进厂交通洞口开始铺设钢轨到该岔洞，扩挖量有所减小，但并不能解决运输安全性问题，而要增加钢轨铺设和洞口增加60t龙门起重机或租赁100t汽车起重机的费用，并影响到厂房标段的开挖出渣等交通需要。

经对岔洞未衬砌部位进行了实地测量，可以得出岔洞未衬砌范围内的空间满足小岔管的进入，如图1所示。

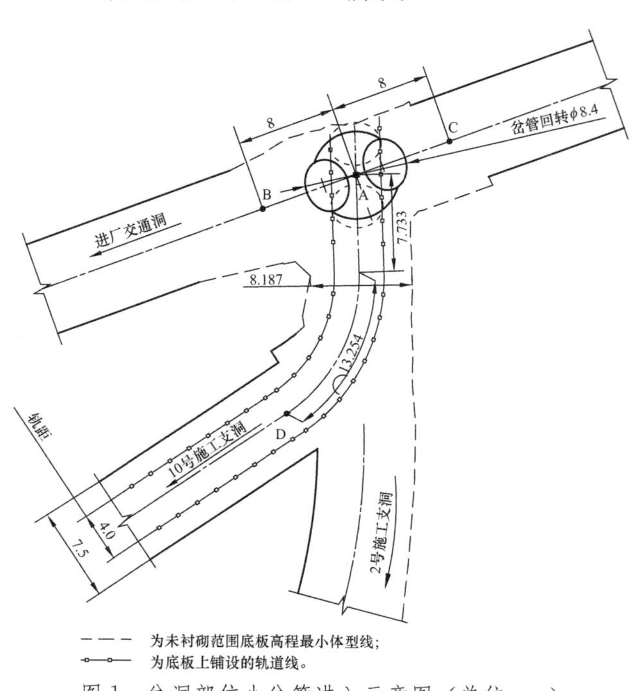

图1　岔洞部位小岔管进入示意图（单位：m）

进厂交通洞长度达到 1.4km，其断面尺寸满足 60t 半挂车的运输要求。为减少施工投入和缩短对交通洞的占用时间，最好的方法是采用 60t 半挂车运输压力钢管。10 号施工支洞到引水下平段主洞的距离为 320m，采取铺设轨距为 4.0m 的钢轨进行压力钢管的运输，不存在交叉作业影响。因此，其运输焦点集中在图 1 示意中的 A 点，如能将小岔管通过 60t 半挂车运输到此点后进行回转和卸车到轨道台车上，将实现狭窄岔洞不扩挖的情况下完成其运输。

（二）回转运输台车的设计

经与一家焊割设备制造厂合作，开发设计出一台 60t 回转运输台车。如图 2 所示。

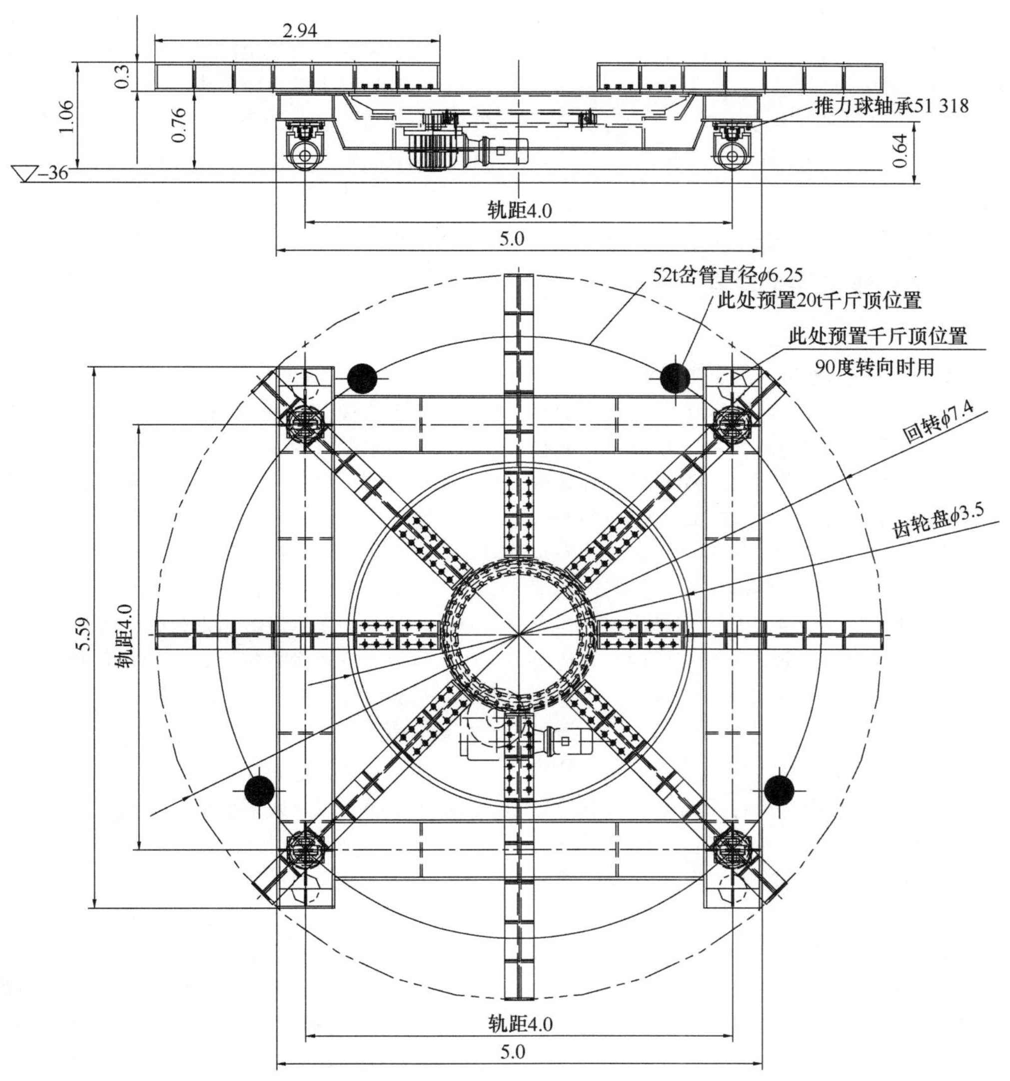

图 2 60t 回转运输车设计示意

（三）回转运输台车运用

（1）小岔管卸车到回转运输台车。首先对图 1 所示进厂交通洞 B、C 两点间的底板进行垫层找平浇筑，并按照图 2 中的四个“●”点预埋 20t 液压千斤顶支座。安装调试四个 20t 液压千斤顶液压系统，使之达到同步起升和降落。当小岔管用 60t 半挂车运输到岔洞 A 点时，利用四个 20t 液压千斤顶将小岔管顶起，撤离半挂车；再将 60t 回转运输台车推到小岔管底部，通过四个 20t 液压千斤顶泄压降落，使小岔管落放在回转运输台车上并进行加固；开启回转电机使小岔管旋转到合适运输的位置。

（2）小岔管运输到安装部位。通过布置在下平段交叉口的 10t 卷扬机将小岔管拉到下平段 10 号施工支洞与引水主洞交叉口。利用该处的四个 20t 液压千斤顶将小岔管和 60t 回转运输台车一并顶起，将 60t 回转运输台车底部四个行走轮旋转 90°，使之与引水主洞底板上铺设的钢轨对齐，对四个20t液压千斤顶进行泄压，开启回转电机使小岔管进行旋转，使小岔管与引水主洞方向一致，最后通过布置在引水高压支管内的10t卷扬机将小岔管运输到安装部位。

2012年4月上述小岔管运输方案得到批准，2013年5月60t回转运输台车设计制造和型式试验完成，2013年12月投入溧阳抽水蓄能电站1号小岔管运输，仅用6d时间运输到位取得成功。总投入56万元，与之对该处岔洞采用扩挖支护施工预期112万元比较，取得了较好的经济效益。

（中国水利水电第三工程局有限公司
邹振忠　杨联东　秦俊兰）

水下成像技术在武都水库工程中的应用

武都水库工程位于四川省江油市武都镇涪江干流，水库库容5.72亿m^3，装机容量3×5万kW。2010年12月，导流洞下闸蓄水；2011年8月，底孔下闸蓄水。由于工期较紧，坝顶未完全形成，底孔检修门也未到场，底孔下闸时，检修门未做下闸测试。2012年12月初要进行底孔检修门下放测试时，库水位已升至655.0m高程，水面距离底孔检修门槽底部约70m。受后期施工影响，底孔检修门槽内可能存在大量积淤或其他建筑施工材料，需对门槽内实际情况进行水下探摸。为此，应用了水下成像技术。

（一）应用情况

1. 水下情况探摸　2012年12月5日下午，技术人员开始对16号检修门槽左、右两侧进行水下摄影及探摸。当时库水位为654.75m高程，水下摄影机在两侧门槽下放至50m左右时，均发现有钢管斜靠在检修门导轨上，钢管上方有竹夹板等杂物堆积。水下摄影机在右侧门槽最终下放深度为68.52m，约为586.2m高程位置；在左侧门槽最终下放深度为69.67m，由于门槽内堆积物较多，无法下放至闸室底板。

2. 门槽导轨清杂　根据水下摄影机采集的影像资料分析，16号底孔检修门槽内积淤较多，需进行处理。针对积淤较多部位分析，水下50m左右的部位的积淤应为619.0m高程非工作段平台的堆积物延伸，619.0m高程平台上的堆积物对检修门下放影响不大。清理办法为：沿门槽导轨下放八爪吊钩，将附着或斜靠在导轨上的杂物予以清除。清除后用水下摄影机进行检查，杂物已清除，但闸室底板内有淤积及杂物。

3. 闸室冲渣及成果检查　闸室底板内的淤积，由于库水位较高，人工清理难度大。结合工程实际情况和业主及监理要求，施工方决定采用检修门小开度高压水对门槽闸室进行冲渣。具体操作方法为：将检修门下放至距离底板2m左右的部位，然后开启底孔闸门，并缓缓放下底孔检修门，用高压水流将检修门槽闸室内的积淤及杂物冲入下游河道。2012年12月11日下午，施工方对16号闸门进行闸室冲渣，冲渣时长约为30min。而后对水下情况探摸，将摄影机镜头沿轨道梁顺利下放至门槽底板。底板较为干净，积渣已基本冲刷干净，经镜头全方位扫描后，发现左侧门槽内残留钢筋（约2m长）和木条各一根，右侧门槽发现直立钢管一根斜靠在门槽上游侧，底部仍有一根钢管及钢模板（约10cm宽）平铺在门槽底板内，其余部位的杂物基本已冲刷干净。针对以上刚性杂物，施工方最终采用磁铁吸附法将之清除。

水下成像技术，在武都水库16号底孔检修门槽积淤情况探摸及隐患排查中，应用成功。

（二）水下成像技术及其发展

水下成像分普通成像技术和三维成像技术两大类，其中水下电视、激光扫描及距离选通为普通成像技术。水利工程施工，主要应用水下电视成像技术。

水下电视又被称为水下摄影机，其成像原理主要是应用电缆将水下视频采集设备和水上成像设备连接一体，实时获取水下构筑物表面情况。该技术主要受限于水下视频采集设备的密封等级和耐压等级。

一般水下视频采集设备采用摄像机外加密封罩，简单、易操作、便于运输和保存，成套设备费用约2～3万元，2～3人操作；但成像清晰度受限，探摸深度较浅（一般不超过水下40m），成像距离较近。中高端水下摄影机一般采用密封摄像头，配钢丝绳的密封电缆、自由升降电机，以及水上实时成像存储设备。其优点是：探摸深度较深，一般可达到水下200～300m，可满足大多数水利工程需求；有方便的测深设备，能实时把握摄像头的下放部位；可人工操控进行360°旋转，根据探摸需要进行调整；影像数据实时存储，方便提取。缺点是：设备较重（整体约200kg），运输困难；摄像头下放深度受电缆抗拉强度，信号传输距离限制较大。

水下摄影机的进级产品为水下机器人，也称作水下潜水器，是一种可以在水下代替人完成某种任务的装置。它除集成有水下机器人载体的推进器、控制器、操作机械手、动力电源电缆、导航等仪器、设备外，根据应用目的的不同，还配备有声、光、电等不同类型的探测传感器。搭载了机器视觉系统的水下机器人在水下摄像机系统拍摄到目标位置的视频图像，并通过机器人控制器进行图像处理和计算后，能自主识别水下目标，并得到目标物相对于机器人的物理坐标，将坐标位置反馈到机械手控制系统后，就能指导机械手末端到达目标位置。此时，再配合水面上的操作摇杆进行人工操作，或者由机器人自主判断操作，便能很好地完成水下样品的采集和水下作业。

（中国水利水电第三工程局有限公司　李天恩）

其　　他

向家坝水电站机电设计的主要特点

（一）巨型机组参数及结构选择与研究

向家坝水电站共装设8台单机容量800MW的水轮发电机组，是目前世界上已运行的单机容量最大的水轮发电机组。右岸电站为地下式厂房，左岸电站为坝后式厂房。

机组招标采用带模型转轮投标、同台对比试验的方式，最终通过综合评判选择最合适的水轮机转轮。右岸电站4台机组由天津阿尔斯通水电设备有限公司（以下简称天阿）制造，左岸电站4台机组由哈尔滨电机厂有限公司（以下简称哈电）制造。

发电机采用全空冷方式，右岸发电机额定电压为23kV，是目前常规水电机组最高额定电压，也是巨型水电机组优化设计的发展方向，并为今后1000MW水电机组设计制造积累了经验。

右岸电站首批机组已于2012年11月投产发电，左岸首台机组于2013年10月投产发电，机组振动、摆度、温升均满足规范要求，运行情况良好。

（二）机组励磁系统研究

向家坝水电站左、右岸电站机组分别由哈电和天阿供货，两种机组的额定电压、励磁电流及励磁电压都不同，且左岸机组设置有电制动，右岸机组不设置电制动。

2012年10月，励磁系统随首台机组投入运行，目前运行状况良好。

（三）机组保护研究

左岸电站哈电机组额定电压20kV，每相8分支。右岸电站天阿机组，额定电压23kV，每相7分支。针对两种机组不同的定子绕组形式，中国水电顾问集团中南勘测设计研究院（以下简称中南院）与清华大学合作，建立了发电机定子绕组内部故障的数学模型，对两种机型所有可能发生的内部相间/匝间短路进行了仿真计算。根据仿真计算结果，确立了适合不同机组的中性点引出方式、电流互感器的配置方案和发电机主保护的配置方案。在机组启动试验过程中，保护装置经过多次正确动作，有效保护了机组。

（四）接地系统计算与研究

向家坝水电站装机容量大，短路入地电流达18.33kA，要满足电力设备接地技术规程所规定的地电位升高不大于2kV的要求，接地电阻不能大于0.109Ω，在向家坝特有条件下要达到这一要求困难较大。为此，中南院与武汉大学合作，利用计算机程序对向家坝总接地网接地电阻、跨步电位差、接触电位差进行计算分析，并对提高地网电位进行了研究，最终确定向家坝水电站地网的最大电位升高按不超过5kV控制，相应的接地电阻的允许值为0.273Ω。经过现场实测，接地电阻小于允许值，跨步电位差、接触电位差均满足规范要求。

（五）避雷器配置计算与研究

向家坝右岸电站为地下厂房，主变压器布置在地下，GIS和出线平台布置在地面，主变压器和GIS之间通过500kV交联聚乙烯绝缘电缆连接。可行性研究阶段避雷器配置方案为：在500kV出线上各装设一组线路型氧化锌避雷器，在500kV GIS母线上和主变压器侧各装设一组电站型氧化锌避雷器。

为确定右岸电站避雷器的最终配置方案和复核设备的绝缘水平，在招标设计阶段，GIS布置方案确定后，中南院与西安西电开关电气有限公司、国网电力科学研究院（武高院）合作，利用ATP计算程序，对电站在各种运行情况下的雷电侵入波过电压和操作过电压进行了模拟计算和分析，最终取消了2组500kV母线避雷器，节省了工程投资。

（六）主变压器直流偏磁研究

向家坝水电站主要送电华东，采用±800kV特高压直流输电。由于向家坝至首端复龙换流站距离仅12～15km，当直流输电系统在调试检修期间或发生故障时，将以单极～大地的方式运行，此时向家坝主变压器中性点将有直流电流通过，对主变压器运行带来有害影响。中南院与武汉大学合作研究分析了直流偏磁对变压器的影响、抑制措施、变压器允许直流偏磁电流，并对向家坝主变压器中性点直流电流进行了计算。

向家坝右岸电站首批机组于2012年11月投产发电，主变压器损耗、温升、振动及噪音等性能指标均优于规程要求值。

（七）国产大型发电机断路器应用研究

向家坝左岸电站首次采用由西电集团研发的发电机断路器成套装置。该产品额定电流达到27 000A，额定短路电流达到130kA，系统侧直流分量达到87%，完全满足向家坝电站使用要求。2011年12月该产品顺利通过了由国家能源局委托、机械工业联合会组织的行业鉴定，并推荐在向家坝左岸电站首次使用，填补了国内大型发电机断路器制造的空白，并打破了国际垄断。左岸电站发电机断路器已于2013年10月下旬投入运行，目前运行良好。

（八）国产500kV交联聚乙烯绝缘电缆及其附件应用研究

向家坝右岸电站500kV引出线采用交联聚乙烯绝缘电缆，共有4回电缆、总长约5160m，落差为223m。该高压电缆由河北新宝丰电线电缆有限公司制造，电缆附件由江苏安靠超高压电缆附件有限公司制造，是首次采用完全国产化的500kV高压电缆及附件。右岸电站首回国产500kV交联聚乙烯绝缘电缆及附件已于2012年11月投入运行，运行状态良好。

（九）监控系统研究

向家坝水电站由国家电网国家电力调度控制中心（以下简称国调）调度。国调直接负责水电站的安全监视、自动发电控制（AGC）和自动电压控制（AVC）。向家坝水电站的调度自动化信息在送往国调的同时也送往华中网调、四川省调、三峡集团公司成都集控中心。中南院对大型水电站监控系统进行了充分调研，对监控系统的网络结构、通信方案、时钟同步、二次安防、智能GIS控制、模拟屏方案、大屏幕方案等进行了研究和比选，又针对电站分期建设、多种设备逐步投运、控制中心需搬迁的特点，设计了永久方案和临时方案，保证监控系统前后期的无缝衔接。

（十）导流底孔金属结构及启闭设备研究

向家坝工程施工导流系统共有6个导流底孔，进口尺寸达宽10.0m，高21.0m，规模庞大。为实现提前发电的目标及尽量减小工程建设对社会的影响，下闸蓄水时间定于2012年汛末的10月上旬，提出了导流底孔下闸蓄水期下游不断流和不影响下游河道航运的要求，要求不间断下泄流量不小于2000m^3/s、下游水位小时变幅不大于1m/h。为满足这些苛刻条件，导流系统闸门及启闭设备的布置型式、下闸程序、操作方式、运行工况等均发生了根本性改变，不仅闸门最大操作水头和启闭设备容量远超目前国内水平，更加大了在大流量、高流速、局部开启工况下闸封堵时不可预见的工程风险。这是对水电站导流工程技术的挑战。鉴于导流底孔封堵闸门启闭容量达20 000kN，为解决设备布置、安装及施工进度等相关问题，首次采用了水电工程水工闸门动水启闭操作的钢绞线液压提升系统。该系统设备轻巧、布置灵活，提升单元组合方便，安装、拆除简单、快捷，很适合向家坝导流系统结构布置实际要求。

2012年10月10日，向家坝工程下闸蓄水按既定方案实施，整个过程控制精确、操作顺利，下游河道水位控制平稳。

（十一）泄洪表孔弧形工作闸门结构研究

弧门孔口宽度8.0m，门叶高度27m，门叶高、宽比高达3.5倍，面板曲率半径30.0m，是目前国内挡水水头最高、弧面半径最大的弧形闸门。中南院重点研究了闸门结构稳定性及整体刚度问题，最终，弧门采用三主横梁三支臂的结构形式，支臂设计成箱型断面，保证了结构刚度；弧门支铰的支承基础，采用混凝土牛腿支承，简单、有效，节省了工程投资。2013年7月，表孔弧形工作门投入运行，工作正常。

（十二）坝顶门机结构形式研究

泄洪坝段坝顶设1台双向门机。为使泄洪坝段主要金结设备覆盖在门机跨内，门机轨距达到31.0m，启闭机容量4000kN。

泄洪坝段坝顶双向门机跨度达31.0m，是目前国内水电工程最大跨度的门机。为消除主梁因受载挠曲变形、温度变化、制造安装误差等因素造成门腿产生较大横向水平力，导致严重啃轨，中南院通过三维有限元计算，对“全刚性门腿”和“一刚一柔门腿”方案从强度、刚度、变位、温度、横推力等方面进行了分析研究，最终采用了“一刚一柔门腿”方案，该方案在国内水电工程中尚属首次采用，目前运行良好。

（中国水电顾问集团中南勘测设计研究院有限公司　邓双学）

亭子口水利枢纽机电设计简介

亭子口水利枢纽位于四川省广元市苍溪县境内，是嘉陵江干流开发建设中唯一骨干控制性工程，也是国务院确定的完善长江防洪体系六大防洪水库工程之一。该工程以防洪、农业灌溉以及城乡供水、发电为主，兼顾航运、水产、旅游，并具有拦沙减淤等综合利用效益。水库总库容40.67亿m^3，最大防洪库容14.4亿m^3，可以将嘉陵江中下游重要城市的防洪标准由20年一遇提高到50年一遇；可灌溉农田292万亩，解决181万人的生产生活用水，使1000t级以下的船舶从广元港直达长江。亭子口水利枢纽电站总装机容量110万kW，设计年平均发电量29.51～31.75亿kW·h，其机电设计情况简介如下：

1. 水轮发电机组　亭子口水电站正常运行水头范围为62.13～85.4m，加权平均水头为77.53m（不灌溉）/77.46m（灌溉），经技术经济比较，选用混流式水轮发电机组。根据电站规模以及电站在电网中的作用，装设4台单机容量为275MW的立轴混流式水轮发电机组。水轮机型号为HL248-LJ-670，额定转速为100r/min，额定水头73m，装机高程为366.6m。发电机采用半伞式结构，型号为SF275-60/14700，采用密闭自循环空气冷却方式。

2. 调速器及油压装置采用　调速器采用“双PLC＋比例伺服阀＋交流伺服电机”的双冗余容错结构设计，除具备自动、电手动操作方式外，还应具有纯机械手动操作方式。其功率控制采用并联PI调节规律，速度控制采用PID调节规律。油压装置采用YZ-8-6.3型，油压等级为6.3MPa。

3. 电站接入电力系统　亭子口水电站以500kV一级电压接入电力系统，初期出线一回经拟建的500kV巴中变电站接入500kV达州变电站，线路长度约210km，导线截面为4×400mm^2。后期将该线路打开接入新建的巴中变电站。另外，预留一回接入广元变电所的500kV出线。

4. 电气主接线　发电机一变压器采用单元接线，两组发电机一变压器单元接线组成一组联合单元；主变压器高压侧不设断路器，500kV高压侧采用角形接线。初期出线1回的条件下，为2进1出，形成三角形接线，并按四角形接线形式预留隔离开关。后期出第2回出线时，仅增加1台高压断路器即形成最终的四角形接线。三角形接线仅设3台高压断路器，7个隔离开关，预留高压并联电抗器接口。

电站在每台机组的机端装设发电机断路器，并在每台机组的机端母线设置高压厂用电变压器，作为亭子口水电站厂用电电源。

500kV配电装置采用GIS。

5. 计算机监控系统　采用全开放全分布式体系结构，整个系统分成主控级和现地控制级两层。全厂实时数据库和历史数据库在主控级计算机中，监控系统各功能分布在系统的各个节点上，每个节点严格执行指定的任务，并通过网络与其他节点进行通信。

(1) 主控级硬件配置了系统主计算机、操作员工作站、工程师工作站、培训仿真工作站、模拟屏系统(包括模拟屏驱动设备)、远动通信工作站、通信服务器、路由器、GPS同步时钟设备、外设服务器等主要设备。

(2) 现地控制级共配置7套现地控制单元，其中4套机组现地控制单元（现地控制单元1～4)；1套全厂公用设备现地控制单元（现地控制单元5)，1套500kV开关站现地控制单元（现地控制单元6)、1套泄洪闸现地控制单元（现地控制单元7)。

6. 继电保护系统

(1) 发电机（含励磁变压器）保护按双套保护系统分别组成A、B两块屏的原则配置，每块盘配置完整的主、后备保护，两块保护盘功能完全独立。

(2) 变压器（含高压厂用变压器）电气量保护按双套保护系统分别组屏原则，分别装于两块保护盘。每块盘配置一套完整的变压器主保护及后备保护，能反应被保护设备的各种故障及异常状态，并能动作于跳闸或发信号。

(3) 主变压器、高压厂用变压器非电量保护单独设置一块保护盘，各保护电源回路和跳闸出口回路应彼此独立。

(4) 500kV系统GIS继电保护主要包括断路器保护、短引线差动保护、开关间短引线保护、自动重合闸、故障录波和系统保护和安全自动装置等。

（长江勘测规划设计研究院）

南水北调中线工程两电站机电设计简介

（一）陶岔渠首电站

陶岔渠首枢纽是南水北调中线输水总干渠的渠首工程，是南水北调中线工程的重要组成部分。中线一期工程多年平均年调水95亿m^3，与之相对应的总干渠渠首设计引水流量为350m^3/s，加大引水流量为420m^3/s。该枢纽以引水为主，结合引水发电，布置了陶岔渠首电站。电站装机50MW，多年平均年发电量2.378亿kW·h，年利用小时数4755h，建成后纳入南阳淅川电网统一调度。

陶岔渠首电站的机电设计简介如下：

1. 水轮发电机组选择　陶岔水电站正常运行水头范围为6.0～24.86m，经技术经济比较，选用2台灯泡贯流式水轮发电机组，单机额定出力为25MW。为充分利用调水流量，增加陶岔电站的发电效益，改善电站闸首的运行调度管理，电站额定水头取为13.5m，并设置水轮发电机组最大出力为30MW。水轮机型号为GZ-WP-500，发电机型号为SFG25-48/6000，额定转速为125r/min。

2. 调速器及油压装置　采用双调节数字式微机电液调速器。其功率控制采用并联PI调节规律，频率控制采用PID调节规律。油压装置采用YZ-6.0-6.3型，油压等级为6.3MPa。

3. 电站接入电力系统　电站主送南阳电网，出线电压等级为110kV，出线回路数为一回，送淅川县境内的薛岗110kV变电所与地方电网连接。

4. 电气主接线　发电机额定电压采用10.5kV。发电机—变压器组合方式采用单元接线。110kV侧进线两回，出线一回，采用不完全单母线接线。根据电气主接线和开关站布置位置，110kV高压配电装置采用全封闭组合电器（简称GIS），使电站和开关站布置更紧凑，便于维护和管理。

5. 计算机监控系统　采用全开放全分布式体系结构，分成主控级和现地控制级两层。全厂实时数据库和历史数据库设在主控级计算机中，监控系统各功能分布在系统的各个节点上，每个节点严格执行指定的任务，并通过网络与其他节点进行通信。

（1）主控级硬件配置了2台数据服务器、2台操作员站、1台工程师站、1台量水管理工作站、1台报表及语音报警工作站、2台网关工作站、1台厂内通信工作站、1套模拟屏系统（包括模拟屏驱动设备）、路由器、GPS同步时钟设备、打印机等主要设备。

（2）现地控制级共配置7套现地控制单元，其中2套机组现地控制单元（现地控制单元1～2）、1套开关站现地控制单元（现地控制单元3）、1套厂用电及公用设备现地控制单元（现地控制单元4）、3套引水闸现地控制单元（现地控制单元5～7）。

6. 继电保护系统

（1）发电机（含励磁变）保护采用微机保护装置，配置完整的主、后备保护，每台发电机保护组1面盘。

（2）变压器保护采用微机保护装置，配置一套完整的变压器主保护、后备保护及非电量保护，每台变压器保护组1面盘。

（3）110kV系统保护及自动装置主要包括110kV线路保护、高周切机装置、微机故障录波装置等，分别单独组盘。

（二）兴隆水利枢纽电站

兴隆水利枢纽位于湖北省潜江、天门市境内汉江下游，是南水北调中线汉江中下游四项治理工程之一，同时也是汉江中下游水资源综合开发利用的一项重要工程；工程的开发任务以灌溉和航运为主，兼顾发电。该枢纽水库总库容4.85亿m^3，正常蓄水位36.2m，相应库容2.73亿m^3，规划灌溉面积327.6万亩，规划航道等级为Ⅲ级，电站装机容量为40MW。兴隆水利枢纽电站机电设计简介如下：

1. 水轮发电机组选择　兴隆水电站正常运行水头范围为1.8～7.15m，额定水头为4.18m，经技术经济比较，电站选用4台单机额定功率为10MW灯泡贯流式水轮发电机组。水轮机型号为GZ1280-WP-630，转轮为三叶片结构，额定转速为75r/min，额定流量279.8m^3/s，机组安装高程为22.30m；发电机型号为SFWG10-80/6630，机组转动部分采用两支点双悬臂结构，灯泡比为1.143。

2. 调速器及油压装置　采用PSWST100可编程微机双调节电液调速器，其功率控制采用并联PI调节规律，频率控制采用PID调节规律。油压装置压力等级采用6.3MPa，容积为6.0m^3。在最低工作油压下运行时，调速器容量保证不小于1010kN·m。

3. 电站接入电力系统　兴隆电站主送湖北潜江地区电网，出线电压等级为110kV，出线回路数为1回，送至泽口110kV变电所，送电距离约38km。

4. 电气主接线　电站发电机—变压器之间连接方式采用扩大单元接线；110kV侧进线2回，出线1回，110kV侧接线采用不完全单母线接线。电站电气主接线为不完全单母线扩大单元接线。

电站主变压器采用2台三相油浸双绕组无载调压升压变压器，额定容量25 000kVA，额定电压121±2×2.5%/10.5kV。电站110kV高压配电装置采用SF_6全封闭组合电器（简称GIS）。

5. 计算机监控系统　采用全开放式分布式结构，分电站主控级和现地控制级两层。主控级采用按功能分布结构，现地控制级采用按监控对象的分布设置现地控制单元。现地控制单元可独立运行。电站主控级与现地控制单元级之间的通信联系采用100Mbps交互式以太网控制总线，遵循TCP/IP协议。

电站主控级配有操作员工作站、远动工作站、工程师/培训工作站、通信计算机、网络设备、时钟服务器、不停电电源UPS、大型投影显示设备等。

现地控制级配置5套现地控制单元，其中4套机组现地控制单元，1套110kV开关站及全厂公用设备现地控制单元。

6. 继电保护系统　发电机（含励磁变）保护采用微机保护装置，配置完整的主、后备保护，每台发电机保护组1面盘。

变压器保护采用微机保护装置，配置一套完整的变压器主保护、后备保护及非电量保护，每台变压器保护组1面盘。

110kV系统保护及自动装置主要包括110kV线路保护（含自动重合闸）、UFV高周切机装置、微机故障录波装置等，分别单独组盘。

2013年10月9日，电站1号机组正式启动试运行，10月29日72h试运行圆满成功，11月13日，首台机组顺利通过启动验收。

（长江勘测规划设计研究院）

8

科学研究与技术创新

水电科学研究

小湾有缝拱坝抗震安全研究

小湾拱坝为世界最高拱坝之一，坝高库大，大坝承受300m级水头作用。坝址区地震基本烈度为Ⅷ度，拱坝按100年超越概率2%地震设防，相应的基岩峰值水平加速度达0.313g。在施工过程中，发现在1095m高程以下的坝体中部存在数量较多的拱向施工期裂缝并呈基本贯通趋势。施工期裂缝的存在在一定程度上将削弱大坝的整体性，加大坝体变形，给坝体的静动力应力反应的数值和分布带来变化。“小湾有缝拱坝抗震安全研究”项目通过数值计算和模型试验手段开展深入研究，揭示施工期裂缝对坝体位移、应力响应带来的影响，并认识此时大坝的静动力工作性状和抗震薄弱部位，初步评价裂缝的动力稳定性，提出工程抗震措施建议。

（一）研究内容

1. 大坝一地基系统三维非线性有限元地震波动分析

（1）考虑施工期裂缝的大坝静动力响应及裂缝影响的研究。基于大坝新体型建立小湾拱坝—地基体系大型三维有限元模型，用LDDA方法模拟坝体施工期裂缝、坝体横缝和诱导缝的接触非线性作用及无限地基的辐射阻尼影响，分别考虑正常蓄水位和运行低水位与地震动荷载组合的工况，进行大坝静动力反应分析，研究坝体位移、应力响应及施工期裂缝、横缝的开合情况，分析评价裂缝对大坝静动力反应的影响，初步评价裂缝的动力稳定性。

（2）大坝抗震工程措施研究。在坝体有限元建模中，考虑表孔及闸墩和深孔的细部结构，建立第二套拱坝—地基有限元模型，分析考虑细部结构时坝体静动力响应，结合设计部门提出的抗震工程措施，在1200m高程以上模拟设过缝抗震钢筋和抗震阻尼器的计算工况，比较、复核工程抗震措施的抗震效果，推荐其中在经济性、施工难度、抗震效果几方面综合而言较优的方案。

（3）小湾大坝极限抗震能力研究。分别按设定地震法确定小湾坝址最大可信地震的地震动参数，以及设计部门提供的100年设计基准期超越概率1%的基岩地震动参数，采用考虑大坝—坝肩两岸滑动岩体耦合作用的拱坝整体抗震稳定的概念和方法，以及大坝失稳的定量判据，进行小湾拱坝校核地震作用下的动力分析和抗震安全性评价以及超设计地震荷载的极限抗震能力分析。

2. 大坝—地基整体系统振动台动力模型试验

按照前期进行的小湾拱坝整体系统振动台动力模型试验的技术路线，采用新的大坝体型，进行大坝—地基—库水的振动台动力模型试验研究，评价有裂缝坝体的大坝动力特性和抗震安全性能。试验模型中，模拟了主要施工期裂缝、坝体横缝和坝踵附近的诱导缝、经适当简化的河谷地形地质条件、两岸控制性滑裂体及其抗剪断力学指标和渗压作用、满足抗拉强度相似的超低弹模模型坝体材料、无限地基辐射阻尼、库水的动力影响等因素影响，进行设计地震和超设计地震作用下的加振试验，与前期试验成果对比，分析评价裂缝对大坝整体性及其动力反应的影响，初步评价裂缝缝端的动力稳定性。

（二）主要创新点

（1）首次使用拉格朗日不连续变形分析（LDDA）方法，对小湾拱坝横缝、诱导缝和施工期温度缝进行模拟，研究应用了LDDA加速收敛的算法，解决了施工期温度缝形状不规则、计算难收敛的问题。成果表明裂缝对大坝横缝开度、坝面位移和应力的分布形态、极值的影响均不显著。得出缝端应力未超过混凝土抗拉强度的重要结论，为小湾拱坝的工程建设提供了有力指导。

（2）建立了有效可行的进行拱坝极限抗震能力评价的计算分析体系和评价标准，为拱坝校核地震下安全性的复核及极限抗震能力的评价提供了基本方法和判据，也为水工建筑物抗震设计规范的修编提供了有力的支撑。

（3）首次在拱坝地基系统振动台动力模型试验中，设置了施工期裂缝，研制了迄今为止最复杂的同时考虑库水相互作用，拱坝横缝、诱导缝和施工期裂缝影响，以及无限地基辐射阻尼影响的试验模型，得出了“与无缝坝相比，尽管有缝坝的抗震能力略有下降，但大坝初始开裂发生在2.0倍设计地震作用的超载工况，其抗震安全可满足设计要求，坝体裂缝端部在地震作用下未见扩展迹象”的重要结论。

（三）成果应用

该项目研究工作紧密结合小湾拱坝抗震设计的需

要，在有裂缝拱坝的计算分析、模型试验以及小湾拱坝极限抗震能力的研究方面均有所创新，研究成果为大坝裂缝处理及监测设计、确保大坝抗震安全提供了科学依据，对大坝抗震设计及正常运行具有重要的现实指导意义。研究成果被设计部门全面采纳并应用，亦为抗震规范的修编提供了有益的支撑，其中部分方法和判据已被纳入修编规范的相关条文中，并可为类似工程提供借鉴和指导。

（中国水利水电科学研究院）

高心墙堆石坝安全性评价技术研究

在过去的20余年中，结合高心墙堆石坝工程的建设，曾开展过大量的科研工作，并取得了一批先进的科研成果，如国家“六五”、“七五”、“八五”科技攻关项目，以及多项部级重点科研项目等。但这些成果尚不能完全满足高心墙堆石坝安全运行和建设的需要。其原因主要在于：①大量的研究工作主要集中于工程设计和建设中面临的技术问题，对工程运行过程中存在的问题少有重点研究，使得工程的安全运行缺少可靠的技术支撑；②虽然大量的心墙堆石坝及其他类型的大坝建成投运，但至今仍然未建立科学的大坝安全评价标准及系统的安全评价体系，大坝的规范运行缺乏必要的依据；③目前正在规划和建设中的高心墙堆石坝有多座，坝高已经达到或超过300m，面临许多难以想象的技术难题。要解决这些问题，迫切需要对已建工程运行状况进行系统研究，从中汲取经验。

（一）研究内容

1. 高心墙堆石坝应力变形仿真分析与预测技术研究

（1）高堆石坝应力变形分析方法研究。以材料试验结果和原型监测资料为基础，对筑坝材料计算模型和心墙堆石坝计算分析方法进行改进和完善；进一步完善防渗土料中孔隙压力消长过程的计算分析方法，研究考虑时间效应、湿化过程等因素的高心墙堆石坝变形分析方法；研究施工步骤和蓄水运行过程对坝体应力变形的影响；研究考虑防渗土料非饱和效应的三维变形和渗流耦合的计算分析方法。

（2）高堆石坝应力变形特点研究。通过工程调研、计算分析和模型试验，总结和研究高心墙堆石坝的坝壳与心墙在施工期、蓄水期的应力变形分布规律、坝壳与心墙的相互作用关系、岸坡与坝体的相互作用，研究施工和运行中关注的安全问题。

（3）高心墙堆石坝水力劈裂问题研究。通过材料试验、数值分析和物理模型试验，研究水力劈裂的合理计算分析方法、心墙水力劈裂的形成机理、水力劈裂发生的影响因素、水力劈裂发生的判别标准等。

（4）高心墙堆石坝长期变形计算研究。基于坝料试验和坝体变形实测资料，建立高堆石坝长期变形分析模型，为高堆石坝长期变形分析提供数值模拟手段。研究高心墙堆石坝的长期应力变形特性，为有效控制长期变形对坝体安全的影响提供科学依据。

2. 高心墙堆石坝安全评价技术研究

（1）国内外已建和在建工程调研。对国内外典型已建和在建的高心墙堆石坝工程进行技术资料搜集、整理和分析，收集观测资料，针对坝体变形、应力、渗流等有关大坝运行安全的重要特征，总结高心墙堆石坝安全的经验和教训。

（2）高心墙堆石坝的反演分析研究。选取国内外典型的高心墙堆石坝工程，以坝体原型观测资料为主要依据，对应力、变形、渗流等进行反演和仿真计算分析，研究高心墙堆石坝的工作性状，剖析坝体内部变形分布和发展规律及坝体渗流特点，探求坝体不均匀变形、坝体裂缝等问题的根源，为建立我国高心墙堆石坝的安全评价标准提供科学依据。同时，通过反演计算分析研究，进一步验证、优化和完善计算分析模型和方法。

（3）高心墙堆石坝安全评价新技术研究。以国内外已建高心墙堆石坝的安全状况为基础，分析高心墙堆石坝生命周期内可能存在的主要潜在风险，完善对各主要潜在风险的分析和评价方法，研究在设计、施工、运行层面上确保高心墙堆石坝安全的风险防控技术。

（4）高心墙堆石坝安全评价准则研究。综合分析高心墙堆石坝坝体变形分布和发展规律，建议提出基于变形的高心墙堆石坝安全评价标准。

（二）主要创新点

（1）发展了心墙坝水力劈裂理论。该项目提出的水力劈裂理论，综合考虑了岸坡与坝体相互作用、坝壳与心墙相互作用导致的心墙应力数值和方向变化，并以有效小主应力是否小于零为水力劈裂发生的判据。该方法已应用于糯扎渡、双江口和两河口等高心墙堆石坝工程。

（2）提出了水位变动速度限值计算方法。该项目联合采用理论分析和文献调研的方法，建议了一个水位变动速度限值的计算方法。根据该方法，提出了糯扎渡、小浪底等工程的水位变动速度限值计算公式，并在工程中得到了应用，为水库安全运用提供了依据。

（3）建立了堆石料流变变形计算的经验模型。该项目建议了一个对数演进模式的三参数流变变形计算经验模型，该模型采用时间的对数曲线来描述堆石体的流变变形规律，改进了沈珠江提出的指数模式“三参数”流变模型中体积蠕变量和剪切蠕变量与围压、剪应力水平的关系。

（4）发展了心墙堆石坝应力应变计算分析技术。在压实黏土的张拉断裂特性系统研究基础上，提出了一个可综合描述压实黏土张拉和剪切破坏的联合强度准则，扩展了邓肯张 EB 模型的应用范围；提出了压实黏土基于无单元法的弥散裂缝模型，将弥散裂缝理论和压实黏土脆性断裂模型引入水力劈裂问题研究，建立了用于描述水力劈裂发生和扩展过程的有限元数值仿真模型，发展了基于有限元—无单元法耦合的具备裂缝分析能力的心墙堆石坝计算方法。

（5）心墙堆石坝全生命周期计算分析软件。在心墙堆石坝计算分析中引入了非饱和土简化固结理论，发展了计算程序。开发了心墙堆石坝高精度可视化计算方法，并用于实际工程分析。

（三）应用情况

该项目针对小浪底斜心墙堆石坝涉及的长期变形、糯扎渡心墙堆石坝涉及的水位变动速度、两河口和双江口砾石土心墙堆石坝涉及的筑坝材料的应力变形及全生命周期应力变形问题进行了系统的研究。这些研究成果提高了设计工作的科学化水平，提高了运行过程中的大坝安全特别是后期运行安全评估的科学化水平，为工程决策、风险防范提供了可靠的技术依据，为实现科学评估大坝安全基础上的大坝安全管理，保证大坝长期安全和枢纽运用效率具有重要的促进作用。

（中国水利水电科学研究院）

混凝土坝数字监控方法、系统及工程应用

进入 21 世纪以来，中国已经成为了世界大坝建设的中心，一批世界级的混凝土坝工程陆续建成或开工建设。

随着大坝高度的增加，其应力水平越来越高，伴随着高坝大库安全问题越来越重要的同时，一些在中低坝由安全系数所涵盖的问题，在高坝可能会产生一定的安全风险。对于许多高坝，即便在大坝施工前开展了大量的科研和设计优化工作，设计方案也基本符合现行设计规范，但实际施工过程仍会有裂缝产生。究其原因，从根本上在于我国对混凝土坝施工期的工作性态缺乏有效的监控方式，需要在监控理论与方法方面寻求新的突破才有可能满足当前高坝安全控制与管理的需要。

2007 年，朱伯芳院士首先提出了数字监控的理念，将传统监测模式与数字仿真相结合，突破了传统的大坝施工安全与管理模式。在国家科技攻关项目、国家重大工程科研经费的支持下，研究团队围绕混凝土坝的数字监控开展了大量科研工作，在混凝土坝数字监控理论、方法、系统等方面取得了一系列重要的研究成果，并应用于锦屏一级拱坝、溪洛渡拱坝、小湾拱坝、鲁地拉碾压混凝土重力坝、藏木重力坝等高混凝土坝的工程建设，取得了巨大的经济效益和社会效益。

（一）主要研究内容及成果

1. 混凝土坝数字监控理论方法研究

（1）数字监控的基本理念。在仪器监控的基础上增加数字监控，基于仪器观测资料进行反分析，利用全坝全过程仿真分析，在施工期即可给出当时温度场和应力场，并可预报运行期的温度场、应力场及安全系数，如发现问题可及时采取对策；在运行期可以充分反映施工中各种因素的影响，对大坝作出比较符合实际的安全评估。

（2）混凝土坝施工期数字监控方法。包括：①施工期数字监控方法的总体框架；②与施工期数字监控相配套的实时安全监测系统的布设方法；③基于实时监测数据的混凝土温控效果评价方法；④大体积混凝土开裂风险预警与干预决策方法。针对现有施工期安全监测存在不及时、不真实、不全面三个问题，提出了基于现场无线局域网建设施工期安全监测自动化系统的方法。

（3）混凝土坝初次蓄水期数字监控方法。主要包括数字监控模型建立方法，基于数字监控模型的监测资料分析和参数反演方法，基于数字监控模型的初次蓄水期工作性态预测和安全监控指标建立方法。

2. 混凝土坝施工期数字监控系统研发　利用自动监测技术、GPS 技术、无线网络技术、数据库技术，该项目研发了混凝土坝施工期数字监控系统，按照监测、分析、反馈、预警、调控的工作流程，实现混凝土坝施工期工作性态的“可知”、“可控”。

3. 混凝土坝数字监控系统的集成及工程应用

（1）数字监控系统在锦屏一级工程中的应用。锦屏一级拱坝坝高 305m，是世界上最高拱坝。中国水利水电科学研究院（以下简称中国水科院）研发了锦屏一级拱坝温控信息集成与预警系统。该系统的主要功能是施工与监测信息集成、施工与监测信息管理、有限元实时跟踪反演仿真分析、混凝土开裂风险预测预报。该系统 2009 年 3 月投入运行，已经正常工作了 4 年半的时间；其施工和监测数据存储量约为 9Gb，高峰时段日录入数据量 360 万条，出具科研周报 160 份，月报 35 份，出具专题报告 30 份，为施工

调整提供了决策依据。

（2）数字监控系统在鲁地拉工程中的应用。中国水科院研发了鲁地拉大坝温控信息集成与实时预警系统。该系统的主要功能是温控监测信息的实时采集和传输、施工与监测信息管理、有限元实时跟踪反演仿真分析、混凝土开裂风险预测预报、智能通水冷却等。自 2011 年 6 月投入使用以来，已正常运行 2 年半。系统的施工和监测数据存储量约为 34Gb，高峰时段日录入数据量 127 万条，运行期间出具科研月报 20 份，出具专题报告 4 份，为施工调整提供了决策依据。

（3）数字监控方法在溪洛渡工程中的应用。溪洛渡拱坝坝高 285.5m，是世界上装机容量最大的拱坝。中国水科院的研究团队承担了混凝土拱坝施工期跟踪仿真和运行期安全评估的工作。在长达 4 年多的时间里，利用数字监控方法和系统，基于监测资料，对大坝工作性态进行了跟踪反演仿真分析，出具科研月报 36 份，出具专题报告 42 份，为施工调整提供了决策支持。

（4）数字监控方法在小湾工程中的应用。小湾拱坝坝高 294.5m，是世界上水平推力最大的拱坝。小湾拱坝在施工期出现了大规模的贯穿性裂缝，其蓄水安全备受业界关注。中国水科院的研究团队承担了小湾拱坝初次蓄水期安全评估的工作，建立了反映小湾工程特性的数字监控模型，采用的反馈参数和建立的基于全坝全过程仿真分析的混合预测模型能够准确有效的对高坝蓄水过程进行预测。该项目取得的研究成果为小湾水电站初次蓄水提供了有力的支撑，达到了预期目标。

（二）主要创新点

（1）首次提出了混凝土坝数字监控的理念。

（2）首次从主要目的、内容、工作流程等方面系统提出了混凝土坝施工期数字监控的方法。基于上述监控目的和内容的要求，提出了一整套施工期数字监控模式，即，利用信息化手段实现施工信息的实时采集、高效共享管理，施工效果的实时评估与预警，仿真分析与反分析，智能施工调控等。

（3）首次提出了混凝土坝初次蓄水期数字监控的方法。

（4）首次研发了混凝土坝施工期数字监控系统（含硬件和软件）。该系统的主要功能包括温控施工和监测信息的实时采集与传输、温控施工和监测信息的高效管理与可视化、温度应力仿真分析与反分析、温控施工效果评价和预警、温控施工的反馈控制。

（三）成果应用

该课题组利用自主研发的数字监控系统和方法，在溪洛渡大坝施工期真实工作性态跟踪仿真、鲁地拉施工期真实工作性态跟踪仿真与评价及施工温控措施智能调控、锦屏一级施工期工作性态跟踪反馈仿真、初次蓄水安全评价和小湾初次蓄水安全预警与评价等工作中得到成功的实践和应用，创造了显著的经济效益和社会效益。经初步测算，累计经济效益达 1.7 亿元。

（中国水利水电科学研究院）

土石坝震害调查

“土石坝震害调查”项目是糯扎渡水电站抗震深化研究专题研究之一。

国家中长期科学和技术发展规划纲要（2006～2020 年）明确将“重大自然灾害监测与防御”列为公共安全领域的优先主题。糯扎渡水电站心墙堆石坝作为世界级高坝，并且处于高地震烈度区，其地震安全问题备受关注。本专题分别系统开展了国内外土石坝地震灾害调查、筑坝材料动力工程特性、土石坝地震破坏机理及数值模拟计算等方面的研究工作，全面研究了糯扎渡心墙堆石坝的地震动力特性，探讨了土石坝地震安全评价准则，并研究了抗震工程措施。

土石坝具有良好的抗震性能，迄今已有不少土石坝经历过强地震的考验。从已有资料来看，不同形式、不同坝高的土石坝的震损情况有所不同，收集和整理土石坝的震损资料对研究土石坝的震害机理和土石坝的抗震工程措施具有重要意义。本项目收集了国内外土石坝震害资料，进行了分类整理。根据不同坝型在地震中的震害表现形式，简要分析了土石坝的震害机理。

主要研究成果如下：

（1）地震可能引起土石坝发生严重震损，但引发溃坝的现象却鲜有发生。“5·12”汶川地震发生后，四川震区内的水坝震害情况调查结果显示，虽然不少水库大坝震损严重，但无一出现溃坝事件。少有的地震溃坝仅发生于早期建设的小坝，这些坝本身的安全性很低或者建在砂层地基上。用现代技术建成的设计良好的土石坝可经历Ⅹ度地震的考验。

（2）地震荷载作用下，堆石坝坝坡通常不会发生深层滑动，最常见的坝坡破坏方式是护坡破坏、坝体上部坝坡附近堆石松动、滚落或者浅层滑动。所以土石坝抗震工程措施应以坝体上部为重，以坝坡防护为主。

（3）坝体横、纵向裂缝是土石坝最常见的震害形式。坝体横向裂缝主要发生在两岸附近或者坝体与岸边建筑物接触部位，主要由不均匀震陷引起；坝体纵向裂缝常发生于河床中部，向两岸延伸，可能由于坝壳与心墙不均匀震陷引起，亦可能由于顺河向动拉应力造成。

(4) 大坝防浪墙是地震过程中容易破坏的结构，其破坏形式包括压碎、拉裂、与坝体脱空、倾斜等。

(5) 混凝土面板坝的面板在地震过程中易发生拉裂破坏，但拉裂区通常位于面板上部两岸附近，易于修复。在强地震作用下，河床中部附近面板垂直缝两侧混凝土的压碎也是一种可能的破坏形式。设计中应考虑压型垂直缝填缝材料特性，使之能吸收部分变形，改善垂直缝压应力状态。

(南京水利科学研究院　徐光磊)

糯扎渡水电站心墙堆石坝坝料动力特性试验研究

“糯扎渡水电站心墙堆石坝坝料动力特性试验研究”项目是糯扎渡水电站抗震深化研究专题研究之一，主要进行了如下几方面的试验研究：

(1) 细粒土动力特性试验。针对天然混合土料（饱和、非饱和）、掺砾土料（饱和、非饱和）和反滤料Ⅰ（饱和、非饱和）开展了动模量、阻尼比、动残余变形和动强度试验。

(2) 粗粒土动力特性试验。针对反滤料Ⅱ、弱风化花岗岩堆石料、强风化花岗岩堆石料、弱风化砂泥岩堆石料和细堆石料开展了动模量、阻尼比和动残余变形试验。

主要研究成果：

(1) 固结应力比越大，土体动模量越大，阻尼比越小。为便于应用，建议将最大动弹性模量 E_{dmax} 与围压 σ_3 的关系表达式：$E_{dmax}=k_2'P_a\ (\sigma_3/P_a)^n$ 修改为 E_{dmax} 和球应力 σ_m 的关系：$E_{dmax}=k_2'P_a\ (\sigma_m/P_a)^n$。

(2) Hardin-Drnevich 建议的剪切模量 G、阻尼比 λ 与剪应变幅值 γ_d 的关系式可较好地描述土体的动应力与动应变试验关系曲线，表明采用等价黏弹性模型进行循环荷载作用下的分析计算是可行的。

(3) 对细粒土尤其是天然混合土料和掺砾土料而言，由于渗透系数较小，在瞬时动荷载作用下，孔隙水来不及排出，其时残余体积变形较小，试样主要表现为剪切变形。

(4) 在动荷载较大时，同样由于孔隙水来不及排出，试样残余体积变形较小，主要表现为剪切变形。

(5) 从 $\varepsilon_{vr}\sim\lg(1+N)$ 试验曲线和 $\gamma_r\sim\lg(1+N)$ 试验曲线可以看出，沈珠江院士建议的考虑残余变形的经验公式可较好地描述残余变形与振次的关系。但对于渗透系数系数较小的天然混合土料和掺砾土料而言，在瞬时动荷载作用下，孔隙水来不及排出，初期残余体积变形较小，$\varepsilon_{vr}\sim\lg(1+N)$ 的线性关系较差；而对于渗透系数较大的粗粒土而言，当动荷载较大时，瞬时剪切变形较大，$\gamma_r\sim\lg(1+N)$ 的线性关系也较差。

(6) 试样密度越大，动弹模越大、阻尼比越小，动残余变形也越小，因而为减小震害，应适当提高压实密度。

(7) 非饱和状态的土较之与饱和状态土，其动弹模较大、阻尼比较小，动残余变形较小，因此降低坝体内的浸润线可减小坝体残余变形。

(8) 反滤料 Ⅰ-1（上包线），不均匀系数 $C_u=5.45$、曲率系数 $C_c=0.80$；反滤料 Ⅰ-2（平均级配），$C_u=8.9$、$C_c=1.17$；反滤料 Ⅰ-3（下包线），$C_u=5.33$、$C_c=0.75$。反滤料 Ⅰ-2 的级配最优，在外荷载作用下，更易趋于密实，较之于反滤料 Ⅰ-1 和反滤料 Ⅰ-3 表现了较大的残余变形。但其趋于密实后，动剪切模量会变大，因而级配对材料的动模量和阻尼比影响并不显著。

(9) 固结应力比对天然混合土料动强度的影响最为显著，掺砾土料次之，对反滤料Ⅰ的影响则最小。随固结应力比增加，对心墙土而言，要达到相同的振动次数相需要较小的动应力，而对反滤料Ⅰ而言则需要更大的动应力。这主要是由于天然混合土料静强度较小，当偏应力增加时其更容易朝塑性区发展的缘故，在地震作用下也更易破坏。

(10) 级配对动强度有一定的影响。固结应力比为 1.5 时，反滤料 Ⅰ-1（上包线）的动强度最小，反滤料 Ⅰ-3（下包线）的动强度最大；固结应力比增大后，3 种料动强度之间的差别减小，这主要是由于固结应力比增大后，Ⅰ-2（平均级配）和 Ⅰ-3（下包线）粗颗粒料较多，从而更易破碎，使得 3 种级配的材料动强度差别不大。

(11) 根据试验成果，建议坝体材料动力计算模型参数见表 1。

表 1　坝体材料动力计算模型建议参数表

材料名称	试样状态	制样密度 (g/cm³)	k_2	λ_{max}	k_1	n	c_1 (%)	c_2	c_3	c_4 (%)	c_5
天然混合土料	饱和	1.80	710.5	0.258	24.63	0.304	0.025	0.666	0	3.853	1.361
	非饱和		817.5	0.243	26.59	0.332	—	—	0	2.579	1.297

续表

材料名称	试样状态	制样密度 (g/cm³)	k_2	λ_{max}	k_1	n	c_1 (%)	c_2	c_3	c_4 (%)	c_5
掺砾土料	饱和	1.96	865.3	0.246	26.6	0.342	0.033	0.734	0	4.789	1.385
	非饱和		1101.3	0.233	42.2	0.350	—	—	—	—	—
反滤料 I-1(级配上包线)	饱和	1.80	492.89	0.255	3.86	0.497	0.148	0.804	0	0.271	0.421
反滤料 I-1(级配平均值)	饱和		469.62	0.261	3.11	0.532	0.724	1.267	0	1.383	0.869
	非饱和		646.28	0.225	6.36	0.355	—	—	0	1.444	0.675
反滤料 I-3(级配下包线)	饱和		453.23	0.264	3.74	0.457	0.456	1.263	0	0.703	0.744
Ⅰ区弱风化花岗岩	饱和	2.07	2569.93	0.199	47.31	0.346	0.913	0.965	0	3.778	1.034
Ⅱ区弱风化砂泥岩		2.21	2323.84	0.226	44.43	0.337	0.952	0.909	0	5.362	1.102
Ⅲ区强风化花岗岩		2.14	2574.25	0.211	48.92	0.316	0.634	0.938	0	2.604	1.113
反滤料Ⅱ		1.89	1444.85	0.236	23.70	0.443	1.127	1.024	0	4.914	0.891
细堆石料(过渡料)		2.03	1650.90	0.241	31.62	0.474	1.437	1.206	0	4.332	0.935

(南京水利科学研究院 徐光磊)

糯扎渡水电站心墙堆石坝抗震动力计算——人工合成地震波

“糯扎渡水电站心墙堆石坝抗震动力计算——人工合成地震波”项目是糯扎渡水电站抗震深化研究专题研究之一。

糯扎渡水电站心墙堆石坝坝高 261.5m，位于高地震烈度区，工程抗震安全是一项重要的研究课题。鉴于工程抗震分析中所必需的加速度数据及实测地震记录缺乏的状况，人工合成地震波是一种有效的途径。本项目简要回顾了谱拟合人工地震波的合成方法，结合《云南澜沧江糯扎渡水电站工程场地地震安全性评价复核》提出的场地设计反应谱成果以及 DL 5073—2000《水工建筑物抗震设计规范》规定，进行了不同概率水平下地震时程曲线的人工合成。针对 DL 5073—2000 中土石坝反应谱平台值及阻尼比取值存在不确定性的情况，对 100 年概率水平 2%的工况分别进行了阻尼比 5%、反应谱平台值 β_{max} 为 2.0 和阻尼比 13%、反应谱平台值 β_{max} 为 1.6 两种参数组合下的地震波人工合成。确定了进行大坝抗震计算所需的时程曲线，为开展有限元地震动力反应分析奠定了基础。

根据《云南澜沧江糯扎渡水电站工程场地地震安全性评价报告》提供的场地设计加速度反应谱和 DL 5073—2000《水工建筑物抗震设计规范》规定的加速度反应谱分别进行了加速度时程人工合成，提出了 100 年 1%和 100 年 2%两种概率水平下的加速度时程曲线。基岩加速度峰值根据 2008 年《云南澜沧江糯扎渡水电站工程场地地震安全性评价复核报告》结果选取，大坝的抗震概率水准采用基准期 100 年超越概率 2%，基岩水平峰值加速度采用 0.380g；采用基准期 100 年超越概率 1%的动参数进行校核，相应的基岩水平峰值加速度为 0.436g。

主要研究成果如下：

(1) 根据工程场地地震危险性分析得到的场地基岩地震动加速度时程包络函数，地震动持续时间取 40.96s。

(2) 场地加速度设计反应谱合成地震波计算时，阻尼比取 5%，反应谱平台值取设计值。

(3) DL 5073—2000《水工建筑物抗震设计规范》中没有针对土石坝的 β_{max} 的取值规定，本次造波计算时，取 $\beta_{max}=2.0$，对应阻尼比为 5%进行地震时程合成。

(4) 根据 DL 5073—2000《水工建筑物抗震设计规范》，设计反应谱的最大值与结构阻尼有关。反应谱平台值和阻尼比取值对人造地震波的特性可能会有所影响，从而对动力反应计算结果产生影响，本报告针对 100 年概率水平 2%的情况，选取阻尼比 13%、β_{max} 为 1.6 进行了造波计算。

(5) 以基岩加速度反应谱和峰值为目标，采用三角级数法合成地震动时程，对于高频区通过功率谱修正的方法提高计算精度。合成的地震波反应谱与目标谱吻合较好，满足精度要求。

(6) 针对 100 年超越概率 2%的情况，分别采用阻尼比 13%、$\beta_{max}=1.6$ 和阻尼比 5%、$\beta_{max}=2.0$ 两种参数的规范谱人造波，进行了糯扎渡心墙堆石坝抗震计算，结果表明，两者所得的坝体动力响应接近。阻尼比13%、β_{max}=1.6时人造波计算所得的坝体加速度放大倍数、永久变形均稍大，说明阻尼比对所造地震波的特性影响较大。从两种参数人造波计算结果来看，运用规范谱造波时，取阻尼比5%、β_{max}=2.0是可行的。

（南京水利科学研究院　徐光磊）

糯扎渡水电站心墙堆石坝地震动力反应分析研究

“糯扎渡水电站心墙堆石坝地震动力反应分析研究”项目是糯扎渡水电站抗震深化研究专题研究之一，主要进行了如下几方面的研究：

（1）土石坝地震动力反应分析方法研究进展。在收集国内外相关资料的基础上，论述了土石坝地震动力反应分析方法的原理和研究进展。

（2）土石坝抗震措施研究进展。在收集国内外相关资料的基础上，论述了土石坝的抗震工程措施。

（3）糯扎渡水电站心墙堆石坝抗震措施及地震动力反应研究。在上述分析的基础上，采用三维有限元方法进行了地震动力反应分析并分别采用极限平衡法和有限单元法研究了坝坡的稳定性，据此对大坝抗震工程措施进行了评价

主要研究成果如下：

（1）720m高程以上采用混合料或掺砾料，对大坝坝体最大沉降影响不大，但720m高程以上采用掺砾料后，该部位心墙的抗剪安全系数有明显提高。糯扎渡水电站心墙堆石坝为世界级高坝，其坝高达到261.5m，目前国内外尚缺乏类似工程经验可以借鉴，720m高程以上心墙采用掺砾料是有利的。

（2）在地震荷载作用下，心墙内绝大部分区域不会发生抗剪破坏，但在心墙与岸坡接触部位均出现了局部塑性区域。由于心墙与岸坡接触面呈压剪状态，且该部位设置有高塑性黏土层，适应变形能力较强，自愈能力也较强，加之心墙上下游设有反滤层，所以接触面即使存在有局部塑性区域，也不致影响大坝的整体安全性。

（3）反滤料Ⅰ采用平均级配、上包线或下包线，地震作用下均不会发生液化。

（4）在规范谱100年超越概率2%和100年超越概率1%地震作用下，未加筋情况下震陷比分别为0.56%和0.65%；在场地谱100年超越概率2%和100年超越概率1%地震作用下，未加筋情况下震陷比分别为0.92%和1.23%。根据以往地震监测成果，在规范谱地震作用下糯扎渡大坝可能会产生小至中等程度的破坏，而在场地谱地震作用下可能会产生较严重破坏，但不存在溃坝风险。

（5）加筋对大坝动力反应影响不大，加筋后大坝永久变形有所减小，但由于土工格栅的允许拉伸率较小而钢筋的布置数量较少，加筋对减少大坝永久变形的作用有限。施加土工格栅＋钢筋后，坝轴向位移、顺河向位移和垂直向变形较之于未加筋情况最大分别减少了约20%、30%和10%；仅施加钢筋后，坝轴向位移、顺河向位移和垂直向变形较之于未加筋情况最大分别减少了约6.7%、15%和4.6%；仅施加土工格栅后，坝轴向位移、顺河向位移和垂直向变形较之于未加筋情况最大分别减少了约11%、24%和7.9%。

（6）加筋后可显著提高加筋部位坝体的安全性。由于坝顶附近的加速度绝对值大，在地震作用下存在堆石的浅层滑动和滚落的可能性，为此必须采用为防止堆石浅层滑动和滚落的抗震工程措施。从土石坝动力破坏特征来看，采用钢筋加盖护面板以及坝坡面浆砌石等抗震工程措施是有效、可行的。考虑到土工格栅容易在重型碾压机械下发生破坏，且其允许拉伸率较小，可以不采用土工格栅。

（7）极限平衡法分析表明，在静动力情况下，坝坡抗滑稳定安全系数满足规范要求。但在校核地震荷载下，当强度指标取小值平均值时，上游坝坡的安全系数已接近于规范允许值。有限元时程分析法分析表明，在场地谱和规范谱荷载作用下，上下游坝坡均不会发生失稳破坏，且具有较高的安全储备。

（8）为减小上游坝坡的湿化变形及地震永久变形，建议适当提高上游坝壳料的碾压密实度。

（9）从坝坡稳定性、心墙抗剪安全系数和大坝永久变形角度出发，综合考虑坝料力学特性的离散性及地震波影响系统反应的不确定性，大坝的极限抗震能力在0.50g～0.55g左右。

（南京水利科学研究院　徐光磊）

响水涧抽水蓄能电站调试与运行阶段水库经济运行研究

“响水涧抽水蓄能电站调试与运行阶段水库经济运行研究”项目，于2012年1月开始，2012年12月结束。主要研究内容及创新点如下：

（1）结合蓄水、调试、运行经济性三个过程特点分析研究，采用大系统分解技术和组合模型开发技术，在国内外首次构建了包含蓄水经济优化模型、调试经济优化模型、运行经济优化模型、多方案选择优选模型为一体的组合经济优化模型。

（2）考虑问题同时具有的确定性与不确定性特点，蓄水、调试、运行的研究分为规划决策与实时决策两个角度来研究，其中规划决策主要是基于确定性情形的规模确定及其决策，实时决策主要是研究基于实施条件下的决策优化问题，在国内外首次研究提出了基于规划决策、实时决策的多阶段多目标优化研究思路与模型。

（3）第一次全面系统地研究了响水涧抽水蓄能电站水库蓄水经济方案、调试经济方案、运行经济方案。

（4）首次提出了采取以电网和抽水蓄能为核心、由发电企业和用电户参与的联合租赁经营模式并应用于响水涧抽水蓄能电站。

（河海大学）

大丰风电场100MW二期工程环境影响评价

大丰风电场二期工程（100MW）位于江苏大丰风电场一期工程的西侧，场址范围南起川东港口，北至王港口，西临海防公路，呈条带状，地势北部略低，南北长约17km，东西宽约3km，面积约50km^2。工程总投资104 693.23万元，总装机规模为100MW，计划布置2500kW的风力发电机组40台，年上网电量为19 991.97万kW·h，等效负荷小时数为1999h。本期工程拟对一期已建220kV升压变电站进行扩建，新增1台100MVA的主变压器，并仍由一期已建的220kV线路送出。除此之外，还同时配套建设风电场集电线路、施工道路（新建或改建）等。

该期工程选址在大丰东部沿海滩涂区，东临黄海，位于自然保护区实验区内。选址属黄海潮间带滩涂地貌单元，现为原沿海滩涂改造后的渔场，区域内多为鱼塘和虾池，有少量临时居住人口，主要为养殖户，基本无常住人口。根据《中华人民共和国环境保护法》、《中华人民共和国环境影响评价法》、《建设项目环境保护管理条例》和《建设项目环境影响评价分类管理名录》的规定，该项目需编制环境影响报告书，对项目产生的污染和环境影响情况进行详细评价，从环保角度评估该项目建设的可行性。

受建设方委托，河海大学、南京师范大学共同承担了该项目的环境影响评价工作。按照国家环境影响评价工作管理要求，通过查阅资料、实地踏勘、咨询技术人员等，对风电场所在地周围环境因素进行调查分析，掌握了与项目环境相关的因素。经类比分析、数学模型计算等方法，预测了项目对周围生态环境的影响程度和范围，同时针对项目所在地的环境保护方面的问题提出了改进措施和要求，明确了对江苏盐城沿海湿地珍禽国家级自然保护区的生态保护措施和补偿要求。评价工作于2013年1月开始，2013年5月完成该项目环境影响报告书。

（河海大学）

广东水库移民精细化管理模式研究

国家在2006年提出移民后期扶持可以选用项目扶持方式，用于解决移民村群众生产生活中存在的突出问题。后期扶持项目对水库移民的社会经济发展起着基础性作用，在移民后期扶持管理中，后期扶持项目管理成为一大重点工作。广东省高度重视移民后期扶持工作，提出并实施了多项移民后期扶持项目。但如何建立长效机制，以便有效规避挪用、贪污资金，确保资金的使用与管理公开、透明，使得移民群众能够真正从中受益，这一问题还有待解决。在水库移民后扶项目管理中，需要对项目管理过程中涉及的各个末端环节、各个主体进行密切监督，从而保证项目预期目标的有效实现，这也就是末端监督的概念。为此，河海大学受托于2012年1月至2013年12月进行了“广东水库移民精细化管理模式研究”。

该研究将电子治理引入到建立水库移民后期扶持项目管理末端监督的全过程中。从根本上说，在水库移民后期扶持项目管理中实施电子治理，旨在依赖信息技术手段，在各末端监督主体之间建立一种权力分配的平衡关系。电子治理包含每一个末端主体在信息系统中接入的内容和方式，以及这种权力如何被约束，它注重流程（过程）的效率和效果问题。而权力来源于利益诉求的满足。该研究提出了详细的基于电子治理的水库移民后期扶持项目管理末端监督工作流程再造，并设计了包括工作目标、内容、流程、主体职能等在内的具体工作规范。

（河海大学）

锦屏一级水电站左岸边坡工程时效变形及监控的长期稳定性研究

“锦屏一级水电站左岸边坡工程时效变形及监控的长期稳定性研究”项目属于岩土工程领域的理论和应用型研究，目标是通过流变实验分析、长期稳定性数值计算、监测数据分析等手段，为锦屏一级水电站左岸边坡的长期稳定性分析与评价提供具有重要工程价值的参考意见。

研究自在 2011 年 5 月开始，形成了具体的项目研究工作大纲和关键技术路线；2011 年 11 月在成都进行了中期研究成果讨论和交流；2013 年 4 月成都院组织专家对本研究成果进行了评审验收。参加会议的人员一致认为：针对锦屏一级水电站左岸边坡工程时效变形及监控的长期稳定性所开展的研究工作系统深入，圆满完成了合同规定内容，实现了预定目标，并提交了最终报告成果。

项目主要内容分为如下六个部分：

(1) 岩石流变力学参数及流变本构模型分析。通过左岸边坡岩石流变力学试验分析建立了适用于左岸边坡工程长期稳定性数值计算分析的岩石流变本构模型；确定了各类岩体的长期强度参数以及流变模型参数。

(2) 左岸Ⅳ～Ⅵ号山梁边坡岩体长期稳定性二维流变数值分析。主要通过建立用于黏弹性流变数值分析的二维数值模型，然后利用非线性有限差分理论进行二维黏弹性流变数值分析，以研究长期流变对左岸Ⅵ～Ⅳ号山梁边坡岩体变形的影响规律，同时进行了弹塑性数值分析，并与长期流变数值分析结果进行比较分析。

(3) 左岸边坡工程长期稳定性三维流变数值分析。主要通过建立左岸边坡三维数值计算模型，进行左岸边坡长期稳定性的三维长期流变数值分析，研究长期流变对左岸边坡工程变形的影响规律，同时与三维弹塑性数值分析结果进行比较分析；依据三维流变数值计算结果和现场监测数据，通过对边坡关键点随时间的变化关系和三轴流变数值计算结果与现场监测点的位移变化规律，对左岸边坡的长期稳定性进行了分析与评价。

(4) 左岸边坡工程的安全监测综合分析。侧重分析了锦屏一级左岸边坡“大块体”区域变形、抗力体固结灌浆区域变形、Ⅳ～Ⅵ山梁变形等，分别从边坡表面变形、浅部开挖影响区、深部变形、谷幅测线变形、抗力体固结灌浆区变形、Ⅳ～Ⅵ山梁深部变形等方面开展监测成果分析。

(5) 基于安全监控的边坡变形控制因素及信息融合与云模型稳定性评价。基于雅砻江锦屏一级水电站左岸边坡工程丰富详实的安全监测资料，对边坡变形控制因素研究，提出一种基于高斯过程的非平稳边坡位移时序建模预测方法，建立基于安全监测表现的 D-S 证据理论边坡稳定性评价模型，建立锦屏一级水电站左岸边坡的评价指标体系。

(6) 基于安全监控信息的左岸边坡物元可拓评价。针对左岸边坡工程安全监控中的局部区域变形过大、深部不收敛等问题，对安全监测资料进行深入分析、归纳、提取后，尽量选择最具代表性的、最直接反映边坡稳定安全状态的监测指标与相应的信息；并在查阅文献、规范规程及收集现有水利水电工程安全监控资料的基础上，进行基于安全监测信息的左岸高边坡稳定性的物元信息可拓评价研究。

研究结论真实可靠，具有重要理论与工程实用价值，创新突出，结论可信。研究工作对左岸岩石高边坡长期稳定性分析与评价具有重要参考价值和工程意义。

（河海大学）

向家坝水电站振动专项工程岩土力学试验

“向家坝水电站振动专项工程岩土动力学试验”项目属于岩土工程领域的理论和应用型研究，目的是为了探明向家坝水电站的激励振源及其与泄洪流量的关系、振动特性、振动传播规律及其影响机理。研究工作自 2012 年 12 月开始，进行了现场调研、踏勘，收集了试验资料；2013 年 1 月开始进行岩石力学循环加载试验，2013 年 2 月完成了中期成果试验报告；2013 年 3 月 22 日完成了所有试验工作，撰写了《金沙江向家坝水电站振动专项工程岩土动力学试验成果报告》。2013 年 4 月，中国水电顾问集团中南勘测设计研究院组织专家对本研究成果进行了评审验收。与会专家一致认为：向家坝水电站振动专项工程岩土力学试验相关研究工作，圆满完成了合同规定的内容，实现了预定目标。

开展“向家坝水电站振动专项工程岩土动力学试验”的意义和具体内容如下：

(1) 开展向家坝水电站振动专项工程岩土力学试验相关工作，对于深入探明和掌握向家坝水电站的激励振源及其与泄洪流量的关系、振动特性、振动传播规律及其影响机理具有非常重要的现实意义。

(2) 项目开展的试验工作共分两个部分：第一部分为岩石力学循环加载试验，包括岩石动弹模、动泊松比、阻尼比等参数的研究；第二部分为土力学共振柱试验，包括土的动剪切模量、动弹性模量和阻尼比随固结比、围压及剪应变关系的研究。

(3) 项目研究所得到的试验成果真实、可靠，为向家坝水电站泄洪振动相关研究工作提供了动力参数的试验资料，具有重要的理论与工程实用价值。

（河海大学）

乌东德水电站大型地下厂房洞室群流变力学长期稳定性研究

开展“乌东德水电站大型地下厂房洞室群流变力

学长期稳定性研究”项目的目标是通过室内岩石力学试验和流变力学试验、开挖损伤流变变形和长期稳定性数值计算等手段，为乌东德水电站右岸大型地下厂房洞室群的长期稳定性分析与评价提供具有实际工程应用价值的建议。

研究工作始于2011年3月。2011年6月，开展第一次现场调研工作和搜集资料，确定了乌东德地下厂房流变力学及长期稳定性的研究内容。2012年7月至8月中旬，开展了第二次现场调研工作，通过与现场工程师交流，结合地质资料，深入认识了右岸地下厂房区开挖可能存在的工程问题；采集了厂房开挖区落雪组第三段灰岩和大理化白云岩的岩心，开展了岩石流变力学试验研究；收集了地质资料和前期设计资料，建立右岸地下洞室的地质模型。

2013年2月中下旬，开展了第三次现场调研。主要工作是观察左右岸地下厂房中导洞的施工开挖、支护加固和围岩变形情况。在此基础上，结合地质、开挖和支护设计资料，建立了乌东德电站右岸地下厂房的施工开挖和加固的计算模型；通过室内试验，确定了流变计算参数；评价了厂房开挖区围岩的开挖损伤特性、流变变形及支护效果。该研究完成了合同规定内容，实现了既定目标，并提交了试验研究和计算分析成果报告。

工作中重点突出了以下几方面的研究内容：

（1）对地应力场的影响。采用多元回归方法反演了右岸地下厂房计算范围内的三维岩体初始地应力场，通过与实测值进行对比，验证了反演地应力的可靠性。

（2）室内岩石力学试验。通过对实验数据分析整理，绘制了岩样的应力应变曲线，确定了的弹性模量、变形模量、泊松比、黏聚力和摩擦角等基本力学参数。结合前人的试验研究工作，根据试验数据，提出适用乌东德厂房区岩石的经验型应力损伤准则。

（3）岩石流变力学试验。采用分级加载模式对厂房区岩石试样进行等围压状态下的流变力学加载。根据试验数据，绘制了应力应变曲线和应变时间曲线，分析厂房区岩石的流变力学特性并确定了岩石的长期强度与瞬时强度的关系。

（4）厂房区围岩弹塑性变形分析。将反演地应力场作为初始条件，模拟了洞室群的施工开挖和支护加固过程的围岩变形特征，对地下厂房洞室群支护方案的合理性进行评价。

（5）围岩最佳支护时间。研究了围岩的流变变形特性，从机理上，结合前人研究，总结了围岩开挖后最佳支护时间的确定方法和判据，并将其应用于乌东德右岸地下厂房的开挖和支护计算。

（6）地下厂房围岩流变损伤变形分析。结合试验成果，采用带损伤的黏弹塑性损伤流变模型评价了右岸地下洞室开挖区围岩在支护和不支护条件下的流变变形和长期稳定性。确定了考虑损伤和不考虑损伤时，围岩的最佳支护时间。并按照最佳支护时间分析了洞室的支护效果。计算了开挖和支护条件下，洞室的损伤区大小。

（河海大学）

秦山核电厂海堤加高及外部挡水墙结构内力与优化研究

“秦山核电厂海堤加高及外部挡水墙结构内力与优化研究”项目于2012年7月开始，2013年9月结束。主要进行了三方面的工作：

（1）依据设计院给定的荷载标准，利用结构力学方法进行堤顶防浪墙及空箱两种结构的地基反力和内力研究，提供内力分布图。

（2）针对堤顶防浪墙及空箱两种结构，研究设计院所提供的设计资料，进行模型参数研究，合理取定参数，建立考虑地基的有限元模型，进行海堤加高后的二维有限元应力变形研究，模拟结构受力，研究结构内力，提供内力分布图。

（3）依据土压力理论，对堤顶防浪墙结构及空箱结构的可能抗滑稳定破坏模式进行研究，研究可能的破坏模式及其抗滑稳定安全系数，提出相关建议。

主要研究成果如下：

（1）由于结构受力很复杂，做相关合理假设简化。假定防浪墙除受自重、上游波浪压力外，底部有动水压力、摩擦力、正压力，齿墙上游侧为静止土压力、三个齿墙的下游侧的土压力等于被动土压力乘以发挥系数R，且DG面由于下游凌空，其压力取被动土压力的$0.8R$倍，下游齿墙两侧有向上摩擦力，上游齿墙两侧有向下摩擦力，研究地基反力，用于结构内力计算。

（2）有限元模拟中，考虑施工过程、外部遭遇异常天文潮时的波浪力等实际条件，严格按照材料分区考虑钢筋混凝土防浪墙、海堤及海堤覆盖层情况建立有限元模型，研究不同的防浪墙方案下防浪墙及海堤的应力变形。

（3）有限元计算重点研究堤顶防浪墙及空箱结构在遭遇设计基准洪水位工况下的结构控制截面的弯矩剪力等内力，并提供内力分布图，为设计提供依据。

研究成果直接为设计采用。

（河海大学）

大河家水电站尾水河道开挖水力学模型试验研究

"大河家水电站尾水河道开挖水力学模型试验研究"项目通过定床、动床物理模型试验及数模计算，对黄河大河家水电站工程可行性研究设计阶段尾水河道开挖方案的河道水流与冲淤状况进行研究，2008年10月开始，2013年6月结束。

主要研究成果如下：

(1) 尾水河道开挖后，水流流态有明显改善，水面坡降趋于平缓，电站尾水位降低，尤其是小流量下水位降低明显，有效发电水头可明显增加。尾水河道开挖设计方案是合理的。

(2) 在流量1705m^3/s以下时，尾水河道形态基本保持不变，泥沙冲淤及回淤现象并不严重。在流量3150m^3/s（洪水频率20%），断面YH07至断面YH12之间尾水河道的地形产生较大的冲淤变化。在河道左侧，断面YH07至断面YH08之间，产生了较大的冲刷，坑底高程约为1761m。在断面YH09至断面YH10之间产生了泥沙堆积体，高程约为1768.9m。在电站出口下游中隔墙末端有轻微的泥沙回淤，回淤量约为80m^3。泄水闸下游右挡墙末端右侧、尾水河道右侧断面YH05至断面YH07之间、断面YH10至断面YH12之间有泥沙回淤现象，回淤量分别约为1800、700、550m^3。

(3) 在各级试验流量条件下，电站出口尾渠至断面YH06、断面YH13（大河家黄河大桥桥前断面）至断面YH22（左岸动力渠进口前断面）之间尾水河道的形态没有发生较大的冲淤变化。但在河道断面YH07至断面YH12之间弯道段，水流流态较为复杂，在大流量下，此河段地形将可能产生较大的冲淤变化。

(4) 由于动床试验中尾水河道地形发生了冲淤变化，增加了床面阻力，导致动床试验的水面高程较定床试验的水面高程略高，在尾水渠出口处断面水位变化值随着流量的增加而增加。

(5) 开挖方案的河道糙率敏感性分析表明，糙率对尾水位的影响是明显的，水位随着糙率的增加而提高。在开挖方案实施时，应严格控制开挖平整度，减少床面阻力，以降低河道水位，确保有效发电水头的增加。

（河海大学）

黄金坪水电站引水发电系统水力过渡过程分析及水工模型试验

"黄金坪水电站引水发电系统水力过渡过程分析及水工模型试验"项目于2007年5月开始，2013年6月结束。通过对②号水力单元引水系统进行水力学模型试验，在不同库水位、机组不同运行情况下，观测了3、4号机正常运行及机组负荷变化时调压室与引水隧洞内的流态、调压室涌波及引水管道的压力变化等，得到如下几点认识与建议：

(1) 试验表明，设计所采用的阻抗式调压室对削减水击压力、抑制管道的压力波动的作用是明显的，对水击波具有良好的反射性能，所选择的阻抗孔口尺寸是合适的，水击压力基本上没有穿越调压室，隧洞末端的压力变化主要受调压室内的涌波控制。

(2) 调压室的最高涌波水位为1489.4m，发生在最高发电水位1478.57m，两台机运行，同时甩全部负荷的工况；调压室的最低涌波水位为1465.2m，发生在最低发电库水位1473.0m，一台机稳定发电运行时，另一台开启工况，此时调压室阻抗孔口隔板上的剩余水深为12.6m。

(3) 压力管道末端的最大压力为100.2m水柱高，出现在最高发电水位1478.57m，两台机正常运行，同时甩全部负荷的工况；压力管道末端的最小压力为67.0m水柱高、隧洞末端顶部最小压力为14.3m水柱高，出现在最低发电库水位1473m，一台机稳定发电运行时，另一台开启工况。

(4) 恒定流试验观测表明，无论单台机组运行或双台机组运行，尾水支洞尾水闸门处、两支洞交汇处均无出现不良水流流态。明流洞内水流平稳。

(5) 机组负荷变化的非恒定流模型试验显示，尾水闸门处最高水位为1413.8m，明渠分岔处最高水位为1413.2m，出现在（T12工况）下游校核洪水位，一台机正常运行，另一台机从空载增至满负荷。尾水隧洞中涌波没有出现水流封顶现象，洞顶净空余幅为2.4m。

(6) 尾水闸门处最低水位为1395.9m，明渠交汇处最低水位为1395.9m，出现在（T9工况）下游最低尾水位（1399.12m），两台机组正常运行时同时突甩全部负荷。由于尾水连接洞出口洞顶高程（1399.4m）高于尾水闸门处最低水位，出现尾水连接洞有压流转为无压流现象。为保证尾水连接洞保持有压流状态，建议适当降低尾水连接洞的位置高程，使尾水连接洞出口洞顶高程低于尾水闸门处最低水位。

（河海大学）

国信连云港抽水蓄能电站上库溃坝对江苏田湾核电影响分析

拟修建的连云港抽水蓄能电站上水库位于宿城水库上游，而田湾核电站又位于宿城水库下游。为保障田湾核电厂的安全，避免厂址处的洪水事件对核电厂带来的威胁，需进行相关的水文分析计算。研究分析的洪水组合为：①当遭遇PMP暴雨，电厂上游上水库溃坝洪水叠加区间可能最大洪水，汇入宿城水库引起宿城水库溃坝，叠加宿城水库至核电厂址区间PMF洪水，并与下游$P=0.1\%$高潮位（4.48m）遭遇，分析此种事件对核电厂带来的威胁；②电厂上游遭遇$P=0.1\%$暴雨引起的洪水，在上水库、宿城水库联合调度下宿城水库下泄洪水叠加宿城水库至核电厂址区间$P=0.1\%$洪水，并与下游设计基准潮水位DBF（7.18m）遭遇，分析此种事件对核电厂带来的威胁；③地震溃坝遭遇PMP/2对应的洪水，下游$P=0.1\%$高潮位（4.48m）遭遇，分析此种事件对核电厂带来的威胁。分析计算三种方案对核电厂防洪安全的影响（电厂厂址双围墙内厂坪标高为7.85m），以便采取合理的防洪措施。

根据江苏新海发电公司提出的要求，河海大学水文水资源学院《国信连云港抽水蓄能电站洪水对江苏田湾核电站影响分析》课题组经过讨论，编制了《国信连云港抽水蓄能电站洪水对江苏田湾核电站影响分析工作大纲》。按此大纲开展工作，并于2013年6月19日对现场进行了查勘。2013年7月31日完成了此研究报告，供修建的连云港抽水蓄能电站防洪决策。

（河海大学）

水利水电工程移民法前期准备工作研究（三期）——水利水电工程建设征地补偿与移民安置存在问题及对策研究

“水利水电工程移民法前期准备工作研究（三期）——水利水电工程建设征地补偿与移民安置存在问题及对策研究”项目于2012年10月开始，2013年6月结束，内容包括以下六个方面：

1. 集体土地征地补偿标准

（1）集体土地征收补偿实践中存在的问题：产值倍数法测算的不合理，16倍与区片价补偿带来的同地不同价问题，若执行“同地同价”，则带来“同库不同策”的问题。

（2）集体土地征收补偿补助标准政策法规剖析。

（3）不同行业有关集体土地补偿补助标准的实践。

（4）水利水电工程建设集体土地补偿补助标准政策建议。

2. 水库移民的社会保障方案

（1）水库移民社会保障在实践中存在的问题，包括制度缺陷，观念障碍，及资金不足等。

（2）水库移民社会保障政策的法律分析。

（3）水库移民社会保障方案构建的必要性和可行性分析。

（4）水库移民社会保障方案的主要内容。

3. 国有土地房屋补偿

（1）国有土地上房屋征收补偿实践中存在的问题。

（2）国有土地上房屋征收补偿的政策法律规定。

（3）国有土地上房屋征收补偿的政策建议。

4. 社会稳定风险评估

（1）社会稳定风险评估政策和法律剖析。

（2）水利水电工程移民安置社会风险评估的必要性。

（3）水利水电工程移民安置社会风险评估机制。

5. 移民安置方式创新

（1）移民安置方式的实践及其存在的问题。

（2）移民安置方式的法律分析。

（3）移民安置方式的创新的必要性。

（4）移民安置创新的模式。

6. 土地补偿费使用管理

（1）移民安置土地补偿费用使用管理实践中存在的问题。

（2）移民安置土地补偿费使用管理的法律分析。

（3）移民安置土地补偿费使用管理的对策。

（河海大学）

白鹤滩水电站招标阶段泄洪洞出口消能及掺气减蚀试验研究

白鹤滩水电站是金沙江下游的又一巨型水电工程，泄洪洞规模巨大，最大落差达到180m，单洞泄量达4000m^3/s以上，高速水流问题突出。“白鹤滩水电站招标阶段泄洪洞出口消能及掺气减蚀试验研究”项目通过两个物理模型进行，分别专题研究泄洪洞单洞的掺气减蚀和三洞的出口消能问题。研究于2011年1月开始，2013年12月结束。

（一）掺气减蚀研究

通过1/40水工模型试验，针对单洞掺气设施存在的问题，进行了1号掺气设施方案的初步研究。在24个方案的试验研究的基础上，对原方案（No.1）、优化方案（No.2）和推荐方案（No.3），进行详细的试验研究。主要内容包括：泄洪洞单洞的水位Z和流量Q（流量系数m）关系、掺气设施结构和流态（包括射流长度、空腔回水、水翅等）、通气管风速、时均动水压力、水面线、掺气浓度、缓坡段达到均匀流的长度和反弧段起点至上一级掺气设施的距离对下游流态的影响等。本项研究就甲乙双方共同提出的方案（No.3）的研究表明，在掺气条件上，基本克服了原方案掺气设施存在的问题，整体水力特性可以满足工程应用的要求。推荐No.3方案为工程的设计方案。

（二）泄洪消能研究

建立1/100水工模型试验（包括定床和局部动床），通过13个方案，针对三洞出口对下游河道的泄洪消能，进行详细的试验研究。主要内容包括泄洪洞出口水流入水形态、水舌和冲坑的相互关系和影响、下游河床的冲刷与淤积形态、泄洪洞挑流鼻坎型式的优化等。试验中以下游河道右岸最大流速、左岸最大回流流速、3号洞上游侧右岸最大回流流速、工况5水舌是否冲砸岸坡、3号洞水流是否顶冲对岸、河床冲坑深度及始放过程中有无淹没洞口可能，共7个参数作为评价标准。通过13个方案的对比试验，确定方案十三为推荐方案。

（河海大学）

云南糯扎渡水电站实施阶段可持续性评估

2012年7月，中国水利水电科学研究院水电可持续发展研究中心（国家水电可持续发展研究中心）、河海大学和北京大学受澜沧江公司和世界自然基金会（WWF）的委托，共同承担了糯扎渡水电站实施阶段可持续性评估工作。该次评估为非官方评估，采用国际水电协会（IHA）《水电可持续性评估规范》（以下简称《规范》）的评估指标及要求，评估该项目实施阶段经济、环境和社会等方面的可持续性水平，为水电开发公司发现问题和改进工作提供依据并对其经验进行宣传推广，为其他水电项目建设期实现水电可持续性提供参考，为澜沧江流域水电开发开展国际交流与对话提供技术支撑，同时为水电主管部门和相关政府机构提供决策支持以进一步促进我国水电行业的可持续发展。

项目主要分为前期准备、资料收集与现场初步调研、现场评估和报告编制等四个阶段。评估过程充分遵照《规范》的基本原则和方法，开展了大量的书面证据收集分析、现场勘查和相关部门（利益相关者）采访等基础工作。这包括：广泛收集了项目从规划、设计、前期准备、施工到初期蓄水各阶段经济、财务、生产、技术、环保、移民、社会管理等各方面书面资料；详细勘查了大坝枢纽区、库区、施工迹地恢复区、珍稀植物园、鱼类增殖站、移民安置区、大坝下游影响区、生产废水处理厂、弃渣场和存渣场，收集视觉证据；走访调研了云南省、普洱市、移民安置涉及的县乡等各级政府20多个相关部门，及华能澜沧江水电有限公司、糯扎渡水电工程建设管理局、糯扎渡水电厂筹备处等相关部门，并在糯扎渡水电站影响的移民安置点中选取了典型移民安置点和重点乡村进行了现场问卷调查和访谈收集口头证据。

评估组由经济/技术/管理、社会、环境三个专业组组成，按照分组评估与集中讨论交叉印证资料与证据的方式，进行了为期十余天的现场评估。除三个专业评估组外，项目内部代表和专家、外部观察员和咨询专家也参加了现场评估工作。基于资料收集、现场访谈、资料交叉印证，评估组形成最终评估结果，并在此基础上编制完成本次评估报告。评估过程充分体现了《规范》所要求的公正、透明、客观、高效、利益相关者广泛参与的原则。河海大学负责社会和移民方面的8个主题评估。

根据《规范》，糯扎渡水电站可持续性评估采用实施阶段评估工具，其20个评估主题分别是：沟通与协商、管理机制、环境与社会问题管理、项目综合管理、设施安全、财务生存能力、项目效益、采购、项目影响社区和生计、移民、少数民族、劳工与工作条件、文化遗产、公众健康、生物多样性和入侵物种、泥沙冲刷与淤积、水质、废弃物上升及空气质量、水库蓄水、下游水文情势。评估结果表明，糯扎渡水电站实施阶断上述20个评估主题的评分，除移民和少数民族两个主题为3分外，其他18个主题均为4～5分。

糯扎渡水电站评分为5分的主题有管理机制、项目综合管理、设施安全、项目效益、采购、公众健康、泥沙冲刷和淤积、水质、水库蓄水等9个主题。评分为5分的主题实现了最佳实践。这些主题制定和实施了监测和促进项目持续改进的相关措施，满足合规性要求，同时实施过程中也很好地遵循了公正、公平、透明、问责等原则。从5分主题来看，糯扎渡水电站充分利用现有知识、技术和资源，在电站建设过程中较好地实现了经济、技术、环境方面的可持续发展。由于水文周期性波动、洪旱灾害、全球气候变化和人类需求升级等各种风险和机遇的并存，水电运行也将不断面临新的挑战，本次其评分为5分的主题，也应不断借鉴国际上的先进经验以保持持续发展。

糯扎渡水电站评分为4分的主题，在实现基本良好实践的同时达到了“最佳实践”的部分要求，但是尚存在迈向“最佳实践”的改进空间。评分为4分的有沟通与协商、环境与社会问题管理、财务生存能力、项目影响社区和生计、劳工与工作条件、文化遗产、生物多样性与入侵物种、废弃物噪声与空气质量、下游水文情势等9个主题。仍存在改进空间的方面主要包括：利益相关者特别是移民的沟通协商申诉和反馈机制的完善、社会风险预测与社会管理计划的制定、财务生存能力的分析和优化、移民后期扶持和库区及移民安置区社会经济发展规划的制定、根据国际劳工标准权益规定完善劳工管理、文化遗产保护应急预案制定和挖掘过程管理规范化、珍稀植物保护和鱼类保护区建设与管理、建设过程中粉尘控制措施以及工人劳保防护措施的完善、下游水文情势信息共享等。

（河海大学）

深埋大直径软岩隧洞变形与稳定研究

锦屏二级水电站引水隧洞绿泥石片岩洞段属于典型工程软岩，软岩洞段最大埋深达到1600m，地应力水平高、岩体强度低、变形大、遇水软化严重、流变效应显著。隧洞上断面开挖支护后，短期内即出现了围岩大变形导致的缩径，二次扩挖支护后再次出现缩径问题。施工期所遭遇到的大变形问题及揭示的控制性因素无疑对引水隧洞运行期衬砌的长期安全造成极大的威胁，必须对深埋大直径软岩隧洞的变形与稳定展开专门研究，以保证隧洞的长期稳定性。

中国水电顾问集团华东勘测设计研究院有限公司组织专门的技术人员，对深埋大直径软岩隧洞稳定控制的关键技术问题进行了深入的研究，总结提炼出了一套适用于深埋大直径软岩隧洞的设计施工方法，并且取得了多项创新性研究成果，主要包括如下内容：

（1）通过系统的物理、力学及水理特性的试验研究，揭示了高应力条件下绿泥石片岩低强度、低变模、遇水软化、流变等特性以及变形破坏的控制因素，明确了高应力环境与低岩石强度的复杂变形机理，提出了深埋大直径软岩隧洞的支护原则和支护对策，为工程设计与施工奠定了基础。

（2）利用深埋软岩隧洞反分析方法，结合围岩变形、衬砌厚度、预留变形量的综合分析，实现了软岩变形的定量预测，完善了软岩隧洞预留变形量的计算方法；通过分析不同部位的围岩变形特征和规律，建立了深埋软岩大变形隧洞的变形控制标准，提出了隧洞二次扩挖、落底开挖及加固方案，制定了特殊的施工技术流程，为支护设计提供了依据。

（3）提出了适用于深埋软岩隧洞的监测手段和方法，完善了地质信息快速搜集系统，揭示了支护时机背后的力学机理及深层次工程含义，创新了深埋软岩隧洞支护设计工作流程，实现了深埋软岩隧洞的动态反馈分析，为支护设计提供了依据。

（4）提出了在高应力、内水外渗等耦合作用下衬砌及围岩长期安全性分析方法，创新了隧洞多层次、综合性的防渗承载结构和设计方法，有效降低了内水外渗对隧洞承载结构的影响，建立了隧洞长期运行安全评价方法。

该项目已经在锦屏二级水电站深埋引水隧洞的建设中得到了全面应用，保证了引水隧洞的顺利贯通，确保了锦屏二级水电站的按时发电，间接经济效益达数十亿元。

该项目已获发明专利6项，实用新型专利8项，发表高水平学术十余篇，有力地促进了深埋软岩水工隧洞工程建设的科技进步，为深埋软岩隧洞的稳定控制提供了示范和样本，具有广阔的应用前景。

（中国水电顾问集团华东勘测设计研究院有限公司 刘 宁）

水电工程可行性研究节能降耗分析应用

节约能源是国家发展经济的一项长远战略方针，也是我国的一项长期基本国策。近年来，水电在建工程数量及规模不断扩大，施工期及运行期的能耗亦在持续增加，行业节能降耗工作提到重要议程。2011年10月，中国水电工程顾问集团公司委托中国水电顾问集团华东勘测设计研究院进行“水电工程可行性研究节能降耗分析应用”的专题研究。课题组经过2年多努力，于2013年12月完成了该项目的研究工作。

（一）项目研究的主要内容

1. 节能降耗的政策、法律法规和规程规范研究　主要收集研究：①国家层面的相关法律法规和规程规范；②国务院相关部委的法规和规程规范；③与水电行业有关的规范性文件等。

2. 水电工程建设节能降耗分析　着重研究施工生产过程、施工辅助生产系统及施工营地等项目的主要用能设备、能耗种类、能耗分布点、负荷水平，并制定统一的能耗计算方法，计算单位工程量（产品）

能耗、能耗总量及分年度能耗量。

3. 水电工程运行节能降耗分析　着重研究生产辅助系统、生产性建筑物及办公、生活设施等项目的主要用能设备、能耗种类、能耗分布点，并制定统一的能耗计算方法，计算单位产品能耗、年度能耗量及电站运行期（一般为40～50年）内的能耗总量。

4. 水电工程节能技术及措施的切入点研究　主要从以下几个方面展开：①工程规划与总布置的节能设计；②建筑物节能设计；③机电及金属结构节能设计；④施工节能设计；⑤工程管理节能设计。阐述这5个方面工程节能措施、非工程节能措施、建筑物节能、管理节能、设备节能及施工节能等实际运用实例。

5. 水电工程节能效益分析　探讨节能效益分析的方法，提出有实际运用价值的施工期、运行期能耗指标的计算方法并提出相应的节能评估标准。宏观评价工程项目是否符合国家、地方关于节能减排的法律、法规的要求，对工程的总体布置、施工组织、机电设备选型及运行中采用的节能技术及措施等进行综合评价，是否满足节能降耗的结论，为节能效益分析提供数据支持。

（二）项目研究取得的主要成果

（1）编制完成《水电工程可行性研究节能降耗分析应用研究报告》。该报告提出了水电工程节能降耗分析研究需要收集的基础资料及分析依据、水电工程建设耗能项目及能耗计算方法、水电工程运行耗能项目及能耗计算方法、水电工程综合能耗指标和总体节能降耗效益的计算方法及节能效果综合评价方法，总结了水电工程节能设计的措施、编制水电工程节能评估文件的要点，收集了水电工程若干节能技术，列举了水电工程节能降耗分析及节能评估工程案例和水电工程节能评估报告编制工程案例。

（2）编制完成《节能降耗政策和法律法规资料选编》。

（3）编制完成《水电工程可行性研究节能降耗篇章编制指南》。

（三）项目研究成果的创新性

（1）在系统收集与分析我国现行节能降耗政策、法律法规及技术标准的基础上，进一步明确和细化了水电工程节能降耗分析依据及工作要求。

（2）国内首次系统地进行了水电工程节能降耗分析方法研究，提出了一套切实可行的水电工程建设与运行能耗计算及取值的方法，促进了水电工程节能降耗分析的技术进步。

（3）根据水电工程综合节能效益评价要求，通过对不同类型水电工程节能降耗案例分析，为水电工程节能降耗分析提供了具有实际应用价值的方法。

（4）国内首次编制了《水电工程节能降耗分析导则》（报批稿）和《水电工程节能降耗分析篇章编制指南》，促进了水电工程节能降耗设计的标准化、规范化。

（5）系统分析归纳了十余项水电工程实用节能技术，取得了3项实用新型专利，促进了行业节能降耗技术发展。

该项目研究成果已应用于杨房沟、苗尾、白鹤滩、绩溪等水电工程，取得了良好的效果，并成功地将科技成果转化成技术标准，具有推广应用价值。

（中国水电顾问集团华东勘测设计研究院有限公司　金珍宏　吴　迪　任金明）

大型水轮发电机电磁结构及性能实验模拟技术研究

建在哈尔滨大电机研究所的水力发电设备国家重点实验室，于2011年承担了科技部“973”课题“大型水轮发电机电磁结构及性能实验模拟技术研究”。该课题隶属“973”项目“先进发电机技术与高效电网中若干基础问题”。

到2013年底，课题组已全面完成了任务书中规定的各项研究任务，实现了预期目标：研制了模拟实验电机并进行了电气系统的优化设计，开发了测控系统，建立了水轮发电机实验模拟系统，开发了旋转部件物理量的实时监测技术，并进行了各种实验；在此基础上，开发了大型发电机的机一网一场一路耦合的数值仿真方法和模型，以及考虑端部磁场非线性影响的阻尼绕组电流计算方法。建立的大型水轮发电机电磁性能综合实验模拟系统，主要由模拟实验电机、电气系统和测控系统组成。在分析大型水轮发电机的主要电磁参数、结构特点及电机内部电磁性能和外部电气特性实验的基础上，创新性地研制出结构特殊、能满足电磁参数要求、能安装测量元件和发射系统、具有抗冲击能力的模拟实验电机。对模拟实验系统进行了仿真研究，提出了设备和阻抗的合理匹配参数。测控系统除了可实现数据采集处理外，还为各种实验发出控制指令，实现多种非常规实验以及反馈控制，并具有自诊断功能。测控系统的开发研究中成功应用了无线局域网通信技术，创新性地提出了在强磁场环境中旋转部件物理量的实时监测方法。

课题提出了水轮发电机阻尼绕组电流的实时监测方法，有效地解决了旋转部件物理量在强磁场干扰环境中测量、传输等技术难题，填补了该领域内缺少综合实验研究平台的空白。课题所建立的模拟实验系统主要用于大型水轮发电机新理论、新技术及新产品的科学研究。一方面，实验系统可用来对新设计和新算法进行实验验证，另一方面借助于模拟实验电机的实验还可以用于进行新产品新结构的实验分析和论证，以获得最优的产品设计方案。基于该系统构成上的完备设计、技术上的先进性以及其所具有的开放性和可扩展性，可以作为水轮发电机研究探索工作中很多新技术的实验平台。

"973"课题"大型水轮发电机电磁结构及性能实验模拟技术研究"实现了对水轮发电机各种复杂工况的内部电磁性能和外部电气特性的实验模拟，在大型水轮发电机理论研究与实验验证方面做出了重要贡献，有力地推动了电机设计理论的发展和电机学科的技术进步，对促进先进发电技术发展具有重要意义。

（哈尔滨大电机研究所　王　波　范吉松）

哈尔滨大电机研究所 2013年科研工作情况

2013年，哈尔滨大电机研究所（以下简称研究所）通过加强学术交流与合作，推进产学研相结合，针对学科发展前沿和国民经济、社会发展的重要科技领域和方向，开展创新性研究，一年来取得了较大的成绩。

（一）科研基础设施建设情况

2013年，研究所综合水力试验Ⅴ台、综合水力试验Ⅵ台、冲击式水力试验台、PIV（粒子测速）水力试验台和大型贯流机组径向轴承试验台，完成调试工作，投入运行。目前，研究所已装备了8座具有世界先进水平的水力试验台，以及世界上最大在运的3000t推力轴承试验台、通风冷却试验台和蒸发冷却试验台等，使技术研发能力得到不断的提升。其中：水力试验Ⅴ台可进行贯流式、轴流式、混流式模型水轮机型式试验；水力试验Ⅵ台可进行立式水泵、卧式水泵、水泵水轮机、混流式水轮机模型型式试验；冲击式试验台可进行冲击式水轮机模型型式试验；PIV等离子测速试验台能够开展如混流式、轴流式、可逆式等模型水轮机内部流场精细化测量工作，对研究目前重点关注的水力机械内空化和水力脉动特性具有重要作用。

2013年11月，大型水润滑推力轴承试验台在研究所电机室试验大厅安装完成，标志着研究所大型水润滑轴承试验平台跃上一个新水平，为日后进行的水润滑推力轴承试验奠定了坚实的基础。

（二）科研任务与科研成果情况

2013年5月24日，研究所首次承担的"973"课题"水力发电前沿技术研究"，以92分的优秀成绩顺利通过国家科技部组织的验收，并被评为优秀课题。该课题实施过程中，共发表学术论文20余篇，获得专利13项，专著1部。研究成果应用于葛洲坝机组改造、桐子林等水电站，使得水轮机的最优效率超过93%，提高了初生空化判定精度，保证了水轮机无空化运行；应用于响水涧和溧阳抽水蓄能机组的工程中，提高了机组的可靠性；应用于向家坝、溪洛渡机组，减薄了定子线棒的主绝缘厚度，避免了过流过程部件的卡门涡振动，提高了转轮的抗疲劳性能。部分创新性研究成果已达到国际领先水平。

2011年承担的"973"课题"大型水轮发电机电磁结构及性能实验模拟技术研究"全面完成了任务书中规定的各项研究任务，实现了预期目标：研制了模拟实验电机、进行了电气系统的优化设计，开发了测控系统，建立了水轮发电机实验模拟系统，开发了旋转部件物理量的实时监测技术，并进行了各种实验；在此基础上，开发了大型发电机的机—网—场—路耦合的数值仿真方法和模型，以及考虑端部磁场非线性影响的阻尼绕组电流计算方法。

科技支撑计划课题"发电装备制造服务与产业链协作云服务关键技术研发与示范"基于物联网和云计算等先进信息化技术，搭建发电设备的服务支持系统，目前已取得阶段性研究成果。与北京华科同安监控技术有限公司共同完成了网络环境搭建、实时数据接口程序调试（北京端），协调中国水利水电科学研究院关系数据库接口调试（北京端）。采用互联网和虚拟网络技术，运用VPN设备将电站机组运行的实时信号引入远程诊断大厅，同时将机组运行的有关数据存放在相关的实时数据库和历史数据库中，以备待开发专家诊断系统的实时调用；已引进2个水电站的信号和火电站的信号，实现实时监控机组运行情况。

针对高比速泵水力性能的技术特点开展了专项研究，研究所进行了多工况点、全流道的三维流场数值模拟。为评估所设计水泵的水力性能指标，开展了模型泵的测试技术及试验研究，通过理论分析、数值模拟及模型试验的对比，定量分析了水泵内部流动状态和流场信息，并进行了CFD结果、试验结果及AP1000主泵设计水平的对比。研究所开发的CAP1400主泵性能优异，模型最高效率86.6%，模型额定运行工况点效率82.6%，且具有较好的空化性能，压力脉动幅值与轴向水推力均在合理的范围内。

2013年，研究所完成了大型贯流水轮发电机可倾瓦径向轴承计算程序的研究，开发了两种结构的可倾瓦径向轴承，并进行了全尺寸全工况的性能试验研究。试验结果与计算结果吻合，所开发的轴承能适应大型贯流水轮发电机运行的要求。

为了提升我国海洋能发电机组的技术水平，研究所对水轮机用常规金属材料及推出的新型双相不锈钢材料在海洋环境下的腐蚀行为和电化学参数进行了研究总结，同时展开了树脂基复合材料在海洋能发电机组上应用的可行性研究，以及新型环氧基重防腐涂层等材料的力学、海水不同区域的加速腐蚀行为、冲刷腐蚀行为和与阴极保护配合使用的适用性等研究工作，并在小型潮流能发电机组上进行了应用和海试。在此基础上，进行了牺牲阳极阴极保护和强制电流阴极保护技术在潮流、潮汐发电机组上的适用性研究，对海洋能发电机组阴极保护防腐蚀的参数化计算进行了设计，同时借助有限元分析的技术对主要构件保护电流密度和保护电位等相关参数进行优化计算。研究所将海洋能发电机组的腐蚀防护技术作为一项系统工程，多管齐下，以降低海水腐蚀危害，保证机组在全生命周期内可靠运行。这些研究所取得的成果，已经或正在应用到国内外的潮流、潮汐发电机组的设计制造中，并将为我国今后海洋能发电设备的设计、制造、运行维护等提供重要的技术支持，有效提升我国海洋能发电设备的设计制造水平。

（三）学术交流与公众开放情况

2013 年，与哈尔滨工业大学合作，本着弘扬传统、与时俱进，科研支撑、校企联合，强化实践，突出特色，面向世界、培育英才的特色，共同建设“国家级工程实践教育中心”。“教育中心”向所有“卓越计划”高校开放，根据实际接待能力，接受学生来企业学习。

2013 年 5 月，研究所副所长覃大清带队参加了国际电工委员会/海洋能—波浪能、潮流能和其他水流能转换设备技术委员会（IEC/TC114）2013 年日本东京年会，讨论、审查了海洋能转换设备国际标准，推动了我国海洋能转换设备国家标准的制定和产业化进程。

2013 年 9 月，研究所程广福参加了在成都召开的、共有来自 78 个国家和地区约 1400 名代表参加的第 35 届国际水利学大会，并在会上发表了《The Welding Residual Stress Test Techniques for the Easily Crack Region of Francis Runners》学术论文，针对研究所特有的混流式转轮的残余应力技术向与会代表进行了介绍。

2013 年 10 月，作为秘书处单位在大连市承办了全国大型发电机标准化技术委员会 2013 年年会，来自全国大电机制造、运行、及有关大学和研究机构的代表 70 余人参会。研究所专家钟苏在会上做了题为“大型水轮发电机定子低频振动的调研分析”报告。与会专家就国内大型水轮发电机低频振动问题的调研统计数据及国内外水轮发电机低频振动标准限值的分析展开了热烈的讨论。由研究所牵头制定的国家标准 GB/T 7894—2009《水轮发电机基本技术条件》修改单，针对业内关注的大型空冷水轮发电机低频振动普遍超标的情况作了大量深入细致的工作。

2013 年 11 月，作为主办单位与中国水力发电工程学会水力机械专业委员会、中国电机工程学会水电设备专业委员会、水力机械专委会水力机械信息网和全国水利水电机电技术信息网联合主办了第 19 次中国水电设备学术讨论会，126 位代表出席了会议。哈尔滨电机厂有限责任公司董事长兼总经理邱希亮担任本次会议组织委员会主席，并在会上致开幕词。会议出版的论文集共收录论文 131 篇，共评选出 15 篇优秀论文。研究所常务副所长李正、副所长覃大清还分别就“水轮发电机组技术创新探讨”、“我国近年参加国际电工委员会/水轮机技术委员会（IEC/TC4）的情况介绍”进行了大会学术交流。

另外，于 2013 年 1 月由中国电力出版社出版发行的《中国水力发电科学技术发展报告》，其第 8 章高性能大容量水电机组技术、第 10 章数字化、智能化水电与研发的部分内容，由本研究所常务副所长李正、副所长孙玉田以及部分科研人员编写。

（哈尔滨大电机研究所　王　波　范吉松）

南京水利科学研究院 2013 年科研工作情况

2013 年南京水利科学研究院承担各类科研项目 1282 项，其中新签科研项目 701 项，科研和科技开发总合同额 12.64 亿元。获国家科技进步一等奖 1 项，二等奖 2 项；省部级科技进步特等奖 3 项，一等奖 6 项。提交科研报告 1300 余篇，新增发明专利 29 项，出版专著 14 部，发表论文 500 余篇。

2013 年承担国家与各部委纵向项目 223 项，年度科研经费 9054 万元。全年新承担了国家级纵向项目 78 项，与流域机构和相关省市共同承担多项水利公益性行业专项项目。新承担了“最严格水资源制度模拟与用水结构调控技术研究”、“西部中小河流及其岸坡生态防治成套技术研究”、“水工混凝土耐久性标准体系及智能应用研究”等水利公益性行业专项项目 13 项，“城市总体规划水资源论证编写技术要求”、“取水许可与水资源有偿使用制度调查与评估完善”等中央分成水资源费项目 11 项，以及“生活、生态用水量指标测算分析”等水资源管理、节约保护业务项目 4 项。新承担了“山区通航枢纽大型船闸新型闸门动力特性研究”、“西江黄金水道大藤峡高水头巨型单级船闸水力学关键技术研究”等交通重大专项项目

7项。2013年，国家自然科学基金的项目申报数和获资助项目数双双创新高。全院共申报国家自然科学基金105项，25项获得资助，比去年增加9项，总资助经费同比增长171.71%。其中，获国家杰出青年基金项目和国家自然科学基金重点项目各1项。

在研的重大科研项目取得创新成果。承担的“973”项目、“863”项目、“十二五”科技支撑项目和国家自然科学基金项目等国家科研项目进展顺利，取得一批突破性创新成果。“973”项目“气候变化对黄淮海地区水循环的影响机理和水资源安全评估”研究成果丰硕，发表了一批高水平的论文。“973”课题“三峡工程对长江江湖分汇河段与湖泊水沙交换的影响”，提出三峡运行后泥沙模拟关键问题的处理方法。“863”课题“150m级超大升程新型单级垂直升船机重大关键技术研究”的阶段性研究成果获得专家组肯定。“863”课题“20万吨级深水板桩码头关键技术研究”和“863”专题“开敞海域淤泥质浅滩深水航道建设关键技术研究”均顺利通过中期检查，开展了推广应用示范研究。交通运输部黄金水道重大专项“河流水沙动力观测和模拟关键技术研究”和“长江福姜沙、通州沙和白茆沙深水航道系统治理关键技术研究”取得一批重要成果。在研的国家自然科学基金项目均按计划执行。承担的“我国设计洪水频率分析计算技术研究”等多项水利部公益性行业专项项目，“枢纽泄流过程与下游滩槽演变互动关系研究”、“大型梯级水电枢纽水沙调节对下游航道影响及整治技术研究”等交通运输部应用基础研究项目和西部交通建设科研项目通过验收。

新承担了《升船机调试技术规范》、《港工建筑物试验检测计量标准》、《箱式水电站技术规范》等国家和行业规范的编制任务。承担着《历史大洪水数据库表结构及标识符》、《水情测报系统技术规范》、《小型水电站运行维护技术规范》等49项国家和行业标准编制和修订工作。

2013年该院共承担了各类横向项目899项，专业涵盖了水利、交通、能源等多领域，为南水北调、长江黄金水道建设、长江三峡通航、西南水电综合开发等重大工程解决了关键技术难题。继续开展白鹤滩和向家坝水电站的相关水力学研究、澜沧江景洪水力浮动式新型升船机关键技术研究；拓展城市水力学方向，承担了苏州古城区河道“自流活水”实施方案研究项目；完成了一批海峡西岸等地的沿海开发工程、北部湾开发建设、江苏沿海港口建设与滩涂围垦等关键技术研究项目；承担了“厦门翔安南部盐田废改造地现场监测与检测”等一批重要工程的现场科研和检测项目；承担大量水利水运水电行业的水工材料耐久性试验、码头安全检测与修补、港工和水工建筑物防腐蚀技术推广、水闸大坝隧洞等工程质量检测与安全评估项目。

积极承接对外合作科研项目。2013年，继续开展国际合作项目“大坝原体溃决试验测试技术及数据挖掘技术研究”工作；承担了包括孟加拉、菲律宾、赞比亚等国外火/核电厂涉水工程及环境水力学研究项目；与荷兰三角洲研究院共同承担的国际合作项目“泥沙及泥沙从河流上游至河口输移规律（RESEDUE)”，以三峡工程为例开展了研究；“苏丹上阿特巴拉水利枢纽工程安全监测”、“委内瑞拉Puerto Cabello潮流数学模型及泥沙回淤分析”、“刚果（布）黑角港项目建设自然条件与工程布置研究”等国际合作项目研究进展顺利。与越南、秘鲁、巴基斯坦、委内瑞拉等国开展了农村小水电方向的科研和技术合作。

8个学术期刊圆满完成出版任务。《水科学进展》核心版影响因子上升到1.504，在水利类学术期刊中排名第一；《China Ocean Engineering（中国海洋工程英文版)》，今年组织成立了由国内外海洋界知名专家45人组成的第四届编委会。《岩土工程学报》顺利举办了2013年黄文熙讲座活动，荣获“中国百种杰出学术期刊”称号。《水利水运工程学报》获得第五届江苏科技期刊“青年编辑奖”。

2013年，该院积极培育和拓展新的学科方向。一是整合分散在各研究所的农村水利领域的科研资源，成立了农村水利科学研究推广中心，开展农村中小河流治理、灌区节水与信息化、农村水环境、小型水利工程等方向的科研与科技推广工作。二是成立了生态环境研究中心，引进中科院“百人计划”专家为生态环境学科带头人并担任中心主任，较快地建立起一支以国内外知名高校博士和博士后为骨干的生态环境领域的科研人才队伍，积极投入到“五位一体”的文明社会建设。三是整合全院在海洋资源开发利用和海洋工作方向的科研资源，依托河流海岸研究所，成立了海洋资源开发利用研究中心，充分运用该院在海洋资源开发领域的科技积累，开展海域使用论证、海岛资源开发、海洋能开发应用等方向的科研工作。

2013年，该院在相关的科研资质上取得新进展。“水利工程、港口河海工程、岩土工程、水电工程”四个专业的规划咨询、编制项目建议书、编制项目可行性研究报告、评估咨询等业务范围被国家发改委认定为工程咨询甲级资质，业务范围得到扩展，资质等级实现了提升。该院被遴选为江苏省发改委委托投资咨询评估试点机构，具有承担水利工程咨询评估工作资质。被国家海洋局确定为海岛保护利用规划编制、海岛使用评估和无居民海岛使用论证推荐单位。

积极服务民生水利工作，应对突发事件。“4.20”

四川芦山强烈地震发生后，大坝中心立即通过“全国水库大坝基础数据库”整理出雅安市及周边地区的水库大坝基本信息，为水利部抗震救灾前方工作组提供了第一手资料。在河南省桐柏县水帘水库、甘肃省永登县翻山岭水库和酒泉市瓜州县双塔水库、新疆吉勒布拉克水电站等水库发生溃坝、出现异常渗漏和裂缝等险情时，均第一时间派出专家赶赴现场进行险情排查，提出应对方案，提供及时的科技支持。受水利部委托，大坝中心在全国范围内开展典型溃坝案例现场调查工作．派出4个调研组，到全国50多座典型溃坝案例现场开展调查收集资料，从政策、制度、管理和技术层面提出了溃坝防范对策。继续做好病险水库、水闸的安全鉴定成果核查工作，抽调精干力量完成了大批的水闸安全鉴定和检测；起草了《关于切实加强小型病险水库除险加固工程初期蓄水安全管理的指导性意见》等行业指导性文件；组织编制了《小型水库土石坝主要安全隐患处置技术导则》；承担了水利部委托的《水库大坝安全管理条例》的修订工作；举办了面向全国的“水库安全监控与管理信息化”和“水库大坝突发事件应急预案编制”等公益性培训班。

水利部应对气候变化研究中心积极配合上级部门，积极参加国内外应对气候变化的相关活动，作为主笔专家参与完成了气候变化国家评估报告等重要文献的编写，组织《中国极端气候事件和灾害风险管理与适应国家评估报告》的编写。承担的中荷国际合作项目“气候变化对黄土高原典型支流水资源的影响及适应对策”顺利通过了科技部组织的项目验收。应对气候变化中心已逐渐成为水利部应对气候变化方面的主要研究团队，中心在国内外的影响进一步提升。

作为全国河湖基本情况普查的技术支撑单位，该院全面完成了全国水利普查的相关任务，建立了完整的全国河湖基本信息库。该院承担的“全国河口海岸滩涂开发管理规划”编制工作已初步完成，第一次摸清了全国河口海岸滩涂的资源量，立足滩涂功能进行了水利区划，为水利部指导河口海岸滩涂治理和开发、规范相关管理提供了重要依据。

2013年，该院举办水电发展科技座谈会，与中国电力建设集团有限公司及其所属的中国水电顾问集团北京、华东、中南、成都、昆明、贵阳等勘测设计研究院共同研讨水电科技的发展与合作。主持召开第七届国际水文科学协会中国国家委员会（CNC－IAHS）会议；举办了中国水力发电工程学会高坝通航工程专业委员会年会；主办召开了中国土木工程学会工程排水与加固专业委员会会议；成功举办了“中瑞大坝安全监控技术研讨会”，并组织赴瑞士的实地调研培训。农村电气化研究所承办了商务部援外培训项目“2013年非洲英语国家小水电技术培训班”和“2013发展中国家农村电气化研修班”。

（南京水利科学研究院　李　震）

南京水利科学研究院一些科研项目2013年进展情况

（一）“十二五”国家科技支撑计划项目

（1）“沿海地区适应气候变化技术开发与应用”项目完成了年度研究目标和研究内容，分析了历史海平面和台风演变规律，建立了的西北太平洋天文潮潮波数学模型和长江下游感潮河段潮流数学模型，初步分析了长江下游沿海地区海平面上升和风暴潮变化对沿海地区防洪的影响。

（2）“长江口北支水沙盐输运模拟技术研究”成功立项。

（3）“三峡水库下游滩群演变及对航道影响研究”，围绕三峡水库运行后下游航道面临的核心问题，以长江中游典型浅滩河段为主要对象，研究三峡水库下游河道冲刷机理与演变规律，揭示三峡水库下游长河段滩群演变及对航道的影响，重点突破长河段滩群演变模拟难题和整治技术，研制生态友好型新型航道整治建筑物结构，为长江中游航道整治提供技术支撑。

（4）“气候变化对水资源的影响评估技术研究”已初步构建了研究的基础数据集，检验了4个水文模型在我国典型流域的适用性，初步构建气候变化对水资源影响评价模型，构建模型参数与气候、下垫面要素之间的定量关系。

（5）“松滋口建闸对江湖关系的影响研究”已完成七里山水域水沙资料收集工作，并对三峡水库运用前后七里山水域水沙变化进行了分析；建立了七里山水域二维水沙数值模拟模型，并开展了模型率定验证工作；对下荆江、交汇河段、城螺河段河势变化进行统计整理，分析了下荆江主流摆动变化，交汇河段汇流角变化以及城螺河段冲淤变化等河势变化情况，并总结归纳了三峡蓄水后河势发生的新变化。

（6）“雅砻江水文水力学模型研究”完成了资料收集和整理，完成了官地至二滩坝上径流演算水文模型框架的建立，初步完成了二滩坝下至河口段水力学模型程序的设计。

（二）国家基础研究计划（“973”）课题

（1）“三峡工程对长江江湖分汇河段与湖泊水沙交换的影响”于2013年9月顺利通过“973”课题中期评估。课题在收集相关成果和历史资料的基础上开展了不同水期的原型观测、植被水动力学试验研究，建立了非恒定流泥沙数值模型和江湖耦合水动力数学模型，设计并制作完成了长江与洞庭湖汇流河段物理模型。初步计算分析了三峡工程干流泥沙输移和通江湖泊水情的影响。在长江中游江湖耦合水动力模型研究和汇流河段物理模型试验设计制作及河床演变分析等方面取得进展。

（2）“长江中游江湖水系泥沙输移过程及其对地貌演变的响应”系统收集了长江、鄱阳湖尾闾的河道资料及水文泥沙资料，并进行了初步整理与分析，进行了长江与鄱阳湖耦合的长江中游江湖耦合数学模型的设计及建模资料收集，初步揭示了鄱阳湖赣江尾闾水文泥沙时空分布规律。

（三）水利公益性研究项目

（1）中央分成水资源费项目“长江中游地区水量调度方案、应急调度预案编制”，按实施方案进度执行，已完成资料的收集整理，完成了洞庭湖区实时水位预警预报模型的开发。

（2）水利部公益性行业专项“河口工程对长江口滩槽中长期演变影响及对策”，以长江口为研究对象，通过调查、分析计算和试验，研究长江口滩槽自然演变规律，揭示滩槽演变的动力控制因素；建立长江口的中长期河床演变模型，预测河口工程对滩槽变化的影响；确定河口优良河势判断指标；提出稳定长江口河势的控制工程。

（四）交通运输部黄金水道重大科技专项

（1）“长江福姜沙、通州沙和白茆沙深水航道系统治理关键技术研究”，2013 年对重大专项涉及的各专题研究内容进行了细致梳理分工，主要开展了三沙河段水沙运移规律、整治参数、弯道凸岸边滩开挖利用、新型消能护滩透水框架、GIS 支持下研究平台建设、三沙河段系统治理研究等工作。

（2）“长江中游荆江河段航道系统治理关键技术研究”中的“太平口水道导流护滩带防冲及导流效果研究”、“航道整治建筑物新型结构及施工工艺研究”两项目已完成全部试验并通过了评审验收。

（五）交通运输部西部交通建设科技项目

（1）“清水冲刷条件下长江航道整治建筑物适应性及水毁研究”，针对长江中游航道长期清水冲刷带来的整治建筑物水毁问题，通过现场调查、理论分析、水槽试验和数学模型计算等方法，进行了已建典型整治建筑物适应性评价、水毁机理及应对长期清水冲刷的结构改进措施等方面进行了研究。

（2）“大型梯级水电枢纽水沙调节对下游航道影响及整治技术研究”，研究了金沙江下游乌东德、白鹤滩、溪洛渡和向家坝梯级水电枢纽水沙调节后，下游水沙边界条件的变化；研制了水槽非恒定流及推移质输沙的控制与采集系统；建立了非恒定流作用下的砂卵石输沙率公式；分析了向家坝下游水富至泸州段非恒定流作用下浅滩演变规律，提出了该河段砂卵石浅滩的整治原则与措施。项目 2013 年 9 月顺利通过鉴定验收，研究成果总体达到了国际先进水平。

（3）“三峡船闸不同槛上水深船舶最大吃水控制标准研究”，通过 1：36.3 三峡船闸的物理模型和相同比尺 5000t 级典型船舶的船模型，采用系列物理模型试验，对三峡船闸典型大型化船型在不同水深和不同航速情况下的进、出闸船舶航行下沉量及系缆力进行了研究；利用三峡船闸原型进行实船试验，通过三峡船闸过闸船舶历史数据库分析，确定历史过闸典型船型，组织实船对进、出闸船舶航行下沉量和系缆力进行了测量。在船闸输水阀门非恒定流空化机理及典型阀门临界空化数方面取得大量原创性成果。

（南京水利科学研究院　李　震）

黄河水利科学研究院 2013 年科研工作情况

2013 年，黄河水利科学研究院（以下简称黄科院）按照黄河水利委员会（以下简称黄委）党组治河为民、人水和谐的理念，认真筹划，精心部署，开拓进取，狠抓落实，在全院职工的共同努力下，圆满完成了治黄科研各项目标任务。

（一）站位全局，科研导向，治河为民

启动了“十二五”国家支撑计划项目“砒砂岩区抗蚀促生技术集成与示范”，申报了国家软科学项目“下游滩区治理模式及民生发展政策研究”，牵头完成“下游河道改造及滩区治理研究”立项并启动项目研究工作，完成了“黄淮海水系连通调查研究”，推进基于流域与区域协同发展的下游滩区减灾模式和土地利用风险评价与管理策略研究，《全国灌溉试验站网建设规划项目任务书》、《黄河泥沙资源利用管理规划任务书》通过了由水利部水利水电规划设计总院组织的审查。

（二）真抓实干，科研立项及成果丰硕

重要科研项目获资助。2013 年度，黄科院获批自然科学基金各类项目总计 16 项，其中重点项目 1 项，面上项目 4 项，青年科学基金项目 11 项。“利用小浪底库区泥沙填充采煤技术工艺研究”获科技部资助。“黄河下游沿程引水引沙河道冲淤影响规律研究”入选 2013 年度留学人员科技资助优秀类项目。19 个项目获院所长基金资助。

（1）重大课题研究进展顺利。“十二五”国家科技支撑计划课题“黄河内蒙古段孔兑高浓度挟沙洪水调控措施研究”按计划进行。“863”计划课题“抗旱技术材料与制剂”、“植被恢复微孔复合材料”获得新进展。“973”计划课题“沙漠宽谷河道水沙关系变化及驱动机理和研究”明确了流域治理关键和重点；“植被对产流机制胁迫作用研究”完成年度计划，并通过中期检查。“深水库区底泥水下综合探测关键技术与示范”等3个水利部公益性行业专项项目已完成年度计划。开展了黄委规划项目“黄河下游对口丁坝整治河段选择试点建议”研究，提交了研究报告。国家自然科学基金重点项目“面向大型工程安全预测与评估的信息融合方法”通过验收。

（2）科技支撑作用凸显。开展了黄委重大生产项目“2013年利用并优化桃汛洪水冲刷降低潼关高程试验”工作，完成了试验指标的优化研究、试验预案的编制、试验实施和跟踪试验决策的全过程。全程参与了2013年汛前调水调沙生产运行，提交了汛前调水调沙调控指标及关键参数，进行了不同方案的对比计算。

（3）质检工作显亮点。完成“南水北调中线干线工程项目法人质量检测”等3项国家大型工程建设质量检测项目。完成国家大型工程建设质量抽检项目“2012年度南水北调中线双洎河～漳河段直管和代建等工程项目质量监督检测”。承担完成《伊敏河呼伦贝尔新区防洪工程质量检测》工作，为中共呼伦贝尔市纪委办案提供了技术支撑。

（4）成果质量与学术影响取得新进步。荣获国家科技进步二等奖1项，大禹奖3项，河南省科技进步奖1项，黄委科技进步奖4项；新取得专利9项；发表论文189篇，以第1作者发表的论文被SCI收录7篇、EI检索39篇；出版专著4部。黄科院主编的水利行业标准《堤防工程养护修理规程》（SL 595—2013）、《水利水电工程管理技术术语》（SL 570—2013）已发布，填补了我国在水利工程管理工作技术标准方面的空白；黄科院主编的《堤防工程安全评价导则》已通过审定，即将颁布。

（三）夯实基础，着力建设科研平台

科研平台进一步扩大。依托天水、西峰、绥德水土保持试验站及准格尔旗砒砂岩区生态治理研究中心成立了四个“水利部黄土高原水土流失过程与控制重点实验室科学实验基地”。成立了“黄河流域农村水利工程技术研究中心”及“黄河水利委员会数字流域模拟工程技术研究中心”，进一步推进农村水利及治黄信息化建设。与郑州大学联合申报的“水利与交通基础设施安全防护河南省协同创新中心”正式挂牌运行。组建了“黄河泥沙处理与资源利用工程技术研究中心”管委会、专家委员会，建立了焦作黄河泥沙资源利用等示范基地，积极巩固推进黄河泥沙处理与利用“管研产”链建设，加快黄河泥沙资源利用探索步伐。

完成黄河超级计算中心扩容。新建成的机群峰值计算速度提升8倍，达到2.5万亿次，位居水利行业首位，基本满足2020年前黄河流域规划、防汛减灾、水量调度、水土保持、水资源保护等业务对高性能计算的资源要求。

完善信息网络建设。积极开发利用档案资料信息，做好涉密测绘成果使用管理，制定2013年度防汛计算机网络应急预案，开展英文网站平台建设，提高现有数字信息资源开发利用程度。

全面完成水利普查工作。黄科院承担的第一次全国水利普查“黄河流域片河湖开发治理保护情况普查”等6个专项任务顺利通过黄委审查验收，并配合黄委水利普查办通过水利部对黄委第一次全国水利普查工作的验收，黄科院圆满完成了第一次全国水利普查任务。

（四）优化结构，加大人才队伍培养

着力打造高科技领军人才。江恩慧副院长入选“百千万人才工程”国家级人选，并被授予“有突出贡献的中青年专家”荣誉称号，还荣获国务院政府特殊津贴。赵连军新入选水利部5151人才工程部级人选。3人入选黄委第五届“优秀青年科技工作者”。目前黄科院有30人入选水利部创新人才推进计划评议专家库。水土保持研究所“土壤侵蚀研究室”荣获黄委先进集体荣誉称号。

引进培养专业人才。2013年度黄科院共招收高校毕业生19名，其中现场招聘15名，包括1名博士后、3名博士、11名硕士，公开招考4名硕士，涉及水力学及河流动力学、水文水资源、水土保持、水利工程、农业水土工程、岩土工程、物理电子学等多个专业。2013年，黄科院通过学历认证11人，申请学习深造共9人。

（五）拓展市场，大力发展经济

拓宽国内涉水技术服务市场。在原有基础上，与陕西省河流工程技术研究中心、山西省万家寨公司、新疆伊犁哈萨克自治州水利局等有关方面签订了合作协议，共同开发区域市场。

科技推广项目取得成效。组织完成水利部科技推广计划、农业科技成果转化资金项目和“948”计划2014～2016年预算项目规划及建议项目信息编制上报工作。“948”项目《在线城市洪涝预测预警及解决方案》等4项通过了水利部推广中心组织的验收。与黄河万家寨水利枢纽有限公司签署了合作框架协议，在万家寨水库水轮机磨蚀、泥沙淤积和工程安全等方面开展科研合作。受江苏省水利厅的委托，承担了“张家港市防洪工程实时安全监测预警系统建设”项目，具体开展渗透试验、监测系统等科技开发工作。

组织资质申报。完成原有资质重新注册和延续，目前已申报获批工程咨询资质。积极组织环境影响评价工程师、勘察设计注册工程师、一级建造师、注册安全工程师等执业资格的考试，组织了水资源论证和水保方案编制从业人员培训。

经济实力保持稳定。全年新签合同260项，其中纵向合同175项，横向合同85项，合同额1.459 6亿元，到款1.157 8亿元，其中新增横向项目合同额9410万元，占合同总额64.5%；新增纵向合同额为5186万元，占合同总额35.5%。

（六）规范管理，强化效能

完善纵向项目管理，制定了黄科院重大项目申报与成果奖惩办法和项目评审专家行为规范；修订了开放课题基金管理办法，优化科研运行机制。建立了预算项目节点控制流程责任制度，确保了项目实施与预算执行及时、均衡、安全、有效。全面实行了公务卡，确保了资金安全。开展了债权债务清理，摸清了家底，防范了风险。全面清查黄科院大型仪器设备，及时收回了放置在外的大型设备，保证了国有资产的安全。

黄科院与中国科学报、黄河报（网）、黄河电视台等相关媒体建立了交流渠道，以此为依托，大力宣传基层一线科技精英创新成果和职工精神风貌，传播正能量。本年度在黄河报（网）及中国水利报（网）发表稿件40余篇，在中国科学报（网）发表稿件10余篇，涵盖了全院重要事件。继2002年起连续11年被评为“优秀通联站”后，2013年黄科院首次获得黄河报（网）“优秀记者站”称号。

（七）几个项目鉴定情况

1. 大型水库土质库岸滑坡机理及其防治研究项目通过河南省科技厅鉴定　2013年6月2日，受河南省科学技术厅委托，黄河水利委员会国际合作与科技局在郑州组织有关专家对黄科院等单位完成的科技部项目“大型水库土质库岸滑坡机理及其防治研究”进行了成果鉴定。

该项目历时8年完成，项目立足于大型水库土质库岸防治工程，建立了慢剪条件下土体剪应力强度增量计算公式；提出了含水率、干密度双因子应力强度指标计算公式及安全系数计算模型；建立了黄土一岩石混合库岸物理模型，模拟了黄土一岩石混合库岸破坏特征并揭示其演变规律；设计并开发了具有恶劣环境适应能力强、实时远程无线传输、事件追踪与预警预报功能的库岸远程自动化监测系统；建立了自适应模糊神经系统库岸预测模型，提出了典型监测效应量小概率法、尖点突变理论库岸安全评价模型等；研究成果已应用于大中型水库库岸防护设计、监测和管理中，取得了显著的经济、社会和生态效益。鉴定委员会听取了项目组的汇报，审阅了相关技术资料，经质询和讨论后认为，项目成果总体达到国际先进水平，其中“双因子（含水率、干密度）应力强度指标计算公式、黄土-岩石混合库岸物理模型”研究方面达到国际领先水平。

2. 黄河水沙数学模型评价关键技术与应用示范项目通过河南省科技厅鉴定　2013年6月9日，受河南省科学技术厅委托，黄河水利委员会国际合作与科技局在郑州组织有关专家对黄科院完成的“黄河水沙数学模型评价关键技术与应用示范”项目进行了成果鉴定。

该项目首次提出了黄河水沙数学模型评价的功能指标和性能指标体系，制定了《黄河数学模型评价办法》；基于多源数据融合方法，围绕评价标准，构建了完备的模型评价案例库；在广泛科学调研及系统分析基础上，提出了模型评价单项指标量化参数，创新建立了多层次多指标耦合评价方法，形成了面向多用户的模型评价技术标准；研发了复杂边界多沙河流多空间层次水沙演进模型的分布式架构评测平台，并已应用于黄委开展的数学模型评价工作，为科学评价水沙模型提供了公平、公正、公开的环境。相关成果对于推动水利行业模型研发及应用具有重要作用，社会和经济效益显著。鉴定委员会听取了项目组汇报，审阅了相关技术资料，经过认真质询和充分讨论，鉴定委员会认为，项目成果总体达到国际领先水平。

3. 黄河中下游中常洪水水沙风险调控关键技术研究项目通过河南省科技厅鉴定　2013年7月3日，受河南省科学技术厅委托，黄河水利委员会国际合作与科技局组织有关专家在郑州对黄河水利科学研究院完成的水利部公益性行业专项“黄河中下游中常洪水水沙风险调控关键技术研究”项目进行成果鉴定。

该项目首次构建了中常洪水水沙调控风险指标体系；创造性提出了多沙河流水库淤积与下游河道淤积风险转换的思想及定量计算方法，建立了泥沙淤积风险评价模型；改进了多沙河流非恒定流模块、溯源冲刷模块及坝前含沙分布模块，发展了水库水沙运行和调度计算模型；提出了典型中常洪水相对较优的风险调度模式及应遵循的原则，并已应用于小浪底水库2009年以来汛前调水调沙预案的制定，取得了显著的社会、经济和环境效益。鉴定委员会听取了项目组汇报，审阅了相关技术资料，经过认真质询和充分讨论，鉴定项目成果总体达到国际领先水平。

（黄河水利科学研究院）

中国水电顾问集团贵阳勘测设计研究院有限公司2013年科技工作情况

2013年，中国水电顾问集团贵阳勘测设计研究院有限公司（以下简称贵阳院）努力开展科技创新体系及平台建设，积极投入科学技术研究，加强研究成果推广应用，重视知识产权保护，荣获中国勘察设计行业创新型优秀企业称号，被贵州省科技厅、贵州省经信委、贵州省国资委和贵州省总工会4部门联合授予2013年度“省级创新型企业”，被贵州省知识产权局认定为第二批贵州省知识产权优势企业。

贵阳院2013年科技工作的主工情况如下：

1. 科技创新平台建设　依托贵州省可再生能源研究院士工作站、国家水能风能研究中心贵阳分中心以及省级和院级6个工程中心，开展制度建设、技术开发、人才培养及技术交流等工作。贵阳院对工程中心工作进行检查，并进行了检查结果通报。贵州省科技厅对贵州省碾压混凝土坝工程技术研究中心建设进行了期中检查，评价良好，已支付40万元尾款。与河海大学签订建立碾压混凝土坝联合研究基地协议书。

2. 重点科技项目立项及研发

（1）签订国家“十二五”科技支撑计划“重大水电开发工程关键技术与生态环境保护研究与集成示范”合同，贵阳院负责“水电大坝建设关键技术研究”课题（该课题共有3个专题）专题2“高心墙堆石坝变形特性与控制技术研究”工作，参与专题3“高面板堆石坝安全性及关键技术研究”工作。

（2）首次组织申报并获批1项贵州省社会发展科技攻关计划项目——全断面三级配超高掺粉煤灰碾压混凝土筑坝关键技术研究及其应用，于7月签订合同且基本完成研究工作。年度立项贵州省科学技术基金项目6项，是近年来最多的一次。

（3）新立中国水电顾问集团项目1项——“复杂地质条件岩体力学参数取值与应用系统研究”。该项目研究大纲于10月请专家进行了咨询，得到充分肯定。组织编制并提交了《高原工程技术课题规划大纲(2013—2018年)》，策划研究项目22项。

在研中国水电顾问集团项目14项，“复杂地区测量技术应用研究”和“超高粉煤灰掺量的水工混凝土关键技术研究”2项通过验收。

（4）组织对院电力科学技术发展基金项目立项评审，批准立项34个项目，并签订协议。正在开展的基金项目有90项，组织验收6项，4项通过验收，2项重新审议。

（5）正在开展的工程科研项目有5项，大部分已完成或基本完成研究报告，待业主验收。2013年新立项的中国华电集团公司“西南地区水电开发与移民安置协调发展共赢模式研究”项目，贵阳院承担部分已完成，并交河海大学汇总。

（6）工程物探测试分院2013年研制电磁波CT仪6套、大功率声波传感器4套、电磁波绞车12个；同时对原设备进行技术升级、改造10台套。这些仪器部分自己应用，部分对外销售，销售额200多万元，成为创新技术转移转化的典范。

3. 知识产权保护工作　专利授权与软件著作权量快速增长，被贵州省知识产权局认定为第二批贵州省知识产权优势企业。全年获23项软件著作权；申请并被受理专利162件（其中发明专利29件，实用新型专利133件），授权专利88件（其中2件发明专利）。申请专利量是2012年的2.2倍，达到每周3件。贵阳院荣获“贵州自主创新品牌100强”、“2012年贵州省专利申请工作先进单位”、“2012年度贵阳市专利申请明星企业”三项殊荣并在2013年获得贵州省、贵阳市表彰。

4. 科技成果鉴定、申报与获奖

（1）贵州省科学技术厅组织专家对贵阳院与河海大学共同完成的“喀斯特坝基岩体工程地质与地基处理研究”科研成果进行了鉴定，成果达到国内领先水平。

（2）2013年科技成果获奖36项，其中省部级以上奖励21项。董箐水电站荣获2013年度中国电力优质工程奖、2013年全国优秀水利水电工程勘测设计奖金奖（设计）和中国电力规划设计协会“四优奖”一等奖（设计、勘察）等多项荣誉。彰北风电场工程荣获2013年度中国电力优质工程奖。锦屏水电枢纽工程锦屏山隧道项目荣获第十一届詹天佑奖。

5. 研究成果推广应用　贵阳院各单位结合工程项目积极推广应用新技术、新工艺、新方法和新设备，科研成果的推广应用取得良好成效。

（1）贵阳院水工设计分院、施工设计分院、工程科研院的“全断面三级配超高掺粉煤灰碾压混凝土筑坝关键技术研究及其应用”成果应用于马马崖一级水电站大坝，是国内外首次在百米级大坝上全断面应用三级配高掺粉煤灰碾压混凝土技术，简化了结构和温控措施，降低了工程造价。

（2）贵阳院澜沧江项目设计分院与工程科研院，对石灰岩石粉代替粉煤灰作掺合料做了大量研究工作，拟应用于果多水电站大坝，可降低工程造价、保障工期。

（3）贵阳院成都分院将“隧洞衬砌与围岩联合受

力研究”成果应用于立洲水电站引水隧洞，降低了钢筋用量；通过对碾压混凝土碾压层厚的研究，50cm碾压层厚拟用于立洲水电站碾压混凝土拱坝上部适当部位，可加快施工进度，具有重要的推广意义；结合枕头坝一级水电站开展水力发电厂隔震措施研究，在国内外尚属首次，其成果已通过审查。

（4）贵阳院机电设计分院针对枕头坝水电站液压启闭机容量大行程长的特点，在潜孔弧门上采用双缸悬挂式液压机；为增强闸门刚度，首次对主、次梁的布置采用同层布置型式。

（5）贵阳院测绘地理信息院对无人机、三维激光扫描仪及更新的测绘仪器设备引进适用软件，组织相关技术人员参加技术培训、学习和技术交流，大幅度提高了工作效率和测绘成果精度。

6. *学术活动* 完成《岩溶地质》专著和全国中文核心期刊《水利水电技术》第8期院庆55周年专刊的出版工作，《贵阳院碾压混凝土筑坝技术》、《水利水电工程岩溶勘察与处理》两部专著的初稿基本完成；邀请院士等专家举办建筑设计创新、碾压混凝土筑坝技术、专利推介、学术访谈等系列院庆学术活动。

2013年，贵阳院科技人员共发表论文76篇，其中在核心期刊发表33篇。

贵阳院作为中国科协科技工作者状况调查站点（机构类站点），首次提交了全国科技工作者状况调查问卷。

（中国水电顾问集团贵阳勘测设计研究院有限公司 李月杰 王芳 周维娟）

水电技术创新

水力机械研发平台

我国水力资源丰富，根据2005年全国水力资源复查成果，全国水力资源技术可开发装机容量为5.42亿kW，技术可开发年发电量为2.47万亿kW·h。到2015年，全国水电装机容量达到2.9亿kW。到2020年，全国水电总装机容量将达到4.2亿kW，其中常规水电总装机容量达到3.5亿kW，抽水蓄能电站装机容量达到7000万kW。水电资源作为可再生的清洁能源，在我国的能源供给中发挥了重要作用。

随着水利水电工程建设的深入发展，我国在大型跨流域调水、农业灌溉、防洪排涝、水电建设运行等方面均急需建设高水平的水力机械研发平台。

（一）研究内容

（1）水力机械新模型试验台的设计建设，浑水测试系统及磨损测试技术的研究，CFD数值模拟技术的研究及应用。

（2）三峡右岸、溪洛渡等十个巨型水电站水轮机模型同台对比试验，锦屏一级等十余个国内外水电站水轮机模型验收试验。

（3）反击式水轮机和水泵的水力模型开发及应用。

（4）水电设备原模型试验等技术标准的编制。

（5）抗磨材料评估及研发，水力机械稳定性措施等若干项设计、开发和推广应用工作。

（二）主要创新点

（1）首创了水力机械模型浑水测试系统。发明了薄膜隔沙装置、滤网式阻沙装置和高精度泥沙浓度测试方法，解决了在浑水条件下水力机械外特性、空化初生和磨损特性测试等相关技术难题。该系统的最高试验水头可达60m，最大试验流量可达1.0m³/s，清水条件下的效率测量总不确定度小于0.2%，浑水条件下的效率测量总不确定度小于0.4%，最大试验含沙量为50kg/m³，与国内同类设备相比，测试能力、精度和功能等方面均处于领先水平。

（2）新建了水力机械模型清水测试系统。研制出了高精度的流量计原位标定系统和卧式静压轴承，发明了高精度静压轴承扭矩测量装置，提高了水力机械模型性能测试精度，建成了国际一流的水力机械模型清水测试系统。该系统的最高试验水头可达150m，最大流量可达2.2m³/s，效率测量总不确定度小于0.2%，试验能力处于国内外领先地位。

（3）开发了水力机械模型磨损试验方法。自主开发了“易损涂层法”，实现了水力机械模型磨损部位和强度的快速测试，填补了水力机械模型磨损测试的空白。该方法已编入水利行业标准《水轮机模型浑水验收试验规程》和《水泵模型浑水验收试验规程》。

（4）开发了具有自主知识产权的HMP2003数值模拟软件。该软件具备全三维黏性湍流数值模拟及优化设计，全流道三维定常、非定常流动数值模拟，水力机械内部两相流数值模拟及磨损预估等功能，是水力机械优化设计的有力工具，达国际领先水平。

（5）研制了磨蚀测试系统。自主开发设计的圆盘式绕流磨损试验装置和旋转喷射磨损试验装置，是研究磨损规律、优选抗磨材料、预估材料抗磨性能的特殊试验装置，在国内外均属首创。

（6）获得专利技术的有：①一种亲鱼型轴流转桨式水轮机；②一种螺栓紧固状态监测装置及其监测方法；③新型质量法流量标定装置；④一种大流量水流分流装置；⑤高比速整装轴流定桨式水轮发电机组；⑥双活动导叶水泵水轮机；⑦用于浑水压力测量的薄膜沙系统；⑧用于浑水压力测量的滤网阻沙装置；⑨用于降低水轮机过机鱼撞击伤害的缓冲和照明系统；⑩一种通过浑水密度测量泥沙浓度的方法。

（三）应用情况

水力机械研发平台完成了国家重大科技攻关项目、863项目以及国家重大科学仪器设备研制项目7项，国家自然科学基金项目4项，省部重点项目10项，重大水利水电工程的技术攻关与咨询论证35项。依托水力机械研发平台，开发了89个效率高、空化和稳定性能好的水轮机、水泵水力模型，在国内外上百个水电站、泵站等得到成功应用。

近十年来，水力机械研发平台为三峡等水利水电工程的水力机械模型试验、机电成套出口以及水电站与泵站的技术改造等方面所创造的直接经济效益累计已超过5亿元。

通过同台对比复核试验，溪洛渡水电站每年增效、节支的费用约为21 494.63万元。通过对三峡右岸、溪洛渡、向家坝等国家重大水电项目水轮机模型的同台对比复核试验，每年可以创造的间接经济效益约为8.36亿元；为新建电站、旧电站改造等方面每年所创造的间接经济效益为1.23亿元。因此，水力机械研发平台每年所创造的间接经济效益如上两项合计即超过9.59亿元。

水力机械研发平台提高了国家重点科技项目的攻关能力和解决国家重点工程关键技术难题的能力，提升了我国水利水电行业水平，扩大国际影响力。同时，该平台是中国国家认证认可监督管理委员会水电站水力设备质量检验测试中心的重要组成部分，对大型水力机械的性能进行检测把关，为重大水利水电工程的决策提供技术支撑。

（中国水利水电科学研究院）

堆石坝沥青混凝土面板关键技术及应用研究

为了提高我国沥青混凝土面板技术水平，应对其中迫切需要解决的面板高温流淌、低温开裂、接头脱开这些关键工程问题，该项目结合天荒坪工程建设吸收国外先进经验，通过开展南谷洞大坝修复、宝泉工程、呼蓄工程建设，针对堆石坝沥青混凝土面板防渗关键技术问题展开了研究和工程实践，逐步形成了以沥青混凝土结构稳定理论为核心的成套沥青混凝土设计方法，开发了低温抗裂的改性沥青新材料，开发了可适应大接头位移的面板接头材料和结构型式，完善了施工技术及施工设备，并在依托工程中获得了成功应用，为我国堆石坝沥青混凝土面板工程建设起到了重要的引领和促进作用。

（一）研究内容

（1）沥青混凝土材料稳定理论及配合比设计方法研究。从沥青混凝土的材料结构入手，提出了防渗型骨架结构稳定理论。根据这一理论，通过反复实践，提出了高级配指数沥青混凝土防渗材料的配合比设计方法。

（2）沥青混凝土施工配合比控制技术及设备研究。根据水利工程沥青混合料拌制生产率要求低、精度要求高、沥青混合料中矿粉含量大等特点，研究提出了一系列针对公路沥青混合料拌和站的改型技术要点，改型后的拌和站设备可以满足水利工程的技术要求，包括料仓数目配备要求、保温料仓配备要求、提高矿粉提升能力要求等。此外，还开发提出了拌和站沥青混合料配合比质量控制方法和配合比的总量控制方法。

（3）沥青混凝土面板斜坡配套施工设备及施工技术研究。通过工程实践，开发提出了一系列配套斜坡施工设备和施工技术，包括斜坡专用牵引台车设备、斜坡喂料车及其配制方法、公路摊铺机的斜坡施工改造技术要求、斜坡摊铺机熨平压实能力要求、斜坡沥青混合料运输能力配套要求、摊铺机后振动碾跟进碾压的设备改造技术要求等，此外还开发提出了施工缝处理设备及施工工艺，为确保沥青混凝土斜坡压实质量奠定了基础。

（4）沥青混凝土面板接头型式与材料研究。针对面板接头滑动能力不足的问题，结合南谷洞、西龙池、宝泉等工程，开展了接头材料与面板接头结构型式的研究和工程实践，针对宝泉工程进行了面板与黏土铺盖接头型式研究和实践，开发出了BGB接头塑性垫层材料和滑垫式面板接头结构型式，提高了面板的滑动止水能力，解决了面板滑动中的开裂问题，确保了面板的防渗整体性。

（5）沥青混凝土面板封闭层施工技术和冷施工封闭层技术研究。针对工程中普遍存在的封闭层厚度过厚、厚度不均匀导致的封闭层流淌问题，开发出了新型封闭层玛蹄脂涂刷机，涂刷机设置了保温加热装置，确保了沥青玛瑞脂的涂刷温度，结合沥青玛蹄脂配合比设计方法，从根本上解决了封闭层流淌问题。结合南谷洞工程，针对80℃下封闭层的抗流淌要求，开发出了白色封闭层涂料和封闭层冷施工涂刷专利技术，降低了日照下封闭层的表面温度，解决了该工程长期以来的封闭层流淌问题。

（6）改性沥青技术研究。本项目针对高寒地区沥青混凝土低温抗裂的要求，研发了高性能改性沥青材料。针对呼和浩特上水库工程，该改性沥青混凝土的低温冻断温度可到－45.7℃，满足呼蓄的低温抗裂设计要求。

（二）主要成果和创新点

（1）提出了沥青混凝土防渗型骨架结构稳定理论和基于这一理论的配合比设计方法，解决了沥青混凝土面板的斜坡稳定问题，消除了沥青混凝土防渗面板工程中对国产重交沥青的应用限制，为沥青混凝土面板防渗技术在水利工程中的推广创造了技术条件。

（2）开发出了沥青混凝土面板斜坡施工配套设备和施工技术，包括斜坡牵引台车设备（实用新型专利）、斜坡喂料车及其配制方法、公路摊铺机斜坡施工改造技术、斜坡面板接缝处理设备及技术等，建成了我国第一座由国内施工企业独立承建的大型沥青混凝土面板防渗工程——宝泉上水库沥青混凝土面板工程。

（3）开发出了BGB接头塑性垫层材料和滑垫式沥青混凝土面板接头结构型式，通过在常规滑动接头结构中设置柔塑性滑垫层，提高了面板的滑动止水能力，解决了沥青混凝土面板在滑动过程中的开裂问题，确保了面板的防渗整体性。

（4）提出了冷施工封闭层的新概念及专利施工技术（发明专利），降低了日照下封闭层的表面温度，解决了封闭层流淌的问题。

（5）研究开发了SK-2改性沥青材料（发明专利），解决了－41.8℃低温下沥青混凝土面板的低温抗裂问题，促成了国内外环境温度最低的沥青混凝土面板工程——呼和浩特上水库沥青混凝土面板防渗工程的建成。

（三）成果应用

采用本项目成果修复的南谷洞大坝工程消除了面板病害，渗漏量降低，恢复了其在区域内的灌溉、防洪作用，取得了很好的社会效益。

宝泉上水库沥青混凝土工程是首个由国内施工企业独立承建的工程，其渗漏量为0.9～3.5L/s，远小于23L/s的设计值。

研究开发的改性沥青材料促成了呼和浩特抽水蓄能电站上水库沥青混凝土防渗面板工程的建设，该工程极端最低气温为－41.8℃，是国内外同类工程中环境气温最低的工程，为寒冷地区抽水蓄能电站建设起到了示范性作用。目前工程正在蓄水试运行。

该项目综合经济效益4.5亿元人民币。

该项目多项成果写入DL/T 5362—2006《水工沥青混凝土试验规程》、SL 501—2010《土石坝沥青混凝土面板和心墙设计规范》、SL 514—2013《水工沥青混凝土施工规范》和《水工设计手册》（第二版）。

（中国水利水电科学研究院）

防淤堵自振式水工闸门的应用技术示范

我国西北地区多泥沙河流的水库普遍存在着闸门受泥沙淤堵的问题。严重的泥沙淤堵使得闸门无法正常启闭，有不少闸门由于多年淤堵已废弃不用；另有一些水库，为了防止淤堵，只好常年令闸门以微小开度运用，宝贵的水白白流走，也造成相当经济损失。

该项目从一种全新的角度研究采用自振式闸门使得水工闸门前淤积的砂土液化，减小或消除闸门前淤积的砂土对闸门的摩阻力，实现闸门在泥沙淤堵条件下顺利启闭。

（一）研究内容

（1）自振式水工闸门的研发及完善。包括闸门激振系统的研制与开发、高压冲水设备研制、闸门设计加工、控制系统开发研制等。

（2）现场试验及模型试验研究。选取典型水闸，利用现场试验和大比尺模型试验等，研究自振式闸门振冲特性—淤积泥沙振冲液化—闸门开启摩阻力等之间的关系和规律，为振冲液化减阻的机理研究积累可靠资料。

（3）数值分析方法的开发。根据现场和模型试验得到的关系和规律以及测得的土性资料数据，基于砂土液化研究成果，结合振冲液化减阻的机理研究，开发用来研究利用振冲液化开启泥沙淤堵闸门的数值分析方法及相应计算程序。并通过现场试验和模型试验进行验证和完善。

（4）自振式闸门工程应用关键技术研究。主要包括自振式闸门的振动频率、振动方向、不同土类等对减阻效果的影响和开启的最佳时机等。

（5）实际工程示范应用。针对某典型淤堵水闸进行示范应用，进一步验证和提高利用振冲液化开启泥沙淤堵闸门的机理、方法和关键技术的可靠性。

（二）主要成果和创新点

（1）提出了利用振冲液化开启泥沙淤堵闸门的新方法和新技术，从一种全新的角度研究和利用液化，立意新颖，创新性强。

（2）成功研制了自振式水工闸门，包括闸门激振系统的研制与开发、高压冲水系统研制、控制系统开发研制等。尤其研制了振动闸门同步激振系统，实现了两个激振装置同步激振，提高了使用的灵活性，可以更好地发挥自振式水工闸门的作用。

（3）进行了自振式水工闸门的大型模型试验，验证了自振式水工闸门的可靠性和效果。

（4）开发了用来研究利用振冲液化开启泥沙淤堵闸门的数值分析方法。

（5）揭示和验证了自振式闸门的振冲液化减阻机理。

（6）开发了自振式水工闸门工程应用关键技术。主要包括振动方向、振动频率、振动加速度、振动时间、不同土类等对减阻效果的影响、高压水冲效果以及开启的最佳时机等。

（7）取得了4项专利技术。包括水工振动闸门、水工振动闸门激振器、水工振动闸门的高压喷嘴系统、振动闸门振动和喷水联合作用系统。

（三）成果应用

项目成功地开发了自振式水工闸门及其应用技术，在山东省引黄济青打渔张进水闸成功地进行了工程应用和推广示范。

山东省引黄济青打渔张进水闸直接引进黄河水，存在严重的泥沙淤积问题。基于项目研究开发的利用振冲液化开启泥沙淤堵闸门的新技术，建成了适用于该进水闸的自振式水工闸门，有效解决了淤堵闸门的开启问题。据不完全测算，可产生300万元以上的经济效益，可节省大量水资源，社会和生态效益显著，推广应用前景广阔。

（中国水利水电科学研究院）

新能源独立电网海水（苦咸水）淡化技术研究

解决我国沿海和西北地区淡水资源短缺问题的基本途径是开源节流，合理有效配置水资源。其中海水（苦咸水）淡化等非常规水资源开发技术，受全球气候变化的影响较小，被认为是增加供给、提高水资源保障程度的有效手段。利用丰富的风能进行海水（苦咸水）淡化，既不会对生态环境造成破坏，有利于能源结构的调整，又有利于缓解水资源短缺，提高用水保障。

风电应用于海水（苦咸水）淡化主要有并网风电海水（苦咸水）淡化和独立风电海水（苦咸水）淡化两种形式。前者与常规能源海水淡化技术基本一致，但因电网接入条件和容量等问题，其应用受到限制；后者的技术特点是将风电就地用于海水（苦咸水）淡化，无需并入当地电网，可广泛应用于沿海岛屿和电网欠发达的缺水地区。

北京中水科水电科技开发有限公司开展新能源独立电网海水（苦咸水）淡化技术研究。项目的目标是，开发风电独立电网控制系统，实现海水淡化设备的变负荷运行，完成一套产水量为20m^3/d的独立风电海水淡化设备研制，进行现场安装调试并示范运行。

（一）主要研究内容及成果

（1）风电场功率输出特性研究。结合江苏响水滩涂风电场测风数据的收集，利用同期风机瞬时功率输出数据和测风数据，验证分析了风机输出功率与测风数据之间的关系，并利用测风塔长期测风数据、风机功率特性曲线和多台风机与测风塔之间的相对位置关系，分析了风电场输出功率特性和变化规律，为独立微电网的动态分析和动态控制调节策略的制订提供技术数据。

（2）水质特性与反渗透工艺的优选。进行了专用于中小型海岛的反渗透海水淡化工艺设计，提出了三种可行的预处理方案：①表层取水＋自然沉淀＋滤袋＋多介质过滤器＋保安过滤器；②表层取水＋自然沉淀＋超滤＋保安过滤器；③改进的沙滩井取水＋砂滤＋保安过滤器。并针对示范点具体情况，对方案进行了优化设计，成功用于示范工程。

（3）非并网风电场功率瞬间快速波动解决方案研究。结果表明，采用储能方式进行间接功率控制能实现较宽范围的有功和无功调节，适用于非并网型风电系统，其中采用蓄电池储能方案进行独立电网功率平滑控制，可以有效地抑制独立风电输出功率波动对电网稳定性的影响问题（闪变、谐波、三相不平衡等），能保证以风电等新能源作为唯一发电设备的独立电网的电能质量（电压、频率等），从理论上证明了蓄电池储能联合双向逆变器等电力电子设备组建稳定可靠的交流母线独立电网的技术可行性。

（4）变负荷海水淡化系统研究。从反渗透海水淡化的作用机理模型入手，推导了变负荷运行时进水流量、膜壳内压力和系统回收率之间的关系。根据新能源独立电网功率平衡的动态调节要求，分析了设备的变负荷运行条件，并采用闭环控制技术，通过监测进水流量、膜壳内压力、产水流量等系统状态参数，调节高压泵运行功率和阀门开度，实现了海水淡化设备在膜壳内压力恒定或系统回收率恒定条件下的可控变负荷运行。组建了变负荷海水淡化试验装置，自主设计了产水12m^3/d的带能量回收的变负荷海水淡化装置。

（5）独立风电海水淡化系统现场示范运行。研制了基于交流母线装机 20kW（15kW 风机、5kW 光伏电池）、产水 $20m^3/d$ 的新能源独立电网海水淡化系统。示范运行结果表明：①最大日产水量 $20.7m^3$，1 号 RO 回收率为 26%～30%，产水能耗为 12.6～13.0kW·h/m^3，2 号 RO 回收率为 28%～30%，产水能耗为 6.7～7.1kW·h/m^3，产水水质达到了国家生活饮用水标准；②独立电网供电稳定，在各种风况和工况下电压无明显波动，电压实测值最大为 232.0V，最小为 230.2V，与 220V 标准电压偏差幅度 5.5%，电压波动偏差幅度 0.78%，均小于国家标准规定值；③变负荷反渗透海水淡化装置运行稳定，设备功率可在 1.5～7.5kW 范围内连续调节，可以较好地适应风电的波动性；④采用风光互补的方案有效增加了系统产水时间，将系统在夏季小风月的供水率从 20.7%增加到 81.5%，供水保障率（大于 $2m^3/d$）由 15.2%增加到 35.9%；⑤能量回收装置将单位产水能耗下降 40%左右，在新能源独立电网海水淡化系统中有推广应用价值。

（二）主要创新点

（1）国内首次对传统海水淡化装置进行变负荷设计，通过监测膜壳内水压力、进水流量、产水流量，利用闭环控制调节变频器和电动阀门，实现了反渗透海水淡化装置在膜壳内压力恒定/回收率恒定条件下可控的连续变负荷运行。

（2）国内首次组建新能源独立交流电网用于海水淡化生产。利用双向逆变器和蓄电池建立交流电网，风电、光伏等新能源通过并网逆变器并入电网，为海水淡化负载供电，控制子系统实时监测电网输入输出侧状态，对电网发电设备、用电负荷和蓄电池进行管理，保证系统的稳定运行。

（3）针对新能源发电输出功率的波动性，创新性地提出了以主动连续调节负载负荷为主、储能调节为辅的独立电网动态调节技术。通过实时调节可控负载的功率来适应发电功率的波动，保证了独立电网发电用电功率的动态平衡和电网参数的稳定，系统仅需配置少量储能设备（为其他离网系统所配容量的 1/5～1/10）以抑制功率快速波动对电网的冲击。

（4）系统提出并研究了适合海岛小型海水淡化装置的预处理方案：①悬泵表层取水→沉淀池→滤袋→多介质过滤器→保安过滤器；②悬泵表层取水→沉淀池→超滤设备→保安过滤器；③改良沙滩井→多介质过滤器→保安过滤器，可综合考虑水质情况、现场条件和成本等因素选用，基本解决了海岛用小型海水淡化工程中的预处理难题。

（三）成果应用

该项目分别于 2010 年 8～10 月和 2011 年 3 月起，在江苏省响水县潮间带和福建省东山县东门屿林业管理所，示范运行了规模 $5m^3/d$ 和 $20m^3/d$ 的新能源独立电网海水淡化系统。截至 2013 年 7 月 31 日，$20m^3/d$ 规模的示范系统成套设备工作性能稳定，累计发电 66 302kW·h，累计产水 $6272.87m^3$（最高日发电 211.4kW·h，最高日产水 $20.70\ m^3$），产水水质和电能质量始终符合国家相关标准规范要求，并经受住了多次台风的考验。

该技术也可直接用于苦咸水淡化，可有效缓解我国西北偏远地区的缺水和饮水安全问题。

（中国水利水电科学研究院）

梯级水电厂群远程集中监控与诊断关键技术研究及其应用

五凌电力有限公司（以下简称五凌公司）为了实现其所属全部电厂的远程集控与统一调度、管理，委托北京中水科水电科技开发有限公司进行梯级水电厂群远程集控系统研究。五凌公司的水电厂跨省、跨流域、跨多级调度，电源结构复杂、电厂数目多、监控系统厂家多，其中多数电厂调节性能差，群远程集控系统研究与建设的难度大。

该项目结合五凌多流域梯级水电厂群远程集控系统的建设的特点，提出相应关键技术的计算模型与具体实施方案。

（一）主要研究内容及成果

（1）提出五凌公司多流域梯级水电厂群远程集控系统的硬件平台、软件平台、网络平台通信平台构建方法，研究了系统的总体结构方案。系统采用“四网四层”的全冗余分层分布的结构，分为电厂控制层、集控控制层、集控信息层与集控查询层，重点探讨了系统硬件平台、网络平台的设计方法。

（2）突破传统远程集控所采用的“一人一席一厂”的值班模式，研究“区域值班员”模式下的关键技术问题，包括“区域”的划分策略，人机界面的优化设计方案，综合报表的优化设计策略，报警、事件的查询及筛选策略，“遥控、遥调”与“遥视”的智能联动策略、“区域值班员”模式下智能调度通信模型等。

（3）开发了自学习自适应算法求电压—无功调差系数策略，提高了自动电压控制（AVC）调节速度和精度。

（4）提出利用远程集控系统采集的数据，实现水电厂设备远程关联监测与故障诊断的新思路。从远程集控系统中获取分析数据，应用数据挖掘技术、关联分析技术、集成分析方法等多策略，抽象出水电厂各电力设备不同运动状态之间最本质的耦联关系，以此构建关联诊断知识库。在此基础上，采用多种智能分析与诊断策略，建立了相应设备的实时关联分析与诊断平台，实现对水电厂设备健康状态的实时评价与故障诊断。

（二）主要创新点

（1）提出了“区域值班员”的概念，提出了“区域”划分策略、系统优化设计策略、分区智能报警策略、智能视频联动模型、智能调度通信模型等技术。

（2）提出了集控数据平台下电厂设备集成监测与实时诊断策略，利用远程集控系统采集的海量数据源，建立有关数学分析模型，实现了水电厂设备远程监测与故障诊断，显著提高了水电厂远程维护自动化水平。

（3）提出了基于多维向量协同推理机制的泵监测与诊断方法、机组振摆监测的广义稳定工况过程的概念及其自动辨识方法、发电机—变压器组热稳态工况过程及其自动识别方法，二维平面的网格式切分策略的一系列水电设备集成监测方法，为水电厂设备状态检修奠定了有力的理论基础。

（4）针对自动电压控制（AVC）调压模式中，电网难以给出确定的电压无功调差系数，提出了自学习自适应算法，提高了电压调节速度和精度。

（三）成果应用

五凌多流域梯级水电厂群远程集控系统自2009年投运以来，运行平稳，各项功能逐步完善。截至2013年12月，已有不同流域、不同调度机构、不同机组类型的12个电厂共57台机组接入远程集控，可控容量已达到292万kW；系统远程开、停机组超过15 000台次，成功率达到100%，调令执行准确率、及时率100%。

系统投运以来，公司13个水电厂仅需36个值班员，较传统的“一人一席一厂”的远程集控值班方式可减员48人，较电厂现地值班方式则可减少运行人员近200人，每年直接创造经济效益2400万元以上。

运行实践证明，本系统规模庞大、设计合理，功能完善、先进，是一个优秀的流域集控控制系统，具有很高的推广应用价值。

（中国水利水电科学研究院）

雅砻江流域水情自动测报系统研究开发

该项目是北京中水科水电科技开发有限公司受雅砻江流域水电开发有限公司（原二滩水电开发有限责任公司）委托的项目，2009年9月开始，2012年12月结束。其任务是利用现代科学技术，结合流域梯级电站建设、运行的实际需要，建立一套全流域水情信息测、报、控、管于一体的高度自动化的系统，配合目前雅砻江流域水情集中管理、统一发布的模式完成水情全程作业，并初步搭建一个可扩展的平台，为后期水调自动化系统的实施打下基础。

雅砻江已完成规划的中、下游河段是目前雅砻江干流水电开发的重点河段，规划的两河口、牙根、楞古、孟底沟、杨房沟、卡拉、锦屏一级、锦屏二级、官地、二滩、桐子林等11个梯级水电站，是本水情测报系统服务的重点对象。

（一）主要研究内容及成果

1. 遥测系统　建设规模为1个中心站、146个遥测站。其中遥测站包括水文（位）站49个、雨量站80个、自动气象遥测站18个。系统通信主要采用神州天鸿（北斗星）、GSM移动通信2种信道组成的混合通信方式，少数遥测站另外增加海事卫星。为使系统具有较好的实时性和可控性，本系统采用定时自报、增量自报、查询应答兼容式的工作体制。在本系统中，遥测站主要使用低电压工作的电子遥测设备，对异常电压感应很敏感，因此，在系统建设中必须综合运用分流（泄流）、屏蔽、均压（等电位）、接地和过电压保护（箝位）等各项技术，严格地抑制雷电感应，构成完整的防护体系。

2. 应用软件　采用多阶层的设计理念，整个系统主要由数据库系统、数据库访问中间件以及各类应用功能模块组成。

（1）应用软件以网络数据访问中间件为核心，连接数据库系统和应用功能子系统，提高数据访问速度和效率，实现数据统一、集中管理，从而提高系统的安全性和可靠性。

（2）为了使系统具有良好的扩展性，本次系统开发应提供符合国际开放系统标准接口，选择开放性数据库，提供实时数据库、历史数据库统一访问接口，结合网络数据访问中间件可方便进行二次开发，从而使系统具有良好的扩展性。

（3）为了提高系统的实用性，这次系统建设应采用可编辑的设计理念，无论是数据增加/删除、图形/报表显示等应用，还是系统的维护与管理，都可通过提供的可编辑工具实现动态的应用调整，且具有良好的人机交互界面，能适应系统今后的软硬件升级和扩充的要求，并支持用户自行开发应用程序。

3. 水文预报　水文预报系统的功能是实现雅砻江两河口及以下11个梯级水电站的短期预报（含施工水尺水位预报）和中、长期水文预报，主要任务为搭建水文预报（短、中长期）系统平台、开发短期水文预报系统。

水文预报在应用软件平台基础上进行，做到计算机技术与洪水预报技术的有机结合；作业程序可以网络运行，允许多用户同时运行本程序进行作业预报。短期水文预报由水情数据预处理、预报模型（方法库）指定、作业预报计算、考虑预见期降雨的预报计算、水文预报成果交互式分析和预报精度评定等功能模块集成。水文预报系统与数据库及管理系统应密切结合，有完善的实际水、雨情信息、天气信息、历史洪水资料检索功能，能按用户指定将预报成果单独或汇总显示和输出。可以采用数据表格形式及用屏幕绘图方式显示和输出预报水位、流量过程线图。中长期预报系统集成到本系统界面，其运行保持相对独立。

（二）主要创新点

（1）雅砻江流域水情自动测报系统建设区域的面积约13.6万km^2，跨度大，地形复杂，谷岭高差悬殊，气候存在明显差异，如此规模的流域采用统一的国产系统在国内尚属首次。自主研发的遥测终端，在高寒高海拔地区（海拔4000m以上、低温负30℃以下）实现全天候工作，且功耗极低（值守电流小于1mA），在全年无人值守情况下，利用太阳能供电运行。

（2）针对二滩电站大坝坝前水位变幅范围大（80m以上），首次将激光测距技术应用于水位测量中。针对锦屏、官地等电站工地现场无法满足常规方式监测水位，应用雷达波技术解决了这个问题。

（3）地理信息系统查询技术（GIS）无缝融入水情系统软件平台中。通过这个创新提高了软件平台的实用性，使水情水调信息展示查询一目了然。

（4）创新性地将预报模型参数自动率定、洪水预报实时校正等理论、技术在工程中实际应用，提高了洪水预报的预见性和准确性。

（三）成果应用

通过两年的运行，洪水预报提高了预见性和准确性，在雅砻江流域梯级电站运行管理及防汛工作中发挥了重要作用，每年增发电量约5亿kW·h，使现有工程发挥更大的效益。

（中国水利水电科学研究院）

干式空心电抗器研制

我国电网由于输电系统电压等级的提高、用电负荷的增长、非线性负荷的增加导致的电压畸变和无功损耗增加，越来越广泛应用LC装置进行无功补偿和特次谐波滤除。电抗器是无功补偿装置的重要组成部分之一。随着电网容量增大，系统短路容量也迅速地增大，有些设备不能适应大的短路电流，须采用单项户外型电抗器，将短路电流限制到断路器能承受的范围内，满足系统安全运行的要求。在电网运行中，电抗器系列产品是重要的电气设备之一。其中，封闭式空心电抗器因体积小、结构简单、维护方便、线性特性好、可靠性高，得到了迅速发展。

天津水利电力机电研究所于2010年初申请立项“封闭式空心电抗器”、“可调式滤波电抗器”2个科研项目，2011年得到了中国水利水电科学研究院的大力支持，拨款资助。

（一）主要研究内容及成果

研究参考了瑞士HAEFELY的产品、加拿大TRENCH、瑞士ABB的产品，在样机的结构选择、参数设计、材料选取、工装准备、工艺确认、检测试验各环节，严格执行标准、层层把关，收集数据、总结提高。

该项目采用先进的计算机技术进行设计，包括全部技术参数计算和CAD计算机辅助设计系统，设计方案可靠程度高，电感量设计误差达到2%以内。

1. 设计参数确认　电抗器为干式空心电抗器；系统电压6～35kV；额定容量20～1600kvar；额定电流10～600A；电抗率不大于18%；调整范围不小于±5%；调控精度为±2 %。

2. 材料选用　经过大量的调研，咨询许多行业内的专家，最终选定导线的绝缘膜和弹性保护层的材料及包封所用的纱料，调试、确定环氧树脂胶的配比；经温升、耐压、冲击、短时电流试验后，证明材料选择准确，满足国标要求。

3. 线圈结构　结构特征为多层圆筒式包封；多个电流密度近似、温升相同的同心包封并联；载流导线为绝缘导线，绝缘导线多层并联密绕；各层绕组被玻璃纤维经环氧树脂浸渍缠绕封包，各包封间有绝缘撑条固定；通过绑扎带将上、下吊架与绕组包封紧密绑扎连接紧固，固化后形成一个密实、坚固的玻璃钢样的整体；吊架既做电气连接，又承担压紧绕组的作用。该电抗器具有较高的机械强度和整体稳定性。

干式空心电抗器采用截面很小的绝缘铝线绕制，有效的降低了谐波下导线中的涡流损耗；线圈内外由浸渍环氧树脂的长玻璃纤维丝束密绕包封，当产品通过短路电流时所产生的巨大机械力由包封承受，在包封间有缠绕连接上下吊架的垂直或V型绑扎，使整个线圈导线具有较高的抗短路电流的能力。

4. 型式试验　在6kV、10kV和35kV三个电压等级里选择了有代表性的型号产品，试制生产，所有产品都按国标要求完成了型式试验；其中10kV和35kV各选1个型号样机在国家认可的权威试验机构——中国电力科学研究院高压所和西安高压电器研究院实验认证中心进行全部的型式试验和特殊试验。样机通过全部国标要求的型式试验，获得试验机构出具的试验报告。

5. 挂网运行 该所在研制开发无功补偿及滤波装置工程项目中积极推广应用自制的干式空心电抗器产品，目前已经有数十台套干式空心电抗器投入商业运营。产品运行稳定，满足用户要求，得到了用户满意的评价。

（二）主要创新点

利用多学科理论，通过优化设计，使各包封等温升均衡、电动力相似，保证产品电性能、热性能和机械性能符合标准要求；导线外增加弹性保护层，吸收包容导线的热胀冷缩，保证产品不会因两种材料膨胀系数不同而导致横向裂纹的出现；导线在预应力下绕制，抵消导线烘干时的伸长量，避免包封内产生空气间隙，利于降低电抗器运行时的噪声；取得了1项工装改造的实用新型专利，发表了3篇研究性论文。

（三）成果应用

2012年底，封闭电抗器产品通过了天津科学技术委员会的技术鉴定，被评为国际先进。

通过近两年大力推广，取得了230万元的销售合同。

该系列电抗器产品，是有效提高电网功率因数、降低损耗、改善电能质量的必备产品。“十二五”期间是我国输变电工程更新改造和智能化建设时期，国内市场需求量很大，推广应用前景乐观。

（中国水利水电科学研究院）

基于SDJ计算机监控系统的地下水供水水源井远程监测技术的转化与推广

该项目是国家农业科技成果转化资金项目，由天津水利电力机电研究所承担，2011年4月开始，2013年4月结束。

基于自有知识产权“SDJ计算机监控系统V5.0”VPN虚拟专网的水源井监测系统，具备越限数据中文短信发送、IPSEC数据加密、远程在线修改功能及红外防盗报警系统，处于国内领先水平；其集采集、控制、显示、通讯、存储于一体的专用的智能终端，功能强、可靠性高、价格低，适合大面积推广。

（一）主要工作内容及成果

（1）针对推广示范项目，进行数据平台、管理平台、决策支持系统的转化。

（2）对以智能终端为核心的现地测控单元，进行系统供电方案、通信方式设计和数模建立、元件采购、软件编程开发、设备制造、室内调试与试验。

（3）到现场进行试验。重点完成完成Internet互联网、无线通信、中国移动公司GPRS网络通讯的现场测试。

所建立的水源井监测系统由智能传感器/变送器和仪表、摄像头、智能终端、无线通信网络、计算机监控管理中心组成，实现农村地下水供水水源井周围环境、水位、水温及井泵取水量、管网压力、井泵电机电量参数和图像进行远程监测。

（二）创新点

建立了具有采集、控制、显示、存储、通信及短信发送功能于一体的专用智能终端；利用VPN虚拟专用网络、光纤网络、GPRS无线网络等多种网络，实现了地下水供水水源井远程监测、信息传输和远程在线修改。

建立了控制系统实验室及计算机监控系统试验平台。

取得了国家版权局颁发的计算机软件著作权1项，获得实用新型专利1项。

（三）应用情况

已在天津市蓟县水务局许家台供水管理所建立了示范区，并在内蒙古二连浩特、辽宁盘山、内蒙古阿拉善盟孪井滩大型泵站、内蒙古磴口扬水灌区泵站、内蒙古托克托县麻地壕灌区泵站、内蒙古呼伦贝尔红花尔基水利枢纽电厂供水工程推广应用。系统自投运以来运行状况良好，未出现影响运行的现象。

该项技术成果向生产力的转化，累计销售系统成套设备90套，实现销售收入908万元、利润总额58.15万元、缴税总额92.34万元。

该项目对保证水源井稳定可靠工作，优化水资源配置，进而整体推进了水资源的合理开发有积极意义。

（中国水利水电科学研究院）

900TYP型液压驱动移动式泵装置研制

泵站是水利工程灌溉排水、城市防洪排水中的重要基础设施。固定式泵站都是按规划标准设计的，在正常情况下基本能满足当地灌溉、排涝的需要，但如遇特大洪涝或干旱情况，可能因水位过高或过低而不能正常工作，此时需要移动式泵装置。

天津水利电力机电研究所于2009年1月在已开发700TYP（1.5 m^3/s）型液压驱动水泵的基础上，开始研制更大流量（3m^3/s以上）的900TYP型液压驱动移动式泵装置，2013年3月完成并投入生产。

（一）主要研制工作

该项目研制的液压驱动移动式泵装置包括液压驱

动轴流泵和液压动力站。设计采用液压马达驱动水泵，驱动源与水泵间靠柔性橡胶液压管联接，液压马达设在泵的导叶内与叶轮直联；泵组可以根据需要任意调整，同时可采用柴油机或电动机为原动机；把整个系统装置集成在同一汽车底盘上或专用托架上，实现移动，液压驱动轴流泵与液压动力站可分离 50m 使用。研制的 900TYP 型液压移动泵站装置的性能参数为：泵出口直径 900mm，流量 $3m^3/s$，扬程 1～5m。

（1）轴流泵水力部件设计制造。其中叶轮选用中国水利水电科学研究院泵厂 Ns1200 水力模型。该水力模型通过部级鉴定，达到国际先进水平，1995 年获国家科学技术进步三等奖。

（2）新型高速（500r/min）、大扭矩（130kW）液压马达研究开发。

（3）大排量（330ml/r，450L/min）、高压（25MPa）双联高压柱塞油泵开发。

（4）泵站系统装置集成设计制造。

（5）对原有液压动力站的液压控制系统进行热平衡计算和优化设计。

（6）试验及检测在沈阳金工液压件有限公司的液压试验台上进行。结果为：①GXP330 型双联柱塞泵在转速＝1500r/min 时，流量为 495L/min，压力达 26MPa；②GXM-G900 斜轴式轴向柱塞马达压力 25MPa，排量 900ml/r，转速 500r/min；③900TYP-5 型轴流泵装置垂直静扬程 3.4m，转速 500r/min，流量现场无法测量，按 Ns1200 水力模型换算达到 $2.66m^3/s$，垂直静扬程 2.0m 时，流量达到 $3m^3/s$。

（二）装置特点及创新点

（1）投资小。新建泵站无需投资修建复杂的水工建筑物和泵房，可节省大笔基础建设费用；老泵站改造仅更换导叶体即可，省去传动轴，传动装置等大量部件。

（2）适用范围广。该装置可用电机或柴油发动机驱动，适用范围广。

（3）机动性强。该装置依靠车载或吊装工具，可快速部署就位，不需要传统泵站的安装、调整时间，设备操作简便，可快速安装并展开作业。

（4）设备利用率高，便于专业化的作业和服务。将它与固定式泵站统筹协调运用，可有效地扩大灌排区域的受益范围，能体现专业化服务的特点。

（5）新型马达体积小，同时可以承受水泵的轴向力。它可以放置在水泵的导叶体内直接驱动水泵转轮，缩短了转轮的悬臂长度而改善了轴承受力。

（三）应用情况

产品主要推广应用在流域及城市的防汛抗旱部门、大型水电建设施工部门。我国地域辽阔，江河纵横，在固定泵站因洪水或干旱不能实现抽水，排水的情况下，以及诸多建筑工程需要抽水排水等任务时，车载移动式液压驱动泵站的机动灵活及架设、拆卸、便捷快速的适应性，可作为固定泵站的有效补充，发挥应急性的作用。产品单台流量大，尤其适用于新建防汛泵站及老泵站增容技术改造，可迅速发挥防洪、抗旱、减灾的需要，推广、应用前景广阔。

（中国水利水电科学研究院）

玛沁格曲二级水电站水力过渡过程和调压井、压力钢管及岔管结构计算模型开发研究

该项目于 2010 年 11 月开始，2013 年 6 月结束。通过对该水电站输水系统过渡过程计算，取得了如下主要成果：

（1）无调压室时，系统最大、最小压力均出现在机组同时甩负荷工况。当喷嘴关闭时间小于 30s 时，系统最大压力将达到 499m 水柱，超过压力控制标准 490.0m 水柱。喷嘴关闭时间大于 90s 时，系统最大压力和最小压力基本满足控制要求，但是降低了机组运行效率。本电站水道惯性时间常数大于 4s，根据规范要求建议设置调压室。

（2）设置调压室时，该电站机组额定流量较小，所以调压室水位和系统最大压力较易控制。电站引水道较长，使得系统最小压力成为较困难的控制因素。计算结果表明，机组启闭规律为 40s 时，系统压力和调压室涌浪都能满足控制要求。若喷嘴启闭规律小于 40s，则当机组发生先甩后增的组合工况时可能会使系统最小压力低于 2.0m 水柱。建议喷嘴启闭时间定为 40s。

（3）不同的折向器关闭时间将导致不同的机组最大转速。折向器关闭速度越快，机组转速上升越小，折向器关闭速度越慢，机组转速上升越大。通过比较，折向器关闭时间为 2.5s 时机最大转速为 529.25r/min，最大转速上升率为 23.48%，满足转速控制标准的要求（25%）。折向器关闭时间大于 2.5s 时，机组最大转速已超过控制标准（25%）。计算结果表明当折向器关闭时间为 2.5s 时，转速复核工况下机组最大转速为 529.62r/min，最大转速上升率为 23.57%，未超过转速控制标准，因此建议折向器关闭时间取为 2.5s。一般情况下，冲击式机组喷嘴关闭过程中喷针与折向器同时动作，机组增负荷时折向器先于喷嘴开启，因此，可认为在机组启动时折向器在很短时间内与喷嘴同时开启，本报告折向器开启时间采用 1.0s。

（4）设置调压室时，上库最高水位，小糙率组合，先增后甩组合工况下蜗壳末端最大压力为428.38m水柱，在电站实际运行中，该工况发生概率极小。上库最高水位，小糙率组合，两台机组同时甩负荷工况下蜗壳末端最大压力为427.17m水柱，有一定的安全裕量；机组转速最大升高率为23.57%，满足相应规范要求。

（河海大学）

宝库河三级水电站输水工程水力学计算模型研究

该项研究于2009年11月开始，2013年6月结束。通过电站正常运行、机组甩负荷工况下的输水道断面实测水位率定输水道糙率等基础数据，建立了非恒定流的数学模型，模拟计算了现状输水道及不同方案，在机组正常运行与甩负荷时的输水道沿程水位的变化。主要成果如下：

（1）3台机正常运行，在设计引水流量17.1m^3/s时，渡槽水面线属降水曲线，不属均匀流状态，说明渡槽表面偏糙。从渡槽的进口至渡槽中部水位均高于渡槽横梁底高程，此段渡槽横梁阻水严重会造成水面波动。渡槽的过流能力已显不足。

（2）机组甩负荷后，前池水位升高，出现涌波，涌波向上游传播，并逐渐减弱至消失。在3号隧洞、大浪槽渡槽、2号隧洞的水深将不同程度增加，而机组甩负荷对山城沟渡槽的水深影响很小。

（3）现状输水道布置方案的计算结果表明，三台机同时甩负荷后大浪槽渡槽沿程水深值均超过2.65m，渡槽全线漫水严重。2号隧洞出口水深达4.41m，3号隧洞进、出口水深已达4.56、4.75m，洞顶净空高度较小。

（4）为解决渡槽漫水问题，根据前池所处地形、工程布置情况及发电水头要求，建议降低前池溢流堰堰顶高程至原设计正常水位高程2705.847m，总堰长增加至26m。考虑到3号隧洞出口的分流墩对前池水流的整流效果不大并有阻流作用，为了使堰长延长后，前池水流尽快溢出，并减少隧洞出口的水头损失，建议拆除该分流墩。

（5）在采用所建议的方案（堰顶2705.847m，堰长26m），渡槽仍需采取两项措施以提高其过流能力：一是降低渡槽糙率，清除渠底水草、杂物等，对渡槽过流表面进行整平修光，接缝处抹平；二是渡槽边墙适当加高至2.55m以上，并抬高横梁，避免横梁阻水引起水面波动及漫水，或者采取其他加固方案。

（6）在改建工程中，在前池水位2706.32m时，建议堰形和现堰形的过流量分别为18.95、17.08m^3/s，建议堰形过流量可提高10.95%。采用建议堰形，大浪槽渡槽水深值可降低0.8～1.8cm。

（河海大学）

尕曲水电站水力过渡过程和调压井、压力钢管及岔管结构计算模型开发研究

该项目于2010年6月开始，2013年6月结束。

1. 过渡过程计算　通过对尕曲水电站输水系统过渡过程计算，取得了如下主要成果：

（1）建议采用简单的9s一段直线关闭规律，机组GD^2经优化后建议取540t・m^2。上游调压井型式采用水室式，底部无阻抗孔，经计算和优化后，竖井直径取为7.5m，上室大井直径取为18m以上，调压井底高程为3136.09m，大井底高程为3200.59m，顶高程为3215.09m。

（2）当采用建议方案，组合工况下蜗壳末端最大压力为331.67m水柱，在电站实际运行中，该工况发生概率极小，正常工况下蜗壳末端最大压力为326.75m水柱，有一定的安全裕量；机组在组合工况下转速最大升高率为48.9%，在电站的实际运行中该工况出现的概率较小，在正常工况下转速最大升高率为48.0%，满足相应规范要求。

（3）在开度较大情况下，机组特性曲线较平缓，只要调速器参数在正常范围整定，系统的小波动过程总是稳定。

2. 结构计算　通过对尕曲水电站调压井、压力钢管及岔管结构计算，取得了如下主要结论：

（1）岔管。通过对三梁和月牙肋两种体形岔管的结构分析，经比较月牙肋岔管应力状态较好，安全度高。建议采用月牙肋岔管。

（2）调压井。通过对竖井及连接部位的结构分析，得到了调压井较为精确的应力。依据结果建议，在调压井下部及连接部位采用钢衬。

（3）压力钢管。在明管和埋管两种方案的基础上，计算了在不同衬砌厚度、加劲环尺寸情况下，钢衬所能承受的内压和外压，为设计确定钢衬厚度提供依据。

（河海大学）

珊溪混凝土面板堆石坝三维静、动力应力变形有限元复核分析

珊溪水利枢纽工程位于浙江省文成县境内的飞云

江干流中游河段，坝址位于文城县珊溪镇上游约 1km 处。水库属多年调节水库，可以拦洪削峰，调节水量，也可引水发电，为电网调峰提供电源；发电尾水通过下游赵山渡引水工程和反调节水库，向温州市沿海平原水网自流供水，为农田灌溉和城市供水提供水源。水库的正常蓄水位 142.00m，总库容 18.24 亿 m^3，调节库容 6.96 亿 m^3，防洪库容 2.12 亿 m^3；电厂总装机容量 200MW，年发电量 3.55 亿 kW·h。工程枢纽由拦河坝、溢洪道、泄洪洞、引水系统、厂房、升压开关站和牛坑溪排水系统等组成，属一等工程。拦河坝为混凝土面板堆石坝，按 1 级建筑物设计。本项目是对该坝设计进行复核，主要研究内容如下：

1. 三维静力复核计算

（1）研究运行期坝体及覆盖层变形极值及分布规律。

（2）研究运行期坝体及覆盖层应力极值及分布规律。

（3）研究运行期面板变形与应力极值及分布规律。

（4）研究运行期周边缝和垂直缝变形极值及规律。

（5）根据上述计算成果对大坝静力安全性进行分析评判。

2. 三维动力复核计算

（1）研究大坝加速度、动位移等地震反应。

（2）研究大坝地震永久变形。

（3）研究地震期面板加速度反应、变形与动应力。

（4）研究地震期坝基覆盖层液化特性。

（5）根据上述计算成果对大坝进行抗震安全性综合评判。

项目于 2012 年 9 月开始，2013 年 8 月结束。研究内容和要求符合合同要求，研究采用的技术路线和方法科学合理。计算成果规律性好，合理可靠。研究得出的结论和建议为委托方采用相关措施提供了理论依据，同时对类似工程也有较大的参考应用价值。

（河海大学）

斜卡水电站混凝土面板坝三维静动力有限元应力变形复核分析

斜卡水电站位于四川省甘孜州九龙县境内，是九龙河左岸支流踏卡河上规划的龙头水库电站。电站发电引用流量 33m^3/s，装机 2 台，总装机容量 130MW，多年平均年发电量 5.215 亿 kW·h。首部拦河大坝采用混凝土面板堆石坝。水库正常蓄水位 3165.00m 以下库容为 8485 万 m^3，调节库容7261 万 m^3，具有季调节能力。

斜卡水电站混凝土面板坝顶高程 3168.00m，坝顶长度 550m，最大坝高 106m，坝顶宽 10.00m，防浪墙顶高程 3169.20m。大坝上游坝坡 1∶1.4，下游坝坡为 1∶1.35，下游坝坡在高程 3110.00、3136.50m 分别设一宽 5m 的马道，计入马道宽度后下游综合坝坡约为 1∶1.45。上游坝面为钢筋混凝土防渗面板，面板厚度 0.3～0.62m。上游坝坡高程 3116.00m 以下设置粉土质沙铺盖和石渣压坡盖重。下游坝坡用厚度 0.5m 的干砌块石进行衬护。

该项目主要研究内容如下：

（1）三维静力复核计算。复核坝体竣工期和蓄水期的垂直及水平位移分布、应力和应力水平分布规律；复核面板坝防渗体系接缝变形，着重分析面板压性缝的应力变形状态，评价压性缝的合理性；研究筑填材料参数降低对大坝应力变形的影响，着重分析对防渗体系的影响。

（2）三维动力复核计算。复核设计地震工况（50 年超越概率 10%）和校核地震工况（100 年超越概率 2%）下坝体、坝基、混凝土面板、趾板的动位移、动应力和加速度，垂直缝（压性缝和张性缝）和周边缝的三向动变形等物理量的分布规律和极值，以及典型部位（节点或单元）各物理量的时程反应曲线，坝基覆盖层振动孔隙压力分布和液化情况，大坝地震永久变形，进而对大坝抗震安全性及极限抗震性能进行评价。

（3）对大坝应力变形特性及抗震安全性进行评价。根据大坝三维静、动力复核计算成果，综合分析评价斜卡混凝土面板堆石坝设计及分期施工过程的合理性，评价大坝的抗震安全性及极限抗震性能，对工程下阶段的施工或可能的设计修改提出合理化建议，确保工程建成后能够安全经济地运行。

该项目于 2012 年 6 月开始，2013 年 6 月结束。研究内容和要求符合合同要求，研究采用的技术路线和方法科学合理。计算成果规律性好，合理可靠。研究得出的结论和建议为委托方进行大坝抗震的合理经济地设计提供了理论依据，同时对类似工程也有较大的参考应用价值。

（河海大学）

溪古水电站工程导流洞出口消力池高边坡 2 号桩变形体渗流和稳定三维有限元研究

九龙河溪古水电站工程导流洞出口消力池高边坡 2 号桩变形体（简称 2 号桩变形体）规模大，横向长约155m，纵向长约445m，面积约52 560m²，平均厚度41m，最大厚度达66m，总体积约220万m³。该变形体高差达380m，破坏后将严重影响电站正常施工和运行，后果严重。该项目采用三维饱和—非饱和非稳定渗流有限元法分析降雨条件下2号桩变形体的非稳定渗流场，并应用三维非线性有限差分法（FLAC3D）和降强法，深入研究地震和降雨等工况下该变形体的应力变形和稳定性，提出加固措施。研究工作于2012年7月开始，2013年9月结束，主要内容如下：

（1）收集、整理2号桩变形体工程地质、水文地质资料，以及降雨等环境量资料，分析变形体位移和渗流监测资料，研究该变形体位移和降雨等环境量之间的内在规律。

（2）建立2号变形体三维饱和—非饱和非稳定渗流有限元模型。根据历史气象资料选取多种典型降雨过程，分析研究该变形体在降雨情况下的非稳定渗流场及其变化规律，确定降雨情况下变形体暂态饱和区分布。

（3）建立2号变形体三维非线性有限差分法稳定分析模型。采用降强法，计算该变形体在加固处理前不同典型工况下的应力变形，分析其变化规律，研究其稳定性。计算工况包括：正常情况、正常＋降雨情况、正常＋地震情况，其中降雨条件由渗流分析成果确定。

（4）拟定预应力锚索、开挖＋预应力锚索等加固处理方案。采用降强法，计算该变形体在加固处理后不同典型工况下的应力变形，分析其变化规律，研究其稳定性。计算工况包括：正常情况、正常＋降雨情况、正常＋地震情况，其中降雨条件由渗流分析成果确定。

（5）综合变形体实际情况、渗流研究成果以及加固前后稳定研究成果，提出2号变形体合理的加固方案。

（河海大学）

石虎塘航电枢纽工程水库优化调度系统软件开发

该项目主要进行赣江石虎塘航电枢纽工程水库优化调度系统软件开发的研究。软件研究内容主要包括：信息查询管理服务、实时洪水预报、中长期水文预报、防洪发电条件转化分析及预警，以及发电调度计划编制与管理等。

研究以石虎塘航电枢纽为研究对象，以指导实时运行为目的，考虑石虎塘枢纽工程的主要制约条件，研究水库优化调度中的关键技术问题。取得成果及创新点如下：

（1）入库径流特性分析与水文预报模型构建。分析上游万安电站不同运行方式下古樟树林流量的响应过程，以及入流变化对石虎塘调度的影响。建立统计预测模型和定性气象预测耦合模型对中期径流进行建模预测。建立包括古樟树林、灌苑水控制断面的洪水预报模型，为水库防洪调度和防洪发电方式的转化提供依据。

（2）库区实时回水水面线及淹没范围计算。利用水力学模型，计算受不同水库入流、坝前水位和出库流量影响的库区水面线；了解洪水期间库区淹没范围与动库容的变化规律，为实施动态控制坝前水位提供依据；最终形成入流、坝前水位、出库流量与回水水面线的关系。

（3）发电与防洪模式的转换方式优化。以防洪安全作为目标，对历史洪水过程进行样本分析，优化考虑干支流预报来水条件的转化准则，将初设阶段的流量控制准则转化为水量或来水过程控制准则。以经济效益为目标，对历史洪水退水段进行样本分析，制定考虑干支流预报来水条件的转化准则以及兴利调度的水位浮动方案，评价分析该转换准则相比于初设的当前流量准则的优劣。考虑通航约束条件下，采用预报预泄法研究洪水起涨段腾库消落方式；利用退水预报选择退水段超正常高水位的蓄水方案、分析关闸时机，寻求超蓄的优化调度方式。

（4）枯水期和中小洪水发电优化调度。在已知上游梯级日调度过程的条件下，以多目标优化建模的手段，研究水库航运、发电、防洪的多目标优化调度策略。依据洪末退水段预报结果以及防洪转发电控制条件，分析关闸蓄水时机及超蓄方式。在综合考虑水库通航要求、上游回水淹没限制等条件下，分析评估不同量级来水下库水位超高运行方案的经济性、安全性。优化超蓄调度方案，分析超蓄效益。考虑6台水轮机的发电效率，以耗水率最小为目标，确定机组的负荷分配方案。

（5）优化调度软件开发。集成所有研究成果，形成计算机软件，与枢纽信息化系统配合，提高枢纽调度决策的科学性。

该项目于2012年6月开始，2013年7月结束。提交的系统和报告成果符合有关规范要求。经过测试，系统操作简便、功能齐备、计算结果可靠。

（河海大学）

高土石坝工程全生命周期风险管理体系研究

我国在建和拟建一批高土石坝，坝高达300m

级。这些土石高坝规模大、条件复杂，建设难度高、周期长，全生命周期内风险因素众多且错综复杂，现有的管理方法已不能满足工程安全需要，有必要研究一种动态高效的工程开发管理体系和技术，建立高土石坝工程全生命周期风险管理系统。

糯扎渡水电站是澜沧江中下游河段两库八级水电规划的第五级，装机容量 585 万 kW，总库容 237 亿 m^3，总投资 611 亿元。其心墙堆石坝，最大坝高 261.5m，在同类型坝中，居亚洲第一，世界第三；大坝填筑方量 3432 万 m^3，溢洪道最大泄洪流量 3.13 万 m^3/s，填筑方量、泄洪流量等综合指标属世界前列。

鉴于糯扎渡高坝的重要性、代表性和施工难度大，以其为依托工程，开展高土石坝全生命周期风险管理系统研究，可为水电工程开发建设的进度、投资、质量和安全管理与决策提供强大支撑，具有重要的理论和实践价值。

（一）全生命周期风险管理体系

大型建设项目风险管理，传统上是分散于建设项目全生命周期各个阶段，各阶段间的风险管理相对独立，信息是封闭的。构建全生命周期风险管理系统，对建设项目各阶段进行集成的风险管理，可以实现风险管理的连续性，形成工程开发建设优化工作体系。

以风险评估为中心的水电工程全生命周期安全质量管理，实质上是以概率论和数理统计为基础的系统可靠性优化设计、风险评估和维修决策理论问题。水电工程全生命周期主要包括勘测设计期（预可行性研究设计、可行性研究设计、招标设计、施工图设计），建造期，运行期，维修报废期。在全生命周期，通过BIM 数字化模型，寻求最优的工程功能函数（包含安全性 F、质量 Q、经济性 C、资源利用率 R 等多目标函数），从而将工程多功能风险评估技术应用到工程建设的各个阶段，实现全生命周期安全的最高目标。

高土石坝工程全生命周期风险管理系统以工程主体方（业主、管理方、设计方、施工方、监理方等，还可按专业进一步细分）需求和工程开发建设规律为依据，借助物联网技术、3S 技术、BIM 技术、三维 CAD/CAE 集成技术、工程软件应用技术以及专业技术等，开发以工程进度、投资、安全及质量的风险管理为中心，以数字大坝系统为基础平台，以协同管理为控制平台的管理系统，实现工程建设实施过程及运行管理过程的安全、质量、进度、投资及生态“五位一体”的有效管理。

（二）数字大坝系统

数字大坝系统作为工程信息、工程三维模型的载体，是高土石坝全生命周期风险管理的基础平台，所有工作都是在数字大坝基础上开展的，工作结果也反映更新于数字大坝中。

糯扎渡水电站以 BIM 为核心的“数字大坝”系统，采用 3S 技术（GIS、GPS 和 RS）、数据库技术、网络技术、多媒体及虚拟现实技术（VR）等，将大坝规划设计、建设和运行过程中涉及的各种工程信息、安全监测信息等进行动态采集与数字化，实现各种工程信息的集成化、可视化管理，并在工程整个生命周期里，实现综合信息的动态更新与维护，为工程决策与管理、大坝安全运行与健康诊断等提供全方位的信息支撑和分析平台。

（三）大坝施工质量监控系统

糯扎渡心墙堆石坝填筑施工首次采用以数字大坝为核心的施工质量监控系统技术，利用该技术可以监控各分区坝料每一作业面上料情况、碾压情况及碾压设备的碾压激振力情况和堆石坝料上坝加水情况等，对大坝填筑的施工过程和质量进行实时监测和反馈控制。

1. 车载 GPS 监控　所有运输坝料上坝的车辆上都安装车载 GPS。通过车载 GPS 发送车辆状态的信息，可实现施工车辆从料场到坝面的全程监控。该系统可以实现以下功能：①料场料源匹配动态监测及报警；②各分区不同来源的各种性质料源的上坝强度统计；③道路行车密度统计；④车辆空满载监视；⑤堆石坝料运输车辆满载加水量监测。

通过数字大坝监控系统，可实时监测任一单元的填筑上料质量情况，一旦出现混料即坝料运输车辆出现卸料区域错误，通过报警信息，立即对错卸料区域的坝料挖除，确保填筑坝料的质量。

2. 碾压质量 GPS 监控　所有碾压设备都安装高精度 GPS 移动终端，通过信息传送，可实现现场分控站对碾压设备施工过程实时监控。该系统可以实现以下功能：①实时监控碾压轨迹、行走速度，当行走速度超标时，通过监控终端及智能手机或平板电脑安装应用自动报警；②监测碾压遍数，在每一单元碾压结束后计算碾压遍数，当碾压遍数不达标时，通过监控终端及智能手机或平板电脑安装应用自动报警，及时补碾；③监测压实厚度，推算沉降率；④提供大坝施工质量过程控制的手段，实现大坝填筑质量“双控制”。

通过数字大坝监控系统，可实时监测任一填筑单元的振动碾运行的状态和碾压区域情况，一旦出现振动碾运行错误或碾压区域漏碾等现象，通过报警信息，现场质检员立即督促操作手纠正错误，确保每一单元的碾压质量。

（四）工程安全风险评价与预警系统

糯扎渡大坝工程安全风险评价与预警系统主要由7个模块组成。

（1）系统管理模块，为系统的枢纽，提供系统运行的操作界面，管理信息交换与共享。

（2）安全指标模块，包括：①大坝安全控制指标（在对已有案例和研究成果、规范及监测资料分析的基础上建立的综合安全评价指标体系）；②监测数据合理性判别指标（通过大坝监测数据的综合分析，建立各测值时程控制范围指标）。

（3）监测数据和工程信息模块，对大坝各类动态信息进行查询、分析、可视化展示及报表等。

（4）数值计算模块，包含渗流计算、静力计算、裂缝计算、稳定计算及动力计算五个计算分析单元，可对大坝的相应特性进行不同条件下数值仿真分析；同时，还嵌入了各种计算的执行程序，用户可变换一定的条件自行计算分析。

（5）反演分析模块，包含渗流反演分析、静力反演分析、裂缝反演分析及动力反演分析四个计算分析单元。根据所要反演参数的类型及数量，确定所需要的信息；通过有限元计算生成训练样本；训练和优化用于替代有限元计算的神经网络，并进行土体参数的反演计算；将反演参数、误差以及必要的过程信息通过系统管理模块存入数据库供其他单元调用；采用反演得到的糯扎渡大坝主要坝料模型参数对大坝性态进行数值分析。

（6）安全预警与应急预案模块，在同时考虑影响大坝安全的各因素之间的内在联系及耦合作用的基础上，根据动态监测信息以及计算成果，进行施工质量与大坝安全分析，建立大坝安全评价模型；结合安全指标模块中各因子的安全阈值，针对不同的异常状态及其物理成因，对异常状态进行分级（红色、橙色、黄色）并建立预警机制。根据不同的预警机制，本模块又包含变形安全预警与预案、渗流安全预警与预案、裂缝安全预警与预案、坝坡稳定预警与预案及地震安全预警与预案五个子单元。

（7）数据库管理模块，主要用于系统管理员进行数据操作，同时也可实现与其他系统的数据共享及传递。为保证数据的安全性，系统研发中本模块主要限于管理员用户进行相应的操作。

该系统已在糯扎渡高心墙堆石坝建设中发挥了重大作用，使大坝建设质量始终处于真实受控状态，为高坝建设运营的安全质量控制提供了一条新的途径。

（中国水电顾问集团昆明勘测设计研究院有限公司　张宗亮　严　磊）

水工混凝土抗硫酸盐腐蚀性试验研究

2008～2012年，中国水电顾问集团中南勘测设计研究院完成了集团公司“水工混凝土抗硫酸盐腐蚀性试验研究”科技项目。

（一）项目研究成果

1. 硫酸盐侵蚀环境下混凝土工程状况调查　通过对我国7个处于硫酸盐腐蚀环境中且已运行一定时期的混凝土工程状况的调查研究，得出了“遭受硫酸盐侵蚀的混凝土工程外观均表现为表面开裂、剥落，硫酸盐侵蚀混凝土生成的主要产物为碳硫硅钙石、钙矾石和石膏”的结论。

2. 硫酸盐侵蚀加速试验方法用于水工混凝土的适应性研究　采取模拟实际工程环境的形式对3种硫酸盐侵蚀加速试验方法（内置石膏法、干湿循环法、5%Na_2SO_4全浸泡法）开展对比试验研究，得出了“5%Na_2SO_4全浸泡法适用于作为评价水工混凝土抗硫酸盐侵蚀性能加速试验方法”的结论。

3. 粉煤灰对水泥基材料抗硫酸盐侵蚀性能的影响及作用机制研究　通过开展一系列的试验研究，得出了“粉煤灰具有改善水泥基材料抗硫酸盐侵蚀性能作用”的结论，其作用机制表现在如下四个方面：

（1）粉煤灰的掺入降低了胶凝材料中C_3A的含量，降低了硫酸盐与水泥水化物反应生成钙矾石的速度。

（2）粉煤灰改善和细化了水泥石的粗孔结构，使其内部结构趋势致密化。

（3）粉煤灰的二次水化反应消耗了部分水泥水化产物$Ca(OH)_2$，降低了硫酸盐与水泥水化物反应生成石膏的速度，同时粉煤灰的二次水化产物能够细化水泥石的微孔结构，使其内部结构更致密化。

（4）粉煤灰颗粒对水泥石内的裂纹扩展具有阻隔效应。

4. 侵蚀介质pH值对水泥基材料抗硫酸盐性能的影响研究　得出了“同一混凝土在不同酸碱度环境中的抗硫酸性能表现为中性环境优于碱性环境、碱性环境优于酸性环境”的基本结论。

5. 水泥基灌浆材料抗硫酸盐腐蚀性试验研究　得出了如下结论：

（1）降低水灰比是提高水泥基灌浆材料抗硫酸盐腐蚀性能的首选措施。

（2）在其他条件相同的情况下，粉煤灰掺量对水泥基灌浆材料的抗硫酸盐侵蚀性能有较大影响，粉煤灰掺量越高相应灌浆材料的抗硫酸盐侵蚀性能越好。

（3）5种胶凝材料抗硫酸盐腐蚀性能最优的为中热水泥＋50％粉煤灰，其余依次为中热水泥＋30％粉煤灰、普通水泥＋40％粉煤灰、高抗硫酸盐水泥、普通水泥＋20％粉煤灰。

6. 水工混凝土抗硫酸盐腐蚀性试验研究　向家坝水电站坝基混凝土抗硫酸盐侵蚀性能试验研究得出了“高掺粉煤灰的中热水泥水工混凝土抗硫酸盐腐蚀能力满足要求”的结论，表现在如下三个方面：

（1）混凝土所用的中热水泥＋40％粉煤灰的胶凝材料抗硫酸盐腐蚀性能合格。

（2）混凝土的抗压强度耐蚀系数在KS150以上，混凝土抗硫酸盐腐蚀性能满足CECS 207：2006《高性能混凝土应用技术规范》要求。

（3）无论是在20℃、5％Na_2SO_4溶液中浸泡2年还是在60℃、5％Na_2SO_4溶液中浸泡1年，混凝土均未出现强度降低、膨胀率不小于0.04％的现象，浸泡后混凝土的抗冻等级仍大于F200，完全满足180d抗冻等级为F200的设计要求。

7. 硫酸盐浓度、环境温度与硫酸盐腐蚀速度的关系研究　得出了如下基本结论：

（1）在20、40℃环境温度下，硫酸盐与水泥水化产物发生化学反应的速度没有明显的差异，但在60℃环境温度下该化学反应的速度明显加快。

（2）在相同温度条件下，0.15％、0.44％两种浓度的Na_2SO_4溶液与水泥水化产物发生化学反应的速度没有明显的差异，而5％Na_2SO_4溶液与水泥水化产物发生化学反应的速度明显加快。

8. 硫酸盐侵蚀环境下水工混凝土使用寿命预测　通过理论计算、结合文献调研建立了硫酸盐侵蚀环境下的水工混凝土使用寿命预测模型，根据使用寿命预测模型和浸泡龄期为190d的灌浆材料试件抗压强度测定值预测出水灰比为0.5的普通水泥掺20％粉煤灰灌浆材料在相当于0.2％Na_2SO_4溶液的环境中的使用寿命可达128a。

（二）工程应用情况

向家坝水电站坝址区砂岩裂隙水的硫酸盐含量为500～1000mg/L，对普通水泥具有中至强等级的结晶类硫酸盐型腐蚀性。该项目制定的降低水灰比、高掺粉煤灰提高水工混凝土抗硫酸盐性能预防混凝土遭受硫酸盐侵蚀破坏的技术措施得到了张超然、谭靖夷等多位院士及行业内专家的一致肯定。该成果已在向家坝工程大坝基础混凝土、地下厂房混凝土的浇筑施工中成功应用。

（中国水电顾问集团中南勘测设计研究院有限公司　李双艳）

超大型水电站机电综合关键技术研究与应用

水电作为可再生的清洁能源，为我国经济发展和社会进步作出了巨大贡献，一批超大型水电站的核准、开工建设以及新技术、新设备、新工艺、新材料的涌现和机电设备国产化技术水平的不断提高，为水电技术的创新带来了前所未有的机遇，对超大型水电站的机电设计提出了新的更高要求。

根据超大型水电站机电设计的特点、重点和难点，关键技术主要包括：在电力系统中占有重要地位、运行方式复杂、可靠性要求高的电气主接线型式的确定；地处高山峡谷、运输条件受到限制和地下厂房布置困难的机电设备型式和制造方式的选择；结构复杂的定子绕组多分支水轮发电机中性点引出方式和主保护配置；被控对象分散、可靠性要求高的控制系统设计；单相入地短路电流大、土壤电阻率高的水电站的接地设计。自2001年开始，中国水电顾问集团中南勘测设计研究院以龙滩水电站的建设为依托，开展了“超大型水电站机电综合关键技术研究与应用”的科研课题研究。

通过课题研究，取得了以下主要成果，并成功应用于龙滩水电站。

（1）700MW混流式水轮机转轮采用现场制作方案，即上冠、下环、叶片散件运至工地，在工地制造车间进行组焊、热处理、精加工、静平衡试验等，确定了转轮工地制造车间主要设备的配置、工艺流程、技术要求和质量控制措施等。该方案克服了以往采用分瓣转轮在工地组焊出现的变形矫正困难、原型转轮难以与模型转轮相似等弊端。

（2）700MW水轮发电机采用全空冷冷却方式。全空冷发电机冷却系统设备简单，因无复杂的定子水冷空心绕组及其冷却水管路接头，机组本体结构较简单，制造、安装较容易，安装工期可以缩短。少了水冷却设备，操作维护方便，同时可减少事故几率，提高机组运行可靠性。全空冷发电机由于其冷却系统结构简单、控制元件少，根据电力系统需要，机组可以迅速启动。这对担任调峰、调频、事故备用的水电站来说显得尤为重要。

（3）发电机变压器单元接线、设置发电机出口断路器、500kV侧完全4/3断路器接线的方案，对国内大型或超大型水电站电气主接线的设计具有借鉴意义。就发电机断路器（GCB）对电站电气主接线的影响进行了定量计算，装设GCB可以提高电气主接线的可靠性指标，为水电站电气主接线是否装设GCB提供了科学的决策依据。在可靠性计算中计入了水电站水能特性（包括水电站出力过程和弃水等）的影响，使可靠性计算结果更符合水电站的实际情况。

（4）700MW水轮发电机主保护配置定量化设计并应用于设备制造和现场安装等工程实际。这改变了以往仅凭经验和传统习惯对大型发电机主保护进行配置的定性设计方法，实现了发电机定子绕组内部故障的最大范围有效保护。采用了具安全限制判据技术的注入低频电源式定子接地保护。当故障量在安全限制值内时保护仅动作于发信号，超过安全限制值时保护动作于跳闸停机，在保证发电机安全运行的前提下避免了不必要的停机、跳闸。采用了具准确测量转子接地故障位置功能的注入低频电源式转子接地保护，有利于电站运行人员对转子一点接地故障的快速检测和准确排查，避免转子两点接地严重故障的发生。

（5）通过大入地电流高土壤电阻率接地技术的研究，提出了大型水电站接地网电位升高的最佳允许值，提出了综合技术经济指标最优的接地处理方案，并通过了实践检验，保证了电站人身与设备安全。研究了水电站水位、地形地貌、地质情况对地网接地电阻计算的影响。

（6）500kV、780MVA主变压器采用三相组合变压器，成功解决了重大件运输问题，有利于地下厂房设备布置。组合变压器采用三台单相变压器，每相一个单独的油箱，低压侧三相共用一个接线盒，三相靠在一起布置，具有共用油系统，油路通过旁通管路连通。现场三台单相变压器本体就位后，安装低压接线盒，低压侧的母线三角形连接在低压接线盒内完成接线。这种方式运输重量和尺寸可满足要求，布置安装占地面积小，安装时间较短。

（7）500kV XLPE绝缘电缆、超大型水电站计算机监控系统及继电保护系统、调速系统等国产化设备的成功应用，不但节省了生产成本、运输成本，而且有利于打破国外厂家设备的垄断局面，提高国内设备的研究、设计和应用水平，加速民族产业的发展，对我国的经济建设具有重要意义。

研究成果在龙滩水电站得到了成功应用。继龙滩之后国内众多超大型电站采用或借鉴了龙滩的研究成果，已经和正在产生经济与社会效益，具有推广应用前景。

（中国水电顾问集团中南勘测设计研究院有限公司　李　力）

南水北调东线穿黄隧洞工程缓坡斜井针梁台车衬砌施工技术研究

该项目依托南水北调东线穿黄隧洞工程。根据依托工程地形、地质、施工边界条件，特别是斜井呈20°坡度的实际情况，在分析了采用全断面针梁液压钢模台车施工的必要性和可行性的基础上，对采用全断面针梁液压钢模台车进行斜井衬砌混凝土施工存在的问题进行探讨和研究，提出了改进及控制措施；并通过现场试验，优化施工技术参数，为依托工程斜井衬砌混凝土浇筑快速施工提供技术支撑。

（一）主要研究内容

（1）斜井混凝土针梁台车施工方案的必要性和技术经济性研究。

（2）缓坡度斜洞条件下全断面针梁钢模台车改进技术研究与应用。

（3）全断面针梁钢模台车在缓坡度斜坡上的移动控制技术。

（4）20°缓坡度斜洞衬砌混凝土快速安全施工技术。

（二）应用效果

该技术在南水北调东线穿黄隧洞工程成功应用，提高了衬砌混凝土施工质量，保证了施工安全。斜井段采用全断面混凝土浇筑，成型外观质量良好，围岩和衬砌没有发现变形、坍塌情况。施工中，也没有发生模板垮塌、人员伤亡等事故。

（中国水利水电第五工程局有限公司　梁　涛）

“先安装后锚索张拉”超大型弧形闸门快速施工技术研究

在弧形闸门安装过程中，铰座安装起定位作用，对弧门能否平稳运行影响大，其安装精度要求高，但安装测量环境条件差。正常情况下，是在牛腿锚索张拉后进行铰座安装和调整，检测合格后进行牛腿与铰座间的二期混凝土回填，等混凝土强度满足要求后才进行支臂、门叶的安装工作。

“先安装后锚索张拉”超大型弧形闸门安装技术，是考虑了锚固块受张拉微变形量，先进行弧门铰座安装，调整合格后才进行土建牛腿锚索张拉等工作；并在牛腿锚索张拉后，对铰座的安装高程、里程和左右铰轴的同轴度值进行复测，必要时作些调整。

（一）主要研究内容

（1）铰座凌空自由状态下不与牛腿接触（不受闸墩张拉影响，类似厂内整体拼装）安装方案可行性分析论证。

（2）铰座安装前安装平台和安装支持方案，以及铰座安装调整后的固定问题、整个闸门安装后的固定措施的强度问题研究。

（3）锚索张拉变形观测，以及变形过大的解决方案研究。

（4）锚索张拉变形后铰座的安装高程、里程和左右铰轴的同轴度值等控制参数调整。

（二）应用效果

研究成果锦屏二级闸坝大型弧形闸门安装工程应用。该技术具有较强的可操作性，实际施工顺利，质量、安全、进度及经济效益方面达到了预期效果。采用该技术，弧形闸门不受土建施工进度的制约。在需提前完成弧形闸门安装的情况下，采用此技术的铰座安装可在土建牛腿锚索张拉前进行，或者同时施工，能加快整个工程的施工进度。

（中国水利水电第五工程局有限公司　梁　涛）

哈尔滨电机厂有限责任公司 2013年科技工作情况

2013年，哈尔滨电机厂有限责任公司（以下简称哈电）科技攻关喜结硕果，完成科研课题84项，其中科技赶超计划课题24项；申请专利119项，获授权专利40项，其中发明专利12项；按产品类型进行跨专业融合，推进规范化成果应用。

（一）采取的重大措施

（1）制定和完善了《科研课题成果奖励制度》、《新产业、新产品科研储备项目成果奖励办法》等管理制度和工作标准。

（2）构建了集项目管理、科研开发、成果推广转化为一体的科技创新平台，更新了公司技术委员会委员名单，形成了高效、严谨、功能较为完善的创新管理体系。

（3）组织抓好科技发展规划的制订和落实，为科技创新战略的实施提供保证。

（4）形成了立项、研发、过程控制、总结提高、鉴定、推广、应用等一系列规范的工作流程，使科技管理水平和效率得到大幅提升，达到技术管理标准化、自主知识产权保护自觉化、人才队伍建设多样化、科技成果快速转化的目标。

（5）逐步实现了公司信息化系统的集成，把公司的各项业务从原来的职能管理上升到流程管理，提高技术管理效率和技术管理水平。

（二）重大科研项目完成情况

（1）国家科技支撑计划项目“大型抽水蓄能机组发电电动机研制”，2013年度完成了发电机的电磁设计和结构开发、高速重载推力轴承技术研究、绝缘材料国产化研究、通风冷却技术研究、刚强度及振动研究。

（2）完成了溪洛渡水电站机组研制。溪洛渡水电站分别在左岸、右岸各装9台水轮发电机组，单机容量为770MW。哈电获得了左岸厂房的6整台机组的合同。该机组水轮机为中低转速、中高水头、立混流式，设有筒形阀；采用两根轴三导支撑，水轮机主轴与发电机主轴直接连接。水轮机座环采用四瓣结构，厂内整体加工，在工地焊接成整体并与基础环相焊接，座环与顶盖连接法兰平面、座环上筒形阀导向板、座环下环板内圆、座环与底环连接法兰平面及基础环上下固定止漏环内圆均在工地采用座环加工工具进行最终的加工。蜗壳采用高强度钢板焊接结构，采用弹性垫层浇注的方式。导水机构顶盖采用上法兰结构，导叶采用不锈钢电渣熔铸整铸结构。转轮为不锈钢铸焊结构，上冠、下环和叶片分别运输至工地，在工地加工厂房内组焊成整体并进行加工。主轴为锻焊结构，与转轮连接采用中法兰结构，与发电机轴连接采用外法兰结构。主轴密封采用轴向端面水压式密封结构。水导轴承采用稀油润滑分块瓦式轴承，润滑油的循环采用自泵外循环方式，冷却器设置在顶盖内油槽外部，通过轴领旋转产生的离心力实现油循环，不需要设置外循环油泵。此种结构提高了机组的可靠性，同时也方便了机组的检修和维护。机组于2013年6月底进入调试，7月底并网发电，调试比较顺利，各项运行指标优良。该项目机组的顺利投产，使哈电实现了中高水头混流式水轮发电机组容量跨越到700MW的国际先进水平，同时也使筒形阀最大尺寸达到国际先进水平10m的标准。由此，哈电在大型水电机组的投标中，具备了与国际上的ALSTOM、GE、VOITH等著名公司较强的竞争能力，在国内外同行业技术中处于领先水平。

（3）完成了向家坝水电站机组研制。向家坝水电站左岸坝后厂房和右岸地下厂房各装机4台，单机容量800MW，为至今世界上单机容量最大机组。哈电中标设计制造左岸4台机组。该机组水轮机为低转速、中水头、混流式。哈电在水力设计上，对水轮机核心部件转轮重新进行了研发；按照导叶在全关位置的变形分布，将导叶瓣体立面出水边一端设计成斜面结构，以保证导叶在变形后立面出水边从上到下都接触严密，减少了导叶漏水量。采用铜管作为铜环引线，该项技术获得了专利。该机组转轮为铸焊结构，整体加工后运往工地；主轴与转轮采用销螺栓传递扭矩，主轴与发电机轴采用销套传递扭矩；水导轴承型式稀油润滑分块瓦轴承，采用外循环外冷却方式；主轴工作密封采用静压自调节式端面水压密封，检修密封采用充气式橡胶围带密封；水轮机补气采用主轴中心孔补气装置，并在顶盖和底环上预留强迫补气孔；导叶为不锈钢铸焊结构，采用2只直径为950mm的接力器操作。机组已于2013年10月成功投运。此项目，哈电充分吸收借鉴国内外最新技术，在主要部件的刚、强度计算、稳定性分析、转子支架疲劳分析、定子的有限元计算等多方面，采用了国际水电行业先进的设计技术，并有所创新，使该机组有多方面技术突破，整体水平达到国际先进水平。此项目获得2011年黑龙江省科技进步二等奖、2010年哈尔滨市科技进步二等奖

（三）获奖情况

2013年，哈电科技成果获奖情况如下：

（1）"大型全空冷水轮发电机组的研制"获黑龙江省省长特别奖。

（2）"响水涧抽水蓄能机组关键技术研究及设备研制"、"白鹤滩1000MW全空冷水轮发电机局部通风及温升模拟试验研究"获黑龙江省科技进步一等奖。

（3）"1000MW水轮发电机组24kV、26kV电压等级发电机绕组"获黑龙江省科技进步二等奖。

（4）"水轮发电机定子线棒三维数学模型开发及设计"、"白鹤滩1000MW全空冷水轮发电机局部通风及温升模拟试验研究"获中国水力发电科学技术三等奖。

（5）"水轮发电机定子线棒三维数学模型开发与设计"获哈尔滨市科技进步三等奖。

（哈尔滨电机厂有限责任公司　关达生　刘保生）

中国葛洲坝集团公司 2013年科技工作情况

2013年，中国葛洲坝集团公司（以下简称集团公司）紧密围绕公司年度工作重点，贯彻落实《关于促进集团公司战略实施的指导意见》（以下简称《指导意见》），不断完善科技管理机构和各项管理制度，加强科技创新体系建设，引导各单位加大科技投入，调动科技信息人员积极性，努力提升科技管理水平，取得了一定成绩。

（一）科技管理体系建设

根据《指导意见》，集团公司对总部技术中心和信息中心两个部门进行了合并，调整了部门职责、人员和岗位，减少了对二级单位的直接插手，增强了对二级单位的管控、引领，从微观控制转到宏观控制；各子公司按照要求设立了技术中心或研发中心，研发方向明确、规划有思路，但要继续"做实"。集团公司制定了技术中心（研发中心）管理规定，对各单位技术中心（研发中心）的设置、定位、主要任务、管理、考核和奖惩进行了规定，设立了考核评价体系，并在公司分管领导带领下，深入各子公司进行调研，指导各子分公司技术中心（研发中心）的建设。

集团公司全面实施"科技兴企"战略，大幅提升科技创新能力，充分发挥科技对企业经济发展的支撑与引领作用。2013年，集团公司总部不再进行科研立项，形成了以子公司自主投入为核心、集团公司予以引领和支持的创新体系，以不断增强子公司的自主创新能力，使集团公司主业科技达到世界领先水平。一年来，集团公司加强了科技创新以及专利、工法及科技成果挖掘申报的工作力度，各子（分）公司科技创新积极性显著增强，集团科技工作迈上了新台阶。

（二）科技成果

1. 2013年获奖情况

（1）"大坝加高混凝土密合材料、施工工艺发明与应用"等15项科技成果获得中国能源建设集团有限公司2013年度科学技术奖，其中技术发明奖2项（一等奖和三等奖各1项），科技进步奖13项（一等奖2项、二等奖5项、三等奖6项）。

（2）有16项科技成果获得电力建设科学技术奖，9项科技成果获得中国施工企业管理协会科学技术奖，6项科技成果获得水力发电科学技术奖。

（3）获得湖北省科技进步奖3项，分别是"水工裂隙岩体湿磨细水泥灌浆成套技术与工程应用"获得二等奖，"地下厂房无盲区三维高效混凝土布料系统"获得三等奖，葛洲坝集团试验检测有限公司获得科技型中小企业创新奖。

（4）有3个项目获得2012～2013年度中国安装协会科学技术进步奖，其中"三峡水电站700MW巨型水轮发电机组安装调试技术创新研究与国产化实践"获特等奖，"青藏±400kV直流输电线路和换流站施工关键技术"获一等奖，"斜井超大直径压力钢管安装革新技术"获三等奖。

2. 专利及软件著作权

（1）2013年，集团公司专利成果奖励政策极大地调动了广大科技人员申报专利积极性，专利申请工作有序开展并有极大提升；共获得专利授权438项，其中获发明专利授权21项，实用新型授权417项专利。

（2）2013年，集团公司获得3项计算机软件著作权，分别为：《中国葛洲坝集团股份有限公司设备物资系统》《中国葛洲坝集团股份有限公司社保信息管理系统》《平衡重块制作计量控制系统软件》。

3. 标准编写　2013年，集团公司获主编1项工程建设国家标准——《建设工程化学灌浆材料应用技术规范》，并获得主编《水工塑性混凝土配合比设计规程》等11项电力行业标准制修订任务；获得4项电力行业标准英文版翻译任务。

4. 工法 2013年，技术中心继续组织各单位将先进的成熟技术总结编写成工法，组织各单位申报省部级工法；全年有25项工法被评为省部级工法，其中电力建设协会工法12项，四川省工法11项，交通部工法2项。

（三）企业科技创新

2013年，集团公司顺利通过技术中心评价，确保国家级技术中心的地位，并不断鼓励下属单位申报省级技术中心，提升企业在行业的地位，已有14家子公司被国家认定为高新技术企业，在税收等方面得到国家的扶持。另外积极申报专利，保护企业知识产权，提高企业的核心竞争力，增加企业的无形资产；组织工法的申报和标准的编写，提高行业知名度和话语权；集团公司制定的科技激励政策，大大的提高了技术人员的积极性，也使得集团公司奖励的数量不断增加。集团公司"十二五"科技发展规划提出的"优化创新资源，支撑企业发展；造就知名专家，引领技术方向；寻求重大突破，提升企业品牌"的科技发展战略，已成为集团近期科技工作的总的指导方针。

多家子公司成立技术中心或研发机构。水泥公司2013年12月将原技术中心与研发中心正式合并为研发（技术）中心，下设五个研究所，一个实验检测中心及办公室；六家公司2013年设立新的技术中心，下设科技管理科、技术管理科、综合信息管理科，高层建筑与建筑工业化研究所、混凝土及地下工程研究所；五公司成立城市轨道交通研究所；三峡建设公司成立技术中心，下设办公室、水电施工研究院和设计院，研究院设置数字化室、科技情报室、地下工程研究所、大坝工程研究所；机电公司技术中心设置了11个专业研究室；机船公司研发中心，下设科技信息处、研发处、3个研究所；一公司、二公司成立科技信息部与技术中心合署办公。

2013年，机电公司成功申报成为四川省省级技术中心，机电公司技术中心目前设置了11个专业研究室。

2013年，水泥公司的两家成员企业：葛洲坝老河口水泥有限公司、葛洲坝宜城水泥有限公司，获得由湖北省科学技术厅、财政厅、国家税务局、地方税务局四家单位联合颁发《高新技术企业证书》，正式跻身国家高新技术企业行列。

2013年，由集团股份公司科技信息部编写的《大型水电施工企业技术创新能力建设》获得湖北省第二十五届（2013）企业管理现代化创新成果一等奖。湖北省企业管理现代化创新成果奖由湖北省国资委与湖北省企业联合会联合组织，每年评审一次。

2013年，一公司三峡84拌和楼项目部制冷队副队长余明清、测绘工程院向家坝项目部工程师曾嘉获全国电力行业技术能手称号。全国电力行业技术能手每两年评选一次，是由各单位推荐，经电力行业技术能手评审委员会会议评审通过，并由中国电力企业联合会批准授予的电力行业职工技术技能的最高荣誉。

（中国葛洲坝集团公司）

华能澜沧江水电有限公司 2013年科技工作情况

2013年，华能澜沧江水电有限公司（以下简称澜沧江公司）秉持服务建设运行的理念，继续完善科技创新体系和平台建设，加快科技创新工作步伐，科技创新工作取得新进展。

（一）科技创新制度建设情况

科技管理制度是科技创新工作的基础和保障，结合澜沧江公司的实际情况，颁布了《华能澜沧江水电有限公司科技项目管理办法》和《十二五科技支撑计划项目管理办法实施细则》等科技管理制度，使澜沧江公司科技管理工作有法可依，管理流程规范、清晰。

（二）科技创新平台建设情况

澜沧江公司根据《国家能源水能高效利用与大坝安全技术研发（实验）中心华能澜沧江水电有限公司分中心建设任务书》要求，积极开展了研发分中心及其下设流域地质灾害监测与预警预报研究室、工程安全评估与监控研究室、优化调度研究室的研究工作和生态保护示范基地、流域综合管理研究示范基地、工程质量监控示范基地的建设工作，职责划分、人员分工明确，为完善科技创新平台管理、锻炼科技人才队伍，构建以企业为主体、产学研相结合的科研体系奠定了基础。

2013年8月，国家人力资源与社会保障部批准在澜沧江公司设立博士后科研工作站，为澜沧江公司科技创新科学可持续推进注入了新的人才驱动力，增添了新的技术创新平台。现已完成建站招生的准备工作，并计划在2014年招收首批博士后科研人员进站开展科研工作。

（三）科技项目实施情况

澜沧江公司科技项目依托水电工程，以满足水电站建设和安全运行为目标，重点研究对水电建设和安全运行具有战略性、前瞻性和实用性的重大研究课题，为水电站的建设、安全运行提供技术保障。

2013年，澜沧江公司在研科技项目20余项，涵盖了水电工程主要技术领域，其中有国家级科研课题1项。

国家"十二五"科技支撑计划项目《重大水电开

发工程关键技术与生态环境保护研究及集成示范项目》出库工作已全部完成，正围绕流域水电开发安全保障技术研究、水电大坝建设关键技术研究、流域水电开发环境评估及生态保护及修复技术研究和澜沧江流域水电开发安全与高效利用系统集成示范四个子课题开展研究。

由中国工程院组织，马洪琪院士负责，华能澜沧江水电有限公司、中国水电顾问集团昆明勘测设计研究院等单位共同承担的以中央财政拨款为主的中国工程院院士咨询项目，主要针对超高土石坝建设过程中的关键技术问题开展战略性、前瞻性、综合性咨询研究，为超高土石坝的安全建设的设计科研工作提出下一步工作的方向。

围绕流域地质灾害监测与预警预报研究，重点开展了糯扎渡水电站水库库岸稳定性蓄水响应及失稳预测专题研究；针对澜沧江古水电站坝址下游右岸争岗滑坡堆积体，联合中国水电顾问集团昆明勘测设计研究院、河海大学和中国地质大学，对滑坡堆积体的变形进行了监测和加固治理专题研究工作；针对流域水电开发安全保障技术研究，开展了澜沧江流域内潜在自然风险源（地质灾害、地震、洪水）资料的收集、调查、统计分析。

围绕工程安全评估和监控，结合如美工程开展了高心墙堆石坝变形特性与控制技术研究的专题研究；结合古水工程开展了高面板堆石坝安全性及关键技术研究；结合黄登工程，就碾压混凝土重力坝原材料、高边坡、大型地下洞室、泄洪消能、施工管理信息化技术及质量智能化控制技术等专题开展了研究；结合苗尾电站，开展了复杂倾倒变形岩体特性及工程治理措施专项研究；结合小湾工程，开展了高拱坝库盘变形及对大坝工作性态影响研究；结合糯扎渡工程，开展了基于温度等监测资料对心墙堆石坝垫层裂缝及渗漏分析研究和泄洪洞通风减噪研究；依托果多水电站工程开展了石粉作为大坝混凝土掺合料的应用研究。

围绕流域电站群优化调度，启动了澜沧江流域中长期径流预报研究和梯级水库群联合优化调度二期建设和《澜沧江流域梯级水电站联合调度规程》、《景洪水电站水库运用与电站运行调度规程》的研究编制工作。

生态环保方面，开展了鱼类增殖站、动物拯救站、珍稀植物园、鱼类支流保护等环保措施的研究、实施工作。

针对电站的安全运行，启动了“水电站数字化技术研究应用与智能化整体方案研究”项目。

（四）科技创新成果

1. 专利　3项专利申请被国家专利局受理，其中一种鱼苗生长测量装置，已获得国家专利局实用新型专利授权。

2. 科技项目获奖情况　2013年，澜沧江公司作为第一完成单位，有5个项目获得省部级奖励和协会奖励。

（1）瑞丽江一级水电站“高水头水电站动水清污的研究与应用”获2013年全国电力职工技术成果三等奖。

（2）龙开口水电工程“白云岩料源超高差人工砂石加工系统和长距离空间曲线带式输送机技术研究与应用”获中国施工企业管理协会科学技术奖一等奖、中国电力建设科学技术成果奖一等奖。

（3）“龙开口水电工程缆机与门塔机防碰撞预警系统的开发与应用”获中国电力建设科学技术成果奖一等奖。

（4）“联合承载蜗壳混凝土结构研究及工程应用”获中国电力建设科学技术成果奖三等奖。

（5）“300m级拱坝蓄水安全运行研究及工程应用”获国家能源局科学技术进步奖二等奖、云南省科技进步奖三等奖。

（华能澜沧江水电有限公司）

雅砻江流域水电开发有限公司 2013年度科技工作情况

（一）技术创新体系建设情况

（1）2013年，雅砻江流域水电开发有限公司（以下简称雅砻江公司）承担的国家“十二五”科技支撑计划“雅砻江流域数字化平台建设及示范”课题正式启动。公司成立了课题领导小组和工作小组，以企业为主开展产学研结合的科技创新。这是雅砻江公司第一次获批真正意义牵头承担国家级科研课题，并受国家科研经费直接资助，对于提升公司科技创新能力和企业形象有重要意义。

（2）2013年，雅砻江公司博士后工作站第三批博士后进站，并完成选题研究报告及评审。博士后研究选题定为“大型水电工程全生命周期可视化辅助管理与决策支持系统研究”。

（二）合作创新有关情况

（1）2013年，雅砻江虚拟研究中心作为雅砻江公司咨询专家库、科研项目信息发布和管理平台、学术交流平台、学术资源共享平台和公司与科研单位的联系平台，继续在公司科研和咨询相关业务中发挥着集成社会科研资源的作用。雅砻江虚拟研究中心首次学术交流会于2013年1月4日在成都召开，进一步深化了公司与科研单位的合作交流。

（2）2013年，雅砻江公司与清华大学共建的中国锦屏地下实验室基础设施建设得到进一步完善，实验室运行和维护管理得到加强。与清华大学合作的CDEX暗物质探测实验顺利推进，第一个暗物质探测成果在国际权威期刊PHYSICAL REVIEW上发表，成为我国第一个自主暗物质物理结果；与上海交通大学合作的PANDAX实验项目完成实验试运行，即将正式开始采集数据。

（三）科技成果情况

（1）2013年，雅砻江公司获得国家科技进步二等奖1项，省部级科技进步一等奖3项，二等奖5项。其中“硬岩高应力灾害孕育过程的机制、预警与动态调控关键技术”获2013年度国家科技进步奖二等奖；“深埋高水头水工隧洞围岩稳定控制关键技术”获2013年度国家能源科技进步奖一等奖；“引水隧洞复杂地质条件下大断面TBM快速施工技术”获中国施工企业管理协会科学技术奖一等奖；“高拱坝真实工作性态研究及工程应用”获大禹水利科学技术奖一等奖。

（2）2013年，雅砻江公司建设的“锦屏水电枢纽工程锦屏山隧道”获第十一届中国土木工程詹天佑奖。

（3）2013年，雅砻江公司成功申报获批专利2项，为“一种混凝土冷却通水测控装置保护盒”和“一种增强大坝施工现场无线网卡信号的装置”，两项为实用新型专利。此外，还有2项专利正在申报。

（4）2013年，雅砻江公司参与制定由国家能源局发布的行业标准“流域梯级水电站集中控制规程”（DL/T 1313—2013）。

（5）2013年，雅砻江公司员工出版专著1部，编著1部，编书3部；在国内外期刊发表科技论文共计242篇，其中EI收录7篇。

（四）参加国际学术交流情况

（1）2013年11月1～3日，由中国大坝协会、中国水力发电工程学会主办的中国大坝协会2013学术年会暨第三届堆石坝国际研讨会在云南昆明隆重召开。来自巴西、西班牙、美国、中国等30多个国家和地区的600多名专家、学者参加了会议。雅砻江流域水电开发有限公司副总经理吴世勇代表公司出席研讨会并受邀与瑞士专家R. Peter Brenner先生共同主持了11月2日下午的大会学术报告；同时在11月3日的“水库大坝与环境保护论坛”做了《美国水电考察启示》专题报告，就美国当前水电发展状况与未来趋势、流域开发与环境保护情况等进行了大会交流。雅砻江公司陈云华总经理的《两河口水电站特高心墙堆石坝关键技术问题研究》、吴世勇副总经理的《二滩水电站拱坝抗震防震复核研究》两篇学术论文被收入大会论文集。

（2）2013年8月12～17日，国际大坝委员会第81届年会在美国西雅图召开。来自美国、加拿大、中国等73个国家的专家代表1000多人参加了会议。此次会议交流的主题为“时代的变迁——基础设施的开发和管理”，主要内容包括基础设施老化管理技术、大坝安全及风险管理最新进展、延长大坝服役周期的策略、监测系统的创新、大坝退役等五个方面。雅砻江公司锦屏建设管理局局长王继敏和副总工程师段绍辉出席会议，并发表会议论文《Foundation Treatment of the Left Bank at Jinping-I》。

（3）2013年，雅砻江流域水电开发有限公司员工在“International Water Power & Dam Construction”、“Journal of Modeling and Optimization”等国际期刊上发表学术论文2篇。

（雅砻江流域水电开发有限公司　张　一）

中国水利水电第五工程局有限公司2013年科技工作情况

2013年，中国水利水电第五工程局有限公司加大科研力度，不断提高科技创新水平，11月被认定为国家高新技术企业（由四川省科技厅评定，报国家科技部审批）。主要科技工作情况如下：

（一）科技成果

（1）完成科研立项21项，完成科技鉴定项目18项。

（2）获得国家授权专利33项，其中国家发明专利4项，国家实用新型专利29项。

（3）获得四川省省级工法10项，申报国家级工法2项，分别为《水电站压力钢管专用运输车运输施工工法》和《复杂水文地质条件下穿黄河隧洞工程开挖施工工法》。

（4）完成DL/T 5129—2013《碾压式土石坝施工规范》、DL/T 5306—2013《水电水利工程清水混凝土施工规范》、DL/T 5309—2013《水电水利工程水下混凝土施工规范》、DL/T 5310—2013《沥青混凝土面板堆石坝及库盆施工规范》4项电力行业标准编写（修订）工作，现已颁布。

（二）获奖情况

2013年，公司共计获得中国水利水电建设股份有限公司（以下简称股份公司）科技进步奖特等奖1项，一等奖3项，二等奖3项，三等奖3项；获得中国电力建设集团公司科技进步奖一等奖1项，三等奖3项；获得中国施工企业管理协会科学技术奖一等奖1项，二等奖3项；获得国家能源科技进步奖三等奖1项，获得水力发电科学技术奖三等奖1项，并获得中国施工企业管理协会科技先进企业称号。

其中，获得股份公司科技进步奖的项目，特等奖的是参与完成的“京沪高速铁路施工关键技术研究”，一等奖的是“特大引水差动式调压室竖井群施工关键技术”、“南水北调东线穿黄隧洞工程缓坡斜井针梁台车衬砌技术研究”、“‘先安装后锚索张拉’超大型弧形闸门快速施工技术研究”，二等奖的有“毛尔盖水电站砾石土心墙坝关键施工技术”；获得中国电力建设集团公司科技进步奖一等奖的项目是“特大引水差动式调压室竖井群施工关键技术”；获得中国施工企业管理协会科学技术奖的项目，一等奖的是“毛尔盖水电站砾石土心墙坝关键施工技术”，二等奖的有“特大引水差动式调压室竖井群施工关键技术”；获得水力发电科学技术奖三等奖的项目是“特大引水差动式调压室竖井群施工关键技术”；获得国家能源科技奖三等奖的项目是“南水北调东线穿黄河隧洞工程开挖施工技术研究与应用”。

（中国水利水电第五工程局有限公司　梁　涛）

中国水利水电第八工程局有限公司2013年科技工作情况

（一）科研立项及投入

2013年，中国水利水电第八工程局有限公司（以下简称公司）建立了多渠道科技投入体系。一是积极申报集团公司科研项目，争取上级投入；二是积极向业主单位申请科研项目，争取业主投入；三是主要依靠自己的力量，依托工程项目，保证必要的科技投入。

（1）公司科研立项63项，资金预算总额78 363万元。批准立项的科研项目，已全部签订科研合同并按计划实施。公司技术中心在做好科研立项工作的同时，加强了对已实施科研项目的阶段性进展工作的检查和督促。2013年公司科技投入47 797万元。

（2）“复杂地质条件下500m级小直径长斜（竖）井施工工艺研究”、“构皮滩水电站150m级垂直升船机施工关键技术研究及应用”获2013年中国电力建设集团公司（以下简称电建集团）科技立项。“60m履带式混凝土布料机研制”获财政部2013年施工新技术研究与开发资金。

（3）申报中国水利水电建设股份有限公司（以下简称股份公司）科研项目8项，其中2项列为电建集团项目，4项被批准为股份公司科研项目，分别为：“金沙江陡峭峡谷汛前截流与分流挡渣过水围堰设计及施工关键技术研究”、“新型高寿命化岩石基矿物掺合料混凝土工程应用研究”、“防波堤工程绿色施工技术与评价体系研究”、“用于混凝土防渗抗裂的非PET聚酯改性与应用研究”。同时，“复杂环境及地质条件下地铁修建关键技术研究”被确定为股份公司重大科技专项。

（二）科研项目完成情况

（1）2013年，公司承担的股份公司科研项目有14项，其中两项通过鉴定，进展情况见表1。

表1　2013年度公司承担的股份公司科研项目进展情况表

序号	项目名称	立项年度	进展情况
1	溪洛渡水电站混凝土高拱坝抗裂材料性能研究	2009	2013年结题，鉴定为国际领先水平，并获股份公司、电建集团科技进步一等奖、中国电力建设科技成果一等奖
2	Geotube土工管袋施工技术在印尼亚齐火电项目码头及防浪堤工程中的应用	2010	已完成研究，积累了一套采用新材料、新工艺的码头及防浪堤施工经验及技术资料。目前在成果整理申报阶段
3	纤维、橡胶粉在水泥混凝土路面中的降噪机理与工程应用研究	2010	已完成研究，已完成低噪声水泥混凝土路面的施工可操作性研究；工程实际应用研究及应用效果分析；目前在成果整理申报阶段
4	高性能复合修补材料的研究与应用	2010	已完成研究，已完成研究计划与具体实施方案、高性能复合修补材料的材料性能和制备技术。目前在成果整理申报阶段
5	特大型水轮发电机组安装新技术研究	2010	已完成研究，目前在成果整理申报阶段
6	高差异混杂纤维混凝土的增强增韧和抗初裂机理及其工程应用研究	2011	按计划进行，进行了大量的实验室正交试验，提出高差异混杂纤维混凝土材料的配合比设计和优化范围。目前在成果整理申报阶段

续表

序号	项 目 名 称	立项年度	进 展 情 况
7	800MPa级特高压钢岔管制造技术研究与应用	2011	2013年结题，鉴定为国际先进水平，并获股份公司、电建集团科技进步一等奖
8	特高拱坝关键施工技术研究与应用	2010	按计划进行。已总结各专题施工关键技术，现场调查及试验研究；施工情况及观测资料整理分析；目前在成果整理申报阶段
9	复杂地质条件下500m级小直径长斜（竖）井施工工艺研究	2013	电建集团公司2013年立项项目，按计划进行
10	构皮滩水电站150m级垂直升船机施工关键技术研究及应用	2013	电建集团公司2013年立项项目，按计划进行
11	金沙江陡峭峡谷汛前截流与分流挡渣过水围堰设计及施工关键技术研究	2013	股份公司2013年立项项目，按计划进行
12	新型高寿命化岩石基矿物掺合料混凝土工程应用研究	2013	股份公司2013年立项项目，按计划进行
13	防波堤工程绿色施工技术与评价体系研究	2013	股份公司2013年立项项目，按计划进行
14	用于混凝土防渗抗裂的废PET聚酯改性与应用研究	2013	股份公司2013年立项项目，按计划进行

（2）有4项科技项目研究成果通过股份公司鉴定，其中“溪洛渡水电站高拱坝防裂混凝土研究及应用”、“水工混凝土高掺石粉的研究与应用”被鉴定为国际领先，“孟加拉150MW燃气电站EPC项目管理及施工技术研究”、“呼和浩特抽水蓄能电站高压钢岔管制造技术研究及应用”被鉴定为国际先进。

（三）科技成果转化及应用

公司围绕工程建设中关键性技术积极开展科技攻关活动，取得了从基础理论、新技术、新工艺、新设备、新材料到综合技术等多方面的科技成果，并努力促进成果的转化及应用。

在工程建设中，开发和采用高效率的施工手段、先进的工艺、先进的操作技能和科学的管理方法，促进了劳动生产率、工程质量和经济效益的不断提高。2013年，公司共完成国内外水电工程装机投产30台、火电工程装机投产2台，总容量达1030.5万kW，创下水电行业单个企业年装机投产数量和容量世界纪录。所有30台水轮发电机组全部实现“五个一次成功”，即一次充水成功、一次启动成功、一次过速成功，一次并网成功，一次试运行成功。特别是在金沙江溪洛渡水电站右岸电站，成功实现了单机容量77万kW机组“一年六投”目标，创造了国内单个企业在同一电站年装机462万kW的最高纪录。在云南糯扎渡水电站实现了单机容量65万kW机组“一年四投”目标，6号机组实现了“一次性开机成功，一次性通过72h试运行，一次性首稳180d”高标准目标。

公司通过技术创新，实力大增，积极实施“走出去”战略。近年来，先后承担了越南、柬埔寨、缅甸、印度、巴基斯坦、加纳和乌干达等国的15座水电站的机组安装或金属结构制造安装任务，国际水电项目投产发电突破500万kW；在海外火电建设领域异军突起，先后承建了7座火电工程，装机容量达200万kW。

公司还积极推动机电制造安装产业转型升级，向风电、火电、冶金、市政等非水电市场和机械产品制造领域进军。2013年初，公司成立机电产品研发中心，自主研发生产了国内首台BLJ600-60自行履带式混凝土布料机。

（四）专利及工法

2013年公司共获实用新型专利授权8项，分别是用于圆形板件的坡口的加工装置、弧形闸门面板加工装置、轴承加热装置、止水带固定装置、用于架设立筋的间距控制装置、用于大坝橡胶止水带施工专用滚筒装置、用于大体积倒悬混凝土施工的组合模板、基于混凝土工程组合钢模板后安全通道支撑架。

2013年，公司获得国家级工法4项，获2012年度水利水电工程建设工法8项；至2013年底，公司共有国家及省部级工法101项，其中国家级工法10项。

（五）工程、科技等获奖项目

2013年，公司进一步加大了各级科技进步奖的申报力度，共有29个项项目获奖。

（1）“溪洛渡水电站高拱坝防裂混凝土研究及应用”获2013年度中国电力科学技术二等奖和2013年度水力发电科学技术三等奖。

（2）“水工混凝土高掺石粉的研究与应用”获2013年度水力发电科学技术三等奖。

（3）获中国施工企业管理协会2013年科技进步一等奖2项、二等奖3项。

（4）获2013年度电力建设科技成果一等奖3项、二等奖1项、三等奖2项。

（5）获中国电力建设集团公司2013年科技进步一等奖3项、二等奖1项、三等奖1项。

（6）获股份公司科技进步特等奖1项、一等奖4项、二等奖3项、三等奖2项。

（中国水利水电第八工程局有限公司　刘菊红）

获 奖 项 目 介 绍

水电工程移民管理信息系统研发与应用

“水电工程移民管理信息系统研发与应用”获2013年度水力发电科学技术奖特等奖。

建设征地移民是水电工程的重要组成部分，已成为水电事业发展的重要制约因素，直接影响工程建设的进度、周期和成本，关系到区域经济发展和社会稳定。水电工程建设征地移民管理工作具有政策性强、空间跨度大、时间跨度长、涉及部门多、管理层级深等特点，是一项复杂的社会、自然及经济相结合的系统工程，被视为管理界的世界难题之一。

建立信息资源共享的移民管理信息系统，是移民工作模式和管理手段的创新，能有效促进移民管理的规范化、标准化、科学化，对移民安置实施的规范统一管理、移民投资的有效控制、库区社会经济稳定和可持续发展等方面有着重大的意义。

（一）主要成果及创新点

1. 理论创新　开创性地提出了移民指标可核查、移民资金使用可追溯、移民安置实施效果可评价的系统建设三“可”目标；创新性地建立了集自然、社会、经济、环境等科学于一体的覆盖移民工作全生命周期的移民工作信息化协同管理模型，适用于多工程、多阶段、多单位、多层级用户，涵盖实物指标、规划、计划、资金、档案等管理功能，建立了移民管理信息化的“全工作链”和“全数据链”；提出和设计了一套科学、规范、完整的水电工程移民实物指标编码体系，涵盖十大类、百余种指标类别，适用于水利、水电工程各阶段的实物指标调查成果信息管理。

2. 技术创新

（1）建立了大数据体系。对可行性研究、实施复核、安置实施各阶段，建立了以权属人为核心包含不同粒度实物指标结构化数据、移民档案非结构化数据的大数据体系，并与空间数据相关联呈现移民搬迁安置实施的全过程。

（2）建立了自适应处理模型。针对移民管理业务由于政策性、地域性差异而导致管理业务不尽相同等特点，采用柔性设计，建立了适应于社会快速转型期、移民政策频繁变化的自适应管理模型，通过参数配置满足不同用户的需求。

（3）建立了统分结合的云计算模式。水电站分布地域广，大多处于偏远的山区，交通、通信、网络等条件参差不齐，为保证系统的稳定高效运行，研究了一种简单适用的统一集中部署和分布分散部署的系统部署方法，建立了窄带环境下的、大范围、多人群的云计算模式，充分兼顾了各水电站的网络通信条件的优劣、移民工程量的大小、系统运行维护的便捷性等因素。

3. 建设模式创新　成立四川、云南两省各级移民管理机构、设计院、移民综合监理、项目法人等多方人员组成的联合工作组参与系统建设，实现了“企政共建”和“企政民共享”的建设模式。在移民信息资源规划的基础上，超前提出移民数据标准，创新性地采取移民工作各阶段数据资源建设与信息系统研发同步进行的建设策略，超前开展权属人、实物指标、规划成果等基础数据的搜集、整理、规范化工作，为系统上线奠定基础。

4. 应用创新

（1）成功地引进了基于数据域和角色管理的流域（区域）管理多层级信息授权应用框架，解决了系统中多用户单位、分层级的系统功能、操作和数据授权问题，并构筑了相应的安全体系。

（2）系统构架上采用B/S体系，降低了系统的应用环境和安装维护要求，提高了用户体验；采用了大型关系型数据库 Oracle，实现数据库的高可用性、高性能运行；研发上基于 Java EE 平台，使用面向对象软件工程技术，采用 MVC 和 AOP 设计模式，实现系统各层次的松散耦合，增强软件的健壮性和可维护性，提升了系统的可扩展性和升级能力。

（二）应用情况与推广前景

该系统于 2011 年 12 月正式上线，现已在向家坝、溪洛渡两电站成功应用，在白鹤滩、乌东德等电站的推广应用也陆续启动。中国长江三峡集团公司、国家审计署、中国水电顾问集团成都勘测设计研究院、中国水电顾问集团华东勘测设计研究院、长江勘测规划设计研究院、云南省绥江县移民局及所辖乡镇移民站、四川省屏山县移民局及所辖乡镇移民站等单位，已利用本系统开展业务工作。系统的补偿补助资金自动测算、移民卡自动建卡、资金兑现台账管理等模块，已成为各用户单位不可或缺的日常工作平台。现有用户单位 71 个、用户 416 名，访问量 36 万人・次，总数据记录数 7 196 274 条，单表最大记录数 1 376 770条，档案扫描电子文件 65 084 件。

该系统在水电、水利建设征地移民及市政、交通等城市建设征地移民等领域具有广阔的应用前景。

（三）获奖单位

中国长江三峡集团公司、长江水利委员会网络与信息中心。

（四）获奖人

林初学、毕亚雄、金和平、梁福林、徐俊新、姚英平、周少林、周竞亮、董舟、杨鹏、嵇培欢、龙旸、张军、张扬、廖贵华。

（水力发电科学技术奖励工作办公室）

水利水电工程大型堆积体特性及失稳防控研究

“水利水电工程大型堆积体特性及失稳防控研究”获 2013 年度水力发电科学技术奖特等奖。

堆积体是以土石混合为特点的复杂岩土介质，是大型水电站建设中经常遇到的一类不稳定地质体，分布广泛、危害巨大。大型堆积体如何治理，是水电工程界面临的巨大挑战，需要理论创新和技术支撑。项目研究组十余年来针对西南水利水电工程所遭遇的大型堆积体，结合工程应用实践，在大型堆积体的物理力学特性参数、安全评价与分析方法、监测分析与预报预警、防控减灾分析等方面开展了系统研究，提出了符合工程实际、具有创新的理论方法体系，取得了重大经济与社会环境效益。

（一）主要成果及创新点

（1）在土力学特性和参数确定方面，分别提出了基于数字图像细观介质识别与重构的力学特性和参数确定方法、基于随机块体模拟的堆积体数值试验参数确定方法、基于元胞自动机细观介质模拟的堆积体动参数确定方法、基于三维极限平衡与滑坡征兆分析结合的力学反演分析方法，形成了堆积体力学参数确定的方法体系。

（2）在安全性评价与分析方面，分别提出了基于改进动态规划算法的极限平衡有限元分析方法、基于数值模拟与监测分析相结合的最危险滑面确定方法、堆积体地震动力作用与动稳定综合评价方法，建立了多尺度降雨饱和非饱和非稳定渗流计算模型，形成了完善的大型堆积体的变形破坏机制、稳定性评价体系。

（3）在安全监控分析与预测预警方面，分别提出了堆积体监测数据场三维分布云图的实时动态可视化方法、堆积体监测资料分析与变形预测数据挖掘方法，建立了堆积体预测预警云模型系统。

（4）在减灾防控方面，提出了堆积体稳定分析的滑坡灾情系统评价方法，建立了大型堆积体综合治理、接力、绕避方案防治技术体系。

（二）应用情况与推广前景

应用上述理论和方法，对古水水电站争岗滑坡堆积体、坝前堆积体，梨园水电站堆积体，溪洛渡水电站左岸谷肩堆积体等大型堆积体进行了创新研究及重大工程实践，取得了突破性进展，为解决我国复杂工程地质环境条件下各类堆积体的分析、施工和防灾提供有力的技术支撑，经济与社会效益显著。

该研究对拟建的白鹤滩水电站、乌东德水电站，西藏地区水电开发中的大型冰水滑坡堆积体，道路交通与矿山建设中的土石混合介质，以及河谷岸坡等以滑坡为特征的堆积体工程中也有指导意义，有推广和应用价值。

（三）获奖单位

河海大学、中国水电顾问集团昆明勘测设计研究院、中国水电顾问集团成都勘测设计研究院。

（四）获奖人

徐卫亚、石崇、王环玲、张宗亮、王仁坤、孙怀昆、赵文光、宁宇、覃建付、王伟、王如宾、尤林、张强、马威、徐安权。

（水力发电科学技术奖励工作办公室）

大水电系统调度方法及自适应软件系统

“大水电系统调度方法及自适应软件系统”获

2013年度水力发电科学技术奖一等奖。

我国水电经过二十多年快速发展，在一些省级电网和区域电网建成了拥有大容量、高水头机组的大规模梯级水电站群，进入了大水电时代。这些大水电以流域梯级为调度主体，电力要远距离输送，有跨流域、跨省、跨区调峰任务，需要考虑更加复杂的电网、电站控制和运行问题，如高水头巨型机组多振动区回避、动态响应系统多变条件等。本项目从区域、省级电网和特大流域两个应用层面着手，围绕大水电系统调度的关键理论和技术问题，提出了其优化调度求解方法体系，自主研发了具有广泛适用性和适应性的大水电系统调度软件系统。

（一）主要成果及创新点

（1）提出了大水电系统优化调度求解方法体系。从云南、贵州、福建、重庆电网及澜沧江、乌江流域等工程实际问题出发，提出了大幅减小系统求解规模、有效处理复杂约束、实现应用系统高效降维求解的一系列方法，可求解任意规模的水电系统中长期优化调度问题，满足我国短期优化调度的需要，为软件系统应用于工程实际提供了重要理论支持。

（2）构建了面向多层级应用的水电调度系统分层响应逻辑模型。应用分层响应策略，实现了业务展现、功能、服务、数据的逻辑分离，满足了不同层级调度单位、不同尺度、不同规模的共性和个性调度运行需求。

（3）提出了应用软件系统自适应扩展技术。针对大水电优化调度的动态变化条件和运行数据，解决了电站与机组动态投产、水调业务功能拓展、电网和电站动态运行数据自动解析、校核与存储等一系列应用系统扩展问题，实现了流域、电站、机组添加即插即用。

（4）提出了优化过程中的动态交互技术。利用可视化平台可以交互修改系统计算过程中的边界条件，引入面向经验调度的局部修改准则，实现了优化过程中动态的交互计算，解决了优化过程中模型优化与约束条件分离，提高了优化结果的可用性。

（二）应用情况与推广前景

研发的软件系统已成功应用于多个区域电网、省级电网和特大流域调度，涉及300多座大中型水电站。这些水电站总装机容量7400多万千瓦，接近我国现有水电总装机容量1/3。该软件系统优化调度计算不超过3min，大多数情况下几十秒可得到满足实际应用要求的结果，具有很好的推广应用前景。

（三）获奖单位

大连理工大学、云南电力调度控制中心、中国南方电网电力调度控制中心、福建省电力有限公司、华能澜沧江水电有限公司集控中心、国家电网公司华东分部、贵州电网公司电力调度控制中心。

（四）获奖人

程春田、廖胜利、申建建、武新宇、李刚、蔡华祥、唐红兵、张世钦、郭有安、陆建宇、苏华英、郭希海、李树山、李崇浩、程雄。

（水力发电科学技术奖励工作办公室）

高坝泄洪雾化计算理论与应用实践

“高坝泄洪雾化计算理论与应用实践”获2013年度水力发电科学技术奖一等奖。

水电工程的泄水建筑物，在其泄水过程中将不可避免地产生泄洪雾化。大量实践运行经验表明，大型水电工程的泄洪雾化，不仅涉及工程安全问题，同时也是值得关注的环境问题。

进行雾化问题预报研究，定量分析泄洪雾化降雨的影响范围与雨强分布，对已建工程而言，可以预报不同泄洪运行工况下的泄洪雾化情况及其可能的不利影响，以便采取必要的工程预防措施；对待建工程而言，可用于论证泄洪建筑的消能方式及整个枢纽总体布置是否合理，并为下游岸坡防护提供必要的技术支持，确保工程设计与建设的安全性、经济性与合理性。

（一）主要成果及创新点

（1）首次建立了能够精细考虑水力学因素影响的泄洪雾化纵向边界经验计算公式、水舌碰撞情况下的雾化影响范围计算公式和雾化降雨强度的纵向分布公式。其中，泄洪雾化纵向边界经验计算公式已被《水工设计手册》修订版采用。

（2）首次提出采用人工神经网络预测雾化降雨强度分布的技术思路，建立了以RBF网络为主要结构的泄洪雾化神经网络，并对神经网络激发函数进行了改进研究，提出了一种新的激发函数表达式，使其在拥有较强的学习能力的同时，预测范围与合理性得到明显提高。

（3）建立了包括水舌运动、入水激溅、雾雨输运沉降的泄洪雾化数学模型，其中，雨雾输运扩散模型为首次建立。掺气水舌运动数学模型，除了考虑自身掺气引起的密度、浮力的变化外，还考虑了气泡进入水舌内部引起的断面横向膨胀过程，计算结果与实际观测数据吻合良好。随机溅水数学模型，可以计算出各种复杂水舌形态、复杂地形与风场条件下，溅水降雨分布形态。雨雾输运与沉降数学模型采用了三维有限元数值解法，同时实现了系数矩阵的高效存储，适用于求解实际工程大范围雾雨输运问题；通过理论推导，首次建立了雾雨浓度与降雨强度的转换公式，实现同人工神经网络模型、随机溅水模型的耦合计算。上述三个模型共同形成了泄洪雾化全场数学模型，为目前国内外最为系统完整的泄洪雾化数学模型。

（4）首次提出了泄洪雾化影响的“分区防护，以排为主，适当加固”防护原则，并系统汇总了雾化各分区的具体防护措施。鉴于泄洪雾化降雨强度明显超过自然降雨，在气象部门雨强分级标准上，进一步提出了泄洪雾化降雨分区与分级标准；根据泄洪雾化的分级与分区标准，按照“分区防护，以排为主，适当加固”的防护原则，提出了各分区的具体防护措施。

（二）应用情况与推广前景

成果目前已运用于小湾、瀑布沟、双江口、两河口、亚碧罗、白鹤滩等大型水电站泄洪雾化问题研究，为上述工程进一步完善设计提供了关键的技术支撑，产生了重大的社会经济与环境效益。本成果主要基于实际工程原型资料与理论分析得出，避免了模型缩尺影响，确保了成果的可靠性与实用性，可推广应用于类似工程的泄洪雾化预测与防护。随着我国水电资源的进一步开发，本成果的应用前景广阔。

（三）获奖单位

中国水利水电科学研究院、华能澜沧江水电有限公司、中国水电顾问集团昆明勘测设计研究院、中国水电顾问集团成都勘测设计研究院、中国水电顾问集团北京勘测设计研究院、中国水电顾问集团华东勘测设计研究院。

（四）获奖人

刘之平、马洪琪、孙双科、柳海涛、陈五一、喻建清、乔明秋、徐建荣、杨家卫、叶发明、夏庆福、郑铁刚、姜涵、陆洋、雷声。

（水力发电科学技术奖励工作办公室）

全坝外掺氧化镁微膨胀混凝土新型筑坝技术研究及应用

“全坝外掺氧化镁微膨胀混凝土新型筑坝技术研究及应用”获2013年度水力发电科学技术奖一等奖。

20世纪70年代，在白山重力拱坝建设中，应用内含MgO（4.5%）抚顺水泥拌制混凝土作为防裂备用措施，取得良好防裂效果。此后的红石重力坝、石门子拱坝、龙首拱坝都有意识的选用了高镁水泥，在一定程度上补偿了温度收缩，简化了温控。但高镁水泥只有少数水泥厂家能够生产，且研究表明，水泥中内含的MgO的膨胀性较小，不能满足收缩补偿要求。1985年后开始了外掺MgO筑坝技术研究。

全坝外掺MgO浇筑混凝土拱坝技术最早应用于广东的长沙坝。该坝不再采取任何温控技术，不分横缝，于2000年建成。由于缺少必要的理论支撑，过分夸大了MgO混凝土微膨胀的补偿作用，大坝出现了严重裂缝。此后采用长沙坝技术建成的贵州沙老河拱坝，也表明利用MgO微膨胀性完全取代温度控制、不分缝浇筑拱坝是不可行的。

在此背景下，针对外掺MgO微膨胀混凝土筑坝的关键技术问题，本项目在全坝外掺氧化镁微膨胀混凝土新型筑坝的理论基础、设计方法以及材料试验等方面进行了一系列的开拓性研究，在相关的核心技术方面取得了突破。

（一）主要成果及创新点

1. 理论研究方面　实现了从定性分析到定量计算的进步，为全坝外掺氧化镁混凝土筑坝技术和推广奠定了理论基础。主要创新点如下：

（1）提出了氧化镁混凝土的室内试验与工程实际膨胀差、时间差、地区差等基本理念以及有效膨胀量算法，首次能合理分析MgO混凝土补偿混凝土坝温度收缩变形、减小温度应力的效果，纠正了过去错误的认识和算法。

（2）建立了考虑混凝土龄期、氧化镁掺量以及温度历程的微膨胀混凝土计算模型，并研制开发了相应的全坝全过程仿真分析软件系统，首次实现了氧化镁筑坝全坝全过程仿真分析，并成功应用于多个实际工程的仿真分析中。

2. 设计方法方面　提出了新的设计理念并完善了外掺MgO混凝土筑坝设计体系。主要创新点如下：

（1）提出了一整套外掺氧化镁拱坝设计方法，包括拱坝体形设计、氧化镁补偿设计、动态分缝设计等，其中，动态分缝设计是指坝体分缝根据施工进度采用仿真方法动态确定。

（2）提出了采用外掺氧化镁加适量分缝方式来简化或取代温度控制措施的设计理念，从而达到减少和防止混凝土裂缝，简化施工程序的目的。

3. 室内试验方面　完善了安定性和膨胀量试验方法。主要创新点如下：

（1）提出快速测定外掺MgO混凝土膨胀总量的试验方法，即试验温度为80℃，试验时间为半年。这改进了过去需要进行多年试验时间的试验方法，使工程应用更为简便。

（2）提出一套新的压蒸法用于测定MgO最大掺量，即温度为200℃、压力为1.5MPa、压蒸时间为4h。与标准压蒸法相比，温度低、压力小、时间长，更加科学合理。

（二）应用情况与推广前景

研究成果已应用到三江、鱼简河、落脚河、马槽河、老江底、黄花寨、河湾及那恩等8座拱坝和龙滩下游重力式围堰设计施工中，达到了缩短工期、节省投资目的。

编制的技术规范已获批准发布，该项目具有广阔的应用前景。

（三）获奖单位

中国水利水电科学研究院、贵州省水利水电勘测设计研究院、中国水电顾问集团中南勘测设计研究院、贵州中水建设管理股份有限公司。

（四）获奖人

张国新、朱伯芳、冯树荣、杨卫中、杨波、杨朝晖、赵其兴、徐江、周秋景、郑国旗、申献平、陈学茂、肖峰、罗代明、吴龙珅。

（水力发电科学技术奖励工作办公室）

瀑布沟高土石坝建坝关键技术研究与应用

“瀑布沟高土石坝建坝关键技术研究与应用”获2013年度水力发电科学技术奖一等奖。

在我国西南地区，山高谷深，黏土分布较少，而砾石土料分布广泛；利用砾石土料作为修建土石坝的心墙材料，意义重大。对于建于深厚覆盖层上的高土石坝，面临工程防渗体系的可靠性、坝体防渗料的选择和适宜性、深厚覆盖层基础防渗型式，以及基础防渗与坝体防渗的协调运行等关键问题。

瀑布沟砾石土心墙坝最大坝高186m，坝体坐落于80m深厚覆盖层上，是目前国内外修建于深厚覆盖层上最高的宽级配砾石土心墙土石坝。瀑布沟大坝所用防渗土料分布不均、级配范围宽、粗粒多细粒少，特别是小于0.005mm黏粒含量3.5%～6.5%（低于规范不宜小于8%的要求），其防渗和抗渗性能是研究和控制的关键；深达80m的覆盖层结构复杂，不仅存在导致局部架空直径几米的孤石，也存在地震时可能发生液化的细砂层，覆盖层的评价与利用，尤其是基础防渗系统设计，以及与坝体防渗体系的连接和协调，直接关系到大坝的防渗安全。

该成果以瀑布沟高心墙土石坝为平台，深入研究了深厚覆盖层宽级配砾石土心墙土石坝建坝关键技术。

（一）主要成果及创新点

（1）首次提出了深厚覆盖层上建200m级高心墙土石坝的设计理念，采取科技攻关、现场试验、物理模型、数值分析、工程实践等手段开展系统研究，有效解决了深厚覆盖层上砾石土心墙坝建坝关键技术问题，形成了从筑坝材料、设计标准到施工方法的成套建坝技术体系，拓展了高土石坝建坝条件。

（2）建立了深厚覆盖层上宽级配砾石土心墙坝防渗设计的理论和技术体系，首次研究采取工程措施将黏粒含量2.5%～7.5%（低于规范不宜小于8%的要求）的宽级配砾石土用作大坝心墙防渗料，拓宽了心墙防渗料的使用范围。

（3）研究采用了剔除宽级配砾石土中粗粒的级配调整技术、重型击实功能的碾压技术和加强反滤保护的措施，保证了心墙土体长期渗透稳定安全。

（4）研究了两道大间距高强度低弹模混凝土防渗墙作为深厚覆盖层基础防渗，并首次采用了“单墙廊道式＋单墙插入式”作为大坝心墙与坝基混凝土防渗墙的连接。创建了一套砾石土心墙土石坝防渗体系设计理论和施工技术。

（5）提出了分散泄洪、分区消能、合理分配泄量的设计理念，研究采用翻卷扭曲挑坎消能工的变底坡岸边溢洪道和大流量、高水头、缓底坡的长泄洪洞新型掺气设施，全面解决了高水头大流量窄河谷高土石坝的泄洪消能及抗冲减蚀关键技术问题。

（二）应用情况与推广前景

成果已经应用于瀑布沟工程，并经高水位多年安全运行，2011年被国际大坝委员会授予“国际堆石坝里程碑工程”称号。

该项目研究成果已在硗碛、狮子坪、毛尔盖等工程成功应用，对长河坝、双江口、两河口、古水、日冕、其宗、如美等同类大坝建设可提供很好的参考和借鉴。

（三）获奖单位

中国水电顾问集团成都勘测设计研究院、国电大渡河流域水电开发有限公司、四川大学、中国葛洲坝集团股份有限公司、江南水利水电工程公司、中国水利水电科学研究院、河海大学。

（四）获奖人

陈五一、刘金焕、付兴友、叶发明、余 挺、张建华、涂扬举、余学明、杨兴国、魏文俊、李虎章、谢定松、朱晟、郦能惠、严军。

（水力发电科学技术奖励工作办公室）

京沪高速铁路施工关键技术研究

“京沪高速铁路施工关键技术研究”获2013年度水力发电科学技术奖一等奖。

近年来，中国水利水电建设集团在铁路领域内的工程份额迅速扩大，如京沪、南广、沪昆、宁杭、大西、神池等高速铁路、重载铁路和专用线铁路施工标段，共计有20多项，中标额近500亿元。

京沪高速铁路设计时速为350km/h，初期运营时速为300km/h，是世界上一次建成线路最长、标准最高的现代化高速铁路。尽管国内有高速铁路建设的经验，国外高速铁路建设也有部分成熟技术，但如此大规模、高标准的技术体系尚未建成，系列施工关键技术需要研究和通过实践验证。中国水利水电建设集团在承建三标段的过程中，结合水电领域的成熟技术和高铁技术，从京沪高速铁路土建工程的路基、桥梁、隧道和轨道四大部分遇到的问题着手，采用理论分析、实验室研究、数值模拟和现场实验等多种研究手段，对京沪高速铁路施工关键技术进行了系统研究，形成了对高速铁路隧道施工技术的系统认识，解决了从土建工程到轨道施工过程中的关键技术。

（一）主要成果及创新点

（1）在路基工程方面，提出了原排灰、尾砂新型CFG桩复合地基施工配套技术；提出了浅埋岩溶地层注浆的预封盖技术及注浆质量综合评价方法；提出了过渡段填筑的变态级配碎石混凝土施工技术；提出了基床表层“三层七步”法的填筑施工方法；研制了路肩混凝土浇筑的自行滑模施工技术。

（2）在桥梁工程方面，提出了适用于倾斜岩溶地层的桥梁桩基施工的岩体强度弱化预钻破碎快速成孔技术；形成了复杂工点现浇梁移动模架、悬臂浇筑和支架等成套施工技术；形成了跨越既有铁路、公路和航道等桥梁的安全施工技术；提出了活性粉末（RPC）混凝土配合比设计和电缆沟盖板制造技术。

（3）在隧道工程方面，采用大型湿喷机技术，形成了快速、安全、环保和高质量的隧道围岩混凝土初衬技术；采用大管棚超前支护和中导洞微台阶掘进法，保证了浅埋、大断面高速铁路隧道下穿高速公路的安全施工；研制了隧道施工可移动仰拱栈桥，实现了隧道快速、机械化施工；研发了隧道施工人员自动定位安全监测系统及围岩变形监控预警技术。

（4）在轨道工程方面，研制了底座板混凝土浇筑的可调式模板，形成了防水层、滑动层及底座板等无砟轨道基础的成套施工工艺；研制了轨道板CA砂浆施工配合比，形成了CA砂浆“泵送法”施工工法；研发了轨道板高精度定位和装配成套施工技术；形成了42号大号码道岔的铺设工法。

（5）在测量与沉降监测方面，研发了一种CPⅢ控制网放样测量棱镜杆，利用CPⅢ成网技术进行平面和高程的控制，实现了高速铁路高精度施工测量；形成了高速铁路高精度沉降监测技术体系；建立了了适应高速铁路施工测量要求的测量工作管理体系。

（二）应用情况与推广前景

研究成果在京沪高速铁路三标段、新建南京至杭州铁路客运专线站前工程NHZQ-2标段、新建南宁至广州铁路站前工程NGZQ-5标项目工程得到应用，其中京沪高速铁路已通过国家验收，经济和社会效益显著。成果为铁路项目类似工程提供了技术和工程实践依据，有效地提高了企业关键技术的科技创新能力和铁路施工技术水平，具有良好的推广应用价值。

（三）获奖单位

中国水电建设集团铁路建设有限公司、北京交通大学、中国水利水电第三工程局有限公司、中国水利水电第七工程局有限公司、中国水利水电第十四工程局有限公司、中国水利水电第一工程局有限公司、中国水利水电第四工程局有限公司。

（四）获奖人

杨忠、蒋宗全、曹玉新、韩志强、午向阳、王成、赵同生、刘学生、朱浩波、唐超、王陶昆、陈祥、沈建平、李兆宇、李斌。

（水力发电科学技术奖励工作办公室）

广西桥巩特大型灯泡贯流式水电站建设与管理

“广西桥巩特大型灯泡贯流式水电站建设与管理”获2013年度水力发电科学技术奖二等奖。

广西桥巩水电站安装8台灯泡贯流式水轮发电机组，单机容量57MW，转轮直径7.4m。根据查新报告，国内外未见机组同时具备以上两项指标的已建灯泡贯流式水电站。这种规模的特大型灯泡贯流式电站的建设、管理和运行的经验，相对来说，国内还是个空白。因此，对广西桥巩水电站的项目管理、设计规划、机电安装技术、施工技术等进行了研究与应用。

（一）主要成果及创新点

（1）开发成功多项特大型灯泡贯流式水轮发电机组安装新技术。其中导水机构下游侧内外环安装定位架及管型座、导水机构、转轮等安装新工艺获得发明专利。桥巩水电站灯泡贯流式机组，无论是单机容量还是水轮机转轮直径，在世界上都是名列前茅的，其安装面临内外环吊装变形、导水机构变形、机坑内转轮不对称叶片安装、定子吊装变形等诸多的难题。采用以上安装新技术，不仅解决了安装的难题，而且提高了安装精度，保证质量，缩短工期。

（2）创新发明了特大型灯泡贯流式水电站土建施工新工艺。其中混凝土浇筑使用多功能全悬臂模板、闸墩液压调平内塔式滑升模板，将橡胶坝结合到围堰挡水，应用橡胶面板石渣坝等施工技术及方法获得发明专利。

（3）首次提出将“静态控制，动态管理”的管理理念应用到合同、投融资、费用、质量、进度等各个方面，形成桥巩全方位、独特、高效的管理创新模式；采用主动控制和动态控制，并制订激励措施。全方位、独特的管理模式，不仅可以准确控制工程投资、质量及工期，还实现国内工程项目管理制度与国际惯例的接轨。实施主动控制和动态控制，制定激励措施，可以减少设计的可变更性，鼓励施工单位改进施工工艺和施工技术，最终工程进展顺利，质量、工期、投资等方面均得到有效的控制。

（二）应用情况与推广前景

成果成功应用于桥巩水电站。截至2012年底，电站自第一台机组投产发电以来，已连续安全运行1630d；各设备均能安全稳定运行，机组非停次数在电网公司规定的范围之内；未发生人身伤亡事故、重大设备及主设备损坏事故、火灾事故、危及电网安全运行的事故和人为责任引起的设备障碍事故。

经过认真研究分析和核算机组有关技术指标，开展了机组增容创新计划，电站装机容量可以从456MW提高到480MW。

研究成果不仅可以填补我国特大型灯泡贯流式水电站建设的空白，使我国在该类电站的建设和管理方面走在世界的前列，而且还将为今后特大型灯泡贯流式水电站的开发建设提供借鉴。

（三）获奖单位

河海大学、广西方元电力股份有限公司桥巩水电站分公司、中国水利水电第七工程局安装分局、南京河海科技有限公司。

（四）获奖人

黄中良、郑源、潘雪梅、张德虎、葛新峰、刘晓丽、赵显忠、黄华标、陈新方、程云山。

（水力发电科学技术奖励工作办公室）

水电工程结构数字图形介质仿真技术与应用

“水电工程结构数字图形介质仿真技术与应用”获2013年度水力发电科学技术奖二等奖。

水电工程结构体量巨大、结构复杂，传统数学方法已无法适应水电工程不确定、动态大数据的特性，需要将计算科学与数学、图形学等学科结合，建立一种新型数据科学方法，以便在数据多样性和不确定性前提下进行数据图形交互运算。

目前，三维可视化设计平台基本上是在各自的平台基础上利用API命令开发而成，图形仅以几何属性作为显示手段来表现工程结构的各个状态以及数值计算的结果。同一图形在不同平台下也有着各自的表述方式，图形本身的结构或组织关联未被作为信息载体和研究对象，图形几何属性之外的物理属性（如ID、色彩、图层、纹理、线宽、线型、透明度等非可视因素）、拓扑信息等海量异构数据却被排除在外，未能融入到图形之中。因此，将图形数字化、信息化并融合集成为一种通用模式，是当前三维可视化设计甚至整个水电大数据工程运营管理急需解决的问题。

（一）主要成果及创新点

（1）提出数字图形介质的理论。将图形以数字化的形式表现，把相关属性赋予图形之中，置入关联信息作为随动约束，称为数字图形。数字图形作为具有几何属性和物理属性的载体和目标实体，在计算机空间将其视为自然界的真实物体和研究介质，遵从自然界的物理方程以控制图形体的动作和相应的变化，用计算机图形学的表现方法在虚拟的空间里用图形这一介质诠释了真实的自然状态，以数字图形介质的相互运动结果代替某些复杂的纯数值计算，得到直观和简捷的结果。

（2）提出数字图形介质的构造方法和描述标准。提出“数据附着于图形，图形蕴含数据”方法，将复杂结构工程中的各个构件和部件实体图形的可视特征与非图形属性融为一体，使图形成为具有空间坐标、时间坐标、非几何信息的五维空间的载体，并与数据库双向动态关联；定义了数字图形介质的描述标准，数百个Schema的定义对模型的属性、分类、延续、遗传、关联等内容都做了严格规定与表述，对工程中常用的计算模型、分析模型、制作模型都进行了统一的描述。这不仅使同一工程的不同部门、不同专业在不同时段内的工程信息具有统一的表达方式，也为不同工程之间的信息交换与比较提供了有章可循的共享器平台。

（3）提出数字图形介质构建的骨骼网架方法。依据图形结构起始截面的关键点和终止截面的关键点以及延伸的路径可创建三维实用形式，随之产生用直线包络线控制的结构的形状与延伸的线框表面模型。

（4）提出图形计算力学的概念和方法。以AutoCAD或CATIA、MicroStation为操作平台，利用三维实体模型模拟了各分割岩块，并利用其图形特性和图形拓普运算能力，模拟复杂岩体的产状、形状及运动形态；每个实体的几何形状、角点位置、边数、凸形体、凹形体以及带孔状的多面体，都可用CAD的三维实体块几何属性中显现出来，利用单纯形积分可将面积、体积、形心或更高阶积分用解析方法求得，其物理属性、力学参数附加于CAD图形之中，使得每个图形块可作为真实块体的自然映射体，依据物理方程的控制条件，在计算机空间进行运动和仿真。

（5）提出各类数值计算网格产生的统一方法和基

于图形介质的表面模型重构技术。以数字图形介质理论为基础，将数字建模过程产生的图形信息组合体与数值分析系统的单元图形类型与格式相归类融合，构造了一种适应建模和计算两种模型于一体的图形体系。基于实体图形的几何特征的数字线框网格的生成方法只保留原图形单元的线框和拓扑关系，脱胎于实体而产生的纯点集线段围成的网络体系，每个线框体继承对应实体的几何形状和拓扑关系；对图形单元逐个排查，在给定冗余范围 R 内，发现奇异块体或尖点，则进行兼并，围绕该节点相关联的线框端点产生归并，线框产生偏转，但不会产生缝隙和交叉，这种消除奇异点的方法为数值网格带来了极大的便利，并易于计算程序的自动处理。

（二）应用情况与推广前景

研究成果在拉西瓦工程、武都引水工程、丹江口水源工程，落脚河水库、河口村水库的建模和虚拟现实、钢闸门设计软件，在锦屏、鲁地拉、功果桥、小湾的有限元、DDA 的数值计算网格中，加以应用，经济和社会效益显著，具有良好的推广应用价值。

（三）获奖单位

华北水利水电大学、中国水利水电科学研究院、中国科学院大学、河南奥斯派克科技有限公司、郑州双杰科技有限公司。

（四）获奖人

魏群、刘有志、许琰、魏鲁双、尚宝平、缪青海、张树珺、李永江、高阳秋晔、范业庶。

（水力发电科学技术奖励工作办公室）

糯扎渡心墙堆石坝超大粒径掺砾土料压实特性研究与应用

“糯扎渡心墙堆石坝超大粒径掺砾土料压实特性研究与应用”获 2013 年度水力发电科学技术奖二等奖。

糯扎渡心墙堆石坝最大坝高 261.5m，砾质土料直心墙。其心墙防渗土料采用风化混合土中掺入 35%人工碎石，混合土料允许最大粒径 150mm，掺砾用碎石最大粒径 120mm。

该坝是国内首次应用人工掺砾技术的 300m 级高土石坝，其技术难度已超出现行规范和工程实践。已有的压实特性试验方法、压实标准、压实度检测方法无法满足需要，必须进行研究，确定符合本工程实际的压实度指标，开发出可靠、可行的质量检测方法，从而保证填筑质量和加快大坝填筑施工进度。

（一）主要成果及创新点

（1）针对现行土工试验设备尺寸的局限性，研制了目前直径最大的电动击实仪（ϕ600mm），首次对超大粒径掺砾土料进行全料击实试验，系统分析了不同试验条件下的掺砾土料压实特性。

（2）首次以 20mm 粒径为界，对掺砾土料全料、细料压实度对应关系进行试验研究，确定了对应关系及以细料压实度进行现场检测的控制标准。

（3）首次提出了大粒径掺砾土料全料压实度检测新方法——全料不同掺砾量的“密度预控线法”，将现场单点全料压实度检测时间缩短为 1h。

（4）经试验研究，采用 152mm 重型击实仪、单位冲量 7kN. s/m^2 进行 595kJ/m^3 功能的击实参数，取代常规土工试验参数进行三点快速击实法测试，每层击数由 56 次减少到 21 次，明显缩短了试验时间，为修订土工试验规程提供了依据。

（5）集成多种实验仪器，研制了多功能检测车，开发了试验信息计算分析系统，优化了心墙堆石坝质量检测流程，解决了大仓面快速检测难题。

（二）应用情况与推广前景

该研究取得了国内外砾质土技术研究应用的新进展，形成的成果和方法完善、发展了我国土石坝筑坝技术，尤其是掺砾土防渗技术。该课题研究的创新成果，在糯扎渡大坝建设中应用，成功解决了大粒径掺砾土料的现场快速检测难题，为保证心墙填筑质量、提高施工速度起到了显著作用；并在金沙江观音岩大坝、澜沧江苗尾大坝建设中，被借鉴应用。糯扎渡大坝，建设质量高，运行状态总体良好。其变形及应力分布符合一般规律，变形量值小；坝基、坝体、厂房系统渗流量小，渗压分布正常。

（三）获奖单位

中国人民武装警察部队水电第一总队。

（四）获奖人

宁占金、黄宗营、方德扬、张耀威、李虎章、韩冬琴、李建国、林海涛、张礼宁、柴喜洲。

（水力发电科学技术奖励工作办公室）

超大型全闭式传动卷扬式启闭机设计与制造关键技术研究

“超大型全闭式传动卷扬式启闭机设计与制造关键技术研究”获 2013 年度水力发电科学技术奖二等奖。

随着高水头大容量电站建设的增多，大荷载、高扬程固定卷扬式启闭机的需求量越来越大。把这种启闭机做成体积小、运行高效、安全可靠、经济合理的产品，是启闭机的发展要求和趋势。为此，在已有的大荷载、高扬程固定卷扬式启闭机研发的基础上，以总体布置尺寸小、体积小、经济高效、安全可靠、环保作为主要条件，集中国内外启闭机的优点，吸收国内外起重机设计制造方面的先进技术，对超大型全闭式传动卷扬式启闭机设计与制造关键技术进行了研究。

（一）主要成果及创新点

（1）对卷筒布置形式及驱动方式进行比选和优化设计。通过分析研究，找出针对不同使用场合下，采用双电机驱动、全闭式传动带动单个双联卷筒缠绕，双电机驱动方式带动两个双联卷筒缠绕，四电机驱动方式带动两个双联卷筒缠绕，四电机驱动方式带动四个单联卷筒缠绕的最优布置方式。

（2）卷筒机加工方面，大直径卷筒（目前最大直径达 3040mm）上的折线型绳槽，采用数控重型卧式车床进行加工；并针对普通尾座顶针无法满足加工要求问题，设计了一款转换顶板用于卷筒的装夹。

（3）行程限制装置的设计，将常规高度指示装置传动轴由原来安装在卷筒轴端改为安装在定滑轮处，减少了由钢丝绳多层缠绕引起的起升高度指示值的误差，解决了起升高度准确性和控制精度的难题。

（4）卷筒齿式联轴器孔的配钻，采用磁力钻根据所要加工的螺孔尺寸，配置合适的导向套来进行钻孔和攻丝。该方法使用灵活，且不需要用到较大的工装和设备，在保证装配精度的同时缩短了加工时间，节省了制造成本。

（5）启闭机组装时，先将启闭机两侧的减速器吊至减速器支座上，调整留出比卷筒装置长度略长一点的开裆，并在支座两侧焊 L 型撑板；再将卷筒装置吊装至联轴器轴线位置，利用千斤顶以撑板为支撑，移动减速器，最终将联轴器与卷筒装置装配成整体。这种方法对吊装条件要求相对较低，不需要额外增加起重设备和制作较大工装，成本较低，安装简便。

（二）应用情况与推广前景

应用该成果，已设计制造出的超大型卷扬式启闭机，单钩起重量达 12 500kN，卷筒直径和长度分别达到 3000mm 和 6000mm，折线绳槽卷筒的钢丝绳最粗为 60mm，卷绕的层数达到 4 层。已研制成功的 12 500kN-72m 启闭机，是目前国际上已投入使用的最大的卷扬式启闭机。

该项目研究企业，由于率先在行业内掌握了大载荷高扬程启闭机的设计、制造的核心技术，在水电站启闭机设计制造能力处于国内领先地位。2010～2012 年，在启闭机市场占有率分别为 9.7%、11.5%、13.1%，三年平均中标 7013 万元，行业第一。该成果具有广阔的应用前景。

（三）获奖单位

中国葛洲坝集团机械船舶有限公司。

（四）获奖人

李丽丽、陈爱国、张庆军、沈赓 、韩烈彪、廖全勇、覃建青、李孝明、乔长龙、王娟。

（水力发电科学技术奖励工作办公室）

500kV/780MVA 三相组合式变压器研制及应用

“500kV/780MVA 三相组合式变压器研制及应用”获 2013 年度水力发电科学技术奖二等奖。

龙滩水电站主变压器，经型式、运输、布置、经济等各方面进行论证比较后，确定了选择技术合理、经济优越、安装运行维护方便、适合地下式厂房安装的 500kV/780MVA 三相组合式变压器。

该三相组合式变压器低压套管连接结构，包括三个单相变压器的单相低压铜排，有管道，每一相铜排分别通过管道内的三相连接铜排联结成角接，并由管道上端的一个升高座引出 A、B、C 三相。管道之间由波纹管相连接，低压升高座与管道之间通过波纹管相连接，管道内部安装电磁屏蔽。主变压器的低压引线电流高达 25 000A 以上，产生的交变磁场会在变压器金属结构件上产生局部过热。三个单相变压器相隔较远，三相低压的连接路径长，引线在整个路径上会在管臂产生非常大的损耗，并会产生局部过热，影响变压器的安全运行和寿命。因此，整个路径对于磁场的屏蔽很关键。

（一）主要成果及创新点

（1）设计了低压套管连接结构专利技术，在单机容量 700MW 巨型水轮发电机组的 500kV/780MVA 三相组合式主变压器上成功应用。

（2）采用先进的计算程序进行辅助设计，优化了产品结构和参数，解决了局部过热问题、噪声问题和损耗问题，保证了产品长期运行的可靠性。产品在权威部门监视下进行试验，没有出现任何局部过热点，无漏磁问题。

（3）单相变压器的结构设计上采用了“U”型线圈结构，低压引线的进线与出线并行。

（4）采用冷却器强油导向水冷的冷却方式，降低损耗，提高效率。

（5）低压通道所有钢质结构件均采用低磁钢，紧固件采用不锈钢材质，内部加装了电磁屏蔽并安装与冷却器进出油管路相连的冷却油管。低压通道翼板，加装低电阻率铜板，以旁路低压大电流引线引起的集肤效应，解决过热问题。

（6）首次应用电流引线屏蔽盒，解决了大电流、长路径的低压引线磁场屏蔽问题。这个关键技术，填补了国内空白。

（7）采用了波纹管软连接技术，成功解决了安装时三相的高压与GIS、低压与管道组合连接的准确度保证问题。

（二）应用情况与推广前景

该项目结合工程实际，有效解决了水电站因运输困难及枢纽布置受限的大容量变压器选型应用问题。成果已在龙滩工程成功应用，技术已转让给衡阳变压器厂，并已应用于岩滩二期工程和溪洛渡水电站的主变压器设计、制造，具有显著的经济效益和社会效益。

国内尚未开发的大型河流主要集中西藏、云南、四川交通条件恶劣地区。本成果对国内后续水电开发厂房变压器选型具有一定的推广与借鉴意义，具有较大的推广应用价值。

（三）获奖单位

龙滩水电开发有限公司、特变电工沈阳变压器集团有限公司、中国水电顾问集团中南勘测设计研究院。

（四）获奖人

杨振先、钟俊涛、胡镇良、安振、徐立佳、张强、王鹏宇、王晖、刘昆林、赵静。

（水力发电科学技术奖励工作办公室）

狭窄河谷高陡边坡GIS仿真决策高效环保施工技术研究与实践

“狭窄河谷高陡边坡GIS仿真决策高效环保施工技术研究与实践”获2013年度水力发电科学技术奖二等奖。

在拱坝施工领域，狭窄河谷坝肩开挖因工作量较大，为水电站关键线路直线工程项目，其特点是施工安全问题突出，施工难度大，施工工期紧，生态保护与水土流失等矛盾突出。为解决拱坝坝肩快速开挖关键技术难题，促进水电工程建设与水土保持和环境保护之间和谐发展，项目依托大岗山水电站建设项目，开展了“狭窄河谷高陡边坡GIS仿真决策高效环保施工技术研究与实践”的研究。

该研究利用GIS仿真技术对大坝坝体及周边地理地貌建模，根据各种设想或实际的施工方案，结合气象水文数据，综合考虑度汛策略，模拟坝坡开挖、导分截施工、动态水流、渣场堆存回采、场内道路交通等各种系统的动态模型，通过对各个系统动态模型比较，分析方案的经济性、技术复杂性、环境影响等因素，优选最佳方案，然后经水力学模型试验、开挖爆破试验及安全监测等技术手段，验证施工方案的可行性，确定一种融合导流截流围堰设计施工的高效环保狭窄河谷陡边坡开挖的综合设计与施工技术方案。

（一）主要成果及创新点

（1）创新狭窄河谷拱坝导截流及高陡边坡高效环保施工技术，包括提前截流、河道提前分阶段分流、围堰分阶段实施、陡边坡提前开挖、过水围堰维护的基坑集渣出渣等。

（2）GIS的三维可视化技术应用于电站筑坝技术的仿真。通过GIS可视化技术综合模拟枯水期中段截流、分阶段导流分流、分阶段围堰施工、提前岸坡开挖等工程施工状态，验证加快导流洞施工、河道提前分流、围堰分阶段实施、坝肩开挖渣料基坑出渣的总体设计施工技术方案的可行性，以三维GIS图形统一实时地展示出来。

（3）首创“枯水期中段截流，导流洞按照枯水期前期、汛期前两个阶段参与分流，围堰按照枯水期过水围堰挡水、汛期过水围堰＋自溃式子堰挡水、次年全年围堰挡水的分阶段围堰填筑并提前形成围堰围护基坑”的工程导截流与围堰综合规划设计与施工技术。既降低了导流洞、围堰工程的施工强度，又解决了前期围堰填筑料不足的矛盾，实现了河床提前截流，提前形成基坑，创造了提前拱坝狭窄河谷高陡边坡开挖基坑集渣的条件。

（4）考虑枯汛导流时段不同水文特点及工程进度，创新制定了过水围堰、自溃式子围堰、全年围堰的分阶段导流度汛实施技术标准。

上述技术创新，将原先占直线工期，前后衔接分步实施的工程项目在施工时段上实现部分重叠与交错，在时空上相应的增加各建设项目建设时间，简化了拱坝高陡边坡岸坡施工道路布置，避免渣料下河引起的水土流失与河道污染，实现了拱坝高陡边坡高效环保施工的目标。

（二）应用情况与推广前景

在大岗山水电站工程建设过程中，通过狭窄河谷高陡边坡GIS仿真决策高效环保施工技术研究与实践，改善了前期坝肩开挖的施工条件，加快了左右岸坝顶以上的开挖进度，解决了坝坡开挖中的石渣下河、公共交通过坝等环保和安全问题，降低了河道分流难度和道路运输安全风险，取得了良好的经济和社会效益。成果的成功实施对类似工程起到很好的示范作用，在西部大开发及世界拱坝建设中具有广泛的推广应用前景。

（三）获奖单位

国电大渡河大岗山水电开发有限公司、葛洲坝集团第一工程有限公司、中国水电顾问集团成都勘测设计研究院、中国人民武装警察部队水电指挥部、中国水利水电咨询北京公司。

（四）获奖人

林丹、刘金焕、张建华、姚福海、黄彦昆、周献忠、吴思浩、赵秀玲、朱忠平、李方平。

（水力发电科学技术奖励工作办公室）

大渡河流域梯级电站集控技术研究与集控中心建设

“大渡河流域梯级电站集控技术研究与集控中心建设”获2013年度水力发电科学技术奖二等奖。

随着我国水电开发的不断推进，不少流域已经和即将形成由众多水电站组成的流域水电站群。这些水电站水力、电力联系密切，不仅承担着流域防洪及水资源综合利用任务，而且在电网安全稳定与经济运行中具有举足轻重的作用。这种流域水电格局的形成，对传统的经验型、粗放型调度模式提出了挑战，需要统一优化资源配置、协调运行控制，对水电运行提出了更高的要求。

流域水电集中控制是一项跨学科、庞大复杂、高度综合性的系统工程。我国流域集控工作起步总体较晚，虽然先后有三峡梯调通信中心、湖北清江梯调管理中心、乌江流域梯级电站远程集控中心开展了相关探索，但总体仍停留在起步阶段，没有标准规范。

为适应这一新的形势，切实提高流域水电调度管理水平和运营能力，全面提升大渡河流域水电调度运行的安全性、可靠性与经济性，结合大渡河流域各水电站建设实际，提出并实施了以“数字化、信息化、自动化、智能化”——“四化一体”的大渡河流域水电远方集控运行的系统解决方案。

（一）主要成果及创新点

（1）建立了计算机监控系统操作交互监护体系。利用计算机监控系统内部通信技术，首次建立了机组开停机、线路停送电、线路倒闸操作等重大操作业务审批流程，从系统设计上确保了调度长与调度员之间职责履行到位，有效提高了操作正确性和可靠性。

（2）设计并建设了梯级闸门调度决策支持系统。根据梯级电站水情和运行情况，在考虑梯级流达时间的基础上，设计并建设了梯级电站闸门智能调度决策支持系统，并实现了闸门操作监护。

（3）首次开发了大中型水电站闸门应急控制系统。通过电站水情和设备运行状态，及时启动应急电源，并自动按控制目标进行闸门自动化控制。

（4）研发了自适应浮子式水位计。通过加设导向轮，并设计自适应限位装置，改善了传统浮子式水位的运行条件，解决了钢绳相互缠绕和脱槽的问题。

（二）应用情况与推广前景

2008年12月，集控中心专业系统和管理系统建成投运，并成功接入龚嘴、铜街子电站；2012年12月，成功接入新投运的瀑布沟、深溪沟电站。目前，大渡河集控中心远方集控、统一调度的装机规模达5655MW。

大渡河流域梯级电站集控中心，通过前期关键技术研究，建设中融入了大量取得的科研成果，整个集控平台系统先进，管理顺畅。现场顺利实现无人值班（少人值守），集控中心实现水库调度、电力调度合一（水电合一），劳动生产率大幅提高，由4座电站单站运行需要水、电调人员220人减少至116人，人员精简比例达47%。梯级联合调度优势明显，发电用水调节、防洪排沙、梯级电站负荷匹配水平大幅提高。项目经济、社会效益显著。

该成果可以作为同类型流域梯级集控中心参考。已有南方电网公司、国家电网公司重庆电力公司和华能集团公司、华电集团公司、大唐集团公司、中国电力投资集团公司、雅砻江流域公司、黔源电力公司、国电集团公司新疆公司等电力企业代表前来调研学习和参观考察。

（三）获奖单位

国电大渡河流域水电开发有限公司、中国水电顾问集团成都勘测设计研究院、南京南瑞集团公司。

（四）获奖人

付兴友、李攀光、杨忠伟、贺玉彬、尤渺、叶发明、令狐小林、吴正义、张祥金、邹联。

（水力发电科学技术奖励工作办公室）

水电站输水发电系统瞬变流理论与工程实践

“水电站输水发电系统瞬变流理论与工程实践”获2013年度水力发电科学技术奖二等奖。

随着电网中核电、风电的比重加大，水电站将更多的担负系统峰荷，负荷变化愈加频繁。当电站的运行工况发生变化时，输水发电系统中将出现复杂的水力瞬变过程，水力机械、调速器、电气设备以至整个电力系统都将处于变化之中。对这些变化进行预测、分析、控制、防范，是保障水电站输水发电系统运行安全的核心技术问题。俄罗斯萨彦—舒申斯克水电站事故的惨痛教训引起了世界对水电站运行安全的高度关注，水电站输水发电系统过渡过程分析已经成为电站设计、运行中的一项必备工作。

该成果通过十余年的努力，采用理论研究、数值分析、物理模型、原型观测等多种手段，在不断深化拓展水电站输水发电系统瞬变流理论的同时，更加注重在实际工程中的推广应用，完成了国内外50多座水电站、抽水蓄能电站输水发电系统的瞬变流数值模拟与水力模型试验项目，建立了一套完善的水电站输水发电系统水力瞬变过渡过程分析理论、方法体系，并在实际工程中得到了成功应用。

（一）主要成果及创新点

（1）建立了描述水电站有压管道内水体高阶振动特性的新弹性模型与机组扩大单元接线的稳定性分析模型，提出了水轮机（水泵）和阻抗式调压室的水力阻抗计算公式，揭示和阐明了水一机一电系统的耦合共振机理，拓展和完善了水力振动理论，并广泛应用于水电站水一机一电系统的振动特性和稳定性分析。

（2）建立了调压室涌浪和水锤的随机计算模型，提出并验证了与电站建设运行相关的随机参变量分布假设，分析了确定性结果在随机结果的分布函数中的取值概率，为水电站输水发电系统的整体可靠度设计提供了科学依据，为水电站实际运行中的风险评估提供了量化标准。

（3）针对常规布置调压室，提出了关于涌浪幅值、稳定断面、涌浪组合工况危险时刻点等系列公式；针对复杂布置调压室，建立了长廊式调压室水体纵向波动的数学模型；研究成果弥补了现有设计规范中的不足，丰富并完善了水电站输水发电系统的调压室设计理论。

（4）针对中小型水电站的水锤防护，提出了考虑摩阻的水锤计算公式；制订“以阀代井”、“以膜代井”的设计准则与方法，解决了中小型水电站不设调压室的安全稳定运行问题。

（二）应用情况与推广前景

（1）瞬变流理论的拓展深化的部分成果已专著出版，并被写入相关本科教材。

（2）常规调压室设计理论相关成果被新修编的水电站调压室规范采纳，并应用于雅砻江卡拉，老挝南俄5，青海玛沁格曲二级，新疆阿尔塔什、波波娜、达克曲克、盖孜、哈拉军、吉林台二级、金沟河、斯木塔斯等电站；长廊式调压室设计理论用于溪洛渡、锦屏二级、泸定、黄金坪等大型水电站的引水、尾水调压室的设计；气垫调压室设计与运行控制理论应用于越南上昆嵩（ThuongKonTum）水电站、青海南山口二级电站；减压阀选型与运行控制的理论技术应用于云南绿水河，新疆大河沿渠首、五级、六级、八级、九级、十级，哈萨克斯坦鲁特尼奇一级、二级，新疆土木秀克等水电站；爆破膜选型与运行控制的理论技术应用于新疆大河沿渠首、台兰河三级；调压室涌浪危险叠加时刻点的规避应用于锦屏二级、波波娜等具有超长引水隧洞（10km以上）的水电站输水发电系统。

（3）水电站输水发电系统优化设计理论应用于宝泉、溧阳等多个抽水蓄能电站的方案比选；水电站稳定运行及控制理论与技术被国内多个相关设计院采纳，其中小波动运行稳定与水力干扰分析已成为水电站调保计算的必备内容，已在课题组所承担的50余座国内外大、中、小型水电工程中加以实施。

总之，该成果不仅产生了显著的社会经济效益，而且具有重大科学理论价值。

（三）获奖单位

河海大学。

（四）获奖人

张健、周建旭、索丽生、刘德有、郑源、朱永忠、俞晓东、杨校礼、陈 胜、马智杰。

（水力发电科学技术奖励工作办公室）

大型水利水电工程安全生产和应急决策关键技术研究及应用

“大型水利水电工程安全生产和应急决策关键技术研究及应用”获2013年度水力发电科学技术奖二等奖。

我国以三峡工程为代表的大型水利水电工程，规模空前，其建设安全涉及国家的战略利益，技术极其复杂，在世界范围内缺乏可参考的案例。研究和开发针对以三峡工程为代表的具有自主知识产权的大型水利水电工程安全生产与应急关键技术、建立适应现代大型水电企业特点的安全生产与应急管理体系、研发科学高效的管理信息系统，既是当前水电建设中理论和实践的迫切需求，也对行业的发展具有重要的引导和意义。

（一）主要成果及创新点

（1）建立了反映大型水利水电开发企业多层次多级别安全生产管理特点的，工程施工重点危险源全周期、全环节与标准化的过程监控模型及信息化工作平台。对水电工程项目高排架施工、洞室开挖、高边坡开挖、大模板安装与拆除、大件吊装等十个重点危险源的管理模业务与流程再造，明确过程监控参建各方应履行的安全职责，对施工安全措施方案审批、关键工序与环节的检查、验收许可把关、可追溯验证记录做出详细规定，促进安全生产工作管理闭合，实现安全管理的持续改进。

（2）建立了基于实证研究与事故数据的工程施工高危作业评价模型，提出综合管理因子的改进LEC方法。将高危作业风险因素范围进行扩展，构建高危作业评价指标体系，建立具有实证基础，融和事故数据统计分析的工程施工高危作业评价模型。在研究因素间的相互作用关系与耦合性的基础上，结合不确定性理论、决策模型与评价方法实施评价。针对向家坝和溪洛渡工程存在各种类型、各种级别的地质危险源的特点，制定了工程建设期危险源分级和决策方法。

(3) 在基于预案链、事件链与信息整合技术的"应急一张图"技术与应急处置分析研判模型方面，采用信息源数据映射技术和信息松耦合集成技术，实现了对三峡集团既有信息资源和已有业务系统的安全、可靠和效率的有机整合，为预防和处置突发事件提供了技术和标准上的支撑；建立基于事件链与预案链的应急处置分析研判模型，将事件推演预测模型结果与应急预案规定的有关处置流程以及相关案例相结合；提出了预案数字化解决方案，关键预案实现了数字化，可自动或人机交互模式快速生成应急处置辅助方案，满足应急救援工作及恢复重建工作的需要。

(二) 应用情况与推广前景

结合本研究和大型水电企业的特点，对中国长江三峡集团公司安全与应急管理体系进行完善和流程再造，并据以编制了安全与应急管理信息系统，实现了安全生产工作的日常信息化管理和突发事件的应对与处置；实现与突发事件现场协同处置和沟通；有助于企业进一步做好安全生产工作，经济效益十分明显。

项目的研究内容，已经以学术论文发表，并被引用和得到好评；所提出的新技术部分已获专利授权或公开，相关内容被写入有关标准规范（《水电水利工程施工重大危险源辨识及评价导则》DL/T 5274—2012)；重点危险源过程监控程序文件、改进 LEC 方法和工程施工危险源评价模型、安全生产应急决策信息系统可在大型水利水电工程推广应用。

研究成果已经应用于三峡、溪洛渡、向家坝等大型水利水电工程中，产生了巨大的经济和社会效益；对其他大型水电工程有示范作用，具有广泛的推广应用价值。

(三) 获奖单位

中国长江三峡集团公司、中国安全生产科学研究院、清华大学、华中科技大学、三峡大学。

(四) 获奖人

孙志禹、张兴凯、刘先荣、袁宏永、王红卫、钟茂华、周剑岚、宋四新、陈健国、曾伟。

（水力发电科学技术奖励工作办公室）

大倾角长距离空间曲线返程带料皮带机的研究与应用

"大倾角长距离空间曲线返程带料皮带机的研究与应用"获 2013 年度水力发电科学技术奖二等奖。

锦屏二级水电站为引水式，装机容量 8×600MW，有 4 条长 16.7km 引水洞。工程东端砂石加工系统位于模萨沟内，利用引水洞等主体工程开挖洞渣生产成品砂石料；高线混凝土系统位于 1560m 高程平台，承担引水洞东端及上调压室的成品混凝土供应任务。1、3 号引水洞和施工排水洞东端采用 TBM 掘进，渣料由带式输送系统运至 8km 外的模萨沟弃渣场。该带式输送系统由 2 套带宽 1200mm 的皮带机组成，带速 0～3.5m/s，设计渣料输送能力不低于 4600t/h，最大输送能力为 5600t/h；同时，利用其上下层带面相反方向运行的特性，向高线混凝土系统输送成品砂石料，输送能力为 600t/h。输送系统的两条皮带，在东引 2 号施工支洞与模萨沟间采用平行布置，在 1560m 高程平台至模萨沟渣场之间的 5.9km 范围内，由于受 4 号营地、沿线边坡地形条件、皮带转弯半径等制约，采用大倾角空间曲线双层叠加布置。该空间曲线布置，皮带水平向呈多拐点"S"形，在辅助洞口和带机 3 号桥的转弯半径为 1200m、最大倾角为−14°，在皮带机 1 号桥的转弯半径为 1300m、倾角 8°；皮带纵向在 1435～1625m 间波状起伏，高差达 190m，最小曲率半径为 600m。

(一) 主要成果及创新点

(1) 在皮带机的机头和机尾，以增设滚筒的方式加大皮带机上下层带面间距，用于布置成品砂石料的上料、卸料装置和转料皮带，成功实现了单条皮带机双向输送、返程带料的功能，有效扩展了皮带机的使用效率，具有创新性和实用性。

(2) 将两条长距离皮带机双层叠加并采用多拐点（水平向 20 个、纵向 53 个）空间曲线布置，以钢结构桁架作为皮带机叠加后的承载体，皮带最大倾角达 14°，最小转弯半径 1200m，垂直向最小曲率半径为 600m。由此将两条运渣皮带和一条运料皮带合三为一，解决了地形限制不能布置多条皮带的难题，减少了工程量，有利于水土保持和环境保护。

(3) 为解决皮带桥架安装时无法利用起吊设备的困难，在大跨度曲线皮带机桥架安装中采用"大跨度曲线钢结构桁架顶推法安装工法"，为复杂地形条件下的工程钢结构安装提供了新工艺、新方法及新思路。

(4) 采用"张拉小车＋张紧塔＋卷扬机"新型张紧装置，对长距离皮带机传统的重锤张紧装置进行创新优化，大大降低了皮带机张紧塔高（深）度，解决了工程施工现场布置张紧塔的难题。

(5) 为避免含泥水渣料在大倾角皮带段回落下滑而造成渣料外溢和坡角处大量堆渣，研究设计了防下滑装置（该装置已获得国家专利授权，专利号：ZL 2011 2 0312660.5)。

(6) 对通过生活营区段皮带机采用内衬聚酯纤维

吸音棉的隔音吸音塑化雨篷对皮带机桁架进行覆裹，隔音效果明显，满足《声环境质量标准》（GB 3096—2008）。解决了皮带机噪音对于生活区的影响，环保效果好。

（7）在100号皮带尾部设置应急分料装置，有效解决了长皮带机故障或维修时对TBM掘进的影响。

（二）应用情况与推广前景

锦屏二级水电站带式输送系统于2009年8月28日正式投入运行；总体运行情况正常，截至2013年5月10日，完成渣料运输约482万t，返程输送成品混凝土骨料约456万t（预计至工程竣工共需约592万t），较好地满足了引水洞TBM掘进出渣和高线混凝土系统骨料运输需要，对电站按期发电做出了积极地贡献。

此外，由于采用了皮带机运输渣料，除洞、内外的空气质量大为改善外，施工交通的安全保证也得到有效提高。如TBM掘进的1、3号引水洞，其空气质量远优于钻爆法开挖的2、4号引水洞，曾作为风源向2、4号引水洞提供了大量较为新鲜的空气；洞外高线公路的汽车通行量因此而减少约532车次/h，除交通秩序和安全基本得到保证外，沿线的扬尘及CO_2等有害气体排放也大量减少，对提高沿线生活区居住人员生活环境质量极为有利。

（三）获奖单位

雅砻江流域水电开发有限公司、四川马蒂薛工程技术有限公司、中国水利水电第九工程局有限公司、四川二滩国际咨询有限责任公司、中国水利水电第七工程局有限公司。

（四）获奖人

陈云华、冉懋鸽、张 鹏、薛继洪、张东明、曾新华、李卫国、徐劲松、王有才、廖星明。

（水力发电科学技术奖励工作办公室）

青藏联网工程输变电线路关键施工技术研究与应用

“青藏联网工程输变电线路关键施工技术研究与应用”获2013年度水力发电科学技术奖二等奖。

青藏联网工程是迄今世界海拔最高的输电工程，施工面临高原高寒特殊环境所带来的一系列技术问题，主要有冻土基础处理、冬季冻土地层混凝土浇筑、大风天气铁塔组立、生态环境保护、医疗卫生保障等。为此，研究并攻克这些关键性技术问题，并将其成果应用至本工程的施工中，是高效、安全完成本工程的关键前提之一，也可为青藏地区其他类似工程施工提供借鉴。

该项目参与本工程第8、9标段输变电线路、拉萨换流站B包及配套的拉萨环网工程建设，上述关键性技术问题主要依托第8、9标段输变电线路工程展开研究。

（一）主要成果及创新点

（1）在青藏高原、冻胀地层基础施工中，研究采用钢护筒护壁措施，成功地将“旋挖钻与冲击钻组合成孔”技术应用到季节性冻土基础的钻孔灌注桩施工中。遵循“随开挖、随支护”的原则，有效解决了含砾冻融性冻土地层的桩基成孔难题，提高了成孔质量和速度。

（2）在青藏高原地区严寒冻土地层浇筑塔基混凝土施工中，采用一次性厚玻璃钢模板外涂沥青等柔性材料，隔离了基础混凝土与冻土的接触，有效阻断了混凝土温升对冻土和地基冻胀对混凝土的作用；采用了添加复合防冻外加剂，控制混凝土入仓温度，移动式恒温暖棚保温等综合措施，保证了混凝土施工质量，形成了适合冻土地带严寒时期的桩基混凝土施工工艺。

（3）针对高原高寒地区持续大风等特殊气候条件，研究采用了“地面分片组装、吊机分片吊装、测风监控作业、供氧保障施工”的组塔技术，减少了高空作业，降低了劳动强度，提高了组塔效率，保障了施工安全，避免了抱杆组塔设置地锚对环境的破坏。

（4）施工过程中对植被采用了“精准原位回植”、“雪层综合覆盖保护”等措施，有效保护了生态环境。

（二）应用情况与推广前景

该成果在青藏联网工程、西北至新疆750kV联网工程、西宁至玉树330kV联网工程成功应用，累计实现效益3670.67万元，有效解决了高原高寒地区大规模电网工程建设的难题，填补了此类工程建设的空白，为青藏地区大规模电网建设施工提供了技术保障，为开发该区域丰富的水能、光能、风能等提供了基础条件，为促进西藏和青海地区社会经济发展做出了突出贡献。

（三）获奖单位

中国人民武装警察部队水电第二总队。

（四）获奖人

韩慧、黄金鹏、张利荣、武生军、姜国华、严匡柠、李宜忠、徐晓东、张佑军、陈志刚。

（水力发电科学技术奖励工作办公室）

铜街子水电站150MW大型轴流转桨式水轮发电机组增容改造研制

“铜街子水电站150MW大型轴流转桨式水轮发

电机组增容改造研制”获 2013 年度水力发电科学技术奖三等奖。

铜街子水电站 4 台单机 150MW 的轴流转桨式水轮发电机组，于 1994 年 12 月全部投产。近年来，水轮发电机组磨蚀老化问题逐渐显现。为了充分利用水能资源，国电大渡河流域水电开发有限公司决定对铜街子水电站进行增容改造，12 号机组首先开展。

东方电气集团东方电机有限公司承担了铜街子 12 号机组改造的设计制造任务。按要求，机组额定功率由原来 150MW 增至 175MW，额定功率较原来增加了 16%，出力增比较大。此机组结构尺寸大，机组稳定性要求高，水力开发条件限制苛刻，改造的设计难度和风险大。

（一）主要成果及创新点

(1) 在转轮直径、额定水头和吸出高度均不变的条件下，通过提高水轮机转轮的效率水平和过流能力达到水轮机增容的目的，机组额定功率由 150MW 增容到 175MW，单机容量增加 25MW，增容幅度为 16% 。

(2) 转轮轮毂比由改造前的 0.5 减小到 0.46，叶片数由原来的 6 个叶片减少到 5 个，在水轮机安装高程、吸出高度均不变和使用流量增大 10.3%的条件下，转轮各保证出力工况点的空化安全裕量均大于 1.10，保证了机组在丰水期能加大过机流量增大出力且安全稳定运行的要求。

(3) 增容改造后水轮机效率水平大幅度提高。在最优工况点，模型最高效率为 92.58%，较原转轮的 88.5%大幅提高约 4.0%；在额定工况点，水轮机原型效率由 88.33%提高到 92.75%，提高 4.4%。这在同类电站改造的水力开发中，处于国内领先并达到国际先进水平。

(4) 在电站运行区域内，所有压力脉动混频幅值均小于 6.0%，主要运行区域压力脉动均小于 2.5%，保证了机组增容改造后在不同来流条件下均能安全稳定运行。

(5) 改造后，转轮叶片减少，原先的起吊工具不能使用，为此设计了新型的免拆式悬挂卡环工具。悬挂卡环能将支持盖和导流锥、主轴、转轮三体衔接成一体整体吊入机坑，并在定位后起悬挂主轴和转轮重量作用；水轮机主轴和发电机主轴把合后不再承受重量，但也无需拆卸，而作为一部件参与运行，便于安装与检修。

(6) 发电机定子采用集中布置的波形绕组连接方式，有利于维护轴系的稳定性，增加机组动态稳定性能。

(7) 通风冷却系统的结构采用转子支架单路循环。在转子磁轭上下端利用原机把合风扇的螺栓把合一圈高强度玻璃钢旋转风斗，增强定转子气隙压头，强化上下齿板区域的散热，防止热风回流。

(8) 定子铁芯同时采用了拉紧螺杆和穿心螺杆压紧。为保证定子铁芯在长期运行后的紧量，螺杆上端套有碟形弹簧。

（二）应用情况与推广前景

改造后的机组于 2012 年 5 月底一次成功启动并网发电，水导和发导瓦温、定子铁芯和线圈温度、机组振动和摆度均优于或满足国家标准要求，主要关键性能参数达到了当前国际先进水平，为业主创造了巨大的经济效益，获得了业主的高度评价。改造后的机组水力性能设计优良，结构合理、零部件工艺性能好，其设计总体技术水平处于国内领先，其中水轮机水力性能达到了国际先进水平。

（三）获奖单位

东方电气集团东方电机有限公司。

（四）获奖人

赵永智、王继娥、田忠荃、代继江、税彪、李新威。

（水力发电科学技术奖励工作办公室）

800MW 水轮发电机组安装技术研究

“800MW 水轮发电机组安装技术研究”获 2013 年度水力发电科学技术奖三等奖。

向家坝水电站左、右岸厂房各布置 4 台 800MW 混流式水轮发电机组。右岸电站机组由天津 ALSTOM 公司制造，定子内径 19 000mm，铁芯高度 3490mm，额定输出电压 23kV；转子外径 18 935mm，磁轭高度 3650mm；发电机为全空冷冷却方式，其多项指标为世界水电机组之最，安装难度同样为世界之最。

（一）主要成果及创新点

对于 800MW 级巨型水电机组安装和调试技术，经研究，总结出了一整套技术先进、次序合理、操作成熟安装工艺，其中有大尺寸、厚板材的座环、蜗壳安装工艺，水轮机基础环、座环的机加工控制，大尺寸定子的组装控制工艺，大尺寸转子的组装控制工艺，高电压全空冷发电机的定子下线工艺，大负荷下机架的组装工艺，机组总装的工序、轴线及高程调整控制，大负荷推力轴承的受力调整控制，机组的启动试运行过程控制等。主要发现、发明及创新点如下：

(1) 转子组装圆度控制，使用了专用整形工具；在转子磁轭键焊接中，优化了原有的防变形工艺；在转子磁轭热加垫中，修改了原加垫工艺。

（2）提出了机组分部盘车方案的新概念。

（3）机组运行数据分析及轴承温度控制。

（4）采用了座环与基础环整体组装、吊装工艺。

（二）应用情况与推广前景

通过研究，提高了我国特大型机组的安装和调试技术，积累了这方面的施工组织设计的原始资料，为从事水电站机电设备安装与调试的工程技术人员和工程管理人员提供可借鉴经验；同时，增进了与国际大型水电设备制造公司的沟通和了解，便于拓展国际市场。

研究成果除应用于向家坝电站外，还可应用于将来的白鹤滩、乌东德等水电站，以及水资源丰富国家的特大型水轮发电机组安装调试。

（三）获奖单位

中国水利水电第四工程局有限公司。

（四）获奖人

席浩、马军领、李津沛、孙德召、郑少平、赵吉鸿、李国宁。

（水力发电科学技术奖励工作办公室）

液压提升系统在大型水电站导流底孔下闸中的应用研究

“液压提升系统在大型水电站导流底孔下闸中的应用研究”获2013年度水力发电科学技术奖三等奖。

向家坝水电站1～5号导流底孔封堵闸门，为潜孔式平面滑动闸门，布置于左岸缺口坝段；设计水头120m，底坎高程260m，门槽孔口宽度10m，高度14m。下闸平台位于325m高程，原设计布置29m高的钢筋混凝土排架，其顶上每孔各设一台2×1000t固定卷扬式启闭机，用于闸门的启闭操作。

由于导流底孔进口启闭机混凝土排架结构复杂，下闸水头高、孔口尺寸大，启闭机容量大，混凝土排架施工完成后还需进行闸门拼装、固定卷扬机安装调试等工作，难以保证底孔下闸工期，该项目就液压提升系统在向家坝水电站导流底孔下闸中的应用等进行了深入研究，形成了一套国内成熟的液压提升系统（6×560t）操作闸门启闭的工艺技术及施工组织管理工法。

（一）主要成果及创新点

（1）在水电行业首次采用液压提升系统操作导流底孔闸门，完成下闸。

（2）对高水头、超大型导流底孔闸门下闸，采用液压比例阀控制闸门的同步性，左右两侧吊点的高差不超过10mm。

（3）采用钢结构塔架系统代替混凝土排架，缩短施工工期、减少缆机占用资源。

（4）液压提升系统的合理规划与布置，具备快速安装、拆除整体回收。

（5）在高水位中闸门下放到位后，在静水中能够具备复提能力。

（6）液压提升系统控制闸门下闸比卷扬机下闸节省直接经济效益近2500万元。

（二）应用情况与推广前景

通过向家坝水电站进口6号导流底孔真机试验的观察与检测，实施对1～5号导流底孔采用液压提升系统装置对闸门进行下闸，将确保液压提升系统用于水电站导流系统闸门动水操作的可靠与安全；对闸门的水力学和水弹性振动试验进行成果分析，检测闸门的振动加速度、振动频率和振动位移，观测闸门底缘的水流脉动压力荷载，有效控制和监测闸门的启闭，在闸门的不同开度，不同水深对闸门的上升以及闸门的持住力进行了记录与分析，对液压提升系统在下闸过程中的同步性进行检测与控制，对于高水头中静水中闸门的复提，提升系统的持住力进行了检测，其结果均满足导流底孔的下闸要求，同时打破了1000t卷扬机高水头静水中不能复提的缺陷，对后续的下闸施工提供了一个良好的方法。

成果可为国内外水电工程高水头、超大型各类闸门的下门提供有价值的、有益的经验借鉴。

（三）获奖单位

中国水利水电第四工程局有限公司。

（四）获奖人

席浩、王雄武、邹强、王爱斌、王红军、赵敏、万连宝。

（水力发电科学技术奖励工作办公室）

向家坝水电站泄洪中孔超大型弧形闸门制造关键技术研究与应用

“向家坝水电站泄洪中孔超大型弧形闸门制造关键技术研究与应用”获2013年度水力发电科学技术奖三等奖。

向家坝水电站泄洪坝段中孔共布置10扇弧型闸门，孔口宽6.0 m、高11.259m，操作水头83.475m，居国内第一。该闸门结构特点是面板表面贴焊奥氏体不锈钢，采用主纵梁、直支臂结构，面板曲率半径R=20.00m，门叶分左、右2节对称制作，中间采用高强螺栓连接，整扇弧形闸门重350t。

该超大型中孔弧形门，质量要求高、制造难度大，且弧形面板表面贴焊4mm厚奥氏体不锈钢，许多高难技术问题均是首次遇到。为此，葛洲坝机电建设有限公司针对该项目的制造技术进行了深入详细的研究，制定出了一整套行之有效的制造方案，成功解决了弧门制造的一系列技术难题，确保了该项目的安全、优质、按时地实施。

（一）主要成果及创新点

（1）首创了一种主纵梁结构弧形闸门制造的工艺曲率半径缩放值计算法。

（2）设计的"门叶整体平卧铣床在弧形轨道上移动采用仿形法完成弧形面板的加工装置"已获实用新型专利（专利号为 ZL 2012 2 0158288.1）。设计的"加工铣床固定不动，加工装置单节门叶侧卧液压台车驱动门体绕支铰轴转动，完成曲率半径 20m 的弧形面板加工装置"已申请实用新型专利和发明专利。

（3）创新了一种大型弧形门曲面贴焊奥氏体不锈钢板工艺。

（4）研究出了一套超大型弧形门热处理变形的控制工艺。

（二）应用情况与推广前景

通过该项目研究，成功指导了向家坝水电站泄洪中孔弧形门的制造，各项指标、性能检测全部达到国家行业规范及设计要求。向家坝水电站泄洪中孔弧形工作门于 2011 年 12 月全部发到工地，2012 年 5 月安装调试完成，2012 年 6 月正式投入运行。

研究成果可用于指导国内外其他超大型弧门和有类似面板大面积贴焊不锈钢的制造。

（三）获奖单位

葛洲坝集团机电建设有限公司。

（四）获奖人

赵传明、张为明、闫玉梅、梅骏、李壮、胡孟章、施冰。

（水力发电科学技术奖励工作办公室）

巨型水电机组国产化励磁系统在龙滩水电站的研制应用

"巨型水电机组国产化励磁系统在龙滩水电站的研制应用"获 2013 年度水力发电科学技术奖三等奖。

龙滩水电站 7 台 700MW 巨型水电机组采用 ABB 公司 UNITROL5000 型励磁装置。运行中发现的问题主要暴露于励磁调节器部分，其他部分如励磁变压器、功率柜、灭磁开关、灭磁电阻、过电压保护等设备状况良好。经研究，决定先对 3 号机组励磁调节器进行国产化改造，成功后再推广到其他机组。

（一）主要成果及创新点

（1）首次在巨型水电机组上实施励磁系统国产化改造，实现了与原有进口励磁系统未改造部分的无缝对接。针对巨型水电机组励磁系统的现状，龙滩电厂前瞻性的提出了国产化改造的思路和基本原则、要求及注意事项，确定了最终的改造方案。通过精心组织和协调，于 2011 年 12 月 25 日完成了龙滩电厂 3 号机组励磁系统国产化改造并成功投入运行。各项试验表明，改造后的励磁系统完全满足国家、行业标准要求。

（2）在巨型水电机组上成功运用高频脉冲列技术与动态均流技术。基于高频脉冲列技术，励磁系统可实现残压起励，把辅助起励电源的容量降为 0；也可借助于不大于 20A 的外部辅助直流电源，实现起励，对电站直流系统，不会造成很大的冲击。动态均流技术是一项发明专利（专利号为 ZL 02 1 52084.4）。采用这项技术，不需要其他任何辅助措施（如长电缆、硅元件参数选配等）可以确保均流系数大于 95%，而且，当一个或多个功率柜退出后，运行的功率柜之间仍可实现动态均流。

（3）提出并采用了双脉冲总线、CAN 总线配置，降低了总线故障率，提高了晶闸管触发脉冲等传输的可靠性。为了提高励磁调节柜至 5 个功率柜之间晶闸管触发脉冲信号传输的可靠性，设计了双路脉冲总线传输的解决方案，增加了脉冲传输的冗余；同时，采取了抗干扰措施，把每截脉冲扁线都包裹了专用的双面导电铜箔予以屏蔽。

（4）采用专用 PLC 对功率柜故障进行冗余检测，提高了系统的智能化及可靠性。增加一套可靠性更高的专用 PLC，对功率柜故障进行冗余检测。当 PLC 检测到 3 个及以上功率柜出现故障退出时，才出口跳机；而通过 CAN 总线传输的信息，不用作功率柜故障跳机的判据。这样，即使 CAN 总线发生故障，只会报警而不会造成跳机事故。

（二）应用情况与推广前景

通过成功实施对龙滩 700MW 巨型水电机组进口励磁系统的国产化改造，打破了国外公司在巨型水电机组上的技术垄断，使进口同类设备平均价格下降近 50%，同时降低了对进口励磁设备制造厂家设备、技术和服务的依赖，提高了设备维护技术支持的及时性和技术升级改造的可行性，大幅降低了运行维护费用，有利于电站经济运行和安全稳定，具有显著的促进、示范作用和推广应用价值。

随着电子产品的老化，我国已投运的巨型水电机组如三峡、龙滩、小湾、拉西瓦等相继将进入了改造更换期，而其他类型机组更多，仅以广州擎天实业有限公司为例，其提供的 ABB 励磁调节器套数共有 100 套左右。该成果应用前景十分广阔。

（三）获奖单位

龙滩水电开发有限公司龙滩水力发电厂、广州擎天实业有限公司。

（四）获奖人

张强、孙君光、谌德清、王鹏宇、熊巍、曹成军、张明。

（水力发电科学技术奖励工作办公室）

自冷热管整流器和散热方式的研究与应用

“自冷热管整流器和散热方式的研究与应用”获2013年度水力发电科学技术奖三等奖。

自冷热管整流器和散热技术是现代大型发电机整流器励磁系统的核心关键技术，可为发电机励磁系统安全可靠运行提供技术保证。

该项目针对葛洲坝水力发电厂近年励磁大功率整流器应用中暴露出的问题，围绕提高整流器散热效率和运行可靠性的基本目标，进行深入研究，力争突破限制瓶颈和环境条件制约因素，取得综合平衡、高性价比、高可靠性的，满足该厂励磁设备的运行环境、运行条件和运行方式要求的励磁整流器及散热方式解决方案。2006年9月立项，启动研究工作；2007年1月将研制成果应用于葛洲坝电厂2、9号机的励磁技术改造。改造获得成功，各项性能指标全面超越旧有的散热方式，一台套节能降耗近30kW，综合性能达到国际领先水平，并获得多项专利权。

（一）主要成果及创新点

（1）主要解决了励磁大功率整流器由强迫风冷散热改为自然冷却散热后，遇到的效率和能力降低、运行不可靠等问题，大幅度提高了整流器的输出能力，或大大降低了整流元件的运行温度，同等条件下温升降低10～15K，相当于散热能力提高了一个数量级，可靠性也提高了一倍以上。

（2）基本上自主掌握了大功率整流设备的热设计方法，有效解决了前期产品的性能问题和技术障碍，设计出了一套均衡合理的散热方案，为完善产品结构设计奠定了基础。

（3）自主开展了以标准高效重力热管散热器组成的自冷散热整流器结构设计，大胆创新，简化、优化了结构工艺，降低了成本，提高了自冷散热的性能。

（4）深入研究了大功率整流器系列配置和参数选配，提出了“标准、经济、够用”的配置方式，完成了自冷散热整流器规格选型和优化配置的原则和方法研究。

（5）解决了无谓功耗高、附加发热大和与大环境直接交换等问题，降低了对外界空调等的依赖性，仅靠自主散热能力即可保证全天候、全工况下的安全稳定运行；实现了整流器的完全自冷散热免维护运行方式，获得了国家知识产权局三项实用新型专利授权。

（二）应用情况与推广前景

自冷热管整流器的技术于2006年11月研究成功，并采取特别措施直接将该技术成果转化为工业产品，2007年应用于葛洲坝水力发电厂2台机大型水轮发电机励磁系统的技术改造。新型自冷散热整流器装置，经受了夏季高温的考验，取得了十分理想的自然冷却散热效果，运行温升比改造前的低10～15K。现已在该厂全面应用，达15台·套，应用面已超过70%。

该项目成果实现了励磁整流器运行维护的全新方式，代表着现代大型发电机励磁系统整流器散热方式的发展方向，是对国内外励磁功率整流器技术、产品和散热模式的全面超越，有广泛推广前景。

（三）获奖单位

中国长江电力股份有限公司葛洲坝水力发电厂、沈阳热可电气散热有限公司 、天津电气传动设计研究所。

（四）获奖人

黄大可、艾友忠、李平诗、罗仁彩、程刚、邵显钧、王洪波。

（水力发电科学技术奖励工作办公室）

巨型水电站全数字仿真系统

“巨型水电站全数字仿真系统”获2013年度水力发电科学技术奖三等奖。

水电站全数字仿真系统是利用现代信息技术，实现水电站的全站、全过程以及全范围的仿真，为水电站运行培训以及分析研究服务的信息系统。

大批巨型水电站相继建成投产，需要大批训练有素的运行技术人员和有效的安全分析工具。由于水电员工培训要求具有临场感，传统的跟班培训因学员不能直接接触和操作各类设备，显然无法达到这样的要求，巨型水电站仿真系统成为了必然选择。

巨型水电站涉及水、机、电三部分，部分之间以及每部分自身都具有耦合。要对巨型水电站实现全站、全范围、全过程的实时仿真，就需要基于一定理论和方法将水电站进行逻辑分解，建立不同元件和功能系统的详细模型，利用数据的流通和交换将这些模型有机地结合在一起，形成一个整体，构造出与实际巨型水电站运行情况相同的虚拟巨型水电站，能够准确、实时反映巨型水电站不同的运行工况以及工况之间的转移现象。

（一）主要成果及创新点

（1）首次提出了基于横向解耦和纵向解耦的巨型

水电站全范围仿真建模方法。研究发现，基于严格机理建立巨型水电站详细的整体系统仿真模型，维数非常大，易形成维数灾，难以满足实时性要求。项目组经理论研究和仿真计算，确定了水电站解耦点以及解耦的规则，首次提出了基于横向解耦和纵向解耦的水电站全范围仿真建模方法。该方法将巨型水电站分成水轮发电机组子系统、电网络子系统和厂用电子系统等，基于纵向解耦将各子系统按层次、功能不同分为若干个标准模块，并建立标准模块详细数学模型，满足了计算精确性和实时性要求，填补了国内巨型机组仿真模型研制和仿真培训的空白。

(2) 提出了基于智能多代理技术的水电站辅机及其控制系统的仿真方法。巨型水电站辅机系统设备多、过程复杂，故障率高，其控制和故障处理的过程仿真困难大。传统仿真中模型繁琐、且动态过程不连贯。本项目将辅机系统的生产行为划分为4个层次，确定不同层次的行为对象，并将各层次的行为对象映射至设备原型且一一对应；再按设备的功能组成将其分割至最小元素作为模型主体，并将对象的功能算法和故障推理算法融合，建立了不同层次的Agent模型，确定Agent之间的信息交互方式及交互内容，模型可以根据外界信息的触发和内部推力过程自动执行，系统动态可以通过主体在不同层次上的功能实现自动涌现。

该方法应用于龙滩水电站仿真，实现了辅机系统在正常、异常及故障状态下及其之间的持续动态过程，填补了Agent技术在水电站生产行为仿真领域内的应用空白。

(3) 设计了适用于巨型水电站全站、全过程、全范围仿真的实时数据模型和数据共享机制。巨型水电站仿真数据量大，依据数据特点可以分为参数数据和状态数据。为保证仿真的实时性以及教练员站/学员站数据的一致性，在数据库服务器上建立严格的关系数据模型，将水电站的实体以及实体间的各种联系均用关系来表示；在仿真服务器、教练员站和学员站建立完全一致的共享内存。共享内存中参数数据仍采用关系数据结构，便于和数据库保持一致；状态数据则采用层次数据模型，符合水电站设备的层次特性。由于模型软件直接通过共享内存获得水电站参数数据，计算结果也直接放到共享内存，因此保证了仿真的实时性；仿真服务器采用广播的方式更新所有的教练员站和学员站的共享内存，保证了仿真数据的一致性。

(二) 应用情况与推广前景

水电站全数字仿真系统培训高校学生7000余人；培训葛洲坝电厂等电站运行人员180余人；培训非洲工程技术人员34人；接待外校学生实习培训12批1000余人；培训美国大学生500余人；培养留学生50余人；应用于龙滩水电站，有效提高了运行、检修人员具备正确分析、判断和处理各种应急事故能力，为现场设备运行状态的有效性检查及验证提供了有力的分析决策工具，取得了十分显著的经济和社会效益，填补了国内巨型机组仿真模型研制和仿真培训的空白。

水电站全数字仿真系统的推广应用对实现水电流域梯级滚动开发、实行资源优化配置和巨型水电站安全运行都具有重要作用，因此具有广阔的应用前景。

(三) 获奖单位

三峡大学、龙滩水电开发有限公司。

(四) 获奖人

李咸善、王鹏宇、胡翔勇、吴成明、曾浩、李文武、陈铁。

(水力发电科学技术奖励工作办公室)

三峡电站700MW水轮发电机组推力轴承在线监测系统

"三峡电站700MW水轮发电机组推力轴承在线监测系统"获2013年度水力发电科学技术奖三等奖。

三峡电站安装32台700MW水轮发电机组。作为发电机核心部件之一的推力轴承承担着机组高速旋转下的机组本体重量及水推力的载荷约5000t，是全世界已投运机组中最大的推力轴承，其安全稳定性对于整个水轮发电机组来说至关重要。推力轴承发生故障，不仅维修困难、周期长，而且损失大，停机一天的发电收入损失达400万元。为实时监测推力轴承运行状态、掌握其运行特点、积累巨型推力轴承技术数据，三峡电站特实施本项目。

该项目包含推导油槽油液、推力轴承受力、推力瓦油膜厚度三方面的在线监测，分为上位机与下位机系统。下位机系统的集成式在线油液监测仪，实现油液的黏度、水分、污染度、温度、大磨损颗粒数、小磨损颗粒数、磨损颗粒形貌特征等多参数的集成式实时在线检测；24路位移传感器及采集箱，实现推力轴瓦的受力检测；非接触电涡流传感器及前置器，实现油膜厚度检测。检测信号通过现场总线传到上位机系统。上位机的智能诊断系统能实现实时显示、数据存储、趋势分析、超限报警、智能诊断、设备维护建议，具有自动实时故障报警和专家诊断功能，并且当被监测设备发生严重异常时，可将数据发送至远程故障诊断中心，由润滑故障诊断专家进行会诊。通过监测可以提前发现诊断故障，防患于未然，将非计划停车转变为计划性停车，保证设备长周期、安全稳定运行，保证生产流程顺畅。另外通过局域网部署，将中控室中上位机变为服务器，可以让同一局域网段的计算机登录软件，实现监测操作。

（一）主要成果及创新点

(1) 国内首次实现了对水轮发电机组推力轴承运行的油液品质、受力情况和油膜厚度的在线监测，为机组的在线故障诊断、状态评估和状态检修提供有效的平台。

(2) 该系统预留了远程数据传输端口，未来可通过因特网将采集到的数据传输到远程故障诊断中心，由润滑故障诊断专家进行会诊。这对发生较严重润滑故障、安装于企业监控计算机上的智能诊断系统的专家库知识不能满足需要时的故障诊断，很有意义。

（二）应用情况与推广前景

在三峡电站5号机推力轴承润滑系统上设置在线监测系统，通过对推力油槽润滑油的油质状态、污染状态、推力轴承磨损状态和推力油膜厚度的实时监测，及时发现推力轴承的异常磨损、润滑不良和水分污染等情况，保障水轮机的正常润滑与安全运行。

该系统对水轮机润滑系统的安全运行具有重要意义，是国内第一套在线式集成润滑监测系统，未来可推广到全厂的各台水轮机上。

（三）获奖单位

中国长江电力股份有限公司三峡水力发电厂。

（四）获奖人

李志祥、刘志辉、陈钢、叶青平、段开林、刘连伟、朱兵。

（水力发电科学技术奖励工作办公室）

白鹤滩1000MW全空冷水轮发电机局部通风及温升模拟试验研究

“白鹤滩1000MW全空冷水轮发电机局部通风及温升模拟试验研究”获2013年度水力发电科学技术奖三等奖。

水轮发电机通风冷却问题一直是保证水轮发电机能够长期安全可靠运行的关键问题。随着单机容量的增加，电机的通风冷却难度将越来越大。国内外较大容量的机组，尤其是在700MW以上的机组冷却方式多采用定子绕组水内冷、其他部分空气冷却的冷却方式（半水冷），而哈尔滨电机厂有限责任公司采用了全空气冷却的冷却方式。全空冷水轮发电机有很多优点：结构简单、运行可靠、操作简单、运行成本低、维护简便；参数较好，额定点的效率略高；现场安装工艺及试验简单、易操作，安装周期短。

通过计算的方法进行研究时，由于电机内流场和温度场的复杂性，建模和加载边界条件必须要进行简化处理，会导致计算结果与实际情况存在一定的偏差。因此，通过模型试验的方法来研究电机的冷却系统是否合理是十分必要的，但大部分模型都是只研究流场的通风模型。本项目针对大型水轮发电机，建立了同时研究流场和温度场耦合的热模型，尚属首次。

模型按照和真机设计相同的材料、工艺制造，为真机1∶1的局部模型。依据电机内温度场的周期性，选择了一个冷却器所冷却的一个单元，即整机圆周方向的1/20。模型和真机具有相同的风路、定子铁芯、定子线棒、冷却区。通过鼓风机在风道内模拟转子来风，线棒和铁芯内通电，模拟损耗。这种模拟与真机工况是一致的。通过该模型试验，验证白鹤滩1000MW水轮发电机定子线棒、定子铁芯在满负荷时的温升情况，最终确定白鹤滩1000MW水轮发电机采用全空冷的是可行的。

（一）主要成果及创新点

国内外首次为水轮发电机组建立同时模拟温度场和流场的耦合场热模型进行实验研究。模型采用与真机完全相同的定子铁芯和定子线棒，并具有和真机相同的定转子通风结构，安装工艺也完全和真机一致，这种比例和材料的真实性也是国内外首次。

（二）应用情况与推广前景

以往的模型仅为通风模型，只能模拟流场，不发热和散热，而且多为缩小比例的模型，材料也与真机不同，结果需要通过折算推导才能反映真机的实际。通过本模型试验研究，确定了白鹤滩1000MW水轮发电机采用全空气冷却的冷却形式的可行性。成果可推广到700MW级、800MW级、1000MW级等一系列巨型水轮发电机机组的设计制造中，为我国进一步开发超大容量水电机组积累了宝贵的经验。

（三）获奖单位

哈尔滨电机厂有限责任公司。

（四）获奖人

李广德、杨越、安志华、秦光宇、刘双、韩荣娜、邢广。

（水力发电科学技术奖励工作办公室）

水轮发电机定子线棒三维数学模型开发及设计

“水轮发电机定子线棒三维数学模型开发及设计”获2013年度水力发电科学技术奖三等奖。

目前，全世界水轮发电机设计制造企业，发电机的许多零部件都已经实现了数控机床加工，但对于素有“电机心脏”之称的定子线棒，因其端部空间结构形状复杂，结构尺寸要求比较严格，仍有大部分制造企业采用传统的二维机械制图设计，利用模具采用人工利用卡具强迫弯型的方法。因此，迫切需要打破目前的设计理念和设计方法，从数学理论、空间立体几何计算技术为出发点，综合大型水轮发电机的结构设计特点、实际行业情况、制造能力等因素，研发出一种新的设计理念和设计方法。

该项目通过深入研究分析定子线棒的结构，研发出定子线棒设计计算的数学模型，使得定子线棒的设计由“图纸上的模型”转化为包含有设计者思想的程序，由离散的尺寸转化为基于设计思想的相互关联的一个系统，将传统的机械设计上升到具有现代意义的工业设计层面。另一方面，数学模型与数控弯型设备的直接对接，也超越了模具加人工的传统工艺形式，将模具制造不可或缺的传统制造方法转化为数控程序控制下的自动化生产，劳动者则从扮演基本工具的角色上升到了设备的操作者，从制造工艺的底层上升至制造工艺的核心。

（一）主要成果及创新点

（1）开发了一套适合所有水轮发电机定子线棒三维数学模型和计算程序，完成了水轮发电机定子线棒的三维空间数学模型，计算程序和图纸设计。

（2）提出了三维空间曲线模拟，二维和三维空间结合的方法，使得复杂的空间结构简化为简单的二维结构进行计算。

（3）采用了三维空间坐标旋转转换、三角函数、二元二次方程组和数序矩阵等数学理论和方法建立数学模型，可直接得出一组最优的设计计算数据，大大缩短了设计周期，提高了设计计算效率和质量。

（4）采用了一种数学模型根据实际结构需要联动调整的建模方法，提高了设计计算的灵活性和设计效率。

（5）形成了一套适用于所有水轮发电机定子线棒的数学模型、计算程序和设计图纸的规范，用于规范和指导公司内的定子线棒设计和生产制造。

（二）应用情况与推广前景

研究成果是定子线棒设计技术的一种突破，目前已经成功应用于长甸、凌津滩和凯恩吉三个项目，长甸机组已投运，凌津滩项目正在安装中，凯恩吉正在生产中，反馈应用效果好。该项目的成功研发，填补了国内外同行业的空白，对于水轮发电机定子线棒的设计制造带来了革命性的转变，对整个机械制造行业的影响意义深远。本成果适用于所有水电项目的定子线棒的设计和生产制造，节约设计时间和弯型模具，具有广阔的推广和应用前景，经济效益和社会效益显著。

（三）获奖单位

哈尔滨大电机研究所、哈尔滨电机厂有限责任公司。

（四）获奖人

陈爽、夏佑安、王建刚、周波、明野、李洪超、马永良。

（水力发电科学技术奖励工作办公室）

基于无线传感器网络的水工安全监测技术

“基于无线传感器网络的水工安全监测技术”获2013年度水力发电科学技术奖三等奖。

我国已建水库型堤坝达9万多座，大江大河上的重要堤防长6万多千米。这些水工建筑物的安全监测，是保证其安全运行的重要措施之一。

水工安全监测的参数一般包括渗压、渗流、变形、应变、温度等，目前多由人工或采用自动监测系统进行监测。传统的人工检测方法精度差，劳动强度大，反应慢。在已建的水工安全自动监测系统中，一般均采用有线方式。基于有线方式的监测系统存在监测测点固定、布置不灵活、布线工程复杂、防雷防鼠难处理、线路维护困难、线路分布参数变化影响测量精度等难以克服的缺点。

因此，研究基于无线方式的水工安全监测系统，解决上述存在的问题，具有现实意义。

（一）主要成果及创新点

（1）将无线传感器网络技术与水工安全监测技术结合，是前沿技术理论应用到水利工程管理的一次实践突破。

（2）采用独创的REMT无线通信协议（改造Zigbee），降低算法复杂度和信息收集过程的功率开销，建立适于水工安全监测的数据分发机制，系统软硬件开销和功耗比国外同类系统有明显的优势。

（3）较好解决水工安全监测信息测点多、分布广而带来的设备施工安装及电源供电难题。

（4）信息采集基本不需布线，大幅减少工程开挖量，缩短施工时间，节省投资，也避免工程开挖对环境的破坏和影响。

（5）当某个传感器测点有故障时，可迅速定位、检修、更换，易于安装、维护和管理。

（6）无线传感器节点是智能化的数字传感测点，可以有效避免长传输线路分布参数变化影响测量精度等问题。

（7）数据在各智能监测测点和监测中心双备份，可以实现分布式数据存储和处理，增加系统数据的可用性和可靠性。

（8）运用短距多跳无线通信技术（独创REMT

协议），节点能耗低，使用太阳能供电持续时间长（连续阴天可达28d），使用电池可续电2～3年。

（9）有效解决防水、防腐、防雷、鼠害等问题。

（10）内部信息传输可不依赖无线公用通信网络，运行稳定、网络专用、免通信费用。

（二）应用情况与推广前景

研究成果进一步提高了水工安全监测的可靠性和稳定性，使同类项目建设投资和管理费用比现有传统方式节省50%以上。近两年来，成果已在四个省（区）愈10个工程中应用，拟在广东省灌区、闸坝、堤围、水库、抽水蓄能电站等水利水电工程项目中全面推广应用。

该研究成果，填补了国内在基于无线传感器网络的水工安全监测技术领域研究的空白，为合理利用水资源、有效预防重大自然灾害起到十分重要的作用，具有良好的推广应用价值。

（三）获奖单位

广东省水利电力勘测设计研究院、广州远动信息技术有限公司。

（四）获奖人

许旭生、滕军、黎洪生、廖刚坚、曾庚运、杨国清、丁永清。

（水力发电科学技术奖励工作办公室）

松江河流域梯级水电站经济调度与控制系统建设

“松江河流域梯级水电站经济调度与控制系统建设”获2013年度水力发电科学技术奖三等奖。

梯级水电站经济调度控制（EDC）采用先进的计算机设备，综合考虑梯级水电站的诸多约束条件，在保证梯级水电站安全和稳定的前提条件下，通过决定最优的蓄放水次序，达到总耗能最小或总电能最多的目标。虽然梯级水电站优化调度理论近几年日趋完善，但梯级调度的运行方式受到的约束条件较多，如何兼顾各级电站之间的电力联系和水力联系是梯级水电站经济调度控制的难点，之前的梯级水电站调度控制多用于理论仿真研究，很难真正应用于实际生产之中。

当前，梯级水电站计算机监控系统大都采用了高性能的计算机和网络系统。这些高性能硬件设备为梯级经济调度控制提供了技术保证，也为流域集中管理提供了可靠的保障。对梯级水电站实现经济调度控制是完全可行的而且也是十分必要的。

松江河经济调度控制系统自2010年8月开始，经过6个月的科研攻关，在原有经济调度控制系统研究的基础上，结合松江河发电厂运行管理的实际现状，在保证各级水电厂安全和稳定的前提下，综合考虑各级电站的诸多约束条件，并使用优化的数学模型，首次实现了复杂约束条件下的梯级水电站经济调度控制。

（一）主要成果及创新点

（1）首次实现了EDC、AGC及监控系统的完美融合，强化了梯级流域水电站的源网协调能力，提高了梯级实时计算监控系统对电网调度EMS的响应速度，使梯级水电站经济调度控制的安全性和可靠性有了极大提高。

（2）首次实现了EDC对梯级电站机组的自动开停功能。通过对电网负荷需求的实时监测，EDC系统可以自动进行不同电站机组的启停，从而实现对梯级水电站整体出力的调整。EDC的自动开停机功能可以有效提高运行人员工作效率。

（3）首次提出了基于水轮机综合特性曲线的梯级电站联合躲避振动区策略。该策略可以有效避免机组运行在振动区，并尽量使机组在高效区运行；采取这种策略可以达到减少机组损耗，降低运行维护的成本的作用。

（4）首次提出了下级电站对上级电站的反调节控制策略和设计方法，解决了东北地区梯级水电站中小库容电站在冬季冰冻情况下的经济控制难题。

（5）首次提出梯级水电站小负荷调整策略，解决了梯级电站对小负荷调整响应速度慢的问题。通过对梯级各电站机组实时运行状态的判断，使小范围调整的出力由一台机组进行调节，不仅提高效响应速度，还提高机组的运行效率。

（二）应用情况与推广前景

项目于2011年1月15日正式投入商业运行，通过2年多的现场运行，表明该系统功能完善、界面友好、运行稳定、各项指标都达到或超过了设计要求。松江河经济调度控制系统投入运行，为松江河梯级发电厂的生产运行提供了坚实的基础，也为东北电网的安全稳定运行做出了巨大贡献。

该系统的实施不仅取得了显著的社会和经济效益，而且还将极大促进我国水电梯级经济调度控制理论实用化的发展，具有广阔的推广和应用前景。

（三）获奖单位

吉林松江河水力发电有限责任公司、国网电力科学研究院。

（四）获奖人

路振刚、王永潭、王立勇、冯伊平、杨克、姚贵宇、吴正义。

（水力发电科学技术奖励工作办公室）

三维激光扫描技术在地质测绘和工程测量中的综合应用

“三维激光扫描技术在地质测绘和工程测量中的综合应用”获2013年度水力发电科学技术奖三等奖。

在诸如黄河流域、怒江流域等梯级电站，岸坡高陡，天然高差达数百米到千余米，现行的传统地质测绘、地形图测量方法根本无法完成外业工作，且精度和质量难以保证。三维激光扫描技术采用激光以高精度、高密度离散点的形式，测量目标对象表面的三维形态，通过点云数据进行处理提取目标对象的矢量化三维空间形态信息，改变了已有的三维数据采集方式，是测量技术发展史上的一次巨大变革。为使该项技术能够有效地服务于我国的国民经济建设，在水电水利工程前期勘察、施工建设乃至运行中发挥更大的作用，进行三维激光扫描数据处理、开展其在地质测绘、工程测量等方面的应用研究具有十分重要的科研价值和现实意义。

（一）主要成果及创新点

(1) 自主开发了地质专业后处理软件、计算程序。在率先研发地质结构面产状解译软件的基础上，结合多款不同扫描仪所采集数据的格式和特点，进一步完善了该软件的功能和适宜性；基于三维激光扫描解译成果数据，编制裂隙玫瑰花图和连通率的分析计算自动生成软件；编制点云数据转 Autocad 格式的转换软件。

(2) 提出了地质结构面综合识别方法和提取技术。一是通过点云数据中的结构面出露几何形态判识，可采用直接判识、类比判识、推理判识及现场验证等手段；二是通过点云数据彩色信息、灰度信息进行识别；三是通过间接方法进行结构面的识别。在准确识别结构面的前提下，建立了“多点拟合平面”和“三点确定平面”等方法和技术，对结构面信息进行提取。

(3) 提出了传统地形等高线图转三维点数据的解决方案。利用多个软件转换接口，实现了将传统测量获取的 AutoCAD 图像数据转换成为三维点云数据，从而实现了三维点云数据与传统测量数据进行比较分析的另外一种新模式。

(4) 提出了三维扫描技术在地质勘察中的应用范围。结合大量的工程实践，凝练和总结了三维激光扫描技术获取现场数据的技术特点和应用范围，其中包括地质图测绘、节理裂隙精细调查、危岩体调查、开挖边坡、基坑和洞室地质编录研究以及拓展应用的内容和范围等，拓宽了水电地质勘察的技术方法。

(5) 解决了激光扫描技术在地形图测量中的技术问题。率先开展了三维扫描技术与传统测图技术要求的融合研究，归纳总结了海量点云地形数据的精简算法，讨论了海量点云数据与不同比例尺测图点间距的关系；结合传统测量地形图的技术要点，研究了不同比例尺地形图成图中的点云抽稀间距、特征地形点的合理提取；按测图工作实际技术流程要求，对点云数据成地形图与地物匹配进行了归纳；配合测绘要求，探讨了点云成地形图分幅方法。

（二）应用情况与推广前景

自2006年开始，结合黄河拉西瓦、玛尔挡，大渡河金川，金沙江鲁地拉，怒江罗拉和怒江桥等工程前期勘察和建设施工工程，开展三维激光扫描技术的工程实践和应用。据不完全统计，已在50多个工程项目和“5·12”汶川地震灾区抢险工程等开展三维激光扫描技术的应用，工程地域遍及陕西、甘肃、青海、新疆、云南、四川、西藏等，取得了宝贵的资料和研究成果，也解决了相应的技术难题。

该成果是水电工程划时代的技术进步，不但可有效地提高水电水利工程地质勘察资料的精度、满足复杂恶劣环境下地质勘察和设计需要，还可积极地推广应用于电力、矿山、国土、农林、铁路、公路、石油、港口、军工等不同行业大型土木工程建设。

（三）获奖单位

中国水电顾问集团西北勘测设计研究院、成都理工大学。

（四）获奖人

赵志祥、董秀军、刘昌、张应海、吕宝雄、王小兵、唐兴江。

（水力发电科学技术奖励工作办公室）

水电工程岩石高边坡稳定性微震监测关键技术研究与应用

“水电工程岩石高边坡稳定性微震监测关键技术研究与应用”获2013年度水力发电科学技术奖三等奖。

大型工程的边坡、隧道及地下洞室的安全稳定性监测一直是国际上非常重视并致力于解决的难题。目前，大多采用 GPS、应力应变监测、位移及形变监测等常规监测方法。这些传统的监测手段，只能给出岩土工程已经出现大变形或者宏观失稳的监测结果，而对岩体内微破裂及微破裂演化过程的监测，即岩石工程失稳早期已经发生而人类眼睛无法感知的破裂前兆现象却无能为力；且只能在岩体局部点进行监测，其结果难以对大范围岩体稳定性进行综合评价。微震监测技术，在国外确定矿山隧道及核废料存储地下洞室围岩破裂分布方面已经有了成功的应用，为推测隧道及地下洞室的稳定性提供了直接的证据。大型水电工程的岩石高边坡安全稳定性问题与其他的露天边坡、隧道及地下洞室的稳定性问题非常类似，也完全可以应用微震监测技术。

研究表明，边坡失稳、冲击地压等岩石工程动力灾害都是工程活动中应力场扰动诱致微破裂的萌生、发育、扩展、相互作用和贯通直至破裂失稳的结果。在大多状态下，动力灾害产生前，都会有岩石微破裂的前兆。导致岩石微破裂直接因素是岩体中应力或应变的变化。任何岩体变形都会产生弹性波，而这些弹性波可被安装在有效范围内的传感器采集到。通过若干个传感器记录到的微震波形，采用反演方法便能计算得到岩石微破裂产生的时间、位置与性质，基于岩石微破裂大小和聚集程度，可以确定微破裂空间密度，从而判断岩体损伤程度，实时分析岩体变形破坏演化趋势，为岩质边坡的稳定性分析预测提供依据。因此，在岩石动力灾害研究中借鉴地球物理学家在地震机理和地震预测和矿山研究工作者在国外矿山工程微震监测等方面的研究成果，通过微震监测进行锦屏一级水电站左岸边坡稳定性研究是可行的。该项目对于大型水电工程岩石高边坡稳定性分析预测技术的研究具有重要的指导意义。

（一）主要成果及创新点

（1）成功构建我国首套水电工程岩石高边坡微震监测系统，拓展了微震监测的研究领域，分析了边坡岩石破裂波形，提出了岩质边坡微震波形识别技术。

（2）揭示了水电工程高边坡开挖强卸荷和施工过程中的微震活动特征，探讨了岩石高边坡微震震源机理，并提出了锦屏一级左岸边坡岩石破坏类型。

（3）采用数值模拟再现了岩质边坡渐进破坏过程，揭示了岩质边坡岩石微破裂萌生、发育、扩展、相互作用直至贯通诱发边坡宏观失稳特征，建立了微震监测和数值分析相结合的水电工程岩石高边坡稳定性研究方法。

（4）基于能量耗散原理，提出了考虑微震损伤效应的岩体劣化准则，建立了基于微震损伤的岩体弱化系统，并开发了 RFPA3D-MMS 岩石边坡微震损伤稳定分析程序。

（5）提出了基于微震监测、微震损伤效应的边坡安全度和常规监测等多元信息融合的岩石高边坡稳定性预警方法，建立了水电工程岩石高边坡安全稳定、基本稳定、次稳定和不稳定四个预警等级，提出了微震指标、微震损伤安全度、变形速率、巡视检查、锚索应力增长速率和变形加速度等六个预警指标，并根据预警指标的重要性分为主控、次控和验证三个层次，形成了“三个层次、四个等级、六个指标”的水电工程岩石高边坡微震监测综合预警系统。

（二）应用情况与推广前景

成果应用于锦屏一级左岸岩石高边坡工程开挖设计、固结灌浆、稳定性评价以及工程的安全施工控制，保障了工程的施工安全和顺利建设，取得了显著的经济效益和社会效益。结合左岸边坡工程施工，进行边坡稳定性微震监测分析，识别边坡开裂及可能的破坏，开展施工期边坡稳定性预警研究，避免了工程边坡失稳破坏，减少了由于失稳破坏造成的工程损失约 5000 万元，对工程的施工安全起到较好的指导作用，具有较大的推广应用价值。另外，2010 年 5 月将研究成果应用在大渡河大岗山水电站右岸边坡稳定性安全监测中，相关技术问题均得以进一步发展和完善，为大岗山水电站右岸边坡的安全开挖及加固提供了很好的技术支持。研究成果极大丰富和发展了我国水电工程岩石高边坡微震监测以及稳定性分析技术，为类似岩石高边坡工程提供参考和借鉴价值，具有广阔的推广应用前景。

（三）获奖单位

中国水电顾问集团成都勘测设计研究院、雅砻江流域水电开发有限公司、大连理工大学。

（四）获奖人

周钟、唐春安、段 绍辉、沙椿、徐奴文、邹延延、蔡德文。

（水力发电科学技术奖励工作办公室）

水电站高精度外部变形监测网关键技术研究及实施

“水电站高精度外部变形监测网关键技术研究及实施”获 2013 年度水力发电科学技术奖三等奖。

外部变形监测网是电站安全监测中重要的组成部分。近十多年来，随着我国水电建设的发展和国家对于水电工程安全监测的越来越高重视，大中型水电站对于变形监测的要求也越来越高。该项目根据生产实际需要，对大型水电站或其他大型工程高精度外部变形监测网设计、观测及数据处理等相关技术及其应用等就行了研究，形成了一套完整的水电站高精度外部变形监测网设计、观测、数据处理和变形分析的解决方案，在大型水电工程中应用后获得了可靠、高精度的成果，

（一）主要成果及创新点

（1）开发的 TCA2003 全站仪的机载控制软件，采用测角与测距分别观测的边长、方向、天顶距 3 个子模块，实现了自动观测、记录、限差检验、测站平

差及重测功能。目前国内基于 TCA2003 开发了一些自动观测记录机载软件，但大部分软件是方向、天顶距、边长同时测量。高精度监测网测量时，测角与测距有不同的观测方法，特别是测距应每条单独观测，才能精确测量测前测后的温度和气压。本项目开发的软件可独立对方向、天顶距、边长分别进行设置观测，观测成果文件简单易读。

（2）开发的高精度控制网数据处理软件 NET-ADJ 主要特点有：①能自动处理多种仪器的数据；②不同等级控制网的整体平差；③不同网型的整体检验、分块检验、单点检验和稳健迭代权法等多种变形分析方法组合应用；④具有坐标转换、换带计算等多种实用功能。该软件能全面解决常规控制网与高精度变形监测网的数据处理工作，特别是多种变形分析方法组合应用后，对于基准识别和网点稳定性分析具有较好的效果，适用于需要长期复测的高精度变形监测网。

（3）开发的高精度外部变形监测网的观测程序和作业方法，通过严格的观测流程，已在不同电站、不同区域和不同气候条件下完成测角精度优于 0.5″，测距精度优于 ±（1mm + 1ppm · D）的监测网观测（1ppm 表示百万分之一的含义）。

（二）应用情况与推广前景

该项目形成的高精度外部变形监测网设计方法已形成系列化、标准化，在云南省大朝山、小湾、糯扎渡、景洪、观音岩和缅甸瑞丽江一级、老挝北本等 30 多座水电项目中得到应用，观测和数据处理在 10 多个监测网和 30 多个施工控制网中得到应用。TCA2003 机载控制程序已在小湾、大朝山、黄登等水电站推广应用，经济和社会效益明显。

（三）获奖单位

中国水电顾问集团昆明勘测设计研究院。

（四）获奖人

王冲、文道平、肖胜昌、李正品、王宗文、黄天勇、陈宝枝。

（水力发电科学技术奖励工作办公室）

复杂喀斯特地区建库渗漏勘察技术与评价方法应用研究

“复杂喀斯特地区建库渗漏勘察技术与评价方法应用研究”获 2013 年度水力发电科学技术奖三等奖。

喀斯特（岩溶）地区修建水库最突出的工程技术问题是喀斯特渗漏，在勘测设计工作中，库坝区喀斯特渗漏问题的勘察技术、评价方法及防渗处理成为工程前期论证和建设成败的关键。

该项目以已建、在建及少量前期勘察水电站与水库工程喀斯特渗漏勘察典型实例工程为主，对水库喀斯特渗漏勘察技术应用、水库喀斯特渗漏评价方法应用以及水库喀斯特渗漏防渗处理进行了系统研究，对各实例工程喀斯特渗漏勘察技术、评价及防渗处理成果与勘察经验进行了对比分析，取得良好效果和经济效益，保证了喀斯特水库勘察质量和蓄水正常运行。

（一）主要成果及创新点

（1）喀斯特水库分类。结合实例工程和水电工程建设现状，按库盆空间位置和形态将喀斯特水库分为地面、伏流、地下水库 3 大类及十几个亚类，体现了喀斯特水库的地形地貌特点、水动力条件及其独特性。

（2）喀斯特渗漏类型划分。按喀斯特水库渗漏部位和地形特点，划分为 10 大类和 11 个亚类，其中地下隐伏低邻谷渗漏、倒虹吸深喀斯特渗漏是喀斯特渗漏所独有，也揭示其渗漏问题的复杂性。

（3）总结了不同喀斯特河段发育规律。结合实例工程和开发现状，除总结了一般河谷喀斯特发育规律外，还总结了伏流河段、深喀斯特河段的喀斯特发育规律，弥补了对不同水动力条件喀斯特发育规律性认识的不足。

（4）全面系统的总结区域、库坝区及各类喀斯特渗漏勘察的技术方法，突出了传统地质方法与先进遥感、卫星、物探技术在喀斯特渗漏勘察中的综合应用，针对性强，要点突出，可操作性强，能满足各种喀斯特水文地质条件下渗漏勘察工作展开的需要。

（5）系统总结了渗漏评价的地质定性、定量评价方法，以及防渗处理中的允许渗漏量、处理原则等，形成的喀斯特渗漏评价标志、原则明确，准确有效，已纳入国家勘察技术标准之中。

（6）系统总结了喀斯特渗漏防渗处理的线路勘察、范围确定、集中渗漏通道探测、封堵处理等的技术与工艺，方法先进、有效。

（二）应用情况与推广前景

贵州光照、洪家渡、索风营、思林、大花水、格里桥、铜仁天生桥等水电站峡谷或伏流水库，以及重庆马岩洞、中梁等喀斯特水库，前期勘察中存在的库首、绕坝或构造切口喀斯特渗漏问题，经采用该成果系统研究的勘察方法和先导勘探手段，查明喀斯特渗漏条件与集中渗漏通道位置，科学合理确定防渗范围，经防渗施工和水库蓄水检验，防渗效果良好；猫跳河四级水电站水库，经采用该项目研究的渗漏补充勘察方法和灌浆先导勘探手段，发现集中渗漏通道，经灌浆封堵处理和蓄水检验，防渗效果良好，渗漏量从 $17m^3/s$ 减少至 $2m^3/s$ 以下，水库恢复设计功能。

（三）获奖单位

中国水电顾问集团贵阳勘测设计研究院。

（四）获奖人

杨益才、林发贵、李义模、邹林、万进年、牟英华、徐光祥。

（水力发电科学技术奖励工作办公室）

海上（潮间带）风电场开发关键技术研究及应用

“海上（潮间带）风电场开发关键技术研究及应用”获2013年度水力发电科学技术奖三等奖。

风力发电是目前最成熟、最具规模化和商业化开发前景的可再生能源。中国的风电装机已居世界第一位，但主要为陆上风电。我国海上风能资源十分丰富，开发潜力巨大。海上风电具有资源条件稳定、距离负荷中心区域较近等优势，开发价值显著，是我国未来风电发展的重要领域。但我国海上风电开发经验缺乏，难度大，尚属于新生事物。海洋环境存在海浪、潮流、台风、冲刷、腐蚀等各种复杂因素，海上（潮间带）风电场开发关键技术亟待研究。

该项目首次在国内开展了海上（潮间带）风电场一系列新技术、新工艺的开发及应用，填补了我国在该领域的技术空白，取得20项国家专利，并有4项发明专利正在审查中；发表了5篇技术论文；并编写了5项海上风电项目专用技术要求（标准）。

（一）主要成果及创新点

（1）在国内首次研发了海上（潮间带）风电场多桩钢桁架式风机基础（导管架基础），将钢构基础首次推行到海上风电场中。

（2）在国内首次研发了超大直径单桩式风机基础和新型无过渡段超大直径单桩基础。

（3）在国内首次研究制订海上风电场钢结构风机基础制作、施工、检测以及防腐蚀设计的方案和专用技术标准。

（4）在国内首次提出并成功实施海上（潮间带）风电场施工方案，并研制出潮间带风电场的成套专用施工装备。

（二）应用情况与推广前景

研究成果已成功应用于江苏如东30MW潮间带试验风电场、江苏如东150MW海上风电示范工程、江苏如东海上示范风电场增容50MW项目、科技部江苏响水海上风电试验机组等。成果在我国海上风电开发中有非常好的推广性，其技术创新点为海上风电场设计及建设中的重大技术难点，该成果可为我国规模化海上风电开发奠定坚实的基础。

（三）获奖单位

中国水电顾问集团华东勘测设计研究院、江苏海上龙源风力发电有限公司。

（四）获奖人

赵生校、高宏飙、孙杏建、张钢、姜贞强、徐江、罗金平。

（水力发电科学技术奖励工作办公室）

水电站厂房和机组动力学及其耦合振动研究与应用

“水电站厂房和机组动力学及其耦合振动研究与应用”获2013年度水力发电科学技术奖三等奖。

随着水电站的大型化和机组的巨型化，机组振动稳定性问题日益突出，厂房结构也日益大型化和复杂化，机组诱发的厂房结构振动和地震动力学问题，成为理论研究和工程实践的关键课题。

该项目在机组和厂房振动已有研究基础上，紧紧围绕三峡等一大批工程建设实践，以理论分析作为科学基础，以数值模拟作为主要手段，同时将振动现场试验及数据分析作为重要的辅助手段，将动参数和动荷载的反演识别作为研究的创新与突破。重点就振源特性分析、耦联模型建立、耦联振动控制、振动标准拟定、动态优化设计等方面开展理论和应用研究，解决理论难题和技术关键，服务于大型工程建设，着力提升我国的水电科技水平和国际竞争力。

（一）主要成果及创新点

1. 水轮发电机组—厂房耦联振动分析方面

（1）建立了考虑立式机组导轴承横向—推力轴承纵向耦合动力特性及其非线性动态特性的轴系统数值模型，实现了对导轴承各瓦动力特性系数随轴心位置变化的非线性模拟，所建立的模型更为准确合理。

（2）阐明了电磁刚度和轴承弹性支承对转子临界转速和偏心力作用下轴系横向振动反应的影响规律，并明确了电磁、机械、轴承等参数对临界转速的影响程度，使得对轴系稳定性的预测分析更为准确可靠。

（3）提出了机组轴系统动力荷载作用于厂房结构的分配、传递和模拟的较为合理精确的方法，明确了机组与厂房的相互作用机理以及机组动荷载施加于水电站厂房结构的合理作用方式，为准确模拟与解决厂房振动问题提供了适用模型与方法。

2. 机组—厂房耦联振动特性识别反分析方面

（1）提出了厂房复杂空间结构振动测试中传感器优化布设的有效方法。

（2）提出了多振源、强噪音环境下的振动信号分析技术，结合实际工程振动实测，开展了信号分析和识别，基于功率传导方法初步揭示了流道脉动压力的作用和传递规律。

（3）建立了厂房动态参数和机组动荷载的识别反分析智能方法，以及多种动荷载和动参数的联合反演方法，为厂房振动分析提供了有力支撑。

3. 厂房结构振动分析模型与动力设计优化方面

（1）进一步完善了机组轴系统的横向、纵向和竖向振动数值分析模型和在轴承、密封非线性特性下的自振特性及振动反应分析方法；分析研究了尾水管内部流场涡动特性，并给出了蜗壳、尾水管内部流场压力脉动分布和幅频特性对厂房振动反应的作用规律，以及原模型的相似关系。综合振动对厂房建筑物、机械设备、仪器仪表和人体保健等方面的影响，论证提出了水电站厂房各部位针对不同运行要求的振动控制标准建议值，为振动分析控制和优化设计奠定了基础。

（2）建立了不同布置和结构型式以及运行环境条件下的地面、地下厂房以及特殊形式厂房（双排机布置、厂内泄流、冲击式和贯流式机组、新型板墙式机墩和钢管混凝土立柱等）的动力学数值模型，提出了适宜的边界约束条件、加载方法和模拟手段，集成了静力、刚度、共振、机组振动和地震反应、疲劳等控制目标，给出了振动安全评价和抗振动优化设计的技术路线和实施方案。

（3）开展了蜗壳不同埋设方式下水轮机流道结构刚强度分析和厂房振动研究，阐明了垫层方案、直埋方案与保压浇筑方案对支承结构刚度、机组运行稳定性、厂房振动反应、流道结构刚强度及其疲劳特性等控制要素的影响规律和影响程度，尤其是软垫层静动态支承一传力机制和直埋蜗壳外围混凝土开裂后的非线性振动特性，明确了巨型机组采用垫层方案和直埋方案的可行性及保证工程安全的结构措施。

（二）应用情况与推广前景

研究成果在三峡（左岸、右岸、地下）、小湾、溪洛渡、锦屏一级、瀑布沟、拉西瓦、李家峡、大朝山、景洪、洪家渡、大岗山、龙头石、炳灵、深溪沟、吉林台一级、紫坪铺等以及十三陵、琅琊山、张河湾、西龙池、宜兴、呼和浩特、白山、蒲石河等工程得到应用，部分成果被吸收进《水电站厂房设计规范》的修订。本成果的应用，解决了大型巨型水电工程设计中的诸多关键技术问题，为水电站发电系统安全设计和运行控制提供了可靠理论基础和技术支撑，取得了良好的经济和社会效益。

（三）获奖单位

大连理工大学。

（四）获奖人

马震岳、陈婧、张运良、张宏战、王刚、孙万泉、赵凤遥。

（水力发电科学技术奖励工作办公室）

碾压混凝土高拱坝筑坝技术研究

“碾压混凝土高拱坝筑坝技术研究”获2013年度水力发电科学技术奖三等奖。

碾压混凝土拱坝发生裂纹的因素及其作用机理非常复杂，与坝体结构、筑坝材料、施工气候条件、浇筑温度、施工方法、温控措施等诸多因素有着密切的关系。为解决坝体设计及施工中面临的诸多难点问题，提高对坝体防裂的各种影响因素的认知，开展了本研究。项目依托天花板工程，结合工程实际条件及其筑坝材料、温控手段等的个性化特点，重点从坝体结构、筑坝材料、温控措施等方面，历经了七年的时间，开展了大量的室内物理力学性能试验、现场碾压试验，分阶段进行了全过程温控仿真理论分析等研究工作。

（一）主要成果及创新点

1. 坝体结构研究

（1）提出了适应地形的不对称抛物线拱形，创造性采用左坝肩窑洞式、右坝肩槽挖加明挖的开挖型式；为避免干扰坝体施工，首次将部分廊道布置于表孔下游鼻坎内。

（2）根据坝基岩体条件，进行建基面优化，水平建基面平均抬高约6m，比例达坝高5.6%。

（3）在碾压混凝土高拱坝设计中创新提出了约束区设置“温度荷载消减局部分缝结构”，即解决了基础约束范围大、作用强，约束区混凝土在高温季节浇筑，施工期温度应力非常突出的问题，也减少了坝体诱导缝分缝条数和施工干扰。

2. 筑坝料研究

（1）突破碾压混凝土拱坝采用90d龄期的常规做法，首次采用180d龄期，充分利用混凝土后期强度，有效地降低了弹强比，减少了水泥用量和水化热温升。

（2）水泥由中热改为普硅，提高了抗裂性能、节约了材料成本。

（3）开展混凝土配合比设计优化研究，优化大坝部分混凝土分区设计指标，胶凝材料的用量低于目前工程普遍用量，配合比较为先进。

（4）利用白云岩加工石粉多的特点，用石粉完全替代筑坝混凝土粉煤灰掺合料。

（5）白云岩石粉混凝土的利用，节约了材料成本、减少了对环境的污染，具有经济性和社会性的双重意义。

3. 温控措施研究

(1) 简化温控措施，拱坝浇筑期普遍入仓温度较高，坝体局部最高温度达 45℃，仅采用局部时段通水冷却措施，蓄水至今尚未出现裂缝。

(2) 温控设计突破规范，封拱温度选用了高于规范要求的稳定温度场 3～5℃的范围，满足了坝体安全的要求，为碾压混凝土拱坝的温控设计理论、应力控制标准等的研究提供了参考和借鉴。

(3) 根据工程实际情况科学分析、灵活决策，采取分期蓄水方案，降低了坝体开裂的风险，即做到了保证工程安全、也做到了满足发电要求，获得了较大的经济效益。

(二) 应用情况与推广前景

研究成果应用于天花板碾压混凝土拱坝，对大坝设计进行了全方位的优化，减少了工程量，节省了工期和工程投资，经济效益显著；可为其他类似工程设计提供有益的参考和借鉴，也有助于碾压混凝土拱坝温控设计理论、应力控制标准等的进一步研究。

(三) 获奖单位

中国水电顾问集团北京勘测设计研究院。

(四) 获奖人

邓毅国、苏岩、王毅鸣、林健勇、李贺林、周飞平、杨子强。

(水力发电科学技术奖励工作办公室)

水工混凝土高掺石粉的研究与应用

"水工混凝土高掺石粉的研究与应用"获 2013 年度水力发电科学技术奖三等奖。

掺合料是水工混凝土材料中的一个重要组成部分，起到改善混凝土性能、降低混凝土绝热温升、降低工程成本等作用。粉煤灰、矿渣等常用的混凝土掺合料的发展已具备一定的规模，但其地域分布不均，存在运输费用昂贵、资源紧俏和地域性匮乏问题。开发可以替代粉煤灰的掺合料，并应用于工程之中，具有明显的经济和社会效益。

通过该项目研究，开发出多种类岩石粉做水工混凝土掺合料，供工程就近选择与应用。成果对选取的岩石粉材料在加工制备工艺、微观分析、对胶砂和混凝土各项性能影响等几方面进行详细全面的试验研究，为其作为混凝土掺合料在工程中的应用提供技术依据。

(一) 主要成果及创新点

(1) 通过对石粉磨细工艺的研究，提出并形成了微掺粉煤灰助磨技术，解决了粘磨、结团等问题，有效地提高了粉磨效率，降低了加工成本。

(2) 系统研究了石粉品质和掺量对混凝土性能的影响，针对具体工程分别提出了现场使用石粉的控制指标和适宜掺量范围。

(3) 分别采用石灰岩、玄武岩、砂岩等石粉，进行了石粉、粉煤灰的单掺和复掺等技术方案研究与比选。通过室内试验、现场工艺试验、工程原位测试，论证了相应工程条件下大掺量单掺石粉在技术上的可行性，确定了施工配合比，现场应用的最大石粉掺量达 50%。

(4) 采用高掺石粉的技术措施，满足了大体积水工混凝土的施工性能、温控要求和各项设计指标，有效地解决了现场缺乏粉煤灰等掺合料的难题。

(二) 应用情况与推广前景

该项目研究成果，在柬埔寨甘再、马来西亚沫若和加纳布维工程中得到应用；大掺量全掺岩石粉浇筑的混凝土均达到或超过相应的混凝土设计等级，合格率为 100%，其他各项性能均满足设计要求；获得了显著的技术经济效益，形成了一套完整的应用技术。研究成果已经在水利水电工程建设中推广应用，效果显著，具有广阔的应用前景和推广价值。

(三) 获奖单位

中水电海外投资有限公司、中国水利水电第八工程局有限公司。

(四) 获奖人

沈德才、郁卿、张邦基、舒江、何湘安、皇甫拴劳、关败。

(水力发电科学技术奖励工作办公室)

Ⅲ、Ⅳ类围岩条件下钢筋混凝土高压岔管关键技术研究

"Ⅲ、Ⅳ类围岩条件下钢筋混凝土高压岔管关键技术研究"获 2013 年度水力发电科学技术奖三等奖。

我国目前的水工隧洞设计规范，规定水工钢筋混凝土高压岔洞应设置在Ⅰ、Ⅱ类不透水或微透水的岩体中，同时还应满足岩体覆盖厚度要求和最小地应力大于洞内静水压力要求。实际工程建设中往往不可避免会遇到Ⅲ、Ⅳ类围岩情况。在我国目前水电工程建设中，暂没有Ⅲ、Ⅳ类围岩条件下采用钢筋混凝土高压岔洞研究及运用的工程实例。虽然国内外抽水蓄能电站高压岔洞遇到大型断层的情况不多，但高压岔洞位置难以避开较差岩体的情况越来越多，如黑麋峰抽水蓄能电站、溧阳抽水蓄能电站高压岔洞局部存在Ⅳ类围岩。国内已建成运行的抽水蓄能电站，由于高压水道围岩质量差已经发生过高压渗透破坏的现象，影响了工程安全运行。对于较差岩体内高压岔洞虽可采

用钢岔洞，但其投资费用相当高，且施工工艺（如洞内焊接等）难度大，施工环境条件要求较高（如运输交通等）和施工周期较长。

为了预防高压水道透水事故的发生，特别是为抽水蓄能电站在Ⅲ、Ⅳ类围岩条件下建设钢筋混凝土高压岔洞提供技术支持、积累处理经验，需要对Ⅲ、Ⅳ类围岩条件下钢筋混凝土高压岔洞的可行性及其成套技术进行研究。该项目旨在为围岩质量较差的情况下，采用钢筋混凝土高压水道建设提供关键技术支持，为黑麋峰抽水蓄能电站高压岔洞区断层带处理提供技术保障，为我国今后在Ⅲ、Ⅳ类围岩条件下采用钢筋混凝土高压岔洞结构提供可行、合理的设计方法和技术资料。

（一）主要成果及创新点

（1）提出了高压岔管（水道）洞周防渗设计新理念。在深入研究围岩与衬砌体高压水流规律和高压防渗灌浆试验成果基础上，首次明确提出了洞周防渗设计理念，即依靠围岩防渗的理念、完全封闭的防渗理念和治理源头的防渗理念；规定了洞周防渗设计基本参数，初步建立了高压岔管（水道）防渗灌浆设计方法体系。

（2）提出了高压水道围岩防渗设计新指标和防渗检验新标准。通过大量试验成果分析和理论研究，揭示了常用的岩体渗透性指标吕荣值（Lu）在高压水道围岩渗透性评价中的局限性，首次提出了用于评价围岩高压水抗渗性的新指标——“高压单位透水量”[*DK*，L/(min·m)]；提出了钢筋混凝土衬砌高压水道新的防渗标准—“*DK* 判别法”；结合工程实践，推荐高压水道围岩的防渗标准为（1～5）*DK*。

（3）初步系统创建了抽水蓄能电站高压压水试验方法体系。深入系统地开展了现场高压压水试验，研究了高压压水试验布孔原则、仪器设备选用和试验方法与工艺，提出了岩体高压压水试验快速法、中速法和慢速法的选用原则和高压压水试验成果标准化整理、分析的方法和标准，初步创建了高压压水试验的方法体系。揭示了围岩高压水渗流特性，探讨了围岩水力劈裂机理，提出了围岩临界水力劈裂压力等高压水渗流设计参数的评判计算方法。

（二）应用情况与推广前景

依托黑麋峰抽水蓄能电站开展的Ⅲ、Ⅳ类围岩条件下钢筋混凝土岔管关键技术研究，取得的成果已在黑麋峰工程中得到成功应用，有效地解决了黑麋峰抽水蓄能工程中遇到的技术难题。一次建成黑麋峰Ⅲ、Ⅳ类围岩条件下的钢筋混凝土高压岔管和水道，渗流量比同类工程减少50%以上，大幅降低了电站运行水量损耗和厂房排水维护成本。研究成果有着广泛的应用前景，直接和间接经济效益以及社会效益都十分明显。

（三）获奖单位

中国水电顾问集团中南勘测设计研究院、长沙理工大学、河海大学。

（四）获奖人

傅胜、胡大可、冯树荣、张孝松、李尚高、蒋中明、周志芳。

（水力发电科学技术奖励工作办公室）

水电工程砂石废水处理实用新技术研究

“水电工程砂石废水处理实用新技术研究”获2013年度水力发电科学技术奖三等奖。

水电工程砂石加工系统生产废水的固体悬浮物（SS）含量极高，且粒径范围分布较广。由于不同粒径的颗粒物质沉降性能差异很大且沉降机理复杂，废水处理难度很大，目前尚缺乏针对水电工程砂石废水的成熟处理工艺和设备。本项目通过对砂石废水原水物性、沉降性能的机理研究，寻求技术经济可行、处理目标适宜的处理工艺及专用设备。

该项目在收集国内已建水电站典型砂石加工系统生产废水处理现状资料、选取不同水电站进行生产废水现场采样、在实验室内对采样废水进行悬浮物粒径分布分析实验、自然降沉实验、絮凝实验、比阻实验，确定水电站砂石加工系统生产废水的主要特性值的基础上，进行了砂石废水处理的小试试验、CFD模拟验证及中试试验，测试分析拟定设计思路的合理性、可行性。与此同时，联合国际知名企业寻求先进的处理系统，开发一体化处理设备，并开展实验室和现场运行试验，以验证其处理高浓度砂石废水的适应性，并获得最佳的运行工况。

（一）主要成果及创新点

1. 在废水处理工艺研究和设备研发方面

（1）首次系统全面研究了水电工程施工期砂石废水水质特性，包括废水悬浮物浓度测定、自然沉降实验、过滤性能实验、絮凝实验、比阻实验以及粒径分析。

（2）首次提出采用按泥渣比阻进行“颗粒分级”的砂石废水处理技术，解决了目前常规处理工艺排泥困难、易堵塞构筑物的技术难题。同时，该工艺可减少药剂用量，减少占地，节约建设及运行成本。

（3）首次对颗粒分级沉淀池的砂石废水沉淀过程及机理进行数字模拟分析。

（4）成功研发了一套适宜水电工程砂石废水处理泥渣的真空脱水设备。该设备具有结构简单、脱水高效、密封效果好、管理方便、运行成本较低等特点。

2. 在污水处理系统高浓度悬浮颗粒去除开发研究方面

(1) 国际上首次采用一体化絮凝斜板沉淀系统(将絮凝、沉淀一体化)处理高浓度(悬浮物浓度最高达70 000mg/L)悬浮废水,并已应用于水电站工程废水处理。

(2) 国际上首次开发了具有如下结构及原理的絮凝斜板沉淀系统:原水和高分子絮凝剂同时向重力作用方向引入,进水通过中空型管状反应室并发生反应及絮凝作用,管状反应室设在罐体中心,设多层整流板和缓冲板,经反应和絮凝作用之后的进水向重力作用反方向被导流,并沿着反应室外周边上升经顶部引出,进水向上流动中经斜板作用污泥被阻流并沉至沉淀区(沉淀区位于罐体底部),阻留在沉淀区的污泥由漏斗形浓缩池收集并脱水处理。

(3) 国际上首次在水电工程废水处理系统中多处设置曝气装置。

(二) 应用情况与推广前景

该项目依托大岗山水电站厂房砂石骨料加工系统工程,开展了工艺及设备研究成果的中试试验。中试试验结果表明:提出的砂石废水处理新工艺、新设备可以较好地解决系统污泥处理处置问题,节约占地、经济性好,具有较大的推广应用价值。提出了一项针对水电行业砂石废水处理的新型工艺技术,一台更适宜废水沉渣的脱水设备,并联合国际先进企业开发了一套一体化处理设备,取得了重大的技术发明和技术创新。

(三) 获奖单位

中国水电顾问集团成都勘测设计研究院。

(四) 获奖人

卢红伟、李亚农、谢光武、王小明、蒋红、郎建、文典。

(水力发电科学技术奖励工作办公室)

高水头下帷幕耐久性评价与补强灌浆关键技术

"高水头下帷幕耐久性评价与补强灌浆关键技术"获2013年度水力发电科学技术奖三等奖。

大坝加高、水库定期安全鉴定均需对原灌浆帷幕的防渗性能及耐久性做出准确评价,当判明其不能满足继续服役要求时,需采取补强灌浆技术进行加固处理。在加固过程中若通过放空或降低库水位来保证灌浆质量,势必影响水库社会功效的正常发挥,因此高水头下灌浆成为一项现实的技术课题。当前,关于帷幕防渗性能及耐久性的评价及研究,尚无系统的检测体系与定量的评价方法,特别是丙凝灌浆帷幕的耐久性一直是工程界关注和担心的问题。高水头下帷幕灌浆系在动水条件下进行,灌入基岩裂隙与孔隙的浆液极易被渗流稀释、冲蚀及反向挤出,造成灌浆成幕难、工期长、投资高、效果差,尚无快速有效灌浆工艺的系统研究及成熟的施工方法。因此,开展高水头下帷幕耐久性评价与补强灌浆关键技术研究十分必要。

该项目以丹江口大坝加高工程为依托,采用工程调研、理论分析、钻孔检测、室内及现场试验等手段,系统研究了帷幕防渗性能和耐久性、高水头(60~70m)下帷幕灌浆快速施工工艺、水泥浆液扩散范围与规律、复合灌浆效果等关键技术,取得了一系列重要研究成果。

(一) 主要成果及创新点

(1) 建立了"基于现场钻孔检测、室内耐久性试验及地质、施工、监测资料综合分析"的高水头帷幕现状防渗性能的定量评价体系,定量评价了丹江口坝基原防渗帷幕防渗效果及使用寿命。

(2) 基于分子结构分析的丙凝(丙烯酰胺)胶体耐久性定量分析方法,建立了丙凝胶体酰胺基团水解与工程运行年限之间的关系曲线,定量评价了丹江口工程丙凝胶体耐久性,突破了行业内对丙凝胶体老化性能不足的传统认识。

(3) 针对丹江口坝基补强灌浆,通过室内及现场灌浆试验,提出了"微裂隙地层、孔口封闭高压灌浆下,待凝时间可缩短至3~6h"和"注入率小时灌浆段长可加大至10m"的高水头帷幕灌浆快速施工新工艺及灌浆参数,保证了灌浆质量,加快了施工进度。

(4) 首次开展了高水头作用下水泥浆液扩散现场实体试验研究,揭示了高水头条件下浆液在微裂隙岩体渗流场中的扩散范围与扩散规律,提出了帷幕灌浆孔距确定的新型方法,定量确定了丹江口坝基帷幕补强灌浆的合适孔距。

(5) 系统开展了高水头下细水泥灌浆、细水泥+化学浆材孔内复合灌浆、细水泥+化学浆材排内复合灌浆、化学浆材灌浆等多种复合形式灌浆效果的定量对比研究,确定了丹江口高水头帷幕补强灌浆合适的灌浆方法,对同类工程复合灌浆方法的选择具有重要参考价值,进一步丰富了复合灌浆技术。

(二) 应用情况与推广前景

成果对丹江口大坝河床坝段原防渗帷幕现状防渗性能和耐久性作出了科学的鉴定与评价,确定了工程所需的具体补强灌浆部位、范围和规模,为帷幕补强灌浆设计及优化提供了重要参考,已在丹江口大坝加高工程帷幕补强灌浆设计与施工中得到了应用。已推广应用于湖北三里坪拱坝左、右岸坝肩帷幕渗漏补强灌浆项目中。三里坪水库蓄水后，左右岸坝肩帷幕均出现渗漏情况，渗漏帷幕承受最大约 100m 水头；采用了本项目的高水头补强灌浆技术实施后，相应坝后岸坡已基本无渗漏。该研究成果的应用，避免了水库降低水位运行，保证了发电效益。

（三）获奖单位

长江勘测规划设计研究有限责任公司、南水北调中线水源有限责任公司、长江水利委员会长江科学院。

（四）获奖人

廖仁强、王新友、吴德绪、徐年丰、李珍、李洪斌、汤元昌。

（水力发电科学技术奖励工作办公室）

沙河特大型预制 U 形渡槽施工关键技术研究与应用

“沙河特大型预制 U 形渡槽施工关键技术研究与应用”获 2013 年度水力发电科学技术奖三等奖。

沙河梁式渡槽是南水北调中线规模最大、技术难度最复杂的控制性工程之一，为双联四线布置，槽身采用 U 形双向预应力结构，采用工厂化流水线预制、机械一体化架设施工方法。

该项目根据梁式渡槽布置及结构特点，针对其大体形、大吨位、薄壁钢筋密集等，优化制槽场流水线布置，并通过大量现场生产性试验，确定出一套 U 形预制梁式渡槽薄壁结构的 C_{50} F200W8 高流态自流平混凝土施工配合比，创新设计出钢筋绑扎胎具、吊具，研究制定特大型 U 形双向预应力薄壁结构混凝土施工工艺，引用大吨位提、运、架机械化设备，改进架设工艺流程，确定出一套适合大型预制构造物架设的施工工法，实现了机械一体化作业标准，有效实现抗裂、抗渗设计要求。

（一）主要成果及创新点

（1）研制出符合设计要求与适合施工的特大 U 形预制渡槽高性能混凝土配合比。

（2）独立设计研究出满足设计要求和施工进度要求的钢筋绑扎胎具与吊具。

（3）优化、完善特大 U 形渡槽模板工艺，加大模板利用率，高效保障混凝土质量。

（4）通过方案论证、现场试验、浇筑总结、专家咨询等多种途径优化渡槽浇筑工艺，形成特大 U 形渡槽混凝土预制施工关键技术工艺。

（5）经环形试验台座预应力试验、不同条件对比试验，形成 U 形渡槽预应力张拉的施工工艺。

（6）优化 1300t 提槽机跨度，将原跨度 58m 双联运行方案优化为 36m，降低难度与成本，加快施工进度。

（7）提槽施工采用重载转向技术，实现提槽重载状态的 90°转向保证渡槽质量，加快提槽速度，节省投资。

（8）结合制槽场布置特点和大型机械优势，用 1300t 提槽机整体吊装重 1200t 的架槽机与重 200t 的运槽车以及整体吊运架槽机和运槽车进行左右联的转线工艺，有效缩短设备安装占用渡槽架设的时间，大大降低安装成本。

（二）应用情况与推广前景

沙河梁式渡槽综合流量、跨度、重量、总长度等指标排名世界第一，研究成果均在工程建设当中成功应用。沙河梁式渡槽槽身所采用的 U 形双向预应力结构和现场预制提运架架设施工方法，填补了国内外水利行业大流量渡槽施工的技术空白，施工关键技术应用前景广阔。

（三）获奖单位

中国水利水电第四工程局有限公司。

（四）获奖人

席浩、金俊、王朋辉、张文山、吕天庆、阴承德、路明旭。

（水力发电科学技术奖励工作办公室）

大坝加高混凝土结合材料、施工工艺发明与应用

“大坝加高混凝土结合材料、施工工艺发明与应用”获 2013 年度水力发电科学技术奖三等奖。

在众多混凝土工程的改建、扩建、分建、续建，以及加高、加固、维修中，新、老混凝土结合普遍存在，其结合质量的好坏直接关系到工程的安全与运行效益，尤其在高水坝工程中，结合质量更为重要。然而，国内外大量的相关资料和调查结果表明：新老混凝土结合施工后的结合面破坏情况十分普遍，会出现 30%～35%的开裂现象，有的工程甚至在施工后不到一年时间就大部分裂开，严重地影响了工程安全运行和效能的发挥。因此，新老混凝土的密合是迫切需要解决的世界性技术难题，是关系到国计民生的大事。

该项目从新老混凝土结合机理入手，研究结合质量评价试验方法，通过试验和数值分析探寻影响新老混凝土结合质量的关键因素，从施工工艺、结合材料、施工组织管理等方面进行研究，以提高新老混凝土之间的机械啮合力与结合力，消减有害应力，促进密合，实现新老混凝土结构的联合受力。该项目建立

了一整套基于新老混凝土密合的施工工艺、材料与施工组织管理技术，破解了新老混凝土结合这个世界难题，为我国工程建设的可持续发展奠定技术基础。

（一）主要成果及创新点

（1）首次提出了基于标准粗糙度的黏结强度试验方法。利用混凝土结构材料断裂后应力重分布的原理，发明了混凝土断裂试验起裂荷载测试方法及相关试验系统，实现了起裂点荷载由经验计算间接获取到试验实测获取的突破，为结合面处理措施效能评价提供了科学依据。

（2）提出了新老混凝土“双因素应力平衡”界面密合模型与“双界面-多层区”黏结模型，全面揭示了新老混凝土结合内在机理。新老混凝土结合质量取决于界面上的内在力（机械啮合力、化学结合力和范德华力）和外在力（外部结构应力、约束内应力）的矢量和，提高结合能力的关键措施是消减有害约束应力和提高机械啮合力。

（3）发明了新老混凝土结合面人工键槽施工方法，高效地生成了世界最大规模和尺寸的混凝土人工键槽，使结合界面机械啮合力有了本质的提升，实现了新老混凝土结构的联合受力。

（4）发明了一种应力消散型新老混凝土结合界面密合剂。这种密合剂：①突破常规混凝土界面剂单纯“增加强度”设计思想的束缚，利用密合剂组成的界面层的塑性消减新老混凝土之间的相互约束，使界面结合方式从“硬碰硬”转为“软着陆”，从根本上解决了新老混凝土性质差异导致的结合问题；②选材与新老混凝土所用材料同属无机硅酸盐类，其弹性模量和线胀系数等特性相近，与新、老混凝土的协调性好且耐久性高；③采用了本项目发明的一种提高黏结性能的新材料—聚密，调节密合剂的体积变形，有效降低结合面的有害应力水平。

（5）研制了自动化测控系统。采用仿人工智能的通水流量算法，发明了混凝土冷却通水智能控制系统，实现大体积混凝土温度智能控制，使混凝土内部温度均匀平稳下降，并在预期时间内达到目标温度，大幅降低了由于温度约束产生的有害应力，增进新老混凝土界面密合。

（6）开发应用基于 VR 的混凝土施工组织与决策管理平台，实现了混凝土快速输送与浇筑施工，解决了新老混凝土结合施工这种特定命题条件复杂环境下的混凝土快速连续施工问题，避免了混凝土施工不连续产生的冷缝，为密合剂缓凝消应功能发挥赢得了时间。

（二）应用情况与推广前景

该项目研制的新老混凝土结合界面密合剂已建立企业标准，新的国家标准也正在编制中，所用原材料均为定型生产的工业品，其中较大量使用工业固废物，加工工艺成熟，适宜进行大规模工业化生产；发明的新老混凝土密合施工方法均已制定国家级工法，可操作性强；基于 VR 的混凝土施工组织与决策管理平台已编制计算机程序，并经过丹江口大坝加高等多项工程应用验证，满足大规模施工要求。

该成果已先后在三峡水利枢纽、南水北调中线水源工程丹江口大坝、荆江分洪南闸加固、英那河水库大坝加高、澜沧江景洪水电站、向家坝水电站、溪洛渡水电站、神农架玉泉河电站、肯尼亚松高罗电站等工程中得到应用，取得了良好的实施效果，经济效益和社会意义十分显著。

（三）获奖单位

中国葛洲坝集团股份有限公司、葛洲坝集团试验检测有限公司、葛洲坝集团第二工程有限公司。

（四）获奖人

周厚贵、谭恺炎、马江权、程雪军、程润喜、马金刚、王章忠。

（水力发电科学技术奖励工作办公室）

三峡升船机塔柱高精度混凝土施工技术研究及应用

“三峡升船机塔柱高精度混凝土施工技术研究及应用”获 2013 年度水力发电科学技术奖三等奖。

升船机在过坝时具有不耗水、过闸时间短等优点，在高水头水利枢纽中采用升船机解决高坝通航问题与其他通航措施相比具有极大的优势。最具代表性的无疑是三峡升船机，不论是过船规模、提升高度还是提升重量均居世界首位。

三峡升船机是利用船厢驱动系统上的齿轮与安装在混凝土结构上的齿条的轮齿相互间啮合，将驱动力传递到混凝土结构上，从而带动升船机升降运行。而齿条通过预埋在混凝土中的一、二期埋件将其固定在船厢室段筒体混凝土结构上，埋件的安装质量直接影响着升船机能否顺利运行。为达到埋件埋设精度要求，确保升船机安全机构和驱动系统的正常运行，对船厢室段筒体混凝土的形体尺寸、结构表面及钢筋制安等工序提出了远高于普通混凝土施工精度的要求。普通的水工混凝土精度要求通常在厘米的量级上，而高精混凝土的精度达到了毫米级，这就要求不管从表观还是结构上必须严格控制。为了确保升船机运行顺利，本项目对高精度混凝土施工关键技术进行了深入研究研究，成功地掌握了适合升船机高精度、快速施工技术。

（一）主要成果及创新点

（1）首次在水工建筑物（三峡升船机）成功的实施了高精度混凝土施工，攻克了高精度混凝土模板施工、钢筋精确加工及安装、埋件精确定位及混凝土精细浇筑等一系列技术难题。

（2）在大型水工建筑物施工中，首次应用了可一次定位、连续上升、施工缝面少的液压自升式爬升模板，并研制了门洞等特殊部位锚固系统以及模板限位装置。

（3）研制出一种水电站升船机船厢室段薄壁结构墙体钢筋精确定位装置及钢筋加工精度检测装置，实现了钢筋高精度加工、安装。

（4）埋件精确定位技术并成功申报国际专利。将天顶仪投点平面基准传递法和光电测距高程基准传递法应用于混凝土及内置埋件施工测量，其中激光天顶仪首次应用于混凝土结构尺寸测量，确保了混凝土浇筑及内置埋件施工质量。研发和精加工的测量工装用于内置埋件施工测量中，精度控制好，工作效率高。

（5）首次在水工建筑物中采用布料杆浇筑混凝土。针对升船机高层建筑物及人工骨料特点，研发了高性能、高泵送混凝土施工技术。

（二）应用情况与推广前景

该项施工技术成功运用于三峡垂直升船机船厢室段主体结构施工中，解决了高精度的钢筋混凝土结构施工技术难题，整体施工质量满足设计要求，经济效益显著，提升了行业的技术水平和企业核心竞争力。

（三）获奖单位

中国葛洲坝集团股份有限公司三峡分公司、葛洲坝集团机电建设有限公司、葛洲坝集团股份有限公司测绘工程院。

（四）获奖人

周建华、曾明、戴志清、孙昌忠、詹剑霞、汪文亮、卫书满。

（水力发电科学技术奖励工作办公室）

强烈地震山区损毁道路应急抢通技术

“强烈地震山区损毁道路应急抢通技术”获2013年度水力发电科学技术奖三等奖。

山区震毁道路应急抢通技术是一项在余震不断、滚石频发、塌滑体内部结构不明等特殊、复杂条件下采取的一种快速、便捷、有效的道路抢通技术。该项目以强震山区震损道路应急抢通为研究方向，在“5·12”汶川地震和“4·20”芦山强震损毁救援生命通道应急疏通实战中得到了成功应用，为今后应对类似自然灾害和应急工程处理提供了新的方法和指导。

（一）主要成果及创新点

（1）系统分析了强烈地震引发山区道路损毁、阻塞的类型、危害及特征，总结实施了应急排险的处置原则、程序和方法。

（2）归纳总结了“滑坡阻塞、道路断裂、桥梁损坏”等主要破坏形式的特点规律，为确定处置措施提供了科学依据。

（3）研究提出了“就近用兵、快速进点、分段疏通、重点突破、安全防控”的原则。因地制宜，采用清除、填筑、置换、爆破、疏导等处置措施，实现了快速抢通。

（4）根据阻塞道路的特征，有针对性的提出了“跳跃引流、蚂蚁搬家、导排结合、爆破解体”等快速、便捷、实用的处置方法，加快了抢通进度。

（5）针对“4·20”芦山强震宝盛乡石拱桥桥面特大孤石，采用“定向钻孔、间隔装药、孔底柔性垫层、设置隔振孔、加强堵塞”等措施，有效控制了爆破振动和飞石，确保了桥体及高压输电线路安全，实现了拱桥快速抢通。

（6）总结出“侦察先兆、观察预警、责任分区，保持设备紧急避险安全距离、落实操作手避险方案”等有效措施，确保了余震不断、滚石频发情况下的安全抢险。

（二）应用情况与推广前景

成果在“5·12”汶川地震震毁的理县沙坝至汶川段、汶川至茂县羊茅坪、都江堰青城后山、虹口等多条生命通道抢通，以及“4·20”芦山强震造成的雅安至芦山、芦山至宝盛、宝盛至太平等多条损毁生命通道抢通得到了成功应用。本成果是一种有效的应急处理技术，在今后类似的道路损毁应急抢通中值得推广，还可推广运用到山洪、泥石流、滑坡等自然灾害造成的道路应急抢通。

（三）获奖单位

中国人民武装警察部队水电第三总队。

（四）获奖人

陶然、王彦虎、詹登民、周志东、张仕超、郑远健、邵俊杰。

（水力发电科学技术奖励工作办公室）

特大引水差动式调压室竖井群施工关键技术

“特大引水差动式调压室竖井群施工关键技术”获2013年度水力发电科学技术奖三等奖。

我国西部各大江河，位于环青藏高原的大斜坡地带，地形地质条件相当复杂，很多水电站采用引水式。金沙江、大渡河、雅垄江、怒江、澜沧江等干流水电开发，伴随着装机容量的增大，工程中常有大跨度、高深度、大直径的大型或特大型调压井。

该项目依托锦屏二级水电站调压竖井群工程，对复杂地质条件下大型调压室竖井群的施工关键技术进行研究与实践；通过理论、试验、工程实践研究，形成了一整套成熟的特大型调压室竖井群施工关键技术。研究成果为类似调压室开挖工程积累了成套的成功经验。

（一）主要成果及创新点

（1）进行了特大差动式调压井群开挖支护施工，竖井最大开挖断面 32.48m × 30m，开挖高度达 148.8m，总开挖方量 64 万 m^3。

（2）运用数值仿真技术，进行了大型井群施工岩石力学行为分析，采用有效的控制爆破及支护技术，井间开挖高差控制在 30m 以内，可有效控制围岩变形，实施四井同步开挖，为加快施工创造了条件。

（3）大型井群安全快速开挖技术，提出了“平面分序、立面分层、同层分区、层间控距”的开挖顺序。

（4）大型井群大跨度、高边墙顶拱无衬砌安全开挖施工技术，应用了钢筋肋拱＋机械胀壳式中空注浆锚杆＋聚丙烯纳米钢纤维的肋、锚、喷相结合的刚柔相济的支护体系。

（5）研制应用了绕绳、净绳保护装置，提高了竖井采用的垂直运输系统的安全性和可靠性。采用的全覆盖活动式竖井作业平台，为竖井工程施工提供了良好的作业条件。

（6）研究采用的箱型挡板式混凝土缓降器，有效地防止了混凝土高落差垂直输送的分离，保证了竖井滑模混凝土的施工质量和浇筑进度。

（二）应用情况与推广前景

研究的世界级特大型差动式调压井群加固和安全施工新技术、垂直运输技术等，在依托工程中应用，保证了施工安全，缩短了施工工期，施工质量达到优良，单元工程优良率达到 95%。该技术可提高施工工效，技术经济优势明显，可在同类工程中推广应用。

（三）获奖单位

中国水利水电第五工程局有限公司、四川大学。

（四）获奖人

吴高见、李福林、刘明、唐铭鸿、周家文、任明、蒲进。

（水力发电科学技术奖励工作办公室）

甘肃引洮供水一期工程双护盾 TBM 掘进机应用技术研究

“甘肃引洮供水一期工程双护盾 TBM 掘进机应用技术研究”获 2013 年度水力发电科学技术奖三等奖。

随着隧洞工程建设的发展，TBM 使用呈逐渐增长趋势，但在地质情况复杂、隧洞长度较大的工程建设中，如何进行 TBM 法施工、优化施工程序等问题显得尤为突出。

甘肃引洮供水一期工程总干渠 9 号隧洞工程，采用双护盾 TBM 掘进机。该掘进机利用检测、遥控以及电子信息技术等对施工过程进行全面监控，使掘进过程始终处于最佳状态，具备复杂地质、超长隧洞的开挖能力，能够确保隧洞内施工人员、机械设备的安全，并能够确保施工总计划进度。该项目对结合 9 号隧洞工程地质条件量身设计制造 TBM、在超长隧洞不同岩性复杂地质条件下的施工工艺、穿越特殊地层施工方法及施工组织管理等进行总结，具有重要的现实意义。

（一）主要成果及创新点

（1）提出了适合复杂地质条件下超长隧洞 TBM 施工的技术参数。

（2）形成了双护盾 TBM 掘进机在超长隧洞复杂地质条件下、特别在不同岩性下的施工工艺及施工组织管理。

（3）掌握了双护盾 TBM 掘进机穿越特殊地层的施工技术、卡机处理施工技术、穿越富水砂层技术、纠偏施工技术、PPS 导向系统技术。

（二）应用情况与推广前景

通过对总干渠 9 号隧洞工程 TBM 施工研究及成功应用，尤其是针对特殊地质条件、不同围岩条件的施工实践，达到了缩短施工工期、节约施工成本、保证施工安全、提高施工质量的要求，积累了宝贵经验，取得了良好的社会效益和经济效益。成果将推动了双护盾 TBM 掘进机在工程中应用，为国内其他类似长中型隧洞工程提供有益的借鉴作用。

（三）获奖单位

中国水利水电第四工程局有限公司。

（四）获奖人

席浩、党存文、曹明杰、王裕彪、赵睿璞、郎发来、张宏斌。

（水力发电科学技术奖励工作办公室）

软弱破碎带高压对穿冲洗回填混凝土加固技术研究

“软弱破碎带高压对穿冲洗回填混凝土加固技术研究”获2013年度水力发电科学技术奖三等奖。

雅砻江锦屏一级水电站坝高305m，是世界第一高拱坝。左岸抗力体地质条件复杂，分布有多条断层、深部裂缝及裂隙卸荷带，尤其是左岸F_5断层软弱破碎带。该断层软弱破碎带夹杂有大量的风化岩体、堆积体、砂层，遇水易软化、泥化，临空面极易发生整体塌落、卡钻等；岩体声波值、变模值低，前期勘探变模值为0.3GPa，甚至出现无法做声波及变模检测试验的情况。因此，对F_5断层的处理成为左岸抗力体地质缺陷处理的关键。

目前国内外对具有特别复杂的地质缺陷处理，一般采用开挖，置换处理、水泥灌浆、水泥—化学复合灌浆等技术。但遇到的断层破碎带宽度较小、较大宽度泥化区与沙层区，钻孔困难，塌孔严重，仍然没有可行的方案及施工工艺。选择高压对穿冲洗回填混凝土加固处理技术，既可代替开挖，又可减少成本，但在国内外均无处理的实例。本项目研究采用高压对穿冲洗回填混凝土加固处理技术对其进行置换处理，提高其岩体声波值及变模值，确保了抗力体的稳定，保证了大坝安全营运。

（一）主要成果及创新点

（1）首次研究采用了软弱破碎带高压对穿冲洗混凝土回填加固技术，利用对穿钻孔、采用两管法高压风水旋转往复式联合冲洗工艺，分区、分序冲除断层内破碎岩体，进行自密实高流态混凝土回填和灌浆，对断层进行置换处理，效果显著。

（2）采用计算机模拟技术，对断层高压冲洗影响进行评估，确定软弱破碎带高压对穿冲洗施工孔排距、冲洗水压力、风压力、提升及旋转速度等适宜的工艺参数；对冲洗扩孔范围及出渣量利用公式进行了估算。

（3）试验配制了高流态自密实混凝土，回填清理后的破碎带空腔，实现了岩体破碎带的有效置换。

（4）选用多功能全液压钻机和跟管钻进方法，提高了断层破碎带成孔率；对ϕ320mm钻孔钻具进行了组合设计及改进，利于钻孔排渣，提高了断层破碎带的钻孔精度；利用红外视频成像技术，对冲洗空腔及混凝土浇筑进行了观测，为施工提供了参考依据。

（二）应用情况与推广前景

项目研究的工艺及方法可以代替在复杂地层中的开挖或化学灌浆，已应用于锦屏一级水电站。工程加固效果明显，成功实现了软弱破碎岩体的有效置换和安全快速施工，经济和社会效益显著。该施工方法及工艺已在向家坝水电站左岸大坝工程的软弱夹层及煤层区得到了推广应用，取得较好效果，具有推广应用价值。

（三）获奖单位

中国水利水电第七工程局有限公司。

（四）获奖人

陈旭东、夏中伏、杨富平、向建、焦瑞锋、李正兵、李守华。

（水力发电科学技术奖励工作办公室）

基于Microstation的地质三维勘察设计系统

“基于Microstation的地质三维勘察设计系统”获2013年度中国电力科学技术奖一等奖。

水电水利工程通常建设于地形地质条件复杂的河谷中，传统的二维图很难直观、准确地展示出地质实际情况。而目前国内外的GeoEngine，GOCAD，AutoCAD等三维设计系统不能同时满足地形地质高精确建模、自动化辅助绘图、CAD符号化、复杂Mesh剪切处理、大数据模型快速渲染、地质水工异构模型协同、地质勘察远程信息化等多方面需求。“十一五”期间，国家工程勘察设计行业提出以发展三维设计、网络协同、系统集成、工程数据库等工程信息化技术作为解决上述矛盾的主要途径。

该项目根据“一个平台、一个模型、一个数据架构”的开发原则，提出了基于MicroStation研制地质三维勘察设计系统的技术方案。通过研制系统软件、技术标准和解决方案，将研究成果全面应用于水利水电工程和城市岩土、市政交通、海洋地质等领域，真正实现工程勘察设计三维协同一体化，以及工程地质勘察业务流程化、标准化和信息化，总体技术成果达到国际领先水平。

项目取得发明专利授权3项、实审2项，软件著作权7项，发表论文8篇，形成行业标准1项。

（一）主要技术创新点

（1）项目提出基于Microstation三维CAD平台构建地质三维勘察设计系统的技术开发方案，研究提出多源数据驱动自动建模、多专业勘测数据流程化处理、二维图件自动编绘与动态更新、地质水工模型同切剖面分析等关键技术，实现工程勘察设计三维协同一体化。

1）基于Microstation三维CAD平台，集成应用3DGM、CAD、GIS、DB、WEB等技术，自主研发

了集数据管理、三维建模、计算分析、二维绘图、网络查询和外部接口等模块于一体的地质三维勘察设计系统。

2）基于统一的数据服务（SOA）框架，自主研发了同时支持三维建模、二维绘图和数据查询统计的工程地质数据库，符合水利、水电、岩土工程勘察行业技术标准，建立了标准化的数据字典，满足地质数据统计分析需求，并能提供实时访问地质数据服务的功能。

3）提出了地质剖面动态解译、参照面校正、披盖面建模、Mesh射线求交等多种地质曲面建模分析方法和图形算法，实现复杂地质曲面和结构面的快速生成与分析处理，是目前国内唯一能实现从原始勘探数据和地质剖面图数据两种混合方式创建工程地质三维模型的系统。

4）基于自主研究的工程地质对象分类和特征编码，提出数据驱动的自动建模和依赖关系驱动的模型动态更新技术，实现了勘探、物探、地质、监测和地下洞室等三维全信息模型的实时生成。

5）实现地质、水工异构模型同切剖面分析技术，满足地质水工总装模型剖切、标准断面设计、水工布置方案比较等三维协同设计需求，实现了高效实时最优方案设计。

6）基于地质三维模型和数据库，提出工程地质图件自动编绘与动态更新技术，解决了人机交互式绘图工作量大、交叉剖面错误多、校审环节复杂等问题，提高了出图质量和效率。

（2）地质三维系统提供了OA域用户访问、多种软件授权验证、地质数据服务分布式部署、公共空间式文件共享、用户角色多级权限控制、数据变更记录和追溯等全面的功能，解决了工程地质勘察项目生产组织、权限管理、数据安全、固化发布等应用问题，首次实现低带宽网络条件下的工程地质勘察业务远程信息化。

（3）首次提出工程地质对象分类和特征编码标准，形成企业级地质三维数字化技术标准体系，率先实施了地质三维勘察设计系统的标准化应用，目前正提升为能源行业技术标准。

（二）应用领域与推广前景

地质三维勘察设计系统长期发展定位于水利水电、城市岩土、市政交通、矿山地质、海洋地质等广阔的领域，已融合多行业技术标准，打破了工程地质计算机应用的界线，具有广阔的应用前景。

该系统已成功应用于白鹤滩、锦屏二级、抽蓄电站等国内外40余项巨型、大型水电工程和杭州武林门地铁站等众多岩土工程，先后完成上百个地质三维模型增值产品，快速抽取上万件地质二维图，极大地提高了工程地质勘察生产效率和产品质量，同时有益于控制工程风险、降低人员劳动强度、缩短工程设计周期，项目经济和社会效益非常显著。通过战略合作与共享等形式，成果已在行业内得到了广泛的推广，连续举办了多次技术交流会，为行业内40余家单位的技术人员提供了技术培训。已在水电行业内的10余家单位推广使用，效果良好。

（三）获奖单位

中国水电顾问集团华东勘测设计研究院、浙江华东建设工程有限公司、福建华东岩土工程有限公司、浙江华东测绘有限公司。

（四）获奖人

张春生、单治钢、王国光、王金锋、陈健、蒋海峰、张业星、徐震、李虎、唐海涛、李成翔、刘臻熙、李鹏祖、廖卓、薛聪。

（摘自《2013年度中国电力科学技术奖获奖项目汇编》）

潮间带风电新型单桩基础设计与施工关键技术、装备研制和工程应用

“潮间带风电新型单桩基础设计与施工关键技术、装备研制和工程应用”获2013年度中国电力科学技术奖一等奖。

根据国家气象局评估，我国5～25m水深海上风电可开发容量200GW以上，开发潜力巨大。而我国海上风电开发刚起步，亟待开展风机基础设计、施工专用装备及施工技术等课题研究。

单桩基础结构简单、安装方便，是目前国外应用最为广泛的形式，但垂直度要求高，需要采用过渡段调平，并通过灌浆料连接，然而国外已出现大量单桩基础灌浆料连接失效。

因此，该课题拟研究取消过渡段的新型风机单桩基础。单桩基础国内无先例，取消过渡段，单桩顶法兰与桩锤直接接触，需解决沉桩过程中保护问题；没有过渡段调节，需要控制打桩垂直度。

为此，需要研制满足单桩沉桩垂直度要求的扶正纠偏设备；同时，结合潮间带工况，研制满足船舶稳定性要求，具备大型起重能力的可坐滩浅吃水甲板驳。

（一）主要技术创新点

（1）首次提出并成功实践了无过渡段单桩基础方案，规避了传统单桩过渡段因灌浆材料导致的问题，节省了灌浆费用，缩短了工期，提高了可靠性。

（2）优化了顶法兰结构，建立了顶法兰动态应力

与锤击能量的相关性模型，并据此实时调整锤击能量，保证了顶法兰应力不超限和完整性。

(3) 研制了大型扶正导向架，通过沉桩垂直度实时监测与校正成套施工工艺技术，实现了打桩过程中单桩的有效导向和纠偏，垂直度误差小于0.2%。

(4) 研制了多功能一体化的浅吃水可坐底潮间带风电施工船，满足了潮间带无过渡段单桩施工装备和技术的要求。

(二) 应用领域与推广前景

该项目属新能源领域，具体为海上风电技术及设备的开发与应用。

(1) 该项目研究依托并应用于龙源如东150MW海上风电项目和50MW增容项目。单位造价约1.5万元/kW，年发电等效利用小时数2500h以上。同比国外海上风电投资降低50%以上。

(2) 2010年，该成果用于国家海上风电特许权招标项目应标，成功中标大丰200MW海上风电特许权项目。

(3) 结合正在研制自升式风电施工平台，可将本成果应用于近海风电场开发。

(4) 根据华东勘测设计研究院研究分析，该技术成果可应用于江苏、山东、上海、河北等软土海床海域，上述沿海地区国家规划海上风电容量36550MW，应用前景十分广阔。

(三) 获奖单位

龙源电力集团股份有限公司、江苏海上龙源风力发电有限公司、中国水电顾问集团华东勘测设计研究院、江苏龙源振华海洋工程有限公司。

(四) 获奖人

高宏飙、谢长军、张钢、赵生校、李泽、张宝全、吴金城、陈强、范子超、孙杏建、季晓强、张乐平、姜贞强。

(摘自《2013年度中国电力科学技术奖获奖项目汇编》)

大坝加高混凝土密合材料与施工工艺

“大坝加高混凝土密合材料与施工工艺”获2013年度中国电力技术发明奖二等奖。

新老混凝土结合是普遍存在于大坝、水闸、渠道等水利水电工程，桥梁、道路、房屋等土木建筑工程的改建、扩建、分建、续建，以及加高、加固、维修等工程建设中的重大技术难题，尤其在高水坝工程中更显关键。国内外大量的相关资料和调查结果表明：在新老混凝土结合施工后的结合面破坏情况十分普遍，会出现30%～35%的开裂现象，严重影响了工程安全运行和效能的发挥，同时也造成了较大的经济损失。

(一) 主要技术创新点

(1) 发明了混凝土断裂试验起裂荷载测试方法，提高试验精度30%，提出了“双因素应力平衡”界面密合模型。

(2) 发明了“锯割静裂法”混凝土人工键槽成型方法，高效地生成了世界最大规模和尺寸的混凝土人工键槽，使结合界面机械啮合力有了本质的提升，实现了新老混凝土结构的联合受力，工效提高了50%，施工成本降低了30%，做到零损伤。

(3) 发明了高性能无机界面密合剂，其超缓凝性能可消减变形约束产生的有害应力，其聚密成分与水化产物$Ca(HO)_2$等持续反应，将新老混凝土牢固地黏结在一起，既提高了化学结合力和范德华力，又最大限度地消散了界面的约束应力，结合强度由1.5MPa提高至5MPa。

(4) 发明了混凝土智能冷却通水系统，实现混凝土温度的智能控制，使温控保证率提高至99%，有效减小了因温差产生的有害应力，增进了新老混凝土密合。

(5) 将信息化技术和自动测控技术引入混凝土施工领域，开发了基于虚拟现实的施工管理与决策平台，对新混凝土智能化综合温控、施工进度、施工资源配置等实施全过程的高效有序控制，实现了混凝土高效高质量施工，大大减少了新混凝土施工等待时间，对避免“冷缝”和利用密合剂缓凝消应起到了重要作用。

(二) 应用领域与推广前景

该成果已成功应用于世界最大的输水工程——南水北调中线工程的水源工程（丹江口大坝加高工程）、世界第一高拱坝——锦屏一级水电工程、景洪水电站和溪洛渡水电站等数十项工程，效果显著。为众多混凝土工程的修补、加固、改扩建以及分期施工提供了有力的技术支持和质量保障，可广泛应用于大型尤其是特大型水电工程、建筑工程、核电工程、大型民建等工程的复建、改建、扩建、加高、加固工程以及长间歇分期浇筑混凝土工程。

(三) 获奖人

周厚贵（中国能源建设集团有限公司）、谭恺炎（葛洲坝集团试验检测有限公司）、程雪军（葛洲坝集团试验检测有限公司）、程润喜（葛洲坝集团试验检测有限公司）、马金刚（中国能源建设集团有限公司）、曹生荣（武汉大学）。

(摘自《2013年度中国电力科学技术奖获奖项目汇编》)

深埋高外水压力长大隧洞围岩稳定性及衬砌支护结构研究

“深埋高外水压力长大隧洞围岩稳定性及衬砌支护结构研究”获2013年度中国电力科学技术奖三等奖。

该项目综合多种研究手段正确认识了隧洞沿线不同代表性洞段的地应力状态，揭示了隧洞开挖以后围岩力学状态及对工程的影响，制订了具有针对性的工程措施。通过对隧洞开挖过程中各种潜在问题的充分把握和对支护措施力学性能的清晰认识，动态调整围岩支护设计方案，研发了多种新材料和新工艺，实现了对围岩变形和破坏的有效控制，有效解决了锦屏二级深埋引水隧洞的围岩稳定问题。

（一）主要技术创新点

（1）提出了地应力综合研究方法，综合采用地质宏观分析、地应力实测、现场破坏响应与数值分析方法等多种手段。

（2）首创了深埋大理岩无损取样方法，解决了深埋条件下钻孔采样时岩样损伤这一世界性难题。

（3）开发了以Hoek-Brown强度准则为基础的BDP模型和以Mohr-Coulomb强度准则为基础的GPSEdshs模型，解决了大理岩力学特性描述过程中的技术难题。

（4）创新性地采用多种监测手段了解大理岩破裂随时间的扩展特性，建立了大理岩破裂时间效应的力学描述方法，开发了基于非连续方法的PSC模型和基于连续性方法的SC模型，为分析引水隧洞的长期运行安全提供了便捷可靠的分析手段。

（5）首次采用声发射、应力计、光纤光栅等综合测量方法，全面了解掌子面推进过程中的破裂损伤、应力、变形等围岩开挖响应的动态演化过程，完善了深埋高应力条件下硬岩隧洞的监测设计方法。

（6）优化了TBM掘进和岩爆条件下的支护设计方案，满足了支护的及时性、系统性与整体性要求，成功解决了围岩稳定控制、TBM快速掘进、强烈岩爆防治、衬砌结构安全等关键技术难题。

（二）应用领域与推广前景

该项目研究成果已成功应用于锦屏二级、上昆嵩、江边等深埋隧洞建设中。随着我国经济建设的蓬勃发展，需要建设大量的深埋长大隧洞。锦屏二级引水隧洞作为我国第一深埋水工隧洞群，结构设计和施工难度都有其特殊性，很多技术问题已经超越了规范范围，所获得的研究成果可为其他类似工程的建设提供技术支撑。

（三）获奖单位

中国水电顾问集团华东勘测设计研究院有限公司、雅砻江流域水电开发有限公司、浙江中科依泰斯卡岩石工程研发有限公司、中国科学院武汉岩土力学研究所。

（四）获奖人

侯靖、曾雄辉、冯夏庭、张春生、陈祥荣、王坚、吴旭敏。

（摘自《2013年度中国电力科学技术奖获奖项目汇编》）

地下厂房无盲区三维高效混凝土布料系统研究与应用

“地下厂房无盲区三维高效混凝土布料系统研究与应用”获2013年度中国电力科学技术奖三等奖。

结合水电工程地下厂房混凝土施工的特点，研制了一套地下厂房无盲区三维高效混凝土布料机系统，利用岩壁悬挂内皮带，利用桥机牵拉外皮带实现系统覆盖范围任意点混凝土布料功能。该系统可以旋转、升降仰俯和折叠伸展，具有输送混凝土料能力强、布料范围大、操作方便无盲区、适应性强、工程成本小等优点，且非工作状态靠墙壁悬挂，施工干扰小，是一种创新的地下厂房混凝土浇筑高效施工手段。

（一）主要技术创新点

（1）研究了窄长高类工作区域混凝土高速施工工艺技术，提高了工效，缩短了工期。解决了长期制约窄长高等结构特点的狭窄空间混凝土高速施工及有效工作区域狭小的问题，混凝土浇筑速度提高了6倍。系统折叠、回转、伸展、仰俯技术增大了有效工作空间区域，减少了系统工位转换的次数、拆装费用，能显著缩短工期。

（2）研究了一套适应窄长高结构混凝土施工的狭窄空间混凝土输送系统装备及创新技术。研发了2条桁架皮带折叠伸展回转摆动技术、液控回转支撑连接盘动态调平技术、紧凑空间移动结构皮带张紧技术、结构及悬挂吊点和牵引吊点优化技术、狭窄空间零部件结构尺寸控制及安装技术、溜管堵料安全3级报警及破断保护技术、回转制动防撞技术、岩壁锚挂回转仰俯提升技术、冷压对中环锚杆技术、锚挂回转与回转连接盘同心度偏差控制技术、悬挂偏心分力消除技术、控制与安全警示及多目标集成电气控制技术等一系列创新技术。

（3）研究了狭窄施工区域系统布置配套与管理运行技术。解决了诸如地下厂房等窄长高工程结构的最佳布置技术、避免覆盖盲区技术、系统运行内部控制协调与混凝土施工仓面通信协调技术、系统安装运行及维护管理技术等。

（二）应用领域与推广前景

研究成果适用于水电工程领域地下厂房混凝土浇筑运输。研究设计了全新的地下厂房混凝土浇筑方法与独特的布料装备系统，地下厂房混凝土浇筑速度提高了3～6倍，工作覆盖范围扩大了3倍，显著提高了地下厂房等地下封闭工程结构混凝土施工速度，解决了类似工程缺乏高效浇筑手段的难题，在水电工程地下厂房混凝土施工中将具有广阔的应用前景。

（三）获奖单位

中国葛洲坝集团股份有限公司。

（四）获奖人

石义刚、郭光文、余英、程祖刚、邢德勇、程志华、关贤武。

（摘自《2013年度中国电力科学技术奖获奖项目汇编》）

混凝土坝抗震安全评价体系研究

“混凝土坝抗震安全评价体系研究”获2013年度水力发电科学技术奖一等奖和2013年度中国电力科学技术奖二等奖。

我国在水能资源富集的西部地区，正在修建和近期拟建一批200～300m级的高坝，混凝土拱坝和重力坝所占比例较大。但是，西部地区多属强震区，这些工程的设计地震动加速度峰值都很高，地震作用往往成为设计中的控制因素，如大岗山拱坝、黄登重力坝等。由于国内外都缺乏相应工程规模的实践经验和相应烈度的工程震害实例，需要开展相关课题的专门研究。

为确保地震工况下的大坝安全，科学划分高坝抗震安全设防等级，把握混凝土坝地震动响应规律和抗震特性，合理确定大坝抗震措施，本项目以高混凝土坝抗震设计、抗震安全复核和大坝震害分析为基础，针对高混凝土坝抗震安全关键技术进行系统研究，对《水工建筑物抗震设计规范》（DL 5073—2000）的修订提出了合理的意见和建议。

（一）主要成果及创新点

（1）提出修正的地震设防级别及安全标准。基于对国内外高混凝土坝震损案例及抗震设计规范进行系统的整理和分析，结合我国国情和工程实践经验，确立了建立大坝抗震设防水准的基本原则，分级设防标准及其性能目标，提出了修订我国大坝地震设防水准、针对性开展校核地震或最大可信地震安全复核、极限抗震能力研究的建议。

（2）提出规范化的地震动输入方法。探讨了目前地震动输入机制方面的有关问题，提出了采用有效峰值加速度（EPA）替代水平向地震动峰值加速度（GPA）及规范化地震动输入的意见，并建议按照设定地震方法，确定场地相关设计反应谱。建立了场地相关设计反应谱分析时的衰减关系；研发了生成幅值和频率非平稳的地震动时程计算方法和软件。

（3）揭示大坝混凝土动力特性。基于大量混凝土性能动载试验成果，研究了模拟地震循环反复荷载下，混凝土强度特性和变形特性与速率敏感性，温度、湿度等环境因素以及初始静载水平的关系，对比研究多轴加载情况下混凝土的动态特性、全级配混凝土的动态特性，提出了地震动作用下大坝混凝土动态强度和弹性模量参数的建议值。

（4）建立重力坝动力分析模型及安全评价体系。采用线弹性动力分析方法和非线性动力方法，深入研究了地基不均匀性、库水可压缩性、水库边界吸收以及上游坝面裂缝水力劈裂等对重力坝地震响应的影响，研究了坝基及两岸潜在不稳定块体的动态稳定性、地震薄弱环节和地震风险。建立了重力坝地震反应分析评价流程和安全评价体系。

（5）建立拱坝动力分析模型及安全评价体系。研究发展了拱坝坝体—库水—地基系统地震反应的非线性分析方法，建立了坝体—库水—地基相互作用、坝体横缝的开合、坝体混凝土的损伤开裂、抗震加固模型，研究了抗震加固措施；在刚体极限平衡法基础上，研究提出了时域刚体极限平衡分析方法，建立了高拱坝一地基整体抗震安全评价体系、地震反应分析评价流程和评价指标。

（二）应用情况与推广前景

研究成果已应用于我国高地震烈度区高混凝土坝的防震抗震研究设计和水工建筑物抗震设计规范的修编工作中，社会、经济效益显著。成果对促进水利水电设计行业的科技进步、提高行业竞争能力具有重要推动作用。

建立的考虑地基不均匀性、库水可压缩性、水库边界吸收以及上游坝面裂缝水力劈裂等因素的重力坝地震反应分析评价流程和安全评价体系。成功应用于龙滩、黄登、向家坝、龙开口等高重力坝的防震抗震研究设计，合理评价了高地震烈度区重力坝的抗震安全性；建立的考虑坝体一库水一地基相互作用、坝体横缝的开合、坝体混凝土损伤开裂的高拱坝地震分析评价流程和评价体系，成功应用于大岗山、小湾、白鹤滩、锦屏一级等高拱坝的防震抗震研究设计，合理评价了高地震烈度区拱坝的抗震安全性。

（三）获奖单位

水电水利规划设计总院、中国水利水电科学研究院、大连理工大学、清华大学、中国地震局地球物理研究所。

（四）获奖人

水力发电科学技术奖为：周建平、党林才、杜小凯、严永璞、陈厚群、林皋、张楚汉、陈观福、李德玉、钟红、徐艳杰、王海波、李建波、王进廷、俞言祥。

中国电力科学技术奖为：周建平、党林才、杜小凯、严永璞、陈厚群、林皋、张楚汉、陈观福、李德玉、钟红。

（本年鉴编辑部摘编）

变态混凝土自动注浆振捣台车研制与应用

"变态混凝土自动注浆振捣台车研制与应用"获2013年度水力发电科学技术奖一等奖和2013年度中国电力科学技术奖三等奖。

变态混凝土是我国科技工作者1986年首创并运用，解决了异种混凝土之间结合不良和常态混凝土对碾压混凝土施工干扰等问题。经过20多年的不断发展，变态混凝土浆液从不经计量、随意加浆萌发阶段发展到需精确计量、均匀注浆的成熟阶段。变态混凝土人工作业难以保证施工工艺的标准化和施工质量的均质性，需研制合适的施工机械。该项目根据碾压混凝土大坝变态混凝土的施工特点，研制成功了以履带式挖掘机为基础平台，集储浆、输浆、注浆、振捣及输浆管路清洗工作装置和数字控制功能于一体的变态混凝土注浆振捣台车，实现了变态混凝土机械化快速施工。

（一）主要成果及创新点

（1）研制的注浆振捣台车，以液压挖掘机为基础，设计加装贮浆、输浆、注浆/清洗装置，附设插入式液压机械振捣装置，且加浆/振捣工作装置可快速转换，采用自动化控制系统，台车总体结构与配置合理。

（2）成果对注浆过程中灰浆在碾压混凝土中的扩散规律，进行了计算分析和实验比较，确定了注浆插头的结构和布置型式，优选注浆压力，实现均匀分布注浆，有效解决了灰浆均匀灌注的难题。

（3）采用液压驱动储浆箱低速搅拌系统保持浆液的稳定性，通过转数计量器、逆止阀，使用PLC系统控制转子泵的输浆压力和输浆量，并采用多层立面注浆方式，实现定量均匀注浆。

（4）采用振捣频率可控的双头液压振捣器，注浆与振捣工况切换，利用主机液压系统实现变频控制，完成注浆变态混凝土的密实振捣。

（5）注浆振捣台车使用PLC控制系统，采用人机交互操控设备，实时显示、自动对位，具有切换灵活、操作简便、界面友好等特点。系统可自动记录施工过程，强化了质量管理。

（二）应用情况与推广前景

台车样机先期在亭子口水电站碾压混凝土重力坝工程进行了适应性试验，针对试验中暴露出注浆振捣工作装置结构尺寸、布置不合理和输浆系统易堵塞等问题进行了改进。经过优化改进研究，完成了样机优化改造工作，并在厂内进行模拟试验后应用于立洲水电站碾压混凝土双曲拱坝施工。设备较好的完成了变态混凝土浆液加注、振捣作业施工，经过测试，各项功能稳定可靠，操作便捷，施工质量好，有效改变了目前变态混凝土施工工艺的落后状态，大大提高了现场作业的施工安全性和文明施工水平。

变态混凝土自动注浆振捣台车设备已在立洲水电站成功应用，效果优良，具有广阔的应用前景。

（三）获奖单位

水力发电科学技术奖为：中国水利水电第七工程局有限公司。

中国电力科学技术奖为：中国水利水电第七工程局有限公司、武汉大学。

（四）获奖人

水力发电科学技术奖为：吴旭、彭卫平、颜曦、郑平、徐绍波、欧阳新群、郑鹏鹏、蔡天福、刘照、张宏武、杨愚、肖志怀、江绍春、刘翔、王婷。

中国电力科学技术奖为：吴旭、彭卫平、颜曦、郑平、徐绍波、欧阳新群、郑鹏鹏。

（本年鉴编辑部摘编）

超高心墙堆石坝安全监测技术及评价预警系统研究与应用

"超高心墙堆石坝安全监测技术及评价预警系统研究与应用"获2013年度水力发电科学技术奖三等奖和2013年度中国电力科学技术奖二等奖。

安全评价及预警系统是一个集监测采集系统、监测自动化系统、安全评价系统、安全预警及应急预案于一体的综合管理及监控系统，在工程质量掌控、安全评价、反馈设计和指导施工、安全预警及应急预案等方面发挥重要作用，其监测反馈分析成果及报告是工程历次质量检查、蓄水验收、机组发电等重要的决策依据。

国内已建心墙堆石坝的安全监测、安全评价，其技术在相对较低的大坝应用较为成熟，但很难满足

300m 级高坝的要求。对于超高心墙堆石坝来说，其安全监测技术已超出国内现有规范和技术水平，特别是监测方法、仪器量程、仪器安装埋设工艺及仪器电缆保护等方面均有很大技术难度。同时安全评价及预警系统作为水电工程全生命周期的重要组成部分，尚无工程应用经验可循。

该项目主要依托糯扎渡水电站工程，对 300m 级超高心墙堆石坝安全监测关键技术、安全评价方法及监控指标、安全评价及预警系统等 3 大内容进行研究。

（一）主要成果及创新点

（1）实现 300m 级高心墙堆石坝安全监测系统与安全预警、应急预案系统的联动与集成。根据监测和分析成果修正和完善不同时期、不同工况下大坝的各级警戒值和安全评价指标，提出相应的应急预案与防范措施。将以上各环节有机地集成起来，形成理论严密且可靠实用的大坝工程安全评价与安全预警、应急预案系统。

（2）建成集测量机器人、GNSS 监测系统、内观自动化系统于一体的 300m 级高心墙堆石坝大型安全监测自动化系统。糯扎渡心墙堆石坝布置 2 套测量机器人（70 个测点）、52 个 GNSS 监测点及 1400 个测点的内观自动化系统。

（3）提出采用整体安全指标、分项安全指标相互协调统一方式作为 300m 级高心墙堆石坝安全监控指标。

（4）采用四管式水管式沉降仪监测高心墙堆石坝下游堆石体内部沉降，解决了下游堆石体超长监测管线（超过 300m）的内部沉降监测问题。该成果已获得国家知识产权局颁发的实用新型专利证书。

（5）首次采用弦式沉降仪对上游堆石体内部沉降变形进行监测。该弦式沉降仪最大测量范围为 70m，蓄水后主要采用渗压计，通过水位换算测得堆石体的沉降。

（6）采用电测仪器横梁式沉降仪对心墙进行分层沉降监测，将传统人工监测方法改进为电测方法。该成果已获得国家知识产权局颁发的实用新型专利证书。

（7）率先将剪变形计引入心墙与反滤之间的错动变形监测。

（8）采用 500mm 超大量程的电位器式位移计（土体位移计组），并采用分段设置的递增方式，对心墙与混凝土垫层之间的相对变形进行监测。

（9）采用六向土压力计组对心墙的空间应力分布情况进行监测，为高坝工作状态分析和反馈设计提供可靠的基础资料。

（二）应用情况与推广前景

成果在糯扎渡工程得到应用，已成功运行 2 年多，在工程质量掌控、安全评价、反馈设计和指导施工、安全预警及应急预案等方面发挥了重要作用。研究成果已应用于部分在建、拟建的超高心墙堆石坝（如大渡河双江口和雅砻江两河口水电站等），更多高心墙堆石坝即将采用该研究成果（中国还将建设类似高心墙堆石坝 25 座），具有广阔的推广和应用前景。

（三）获奖单位

水力发电科学技术奖为：中国水电顾问集团昆明勘测设计研究院、华能澜沧江水电有限公司、清华大学。

中国电力科学技术奖为：中国水电顾问集团昆明勘测设计研究院、华能澜沧江水电有限公司、清华大学、武汉英思工程科技有限公司。

（四）获奖人

水力发电科学技术奖为：张宗亮、于玉贞、刘兴宁、谭志伟、邹青、戴益华、袁会娜。

中国电力科学技术奖为：张宗亮、于玉贞、刘兴宁、谭志伟、邹青、戴益华、袁会娜、陈江、雷红军、林恩德。

（本年鉴编辑部摘编）

抽水蓄能电站 SFC 谐波分析及实测研究

“抽水蓄能电站 SFC 谐波分析及实测研究”获 2013 年度水力发电科学技术奖三等奖和 2013 年度中国电力科学技术奖三等奖。

静止变频启动装置 SFC（Static Frequency Converter）具有启动容量大、启动速度快、工作可靠性高、维护工作量小、对系统影响少等优越性，已在大型抽水蓄能电站广泛应用。该装置是由相控变流整流器和逆变器组成的一个晶闸管无换向电机调速系统，运行时产生谐波电流，会在发电电动机电压侧和输电电压侧产生谐波电压，并传导影响电站厂用电公用系统和其他系统用户设备的正常运行。SFC 装置启动产生的谐波是短时谐波，国内外尚未有可遵循的针对性标准和规范。我国早期的几个抽水蓄能电站由于不正确地套用以前的 SD 126—1984《电力系统谐波管理暂行规定》和现行国标 GB/T 14549—1993《电能质量公用电网谐波》，控制指标过于苛刻，要求 SFC 外置滤波装置。这不仅增加了投资，而且在运行中发生了各种各样的事故，影响了 SFC 启动成功率和电站的安全可靠运行。除情况特殊采用高压同期并网的十三陵抽水蓄能电站外，天荒坪抽水蓄能电站和广州抽水蓄能电站二期配置的滤波装置已被废置不用；桐柏和泰安抽水蓄能电站配置的滤波装置，也没投入运行。SFC谐波成为抽蓄电站电气设计的一个热点问题。研究SFC谐波合理的抑制措施具有重要意义。

通过该项目研究，取得了一系列的研究成果，在该技术领域全面解析并解决了这一问题。研究成果表明，可以采取合理的谐波抑制措施来对付抽水蓄能电站SFC启动谐波问题，不需要另外配置滤波装置。这不但节省了工程投资（一套SFC约500万元，在建和将建有40多套，可节约2亿多元），更为重要的是，减少了设备操作和运行的故障率，提高了抽水蓄能电站电动工况启动成功率，提高了电网运行可靠性和安全性。

（一）主要成果及创新点

（1）研究明确指出现有谐波国家标准不适用于抽水蓄能电站SFC启动谐波，综合IEC 61000的兼容思路和IEEE 519的放宽原则，研究并首次提出了适用于抽水蓄能电站SFC启动谐波的评估方法和限值要求。

（2）采用Saber软件建立了抽水蓄能电站各种典型SFC方案模型，仿真计算了这些方案的谐波电压和电流，并对有关因素对谐波的影响进行了计算比较和分析；在国内外第一次实测了所有4种类型抽水蓄能电站SFC启动谐波，录制取得了启动过程谐波波形，准确掌握了抽水蓄能电站SFC启动谐波的实际分布。

（3）研究提出的抽水蓄能电站SFC合理的谐波抑制措施根本解决了这个问题。明确提出SFC采用与厂用电系统分开的引接方式，可以取消滤波装置。这既提高了抽水蓄能电站电动工况启动运行的安全可靠性，又节省了不少工程投资。

（二）应用情况与推广前景

（1）已在抽水蓄能电站中成功应用。宜兴、宝泉、响水涧抽水蓄能电站采用研究成果提出的设计方案，都取消了滤波装置，这些电站均已投入运行，运行情况良好，取得了很好的效益。张河湾、西龙池、白莲河、黑麋峰、惠州抽水蓄能电站也采用这样的方案。

（2）向正在设计中的抽水蓄能电站推广。在建的仙游、洪屏、仙居、绩溪抽水蓄能电站和将建的厦门、句容、金寨、天荒坪二期抽水蓄能电站等都采用研究成果推荐的方案。

（3）为抽水蓄能电站SFC技术改造提供依据。一些早期建成的抽水蓄能电站，如天荒坪抽水蓄能电站可拆除闲置的滤波装置，留存空间为技术改造之用。

（4）为抽水蓄能电站SFC谐波抑制规范性文件提供依据。总结研究成果，拟申请编制行业规范《抽水蓄能电站SFC谐波抑制导则》。

（三）获奖单位

水力发电科学技术奖为：中国水电顾问集团华东勘测设计研究院、浙江大学、浙江省抽水蓄能工程技术研究中心。

中国电力科学技术奖为：中国水电顾问集团华东勘测设计研究院、浙江大学、浙江省电力公司电力科学研究院、华东桐柏抽水蓄能发电有限责任公司、华东宜兴抽水蓄能有限公司。

（四）获奖人

水力发电科学技术奖为：杨建军、李晓峰、余国铨、徐德鸿、陈敏、潘星、张建平。

中国电力科学技术奖为：杨建军、徐德鸿、潘星、李晓峰、陈敏、张建平、余国铨。

（本年鉴编辑部摘编）

700MW水轮发电机继电保护关键技术研究与优化示范

“700MW水轮发电机继电保护关键技术研究与优化示范”获2013年度水力发电科学技术奖三等奖和2013年度中国电力科学技术奖三等奖。

龙滩水电站工程建设时，国内外尚无700MW全空冷水轮发电机保护的研究设计实例以及运行经验，国内有关发电机保护的规程规范尚不能完全适应700MW的巨型水轮发电机（特别是在主保护配置方面）。巨型发电机保护的方案对发电机制造和安装有重大影响。为保证主设备继电保护招标工作、发电机制造及安装工作按工程进度计划顺利进行，对700MW全空冷水轮发电机保护进行研究，并在此基础上确定诸项设计方案。

该项目依托龙滩水电站，对其典型的国产700MW水轮发电机的主保护配置、定子单相接地保护和转子一点接地保护方案进行了重点研究，取得了非常满意的成果，并成功应用于龙滩水电站工程。

（一）主要成果及创新点

（1）在国内外率先实现700MW水轮发电机主保护配置定量化设计并应用于设备制造和现场安装等工程实际，改变了以往仅凭经验和传统习惯对大型发电机主保护进行配置的定性设计方法。

（2）在国内外700MW水轮发电机定子接地保护设计及应用中率先采用了具安全限制判据技术的注入低频电源式定子接地保护。当故障电量在安全限制值内时保护仅动作于发信号，超过安全限制值时保护动作于跳闸停机，在保证发电机安全运行的前提下避免了不必要的停机、跳闸，保证了电网的稳定和质量。

(3) 在国内外700MW水轮发电机转子接地保护设计及应用中率先采用了具准确测量转子接地故障位置功能的注入低频电源式转子接地保护，利于电站运行人员对转子一点接地故障的快速检测和准确排查，避免转子两点接地严重故障的发生。

（二）应用情况与推广前景

该项研究和成果已成功应用于龙滩水电站700MW水轮发电机国产继电保护系统，为保证发电设备及电网系统的安全稳定运行发挥了重要作用，产生了很好的经济效益和社会效益，具有很高的推广应用价值。

该项研究为同类工程提供了成功经验和模式，为国内外巨型水轮发电机继电保护系统设计以及国产保护设备和国产700MW全空冷水轮发电机的设计、招标、制造、安装、调试、运行提供了宝贵经验，同时也可为国家有关发电机保护技术规程的完善提供成功的实际工程案例。该项研究和应用将推动行业技术进步，进一步促进国产发电机微机保护装置技术和巨型水轮发电机保护系统整定计算技术的发展。

（三）获奖单位

龙滩水电开发有限公司、中国水电顾问集团中南勘测设计研究院、清华大学。

（四）获奖人

水力发电科学技术奖为：杨振先、张强、胡镇良、李正茂、桂林、王怀茂、徐立佳。

中国电力科学技术奖为：杨振先、张强、李正茂、胡镇良、桂林、王怀茂、徐立佳。

（本年鉴编辑部摘编）

溪洛渡水电站高拱坝防裂混凝土研究及应用

“溪洛渡水电站高拱坝防裂混凝土研究及应用”获2013年度水力发电科学技术奖三等奖和2013年度中国电力科学技术奖三等奖。

溪洛渡水电站是一座以发电为主，兼有防洪、拦砂和改善下游航运等综合利用效益的特大型水利水电枢纽工程。拱坝坝高278m，所用粗骨料为玄武岩质人工碎石。这种骨料强度和弹性模量值高，热膨胀系数较大，用其配制的混凝土极限拉伸值相对较小，混凝土早期抗裂能力较低。

该项目针对混凝土抗裂性能进行了系列试验，在施工配合比设计过程中采取了“最大允许水胶比、最大允许煤灰掺量、掺用高性能外加剂、低坍落度、低砂率”的技术路线，最大限度地降低了混凝土单位用水量，从而降低了胶凝材总用量尤其是降低了水泥用量，不仅降低了工程成本，更重要的是降低了坝体混凝土绝热温升和温差裂缝风险，一定程度上弥补了其自生体积变形指标的先天不足。

为提高溪洛渡拱坝陡坡坝段、长间歇期仓面混凝土在低温时段的早期抗裂能力，根据该项目研究成果，溪洛渡大坝混凝土分区、分时段地使用了外掺PVA纤维0.9 kg/m^3；在拱坝局部使用了聚羧酸类高性减水剂、低热P·LH42.5水泥，降低了深孔钢衬周边、底孔回填封堵、导流洞回填封堵混凝土的胶凝材用量和开裂风险，改善了重点部位的抗裂能力。通过该项目的研究及应用，改善、提高拱坝混凝土抗裂性能以满足拱坝安全运行需要，对溪洛渡拱坝工程具有重大意义。

（一）主要成果及创新点

(1) 研究采用高含MgO中热水泥，MgO控制指标为4.2%～5.0%，有效减小了混凝土体积变形收缩值。使用玄武岩粗骨料、石灰岩细骨料，采取低坍落度、低砂率、低水胶比、高掺粉煤灰、掺用高性能外加剂等的技术路线，优化混凝土配合比，配制了耐久性好、水化热温升较低、施工性能良好、抗裂性能良好的大坝混凝土。

(2) 通过对比试验研究，在水工混凝土中掺加PVA纤维，有效地改善混凝土变形性能，28d劈拉强度平均提高8.5%、极限拉伸值平均提高10.7%，180d自生体积收缩降低约13×10^{-6}，首次应用于大坝强约束区基础混凝土及长间歇期表层混凝土，取得良好的防裂效果。

(3) 通过研究选用聚羧酸高性能减水剂，配制了高流态二级配混凝土及低坍落度四级配混凝土，应用于大坝深孔钢衬周边混凝土，取得良好效果。

(4) 进行了低热P·LH42.5水泥混凝土配合比的试验研究，可有效降低混凝土绝热温升，提高混凝土防裂性能，已用于大坝导流底孔封堵混凝土工程施工。

（二）应用情况与推广前景

研究成果已在溪洛渡水电站大坝混凝土中应用，降低了成本，加快了进度，保证了工程施工优质、快速高效，节能降耗明显，经济、社会和环境效益显著。成果具有创新性和实用性，可在水利水电行业中推广，应用前景广阔。

（三）获奖单位

中国水利水电第八工程局有限公司。

（四）获奖人

水力发电科学技术奖为：田承宇、李桃凡、梁力平、徐勇、曹广雄、韩红祥、邱凯。

中国电力科学技术奖为：田承宇、梁力平、李桃凡、徐勇、曹广雄、韩红祥、邱凯。

（本年鉴编辑部摘编）

白云岩料源超高差人工砂石加工系统和长距离空间曲线带式输送机技术研究与应用

2013年10月龙开口水电工程“白云岩料源超高差人工砂石加工系统和长距离空间曲线带式输送机技术研究与应用”获2012年度中国施工企业管理协会科学技术奖一等奖。

龙开口水电站主体工程混凝土需要砂石骨料近1000万t。坝址区石料储量丰富，但满足主体混凝土要求的料源选择却十分困难。在项目可行性研究与实施阶段，通过对多个料场勘测试验和设计方案综合比选，选定燕子崖白云岩料场。白云岩作为砂石骨料料源在国内大型水电工程中大规模使用尚属首次，建设初期对其岩性及加工性能认识尚不充分，而料场与砂石加工系统之间高差巨大，成品砂石料运输距离远，地形地质条件复杂，交通条件差。因此，燕子崖砂石加工及运输系统设计与施工技术难度大，成为影响龙开口水电工程建设的一个重大问题。

燕子崖白云岩料场开采高程2230～2100m，燕子崖砂石加工系统布置在料场北侧坡脚1500～1550m高程，料场与系统之间高差达600m以上，水平距离约900m。如此巨大的高差在国内大型砂石加工系统中是罕见的，是系统设计中面临的一大技术难题。在招标阶段对半成品运输进行了深入分析研究，比选了“明线溜槽＋三级料堆”运输方案和三级“平洞＋竖井”运输方案。“明线溜槽＋三级料堆”运输方案由于跌落高差太大、安全文明施工环境差、汛期度汛风险大、运输可靠性差等原因而放弃，选用了构思新颖、可靠性较大的三级“平洞＋竖井”运输方案。通过近三年运行，运行情况整体良好，满足了工程需要。

龙开口燕子崖料场白云岩为厚层—巨厚层块状岩体，岩石致密坚硬、平均湿抗压强度达到101.02MPa，但具有易碎和易磨蚀特性。这一特性与半成品运输过程产生的多次跌落破碎形成极为不利组合，在砂石加工系统运行之初，半成品粗骨料（大于40mm）严重不足（少于35%），而细骨料（小于40mm）大大超出需求（多于65%），导致加工系统生产能力降低（主要受一次筛分能力制约）、级配不平衡和砂石质量问题。针对这些问题，参建各方开展技术攻关，对砂石加工系统进行了一系列改造与完善，改进料场爆破参数、优化粗碎设备选型、竖井口增设容量较大的调节料仓、保证竖井满井运行、减少跌落破碎等措施。系统改造后砂石加工系统生产能力、骨料级配平衡和砂石质量均满足了设计要求。

骨料运输系统是工程建设的“生命线”，龙开口水电工程砂石运输强度55万t/月。燕子崖砂石加工系统距坝址平面距离约7km，现有交通条件差，地形地质复杂，开展了多方案比选。

方案一：采用公路运输，需新建公路6km，可利用公路12km，总里程约18km，该方案运输成本高、能耗及环境影响大，运输强度受装卸条件制约，可靠性较差。

方案二：采用带式输送机＋公路运输，带式输送机长4km，公路运输里程4km，该方案需在转运点设置转运料场和装车平台，占用耕地多，与村民干扰大，运输费用较高，增加转运环节对骨料质量产生不利影响。

方案三：采用全程带式输送机，总体走向由高向低，平均坡降适宜，可以充分利用砂石系统与混凝土系统间187m高差，降低运输能耗，有利于节能减排。特别是采用洞线布置，不仅可以节省大量土地征用，对运输沿线环境影响小，运输安全也可以得到有效保证。

经上述三个方案的全面研究比较后，选择了空间曲线带式输送机方案，带式输送机长6.06km，带宽1400mm，由5个直线段和4个曲线段组成，转弯半径均为1000m，设计带速4m/s，运输能力2500t/h。该系统受地形条件限制，采用空间曲线方式布置，连续四个小半径转弯，技术难度较大，全部采用国产设备，在国内水电工程中尚属首例。系统设备及运输成本低、设备易维护、干扰小、可靠性高，自2009年8月投入运行以来，胶带机累计运行7000余小时，共运输砂石成品骨料940万t，运行稳定可靠，且从未出现运行故障和安全事故，实际运行效果完全达到设计预期目标。其主要优点有：

（1）胶带机布置充分利用了运输线首尾高差产生的重力势能，胶带机驱动总功率较小，在保证胶带机可靠运行前提下，有效降低设备能耗，节能降耗效益显著。按2011年8月统计，单位耗电为0.1875kW/(t·km)，综合运输单价为0.468元/(t·km)，在国内水电工程中处于领先水平。

（2）采用单条长距离带式输送机，减少转运环节，减少了骨料运输产生的逊径，保证了砂石骨料质量。

（3）该设备全部国产化，运行近3年，实现了安全可靠无故障运行，设备维护工作量与同等规模带式输送机相比大为减少，托辊更换率不到1%，远优于国家标准。

(4) 空间曲线带式输送机采用洞线布置，有效地减少运输沿线土地占用和对环境、水土保持的影响，避开了工程区域附近的民居村落，运输安全得到有效保证，社会效益显著。

(5) 与公路运输相比，节约投资约1.675亿元，经济效益显著，且降低能耗、减少大量CO_2排放。

燕子崖砂石加工及运输系统是在复杂地形地质条件下成功建设并运行的大型砂石加工系统，通过工程实践取得了多项技术创新成果：

(1) 在国内首次大规模采用白云岩作为高强度浇筑碾压混凝土的砂石骨料母岩，攻克了复杂地质条件下系统设计与生产运行中的技术难题，积累了经验，拓展了砂石骨料料源选择范围，填补了白云岩人工骨料生产的空白。

(2) 创造性的采用了"三竖三平"的连续阶梯式运输方案，有效解决了超高落差半成品料的运输问题。

(3) 在国内水电行业首次采用国产化长距离空间曲线带式输送机，为地形复杂、骨料输送可靠性要求高的大型水电工程项目提供了新思路。

（华能澜沧江水电有限公司）

中国水电顾问集团北京勘测设计研究院有限公司2013年科技成果获奖情况

2013年，中国水电顾问集团北京勘测设计研究院有限公司科技成果获奖情况见表1。

表1 中国水电顾问集团北京勘测设计研究院有限公司2013年科技成果获奖情况表

序号	项目名称	获奖情况
1	高坝泄洪雾化计算理论与应用实践	水力发电科学技术进步一等奖
2	狭窄河谷高陡边坡GIS仿真决策高效环保施工技术研究与实践	水力发电科学技术进步二等奖
3	碾压混凝土高拱坝筑坝技术研究	水力发电科学技术进步三等奖
4	河北丰宁抽水蓄能电站节能评估报告	全国优秀工程咨询成果一等奖
5	四川省大渡河巴底水电站可行性研究阶段施工总布置研究报告	全国优秀工程咨询成果二等奖
6	四川省大渡河安宁水电站可行性研究阶段正常蓄水位研究专题报告	全国优秀工程咨询成果三等奖
7	西龙池抽水蓄能电站工程勘测	全国优秀水利水电工程勘测设计金奖
8	云南牛栏江天花板水电站设计	全国优秀水利水电工程勘测设计银奖
9	琅琊山抽水蓄能电站工程勘察	北京市第十四届优秀工程勘察一等奖
10	内蒙古呼和浩特抽水蓄能电站施工控制网建立、复测及加密网测量	北京市优秀测绘地理信息工程二等奖

（中国水电顾问集团北京勘测设计研究院有限公司 海显丽）

中国水电顾问集团贵阳勘测设计研究院有限公司2013年度科技成果获奖情况

中国水电顾问集团贵阳勘测设计研究院有限公司2013年度科技成果获奖情况见表1。

表1 中国水电顾问集团贵阳勘测设计研究院有限公司2013年度科技成果获奖情况表

序号	项目名称	获奖情况
1	高坝泄洪消能防护和雾化安全技术与应用	国家科学技术进步奖二等奖
2	锦屏水电枢纽工程锦屏山隧道	第十一届中国土木工程詹天佑奖
3	贵州北盘江董箐4×220MW水电站工程	2013年中国电力优质工程奖
4	华能彰北300MW风电场工程	2013年中国电力优质工程奖
5	乌江流域水电站群优化调度和效益评价核心技术研究及应用	水力发电科学技术奖二等奖（2012年度） 中国电力科学技术奖二等奖（2012年度）

续表

序号	项目名称	获奖情况
6	复杂喀斯特地区建库渗漏勘察技术与评价方法应用研究	贵州水利科学技术奖二等奖
7	喀斯特化坝基岩体工程地质分类与地基处理研究	水力发电科学技术奖二等奖（2012年度）
8	复杂喀斯特地区建库渗漏勘察技术与评价方法应用研究	水力发电科学技术奖三等奖
9	喀斯特坝基岩体工程地质分类与地基处理研究	贵州省科技进步奖三等奖
10	贵州北盘江董箐水电站工程设计	2013年全国优秀水利水电工程勘测设计金奖
11	贵州北盘江董箐水电站工程勘察	2013年全国优秀水利水电工程勘测设计银奖
12	贵州北盘江马马崖一级水电站可行性研究报告	全国优秀工程咨询成果奖三等奖
13	乌江思林水电站工程地质勘察	2013年全国优秀工程勘察设计行业奖二等奖
14	贵州赫章大韭菜坪、石头寨风电场地形图测绘	2013年全国优秀工程勘察设计行业奖三等奖

（中国水电顾问集团贵阳勘测设计研究院有限公司　王　芳）

南京水利科学研究院2013年科技成果获奖情况

南京水利科学研究院2013年科技成果获奖情况见表1。

表1　南京水利科学研究院2013年科技成果获奖情况表

序号	项目名称	获奖情况
1	离岸深水港建设关键技术与工程应用	国家科技进步一等奖
2	高混凝土面板堆石坝安全关键技术研究及工程应用	国家科技进步二等奖
3	黄河小浪底工程关键技术与实践	国家科技进步二等奖
4	强涌潮河口曹娥江大闸工程建设关键技术研究与实践	大禹水利科技特等奖
5	沙岛一瀉湖海岸超大型综合港口工程建设关键技术与工程应用	中国水运建设行业协会科技特等奖
6	曹妃甸滩涂开发利用关键技术与环境效应研究	大禹水利科技一等奖
7	复杂条件下长江中游航道系统整治技术研究	中国航海科技一等奖
8	乌江思林大型垂直升船机关键技术研究	中国航海科技一等奖
9	衢江航道航行安全及梯级枢纽优化调度关键技术研究	中国水运建设行业协会科技一等奖
10	长江航道整治边滩守护及护底工程关键技术研究	中国水运建设行业协会科技一等奖
11	长江口南北港分汊河段航道整治关键技术研究	中国水运建设行业协会科技一等奖
12	淮河水系生态用水调度研究	大禹水利科技二等奖
13	淮河洪水多元协同调控技术与实践	大禹水利科技二等奖
14	箱式整装小水电站相关技术研究	大禹水利科技二等奖
15	松辽流域河流湿地生态安全关键技术	大禹水利科技二等奖
16	西江黄金水道巨型船闸群水力学关键技术研究	广西科技进步二等奖
17	南四湖流域洪水安全调控关键技术研究	山东省科技进步二等奖
18	恶劣自然条件下水文测报技术的开发与应用	大禹水利科技三等奖

续表

序号	项目名称	获奖情况
19	广西磨盘水库复合堆石坝加固技术研究与实践	广西科技进步三等奖
20	内河航道标准等级提高相关配套渗漏防护关键技术	中国航海科技三等奖

（南京水利科学研究院　毛凤莲）

黄河水利科学研究院 2013 年科技成果获奖情况

黄河水利科学研究院 2013 年科技成果获奖情况见表 1。

表 1　黄河水利科学研究院 2013 年科技成果获奖情况表

序号	项目名称	获奖情况
1	黄河小浪底工程关键技术研究与实践	国家科学技术进步二等奖
2	大型水利枢纽下游河型变化机理与调控	大禹水利科学技术一等奖
3	黄河下游堤防淤筑工程安全关键技术研究	大禹水利科学技术二等奖
4	黄河河口综合治理关键技术研究	大禹水利科学技术二等奖
5	快速爆破炸冰技术研究及综合应用	中国人民解放军总参谋部科学技术进步二等奖
6	黄河小北干流放淤淤粗排细技术研究	河南省科学技术进步三等奖
7	黄河中下游中常洪水水沙风险调控关键技术研究	黄河水利委员会科学技术进步奖一等奖
8	小浪底水库运用方式对高滩深槽塑造及支流库容利用研究	黄河水利委员会科学技术进步奖一等奖
9	黄河水沙数学模型评价关键技术与应用示范	黄河水利委员会科学技术进步奖一等奖
10	大型水库土质库岸滑坡机理及其防治研究	黄河水利委员会科学技术进步奖二等奖

（黄河水利科学研究院）

专 利 项 目 简 介

中国水电顾问集团北京勘测设计研究院有限公司 2013 年获得专利情况

中国水电顾问集团北京勘测设计研究院有限公司 2013 年获得专利情况见表 1。

表 1　中国水电顾问集团北京勘测设计研究院有限公司 2013 年获得专利一览表

序号	专利名称	专利类型	专利号
1	用于面板封闭层的改性沥青玛蹄脂及其制备、应用方法	发明	ZL201110050992.5
2	便携式养护装置	发明	ZL201110050994.4
3	一种大坝的廊道布置系统	实用新型	ZL201120512864.3
4	窄河谷、深尾水的高拱坝泄洪消能结构	实用新型	ZL201220353729.3
5	一种利用无压洞生态补水结构	实用新型	ZL201320293457.7

续表

序号	专利名称	专利类型	专利号
6	一种进水塔消涡结构	实用新型	ZL201320293140.3
7	一种水利水电工程中的折坡底流消能结构	实用新型	ZL201320291252.5
8	一种用于抽水蓄能电站闸门充水阀的出口限流装置	实用新型	ZL201320291266.7
9	一种长排水管路的水泵排水系统	实用新型	ZL201320291308.7
10	一种河岸式溢洪道	实用新型	ZL201220551531.6
11	一种薄衬砌灌浆洞内直接式高压灌浆帷幕连接结构	实用新型	ZL201320070441.X
12	一种适用严寒环境的碾压混凝土坝结构	实用新型	ZL201320095571.9
13	一种土石坝坝顶防浪墙结构	实用新型	ZL201320095349.9
14	一种土石坝坝后渣场结构	实用新型	ZL201320095576.1
15	一种抽水蓄能电站厂房渗漏集水井排空系统	实用新型	ZL201320207958.9
16	一种智能自流补水系统	实用新型	ZL201320095352.0
17	一种抽水蓄能电站井式进/出水口结构	实用新型	ZL201320182691.2
18	一种混凝土坝的生态流量管布置型式	实用新型	ZL201320182137.4

（中国水电顾问集团北京勘测设计研究院有限公司 陆 原）

中国水电顾问集团贵阳勘测设计研究院有限公司2013年获得的专利授权情况

中国水电顾问集团贵阳勘测设计研究院有限公司 2013年获得的专利授权情况见表1。

表1 中国水电顾问集团贵阳勘测设计研究院有限公司2013年获得的专利授权情况表

序号	专利名称	专利类别	专利号	授权公告日
1	同时满足隧洞导流期间泄流与通行要求的隧洞结构	实用新型	ZL 201320014422.5	2013年6月26日
2	平拉索桥桥面板与钢丝绳的连接结构	实用新型	ZL 201320055070.8	2013年7月10日
3	平面事故闸门	实用新型	ZL 201320055410.7	2013年7月10日
4	水电站地面厂房的分缝结构	实用新型	ZL 201320055428.7	2013年7月10日
5	土石过水围堰过流面消能的结构	实用新型	ZL 201320055419.8	2013年7月10日
6	土石过水围堰过流面结构	实用新型	ZL 201320058037.0	2013年7月10日
7	用于土石过水围堰过水面消能结构	实用新型	ZL 201320058092.X	2013年7月10日
8	用于表孔弧门的锁锭装置	实用新型	ZL 201320036405.1	2013年7月10日
9	平拉索桥受拉圆钢的锚固结构	实用新型	ZL 201320054135.7	2013年7月10日
10	用于导流洞下闸的结构	实用新型	ZL 201320058079.4	2013年7月10日
11	破碎岩体及高顺向边坡的加固结构	实用新型	ZL 201320009187.2	2013年7月10日
12	用于表孔弧门的液压旋转式锁锭装置	实用新型	ZL 201320036612.7	2013年7月10日
13	贴壁式干孔声波探头	实用新型	ZL 201320054133.8	2013年7月10日
14	泄放水库表层水的结构	实用新型	ZL 201320054131.9	2013年7月10日

续表

序号	专利名称	专利类别	专利号	授权公告日
15	碾压混凝土层间结合结构	实用新型	ZL 201320070612.9	2013年7月24日
16	一种全断面采用同一级配的碾压混凝土拱坝	实用新型	ZL 201320099051.5	2013年8月7日
17	用于水电站地面厂房的闸门结构	实用新型	ZL 201320098794.0	2013年8月7日
18	用于地质雷达隧洞检测的无重支架	实用新型	ZL 201320098826.7	2013年8月7日
19	一种调节混凝土内外温差的装置	实用新型	ZL 201320133640.0	2013年8月21日
20	一种孔内摄像头的防卡装置	实用新型	ZL 201320133547.X	2013年8月21日
21	一种水平钻孔摄像辅助推进装置	实用新型	ZL 201320133648.7	2013年8月21日
22	一种减缓水库工程低温水环境影响的水坝结构	实用新型	ZL 201320140834.3	2013年8月21日
23	埋藏式消能防冲结构	实用新型	ZL 201320113578.9	2013年8月21日
24	一种超高水头水闸结构	实用新型	ZL 201320163719.8	2013年8月21日
25	一体化缺氧好氧膜生物反应器	实用新型	ZL 201320163680.X	2013年8月21日
26	一种地震横波的激发装置	实用新型	ZL 201320135425.4	2013年8月21日
27	一种坝脚水电站厂房挡墙结构	实用新型	ZL201320140788.7	2013年9月11日
28	泄流排沙的装置	实用新型	ZL201320093959.5	2013年9月11日
29	一体化脱氮膜生物反应器	实用新型	ZL201320170268.0	2013年9月11日
30	一种矩形钢柱脚的基座	实用新型	ZL201320219007.3	2013年9月11日
31	一种水电站地面厂房的端部挡水墙结构	实用新型	ZL201320140874.8	2013年9月11日
32	一种重力坝与堆石坝复合的坝型	实用新型	ZL201320163982.7	2013年9月25日
33	一种升船机承船厢转运吊装装置	实用新型	ZL201320219324.5	2013年9月25日
34	一种超高水头平面滑动水闸结构	实用新型	ZL201320163808.2	2013年9月25日
35	一种用于平面闸门的充水平压装置	实用新型	ZL201320260120.6	2013年10月30日
36	一种水库向下游供水的装置	实用新型	ZL201320259790.6	2013年10月30日
37	用于导流洞下闸和封堵后防止气爆的装置	实用新型	ZL201320058015.4	2013年11月6日
38	用于导流洞下闸和封堵后的排气装置	实用新型	ZL201320326031.7	2013年11月20日
39	一种泄流结构	实用新型	ZL201320321398.X	2013年11月27日
40	一种圆形钢柱脚的基座	实用新型	ZL201320219078.3	2013年11月27日
41	一种过水土石坝的构筑构造	实用新型	ZL201320299222.9	2013年10月30日
42	一种处理混凝土裂缝的并缝结构	实用新型	ZL201320299186.6	2013年10月30日
43	一种电站的尾水检修闸门	实用新型	ZL201320330083.1	2013年12月4日
44	一种垂直升船机的可逆充泄水装置	实用新型	ZL201320257472.6	2013年12月4日
45	一种垂直升船机的充泄水装置	实用新型	ZL201320257201.0	2013年12月4日
46	一种电站尾水检修平台的防护装置	实用新型	ZL201320328356.9	2013年12月4日
47	一种快速高效节能蒸锅	实用新型	ZL201320401259.8	2013年12月25日

（中国水电顾问集团贵阳勘测设计研究院有限公司　王　芳）

黄河水利科学研究院2013年获得国家专利和软件著作权情况

（一）九项成果获得国家专利

黄河水利科学研究院2013年有九项成果获得国家专利，有关情况见表1。

（二）二项成果获得国家计算机软件著作权登记证书

由黄河水利科学研究院完成的“复杂侵蚀环境下分布式土壤流失年产沙经验模型及支持系统”“中国堤防工程管理信息系统”等二项成果，获得中华人民共和国国家版权局颁发的计算机软件著作权登记证书。

表1 黄河水利科学研究院2013年获得国家专利项目表

序号	专利名称	专利类别	专利号	授权日期
1	坡面沟道系统水蚀精细模拟试验装置及其试验方法	发明专利	ZL 201210027384.7	2013年10月16日
2	坡面水蚀精细模拟试验装置及其试验方法	发明专利	ZL 201210027399.3	2013年10月16日
3	复合树脂金刚砂砂浆及其制备方法以及抗磨蚀的方法	发明专利	ZL 201010537740.0	2013年2月6日
4	高含沙洪水揭河底胶泥块底部水流紊动结构监测方法	发明专利	ZL 201210063092.9	2013年6月5日
5	高含沙洪水揭河底期间胶泥块内力变化过程监测方法	发明专利	ZL 201210063068.5	2013年6月5日
6	一种塑性防渗墙渗透系统测定装置	实用新型	ZL 201320095370.9	2013年7月17日
7	一种用于逆止阀或给排水管道水工程性能指标检测的仪器	实用新型	ZL 201320095384.0	2013年7月17日
8	超大粒径粗粒土渗透系数测定装置	实用新型	ZL 201320095382.1	2013年7月17日
9	水库淤积物低扰动超厚取样刀头	实用新型	ZL 201320266672.8	2013年9月25日

“复杂侵蚀环境下分布式土壤流失年产沙经验模型及支持系统”开发完成日期为2013年5月6日，登记证书编号为软著登字第0547004号。

“中国堤防工程管理信息系统”开发完成日期为2013年12月30日，登记证书编号为软著登字第0667581号。

（黄河水利科学研究院）

中国水利水电第五工程局有限公司2013年获得专利情况

中国水利水电第五工程局有限公司2013年获得专利情况见表1。

表1 中国水利水电第五工程局有限公司2013年获得专利情况表

序号	专利名称	专利类别	专利号	授权日期
1	一种冲击式水轮机配水环管安装方法	发明	ZL201110416494.8	2013年8月28日
2	用全断面针梁台车进行大坡度斜井施工的方法及针梁台车	发明	ZL201210058120.8	2013年9月4日
3	水电站尾水临时闸门水上运输方法	发明	ZL201110243635.0	2013年12月4日
4	大型水工弧门快速安装方法	发明	ZL201110247308.2	2013年10月30日
5	高强钢压力钢管环缝组对快速压缝系统	实用新型	ZL201220317952.2	2013年1月2日
6	一种墙体混凝土模板固定装置	实用新型	ZL201220320350.2	2013年1月2日
7	移动式混凝土溜槽受料斗装置	实用新型	ZL201220319722.X	2013年1月2日
8	垂直橡胶止水带保护器	实用新型	ZL201220347199.1	2013年1月9日
9	水平橡胶止水带保护器	实用新型	ZL201220347855.8	2013年1月9日
10	施工洞内压力钢管安装转盘	实用新型	ZL201220347190.0	2013年1月9日
11	便于拆卸的圆形竖井滑动模板	实用新型	ZL201220347950.8	2013年1月9日

续表

序号	专利名称	专利类别	专利号	授权日期
12	洞挖施工自动通风排烟除尘装置	实用新型	ZL201220319728.7	2013年1月16日
13	混凝土垂直自流输送装置	实用新型	ZL201220348051.X	2013年1月16日
14	一种用于镗床加工超长工件的支承装置	实用新型	ZL201220349966.2	2013年1月23日
15	一种预制混凝土构件振捣装置	实用新型	ZL201220317300.9	2013年1月23日
16	滚压式铜止水成型机碾压装置	实用新型	ZL201220317953.7	2013年1月2日
17	压力钢管加劲环旋转焊接平台	实用新型	ZL201220320389.4	2013年1月2日
18	便于进料的混凝土卧罐	实用新型	ZL201220451931.X	2013年2月20日
19	一种砂石骨料加工系统自耦减压启动自动控制器	实用新型	ZL201220451944.7	2013年2月20日
20	用于固定悬臂大模板起始装置的固定装置	实用新型	ZL201220320368.2	2013年2月13日
21	混凝土自动定时洒水养护装置	实用新型	ZL201220433570.6	2013年2月13日
22	预制混凝土构件自动计时断电振捣装置	实用新型	ZL201220320363.X	2013年2月13日
23	渠道底板薄壁混凝土布料成型机	实用新型	ZL201220374930.X	2013年3月13日
24	水工铜止水焊接装置	实用新型	ZL201220348010.0	2013年3月27日
25	大型击实仪锁定装置	实用新型	ZL201320128630.8	2013年8月14日
26	大型击实仪锤击系统	实用新型	ZL201320128546.6	2013年8月14日
27	大型击实仪气动装置	实用新型	ZL201320128963	2013年8月14日
28	一种全自动击实仪	实用新型	ZL201320128971.5	2013年8月14日
29	大型击实仪转动系统	实用新型	ZL201320128510.8	2013年8月14日
30	一种排水管路固定抱箍装置	实用新型	ZL201320090018.6	2013年8月7日
31	移动试验室	实用新型	ZL201320217099.1	2013年9月18日
32	土样含水率快速检测仪	实用新型	ZL201320217079.4	2013年9月18日
33	一种用于全自动气动击实仪的电气控制系统	实用新型	ZL201320128949.0	2013年9月18日

（中国水利水电第五工程局有限公司　梁　涛）

发明专利“一种坝基扬压力调控装置”简介

发明专利“一种坝基扬压力调控装置”，适用于水利水电行业需要人为控制坝基扬压力和渗透压力的混凝土坝。

（一）背景技术

混凝土坝坝基渗控体系一般由防渗体系和排水体系组成，其主要目的是减小坝基岩体的扬压力，即浮托力和渗透压力，降低渗漏量。防渗体系常采用水平防渗、垂直防渗。水平防渗一般采用铺盖，其材料包括黏土、土工织物、混凝土等；垂直防渗一般有水泥灌浆帷幕、混凝土防渗墙、混凝土截水墙等。排水体系分为水平排水体系、垂直排水体系等。

一般情况下，常规混凝土坝均采用防渗和排水相结合的体系，坝基排水孔一般处于自由出流状态。排水孔孔口自由溢出的渗水，顺着大坝廊道内排水沟，自流出坝外，或集中引入集水井后用水泵抽排出坝外。从理论上讲，排水孔管口与大坝建基面的高差，就是该部位坝基的扬压力。

综合考虑地基渗流的复杂性、排水孔布置的孔排距，并参照长期的设计经验和实测资料，规范规定了设置不同型式帷幕和排水组合的坝基扬压力设计图形。即按照规范规定的帷幕和排水孔的布置进行坝基渗控体系设计，就可以按照规范假定的设计扬压力图形进行相应的大坝稳定应力计算分析。实践证明，按规范规定的帷幕和排水孔的布置进行坝基渗控体系设计，实际的扬压力不会超过设计值，并有一定的富裕，按此扬压力设计的大坝，是能够保证安全的。

（二）发明内容

该发明要解决的技术问题是：在下覆软弱夹层较多、坝基岩体透水率较大的混凝土坝坝基，当坝基排水孔渗漏量过大，坝基软弱夹层渗透稳定问题比较突出时，怎样才能对坝基渗透稳定进行人为地控制，既保证坝基扬压力不超标，满足大坝稳定应力要求，又能控制坝基排水孔渗漏量，以降低坝基软弱夹层渗透破坏的风险。

为解决上述技术问题，该发明所采用的技术方案是：

一种坝基扬压力调控装置，主要包括设置在坝基廊道排水孔上的可控阀门和配套设置在坝基廊道的扬压力监测装置。

所述可控阀门可以是手动控制阀门，也可以是自动控制阀门，自动控制阀门通过电缆与操控设备连接，可实现根据预先设定的程序进行远程自动调控的目的。

所述配套扬压力监测装置为埋设在坝基建基面的扬压力监测仪器，包括渗压计和/或测压管。

所述坝基排水廊道底部设有多个排水孔，排水孔孔口处设有孔口装置，孔口装置与排水孔密封连接，孔口装置上设置可控阀门。

所述排水孔之间的间距优选为2～3m。

下面对该发明做进一步的解释和说明：

该发明将所有坝基排水孔均设置阀门，然后通过调节（手动或自动）阀门开度的大小，来控制坝基排水孔的渗漏量，继而人为调节坝基扬压力在许可范围之内，人为调节坝基软弱夹层的水力梯度在容许范围之内。也就是说，通过人为调节排水孔阀门开度，达到坝基渗透破坏、渗漏量、坝基扬压力之间的平衡。

与常规混凝土坝坝基排水孔对比，该发明将坝基所有排水孔均设置了阀门，可以通过人为控制阀门的开度，加大或减小坝基排水孔的渗漏水量，从而控制坝基岩体的水力梯度不超过容许值；另外，坝基排水孔的渗漏水量通过调节阀门开度改变后，坝基扬压力同样也有所变化，可以通过埋设在建基面的坝基扬压力监测仪器测量坝基扬压力的大小，进行计算分析大坝的稳定应力。并按照计算分析成果，对坝基排水孔的阀门开度进行进一步的调整，可以人工手动调整，也可以自动调整。通过上述各个步骤的循环，调试出不同部位排水孔阀门的最佳开度，最终达到坝基抗滑稳定、应力应变、渗透稳定三者的综合平衡，为保证大坝的安全运行打下基础。

与现有技术相比，该发明的优势在于：可以对坝基渗透稳定进行人为地控制，既保证坝基扬压力不超标，满足大坝稳定应力要求，又能控制坝基排水孔渗漏量，以降低坝基软弱夹层渗透破坏的风险。

（三）实施案例

该发明的坝基扬压力控制装置已用于金沙江向家坝水电站。向家坝水电站大坝坝高162m，坝基软弱夹层发育，岩体透水率较大。大坝基础开挖完成后，坝基深部仍保留有厚5m左右的挤压破碎带和近60m厚的挠曲核部破碎带。挤压破碎带、挠曲核部破碎带及软弱夹层抗渗透破坏能力低，坝基渗透稳定问题比较突出。

向家坝水电站坝基及消力池使用该发明的坝基扬压力调控装置。2012年10月9日工程蓄水前，大坝上游天然水位280.8m，下游水位273.2m，坝基和消力池排水孔出水总量13.8m^3/min；初期蓄水位354m后，坝基和消力池排水孔出水总量稳定后增长为17.7m^3/min。根据排水孔出水情况和扬压力计算成果，按照设计提出的“可控制的抽排体系”的原则，经本发明设施调控并采用灌封携沙排浑孔和大涌水孔（大于100L/min）后，出水总量减小为13.8m^3/min；其后在370、380m蓄水过程中使用该发明设施持续进行扬压力调控，并增加部分补强灌浆和加深帷幕等综合措施后，在378m水库水位下，坝基和消力池排水孔出水总量为7.1m^3/min，与354m蓄水稳定后排水量比较，减少了59.9%；在对坝基扬压力调控装置进行了上述多次调节后，坝基排水孔出水部位及单孔出水量趋于分散、均衡；坝基帷幕后扬压力折减系数在0.00～0.26之间，在规范允许范围之内。目前坝基渗控工程运行正常、安全。

（中国水电顾问集团中南勘测设计研究院　张永涛）

9

国际合作与技术交流

国 际 技 术 交 流

2013 世界水电大会情况简介

2013 世界水电大会于 2013 年 5 月 21～24 日在马来西亚沙捞越召开。大会由国际水电协会（IHA）举办，马来西亚沙捞越能源公司承办并得到沙捞越政府的大力支持。本次大会的主题是推动水电可持续发展，议题包括：水电的发展方向、可持续理念与经济发展的关系、区域互联、水资源及能源政策、水库与温室气体排放、现代水电定义、水电投融资、IHA《水电可持续性评估规范》的作用以及可持续理念的水电实践等。来自 60 多个国家的政府官员、企业代表、非政府组织代表、金融界人士、科研人员和专家学者共 500 余人参加会议。

中国水力发电工程学会理事长张基尧率团参加会议。中国水力发电工程学会代表团由中国电力建设集团公司、中国水利水电科学研究院、中国水电工程顾问集团公司、中国水利水电建设股份公司、华能澜沧江水电有限公司、国电大渡河水电开发有限公司等单位的专家代表组成；中国长江三峡集团公司、中国电力投资集团公司、哈尔滨电机厂有限公司和东方电气集团东方电机有限公司、河海大学等单位独立组团，中国出席本次大会的代表共 40 余人。

5 月 21 日，首先召开的是 IHA 顾问理事会高级咨询会议，中国水力发电工程学会理事长张基尧和副理事长晏志勇应邀参加会议。沙捞越政府在州立法议会大厅为大会召开举行了隆重的欢迎招待会。

5 月 22 日上午，2013 世界水电大会在马来西亚古晋婆罗洲会展中心开幕。大会由国际水电协会（IHA）主席 Refaat AbdelMalek 博士主持，中国电力建设集团公司副董事长晏志勇、联合国教科文组织水科学专家 Arthur EMynett 教授、世界银行水电首席技术专家 Jean-Michel Devemay 先生、马来西亚沙捞越州国务秘书丹斯里拿督和沙捞越能源公司首席执行官 Torstein Sjctveit 先生依次发表主旨演讲。

开幕大会后分不同专题召开讨论会和交流会议。中国水电工程顾问集团公司周世春在“水资源与能源政策”专题讨论会上作了发言，中国长江三峡集团科技与环境保护部李翀教授在“气候变化与水电”专题讨论会上作了《三峡水库温室气体监测与减排效益》的发言，中国移民研究中心施国庆教授在“与项目影响社区携手共建”专题会上作了发言。会议代表围绕大会主题以及水力发电行业发展的机遇与挑战，踊跃发表了自己的观点和看法。与会代表一致认为，水电开发不仅可以消除贫困，还可以对抗气候变化，可持续性是水电未来的发展方向。中国参会代表积极参加讨论交流，让世界了解中国和中国水电的发展，充分展示中国水力发电行业的风貌和强大的实力，提高了中国水电在 IHA 中的地位，扩大了中国水电的国际影响。

与会期间，中国水力发电工程学会理事长张基尧与国际水电协会理事长雷法·阿拜德尔先生在古晋市就共同举办 IHA 2015 世界水电大会和双方有关合作及交流事宜进行了友好会谈。国际水电协会邀请并委托中方于 2015 年在中国举办 2015 世界水电大会，中国水力发电工程学会接受了国际水电协会的委托。在 5 月 24 日的大会闭幕式上，IHA 理事长雷法博士宣布，2015 年世界水电大会将在中国北京召开。中国长江三峡集团公司副总经理林初学代表承办方，从本次会议东道主马来西亚沙捞越州国务秘书手中接过接力棒和东道主牌，并承诺在未来两年里，中国长江三峡集团公司将和中国水力发电工程学会、中国大坝协会一起，共同为办好 2015 世界水电大会而努力。

会后，部分与会代表实地考察了由中国企业承建的马来西亚巴贡水电站和沐若水电站。

世界水电大会已成功举办 4 届，之前分别由巴西（2011 年）、冰岛（2009 年）和土耳其（2007 年）举办。

（中国水力发电工程学会秘书处）

中国大坝协会代表团赴美参加国际大坝委员会第 81 届年会

2013 年 8 月 12～16 日，国际大坝委员会第 81 届年会在美国西雅图召开。这次年会由美国大坝协会承办，中国大坝协会和加拿大大坝协会等单位协办；主要包括执行会议、专委会会议、学术研讨会、技术展览等内容。

中国大坝协会组织了以副理事长兼秘书长贾金生为团长的代表团参加此次会议，代表团成员来自包括汉能控股集团有限公司、山西省水利水电勘测设计研究院、新疆水利水电科学研究院、青海省水利水电科学研究所、北京高能时代环境技术股份有限公司的23个单位，会前进行了细致地安排和分工，成立了专项任务工作组。

8月13日，国际大坝委员会各专业委员会年度工作会议相继召开。作为专委会主席，中国专家曹广晶、贾金生、江恩慧分别主持召开了水电站与水库联合运行专委会会议、胶结颗粒料坝专委会首次会议、泥沙专委会会议；作为专委会副主席，中国专家李文学、陈厚群、郭军分别出席了多功能大坝专委会、大坝抗震专委会和大坝水力学专委会的会议。另有中国代表团多位专家作为委员或者观察员身份参加了相关专委会的会议，与专委会各国专家就相关领域的技术进展进行了交流。

8月14日，召开了“时代的变迁——基础设施的开发和管理”专题研讨会，来自72个国家的1100多名代表参加了会议。此次会议的议题包括：基础设施老化管理的技术、大坝安全及风险管理最新进展、延长大坝服役周期的策略、监控系统的创新及大坝的退役。中国大坝协会副秘书长、中国水电工程顾问集团公司副总经理周建平应邀在大会作主旨报告。中国大坝协会组织国内专家向研讨会提交30余篇论文。参会中国代表与各国专家进行了广泛的交流，取得了良好的成效。

国际大坝委员会第81届执行会议于8月16日召开。中国大坝协会代表团的贾金生、李文学、徐泽平、郑璀莹、江恩惠、王仲梅参加了会议。在执行会议上，中国大坝协会理事长汪恕诚荣获国际大坝委员会终身成就奖，西班牙大坝委员会主席 José Polimón 先生、加拿大专家 Przemyslaw Zielinski 博士成功当选国际大坝委员会副主席。会上表决通过了成立胶结颗粒料坝专委会，贾金生为该专委会主席。会议确定了2015年在挪威召开的第25届大坝会议议题，分别是：水库大坝的创新、溢洪道、土石坝和尾矿坝、已建大坝的更新改造。会议确定南非为国际大坝委员会2016年年会的承办国，通过几内亚比绍为国际大坝委员会第96个成员国。捷克提交了申办2017年年会的申请，印度、奥地利、伊朗提交了申办2018年大会的申请。印度尼西亚、挪威分别介绍了2014年年会、2015年大会的筹备情况。

年会期间举办了水利水电工程技术展览，中国大坝协会、日本大坝委员会、韩国大坝委员会、美国大坝协会、挪威大坝委员会、印尼大坝委员会、瑞士Carpi公司、BV公司等62家单位参加了技术展览。中国大坝协会的展览，重点介绍了包括三峡、二滩、小浪底、南水北调、锦屏一级、小湾、溪洛渡、糯扎渡、水布垭、猴子岩、龙滩、光照、瀑布沟、洪家渡、紫坪铺等重点工程，影响良好。

8月14日，中国大坝协会与美国大坝协会举行了专题会谈，对2010年两会技术交流合作协议签署以来双方的互访交流情况进行了回顾，并就相关技术专题的交流合作、青年工程师的技术培训等议题进行了商谈，对未来三年的合作重点达成了一致意见。同日，国际大坝委员会亚太地区分会召开会议。中国代表团贾金生、江恩惠、徐泽平、杜振坤、郑璀莹、王仲梅等参加了会议，介绍了中国前一年的重点工作，并就未来与日本、韩国、越南、伊朗、印度、印尼、澳大利亚、新西兰等国的双边、多边交流合作内容进行了座谈。

会后代表团考察了胡佛、Chickamaugu、Fontana等大坝。

（中国大坝协会秘书处）

水电2013大会——中国大坝协会2013学术年会暨第三届堆石坝国际研讨会

2013年11月1～3日，水电2013大会——中国大坝协会2013学术年会暨第三届堆石坝国际研讨会在昆明召开，国内近600位专家学者以及来自30多个国家和地区的100多名代表参加了会议。大会围绕水库大坝建设管理、水电开发新技术、新理念，以及水库大坝与水电可持续发展等热点问题进行研讨。此次大会由中国大坝协会和中国水力发电工程学会联合主办，华能澜沧江水电有限公司、中国水电顾问集团昆明勘测设计研究院、中国水利水电科学研究院等单位承办。

11月1日大会开幕式，由中国大坝协会理事长、水利部原部长汪恕诚主持；中国水力发电工程学会理事长、国务院南水北调办公室原主任张基尧，水利部副部长矫勇，武警水电指挥部副司令员马青春，中国大坝协会副理事长、中国水力发电工程学会名誉理事长周大兵，国家能源局总工程师杨昆，巴西大坝委员会主席 Erton Carvalho 先生，华能澜沧江水电有限公司董事长王永祥等分别致词；国际大坝委员会荣誉主席 Cassio B. Viotti 先生和 Luis Berga 先生、国际水电协会执行主任 Richard Taylor 先生、中国工程院马洪琪院士、中国科学院陈祖煜院士等国内外知名专家和学者应邀出席。

汪恕诚指出：“近年来，中国的大坝建设、水电开发在筑坝理念、筑坝技术等各个方面取得了举世瞩目的进展，发挥大坝工程防洪、灌溉以及其他传统功能的同时，在设计、建设、运行、管理过程中，都更加注重发挥其生态功能。世界其他国家在水电开发和大坝建设技术方面也取得了很大成绩。中国大坝协会和中国水力发电工程学会联合召开会议，既是水电大会，也是中国大坝协会学术年会，还是堆石坝国际研讨会，3 个会议合并召开，凝聚各方专家和学者智慧，就是为了共享水利水电科学发展和水库大坝建设技术进步的新思路、新经验，探讨新形势下堆石坝建设与管理的新技术、新问题，共同推进水电开发、大坝建设再上新台阶。”

张基尧表示：“伴随着中国经济的快速增长，近年来我国水电建设保持着平稳较快的发展态势。国家高度重视积极发展水电，在保护生态环境和移民利益的同时，十分重视水电资源的开发利用。当前，我国大气污染形势严峻，最近国务院发出了《关于印发大气污染防治行动计划的通知》，国家有关部门和地方加大了治霾治污力度，其中，调整和改善能源结构成为重点工作之一，积极发展水电等清洁能源成为必然选择。”

在谈及应对我国水资源问题的严峻挑战时，矫勇表示：“对于工程性缺水严重的地区，还要提高水资源供给保障能力，为这些地区经济社会健康发展奠定扎实的水利基础。因此，中国还将建设一批新的水库大坝。无论建设新的水库大坝还是已建水库大坝的运行管理，公共安全和生态环境保护将是优先考虑的领域，我们对此将更加重视，行动更加扎实，以保障人民群众生命财产安全和生态环境的可持续。”

杨昆提出：“‘十二五’时期，我国的水电开发进入了重要的战略机遇期，但同时面临技术、安全方面的挑战，也面临环保、移民等方面的约束因素。在新形势下，希望相关机构能够依托水电能源基地等大型水电工程建设，着力解决影响和制约水电发展的重大技术、环境、社会、管理问题，为推动能源‘十二五’规划目标的实现、水电事业健康可持续发展、促进经济社会可持续发展做出更大的贡献！”

本次会议揭晓了第三届堆石坝国际里程碑工程奖和第三届汪闻韶院士青年优秀论文评选结果。根据专家评审组的评选意见，马来西亚巴贡（Bakun）大坝、巴西韶西马（Sao Simao）大坝、中国九甸峡大坝、墨西哥拉耶斯卡（La Yesca）大坝、老挝南俄二级（Nam Ngum 2）5 座工程获奖。同时，经网评、专家会会评和网络公示，第三届汪闻韶院士青年优秀论文共评选出优秀论文 3 篇，论文作者分别为武汉大学的李典庆、大连理工大学的邹德高和中国水利水电科学研究院的商峰。主席台嘉宾为获奖工程代表和优秀论文作者颁发了奖状和奖牌。

会议共收到中外论文 160 余篇，共邀请了近 90 位国内外专家围绕工程经验和最新研究成果作会议发言，另有 15 家单位参加会间技术展览。

在为期 2 天的大会报告之后，会议还开设了 7 个技术分会和 3 个专题研讨会，供与会专家就有关议题作进一步交流。其中，为向公众更加全面、客观地介绍当前水库大坝建设和水电开发在我国应对气候变化和防灾减灾方面的重要作用，更好地回应社会热点、回答公众质疑，会议特别举办了“水库大坝与环境保护论坛”；为了帮助非洲国家开发水电，进一步加强中非双方在水库大坝建设和水电开发领域的合作与交流，举行了“非洲水库大坝与水电可持续发展圆桌会议”。

堆石坝国际研讨会是根据中国大坝协会与巴西大坝委员会 2008 年签署的合作协议，由中巴两国定期轮流主办有关堆石坝筑坝技术的国际研讨会，旨在通过广泛、深入的学术交流和工程考察，共同推进世界各国堆石坝建设技术的健康发展。此前于 2009 年和 2011 年分别在中国成都和巴西里约热内卢成功举办了第一、二届。

大会结束后，部分参会的国内外专家分别赴小湾、梨园、三峡等水电站进行考察。

（本年鉴编辑部摘编）

中国大坝协会代表团参加非洲 2013 水电大会

2013 年 4 月 16 日，2013 非洲国际水电研讨会在埃塞俄比亚首都亚的斯亚贝巴非盟总部会议中心隆重开幕。来自 67 个国家的 600 多名代表出席了研讨会。以中国水利水电科学研究院副院长汪小刚为团长的中国大坝协会代表团参加了会议。

埃塞俄比亚政府两位副总理、国际大坝委员会主席、国际大坝委员会秘书长、埃塞俄比亚国家电力公司总裁和世界银行、国际灌排组织、国际水资源联合会等国际组织的代表出席了开幕式。开幕式由国际水电出版集团总裁 Alison Bartle 主持。非洲开发银行能源部主管 JacquesMoulot 博士在开幕式上做主题发言。

研讨会共分为 20 个专题，内容涵盖了非洲水资源开发、能力建设、大坝安全、水文与防洪、大坝新技术、水电开发与环境、小水电开发等。中国大坝协会代表团参加了研讨会的全部活动，并参观了大会的技术展览。应大会组委会邀请，中国大坝协会副秘书长徐泽平博士在专题研讨会上作了混凝土面板堆石坝的技术发言，并代表中国大坝协会出席了非洲大坝安全及能力建设的专题讨论。

会议期间，中国大坝协会代表团与国际大坝委员会、国际水电协会和国际灌排委员会等国际组织的代表进行了交流，并与埃塞俄比亚、肯尼亚、南非、苏丹等非洲国家的水利水电同行进行了广泛的交流，加深了中国与非洲有关国家水利水电工程师的传统友谊。汪小刚代表中国大坝协会表示，将对2013年在中国举办的非洲水电开发圆桌会议和技术培训提供大力支持，并欢迎非洲朋友到中国参观、学习和交流。

会后代表团赴肯尼亚进行技术考察。

（中国大坝协会秘书处）

2013年农村水电国际交流与合作情况

（一）小水电援外培训稳步开展

水利部农村电气化研究所（亚太地区小水电研究培训中心）成功举办了3期援外培训和研讨。第一期是发展中国家农村电气化研修班，来自12个发展中国家的20名官员参加了为期28天的培训；第二期是非洲法语国家小水电技术培训班，来自11个非洲法语国家的20名官员参加了为期28天培训；第三期是非洲英语国家小水电技术培训班，来自10个非洲国家的16位技术人员和官员参加了为期42天的培训。

（二）《世界小水电发展报告》正式发布

国际小水电中心与联合国工业发展组织共同完成了全球首部英文版《2013世界小水电发展报告》，并正式发布。报告全文共450页，包括按照联合国分区的20个地区、148个国家的小水电情况的报告，其主要内容涵盖地区和国家基本情况、电力状况、可再生能源政策、小水电潜力与开发、面临的挑战等，总报告最后还提出了针对国家和国际组织层面开发小水电的建议。水利部部长陈雷、联合国工业发展组织总干事李勇分别为报告写序。

（三）进一步加强小水电技术转移

水利部农村电气化研究所和国际小水电中心等单位先后在南非、尼日利亚、肯尼亚、坦桑尼亚、喀麦隆、赞比亚开展了有关小水电活动，将小水电合作正式纳入中国—委内瑞拉高级混合委员会合作框架议题，完成了朝鲜电站改造任务。此外，还在亚洲、拉丁美洲、大洋洲等区域参与小水电合作，促进发展中国家小水电技术推广与示范。

（四）成功举办第六届今日水电论坛

2013年10月29～31日，国际小水电中心在巴西坎皮纳斯与联合国工业发展组织、巴西小水电协会共同主办的第六届今日水电论坛暨第一届拉丁美洲水电与系统会议和联合国工发组织第三次拉丁美洲可再生能源计划小水电专题研讨会。来自拉丁美洲和加勒比地区20多个国家的政府代表及科研、高校、企业、非政府组织，以及中国、欧洲、联合国系统共150多人出席了会议。

（五）积极参与国际水电活动

水利部农村电气化研究所和国际小水电中心等单位先后参加了在缅甸仰光召开的缅甸农村可再生能源专题讨论会、在阿布扎比召开的世界未来能源论坛、2013年维也纳能源论坛、澳门国际清洁能源论坛，与巴基斯坦可再生能源署签订了合作备忘录，共建中巴联合小水电实验室，并参与《国际清洁能源蓝皮书2013》中国小水电的编写。

（水利部农村水电及电气化发展局　张玉卓
水利部农村电气化研究所　赵建达）

长江勘测规划设计研究院2013年国际交流有关情况

（一）泰国副总理包巴索来访

2013年4月17～20日，泰国副总理包巴索一行在中国国家防办主任张志彤的陪同下访问水利部长江水利委员会（以下简称长江委），并考察了长江防洪工程。

访问期间，长江委主任刘雅鸣与泰国包巴索副总理进行了会谈，双方就流域防洪减灾问题深入交换了意见。长江勘测规划设计研究院（以下简称长江设计院）介绍了该院在长江防洪、泰国防洪方面的工作。

泰国代表团参观了长江防洪大模型，在武汉市、仙桃市、荆州市考察了长江重要防洪排涝工程项目。长江设计院专家与泰国专家进行了沟通和技术交流。

2011年，泰国湄南河流域发生特大洪水，按照水利部和商务部的要求，长江设计院先后6次派员参加到泰国防洪工作中，分别就灾后重建技术援助、湄南河防洪咨询以及泰国防洪抗旱规划等开展工作。

（二）厄瓜多尔驻华大使和公使来访

2013年9月17日，厄瓜多尔驻华大使博尔哈·洛佩斯和公使加西亚·古铁雷斯一行到访长江委和长江设计院，就长江设计院承担的厄瓜多尔流域综合规划工作进行沟通和交流。

长江委主任刘雅鸣会见了洛佩斯大使和古铁雷斯公使一行，长江委副主任、总工程师马建华以及国科局、长江设计院相关负责人参加了会见。

洛佩斯大使感谢长江委、长江设计院为厄瓜多尔水利建设做出的努力和贡献。他希望，厄瓜多尔与长江委在流域综合规划和水资源管理领域开展的合作，将成为中厄两国水利经济技术合作的典范，期待长江委利用自身技术人才优势积极参与厄瓜多尔更多的水利项目建设，并表示厄瓜多尔大使馆将一如既往地给予关心和支持。

长江设计院副院长仲志余与洛佩斯大使和古铁雷斯公使一行就厄瓜多尔流域综合规划项目的进展情况及遇到的问题进行了探讨和交流。洛佩斯大使对长江设计院的工作及取得的成果给予了肯定。

（三）秘鲁国家水利署代表团来访

2013 年 10 月 22～23 日，秘鲁国家农业部水利署水资源管理局司长马可、水利项目研究司司长维尔弗雷多，秘鲁驻华政务参赞黛妮思一行到访长江委和长江设计院，就开展秘鲁全国流域综合规划编制合作进行了友好交流。

长江委主任刘雅鸣会见了马可司长一行，长江委国科局局长周刚炎、设计院副院长仲志余等参加了会见。

刘雅鸣主任对马可司长一行来访表示热烈欢迎，并简要介绍了长江流域的基本情况和长江委的职责。刘雅鸣主任表示，长江委愿意与秘鲁分享长期以来积累的流域管理和规划设计经验，全力支持秘鲁流域综合规划、水资源规划、重大水利工程勘测设计等工作，在水资源管理、防汛抗旱、水文水资源监测、水资源保护等方面提供技术支持和咨询。

马可司长感谢长江委水利专家对秘鲁水利建设的关注与支持，对长江委雄厚的技术实力和辉煌业绩感到由衷地钦佩。他希望秘鲁与长江委在流域综合规划和水资源管理领域开展的合作能成为中秘两国水利经济合作的典范，期待长江委利用自身技术和人才优势打开秘鲁水利市场大门，参与秘鲁更多的水利项目建设。

长江设计院副院长仲志余与马可司长一行进行了座谈，并分别代表长江设计院和秘鲁国家水资源管理局签署了合作备忘录。双方就开展秘鲁全国流域综合规划工作可能遇到的问题进行了深入探讨，并表达了期待合作顺利推进的良好愿望。

（长江勘测规划设计研究院）

对外经营与国外工程

中国水利水电建设股份有限公司 2013 年国际经营情况

2013 年，中国水利水电建设股份有限公司（以下简称股份公司）进一步深化国际业务优先发展战略，创新营销模式，以营销为龙头，以管理提升为抓手，在稳定传统市场的同时，大力开拓新市场，继续强化基础管理，加大履约监管和风险防范力度，生产经营保持了平稳态势。在商务部 2013 年度排名中，以新签合同额和营业额双列第 4 位。

（一）新签合同额持续增长，市场触角继续扩大

坚持以营销为龙头，积极拓展市场，营销业绩继续快速增长。2013 年国际新签合同金额 106.7 亿美元，同比增长 31.6%；国际合同存量 213 亿美元，同比增长 7.2%。五大区域营销业绩排名依次为：非洲、亚非、欧亚、亚太、美洲。

2013 年市场营销工作有以下特点：一是创新实施了集团管控下的集中营销和自主营销相结合的营销方式，将大部分成熟市场委托给工程局自主营销，工程局参与国际营销的热情和能力得到大大提高，出现了港航公司在毛里塔尼亚小国家做出大市场的喜人景象；二是市场进一步扩大，新开辟国别市场 9 个，目前在建项目 480 余个，分布在 70 余个国家；三是中标了不少具有历史意义的项目，包括阿尔及利亚总装机容量 233MW 的光伏电站、新加坡地铁项目、马其顿公路项目、马来西亚康诺桥联合循环电站和乌干达卡鲁玛水电站等。

2013 年新签合同金额和生效合同金额双双创历史最高纪录，全年开具履约和预付款保函共 14.72 亿美元，创历年新高，从另一个方面验证了营销取得的成绩。

（二）营业收入和利润保持良好盈利水平

2013 年，中国水电建设集团国际工程有限公司（以下简称国际公司）营业收入约 260 亿元，利润总额 8.2 亿元；截至 2013 年底，国际公司资产总额 268.6 亿元，同比增加 7.8%。

五大区域营业收入排名为：非洲、美洲、亚非、亚太、欧亚；利润总额排名为：美洲、非洲、亚太、亚非、欧亚。

（三）积极创新营销模式，继续加强全球合作

2013 年，股份公司积极创新，推动小比例投资带动 EPC，该模式已获得中国电力建设集团有限公司的认可。目前以此模式推动的多个项目进展良好，有望获得突破。

积极推进全球合作，继续深化与法国 Coyne et Bellier、Alstom，美国 GE 等公司的战略合作伙伴关系，成果显著；与法国 Bollore、GDF，美国 Aecom、Sathe 等公司探索联合开发特许经营项目，获得初步进展；国内积极推进和中广核、中石油管道局、招商国际等公司的战略合作，初见成效；集团内与电力设计院、电力施工单位，以及中国水电顾问集团国际工程有限公司的合作进展较快。

（四）*融资类项目密集竣工，履约能力持续提高*

2013 年是 EPC 和融资项目密集完工的一年，包括赤道几内亚吉布洛水电站和巴塔电网、加纳布维水电站、安哥拉燃油电厂、赞比亚卡里巴北岸电站扩机、加蓬布巴哈水电站、委内瑞拉紧急电站、马里费鲁水电站等。这些项目大多是股份公司第一批融资项目，第一批 EPC 项目，为股份公司前几年的模式创新和建立 EPC 能力立下赫赫战功，更为辉煌的经营业绩做出了重要贡献。通过这些项目的实施，股份公司初步具备了项目 EPC 能力，成为中国机电设备出口的主力军之一，也使股份公司利润达到了一个高峰。

2013 年在履约监管和风险防范方面主要做了以下工作：

（1）继续完善风险管理体系，完善报告制度，制定敏感经济信息周报制度，继续实行“双五”等重点项目的监控与巡查制度，及时制定应急预案和相应的管理制度等。重点处理了博茨瓦纳航站楼、卡塔尔 CP1 等项目风险，成功化解了蒙古铁路项目、尼日尔阿泽里克铀矿项目履约保函危机。对目前最大的在建项目厄瓜多尔 CCS 水电站，从早期开始全面介入和领导了设计、采购管理和施工过程的重大问题处理等。

（2）继续完善国际业务财务分析报告制度。对国际业务经营状况进行及时分析，对已经形成和具有潜在风险的项目进行警示。

（3）继续完善法律、技术及合同专家团队体系。尝试建立股份公司内部技术、商务专家体系（库），法律审核工作得到进一步加强。

（4）设备物资管理工作进一步加强。制定了《承包业务供应商管理办法》等制度，组织编写了《货物清关手册》，完成了项目单位在线支付申请和信息系统，配合营销部门完成多个项目的投标报价工作。

（5）安全管理进一步加强。2013 年安全生产形势较 2012 年明显改观，安全状况总体受控。

（五）*重视管理提升，持续夯实基础管理*

2013 年，国际公司以管理提升活动为契机，不断加强制度建设，各项基础管理工作得到进一步加强。基于自身管理体系现状和经验撰写的《大型水电企业以集中管控为主导的海外业务管理》获第二十届全国企业管理现代化创新一等成果，创建的海外工程项目管理平台营销系统荣获中国电力企业联合会“电力行业信息化成果”一等奖。国际公司共有 15 个海外项目获股份公司优质工程奖，再次被评为 2013～2014 年北京市纳税信用 A 级企业。

2013 年在基础管理方面主要做了以下工作：

（1）结合营销模式变化和公司管理需要，重新梳理修订了多项公司和业务管理制度。对各项事务的审批权限进行了明晰和下放，进一步规范了“三重一大”事项的审批权限和流程，建立了总经理办公会制度，明确了党政联席会和总经理办公会的责任划分；对岗级和薪酬方案进行重新设计，重新发布了公司基础工资、驻外津贴、员工绩效年奖及相关待遇管理规定，体现了向营销部门倾斜和向海外一线员工倾斜；编发了《自主营销简明指导手册》，加强了对自主营销业务的指导和支持；组织国内外专家编制了健康、安全与环境三位一体管理体系文件，即将发布使用。

（2）大力加强了境外税收工作。主动指导在埃塞俄比亚等多个自主营销市场的各个工程局理清境外税务工作，对重点市场和重点项目开展前期税收筹划。高度重视出口退税工作和对外投资合作专项资金申报工作。

（3）加强了与境内外金融机构的合作关系。2013 年，形成了以中国银行、中国进出口银行、中国开发银行和中国工商银行为主，其他境内、外金融机构为辅的银企合作体系。

（4）协助上级相关部门共同开展了对委内瑞拉紧急电站项目等多个项目的审计和效能监察，为公司健康发展保驾护航。

（5）全力做好外事工作，积极为公司业务提供保障服务。根据外交部公布的 2013 年数据，完成签证量位列全国第七，在对外承包类工程企业中位列第一。

（6）加大对海外员工的人文关怀力度。成立了海外员工人文关怀工作领导小组，发布了工作细则。在驻外员工子女入学补助、物品寄存、健康体检、机场接送、协议宾馆等多方面取得实质进展。2013 年还制定了《帮扶救助工作实施细则》，并提取工会帮扶救助专项费用 72 万元。

（7）国际公司主要领导带队，历时约两个月，逐一到 14 个自主营销单位就国际业务主动进行全面对接，落实股份公司优化国际业务优先发展战略的具体措施。加强了与各自主营销单位之间的了解、友谊与合作，提升了国际业务发展能力。

（8）持续加强企业履行社会责任的力度和提高处理社区关系的能力，“中国水电”品牌大幅提升。

2013年股份公司资助的首批18名安哥拉学生在武汉大学毕业，成功出资组织了“中—安文化交流”演出活动等。多个国家领导人对股份公司及承建的项目提出表扬。

（中国水电建设集团国际工程有限公司　王立鹏）

中国水利水电建设股份有限公司2013年海外主要电力项目进展情况

（一）2013年海外主要电力工程承包项目进展情况

1. 马来西亚沐若水电站项目　该电站安装4台混流式发电机组，总装机容量94.4万kW，由中国长江三峡集团公司的全资子公司——长江三峡技术经济发展有限公司牵头承建。中国水利水电第八工程局有限公司负责土建施工、金属结构制作安装和永久机电设备安装，合同金额经调整后为34.73亿元人民币。项目于2008年10月正式开工，2010年5月实现截流。2013年9月21日电站导流洞下闸、水库蓄水，同年12月31日完成导流洞封堵。截至2013年12月底，土建工作基本完成，金属结构安装完成87%；建造收入31.79亿元，占合同金额的92.75%，结算收入31.43亿元，占合同金额的91.69%。

2. 刚果金宗戈水电站二期项目　宗戈水电站二期设计装机容量15万kW，建成后预计年发电量8.6亿kW·h。项目合同总金额3.729亿美元，工期为36个月。截至2013年12月底，项目累计完成产值14 402万美元，为合同总金额的38.62%。

3. 加纳布维水电站项目　该电站是加纳共和国的第二大水电站，设计装机容量40万kW。2013年11月，合同双方签订补充协议，合同总金额调整为7.9亿美元。工程于2007年8月开工，2008年12月实现截流，2011年6月下闸蓄水。2013年4月和7月，电站3、2号机组分别投产发电，2013年11月28日，最后一台机组1号机正式并网发电。2013年12月19日，项目业主举行盛大的竣工典礼，加纳总统马哈马出席并盛赞电站建设实现了加纳人民百年梦想，树立了中加两国友谊的新丰碑。截至2013年12月底，项目累计完成结算产值7.9亿美元，为调整后合同总金额的100%。

4. 厄瓜多尔科卡科多辛克雷EPC项目　该项目设计总装机容量150万kW（8台机组），年发电量88亿kW·h，合同金额23亿美元，工期66个月。工程包括萨拉多取水枢纽、24.8km长混凝土衬砌输水隧洞、地下厂房、变电站等。2010年7月开工。截至2013年12月底，累计完成产值108 365万美元，为合同总价的54.54%。

5. 委内瑞拉紧急火电站项目　该项目是中委能源电力领域合作框架项下的重要项目。第一期工程，经2011年11月22日签订补充合同，总装机容量为115.4万kW（6台大型燃油燃气式发电机组），总造价15.72亿美元，工期12个月。其中，卡夫雷拉电厂装机容量2×19.1万kW，总造价约5.34亿美元；新中心电厂装机容量4×19.3万kW，总造价约10.38亿美元。截至2013年12月底，新卡夫雷拉电厂项目累计完成产值52 741万美元，为合同总金额的99.90%；新中心电厂项目累计完成产值78 237万美元，为合同总金额的99.11%。

（二）2013年海外主要电力工程投资项目进展情况

1. 柬埔寨甘再水电站BOT项目　甘再水电站是由股份公司以BOT方式全资开发实施的项目，2007年9月18日开工建设，2012年8月1日正式进入商业运行期。电站总装机容量19.41万kW，年平均发电量约5亿kW·h。2013年，甘再水电站发电4.68亿kW·h，完成年计划的94.06%，确认收入2.57亿元，营业利润6430.16万元，项目已还款累计3636.36万美元。项目CDM注册成功，并荣获“中国建设工程鲁班奖”。

2. 老挝南俄5水电站BOT项目　南俄5水电站是股份公司在老挝第一个以BOT方式控股（85%股份）开发建设的水电站项目，2008年10月1日开工，2012年12月2日正式进入商业运行期。电站总装机容量12万kW，年平均发电量约5亿kW·h。2013年，南俄5项目发电5.05亿kW·h，完成年计划的100.9%，确认收入1.41亿元，营业利润1696.09万元，项目已还款累计3215.33万美元。项目CDM注册成功，并被评为股份公司优质工程。

3. 老挝南欧江流域梯级水电站项目　南欧江流域项目是股份公司在老挝获得整条流域开发权控股（85%股份）开发的项目，计划分7个梯级电站进行开发，总装机容量达128.2万kW；项目一期计划开发二、五、六级电站，总装机容量54万kW，年平均发电量约20.92亿kW·h，已于2012年10月1日开始主体建设，计划完工日期为2016年10月31日。2013年，一期二、五级电站成功实现截流，项目建设进展顺利。

4. 尼泊尔上马相迪A水电站项目　上马相迪A水电站是由股份公司采用BOOT方式控股（90%股份）开发的项目，总装机容量5万kW，年平均发电量约3.17亿kW·h，已于2013年1月8日开工建设，2013年12月16日成功实现截流。

（中国水电建设集团国际工程有限公司　王立鹏
中水电海外投资有限公司　张一凡）

泰国湄南河流域防洪规划

湄南河全长1352km，上游有Ping、Wang、Yom、Nan四大支流，流域总集水面积16.04万km^2，占泰国陆地总面积的31%；流域内居住着泰国40%的人口，经济总量占泰国的2/3。受季风影响，湄南河流域雨季降水集中且降水量大，加之流域上游山高坡陡，洪水汇集快，下游地势平坦且易受海潮顶托，洪水宣泄慢，导致湄南河流域洪水灾害频发。2011年大洪水，给泰国造成了巨大的经济损失。洪灾过后，中泰两国政府于2012年4月成立联合工作组，开展泰国防洪抗旱规划。湄南河流域防洪规划是此次工作重点。

（一）防洪工程体系现状及防洪能力

湄南河流域已初步形成具有一定防洪能力的工程体系，具备防御常遇洪水的能力。但总的说来，流域内防御能力总体不高，其中曼谷市整体防洪能力仅约25年一遇，其他地方则更低，遇大洪水（如1983年、1995年型洪水）部分城市的防洪安全将受到威胁，遇特大洪水（如1942年、2011年型洪水）防洪压力很大，会造成严重的灾害。

（二）防洪规划目标及总体布局

1. 规划目标　首都曼谷城区防洪标准达到100年一遇；重要省级城市如清迈等大城等达到50年一遇或可防2011年洪水；人口和经济规模相对较少的省城及省以下的一般城市如素可泰等为20～30年一遇；农村地区土地为5～10年一遇。

2. 防洪总体布局　湄南河以那空沙旺为界，可分为上游和下游。针对流域防洪存在的主要问题和洪水洪灾特点，防洪工程体系总体布局采取“上拦、中滞、下排”的洪水治理思路，具体如下：

（1）上游地区在充分挖潜现有水库调蓄洪水能力的前提下，适当新建水库。

（2）中下游改造现有蓄滞洪区，利用湿地和低洼地区新建适量的蓄滞洪区。

（3）下游平原河网地区实施河道整治工程，在合适区域新建分洪渠道。

（4）重点地区按照分区防护和治涝要求，开展堤防和泵站工程建设；河口地区研究海堤和挡潮闸建设方案，提高沿海地区防风暴潮的能力，减轻海潮顶托对河道行洪的影响。

（三）防洪工程规划

1. 堤防工程　对流域现有的堤防工程进行全面的修复、加高和加固，提高重点地区的堤防级别；对重点城市及工业园区，采取分区防护的原则，使之形成较为封闭的堤防工程体系。

2. 水库工程　对流域内重要水库的功能及调度方式重新定位和调整，结合洪水测报系统的建设，预留一定防洪库容，充分发挥水库的拦蓄作用。规划报告采用2011年和2006年洪水进行调度模拟，密蓬水库和诗丽吉两特大型水库对2011年典型洪水可增加拦蓄有效洪量20亿m^3，对2006年典型洪水可增加拦蓄有效洪量10亿m^3，且调整后的两水库运行方式对水库原有兴利功能影响不大。

规划新建一批水库，如Yom河上游的Kaeng Sua Ten水库、Sakae Krang河上游的Mae Wong水库，增强上游支流拦蓄洪水的能力。

3. 蓄滞洪区工程　按“因地制宜、上下游兼顾”的原则，对已有蓄滞洪区的改建、扩建，以及利用天然洪泛区新建，规划在湄南河流域形成3个大的蓄滞区片区。在中下游选择地势低洼、容量大、人口少、损失小、分滞洪便利的区域，新增容积50亿～70亿m^3的蓄滞洪区。

4. 河道整治工程与分洪道工程　在采取清障、扩卡和疏浚等措施加大河道泄洪能力的同时，规划在素可泰、那空沙旺湄南河东岸新建3条分洪渠，过流能力分别为500、1000、1000～1500m^3/s。在湄南河西岸兴建行洪通道，过流能力1000m^3/s，行洪通道两侧修建堤防，沿堤防开挖灌溉渠道；通道在遇超标准洪水时可视需要临时分洪入海，其他时间可恢复耕种，通道两侧渠道可灌溉两岸农田。

5. 河口整治工程　结合填海造地、滩涂开发等，研究在湄南河河口建设海堤和挡潮闸的建设方案，减轻海潮顶托对河道行洪影响，减轻曼谷地区防洪压力。

6. 重点地区排涝工程　进一步完善低洼地区灌排渠道和泵站系统，提高抽排能力。

（四）洪水出路安排

洪水出路安排以泄为主、蓄泄兼筹、洪涝并治的原则。解决洪水来量巨大与河道行洪能力不足的矛盾，提高河道排洪入海的能力，在此基础上通过上游水库的拦蓄和蓄滞洪区的运用，解决部分超额洪量。对剩下的超额洪量，在加高堤防的同时，遵循洪水的自然规律，允许部分洪水漫溢，适度承担洪水风险。考虑到2011年洪水是湄南河流域防洪规划的目标洪水，洪水出路安排分析主要针对2011年洪水进行，同时对洪峰流量较大的2006年洪水也进行了初步分析。这两场洪水洪量的规划实施前后分配情况见表1

和表2。

表1 规划工程实施前后2011年洪水洪量分配对比表

序号	项目	2011年洪水滞蓄洪量（亿 m^3）	
		2011年实际情况	规划工程实施后
1	水库及蓄滞洪区拦蓄	113	114
2	河道宣泄及泵站抽排	410	548
3	超额洪量	210	71
合计		733	733

注 2011年洪水统计时段从6月1日～12月15日。

表2 规划工程实施前后2006年洪水洪量分配对比表

序号	项目	2006年洪水滞蓄洪量（亿 m^3）	
		2006年实际情况	规划工程实施后
1	水库拦蓄	102	99
2	河道宣泄及泵站抽排	329	418
3	超额洪量	140	54
合计		571	571

注 2006年洪水从6月1日～11月30日。

（五）规划实施意见与投资匡算

按规划的近远目标，采取分期分批实施。其中，应急工程主要是水毁工程修复、堤防加固等，近期工程主要是河道整治、水库建设、分洪渠建设以及防洪指挥系统建设等，远期工程主要是蓄滞洪区建设、河口整治等，初步匡算总投资为6100亿～6400亿泰铢。

（中国水电顾问集团中南勘测设计研究院有限公司 杨培炎）

印度尼西亚卡扬河水电开发规划

（一）流域概况

卡扬河位于印度尼西亚加里曼丹岛（Kalimantan）东加里曼丹省，发源于加里曼丹岛中部印度尼西亚与马来西亚交界处；从上游达塔迪安（Datadian）至下游入海口全长约650km，落差380m，流域面积为30 687km^2；主要支流为巴哈河（Bahau），流域面积9210km^2。卡扬河流域水力资源理论蕴藏量为12 569MW。

规划河段区域基本为原始森林覆盖，地势总体西南高东北低，地形陡峭，二级坝址下游两岸山顶高程多在450～800m之间，二级坝址上游山顶平均海拔多在1000m以上，交通困难。

卡扬河流域属于热带雨林气候，降水充沛，径流年内分配较为均匀（最小月占比6.7%，最大月占比9.5%）。流域内大部分地区由热带雨林覆盖，植被良好，人类活动较少，河流泥沙含量较小。规划河段内无已建或在建水电工程，干流径流量大，有利于水电开发。

（二）规划范围

中国水电顾问集团华东勘测设计研究院承担了卡扬河水电开发规划工作。规划范围为隆比村（Longbia）到水面高程400m的范围内，规划河段河道全长约215km，落差380m，平均比降约0.177%。2013年8月，华东勘测设计研究院编制完成了《印度尼西亚卡扬河水电开发规划报告》。

（三）规划主要成果

1. 开发任务 加里曼丹岛是印尼政府制定的全国经济发展重点六大经济走廊之一。规划的主要开发任务是根据流域社会经济发展情况和国民经济各部门要求，结合河流的自然条件和建设条件研究确定。

规划河段内绝大部分地区由热带雨林覆盖，因此规划河段开发没有灌溉任务。经过初步调查，卡扬河流域丹戎塞洛（Tanjung Selor）到出海口河段，河面宽广，水位主要由潮位控制，而丹戎塞洛到规划河段无规模较大的城镇及其他重要保护对象保护，因此规划河段开发也无防洪要求。

目前，规划河段内下半段可通行小型机动船，上半段多跌水无法通行船只，规划河段开发没有翻坝通航要求。规划河段内有季节性漂木现象，但考虑到政府已下达了禁伐令，因此规划河段开发不考虑漂木要求。

综合考虑开发条件和综合利用要求，卡扬河规划河段的开发任务为发电，促进地方社会经济发展。

2. 开发方案 通过综合比较，卡扬河流域推荐按“一库五级”开发方案开发。初拟总装机容量4270MW，多年平均发电量207.47亿kW·h，保证出力1346.2MW。

（1）卡扬一级，水库控制集水面积26 080km^2，初拟正常蓄水位70m，死水位67m，调节库容4940万m^3，装机容量660MW，多年平均发电量38.69亿kW·h，保证出力250.4MW，为坝后式开发。规划报告推荐卡扬一级为首期开发工程，计划于2014年1月开工，总工期6年。

（2）卡扬二级，水库控制集水面积24 760km^2，初拟正常蓄水位 115m，死水位 112m，调节库容 5110 万 m^3，装机容量 680MW，多年平均发电量 34.89 亿 kWh，保证出力 222.6MW，坝后式开发。

（3）卡扬三级，水库控制集水面积 15 080km^2，初拟正常蓄水位 200m，死水位 195m，调节库容 1830 万 m^3，装机容量 800MW，多年平均发电量 40.41 亿 kW·h，保证出力 268.1MW，坝后式开发。

（4）卡扬四级，水库控制集水面积 14 440km^2，初拟正常蓄水位 280m，死水位 275m，调节库容 2510 万 m^3，装机容量 780MW，多年平均发电量 39.22 亿 kW·h，保证出力 255.8MW，坝后式开发。

（5）卡扬五级，水库控制集水面积 14 250km^2，初拟正常蓄水位 400m，死水位 380m，调节库容 60 980万 m^3，装机容量 1350MW，多年平均发电量 54.26 亿 kW·h，保证出力 349.3MW，坝后式开发。卡扬五级为卡扬河干流的龙头水库、具有年调节性能，通过其调节可获得较好的梯级开发效益，能有效地提高卡扬河梯级电站的电能质量。

（中国水电顾问集团华东勘测设计研究院有限公司　王新进　计金华）

柬埔寨额勒赛下游水电站建成发电

（一）工程概况

额勒赛下游水电站位于柬埔寨王国西部戈公省的额勒赛河下游，距首都金边直线距离约 180km，距戈公省会戈公市直线距离约 20km；由相距约 8km 的上、下电站两个梯级组成，主要任务是发电，总装机容量为 338MW，年平均发电量为 11.982 亿 kW·h。其中，上电站设 2 台机组，单机容量 103MW，总装机容量 206MW，保证出力 34.5MW，年平均发电量 7.325 亿 kW·h，年利用小时 3556h；下电站亦设 2 台机组，单机容量 66MW，总装机容量为 132MW，保证出力 22.7MW，多年平均发电量为 4.657 亿 kW·h，年利用小时 3528h。

额勒赛下游水电站两电站均为混合式水电站，均由挡水建筑物、泄水建筑物、输水建筑物及地面厂房等组成。

上电站挡水建筑物为面板堆石坝，坝顶高程 266m，最大坝高 122m，坝顶总长度为 429m。大坝上、下游坝坡坡比为 1∶1.4，下游坝坡在 240、210、180m 高程分别设 3m 宽马道；上游侧设混凝土面板，下游坝坡面设干砌块石护坡。上电站泄水建筑物由溢洪道和泄洪放空洞组成。溢洪道布置在坝肩右侧高程 120～130m 左右平台上，设 3 孔 14m×18m 开敞式孔口，孔口布设弧形闸门；溢流堰采用 WES 实用堰型，堰顶高程为 245m，中间设置 4m 厚闸墩。泄洪放空洞布置在溢洪道右侧，由施工导流洞改建而成，标准断面为城门洞形，净尺寸为 9.0m×11.0m（宽×高）。泄洪洞中部设闸门井，井内设 6.0m×8.0m 事故检修平板门及 6.0m×7.0m 弧形工作门各一扇。整个泄洪建筑物最大下泄流量为 8898m^3/s，其中溢洪道最大下泄流量为 7457m^3/s，泄洪放空洞最大下泄流量为 1441m^3/s。上电站输水系统布置在左岸山体内，主要由进水口、引水隧洞、调压井及压力管道组成，采用一管两机的布置方式。上电站厂房为地面厂房，主要由主厂房、副厂房、尾水建筑物、主变压器开关楼等建筑物组成。厂房顺引水水流方向自上游至下游依次布置有：主厂房、尾水副厂房。厂内安装 2 台 103MW 的水轮发电机组。

下电站挡水建筑物为碾压混凝土重力坝。坝顶高程为 110.5m，坝顶宽 6.0m，长 322.0m，最大坝高 58.5m。重力坝上游上部垂直，下部坝坡 1∶0.1，下游坝坡 1∶0.75。坝体设横缝，不设纵缝，共 17 个坝段，从左至右分别为：1～6 号左岸非溢流坝段、7～11 号表孔坝段和 12～17 号右岸非溢流坝段。泄洪表孔坝段布置在主河床，由 5 孔 13.0m×14.0m 的开敞式溢流堰组成。每个表孔设一扇弧形工作闸门，5 个表孔共用 1 扇检修闸门。下电站输水系统布置在左岸山体内，主要由进水口、引水隧洞、调压井及压力管道组成，采用一管两机的布置方式。下电站厂房为地面厂房，主要由主机间、安装间、尾水副厂房、主变压器副厂房等建筑物组成。厂房顺发电水流方向自上游至下游依次布置有：主变压器副厂房、主机间、尾水副厂房、尾水渠。厂内安装 2 台 66MW 立轴混流式水轮发电机组。

（二）工程建设情况

该项目为 BOT 项目，项目业主为中国华电额勒赛项目（柬埔寨）有限公司，设计单位为中国水电顾问集团北京勘测设计研究院，监理单位为中国水电顾问集团贵阳勘测设计研究院，上电站大坝和下电站大坝施工单位为中国葛洲坝集团公司三峡分公司，上电站水道和厂房施工单位为中国水利水电第十六工程局有限公司，下电站厂房和水道施工单位为中国水电建设集团十五工程局有限公司，机电安装单位为中国水利水电第八工程局有限公司。

该项目于 2007 年向柬方提供项目建议书，2009 年 2 月中国华电香港公司与柬方就本项目开发权转让基本合作条件达成一致意见并签署合作备忘录。本项目主要工程节点如下：

2010 年 4 月 1 日，上电站导流洞工程开工；

2010 年 12 月 28 日，上电站大坝大江截流；

2013年5月31日，上电站泄洪放空洞下闸蓄水；

2013年7月28日，上电站首台机组启动；

2013年9月30日，上电站首台机组顺利通过试运行，投入商业运行；

2013年10月25日，上电站第二台机组顺利通过试运行，投入商业运行；

2013年12月13日，下电站下闸蓄水；

2013年12月25日，下电站首台机组顺利通过试运行，投入商业运行；

2013年12月28日，下电站第二台机组顺利通过试运行，投入商业运行，本项目全部4台机组投产发电。

（中国水电顾问集团北京勘测设计研究院有限公司　杜英奎）

柬埔寨桑河二级水电站项目情况

桑河二级水电站为在柬埔寨的BOT项目，由中国的云南澜沧江国际能源有限公司（为华能澜沧江水电有限公司的全资子公司，以下简称国际能源公司）、柬埔寨皇家集团公司（以下简称皇家集团）与越南电力国际股份有限公司共同持股的桑河二级水电有限公司（以下简称项目公司）负责项目开发。

（一）工程概况

桑河二级水电站位于柬埔寨王国上丁省（Stung Treng）西山区境内的桑河（Se San）干流上，上游距斯雷坡河（Srepork）汇入桑河（Se San）口处约1.5km，下游距赛公（Se Kong）河汇入桑河口处约20km。

桑河是湄公河（Me Kong）的左岸一级支流，发源于越南中部山区，总体呈南西流向，在柬埔寨境内的上丁省汇入湄公河。电站位于柬埔寨王国东北部，总体地势东北高西南低，呈阶梯降低。区域地貌以山地、高原及平原为主。山地为中国横断山脉在中南半岛的延续，属长山山脉的南段，海拔高程1000m左右。山脉西坡较缓，并逐渐向丘陵、波状高原过渡，高原区海拔高程100～500m。中部及西南为湄公河及其支流形成的冲积平原，海拔高程小于100m。近场区以平原地貌为主，地形较为平缓。桑河切割深度不大，其谷岭的相对高差仅为几十米。

桑河二级水电站控制流域面积49 200km^2，坝址多年平均流量1310m^3/s。工程规模为一等大（1）型工程，挡水、泄洪、河床式发电厂房等主要建筑物均按1级建筑物设计，次要建筑物按3级建筑物设计。电站枢纽主要由左右岸均质土坝、河床泄洪闸坝、河床式发电厂房、混凝土挡水连接坝段和侧墙式接头等建筑物组成，坝顶全长6543.2m，其中混凝土坝段长483.0m，河床混凝土坝最大坝高47.9m，两岸均质土坝最大坝高33.0m。

水库正常蓄水位75.00m，调节库容3.332亿m^3，为日调节水库，总库容为24.911亿m^3。电站装机容量400MW，保证出力105.03MW，年利用小时数4925h，多年平均发电量19.70亿kW·h。

电站建成后，将由230kV双回路电线输送到变电站，然后通过上丁省和金边的输送电线路将电力送至柬埔寨国内消纳，供电范围确定为柬埔寨电网。

（二）前期工作情况

2010年12月6日，华能澜沧江水电有限公司与皇家集团签订了战略合作框架协议。

2012年4月6日，国际能源公司与皇家集团在金边签署了《关于在柬埔寨王国排他性合作谅解备忘录》。

2012年11月26日，国际能源公司与皇家集团正式签订桑河二级水电项目开发合作协议。当月，项目公司与柬埔寨工业矿产能源部签署“桑河二级水电站项目实施协议”、“桑河二级水电站项目租赁协议”，并与柬埔寨电力公司签署“桑河二级水电项目购电协议”，国际能源公司作为见证方签署上述协议。

2013年2月23日，柬埔寨国会通过对项目进行政府支付担保的法案，随即柬埔寨国王签字生效。

2013年6月18日，国际能源公司与皇家集团签署桑河二级水电项目51%股权转让协议。

2013年10月8日，桑河二级水电站项目获得中国国家发展和改革委员会正式核准。

2013年11月11日，桑河二级水电站项目投资获得中国商务部审批。

2013年12月2日，桑河二级水电站项目获得中国国家外管局（云南）关于对外直接投资登记备案的批准。

2013年底，国际能源公司与皇家集团的股权交割工作就绪，水电站已具备开工建设条件。

（云南澜沧江国际能源有限公司）

白俄罗斯维捷布斯克水电站项目进展情况

（一）工程概况

维捷布斯克水电站位于白俄罗斯维捷布斯克市的西德维纳河上，距维捷布斯克市8km，距离白俄罗斯首都明斯克约300km。

工程开发目的以发电为主，兼顾航运，为三等工程。枢纽布置从左至右分别为左岸土坝段、船闸、连接土坝段、泄洪闸、厂房、右岸土坝段。挡水建筑物最大坝高 32.50m，坝顶高程 142.00m，坝轴线长度 598m。水库正常蓄水位 139.00m，电站总装机容量 40MW，年均发电量 1.5 亿 kW·h。

泄洪闸为维捷布斯克水电站唯一的泄水建筑物，位于主河床的中央部分，与水电站厂房衔接，为 2 级建筑物；洪水设计频率为 3%（$Q=2710m^3/s$），校核频率为 0.5%（$Q=3340m^3/s$），相应的坝前水位分别为 139.00、139.55m，坝后水位分别为 136.23、137.75m；设置 3 孔，单孔净宽 20m，由闸室段和消能段组成，闸室段顺水流向长 30.0m。采用 WES 实用堰泄洪结构，堰顶高程 130m，闸底板高程 124.5m。建基面高程 121.5m，闸顶高程 142m，最大闸高 20.5m。

维捷布斯克水电站船闸规模按照下游波洛茨克水利枢纽的要求确定，具体为：闸室长 94m，宽 13.42m，吃水深 1.7m，水上尺寸 11m；日平均开闸不少于 10 次，货运 $600\times10^3\sim800\times10^3$t。船闸为 3 级建筑物，布置在主河床左侧的滩地上，由上游引航道、闸室、下游引航道组成。船闸中轴线在闸室段及其上游引航道与坝轴线垂直，下游引航段自闸室末端开始拐向主河道。

电站采用河床式发电厂房，为挡水建筑物的一部分，布置于河床右侧，基础坐落在白云岩上。电站厂房为 3 级建筑物，主要建筑物包括：主厂房、副厂房、安装间、引水渠、尾水渠等。厂房坝段总长 54.94m，顺水流向长 45.50m，主机间内安装 4 台灯泡贯流式水轮发电机组，单机容量 10MW，总装机容量为 40MW。

施工导流方案采用两期导流方案。一期导流，采用全年土石围堰挡水，左岸导流明渠过流，导流标准采用全年 10 年一遇设计洪水。一期主要完成厂房坝段和泄洪冲砂闸坝段的土建和金属结构安装等施工，泄洪冲砂闸具备泄流能力，且厂房进口及尾水闸门具备下闸挡水条件。二期导流，厂房、泄洪闸主体工程基本完成，泄洪闸具备泄流能力，厂房第一台机组发电时，拆除一期导流上下游围堰，泄洪闸过流，对导流明渠进行二期截流，进行船闸施工。

（二）工程建设管理

该项目为中方贷款融资项目，贷款银行为中国国家开发银行，业主为白俄罗斯维捷布斯克能源局。项目采用 EPC 总承包方式，总承包方为中国电力工程有限公司。工程范围包括：送出线路和接入系统，枢纽区工程、库区工程。项目设计分包方为中国水电顾问集团北京勘测设计研究院（以下简称北京院），施工分包方为中国水利水电第九工程局有限公司（以下简称水电九局有限公司）。

按照业主和合同要求，项目实施控制流程为：①补充地质勘测工作；②对整体方案进行基本设计，并通过白俄罗斯国家审查；③进行施工详图设计，设计成果通过业主和白俄罗斯国家审查；④工程建设实施。

项目相关工程技术标准、法律法规，业主方要求遵从白俄罗斯的标准和要求，但总承包方为中方，设计和施工都为中方企业，从项目可实施性考虑，应遵从中国规范标准要求。在北京院与总承包方签订的《白俄罗斯维捷布斯克水电站项目勘测设计及技术服务合同》中规定：除了消防、人员安全、工业安全、卫生规程、生态安全和环境保护方面必须按照白俄罗斯的强制性标准和要求，其余可以按照中国标准和要求完成。

由于施工详图需要通过白俄罗斯方的审查，白俄罗斯审查方在所遵从的规程规范、设计理念、考虑问题方法及制图习惯等方面都和中方存在较大的差别。所以，施工详图审查配合的复杂程度和技术难度较大，相关的投入包括人力、物力和财力都很多。

（三）工程进展情况

2011 年 8 月，北京院与中国电力工程有限公司签订《白俄罗斯维捷布斯克水电站项目勘测设计及技术服务合同》。

2012 年 4 月，北京院完成维捷布斯克水电站枢纽区和库区补充地质勘测。

2012 年 5 月，水电九局有限公司入驻工地现场，进行枢纽区树木砍伐、修路等等“三通一平”的施工准备工作。

2012 年 12 月，根据 EPC 主合同要求，北京院会同白俄罗斯电力设计院和水利设计院，完成了《维捷布斯克水电站枢纽区工程基本设计报告》和《维捷布斯克水电站库区工程基本设计报告》，并提交白俄罗斯官方审批；2013 年 1 月基本设计报告通过白俄罗斯官方审查。

2013 年 11 月，完成左岸施工导流明渠的开挖工作。

计划 2014 年 5 月一期截流。

（中国水电顾问集团北京勘测设计研究院
有限公司　周飞平）

尼泊尔上崔树里 3A 水电站项目进展情况

上崔树里（Upper Trishuli）3A 水电站位于尼泊尔 Rasuwa 和 Nuwakot 地区交汇处的崔树理河上，距离尼泊尔首都加德满都约100km，是上崔树理河4个梯级电站之一，为尼泊尔政府近期开发的重点水电工程项目。

上崔树里3A水电站为引水式开发，主要任务为发电，由挡水闸、右岸取水口、明渠、沉沙池、4.1km低压引水隧洞、调压井、高压管道、发电厂房及变电站等建筑物组成。水库正常蓄水位870.5m。电站设计引用流量为51m³/s，设计水头134.5m，安装2台机组，单机容量30MW，总装机容量为60MW，保证出力为43.75MW（保证率$P=90\%$），多年平均发电量489.76 GW·h，其中46%是旱季电能。

该项目采用中国进出口银行优惠贷款，由尼泊尔电力局（NEA）筹资开发。2010年5月28日，尼泊尔电力局（NEA）与中国葛洲坝集团公司签订了EPC总承包合同，由中国葛洲坝集团公司以设计—采购—施工总承包（EPC）方式组织工程实施。中国水电顾问集团北京勘测设计研究院有限公司承担了该电站的勘测设计工作。

工程于2011年6月开工准备，目前正在施工中，预计2015年12月第一台机组发电，2016年4月竣工。

（中国水电顾问集团北京勘测设计研究院有限公司 李志山）

湖北清江水电开发有限责任公司承担柬埔寨达岱河水电站运行维护管理

2013年1月13日，湖北清江水电开发有限责任公司（以下简称清江公司）与柬埔寨达岱水电有限公司正式签订了《柬埔寨达岱河水电站委托运行维护管理合同》，承接柬埔寨达岱河水电站运行维护管理工作，服务期限为3年。

达岱河水电站位于柬埔寨国公省境内的达岱（Tatay）河中下游段，距离柬埔寨首都金边约300km。该电站总投资5.4亿美元，是中国企业在柬投资金额最大的项目之一，由中国重型机械总公司（占90%的股份）和正泰集团（占10%的股份）合资成立的柬埔寨达岱水电有限公司负责其建设、管理。电站以BOT（即建设—经营—转让）模式投资建设，建设期5年，经营管理期37年。达岱河水电站为引水式电站，枢纽主要由干流（Tatay）、支流（Kep）混凝土面板堆石坝、支流左岸3孔岸边溢洪道、干流左岸引水发电系统和岸边地面厂房组成，为二等大（2）型工程。水库正常蓄水位215.0m，相应库容4.04亿m³，死水位180.0m，调节库容3.22亿m³，属年调节水库。电站装3台单机容量为82MW的水轮发电机组，年设计发电量8.58亿kW·h，年利用小时数3488h。工程于2010年3月正式开工建设，2013年11月16日下闸蓄水，预计2014年6月发电，整个工程计划于2014年全部完工。

达岱河水电站的运行维护采用委托管理的方式进行。2012年10月，清江公司按照《柬埔寨达岱河水电站工程电站运营招标文件》要求，组织人员认真编制电站运营投标文件，最终在3家投标单位中以投标报价合理、项目管理方案详实、配置人员素质较高等主要优势战胜了其他两家投标单位而中标。这标志着清江公司走出湖北清江水电流域运营管理，向国际化专业水电运营管理公司方向拓展迈出了关键的一步。

中标后，清江公司成立了柬埔寨达岱项目部，人员由清江公司内部各生产单位公开招聘的优秀生产管理及技术人员组成，项目部下设发电部、检修部、安生部、水工部4个职能部门。项目部成立后旋即开展了运维管理的准备工作，2013年在国内进行了为期两个月的全脱产英语培训，进行了特殊工种培训取证和岗位培训。目前，员工已陆续赴柬埔寨开展工作。

清江公司在开发清江流域3座梯级大型水电站建设的20多年中，不断积累经验，强化内部管理，电力生产运营管理模式逐步成熟与完善，并于2009年顺利通过ISO 9001质量、ISO 24001环境、ISO 28001职业健康“三标”管理体系认证。清江公司在抓紧苦练内功的同时，积极谋求向外发展。为了抓住此次向外拓展机遇，清江公司领导和相关技术管理人员早在2011年就对该项目进行了实地考察调研，综合分析了当地气候环境、经济发展、社会稳定等诸多因素影响，为该项目的投标决策和后续实施提供了科学依据。通过承接和实施该项目，拓展了清江公司水电运行管理业务，对清江公司国际化人才的培养和对境外项目的规范管理也将起到积极的促进作用。

（湖北清江水电开发有限责任公司）

10

技术标准

标准化工作管理

2013年电力标准化管理工作情况

（一）标准项目计划及发布

2013年，经有关部门批准，共确定电力标准计划立项454项，其中：国家标准化管理委员会下达电力国家标准项目76项，住房和城乡建设部下达电力工程建设国家标准计划项目12项，国家能源局下达电力行业标准计划项目366项。

智能电网领域标准成为计划安排突出重点，在2013年经国家能源局和国家标准化管理委员会等部门立项的计划中有120项智能电网有关计划项目，其中国家标准20项，行业标准100项。

2013年经有关部门批准发布的电力标准共301项，其中：国家标准化管理委员会发布的国家标准7项，住房和城乡建设部发布的电力工程建设国家标准14项，国家能源局发布的行业标准280项。

截至2013年底，电力标准共有2287项，其中国家标准345项，行业标准1942项。

（二）标准化重点建设

1. 智能电网综合标准化试点　为落实“十二五”国家战略性新兴产业发展规划，加快建设适应新能源发展的智能电网及运行体系，经中国电力企业联合会组织推荐，国家标准化管理委员会研究决定在张北国家风光储输示范工程等12个综合性显著、创新性突出、具备技术发展优势的工程项目开展智能电网综合标准化试点工作。试点的项目、内容见表1。

表1　智能电网综合标准化示范试点的项目名单及内容

领域	序号	试点项目	试点内容
新能源并网技术	1	张北国家风光储输示范工程	风光储输一体化
	2	云南电网云电科技园200kW光伏并网示范研究工程	光伏并网
	3	华电虎林石青山风电项目	风电并网
	4	华能新能源陕西榆林狼尔沟分散式风电项目	
智能变电站技术	5	江苏溧阳500kV变电站	500kV等级智能变电站
	6	河南许昌兴国寺220kV智能变电站	220kV等级智能变电站
	7	贵州六盘水110kV杨梅技改智能变电站建设	110kV等级变电站智能化技改
智能调度技术	8	华中智能电网调度技术支持系统工程	网域智能调度
	9	四川省调智能电网调度技术支持系统工程	省域智能调度
	10	河北衡水智能电网调度技术支持系统工程	地域智能调度
电动汽车充换电技术	11	山东青岛薛家岛充换储放一体化示范	电动汽车与智能电网协作
标准国际输出	12	菲律宾Antipolo智能变电站建设	中国技术标准国际输出

试点工作启动后，已组建了挂靠于中国电力企业联合会标准化管理中心的工作办公室，并印发了《智能电网综合标准化试点工作方案》，明确了国家电网公司等4家试点实施单位、12个工程试点负责单位的职责，规定了各阶段工作内容以及时间进度安排等。

2. 国际标准化

（1）经中国电力企业联合会推荐，国家标准化管理委员会于2013年5月27日，以国标委外〔2013〕42号文批准国家电网公司为国际标准化创新示范基地。示范工作内容包括：①争取国际标准的立项，主导或参与国际标准编写；②谋求重点国际组织的高层职务，主动参与决策工作；③推动公司技术专家多层次参与国际标准技术组织；④全面总结国际标准化工作成果和经验；⑤培养国际标准化工作人才。

（2）向国际电工委员会申请成立大规模可再生能源并网标准化技术委员会、特高压交流系统标准化技术委员会的提案获得批准。在IEC/TC8下设“大容量可再生能源接入电网分技术委员会”，编号SC8A；特高压交流系统标准化技术委员会根据IEC第148次会议决议成立，编号TC122，主要负责1000kV及以上特高压交流输电系统层面的应用。

（3）光伏和电动汽车充电设施国际标准化方面，我国向国际电工委员会提交的《并网光伏逆变低电压穿越检测规程》、《电动汽车换电系统 第1部分：一般要求》国际标准提案得到批准。

3. 电力标准英文版 2013年，住房和城乡建设部下达电力标准英文版翻译计划19项，中国电力企业联合会下达电力标准英文版翻译计划共19项。这些标准翻译项目主要涉及水电、核电、输变电工程建设标准。

4. 企业标准化 国家电力监管委员会并入国家能源局后，国家能源局对电力企业“标准化良好行为企业”试点及确认工作机制进行了调整，将该项工作委托中国电力企业联合会按照国家标准化管理委员会有关要求具体组织实施，国家能源局及派出机构继续支持和推动电力企业建立健全、有效运行、持续改进企业标准体系。

2012年电力企业标准化良好行为试点及确认现场工作会后至2013年底，先后有大唐国际电力股份有限公司张家口发电厂、浙江浙能乐清发电有限责任公司、浙江大唐乌沙山发电有限责任公司、重庆大唐国际彭水水电开发有限公司、大唐彬长发电有限责任公司、浙江省电力设计院等7家企业通过了标准化良好行为AAAA级企业现场确认，湖北清江水电开发有限责任公司通过了标准化良好行为AAA级企业现场确认。

2013年，中国电力企业联合会共审查、备案企业技术标准105项。

（三）标准化组织机构建设

中国电力企业联合会先后发布《电力专业标准化技术委员会管理细则》（修订），《电力行业标准化技术委员会章程》（修订）、《电力标准计划项目验收管理办法》等文件并贯彻落实。

2013年，国家标准化管理委员会批准成立全国智能电网用户接口标准化技术委员会、全国电力储能标准化技术委员会。

国家能源局调整能源行业风电标准化技术委员会有关工作，决定将所设专业组调整为分技术委员会；委托中国电力企业联合会作为标委会秘书处技术支撑单位，承担标委会日常管理工作；由中国电力企业联合会组织开展风电行业标准制修订计划项目实施进度监督检查

2013年，电力行业结合技术发展及标准体系建设的需要，向国家标准化管理委员会提出了成立全国微电网与分布式电源并网标准化技术委员会、全国功率微电子标准化技术委员会、全国需求侧响应和管理标准化技术委员会的申请，向国家能源局提出了成立电力行业安全工器具及机具标准化技术委员会的申请。

2013年，全国带电作业标委会标准化技术委员会（第六届）、全国电站过程监控及信息标准化技术委员会（第二届）、电力行业电站焊接标准化技术委员会（第四届）、电力行业电站金属材料标准化技术委员会（第五届）、电力行业电机标准化技术委员会（第六届）、电力行业供用电标准化技术委员会（第二届）、电力行业电力变压器标准化技术委员会（第六届）、电力行业电能质量及柔性输电标准化技术委员会（第二届）、电力行业联合循环发电标准化技术委员会（第二届）、电力行业高压开关设备及直流电源标准化技术委员会（第七届）等全国/行业标准化技术委员会进行了换届（括号中为新届次）；对第二届电力行业电气施工及调试标准化技术委员会、第四届电力行业继电保护标准化技术委员会、第三届电力行业可靠性管理标准化技术委员会、第四届全国架空线路标准化技术委员会、第一届能源行业电力应急技术标准化技术委员会调整了部分委员。

（中国电力企业联合会 许松林 刘永东 朱志强）

2013年农村水电技术标准制定与修订情况

（1）2013年，发布了《小水电电网节能改造工程技术规范》（GB/T 50845—2013）、《小型水电站安全检测与评价规范》等2项国家标准和《小型水电站施工安全规程》（SL 626—2013）、《小型水电站水文计算规范》（SL 77—2013）、《小水电电网调度自动化技术规范》（SL 53—2013）、《农村水电供电区电力系统设计导则》（SL 222—2013）、《小水电电网调度规程》（SL 658—2013）、《小型水利水电工程碾压式土石坝设计规范》（SL 189—2013）等6项行业标准。截至2013年底，农村水电现行有效标准达48项，见表1。

表1　　农村水电现行有效标准

序号	标准名称	标准编号	序号	标准名称	标准编号
1	小型水力发电站设计规范	GB 50071—2002	24	农村水电供电区电力系统设计导则	SL 222—2013
2	小型水轮机现场验收试验规程	GB/T 22140—2008	25	小水电站接入电力系统技术规定	SL 522—2010
3	小水电站机电设备导则	GB/T 18110—2000	26	小型水电站施工技术规范	SL 172—2012
4	小型水轮机型式参数及性能技术规定	GB/T 21717—2008	27	农村水电站施工环境保护导则	SL 358—2006
5	小型水轮机基本技术条件	GB/T 21718—2008	28	水电农村电气化验收规程	SL 296—2004
6	小型水电站技术改造规范	GB/T 50700—2011	29	小水电代燃料项目验收规程	SL 304—2011
7	小型水轮发电机基本技术条件	GB/T 27989—2011	30	小型水电站建设工程验收规程	SL 168—2012
8	小水电电网节能改造工程技术规范	GB/T 50845—2013	31	小型水电站机组运行综合性能质量评定标准	SL 524—2011
9	小型水电站安全检测与评价规范	GB/T 50876—2013	32	农村水电站优化运行导则	SL 293—2003
10	水电新农村电气化标准	SL 30—2009	33	小水电电网调度自动化技术规范	SL 53—2013
11	水电新农村电气化规划编制规程	SL 145—2009	34	漏电保护器农村安装运行规程	SL 445—2009
12	小水电代燃料工程规划编制规程	SL 469—2009	35	农村水电站技术管理规程	SL 529—2011
13	中小河流水能开发规划编制规程	SL 221—2009	36	农村水电变电站技术管理规程	SL 528—2011
14	农村水电站开发规划选点导则	SL 294—2003	37	农村水电配电线路、配电台区技术管理规程	SL 526—2011
15	小水电代燃料标准	SL 468—2009	38	农村水电送电线路技术管理规程	SL 527—2011
16	农村水电供电区电力发展规划导则	SL 22—2011	39	农村水电站工程环境影响评价规程	SL 315—2005
17	中小型水利水电工程地质勘查规范	SL 55—2005	40	小水电建设项目经济评价规程	SL 16—2010
18	小型水电站建设项目建议书编制规程	SL 356—2006	41	小型水电站水文计算规范	SL 77—2013
19	农村水电站可行性研究报告编制规程	SL 357—2006	42	小水电网电能损耗计算导则	SL 173—1996
20	小型水电站初步设计报告编制规程	SL 179—2011	43	小型水电站现场效率试验规程	SL 555—2012
21	小水电水能设计规程	SL 76—2009	44	整装微型水轮发电机组	SL 397—2007
22	小型水利水电工程碾压式土石坝设计规范	SL 189—2013	45	水能资源调查评价导则	SL 562—2011
23	小型水力发电站自动化设计规定	SL 229—2011	46	小水电代燃料生态效益计算导则	SL 593—2012
			47	小型水电站施工安全规程	SL 626—2013
			48	小水电电网调度规程	SL 658—2013

(2) 2013 年，水利部农村水电及电气化发展局主持编写的农村水电技术标准共 22 项，其中 2013 年新增 2 项。根据《水利标准化工作管理办法》要求和 2013 年水利技术标准制修订计划安排，对《小型水轮机进水阀门基本技术条件》等 7 项标准发文征求意见；组织召开了《小水电水能设计规范》等 7 项标准的送审稿审查会；完成了《小型水电站水文计算规范》等 6 项标准的报批工作。在编标准详情见表 2。

表 2 农村水电在编标准情况表

序号	标准名称	制定/修订	性质	当前状态	序号	标准名称	制定/修订	性质	当前状态
1	小水电电网节能改造工程技术规范	制定	国家标准	发布	12	水电新农村电气化验收规程	修订	国家标准	报批
2	小型水电站安全检测与评价规范	制定	国家标准	发布	13	整装微型水轮发电机组	制定	国家标准	报批
3	小型水电站施工安全规程	制定	行业标准	发布	14	小水电规划环境影响评价规程	制定	行业标准	送审稿审查
4	小型水电站水文计算规范	修订	行业标准	发布	15	小型水电站设计防火规范	制定	行业标准	送审稿审查
5	小水电电网调度自动化技术规范	修订	行业标准	发布	16	小型水电站开发规划选点导则	修订	行业标准	送审稿审查
6	小水电电网调度规程	制定	行业标准	发布	17	小型水电站机电设备导则	修订	国家标准	送审稿审查
7	农村水电供电区电力系统设计导则	修订	行业标准	发布	18	小型水轮机进水阀门基本技术条件	制定	行业标准	送审稿审查
8	小型水电站运行维护技术规范	制定	国家标准	报批	19	小型水电站监控保护设备应用导则	制定	行业标准	送审稿审查
9	小水电电网安全运行技术规范	制定	国家标准	报批	20	小水电水能设计规范	制定	国家标准	送审稿审查
10	小型水电站机电设备报废条件	制定	国家标准	报批	21	小型水轮发电机组启动试验规程	制定	行业标准	立项
11	小水电电网电能损耗计算导则	修订	国家标准	报批	22	箱式水电站技术规范	制定	行业标准	立项

(3) 2013 年，水利部农村水电及电气化发展局围绕“农村水电增效扩容改造”、“小水电代燃料”组织举办了 2 期相关技术标准宣贯培训班，来自全国各地的 478 名学员参加了培训。并以《农村水电站技术管理规程》为核心，开展了农村水电管理标准化试点示范项目，取得良好成效。

（水利部农村水电及电气化发展局 孙亚芹）

全国大型发电机标准化技术委员会和全国水轮机标准化技术委员会2013年制定与修订标准情况

2013年，全国大型发电机标准化技术委员会和全国水轮机标准化技术委员会秘书处，在挂靠单位哈尔滨大电机研究所的大力支持下，在全体委员及委员单位的共同努力下，组织行业单位开展了14项国家标准及行业标准的制定与修订工作。其中4项标准已发布，10项在编标准情况见表1。

表1 大电机、水轮机2013年标准在编情况表

序号	标准名称	工作要求	当前状态
1	水力发电厂和泵站机组振动的评定	制定GB/T	征求意见
2	发电机定子铁心磁化试验导则	修订GB/T	征求意见
3	透平型发电机定子绕组端部动态特性和振动试验方法及评定	修订GB/T	征求意见
4	发电机液体内冷空心导线 第1部分：铜空心导线	修订JB/T	征求意见
5	水轮发电机基本技术条件	修改GB/T	送审阶段
6	风扇磨煤机用大中型三相异步电动机 技术条件	修订JB/T	送审阶段
7	轧机用大型直流电机基本技术条件	修订JB/T	送审阶段
8	大型火电设备风机用电动机技术条件	修订JB/T	送审阶段
9	核电主泵电机技术条件 第1部分：轴封泵异步电机	修订JB/T	送审阶段
10	核电主泵电机技术条件 第2部分：屏蔽泵异步电机	制定NB/T	送审阶段

（哈尔滨大电机研究所 刘诗琪 高文丽）

中国水电顾问集团贵阳勘测设计研究院有限公司2013年标准化工作情况

标准化工作是管理工作的重要基础，技术标准是衡量企业竞争能力的重要尺度，是技术成果的规范化、标准化。中国水电顾问集团贵阳勘测设计研究院有限公司（以下简称贵阳院）高度重视技术标准的统领作用，积极推动国家、行业、地方技术标准立项申请、编制，推进企业标准的建立。

（1）大力推进技术标准编写工作。2013年在编技术标准18项，主编8项，其中9项完成报批稿。首次申请贵州省地方标准并获准主编5项、参编1项。国内第一部工业堆场地方标准——《贵州省一般工业固体废物储存、处置场污染控制标准》，已于2013年12月由贵州省人民政府举行的新闻发布会进行发布，2014年1月1日实施。首次申请并获3项2013年电力勘测设计行业标准制（修）订计划项目。

发布《编写技术标准指导意见》，召开《水电工程建基岩体质量检测技术规程》征求意见稿第二次讨论会，配合水电水利规划设计总院对贵阳院环保设计分院主编的《河流水电梯级开发环境影响后评价规范》、《水电工程移民安置环境保护设计规范》的大纲进行讨论。

（2）院级技术范本（企业）编制初具规模。工程勘察分院8项、工程项目管理公司6项技术范本通过院评审并上网；其他分院已完成50项技术范本初稿，其中水工设计分院、环保设计分院系统策划、完善了专业标准化体系。

（3）完成上级单位安排的中外标准对标工作。工程勘察分院牵头完成《中小型水力发电工程地质勘察规范》、《水电水利工程物探规程》、《水电工程测量规范》与美国陆军工程兵团（USACE）的《美国陆军工程师团手册》和美国垦务局（USBR）《小坝设计》的对标工作，并提交中国水电工程顾问集团公司。

（中国水电顾问集团贵阳勘测设计研究院有限公司 周维娟）

技术标准的制修订情况

2013年国家标准化管理委员会下达的电力国家标准计划项目

2013年，国家标准化管理委员会下达的电力国家标准计划项目76项，见表1。

表1　2013年国家标准化管理委员会下达的电力国家标准计划项目

序号	项目名称	制定/修订	主要起草单位	代替标准
1	带电作业仿真训练系统	制定	中国电力科学研究院、武汉科码软件有限公司	
2	配电线路旁路作业技术导则	制定	中国电力科学研究院	
3	电力金具名词术语	修订	中国电力科学研究院	GB/T 5075—2001
4	架空输电线路故障巡视技术导则	制定	中国电力科学研究院、湖北省电力公司、冀北电力公司	
5	架空输电线路在线监测装置通用技术规范	制定	山东电工电气集团公司	
6	电力信息交换总线技术导则	制定	国网电力科学研究院	
7	电厂用运行矿物汽轮机油维护管理导则	修订	西安热工研究有限公司	GB/T 14541—2005
8	电厂运行中汽轮机油质量	修订	西安热工研究院有限公司	GB/T 7596—2008
9	绝缘油中腐蚀性硫定量检测方法（二苄基二硫醚）	制定	广东电网公司电力科学研究院、西安热工研究院有限公司	
10	绝缘油中溶解气体组分含量的气相色谱测定法	修订	西安热工研究院有限公司、福建电力科学研究院、湖南电力科学研究院	GB/T 17623—1998
11	运行变压器油维护管理导则	修订	西安热工研究院有限公司	GB/T 14542—2005
12	运行中变压器油质量	修订	西安热工研究院有限公司	GB/T 7595—2008
13	三相交流系统短路电流计算 第2部分：短路电流计算应用的系数	制定	中国电力科学研究院、国家电力调度通信中心、西安交通大学	
14	三相交流系统短路电流计算 第3部分：电气设备数据	制定	中国电力科学研究院、国家电力调度通信中心、西安交通大学	
15	三相交流系统短路电流计算 第4部分：同时发生两个独立单相接地故障时的电流以及流过大地的电流	制定	中国电力科学研究院、国家电力调度通信中心、西安交通大学	
16	三相交流系统短路电流计算 第5部分：算例	制定	中国电力科学研究院、国家电力调度通信中心、西安交通大学	

续表

序号	项目名称	制定/修订	主要起草单位	代替标准
17	并网光伏电站继电保护技术规程	制定	国家电网西北电力调控分中心、国家电力调度通信中心、南方电网调度通信中心等	
18	抽水蓄能电厂标识系统（KKS）编码导则	制定	国网新源控股有限公司	
19	抽水蓄能电站厂用电保护整定计算导则	制定	国网新源控股有限公司	
20	抽水蓄能电站检修导则	制定	国网新源控股有限公司	
21	抽水蓄能电站事故保安电源技术导则	制定	国网新源控股有限公司	
22	抽水蓄能机组励磁系统运行检修规程	制定	国网新源控股有限公司	
23	储能变流器检测技术规程	制定	中国电力科学研究院	
24	电动车辆传导充电系统　一般要求	修订	国家电网公司、中国电力科学研究院、中国汽车技术研究中心、国网电力科学研究院、深圳奥特迅电力设备股份公司	GB/T 18487.1—2001
25	电动汽车车载直流电能表技术条件	制定	山东电力研究院、青岛供电公司	
26	电动汽车电池箱电能计量	制定	国家电网公司、中国电力科学研究院、国网电力科学研究院、许继集团有限公司、万向电动汽车有限公司、中信国安盟固利动力科技公司、北京汽车集团有限公司、合肥国轩高科动力能源有限公司	
27	电动汽车动力仓总成通信协议	制定	国家电网公司、浙江省电力公司、许继集团有限公司、国网信通公司、国网电力科学研究院、中国电力科学研究院	
28	电力能效监测系统技术规范 第10部分：采集终端检验规范	制定	中国电力科学研究院	
29	电力能效监测系统技术规范 第11部分：信息集中终端检验规范	制定	中国电力科学研究院	
30	电力能效监测系统技术规范 第8部分：安全防护规范	制定	中国电力科学研究院	
31	电力能效监测系统技术规范 第9部分：系统检验规范	制定	中国电力科学研究院	
32	电力系统继电保护及安全自动装置户外机柜通用技术条件	制定	北京四方继保自动化股份有限公司、许继集团公司、南京南瑞继保电气有限公司、国电南京自动化股份有限公司、许继电气股份有限公司等	
33	电力需求响应系统通用技术规范	制定	中国电力科学研究院	
34	电能服务管理平台管理规范	制定	中国电力科学研究院	

续表

序号	项目名称	制定/修订	主要起草单位	代替标准
35	电能服务管理平台技术规范 第 1 部分：总则	制定	中国电力科学研究院	
36	电能服务管理平台技术规范 第 2 部分：功能规范	制定	中国电力科学研究院	
37	分布式光伏发电并网接口技术规范	制定	中国电力科学研究院	
38	分布式光伏发电系统远程监控技术规范	制定	中国电力科学研究院	
39	光伏电站安全规程	制定	大唐新疆发电有限公司	
40	光伏发电站汇流箱检测技术规程	制定	中国电力科学研究院	
41	光伏发电站无功补偿装置检测技术规程	制定	中国电力科学研究院	
42	基于 IEC 61850 的继电保护工程应用模型	制定	南京南瑞继保电气有限公司、许继集团有限公司、浙江省电力公司、国家电力调度控制中心、南方电网调度控制中心、北京四方继保自动化股份有限公司、国电南京自动化股份有限公司、许继电气股份有限公司等	
43	基于 PLC 技术的电动汽车与充电桩之间通信技术要求	制定	国家电网公司、国网电力科学研究院、中国电力科学研究院、国网信息通信有限公司、许继集团有限公司、中国汽车技术研究中心	
44	柔性交流输电设备接入电网继电保护技术规范	制定	国家电网西北电力调控分中心、许继集团有限公司、国家电力调度控制中心、相关设备厂家等	
45	微电网接入配电网测试规范	制定	中国电力科学研究院	
46	微电网接入配电网运行控制规范	制定	中国电力科学研究院	
47	智能变电站继电保护通用技术条件	制定	南京南瑞继保电气有限公司、许继集团有限公司、浙江省电力公司、国家电力调度控制中心、南方电网调度控制中心、北京四方继保自动化股份有限公司、国电南京自动化股份有限公司、许继电气股份有限公司等	
48	智能远动技术规范	制定	南方电网调度通信中心、国家电力调度通信中心、南京南瑞继保电气有限公司等	
49	稀土铝合金电力电缆	制定	中国电力科学研究院、安徽欣意电缆有限公司、安徽太平洋电缆集团有限公司、中国标准化研究院、河北德昊电缆有限公司	
50	电力系统设备通用告警规范	制定	国家电力调度控制中心、中国电力科学研究院、国网电力科学研究院	

续表

序号	项目名称	制定/修订	主要起草单位	代替标准
51	电站汽轮机数字电液控制系统维修与试验技术要求	制定	大唐集团公司、河南电力公司电力科学研究院、浙江省电力公司电力科学研究院、南京科远自动化集团股份有限公司、南京汽轮电机（集团）有限责任公司、华能玉环发电厂	
52	电站热工仪表及控制装置运行维护与试验技术要求	制定	浙江省电力公司电力科学研究院、大唐集团公司、浙江能源集团公司、河南电力公司电力科学研究院、大唐乌沙山发电有限责任公司、浙江浙能温州发电有限公司大唐山西阳城发电有限公司等	
53	短路电流效应计算　第1部分：定义与计算方法	制定	中国水电顾问集团北京勘测设计研究院、中国电力科学研究院	
54	短路电流效应计算　第2部分：算例	制定	中国水电顾问集团北京勘测设计研究院、中国电力科学研究院	
55	±800kV特高压直流输电工程阀厅金具技术规范	制定	国网北京经济技术研究院	
56	高压直流输电工程系统规划导则	制定	中国电力科学研究院等	
57	高压直流输电系统直流侧谐波分析、抑制与测量导则	制定	国网北京经济技术研究院	
58	抽水蓄能发变组保护配置导则	制定	国网新源控股有限公司、南京南瑞继保电气有限公司	
59	抽水蓄能机组调速器系统运行规程	制定	国网新源控股有限公司	
60	抽水蓄能机组静止变频器试验规程	制定	国网新源控股有限公司、国电南瑞科技股份有限公司	
61	抽水蓄能机组运行工况流程监控技术导则	制定	国网新源控股有限公司	
62	储能电站运行维护规程	制定	中国电力科学研究院、冀北电力公司、上海市电力公司、福建省电力公司、浙江省电力公司、南方电网调峰调频公司、国电龙源集团、大连融科科技有限公司、国电电力华电天仁电力控制技术有限公司	
63	电池储能系统储能变流器技术规范	制定	许继集团有限公司、中国电力科学研究院	
64	电动汽车电池更换用电池箱编码	制定	国家电网公司、许继集团有限公司、国网信通公司、浙江省电力公司、中国电力科学研究院、国网电力科学研究院、北京市质量技术监督局	
65	电能服务管理平台技术规范 第3部分：接口规范	制定	中国电力科学研究院	
66	电能服务管理平台技术规范 第4部分：设计规范	制定	中国电力科学研究院	

续表

序号	项目名称	制定/修订	主要起草单位	代替标准
67	电能服务管理平台技术规范 第5部分：安全防护规范	制定	中国电力科学研究院	
68	光伏电站有功及无功控制系统的控制策略导则	制定	青海省电力公司、中国电力科学试验研究院南京分院新能源所、新疆电力科学研究院	
69	火力发电机组及蒸汽动力设备水汽质量	修订	西安热工研究院有限公司	GB/T 12145—2008
70	剩余电流动作保护装置安装和运行	修订	中国电力科学研究院	GB 13955—2005
71	塑料光纤 电力信息传输系统技术规范 第1部分：技术条件	制定	中国电力科学研究院	
72	塑料光纤 电力信息传输系统技术规范 第2部分：收发通信单元	制定	中国电力科学研究院	
73	塑料光纤电力信息传输系统技术规范第3部分：光电收发模块	制定	中国电力科学研究院	
74	站域保护控制技术导则	制定	国电南京自动化股份有限公司、南京南瑞继保电气有限公司、北京四方继保自动化股份有限公司、许继电气股份有限公司、长园深瑞继保自动化有限公司、国电南瑞科技股份有限公司、国家电网公司电力调度中心、南方电网电力调度中心	
75	智能变电站二次舱通用技术条件	制定	南京南瑞继保电气有限公司、国电南瑞科技股份有限公司等	
76	智能变电站继电保护及其相关设备数字化接口技术规范	制定	东北电力设计院、南京南瑞继保电气有限公司、北京四方继保自动化股份有限公司、国电南京自动化股份有限公司、许继电气股份有限公司等	

（中国电力企业联合会 许松林 刘永东 朱志强）

2013年住房和城乡建设部下达的电力工程建设国家标准计划项目

2013年，住房和城乡建设部下达的电力工程建设国家标准计划项目12项，见表1。

表1 2013年住房和城乡建设部下达的电力工程建设国家标准计划项目

序号	项目名称	制定/修订	主编单位	参编单位
1	海底电力电缆输电工程设计规范	制定	中国电力企业联合会、浙江省电力公司	舟山电力局、中南电力设计院、中国南方电网超高压输电公司

续表

序号	项目名称	制定/修订	主编单位	参编单位
2	海底电力电缆输电工程施工及验收规范	制定	中国电力企业联合会、浙江省电力公司	舟山电力局、葛洲坝集团电力有限责任公司、中国南方电网超高压输电公司、中国海洋工程咨询协会
3	火力发电厂节能设计规范	制定	中国电力企业联合会、中国电力工程顾问集团公司	华能集团公司、中国大唐集团公司、东北电力设计院、华东电力设计院、中南电力设计院、西北电力设计院、西南电力设计院、华北电力设计院工程有限公司、神华国华电力设计研究院
4	微电网接入配电网系统调试与验收规范	制定	中国电力企业联合会、中国电力科学研究院	南网科学研究院、中国科学院、浙江省电力有限公司、北京市电力公司
5	电化学储能电站施工及验收规范	制定	中国电力企业联合会、中国电力科学研究院	冀北电力有限公司、上海市电力公司、福建省电力有限公司、浙江省电力公司、南方电网调峰调频公司
6	建设工程化学灌浆材料应用技术规范	制定	中国电力企业联合会、中国葛洲坝集团股份有限公司	中国水利水电科学研究院、长江水利委员会长江科学研究院
7	太阳能发电站支架基础技术规范	制定	中国电力企业联合会、诺斯曼能源科技（北京）有限公司	中国建筑科学研究院、国家建筑质量监督检验中心
8	槽式太阳能光热发电站设计规范	制定	中国电力企业联合会、中国大唐集团新能源股份有限公司	内蒙古电力勘察设计院、西北电力设计院、新疆电力设计院、西南电力设计北京世纪源博科技股份有限公司、天威（成都）太阳能热发电技术开发有限公、哈尔滨汽轮机厂、台玻集团、皇明太阳能集团
9	水工建筑物荷载规范	制定	水电水利规划设计总院、水利部水利水电规划设计总院	中国水电顾问集团中南勘测设计研究院、北京勘测设计研究院、西北勘测设计研究院、成都勘测设计研究院、华东勘测设计研究院、昆明勘测设计研究院，武汉大学，河海大学，中国水利水电科学研究院，南京水利科学研究院，长江勘测规划设计研究院，中水东北勘测设计研究有限责任公司
10	电气装置安装工程 接地装置施工及验收规范（GB 50169—2006）	修订	中国电力企业联合会、中国电力科学研究院	陕西电力科学研究院、华北电力设计院、河北电力科学研究院、葛洲坝集团电力有限责任公司、广东火电工程总公司、江苏省送变电公司
11	《小型火力发电厂设计规范》（GB 50049—2011）、《电厂标识系统编码标准》（GB/T 50549—2010）、《大中型火力发电厂设计规范》（GB 50660—2011）等19部国家标准英文版翻译	制定	中国电力企业联合会	待定
12	民用建筑太阳能光伏系统应用技术规范	制定	中国电力企业联合会、中国建筑设计研究院	中国可再生能源学会太阳能建筑专业委员会、中国恩菲工程技术有限公司

（中国电力企业联合会　许松林　刘永东　朱志强）

2013年国家能源局下达的电力行业标准计划项目

2013年，国家能源局下达的电力行业标准计划项目366项，其中水电、风电及电气等部分（即未含火电、核电）的项目见表1。

表1　2013年国家能源局下达的电力行业标准计划项目（水电、风电及电气等部分）

序号	标准项目名称	制定/修订	主要起草单位	代替标准
1	水力发电设备可靠性评价规程	制定	中国电力企业联合会可靠性管理中心	
2	电力可靠性管理信息系统数据接口规范　第1部分：通用要求	制定	中国电力企业联合会可靠性管理中心	
3	电力可靠性管理信息系统数据接口规范　第2部分：输变电设施可靠性管理信息系统数据接口要求	制定	中国电力企业联合会可靠性管理中心	
4	配电网可靠性评估方法及指标体系	制定	国家电网公司、重庆市电力公司、重庆市电力公司电力科学研究院、重庆大学	
5	六氟化硫电气设备运行、试验及检修人员安全防护导则	修订	湖南省电力公司科学研究院	DL/T 639—1997
6	六氟化硫电气设备气体监督导则	修订	华北电力科学研究院	DL/T 595—1996
7	六氟化硫气体泄漏在线监测报警装置运行维护导则	制定	山东电力科学研究院	
8	变压器油中金属铜、铁含量测定法　旋转圆盘电极发射光谱法	制定	湖南省电力公司科学研究院	
9	六氟化硫气体净化处理工作规程	制定	安徽省电力科学研究院	
10	六氟化硫分解产物的红外光谱测定法	制定	安徽省电力科学研究院	
11	六氟化硫气体中二氧化硫、硫化氢、氟化硫酰、氟化亚硫酰的测定方法——气质联用法	制定	广西电网公司电力科学研究院	
12	变电站噪声控制技术导则	制定	湖南省电力公司科学研究院、中国电力工程顾问集团中南电力设计院	
13	电力环境保护技术监督导则	修订	广东电网公司电力科学研究院、中国电力科学研究院	DL/T 1050—2007
14	发电机红外检测方法及评定导则	制定	广东电网公司电力科学研究院	
15	水电水利工程施工通用安全技术规程	修订	中国水利水电建设股份有限公司、中国葛洲坝集团公司	DL/T 5370—2007
16	水电水利工程土建施工安全技术规程	修订	中国水利水电建设股份有限公司、中国葛洲坝集团公司	DL/T 5371—2007
17	水电水利工程金属结构与机电设备安装安全技术规程	修订	中国水利水电建设股份有限公司、中国葛洲坝集团公司	DL/T 5372—2007

续表

序号	标准项目名称	制定/修订	主要起草单位	代替标准
18	水电水利工程施工作业人员安全技术操作规程	修订	中国水利水电建设股份有限公司、中国葛洲坝集团公司	DL/T 5373—2007
19	水电水利基本建设工程单元工程质量等级评定标准　第 12 部分：混凝土面板堆石坝工程	制定	中国水利水电第七工程局有限公司	
20	水电水利基本建设工程单元工程质量等级评定标准　第 13 部分：浆砌石坝工程	制定	中国水利水电第七工程局有限公司	
21	水电水利工程泵送混凝土施工技术规范	制定	中国水利水电第六工程局有限公司	
22	水电水利工程施工机械安全操作规程 混凝土喷射机	制定	中国水利水电第六工程局有限公司	
23	混凝土面板堆石坝接缝止水技术规范	修订	中国水电顾问集团华东勘测设计研究院、中国水利水电科学研究院	DL/T 5115—2008
24	水工建筑物化学灌浆材料试验规程	制定	中国葛洲坝集团股份有限公司	
25	水工塑性混凝土配合比设计规程	制定	中国葛洲坝集团股份有限公司、葛洲坝集团试验检测有限公司	
26	水电水利工程水泥改性土换填施工技术规范	制定	中国葛洲坝集团股份有限公司、葛洲坝集团基础工程有限公司	
27	水工建筑物滑动模板施工技术规范	修订	中国水利水电第三工程局有限公司	DL/T 5400—2007
28	水工控制性灌浆施工规范	制定	中国水利水电第三工程局有限公司	
29	混凝土制冷系统安全操作规程	制定	中国水利水电第八工程局有限公司	
30	水电水利地下工程施工安全评估导则	制定	中国水利水电建设股份有限公司、中国水利水电第十四工程局有限公司、中国水利水电第六工程局有限公司、中国水利水电第七工程局有限公司、中国水利水电第十工程局有限公司、中国水利水电第十二工程局有限公司、中国水利水电第三工程局有限公司、河海大学、天津大学、武汉大学	
31	地下洞室绿色施工技术规范	制定	中国水利水电建设股份有限公司、中国水利水电第十四工程局有限公司、中国水利水电第六工程局有限公司、中国水利水电第七工程局有限公司、中国水利水电第十工程局有限公司、中国水利水电第十二工程局有限公司、中国水利水电第三工程局有限公司、天津大学、武汉大学、河海大学	
32	水电水利工程锚喷支护施工规范	修订	中国水利水电第十四工程局有限公司	DL/T 5181—2003
33	水电水利工程施工带式输送机技术规范	制定	中国水电建设集团十五工程局有限公司	

续表

序号	标准项目名称	制定/修订	主要起草单位	代替标准
34	钢弦式温度计	制定	基康仪器（北京）有限公司	
35	双金属管标装置	制定	国家电力监管委员会大坝安全监察中心、国网电力科学研究院	
36	静力水准装置	制定	国网电力科学研究院、国家电力监管委员会大坝安全监察中心	
37	大中型水轮发电机静止整流励磁系统及装置试验规程	修订	国电南瑞科技股份有限公司	DL/T 489—2006
38	大中型水轮发电机静止整流励磁系统及装置技术条件	修订	国电南瑞科技股份有限公司	DL/T 583—2006
39	水电厂计算机监控系统运行及维护规程	修订	中国长江电力股份有限公司三峡水力发电厂	DL/T 1009—2006
40	大中型水轮发电机微机型励磁调节器的试验与调整导则	修订	国电南瑞科技股份有限公司	DL/T 1013—2006
41	水情自动测报系统运行维护规程	修订	国网新源控股有限公司、丰满发电厂、白山发电厂、新安江水电厂、国家电力调度控制中心、南瑞集团有限公司	DL/T 1014—2006
42	水轮机调节系统的设计与应用导则	制定	中国水利水电科学研究院、五凌电力有限公司	
43	水电厂自动发电控制/自动电压控制系统技术规范	制定	中国水利水电科学研究院、国网新源控股有限公司、国网电力科学研究院	
44	可逆式水泵水轮机控制系统技术条件	制定	国网新源控股有限公司、中国水电顾问集团北京勘测设计研究院	
45	水电厂辅助设备控制系统技术条件	制定	国网电力科学研究院	
46	梯级水电厂集中监控系统安装及验收技术规范	制定	国网电力科学研究院	
47	水轮发电机组振动摆度装置技术条件	制定	国网电力科学研究院	
48	水轮发电机组振动监测装置设置导则	修订	龙滩水电开发有限公司	DL/T 556—1994
49	冲击式水轮发电机组安装工艺导则	制定	中国水利水电第七工程局有限公司	
50	转桨式转轮组装与试验工艺导则	修订	中国葛洲坝集团股份有限公司	DL/T 5036—1994
51	轴流式水轮机埋件安装工艺导则	修订	中国葛洲坝集团股份有限公司	DL/T 5037—1994
52	水轮发电机内冷安装技术导则	制定	中国葛洲坝集团股份有限公司	
53	电能信息采集与管理系统　第4-5部分　面向对象的互操作性数据交换协议	制定	中国电力科学研究院	
54	智能电能表检验装置检定规程	修订	山东电力研究院、广东电网公司电力科学研究院、中国电力科学研究院	DL/T 460—2005
55	数字化电能表校准规范	制定	湖北省电力公司电力科学研究院、国网计量中心	
56	电能表现场检定规程	制定	上海市电力公司电力科学研究院	

续表

序号	标准项目名称	制定/修订	主要起草单位	代替标准
57	配电自动化终端设备检测规程	制定	中国电力科学研究院	
58	35kV 及以下用户变电站技术规范	制定	江苏省电力公司	
59	相对介损及电容测试仪通用技术条件	制定	安徽省电力科学研究院、中国电力科学研究院	
60	容性设备监测装置校准规范	制定	中国电力科学研究院	
61	避雷器监测装置校准规范	制定	中国电力科学研究院	
62	二次压降及二次负荷现场测试技术规范	制定	四川电力科学研究院	
63	开合无功补偿设备测试装置通用技术条件	制定	天津市电力公司电力科学研究院	
64	高压绝缘光纤柱	制定	中国电力科学研究院	
65	20kV 配电网过电压与绝缘配合	制定	中国电力科学研究院	
66	接地网腐蚀诊断技术导则	制定	广东电网公司电力科学研究院、江西电力科学研究院、陕西电力科学研究院、浙江电力公司电力科学研究院、长沙理工大学、佛山供电局、成都桑莱特科技股份有限公司	
67	电力系统雷区分布图绘制方法	制定	国网电力科学研究院	
68	35kV 及以下配网防雷技术导则	制定	广东电网公司电力科学研究院、中国电力科学研究院	
69	110kV～500kV 交流输电线路架空地线接地技术导则	制定	广东电网公司电力科学研究院、武汉大学、广东省电力设计研究院、成都桑莱特科技股份有限公司、陕西省电力公司、中国电力科学研究院	
70	变电设备运行温度监测装置技术规范	制定	中国电力科学研究院、成都赛康信息技术有限责任公司、国网电力科学研究院武汉南瑞有限责任公司	
71	变电设备在线监测装置检验规范　第4部分：气体绝缘金属封闭开关设备特高频局部放电在线监测装置	制定	广东电网公司电力科学研究院、中国电力科学研究院、南瑞集团有限公司	
72	气体绝缘金属封闭开关设备特高频局部放电在线监测装置技术规范	制定	广东电网公司电力科学研究院、中国电力科学研究院、南瑞集团有限公司	
73	智能变压器检测规范	制定	中国电力科学研究院、四方特变智能电气有限公司	
74	智能变压器现场验收规范	制定	中国电力科学研究院、四方特变智能电气有限公司	
75	智能开关检测规范	制定	中国电力科学研究院、北京四方继保自动化股份有限公司	
76	智能开关现场验收规范	制定	中国电力科学研究院、北京四方继保自动化股份有限公司	

续表

序号	标准项目名称	制定/修订	主要起草单位	代替标准
77	电力电缆分布式光纤测温技术规范	制定	中国电力科学研究院	
78	10kV电缆振荡波局部放电测量系统	制定	广东电网公司电力科学研究院、国网电力科学研究院、北京市电力公司	
79	10kV电缆振荡波局部放电测量方法	制定	深圳供电局有限公司、国网电力科学研究院	
80	直流气体绝缘金属封闭输电线路技术条件	制定	中国电力科学研究院	
81	3.6kV～40.5kV交流充气式开关柜技术条件	制定	中国水电顾问集团西北勘测设计研究院、上海天灵开关厂有限公司	
82	电力应急术语	制定	中国电力科学研究院、国家电力监管委员会安全监管局、河南省电力公司	
83	高压交流断路器订货技术条件	修订	中国电力科学研究院	DL/T 402—2007
84	12kV固体绝缘环网柜技术条件	制定	国网电力科学研究院、中国电力企业联合会科技开发服务中心	
85	电压监测仪使用技术条件	修订	广东电网公司电力科学研究院、广东电网公司佛山供电局、广州供电局有限公司、南京易思拓电力科技有限公司	DL/T 500—2009
86	高压并联电容器使用技术条件	修订	中国电力科学研究院、南方电网科学研究院有限责任公司	DL/T 840—2003
87	微型电容器装置使用技术条件	制定	中国电力科学研究院、南方电网科学研究院有限责任公司、山东迪生电子有限公司	
88	柔性直流输电换流器阀　电气试验	制定	国网智能电网研究院、中电普瑞电力工程有限公司	
89	1000kV串联电容器补偿装置系统调试规程	制定	中国电力科学研究院	
90	电能质量监测系统运行规程	制定	江西省电力科学研究院	
91	电能质量数据交换格式规范	制定	国网智能电网研究院、福建省电力有限公司电力科学研究院	
92	基于电压源换流器的柔性直流输电工程 系统试验	制定	国网智能电网研究院、中电普瑞电力工程有限公司	
93	电力变压器（电抗器、互感器）及组部件、原材料使用术语	制定	中国电力科学研究院、中国电力出版社、沈阳变压器研究院股份有限公司、广东电网公司电力科学研究院	
94	变压器有载分接开关选用导则	制定	吉林省电力科学研究院有限公司、中国电力科学研究院	
95	油浸式电力变压器绝缘纸板及绝缘件选用导则	制定	中国电力科学研究院、常州市英中电气有限公司	

续表

序号	标准项目名称	制定/修订	主要起草单位	代替标准
96	变压器局部放电超声波检测与定位技术导则	制定	国网电力科学研究院、广州供电局有限公司	
97	干式空心电抗器匝间绝缘现场交接试验导则	制定	广东电网公司电力科学研究院、中国电力科学研究院	
98	输电线路金具磨损试验方法	制定	国家电力器材产品安全性能质量监督检验中心	
99	间隔棒技术条件和试验方法	修订	中国电力科学研究院	DL/T 1098—1999
100	架空输电线路无人机巡视作业技术导则	制定	中国电力科学研究院武汉分院、山东电力集团公司电力科学研究院、华北电力大学、湖北省电力公司、河南省电力公司	
101	架空输电线路除冰机器人作业导则	制定	山东电力集团公司电力科学研究院	
102	高海拔地区输电线路带电作业技术导则	制定	中国电力科学研究院、青海省电力公司、西藏电力有限公司	
103	直升机带电作业技术导则	制定	中国电力科学研究院、湖北电力公司检修分公司、国网通用航空有限公司	
104	耐热导线输电线路带电作业技术导则	制定	中国电力科学研究院、江苏省电力公司	
105	验电器用工频高压发生器	制定	国家电力器材产品安全性能质量监督检验中心、西安交通大学、苏州热工研究院有限公司	
106	电气装置安装工程　质量检验及评定规程　第9部分：蓄电池施工质量检验	修订	中国电力科学研究院、中国能源建设集团湖南省火电建设公司	DL/T 5161.9—2002
107	电气装置安装工程　质量检验及评定规程　第12部分：低压电器施工质量检验	修订	中国电力科学研究院、葛洲坝集团电力有限公司	DL/T 5161.12—2002
108	电气装置安装工程　质量检验及评定规程　第8部分：盘、柜及二次回路接线施工质量检验	修订	中国电力科学研究院、中国能源建设集团广东火电工程总公司	DL/T 5161.8—2002
109	跨越电力线路架线施工规程	修订	中国电力科学研究院	DL/T 5106—1999
110	电气装置安装工程　质量检验及评定规程　第18部分：信息通信工程施工质量检验	制定	中国电力科学研究院	
111	输电线路工程接地模块施工技术导则	制定	国家电网公司交流建设分公司、安徽送变电工程公司、成都桑莱特科技股份有限公司	
112	直流系统用高压绝缘子铁帽加速电腐蚀试验	制定	南方电网科学研究院有限责任公司	
113	交流架空线路用复合相间间隔棒技术条件	修订	冀北电力有限公司、中国电力科学研究院、河南省电力公司	DL/T 1058—2007
114	瓷质绝缘子串检测机器人作业导则	制定	山东电力集团公司电力科学研究院	

续表

序号	标准项目名称	制定/修订	主要起草单位	代替标准
115	换流站用馈电接地装置技术条件	制定	成都桑莱特科技股份有限公司、国网电力科学研究院武汉南瑞有限责任公司、中国电力科学研究院	
116	继电保护运行管理系统技术导则	制定	南京南瑞继保电气有限公司、国家电力调度通信中心、南方电网调度控制中心等	
117	电弧光保护装置通用技术条件	制定	南京南瑞继保电气有限公司等	
118	数字化继电保护测试仪通用技术条件	制定	冀北电力有限公司、武汉豪迈电力自动化技术有限责任公司、广东昂立电气自动化有限公司、北京博电新力电气股份有限公司等	
119	变压器用速动油压继电器检验规程	制定	郑州赛奥电子股份有限公司	
120	配电网运行控制技术导则	制定	南方电网科学研究院有限责任公司、国网电力科学研究院	
121	智能变电站实时监控通用技术规范	制定	国家电力调度控制中心、国网电力科学研究院、中国电力科学研究院等	
122	电力系统时间同步系统　第 3 部分：基于数字同步网的时间传输技术规范	制定	国网电力科学研究院、郑州威科姆科技股份有限公司	
123	电力自动化通信网络和系统　第 9-2 部分：特定通信服务映射（SCSM）映射到 ISO/IEC 8802—3 的采样值	修订	国电南京自动化股份有限公司	DL/T 860.92—2006
124	变电站测控装置技术规范	制定	国网电力科学研究院	
125	能量管理系统应用程序接口（EMS—API）　第 452 部分：CIM 静态电网模型子集	制定	中国电力科学研究院	
126	电力企业应用集成配电管理系统接口　第1 部分：接口体系与总体要求	修订	积成电子股份有限公司、南瑞集团有限公司	DL/T 1080.1—2008
127	远动设备及系统　第 5-601 部分：IEC60870-5-101 配套标准　一致性测试用例	制定	中国电力科学研究院	
128	1000kV 串联电容器补偿装置　施工工艺导则	制定	国家电网公司交流建设分公司	
129	电动汽车充电站初步设计内容深度规定	制定	广东省电力设计院	
130	电动汽车模块化电池仓技术要求	制定	国家电网公司、中国电力科学研究院、浙江省电力公司、南瑞集团有限公司、许继集团有限公司、上海电巴科技有限公司、天津力神电池股份有限公司、万向电动汽车有限公司	
131	电动汽车模块化充电仓技术要求	制定	国家电网公司、中国电力科学研究院、浙江省电力公司、南瑞集团有限公司、许继集团有限公司、上海电巴科技有限公司、天津力神电池股份有限公司、万向电动汽车有限公司	

续表

序号	标准项目名称	制定/修订	主要起草单位	代替标准
132	电网应用软件源代码安全性测评通用要求	制定	中国电力科学研究院	
133	电力系统自动低压减负荷技术规范	制定	中国电力科学研究院、国家电力调度通信中心	
134	电力系统数据库通用访问接口规范	制定	国网电力科学研究院、国家电力调度控制中心等	
135	电力大件运输规范	修订	中国水利电力物资流通协会	DL/T 1071—2007
136	水电厂主设备状态检修决策支持系统技术导则	制定	国网电力科学研究院	
137	光伏发电工程达标投产验收规程	制定	中国电力建设企业协会	
138	变电站智能机器人巡检系统通用技术条件	制定	山东电力集团公司电力科学研究院、华北电力大学	
139	变电站登高作业及防护器材技术要求　第2部分：拆卸型检修平台	制定	国家电力器材产品安全性能质量监督检验中心	
140	变电站登高作业及防护器材技术要求　第3部分：升降型检修平台	制定	国家电力器材产品安全性能质量监督检验中心	
141	变电站登高作业及防护器材技术要求　第4部分：复合材料快装脚手架	制定	国家电力器材产品安全性能质量监督检验中心	
142	架空输电线路施工机具基本技术要求	修订	中国电力科学研究院	DL/T 875—2004
143	电气工程锌覆钢接地装置技术条件	制定	中国电力科学研究院、成都桑莱特科技股份有限公司、国网电力科学研究院武汉南瑞有限责任公司	
144	电缆隧道智能机器人巡检技术导则	制定	华北电力大学、山东电力集团公司电力科学研究院	
145	变电站智能机器人巡检技术导则	制定	华北电力大学、山东电力集团公司电力科学研究院	
146	电网气象灾害预警系统技术规范	制定	国网电力科学研究院、中国电力科学研究院	
147	±200kV多端柔性换流站换流阀施工及验收规范、工艺导则	制定	浙江省电力公司	
148	棒形悬式复合绝缘子用芯棒技术规范	制定	中国电力科学研究院、西安高压电器研究院	
149	高压绝缘子污秽成分测定方法	制定	广州供电局有限公司、华南师范大学、清华大学	
150	棒形悬式复合绝缘子用金属附件技术规范	制定	中国电力科学研究院	
151	电气装置安装工程质量检验及评定规程　第10部分：35kV及以下架空电力线路工程施工质量检验	修订	中国电力科学研究院	

续表

序号	标准项目名称	制定/修订	主要起草单位	代替标准
152	电气装置安装工程质量检验及评定规程 第14部分：起重机电气装置施工质量检验	修订	中国电力科学研究院	
153	电气装置安装工程质量检验及评定规程 第15部分：爆炸及火灾危险环境电气装置施工质量检验	修订	中国电力科学研究院	
154	电气装置安装工程质量检验及评定规程 第16部分：1kV及以下配线工程施工质量检验	修订	中国电力科学研究院	
155	110kV～750kV架空输电线路工程张力架线施工工艺导则	修订	国家电网公司交流建设分公司、中国电力科学研究院、辽宁省送变电公司、江苏省送变电公司、陕西省送变电公司、北京送变电公司	
156	低温多效蒸馏海水淡化装置施工验收技术规定	制定	神华国华（北京）电力研究院有限公司	
157	低温省煤器性能试验导则	制定	华电电力科学研究院	
158	间接空冷系统性能试验规程	制定	西安热工研究院有限公司、双良节能系统股份有限公司	
159	电力节能技术监督导则	修订	东北电力科学研究院有限公司	
160	电力信息化与工业化融合水平评估 第2部分：指标体系	制定	中国电力企业联合会科技开发服务中心、中国电力科学研究院、中国大唐集团技术经济研究院	
161	电力物联网传感器信息模型规范	制定	南京南瑞集团公司信息通信研发中心、大唐华银电力股份有限公司	
162	无线传感器网络设备电磁电气基本特性规范	制定	南京南瑞集团公司信息通信研发中心	
163	电力信息化与工业化融合水平评估 第1部分：工作导则	制定	中国电力企业联合会科技开发服务中心、中国电力科学研究院、中国大唐集团技术经济研究院	
164	电力信息系统功能性和非功能性测试规范	制定	中国电力科学研究院、大唐华银电力股份有限公司	
165	砂石筛分机械安全操作规程	制定	中国水利水电第八工程局有限公司	
166	砂石破碎机械安全操作规程	制定	中国水利水电第八工程局有限公司	
167	电力建设工程变形缝（伸缩缝、沉降缝）施工技术规范	制定	中国电力建设企业协会	
168	变电站和发电厂直流辅助电源系统短路电流 第3部分：算例	制定	广东电网公司电力科学研究院、中国电力科学研究院	IEC 61660—3：2000
169	变电站和发电厂直流辅助电源系统短路电流 第2部分：效应计算	制定	广东电网公司电力科学研究院；中国电力科学研究院	IEC 61660—2：1997
170	电站阀门电动执行机构	修订	扬州电力设备修造厂	

续表

序号	标准项目名称	制定/修订	主要起草单位	代替标准
171	隔爆型阀门电动装置	修订	扬州电力设备修造厂	
172	带电作业用便携式核相仪	修订	中国电力科学研究院	
173	10kV有载调容配电变压器试验导则	制定	中国电力科学研究院、北京博瑞莱智能科技有限公司、江苏道盛科技股份有限公司、辽宁金立电力电器有限公司	
174	交流输电线路用避雷器选用导则	制定	中国电力科学研究院	
175	气体绝缘变压器（GIT）使用技术条件	制定	中国电力科学研究院、中电装备东芝（常州）变压器有限公司、天威保菱变压器厂	
176	电力变压器用天然酯绝缘油选用导则	制定	中国电力科学研究院、河南电力试验研究院、重庆大学、南瑞集团、ABB中国有限公司	
177	低功耗电容式电压互感器选用导则	制定	中国电力科学研究院	
178	油浸式非晶合金配电变压器选用导则	制定	辽宁省电力公司、沈阳变压器研究院股份有限公司、中国电力科学研究院、国网电力科学研究院、机构工业北京电工技术经济研究所等	
179	油浸式电力变压器温升试验后油中溶解气体分析判断导则	制定	中国电力科学研究院、国网电力科学研究院、吉林省电力试验研究院、湖北省电力公司电力试验研究院	
180	磁控可调并联电抗器选用导则	制定	中国电力科学研究院、山东电力研究院、东泰开电力电子有限公司	
181	供电系统用户供电可靠性评价规程 第1部分：通用要求	修订	中电联可靠性管理中心	
182	供电系统用户供电可靠性评价规程 第2部分：高中压用户	制定	中电联可靠性管理中心	
183	发电设备可靠性评价规程 第1部分：通用要求	修订	中电联可靠性管理中心	
184	电力市场公共信息模型UML描述规范	制定	中国电力科学研究院	
185	电力系统光传送网（OTN） 第1部分：技术要求	制定	中国能源建设集团广东省电力设计研究院、南方电网公司、中国电力科学研究院、国网电力科学研究院、国网信息通信有限公司	
186	电力企业应用集成配电管理系统接口	制定	国网电力科学研究院	
187	电力系统光传送网（OTN）第2部分：测试方法	制定	中国电力科学研究院、国网信息通信有限公司、国网电力科学研究院、中国能源建设集团广东省电力设计研究院、南方电网公司	
188	暂态地电压局部放电检测仪通用技术条件	制定	中国电力科学研究院	

续表

序号	标准项目名称	制定/修订	主要起草单位	代替标准
189	电力设备专用测试仪器通用技术条件　第6部分：高压谐振试验装置	修订	中国电力科学研究院	
190	电力电容测试仪通用技术条件	制定	中国电力科学研究院	
191	高电压测试设备通用技术条件　第7部分：绝缘油介电强度测试仪	修订	中国电力科学研究院	
192	高电压测试设备通用技术条件　第1部分：高电压分压器测量系统	修订	中国电力科学研究院、天津市电力公司	
193	高电压测试设备通用技术条件　第4部分：脉冲电流法局部放电测量仪	修订	中国电力科学研究院	
194	特高频局部放电检测仪通用技术条件	制定	中国电力科学研究院	
195	风电箱变智能保护测控装置	制定	国电南京自动化股份有限公司、南京南瑞继保电气有限公司、北京四方继保自动化股份有限公司、许继电气有限公司等	
196	基于以太网103规约的继电保护信息传输规范——厂站端	制定	冀北电力有限公司、国家电力调度通信中心等	
197	继电保护定值在线校核及预警技术规范	制定	国家电网公司华北分部、南京南瑞继保电气有限公司等	
198	小接地电流系统单相接地保护装置	修订	北京丹华昊博电力科技有限公司、湖北华锐新能电业科技有限公司等	
199	电力系统继电保护屏柜光纤布局技术规范	制定	南京南瑞继保电气有限公司、南京科羿康光电设备有限公司等	
200	保护测控装置通用技术条件	修订	国电南京自动化股份有限公司、南京南瑞继保电气有限公司、北京四方继保自动化股份有限公司、许继电气有限公司等	
201	柔性直流保护和控制设备技术条件	制定	国家电网公司、中国南方电网有限责任公司、南京南瑞继保电气有限公司、北京四方继保自动化股份有限公司、许继集团有限公司、许昌开普电气研究院	
202	架空集束绝缘电缆用金具技术条件	制定	国家电力器材产品安全性能质量监督检验中心、中国电力科学研究院	
203	输电杆塔紧固件抗振防松试验技术要求	制定	国家电力器材产品安全性能质量监督检验中心、中国电力科学研究院	
204	汽轮机、水轮机叶片焊接修复技术规程	修订	北京国网富达科技发展有限责任公司	
205	薄壁对接焊缝超声波检验与质量评定规程	制定	中国电力科学研究院	
206	磁保持继电器可靠性试验通则	制定	中国电力科学研究院	

续表

序号	标准项目名称	制定/修订	主要起草单位	代替标准
207	电能信息采集与管理系统　第4-6部分：采集终端远程通信模块接口协议	制定	中国电力科学研究院、国网浙江省电力公司	
208	电动汽车放电设施术语	制定	山东电力集团公司	
209	钎焊型铜铝过渡线夹超声波检测导则	制定	安徽省电力科学研究院	
210	电力网电能损耗计算导则	修订	国网甘肃省电力公司、中国电力科学研究院院、国网电力科学研究院	
211	同步发电机进相试验导则	制定	中国电力科学研究院	
212	发电机定子绕组手包绝缘表面对地电位测量方法及评定导则	制定	安徽省电力科学研究院	
213	配电线路水泥杆用脚扣	制定	国家电力器材产品安全性能质量监督检验中心、中国电力科学研究院	
214	接地工程用降阻模块技术条件	制定	陕西电力科学研究院、中国电力科学研究院	
215	光伏发电站设备后评估规程	制定	龙源（北京）太阳能技术有限公司、中国大唐发电集团公司	
216	光伏发电企业科技文件归档与整理规范	制定	青海黄河上游水电责任公司、中国电力建设企业协会	
217	燃煤发电厂储灰场安全评价导则	制定	中国水利水电科学研究院	
218	微电网运行控制系统功能规范	制定	许继集团有限公司、中国电力科学研究院	
219	电力工程接地降阻技术规范	制定	陕西电力科学研究院、中国电力科学研究院	
220	架空导线截流量试验方法	制定	国家电力器材产品安全性能质量监督检验中心、中国电力科学研究院	
221	新能源发电集群控制系统功能规范	制定	甘肃省电力公司风电技术中心、国网电力科学研究院、甘肃省电力公司调度中心	
222	1000kV变压器状态评价导则	制定	湖北省电力公司检修分公司	
223	配电线路水泥杆用登高板	制定	国家电力器材产品安全性能质量监督检验中心、中国电力科学研究院	
224	分布式电源燃气发电运行指标评价规范	制定	华电电力科学研究院	
225	抽水蓄能电站机电系统充电技术标准	制定	中国南方电网调峰调频发电公司、国网新源公司、广东省水利电力勘测设计研究院	
226	发电企业设备检修导则	制定	大唐国际发电股份有限公司张家口发电厂	
227	电力技术监督导则	修订	湖北省电力科学研究院、中国电力科学研究院、湖南省电力公司	

续表

序号	标准项目名称	制定/修订	主要起草单位	代替标准
228	光伏发电工程组件支架安装工程质量评定标准	制定	特变电工新疆新能源股份有限公司	
229	高压电气设备绝缘技术监督规程	修订	中国电力科学研究院、东北电力科学研究院、天津市电力公司	
230	光纤复合架空相线及相关附件	制定	中国电力科学研究院	
231	接地网土壤腐蚀性评价导则	制定	江西省电力科学研究院、中国电力科学研究院、广东电网公司电力科学研究院，长沙理工大学，华北电力科学研究院有限责任公司，佛山供电局，江西赣州供电公司	
232	智能变电站状态监测系统站内接口规范	制定	辽宁省电力有限公司	
233	分布式电源燃气发电性能测试规程	制定	华电电力科学研究院	
234	电力作业用小型施工机具预防性试验规程	制定	国家电力器材产品安全性能质量监督检验中心、中国电力科学研究院	
235	电化学储能电站设备可靠性评价规程	制定	中国南方电网有限责任公司调峰调频发电公司、中国能源建设集团广东省电力设计研究院	
236	电化学储能电站标识系统编码导则	制定	中国南方电网有限责任公司调峰调频发电公司、广州健新自动化科技有限公司	
237	电力工程勘测制图标准　第 2 部分：岩土工程	修订	中国电力工程顾问集团华北电力设计院工程 有限公司	DL/T 5156.2—2002
238	电力工程勘测制图标准　第 3 部分：水文气象	修订	中国电力工程顾问集团华北电力设计院工程 有限公司	DL/T 5156.3—2002
239	电力工程勘测制图标准　第 4 部分：水文地质	修订	中国电力工程顾问集团华北电力设计院工程有限公司	DL/T 5156.4—2002
240	电力工程勘测制图标准　第 5 部分：物探	修订	中国电力工程顾问集团华北电力设计院工程有限公司	DL/T 5156.5—2002
241	电力工程制图标准　第 2 部分：机械部分	修订	中国电力工程顾问集团华北电力设计院工程有限公司	DL 5028—1993
242	电力工程制图标准　第 3 部分：电气部分	修订	中国电力工程顾问集团华北电力设计院工程有限公司	DL 5028—1993
243	电力工程制图标准　第 4 部分：土建部分	修订	中国电力工程顾问集团华北电力设计院工程有限公司	DL 5028—1993
244	电力系统规划设计电气计算技术导则	制定	中国电力工程顾问集团西北电力设计院、中国电力工程顾问集团华北电力设计院工程有限公司、中国电力科学研究院	

续表

序号	标准项目名称	制定/修订	主要起草单位	代替标准
245	电力系统无功补偿设计技术规程	制定	中国电力工程顾问集团西北电力设计院、中国电力工程顾问集团中南电力设计院、中国电力科学研究院、山东迪生电气股份有限公 司	
246	电力系统光传输网设计技术规程	制定	中国电力工程顾问集团中南电力设计院、中国能源建设集团广东省电力设计研究院、中国电力科学研究院	
247	配电自动化系统设计技术规程	制定	中国能源建设集团广东省电力设计研究院	
248	电力系统视频监控系统设计技术规程	制定	中国电力工程顾问集团东北电力设计院、中国能源建设集团广东省电力设计研究院、中国电力工程顾问集团中南电力设计院、广西电力工业勘察设计研究院、南瑞集团有限公司	
249	导体和电器选择设计规程	修订	中国电力工程顾问集团东北电力设计院	DL/T 5222—2005
250	架空送电线路大跨越工程勘测技术规程	修订	中国电力工程顾问集团中南电力设计院	DL/T 5049—2006
251	电力工程地质测绘技术规程	修订	中国电力工程顾问集团西南电力设计院	DL/T 5104—1999
252	海中立塔架空输电线路设计技术规程	制定	浙江省电力设计院	
253	变电站光缆设计规程	制定	河南省电力勘测设计院、浙江省电力设计院 、国网北京经济技术研究院	
254	柔性直流换流站设计技术规程	制定	浙江省电力设计院、中国电力工程顾问集团 东北电力设计院、中国能源建设集团广东省电力设计研究院、上海电力设计院有限公司 、国网智能电网研究院	
255	换流站噪声控制设计规程	制定	中国电力工程顾问集团中南电力设计院、中国电力科学研究院	
256	串补站施工图设计内容深度规定	制定	中国电力工程顾问集团中南电力设计院	
257	输电线路对无线电台影响防护设计规程	修订	中国电力工程顾问集团西南电力设计院、中国电力科学研究院	DL/T 5040—2006
258	电网工程施工招标文件与合同编制导则	制定	电力工程造价与定额管理总站	
259	20kV 及以下配电网工程建设预算编制导则	制定	电力工程造价与定额管理总站	

（中国电力企业联合会　许松林　刘永东　朱志强）

《水力发电厂自动化设计技术规范》修订情况简介

DL/T 5081—1997《水力发电厂自动化设计技术规范》于1998年发布实施，十多年来，对指导我国水力发电厂自动化设计起到了重要作用。随着我国水力发电厂自动化技术的发展，“无人值班（少人值守）”方式得到广泛应用；在引进国外设备和技术的过程中，一些在国际上通用的设计原则已经被我国采用；近年来国内外各种电站发生的重大事故，也从反面为水电厂自动化的设计提供了宝贵的经验教训。因此，有必要对该规范进行修订。

在中国水电工程顾问集团公司的安排下，中国水电顾问集团北京勘测设计研究院（以下简称北京院）于2008年开始酝酿该规范的修编工作。2008年4月编写了修编工作大纲，上报集团公司。在收到国家发展改革委以发改办工业〔2008〕1242号文下达的2008年行业标准制（修）订计划后，修编工作正式启动，成立了工作小组，重新制定了修编大纲，明确了修编原则、修编方法、主要内容、工作计划、修编组机构及成员分工。经搜集国内外资料，向兄弟设计院、运行部门、制造厂家咨询，认真梳理1997年版本中与当前工程实际不相符的部分，于2010年12月，完成了本规范的征求意见稿。随后，由水电水利规划设计总院向水电设计、运行、制造的65个单位发出了对该稿征求意见的函；至2011年2月，共收到17各单位回函。

修编组对各单位所提意见进行了认真的整理和研究，先后召开了3次扩大会议。各单位的意见最终归纳为163条，采纳了其中的94条，采用率为58%。根据这些意见，经过半年的修改，形成了《水力发电厂自动化设计技术规范（送审稿）》，并提交水电水利规划设计总院。

2011年11月21～22日，水电水利规划设计总院在北京主持召开了《水力发电厂自动化设计技术规范（送审稿）》审查会。参加会议的有：国家能源局、中国水电工程顾问集团公司、长江勘测规划设计研究院、黄河勘测规划设计有限公司、中水东北勘测设计研究有限责任公司、二滩水电开发有限责任公司、华东琅琊山抽水蓄能电站有限责任公司，以及中国水电顾问集团中南、成都、贵阳、昆明、西北、北京勘测设计研究院等单位的专家和代表。会议听取了修编组的工作汇报，对送审稿进行了认真的讨论、审议，认为内容充实，丰富了水电厂自动化设计的原则、方法和要求，符合水电自动化技术发展方向，有助于提高自动化设计技术水平和保证自动化设计质量，通过了对送审稿的审查。

根据审查意见，修编组对送审稿进行了修改完善，于2012年5月形成《水力发电厂自动化设计技术规范（报批稿）》，并上报。

修订后的《水力发电厂自动化设计技术规范》，于2013年6月8日由国家能源局发布，编号改为NB/T 35004—2013，替代DL/T 5081—1997，于2013年10月1日起实施。

与DL/T 5081—1997相比，修订的主要内容有：

——删去“非电量测量”一章（其内容在DL/T 5413—2009《水力发电厂测量装置配置设计规范》中已有）；

——删去“全厂综合自动化”一章（其内容在DL/T 5065—2009《水力发电厂计算机监控系统设计规范》已有）；

——增加了“黑启动”一章；

——对水轮发电机组、可逆式抽水蓄能机组、机组辅助设备、全厂公用设备的自动控制进行了修改与补充。

修编后的规范分为9章。主要内容包括机组事故闸门、蝶阀、球阀、圆筒阀的自动控制，水轮发电机组的自动控制，可逆式抽水蓄能机组的自动控制，机组辅助设备、全厂公用设备的自动控制，励磁系统及电制动设备，同步系统，黑启动等；不包括桥式起重机、门式起重机、泄洪闸门、升船机、船闸、过船设施、消防系统、通风系统等的自动控制。

（中国水电顾问集团北京勘测设计研究院有限公司 武 媛）

《抽水蓄能电站选点规划编制规范》修订情况简介

DL/T 5172—2003《抽水蓄能电站选点规划编制规范》由中国水电顾问集团华东勘测设计研究院（以下简称华东院）主编，2003年发布实施，对我国抽水蓄能电站选点规划报告编制起到较好的指导作用。近年来，我国风电、太阳能、核电等新能源和清洁能源在电力系统中的比重不断增加，对抽水蓄能电站建设必要性论证提出了更高的要求，对选址条件的认识也发生了较大的变化；水库淹没处理和环境保护工作越来越受重视，在一定程度上成为工程建设方案选择的关键因素；国家出台了许多与水电建设有关的法规、条例，相关专业发布了一些专业性规范。为适应以上这些情况，有必要对DL/T 5172—2003《抽水蓄能电站选点规划编制规范》

进行修订，国家能源局以国能科技〔2009〕163号文，将该规范的修订工作列入2009年第一批能源领域行业标准制（修）订计划。

2010年初，水电水利规划设计总院明确由华东院承担该规范的修订任务。华东院接受任务后，成立了修编组，制定了工作计划，提出了总体修订思路。

2010年6月，形成《抽水蓄能电站选点规划编制规范（初稿）》；9月，在北京召开了初稿专家讨论会，对规范的框架、编制思路、主要条款及应考虑的问题进行了讨论。会后，修编组根据专家意见对初稿进行了修改，并完善了条文说明，于2011年2月形成《抽水蓄能电站选点规划编制规范（征求意见稿）》。2011年3月，水电水利规划设计总院以水电规科〔2011〕11号“关于《抽水蓄能电站选点规划编制规范》（征求意见稿）的函”面向全国25个相关行业单位征求意见，征求意见的单位涵盖了政府主管部门、抽水蓄能电站建设业主、设计单位、运行单位、大专院校等。收到各单位反馈意见后，修编组逐条对意见进行了研究讨论，对征求意见稿进行了修改，于2011年10月形成《抽水蓄能电站选点规划编制规范（送审稿）》。2012年3月，能源行业水电规划水库环保标准化技术委员会在北京主持召开《抽水蓄能电站选点规划编制规范（送审稿）》审查会，送审稿通过了审查。根据审查意见，修编组对送审稿进行了修改完善，于2012年8月形成《抽水蓄能电站选点规划编制规范（报批稿）》，并上报。

修订后的《抽水蓄能电站选点规划编制规范》，于2013年6月由国家能源局发布，标准编号改为NB/T35009—2013，代替DL/T 5172—2003，2013年10月1日起实施。

本规范与DL/T 5172—2003相比，主要变化如下：

——增加“综合说明”章节；

——将“水库淹没和环境影响评价”拆分为“建设征地移民安置”和“环境保护”两章；

——将“水利与动能”、“工程布置”、“机电”、“施工”、“投资估算”合并为“工程设计”，其中“投资估算”改为“投资匡算”，“机电”改为“机电及金属结构”；

——将“近期工程选择”改为“推荐规划站点选择”。

本规范修订后包括：总则、术语、综合说明、建设必要性、站点普查及规划比选站点选择、水文、工程地质、建设征地移民安置、环境保护、工程设计、推荐规划站点选择，共11章。

本规范在修订过程中，根据我国电力发展规划及抽水蓄能电站在电力系统中的作用，对建设必要性论证提出了新的要求，增加了电力系统潮流和抽水蓄能电站布局分析等方面的内容；依据一系列新法规、新政策和新办法，结合抽水蓄能电站开发与生态环境保护的协调和建设征地移民安置的新要求，从原则、内容、工作深度和技术要求等方面对规划报告编制作出了规定；规划加深了建设必要性论证、建设征地移民安置、环境保护及推荐规划站点选择等方面的工作深度。

（中国水电顾问集团华东勘测设计研究院有限公司　计金华）

《水电工程节能降耗分析设计导则》制定情况简介

《水电工程节能降耗分析设计导则》是国家能源局2010年下达的第一批能源领域行业标准制（修）订计划项目之一，由水电水利规划设计总院委托中国水电顾问集团华东勘测设计研究院（以下简称华东院）负责制定。

2010年11月，华东院开始准备工作，搜集相关资料和研究成果；12月，组织召开首次策划会，确定该导则编制流程、主要章节和主要技术内容，成立编制组，明确分工。2011年2月，完成编制大纲；8月，完成征求意见稿初稿；10月，华东院组织院内专家对初稿进行了内审，并对下步工作分工、进度安排等进行了协调；11月，完成了《水电工程节能降耗分析设计导则（征求意见稿）》。

征求意见稿的征求意见工作分两次进行。2011年12月，水电水利规划设计总院向中国水电顾问集团下属的7家设计院发文征求意见。到2012年1月底，收到中国水电顾问集团西北、北京、昆明、成都、华东勘测设计研究院等单位和相关专家的修订意见和建议。2012年5月，再次向39家单位征求意见，涵盖了电力口、水利口各主要设计院。

编制组对反馈的修订意见和建议进行了认真讨论，对标准进行了修改、补充和完善，于2012年12月提交《水电工程节能降耗分析设计导则（送审稿）》。

2013年3月24～25日，能源行业水电勘测设计标准化技术委员会在杭州主持召开了《水电工程节能降耗分析设计导则》送审稿审查会。国家能源局科技司、水电水利规划设计总院、中国水电工程顾问集团公司、中国长江三峡集团公司、中国水利水电建设集团公司、国电大渡河流域水电开发有限公司、武汉大学和中国水电顾问集团下属的7家设计院的专家和代表共38人参加会议。会议通过了对该送审稿的审查，认为：该导则总体结构合理、层次清晰，其主要内容和技术要求具有科学性、创新性和实用性，满足水电工程节能降耗分析的需要，体现了水电工程节能降耗分析的特点。

编制组按照送审稿审查会的审查意见进行修改及完善，于2013年6月27日形成《水电工程节能降耗分析设计导则（报批稿）》。随后，上报国家能源局，将作为能源标准发布、实施。

本导则分正文、附录及条文说明三大部分。

正文主要内容包括：工程建设能耗分析、工程运行能耗分析、主要节能降耗措施、节能降耗分析与评价。

附录共有两个：附录A折标准煤参考系数、附录B节能降耗分析常用附表。

条文说明，针对条文规定的内容作简要的技术交底，阐述理由，介绍部分调研结果，说明标准条文规定的主要依据及执行时应注意的事项。

水电工程的节能降耗分析，涉及多个专业，技术复杂。本导则可与DL/T 5020—2007《水电工程可行性研究报告编制规程》节能降耗分析篇和GB/T 50649—2011《水利水电工程节能设计标准》互为补充、配套使用，以指导水电工程的节能设计工作。另外，该导则亦可为完成固定资产项目节能评估文件及其审查意见、节能登记表及其登记备案意见提供基础资料，从而顺利地实现项目的审批、核准。

（中国水电顾问集团华东勘测设计研究院有限公司　金珍宏）

《水电水利工程施工安全监测技术规范》颁布实施

根据中国电力行业施工标准化技术委员会（以下简称施工标委会）转发的国家能源局2010年标准制（修）订计划安排，《水利水电工程施工期安全监测规程》由中国水利水电第三工程局有限公司负责主编。为此，中国水利水电第三工程局有限公司成立了编写组。经过近2年的工作，于2011年底完成了《水利水电工程施工期安全监测规程（征求意见稿）》。在征得施工标委会同意后，向行业内相关单位发函征求意见，共收到102条意见。编写组对征求到的意见进行了系统的归纳、梳理，并逐条进行了修改或做出了说明，形成了《水利水电工程施工期安全监测规程（送审稿）》。2012年11月25日，施工标委员会在西安召开了《水利水电工程施工期安全监测规程（送审稿）》审查会。会议通过了对送审稿的审查，同时提出了将该标准申请更名为《水电水利工程施工安全监测技术规范》和进一步的修改意见。编写组在对送审稿进行了修改后，于2013年1月形成了《水电水利工程施工安全监测技术规范（报批稿）》。2013年11月28日，国家能源局发布《水电水利工程施工安全监测技术规范》，标准编号为DL/T 5308—2013，2014年4月1日实施。该规范是我国首部水电水利工程施工安全监测技术标准，填补了一项行业空白；所涉及的内容包括水电水利工程边坡及开挖工程、围堰工程、地下工程、混凝土坝及厂房工程、土石坝工程、监测资料整编分析等施工安全监测内容。其实施对于规范水电水利工程施工安全监测行为，保证工程施工安全，推动我国水电水利工程施工安全监测技术的发展，将起到促进作用。

（中国水利水电第三工程局有限公司　李　磊）

黄河勘测规划设计有限公司主编的三项行业标准简介

（一）《水利水电工程自动化设计规范》

2013年8月26日，水利部发布2013年第40号公告，批准黄河勘测规划设计有限公司主编的《水利水电工程自动化设计规范》（SL 612—2013）为水利行业标准。

《水利水电工程自动化设计规范》（SL 612—2013）属新编标准。编制组在总结我国水利水电工程自动化设计及运行管理经验的基础上，对国内外相关标准进行了分析，开展了必要的调研，并广泛征求了有关单位及专家的意见，做了大量的工作，于2011年6月完成征求意见稿。2012年2月完成送审稿，2012年3月，送审稿通过审查。2012年5月完成报批稿，并于2012年12月，通过水利部审查。

该标准吸收了近年来我国水利水电工程建设中自动化设计、运行和管理的实践经验，反映了目前我国水利水电工程自动化技术发展水平，具有指导和规范水利水电工程自动化设计的作用，适用于大中型水利水电工程的自动化设计。

（二）《水利规划计划项目代码编制规定》

2013年10月8日，水利部发布2013年第56号公告，批准《水利规划计划项目代码编制规定》（SL 500—2013）为水利行业标准。

该标准由水利部水利水电规划设计总院与黄河勘测规划设计有限公司联合主编，广东省水利电力勘测设计研究院与陕西省水利电力勘测设计研究院参编。

《水利规划计划项目代码编制规定》（SL 500—2013）属于新编标准。编制组在收集整理有关资料的基础上，重点围绕水利规划计划项目分类开展代码编制工作，2010 年 2 月完成编制工作大纲，7 月完成征求意见稿，10 月完成送审稿，12 月送审稿通过审查。2011 年 3 月完成报批稿，并于 2012 年 5 月通过水利部审定。

该标准规定了水利规划计划项目代码编制的规则和方法，主要技术内容包括水利规划计划项目代码、合同代码及成果代码，适用于对水利行业规划计划项目、合同及成果进行标识、信息处理和数据交换等过程。

（三）《土石坝施工组织设计规范》

2013 年 11 月 20 日，水利部发布 2013 年第 68 号公告，批准黄河勘测规划设计有限公司主编的《土石坝施工组织设计规范》（SL 648—2013）为水利行业标准。

《土石坝施工组织设计规范》(SL 648—2013）属新编标准。2010 年 4 月编制组完成编制工作大纲，2011 年 12 月完成征求意见稿；2012 年 6 月完成送审稿，7 月送审稿通过审查，10 月完成报批稿。2013 年 4 月，通过水利部审定。

该标准主要技术内容来源于长期的水利水电工程建设实践，代表了我国当前土石坝施工组织设计发展水平，对土石坝施工组织设计具有指导作用，适用于水利水电工程中 1、2、3 级和 3 级以下高度超过 30m 的碾压式土石坝的施工组织设计。

（黄河勘测规划设计有限公司　李冠成）

黄河水利科学研究院主编的两项行业标准简介

（一）《堤防工程养护修理规程》

2013 年 9 月 17 日，水利部以 2013 年第 52 号公告批准发布水利行业标准《堤防工程养护修理规程》（SL 595—2013），并要求从 2013 年 12 月 17 日起实施。该标准主持机构为水利部建设与管理司，主编单位为黄河水利委员会黄河水利科学研究院、黄河水利委员会建设与管理局、水利部堤防安全与病害防治工程技术研究中心。

为规范堤防工程养护修理工作，提高工程管理水平，保障堤防工程安全运用，水利部安排编制《堤防工程养护修理规程》。经过对全国主要堤防的调研、多次专家咨询、反复征求意见先后形成讨论稿、征求意见稿、送审稿、报批稿，最终由中国水利水电出版社出版发行。该规程的发布填补了我国在堤防工程养护修理工作技术标准方面的空白，其报批稿已作为《水利工程管理单位定岗标准》、《水利工程管理定额标准》编制中核算工作量，确定堤防管理人员编制、养护经费的基本依据，为水管体制改革的顺利进行奠定了基础。

（二）《水利水电工程管理技术术语》

2013 年 12 月 28 日，水利部以 2013 年第 53 号公告批准发布《水利水电工程管理技术术语》（SL 570—2013）为水利行业标准，并将于 2014 年 3 月 23 日起实施。该标准主持机构为水利部建设与管理司，主编单位为黄河水利委员会黄河水利科学研究院、水利部堤防安全与病害防治工程技术研究中心，并吸收郑州大学、华北水利水电学院作为参编单位。

该标准共分 7 章，并配有中英文索引，涵盖了水利水电工程设施、检查与观测、养护修理、调度运行、防汛与抢险等有关技术术语，适用于堤防工程、水库工程、水闸工程和灌排工程管理的技术工作。该标准的实施对规范水利水电工程管理技术的基本术语及释义，实现专业术语的标准化，推动行业发展将起到促进作用，也将方便国内外技术交流。

（黄河水利科学研究院）

新 颁 标 准

2013 年国家标准化管理委员会发布的电力国家标准

2013 年，国家标准化管理委员会发布的电力国家标准 7 项，见表 1。

表 1　　2013 年国家标准化管理委员会发布的电力国家标准

序号	标准号	标准名称	实施日期	代替标准
1	GB/Z 25320.2—2013	电力系统管理及其信息交换　数据和通信安全　第 2 部分：术语	2013 年 7 月 1 日	
2	GB/Z 25320.5—2013	电力系统管理及其信息交换　数据和通信安全　第 5 部分：GB/T 18657 等及其衍生标准的安全	2013 年 7 月 1 日	
3	GB/T 16934—2013	电能计量柜	2014 年 2 月 1 日	GB/T 16934—1997
4	GB/T 29772—2013	电动汽车电池更换站通用技术要求	2014 年 2 月 1 日	
5	GB/T 30152—2013	光伏发电系统接入配电网检测规程	2014 年 10 月 1 日	
6	GB/T 30153—2013	光伏发电站太阳能资源实时监测技术要求	2014 年 10 月 1 日	
7	GB/T 30155—2013	智能变电站技术导则	2014 年 8 月 1 日	

（中国电力企业联合会　许松林　刘永东　朱志强）

2013 年住房和城乡建设部发布的电力工程建设国家标准

2013 年，住房和城乡建设部发布的电力工程建设国家标准 14 项，见表 1。

表 1　　2013 年住房和城乡建设部发布的电力工程建设国家标准

序号	标准号	标准名称	实施日期	代替标准
1	GB/T 50832—2013	1000kV 系统电器装置安装工程电气设备交接试验标准	2013 年 5 月 1 日	
2	GB 50835—2013	1000kV 电力变压器、油浸电抗器、互感器施工及验收规范	2013 年 5 月 1 日	
3	GB 50834—2013	1000kV 构支架施工及验收规范	2013 年 5 月 1 日	
4	GB 50836—2013	1000kV 高压电器（GIS、HGIS、隔离开关、避雷器）施工及验收规范	2013 年 5 月 1 日	
5	GB 50790—2013	±800kV 直流架空输电线路设计规范	2013 年 5 月 1 日	
6	GB/T 50866—2013	光伏发电站接入电力系统设计规范	2013 年 9 月 1 日	
7	GB 50260—2013	电力设施抗震设计规范	2013 年 9 月 1 日	GB 50260—1996
8	GB 50266—2013	工程岩体试验方法标准	2013 年 9 月 1 日	GB 50266—1999
9	GB/T 50674—2013	核电厂工程气象技术规范	2014 年 3 月 1 日	
10	GB/T 50865—2013	光伏发电接入配电网设计规范	2014 年 5 月 1 日	
11	GB/T 50927—2013	大中型水电工程建设风险管理规范	2014 年 6 月 1 日	
12	GB 50791—2013	地热电站设计规范	2014 年 6 月 1 日	
13	GB/T 50958—2013	核电厂常规岛设计规范	2014 年 7 月 1 日	
14	GB 50053—2013	20kV 及以下变电所设计规范	2014 年 7 月 1 日	GB 50053—1994

（中国电力企业联合会　许松林　刘永东　朱志强）

2013年国家能源局发布的电力行业标准

2013年，国家能源局发布的电力行业标准280 项，见表1。

表1 2013年国家能源局发布的电力行业标准

序号	标准编号	标准名称	实施日期	代替标准
1	DL/T 478—2013	继电保护和安全自动装置通用技术条件	2013年8月1日	DL/T 478—2010
2	DL/T 678—2013	电力钢结构焊接通用技术条件	2013年8月1日	DL/T 678—1999
3	DL/T 698.36—2013	电能信息采集与管理系统 第3-6部分：电能信息采集终端技术规范—通信单元要求	2013年8月1日	DL/T 698—1999
4	DL/T 698.42—2013	电能信息采集与管理系统 第4-2部分：通信协议—集中器下行通信	2013年8月1日	DL/T 698—1999
5	DL/T 717—2013	汽轮发电机组转子中心孔检验技术导则	2013年8月1日	DL/T 717—2000
6	DL/T 721—2013	配电自动化远方终端	2013年8月1日	DL/T 721—2000
7	DL/T 754—2013	母线焊接技术规程	2013年8月1日	DL/T 754—2001
8	DL/T 763—2013	架空线路用预绞式金具技术条件	2013年8月1日	DL/T 763—2001
9	DL/T 766—2013	光纤复合架空地线（OPGW）用预绞式金具技术条件和试验方法	2013年8月1日	DL/T 766—2003
10	DL/T 767—2013	全介质自承式光缆（ADSS）用预绞式金具技术条件和试验方法	2013年8月1日	DL/T 767—2003
11	DL/T 792—2013	水轮机调节系统及装置运行与检修规程	2013年8月1日	DL/T 792—2001
12	DL/T 806—2013	火力发电厂循环水用阻垢缓蚀剂	2013年8月1日	DL/T 806—2002
13	DL/T 1198—2013	电力系统电能质量技术管理规定	2013年8月1日	SD 126—1984
14	DL/T 1199—2013	电测技术监督规程	2013年8月1日	SD 261—1988
15	DL/T 1200—2013	电力行业缺氧危险作业监测与防护技术规范	2013年8月1日	
16	DL/T 1201—2013	发电厂低电导率水pH在线测量方法	2013年8月1日	
17	DL/T 1202—2013	火力发电厂水汽中铜离子、铁离子的测定 溶出伏安极谱法	2013年8月1日	
18	DL/T 1203—2013	火力发电厂水汽中氯离子含量测定方法 硫氰酸汞分光光度法	2013年8月1日	
19	DL/T 1204—2013	矿物绝缘油热膨胀系数测定法	2013年8月1日	
20	DL/T 1205—2013	六氟化硫电气设备分解产物试验方法	2013年8月1日	
21	DL/T 1206—2013	磷酸酯抗燃油氯含量的测定 高温燃烧微库仑法	2013年8月1日	
22	DL/T 1207—2013	发电厂纯水电导率在线测量方法	2013年8月1日	
23	DL/T 1208—2013	电能质量评估技术导则 供电电压偏差	2013年8月1日	
24	DL/T 1209.1—2013	变电站登高作业及防护器材技术要求 第1部分：抱杆梯、梯具、梯台及过桥	2013年8月1日	
25	DL/T 1210—2013	火力发电厂自动发电控制性能测试验收规程	2013年8月1日	

续表

序号	标准编号	标准名称	实施日期	代替标准
26	DL/T 1211—2013	火力发电厂磨煤机检测与控制技术规程	2013年8月1日	
27	DL/T 1212—2013	火力发电厂现场总线设备安装技术导则	2013年8月1日	
28	DL/T 1213—2013	火力发电机组辅机故障减负荷技术规程	2013年8月1日	
29	DL/T 1214—2013	9FA燃气—蒸汽联合循环机组维修规程	2013年8月1日	
30	DL/T 1215.1—2013	链式静止同步补偿器　第1部分：功能规范导则	2013年8月1日	
31	DL/T 1215.2—2013	链式静止同步补偿器　第2部分：换流链的试验	2013年8月1日	
32	DL/T 1215.3—2013	链式静止同步补偿器　第3部分：控制保护监测系统	2013年8月1日	
33	DL/T 1215.4—2013	链式静止同步补偿器　第4部分：现场试验	2013年8月1日	
34	DL/T 1215.5—2013	链式静止同步补偿器　第5部分：运行检修导则	2013年8月1日	
35	DL/T 1216—2013	配电网静止同步补偿装置技术规范	2013年8月1日	
36	DL/T 1217—2013	磁控型可控并联电抗器技术规范	2013年8月1日	
37	DL/T 1218—2013	固定式直流融冰装置通用技术条件	2013年8月1日	
38	DL/T 1219—2013	串联电容器补偿装置　设计导则	2013年8月1日	
39	DL/T 1220—2013	串联电容器补偿装置　交接试验及验收规范	2013年8月1日	
40	DL/T 1221—2013	互感器综合特性测试仪通用技术条件	2013年8月1日	
41	DL/T 1222—2013	冲击分压器校准规范	2013年8月1日	
42	DL/T 1223—2013	整体煤气化联合循环发电机组性能验收试验	2013年8月1日	
43	DL/T 1224—2013	单轴燃气蒸汽联合循环机组性能验收试验规程	2013年8月1日	
44	DL/T 1225—2013	抽水蓄能电站生产准备导则	2013年8月1日	
45	DL/T 1226—2013	固态切换开关技术规范	2013年8月1日	
46	DL/T 1227—2013	电能质量监测装置技术规范	2013年8月1日	
47	DL/T 1228—2013	电能质量监测装置运行规程	2013年8月1日	
48	DL/T 1229—2013	动态电压恢复器技术规范	2013年8月1日	
49	DL/T 1230—2013	电力系统图形描述规范	2013年8月1日	
50	DL/T 1231—2013	电力系统稳定器整定试验导则	2013年8月1日	
51	DL/T 1232—2013	电力系统动态消息编码规范	2013年8月1日	
52	DL/T 1233—2013	电力系统简单服务接口规范	2013年8月1日	
53	DL/T 1234—2013	电力系统安全稳定计算技术规范	2013年8月1日	
54	DL/T 1235—2013	同步发电机原动机及其调节系统参数实测与建模导则	2013年8月1日	
55	DL/T 1236—2013	输电杆塔用地脚螺栓与螺母	2013年8月1日	
56	DL/T 1237—2013	1000kV继电保护及电网安全自动装置检验规程	2013年8月1日	

续表

序号	标准编号	标准名称	实施日期	代替标准
57	DL/T 1238—2013	1000kV交流系统用静电防护服装	2013年8月1日	
58	DL/T 1239—2013	1000kV继电保护及电网安全自动装置运行管理规程	2013年8月1日	
59	DL/T 1240—2013	1000kV带电作业工具、装置和设备预防性试验规程	2013年8月1日	
60	DL/T 1241—2013	电力工业以太网交换机技术规范	2013年8月1日	
61	DL/T 1242—2013	±800kV直流线路带电作业技术规范	2013年8月1日	
62	DL/T 1243—2013	换流变压器现场局部放电测试技术	2013年8月1日	
63	DL/T 1244—2013	交流系统用高压绝缘子人工覆冰闪络试验方法	2013年8月1日	
64	DL/T 1245—2013	水轮机调节系统并网运行技术导则	2013年8月1日	
65	DL/T 1246—2013	水电站设备状态检修管理导则	2013年8月1日	
66	DL/T 1247—2013	高压直流绝缘子覆冰闪络试验方法	2013年8月1日	
67	DL/T 1248—2013	架空输电线路状态检修导则	2013年8月1日	
68	DL/T 1249—2013	架空输电线路运行状态评估技术导则	2013年8月1日	
69	DL/T 1250—2013	气体绝缘金属封闭开关设备带电超声局部放电检测应用导则	2013年8月1日	
70	DL/T 5110—2013	水电水利工程模板施工规范	2013年8月1日	DL/T 5110—2000
71	DL/T 5169—2013	水工混凝土钢筋施工规范	2013年8月1日	DL/T 5169—2002
72	DL/T 5198—2013	水电水利工程岩壁梁施工规程	2013年8月1日	DL/T 5198—2004
73	DL/T 5285—2013	输变电工程架空导线及地线液压压接工艺规程	2013年8月1日	SDJ 226—1987
74	DL/T 5286—2013	±800kV架空输电线路张力架线施工工艺导则	2013年8月1日	
75	DL/T 5287—2013	±800kV架空输电线路铁塔组立施工工艺导则	2013年8月1日	
76	DL/T 5288—2013	架空输电线路大跨越工程跨越塔组立施工工艺导则	2013年8月1日	
77	DL/T 5289—2013	1000kV架空输电线路铁塔组立施工工艺导则	2013年8月1日	
78	DL/T 5290—2013	1000kV架空输电线路张力架线施工工艺导则	2013年8月1日	
79	DL/T 5291—2013	1000kV输变电工程导地线液压施工工艺规程	2013年8月1日	
80	DL/T 5292—2013	1000kV交流输变电工程系统调试规程	2013年8月1日	
81	NB/T 25010—2013	核电厂常规设备大修监理规范	2013年10月1日	
82	NB/T 25011—2013	核电厂水化学处理系统调试导则	2013年10月1日	
83	NB/T 25012—2013	核电厂汽水分离再热器系统调试导则	2013年10月1日	
84	NB/T 25013—2013	核电厂发电机组首次并网试验要求	2013年10月1日	
85	NB/T 25014—2013	核电厂汽轮机首次核蒸汽冲转导则	2013年10月1日	
86	NB/T 25015—2013	核电厂汽轮发电机组调试技术导则	2013年10月1日	
87	NB/T 25016.1—2013	核电厂常规岛设备监造技术导则 第1部分：总则	2013年10月1日	
88	NB/T 25016.2—2013	核电厂常规岛设备监造技术导则 第2部分：汽轮机	2013年10月1日	

续表

序号	标准编号	标准名称	实施日期	代替标准
89	NB/T 25016.3—2013	核电厂常规岛设备监造技术导则 第3部分：发电机	2013年10月1日	
90	NB/T 25016.4—2013	核电厂常规岛设备监造技术导则 第4部分：凝汽器	2013年10月1日	
91	NB/T 25016.5—2013	核电厂常规岛设备监造技术导则 第5部分：汽水分离再热器	2013年10月1日	
92	NB/T 25016.6—2013	核电厂常规岛设备监造技术导则 第6部分：给水加热器	2013年10月1日	
93	NB/T 25016.7—2013	核电厂常规岛设备监造技术导则 第7部分：除氧器	2013年10月1日	
94	NB/T 25016.8—2013	核电厂常规岛设备监造技术导则 第8部分：管道	2013年10月1日	
95	NB/T 25016.9—2013	核电厂常规岛设备监造技术导则 第9部分：阀门	2013年10月1日	
96	NB/T 25016.10—2013	核电厂常规岛设备监造技术导则 第10部分：水泵	2013年10月1日	
97	NB/T 25016.11—2013	核电厂常规岛设备监造技术导则 第11部分：输变电设备	2013年10月1日	
98	NB/T 25016.12—2013	核电厂常规岛设备监造技术导则 第12部分：起吊设备	2013年10月1日	
99	NB/T 25017—2013	核电厂常规岛金属技术监督规程	2013年10月1日	DL/T 1025—2006
100	DL/T 5479—2013	通信工程预算项目划分导则	2013年10月1日	
101	DL/T 5478—2013	配电工程预算项目划分导则	2013年10月1日	
102	DL/T 5477—2013	串补及静补工程预算项目划分导则	2013年10月1日	
103	DL/T 5476—2013	电缆工程预算项目划分导则	2013年10月1日	
104	DL/T 5475—2013	垃圾发电工程预算项目划分导则	2013年10月1日	
105	DL/T 5474—2013	生物质发电工程预算项目划分导则	2013年10月1日	
106	DL/T 5473—2013	燃气—蒸汽联合循环发电工程预算项目划分导则	2013年10月1日	
107	DL/T 5472—2013	架空线路工程项目划分导则	2013年10月1日	
108	DL/T 5471—2013	变电站、开关站、换流站工程项目划分导则	2013年10月1日	
109	DL/T 5470—2013	燃煤发电工程项目划分导则	2013年10月1日	
110	DL/T 5469—2013	输变电工程可行性研究投资估算编制导则	2013年10月1日	
111	DL/T 5468—2013	输变电工程施工图预算编制导则	2013年10月1日	
112	DL/T 5467—2013	输变电工程初步设计概算编制导则	2013年10月1日	
113	DL/T 5466—2013	火力发电工程可行性研究投资估算编制导则	2013年10月1日	
114	DL/T 5465—2013	火力发电工程施工图预算编制导则	2013年10月1日	
115	DL/T 5464—2013	火力发电工程初步设计概算编制导则	2013年10月1日	

续表

序号	标准编号	标准名称	实施日期	代替标准
116	DL/T 333.2—2013	火电厂凝结水经处理系统技术要求　第2部分：空冷机组	2014年4月1日	
117	DL/T 526—2013	备用电源自动投入装置技术条件	2014年4月1日	DL/T 526—2002
118	DL/T 527—2013	继电保护及控制装置电源模块（模件）技术条件	2014年4月1日	DL/T 527—2002
119	DL/T 540—2013	气体继电器检验规程	2014年4月1日	DL/T 540—1994
120	DL/T 553—2013	电力系统动态记录装置通用技术条件	2014年4月1日	DL/T 553—1994 DL/T 663—1999
121	DL/T 561—2013	火力发电厂水汽化学监督导则	2014年4月1日	DL/T 561—1995
122	DL/T 568—2013	燃料元素的快速分析方法	2014年4月1日	DL/T 568—1995
123	DL/T 580—2013	用露点法测定变压器绝缘纸中平均含水量的方法	2014年4月1日	DL/T 580—1995
124	DL/T 615—2013	高压交流断路器参数选用导则	2014年4月1日	DL/T 615—1997
125	DL/T 690—2013	高压交流断路器的合成试验	2014年4月1日	DL/T 690—1999
126	DL/T 696—2013	软母线金具	2014年4月1日	DL/T 696—1999
127	DL/T 697—2013	硬母线金具	2014年4月1日	DL/T 697—1999
128	DL/T 720—2013	电力系统继电保护及安全自动装置柜（屏）通用技术条件	2014年4月1日	DL/T 720—2000
129	DL/T 725—2013	电力用电流互感器使用技术规范	2014年4月1日	DL/T 725—2000
130	DL/T 726—2013	电力用电磁式电压互感器使用技术规范	2014年4月1日	DL/T 726—2000
131	DL/T 727—2013	互感器运行检修导则	2014年4月1日	DL/T 727—2000
132	DL/T 728—2013	气体绝缘金属封闭开关设备选用导则	2014年4月1日	DL/T 728—2000
133	DL/T 805.3—2013	火电厂汽水化学导则　第3部分：汽包锅炉炉水氢氧化钠处理	2014年4月1日	DL/T805.3—2004
134	DL/T 805.5—2013	火电厂汽水化学导则　第5部分：汽包锅炉炉水全挥发处理	2014年4月1日	
135	DL/T 814—2013	配电自动化系统技术规范	2014年4月1日	DL/T 814—2002
136	DL/T 860.72—2013	电力自动化通信网络和系统　第7-2部分：基本信息和通信结构—抽象通信服务接口（ACSI）	2014年4月1日	DL/T860.72—2004
137	DL/T 860.73—2013	电力自动化通信网络和系统　第7-3部分：基本通信结构公用数据类	2014年4月1日	DL/T860.73—2004
138	DL/T 952—2013	火力发电厂超滤水处理装置验收导则	2014年4月1日	DL/Z 952—2005
139	DL/T 977—2013	发电厂热力设备化学清洗单位管理规定	2014年4月1日	DL/T 977—2005
140	DL/T 989—2013	直流输电系统可靠性评价规程	2014年4月1日	DL/T 989—2005
141	DL/T 1080.9—2013	供电企业应用集成　配电管理的系统接口　第9部分：抄表与表计控制的接口	2014年4月1日	
142	DL/T 1100.2—2013	电力系统的时间同步系统　第2部分：基于局域网的精确时间同步	2014年4月1日	

续表

序号	标准编号	标准名称	实施日期	代替标准
143	DL/T 1172—2013	电力系统电压稳定评价导则	2014年4月1日	
144	DL/T 1251—2013	电力用电容式电压互感器使用技术规范	2014年4月1日	SD 333—1989
145	DL/T 1252—2013	输电杆塔命名规则	2014年4月1日	
146	DL/T 1253—2013	电力电缆线路运行规程	2014年4月1日	
147	DL/T 1254—2013	差动电阻式监测仪器鉴定技术规程	2014年4月1日	
148	DL/T 1255—2013	TDM系统输出数据及格式规范	2014年4月1日	
149	DL/T 1256—2013	变压器空、负载损耗测试仪通用技术条件	2014年4月1日	
150	DL/T 1257—2013	鼓形旋转滤网	2014年4月1日	
151	DL/T 1258—2013	互感器校验仪通用技术条件	2014年4月1日	
152	DL/T 1259—2013	水电厂水库运行管理规范	2014年4月1日	
153	DL/T 1260—2013	火力发电厂电除盐水处理装置验收导则	2014年4月1日	
154	DL/T 1261—2013	火电厂用反渗透阻垢剂性能评价试验导则	2014年4月1日	
155	DL/Z 1262—2013	火电厂在役湿烟囱防腐技术导则	2014年4月1日	
156	DL/T 1263—2013	12kV～40.5kV电缆分接箱技术条件	2014年4月1日	
157	DL/T 1264—2013	火电厂环境统计指标	2014年4月1日	
158	DL/T 1265—2013	电力行业焊工培训机构基本能力要求	2014年4月1日	
159	DL/T 1266—2013	变压器用片式散热器选用导则	2014年4月1日	
160	DL/T 1267—2013	组合式变压器使用技术条件	2014年4月1日	
161	DL/T 1268—2013	三相组合互感器使用技术规范	2014年4月1日	
162	DL/T 1269—2013	火力发电建设工程机组蒸汽吹管导则	2014年4月1日	
163	DL/T 1270—2013	火力发电建设工程机组甩负荷试验导则	2014年4月1日	
164	DL/T 1271—2013	钢弦式监测仪器鉴定技术规程	2014年4月1日	
165	DL/T 1272—2013	多点变位计装置	2014年4月1日	
166	DL/T 1273—2013	光电式（CCD）双金属管标仪	2014年4月1日	
167	DL/T 1274—2013	1000kV串联电容器补偿装置技术规范	2014年4月1日	
168	DL/T 1275—2013	1000kV变压器局部放电现场测量技术导则	2014年4月1日	
169	DL/T 1276—2013	1000kV母线保护装置技术要求	2014年4月1日	
170	DL/T 1277—2013	1100kV交流空心复合绝缘子技术规范	2014年4月1日	
171	DL/T 1278—2013	海底电力电缆运行规程	2014年4月1日	
172	DL/T 1279—2013	110kV及以下海底电力电缆线路验收规范	2014年4月1日	
173	DL/T 1280—2013	低温多效蒸馏海水淡化装置调试技术规定	2014年4月1日	
174	DL/T 1281—2013	燃煤电厂固体废物贮存处置场污染控制技术规范	2014年4月1日	
175	DL/T 1282—2013	火力发电厂气相缓蚀剂质量标准	2014年4月1日	
176	DL/T 1283—2013	电力系统雷电定位监测系统技术规程	2014年4月1日	
177	DL/T 1284—2013	500kV干式空心限流电抗器使用导则	2014年4月1日	
178	DL/T 1285—2013	低温多效蒸馏海水淡化装置技术条件	2014年4月1日	

续表

序号	标准编号	标准名称	实施日期	代替标准
179	DL/T 1286—2013	火电厂烟气脱硝催化剂检测技术规范	2014年4月1日	
180	DL/T 1287—2013	煤灰比电阻的试验室测定方法	2014年4月1日	
181	DL/T 1288—2013	电力金具能耗测试与节能技术评价要求	2014年4月1日	
182	DL/T 1289—2013	可拆卸式全钢瓦楞结构架空导线交货盘	2014年4月1日	
183	DL/T 1290—2013	直接空冷机组真空严密性试验方法	2014年4月1日	
184	DL/T 1291—2013	基于SDH的电力自动交换光网络（ASON）技术规范	2014年4月1日	
185	DL/T 1292—2013	配电网架空绝缘线路雷击断线防护导则	2014年4月1日	
186	DL/T 1293—2013	交流架空输电线路绝缘子并联间隙使用导则	2014年4月1日	
187	DL/T 1294—2013	交流电力系统金属氧化物避雷器用脱离器使用导则	2014年4月1日	
188	DL/T 1295—2013	串联补偿装置用火花间隙	2014年4月1日	
189	DL/T 1296—2013	串联谐振型故障电流限制器技术规范	2014年4月1日	
190	DL/T 1297—2013	电能质量监测系统技术规范	2014年4月1日	
191	DL/T 1298—2013	静止无功补偿装置运行规程	2014年4月1日	
192	DL/T 1299—2013	直流融冰装置试验导则	2014年4月1日	
193	DL/T 1300—2013	气体绝缘金属封闭开关设备现场冲击试验导则	2014年4月1日	
194	DL/T 1301—2013	海底充油电缆直流耐压试验导则	2014年4月1日	
195	DL/T 1302—2013	抽水蓄能机组静止变频装置运行规程	2014年4月1日	
196	DL/T 1303—2013	抽水蓄能发电电动机出口断路器运行规程	2014年4月1日	
197	DL/T 1304—2013	500kV串联电容器补偿装置系统调试规程	2014年4月1日	
198	DL/T 1305—2013	变压器油介损测试仪通用技术条件	2014年4月1日	
199	DL/T 1306—2013	电力调度数据网技术规范	2014年4月1日	
200	DL/T 1307—2013	铝基陶瓷纤维复合芯超耐热铝合金绞线	2014年4月1日	
201	DL/T 1308—2013	节能发电调度信息发布技术规范	2014年4月1日	
202	DL/T 1309—2013	大型发电机组涉网保护技术规范	2014年4月1日	
203	DL/T 1310—2013	架空输电线路旋转连接器	2014年4月1日	
204	DL/T 1311—2013	电力系统实时动态监测主站应用要求及验收细则	2014年4月1日	
205	DL/T 1312—2013	电力工程接地用铜覆钢技术条件	2014年4月1日	
206	DL/T 1313—2013	流域梯级水电站集中控制规程	2014年4月1日	
207	DL/T 1314—2013	电力工程用缓释型离子接地装置技术条件	2014年4月1日	
208	DL/T 1315—2013	电力工程接地装置用放热焊剂技术条件	2014年4月1日	
209	DL 5009.2—2013	电力建设安全工作规程　第2部分：电力线路	2014年4月1日	DL 5009.2—2004
210	DL 5009.3—2013	电力建设安全工作规程　第3部分：变电站	2014年4月1日	DL 5009.3—1997
211	DL/T 5095—2013	火电厂和核电厂常规岛主厂房荷载设计技术规程	2014年4月1日	DL/T 5095—2007

续表

序号	标准编号	标准名称	实施日期	代替标准
212	DL/T 5102—2013	土工离心模型试验技术规程	2014年4月1日	DL/T 5102—1999
213	DL/T 5129—2013	碾压式土石坝施工规范	2014年4月1日	DL/T 5129—2001
214	DL/T 5135—2013	水电水利工程爆破施工技术规范	2014年4月1日	DL/T 5135—2001
215	DL 5162—2013	水电水利工程施工安全防护设施技术规范	2014年4月1日	DL 5162—2002
216	DL/T 5217—2013	220kV～500kV紧凑型架空输电线路设计技术规程	2014年4月1日	DL/T 5217—2005
217	DL/T 5226—2013	发电厂电力网络计算机监控系统设计技术规程	2014年4月1日	DL/T 5226—2005
218	DL/T 5293—2013	电气装置安装工程 电气设备交接试验报告统一格式	2014年4月1日	
219	DL/T 5294—2013	火力发电建设工程机组调试技术规范	2014年4月1日	
220	DL/T 5295—2013	火力发电建设工程机组调试质量验收及评价规程	2014年4月1日	
221	DL/T 5296—2013	水工混凝土掺用氧化镁技术规范	2014年4月1日	
222	DL/T 5297—2013	混凝土面板堆石坝挤压边墙技术规范	2014年4月1日	
223	DL/T 5298—2013	水工混凝土抑制碱—骨料反应技术规范	2014年4月1日	
224	DL/T 5299—2013	大坝混凝土声波检测技术规程	2014年4月1日	
225	DL/T 5300—2013	1000kV架空输电线路工程施工质量检验及评定规程	2014年4月1日	
226	DL/T 5301—2013	架空输电线路无跨越架不停电跨越架线施工工艺导则	2014年4月1日	
227	DL/T 5302—2013	水电水利工程施工机械安全操作规程 专用汽车	2014年4月1日	
228	DL/T 5303—2013	水工塑性混凝土试验规程	2014年4月1日	
229	DL/T 5304—2013	水工混凝土掺用石灰石粉技术规范	2014年4月1日	
230	DL/T 5305—2013	水电水利工程施工机械安全操作规程 运输类车辆	2014年4月1日	
231	DL/T 5306—2013	水电水利工程清水混凝土施工规范	2014年4月1日	
232	DL/T 5307—2013	水电水利工程施工度汛风险评估规程	2014年4月1日	
233	DL/T 5308—2013	水电水利工程施工安全监测技术规范	2014年4月1日	
234	DL/T 5309—2013	水电水利工程水下混凝土施工规范	2014年4月1日	
235	DL/T 5310—2013	沥青混凝土面板堆石坝及库盆施工规范	2014年4月1日	
236	DL/T 5311—2013	水电水利工程砂石料开采及加工系统运行规范	2014年4月1日	
237	DL/T 5312—2013	1000kV变电站电气装置安装工程施工质量检验及评定规程	2014年4月1日	
238	DL/T 5461.2—2013	火力发电厂施工图设计文件内容深度规定 第2部分：总图运输	2014年4月1日	
239	DL/T 5461.3—2013	火力发电厂施工图设计文件内容深度规定 第3部分：热机	2014年4月1日	

续表

序号	标准编号	标准名称	实施日期	代替标准
240	DL/T 5461.4—2013	火力发电厂施工图设计文件内容深度规定　第4部分：运煤	2014年4月1日	
241	DL/T 5461.5—2013	火力发电厂施工图设计文件内容深度规定　第5部分：除灰渣	2014年4月1日	
242	DL/T 5461.6—2013	火力发电厂施工图设计文件内容深度规定　第6部分：电厂化学	2014年4月1日	
243	DL/T 5461.7—2013	火力发电厂施工图设计文件内容深度规定　第7部分：烟气脱硫	2014年4月1日	
244	DL/T 5461.8—2013	火力发电厂施工图设计文件内容深度规定　第8部分：电气	2014年4月1日	
245	DL/T 5461.9—2013	火力发电厂施工图设计文件内容深度规定　第9部分：仪表与控制	2014年4月1日	
246	DL/T 5461.10—2013	火力发电厂施工图设计文件内容深度规定　第10部分：建筑	2014年4月1日	
247	DL/T 5461.11—2013	火力发电厂施工图设计文件内容深度规定　第11部分：土建结构	2014年4月1日	
248	DL/T 5461.12—2013	火力发电厂施工图设计文件内容深度规定　第12部分：采暖通风及空气调节	2014年4月1日	
249	DL/T 5461.13—2013	火力发电厂施工图设计文件内容深度规定　第13部分：水工工艺	2014年4月1日	
250	DL/T 5461.14—2013	火力发电厂施工图设计文件内容深度规定　第14部分：水工结构	2014年4月1日	
251	DL/T 5461.15—2013	火力发电厂施工图设计文件内容深度规定　第15部分：通信	2014年4月1日	
252	DL/T 5461.16—2013	火力发电厂施工图设计文件内容深度规定　第16部分：信息系统	2014年4月1日	
253	DL/T 5480—2013	火力发电厂烟气脱硝设计技术规程	2014年4月1日	
254	DL/T 5481—2013	电力岩土工程监理规程	2014年4月1日	
255	DL/T 5482—2013	整体煤气化联合循环技术及设备名词术语	2014年4月1日	
256	DL/T 5483—2013	火力发电厂再生水深度处理设计规范	2014年4月1日	
257	DL/T 5484—2013	电力电缆隧道设计规程	2014年4月1日	
258	DL/T 5485—2013	110kV～750kV架空输电线路大跨越设计技术规程	2014年4月1日	
259	DL/T 5486—2013	特高压架空输电线路杆塔结构设计技术规程	2014年4月1日	
260	NB/T 31045—2013	风电场运行指标与评价导则	2014年4月1日	
261	NB/T 31046—2013	风电功率预测系统功能规范	2014年4月1日	
262	NB/T 31047—2013	风电调度运行管理规范	2014年4月1日	

续表

序号	标准编号	标准名称	实施日期	代替标准
263	NB/T 32005—2013	光伏发电站低电压穿越检测技术规程	2014年4月1日	
264	NB/T 32006—2013	光伏发电站电能质量检测技术规程	2014年4月1日	
265	NB/T 32007—2013	光伏发电站功率控制能力检测技术规程	2014年4月1日	
266	NB/T 32008—2013	光伏发电站逆变器电能质量检测技术规程	2014年4月1日	
267	NB/T 32009—2013	光伏发电站逆变器电压与频率响应检测技术规程	2014年4月1日	
268	NB/T 32010—2013	光伏发电站逆变器防孤岛效应检测技术规程	2014年4月1日	
269	NB/T 32011—2013	光伏发电站功率预测系统技术要求	2014年4月1日	
270	NB/T 32012—2013	光伏发电站太阳能资源实时监测技术规范	2014年4月1日	
271	NB/T 32013—2013	光伏发电站电压与频率响应检测规程	2014年4月1日	
272	NB/T 32014—2013	光伏发电站防孤岛效应检测技术规程	2014年4月1日	
273	NB/T 32015—2013	分布式电源接入配电网技术规定	2014年4月1日	
274	NB/T 33004—2013	电动汽车充换电设施工程施工和竣工验收规范	2014年4月1日	
275	NB/T 33005—2013	电动汽车充电站及电池更换站监控系统技术规范	2014年4月1日	
276	NB/T 33006—2013	电动汽车电池箱更换设备通用技术要求	2014年4月1日	
277	NB/T 33007—2013	电动汽车充电站/电池更换站监控系统与充换电设备通信协议	2014年4月1日	
278	NB/T 33008.1—2013	电动汽车充电设备检验试验规范 第1部分：非车载充电机	2014年4月1日	
279	NB/T 33008.2—2013	电动汽车充电设备检验试验规范 第2部分：交流充电桩	2014年4月1日	
280	NB/T 33009—2013	电动汽车充换电设施建设技术导则	2014年4月1日	

（中国电力企业联合会 许松林 刘永东 朱志强）

2013年发布的由水电水利规划设计总院归口管理的技术标准

2013年，由水电水利规划设计总院归口管理的水电勘察设计技术标准和风电规划、设计、施工、安装技术标准，共发布18项，见表1。

表1 2013年发布的由水电水利规划设计总院归口管理的技术标准

序号	标准名称	标准编号	实施日期	代替标准
1	NB/T 35003—2013	水电工程水情自动测报系统技术规范	2013年10月1日	DL/T 5051—1996
2	NB/T 35004—2013	水力发电厂自动化设计技术规范	2013年10月1日	DL/T 5081—1997
3	NB/T 35005—2013	水电工程混凝土生产系统设计规范	2013年10月1日	DL/T 5086—1999
4	NB/T 35006—2013	水电工程围堰设计导则	2013年10月1日	DL/T 5087—1999
5	NB/T 35007—2013	水电工程施工地质规程	2013年10月1日	DL/T 5109—1999

续表

序号	标准名称	标准编号	实施日期	代替标准
6	NB/T 35008—2013	水力发电厂照明设计规范	2013 年 10 月 1 日	DL/T 5140—2001
7	NB/T 35009—2013	抽水蓄能电站选点规划编制规范	2013 年 10 月 1 日	DL/T 5172—2003
8	NB/T 35010—2013	水力发电厂继电保护设计规范	2013 年 10 月 1 日	DL/T 5177—2003
9	NB/T 35011—2013	水电站厂房设计规范	2013 年 10 月 1 日	SD 335—1989
10	NB/T 35012—2013	水电工程对外交通专用公路设计规范	2013 年 10 月 1 日	
11	NB/T 35013—2013	水电工程建设征地移民安置验收规程	2013 年 10 月 1 日	
12	NB/T 35014—2013	水电工程安全验收评价报告编制规程	2013 年 10 月 1 日	
13	NB/T 35015—2013	水力发电厂安全预评价报告编制规程	2013 年 10 月 1 日	
14	NB/T 35016—2013	土石筑坝材料碾压试验规程	2013 年 10 月 1 日	
15	NB/T 35017—2013	陶瓷涂层活塞杆技术条件	2013 年 10 月 1 日	
16	NB/T 35018—2013	QPG 型卷扬式高扬程启闭机系列参数	2013 年 10 月 1 日	
17	NB/T 35019—2013	卧式液压启闭机（液压缸）系列参数	2013 年 10 月 1 日	
18	NB/T 35020—2013	水电水利工程液压启闭机设计规范	2013 年 10 月 1 日	

（水电水利规划设计总院）

2013 年发布的水利科技标准

2013 年，水利科技标准共发布 91 项，其中行业　标准 86 项，国家标准 5 项，见表 1。

表 1　　2013 年发布的水利科技标准

序号	标准编号	标准名称	实施日期	代替标准
（一）行业标准				
1	SL 4—2013	农田排水工程技术规范	2013 年 4 月 22 日	SL/T 4—1999
2	SL 34—2013	水文站网规划技术导则	2013 年 5 月 18 日	SL 34—1992
3	SL 73.1—2013	水利水电工程制图标准　基础制图	2013 年 4 月 14 日	SL 73.1—1995
4	SL 73.2—2013	水利水电工程制图标准　水工建筑图	2013 年 4 月 14 日	SL 73.2—1995
5	SL 73.3—2013	水利水电工程制图标准　勘测图	2013 年 4 月 14 日	SL 73.3—1995
6	SL 73.4—2013	水利水电工程制图标准　水力机械图	2013 年 4 月 14 日	SL 73.4—1995
7	SL 73.5—2013	水利水电工程制图标准　电气图	2013 年 4 月 14 日	SL 73.5—1995
8	SL 73.7—2013	防汛抗旱用图图示	2013 年 12 月 17 日	SL 73.7—2003
9	SL 149—2013	水文数据固态存储装置通用技术条件	2013 年 4 月 14 日	SL/T 149—1995
10	SL 228—2013	混凝土面板堆石坝设计规范	2013 年 4 月 22 日	SL 228—1998
11	SL 245—2013	水利水电工程地质观测规程	2013 年 4 月 29 日	SL 245—1999
12	SL 515—2013	水利视频监视系统技术规范	2013 年 5 月 4 日	
13	SL 534—2013	生态清洁小流域建设技术导则	2013 年 4 月 22 日	
14	SL 546—2013	旱情信息分类	2013 年 4 月 7 日	
15	SL 569—2013	喷灌工程技术管理规程	2013 年 5 月 1 日	

续表

序号	标准编号	标准名称	实施日期	代替标准
16	SL 577—2013	实时工情数据库表结构及标识符	2013 年 4 月 29 日	
17	SL 588—2013	水利信息化项目验收规范	2013 年 4 月 22 日	
18	SL /Z589—2013	水利信息化业务流程设计方法通用指南	2013 年 4 月 22 日	
19	SL 590—2013	抗旱预案编制导则	2013 年 4 月 22 日	
20	SL 593—2013	小水电代燃料生态效益计算导则	2013 年 4 月 22 日	
21	SL 594—2013	水利水电起重机试验方法	2013 年 5 月 1 日	
22	SL 599—2013	衬砌与防渗渠道工程技术管理规程	2013 年 11 月 29 日	
23	SL 601—2013	混凝土坝安全监测技术规范	2013 年 6 月 15 日	SDJ 336—1989
24	SL 56—2013	农村水利技术术语	2013 年 9 月 21 日	SL 56—2005
25	SL 602—2013	防洪风险评价导则	2013 年 5 月 4 日	
26	SL 603—2013	大中型水利水电工程移民数据库表结构及标识符	2013 年 4 月 14 日	
27	SL 606—2012	土壤水分蒸发测量仪器 第一部分：水力式蒸发器	2013 年 4 月 17 日	
28	SL 620—2013	水利统计基础数据采集规范	2013 年 12 月 6 日	
29	SL 621—2013	大坝安全监测仪器报废标准	2013 年 11 月 29 日	
30	SL 624—2013	水利应急通信系统建设指南	2013 年 6 月 13 日	
31	SL 660—2013	升船机设计规范	2013 年 5 月 5 日	
32	SL 571—2013	节水灌溉设备水力基本参数测试方法	2013 年 10 月 1 日	
33	SL 638—2013	水利水电工程单元工程施工质量验收评定标准——发电电气设备安装工程	2013 年 11 月 8 日	SDJ 249. 5—1988
34	SL 639—2013	水利水电工程单元工程施工质量验收评定标准——升压变电电气设备安装工程	2013 年 11 月 8 日	SDJ 249. 6—1988
35	SL 613—2013	水资源保护规划编制规程	2013 年 11 月 8 日	
36	SL 517—2013	水利水电工程通信设计技术规范	2013 年 11 月 8 日	
37	SL 612—2013	水利水电工程自动化设计规范	2013 年 11 月 26 日	
38	SL 74—2013	水利水电工程钢闸门设计规范	2013 年 11 月 26 日	SL 74—1995
39	SL 615—2013	水轮机电液调节系统及装置基本技术规程	2013 年 12 月 6 日	
40	SL 626—2013	小型水电站施工安全规程	2013 年 12 月 6 日	
41	SL 516—2013	水库诱发地震监测技术规范	2013 年 12 月 17 日	
42	SL 595—2013	堤防工程养护修理规程	2013 年 12 月 17 日	
43	SL 609—2013	水利水电工程鱼道设计导则	2013 年 12 月 17 日	
44	SL 642—2013	水利水电地下工程施工组织设计规范	2013 年 12 月 17 日	
45	SL 154—2013	机井井管标准	2013 年 12 月 17 日	SL/T 154—1995
46	SL 643—2013	水利水电工程施工总进度设计规范	2013 年 12 月 17 日	
47	SL 161. 1—2013	坝区航道水力模拟技术规程	2013 年 12 月 17 日	SL 161. 1—1995
48	SL 161. 2—2013	船闸水力模拟技术规程	2013 年 12 月 17 日	SL 161. 2—1995
49	SL 514—2013	水工沥青混凝土施工规范	2013 年 12 月 17 日	SD 220—1987
50	SL 197—2013	水利水电工程测量规范	2013 年 12 月 17 日	SL 197—1997

续表

序号	标准编号	标准名称	实施日期	代替标准
51	SL 645—2013	水利水电工程围堰设计规范	2013年12月17日	
52	SL 500—2013	水利规划计划项目代码编制规定	2014年1月8日	
53	SL 688—2013	村镇供水工程施工质量验收规范	2014年1月14日	
54	SL 625—2013	水泵液压调节系统基本技术条件	2014年1月14日	
55	SL /Z690—2013	水利水电工程施工质量通病防治导则	2014年1月14日	
56	SL 689—2013	村镇供水工程运行管理规程	2014年1月16日	
57	SL 607—2013	水利文献数据库表结构与标识符	2014年1月16日	
58	SL 608—2013	水利文档分类	2014年1月16日	
59	SL 616—2013	水利水电工程水力学原型观测规范	2014年1月16日	
60	SL 605—2013	水库降等与报废标准	2014年1月28日	
61	SL 658—2013	小水电电网调度规程	2014年1月28日	
62	SL 222—2013	农村水电供电区电力系统设计导则	2014年1月28日	SL 222—1999
63	SL 53—2013	小水电电网调度自动化技术规范	2014年1月28日	SL/T 53—1993
64	SL 674—2013	节水灌溉太阳能无线智能控制系统技术规范	2014年2月20日	
65	SL 200—2013	水利政务信息编码规则与代码	2014年2月20日	SL/T 200—1997
66	SL 648—2013	土石坝施工组织设计规范	2014年2月20日	
67	SL 647—2013	水工金属结构振动时效工艺参数选择及技术要求	2014年2月20日	
68	SL 300—2013	水利风景区评价标准	2014年2月20日	SL 300—2004
69	SL 617—2013	水利水电工程项目建议书编制规程	2014年2月20日	
70	SL 618—2013	水利水电工程可行性研究报告编制规程	2014年2月20日	DL 5020—1993
71	SL 619—2013	水利水电工程初步设计报告编制规程	2014年2月20日	DL 5021—1993
72	SL 202—2013	往复式水下割草机	2014年2月25日	SL/T 202—1997
73	SL 72—2013	水利建设项目经济评价规范	2014年2月25日	SL 72—1994
74	SL 189—2013	小型水利水电工程碾压式土石坝设计导则	2014年3月11日	SL 189—1996
75	SL 519—2013	牧区草地灌溉工程初步设计报告编制规程	2014年3月11日	
76	SL 640—2013	输变电工程水土保持技术规范	2014年3月11日	
77	SL 322—2013	建设项目水资源论证导则	2014年3月5日	SL/Z 322—2005
78	SL 623—2013	水利水电工程施工导流设计规范	2014年3月5日	
79	SL 628—2013	水土保持元数据	2014年3月30日	
80	SL 521—2013	水利水电工程初步设计质量评定标准	2014年3月23日	
81	SL 570—2013	水利水电工程管理技术术语	2014年3月23日	
82	SL 653—2013	小流域划分及编码规范	2014年3月23日	
83	SL 309—2013	水利质量检测机构计量认证评审准则	2014年3月16日	SL 309—1996
84	SL 77—2013	小型水电站水文计算规范	2014年3月23日	SL 77—1994
85	SL 630—2013	水面蒸发观测规范	2013年3月16日	SD 265—1988

续表

序号	标准编号	标准名称	实施日期	代替标准
86	SL 219—2013	水环境监测规范	2014年3月16日	SL 219—1998
（二）国家标准				
1	GB/T 29403—2012	反击式水轮机泥沙磨损技术导则	2013年6月1日	
2	GB/T 29404—2012	灌溉用水定额编制导则	2013年6月1日	
3	GB 50286—2013	堤防工程设计规范	2013年5月1日	
4	GB/T 50845—2013	小水电电网节能改造工程技术规范	2014年3月1日	
5	GB/T 50876—2013	小型水电站安全检测与评价规范	2014年3月1日	

（水利部国际合作与科技司 刘咏峰 汪 露）

2013年大电机、水轮机新颁标准

2013年，大电机、水轮机新颁标准4项，见表1。

表1 2013年大电机、水轮机新颁标准

序号	标准编号	标准名称	序号	标准编号	标准名称
1	GB/T 30141—2013	水轮机筒形阀基本技术条件	3	JB/T 6752—2013	中小型水轮机转轮静平衡试验规程
2	JB/T 6478—2013	水轮机、泵水轮机和蓄能泵用符号	4	GB/Z 29626—2013	汽轮发电机状态在线监测系统应用导则

（哈尔滨大电机研究所 高文丽 刘诗琪）

中國水力發電年鑒

11

水电建设管理

工 程 管 理

雅砻江流域水电工程业主单位进度管理措施

雅砻江流域水电开发有限公司（以下简称雅砻江公司）始终坚持“在确保安全与质量的前提下，推进各工程项目的建设进度”的指导思想，将工程进度管理作为基建管理的中心工作。雅砻江下游水电站在近10年的工程建设中，工程截流、蓄水、发电等重大里程碑目标顺利实现：2012年3月官地水电站首台机组投产发电；2012年12月底，锦屏二级水电站实现“一洞双机”首批两台60万kW机组投产发电目标；2013年8月锦屏一级水电站实现首批两台60万kW机组投产发电；2013年12月锦屏一级305m世界第一高拱坝浇筑到顶。截至2013年底，官地4台机组全部投产发电，锦屏一、二级各投产4台机组，雅砻江公司在2012～2013两年内新增发电装机容量720万kW。进度管理的主要措施如下：

（一）建立进度监控体系，实现工程进度动态控制

项目开工前，雅砻江公司制定了各水电工程项目多层级进度控制目标。根据项目可行性研究阶段工程进度计划，结合工程实际，制定各项目实施的进度目标，编制总体进度网络计划，明确里程碑目标及各施工阶段、合同工程、分部工程等的控制目标，提前谋划影响进度目标实现的风险及关键问题，并制定应对措施和预案。

项目开工建设后，雅砻江公司对工程进度实行全过程动态控制，按年度、季度、月度、周制定进度计划。通过现场例行检查、监理周例会、局项目建设管理月例会、年度总结会等，及时掌握计划执行情况，协调解决影响工程进度的问题，根据情况动态调整及纠偏，以周计划、月计划和季度计划的如期完成确保年计划的实现。

（二）提高合同履约能力，实现工程进度目标

合同签订后，雅砻江公司及时按合同要求给承包人提供施工道路、施工场地、工作面、风水电、物资设备及预付款等。合同执行过程中，协调解决建设过程中承包人面临的工程变更、及时结算等问题，以合同为依据及时帮助承包人解决问题，保障承包人资金供应。

同时，雅砻江公司依据施工合同，采取年度工程管理目标考核、合同履约评价考核、约谈承包人等措施，督促承包人履行合同，确保满足工程进度的人力、设备资源、管理人员。另外，雅砻江公司与项目参建方集团总部建立有效、互动的高层协商机制，促进参建单位履约合同，使双方形成相互支持的合作氛围，共同实现建设目标。

（三）强化进度目标考核，调动参建各方积极性

雅砻江公司不断优化内部激励机制，在薪酬制度、选人用人等方面向一线、向艰苦地区倾斜。在每年初与各项目建设管理局签订工程管理目标考核责任书，对管理目标层层分解，落实责任，确保顺利实现。工程实施中，重点关注和跟踪关键项目的进度计划执行情况，对进度滞后的项目，分析原因，制定纠偏措施。定期组织在建项目合同履约检查，对履约差的参建方，与其后方总部及项目部座谈沟通，强化履约合同。

在与关键项目参建方的合同中，对主要进度节点设奖惩条款，有效吸引了参建方优势资源并确保资源的投入。此外，在关键项目或工程建设关键时期，按年度设一定额度的工程综合奖励，对包括工程进度在内的指标进行综合考核，奖励目标完成较好的单位。

雅砻江公司建立了一整套评价、协调、激励约束和信任体系，对供应商进行合同执行全过程分级管理，实行优胜劣汰，以此建立与优秀供应商的战略合作伙伴关系。

（四）倡导新技术应用，优化施工方案，促进工程进展

雅砻江公司积极倡导并鼓励新技术、新设备在工程中的应用。经分析计算、现场试验、完善施工工艺后，锦屏一级大坝混凝土应用了4.5m升层浇筑技术，提高了浇筑效率，经受了第三阶段蓄水至高程1840 m的检验。锦屏二级水电站采用TBM硬岩掘进机、长距离曲线带式输送系统等先进设备，以及纳米材料＋钢纤维混凝土等高性能喷射混凝土材料，有效提高了施工效率。锦屏、官地及两河口等大坝工程仿真施工，对施工进度进行数字化、三维动态研究和分析，论证施工工期，确定合理的施工参数和设备配置。桐子林电站深厚覆盖层基础处理，采用框格式混凝土地下连续墙施工技术，有效保证了施工进度。

（五）建立快速协调机制，形成高效的工程管理模式

针对关键或重点项目，在工程建设关键时期，雅砻江公司实行定期的“建设管理协调会”制度，确保在公司内部能快速解决项目建设中的突出问题。例如，及时决策新增锦屏二级辅引、排引施工支洞，加快了引水隧洞施工进度。锦屏一级大坝混凝土浇筑增加缆机1台、左岸混凝土拌和系统1座，提高了大坝浇筑强度。这些措施以较低的成本保障了工程蓄水、发电等里程碑目标的顺利实现，从而获得较大的经济效益。

在各水电工程项目上，对关键、重要的合同工程或专业项目，成立由管理局牵头，施工、监理及设计等参加的现场协调机构（例如灌浆工作组、大坝施工联合值班小组），固定各方人员，实行定期现场检查和会议协商，及时解决施工中紧迫的问题，形成高效的工程管理模式。

（雅砻江流域水电开发有限公司
谢军兵 吴火兵 刘健华 程晓攀）

雅砻江流域水电工程业主单位质量管理措施

雅砻江流域水电工程不仅地质条件复杂、技术难度大，且流域开发战线长，工程质量管理难度大。雅砻江流域水电开发有限公司（下面简称雅砻江公司）在质量管理工作中，坚持高标准、严要求，在建工程质量总体情况良好。2012～2013年，雅砻江下游官地、锦屏二级、锦屏一级水电站陆续投产发电，监测资料表明大坝、地下厂房等枢纽建筑物工作性态良好，机组运行平稳；桐子林水电站土建、机电安装工程质量受控。质量管理采取的主要措施如下：

（一）健全体系，规范质量管理

雅砻江公司成立了工程质量管理委员会，全面组织、协调、规范建设工程的质量管理工作。工程质量管理委员会每年召开一次工作会议，总结在建项目一年的质量管理工作，安排下一年度的质量管理工作，交流经验，对质量问题进行通报。督促各项目建设管理局和参建单位建立质量管理体系，成立质量管理机构。同时，制定了一系列的质量管理办法，项目建设管理局制定质量管理实施细则。根据项目进展情况，不断健全质量管理体系，修订和完善质量管理制度，充实项目质量管理专业人员力量。

（二）精心策划，合理制定质量目标

项目建设之初，雅砻江公司结合工程实际和特点，组织编制项目质量规划和创优目标，实地考察国内搞得好的水电工程，学习先进的质量管理经验，最终确定项目的质量规划及创优目标。在设计阶段、招标过程、现场管控方面，围绕质量规划和创优目标开展工作。

（三）技术攻关，提供工程质量技术保障

对流域开发面临的重大关键技术问题，雅砻江公司组织国内外专家和科研机构，开展工程技术咨询和技术攻关。一是与国家自然科学基金委员会一道，设立雅砻江水电开发联合研究基金，并全过程参与项目研究，组织实施锦屏一级、锦屏二级、官地等水电站的重大专项科研项目。二是与中国水利水电工程咨询公司合作，在锦屏水电工程成立现场咨询项目部，使较重大技术问题得到及时解决。三是在锦屏水电工程，组织由工程院院士和国内知名专家组成的特别咨询团，开展现场咨询和技术攻关，解决了许多世界级难题，在源头上保证工程质量。

（四）精细管理，严格工程质量过程控制

雅砻江公司全面推行质量精细化管理，不断加强对现场工程质量的检查与监督，包括流域工程质量专项检查、外部质量监督巡视和施工合同履约检查等。项目建设管理局组织开展日常质量巡查、专项质量检查、重点抽查、月度检查和季度考核等，还聘请专家现场指导。对发现的质量问题及时通报，督促整改落实。此外，在总结质量管理和工程质量问题的经验教训的基础上，制定针对性的预防措施，防止类似问题的重复发生。

（五）充分授权，发挥监理的质量监管作用

雅砻江公司通过合同条款，授权工程监理全面负责施工质量控制，严格对工程监理的管理。对进场监理骨干进行资格审查、面试及考察，通过业务培训提高监理人员专业素质，规范监理人员日常现场巡视、重点部位和重点项目现场旁站等，强化监理工作的质量考核。

雅砻江公司还委托有关科研院所及咨询公司承担了金属结构、机电设备和水泥、粉煤灰等原材料的驻厂监造工作，以加强质量控制。

（六）独立检测，形成第三方质量监督

通过招标方式引入试验检测、测量、安全监测等第三方专业化管理机构和个人。

锦屏水电工程重要部位的灌浆质量，由第三方灌浆质量检测机构，在施工完毕并经监理评定合格的基础上进行复核检查，复检后向业主提交质量检测报告。若发现检测成果不满足设计要求，及时组织监理和施工单位进行分析，制定处理措施，并由原施工单位落实。

2009年11月，聘请美国美华公司专家为锦屏一级水电站大坝混凝土施工质量总监，在工地可独立行

使监管职责，直接对雅砻江公司总经理负责，每周向雅砻江公司领导提出质量监督意见。外籍质量总监独立、客观、严谨、求实的监督强化了参建各方的质量控制意识，提高了质量控制能力，对保证大坝混凝土浇筑质量起到积极的作用。

（七）强化考核，确保质量目标全面实现

雅砻江公司在每年初，与各项目建设管理局签订工程管理目标考核责任书，明确在建项目的质量管理目标，年底进行考核，并直接与工资绩效挂钩。如管理局发生工程质量事故或严重的质量问题，则一票否决，该局年度质量考核不合格，扣减相应绩效。对质量管理做得比较好的单位，在年度质量管理工作会上予以表彰与奖励。

各项目建设管理局还组织开展施工质量月评季考，对工程质量进行考核与评比，及时奖罚兑现，对工程质量控制起到了促进作用；管理局每年选一些具有代表性的单项工程开展争创样板工程的活动，定期进行考核评审，如最终达到样板工程的各项目标，则被评为样板工程，给予承包人适度的经济奖励。

（雅砻江流域水电开发有限公司
谢军兵　刘健华　刘文潮　吴火兵）

雅砻江流域物资管理体系的新模式

四川西部的雅砻江流域，是全国第三大水电基地，干流共规划21级水电站，总装机容量约3000万kW。作为实施雅砻江水能资源开发的业主单位，雅砻江流域水电开发有限公司（以下简称雅砻江公司），从2005年开始实施业主统一物资供应，至今已累计超过1100万t，其中最高峰年以262万t供应量远超三峡、龙滩、小湾及国内其他流域水电开发企业年度物资供应量，并在探索中创新管理模式，使雅砻江流域物资管理体系日臻完善。

（一）供应商培育和考核

雅砻江流域水电开发第二阶段的物资供应具有多电站高峰期重叠、物资需求量巨大、技术指标要求高的特点。为此，从满足工程需求出发，必须确保有足够数量的优质供应商长期供应。

雅砻江公司通过全面调研，掌握了四川省内及周边地区供应商的基本情况，再通过招标选择若干有实力且有潜力的供应商，并在合作中在两个方面培育他们：①技术方面，以试生产或考核性生产方式，让供应商不断总结经验，改进生产技术，提高质量水平，使产品满足工程需求，这种方式主要用于水泥供应商；②管理方面，保持与供应商密切沟通，使雅砻江公司规范的物资管理持续地影响供应商，管理理念逐渐得到供应商认同，从而提高他们的管理水平，最终融入业主的物资管理体系中，这种方式用于所有合作的供应商。

雅砻江公司在业内首创对供应商的考核机制，即对供应商在供应保障、质量控制、售后服务等方面定期评分，并根据评分结果评定等级。考核优秀的供应商，业主给予表彰，并与其续签采购合同。考核机制对供应商产生了良好的激励作用，为业主选择优质供应商提供了依据。

（二）价格调整方法的探索

水泥、钢筋等物资的市场价格存在波动，若固定采购单价，对双方均有风险。因此，需选择适当的价格调整机制。

最初雅砻江公司采用四川工程造价信息中的信息价作为水泥、钢筋出厂价的调价依据，然而该信息价发布滞后，使价格调整无法与当期货款结算同步，造成货款支付及扣款过程繁琐，也使合同后期结算产生一定风险。后经充分测算，分别于2008年和2012年调整了钢筋和水泥出厂价的调价方法。前者采用联合钢铁网上3个代表钢厂信息价的加权平均值作为调价依据，后者采用中国价格信息网上成都地区水泥信息价作为调价依据。两种信息价及时、真实地反映了市场价格的变化情况，合理可行。

（三）质量管理体系的完善

为确保用于工程的物资质量，雅砻江公司从两方面采取强有力的保障措施。

1. 驻厂监造　锦屏一级大坝为世界第一高拱坝，对混凝土原材料质量要求高，骨料采用砂岩骨料，对水泥、粉煤灰的碱含量有严格的限制。为此，雅砻江公司向主要水泥和粉煤灰供应商派驻了驻厂监造，从完善供应商质量保证体系入手，在生产的多个环节进行质量检测，有效控制了出厂水泥和粉煤灰的质量。

2. 提高检测水平　原材料运到现场要经业主、监理、承包商的试验机构检验，但由于检测结果的差异而导致争议不断，也使物资质量的判断存在隐患。为此，雅砻江公司从2009年到2010年组织3次针对水泥和粉煤灰的检验对比。在国家水泥质检中心指导下，通过对比分析，提高了现场试验室的检验水平。

（四）现场物资管理

雅砻江公司各管理局根据工程的特点，逐步摸索，形成了一套既具备自身特色、又富有成效的现场物资管理的科学管理方法。锦屏管理局提出了覆盖式物资核销新模式，结合推行月度核销，使核销工作既及时又准确；官地管理局通过突击检查、即时分析过磅数据等监管措施，及时发现和处理多起物资流失事件，减少了损失，也对承包商起到了震慑作用；桐子林管理局针对物资现场交货时供应商与承包商扯皮情况，要求供应商派驻现场代表，并通过细化制度，使交货环节得到规范管理。

（五）统供物资管理手册

雅砻江公司物资管理采用公司总部与管理局两级管理模式，总部与管理局分别制定了一系列管理制度，但不同管理局的制度和方法也有差异。为进一步提高物资管理水平，推进物资管理规范化，雅砻江公司采用供应链管理的思路和理论，在总结经验的基础上，对物资管理方法进行优化整合，编制了《雅砻江流域业主统供物资管理手册》（以下简称手册）。手册从流域化的角度对公司物资管理给出了统一的范围界定及工作流程，内容涵盖了业主统供物资供应管理各个环节和整个周期，推荐了相关的表格、模板及示例，在业务层面上具有较强的针对性和可操作性。

手册作为雅砻江公司物资管理各岗位的工作指南，为雅砻江流域梯级电站建设物资管理建立了标准体系，在流域化管理创新方面是一次成功的尝试。手册的发布，标志着以雅砻江公司为核心，覆盖参建单位的物资供应链管理体系基本形成。雅砻江公司新的物资管理模式将为流域后续开发提供更有力的支持和保障。

（雅砻江流域水电开发有限公司　陈　曦）

企　业　管　理

中国长江电力股份有限公司2013年经营管理情况

2013年，中国长江电力股份有限公司（以下简称长江电力公司）经营态势平稳，总资产达1493.28亿元，比期初下降3.8%，净资产780.03亿元。全年实现收入226.95亿元，比上年同期下降11.97%；利润116.04亿元，比上年同期下降14.53%；实现营业利润95.71亿元，比上年同期下降16.42%；归属于上市公司股东的净利润89.42亿元，比上年同期下降13.63%；基本每股收益0.5419元，比上年同期下降13.63%；经济增加值（EVA）为49.66亿元，比上年减少13.86亿元；加权平均净资产收益率11.77%，比上年同期下降2.75%。以上指标变动主要是由于长江上游来水较去年同期偏枯、发电量减少所致。归属于上市公司股东的每股净资产4.727 5元，比期初增加4.17%；总股本165亿股，与期初持平。全年回收电费341亿元（含向家坝和溪洛渡电站），电费综合回收率为104%；日均带息负债余额约753.50亿元，综合融资成本为5.182 9%，财务费用39.05亿元。

2013年，长江电力公司居央企上市公司2012年度综合实力第7位；先后获得“2013年度央视财经50成长领先指数样本公司”和“法律风险最小20家上市公司”；入选“2012年度金牛上市公司百强榜”（2005年以来第5次入选），位列第71名；荣获“2013中国企业文化管理创新十强”；连续两年获得中国电力行业宣传工作先进单位荣誉称号；获得“中国上市公司年报奖”之优秀年报奖；“最受投资者欢迎上市公司网站”奖；第三次荣获“金蜜蜂2013优秀企业社会责任报告环境类专项奖”；在财富中文网2013年中国企业500强排行榜位列第186名（上年度201名），在中国电力企业中排名第5位。公司董事会秘书楼坚被授予“最佳投资者关系管理董秘”荣誉称号。三峡工程荣获全国质量“卓越项目奖”和“国际百年工程项目奖”。三峡水电站被世界知名《能源》杂志社评为2012年度“Top Plants（顶级电站）”称号。三峡电厂荣获“第四届全国电力行业设备管理先进单位”荣誉称号。

2013年11月21日，长江电力公司历时3年开发的全公司统一的跨地域、多电站电力生产管理信息系统（以下简称ePMS）建成并投入使用。新一代ePMS作为核心业务系统，是长江电力提升管理能力，实现精细化管理目标的重要平台。它从生产全局出发，按照“统一系统，分域管理”的技术路线，先期以金沙江电力生产为主开展新系统的开发实施和完善优化，在金沙江成功运用后再推广到三峡及葛洲坝区域。ePMS于2012年8月25日在金沙江区域首先通过验收并投运，同年9月21日启动新版ePMS在长江电力公司推广应用，2013年4月27日成功完成了系统迁移并上线，实现了原三峡区域和葛洲坝区域ePMS与金沙江区域ePMS数据无损迁移和系统无缝整合，2013年11月21日通过新一代ePMS的正式验收，最终建设成一套完全统一的电力生产管理信息系统，覆盖长江电力的所有电力生产业务活动。新一代ePMS整合现有系统资源，实现了与其他业务系统的有机结合，形成完整的功能闭环，业务数据实现了结构化和数字化系统管理，关键业务报告实现了系统自动化生成，提高了业务管理的规范性，杜绝人工干预的随意性。

2013年8月26日，援藏项目——西藏那曲罗玛镇水厂修复工程完工。那曲地区地处西藏北部的唐古拉山脉、念青唐古拉山脉和冈底斯山脉之间，平均海拔超过4500m，年均气温－0.9～－3.3℃，最低气温达－30℃。当地于2009年专门修建水厂，供应该地2000余人日常用水。但水厂受寒冻天气影响，投入运行后不久便处于瘫痪状态。4年来，罗玛镇居民只能依靠露天水源，给生产、生活带来极大的不便。为改善当地老百姓的生活条件，长江电力提供专款用于改造供水工程，并委派有供水建设与运行管理经验的三峡水电公司专项负责该项目。项目组专家克服重重困难，查找出原水厂瘫痪是由于冰冻气候，并进行了修复。除修复受损设施外，还对该水源加设保护设施，制作了阳光房和增设了保温层。2013年8月26日，时隔4年，水质达标、水源稳定的甘霖再次流进了罗玛镇的家家户户。水厂修复工程的完工，全面改善了该地区水质安全隐患问题，有效解决了西藏那曲罗玛镇2000名藏民用水困难。

（中国长江电力股份有限公司　谢兴发）

黄河上游水电开发有限责任公司2013年经营管理情况

（一）主要指标

2013年，黄河上游水电开发有限责任公司（以下简称黄河水电公司）发电量435.32亿kW·h（其中水电426.66亿kW·h，光伏发电7.5亿kW·h，风电1.16亿kW·h），完成年计划的103.5%，同比减少3.29%。铝产品产量55.88万t，完成年计划的101.22%，同比减少0.57%。多晶硅产量1163.16t，完成年计划的60.58%，同比增加44.85%。太阳能电池产量434.03MW，完成年计划的144.58%，同比增加258.05%。电池组件产量294.64MW，完成年计划229.25MW的128.52%，同比增加468.58%。

黄河水电公司全年完成基建投资83.13亿元，同比增长40.22%。截至2013年底，电力装机容量1198.09万kW，其中水电1073.56万kW、光伏发电108.78万kW、风电15.75万kW。资产总额672.2亿元，同比增加9.9%。

归属母公司利润、经济增加值、产品产销量、项目发展4项指标考核成绩位列中国电力投资集团公司（以下简称集团公司）第一，企业获得集团公司总经理特别奖。

（二）产业发展

全年核准电力项目11项（总容量79.73万kW）、新能源电站送出线路4项和非电项目1项。完成集团公司立项12项，其中电源11项，总容量152.3万kW。夏日哈木镍矿资源开发利用项目获准立项。取得国家级和省级“路条”14项，总容量144.18万kW。

全年新增光伏电站容量74.68万kW，风电装机容量15.55万kW。龙羊峡水光互补320MW并网光伏项目具有开拓性的里程碑意义。在光伏发电技术前沿进行高低倍聚光、组串式逆变器等尝试。西安航天基地“金太阳”光伏发电项目并网发电，有益探索了分布式光伏发电。景泰风电、李家梁风电、中宁光伏一期项目投产，标志着在甘肃、陕西、宁夏实现了新能源发电的突破。

西宁火电项目核准所需支持性文件基本办理完毕，建设前工程全面铺开。兰州热电热网工程开工建设。武威、旬邑火电项目开展可行性研究工作。

非电产业中，西宁电池及组件项目试生产提前结束，为超额完成全年生产任务创造了条件。利用现有富余电源容量与场地，铝业完成新增20台电解槽工程，增加2.1万t产能。夏日哈木镍矿完成资源详查，探明资源量达100万t，储量位居全国第二。矿区采选冶工程预可行性研究报告和产品规划编制完成。

（三）安全生产管理

实施安全生产标准化管理，建立水电、新能源电站“三大标准”体系，完成了标准、制度、现场“三规一册”修编工作。公伯峡发电分公司正式通过“标准化良好行为企业”AAAA级现场确认，成为全国电力系统第二家、西北地区第一家正式通过AAAA级认证的水力发电企业。龙羊峡、李家峡、公伯峡等电站通过了安全生产标准化一级企业现场评审。

组织开展专项安全检查，排查隐患，及时整改。发布管理手册，编写作业指导书，安全健康环保体系建设工作有序推进。加强安全事件管理，规范应急管理体系。制定合理的设备检修维护周期，依靠技术监督手段，逐步实现由点检定修向状态检修过渡。

汛前安排和检查落实梯级水电站和在建工程的防汛工作，完成9座水电站17项水毁工程修复和水下检查。汛期定期召开水雨情分析会商会，组织实施黄河水电公司成立以来电力板块规模最大、参与人数最多的一次防汛应急演练。

光伏电站管理由运行管理转变为维护管理，及时发现设备缺陷并利用夜晚停发期间消缺。开展新能源对标，加强新能源启动试运行期间的设备及缺陷管理，有效降低投产初期的故障率。

（四）水电站生产运行与经营

1. 生产运行　协调相关部门增加防凌期和春灌期下泄水量，加强与水文气象部门联系，掌握流域来水情况，提出水库运用建议，实现龙羊峡水库汛限水位动态控制。及时提出在不出现大的汛情前提下龙羊峡不开闸弃水的水库调度意见，得到了黄河防汛抗旱总指挥部办公室的支持。到8月末龙羊峡水库水位蓄至2589.41m，蓄水量208.01亿m^3，有效地利用了2588m以上的动态库容，增加蓄水4.98亿m^3，梯级电站增发电量8.9亿kW·h。加大资金投入，增加地面和空中增雨作业，全年人工增雨增加黄河径流量7.5亿m^3。

2. 经营工作　全力保障企业资金供应，积极开展低成本融资。争取基建项目和进口设备贴息等补助资金，增强项目盈利能力。开展税收筹划，争取税费减免。完成企业注册资本变更登记，实现注册资本和实收资本一致。优化股权结构，推进辅业禹天监理和安源保险公司股权收购，完成龟都府电站70%股权转让。实行车辆统保，降低保险费用近30%。圆满完成陇电并价工作。及时办理新能源电站并网准入等相关手续，保障电站按期并网发电。新能源电站四项送出工程办理了核准手续，每年增加接网工程补贴约2000万元。

（五）综合产业

通过低电压节能技术和异型阴极钢棒新技术的应用，电解铝主要能耗物耗明显降低，13项对标指标在集团公司铝板块处于较好水平，基本标准达标率100%，先进标准达标率84.62%，全年铝业各类降本增效4.06亿元。多晶硅项目列入工业和信息化部第一批符合《光伏制造行业规范条件》企业名单，开拓电子级多晶硅市场，成为国内第一家向下游企业销售电子级多晶硅的企业。光伏电池及组件实现超产超设，成功研发6×10规格高效直角单晶组件产品，功率达275W/块以上，达到国内领先水平。

（六）体制机制改革与基础管理

管控一体化工作通过集团公司检查验收。2013年对14个中层岗位和90个一般岗位进行公开选聘，打破身份限制，首次选拔两名新能源分公司身份员工到中层干部岗位。统一社会保险和住房公积金缴存比例，实现长洲水电公司系统不区分身份的无差别化管理。组建甘肃黄河、陕西黄河能源、青海黄河矿业等子公司。

加强基础管理，全面完成事权界定工作，初步建立路径清晰、管理流畅、监督有力的授权体系。实行干部任中经济责任审计，加强工程项目月度报表审计，整改落实审计问题。建立包含19类28部一级制度及二、三、四级规章制度的新制度框架体系。发布《信息化发展规划纲要（2013～2018年）》和2013～2015年信息化“登高计划”，明确了信息化建设目标。公伯峡发电分公司ERP系统试点已投入运行。

（七）科技项目

2013年，黄河水电公司科技项目立项27项，同比增加235%，总投资8043万元，同比增加24.5%。龙羊峡水光互补关键技术、并网光伏电站关键技术和光伏实验基地等研究项目，列入青海省重大科技专项计划，争取到国家及地方科技扶持资金1090万元。积极参与标准的编写，主持修订集团公司标准1项、青海地方标准3项，参与制定中国光伏联盟标准4项。申报并受理发明型专利5项，实用新型专利9项（5项获得正式授权）。太阳能电力公司获准设立博士后科研工作站。新能源分公司在国内引进首套完整的冷氢化技术，成功解决了制约我国多晶硅行业发展的四氯化硅转化技术难题。年内开展的“低温低电压铝电解技术应用及示范”和“冷氢化转化率提高途径研究”等项目，为综合产业降低成本近5000万元。

（黄河上游水电开发有限责任公司　许为宁）

国电大渡河流域水电开发有限公司2013年经营管理情况

2013年，国电大渡河流域水电开发有限公司（以下简称大渡河公司）坚持效益优先，围绕“保安全、稳发展、抓创标、强素质、争效益、防风险”工作主题和“质量效益双提升”工作思路，智慧谋划，精益经营，安全生产和职工队伍保持稳定，综合实力和可持续发展能力显著增强。主要经营管理情况如下：

（1）新增投产装机容量24万kW，总投产装机容量达到629.24万kW，同时获得了帕隆藏布流域1176万kW的开发权。截至2013年12月31日，大渡河流域水电资源总装机约1800万kW，其中建成投产、开工建设、前期工作各约1/3，流域水电开发形成了运营、在建、筹建3个“三分之一”的可持续发展格局。

（2）工程建设稳步推进，大岗山机电安装满足进度要求，枕头坝一级厂坝标施工进入高峰期，猴子岩提前完成了基坑开挖，沙坪二级顺利截流，吉牛实现双投目标，瀑布沟、深溪沟工程尾工项目全部完工。

（3）全年有太阳能、风电、小水电共3个项目获得核准，双江口、金川、二瓦槽共3个项目核准工作按计划推进。

（4）超额完成了发电任务，机组利用小时数高出四川全网平均水平 186h，龚电总厂实现“运维合一”，瀑布沟、深溪沟两电站实现“无人值班（少人值守），远程集控”，大岗山、枕头坝、革什扎“建管合一”模式全面推行，瀑布沟、深溪沟两大坝初始注册达到最高的甲级等级标准。

（5）参与国家科技部、省环保厅等 4 个科研课题研究，新增国家发明及实用新型专利 21 项，获得国电集团公司科技进步奖 7 项，四川省科技进步奖 1 项。

（6）瀑布沟水力发电总厂、龚嘴水力发电总厂（以下简称龚电总厂）被评为“安全生产标准化一级企业”，龚电总厂实现了连续安全生产 3000d 的跨越，大渡河公司被评为全国安全生产领域“打非治违”知识竞赛优胜单位奖和中央在川及省属重点企业安全生产先进单位。

（7）瀑布沟、深溪沟两水电站工程荣获“中国电力优质工程奖”，国电大渡河大岗山水电开发有限公司荣获四川省五一劳动奖状。

（8）积极投身“4·20”芦山地震抢险，受到了省委省政府和有关方面的高度评价，国电大渡河大岗山水电开发有限公司、国电大渡河猴子岩水电建设有限公司、国电大渡河检修安装有限公司荣获“芦山地震抗震救灾工人先锋号”称号。

（9）继续开展鱼类增殖放流活动，4 年来，共放流近 200 万尾。

（国电大渡河流域水电开发有限公司 明书勤）

华能澜沧江水电有限公司 2013 年经营管理情况

（一）主要指标

2013 年，华能澜沧江水电有限公司（以下简称澜沧江水电公司）以创建一流水电企业为目标，提高发展质量和经济效益为中心，安全、效益、发展、党建 4 项绩效水平得到全面提升。新增装机容量 406.48 万 kW，新投机组容量为历年之最，总装机规模达 1530.63 万 kW。完成发电量 580.62 亿 kW·h，同比增长 36.85%，占云南省统调发电量的 34.57%，占统调水电发电量的 47.21%。完成基建投资 180.45 亿元，获得核准 222 万 kW，获批路条 180 万 kW，取得资源开发权 55 万 kW，市场竞争和可持续发展能力进一步增强。

（二）安全工作

澜沧江水电公司坚持“安全第一，预防为主，综合治理”的方针，按照国家、行业和云南省的部署，组织安全生产大检查 391 次，达到了预期效果。推进安全生产标准化建设和达标评级，漫湾、景洪、小湾、功果桥等电厂通过国家一级达标。针对云南“四年连旱”和极端恶劣天气频发的实际，强化汛期重点项目的监管，集控中心及时准确发布对单点暴雨等异常天气的预警，积极应对，实现了安全度汛。编制印发了《安全生产工作规定》，完善安全管理制度和体系建设。组织员工参加安全管理和“安全资格证”取证培训，提高安全技能和素质。深入推进安全文化建设，漫湾电厂被命名为“云南省安全文化建设示范企业”。

（三）电力建设

遵守基本建设程序，有序推进工程进度，建设项目重大节点目标全面完成：糯扎渡和龙开口水电站实现“一年四投”，主体工程基本完工；牛栏沟水电站两台机全部投产；糯扎渡、小湾水电站蓄水至正常蓄水位，大坝工作性态正常；黄登水电站实现截流；乌弄龙水电站年底实现分流；觉巴水电站实现一期截流；苗尾水电站围堰汛前填筑至堰顶高程，厂房实现混凝土浇筑转序；果多水电站实现大坝混凝土浇筑转序；里底、大华桥、托巴水电站工程筹建工作稳步推进。工程创优工作再获佳绩，功果桥水电站荣获 2013 年度云南省优质工程奖，景洪水电站获得 2013 年中国电力行业优质工程奖。

项目前期工作进展顺利。古水电站取得“路条”，里底、苗尾、柬埔寨桑河二级水电站获得核准，黄登水电站已启动核准程序。觉巴水电站取得西藏自治区可研批复。澜沧江西藏段水电规划取得批复，为前期规划提供了依据。红拉山自然保护区调整完成了评审。乌弄龙、大华桥水电站完成可行性研究审查，古水水电站 3 个专题报告编制完成。如美水电站可行性研究勘察设计工作全面启动，侧格、约龙、班达、古学水电站预可行性研究设计按计划推进。柬埔寨桑河二级水电站完成项目实施协议的签订，开创境外投资发展新局面。完成了对云贵地区页岩气优选和云南省页岩气资源调查评价方案评审，为进入页岩气开发领域、获得资源储备创造了条件。

（四）生产经营

开展安全生产保障和生产管理制度体系建设，推进生产管理的制度化、标准化、规范化。“运维合一”和“集中检修”管理模式进一步完善和深化，设备缺陷逐年减少，消缺率连续 5 年逐年提高，年累计消缺率 99.2%，达历史最好水平。在流域来水偏枯情况下，利用“两库六级”梯级电站联合调度优势，挖掘发电潜能，超额完成发电量 17.50 亿 kW·h；强化流域集控管理，集控容量达 1307 万 kW。电价管理取得成效，石林光伏、瑞丽江、徐村等水电站上网电价得到不同程度提高，澜沧江水电公司平均上网电价同比提高3.91%，平均发电利用小时同比提高57h，居云南省内五大发电集团首位。

（五）财务工作

克服资金持续偏紧、资金成本持续走高的不利因素，澜沧江水电公司2013年累计取得外部借款资金304亿元，综合融资成本5.98%，较5年期以上贷款基准利率低8.62%。争取财税优惠政策，继续获得国家西部大开发税收优惠，龙开口公司获批所得税三免三减半优惠，2013年澜沧江公司所得税共减免2.96亿元。

（六）科技创新

澜沧江水电公司博士后科研工作站申请获批并正式挂牌。国家"十二五"科技支撑计划项目出库工作全部完成，年度财政经费已拨付到位，拟定了水电大坝建设关键技术等4个研究课题。围绕工程建设和运行需求，组织如美超高心墙堆石坝、古水超高面板坝、黄登高碾压混凝土坝关键技术研究，推动黄登数字大坝技术的研发。成功承办"水电2013大会—中国大坝协会2013学术年会暨第三届堆石坝国际研讨会"。科技成果申报中，7项成果获得省部级和行业科技进步奖，其中"超高心墙堆石坝关键技术研究及工程应用"获云南省和中国华能集团公司科技进步一等奖，并获得云南省推荐申报国家科技进步奖的指标。

（七）企业管理

继续深入开展创一流和管理提升活动，重心向基层前移，基层单位制定了实施计划；结合年度中心任务，将争创一流水电企业的重点工作、目标下达到各职能部门和基层班组。加强法律工作及风险防控力度，内控体系建设取得阶段性成果，澜沧江水电公司《内部控制手册》和《风险评估报告》编制完成，基层单位内控工作全面启动。

（八）党建工作及文明建设

认真落实中国华能集团公司党建会议精神，学习贯彻党的十八大及历次全会、党的群众路线教育实践活动精神。开展党风廉政宣传教育，落实责任制，加强对执行改进工作作风有关规定和职务消费管理的监督，开展贯彻落实"八项规定"情况自查，规范党员和领导干部行为。澜沧江水电公司荣获中央企业先进集体称号，通过了云南省国资委党委2009～2012年党建工作完成情况考核，获得优秀等次；小湾电厂水库部荣获"全国工人先锋号"称号；多个单位、集体及个人荣获中国华能集团公司先进和云南省五一劳动奖状、奖章、劳动模范、工人先锋号等荣誉。

（九）和谐水电建设

进一步加强糯扎渡水电站鱼类增殖站、野生动物拯救站和珍稀植物园，以及功果桥、龙开口、黄登水电站鱼类增殖站的运行管理及鱼类人工增殖技术研究工作，顺利完成鱼类年度增殖放流和捕捞过坝任务。完成糯扎渡、龙开口水电站水库淹没区及失稳区移民搬迁安置，保障了水库蓄水至正常蓄水位。全面开展5个已投产发电项目淹地影响区移民搬迁工作，2013年累计完成移民搬迁安置7766人，征地移民投资35.53亿元。

推进平安和谐创建，排查和整治矛盾纠纷，化解突出隐患，保持无越级上访的局面，及电站施工区（电厂）及其周边的稳定。开展第七个华能澜沧江水电职工爱心基金募捐活动，近2700名（含劳务）员工踊跃捐款，募集基金184万元。与小湾等15个电站周边及有关地区400余所中小学校开展结对助学13470人·次，助学款达367万元。

（华能澜沧江水电有限公司）

湖北清江水电开发有限责任公司2013年经营管理情况

（一）概况

湖北清江水电开发有限责任公司（以下简称清江公司）拥有清江流域水布垭（装机容量4×46kW）、隔河岩（装机容量4×30.3万kW）和高坝洲（装机容量3×9万kW）3座梯级电站，共332.2万kW，2013年完成发电量46.99亿kW·h，上网电量46.60亿kW·h，上缴各项税收共4.73亿元。同时，充分利用清江梯级电站的优良水库特性，为华中电网提供了大量、优质的电力辅助服务，有效保证了华中电网的安全、稳定运行。2013年获得电力辅助服务补偿电费1400余万元，占湖北省电力辅助服务补偿电费的18%。

通过科学合理的水库调度，梯级电站均得以安全度汛，保持了较高的水能利用提高率；同时积极支持库区各项建设，在防洪、航运和旅游方面发挥了巨大的社会效益。2013年，为配合清江上游恩施州段河道清淤，3月和8月两次大幅消落水布垭库水位；为满足生态调度需要，4月两次对高坝洲库区水体进行置换，9月和10月又分别通过先发电腾库容降水位、后抬升水位的方法，促进高坝洲库区水体流动改善库区水质。湖北省长阳县旅游经济，在隔河岩库区清江画廊（国家5A级景区）的强力带动下，连续9年实现大幅增长。

（二）安全管理

2013年，清江公司总体安全生产形势持续稳定向好。梯级三电厂全年累计消缺300余项，消缺率100%。水布垭电厂机组顺利通过并网安全性评价审查会评审。自主开发了涵盖电力生产、消防、交通等方面的安全监督管理系统，实现了清江公司隐患治理、特种设备和安全工器具到期检验、应急演练、两措计划等基础安全管理工作内部可纵向监督，各单位（部室）之间可横向查询，安全管理工作更加清晰透明、有据可查。

清江公司于2012年12月被国家电监会授予电力安全生产标准化一级企业。2013年，清江公司继续按照安全生产“13要素”要求，在安全生产工作各个环节持续改进，使安全生产标准化工作常态化。

（三）工程管理

(1) 随着水布垭库（坝）区移民工程顺利通过省级终验，清江流域移民工作进入新阶段。2013年，清江公司妥善处理流域移民上访、地质灾害防治、坝区土地管理等移民相关事务，为电力生产创造了良好的外部环境。全年共拨付移民资金3645.39万元，其中，水布垭工程水库费3000万元；隔河岩工程水库费110.6万元，隔河岩库区后扶基金234.79万元；高坝洲工程水库费300万元。

(2) 委托中国水利水电科学研究院（以下简称中国水科院）开展水布垭工程水土保持设施验收技术评估服务工作。2013年5月，中国水科院会同长江委水土保持监测中心站在水布垭开展了第一次现场工作，并提出了关于水土保持设施整治方案的初步意见；11月，清江公司与中国水科院正式签约，中国水科院会同长江委水土保持监测中心站与清江公司相关部门就水土保持设施整治方案进行了沟通；12月，中国水科院正式提出关于完善完建水布垭工程水土保持设施的意见。

(3) 清江公司于2013年3月启动水布垭工程环境保护验收工作，4月委托中国水电顾问集团中南勘测设计研究院开展水布垭水电站竣工环境保护验收调查，并商谈合同。年内，该院在水布垭收集了相关资料，并进行了3次水温监测。

（四）标准体系建设

2013年，清江公司以“定先进标准、建完善体系、创良好行为”为主线，以“强化检查考核，确保标准执行”为抓手，解放思想，实事求是，务实推进企业管理各项工作。

全面梳理清江公司层面三大标准体系，完成管理标准修编77项、技术标准修编57项，收集补充国家和行业标准162项；结合清江公司实际，制定标准化工作规划、标准化考核办法及标准化内部达标评级办法。

采取全过程、全覆盖和全员参与的方式，全面检查清江公司标准体系运行情况，完成39个不合格项的整改。

清江公司作为湖北省首家电力标准化良好行为申报企业，以AAA级最高得分通过现场验收，成为华中地区第一个电力企业标准化AAA级确认单位，被专家组赞誉为“电力标杆企业”。

（湖北清江水电开发有限责任公司）

国网新源控股有限公司 2013年经营管理情况

国网新源控股有限公司（以下简称新源公司）于2005年3月31日成立，是国家电网公司的全资子公司，实行与国网新源水电有限公司一套机构、两块牌子的一体化管理模式。新源公司主要负责开发建设和经营管理国家电网公司经营区域内的抽水蓄能电站、部分常规水电站。截至2013年12月底，新源公司管理下属单位51个，分布在20个省（直辖市），电站总装机容量3116.775万kW。

（一）人力资源

深化人力资源诊断分析，加强员工队伍素质建设。加大人才储备和人力资源集约化配置力度，制定《关于促进人才有序流动的实施意见》。通过公开招聘方式引进、调配专业人才332人。加强全员培训，推行培训积分制，建立内训师制度，成立技能鉴定中心，推动“送培到企”，培训率达98.93%，人才当量密度同比提高0.01，队伍素质持续提升。

（二）安全生产

针对建设、投运“双高峰”特点，坚持把安全生产放在各项工作首位。开展“安全管理提升”活动，落实38项重点措施，整改问题338项。高质量完成春检、秋检任务，检修机组218台•次，消除三类以上缺陷2936条。成功应对松花江流域最强春汛、台风“菲特”等极端天气，确保了人身、设备和电站安全。强化网源协调和水库防汛责任，圆满完成迎峰度夏、拦洪错峰等重大保电和防汛任务，为电网安全稳定运行、地方抗洪抢险提供了优质、高效的服务保障。

（三）项目发展

圆满完成国家电网公司经营区域内20个省（市）抽水蓄能选点规划，并全部取得国家能源局批复。签订17个项目合作意向书，启动14个项目预可行性研究，协调国家能源局启动文登、天池、蟠龙项目核准程序，完成沂蒙、金寨、镇安、厦门项目可行性研究并上报核准申请，句容、阜康项目取得“路条”批复。配合国家发展改革委、国家能源局开展抽水蓄能投资、运营、电价政策研究，公司发展环境进一步优化。按照国家电网公司战略部署，划转国能生物、非粮醇电和国网绿能项目，收购湖南黑麋峰抽水蓄能电站，核心业务优势更加突出。

（四）工程建设

加强基建管控体系建设，编制发布《抽水蓄能电站地下厂房通用设计》，推广应用工艺设计、标准图集，提高了工程设计水平。深化72项标准工艺应用和质量通病防治管理，严格工程总体布置、施工总布置、关键设备参数等重大技术方案审查。加强丰满大坝重建工程组织、技术、制度体系建设，组织专家进行专项技术咨询，工程施工准备进展顺利。开工建设绩溪、丰宁、敦化项目，仙居、洪屏项目建设有序推进，福建仙游抽水蓄能电站建成投产。全年单元工程优良率93.34%，白莲河抽水蓄能电站工程荣获国家优质工程奖。

（五）经营管理

围绕效益提升和风险管控，严格预算、资产、资金、风险内控管理，推行总体和分项“双行”成本标准，经营利润创历年最高水平。实现了综合计划、专项计划和预算有效衔接，各项计划指标全面完成，资金实时归集率达99.9%。统筹开展电价研究与政策争取工作，仙游电站临时结算电价取得批复，蒲石河、琅琊山和十三陵抽水蓄能电站电价获得调整，公司盈利能力得到增强。

（六）科技工作

完成“抽水蓄能机组设备国产化技术报告”，推进抽水蓄能调速、励磁、SFC系统国产化等重大项目实施，设备国产化工作取得阶段性成果。打造行业引领能力，15项国家、行业和国家电网公司企业标准通过立项。完成专利授权115项，获得国家电网公司科学技术进步奖1项、水力发电科学技术奖2项。新源公司专家委员会开展重大项目技术、经济审查13次，强化了新源公司技术主导能力。加强信息化企业建设，数据中心正式投运，完成ERP深化应用等23个信息化项目验收。

（七）党的建设和精神文明建设

建立党工团共建区域协作机制，加强党建标准化建设，提升基层党工团组织服务公司发展的能力。开展党的群众路线教育实践活动准备工作，贯彻中央“八项规定”，制定加强作风建设28项具体措施，开展专项监督检查，集中解决“四风”问题。

新源公司系统两个文明建设取得丰硕成果，8个单位荣获全国“安康杯”竞赛优胜企业，2个单位荣获全国厂务公开民主管理先进单位，丰满发电厂起重班田文和同志被评为“中央企业劳动模范”。

（国网新源控股有限公司 韩冰）

哈尔滨电机厂有限责任公司 2013年经营管理情况

（一）概况

2013年，哈尔滨电机厂有限责任公司（以下简称哈电公司）面对复杂严峻的外部形势，积极应对，依靠全体员工的共同努力，各项工作取得明显成效。在激烈的市场竞争中，赢得了较高的市场份额。科技攻关中，完成科研课题84项，其中赶超计划课题24项；申请专利119项，获授权专利40项，其中发明专利12项。

2013年是哈电公司实施“十二五”规划的攻坚之年，面临的困难与压力越来越大。一是企业规模指标和效益指标双降，与“十二五”预期目标有很大差距；二是“四化”（集成化、多元化、信息化、国际化）建设进入决胜阶段，实现“做强主体、培育两翼”目标任重道远；三是应收账款持续上升，存货居高不下，成本支出高位运行，现金流异常紧张，很难保持经济平稳运行。总之，生产经营状态是机遇与挑战同在，压力和动力并存。

（二）市场与销售

2013年，哈电公司在国内水电市场持续低迷，仅参与5个项目的竞标。

国内销售：深圳抽水蓄能电站4台300MW抽水蓄能机组的发电电动机，中标金额38700万元；果多常规水电站4台套40MW混流式机组，中标金额8080万元。

出口国外项目产品：伊朗CHAMSHIR 3台55MW混流式机组，缅甸德铁3台38MW混流式机组，厄瓜多尔MINAS 3台90MW冲击式机组，泰国Bang Lang 2台32.3MW混流式机组，圭亚那Amaila 4台42MW混流式，伊朗Khersan Ⅲ 4台102.5MW混流式机组，苏丹Bedden 6台90MW混流式机组，哥斯达黎加Caplin 2t427MW混流式机组。

（三）质量指标

2013年，哈电公司完成水轮机25台、水轮发电机19台，按产品质量分等标准考核，其制造质量均被评定为一等品，完成了质量计划指标。新产品产值率为69%，比2012年提高3.2%，呈上升趋势。

（四）基本建设及技术改造

2013年技改项目43项，计划投资6683万元，完成38项技改专项计划的设备招标、采购、预付款支付等工作。对到货的设备及时组织安装调试，并投入运行、转固。重点项目完成情况如下：

（1）新建了成品分厂，项目建成后可形成年水轮发电机组40套、汽轮发电机50台、配套喷漆和包装等生产能力。项目建设将带来良好的经济效益，增加国家和当地财政收入。

(2) 对电力系统原有设备设施进行改造，改造后将提高系统运行的可靠性和安全性。

（五）企业管理与改革

(1) 推进管理提升工作，深入开展审查立项和对标分析，及时固化阶段性改进成果。编制二级流程1300余项，梳理554项关键控制点，建立了良性循环的制度管理系统。实施水电项目区域管理，增强项目服务的针对性，初步构建内部客户满意度考评体系。

(2) 调整组织机构，组建信息技术部和成品分厂，将质量保证部分立为体系管理办公室和质量检验部。按照"谁用谁管"原则，在先行单位开展物资集中管理工作。

(3) 优化ERP供应链系统，开展PDM/CAPP/ERP三大系统集成，强化基础数据标准化改造，ERP项目一期工程投入运行，启动ERP项目二期工程。优化供应商综合业绩评价程序，加强非公司供方准入评审。实施外包产品制造过程的临时巡检和监督，供方产品质量进一步改善。

(4) 加强对事业部和子公司的经营审计，规范工程招投标管理，严格工程决算审计，对存货和固定资产投资流程的内控做诊断和评价，完善合同移交管理，提升风险管理水平。

(5) 推进质量文化建设和绩效管理，开展群众性QC活动，提高全员质量意识。建立"质量万里行"活动和客户监造代表沟通机制，对产品生产过程及电站现场发现的问题进行综合治理，提高客户满意度。加强自检、互检和现场质量服务，规范质检人员行为，制定专项管理办法，严肃"错漏检"责任。

(6) 推进全面预算管理，统筹安排资金，严控非生产性资金支出，实现了收支平衡。财务基础管理工作不断加强，顺利通过财政部专项检查。

(7) 明确对专项计划的过程考核，通过《计划管理月报》反馈计划执行情况，对可控费用超标情况进行及时预警，确保专项计划有效执行。全面推行准时化生产，准确把握项目需求，在重点设备和工位上推行一级计划管理，实现内部工序间的紧密衔接，严格生产计划刚性考核。积极改进生产中出现的问题，以生产绩效警示的方式落实责任。

(8) 完善定员工作，实行动态管理。明确各职类任职资格标准，完成高级职级评聘工作。对薪酬管理进行系统设计，制定薪酬分配办法。

(9) 建立安全生产的技术保障机制，开展安全文化示范班组创建活动，全年无重大安全生产事故。危险废弃物无害化处置率100%，无新增职业病。能耗总量指标下降到17500t标准煤，同比降低5.2%。

（哈尔滨电机厂有限责任公司　关达生　刘保生）

广西长洲水电开发有限责任公司 2013年生产经营情况

（一）生产指标

2013年，广西长洲水电开发有限责任公司（以下简称长洲水电公司）年发电量31.87亿kW·h，完成年计划的113.8%，首次超过设计值，创历史最高。年累计耗水率36.2m^3/(kW·h)，比年计划减少5.1m^3/(kW·h)。年累计厂用电率0.55%，比年计划减少0.05%。设备利用小时5058.1h，创历史最高。

（二）安全生产

2013年，电站连续安全生产2255d，库区连续安全生产2275d，船闸连续安全生产2498d。实现了全年无事故，未发生设备、人身伤亡、电力系统、火灾、交通和环境污染等事故。

1. 枢纽防洪安全度汛　2013年枢纽入库流量超过10 000m^3/s共8次，最大洪峰流量发生在6月12日，流量21 239m^3/s，防汛形势严峻。长洲水电公司坚持抓好汛前准备、汛期检查和防汛演练。重视防汛工作的制度化，形成了15项制度、5项规程、20项预案的防汛管理制度体系。汛前安排了泄水闸失电、水淹厂房、超标洪水等11项应急演练，做好防汛设备和设施的维护检修，提前落实防汛物资、抢险机械，汛前汛后进行全面排查，及时整改发现的问题。保证了坝区、船闸、库区安全度汛，得到中国电力投资集团公司、南方公司防汛督查组和省市县防汛督查组的充分肯定。

2. 维护库区和船闸安全稳定　2013年极端天气频发，长洲水电公司加强库区13座排涝泵站、2座110kV变电站、100km输配电线路、34座涵闸、32处护岸和36座电灌站的运行维护，稳妥处理库区和坝区受强台风、强降雨影响的淹没、内涝和塌岸事件，维护人身和财产安全。加强两座千吨级船闸的通航管理，船闸全年累计开闸13 609次，通过船舶87 742艘、货量6006.2万t，开闸次数、通过船舶和货量均创造历史最高纪录。

3. 深化安全标准化建设　编制检修管理、消防管理和迎峰度夏等工作手册，制订各种安全专项检查的标准表格。启动安全健康环保体系建设，将职业健康和环境保护纳入与安全生产同样重视的高度。安全标准化建设在降低成本、提高效率、防范安全事故风险和提升员工素质等方面发挥了较大作用，被中国电力投资集团公司作为典型案例进行推广。

4. 加强缺陷、隐患排查治理　成立以总经理为组长的“安全隐患排查治理小组”，结合专项检查，开展发现缺陷、治理隐患活动，每月通报和考核。全年发现缺陷2304项，消除2276项，发现隐患147项，消除122项。高标准完成5台机组B级检修、7台机组C级检修和3台主变压器检修，消除了机组轴瓦脱落、受油器摆度大、大轴法兰漏油和220kV主变压器末瓶放电等缺陷。

5. 加强应急管理　建立应急预案管理体系，共开展防汛、全厂停电、水淹厂房、消防和地震应急疏散等应急演练28次，员工的应急能力得到提高。

（三）深入开展管理提升活动

2013年，长洲水电公司认真总结历年管理经验，提出“标准化、精细化”管理理念。一年来，员工的管理逐渐规范，队伍执行力显著提高，管理水平稳步提升。

成立企业标准化管理委员会，负责各类标准的审核发布，基本形成技术标准、管理标准和工作标准的体系框架。

开展“执行力、协同力、凝聚力”建设和提高“管理、责任、质量”意识主题活动。组织中层干部集中培训，领导班子逐一授课；全年组织员工培训35次，开展“技术比武”活动2次。组织合理化建议评审，从62项合理化建议中评审出二等奖2名，三等奖3名，优秀奖5名。

强化过程管理和闭环管理，领导班子坚持每周一深入生产现场检查督导，及时对执行情况进行修正、纠偏，帮助解决管理中存在的问题。每月将公司重点工作分解到部门。专题研究和严格执行绩效考核，使绩效评价体系真正起到导向、激励、约束作用。

（四）规范经营管理

长洲水电公司以增发电量为核心，加强预算和合同管理，财务指标创历史最好水平。2013年上缴各种税费2.23亿元，创历史最高。

每月组织发电运行经济分析，开展增发电量劳动竞赛。依托水情自动化测报，研究梯级水库调度衔接，精细管理腾库、错峰、拦洪尾和抬高汛末水位。在减小拦污栅水头损失、实时调节机组参数和优化三江分流比等方面增加发电效益。全年增发电量1.3亿kW·h。

加强预算执行过程的跟踪与分析，不断提升降本增效能力。全年营业成本预算执行程度达99.47%，各项成本费用处于可控状态。

重视合同管理，有效防范合同签订和执行中的法律风险。将合同立项审批和合同会签等流程固化在OA办公系统，切实把好市场调研、询价、谈判、审查、履行、结算和归档等环节，相关岗位既相互协作又相互监督。

（广西长洲水电开发有限责任公司）

12

水电站生产运行

电力生产及管理

中国长江电力股份有限公司2013年电力生产情况

2013年，中国长江电力股份有限公司（以下简称长江电力公司）顺利完成溪洛渡水电站首批12台机组和向家坝水电站3台机组共15台机组的高强度接机发电任务，新增受委托管理机组装机容量1065万kW，占全国水电新增发电装机容量2993万kW的35.6%；运行管理的发电装机总容量达到3927.5万kW，占全国水电发电装机容量28 002万kW的14%；总台数达到74台（含受委托运营管理机组），其中70万kW及以上级巨型机组已经达到50台。

溪洛渡—向家坝梯级电站成功应用“调控一体化”管理模式，新投产机组实现了“零非停”；三峡—葛洲坝梯级电站管理水平持续提升，三峡地下电站实现无人值班，葛洲坝电站可靠性指标保持行业领先；专业化公司服务工程建设和电力生产，为机组投产发电提供了优质服务。长江电力流域巨型电站群电力生产管理格局基本形成。

（一）发电量完成情况

2013年，三峡—葛洲坝梯级水库来水总量为3678.13亿m^3，平均流量11 700m^3/s，较多年均值（14 300m^3/s）偏枯18.5%，为三峡水库建库以来第三枯水年份。在长江上游来水比多年平均值偏枯的不利情况下，长江电力公司管理的水电站总发电量达到1282.457 2亿kW·h，占全国2013年水力发电量8963亿kW·h的14.3%（即七分之一），较2012年同期1163.216 4亿kW·h增加10.25%。其中，三峡电站完成发电量828.268 7亿kW·h（含三峡电源电站4.5916亿kW·h），较2012年同期减少18.45%；葛洲坝电站完成发电量158.602 5亿kW·h（含葛洲坝自备电站1.364 3亿kW·h），较2012年同期减少5%；溪洛渡水电站当年投产当年发电111.8.40亿kW·h，向家坝水电站完成发电量183.7820亿kW·h。2013年10月14日，三峡电站累计发电突破7000亿kW·h，累计对下游补水超过900亿m^3。

这一年，三峡—葛洲坝梯级电站全年节水增发电量54.77亿kW·h，水能利用提高率为5.70%。其中，三峡电站节水增发电量为44.31亿kW·h，水能利用提高率为5.45%；葛洲坝电站节水增发电量为10.46亿kW·h，水能利用提高率为7.06%，节水增发和水能利用取得明显成效。向家坝电站节水增发电量6.97亿kW·h，水能利用提高率3.94%，充分发挥了流域梯级电站群的综合效益。

（二）安全生产情况

2013年，长江电力公司设备可靠性情况见表1，电力生产保持良好运行局面，全年未发生电力安全事故、电力人身死亡事故、设备事故。葛洲坝电站实现了安全生产10周年，通过了电力生产标准化达标复查等既定安全目标，连续安全生产3932d。溪洛渡电厂实现连续安全生产419d，向家坝电厂实现连续安全生产673d。

表1　设备可靠性情况表

电站名称	机组台数	利用小时(h)	可用小时(h)		停运小时(h)						等效可用系数(%)
			运行小时	备用小时	计划停运		非计划停运		强迫停运		
					次数	小时	次数	小时	次数	小时	
三峡电站	32	3812.59	4057.82	4153.28	1.23	548.00	0.32	0.90	0.23	0.64	93.73
三峡电源电站	2	4591.64	5171.58	3122.58	1.00	465.85	0	0	0	0	94.68
葛洲坝电站	21	6245.53	6690.68	1737.33	0.93	331.87	0.05	0.12	0.05	0.12	96.21
葛洲坝自备电站	1	6821.50	7715.22	352.80	2.00	691.98	0	0	0	0	92.10
向家坝电站	3	6343.31	7344.32	787.34	2.33	628.34	0	0	0	0	92.83
溪洛渡电站	12	1260.40	1823.90	411.48	0.75	110.54	0	0	0	0	95.29

2013年，长江电力在2012年接管向家坝水电站3台机组的基础上，顺利接管了溪洛渡—向家坝梯级电站15台巨型机组。这些机组成功实施“调控一体化”模式，解决了“一库两站两调”的调度难题，确保了电能顺利外送。

面对电站边安装、边调试、边运行的特点，长江电力公司深入践行“建管结合、无缝交接”管理理念，与工程建设各方密切协作，密切监视机组运行工况，及时对设备缺陷进行分析和处理。两电站全年共消除各类设备缺陷2014项，办理工作票9695余张，完成操作票5730张，操作项数203 402项，开停机533台·次，均圆满实现了全年零非停目标。

（三）其他有关情况

1. 溪洛渡电站半年投产装机容量924万kW，刷新世界纪录 2013年，按照工程计划，溪洛渡水电站拟投产10台机组。7月15日，右岸电厂13号机组首先正式投产，至12月29日左岸电厂4号机组正式移交，左、右岸电厂已各有6台机组投产，超额完成原定目标。溪洛渡水电站工程6个月高密度地投产12台机组、924万kW，刷新了三峡电站创造的单项水电工程年投产装机容量500万kW的世界纪录，其中7月创造了单月投产4台77万kW巨型水轮发电机组新的世界纪录。2013年底，已投产的12台机组均进入商业运行阶段。

2. 三峡水库第四次蓄水至175m正常蓄水位 2013年11月11日14时，三峡水利枢纽工程水库连续第四次成功蓄水至175m水位，历时62d，累计蓄水量153.8亿m^3。2013年度175m蓄水，面临比以往更复杂、更不利的局面：一是与上游水库同步蓄水，如金沙江溪洛渡、向家坝和雅砻江的锦屏一级水电站等都在三峡水库蓄水期间开展蓄水进程；二是10月三峡水库入库流量遭遇了有记录以来（1882年）历史同期最枯流量。长江电力公司加强三峡水库蓄水优化调度研究，统筹优化流域梯级水库群的蓄水时机及调度方式，成功实施了溪洛渡、向家坝、三峡水库三库联合蓄水，进一步提高流域水库群科学调度水平，整个蓄水过程平稳有序，较好处理了防洪、发电、航运和补水之间的关系。

3. 向家坝水库首次到达380m正常蓄水位 2013年9月7日9时，向家坝水电站从372m开始实施第三期也是最后一期蓄水计划，9月12日8时40分顺利完成蓄水目标，上游库区水位抬升至正常蓄水位380m。此次蓄水涨幅8m，控制水位日变幅不大于3m，大坝下泄流量控制不小于2600 m^3/s，增蓄库容9亿m^3，水位至380m时的总库容为49.77亿m^3。蓄水期间，向家坝水库上游来水量增大，最大流量达到11 000m^3/s，为了保证蓄水工作的顺利进行，向家坝水电站在保证4台机组75万kW出力大负荷稳定运行的前提下，联合运用泄洪中、表孔进行泄洪。向家坝工程共分3期建设，水库亦按354m、370m和380m 3个水位分期蓄水。2012年10月10日进行了第一期354m蓄水，水位提升了76m，用时6d。第二期蓄水在2013年6月26日，水位从356m抬升至370m，涨幅14m，用时9d。

4. 溪洛渡水库第二阶段蓄水至560m高程 2013年12月8日17时2分，溪洛渡水库成功蓄水至560m，圆满完成第二阶段蓄水任务。溪洛渡水库总库容为126.7亿m^3，蓄水分为3个阶段；第一阶段蓄水至540m高程，第二阶段蓄水至560m高程，第三阶段将抬升至600m正常水位。第二阶段蓄水从11月1日9时开始，除机组发电过流外，其他泄洪孔口均关闭，按计划每天小幅度提升水位，12月8日达到防洪限制水位560m，用时38d。蓄后库容达到69.23亿m^3，占整个库容50%以上，为金沙江流域最大的水库。蓄水期间库区震动及拱坝位移情况均保持在设计预测值范围内，库区居民生活与航运状况正常。

（中国长江电力股份有限公司 谢兴发）

黄河上游水电开发有限责任公司所属大中型水电站2013年生产管理情况

（一）班多水电站

2013年，实现安全生产365d，到年底连续安全运行达808d。全年累计完成发电量12.91亿kW·h，完成调整计划的99.30%。综合厂用电率0.65%，机组台年利用小时为3585.98h，机组等效可用系数完成90.05 %，发电耗水率10.21m^3/（kW·h）。

加强设备检修管理，完成机组C级检修2台·次、D级检修2台·次、线路定检1条·次；期间，开展了机组检修过程质量监督和技术改造工作。加大隐患排查力度，排查一般隐患161项、重大隐患4项，其中发现330kV Ⅰ母线V相TV谐振引起的异声和发热、排沙孔无法正常工作等重大隐患；通过日常维护与设备检修，组织消除设备缺陷242项。

制定了《2013年度防汛抗震工作安排》，组织开展了防汛应急演练与水淹厂房演练，提高应急处置能力，使电站在“8·21”局地暴雨中经受住了考验；积极与电网调度和水库调度进行联系沟通，合理安排运行方式，提高机组负荷率，尽量减少弃水；完成了机组拦污栅清污及拉杆安装工作。

2013年内修订完成技术标准90部、工作标准63

部、管理标准157部、运行图册1册、综合应急预案1部、专项应急预案23部、现场处置方案11部，并发布执行。

（二）龙羊峡水电站

2013年，发电量69.63亿kW·h，完成年计划的100.47%；厂用电率0.71%，比考核指标低0.02个百分点；发电耗水率3.12 m^3/（kW·h），较年计划值降低0.06 m^3/（kW·h）；运行负荷率77.59%，较考核值提高7.59个百分点；完成全年“七个不发生”的安全生产与环保考核目标。

认真开展安全生产标准化达标评级工作，分公司通过了西北电监局《电力安全生产标准化达标》一级企业的评级工作。

结合安全生产隐患排查治理，加大设备维护和消缺力度，2013年电站累计消缺127项，主设备消缺率100%，辅助设备消缺率100%；全年共排查各类隐患128项，治理128项。

强化设备检修管理，年内完成机组C级检修4台·次、D级检修2台·次、330kV线路定检预试5条·次，设备健康水平不断提高。

修订发布分公司管理标准95部、应急预案20部、技术标准99部、工作标准85部；完成了《青海境内水电站事权界定手册》编写工作。在积极参加培训中心举办的各类培训班的同时，分公司举办各类培训班共18期，员工共参加外出培训52人·次。

（三）拉西瓦水电站

2013年，全年发电114.46亿kW·h，完成年调整计划的100.5%；发电耗水率为1.91 m^3/（kW·h），较年计划值降低0.05 m^3/（kW·h）；综合厂用电率0.42%，较指标值降低0.06个百分点；运行负荷率53.92%，较指标值提高了0.92个百分点。实现了“七个不发生”目标，年内实现安全365d，到年底连续安全运行1695d。全年累计调频6447.18h，设备利用小时数2911.14h。

年内完成机组B级检修1台·次、C级检修4台·次、D级检修3台·次、消除缺陷138条，两票合格率及主设备消缺率均达到100%，辅助设备消缺率98%，机组安全、稳定运行水平得到提高。

扎实开展电站隐患排查治理以及安全生产标准化达标问题整改工作，全年发现一般隐患111项，整改109项，整改率98.2%。安全生产标准化达标取得了“二级企业”称号。

组织开展了“三标一册”修编工作，共修订管理标准133部、工作标准65部、技术标准78部、突发事件综合应急预案1部、专项应急预案18部。通过竞聘、聘任，分公司顺利完成了6名辅业划转职工及44名职工的岗位竞聘调整工作。

作为中国电力投资集团公司（以下简称集团公司）安健环体系建设试点单位，组织开展了安健环危害辨识与风险评估、管理标准编写、作业指导书编写、任务观察、行为干预培训及管理等阶段工作，完成了风险数据库汇编，起草编制了管理标准73部、作业指导书74份、作业安全分析单40份。

（四）李家峡水电站

2013年，发电量67.13亿kW·h，完成年计划的105.79%，完成调整计划的100.68%；综合厂用电率0.39%，与计划值持平；发电耗水率3.23 m^3/（kW·h），较计划值低0.06 m^3/（kW·h）；运行负荷率71.95%，高于计划指标8.95个百分点；非汛期平均运行水位2179.18m，较计划指标低0.82m；年度生产工程完成率98.5%，高于计划指标3.5个百分点；办公区用电量780.71万kW·h，比计划指标低119.29万kW·h。全年完成“七个不发生”的安全生产责任目标，安全运行365d，到年底连续安全运行4956d。

着力加强安全生产标准化建设。在2009版技术标准的基础上，及时修订、补充发布了87项技术标准。年内完成了电站综合应急预案、16部专项应急预案和64部现场处置方案的修订和完善，综合应急预案和专项应急预案通过西北电监局组织的现场评审。

修订完善了《李家峡发电分公司班组建设实施细则》，对班组例行工作表单、设备台账格式进行明确要求和规范，提高班组安全管理水平。

大力营造电站安全氛围，重点解决安全管理方面存在的突出问题和隐患，年内共发现设备缺陷184项，消除176项，消缺率95.65%。在以“全覆盖、零容忍、严执法、重实效”为主要内容的安全生产大检查工作中，查出存在问题和隐患89项，整改81项，需立项进行整改的8项已按程序上报。

认真研究、解决影响电站安全生产的难题。年内由分公司维护部实施的保护、自控项目全部按要求进行并顺利完成，重点解决了长期未能解决的330kV系统TV切换屏换型改造、三孔泄水闸门远方控制等项目。

全年完成跨年度机组A级检修2台·次、C级检修2台·次、D级检修4台·次；完成了1号发电机组励磁系统换型改造等一系列技术改造项目；按计划完成了4条330kV送出线路的检修预防性试验工作。

汛前重点完成了2012年水毁工程修复工作、电站第二轮大坝定检Ⅰ期工作、电站黑启动试验及柴油发电机的安装、调试，保证了电站安全度汛。

开展增发电量分析和节能降耗活动，以保证发电设备的经济运行和可靠性，全年节水3.937亿 m^3，节水增发电量 1.22 亿 kW·h。

（五）公伯峡水电站

2013 年，全年完成发电量 58.97 亿 kW·h，完成计划的 100.39%；综合厂用电率 0.49%，较计划值低 0.08 个百分点；办公区用电量 430.26 万 kW·h，较计划值低 119.74 万 kW·h；耗水率 3.78 m^3/(kW·h)，较计划值高 0.02 m^3/(kW·h)；生产工程完成率 86.11%，较计划值低 8.89 个百分点；运行负荷率 79.73%，较计划值高出 5.73 个百分点。

2013 年内，电站发生一起一般人身重伤事故，安全生产记录为 281d。按照“四不放过”的原则，对分公司“3·20”安全事件进行了调查和剖析，对相关责任人员进行了处理，组织开展了反违章大会战、安全生产责任制大讨论、安全教育培训月等活动，对在“反违章大会战”中发现的 2 起违章及不合格工作票进行了曝光和考核。

按照“反措”工作要求，组织编制、发布了 19 部设备反事故控制措施；根据《电力企业综合应急预案编制导则》，对分公司 17 部应急预案进行了修订和完善，于 2013 年 7 月中旬通过评审正式发布，并向地方安全监管机构进行了备案。

配合国家能源局大坝安全监察中心在分公司召开了公伯峡水电站大坝安全首次定检的末次会议，完成了大坝安全注册换证现场检查工作。

积极开展设备消缺工作，2013 年电站共发现设备缺陷 167 项，消除 165 项，消缺率 98.8%。认真组织机组检修工作，完成 B 级检修 1 台·次、C 级检修 4 台·次、D 级检修 4 台·次。完成了分公司设备 KKS 编码工作，编码范围覆盖机械、水工、金属结构、电气一次、电气二次等专业，共计完成编码 35260 条，其中系统级编码 1982 条、设备级编码 15145 条、部件级编码 18133 条，设备管理手段更加规范完善。

加强生产工程项目管理，年内下达生产工程项目 36 项，共完成 31 项，完成率 86.11%。

持续开展标准化建设工作，初步建立了较为科学、全面的企业标准体系，体系内共收集 100 项国家法律法规、4 项国际标准、1073 项国家行业标准、360 项分公司自行制定的企业标准（其中：技术标准 94 项、管理标准 165 项、工作标准 101 项）。安健环体系建设，年内共完成 43 部作业指导书、75 部管理标准、105 项作业安全分析表单、1 部管理手册的编制工作。

努力提高员工队伍的整体素质。根据黄河上游水电开发有限责任公司（以下简称黄河公司）“员工职业发展双通道建设”精神，年内分公司有 2 位员工正式通过技术带头人、技能带头人的评审及审批。年内组织员工参加集团公司及黄河公司培训中心承办的各类培训 88 人·次，共计 3041 个课时；分公司自行组织培训 6 期，参加 120 人·次，共 22 课时；投入各类培训经费 26.42 万元。

2013 年，分公司获得了 2010～2012 年度青海省“精神文明单位”、2012 年度全国“安康杯”劳动竞赛先进单位、2012 年度全国大型水电厂劳动竞赛“节能环保”先进单位等荣誉称号。

（六）苏只水电站

2013 年，全年实现“七个未发生”目标，实现安全生产 365d，电站长周期安全生产记录达 2921d。全年发电量 10.35 亿 kW·h，完成调整后年计划的 100.43%；综合厂用电率 0.79%，低于计划值 0.09 个百分点；发电耗水率耗水率 21.16 m^3/(kW·h)，低于计划值 0.34 m^3/(kW·h)；运行负荷率 77.68%，高于计划值 7.68 个百分点；机组台年利用小时为 4602.15h；机组等效可用系数完成 94.20%，比 2012 年降低 0.22 个百分点；保护、自动装置投入率及正确动作率 100%；技术监督完成率 100%。全年共发现设备缺陷 219 项，消除 209 项，缺陷消除率 95.24%；办理工作票 319 张，执行操作票 632 张，两票合格率 100%。

安健环体系建设全面系统开展。制定实施了建设方案，编写完成多部专项应急预案；完成了“三规一册”的编制，编写了规程，绘制运行图纸，健全完善了管理规定、技术资料，规范了工作程序和操作流程。

加大电费回收力度，实现当年电费回收 100%；修订了物资管理办法，对物资进行梳理、盘点、统计，做到账、卡、物一致，并对报废物资进行核实、鉴定，提高了资产利用率。

（七）积石峡水电站

2013 年，全年实现“七个未发生”安全生产目标，发生设备一类、二类障碍各 1 次；实现安全生产 365d，电站长周期安全生产记录达 1184d。全年发电量 35.54 亿 kW·h，完成调整后年计划的 100.41%；综合厂用电率 0.56%，低于计划值 0.14 个百分点；发电耗水率 6.38 m^3/(kW·h)，低于计划值 0.01 m^3/(kW·h)；运行负荷率 68.74%，高于计划值 8.74 个百分点；机组台年利用小时为 3484.48h；机组等效可用系数完成 87.53%；保护、自动装置投入率及正确动作率 100%；技术监督完成率 100%。全年共发现设备缺陷 268 项，主、辅设备缺陷消除率分别为 100%、98.51%；办理工作票 1366 张，执行操作票 1481 张，两票合格率 100%。

全年各类安全检查共查出不符合项 200 项，已完成整改 194 项。共排查出各类隐患 70 项，已治理 69

项。全年发现各类缺陷268项，消除264项，转待消4项，缺陷总数较2012年减少了124项，同比降低了31.63%。电站机电设备健康水平得到了大幅提高。

全年共完成机组检修7台·次，线路检修2次。处理了机组接力器油管路焊缝探伤不合格、压油泵出口管路渗油、2号机事故配压阀操作电磁阀底板渗油、3号机技术供水四通转阀电动操作过转矩等一批影响机组安全稳定运行的隐患和缺陷。

承办了黄河公司2013年度防汛应急演练，提高了应急队伍的快速反应能力和应急处置能力。

2013年，实施生产工程项目共计33项，项目完成率100%，资金完成率94.03%。

加强消防安全和交通安全管理。开展消防专项检查3次，消防应急演练2次，及时补充消防器材220具。

认真梳理、完善、修订，制定内部各类标准426项；绘制了主系统和公用系统图册；收集各类上级标准（含法律法规，通用基础标准）1094项。

全年共举办各类培训班34期，培训相关人员963人·次。参加集团公司高培中心和黄河公司培训服务中心组织的培训48期，培训相关人员96人·次。全年共计完成培训课时6123课时。

结合建章立制工作，修订和增订了4部档案管理类制度，补充完善档案分类大纲及保管期限。开展档案员业务知识培训2次，召开档案专题会议3次，并对组归档情况进行自查整改。全面梳理了自分公司成立至今各类档案的组归档工作，共形成文书档案914件、科技档案153卷、会计档案65件、实物档案10件。

（八）盐锅峡水电站与八盘峡水电站

2013年，盐锅峡、八盘峡两水电站全年发电量共计36.52亿kW·h，完成年计划的100.73%，创历史新高。盐锅峡水电站发电水耗10.79 m^3/（kW·h），较年计划降低0.5 m^3/（kW·h）；综合厂用电率0.82%，比年计划降低0.12个百分点；等效可用系数96.67%，机组台平均利用小时数5332h，非计划停用次数0次，运行负荷率92.94%，较年计划提高12.94个百分点。八盘峡水电站发电水耗28.12 m^3/（kW·h），较年计划上升1.04 m^3/（kW·h）；综合厂用电率1.03%，比年计划降低0.11个百分点；等效可用系数92.62%，机组台平均利用小时数4827h，非计划停用次数0次，运行负荷率80.57%，较年计划提高10.57个百分点。盐锅峡水电站发现缺陷223项，消除221项，消缺率99.1%；发现隐患21项，治理21项，治理率100 %。八盘峡水电站发现缺陷598项，消除595项，消缺率99.49%；发现隐患6项，治理6项，治理率100 %。两站安全生产局面稳定，完成了综合业绩考核目标。

全年工程项目共82项，完成76项（跨年度项目6项），重点完成了盐锅峡2号机组增容技术改造、八盘峡3号机组A级检修、盐锅峡大坝自动化观测系统改造等项目。

完成了121项制度的修编工作，提高了制度的有效性和可操作性。加强教育培训工作，全年共举办23期培训班和2期班组长以上人员拓展训练班，共有711人·次参加培训；组织参加上级和行业等外部培训61期，共有145人·次参加培训。全年共有112人取得了相应岗位资格证和技能证书。

（九）青铜峡水电站

2013年，完成发电量12.78亿kW·h，完成年计划的101.76%；综合厂用电率、发电计划完成率等指标完成较好；耗水率同比降低0.75 m^3/（kW·h）；年内发生设备一类障碍2次。

加强技能人才队伍建设，年内有49人完成特种作业资格复证、取证工作，43人完成运行调度资格复证、取证工作；启动了专业技术人员、技能人员双通道建设工作。

全年完成了A级检修1台·次、B级检修2台·次、C级检修3台·次、D级检修3台·次，机组检修计划完成率实现100%目标。

全年生产工程项目计划24项，已完工23项，完成率95.83%。

认真有序组织防汛度汛工作。组织实施了汛末拉沙，出库总输沙量达到435.42万t，有效清除坝前淤积体。

积极开展大坝安全监测和水工建筑物的补强加固，组织完成7孔溢流坝堰面和伸缩缝、水下部分检查和5、6号泄水管底板补强加固，以及3、4号主厂房及电缆廊道防渗漏工作。组织召开了第四次大坝定检第一次专家组会议，制定了水电站大坝安全第四轮定期检查工作大纲。

有序推进技术改造工作，组织召开了2、3、7号机组技术改造三次设计联络会，完成了水轮机的设计选型；配合完成了机组现场测量、1号水轮机组协联试验等工作，完成2、3、7号机部分主辅设备的采购招标工作，为2014年7号机组技术改造顺利开工奠定了基础。

完成了青铜峡、唐渠水电站并价工作，调整电价已执行到位，并价后电站机组运行方式将进一步优化，有效地降低水耗、多发电。加强内外部协调力度，电费回收率达到100%。

（黄河上游水电开发有限责任公司　许为宁）

雅砻江流域水电开发有限公司 2013年电力生产情况

(一)新机组投产情况

2013年,雅砻江流域水电开发有限公司(以下简称雅砻江公司)共新投产7台60万kW机组,分别为官地水电站4号机组,锦屏一级水电站6、5、4、3号机组及锦屏二级水电站3、4号机组,并按要求开展新机组并网安全性评价工作,及时办理了转入商业运营手续。2013年3月25日,官地水电站最后一台机组4号机组并网发电;8月24日,锦屏一级水电站首台机组5号机组正式并网发电。截至2013年12月31日,雅砻江公司总装机容量达到1050万kW,分别为二滩水电站330万kW,官地水电站240万kW,锦屏一级水电站240万kW,锦屏二级水电站240万kW。新投产机组运行情况总体稳定,并创造了较好的经济效益。

2013年7月,雅砻江公司集控中心在成都成功远控锦屏二级水电站,从而实现了对雅砻江下游二滩、官地、锦屏二级水电站的远程集中控制。

(二)安全生产情况

2013年,雅砻江公司以NOSA建设为抓手,狠抓新投产电站现场安全文明环境整治和新投产机组缺陷和隐患排查治理工作,加大技术管理力度,安全生产情况总体良好。截至2013年12月31日,雅砻江公司各电力生产单位电力生产长周期安全运行天数分别为:二滩2287d、官地641d、锦屏369d、集控中心739d。

(三)水库运行情况

2013年,雅砻江流域锦屏一级—二滩段来水属平偏枯系列。二滩水库(为季调节水库)天然来水频率为62.9%,比2012年来水偏少18.1%,全年平均入库流量为1325m^3/s,全年最大入库洪峰流量为5500m^3/s,入库总水量为417.8亿m^3;锦屏一级水库(为年调节水库)天然来水频率为59.7%,比2012年来水偏少27.1%,全年平均入库流量为1122m^3/s,入库总水量为353.8亿m^3。

2013年,锦屏一级水库仍处于工程蓄水阶段,7月中旬水库蓄至死水位1800.0m高程,10月中旬水库水位蓄至1839.6m高程,完成全年工程蓄水目标任务(1840m高程);二滩水库年初水位为1198.41m高程,4月下旬水库消落至年度最低水位1156.44m高程(死水位为1155m高程),9月下旬水库水位蓄至正常高水位1200m高程,年末水位为1198.14m高程。

(四)发电情况

2013年,雅砻江公司完成发电量380.78亿kW·h,其中,二滩水电站完成发电量152.22亿kW·h,比2012年增加15.19亿kW·h;正处于新机投产阶段的官地水电站完成发电量99.16亿kW·h,锦屏一级水电站完成发电量25.48亿kW·h,锦屏二级水电站完成发电量103.91亿kW·h。

(五)技术指标

1. 主设备完好率 2013年,二滩、官地、锦屏一级、锦屏二级水电站主设备完好率均为100%。

2. 机组等效可用系数 2013年,二滩机组等效可用系数为90.13%,比2012年降低5.09%,主要原因为机组计划检修时间多于2012年同期。处于新机投产阶段的官地水电站机组等效可用系数为84.94%,锦屏一级水电站、锦屏二级水电站机组等效可用系数分别为95.72%、93.33%。

3. 发电设备平均利用小时数 2013年,二滩水电站发电设备平均利用小时数为4612.86h,比2012年增加400.29h,主要原因为发电量同比增加。处于新机投产阶段的官地水电站发电设备平均利用小时数为4381.58h,锦屏一级水电站、锦屏二级水电站发电设备平均利用小时数分别为5179.05、7068.04h。

4. 发电耗水率 2013年,二滩水电站发电耗水率为2.36m^3/(kW·h),与2012年持平。处于新机投产阶段的官地水电站发电耗水率3.43m^3/(kW·h),锦屏一级水电站、锦屏二级水电站发电耗水率分别为2.21、1.33 m^3/(kW·h)。

5. 生产用厂用电 2013年,二滩水电站生产用厂用电量为2667.26万kW·h,生产厂用电率为0.18%,比2012年降低0.02%。处于新机投产阶段的官地水电站生产用厂用电量为811.60万kW·h,生产厂用电率为0.08%;锦屏一级水电站生产用厂用电量为277.01万kW·h,生产厂用电率为0.11%;锦屏二级水电站生产用厂用电量为917.23万kW·h,生产厂用电率为0.09%。

(六)检修与改造情况

1. 机组检修 2013年,雅砻江公司完成二滩水电站6号机组A级检修及5台机组C级检修、5033断路器及其间隔设备大修,并配合电网完成二榄二线及二普一线检修;完成官地水电站3台机组C级检修,并配合电网完成官月一线及官月二线检修;配合电网完成锦屏二级水电站东锦一线、东锦二线检修。

2. 技术改造 2013年,雅砻江公司完成二滩水电站3台机组发电机—变压器组保护改造及2台机组500kV电缆保护改造,下半年开始实施电站计算机监控系统改造;配合电网完成官地水电站侧官月一线及官月二线加装融冰短接隔离开关。

（七）管理制度情况

2013年，为适应流域电力生产需要，雅砻江公司全面修订了电力生产管理制度，并新制定了2项制度。同时，进一步加大电力生产技术标准建设力度，对原有的技术标准进行了修订，并新制定了5项技术标准。雅砻江公司各电力生产单位按要求对本单位制度进行了全面修订完善。

（雅砻江流域水电开发有限公司 雷传友）

向家坝水力发电厂2013年生产情况

向家坝水力发电厂（以下简称向家坝电厂）属于中国长江电力股份有限公司，主要负责向家坝电站的运行维修管理、实物资产管理和生产成本控制，2009年4月开始筹建，2012年2月27日正式成立。

向家坝水电站是金沙江梯级开发中的最末端电站，坝址位于四川省宜宾县和云南省水富县交界的金沙江峡谷出口处，以发电为主，兼顾防洪、改善通航条件、灌溉，同时具有拦沙和对溪洛渡电站进行反调节等作用。电站拦河大坝为混凝土重力坝，坝顶高程384m、长度896.256m，最大坝高162m。电站左、右岸分别安装4台单机容量为80万kW的水轮发电机组，总装机容量640万kW，多年平均发电量308.8亿kW·h。工程于2006年11月正式开工，2012年10月首批机组投产发电，计划于2015年全部建成竣工。

2013年，向家坝电厂在2012年已接管运行3台机组的基础上，顺利完成了右岸电站5号机组及左岸电站1、2号机组共3台机组的接管运行。截至2013年12月31日，6台机组运行稳定，右岸电站4台巨型机组全部实现了“首稳百日”，并在汛期连续满负荷运行121d。全年未发生一般及以上事故、人身重伤事故和人员责任障碍，安全生产实现“零非停”；提前21d完成全年发电任务，累计发电量达到183.8亿kW·h，超发电10.5亿kW·h，创造了新电站新机组“首稳百日”和全年“零非停”的新纪录。

2013年，向家坝电厂主要生产情况如下：

（1）1月16日，8、7、6号机组通过并网安全性评价。

（2）2月13日16时30分，7号机组连续安全稳定运行100d，实现了世界首台单机容量80万kW水轮发电机组“首稳百日”目标。2月27日18时和4月3日14时，8号机组和6号机组分别实现了“首稳百日”目标。

（3）4月12日，向家坝大坝全线浇筑到顶，达到设计高程384m。

（4）5月，向家坝电厂荣获云南省“五一劳动奖状”；6月，在全国企业应急救援知识竞赛活动中，向家坝电厂获得由国家安全监管总局颁发的“优胜单位”奖。

（5）7月4日，由中国长江三峡集团公司与中国西电集团公司共同研发的国产大容量六氟化硫发电机断路器成套装置（ZHN10－24/Y25000－130型发电机断路器）在向家坝左岸电站开始安装，填补了我国在大型电站发电机断路器自主研制及成功应用的空白。

（6）7月5日3时，电站蓄水至370m高程。

（7）9月7日23时45分，5号机组自正式投产发电以来连续安全稳定运行100d，右岸电站4台80万kW巨型机组全部实现了“首稳百日”目标。

（8）9月12日8时40分，顺利完成了工程建设以来首次380m高程蓄水，上游库区蓄水位达到设计高程。

（9）10月24日和12月27日，我国自主设计制造的1、2号机组分别完成72h试运行，电厂接管，正式投产运行。12月31日，1、2号机组通过了并网安全性评价。

（10）12月31日24时，向家坝电厂全年共发电183.8亿kW·h，安全生产实现“零非停”。

（向家坝水力发电厂）

向家坝水电站2013年蓄水设计及实施情况

（一）工程进展

向家坝水电站2012年10月10日下闸蓄水，2012年10月16日蓄至初期发电水位354m附近运行。2012年共有3台机组投产发电。

2013年向家坝水电站仍处于初期运行期。继2012年投产3台机机组后，2013年陆续投产3台机组；2013年4月承担大坝挡水的坝体全线浇筑至坝顶高程384m；2013年12月泄洪表孔弧门和启闭机全部安装调试完毕（泄洪中孔弧门和启闭机已于下闸蓄水前安装调试完毕）；通航建筑物在建。

（二）2013年蓄水计划

向家坝水电站2013年计划并实施了两次蓄水，6～7月由初期运行水位354m蓄水至死水位370m，9月由水位370m蓄水至正常蓄水位380m。

1.354～370m蓄水计划

（1）蓄水原则与方案：在满足工程防洪度汛安全要求的前提下，尽量减轻蓄水对下游的影响，尽快蓄水至370m。为与上游溪洛渡水库蓄水时间相互错开，向家坝水库在溪洛渡水库蓄水至540m之后紧接着开始蓄水。根据溪洛渡水库蓄水计划，6月下旬蓄至死水位540m，因此，向家坝水库考虑了6月21日和7月1日开始蓄水两个方案。

（2）蓄水控制要求：根据下游用水调查分析成果及河道生态基流要求，蓄水期间最小下泄流量应不小于1200m³/s。通过与航运部门多次协商和沟通，蓄水期间下游河道水位最大日变幅暂按不超过3m/d控制，最大小时变幅按不超过1m/h控制，库水位上升速率按不大于3m/d控制。根据2013年4月28日交通运输部水运局《金沙江溪洛渡水电站航运调度方案》审查意见，溪洛渡蓄水期间，向家坝最小下泄流量由1400m³/s逐步增加到1800m³/s；6月下旬向家坝最小下泄流量不小于2600m³/s。根据该意见，向家坝354～370m蓄水期间最小下泄流量按2600m³/s考虑。

（3）蓄水时间：经计算，当遭遇偏丰水年时，按上游水位变幅不超过3m/d控制，下泄流量均大于2600m³/s，蓄水时间6～7d；当遭遇偏枯水年时，按最小下泄流量在2600m³/s左右下泄，蓄水时间7～8d。

（4）蓄水过程闸门调度方案：蓄水过程分为3个阶段。蓄水开始阶段，通过闸门调度，下泄流量从天然流量逐步调整至蓄水流量；蓄水阶段，考虑上下游水位变幅要求，按不小于设计最小下泄流量下泄，水库蓄水；蓄水结束阶段，通过闸门调度，下泄流量逐步调整泄量至天然流量。根据已投运泄水建筑物实际情况，在蓄水开始和结束阶段按满足下游水位日变幅不大于3m/d、小时变幅不大于1m/h的要求，拟定蓄水期闸门调度方案。

2.370～380m蓄水计划　编制原则与354～370m一致。向家坝水库蓄水至370m水位后，维持在370m水位左右运行，考虑到三峡水库汛后蓄水时间为9月10日，为减少对三峡水库蓄水的影响，向家坝水库370～380m蓄水时机选择在8月下旬或9月上旬。此时向家坝水库入库流量较大，水量充足，从尽量减少对库区航运和码头的影响角度考虑，蓄水历时可适当延长。因此，拟定3个方案：①8月21日开始蓄水，蓄水历时5d，库水位日上升2m；②9月1日开始蓄水，蓄水历时5d，库水位日上升2m；③9月1日开始蓄水，蓄水历时10d，库水位日上升1m。经计算，各蓄水方案，均可按期蓄水，即使遭遇偏枯水年，日平均下泄流量也不小于4448m³/s，可满足下游航运要求。370～380m蓄水期，可投入使用泄水建筑物较354～370m蓄水期进一步增加，蓄水开始和结束阶段进一步优化闸门调度方式，满足下游水位变幅要求。

3.实际蓄水过程　354～370m蓄水从6月26日9时持续到7月5日3时，历时9d；平均入库流量4330m³/s，最小入库流量2900m³/s，平均出库流量2880m³/s，最小出库流量2610m³/s。370～380m蓄水从9月7日9时持续到9月12日8时，历时5d；平均入库流量9190m³/s，最小入库流量6900m³/s，平均出库流量7540m³/s，最小出库流量5120m³/s。

（三）2013年工程效益发挥

向家坝水电站2013年累计发电量为183.78亿kW·h，较2012年（15.72亿kW·h）增加168.06亿kW·h。

2013年汛期通过采取一定工程措施，向家坝水电站水库挡水水位可达到防洪高水位380m。根据《向家坝水库运用与电站运行调度规程》，在大坝及泄水建筑物全部建成并具备安全运用条件，且水库具备蓄水至380m运行条件之前，工程不承担下游防洪任务，其防洪调度的主要任务是保障工程施工和度汛安全。

向家坝升船机计划于2016年6月底投入试运行，在此之前属于临时断航期，水运过坝运输采用“翻坝转运＋经济补偿”的综合处理措施。

向家坝灌区前期工作仍处于规划阶段，向家坝水电站在大坝上预留有灌溉取水口，在灌区建成之前不承担灌溉任务。

（四）存在的问题

1.下游航运要求与电站运行调度　向家坝水电站装机规模巨大，其下游为通航河道，通航水流条件受电站日调节非恒定流影响较大，同时下游航运安全要求也制约了电站调峰运行的灵活性。航运部门从保证航运安全角度出发，要求尽量减小电站的调峰速度和幅度，以减小下游河道水位变幅指标。电网调度方面要求尽量放宽水位变幅指标，以提高向家坝水电站的调峰能力及调度灵活性。2013年在向家坝可行性研究及调度规程阶段专题研究成果基础上，延长数学模型模拟和物理模型试验河段长度，进一步细化模拟运行工况，进行了非恒定流对下游航运影响的深入研究。

2.泄洪期间水富县城部分房屋门窗振动影响　向家坝水电站泄洪使水富县城局部区域出现了房屋门窗振动现象。前期的观测监测资料表明，水富县城房屋门窗振动和泄洪设施下泄流量及闸门开启方式关系密切。2013年汛期前初步查明了振动的原因及传播规律，提出了2013年汛期应采取的减隔振措施。2013年7月5日，向家坝水电站蓄水至370m水位，表、中孔开始联合泄洪，期间不断对运行方式进行优化，根据监测成果，相对于2012年中孔单独泄洪情况，振动量值大幅减小。2013年汛后进一步开展梯级水库联合调度、闸门调度方案优化等研究工作，并采取了房屋隔振、门窗改造等工程措施。

（中国水电顾问集团中南勘测设计研究院有限公司　孙莉）

五凌电力有限公司集中控制效益显著

（一）集控中心建设简况

五凌电力有限公司（以下简称五凌电力）发电集控中心成立于2010年3月12日，主要负责五凌电力直管水电厂的水库调度、发电计划、防洪防汛、发电实时监控等工作。

经过3年的建设，五凌电力发电集控中心已实现对五强溪、凌津滩、近尾洲、三板溪、挂治、洪江、碗米坡、东坪、株溪口、马迹塘10座水电厂共45台机组的远程集中控制，控制容量341万kW，成为国内实际控制电厂数量和机组台数最多的集控中心。

集控中心积极开展智能水电厂及流域智能集控中心研究，“沅水流域梯级水库调度系统开发与应用研究”获2009年度中国电力科学技术奖三等奖；与华中科技大学等合作完成的“复杂水电能源多维广义耦合决策系统关键技术及应用”获2009年度教育部科技进步奖一等奖，获2010年度国家科技进步奖二等奖（五凌电力列第四位）；“梯级水电厂群远程集中监控与诊断关键技术研究及其应用”的相关研究成果经国家查新办审查核实属国内外首创，荣获2012年度水力发电科学技术奖三等奖；“跨流域大型水电站群生产管理信息化建设模式”获2012年电力行业企业管理创新成果一等奖，并获得国家版权局授予的计算机软件著作权。同时，集控中心还获得2012年“湖南省防汛抗旱先进单位”称号。

2013年，致力于水电厂远程集运营管理经验总结与推广，完成中国电力投集团公司委托项目《远程集控运行方式下的电厂管理模式研究（五凌电力水电厂群远程集控管理模式研究）》。该项目经专家评审，认为在国内同行具有较好的推广价值。

（二）2013年调控情况

1. 降水及来水特点　2013年，沅水流域平均降水量为1080.6mm，较历年均值少20.0%，较上年同期少16.6%。降水空间分布“南多北少”，时间分布也很不均匀。4月上、中旬进入雨季，4、5月雨量充沛；6、7月降雨量严重偏少，五强溪水库降雨量不足历年均值的1成；9月雨量充沛，五强溪库区雨量为历年同期的2.5倍。

受降水影响，五强溪年入库水量542.42亿m^3，较历年均值偏少14.6%，较上年同期偏少15.4%；三板溪入库水量72.45亿m^3，较历年均值偏少4.3%，较上年同期偏多9.1%。6月下旬至8月中旬，湖南维持连续晴热高温天气近50d，期间来水偏枯7～8成，主汛期的高温天数及枯水程度均创历史记录。9月下旬受超强台风“天兔”外围云系和冷空气南下的共同影响，沅水流域洪江及以下电厂出现全年最大洪水；五强溪水库于9月25日11时出现年内最大洪水，洪峰流量19 400m^3/s，其频率相当于同期100年一遇。

2. 重视龙头水库调蓄　三板溪水库是沅水的龙头水库，库容大、调节性能好，对整个流域水资源的利用作用大。2013年，4次将三板溪水位降至汛期控制运行水位460m以下，重复利用水量20.42亿m^3。年初水位468.62m，从1月1日开始加大发电方式，至3月19日水位降至458.67m，第一次将水位降至460m以下；3月31日水位回蓄至463.57m，4月29日，再次将水位降至451.88m；5月11日，第二次回蓄至461.30m，5月25日，第三次降至457.50m；6月13日，第三次回蓄至467.53m，6月26日第四次降至460.40m。三板溪水库库容多次重复利用，不仅确保了下游白市、托口电站的施工安全，而且减少了下游梯级电站的弃水损失，提高了水量利用率。

3. 梯级水库联动调度　2013年9月23～26日，湖南全省出现了一次大范围强降水天气过程。降水发生前，及时加大梯级水库的发电方式腾库迎洪，五强溪库水位由104.2m消落至102.09m，碗米坡库水位由247.62m消落至238.15m，洪江库水位由188.27m消落至184.99m，低于死水位1m。为减小下游电厂弃水量，三板溪及时全停蓄水，水位从462.28m蓄至467.12m，拦蓄水量3.22亿m^3。五强溪水库拦洪滞峰，最大出库流量14170m^3/s，为下游削峰5230m^3/s，削峰率27.0%，滞峰11h，关闸后水位蓄至107.92m，拦蓄水量8.6亿m^3。

4. 发电量创历史新高　2013年，集控中心积极开展远程集中控制与流域梯级水库优化调度工作，重复利用水量32.489亿m^3，在来水偏少2成多的情况下，实现了增发电量2.65亿kW·h。全年水电发电量达到126.25亿kW·h，创历史新高，超额完成年度目标。三板溪、洪江、近尾洲水电厂实现超设计电量，其中三板溪水电厂发电量自2006年投产以来首次实现超设计电量，达到24.4亿kW·h。

2013年度，资江流域所属东坪、株溪口电厂在来水较上年分别偏枯24%、22.76%的情况下，发电量同比只降低12.21%、9.23%，耗水率则降低5.76、5.54 m^3/（kW·h），相对增发电量分别为3214、2579万kW·h，集控综合效益凸显。

（五凌电力有限公司　胡春林）

小湾水电厂2013年生产管理情况

2013年，小湾水电厂年度发电量169.23亿kW·h，圆满完成安全、绩效、发展等目标，荣获“中国美丽电厂”称号；电厂工会被评为2013年度全国大型水电厂劳动竞赛先进单位，电厂水库部获得“全国工人先锋号”荣誉称号。主要生产管理情况如下：

（一）安全形势总体平稳

小湾电厂始终坚持“安全第一、预防为主、综合治理”的安全生产方针，顺利实现3个安全百天，自投产发电以来累计连续安全运行1580d。设备可用小时数为7971.39h，利用小时数4457.67h，等效可用系数90.75%，一般设备事故率0次/（台·年），设备一类障碍率0.167次/（台·年）。

围绕建设本质安全体系的目标，电厂始终把安全生产工作放在第一位，积极推进安全生产标准化体系建设。2013年，专家组评审综合得分94.37分，顺利通过了电力安全生产标准化一级评审，进一步强化了风险预控为主、应急管理为辅、事件管理为补的过程管控和安全监督机制。

（二）生产管理态势良好

小湾电厂全面开展华能安全生产管理体系建设，完成94个安全管理体系文件包括514个控制点的修编工作，对生产运营、安全管理、技术管理、设备管理、应急管理等方面进行了整体构建。

精心组织，充分发挥电厂设备管理主体责任，圆满完成了年度检修任务。检修期内完成了6台机组8台·次检修，共计完成标准项目1149项、特殊项目415项、大型试验项目40项、技术监督项目172项、技术改造项目173项；消除了1号机定子线棒及铁心损伤，1、2、5号和6号机组推力镜板摆度超标，4号和6号机组导叶端面研伤及顶盖空蚀等主设备本体重大设备隐患12项，进一步提高了设备健康水平。

在前期数百项扎实的孤岛研究和试验基础上，2013年9月11～18日，小湾电厂正式进入孤岛运行，共增发电量2.45亿kW·h，创造效益7348万元。投入孤岛运行期间，配合南方电网总调完成了大量设备改造及功能优化工作，调速器孤岛运行模式取得国家专利。孤岛试验的顺利完成为电网稳定运行及今后增加电厂送出能力奠定了基础。

（三）蓄水度汛可控在控

小湾水电站水库全年总入库水量为316亿m^3，总出库水量311.50亿m^3，年平均入库流量1002.15m^3/s，出库流量987.74m^3/s，月水量利用率100%。

电厂严格落实防汛责任制，科学编制防汛规划，强化汛期安全管理重点项目监管。认真组织汛前、初汛、主汛和汛末安全大检查，在水位消落期间，水工建筑物变形、渗流、应力、应变等均符合规律，水库坡岸地质状况整体稳定，库区水质保持总体稳定，机组在高水头条件下运行稳定，圆满完成了防洪度汛任务。整合集成了大坝监测系统，大坝、水工建筑物安全管理及大坝安全监测等各项工作有序开展，形成2013年度大坝年度详查报告。履行大坝安全管理职责，强化水库和水工建筑物巡视维护力度，全年共计完成水工建筑物检查80余次，两江库区的巡查70余次。小湾大坝顺利通过了大坝安全监察中心审查，成功注册。

（四）竣工验收稳步推进

2013年，全面完成了电站主体工程工程量清理、材料核销、档案审查归档以及经济合同遗留问题处理等工作。完成了枢纽工程竣工安全鉴定、竣工质量监督，通过了枢纽工程专项验收初审；环保专项验收前期准备工作完成，并已向环境保护部报请验收；完成了劳动安全与工业卫生专项验收前的安全评价，开展了工程档案专项验收自查，工程档案已具备专项验收条件；漭街渡大桥通过竣工验收，顺利移交。达标创优各项工作有序推进，已完成质量评价的准备工作。

（华能澜沧江水电有限公司小湾水电厂　吴婷婷）

漫湾水电厂2013年生产运行情况

华能澜沧江水电有限公司漫湾水电厂（以下简称漫湾电厂）位于云南省云县和景东县交界的澜沧江中游河段上，总装机容量167万kW，“一厂三站”式分布，是云南省第一座百万千瓦级大型水电厂，也是我国第一座由中央和地方合资建设的大型水电工程。

2013年，漫湾电厂安全天数365d，累计安全记录3598d；完成发电量68.788亿kW·h，年累计上网电量68.431 7亿kW·h，直接厂用电率0.16%，技术监督动态检查评价得分率95.31%，安全、效益、党建三项绩效指标完成较好，尤其是以下三方面取得良好成绩。

（一）生产运行方面

漫湾电厂机组检修采用“电厂检修管理为主，外协队伍实施”的方式开展。2013年，根据“运维合一”新模式的需要，及时调整检修管理思路，精心策划、适当管控，实现了“运维合一”模式下的机组检修工作顺利完成，大修机组检修后评价为优，年内无非停。

2013年完成机组检修5台·次，其中B级检修1台·次（6号机组），C级检修4台·次（1、3、4、5号机组），完成漫昆Ⅰ、Ⅱ回线路，漫下Ⅰ、Ⅱ回线路及漫新Ⅰ回线路检修5条·次。结合检修完成500kV直流系统负荷转接、异常支路处理，5、6号机组纯机械过速保护装置加装，部分主变压器渗漏冷却器的更换，4号主变压器U、V相脱气处理，4号主变压器U相内检，各机组圆筒阀压油装置隔离阀拆除、管路封堵，断路器操作机构检查、渗点检查处理，主变压器各侧套管TA抽头变比核实，有功、无功功率交流采样与变送器采样自动切换策略完善，主变压器汇总端子箱改造，机组滑环室碳刷更换处理，机组拦污栅、坝前取水阀封堵情况检查，漫昆Ⅱ回线避雷器、电压互感器及电抗器保护更换，7号联络变压器检修及35kV系统电缆更换等工作。重点大修技改项目500kV开关站CVT及线路避雷器更换竣工验收，投入运行状态良好；一期3号机组主变压器冷却器更换、1号机组进水口拦漂装置改造项目有序推进。

（二）水电科技发展方面

一直以来，漫湾电厂非常重视技术培训交流工作，积极推进实践经验转化成理论成果。2013年，漫湾电厂收集审核33篇技术论文，积极投稿参加技术交流会议。两篇论文被中国大坝协会2013学术年会暨第三届堆石坝国际研讨会收录出版，“多波束测深技术在漫湾电站水库安全管理中的运用”在大会上交流。

（三）标准化工作方面

安全管理标准化、生产管理精益化，是提升安全管理水平的两大途径。2013年，漫湾电厂突出把事故预防和反违章作为促进安全生产的主攻方向，狠抓作业现场管理，把抓规范、体系、标准化建设，作为促进安全生产的体制保障。2013年3月，开展安全生产管理体系标准全要素自我评价，7月15日完成体系修编，涵盖了90项管理标准，521个控制点，删除了3项不适用标准。体系标准发布后，电厂组织开展体系标准学习，并于2013年9月、10月进行体系标准执行情况检查，及时发现和纠正体系标准执行偏离和错误的管理流程、行为，不断提升体系标准执行的符合性。此外，2013年3月，电厂接受安全生产标准化现场评审，涉及综合管理、安全管理、作业安全等十三大要素，发现问题27项，并在2013年10月31日前完成全部整改工作。经国家能源局电力监管司公示，华能澜沧江水电有限公司漫湾水电厂已通过安全生产标准化一级达标评审，证书号F1QG110。

（华能澜沧江水电有限公司）

景洪水电厂实现连续4年无非计划停运

2013年，华能澜沧江水电有限公司景洪水电厂（以下简称景洪水电厂）完成发电量58.6亿kW·h，自投产以来累计发电量突破300亿kW·h，全年实现无非计划停运，突破性实现连续4年无非计划停运。

（一）电厂概况

景洪水电站位于云南省澜沧江下游河段、西双版纳傣族自治州境内，是澜沧江中下游河段两库八级开发方案中的第六级，以发电为主，兼有防洪、航运、旅游、科普教育等综合利用效益。电站安装5台单机容量35万kW的混流式水轮发电机组，梯级联合运行时保证出力77.2万kW，年均发电量78亿kW·h。

景洪水电厂于2006年1月开始筹备，2008年6月正式成立，是华能澜沧江水电有限公司（以下简称澜沧江公司）成立以来第一个成建制投产的电厂，在国内首创运维合一新型生产管理模式。现有正式员工有145人，大学及以上学历占86.9%（其中研究生7人），平均年龄34岁，党员69人，少数民族32人。

（二）2013年安全生产主要工作

1. 达标评级工作　2013年3月4～7日，开展了安全生产标准化一级企业现场评审工作。评审设备设施包括水轮发电机组主设备及系统、主变压器及开关站设备、厂用电及公用辅助设备、发电厂房、大坝及泄洪设备设施等，评审内容包括基本条件、安全管理、设备设施管理、作业安全及职业健康等。经过为期4天的现场评审工作，综合得分为94.06分，符合电力安全生产标准化一级企业的标准，成为澜沧江公司首个完成现场评审的电厂。

2. 安全生产管理体系修编　2013年5～6月，开展了电厂安全生产管理体系第五次修编工作。经成立领导小组，扎实开展工作，完成了体系文件全要素自评价、不符合项整改及85个体系文件修编，2013年7月1日正式发布实施。期间，于2013年5月15日组织了全厂范围的体系考试，内容涵盖了中国华能集团公司标准体系框架中94个标准及电厂增补标准，旨在检查员工掌握体系文件的程度，提高执行力度。这次修编有效提升了电厂安全生产准化、规范化、精细化管理水平。

3. 安全生产大检查　2013年7～9月，开展了为期3个月的安全大检查活动。为此，成立了安全生产检查领导小组，制定活动实施方案，以“彻底排查、不留死角，彻底整改、不留隐患”为原则，组织59次检查。累计发现缺陷隐患165项，完成整改156项，整改率94.6%，提升了电厂设备运行可靠性，规范了内部员工和外包施工人员的安全作业行为。

4. 无违章班组创建 电厂于2013年3月印发了《创建无违章班组活动实施方案》，成立了“无违章班组”竞赛活动领导小组，开展了“安全文明施工项目”评比、班组反违章评比、“当一天安全员”、安全行车竞赛等一系列活动，从管理性、操作性、行为性和装置性违章四个方面进行检查、考核，加强了班组员工安全从业意识。同时，结合“安全生产月”活动开展操作票和工作票自查自纠工作，明确“两票”监管责任，实现“两票”执行无差错目标。全年办理操作票1119份，各类工作票、联系单1878份，整改后合格率达到100%。

5. 隐患排查治理及反违章工作 电厂于2013年7月27日印发了《隐患排查治理及反违章考核办法量化考核实施细则》，对隐患排查治理及反违章工作实行量化考核。结合安全达标、技术监督、防洪度汛、重点排查制度建设、安全生产管理体系执行、“奋力冲刺100天，确保4年零非停”活动等工作，全面对电厂所有区域进行隐患排查。查处各类违规违章行为14起，制定隐患排查整改计划22次，落实整改措施169项，提高了电厂设备健康和安全生产工作规范水平。

（华能澜沧江水电有限公司）

天生桥水力发电总厂2013年生产情况

天生桥水力发电总厂隶属于中国南方电网有限责任公司调峰调频发电公司，负责运行管理黔、桂界河南盘江上天生桥二级水电站和500kV开关站、220kV开关站各一座。天生桥二级水电站为引水式发电站，设计水头176m，装机容量6×220MW，年平均发电量82亿kW·h。电站至广东、贵州和广西的4回500kV、8回220kV输电出线，构成了南方电网交流输电主网架的重要枢纽。

2013年，该电厂所在南盘江流域来水量101.53亿m^3，同比2012年减少25.20%，较该流域多年平均减少47.10%；全年发电量47.11亿kW·h，上网电量46.63亿kW·h；平均利用小时数3569.23h；水耗2.25m^3/（kW·h）；综合厂用电率1.03%，直接厂用电率0.13%；机组等效可用系数90.27%，机组启动成功率99.74%。

2013年，该厂全年累计发生1起三级电力安全事件，4起四级电力安全事件，2起六级电力安全事件，未发生人身轻伤、重伤、责任事故事件，实现安全生产190d。

（天生桥水力发电总厂 陈少林）

尼尔基水利枢纽2013年生产运行情况

（一）概况

尼尔基水利枢纽是国家“十五”计划重点项目，也是国家实施西部大开发标志性工程之一。该枢纽是以防洪、城镇生活和工农业供水为主，结合发电，兼顾改善下游航运和水环境，并为松辽流域水资源优化配置创造条件的大型控制性工程。

尼尔基水利枢纽位于嫩江干流中游段，控制流域面积6.64万km^2。水库正常蓄水位216.0m，总库容86.1亿m^3，其中防洪库容23.68亿m^3，兴利库容59.68亿m^3。电站总装机容量25万kW，多年平均发电量6.144亿kW·h。工程建成后，可使齐齐哈尔市防洪标准由50年一遇提高到100年一遇，枢纽至齐齐哈尔河段的防洪标准由20年一遇提高到50年一遇，齐齐哈尔以下到大赉段的防洪标准由35年一遇提高到50年一遇。设计水平年，水库为下游城市工业生活供水10.29亿m^3，农业灌溉供水16.46亿m^3，航运供水8.2亿m^3，环境供水4.75亿m^3，湿地供水3.28亿m^3。

尼尔基水利枢纽由主坝、副坝、溢洪道、电站厂房、灌溉输水洞等建筑物组成。大坝总长7265.55m，最大坝高40.55m。工程总投资76.59亿元，于2001年6月1日开始施工，同年11月8日实现大江一期截流，2004年9月15日大江二期截流，2005年9月11日下闸蓄水；2006年7月16日首台机组并网发电，9月16日4台机组全部并网发电，2006年底主体工程全部完工。

（二）防汛抗洪成绩显著

2013年，尼尔基水利枢纽控制流域内累计降雨738mm，是多年平均值的1.4倍，累计入库水量247.96亿m^3，是多年平均值的2.4倍，累计出库水量223.95亿m^3，均创历史新高。2013年汛期（6月1日～9月30日），尼尔基水库控制流域累计降雨量563.7mm，较历年同期偏多4成，略多于1998年，列历史同期首位。

受持续强降雨影响，嫩江流域发生自1998年以来最大洪水，尼尔基水库坝址以上发生超50年一遇特大洪水。汛情发生后，嫩江尼尔基水利水电有限责任公司（以下简称尼尔基公司）严格服从国家防汛抗旱总指挥部和松花江防汛抗旱总指挥部调度指挥，全面贯彻落实水利部和松辽水利委员会指示，认真研究分析流域汛情发展情况，统筹安排与防汛有关的水雨情预报预测、水库调度、枢纽泄洪、发电运行、大坝监测、巡查巡视、汛情报送、值班值守等重点工作，及时有针对性地制定对策措施，保障了尼尔基水利枢纽防汛抗洪各项工作有效开展。

防汛抗洪期间，尼尔基水利枢纽6h最大入库洪峰达9440 m^3/s，最大下泄流量为5500 m^3/s，最大削峰率达42%。为拦蓄洪水，尼尔基水利枢纽首次启用了216.00～218.15m之间的防洪库容，充分发挥了水库拦洪调蓄作用，有效减轻了下游防洪压力，成功将嫩江中下游河段洪水削减至20年一遇，松花江干流洪水削减至10～20年一遇，为保障下游经济社会发展、服务民生做出了重要贡献。尼尔基公司被黑龙江省委省政府授予“抗洪救灾先进集体”称号。

（三）发电量创历史新高

尼尔基公司统筹尼尔基水利枢纽防洪社会效益和发电经济效益，在全力做好枢纽防汛抗洪工作的同时，下大力气抓好发电生产运行。

2013年，尼尔基公司年累计发电量达到9.99亿kW·h，超出设计多年平均发电量3.85亿kW·h，创造自机组并网发电以来最高纪录。2013年6月1日～9月30日，发电机组实现连续满负荷安全稳定运行122d，创下了机组连续满发时间最长纪录，最大日发电量612.7万kW·h，满负荷运行发电量达7.2亿kW·h，实现了社会效益和经济效益共赢。

（四）安全生产形势持续稳定

尼尔基公司认真落实上级安全生产工作的总体部署和要求，始终把确保安全生产作为首要任务，积极推进公司安全生产各项工作。2013年1月，尼尔基公司召开安全生产工作会议，明确安全生产总体目标和重点任务，调整尼尔基公司安全生产委员会成员及职责分工，签订安全生产责任状，全面落实安全生产责任。在安全生产管理工作中，注重各阶段安全生产大检查和隐患排查，强化关键部位和薄弱环节整改治理，抓好安全生产教育培训，组织开展应急演练等各类活动，有效杜绝了各类安全生产责任事故发生。

2013年，尼尔基水利枢纽超汛限水位运行69d，超正常蓄水位（216.00m）运行9d，首次开启溢洪道泄洪，首次启用了防洪库容，水库最高蓄水位达到216.54m，枢纽大坝经受住了特大洪水的严峻考验。截至2013年12月31日，尼尔基水利枢纽实现连续安全生产2312d，实现了防洪度汛安全、发电生产安全、大坝运行安全。

（嫩江尼尔基水利水电有限责任公司 张 培）

国电四川电力股份有限公司 2013年水电生产运行情况

国电四川电力股份有限公司（以下简称川电股份公司）2013年发电量88793万kW·h，年利用小时3205.52h，公司系统安全生产形势良好，未发生任何设备事故和人身伤亡事故。截至2013年12月31日，川电股份公司南桠河发电厂连续安全生产3666d，国电四川栗子坪发电有限公司连续安全生产1992d，四川国电紫马电力有限公司连续安全生产4896d，冕宁磨房沟发电有限公司连续安全生产4909d，丹巴县合众电力开发有限责任公司连续安全生产720d。

2013年，川电股份公司所属单位有关生产运行统计数据如下：

（1）川电股份公司南桠河发电厂，完成发电量51 231万kW·h，年利用小时4269.22h，完成2号机组B级检修、220kV断路器大修（一台）及1、2号冲砂闸弧形闸门支铰检修等20项检修项目和10项技术改造项目，其中一项技改项目为3年滚动项目。

（2）国电四川栗子坪发电有限公司，完成发电量293 32万kW·h，年利用小时2222.14h，完成了1号水轮发电机B级检修（拆机检查）、电能计量系统检修、1号水轮机转轮更换改造和1、2号机组振摆监测系统改造等14项检修项目和5项技术改造项目。

（3）四川国电紫马电力有限公司，完成发电量5879万kW·h，年利用小时数3919.34h，完成3号机组A级检修和1、2、3号球阀改造等7项检修项目和8项技改项目。

（4）冕宁磨房沟发电有限公司，由于锦屏水电站施工将该公司两台机组发电用水源打漏，2006年已完全无水发电，停运至今。

（5）丹巴县合众电力开发有限责任公司（由四川启明星科技发展有限责任公司控股）完成发电量2351万kW·h，年利用小时数2351h，完成独狼沟一级电站1号机组A级检修和独狼沟一级站压力钢管增设排沙阀等10项检修项目和3项技改项目。

（国电四川电力股份有限公司 邹卓言）

国电四川发电有限公司南桠河水电分公司 2013年生产运行情况

国电四川发电有限公司南桠河水电分公司（以下简称南桠河公司）在册员工113人，主要承担南桠河流域梯级开发的姚河坝水电站（四级站，3×4.4 万 kW）和冶勒水电站（六级站，龙头水库，2×12 万 kW）共计 37.2 万 kW 机组的生产经营。

2013 年，南桠河公司实现全年安全生产，完成发电量 10.27 亿 kW·h；截至 2013 年底，累计完成发电量 110.58 亿 kW·h。姚河坝水电站和冶勒水电站一直保持着自投产发电以来的不间断安全纪录，安全生产天数分别达到 4458d 和 2937d；并延续了 2009 年以来的零非停纪录。

南桠河公司加强安全生产管理，面对“4·20”地震突袭，确保了人机安全和平稳发电；营造积极和谐的安全生产氛围，荣获四川省“安全生产文化建设示范企业”称号；按计划完成冶勒水库消落和蓄水，电量结构同比更优。2013 年，完成冶勒电站竣工决算，开展“明星值”竞赛活动；南桠河流域梯级调度中心投运，变革和创新了生产组织管理模式，各方面管理水平显著提升。

（国电四川发电有限公司南桠河水电分公司　何艰）

国电万安水力发电厂 2013 年生产管理情况

2013 年，国电万安水力发电厂（以下简称万安电厂）积极落实中国国电集团公司（以下简称集团公司）和国电江西有限公司各项工作部署和要求，紧紧抓住提高发展质量和效益这个中心，扎实做好“五篇文章”，不断加强企业内部管理，全面夯实基础工作，提升了精细化管理水平，各项生产经营指标优于区域水电企业，全年完成发电量 12.98 亿 kW·h。

（一）运行管理

2013 年，万安电厂库区流域来水量偏枯，全年来水量为 247.24 亿 m^3，为历年均值的 83%，同比 2012 年减少 38.2%。电厂始终坚持经营好水的理念，加强水情测报系统的改造升级，及时掌握上游水库蓄、放水变化和汇流特性，提高了雨情、水情预报精度。水情自动测报系统畅通率 98.3%、可用度 0.99，最大一次洪水预报准确率 97.7%，洪水预报平均准确率 95.75%。水能利用提高率为 15.1%，通过优化调度增发电量 1.7 亿 kW·h。5 台机组全年共计运行 21 109.63h，台平均运行 4187.92h，机组平均利用小时数为 2435.71h，机组等效可用系数为 91.92%。全年直接生产厂用电量共 1099.65 万 kW·h，直接生产厂用电率为 0.85%，比集团公司下达电厂的年厂用电率 1.24%指标低 0.39%；综合厂用电 2691.06 万 kW·h，综合厂用电率 2.07%。

（二）安全管理

2013 年，万安电厂始终坚持“安全第一，预防为主，综合治理”的方针，认真落实安全生产责任制，深入推进安全生产标准化达标和安全性评价工作，积极推行 NOSA 五星管理，不断完善管理体系，健全管理制度，安全管控水平明显提高。扎实开展安全生产年和安全生产月活动，认真开展各类安全大检查 9 次，下发整改措施 458 项，完成 397 项，整改完成率 86.7%。演练并完善全厂性防洪、防止厂用电中断应急预案，增强了全员应对突发事件能力。严格执行两票三制，“两票”合格率 100%。举办了第十六届生产技术运动会暨 2013 年度业务技术考试，完善并演练各类应急预案，增强了全员应对突发事件能力，确保了安全稳定局面。截至 2013 年 12 月 31 日，实现连续安全生产 4389d 无事故。荣获了“电力安全生产标准化一级企业”和“全国大型水电厂站劳动竞赛先进单位”。

（三）设备检修管理

2013 年，万安电厂以保证设备安全高效运行为目标，加强设备维护治理，深挖设备管理潜力，最大限度地降本增效。健全完善了设备状态检修标准和设备点检跟踪机制，及时消除设备缺陷，提高了设备安全可靠性和经济性。全年完成发变组 A 级检修 2 台、C 级检修 4 台。主辅设备完好率 100%，开停机成功率 100%，自动装置投入率为 100%。加强设备巡检维护，及时消除设备缺陷，全年发现 225 项缺陷，处理 225 项，消缺率为 100%，提高了设备的安全可靠性。

（四）设备改造情况

2013 年，万安电厂技术改造项目完成 9 项，分别为 2 号机组可视化轴系监控系统建设、水调自动化系统改造、3 号机组监控系统下位机改造、220V 直流Ⅱ组蓄电池改造、3 号机励磁功率柜及调节器改造、1 号发电机变压器组保护双重化及机组故障录波器升级改造、110kV3 条线路保护改造、厂用电 10kV 保护微机化改造、微机防误闭锁系统升级改造。

（五）标准化管理

万安水电厂连续 3 年被集团公司授予“四星级发电企业”称号。2013 年，万安电厂严格按照 ISO 9001 质量管理标准要求，积极开展厂内的管理评审和内部审核，通过了中国质量协会的 GB/T 19001—2008/ISO 9001：2008 的认证审核。为实现对设备及人员行为的全过程管理，电厂按照“一项作业任务编制一份检修工序卡”的原则组织编写了机组大修检修工序卡，其中大修工序卡 90 个、小修工序卡 13 个，强化机组检修质量三级验收，杜绝检修漏项或降低标准，实现现场作业的全过程控制。全年共修订管理标准14项，技术标准2项，增加技术标准1项。

（国电万安水电厂　汤　翔　李　洪　洪琚水　陈昌庆）

国电新疆吉林台水电开发有限公司2013年生产运行情况

（一）生产运行统计

2013年，国电新疆吉林台水电开发有限公司（以下简称吉林台公司）累计完成发电量16.96亿kW·h，完成上网电量16.78亿kW·h；发电厂用电率0.42%，综合厂用电率1.08%；综合水耗率4.07 m^3/（kW·h），年累计发电设备平均利用小时数2494.31h，未发生机组非计划停运。

（二）安全生产情况

2013年，吉林台公司进一步健全监督保障机制，强化安全生产问责，从抓基层、打基础入手，提高本质安全水平。实行"任务到人、设备到人、责任到人"的管理体系，严格奖惩，狠抓落实。组织开展春季等各类安全大检查18次，消除各类隐患46项。加强应急管理，做到安全投入到位、安全培训到位、基础管理到位、应急管理到位，确保安全生产万无一失，实现全年"三无"事故。

（三）设备检修情况

加强设备日常管理，及时做好设备的日常维护和消缺，确保机组安全稳定运行，同时加强机组检修管理，做好各电厂机组检修、技术改造和技术监督工作。在检修工作中推行标准化、科学化管理，优化检修工艺，提高检修质量。依靠状态检修、技术进步，改善设备性能，提高设备的可靠性、经济性，充分发挥技术监督、技术服务的保障作用，不断提高设备健康水平。重点完成了吉林台一级2号机A级检修，1、3、4号机组C级检修，以及温泉水电站4台机组C级检修。同时，完成各厂站接入750kV变电站等工作。

（国电新疆吉林台水电开发有限公司　张文杰　李县辉）

国电新疆开都河流域水电开发有限公司2013年水电生产运行情况

2013年，国电新疆开都河流域水电开发有限公司（以下简称国电开都河公司）完成发电量15.2亿kW·h，其中察汗乌苏水电站完成10.06亿kW·h，柳树沟水电站完成5.15亿kW·h，电费回收率达到100%。在来水量同比减少0.62%、比多年平均值少10.45%的情况下，察汗乌苏水电站较去年降低水耗1.97%，相同发电用水情况下比2012年增发电量约1800万kW·h，增收约441万元。

国电开都河公司2013年安全形势平稳，安全目标处于受控状态，年内安全生产365d，跨年度连续安全生产2203d。全年累计开展安全活动48次，共有1275人·次参加；现场事故演练12次，共有206人·次参加；开展应急演练10次，共有280人·次参加。

根据2013年中国国电集团公司批复机组检修计划，完成察汗乌苏水电站机组A级检修2台·次，C级检修1台·次。柳树沟水电站机组C级检修2台·次。

2013年，开展了察汗乌苏水电站机组增容改造工作，单机有功功率由103MW增容至110MW，全站装机容量提升至330MW。建成察、柳两站集控运行系统，实现了两站集控运行。高质量、低成本完成水情测报系统建设，有力地保障了防洪安全，真正开始了科学调度，使水库高水位、机组高效区"两高"运行有了技术支撑。

察汗乌苏水电站大坝获得国家能源局大坝安全监察中心"甲级"注册；安全生产标准化二级达标。

（国电新疆开都河流域水电开发有限公司　杨宝先）

国电阿克苏河流域水电开发有限公司2013年水电生产运行情况

2013年，国电阿克苏河流域水电开发有限公司所属的吐木秀克、小石峡及台兰河一、二级水电站生产运行情况如下：

（1）生产运行统计。吐木秀克水电站2013年实现安全运行365d，跨年度连续安全运行1482d，年度发电量29 432.80万kW·h，上网电量29 120.65万kW·h，厂用电率0.34%，综合厂用电率1.08%。小石峡水电站2013年实现安全运行365d，跨年度连续安全运行440d，累计完成年发电量44 200.50万kW·h，上网电量43 389.50万kW·h，厂用电率0.57%，综合厂用电率1.83%。台兰河一、二级水电站2013年实现安全运行365d，跨年度连续安全运行395d，累计完成年发电量29 964.30万kW·h，上网电量29 432.45万kW·h，其中台兰河一级水电站完成发电量14 846.75万kW·h，上网电量14 604.05万kW·h，厂用电率0.48%，综合厂用电率 1.63%；台兰河二级水电站完成发电量15 117.55万 kW·h，上网电量14 828.40万 kW·h，厂用电率0.59%，综合厂用电率 1.91%。

(2) 设备改造。台兰河一、二级水电站 1、2、5、6 号机组空气冷却器热转换效率较低，不能满足机组在夏季满负荷长期运行时冷却水的自循环冷却，2013 年对 4 台机组的空气冷却器进行了更换，后期运行中冷却效果明显。

(3) 台兰河一、二级水电站和小石峡水电站，于 2013 年 11 月完成达标投产竣工验收工作，并顺利通过考核专家组的最终验收。

(国电阿克苏河流域水电开发有限公司 彭荣兴 严新海 关祖滨 王仕军)

技 术 改 造

葛洲坝水电站 2013 年技术改造情况

(一) 机组增容改造情况

2013 年 5 月 4 日，葛洲坝水电站增容改造的 12 号机组结束为期 3 天的修后试验，正式并网运行。

12 号机组增容改造，容量从 125MW 增加到 150MW，改造后每小时可增发 2.5 万 kW·h 电量。改造工作于 2012 年 11 月 7 日开始，修后一次启动成功，在完成了发电机空载、甩负荷等 20 多项试验项目后，2013 年 5 月 2 日下午进入 72h 运行试验。在整个试验过程中，机组振动、摆度、瓦温等关键指标良好。改造工作历时 179d，比原定计划提前 11d。

葛洲坝水电站 2006 年对 3、14 号机组进行了增容改造，2012 年对 12、15 号机组进行发电机改造，2013 年对 3、6、8、10、15、20 号机组进行了水轮机改造，改造增容的后续工作正在进行之中。

(二) 葛洲坝 500kV 开关站改造情况

2013 年 4 月 20 日，葛洲坝 500kV GIS 开关站完成最后一项试验内容，正式投入运行，成为华中电网区域投入运行的第一个 500kV 智能变电站。

葛洲坝电站至今已运行 32 年，机组平均年运行小时数在 6000h 以上，运行多年的 500kV 开关站等输变电系统设备存在不同程度的老化和锈蚀，整体性能下降。为充分发挥三峡—葛洲坝枢组的综合效益，解决与三峡电站联合运行流量不匹配问题，对葛洲坝水电站 500kV 开关站及设备进行了技术改造，将原敞开式开关站改造为户内 GIS 开关站。

2011 年 7 月，葛洲坝 500kVGIS 开关站现场改造正式动工。在近两年时间里，葛洲坝电厂、检修厂等单位先后完成了土建施工、机电设备安装和线路转接调试等工作。2013 年 4 月 20 日，随着投运前最后一项试验顺利通过，葛洲坝 500kVGIS 开关站正式全部投运，运行近 30 年的老开关站“退役”。作为华中电网区域首个投入运行的 500kV 智能变电站，与老站相比，新站占地面积更小，不受外部环境影响，设备运行更加稳定，利于维护和检修。新站设备运行状态全部数字化，可通过网络分析，对电站设备的运行做出趋势判断，达到智能化运行管理要求。

(中国长江电力股份有限公司 谢兴发)

隔河岩水电厂计算机监控系统改造情况

(一) 计算机监控系统主站改造

隔河岩水电厂计算机监控系统主站主要负责电厂机组、开关站、厂用电、公用设备、大坝廊道排水及进水口闸门的监视、控制，同时负责与网调、梯调以及厂内各系统的通信。原系统基于南瑞 ACC 平台，于 2001 年投运，运行已超过 10 年，存在的主要问题有：①计算机老化，部分停止运行，相关设备既找不到同型号备件也无法获得厂家技术支持；②系统上位机主要由数据采集服务器（兼梯调通信机）、操作员站、厂内通信机、网调通信机、历史站及相关附属设备组成，节点配置不够合理，稳定性有改进空间。因此，2013 年进行改造。

改造选用的计算机监控系统主站基于南瑞 NC3.0 软件平台，采用 CLIENT/SERVER 体系结构，支持不同的硬件平台、操作系统及关系型数据库。新的监控系统，主站层由 2 台数据采集服务器、2 台历史数据服务器、2 台操作员工作站、1 台工程师工作站、2 台梯调通信机、2 台网调通信机、1 台厂内通信机、1 台多功能工作站、2 台交换机、1 套防火墙、1 台时钟同步装置、1 套模拟屏 PLC 组成，现地层由 9 台 LCU 组成。

新的监控系统特点如下：

(1) 上位机除2台数据采集服务器和2台历史数据服务器采用的是SUN公司的Solaris 9操作系统外，其余全部采用通用版Linux Red Hat 5.5操作系统。

(2) 正常运行时，对现地各LCU及设备进行远方实时控制、安全监视及调度管理，具有多种调控方式。为保证控制和调节的正确、可靠，操作步骤按“选择—确认—执行”的方式进行，并且每一步骤都有严格的软件校核、检错和安全闭锁逻辑功能，硬件方面也具有防误措施。

(3) 可以由运行人员在中控室操作员工作站给定机组功率设定值，或者由负荷曲线自动给定全厂总负荷，自动制定开、停机计划和机组负荷分配，也可以由计算机监控系统根据AGC/AVC算法给定全厂总负荷，自动分配至各机组。

(4) 主站采集各LCU自发性上送的实时数据，更新实时数据库，通过历史数据保存，保证数据的连续，并可以对采集到的各LCU数据进行分析和处理。

(二) 现地控制单元(LCU)改造

隔河岩水电厂原监控系统现地控制单元(LCU)于2000年投运，已运行超过10年，存在的主要问题如下：①电子元器件老化，系统可靠性降低；②模块间的同轴电缆通信多次出现故障；③盘柜布置不够合理，检修维护难度较大。因此，2013年开始进行改造。

新的LCU由南京南瑞集团公司组装调试，既可作为分布系统中的现地智能终端，又可作为独立装置单独运行；更换的设备包括PLC系统、I/O控制器、机组自动准同期装置及手动准同期装置、现地监视控制终端、交流采样装置、变送器等。

新的LCU主要特点如下：

(1) 具备较强的独立运行能力，具有相应设备的完整数据库。CPU模块采用在线热备方式，双CPU、双总线结构，以100Mbps工业级以太网和光缆构成双星型网络结构。可完成对设备对象的监控、实时数据采集处理、设定值修改、设备工况调节转换、事故处理、模拟量数字量采集和处理，定时向主站发送采集的数据，接受主站的召唤发送数据，主动向主站上送事件信息。

(2) LCU屏内的交流和直流电源通过双电源插箱互为冗余配置，任意一个电源模块故障，不影响LCU的正常运行。系统具备常规停机回路，确保在机组电气或机械事故时信号不经过PLC控制器直接安全停机及制动，可靠实现水机保护冗余功能。CPU模块支持在线热备方式，可以在人工设置以及故障状态下自动迅速切换，并且切换时数据不发生丢失。系统在线运行时对机组LCU的硬件及软件进行自诊断，及时检测出故障部位模件和性质并上送监控系统主站。系统通过机组交流采样装置及变送器采集发电机定子三相电流、三相电压并计算出有功功率、无功功率、机组频率、功率因数等参数。

(三) 改造进展情况及效果

2013年3月，监控系统主站、LCU1、LCU5完成改造；9月，LCU2完成改造；11月，LCU4完成改造；12月，LCU3完成改造。截至2013年底，只剩LCU6～LCU9共4台现地控制单元尚未完成改造。

隔河岩水电厂监控系统改造达到预期效果，项目取得成功。一是通过技术改进、升级，提高了设备的可靠性，有效防止机组运行过程中监控系统主站故障造成的机组非计划停运和设备损害重大事故的发生。二是新的计算机监控系统主站硬件可靠性较高，可有效节约维护成本和备品备件成本，节约了费用。三是新的计算机监控系统主站软件系统功能较为丰富，为电厂运行设备的状态分析提供了可靠的数据支撑。

(湖北清江水电开发有限责任公司)

桓仁水电站3号机组新转轮投入运行

2013年1月31日，国电电力和禹水电开发公司桓仁水电站3号机组新转轮正式投入运行。

桓仁水电站3号机组于1970年5月1日投产发电，水轮机转轮型号为HL702型，适用水头为50～85m。建成后的桓仁电站实际水头为47～61m，使得HL702转轮严重偏离最优工况区，水轮机效率降低，空蚀严重，产生裂纹。在40多年的运行生产中，每年都要对转轮的空蚀、裂纹进行补焊处理。转轮叶片已严重变形，14个叶片上下出水边都有不同程度的穿透性裂纹，机组运行存在严重的安全隐患。

桓仁水电站3号机组转轮更换项目于2010年立项并公开招标。2012年9月11日结合机组A级检修进行更换工作，历时143d，于2013年1月31日正式投网运行。此次改造将HL702转轮更换为全不锈钢材质的HLV244型转轮，由上海福伊特水电设备有限公司设计生产。根据水轮机实际流道尺寸，由福伊特美国分公司进行CFD分析设计。该转轮在空化性能、稳定性能等方面均优于HL702型。根据新转轮的结构及性能要求，对尾水管进口、顶盖固定迷宫环、下固定迷宫环、接力器等部件进行了改造。取消了原尾水管十字补气架，采用轴心补气阀补气。

转轮改造后，出力增加6000kW以上，高水头下运行，出力提高近1万kW。效率曲线变化平缓，高效区覆盖电站水头变化范围。采用的整体不锈钢材料使空蚀性能与稳定性明显提升，导叶运行在各个开度无明显振动区，尾水管进人门处聆听无明显气泡破裂的爆破声和水流的撞击声，噪声明显降低。

此次转轮的成功改造，消除了转轮空蚀、裂纹等重大安全隐患，提高了设备的安全可靠性。

（国电电力和禹水电开发公司 吴锡焕）

水情预报与调度

东北电网 2013 年特大洪水预报调度情况

（一）概况

2013 年，东北电网八大水库（小山、白山、丰满、云峰、水丰、桓仁、莲花、尼尔基）流域春汛和主汛期均发生了特大洪水，全年综合来水极丰，为 1936 年有统计资料以来的历史第一位，其中 1～9 月综合来水为 139.61m^3/s，比历年均偏多 81.1%。

国家电网公司东北分部对 2013 年的水库来水预测十分重视，春汛前召开了东北电网各流域水情分析及对策研讨会，组织预报专家会商研讨。白山、丰满、网调水库调度专业人员分别介绍了长跑原理、可公度、太阳黑子、脉动周期等预测方法的创新研究成果和 2013 年预测结论。会议达成了“2013 年大水”预测的共识，全面统筹协调制定了水库运行方案及应对大水的策略，下达了防汛有关要求。

由于预测准确，调度和防汛措施得力，2013 年东北电网九大水库（除朝方管理的水丰、渭源水库外）减少弃水 56.25 亿 m^3（减少弃水 36.7%），比调度图设计运行多发电 12.99 亿 kW·h，水能利用提高率 10.71%；全年水电发电量创历史最好水平，其中分调直调水电发电量达 168.64 亿 kW·h，网省直调水电发电量达 200.56 亿 kW·h。同时，保证了丰满江桥施工围堰、白山电缆更换、双沟生态放流施工工程的安全，避免了超标准洪水可能带来的重大损失。

（二）主要措施

1. 年初调度　克服系统调峰困难，加大水电发电，降低水库水位。丰满、云峰进入满发电，白山、松江河梯级进入大发电状态提早在春汛期进行，为历年少有。从年初 1 月 1 日开始加大水电发电，白山、丰满、云峰、水丰水库春汛最低水库水位比年初水位分别下降了 14.15、4.03、14.42、16.54m。3 月 28 日云峰电厂机组达到满发，4 月 11 日丰满电厂达到满发，5 月 11 日白山电厂达到满发，5 月全网水电已处于全面大发或满发状态，发电水平已接近主汛期的最大水平。

2. 春汛防洪　东北分部于 2013 年 3 月 7 日在沈阳市组织召开了“2013 年第二松花江流域白山、丰满、双沟水库工程施工协调会”。会议决定：取消白山高孔闸门检修作业，并将丰满江桥围堰过水能力从 30 万 kW 出力提高到 50 万 kW 出力。这为保证丰满江桥围堰工程在今年发生百年一遇春汛洪水时不被冲毁起到了关键性的作用（一般工程最大只能防御 20 年一遇的洪水）。

春汛最大 30d 洪量发生在 4 月 23 日～5 月 22 日，其中二松流域的白山、丰满水库，牡丹江流域的镜泊湖、莲花水库，来水为历史第一位，属于极丰来水（接近 100 年一遇春汛特大洪水标准）；其他水库来水特丰，其中：松江河小山水库为历史第二位，鸭绿江云峰水库为历史第三位，浑江桓仁水库为历史第四位，鸭绿江水丰水库为历史第六位，嫩江尼尔基水库为历史第八位（这些水库达到 15～30 年一遇春汛大洪水标准）。

3. 主汛期调度　主汛期各大水库均发生了较大的汛情，其中第二松花江丰满发生 70 年一遇特大洪水，白山发生 25 年一遇大洪水；嫩江尼尔基发生 50 年一遇特大洪水；鸭绿江云峰、水丰多次发生 6 年一遇中等洪水（累计洪量达到 25 年一遇大洪水）。

2013 年主汛期东北电网水库调度面临了诸多困难，一是春汛来水极丰造成大汛前水库水位普遍偏高，水库防弃水压力很大；二是各水电厂工程施工及检修项目多且量大，其中有重要的丰满大坝重建前期工程的丰满江桥扩建围堰工程、白山一期电缆综合治理机组检修、松江河双沟电站生态泄放流工程施工等，对发电的调峰影响很大，加大了电网发电的协调难度；三是中朝发电要求中方年底多用 7 亿 kW·h 的计划，使界河中方机组大发电，机组调峰能力下降很多，与系统调峰及风电接纳的矛盾十分突出。

在以上不利条件下，东北电力调控分中心克服困难，为满足施工条件、水库防洪需求、系统调峰任务等多重目标，采用了各种重要措施，提早预报、提前大发、压低汛前水位，为防御大洪水起到关键作用。既保证了特大洪水情况下水库自身的安全，避免了重大的工程损失，又为二松、鸭绿江下游防汛减轻了巨大的防洪压力，取得了2013年防洪、发电、蓄水的巨大成效。

4. 白山、丰满水库拦洪削峰　受冷空气影响，2013年8月14～16日，松花江支流第二松花江流域降大到暴雨，局部降大暴雨，流域面平均雨量104mm，最大点雨量吉林桦甸白山279mm，第二松花江上游发生超20年一遇的大洪水，有10条支流发生超警戒水位洪水，其中二道松花江及辉发河上游发生超历史实测纪录洪水。

针对此次强降雨过程，国家防汛抗旱总指挥部、松花江防汛抗旱总指挥部科学调度位于第二松花江上游的白山、丰满水库，采取提前预泄等手段，充分发挥水库的拦洪削峰作用，将上游超20年一遇的大洪水削减为一般洪水，有效减轻了下游的防洪压力。通过控制水库的泄洪流量，白山水库将入库流量为9270m^3/s的洪峰削减为4000m^3/s，削峰率达57%；丰满水库将入库流量为10 700m^3/s的洪峰削减为1800m^3/s，削峰率达83%。

（三）长期预报技术应用

东北电网十分重视水库来水长期预报方法的研究，目前较为成功的方法有太阳黑子、月地关系、可公度、长跑原理、脉动周期分析等。总体预报精度达到70%～75%，成功地提前两年预报出1995年、2005年东北特大水，提前3年预报出2013年东北特大水，在极值预报方面有一定价值。但2010年大水年没有预报出来（预报2011年是大水，实际2010年是大水）。

依据周期谱分析理论（纯数学方法）对来水系列分析，大水库流域来水的周期分量约占1/3，随机分量约占2/3，因此，从理论上讲，长期来水预报的总体预报精度上限为75%，需要对来水预报结果进行客观地评价与合理的采用。多年预报的经验是：1/4的预报结果比较肯定，建议采用；2/4的预报可以参考，建议有选择地采用；1/4预报结果不肯定或无预报，建议不采用。

（国家电网公司东北电力调控分中心　宋雅坪）

2013年四川水电多级调度统筹协调全力消纳丰期水电

2013年，四川全网来水比2012年同期平均减少约16%，比多年同期平均减少约5%，来水略偏枯；但水电发电量完成1178亿kW·h，比2012年增加55亿kW·h，同比增长4.8%，水电月均最大发电出力2099万kW，发生在8月份。

（一）面临形势

（1）水电比重大，电站数目众多，水库调节性能差。2013年，四川直调水电装机容量达2911万kW，占全网装机容量的68%，共211座。其中，年及多年调节水库的230万kW，占全网水电比重为8%，共11座；季调节水库的894万kW，占全网水电比重为31%，共8座；径流式（含日周调节）的1787万kW，占全网水电比重为61%，共192座。全网水电以径流式电站为主，水库调节性能总体较差，尤其在汛期大部分水电无任何调节能力，电网调峰困难。

（2）并网水电数目众多，梯级水力协调业务量大。四川电网并网水电站数目已达到214座，且由于涉及上百家中小型民营发电企业，地理分布广，水库运行特性各异并有发电、灌溉、供水等综合利用要协调，加上水库调节性能普遍较差，水情变化复杂，独立发电企业以及梯级水电群水力协调任务艰巨。年内溪洛渡、向家坝、锦屏等巨型水电相继投产，水电调度工作涉及国家、国网分部、省多级调度协调配合。

（3）自然灾害频发，汛期来水波动大，水电发电出力变化大。2013年对四川来说，是一个气象、地质灾害均十分严重的年份。尚未进入丰水期，便发生了“4·20”芦山特大地震，电网受损严重，给丰期水电消纳带来困难。随后在汛期又遭遇了“7·9”岷江泥石流，给刚刚从地质灾害中恢复正常的水电消纳工作带来巨大冲击。2013年，汛期各月来水极不均匀，7月偏丰26%，8月来水急转直下，偏枯30%，9月来水又恢复正常；各流域来水差异大，雅砻江、大渡河偏枯，岷江持平，嘉陵江特丰。受上述众多不可抗力因素影响，全网电力电量平衡和川电外送工作难度较大。

（二）工作措施

为全力消纳2013年丰期四川水电，开展了如下工作：

（1）多级调度通力协作，全力消纳四川水电。一是上下级调度机构间密切配合，确保了长江流域巨型梯级水电群的优化运行工作。国（分）省多级调度共享气象水情信息，细化各流域水情预测，密切跟踪西南地区气象、水情变化，在确保度汛安全的情况下，通过汛前消库、洪前腾库、汛中错峰、汛末拦蓄等措施，充分发挥并网水库调节能力，统一协调优化长江上中游巨型梯级水库群联合调度，最大化消纳西南水电。二是各专业技术人员全面协作，充分挖掘特高压外送通道优势。针对西南地区丰水期水电大量富余情况，在保证特高压交直流电网安全稳定运行前提下，国（分）、省多级调控机构的计划、系统、水电等专业人员深入分析最大化消纳西南水电措施，充分挖掘外送通道潜力和大电网互联优势，积极协调发、受电端电网，通过提高输电线路限额、临时增送、“高峰挖点”、“纯低谷电交易”等措施，最大限度地消纳西南水电。

（2）主动服务发电企业，竭尽全力抗震抢险。“4·20”芦山地震发生后，四川省调立即启动应急预案，充分权衡电网及发电企业抗震抢险最紧迫要求，全力调整电网水火电开机方式，及时优化宝兴河流域及其余受灾地区水电运行方案，安排瓦屋山等水库低水位运行，为提高灾区电网供电能力发挥了重要作用。同时，在震后迅速安排硗碛、紫坪铺、瀑布沟等距震中较近水库降低水位运行，有效减缓地震破坏带来的安全隐患。

（3）深化水库调度技术智能化建设工作，全面提高水库调度技术水平。结合四川电网智能调度技术系统建设工作安排，认真总结前期水电监测与水电调度应用模块试运行经验，及时消缺，进一步调整和完善水库调度相关应用功能，结合全年水库调度实际业务需求，积极探索和创新，并充分吸取和借鉴先进网省水调技术经验，全力提高四川电网水库调度智能化水平。

（4）深入应用科技项目成果，大力推动水调技术进步。2013年，四川省调积极联合国网电力科学研究院、四川大学等单位，应用前期开展科研所取得的先进成果，对四川电网各并网水电流域特性、来水规律、中长期水文预报模型及水库群优化调度规则等一系列与四川电网水调业务密切相关的技术进行全面升级，逐步提高全网水情预测和水库优化调度技术水平，增强了处理海量水情信息与复杂水调业务的能力，更新和完善了水库调度管理技术手段。该项目荣获四川省科技进步二等奖。

（三）主要成效

2013年，四川直调水电发电量1178亿kW·h，创历史最好水平；水电调峰弃水电量25.8亿kW·h，比2012年同期减少近50.0亿kW·h，降幅达66%，节水增发和节能减排成效显著。

（国网四川省电力公司调度控制中心　赵永龙）

湖南电网省地一体化水电联合优化调度情况

（一）概况

湖南水能资源丰富，全省水电厂约3000家，星罗密布于湘、资、沅、澧四水主干支流。截至2013年底，全省水电装机容量14164.5MW，占全网总装机容量的44.3%，其中省调及以上水电装机容量6710.5MW，占全网水电装机容量的47.4%，其他水电为地县调度。为了更好地协调同一电网大小水电之间，同一流域内梯级水电之间的优化运行，国家电网公司湖南省电力公司（以下简称湖南电网）积极开展省地一体化水电联合优化调度工作，2013年取得了防洪发电双丰收。

（二）主要做法

湖南电网提出了“流域化、智能化、一体化”的水库精益化调度管理理念，即：以流域为单位开展专业管理，对水调系统、气象预警、数值预报、流域调度、水火协调、评估分析6个方面进行智能化建设，省地一体化调度。

1. 流域化管理　遵循水力发电的客观规律，将同一流域内所有电站看做一个整体开展专业管理。首先对流域水文特性进行整编，定量分析出流域内各电站的相互关系和调度原则，从而得出流域优化调度方案；其次是根据天气预报，进行流域水文预报，以整个流域水能利用最大为目标，按照流域优化调度方案统筹安排上下游电站检修计划和发电计划。最后是开展流域的发电后评估分析，通过节能和经济指标计算对比修正优化调度方案，更好地指导运行。

2. 智能化建设

（1）建设水调自动化系统。首先大力推进电厂侧水调自动化系统建设，将建设范围由省调直调电厂向地调小水电延伸。其次是稳步推进地调水调自动化系统建设，完成了省、地、电厂三级系统的有机整合，最终实现了全流域信息化和数字化。

（2）开展水库智能化调度研究。从4个方面着手：一是与气象部门合作搭建气象预报预警平台，获取专业的气象数值预报；二是利用预报信息，开展湘、资、沅、澧四水流域优化调度研究，得到全流域水电厂发电计划；三是与火电相协调，在保证电力电量平衡的基础上，充分发挥流域水电厂调峰调频作用；四是对发电运行进行后评估分析，滚动修正运行方式，实现水库调度全过程闭环控制。

3. 一体化调度　省地一体化调度管理工作主要分为四个阶段开展：

（1）水情信息采集：通过省地一体的水调自动化系统自动传送电厂水情信息。

（2）发电及检修计划安排：根据电厂水情信息以流域为单位编制流域各电厂发电计划和安排检修计划，并通过水火电协调和省、地安全校核后实现全网电力电量平衡。

（3）后评估分析：后评估分析以月度为时间单元开展。水电厂每月5日前将上月运行情况总结分析报调度机构，省调汇总全省信息完成月度后评估分析报告。

（4）考核与监督：按照电力监管部门颁布的《华中区域并网发电厂辅助服务管理实施细则（试行）》、《华中区域发电厂并网运行管理实施细则（试行）》及《湖南电网110kV及以下电压等级并网中小型公用电厂运行考核监管实施办法》，电网调度机构负责并网运行管理的具体实施工作。

（三）特色亮点

（1）创建了流域化管理模式，实现流域优化调度向小水电延伸。湖南电网提出以流域效益最大为目标，以梯级电站为对象流域化管理模式，与传统的水库调度相比，更符合水力发电的客观规律，统一协调流域内的大、小水电运行方式，实现了流域优化调度向小水电的延伸，真正体现了水电科学调度，极大地提升了运行方式安排的合理性和实用性。

（2）建立了水库科学运用协调机制，加强了专业的融合。湖南电网建立一套完善科学的协调机制，分为内外两部分。对内是建立水情会商制度，在汛期或遇水情变化，由水电专业发起，电网运行各相关专业参与，在保证电网安全的前提下尽量消纳水电电量，为避免弃水调峰损失，制定了汛期减弃增发机制，即在发生弃水调峰时，由电网公司组织弃水电量外售，从而实现水电全额收购。对外主要加强与防汛、气象、水文部门联系，组织成立防洪优化调度协会，在汛前、汛中和汛末或在每次强降雨过程来临前启动全省水情会商，通过开展预报调度，结合当前水情，实施汛限水位动态控制策略。

（3）实现了流域实时优化调度辅助决策，提升了水库调度智能化水平。湖南电网从实际应用出发，建立了一套实时优化调度辅助决策工具，即在长、中、短期优化策略的基础上，开发了实时优化调度软件。主要功能是根据当前的水情或出力变化，自动修正上下游电厂发电计划，使其流域内电厂在未来一段时间内发电运行匹配，继续维持优化运行。

（四）2013年实践效果

1. 全省水雨情特点

（1）降雨总体上相对偏少且时空分布严重不均。全省累计面平均降雨1225mm，较历年同期均值偏少15.5%。时间分布上，汛期除9月157.3mm较历年同期偏多约1倍外，其他月份降雨偏少1～7成，其中7月份降雨仅30.7mm，较历年同期均值偏少75.4%，为新中国成立以来同期降雨最少的年份。空间分布上，和历年同期均值相比，湘西北及湘南偏多，湘中偏少，其他地区与历年同期均值基本持平。

（2）持续高温少雨天气日数长，局部暴雨强度大。6月底至8月中旬，全省大部分地区发生了罕见的持续晴热高温少雨的天气，平均无有效降雨日数达41d，为1951年以来历史同期之最。而从8月中旬开始，旱涝急转，连续遭遇“尤特”、“潭美”和“天兔”等台风外围云系影响，全省多地发生暴雨，最大日降雨量313.5mm，局部暴雨经验频率达到100～200年一遇。

2. 水库优化调度作用显著　本着“有水就发，水电优先”的原则，取得了防洪与兴利的有机统一，水库在拦洪错峰以及合理利用雨洪资源方面发挥了重要的作用。主要有：

（1）8月24日，东江水库为耒水下游削峰约2000m^3/s，降低下游永兴站洪峰水位约1.5m、耒阳站洪峰水位1.2m。

（2）8月24日，欧阳海水库水库削峰错峰约800m^3/s，降低下游欧阳海（下）洪峰水位约1.3m，降低湘水干流衡阳站洪峰水位约0.3m。

（3）6月27～28日，柘溪水库为为下游削峰2940m^3/s，降低桃江水位3.3m。

（4）9月24～25日，柘溪水库为下游削峰1500m^3/s，降低桃江水位1.6m。

（5）在9月下旬沅水洪水过程中，五强溪及凤滩水库联合削减沅水下游桃源站洪峰流量约5000m^3/s，降低桃源站洪峰水位约2.0m。

（6）在6月上旬湘西北澧水流域暴雨过程中，江垭及皂市两座水库联合为澧水主要控制站石门站削减洪峰流量约6000m^3/s，降低石门站洪峰水位约3m。

2013年湖南电网通过科学调度，在降雨偏少1成半的情况下，全网水电发电量283.88亿kW·h，创历史新高；全网水电水能利用提高率为9.76%，节水增发电量量27.7亿kW·h，折合节约原煤141万t，减少二氧化碳排放210万t、减少二氧化硫排放1163t，节能减排效果显著。

（国网湖南省电力公司电力调度控制中心　胡斌奇）

雅砻江流域水电开发有限公司 2013年水情预报与调度情况

（一）概况

1. 水情预报　雅砻江流域水情预报按预见期可分为短期、中期和长期。短期水情预报每日8时、20时进行，预报内容为全流域各梯级电站预见期为6h、12h、24h的来水流量及重要断面水位。中期水情预报是每周和每旬对各梯级电站未来一周、一旬天气和来水趋势进行预测。长期水情预报是每月和每年对各梯级电站未来一月、一年的天气和来水形势进行预测。

2. 防洪调度　雅砻江下游已经形成了两库四级电站的格局，两库分别是锦屏一级和二滩水库，4级电站分别是锦屏一级、锦屏二级、官地和二滩水电站。锦屏一级水电站仍处于工程建设时期，工程蓄水和防汛安全要求较高。雅砻江流域水电开发有限公司（以下简称雅砻江公司）主动开展锦屏一级和二滩水库汛期水位控制策略研究，根据雅砻江来水情况动态控制汛期水位，合理拦蓄洪水资源增加发电效益；根据天气预报、水雨情信息科学分析，提高洪水预报精度；根据各工程蓄水要求和水库调度规程，优化流域电站闸门操作计划，为水电工程防汛安全提供技术支撑。

3. 发电调度　雅砻江公司锦屏一级、锦屏二级和官地水电站由国家电力调度控制中心调度，二滩水电站则由四川电力调度控制中心调度。为了实现流域电站优化运行，雅砻江公司根据水库蓄水量及预测入库流量，综合考虑枢纽的机组工况、水库运行、检修计划及电网用电需求等约束条件，经优化计算，编制报送流域电站的水量调度及发电出力计划，积极协调电网调度机构提高雅砻江水能资源利用率。

（二）2013年运行与调度情况

1. 锦屏一级水电站

（1）2013年水库平均入库流量为1122m³/s，比多年平均来水偏少8.6%，比2012年来水偏少27.1%。在现有资料记载的61年入库径流系列中，2013年锦屏一级水库来水从大到小排列第37位，来水频率为59.7%，属于平偏枯系列。

（2）锦屏一级水库为年调节水库，2013年仍处于工程蓄水阶段，全年蓄水目标为1840m。2013年初水位为1705.22m，1～5月水位维持在1705.0～1710.0m；6月初开始第二阶段蓄水，6月底水位蓄至1760.0m，7月中旬蓄至死水位1800.0m，完成第二阶段工程蓄水任务；9月下旬，水库水位再次上蓄，10月中旬蓄至1839.60m，完成第三阶段工程蓄水任务；12月末水位为1839.70m。

（3）2013年发电量为25.48亿kW·h。

2. 锦屏二级水电站

（1）2013年平均实际入库流量为980m³/s，将锦屏一级水库蓄水还原后，锦屏二级水库2013年平均天然入库流量为1122m³/s，比多年平均来水偏少8.6%，比2012年来水偏少27.1%。在现有资料记载的61年入库径流系列中，2013年锦屏二级水库实际来水从大到小排列第52位，来水频率为83.9%，属于特枯系列；天然来水从大到小排列第37位，来水频率为59.7%，属于平偏枯系列。

（2）锦屏二级水库为日调节水库。2013年，水位维持在1640.5～1646.0m，平均水位为1643.69m，最高水位为1645.93m，最低水位为1640.35m。

（3）2013年发电量为103.91亿kW·h。

3. 官地水电站

（1）2013年平均实际入库流量为1197m³/s，将锦屏一级、锦屏二级水库蓄水还原后，平均天然入库流量为1339m³/s，比多年平均来水偏少6.4%，比2012年来水偏少19.3%。在现有资料记载的61年入库径流系列中，官地水库2013年实际来水从大到小排列第47位，来水频率为75.8%，属于枯水系列；天然来水从大到小排列第37位，来水频率为59.7%，属于平偏枯系列。

（2）官地水库为日调节水库。2013年，水位维持在1321.0～1330.0m区间运行，平均水位为1326.40m，最高水位为1329.71m，最低水位为1321.70m。官地水库2013年初水位为1324.16m，12月末水位为1327.74m。

（3）2013年发电量为99.16亿kW·h。

4. 二滩水电站

（1）2013年实际平均入库流量为1325m³/s，将锦屏一级、锦屏二级、官地水库蓄水还原后，平均天然入库流量为1469m³/s，比多年平均来水偏少10.3%，比2012年来水偏少18.1%。在现有资料记载的61年入库径流系列中，二滩水库2013年天然来水从大到小排列第39位，来水频率为62.9%，属平偏枯系列。

（2）二滩水库为季调节水库。2013年初水位为1198.41m，4月下旬水位消落至本年度最低水位1156.44m，较死水位偏高1.44m。进入汛期，水库水位逐步回蓄，6月末水位为1168.36m。二滩水库汛期按照长江防汛抗旱总指挥部批准的调度运用方案进行水位控制，7月末水位为1193.52m，9月迎来了本年度最大洪水过程，入库洪峰流量5500m³/s。9月下旬二滩水库蓄至正常高水位1200.00m，10月～12月维持正常高水位运行，12月末水位为1198.14m。

（3）2013年，二滩水电站发电量为152.22亿kW·h，比2012年增加了15.19亿kW·h；发电用水量为359.77亿m³，较2012年增加36.24亿m³；按照2012年发电耗水率平均值2.36m³/（kW·h）计算，由于发电用水量增加而多发电约15.35亿kW·h。

（雅砻江流域水电开发有限公司　段　瞳）

清江流域梯级2013年运行调度新举措

2013年，清江流域梯级通过科学合理的水库调度，保证了梯级电站安全度汛，减少了开闸弃水，保持了较高的水能利用提高率，同时也积极支持了库区各项建设。清江流域梯级运行调度，2013年采取的新举措主要有：

（1）开展清江梯级水库汛限水位联合运用和动态控制，合理利用防洪库容。2013年6月，利用长江来水不大的有利条件，通过积极与上级防汛指挥机构沟通，在6月21日主汛期到来时，适当利用防洪库容，隔河岩水库短时超蓄，通过发电消落库水位，有效地减少了弃水损失，增加发电效益。

（2）加强梯级水库的宏观控制，合理指导全年发电。通过对流域来水特性和对梯级电站运行规律的研究分析，年初编制梯级水库年度调度策略，对梯级水库防洪及发电调度运用进行总体安排，进而提出全年的梯级水库水位的分月控制目标，指导全年发电。

（3）通过梯级电站之间的水头转移、负荷的重新分配，最大限度利用雨洪资源。2013年5月24～26日，清江流域普降大到暴雨，隔河岩—高坝洲区间3天降雨量高达96.4mm。为控制高坝洲水位上涨过快，多次申请将隔河岩出力转至水布垭电厂，有效避免了高坝洲弃水（高坝洲最高水位5月26日10时达79.56m，至27日17时即消落至79m以下）。9月23～24日，水布垭—河岩隔区间和隔河岩—高坝洲区间降雨分别达92.7mm和152.5mm，隔河岩和高坝洲水位上涨迅速，高坝洲弃水风险陡增。清江公司及时向电网申请加大高坝洲出力、减小隔河岩发电计划，减缓高坝洲水位抬升速度。通过及时实施流域负荷站间转移，高坝洲避免了弃水。

（4）完善集控模式，实现水电联调。2013年5月，将水情值班工作职责纳入到集控运行工作中，初步实现了水电联调。开展专题培训，从技术上、人员素质上为水电联调的进一步推进奠定基础，促进了集控运行和水库调度工作的专业融合。

（5）配合地方经济发展，开展生态调度工作。高坝洲水电站是径流式，其水库可通过迅速拉低再抬高库水位方法，置换库区水体，改善水质。2013年4月，两次对高坝洲库区水体进行置换，当月高坝洲库水位最高升至79.54m，最低降至77.64m；9月和10月初，高坝洲又分别通过先发电腾库容降水位，后抬升水位的方法，促进库区水体流动以改善库区水质，满足了生态调度的需求。

（湖北清江水电开发有限责任公司）

金安桥水电站2013年度水库调度效益再创新高

金安桥水电站是金沙江中游河段规划的第五级电站，位于云南省丽江市境内，电站于2011年投产运行，现已运行3年，取得了较好的发电效益。尤其是2013年，在来水偏少的情况下，通过水库优化调度，超额完成发电目标，发电量达117.91亿kW·h，较2012年多发8.30亿kW·h，较设计保证发电量多7.48亿kW·h。

（一）2013年降水概况

金安桥电站属滇西北高原性气候，立体气候明显。一年大致分雨季和旱季，6～10月降水丰沛，为汛期，其中主汛期7～9月，其他时间天气晴朗干燥，降雨少。

2013年，1～4月流域内干旱突出，降水严重偏枯；5月份虽然降水天气过程多，但大部地区降水总量仍偏少；6月上旬进入雨季，但较去年偏晚约一周左右；7月～8月上旬，虽进入汛期，但流域内降水不足；8月中旬至下旬，降水量明显偏少；雨季结束时间为10月上旬末，属正常年份；四季度降水稍偏少，气候干燥。

2013年电厂至石鼓区间流域面平均雨量为649.0mm，比多年平均偏少25%，较上年同期偏多11%。其中一季度比同期多年平均偏少85%，二季度比同期多年平均偏多16%，三季度比同期多年平均偏少8%，四季度比同期多年平均偏少81%。

（二）2013年来水情况

2013年1～4月来水与多年平均基本持平，5～7月偏多9%，但8、9两月较多年平均偏枯24%，尤其是主汛期的8月，偏少31%，10～12月来水较多年平均偏少8%。

2013年汛期出现了两次较大的洪水过程。第一次在7月下旬，由于区间水洛河流域降水集中，与上游干流来水叠加产生了5217 m^3/s的洪峰流量；另一次发生在9月上旬，由于上游降水产生了4670m^3/s的洪峰流量，这次洪水过程很短，稳定在4000 m^3/s流量以上时间只有4天。

2013年平均入库流量1531m^3/s，较多年平均偏少7%，较2012年偏少15%。年累计入库水量484.80亿m^3，发电水量401.66亿m^3、弃水水量83.10亿m^3，出库水量为484.76亿m^3。日均最大入库流量5060m^3/s（7月22日），日均最小入库流量89m^3/s（2月15日）；时段最大入库流量5395m^3/s（9月8日18时），时段最小入库流量0m^3/s（1月11日1时，主要是受上游电站调度影响）。

（三）水库调度分析及过程

2013年，金沙江中游来水较其他流域理想，汛期仅9月8～23日，因电网吸纳受限产生弃水损失电量外，其余全部吸纳，较年初的吸纳受限计划大幅减少。

通过有效的优化调度，2013年1月1日～7月6日13时27分，做到了零弃水，泄洪时间较往年迟，充分利用了水能效益。汛后拦蓄洪尾很及时，获得了较好的蓄能补偿。

2013年通过水库调度，精确预报、优化调度，增发电量达16847万kW·h，节水增发电量5.43亿kW·h。

全年典型的水库调度过程如下：

(1) 春节前加大发电出力腾库。春节前，从2013年1月15日起加大机组出力，库水位从1417.28m，降至2013年1月21日的1414.38m。

(2) 多次加大出力腾库，大大推迟泄洪时间，充分利用水能。2013年3月12～19日电网孤岛试验前加大出力，库水位由1417.52m降至1415.32m，降低试验期间风险，减少发电量损失1197万kW·h；5月31日～6月1日加大机组出力，库水位从1415.68m降至1411.75m，6月3日恢复至1413.90m，调洪优化增发电量1800万kW·h；6月3～7日加大机组出力，库水位从1413.90m降至1409.83m，6月14日恢复至1416.44m，调洪优化增发电量3900万kW·h；6月14日至7月1日加大机组出力，库水位从1416.44m降至1406.52m。

(3) 进行动态汛限水位控制调度。汛限水位运行期（7月），在长江防汛抗旱总指挥部的统一调度下，金安桥水电站实行动态汛限水位控制。通过准确预报、精心制定调度方案，2013年进行了两次调整汛限水位的调度：7月5～6日库水位从1408.47m蓄至1411.53m，7月24～26日库水位从1411.55m蓄至1413.78m，由此，增发电量1574.8万kW·h。

(4) 汛期进行恢复水位调度抬高水头，保证机组满发。2013年8月1～5日，库水位从1413.72m蓄至1417.33m。

(5) 在8月中、下旬来水严重偏枯的不利情况下，于8月20日将水库抬升至1417.85m高水位运行，降低了发电耗水率，增发电量6356万kW·h。

(6) 汛后拦蓄洪尾。汛尾加强跟踪天气及上游来水动态，在后期来水预测即将不够满发流量情况下，于10月9～10日及时拦蓄洪尾，将库水位由1417.05m抬升至1417.73m，增加蓄能420万kW·h。

2013年年初水位1416.59m，蓄能0.96亿kW·h，年末水位1416.76m，蓄能0.97亿kW·h。年平均库水位1414.90m，较2012年平均库水位提高了0.34m。最高库水位为8月20日19时的1417.85m，最低库水位为6月19日18时的1405.90m。

（四）经济运行统计指标情况

2013年，金安桥水电站来水预测准确率95.2%、水情数据合格率100.0%、水电计划报表合格率98.7%，三指标在南方电网直调考评中领先；水能利用提高率5.56%，较上年增加46%；发电耗水率3.38 m³/（kW·h），较上年降低1.0%；调洪优化增发电量16847万kW·h，装机利用小时数4913h。

（金安桥水电站有限公司　章登立　胡科炜）

浑江梯级电站优化调度研究情况

浑江梯级电站包括隶属于国电电力和禹水电开发公司（以下简称和禹公司）的桓仁、回龙、太平哨3座水电站和隶属于水利部门与个体所有的西江、凤鸣、金哨、双岭水电站。由于存在下游回龙水电站满发时所需流量小于上游桓仁水电站满发时所用流量的设计缺陷，在汛期，只要桓仁水电站采取满发运行方式，回龙水电站就出现弃水。桓仁水电站为不完全年调节水库，调节能力有限；同时作为北方河流，水资源有限，桓仁水电站利用小时数为2200h，回龙水电站略高，为3900h。

为做好流域统筹规划，充分利用水资源，挖掘浑江梯级电站潜力，从2010年开始，和禹公司与大连理工大学水资源与防洪技术研究所合作，开展“应用长中短期预报信息的浑江梯级电站优化调度研究”。项目于2013年9月通过验收与鉴定。本项目的研究与应用，使流域径流预测更为准确，梯级调度进一步优化，经济与社会效益较为明显。

（一）主要内容及成果

本项目研究包括GFS（美国全球预报系统）等降水预报产品的可利用性研究、流域径流描述的集成方法研究、考虑综合信息的浑江梯级水电站系统优化调度规则确定、浑江流域梯级水电站系统预报优化调度决策的经济效益分析及浑江梯级水电站系统预报优化调度决策的风险分析等5个方面，主要研究成果如下：

(1) 将GFS气象预报信息应用于水库调度实际，为水库防洪调度或者发电调度决策提供较为可靠的信息依据。经统计不同降雨预报量级条件下实际降雨量的发生频率过程，制定了降雨累积量频率图。通过累积频率图可查出预报量级下发生一定降雨量的频率。

(2) 建立了浑江水库流域径流预报模型。本研究将GFS降雨预报信息，分别采用不同的径流预报方法建立浑江流域径流预报模型，包括多元线性回归模型、暴雨径流相关图模型、新安江模型。

(3) 制定了基于长、中、短预报信息的浑江梯级水电站调度规则。利用浑江流域降雨预报与径流预报信息，将1、3、7d和10d的降雨、径流预报信息与水库调度相结合，优选出能够提高浑江梯级水电站群整体发电效益的发电调度规则。

（4）编制了利用10d径流预报及其不确定性的调度规则集。首先将水库群理想发电调度过程，根据水库群流域水文特点划分为5～6月；7～8月；9～10月和11月～翌年4月4个阶段；再应用粗糙集理论，编制梯级水库群考虑10d径流预报信息的调度规则集。

（5）研究了考虑预报信息的发电调度决策风险。径流预报信息的不确定性对水库发电调度决策主要带来弃水风险和蓄水风险。通过对所选决策的风险和期望损失进行计算，使调度决策者在决策中能够考虑预报信息为决策带来的风险度和期望损失值

（二）主要创新点

（1）采用GFS降雨预报信息作为流域降雨输入，用概念性水文模型对流域径流进行描述。相比于传统的多元线性回归、神经网络等统计和黑箱模型，使流域中期径流预报具有一定的物理概念。采用数值气象预报信息与水文模型相耦合也是未来流域径流预报的重要发展方向。

（2）采用短、中、长期降雨和径流预报信息作为条件，水库群发电调度出力作为决策，编制出水库群发电调度规则集。通过该规则集，水库调度人员可以依据未来水库预报情况决策水库发电，使水库调度决策充分考虑到未来的预报信息。

（3）利用10d径流预报的调度方式考虑了其不确定性。由于降雨预报信息具有不确定性，使用降雨预报信息制定的径流预报过程亦具有不确定性。采用预报信息做水库发电调度决策时，考虑预报信息的不确定性，使调度结果更符合实际。

（三）应用效果

2012～2013年，项目研究成果在和禹公司进行了应用，两年累计产生效益1453.5万元，主要情况如下：

（1）2012年8月24日，辽宁省防汛指挥部根据地方气象台预报台风布拉万将经过辽宁全境，要求桓仁水电站开启全部高孔，将水位降到295m；和禹公司应用项目研究成果，提出并上报预报情况及水库调度方案，经辽宁省防汛指挥部办公室同意，桓仁水库开启两孔泄洪，将泄量控制在5000万m^3。由此，减少弃水1.5亿m^3，减少电量损失6250万kW·h，挽回经济损失1355.4万元人民币。

（2）2013年7月8日，和禹公司根据天气预报情况，结合项目研究成果，决定将桓仁水电站（当时水库水位292.37m，入库流量245.6m^3/s）机组运行方式提前调整为满发，回龙山水电站开始弃水。实际情况是桓仁水库15日发生明显降雨过程，18～20日再次出现降雨过程，20日18时开始弃水。桓仁水电站满发时间提前一周，减少后期弃水2404.5万m^3，相当于增加梯级电站发电量282万kW·h，增加效益98.1万元。

（国电电力和禹水电开发公司
李福威）

大 坝 安 全 管 理

2013年大坝安全监察中心配合开展水电站大坝安全监管和行业规划的情况

2013年，国家能源局大坝安全监察中心（以下简称大坝中心）按照上级的工作部署，围绕电力安全监管这个中心，努力做好监督管理服务。积极配合安监司及派出机构开展电力安全生产检查、汛期督查，做好电力安全监管和水电站安全专项检查工作，为电力安全监管提供技术支持。配合国家能源局安监司发布了全国水电站大坝运行单位安全责任人名单和未注册（备案）水电站大坝情况通报，进一步明确了电力行业大坝安全责任。配合安监司对"4·20"四川芦山7.0级地震灾区水电站开展应急处置、灾情调查、震后恢复等抗震救灾工作。针对3月台湾南投6.5级和云南大理5.5级、新疆昌吉5.6级、7月甘肃岷县6.6级等地震灾情，及时跟踪了解震区水电站大坝运行情况，及时向国家能源局报告灾情和大坝安全状况。

2013年汛期，全国各地洪涝灾害、地震灾害依然较为频繁，东北和四川、云南、广东、广西等地区都发生了强降雨，造成重大社会经济损失，部分水电站发生了水淹厂房。7月四川、云南发生暴雨，8月东北地区发生强降雨，8月广东、广西大部地区受强

台风“尤特”影响发生强降雨，10 月浙江、福建受“菲特”台风袭击发生强降雨。在这些暴雨和强降雨发生后，大坝中心都及时组织人员跟踪了解强降雨对运行水电站大坝安全的影响情况，并组织人员对发生水淹厂房事故的四川大金坪、洪一大坝进行了现场检查，对吉林两江水电站进行跟踪，指导企业开展抗洪抢险工作。东北暴雨期间，大坝中心重点关注丰满水电站重建工程的安全状况，及时分析丰满大坝的运行性态，为重建工程安全度汛、保障丰满大坝运行安全做好指导和服务。2013 年 6 月 29 日凌晨，云南鲁地拉水电站生态放水孔封堵闸门发生异常泄流事故后，大坝中心按照安监司的要求派人会同国家能源局云南监管办公室到现场了解情况，及时向国家能源局汇报了现场掌握的第一手情况；11 月，新疆吉勒布拉克水电站发生导流洞封堵闸门失控事故后，及时对事故性质和影响进行分析。大坝中心利用大坝安全远程管理系统和其他各种信息渠道，将汛期受灾地区的汛情、灾情和注册大坝运行情况报能源局，为国家能源局应急管理、应急决策提供技术支持。全年共上报应急简报 30 份。

随着注册、备案的水电站大坝数量日益增多，大坝中心保障运行水电站大坝安全的担子日益加重，大坝安全监管和技术监督服务的要求也越来越高。大坝中心始终注重加强自身的能力建设，细化管理，进一步规范日常工作，提升技术监督服务的质量和效率。继 2012 年编制了《大坝安全监察中心发展战略规划(2013 年版)》后，2013 年编制了《人才发展规划(2013 年版)》、《大坝安全科技发展规划》、《“十二五”大坝安全信息化发展规划》等一系列规划，进一步明确了人才、科技发展、信息化建设的方向和措施，初步建立起大坝安全管理的规划体系，并将各项规划思路细化为主推部门的年度绩效，加强督办与考核，以期充分发挥战略的引领作用。

（国家能源局大坝安全监察中心　张秀丽）

2013 年水电站大坝安全注册情况

根据已注册大坝注册证有效期限，2013 年计划开展 62 座大坝的安全换证注册工作，同时根据相关工作进展，新增完成了北津、贺龙、鱼潭、天生桥二级的注册现场检查工作。

2013 年共受理了联补、洛古、地洛、蹇家湾、巴山、波罗、江边、白莲河上库坝、清水塘、蓬辣滩、河口、西龙池上库坝、西龙池下库坝、思林、筱溪、察汗乌苏、龙桥、龙头石、三道湾、金银台、鱼跳、天王沟、达拉河口、瀑布沟、深溪沟、温泉、石龙、铜湾、古顶、苏家河口、张河湾上库坝、张河湾下库坝、腾龙桥二级、石门坎、土卡河、腊寨、克田、团坡、班多、赛珠、洪石岩、凤凰谷、达开等 43 座水电站大坝的初始注册申请。根据申请注册大坝的情况，及时安排、开展了蓬辣滩、河口、西龙池上库坝、西龙池下库坝、思林、筱溪、察汗乌苏、龙桥、龙头石、三道湾、金银台、鱼跳、大兴、巴山、蹇家湾、大洑潭、五一桥、宝兴、格里桥、构皮滩、下桥、大盈江三级、大河口、白莲河上库坝、大埔、达拉河口、石龙、铜湾、清水塘、江边、张河湾上库坝、张河湾下库坝、联补、洛古、地洛、温泉、瀑布沟、深溪沟、波罗、腾龙桥二级、苏家河口、土卡河、石门坎、古顶、腊寨、克田、团坡 47 座大坝的初始注册现场检查。

年内已对完成现场检查的 110 座大坝进行了注册等级评审，在征求派出机构意见基础上，报国家能源局批复后发放注册证。全年已发放大坝安全注册证书 78 份，其中换证注册证 34 份、初始注册证 44 份。截至 2013 年 11 月底，在大坝中心注册的水电站大坝有 299 座，另有 17 座国家能源局已经批复同意注册，正在办理发证手续。

2013 年受理、办结了 24 座蓄水投运水电站大坝的转商备案申请。截至 2013 年 11 月底，办理备案大坝有 74 座。

上述已注册、正在办理注册证书和办结备案的大坝总数已达 390 座。这些注册大坝水库总库容 4315.7 亿 m^3，水电站装机容量 196447MW。

在前两年对未注册大坝调查摸底的基础上，在国家能源局安监司的指导和各派出机构的大力配合下，2013 年对已蓄水或投运的总装机容量 50MW（含）以上的 174 座水电站大坝进行了分类梳理，并对已投运但尚未开展注册、备案工作的 60 座大坝进行了通报，后续已有 18 座大坝开展了注册工作，为加强已运行水电站大坝安全监管、推进大坝安全注册工作打好了基础。

（国家能源局大坝安全监察中心　陈　铿）

2013 年水电站大坝安全定期检查进展情况

2013 年，国家能源局大坝安全监察中心（以下简称大坝中心）继续认真开展第四轮大坝安全定期检查工作。

按照规划，2013 年开展陈村、纪村、龚嘴等 34 座水电站大坝安全定期检查工作。四川芦山发生

"4·20" 7.0级地震后，配合地震后的安全检查情况，及时将列入2014年规划的四川铜头、雨城大坝提前到2013年启动。此外，还新增启动了大花水、龙马、冶勒、合面狮、三棵树、金河、昭平、华山沟、花木桥、尼那、丰海、石堤、双口渡、回龙下库坝、回龙上库坝、响洪甸下库坝16座规划外大坝的定检工作。全年启动定检大坝有52座。

2013年全年共有37座（规划内33座、规划外4座）大坝定检完成了专家组工作，有27座（规划内26座、规划外1座）大坝完成审查意见评审。

四轮定检自2011年启动以来，截至2013年11月底，已经启动定检的大坝有123座，全部完成定检工作的大坝有36座，定检工作进行中的大坝有87座。

开展四轮定检以来，大坝中心根据新的工作形势和要求，积极采用大坝安全信息化建设成果，通过事前策划和大坝安全远程管理信息系统资料的分析，对定检进行分类管理，优化定检过程，有效提高了定检效率，较好地控制了四轮定检的进度和工作质量。

（国家能源局大坝安全监察中心　谭秀娟）

2013年水电站大坝运行安全监测管理情况

当前，国家能源局大坝安全监察中心（以下简称大坝中心）主要通过监测系统的鉴定评价，监测系统设计和更新改造的审查、验收，监测设备的封存、报废和监测项目、测点、频次、期限的调整审批等技术活动，对大坝安全监测进行监督管理。

2013年，大坝中心受理并批复了十三陵上库、凤滩、葛洲坝、五强溪等27座大坝关于监测仪器封存、报废和测点、监测频次调整的申请，数量较往年大幅增加。说明运行管理单位对监测管理工作的认识在进一步提高，监测管理的职能得到了有效发挥。

为了准确掌握运行水电站大坝的运行性态和大坝安全监测系统的状况，2013年大坝中心开展了崖羊山、沙溪口、天荒坪、大山口、二滩等27座大坝的监测系统评价和资料分析工作。同时，根据2012年注册水电站报送的年报资料和2012年开展的大坝定检、监测资料分析和监测系统评价工作，统计、汇总了全国电力行业水电站监测工作情况，编制并在年初的工作会议上发放了《2012年全国注册水电站大坝安全监测工作报告》。报告分析了全国水电站大坝监测系统的合规性、监测设施的完备性、监测设备的可靠性以及监测系统运行维护方面存在的问题，便于各水电站运行单位对照、改进和提高。

（国家能源局大坝安全监察中心　王玉洁）

深化技术监督提高水电站运行管理水平

为了规范水电厂的水工技术工作，提高电力企业水工工作人员在水工建筑物的安全管理、水情测报、水库调度、大坝安全监测、水工规章制度制订及实施、常见水工缺陷的处理等方面的业务能力，2013年国家能源局大坝安全监察中心（以下简称大坝中心）继续开展大唐国际发电股份有限公司所属的彭水、崖羊山、居甫渡、龙马、戈兰滩、土卡河、那兰、马鹿塘二级、银盘、马岩洞、直岗拉卡、鱼剑口、藤子沟、牛栏口、石门坎等15座运行水电站的水工技术监督工作。大坝中心定期组织专家组对这些大坝开展汛前、汛后现场检查和水工技术监督考核，每月对监督大坝的运行情况和监测数据持续进行现场检查核实，编写水工技术监控月报供电站运行、管理单位参考，指导、督促运行单位按要求编制监测年报、月报，对建筑物运行缺陷诊断、分析、处理提供技术指导。通过这些活动，进一步摸清了水电站的运行管理情况，规范运行单位的日常管理工作，不断提高大坝安全现场一线人员的工作素质和工作成效。为进一步规范开展水电站水工技术监督工作，编制了《水工技术监督现场检查报告编写标准》，对技术监督工作评分标准等进行了细化。

（国家能源局大坝安全监察中心　吕永宁）

2013年水电站大坝安全评估和隐患排查治理

2013年，国家能源局大坝安全监察中心（以下简称大坝中心）继续深入贯彻落实上级有关隐患治理工作部署，切实加强组织领导，健全工作机制，明确职责分工，在通过定检、注册检查认真排查运行大坝缺陷隐患的同时，指导、帮助企业开展大坝安全评估和隐患排查治理活动，客观评价工程的大坝安全状况，确保大坝的安全运行和技术改造的顺利开展，努力推进运行大坝的补强加固和缺陷治理。

大坝中心对浮石、下六甲病坝的运行情况持续保持跟踪，指导浮石大坝业主单位开展处理方案研究，组织专家对浮石大坝的处理措施进行了专题讨论，确定了处理的技术路线。2013年组织开展了浮石水电站洪水及洪水位复核报告、浮石病坝消缺处理设计方案的专题审查，明确了病坝治理具体方案。针对广西下六甲病坝，大坝中心与业主单位保持密切沟通，协助业主单位推进下六甲病坝的处理，2013年对下六甲病坝处理技术方案组织召开了审查会，确定了加高处理方案。这两座病坝正在紧张处理中。

针对湖南白云水电站大坝渗漏严重的重大隐患，大坝中心密切跟踪白云大坝的运行情况。2013年3月会同湖南电监办配合原电监会开展了白云水电站现场调研，7月派人参加在电站现场召开的白云水电站大坝渗漏治理专题会议，就2013年的防洪度汛提出了具体的监管意见和建议。

（国家能源局大坝安全监察中心　谢宵易）

大坝安全技术标准体系的发展与完善

2013年，国家能源局大坝安全监察中心（以下简称大坝中心）积极组织开展大坝安全监测标准项目计划编制和申报，督促、检查标准制订进度及质量，及时组织大坝安全有关技术标准的审查和报批。3月，组织召开了《大坝安全监测数据库表结构及标识符标准》、《压阻式渗压计》、《压阻式仪器测量仪表》3项电力行业标准的审查；4月，组织召开了《水电站大坝运行安全评价导则》审查，连同《大坝安全监测数据库表结构及标识符标准》、《压阻式渗压计》、《压阻式仪器测量仪表》4项电力行业标准已经报中国电力企业联合会标准化中心审批；5月，向住房和城乡建设部标准定额司申报制定《混凝土坝安全监测技术规范》、《土石坝安全监测技术规范》两项工程建设类国家标准，已经获得立项批准。

（国家能源局大坝安全监察中心　赵花城）

2013年马迹塘电厂生产大坝运行安全管理

马迹塘水电站位于湖南省桃江县马迹塘镇资水干流上，于1976年11月正式开工，1983年6～8月3台机组相继发电，1986年竣工，1987年5月通过竣工验收，投入运行时间已达31年。2013年，马迹塘水电厂组织专业技术人员与有关单位合作完成了系列科研项目与改造项目，为电厂管理实现全面提升奠定了坚实的基础。

（一）马迹塘水电厂扩容增机工程可行性研究

电厂于2012年开始了增机扩容研究的前期调研工作，2013年与电站原设计单位湖南省水利水电勘测设计研究总院（以下简称湖南院）合作，正式立项启动了《马迹塘水电厂扩容增机工程可行性研究》。

本项目可行性研究分为两个部分，一是为与上游电厂机组满发流量匹配，最大限度地提高水能利用率，研究增加机组的可能；二是为加大库容和提高水库调节能力，研究提高水头运行的可能。2013年，委托湖南院对水文、地质、建筑及机电工程等进行了资料查阅与复核工作，深入开展了大坝结构的承受能力、上游库区工程地质、水库淹没损失及新建机组位置的现场调查、测量、调研工作；对马迹塘水电厂扩建机组与抬高水头进行了技术可行性分析，并按目前政策进行了经济性及投资效果分析等适应性研究。2013年12月23日，五凌电力有限公司在长沙组织召开了《马迹塘水电厂扩机增容可行性研究》科技成果验收评审会。验收评审委员会认为，从充分利用水资源的角度和从上下游梯级发电引用流量匹配的角度考虑，马迹塘水电厂进行扩机是有必要的；增加20MW容量可增加年发电量3063万kW·h，技术上可行；但对扩机方案还需作进一步优化。

（二）对马迹塘水电厂进行了出力及年发电量复核

由于受设计、施工等诸多因素的影响，投运初期，实际最大出力约为4.7万kW，较机组铭牌出力减少15.3%。2008年上游柘溪水电站扩机投产，2009年下游白竹洲水电站投产，对马迹塘电厂的出力及发电量等带来较大影响。因此，马迹塘水电厂2013委托湖南院对机组实际出力以及年度发电量进行复核。

2013年12月27日，五凌电力有限公司在长沙组织召开了《马迹塘水电厂水库运用参数及有关指标复核报告》成果验收会。报告对马迹塘水电厂坝址径流、水位流量关系曲线、最大出力和年设计发电量进行了复核。经复核，马迹塘水电厂多年平均流量688m^3/s，电厂最大出力42.0MW，较机组铭牌装机55.5MW减少24.3%，较原竣工验收核定的3台机组最大出力43 MW减少2.3%；电站多年平均发电量18 908万kW·h，较设计发电量（27 600万kW·h）降低了31.49%。

（三）开展了白竹洲电厂顶托影响马迹塘电厂发电量核算

白竹洲水电站河流规划阶段正常蓄水位为48.7m，核准正常蓄水位为49.0m，核准正常蓄水位比规划正常蓄水位抬高0.3m。工程建成蓄水后，水库水位基本维持在49.0m附近运行，很多情况下甚至超过49.0m运行，其水库回水对马迹塘水电站尾水产生了较大的顶托影响。针对这一复杂情况，2013年7月19日，湖南电监办组织双方业主（五凌电力有限公司、湖南新华水利电力有限公司）召开了“白竹洲水电站与马迹塘水电站蓄水顶托争议协调会议”。经会议协商调解，作出如下协调意见：白竹洲水电站可以自主选择规划正常蓄水位（48.7m）或核准正常蓄水位运行（49.0m），如选择规划正常蓄水位（48.7m）运行，则无须对马迹塘水电站补偿；如果选择核准正常蓄水位（49.0m）运行，应对马迹塘水电站合理补偿。

2013年9月5日，由湖南电监办组织再次召开协调会议，督促白竹洲水电站尽快落实省电监办《关于白竹洲水电站与马迹塘水电站蓄水顶托争议协调的会议纪要》要求。为客观、合理确定白竹洲水电站对马迹塘水电站发电效益的影响，会议要求委托有资质的勘测设计单位，对白竹洲顶托影响而减少的发电量和白竹洲水电站投产运行以来对马迹塘水电站造成的发电量损失进行测算。2013年11月，马迹塘水电厂委托中国水电顾问集团中南勘测设计研究院开展白竹洲水电站对马迹塘水电站电能影响专题研究。

经研究分析认为：

（1）白竹洲水电站河流规划阶段正常蓄水位为48.7m，核准正常蓄水位为49.0m，核准正常蓄水位比规划正常蓄水位抬高0.3m。工程建成蓄水后，水库水位基本维持在49.0m附近运行，很多情况下甚至超过49.0m运行，工程蓄水运行以来其水库回水对马迹塘水电站尾水产生了一定的顶托影响，降低了马迹塘水电站的发电水头，对马迹塘水电站发电效益造成了一定程度的影响。

（2）通过对马迹塘—白竹洲河段不同流量级别的回水计算，对于同一流量方案，白竹洲水电站坝前水位越高，水库回水对马迹塘水电站尾水位的顶托影响越大。

（3）白竹洲水电站建成以来的2011～2013年，因白竹洲水电站坝前水位超过48.7m运行，对马迹塘水电站发电量的影响值共计为2726万kW·h（其中因坝前水位超过49.0m运行的电量影响值为731万kW·h），其中2011年为301万kW·h，2012年为1086万kW·h，2013年（至11月20日）为1339万kW·h。

（4）经长系列运行模拟计算，与无白竹洲情况相比，若白竹洲水电站按规划正常蓄水位48.7m运行，马迹塘水电站加权平均水头降低0.53m，多年平均发电量减小2306万kW·h；若白竹洲水电站按核准正常蓄水位49.0m运行，马迹塘水电站加权平均水头降低0.69m，多年平均发电量减小3044万kW·h。白竹洲水电站正常蓄水位从48.7m抬高到49.0m运行，马迹塘水电站加权平均水头降低0.16m，多年平均发电量减小738万kW·h。

湖南省物价局针对这一现实情况，为了确保资江流域梯级联合调度顺利实施，兼顾上下游发电企业利益，经协调一致，就白竹洲水电站回水顶托马迹塘水电站问题以湘价函〔2014〕37号复函如下：

（1）2014年以前因白竹洲水电站回水顶托影响马迹塘水电站发电效益的问题，由湖南新华水利电力有限公司在2014年5月底前对五凌电力有限公司一次性补偿200万元。

（2）2014年元月1日起，马迹塘电站上网电价在现行电价基础上每千瓦时上调0.015元。

（3）以上措施为白竹洲水电站在核准蓄水位49m以内运行的情况下对马迹塘水电站的补偿，白竹洲水电站超过49m运行的问题由双方协商解决。

这个项目的完成，为马迹塘电厂争取合法权益提供了有效的依据与政策性支持。

（四）开展了大坝安全校核与调整了大坝泄流公式

为马迹塘增机扩容工作的需要，2013年委托湖南院对大坝水工建筑物的大坝稳定应力进行了复核。复核结论：大坝抗滑稳定控制工况为正常蓄水工况，大坝抗滑稳定系数随着正常蓄水位抬高而减小；正常蓄水位抬高到57.3m时，大坝稳定系数仍达到1.57，满足规范要求。

通过对大坝安全校核发现，过去的泄流公式存在较多问题，堰顶高程与堰顶系数取值不对。特别上游来水与白竹洲水电站蓄水位后对马迹塘水电厂泄流发生了很大的改变，一是“孔流公式”中目前是按堰顶高程46.7m来计算的，但白竹洲水电站蓄水后马迹塘尾水高程在49m，深孔门已淹没堰顶2m多，故计算不准确，建议堰顶高程调整为尾水高程；二是“堰流公式”中流量系数，水电设计院建议由0.53改为0.45或更小。此数据修改后代入泄流公式演算，泄流出库流量的准确率有很大的提高。此成果将在2014年的洪水预报系统改造中加以应用。

（五）通过全面设备改造，远程集控试运行前顺利通过专家组的现场评估

五凌电力有限公司2009年第三次司务会提出各电厂在5年内陆续接入“无人值班、远程集控（长沙）”的要求。为实现远程集控建设的需要，2013年实施了开关站、主变压器、技术供水系统、压力容器、监控系统、通信系统等10项重大技改任务。电厂按照先进、稳定、可靠、满足集控要求的基本原则，系统策划，举全厂之力统筹抓好方案设计、设备选型与监造、现场施工管理等各环节的工作，取得了对主变压器、开关站同步进行整体改造的重大技改成果。特别是成功采用混合型气体绝缘组合开关设备（H－GIS），不仅满足了实现远程集控实用的技术要求，而且节约投资630万元，缩短工期近3个月，安全经济效益显著。

2013年12月18～20日顺利通过由五凌电力有限公司会同益阳电网地调专业技术人员组成的现场评估专家组的远程集控试运行前的现场评估。

（五凌电力有限公司马迹塘电厂 颜庆丰）

瀑布沟、深溪沟大坝初始注册甲级

瀑布沟、深溪沟水电站是大渡河流域梯级开发电站，分别于2010年12月和2011年6月全部投产发电。

瀑布沟枢纽工程为一等大（1）型，主要水工建筑物为1级，地震设防烈度为Ⅷ度。拦河坝为砾石土心墙堆石坝，最大坝高186m，坝顶长540.5m。水库长73km，库面积84.14km²，正常蓄水位850.00m，相应库容为53.37亿m³，调节库容为38.94亿m³。电站装机6台，总容量3600MW，保证出力926MW，多年平均年发电量147.9亿kW·h。

深溪沟枢纽工程为二等大（2）型，主要水工建筑物为2级，地震设防烈度为Ⅶ度。电站为河床式，拦河坝为混凝土重力坝，最大坝高106m。水库长约11km，库面积1.57km²，正常蓄水位660.00m高程，相应库容为3200万m³，调节库容为800万m³。电站装机4台，总容量660MW，设计枯水年枯水期平均出力253MW，年发电量32.35亿kW·h，枯期发电量9.18亿kW·h。

2013年10月，国家能源局大坝安全监察中心按照《水电站大坝运行安全管理规定》和《水电站大坝安全注册办法》的要求，对瀑布沟、深溪沟大坝注册条件、管理实绩进行了全面检查和资料查阅。经现场检查和注册等级评定组审定，瀑布沟、深溪沟大坝的注册条件符合《水电站大坝运行安全管理规定》第二十七条规定，大坝安全状况正常，符合甲级注册条件，大坝管理实绩考核评分达到甲级标准，同意两站初始注册，注册等级为甲级。

（国电大渡河公司库坝管理中心 罗正英 胡涵尹）

清江梯级水电站大坝安全注册工作情况

湖北清江水电开发有限责任公司（以下简称清江公司）十分重视大坝安全管理，清江流域水电站大坝均按要求进行了注册。隔河岩大坝、高坝洲大坝、水布垭大坝分别在1998年、2005年、2012年进行了初始注册。近年来，共完成了6次大坝安全注册工作（含初始注册、换证注册），情况见表1。

表1 清江流域水电站大坝注册情况一览表

大坝名称	注册有效期	注册等级	备注
水布垭大坝	2012年12月～2017年12月	甲级	初始注册，大坝管理实绩考核评分86分
隔河岩大坝	2013年3月～2018年3月	甲级	第3次换证注册，管理实绩考核评分86分
高坝洲大坝	2011年6月～2016年6月	甲级	第1次换证注册

清江公司关于大坝安全注册的主要做法：一是学习注册法规和标准。积极收集了与大坝安全注册相关的法律法规和标准，并在已有各项制度及技术规程基础上，完善了《梯级水电站大坝运行安全运行管理标准》等技术标准。2013年，新修订了《清江梯级水电站大坝安全远程监控分析平台运行维护规程》等技术规程，通过月度生产会、部门工作会、标准化学习考试等多种集中学习的形式，开展了大坝安全注册法律法规以及与注册相关的标准学习、培训。同时，清江公司网页标准库以及库坝中心文档系统存有大坝注册有关法律法规和标准资料，可以方便、快捷、准确查阅，便于员工进行自学以及使用。二是明晰注册工作专业分工。大坝安全注册工作涵盖了水文、水工、监测、金属结构等专业面，涉及公司电力生产部、安全监察部、计划经营部3个职能部室和梯调中心、库坝中心、流域电厂3个二级单位。各单位职能分工明晰，专业分工明确，有专人负责注册日常工作。三是认真准备汇报材料及备查资料。对于每次大坝安全注册工作，清江公司都十分重视，紧扣《大坝安全注册管理实绩考核评价标准》做好准备，汇报、备查材料完备、翔实，并开展注册前自评工作。四是积极落实整改意见。

（湖北清江水电开发有限责任公司）

桓仁、回龙山两大坝顺利完成第四轮安全定检

国电电力发展股份有限公司和禹水电开发公司（以下简称和禹公司）下辖的桓仁、回龙山水电站于2013年10月顺利完成两站大坝第四轮定检工作。桓仁、回龙山大坝被评定为正常坝。

桓仁大坝始建于1958年，为混凝土单支墩大头坝，坝顶全长593.3m，最大坝高78.5m，坝体设有12个高孔、2个中孔、4个底孔。回龙山大坝始建于

1969年，为混凝土重力坝，坝长567.3m，最大坝高35m，设13个溢流孔。

2013年，和禹公司根据国家能源局大坝安全监察中心对桓仁、回龙山大坝第四轮定检要求，先后完成桓仁大坝溢流面反弧段裂缝检测处理、桓仁大坝溢流面补强加固、回龙山大坝引张线观测系统大修改造、回龙山大坝4、19号坝段折坡点裂缝检测处理，以及两站大坝混凝土检测、金属结构检测、监测系统分析评价等工作。上述检测及补强工作，改善了桓、回两坝的安全性状，保证了两坝安全、稳定运行。

（国电电力和禹水电开发公司　吴锡焕）

大坝安全监测

2013年水电站大坝运行安全监控工作情况

为推动信息化建设成果的实际应用，2013年国家能源局大坝安全监察中心（以下简称大坝中心）继续深化大坝安全远程监控。大坝中心将任务落实到人、具体到月，利用信息报送平台对大坝监测数据报送情况进行梳理，开展信息化接入前的检查指导、监控指标的设置、报送测点梳理和异常现象反馈等工作。在梳理过程中，实时搜集、整理每座大坝的日常监测信息，对远程信息管理系统的异常数据及时进行甄别、处理、分析，确保大坝安全管理主系统信息的准确性、完整性和实用性，逐步实现了对接入大坝工作性态的实时监控。

大坝中心每月编写《水电站大坝安全监控月报》，及时反映接入大坝的运行情况；监控中发现的异常情况，在提醒区域主管进行跟踪落实的同时，也及时反馈运行管理单位，指导、督促运行单位不断改进管理工作、加强日常监测，有效提高了大坝安全性态预警预测的准确性。2013年共对19座大坝的信息化接入前开展自查报告检查和接入测点拟定；完成了54座大坝报送信息梳理和监控指标设置；全年共处理异常超限报警条数67642条，缺失报警条数15610条。目前接入大坝安全主系统的272座水电站大坝中，已有216座实施了常态化安全监控。

（国家能源局大坝安全监察中心　沈海尧）

2013年水电站大坝运行安全信息化建设概况

自2006年国家电力监管委员会印发《水电站大坝运行安全信息报送办法》和《水电站大坝运行安全信息化建设规划》以来，国家电力监管委员会/国家能源局大坝安全监察中心（以下简称大坝中心）依照规划和注册工作的进展情况，积极推进大坝安全信息化建设。2013年，除了日常报送信息检查和水电站大坝安全主系统的升级、维护以外，完成了水布垭、龙头石、红花、黑麋峰上下库、株溪口、跷碛、双河口、水牛家、察汗乌苏、老虎嘴、惠州抽蓄等12座大坝的网络报送；完成了溪口上下库、大盈江一级、下桥、宝兴、槽渔滩、高凤山、阿鸠田、丰海、丰源、照口、色尔古、柳坪、城东、铁城、天王沟、麒麟寺等17座大坝的邮件报送。截至2013年11月底，已有272座大坝完成了信息化建设任务，实现了大坝安全信息远程接入水电站大坝安全管理主系统，其中网络报送189座，邮件报送83座。

根据信息化建设进展和大坝安全信息化管理要求，2013年大坝中心继续开展水电站大坝安全信息管理主系统功能完善、电站端大坝安全信息管理子系统优化升级管理、部分流域大坝安全管理信息分系统建设等工作。如改进了基于GIS系统的大坝安全管理功能，提高了卫星图片的清晰度，增加了注册定检情况说明，重新设计了图片展示模块，改进了大坝标注方式；完成了大坝安全区域管理模块开发、小湾大坝个性化展示模块部分开发工作；开展了雅砻江流域大坝安全信息系统建设，升级完善云南大唐国际公司6座电站子系统，完成了跷碛、水牛家、双河口、老虎嘴等水电站大坝安全信息系统的建设任务。

（国家能源局大坝安全监察中心　陈振飞）

雅砻江流域大坝安全信息管理系统建设

（一）系统定位

雅砻江流域大坝安全信息管理系统（以下简称流域大坝系统），是雅砻江流域水电开发有限公司（以下简称雅砻江公司）按照“流域化、集团化、科学化”发展与管理理念建设的流域大坝安全管理和技术管理的统一平台，其建设旨在统筹流域大坝安全管理，建立健全流域大坝安全信息化体系。根据原电监会《水电站大坝运行安全信息化建设规划》（电监安全〔2006〕47号）关于水电站大坝运行安全信息化建设的有关要求，流域大坝系统作为全国电力大坝安全信息系统的组成部分，联网在线报送雅砻江公司所属大坝安全信息。

（二）建设进展

雅砻江公司于2011年启动流域大坝系统的建设工作，2012年完成流域大坝系统规划设计并开工建设。2013年9月流域大坝系统投入试运行，已陆续接入雅砻江流域二滩、官地和桐子林电站大坝安全信息，其中二滩、官地电站为运行期电站，实现了远程自动化数据采集；桐子林为施工期电站，实现了监测数据信息化管理。两河口和锦屏一、二级水电站接入工作已准备就绪，将根据工程进展情况适时接入。最终将实现全雅砻江流域21级梯级电站大坝安全信息的接入和管理。

（三）系统组成与功能

流域大坝系统由位于成都的流域数据管理主系统及各投运电站大坝监测自动化系统、在建电站监测信息管理系统组成，主系统通过集控调度专线与各投运电站大坝监测自动化系统连接，通过电信专线与在建电站客户端连接。系统提供专业软件、信息网站、平板电脑、智能手机等4种访问途径，实现数据采集、数据审核、数据计算、查询统计、资料整编等安全监测功能，以及水工点检、技术文档、大坝定检注册等信息管理功能。对各投运水电站大坝安全信息进行全面管理，为施工期大坝安全监测管理提供信息化手段。

（四）系统创新与特色

（1）安全监测自动化采集服务。首次提出由监测自动化系统向信息系统提供采集服务的概念，可以在不改变现场原有自动化系统硬件设置等的情况下，仅通过软件技术将多个水电站的多个自动化系统集成在流域大坝系统中。

（2）安全监测工作施工期转运行期无缝衔接。系统充分兼容水电站建设和运行的大坝安全监测信息，运行期和施工期的信息在同一系统中存储、处理和发布，可实现安全监测工作从建设期到运行期的无缝衔接和平滑过渡。

（3）施工单位网络外使用。在流域大坝系统中考虑到了雅砻江公司网络内部（公司总部、电厂、管理局等）和外部（监测承包商、监测中心等）人员的职责和情况，通过不同的信息录入方式和权限控制实现系统服务的完整，在保证了公司内部网络安全的前提下，实现外部人员的使用功能。

（4）水工点检管理。在巡视检查规定路线上设置关键点地址纽，巡检过程中用巡检机读取地址纽号码，在巡检结束后，及时通过数据连接线接入计算机，系统从巡检机中读取时间和地址纽信息入库。系统可以在布置图上显示巡视检查人员、实际行进路线，并显示各巡视关键点的时间和关键点间行走所花费的时间间隔等。

（5）移动办公。利用手机和平板电脑的移动信息化软件，建立了移动终端与电脑互联互通的应用系统，使雅砻江公司相关领导和工作人员可以随时随地进行随身化的信息获取和管理。移动终端软件提供了文档转发、信息查询、监测数据采集和审核等功能，满足了移动办公的需要。

（6）系统运行实时监控。系统提供了运行状态的实时监控手段，并能通过手机短信及时将系统故障通知系统管理员，增强了系统的安全性和健壮性。

（7）三维可视化。科技部已正式批复启动由雅砻江公司牵头承担的国家“十二五”科技支撑计划“雅砻江流域数字化平台建设及示范应用”课题，其子课题之一就是，锦屏一级水电站、两河口水电工程将分别作为投运和在建电站，试点安全监测信息管理三维可视化。三维可视化中将包含位移、渗流、应力应变等监测点，并实现对监测、巡检信息的查询与展示，直观显示水工建筑物存在的缺陷、隐患和运行中应特别注意的部位等。

（雅砻江流域水电开发有限公司　张晓松）

糯扎渡心墙堆石坝安全监测系统的仪器布置及成果分析

糯扎渡水电站心墙堆石坝最大坝高261.5m，坝顶高程为821.5m，坝顶宽度为18m；2008年11月开始填筑，2012年12月填筑至坝顶高程。工程于2011年11月6日开始下闸蓄水，2013年7月20日大坝上游水位为779.54m，下游水位为601.82m。

糯扎渡心墙堆石坝安全监测系统是糯扎渡工程全生命周期监控系统的组成部分，主要包含监测仪器、监测自动化系统、监测信息管理系统。监测项目主要包括变形、渗流、应力等，在左岸、河床中部、右岸坝体共布置3个监测横断面，共布有各类监测仪器约1283支。监测自动化系统随监测仪器埋设同步实施。在监测电缆未牵引至观测房或者现场电源、通讯光缆尚未形成的情况下，采用人工观测，手动录入监测数据。监测信息管理系统在大坝施工前已开发完成，数值模型计算成果随坝体填筑调整计算网格及模型参数。监测仪器布置及成果分析情况如下：

（一）变形监测

1. 大坝沉降

（1）心墙沉降监测主要采用电磁沉降环，在高程上每隔 3m 布置一个。根据心墙沉降监测成果，心墙纵向位移分布呈河床中部大、两岸岸坡小的特征，最大沉降发生在最大坝高断面。沉降在横向分布呈中部大、顶部和底部小的特征。心墙位移变化与坝体填筑过程具有高度相关性，主要位移发生在填筑期，坝体位移随填筑高度增加而增加，雨季停工期间，位移变化趋缓。第一填筑期最大沉降为 384mm，第二填筑期最大沉降为 951mm，第三填筑期最大沉降为 1985mm，第四填筑期最大沉降为 3413mm，第五填筑期结束至 2013 年 7 月实测最大沉降为 4099mm，发生于心墙中部 722.65m 高程，最大累计沉降量约为心墙高度的 1.57%，沉降率在同类工程中较小。

（2）上游堆石体沉降监测主要采用 VW 型弦式沉降仪，在高程上每隔 40m 左右布置一层，共埋设 3 个观测层。上游堆石体最大沉降出现在 738m 高程靠近心墙的 DB－C－VW－10 测点，沉降测值为 2636.31mm，该测值占最大坝高的比例为 1%。

（3）下游堆石体主要采用水管式沉降仪，在高程上每隔 40m 左右布置一层，其布置方式与上游堆石体一致。监测成果显示，下游堆石体最大位移区集中于堆石体中部的 738m 高程，最大沉降为 2313.36mm，该测值占最大坝高的比例为 0.9%。

2. 界面相对变形　界面相对变形主要包括心墙与基础混凝土垫层之间、心墙与上下游反滤之间的相对变形。

（1）心墙与岸坡间相对变形主要采用 5 测点式 500mm 量程的位移计，其监测范围为 45m，布置方式为位移计组一端固定与岸坡混凝土垫层，另一端埋入土体。位移计之间采用带万向节的传递杆连接。左岸土体位移计组 45m 范围内最大累计位移为 677.44mm，实测分段位移在 0～3m 段达到最大 199.3mm。右岸土体位移计组 45m 范围内最大累计位移为 871.99mm，实测分段位移在 0～3m 段段达到最大 258.22mm。

（2）心墙与反滤之间、心墙与坝基混凝土垫层之间界面错动变形主要采用剪变形计。剪变形计由位移计改装，在位移计两端设置上下锚固板，其中上锚固板位于心墙，下锚固板位于反滤或混凝土垫层。监测成果显示，心墙与混凝土垫层之间处于相对受拉状态，最大相对变形为 76.39mm，发生于右岸高程 713.143m 地形坡度由 1∶1.28 转折到 1∶0.78 处。心墙与反滤之间处于相对受压状态，实测压缩变形在－72.32～－0.86mm 之间，最大相对变形发生在最大沉降带的 660m 高程。上述相对位移主要发生在大坝填筑期间，雨季停工期间位移变化量较小。

（二）应力监测

应力监测主要采用土压力计，在心墙高程方向每个 40m 左右布置一个监测层，每层的上下游反滤、心墙上下游侧、心墙中心各布置 1 支土压力计。同时，为监测心墙空间应力分布，在心墙中下部 701m 高程左岸岸坡、心墙中部和右岸岸坡各布置了 1 组六向土压力计组。监测成果显示：心墙应力随坝体填筑逐步增大，最大应力为 5.71MPa，发生于上游心墙底部。从实测应力分布来看，应力随高程增加逐步减小，位于同一高层部位心墙靠近上下游反滤侧应力相对集中，心墙存在一定程度的拱效应。

心墙实测最大孔隙水压力 1.98MPa，发生在 626.1m 高程的上游侧心墙，换算成水压高程为 828.14m，已超过坝顶高程，蓄水后实测压力无明显变化，表明心墙存在一定程度超静孔隙水压力。

（三）渗流监测

坝体坝基渗流主要采用在心墙及基础布置渗压计进行监测。在 2011 年 11 月开始蓄水后，坝体从上游至下游水位的分布特征为上游库水位最高、下游堆石体水位次之，下游尾水位最低。2013 年 7 月上下游堆石体水位分别为 779.54m、601.82m，监测成果显示：

（1）帷幕后钻孔渗压计蓄水前后实测水位变化在 2.30～2.53m 之间，量值较小。

（2）混凝土垫层底部渗压计水头增量在－0.29～53.87m 之间，其中坝基廊道上游侧增量在 51.82～53.87m 之间；廊道下游侧水头变化较小，增量在－2.09～2.02m，垫层底部渗压计顺河向分布为上游侧高、下游侧低，表明大坝蓄水对帷幕上游侧垫层底部渗流有一定影响，但廊道下游侧混凝土垫层及防渗帷幕水头增量较小，坝基渗控工程总体防渗效果较好。

（3）廊道下游第一支渗压计当前测值为 67.03m，测值稍大，蓄水之前测值为 65.10m，蓄水后共增加 2.023m 水头，表明此处渗透压力主要是受边坡地下水影响，蓄水对其影响甚微。

（4）大坝坝后量水堰自 2011 年 11 月大坝蓄水后，一直处于无水状态。2013 年 6 月量水堰堰板开始过流，并进行观测，测值受降雨影响有一定波动，7 月 20 日实测渗流量为 7.42L/s，量值较小，一方面表明心墙渗透系数较小，形成稳定渗流场时间相对较长；另一方面表明大坝及基础防渗性能较好，无明显施工缺陷，大坝工作状态正常。

（四）心墙拱效应分析

心墙堆石坝在填筑过程中由于坝壳料和心墙土料

压缩模量不同，材料间产生不均匀沉降，心墙部分应力传递到坝壳，使心墙内部应力减少，即产生心墙拱效应。

各横断面在心墙底部上下游侧与反滤交界部位应力较为集中，同一高程应力分布总体特征为心墙两侧应力大、心墙中部应力小，2013 年 7 月心墙拱效应系数在 44.26%～123.44%之间，绝大部分在 68.72%～99.87%之间，实测土压力低于理论土压力，表明心墙存在一定程度的拱效应。

拱效应对心墙的影响主要体现在拱中心可能产生拉应变，从而引起裂缝，在高水压力作用下产生水力劈裂。根据心墙沉降监测成果，2013 年 7 月各相邻电磁沉降环实测相对变形在－6～－170mm 之间，其土体应变为－0.17%～－5.23%之间，均为压应变状态，且压应变分布为越靠近心墙中部压应变越大，表明心墙出现的拱效应并未产生心墙竖向拉应变，心墙工作状态正常。

（中国水电顾问集团昆明勘测设计研究院有限公司 谭志伟 邹青 和丽东
华能澜沧江水电有限公司糯扎渡水电厂 宇陈波）

挂治大坝静力水平自动化监测设备升级改造

挂治大坝静力水平自动化监测设备布设于坝顶上游侧电缆沟内，同时在 3、4 号坝段下游侧各对应布设 1 个测点，测量坝体倾斜，共计 11 个测点，测点编号分别为 ST01～ST09、ST03-3、ST04-4。原自动化设备于建坝初期安装，2008 年监测系统移交，从运行情况来看，仪器稳定性相当差，测点故障率较高。为有效监测挂治大坝垂直位移，电厂于 2013 年对大坝静力水平自动化监测设备进行了升级改造。

（一）仪器选择

本次改造采用国内稳定性能较高的 RJ-20 型电容式静力水准仪。该仪器由南京南瑞集团公司生产，在国内应用率相当高，测量精度和稳定性能较好。

RJ 型电容式静力水准仪为变面积型传感器，其结构如图 1 所示，由主体容器、电容传感器、连通管等部分组成。主体容器内装一定高度的液体，其内置的浮子上装有屏蔽管并接地，且随液面升降而上下位移；电容传感器置于主体容器内，其环形电极 1、电极 2 与中间极固定在主体容器的上部，构成两个电容 C_1、C_2；连通管用于连接其他静力水准仪测点，并将各个测点连成一个连通的液体通道，使各测点静力水准仪主体容器内的液面始终为同一水平面。

该静力水准仪根据圆柱形线位移式电容传感器原理设计。仪器的环形电极 1、电极 2 与中间极固定在仪器主体容器的上部，构成两个电容 C_1、C_2。当仪器位置发生垂直位移时，主体容器的液面将产生相应的变化，装在浮子上的屏蔽管随之发生垂直位移，采用接地方式的屏蔽管使电容 C_2 的感应长度改变，从而使电容 C_2 发生变化。通过测量装置测出电容比的变化即可计算得测点处的相对垂直位移变化量。

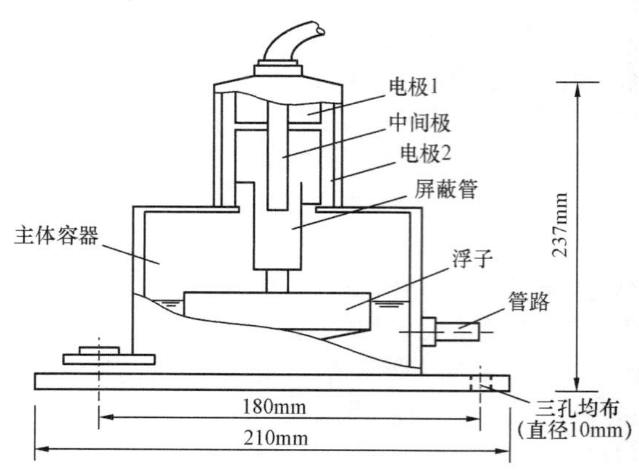

图 1 RJ 型电容式静力水准仪结构示意图

（二）改造的内容与要求

本次改造于 2013 年 7 月 15 日至 8 月 5 日进行，主要内容有：①原有旧设备拆除、观测基墩整平、预埋件埋设；②传感器安装更换及液管铺设安装；③采集模块及 DAU 保护箱安装；④通信、电源电缆、仪器电缆铺位设；⑤DAMS-IV 型智能分布式安全监测数据采集系统建立；⑥系统调试。

施工主要技术要求如下：

（1）依据观测设计布设的测点部位，埋设安装相应的设备。

（2）在混凝土面上的测点，安装埋设时先处理接触面，使测点的混凝土墩与坝体（或岩体）完全结合成整体。

（3）连通管应置于电缆桥架内，应连接平顺，不得承受大的压力和弯曲。

（4）测点部分的埋设必须可靠，能准确反映测点的垂直位移，应尽可能使测点处于同一高程上，各测点的高程误差在±5mm 之内。

（5）根据工程实际情况，静力水准测点及连通管做好保温和安全防护设施。

（6）系统电缆布设于电缆桥架内，并进行相应保护。

（三）改造后效果

原静力水平监测仪器及软件运行稳定性较差，传感器及测量模块经常故障，2008 年至 2012 年 1 月，维护量将近 20 次。按 2008 年～2013 年 7 月自动化测值统计，各测点变幅均大于 10mm，最大变幅测点为

ST03-3，变幅达到18.62mm。而同一时期坝顶几何水平测点测值统计，最大沉降实际变幅均在8mm内，且呈现中间坝段大于两岸坡坝段趋势。这说明，原静力水平自动化测值明显失真，并未真实反应出坝顶真实位移。

升级改造后，系统整体运行稳定，未发生任何设备缺陷和仪器故障情况；自动测值统计，最大沉降变幅点为ST04-4，变幅7.60mm，其余变幅均在5mm内，与同时期几何水平测值变化趋势相一致。各测点相对沉降、抬升与温度相关联且存在一定滞后效应，与混凝土大坝沉降趋势基本一致，说明自动化测值真实可靠，能反应出大坝真实沉降位移。

（挂治水电厂　王得）

国电大渡河流域水电开发有限公司研制的四种基准线法观测墩基座获实用新型专利

常用的激光准直、引张线、垂线、视准线等基准线法，受仪器设备结构特点以及现场场地空间和工程监测系统建设造价等诸多因素的影响，导致在建筑物的大变形量监测中形成技术瓶颈。国电大渡河流域水电开发有限公司经对基准线法仪器超设计量程的常规处理方式进行深入分析，结合基准线法的布设特点和建筑物的变形规律，创新了基准线法超量程观测技术，即采用基准线法测点墩或管支墩移动式基座和相应的观测方法。这不仅增大了基准线法仪器的量程，扩大了应用范围，而且还确保了观测资料序列的连续性和系统资料的整体性，为准确分析和揭示建筑物真实的变形情况提供了数据保障。所研制的4种基准线法观测墩基座，于2013年4月、5月获得国家实用新型专利：激光准直系统观测墩支撑基座，专利号为ZL 2012 2 0585774.1；引张线法观测墩支撑基座，专利号为ZL 2012 2 0585454.6；垂线法坐标仪测点墩基座，专利号为ZL 2012 2 0585378.9；视准线活动觇标法测点墩基座，专利号为ZL 2012 2 0585379.3。

（国电大渡河公司库坝管理中心　江华贵）

大　坝　维　修

龚嘴大坝表孔溢流面首次整体修补

龚嘴水电站大坝布置有4个溢流表孔，投运至今已运行42年。大渡河水流含砂量大，尤其在汛期，对表孔溢流面冲刷严重。经实地对9号表孔溢流面检查，整体粗骨料裸露，局部钢筋露出，左右侧冲刷深度最大相差22cm，反弧段右侧边墙形成冲槽，最大深度25cm。在2012年冬至2013年春的检修期间，国电大渡河公司库坝管理中心采用现场实地1∶1模型逐段光滑处理技术、简易组合式钢桁架＋钢板挡水围堰、环氧修补材料及其相应的施工工艺，对9号表孔溢流面首次进行了整体修补。经过1个汛期的运行，效果较好。

这次修补解决的关键问题如下：

（1）结合龚嘴大坝40余年来的运行工况，以原设计WES曲线为依据，根据破坏情况的实测成果进行拟合，采用现场实地1∶1模型逐段光滑处理技术，顺直、平整溢流曲面，即以溢流面右侧底板面高程为基准逐段进行光滑处理，凿除突出部位，填补冲刷部位，并对左右两侧墙2m以下粗骨料裸露部位进行修补，确保了泄流槽内顺直、平整、光滑。采用该方法，一是尽量保证了原WES线型，二是大大降低了工程造价。

（2）针对溢流表孔下游水下反弧段和水平段修补问题，采用简易组合式钢桁架＋钢板挡水围堰，一是解决了约16m跨度和5m水深的临时围堰挡水问题，形成的旱地施工条件确保了水下溢流曲面修补的工程质量；二是解决了因施工现场场地狭窄大型起吊设备无法到位吊装的技术难题；三是重复使用且为后续的表孔溢流面检修提供了方便。

（3）采用龚嘴大坝冲砂底孔过流面成功的修补技术，即NE－Ⅱ型环氧砂浆或环氧混凝土及其相应的施工工艺，对冲坑、冲槽采用环氧锚杆植筋技术，使用环氧混凝土找平，面层采用环氧砂浆进行光滑处理。另外，对已填筑环氧混凝土的部位减小面层环氧砂浆的厚度，降低不必要的工程成本费用。

（4）在斜坡面上搭设阶梯型脚手架作业平台，水面上采用浮筒搭设水上作业平台，解决了因场地窄小及斜坡面和水上施工引起的作业安全、施工质量和工期进度等难题。

（国电大渡河公司库坝管理中心　张业辉　陆嘉斌）

喜河水电站消力池水下修补成功

喜河水电站消力池于2006年6月投入运行。经历大小洪水数十场后，2009年6月委托青岛太平洋海洋工程有限公司对消力池进行水下录像检查，初步查明了消力池的破坏情况，发现的最大一处冲坑深度达120cm，已影响到枢纽的正常运行。2011年1月再次委托该公司对消力池进行全面的水下检测，发现破坏情况较2009年呈现出明显的扩大趋势。

根据汉江上游来水丰枯变化规律，汉江有进入丰水期的趋势，喜河水电站大坝中孔、表孔泄洪流量将会加大，时间将会更长，消力池"带病"运行而遭破坏的几率增加。为了消除这一安全隐患，喜河水电厂决定立即对消力池进行大修处理。

传统方法为围堰排水修补，但建造围堰、做基础防渗、进行基坑排水要耗费大量的时间和费用。随着各种新材料的问世，以及潜水作业技术的进步，病害混凝土进行水下修补的技术已成熟。经专家研究，本消力池采用水下修补方法。

2011年1月，喜河水电厂委托青岛太平洋海洋工程有限公司进行这一水下修补工作，当年6月圆满结束。

（一）处理方法

本次针对不同的破坏形式，进行了相应的修复，包括冲坑修补和底板纵横伸缩缝水下防渗处理。

1. 冲坑修补　经过综合对比分析，对于深度不大于15cm的冲坑，浇筑标号为C40的PBM聚合物混凝土；对于深度大于15cm的冲坑，浇筑标号为C30的水下不分散混凝土。本工程选用的HK－PBM－3聚合物混凝土，是以HK－PBM－3树脂为黏结剂，可在水中快速固化，浇注后一天的抗压强度可达30MPa。该聚合物混凝土具有很好的流动性，浇筑后不需震捣，能够自流平、自密实，其固化时间可根据施工需要进行调整。

2. 伸缩缝防渗处理　在伸缩缝处开V型槽，宽50mm，深50mm。清除槽内及伸缩缝内的混凝土残渣和杂物，用SXM快速封堵剂对槽口进行封堵。最后对伸缩缝进行化学灌浆处理，灌浆材料采用LW水下专用系列材料。底板纵横伸缩缝水下防渗处理145.89m。

（二）现场试验

1. 抗压试件　取PBM-3聚合物混凝土5组、UWB-Ⅱ不分散混凝土4组，送检合格。表明两种材料的抗压强度达到设计要求。

2. 抗劈拉试件　取PBM-3聚合物混凝土8组、UWB-Ⅱ不分散混凝土8组，送检合格，表明两种材料的黏结强度达到设计要求。

3. 拉拔试验　锚筋拉拔验收采用陆上模拟水下同等工序条件下的拉拔试验检测，锚固时保有水深度100cm，拉拔试验3组，每组3根锚固筋，锚筋数量、间距、锚固深度和垂直度满足设计要求，28d抗拉拔强度均远大于20kN/根。

（三）处理效果

本次对消力池的破损缺陷进行了系统的修复处理，作业内容、施工工艺符合合同及业主、监理单位的要求；水下修补后进行全面复检，结果良好，新浇筑面平整，新老混凝土结合处平顺，成功消除了危及大坝安全稳定运行的重大隐患。

如果采用修筑围堰修复，工程静态预算在2400万～3000万元之间；本次水下修复工程实际产生的费用400万元，为采用修筑围堰修复方法的13%～16%。

本次水下修补取得了以下主要成果：

(1) 验证了水下修补技术各道施工工序的可实施性以及施工质量的可控制性。

(2) 检测了水下浇筑薄层不分散混凝土各项力学性能指标。

(3) 检测了新老混凝土的结合强度。新老混凝土之间能否良好结合，直接影响混凝土的整体性能及修补工程质量。

(4) 验证了施工中所用各种新工程材料的性能。

本工程水下修补，水深达20m，总浇筑方量达141.2m^3，在汉江流域尚属首例，对汉江流域水电工程有很好的示范作用。2013年年底，该工程作为大唐陕西发电有限公司推荐的先进技术推广应用项目，获得中国大唐集团公司科技成果二等奖。

（喜河水力发电厂　但其宝）

中國水力發電年鉴

13

环境保护与水库移民

环 境 保 护

华能澜沧江水电有限公司2013年环保水保工作情况

华能澜沧江水电有限公司自成立以来，始终高度重视环保工作，坚持“绿色”公司使命，以“建设绿色电站，促进流域水电事业健康发展”为宗旨，认真贯彻环境保护与水土保持的基本国策，积极实施可持续发展战略，切实将“构建和谐电站、奉献绿色能源”的重要思想落实到各项环保工作中，在环保管理体系、制度建设、措施落实等方面大胆探索、勇于创新，不断推进澜沧江流域环保工作步入规范化、制度化和程序化轨道。

（一）管理体系

华能澜沧江水电有限公司于2006年初成立安全监察与环境保护部，全面负责归口管理公司各项环保、水保工作，各下属生产、建设单位和承包商明确相应分管领导、管理部门和专兼职管理人员，负责落实各项环保、水保措施，形成“统一领导，分级管理，各负其责”的管理体系。2009年成立环境保护管理委员会，协商指导各电站建设运行过程中的环保管理工作；各建设单位成立由业主、设计、监理和施工等单位组成的环境保护管理委员会，领导和指导工程建设的环保、水保工作，进一步强化流域水电开发环保管理工作的沟通协调机制。2010年委托中国水电顾问集团华东勘测设计研究院开展流域水电开发环境保护监理工作，强化工程建设过程中的环保监督管理。2013年7月成立澜沧江流域水电开发环境保护管理中心，主要负责协调解决澜沧江流域水电开发中区域性、流域性环保水保措施的研究和落实，以及对外交流和信息资料报送等工作，进一步统筹安排流域水电开发环保、水保管理工作。目前，华能澜沧江水电有限公司已形成“统筹安排、分级管理、各负其责、协商指导、监督考核”的环境管理体系，有力保证各项环境保护、水土保持措施落实。

（二）管理制度

华能澜沧江水电有限公司制定了《环境保护、水土保持管理办法》、《环境事件应急预案》和《工程建设安全、环保过程达标考核细则》等一系列管理制度，各生产、建设单位结合实际，制定和细化了相应管理制度。在工程招标合同中明确环境保护、水土保持内容及双方责任，在施工合同中单列环保水保专项措施费用，细化考核支付办法，建设单位每年与承包商签订年度环境保护协议，强化环境保护措施落实和奖惩工作。通过严格执行各项管理制度，分解细化环保实施计划，明确环保责任目标，定期组织会议、检查、考核和评比，有力促进了环保水保措施贯彻落实。

（三）环保措施管理

华能澜沧江水电有限公司高度重视环境保护工作，严格执行“三同时”制度，按照“超前谋划、合理安排、适度超前”原则，强化环境影响评价管理和环境保护措施落实，抓紧完善竣工环境保护验收工作，环保水保监理、监测工作正常开展，全年未发生环境污染事故和水土流失事件。

1. 前期报批管理　严格按照国家环评管理规定，在筹建前编制“三通一平”环评水保报告书，在工程开工前编报环评水保报告书，并在取得批复后开展工程筹建及建设工作。2013年，先后取得了黄登、乌弄龙、大华桥电站项目环评批复，以及乌弄龙、大华桥电站水保批复，并积极推动如美、古水、橄榄坝等项目的前期工作。目前，华能澜沧江水电有限公司各在建、筹建项目环评手续齐全。

2. 竣工验收管理　认真做好筹建期“三通一平”环保验收、环保试生产许可、蓄水环保验收和竣工环保水保验收工作。2013年，取得金沙江龙开口水电站“三通一平”工程竣工环境保护验收以及龙开口水电站试生产环保批复。积极推动小湾水电站环保、功果桥水电站环保水保验收工作，小湾水电站竣工环境保护验收等待环保现场验收检查。通过招标委托龙开口水电站竣工环境保护、水土保持验评单位，按计划开展验收相关工作。

3. 环保措施管理

（1）建设生产、生活废污水处理系统，处理后综合利用。按照“综合利用”要求建成各建设管理营地和承包商营地成套一体化污水处理设施，生活污水处理后用于绿化、降尘等，不外排。里底、黄登、苗尾等水电站建成砂石料废水DH高效处理器等生产废水处理设施，生产废水经处理后全部回用，不外排。为提高生产废水处理设施运行效果，华能澜沧江水电有限公司组织开展生产废水处理系统技术总结交流，加强工艺设计、建设和运行管理，进一步提高生产废水处理水平。

（2）在糯扎渡、功果桥、黄登和金沙江龙开口水电站建成鱼类增殖站，开展珍稀或土著鱼类人工增殖技术研究。截至2013年年底，龙开口鱼类增殖站已实现短须裂腹鱼、岩原鲤、细鳞裂腹鱼和鲈鲤的人工繁殖，功果桥鱼类增站已实现光唇裂腹鱼的人工增殖，糯扎渡实现叉尾鲇、巨魾的人工增殖。同时，在鱼类人工繁殖成功后，每年在里底、功果桥、糯扎渡和龙开口等水电站开展增殖放流活动，并按放流数量10%的比例对部分放流鱼苗进行标志放流。另外，华能澜沧江水电有限公司自2010年开始，就积极参与了西双版纳州澜沧江—湄公河渔业资源增殖放流活动，2013年共投放澜沧江土著鱼——叉尾鲶、丝尾鳠、傣鲤等约33万尾。在此基础上，糯扎渡水电站还制定了库区鱼类增殖放养计划，2013年6月在糯扎渡水电站库区放养丝尾鳠、叉尾鲇等215万尾澜沧江土著鱼类。在苗尾水电站库区支流基独河拆除已建基独河四级电站，恢复天然河道、建立鱼类栖息地保护区等措施，以保护鱼类自然资源、维护水生生态平衡。

（3）通过移栽、建立植物园和生态恢复等陆生生态保护措施，结合景观美化要求，实现水电工程与自然的生态和谐。在电站开始筹建后即组织编制施工区景观规划，根据施工区景观、生态恢复和绿化规划设计方案，按照“边开挖、边支护、边绿化”的思路，及时收集施工场地表土，有计划实施珍稀植物移栽、建设植物园小区、施工区绿化和植被恢复，既美化环境，又有效起到防尘、降噪以及水土保持措施作用。

（4）接受环保水保主管部门现场监督检查，通过整改提高环保水保管理水平。2013年，水利部长江水利委员会、环境保护部西南督查中心和地方各级环保水保行政主管部门开展现场督查活动，各电站根据督查意见认真整改落实，有效促进环保水保管理水平提高。

（5）强化环保水保监理。委托中国水电顾问集团华东勘测设计研究院承担澜沧江流域各梯级电站环境保护监理和水土保持监理工作。监理单位定期开展巡视检查，通过召开会议、发文通报、下发整改通知单等形式充分发挥环保监理作用，推动各项环保措施的落实。并通过将流域环保监理纳入环保管理中心，强化和提高环保监理作用，有效保证环保措施质量、进度等满足环保要求。

（6）监测工作全面开展。各项目均按照环评批复要求委托专业单位开展环境监测、水土保持监测、陆生生态监测、水生生态监测、人群健康监测等监测工作。2013年，各项监测工作顺利开展。监测单位定期提交监测报告，监测成果反馈以指导现场环保水保措施整改落实，为环保水保工作现状评价和制定改进措施提供了重要依据。

（7）进一步加强公司各电站环境事件应急预案管理。组织编制完成《龙开口水电站突发环境事件应急预案》，并报送到地方环境主管部门进行备案；陆续推动澜沧江流域梯级水电站突发环境事件应急预案备案工作。

（华能澜沧江水电有限公司）

华能澜沧江水电有限公司乌弄龙·里底水电工程建设管理局努力建设生态和谐水电

华能澜沧江水电有限公司乌弄龙·里底水电工程建设管理局（以下简称华能乌弄龙·里底管理局），负责乌弄龙、里底水电站工程建设管理及澜沧江上游维德二级沿江公路改建工程、云溜公路工程建设管理。

乌弄龙、里底水电站位于云南省迪庆州维西县巴迪乡境内，是澜沧江上游水电规划七个梯级电站中的第二、三级，都属二等大（2）型工程。前者总库容2.84亿m^3，装机容量990MW，年发电量43.62亿kW·h，可行性研究报告于2013年通过审查；后者总库容0.745亿m^3，装机容量420MW，年发电量17.53/19.52亿kW·h（古水投产前/古水投产后），项目于2013年获得国家核准。

维德二级公路总长140km，是“三江并流”腹地澜沧江沿岸的一条交通主干线。云溜公路是澜沧江上游沿江公路云岭至溜筒江三级公路，全长约31km。

乌弄龙、里底水电站地处“三江并流”腹地，梅里雪山脚下。华能乌弄龙·里底管理局在“两站两路”工程建设中，十分重视环境保护和水土保持，提出并实施“JFLMT”五步环保、水保管理工作法（J即降尘、降噪、降扰、降污、节能、减排、监测，F即防止水土流失和生态破坏，L即绿化，M即美化，T即提高环境和生态质量），走出了一条生态和谐水电开发道路。主要做法如下：

（1）建立健全严格的环保、水保管理制度。成立了工程环境保护委员会，制定并实施“云南藏区窗口工程”方案，不断完善环保、水保管理体系，与各施工单位签订了环保与水保协议，明确了目标与责任。建立健全了体现生态文明要求的目标体系、考核办法、奖惩机制，组织开展了环保、水保专项整治活动，持续开展检查、考核、评比工作，不断规范环保、水保管理。

（2）认真开展环境监理监测工作。委托中国水电顾问集团华东勘测设计研究院作为监测单位，按计划开展工区环境、水保及生态监测。

（3）有效落实环保、水保“三同时”制度。采取管理、技术、保护、植物等综合配套措施，把电站工程建设对环境的影响降到最低。例如，在施工区及时剥离、收集种植土，用于植被恢复；对具备绿化条件的施工迹地及时开展场地整治、覆土、绿化工作；超前开展渣场建设，渣料按设计规划运至指定渣场规范堆存，等等。

（4）有效落实大气环境保护措施，保证空气质量。实施工区道路硬化，及时清扫施工场地及工区道路，控制工程车辆车速以减少扬尘，配置洒水车定期对施工区道路进行洒水降尘；钻孔作业时采用湿法作业，洞室作业配置通风设备做好洞内通风散烟工作，加强职业防护，保护从业人员免受粉尘危害。

（5）有效落实声环境保护措施，防止噪声超标。通过选择低噪声设备、对厂内空压机等设备设置消声器、控制好爆破用药量、设置汽车禁鸣标志等措施，减少或控制噪声；合理安排施工时段，降低噪声干扰。

（6）有效做好人群健康保护措施。定期对食堂饮食、环境卫生进行检查整改，保持清洁环境；开展人群健康监测，每年对职工进行体检，预防和控制病源。

（7）对生产生活废水进行综合利用，实现了污水零排放。已建成投运业主营地、乌弄龙承包商营地、里底承包商营地等3座生活污水处理厂和倮打塘砂石骨料系统、里底电站混凝土拌和系统两座生产废水处理厂。倮打塘砂石加工废水处理系统采用“预沉淀＋GMS高效澄清器、DH高效净化器并联净化”处理工艺，处理能力达550m^3/h。

（8）有效落实固体废物回收处置措施，对生活垃圾进行无害化处理。派人对工区道路进行清扫，保持道路整洁干净。组织青年团员和志愿者利用节假日，开展“整治环境卫生乡企，共建文明巴迪”等活动，对巴迪乡街道、市场环境卫生进行整治。

（9）积极保护澜沧江鱼类资源。联合云南省渔业科学研究院，开展以“保护澜沧江水生生物，促进人与自然和谐相处”为主题的澜沧江里底水电站光唇裂腹鱼放流活动，2013年，放流20 000余尾。还将在乌弄龙、里底水电站建设鱼类设施以保护鱼类资源。

（10）对库区珍稀植物进行移栽保护。经过现场调查和多方甄别并请专家确认，建管局联合有关科研单位对国家重点保护（Ⅱ级）植物金荞麦移栽至珍稀植物园进行有效保护。

（11）加强总体规划设计，分期实施生态修复提升，努力打造景观工程。在电站三区（里底枢纽区、业主营地区、乌弄龙枢纽区）两线（沿江公路、云溜公路），打造集植物景观、文化景观、建筑景观、库区自然景观为一体的区域绿色景观工程。目前除乌弄龙水电站左岸观礼台正在建设外，已先后建成了里底水电站右岸观礼台，左、右岸景观花园，完成沿江公路绿化工程，完成业主营地、乌弄龙、里底水电站承包商营地绿化园林工程。

（12）积极实施电站及周边环境绿化美化工程。对两个电站的施工道路和进厂道路边坡坡面防护采用网格植草和三维塑料网植草等护坡方式。在道路两旁种植黄杨、黑麦草等适宜当地气候和土壤生长的植物，在里底水电站大桥两侧种植香樟、松柏、红果果、映山红等植物，在业主营地种植茶花、映山红、红花继木等植物。引进“团粒喷播植被恢复与环境的生态性修复”技术，对电站硬质边坡开凿植生孔，孔内填土，进行创新性植被恢复性试验并获得成功。目前，团粒喷播技术已列为“全国建设行业科技成果推广项目”及“全国技术创新基金项目”。

截至2013年12月底，完成绿化美化约30多万平方米，种植乔木、花灌木等达10万余株。

2013年4月22日，联合国教科文组织世界自然保护联盟（IUCN）布鲁斯·杰弗雷、蒂尔曼·吉格两位专家到乌弄龙、里底水电站进行“三江并流”世界自然遗产地反应性监测考察时，对乌弄龙、里底水电站工程建设中大力保护自然生态环境给予了积极的评价，表示要把中国在“三江并流”保护中的透明、公开和好的做法介绍到世界上其他国家。

近年来，华能乌弄龙·里底管理局先后荣获云南省迪庆州、维西县“文明示范窗口单位”、“文明单位”、“安全先进单位”、“文明示范窗口”等多种荣誉称号。

（华能澜沧江水电有限公司 乌弄龙·里底水电工程建设管理局）

锦屏水电工程实施的典型生态环保措施

锦屏水电工程位于锦屏大河湾河段上，包括锦屏一级和锦屏二级水电站，总装机容量8400MW。工程建设伊始，秉承创建环境友好型工程理念，提出了建成“绿色锦屏、生态锦屏、和谐锦屏”的目标。为此，探索并形成了具有锦屏水电工程特色的环境管理体系，克服了自然环境条件恶劣、施工布置与施工组织极为困难等诸多不利因素，使施工现场环境质量和水土保持满足国家与地方相应标准以及报告书和批文要求。采取的典型生态环保措施简介如下：

(1) 锦屏一级建设分层取水设施，减少下泄低温水影响。锦屏一级水电站坝高305m，正常蓄水位以下库容77.6亿m^3，具有年调节性能，但水库水温属稳定分层型，存在下泄低温水影响问题。经过专题研究与反复比选，最终选取经济合理、技术可靠、运行方便的叠梁门方式进行分层取水，并在国内率先开展了分层取水水温模型试验，验证了分层取水的水温效果。叠梁门分层取水设施于2013年安装完成并投运。

(2) 锦屏二级建设生态流量泄放及在线监测设施，保障生态流量泄放。锦屏二级水电站为引水式电站，将形成长约119km的减水河段，下泄生态流量是一项重要水生生态保护措施。为此，采用生态水力学法，在减水河段设置119个测量断面，通过大量的基础测量、鱼类生物学特性研究、水力学模型计算等工作，科学确定了45m^3/s的最小下泄流量。工程采用将右岸导流洞改建成永久生态流量泄放洞的设计，隧洞全长592.93m；同时在闸坝弧形工作门上设置舌瓣门，作为补充生态流量泄放方式。生态流量泄放洞最大泄放能力为600m^3/s，与弧形工作门上的舌瓣门联合运行，则最大泄放能力可达到800m^3/s，可以满足制造人工洪峰的要求。生态流量在线监测采取生态流量泄放洞安装2套流量监测仪器和利用下游大沱水文站联合监测方式。生态流量泄放洞及在线监测设施2013年已经建成投运。

(3) 锦屏一级、二级、官地水电站联合建设鱼类增殖站，加强鱼类资源保护。锦屏一级、二级、官地水电站为雅砻江下游上下衔接的3个梯级，电站的建设对鱼类资源将造成一定影响。为减少影响，保护雅砻江下游特有鱼类的种群和资源，经环境保护部同意，三个工程联合建设鱼类增殖站，集中技术和资金力量，繁殖放流雅砻江特有鱼类。增殖站建设投资1.5亿元，设计放流4～12cm的苗种每年最高可达150万～200万尾。鱼类增殖站2011年完建，并投入运行，到2013年底已经成功繁殖放流鱼苗120万尾。人工繁殖放流的鱼类为长丝裂腹鱼、细鳞裂腹鱼、短须裂腹鱼、四川裂腹鱼、长薄鳅、鲈鲤等6种鱼类。

(4) 提前截流，避免坝肩高陡边坡开挖土石下江。锦屏一级水电站大坝河段，水文地质条件复杂，河谷深切，两岸基岩裸露，岸坡陡峻，呈典型的峡谷地貌。大坝坝高305m，坝肩最大高边坡开挖高度500多米，在近乎垂直的边坡开挖，不可避免造成一定的开挖渣料下江，进入河道。由于大坝上游河段坡降大，截流围堰蓄水，回水淹没影响小，两岸隧洞导流方式对河流水文情势影响不大。经综合比选，决定在锦屏一级实施“先截流，后开挖”。2006年12月4日，锦屏一级水电站成功实现大江截流，比原计划提前2年，有效避免了高陡边坡开挖大量弃渣入江造成水土流失问题。

(5) 适度提高桥隧比，减少地表的扰动破坏。锦屏水电工程场内施工道路要沿着大坝两岸陡峭岸坡进行布置，明线建设将不可避免造成沿线大面积的裸露高陡边坡，造成大面积严重水土流失和沿线生态环境破坏。为尽量减少对区域生态环境的影响，场内公路设计方案由明线改为隧道。锦屏一级水电站场内公路总长32km，其中隧道36条、桥梁6座，隧道总长23km，占总长度的71%。适当提高桥隧比，不仅减少了场内道路的占地面积，还减小了对工程区地表的扰动和破坏，最大限度地控制了植被损坏和地表扰动比率，减少了水土流失，保护了生态环境。

(6) 合理规划，充分利用。锦屏工程施工区，属高山峡谷地区，施工场地十分紧张，施工布置异常困难。通过合理规划，充分利用前期场平渣场，作为施工场地，如利用前期楠木沟渣场建设2号营地，在印把子沟、模萨沟、三滩渣场上建设砂石系统。这在节约土地资源的同时，减少了对地表的扰动破坏，且方便石渣回采利用，水土流失得到有效控制。

(7) 污废水深度处理，尽可能回用。锦屏水电工程4个生活营地共建设了10个地埋式生活污水处理站，并建设1座中水处理系统，将经过深度处理的污水回用于绿化、降尘、洗车等。针对砂石、混凝土生产废水，锦屏水电工程采用了石粉回收、废水三级沉淀、板框压滤或真空吸滤等泥浆干化系统处理措施，使生产废水经处理后满足回用要求，减少了系统江边抽水费用。

(8) 开展科研试验，创新环保水保措施。广泛运用土工格栅挡墙，取代传统的浆砌石和钢筋石笼挡墙，在印把子、模萨沟、棉纱沟渣场底部实施了土工格栅挡渣墙。由于在土工格栅施工中掺入了灌木草种，目前各部位土工格栅档渣墙坡面上已经生长出各种草灌植被，挡护效果良好，生态景观美化效果明显。针对裸露岩土边坡，相继开展了岩土渣场植被恢复实验研究、喷混边坡“TBS”实验研究、经济适宜绿化和生态恢复实验研究等一系列的科研项目，并取得的一些科研成果。针对高线混凝土系统砂石骨料二次冲洗废水量大，悬浮物浓度高，场地狭窄等特殊性，优化处理工艺和流程，以保障现场文明施工环境面貌。

(9) 充分利用大河湾河流生境，保护喜急流鱼类资源。利用雅砻江锦屏大河湾营造适生水生生态环境条件，维持河道型喜急流鱼类种群的生物多样性，开展了大量的科研工作。主要包括：雅砻江下游保护及特有鱼类增殖放流技术研究及放流效果评价，雅砻江下游保护及特有鱼类生活史、繁殖生物学研究，雅砻江下游保护及特有鱼类人工驯养及繁殖生物技术研究，雅砻江锦屏一级、二级水电站施工期水生生态调查（包括大河湾水生生态调查）。还准备开展雅砻江锦屏大河湾水文过程变动对栖息地生态系统影响量化研究等。

截至 2013 年 12 月，锦屏工程环保水保总投资（含具有环保水保功能工程）已达 21.13 亿元；其中锦屏一级环保水保投资约 15.66 亿元，锦屏二级环保水保投资约 5.47 亿元。

（雅砻江流域水电开发有限公司
李精华　王红梅）

向家坝库区移民安置（云南省部分）工程的水土保持

金沙江向家坝水电站库区移民安置（云南省部分）（以下简称云南库区移民安置）工程共涉及云南省绥江县、水富县和永善县 3 个县，主要包括城集镇迁建工程、农村移民安置工程和专项设施复建工程 3 个部分，总占地面积 1255.11hm²，总投资 46.95 亿元（其中，土建投资 37.60 亿元）。

项目区属我国水力侵蚀类型区的西南土石山区，容许土壤流失量为 500t/（km²·a），现状水土流失以轻度、水力侵蚀为主，土壤侵蚀模数背景值为 1480t/（km²·a），是国家级水土流失重点治理区中的金沙江下游治理区和云南省水土流失重点治理区。云南库区移民安置工程的水土流失防治标准执行等级为建设类项目Ⅰ级。

本工程严格贯彻执行了水土保持“三同时”制度，实施的各项水土保持设施，在保证主体工程安全的同时，有效控制了项目区内新增水土流失的发生。项目区内无重大水土流失问题发生，各项水土保持设施运行良好。

（一）城集镇迁建工程的水土保持

城集镇迁建工程包括绥江县的绥江县城、会仪镇、南岸镇和新滩镇，永善县的桧溪镇和佛滩镇以及水富县的邵家坪农村街场。各城集镇迁建工程主要由新址建设工程、供水工程、污水处理工程、生活垃圾填埋工程和码头工程等组成。

1. 新址建设工程水土保持

（1）施工过程中，采取了临时拦挡（尼龙编织袋挡墙）和临时覆盖（彩条布）措施；在房建设施和场内道路的填方区下游侧，布设了挡墙；施工期内，沿道路两侧、结合永久排水沟走向首先开挖临时排水沟，用于疏导施工期内地表径流；施工结束后，对裸露边坡采取方格网植草、草皮护坡等边坡防护措施，沿场内道路两侧种植乔灌木，对房建设施、道路及永久硬化路面以外的其他区域进行景观绿化（“乔、灌、草”相结合）。

（2）新址建设工程共布设弃渣场 14 处，其中绥江县新址建设工程规划弃渣场 10 处，永善县新址建设工程规划弃渣场 2 处，水富县邵家坪农村街场新址建设工程规划弃渣场 2 处。对于蓄水后不被淹没的沟道型和坡地型渣场在堆渣体下游侧设置直立式浆砌石挡渣墙，周边设浆砌石明渠和浆砌石截洪沟，马道设砖砌排水沟，弃渣场堆渣完毕后，渣体顶部进行了覆土绿化；蓄水后将淹没的库区型渣场在堆渣体下游侧设置直立式浆砌石挡渣墙，堆渣体边坡采用干砌石进行防护。

2. 供水工程水土保持　取水池底部外侧回填后，对扰动裸露地表撒播草籽绿化；水厂围墙外四周单行交错种植乔灌木，裸露地表撒播草籽；进厂道路施工结束后，路基两侧单行种植小乔木，裸露地表播撒狗牙根草籽；输水管线施工时利用彩条布对临时堆土进行覆盖，管线敷设回填后扰动区域撒播草籽。

3. 污水处理工程水土保持　污水处理厂场平前剥离表土并临时堆存在厂区一角，其下游侧布设尼龙编织袋挡墙进行临时拦挡，降雨或大风季节利用彩条布进行临时覆盖；污水处理厂围墙外四周交错种植乔灌木，裸露地表撒播草籽；污水收集管线施工过程中的临时堆土表面利用彩条布临时覆盖，管道敷设回填后撒播草籽。

4. 生活垃圾处理工程水土保持

（1）调节池、管理用房和渗滤液处理池等工程场平前首先进行表土剥离并临时堆存在于区域一角，其下游侧布设尼龙编织袋挡墙进行临时拦挡；降雨或大风季节利用彩条布进行临时覆盖；施工结束后的裸露地表种植乔灌草绿化。

（2）进场道路施工前剥离表土并临时堆存在道路一侧，其下游侧布设尼龙编织袋挡墙，降雨或大风季节利用彩条布进行临时覆盖。道路施工时回填路基边坡下游侧设尼龙编织袋挡墙，回填边坡未实施护坡措施前采取彩条布覆盖防护。施工结束后的裸露地表撒播草籽绿化，并沿道路两侧种植乔灌木。

5. 码头工程水土保持　永久防护措施主要为排水、挡墙和坡面防护等措施，施工过程中的临时防护措施主要为尼龙编织袋挡墙。

（二）农村移民安置工程水土保持

云南库区移民安置工程生产安置主要采取城镇化安置、复合安置和自主安置等方式，仅有少数移民采取调剂土地安置，无开发新的耕园地，无新增地表扰动，无新增水土流失。新建居民点房前屋后裸露空闲地通过种植柑橘、毛竹等绿化、美化树种，既可提高居民居住环境质量，又能有效防止水土流失。

（三）专项设施复建工程水土保持

1. 云南水富至绥江公路

（1）主体工程区：沿线路纵向每间隔 30～50m 在路基边坡上设置一临时性边坡排水沟（可以与路基排水工程中的边坡排水沟结合修建），其下方视需要可以修建沉淀池。路基填筑前，在放坡线两侧开挖边沟，临时边沟的开挖要与永久性路基排水边沟相结合修建，边沟出口处修建沉沙池。路基施工结束后，如不能及时进行边坡防护工程，遇雨季可采用彩条布或草栅对路基边坡进行覆盖。施工前预先进行表土剥离，并将剥离表土临时堆置在公路一侧，用装表土编织袋挡护。

（2）沿线设施区：施工前预先对其进行剥离，并在用地范围内进行临时存放，采用编织袋装土作临时挡墙。

（3）施工便道区：工程施工结束后，可以用于地方农村道路的施工便道，对压坏的部分进行整修和平整后，交地方管理、使用；不拟再利用的，恢复原使用功能，即占用耕地的进行土地整治后交地方复耕，占用林地的采用林草进行植被恢复。

（4）施工生产生活区：占用的林地和荒草地全部恢复植被；占用的耕地全部进行土地整治，达到复耕条件后，交还地方进行复耕。在场地临金沙江一侧或下坡边缘设置挡土墙，采取表土临时堆存，设计临时覆盖和区域临时排水系统。

（5）弃渣场：全线共需布设弃渣场 21 处，全部为路两侧的沟坳地弃渣场。弃渣堆放边坡坡度为 1∶1.5，边坡每 8m 设一级平台，平台设横向排水沟。弃渣场周边设置截、排水沟，排水沟在接入地表水体前设置急流槽，排水沟出口需设置沉沙池。在弃渣场下游沟口处设置重力式挡渣墙。弃渣场后期恢复方向分为两类：一类是交地方复耕利用，另一类则是直接进行植被恢复。

2. 南岸金沙江大桥

（1）主体工程区：平面交叉中安全岛内采用混播草籽和种植灌木进行绿化，道路两侧种植乔木进行绿化；施工期间，设置临时拦挡措施防止开挖边坡土石方滚落进入金沙江。场地平整施工时收集表土资源进行临时堆放。

（2）引道防治区：用土工布覆盖无保护措施的填方边坡、尚未碾压的路基，在安全岛内回填表土混播草籽，并种植灌木。

（3）施工道路区：设置临时拦挡措施和临时排水措施，施工结束后将施工便道的临时占地恢复为原有林地。在路基回填施工前下游一侧布设尼龙编织袋装土挡墙进行临时拦挡，在道路形成后施工期采用临时排水沟进行排水。

（4）施工生产区：场地回填边坡混播草籽，并做好临时排水措施。

（5）弃渣场：两侧布设排水沟，顶部采取绿化措施。

3. 南岸至佛滩公路

（1）主体工程区：施工过程中对裸露边坡采取临时覆盖。

（2）临时道路区：施工过程中采用彩条布临时覆盖，设置临时排水沟、临时沉沙池，施工结束后对临时占地撒播草籽。

（3）石料场区：开采前在坡脚设置尼龙编织袋挡墙，开挖线外周设置浆砌石截水沟，截水沟出口设沉沙池，开采完毕后平台覆土绿化。

（4）弃渣场：沿线共设 16 个弃渣场，渣场坡脚设置挡墙，四周设截排水沟，截排水沟出口设沉沙池，部分弃渣场设置排洪渠及涵洞，渣场顶部种植灌木和撒播草籽。

（5）表土堆存场：堆土前设置尼龙编织袋挡墙，堆土采用彩条布临时覆盖。

4. 其他公路工程区　施工过程中的道路裸露边坡和剥离的表土堆体采取彩条布覆盖；临时占地区两侧设置临时排水沟，排水沟出口处布设沉沙池，施工结束后，回覆剥离的表土，混交种植乔木，裸露地表撒播狗牙根草籽。

5. 其他专项设施复建工程　电力通信工程复建时，开挖的土方就近堆存，并采用尼龙编织袋临时拦挡。杆基础施工完毕，立即回填土方（表土最后回填），平整场地，撒播狗牙根草籽绿化扰动区域。

（中国水电顾问集团中南勘测设计研究院有限公司　梁改革）

溧阳抽水蓄能电站 2013 年环境保护与水土保持工作情况

（一）环境保护工作

2013 年，溧阳抽水蓄能电站各施工单位生活污水和生产废水处理后回用、固体废弃物回收处置、大气污染控制、噪声污染控制等环保工作开展到位，“三同时”政策有效落实，环境监理工作认真开展，环境保护形势总体处于受控状态，年内未发生环境污染事件和群众投诉事件。

1. 水环境保护

（1）对各处沉淀池、窨井、排水沟及围堰、排水明渠等废（污）水处理设施和排水系统进行定期清理，定期更换拦污栅、吸油毡、隔油围栏等，定期抽排外运化粪池污水，保证各废水处理系统、生活污水处理系统、地下洞室抽排水设施全年正常运行。

（2）对施工区域的生活污水管道、下库排水系统进行维修改造，重新铺设污水管道，新增排水沟，完善污水收集和排水设施。对原 L4 标拌和楼三级沉淀淤泥进行清理，平整场地后作为混凝土搅拌车洗车场地。对砂石料加工系统成品料仓处排水沟进行修补完善。

（3）在 9 号施工支洞内设置 3 个集水坑并及时抽排，避免了积水现象出现。在三局拌和楼外侧、挖运五队修理车间后侧、开挖八队修理车间西侧各新增沉淀池一座。在生产营地仓库大门外设置排水沟 1 条。

（4）C1 标在下水库产北侧开展了水污染防治演练，达到预期效果。

（5）C3 标对洞室内抽排开挖废水管道进行重新布设，共计用 200PVE 管 1480m，将地下洞室生产废水汇集送入进场交通洞口废水处理厂，处理后回用。

2. 环境空气保护

（1）在 3～5 月采茶期，加强施工道路洒水降尘力度，安排了专人清扫道路落渣，设置了洗胎池冲洗轮胎，11 号路喷淋装置投入使用，扬尘得到有效控制。

（2）对钻机加装除尘设施。

（3）自 6 月起对施工道路、场地进行洒水降尘，安排专职人员清扫路面。对钢管加工厂、钢筋加工厂等主要区域进行场地硬化。

（4）L8 标对砂石料加工系统皮带机下堆积料进行清理，并将场地硬化处理，在砂石运输道路增设喷头洒水，对选粉机、辊机车间进行封闭，料仓出料口防尘布袋换成铁管溜筒，砂石料加工系统现场粉尘得到有效控制。

3. 声环境保护　通过选用低噪声设备、加强车辆和机械设备的维修保养、合理安排爆破作业时间等措施从源头上降低噪声的产生。下水库开挖放炮，通过减少单响装药量，控制一次性爆破开挖量，设置防震孔，采用竹片、橡胶垫、沙袋覆盖等措施，以控制震动，降低噪声。底板、边坡、大块石解小等作业中采用镐头机施工，避免薄层开挖声响过大。向施工区的作业人员发放耳塞等劳动防护设备，减弱噪声对人体的影响。

4. 固体废弃物　各生活营地、生产营地设置垃圾筒，及时收集生活垃圾，集中清运到平桥垃圾中转站，保证施工现场、生活营区良好的环境。

5. 监督管理工作情况

（1）江苏溧阳抽水蓄能电站工程建设监理中心承担本工程环境保护监理工作。监理单位除日常巡视以外，每月组织 1～2 次月度联合检查、1～2 次专项检查，每季度举行一次季度联合检查。2013 年 8 月，监理中心会同业主对生产、生活垃圾进行了专项检查治理；11 月，对 C1 标下水库三级沉淀池、出水口水质及现场施工粉尘、噪声进行检查旁站。

（2）2013 年 7 月 30 日，华东督查中心对电站环保水保工作进行了现场检查；8 月 28 日，太湖流域管理局对电站环保水保工作进行了检查；10 月 12 日，天目湖环保分局对电站环保水保工作进行了检查。

（二）水土保持工作

2013 年，溧阳抽水蓄能电站水土保持工作主要位于枢纽工程区、交通道路区、弃渣场区、转（堆）料场区等区域。

1. 枢纽工程区

（1）工程措施：上水库库岸防护措施主要为挂网喷混凝土支护（ϕ8@200、100mm 厚）、修筑开挖边坡坡顶截水沟、马道排水沟和纵向跌水；下水库开挖边坡实施喷锚支护、预制块护坡，修筑坡顶截水沟、马道排水沟。

（2）植物措施：上水库开挖边坡马道（高程 295.00m 以上）种植槽内植爬山虎绿化，株距为 0.25m。下水库主要对已实施的客土喷播护坡措施采取了养护措施，每天浇水，适时施肥和防治病虫害。

2. 交通设施区

（1）工程措施：上水库环岸公路修筑矩形混凝土排水沟，开关站场道路修筑浆砌石挡土墙、浆砌石截排水沟。

（2）植物措施：对上库环岸公路开挖边坡、开关站进场道路开挖边坡采取客土喷播绿化（客土喷播厚度为 10cm，喷播灌草，灌木选用紫穗槐，草本选用狗牙根）。为防止植物种子生根前受雨水冲刷，采用无纺布覆盖，并将无纺布固定；对施工完毕的临时道路，清除石渣，平整场地，覆土撒播草籽、植藤本恢复植被。覆土厚度为 0.30m，来源于本工程表土堆存场，草本选用狗牙根、藤本选用爬山虎。

3. 弃渣场区

（1）工程措施：弃渣堆置在指定的区域后，采用压路机分层碾压，堆渣体边坡坡面修整至设计坡比后压实，然后立即实施网格梁防护措施；网格梁呈菱形，规格为 3.0m×3.0m，网格梁断面为 0.3m×0.30m，采用 M7.5 浆砌石砌筑。堆渣体周边设置排水沟，断面为梯形，底宽 0.5m，顶宽 1.25m，深 0.5m，排水沟两侧边沟坡比为 1∶0.75，厚 0.35m，采用 M7.5 浆砌石砌筑，与已修建的排水沟相接顺。

（2）植物措施：网格梁内覆土撒播灌草绿化，覆土厚度为 0.30m，撒播狗牙根草籽，撒播密度为 80kg/hm^2。

4. 转（堆）料场区　1 号转料场设置尼龙编织袋

挡墙临时拦挡，断面为矩形，高度为 1.0m，宽带为 0.5m。

5. 效果　项目区内未产生滑坡、崩塌等水土流失现象，无重大水土流失问题发生。各水土保持设施由监理单位验收合格，运行良好。

（中国水电顾问集团中南勘测设计研究院有限公司　赵心畅）

鲁地拉水电站移民安置水土流失特点及防治措施

（一）项目概况

鲁地拉水电站工程位于云南省大理州宾川县与丽江市永胜县交界的金沙江中游河段上。工程建设共涉及丽江市和大理州的永胜县、鹤庆县、宾川县 3 个县的 5 个乡辖区的 29 个村委会 142 个村民小组，征地总面积 6534hm²，包括耕（园）地 2230 hm²，房屋 1627640m²，等级公路 71.8km，小型泵站 21 座。推荐的移民安置总体方案安置方式以村内后靠安置为主，县内外迁安置为辅。其规划建设内容主要包括永胜、鹤庆、宾川 3 个县 2 个集镇、22 个农村移民集中安置点，规划安置人口 2.43 万人，库周等级公路改复建 105.43km，复建泵站 13 座。项目涉及范围广、建设任务重、社会影响大。

（二）项目区环境概况

项目所在地属大陆性中亚热带低纬度高原季风气候区，多年平均气温为 21.9℃，极端最高气温 46.5℃，极端最低气温 2.57℃；多年平均年蒸发量 2595.8mm，多年平均年降水量 729.2mm，主要降雨集中在每年的 6～10 月。

项目区土壤以棕壤、黄棕壤、红壤、水稻土为主，土壤质地多为砂土和壤土，土体结构松散，土壤抗蚀能力较弱。移民安置项目主要位于金沙江干热河谷区，植被群落低矮、结构简单，主要为稀树灌草丛、干热河谷灌草丛两大类，植被覆盖率约为 20%。

（三）水土流失现状与特点

1. 水土流失现状　项目地处西南土石山区，属云南省水土流失重点治理区，土壤容许流失量为 500t/（km²·a）。涉及的各县水土流失面积见表 1，土壤侵蚀以轻、中度水力侵蚀为主，侵蚀形态主要为面蚀和沟蚀。

2. 水土流失特点

（1）涉及点多面广，点、线、面状水力侵蚀共存。

（2）扰动地表面积相对较大，损坏水土保持设施比重高。工程施工扰动地表面积 542.40hm²，损坏水土保持设施面积 396.24hm²。

表 1　各县水土流失面积

行政区划	水土流失面积（km²）				合计（km²）
	轻度	中度	强度	极强烈	
永胜县	882.24	551.57	118.04	28.84	1580.69
鹤庆县	632.53	357.69	182.22	8.63	1174.04
宾川县	706.83	210.85	234.37	21.99	1181.10

（3）土石方量大，造成的水土流失危害严重。工程土石方开挖总量为 711.68 万 m³（自然方），弃渣量为 288.05 万 m³（自然方）。

（4）发生时段相对集中，主要发生在建设期。该时段内新增水土流失量占项目水土流失总量的 95% 以上。

（5）地处干热河谷区，植被恢复难度大。

（四）水土流失防治责任范围及防治分区

1. 水土流失防治责任范围　工程移民安置项目水土流失防治责任范围总面积为 629.52hm²。其中，项目建设区主要包括工程施工永久占地区、临时占地区等，面积为 542.40hm²；直接影响区为移民分散安置区、专项改复建道路等施工过程可能造成水土流失危害的区域，面积为 87.12hm²。

2. 水土流失防治分区　水土流失防治责任范围划分为弃渣场区、农村移民安置区、集镇迁建区、专项设施改复建区、施工临时设施区。

（五）水土保持措施设计

水土保持措施总体布局，在弃渣场等“点”状位置，以拦渣、排水等工程措施为主，辅以土地整治、临时措施和植物措施；在库周改、复建等级公路等“线”状位置，以临时措施为主，植物措施为辅；在集镇、农村安置点等“面”状位置，土地整治和植物措施相结合，合理利用水土资源，改善生态环境，实现“点”、“线”、“面”结合，工程措施与植物措施、临时措施相结合，以形成完整、科学的防护体系。各分区防治措施如下：

1. 弃渣场区　通过合理的土石方调配，实现开挖废渣综合利用，使利用率达 58%，从源头减少弃渣量的产生；对弃渣场规划进行优化调整，数量由原来的 30 个压缩至 22 个，占地面积缩小近 1/4；严格遵循先挡后弃原则，科学堆渣，采用临时措施、工程措施、土地整治和植物措施共同防治水土流失。

（1）临时措施是在施工扰动前，先对施工扰动范围内可剥离的表层土、耕作土进行剥离，平均剥离厚度 0.3m，就近集中堆放、保护，作为后期复垦及植被恢复的表土源。

（2）工程措施有拦挡工程和截、排水工程。在渣场坡脚处修建重力式浆砌石挡渣墙，上游侧设置浆砌石截水沟，在坡面马道内侧和顶面平台的外侧均布设浆砌石排水沟，截、排水沟间相互衔接，并与周边天然沟道顺接，构成完善、畅通的截排水系统。

（3）在弃渣结束时，通过土地平整、覆表土、种植豆科草本绿肥植物等途径，改善土壤理化性质，加速渣场顶面土壤熟化，将弃渣场顶面改造成耕地。

（4）在渣场前缘坡面营造灌、草复层结构的混合群，就地拦蓄入渗，减少地表径流，实现快速恢复水土保持功能。按照“适地适树、适地适草”的原则及植物生态学特性，选择树种和草种，建立栽管并重、栽养分离的模式加强管理维护。

2. 农村移民安置区

（1）安置点场地平整前，应先对表土进行剥离并临时堆存防护，以便后期复垦或绿化。房建基础呈台阶式布置，采取浆砌石挡墙、护坡、排水沟、排洪沟等工程防护措施。施工过程中，控制施工扰动范围、缩短地表裸露时间。在安置点内已有绿化措施的基础上，补充设置村庄防护林带，树种选择凤凰木、芒果；房前屋后空闲地适当配置经济林木和果木，以起到防治水土流失和增加移民收入双重效益。

（2）因地制宜地实施土地平整、坡改梯、旱改水等中低产田改造措施，配套修建干渠、斗渠、支渠等水利基础设施，适当种植经济林。在耕作过程中，实施等高耕作、沟垅种植、草田轮作、间作、套种、深耕、深松、增施有机肥等水土保持农耕措施。

3. 集镇迁建区　场地平整前，先对表土进行剥离，集中堆存防护，作为后期绿化用土。集镇总平面规划中，已采取道路硬化、修建挡墙、护坡及完善的截洪排水系统等工程措施，同时设置有“一带、三片区、多节点”的布局形式园林绿化系统，绿化率达到30%以上。在此基础上，集镇外围再营造防护林带，树种选择凤凰木、芒果。

4. 专项设施复建区

（1）库周等级公路改复建工程中路基开挖前，先将表土剥离并防护。公路两侧采取拦挡、护坡、排水等工程措施，保护开挖及填筑边坡稳定，防止产生新增水土流失。在公路桥梁施工区内设置一定数量的临时沉淀池，用来沉淀钻柱开挖泥浆，施工结束后恢复原地貌。在具备立地条件的土质路肩栽植行道树，树种选择能保持水土、形态优美、且耐汽车尾气的当地乡土树种凤凰木和油桐。

（2）泵站复建过程中采取挡土墙、钢筋铅丝笼护基、干砌石护坡及场内排水系统等工程措施。施工过程中，应合理安排施工顺序，严格控制施工范围，减少扰动面积和裸露时间，控制边坡坡比，坡面土体进行拍实处理。施工结束后，作业面进行清理，恢复原貌。

5. 施工临时设施区　施工前先进行表土剥离，集中堆存防护，后期用作植被恢复。除合理规划、场区挖填平衡外，需完善截、排水沟、沉沙池等截排水措施。施工结束后，对于正常蓄水位以上拆除临建设施并进行清理，恢复其水土保持功能，水库淹没部分按库底清理要求进行整理。

（中国水电顾问集团西北勘测设计研究院有限公司
韩晓峰　权广峰）

锦屏·官地鱼类增殖放流站建设与前期运行情况

雅砻江锦屏·官地水电站鱼类增殖放流站，是雅砻江流域水电开发有限公司（以下简称雅砻江公司）根据国家环境保护部审批的四川省雅砻江锦屏一级水电站、锦屏二级水电站和官地水电站环境影响报告书及其批复意见，为减轻工程建设对鱼类资源的影响，统筹规划并联合建成的集增殖放流和科学研究于一体的增殖放流站。

（一）建设情况

锦屏·官地水电站鱼类增殖放流站设计，近期人工增殖放流鱼类为长丝裂腹鱼、短须裂腹鱼、细鳞裂腹鱼、四川裂腹鱼、鲈鲤和长薄鳅，中远期人工增殖放流鱼类为裸体异鳔鳅鮀、圆口铜鱼、西昌高原鳅、中华鮡和青石爬鮡等，技术成熟后正常全年放流4～12cm的鱼苗150～200万尾。

该鱼类增殖放流站于2008年12月开工建设，2011年8月完工。

该站总占地面积71 520m^2，分为三级平台和后缘边坡。一级平台在1658m高程，占地12 860m^2，从上游至下游依次布置有鱼文化广场，管理房、催产孵化和开口苗培育车间、鱼苗培育车间、鱼种培育车间各1栋，环形亲鱼池4个和蓄水池1个；二级平台在1652m高程，占地9271m^2，依次布置有Ⅱ型鱼种培育池34个、Ⅲ型鱼种培育池18个、方形亲鱼池3个和饵料培育池1个；三级平台在1646m高程，占地9485m^2，依次布置有Ⅰ型鱼种培育池28个、大规格苗种培育池4个、环形亲鱼池2个和污水处理池1个。

催产孵化及开口苗培育车间设有催产池2个、孵化系统5套、直径1m开口苗培育缸30个以及循环水处理系统1套（该系统与鱼苗培育车间共用）；鱼苗培育车间设有直径2m的培育缸84个；鱼种培育车间设有水泥池20个和循环水处理系统1套；其他附属配套设施有柴油发电机、监控与安防运行系统、升降温控制系统和污水一体化处理系统等。

（二）运行情况

为保障鱼类增殖放流站的实际运行效果，雅砻江公司采取与其他水电工程鱼类增殖放流站不同的业主直接管理模式。考虑到近期增殖放流鱼类的养殖技术不成熟，可借鉴经验有限，雅砻江公司聘请了有丰富珍稀鱼类养殖经验的水利部中国科学院水工程生态研究所提供技术服务，在2013年底前全面培训管理人员和技术人员，以掌握鱼类增殖放流站运行管理技术。2014年起，雅砻江公司将独立自主运行。

鱼类增殖放流站主要承担野生亲本捕捞、驯养、繁殖孵化和苗种培育，人工捞取天然繁殖的受精卵、孵化培育，标志放流以及救护野生鱼类资源等工作。

1. 人工增殖情况

（1）长丝裂腹鱼、细鳞裂腹鱼、短须裂腹鱼和四川裂腹鱼同为长江上游特有的重要经济鱼类，前两种是四川省重点保护鱼类。经学习、探索，4种裂腹鱼的生物学特性和亲鱼培育与选择、催产与孵化、苗种培育的技术要点已掌握，但人工繁殖技术还未成熟，需继续研究。

（2）鲈鲤是四川省重点保护鱼类，也是重要的经济鱼类。经学习、探索，本站已掌握鲈鲤的生物学特性和亲鱼培育与选择、催产与孵化、苗种培育的技术要点，突破了其人工养殖的技术封锁。

（3）长薄鳅是《中国濒危动物红皮书》中收录的易危保护鱼类之一，也是长江上游特有鱼类。目前长薄鳅在人工条件下的驯养技术尚未完全突破，成活率低，且在养殖条件下性腺不能发育成熟。2011～2013年长薄鳅的人工繁殖主要是收集天然水域性腺发育成熟的亲鱼进行人工催产，将受精卵放入孵化桶中孵化。

2. 人工放流情况

在地方渔政部门的监督下，2011～2013年分别在锦屏一级、二级和官地3个电站工程河段内人工放流长丝裂腹鱼、短须裂腹鱼、细鳞裂腹鱼、四川裂腹鱼、鲈鲤和长薄鳅6种鱼类鱼苗10万尾、35万尾、75万尾，并取得渔政部门出具的放流确认书，累计放流雅砻江特色鱼类鱼苗达到120万余尾。

（雅砻江流域水电开发有限公司
邓龙君　李精华）

金安桥水电站鱼类增殖放流站

（一）概况

根据《金安桥水电站环境影响报告书》和原国家环保总局2005年3月对环评的《复函》要求，金安桥水电站需要建设鱼类增殖放流站。由于金安桥水电站坝区河谷狭窄，两岸边坡较陡，可满足养殖规模及水源交通条件要求的站址需要到工程完建期才具备实施条件。2005年9月7日，汉能控股集团在北京组织召开了《金安桥水电站鱼类增殖放流保育站设计方案》专家评审会。与会专家一致认为：金安桥水电站鱼类增殖放流保育站分两期实施，第一期（工程施工期）由丽江当地有能力的鱼类养殖场进行保育种类的增殖放流工作，代养单位分期开展金沙江增殖保育鱼类的驯养繁殖和增殖放流，逐步提升驯养保育能力；第二期在大坝混凝土浇筑完成后，利用大坝右岸下游约650m处混凝土拌和及制冷系统平台建设保育站。会上，环境保护部领导对汉能集团建设鱼类增殖站的主动性和积极性进行了表扬。

在工程建设期至永久鱼类增殖放流站运行前，金安桥水电站有限公司（以下简称金安桥公司）委托丽江当地有增殖能力的鱼类养殖场持续开展增殖放流工作，工程截流前（2005年底）即开始进行保育鱼类的亲鱼采集、驯养，2006年开始人工催产、孵化、苗种培育和放流工作。

2013年，水电水利规划设计总院对《金安桥水电站鱼类增殖放流站设计报告》进行了审查，确定了增殖放流种类和年放流规模，随后，开始建设鱼类增殖放流站。

（二）总体布置

金安桥鱼类增殖放流站位于大坝右岸下游，距大坝直线距离约650m，场地设计高程为1369～1398m（两个台地），占地面积约40亩；紧邻右岸上坝公路，交通方便。

站内管理区布置综合楼1幢、展示厅1幢、接待楼1幢。生产区布置催产孵化车间1幢、苗种培育车间3幢、亲鱼培育车间2幢，各车间均采用门式刚架轻钢屋面结构；蓄水池2个、长方形亲鱼培育池8个、圆形催产池2个、活饵料培育池2个、防疫隔离池2个，均为钢筋混凝土结构。建（构）筑物周围全部种植乔木、灌木和花草，美化了环境，成为园林式的增殖站。

养殖供水：为了使养殖水与天然河流水质一致，以便放流鱼苗能够适应环境、利于生存，采用库区水作为养殖水源，在坝体设埋钢管，自流至站内蓄水池。同时，为保证各车间内的水温恒定，对各车间鱼池排水采用循环水处理系统处理后循环利用。

（三）增殖放流种类、规模及规格

1. 种类　根据水电水利规划设计总院对《金安桥水电站鱼类增殖放流站设计报告》（审定本）的审查意见要求，金安桥水电站鱼类增殖放流站主要针对那些对工程影响敏感的珍稀鱼类及在急流中产卵的鱼类进行人工种群维持与增殖放流，放流种类为金沙鲈鲤、细鳞裂腹鱼、齐口裂腹鱼、四川裂腹鱼、白缘(鱼央)、泉水鱼、墨头鱼、圆口铜鱼、长丝裂腹鱼等珍稀特有鱼类。

2. 放流规模　经环境保护部审查通过的《金沙江中游水电梯级开发规划环境影响评价及对策研究报告》确定金沙江中游流域年放流苗种规模为300万尾左右（见表1）。金安桥公司委托中国水电顾问集团昆明勘测设计研究院进行鱼类增殖放流站总体设计，委托水利部中国科学院水工程生态研究所进行工艺设计。同时，结合中游各梯级电站的鱼类增殖放流站建设现状，委托水利部中国科学院水工程生态研究所对金安桥水电站鱼类增殖放流站进行规模论证。经水电水利规划设计总院审查确定的年放流量：近期为70万尾，远期目标为100万尾，但建设规模可达到增殖放流120万～150万尾，以满足规模调整需求。

表1　金沙江中游各梯级电站鱼类增殖放流站年放流规模

电站名称	装机容量（万kW）	近期放流规模（万尾）	中、远期放流规模（万尾）	合计（万尾）	备　注
梨园	240	21.0		21.0	未列远期规模
阿海	200	18.0	0.4	18.4	
金安桥	240	70.0	30.0	100.0	
龙开口	180	32.0	20.0	52.0	
鲁地拉	216	69.0		69.0	
观音岩	300	46.6		46.6	未列远期规模

3. 放流苗种规格　根据《金安桥水电站鱼类增殖放流站设计报告（审定本）》及水电水利规划设计总院的审查意见，放流苗种规格以当年可培育成的大小为主（占80%），体长为4～6cm；同时放流20%的一龄鱼。

（四）结语

金安桥水电站有限公司高度重视保护环境、保护生态的社会责任，坚持开发建设与环境保护并重的理念，积极采取有效措施，维护金沙江生物多样性及水生态安全，促进人与自然和谐相处，减少水电工程对鱼类的影响，“在保护中开发，在开发中保护”，倡导生态文明，建设绿色电站。金安桥水电站鱼类增殖放流站的技术、工艺、设备在国内属于先进水平行列，增殖放流的珍稀鱼类在国内是率先研究的，具有创新性。同时，为了增殖放流站的安全，站内设置了视频监控系统。增殖站投入运行后，对于补充金沙江珍稀濒危渔业资源、改善金沙江水域生态环境、促进渔业持续健康发展、促进生态平衡、保护资源环境具有十分重要的意义。

（金安桥水电站有限公司　雷俊杰）

四川省绰斯甲河干流（曾克寺—麦斯卡）水电开发环境影响回顾性评价研究

绰斯甲河系大渡河西源，发源于青海省班玛县的倒而娘山北麓，上游分为杜柯河和色曲河两源，杜柯河为主源，干流总长400.5km，其中四川境内（鱼托乡至绰斯甲河口）长约221km，天然落差1278m，流域面积1.59万km^2，河口多年平均流量202m^3/s，年径流量63.8亿m^3。

2009年4月，四川省发展改革委以《关于印发〈绰斯甲河干流（曾克寺—麦斯卡段）水电规划报告审查意见〉的通知》（川发改能源〔2009〕341号），正式批复了绰斯甲河干流水电规划，水电开发方案为“一库四级”，自上而下规划的梯级电站依次为上寨、蒲西、绰斯甲和观音桥水电站。2012年9月，环境保护部在《关于四川省大渡河流域干流水电开发环境影响回顾性评价研究报告有关意见的函》（环函〔2012〕230号）中提出“结合经济社会发展和新的环境管理要求，研究优化绰斯甲河水电开发方案”的相关要求。中国水电顾问集团贵阳勘测设计研究院受业主委托，开展了绰斯甲河干流水电开发环境影响回顾性评价研究工作，编制完成了《四川省绰斯甲河干流（曾克寺—麦斯卡）水电开发环境影响回顾性评价研究报告》（以下简称《回顾性评价研究报告》）。

《回顾性评价研究报告》进一步梳理了绰斯甲河干流水电开发的环境敏感因素；对开发时序进行了优化调整，绰斯甲、观音桥、蒲西3个梯级电站，推荐为优先开发项目，上寨梯级由于有一定工程技术难度、存在水库淹没及移民安置问题，推荐为暂缓开发项目。《回顾性评价研究报告》在规划环评的基础上，进一步优化完善了环境保护对策措施，尤其是水环境和水生生态保护措施。水环境保护，对上寨梯级提出分层取水的水温影响减缓措施，将各梯级下泄最小生态流量由坝址断面多年平均流量的5%调整为10%。从流域层面统筹提出鱼类保护措施，主要有：①栖息地保护，将绰斯甲河上游杜柯河鱼托至曾克寺长约80km的河段作为鱼类栖息地进行保护，设置鱼类保护区；②生境修复，对受影响的产卵场、电站建设形成的减水河段等进行生境修复；③建过鱼设施，绰斯甲、观音桥、蒲西3个梯级采用鱼道过鱼方式，上寨梯级采用升鱼机或集运鱼系统的过鱼方案；④鱼类增殖放流，选择适宜位置建一座鱼类增殖放流站；⑤生态调度；⑥科学研究；⑦支流水电开发的生态环境保护要求。

（中国水电顾问集团贵阳勘测设计研究院有限公司　郭艳娜）

中国水电顾问集团北京勘测设计研究院完成鲁地拉、龙开口库区移民安置环保水保总承包项目

2012年6月11日，中国水电顾问集团北京勘测设计研究院（以下简称北京院）受云南省大理白族自治州移民开发局、云南省大理白族自治州宾川县移民局、云南省大理白族自治州鹤庆县移民开发局的委托，承担了金沙江鲁地拉水电站宾川县移民安置点环保水保工程、金沙江龙开口水电站鹤庆县江东移民安置点环保水保工程的措施设计及后续施工总承包工作。

北京院水库环保设计分院组织相关专业人员深入现场进行实地踏勘和资料收集工作。两个移民安置区均存在生态环境较为恶劣、水土流失隐患较大、年降水量小、蒸发量大、生产生活用水资源紧张等环保水保问题。北京院立足于现有环保水保问题，开展节能减排、循环利用，减少后期运行管护费、稳定发挥长期效益，植被恢复结合经济林果木、立足环境效益开发产业链的优化方案设计，并分别于2012年7月、2012年8月完成了《金沙江龙开口水电站鹤庆县江东移民安置点环保水保工程技施设计报告》、《金沙江鲁地拉水电站宾川县移民安置点环保水保工程技施设计报告》。云南省大理白族自治州移民开发局分别于2012年8月、2012年10月组织召开了两个报告的审查会，经与会议专家共同讨论，一致同意报告通过审查，至此设计阶段工作顺利结束。

在完成了前置审计、合同签订、分包队伍选择等前期工作后，环保水保工程总承包工作正式进入实施阶段。北京院迅速组织成立总承包项目部，设立各管理部门，明确管理目标、组织机构，并落实专职环境保护和水土保持管理人员，根据指定的工作标准、岗位职责全面负责工程现场的管理工作。金沙江鲁地拉水电站宾川县移民安置点环保水保工程于2013年1月25日正式开工，7月全面完成施工，8月顺利通过完工验收，进入质保期。金沙江龙开口水电站鹤庆县江东移民安置点环保水保工程于2013年7月11日正式开工，11月全面完成施工，计划2014年1月验收。这两个水电站环保水保工程总承包项目，设5个施工工地，共完成3807m^2混凝土路面浇筑、231m^3浆砌石网格梁砌筑、1320m长排水沟浇筑、3450m^3浆砌石挡土墙砌筑、586m木栈桥修建、6500m^2人行道砖铺装、500m^3蓄水池浇筑等。

这两个总承包项目也在景观园林业务领域的开拓进行了有益探索。3个较大的移民安置点环保水保措施以景观园林措施为主体和亮点，营造出3个集景观、园林、休闲、娱乐、健身于一体的乡间公园，1200颗乔木种植、18 000m^2灌木及草本种植、2000m^3人工湿地修建，极大地提高了移民安置点的整体环保形象，同时也拓宽了总承包的业务领域。

金沙江鲁地拉水电站宾川县移民点环保水保工程总承包和龙开口水电站鹤庆县江东移民安置点环保水保工程总承包项目的成功实施，得到了地方政府、水电站业主、安置区移民的高度赞扬和评价。

（中国水电顾问集团北京勘测设计研究院有限公司　金　弈　周呈龙）

青海当卡水电站建设的高寒草皮移植设计

（一）概况

当卡水电站位于青海省玉树县子曲河段，正常蓄水位3848m，总库容1109万m^3，装机容量12MW，为三等中型工程。工程建设占地面积39.49hm^2，淹没影响总面积147.00hm^2，施工总工期为24个月。

当卡水电站位于青藏高原东南部，属高原寒冷湿润气候区。坝址河段海拔高程约为3826m。水库区谷底宽阔，为高漫滩及Ⅰ、Ⅱ阶地。Ⅰ级阶地地势平坦，高程一般为3834～3828m；Ⅱ级阶地为较缓斜坡，高程一般在3856～3863m。多年平均气温4.1℃，极端最低气温－25.8℃，极端最高气温28.7℃。土壤平均开始冻土日期为11月下旬，开始解冻日期为3月中下旬。降雨多集中在6～9月，多年平均降雨量526.4mm。项目区原状土壤类型主要由高山草甸土、高山寒漠土和山地草甸土组成，其中以高山草甸土分布最广。高山草甸土有机质含量高，抗蚀性强，pH值在7～8之间。项目区植被覆盖度在96%左右，主要为高山草甸类型。根据全国第二次土壤侵蚀遥感调查统计结果，并结合项目区现场调查，水土流失强度主要为微度，平均土壤侵蚀模数为350t/（km^2·a）。

（二）植被恢复方案

工程施工扰动后，原地形地貌将发生变化。根据扰动后各种地貌类型及工程特点和施工工艺特征，将

项目区宜林宜草地立地类型划分为5个分区。枢纽工程区坝肩开挖，施工扰动范围较小，边坡坡度可能形成的裸露面小且为岩石，不宜实施植被恢复，厂区平台及边坡将进行硬化，不具备植被恢复条件。弃渣场位于水库淹没区，无植被恢复条件。施工生产生活区地形平坦，施工后表层土消失，地表被压实或硬化，需清除表面硬化物，采取翻松、覆土等措施提高土壤肥力。砂砾石料场区位于水库淹没区，不具备植被恢复条件；块石料场开采形成的边坡为石质边坡，坡度陡，不具备植被恢复条件；开采平台施工结束后地形平缓，虽为碎石地表，但经土地整理及覆土后，可恢复植被。交通道路区原占地类型为草地，永久道路路肩平缓，具有植被恢复条件；临时道路表面被压实或硬化，需清除表面硬化物，采取翻松、覆土等措施提高土壤肥力。

工程所在地海拔较高，气候寒冷，生态环境条件脆弱，生态系统中物质循环和能量转换过程缓慢，人工栽植树种成活率低，恢复效果差。受项目区环境条件限制，原有植被一旦被破坏，其恢复周期较长，容易引起土壤沙化和水土流失。项目区原有地表植被以草地为主，地表植被覆盖度较高，利用价值也高。利用原有草皮，能保证植被及时恢复，最大限度地减少对环境的破坏扰动。因此，本工程在植被恢复中主要以原有草皮为主，施工过程中对其进行剥离防护，施工结束后移植草皮，恢复植被。

（三）草皮移植设计

草皮可分为两种方式进行移植绿化，一是将剥离的草皮直接移植到相应的区域进行绿化，二是将施工前期剥离的草皮集中堆放在草皮堆存场，待施工结束后进行移植。草皮直接移植部位主要为交通道路区和生产生活区。交通道路区采取分段施工，可将后一施工路段的草皮剥离，直接移植在前一施工路段的路堤边坡及路肩两侧进行绿化美化，以此类推。草皮剥离面积为4200m²，全部作为直接移植草皮；工程施工结束后，对于需进行迹地恢复的临时道路路面段和地面建筑物及硬化部分，进行土地整治后，可用草皮堆存场堆存的草皮进行移植。生产生活区分片施工，可将后一施工区域的剥离草皮，一部分直接移植在前一段施工区域内可绿化部位进行植被恢复，其余部分集中堆存在草皮堆存场。施工生产生活区草皮剥离面积36 000m²，其中直接移植草皮24 900m²，直接移植部位为下游施工生产生活区除建筑物和地面硬化以外的部分，草皮堆存场堆存量11 100m²。料场区包括砂砾石料场和块石料场，砂砾石料场草皮剥离面积为13 400m²，根据施工布置情况，其中9900m²运至草皮堆存场堆放，3500m²直接堆放在砂砾石料场范围内，作为块石料场后期植被恢复使用。草皮移植的要求如下：

（1）草皮剥离：按照0.3m×0.3m的规格切割成块，厚度为0.15～0.20m，人工作业带根铲起重叠堆放，以利运输。现有草皮下的有机土对移植草皮的再生能力和成活十分重要，因此草皮取走后，将草皮下的腐殖土进行剥离，以便移植草皮时使用。根据项目区多年生草地植物储藏营养物质动态变化情况以及施工进度安排，草皮剥离时间要求选择在草地植物的分蘖期及结实期，即5～8月之间。施工结束后，同样选择5～8月进行草皮移植工作。

（2）草皮堆存及养护：依据施工场地布置特点，在坝址下游左岸布设1个草皮堆存场，临时堆存剥离的草皮及表土。该堆存场总占地面积2.10hm²，堆放总量21 000m²。堆存时应将表土堆放在底层，草皮单层堆放在表土上方。草皮与草皮之间的接缝处，需用掘取草皮后的浮土填塞，以保证草皮之间的链接和防止水分的蒸发，改善草皮附着土壤的通气条件，提高土壤的透水性和透气性。同时还需经常洒水，保持湿润，但不能过湿，否则草根易腐烂。平时由专人负责养护，保证草皮的成活再生。

（3）草皮移植及管理：在草皮移植之前，应在移植部位进行土地整治，并根据不同区域的下垫面情况进行覆土。其中生产生活区及交通道路区含土质较多，可覆15cm厚的腐殖土层；块石料场为大多为碎石地表，需覆20cm厚的腐殖土层。铺植时，把草皮块顺次相接平铺在已平整好的土地上并压平，使草皮与土壤紧接，草皮与草皮直接的空隙用腐殖土填塞。铺栽后及时洒水，以固定草皮并促进根系的生长。在回铺初期，要适当施加有机肥料，生长期根据需要补施肥料。回铺后的草皮更为脆弱，需加强管理和养护，定期压平、浇水，在相当长一段时间内不允许放牧或者进行其他活动，防止人畜破坏，并根据成活的具体情况进行补植。

（四）结束语

高寒区水电站工程受项目区自然条件限制，人工营造生态环境困难。当卡水电站在施工中对工程占地区原有草皮进行剥离、保护及移植，以恢复植被。经过1年多的养护，第一批移植的草皮成活率达到80%以上，达到了快速恢复植被的效果，且成本较低。这在高寒区水电站生态建设中具有积极的意义，值得推广应用。

（中国水电顾问集团西北勘测设计研究院有限公司
李百凤　张保定　兰景涛）

移 民 工 程

溪洛渡水电站云南库区移民安置方式的创新与实施情况

（一）溪洛渡水电站云南库区移民安置政策研究、调整过程

溪洛渡水电站可行性研究报告于2005年审定。可行性研究阶段相关方面依据《大中型水利水电工程建设征地补偿和移民安置条例》（国务院令第74号）的规定，规划采用大农业安置作为主要的移民生产安置方式。可行性研究报告审定后，国务院于2006年颁布执行《大中型水利水电工程建设征地补偿和移民安置条例》（国务院令第471号），提出移民安置应“以资源环境承载能力为基础，遵循本地安置与异地安置、集中安置与分散安置、政府安置与移民自找门路安置相结合的原则”。新条例的颁布实施，为采取大农业安置以外的其他安置方式安置移民提供了可能；同时，随着云南库区社会、经济和资源环境条件的改变，移民安置意愿也发生了较大变化。在此背景下，云南省结合本省实际情况，创新移民安置思路，遵循因地制宜，多渠道、多形式安置移民的指导思想，提出“立足长效补偿机制、实行6种安置并举、建立产业发展资金、享受统一后期扶持、采取8条移民安置措施”（以下简称“16118移民安置政策”）的移民安置政策，并于2007年颁布执行《云南省人民政府办公厅关于印发云南金沙江中游水电开发移民安置补偿补助意见的通知》（云政办发〔2007〕159号），对“16118移民安置政策”进行了明确和细化。

为规范溪洛渡水电站实施阶段移民安置工作，云南省移民开发局于2011年颁布执行《云南省移民开发局关于印发溪洛渡水电站云南库区移民安置实施意见的通知》（云移局〔2011〕6号）。该文件贯彻了“16118移民安置政策”，明确了逐年补偿安置为溪洛渡水电站云南库区实施阶段移民生产安置的方式之一。

（二）移民群众对逐年补偿安置方式的接受程度分析

2011年5～9月，库区永善、昭阳、巧家、鲁甸4个县（区）人民政府本着国务院令第471号所规定的尊重移民安置意愿的原则，依据云移局〔2011〕6号的规定，提供了农业集中安置、逐年补偿安置、复合安置和自行安置4种生产安置方式供移民选择，由移民自行选择符合自身实际情况的生产安置方式。根据移民安置意愿，并经《溪洛渡水电站云南库区实施阶段建设征地移民安置总体规划报告》（以下简称《总规报告》）审定，规划采取逐年补偿安置方式的移民有20 996人，占移民生产安置总人口数的52.87%，由此可见，移民群众对逐年补偿安置方式的接受程度较高。

（三）逐年补偿安置方式的效果分析

通过实施逐年补偿，溪洛渡水电站云南库区大幅度减少了安置移民所需的生产用地流转规模，缩短了诸如生产安置区供水工程、土地整理工程等移民生产性配套工程建设周期。同时，移民通过逐年补偿方式安置后，不需搬离其所在的村民小组，既维系了其原有的社会网络的完整性，利于生产、生活水平的尽早恢复，还大幅度降低了因生产安置原因而需要扩迁的搬迁安置人口数量，降低了移民生活类基础设施的建设规模、建设进度，节约了电站建设工程投资。

综上分析，逐年补偿作为一种创新的安置方式，既符合广大移民群众的安置意愿，同时也为地方政府按计划完成各项移民安置工作创造了有利条件，从而有力保障了溪洛渡水电站于2013年4月按期下闸蓄水。

地方人民政府要依托电站建设的契机，通过完善库周基础设施条件，建设后期扶持项目等途径，尽可能为移民群众提供二、三产业生产、经营的空间；同时，还应结合库区产业结构的调整情况，进一步加强移民就业技能培训工作，使移民群众逐步掌握必要的、符合库区产业发展特点的就业技能，努力实现“搬得出、稳得住，逐步能致富”的移民安置目标。

（中国水电顾问集团成都勘测设计研究院有限公司　吴　健　江燮华）

《金沙江上游水电工程移民多渠道安置方式和具体政策措施研究报告》通过验收

根据国家发展和改革委员会办公厅《关于印发金沙江上游水电开发工作会议纪要的通知》（发改办能

源〔2011〕268号）的要求，为推进金沙江上游水电工程建设，做好移民安置工作，中国水电顾问集团北京勘测设计研究院（以下简称北京院）受水电水利规划设计总院委托，承担了“金沙江上游水电工程移民多渠道安置方式和具体政策措施研究”课题。

北京院组织水库移民专业相关技术人员，针对金沙江上游区域自然、地理条件及特点，广泛收集了典型的移民安置方式案例，深入分析了金沙江上游川藏段经济社会特点，充分考虑了当地民俗民风特色，从实物指标调查补充技术要求、农村移民生产安置方式、移民工程与地方发展规划衔接、实物补偿补助测算方法补充分析、征地补偿标准差异性和影响、移民工程建设机制等方面进行了大量的调研、分析、研究，并经过多次讨论、修改、完善，形成了《金沙江上游水电工程移民多渠道安置方式和具体政策措施研究报告》。

2013年9月11日，金沙江上游水电开发协调领导小组办公室在成都主持召开了《金沙江上游水电工程移民多渠道安置方式和具体政策措施研究报告》验收会议。参加会议的有水电水利规划设计总院，中国水电工程顾问集团公司，西藏自治区发展改革委、能源局、水利厅，四川省发展改革委、能源局、扶贫和移民工作局，中国华电集团公司，国电大渡河流域水电开发有限公司，华电金沙江上游水电开发有限公司，中国水电顾问集团西北、中南、成都、贵阳、北京勘测设计研究院等单位的领导、专家和代表，共计40余人。会议认为：该课题研究技术路线清晰，研究深入，重点突出，思路创新，针对性强，完成了项目任务（合同）书的研究任务，满足相关要求，同意通过验收。

该研究报告内容丰富，是对现行水电工程建设征地移民安置政策规定和技术标准的有益补充；对保障金沙江上游水电开发工作顺利推进，确保移民合法权益，促进移民脱贫致富和地方经济社会协调发展将起到重要的作用；可供国家有关部委和省级人民政府及有关主管部门决策参考，具有较强的现实意义。

（中国水电顾问集团北京勘测设计研究院有限公司　刘玉含）

金沙江乌东德水电站移民安置方式研究

（一）项目背景

乌东德水电站是金沙江下游河段规划建设的4个水电梯级的最上游梯级，是我国目前第四大水电站。水库正常蓄水位975m，最大坝高270m，电站装机容量10 200MW，多年平均发电量389.3亿kW·h。2010年10月，国家发展改革委批复同意开展电站前期工作。

2011年1月，云南、四川两省人民政府分别发布《关于禁止在金沙江乌东德水电站工程占地和淹没区新增建设项目和迁入人口的通告》；3～12月，长江勘测规划设计研究院有限公司（以下简称长江设计公司）会同中国长江三峡集团公司、地方各级人民政府及移民代表组成联合调查组，对建设征地范围内实物指标进行全面调查，地方各级政府对调查成果进行了行政确认。

2011年8月～2012年12月，长江设计公司开展了农村移民规划、城市集镇处理、专业项目处理等规划设计工作，完成移民安置总体规划报告和移民安置规划大纲的征求意见稿。2013年1～6月，长江设计公司会同中国长江三峡集团公司，就移民安置规划大纲征求了各县（区）人民政府意见，各县（区）人民政府对该规划大纲出具了确认意见。

电站建设征地涉及云南、四川两省，具有很强的地域特点，影响面广、政策性强、情况复杂。为推进移民安置规划大纲编制和审批工作，2013年8月，长江设计公司在研究云南、四川两省现行移民政策的基础上，结合项目区特点和资源条件对农村移民安置方式和标准进行多方案比较和分析论证，编制了《乌东德水电站农村移民生产安置方式和安置标准专题报告》。2013年11月，水电水利规划设计总院主持对该报告进行了审查。

（二）项目基本情况和特点

1. 主要实物指标　建设征地涉及云南、四川两省四市（州）10个县（区）38个乡（镇）87个村277个村民小组，征地总面积138.65km^2，总人口25 187人，其中农村22 586人，城集镇2382人，专业项目219人；涉及各类房屋216.05万m^2；涉及土地20.80万亩，其中耕地2.50万亩、园地2.22万亩、林地3.28万亩；涉及企业160家，单位72个，个体工商户782家；涉及成昆铁路79.7km、等级公路29.44km、大中型桥梁14座（1652延米），高压输电线140.03km、通信线路154.54km；小型水电站2座（装机容量6690kW），抽水站3座（装机容量3402.5kW）等。

2. 建设征地区移民特点

（1）农村比重大，移民受教育程度低。建设征地影响的金沙江河段系高山峡谷，地势陡峭，交通困难，涉及集镇少。涉及人口中，98.3%为农村人口，非农业人口数量少，初中及以下文化程度达85%（不计学龄前），其中小学及以下达63%，受教育程度远低于全国平均水平。

(2) 少数民族人口比例较大。建设征地涉及区县少数民族人口达61.71万人，占总人口的23.6%。建设征地范围内人口涉及21个民族，其中汉族15166人，占61.01%，彝族5324人，占21.42%，傣族2802人，占11.27%，傈僳族1419人，占5.71%，其他少数民族146人，占0.59%。

(3) 农业生产占据重要的地位。建设征地区属金沙江干热河谷区，光热条件好，适宜各种农作物种植；部分区县已形成了独具特色的支柱农业，如元谋县的蔬菜、会理县的石榴、会东县的烤烟、攀枝花市仁和区的芒果等，农民收入中农业收入比重较大。

(4) 具有一定的土地后备资源和农业发展潜力。根据第二次全国土地调查数据，建设征地涉及的以农业生产为主的县（区）土地资源仍相对充裕，通过开发、改造和农田水利配套后具有一定的农业发展潜力。

(5) 农业发展水平差异明显，就近后靠安置难度相对较大。库区河谷地区水土流失严重，生态环境脆弱，水资源分布十分不均衡。在河谷水、光热条件较好地区，垦殖系数高；在中山地区水利设施配套困难，缺少水利设施，受干旱影响明显，农业发展水平参差不齐。宜耕荒地零星分布，可集中开垦的土地数量十分有限，移民就近后靠安置难度较大。

（三）四川省移民安置方式

四川省大中型水利水电工程移民安置方式主要以农业安置为主，同时辅以养老保障安置、投亲靠友安置、自谋出路安置和自谋职业安置等，已经通过多年的实践发展成为成熟的安置方式，均适用于乌东德水电站。近年来，四川省针对藏区等土地资源环境容量有限、收入来源不以种植业为主的地区，开展了逐年补偿安置试点，但尚未出台全省统一政策规定。

在移民安置规划大纲编制过程中，长江设计公司根据四川省现行移民安置政策，开展了相关规划工作，并全面征求了移民和安置区居民意愿，以大农业安置为主的安置方式得到了各级地方政府和移民的确认。

对于逐年补偿安置方式，虽然已经在向家坝、溪洛渡水电站云南省库区内运用，但考虑该安置方式对向家坝、溪洛渡四川库区，以及四川省已建或在建的其他大中型水利水电工程移民安置的影响、对实施逐年补偿安置可能造成的安置区土地资源得不到充分利用、实施后移民难以有效就业等风险，乌东德库区农村移民暂不推行逐年补偿安置方式，待今后国家出台逐年补偿的具体政策后再将其纳入。

（四）云南省移民安置方式

云南省大中型水利水电工程移民安置方式主要统一为农业安置、逐年补偿安置、复合安置（配置少量土地，部分逐年补偿安置）和自主安置4种，并且在下游的向家坝、溪洛渡水电站得到了应用，已发展成为成熟的安置方式，均适用于乌东德水电站。

（五）推荐采用的逐年补偿安置方式

云南省在金沙江中游、下游和澜沧江流域上已实施逐年补偿政策，取得了一定经验；四川省正在探索逐年补偿政策，在雅砻江两河口水电站等水电工程上也进行了尝试。但省际间、省内各流域间的逐年补偿政策不尽相同，逐年补偿的范围、对象、标准、期限、资金来源等有所差别。

根据《国家发展改革委关于做好水电工程先移民后建设有关工作的通知》（发改能源〔2012〕293号），以及四川、云南两省的逐年补偿政策，经综合分析论证，推荐乌东德水电站的逐年补偿安置方式为：逐年补偿资金以实际调查的耕园地为基础，以省国土厅颁布的统一年产值为标准，并随着调整公布的新标准作相应调整，每年发放至电站运营期结束，不足部分纳入电站运营成本。

（长江勘测规划设计研究院　王鄂豫　王迪友）

锦屏一级水电站移民安置模式的创新与实施情况

（一）概况

雅砻江锦屏一级水电站位于四川省凉山州盐源县和木里县境内，电站正常蓄水位1880m，装机容量360万kW，正常蓄水位时水库面积82.55km^2。水库由3部分构成：雅砻江干流部分，回水至木里县卡拉乡，长度约59km；一级支流小金河部分，回水至木里县后所乡呷古村的呷古水文站附近，长度约90km；二级支流卧落河部分，回水至盐源县盖租乡卧落村，长度约22km。

电站建设征地涉及凉山彝族自治州的冕宁、盐源及木里三县，面积154 184.4亩，其中耕园地16 613.3亩，林地65 587.3亩；涉及人口9510人，房屋总面积522 042.6m^2，集镇4座（淹没区3座，影响区1座）；三级公路4.0km，四级公路14.6km，通信光缆3.0km，35kV输电线路0.67km，10kV输电线路21.82km；水电站6座，装机容量5440kW；水文站1座，文物古迹2处；无压覆矿藏。

电站于2003年12月经国务院批准立项，2005年12月开工建设，2006年11月截流，2012年蓄水发电，工程计划于2015年竣工。

（二）规划及实施情况

1. 规划情况　2003年11月，锦屏一级水电站可行性研究报告通过审查。2004年2月，四川省人民政府下达了《四川省人民政府关于四川雅砻江锦屏一级水电站水库淹没区及施工区停止基本建设控制人口增长的通知》（川府函〔2004〕25号）。2005年6月，《雅砻江锦屏一级水电站可行性研究报告枢纽工程建设区建设征地和移民安置规划调整报告》通过审查。

根据工程建设进度要求，锦屏一级水电站移民安置实施规划设计报告分枢纽工程建设区、围堰区和库区（不含围堰区）3部分编制。2008年2月，《锦屏一级水电站枢纽工程建设区移民安置实施规划设计修编报告》及《锦屏一级水电站库区1695m围堰淹没影响区移民安置实施规划报告》通过了四川省扶贫和移民工作局组织的审查。2013年4月，《锦屏一级水电站库区建设征地移民安置实施规划报告》通过了四川省扶贫和移民工作局组织的核定。

2. 实施情况　枢纽工程建设区及1695m围堰淹没影响区移民已于2008年2月全部安置完成并通过验收。2012年9月，库区范围内移民已全部搬迁，并完成了小金河大桥、西木公路和库周交通等项目的建设和库底清理工作；同月，电站水库蓄水移民专项验收工作通过专家验收；12月30日第一阶段下闸蓄水，顺利实现锦屏一级水电站提前一年蓄水发电的目标要求。经2013年6月第二阶段和9月第三阶段蓄水，已蓄水至1840m。

（三）移民安置模式的创新

为了满足锦屏一级水电站工程建设进展和库区移民搬迁实施进度需要，经各方沟通达成共识，锦屏库区移民规划设计按“以《锦屏库区移民安置方案复核报告》为基础，移民单项工程单独编制，单独审查，提前实施，最后汇总移民安置实施规划报告”的原则开展相关工作。按此思路，2010～2013年，库区集镇、专业项目及农村移民单项工程全部完成单项初步设计及审查。在实施过程中，采取如下创新措施：

(1) 试点移民自主农业安置新模式。在实施过程中，移民安置方案在充分征求地方政府及移民群众意愿的基础上，进行动态调整，合理利用安置区的农业资源，积极开展移民自主农业安置试点。这促进了农户提前搬迁，缩短了移民安置周期。

(2) 移民安置工程采取多种建设方式。根据项目特点和施工难度，采取了由县政府及相关部门组织建设、由水电开发业主代建和由设计单位总承包3类建设方式。

县政府及相关部门组织建设方式承担了专业技术要求不高、施工难度较小、社会关系复杂需大量协调工作的项目。包括居民点、集镇、输变电及通讯线路迁复建等工作。

业主代建方式承担了建设难度较大、对施工技术和管理要求较高、相对专业和独立的项目。木里县西昌—木里段受淹的三级公路复建工作由业主承担，已完成。

设计单位总承包方式适用于所有的移民工程项目。县级人民政府委托设计单位承担了木里县芽租—列瓦段受淹的四级通乡公路复建、杨棚子对外交通工程、老沟水库及渠系工程等建设任务。前两项复建工作已完成并交付使用，老沟水库及渠系已完成70%，建设进度及投资均较好，满足了设计要求。

（四）实施效果

(1) 移民安置时间短，效果好。库区共完成了8872人的搬迁安置工作，完成了8422人的生产安置工作。移民自主农业安置，人均建房面积达到了31m²，人均调地达到了1.48亩，均达到并超过了规划的安置目标，生产生活稳定。

(2) 移民工程项目建设在保障工程质量的前提下，投资得到了较好地控制，进度上也满足了电站蓄水发电的要求。3种移民项目建设方式均取得了良好的社会效益和经济效益。

（中国水电顾问集团成都勘测设计研究院
有限公司　刘焕永　陈　敬
胡　波　冯　春　郑萍伟）

龙开口水电站逐年补偿移民安置的探索与实施情况

龙开口水电站位于云南省大理白族自治州鹤庆县境内的金沙江中游河段上，是规划中金沙江中游河段8个梯级电站中的第六级，总库容5.58亿m³，装机容量1800MW。该电站于2008年1月主体工程开工，2009年1月实现工程截流，2012年10月通过工程蓄水阶段移民安置专项验收，2012年11月下闸蓄水，2013年5月首台机组投产发电。

龙开口水电站建设征地影响涉及大理州的鹤庆县和丽江市的古城区、永胜县共2个州（市）3个县（区）计8个乡17个行政村，实行逐年补偿移民安置。该移民安置方式为顺利完成移民搬迁和电站蓄水发电发挥了重要作用，其探讨与实施情况如下：

（一）可行性研究阶段移民安置方式比较分析研究

在龙开口水电站前期移民安置规划设计过程中，设计单位从农村移民生产安置标准、移民安置任务、移民安置环境容量、移民集中安置点、移民生活水平预测等方面对实施“逐年补偿安置方式”和“大农业安置方式”的优劣进行了比较分析研究。

1. 移民生产安置标准　采用“大农业安置方式”移民生产安置标准确定为耕地数量不低于1.5亩，同时配置人均 1.0 亩林地；而采用“逐年补偿安置方式”，只需在逐年补偿的基础上为移民提供人均 0.3～0.5 亩耕地，同时配置人均 1.0 亩林地。由此可见，采用“逐年补偿安置方式”较采用“大农业安置方式”不仅能大幅减少农业人口生产用地配置的数量，而且土地筹措和难度亦相对较低。

2. 农村移民安置任务　采用“大农业安置方式”，规划设计水平年，需搬迁安置人口为 4091 人（其中，扩迁人口 2390 人）；而采用“逐年补偿安置方式”，由于大部分“淹没不淹房”的农村人口可在逐年补偿的基础上，就地解决生产问题，到规划设计水平年，需搬迁安置的人口为仅 2705 人（其中，扩迁人口 1004 人）。由此可见，采用“逐年补偿安置方式”较采用“大农业安置方式”能大幅减少搬迁安置人口。

3. 移民安置环境容量　按照建设征地影响涉及各县（区）土地后备资源数量和农村移民生产标准，鹤庆县、古城区和永胜县采用“大农业安置方式”可安置移民人数分别为 1600、1680、3487 人，采用“逐年补偿安置方式”则分别为 4802、5046、10 462 人。由此可见，采用“逐年补偿安置方式”的农村移民安置环境容量远远大于采用“大农业安置方式”的环境容量。

4. 集中安置点选择　采用“大农业安置方式”，主要考虑生产用地的分布和数量，一般只能选择“人少地多”的区域；采用“逐年补偿安置方式”，基本不受土地资源制约，优先从安置点区位条件考虑，可选择在集镇和交通等基础设施条件相对较好的地区。由此可见，“逐年补偿安置方式”移民安置点选择余地大，所能选择的移民集中安置点区位优势明显优于采用“大农业安置方式”所能选择的安置点，亦有利于安置后家庭经济的恢复和发展。

5. 移民生活水平预测　采用“大农业安置方式”，经生产恢复后，至规划设计水平年，不考虑二、三产业收入增长情况，工程涉及的鹤庆县、永胜县和古城区农村移民人均纯收入分别预测为 2814、1624 元和 2244 元，基本可实现移民安置后的收入目标（其中，鹤庆县 2499 元、永胜县 1481 元和古城区 2097 元）；采用“逐年补偿安置方式”，经生产恢复后，至规划设计水平年，考虑集体财产公积金收益，不考虑二、三产业收入，鹤庆县、永胜县和古城区农村移民人均纯收入分别预测为 3485、4172 元和 3215 元。此外，“逐年补偿安置方式”选择的安置点均位于集镇或交通等基础设施条件相对较好的地区，有利于解放农村劳动力，为后续移民从事运输业、零售业等二、三产业提供了极大的便利条件，结合下一步地方政府实施的产业发展规划，将进一步拓宽移民致富渠道，更加有效地保障了移民安置后生产生活水平的恢复和发展。由此可见，采用“逐年补偿安置方式”后移民生活水平预测值明显高于采用“大农业安置方式”。

（二）逐年补偿安置的实施情况

1. 立足长效补偿机制　移民安置实施阶段，龙开口水电站建设征地影响涉及各县（区）对外迁集中安置的农业人口，其逐年补偿标准统一为 300 元/（人·月），但对库周后靠的生产安置人口，其逐年补偿标准不尽相同。大理州鹤庆县按实施阶段耕地分解到户成果和《移民安置规划报告》审定的耕地平均亩产值的乘积发放逐年补偿费用。丽江市古城区按《移民安置规划报告》审定的村组生产安置人口数与 300 元/（人·月）的标准将逐年补偿费用发放至村组，再由村组按照实施阶段耕地分解到户成果发放到户。丽江市永胜县，部分村组与古城区相同，部分村组则按移民安置实施阶段耕地分解到户成果和《移民安置规划报告》审定的耕地平均亩产值的乘积发放逐年补偿费用。

2. 四种安置并举　移民安置实施阶段，龙开口水电站移民安置方式与《移民安置规划报告》审定的方案一致：其中城乡结合安置点和农业生产安置点，在享受逐年补偿的前提下，统一配置人均 0.5 亩耕地和 1.0 亩林地；符合分散安置和货币安置条件的移民，在享受长效补偿的前提下，按照《云南省人民政府办公厅关于印发云南金沙江中游水电开发移民安置补偿补助意见的通知》（云政办发〔2007〕159 号）的有关规定，经履行相关审批程序后，实行分散安置和货币安置。

（三）存在的问题

1. 关于逐年补偿标准的平衡问题　云政办发〔2007〕159 号文中规定：根据“淹多少、补多少”的原则，以被淹法定承包耕地前 3 年的谷物平均产量为基础，依据所对应年份省粮食主管部门公布的粮食交易价格确定耕地平均亩产值，按照《移民条例》规定的土地补偿补助标准，以货币形式对移民实行逐年长效补偿。为缩小分配差距，对集中外迁安置且人均法定承包耕地悬殊较大的，经县级人民政府批准，在安置补助费兑现的前提下，可以对土地补偿费进行相应调整。可见，云政办发〔2007〕159 号文已充分考虑了外迁集中安置移民享受逐年补偿标准的平衡问题。但对于后靠分散安置以及不搬迁的生产安置人口享受逐年补偿标准并没有作具体规定。在实际工作过程中，如何统筹兼顾“同一水库同一政策”和农村土地承包法关于土地权属的相关规定，存在一定的困难。

2. 关于逐年补偿人口分解到户问题　云政办发

〔2007〕159 号文中规定：长效补偿移民人口以村民小组为单位计算，实行“指标到组、名额到户”。按移民户实际确定的被征占用法定承包耕地面积，除以所属村民小组人均承包耕地面积（四舍五入），将移民名额分解到户（名额总数不得超过该户实有农业人口），计列到户主名下。在实际工作过程中，“四舍五入”的操作办法无法被移民所接收，很难实施。

（中国水电顾问集团华东勘测设计研究院有限公司 冯启林 韩晓劲 仇庆松）

小南海水电站移民安置方式

（一）概况

小南海水电站位于长江干流重庆河段，是三峡工程和向家坝水电站之间的重要开发梯级，工程开发任务为发电和航运。水库正常蓄水位为 197.00m，总库容 13 亿 m^3，最大坝高 68.00m，电站装机容量 2030MW，多年平均发电量 104.09 亿 kW·h。

小南海水电站是在特大型城市主城区建设的电站，建设征地涉及重庆市巴南区、大渡口区、九龙坡区 3 个主城区和规划的区域性中心城市江津区，涉及大量的城市居民和农村居民，情况特殊、政策性强。

2012 年 2 月，国家发展改革委批复同意开展电站前期工作；3 月 27 日，重庆市人民政府发布《关于禁止在重庆长江小南海水电站工程占地和水库淹没区新增建设项目和迁入人口的通告》；5～9 月，长江勘测规划设计研究院有限公司（以下简称长江设计公司）会同中国长江三峡集团公司、地方各级人民政府及移民代表组成联合调查组，对建设征地范围内实物指标进行全面调查，地方各级政府对调查成果进行了行政确认。

2012 年 10～12 月，长江设计公司开展了农村移民安置、城市集镇处理、专业项目处理等移民安置规划设计工作，提出相应的规划处理专题报告，编制完成了移民安置总体规划报告和移民安置规划大纲的征求意见稿。经广泛征求重庆市有关部门及各区的意见，各区人民政府于 2013 年 11 月出具了对移民安置规划大纲的确认函件。

2012 年 10 月至 2013 年 1 月，长江设计院通过与地方政府及有关部门、建设征地涉及镇（街）沟通，在广泛征求移民意愿基础上，进行生产和搬迁安置。

（二）项目基本情况和特点

1. 主要实物指标　建设征地涉及重庆市 4 个区，22 个镇（街），127 个行政村（社区），832 个村民小组；总人口 29 894 人，其中农村 8307 人，城市集镇 20 835 人，专业项目 752 人；房屋面积 173.64 万 m^2，其中农村 41.79 万 m^2，城市集镇 97.43 万 m^2，其他专业项目 34.42 万 m^2；土地总面积 5.74 万亩，其中耕地 2.78 万亩、园地 0.4 万亩、林地 0.93 万亩，建设用地 0.27 万亩，其他土地 1.36 万亩；个体工商户共 2010 家，镇内单位 64 家，企业 479 家，镇外单位 24 家；等级公路 11.33km，大中型桥梁 22 座 1415.8 延米，货运码头 100 处，渡口 104 处；高压输电线路 46.85km，10kV 变电站 71 座，通信线路 273.27km，广播电视线路 82.39km；小型水电站 6 座（装机容量 11 940kW）。

2. 建设征地特点

（1）农村移民生活条件较好。建设征地涉及农村均位于城集镇周边，生产、生活条件较好，且大部分土地已经纳入重庆市或各区城集镇规划建设范围。

（2）人均土地较少。四区人均耕地面积 0.66～1.22 亩，平均 1.12 亩/人，淹没土地集中分布在长江干流及綦江支流两岸，水肥条件较好，是当地农村经济相对发达区域；其他区域虽能开发整理出部分耕地，但土地质量、农田水利配套设施等较原土地所在区域相差甚远。

（3）农村移民以第二、三产业收入为主。建设征地四区 2011 年的农村居民总收入平均为 11 090 元，仅有不足 1/3 的收入来源于传统的种植业；村组农村居民青壮年劳动力中外出打工或从事二、三产业的比例达到 54%，部分城镇达到 65%。

（4）受影响城集镇多，情况复杂。淹没影响城集镇 17 个，其中城市 1 个（为江津区主城区）、建制镇 8 个、非建制镇 8 个。受影响情况分为直接淹没影响、影响沿江市政设施等基础设施及浅淹或浸没影响。

（三）移民安置方式

城镇居民结合迁建、防护和旧城功能恢复等城市集镇处理措施进行搬迁安置，农村移民以农转非安置为主，结合重庆市统筹城乡和农转非等有关政策，因地制宜地采取多途径、多渠道安置移民。

1. 农村移民安置　农村移民全部进入城集镇进行住房安置，安置点新址选择经过“初选—论证—征求意愿—批复”等环节确定。有城市集镇迁建任务的，结合其城集镇迁建选址和移民意愿综合确定安置点新址。按照《重庆市人民政府关于做好长江小南海水电站移民工作的意见》（渝府发〔2012〕111 号）的相关规定，对紧邻城市集镇，且本组土地容量不足时，规划采取农转非安置；对部分村组移民数量大，周边耕地资源不富裕时，考虑移民年龄结构，对部分移民采取农转非安置；对本组或周边有条件调整耕园地的村民小组，规划采取农业安置。农转非安置移民，按照重庆市相关政策、规定，纳入城镇企业职工基本养老保险体系；对于劳动力人口，在征求移民意愿的前提下，可选择统筹就业或自谋职业安置。

2. 城镇移民安置　长江设计公司会同各级地方政府和有关部门，在正确处理近期建设和远期发展的关系，合理确定建设规模和标准的基础上，编制城市集镇处理总体规划，解决城镇居民迁建安置和农村移民进城集镇安置。城市集镇处理总体规划，分为迁建、防护和旧城功能恢复 3 类。对于 12 个直接淹没影响的集镇和 3 个因农村移民安置影响的非淹没城集镇，规划迁建安置点 15 个。对于水库蓄水后，沿江市政设施局部被淹没或中断，影响居民迁移线以上居民生产生活的区域，规划进行功能恢复的城集镇 9 个。对于淹没较浅或浸没影响房屋的区域，规划进行防护处理的城集镇 4 个。

（长江勘测规划设计研究院　吴　优　郑　轩）

溪洛渡水电站工程通过蓄水移民安置专题验收

2013 年 4 月，在四川省扶贫和移民工作局、云南省移民开发局分别主持下，通过了溪洛渡水电站工程蓄水阶段移民安置专项验收，并形成验收意见。

（一）建设征地移民搬迁安置及库区清理完成情况

《金沙江溪洛渡水电站工程蓄水四川库区移民安置规划设计专题报告》提出的四川库区工程蓄水移民搬迁安置任务为 22 656 人，其中雷波县 13 745 人，金阳县 8584 人，昭觉县 281 人，布拖县 46 人。

《金沙江溪洛渡水电站工程蓄水云南库区移民安置规划设计专题报告》提出的云南库区工程蓄水移民搬迁安置任务为 32 569 人，其中永善县 26 816 人，巧家县 2319 人，昭阳区 3434 人。

截至 2013 年 4 月 25 日，实际搬迁完成 55 050 人。四川库区已完成搬迁 22 392 人，未搬迁的 264 人暂迁住在金阳县库区 580～600m 高程处，金阳县人民政府已承诺汛前动员移民搬迁至安全地带，确保移民度汛安全；云南库区完成搬迁 32 394 人，未搬迁的 175 人为云南省永善县和巧家县库区移民，地方政府已承诺下闸蓄水前完成移民搬迁。12 座集镇、26 个农村集中安置居民点基础设施建设工作部分已完成。两省库区涉及的交通工程、输变电工程、通信工程、防护工程等专业项目部分完建，对于不能在蓄水前完成的路段、电力、通信项目，地方政府和有关单位已根据《金沙江溪洛渡水电站蓄水阶段四川库区移民搬迁安置和迁（复）建工程特殊措施方案（审定本）》和《金沙江溪洛渡水电站蓄水阶段云南库区移民搬迁安置和迁（复）建工程特殊措施方案（审定本）》采取临时保通措施，可保证后续施工不受工程蓄水影响和保证居民基本生活的需求。

溪洛渡水电站四川、云南库区库底清理工作已基本完成。

（二）蓄水阶段移民专项验收情况

2013 年 4 月中旬，两省两市（州）组织各县开展了移民安置专项自验工作并提出了自验材料，均出具了基本满足工程蓄水验收要求的自验结论意见和验收评价意见。2013 年 4 月 15～20 日，四川、云南移民专项验收委员会组织专家和有关各方分组进行了现场查勘，现场了解了移民搬迁安置进展、移民工程建设情况，并听取了地方政府对溪洛渡水电站农村移民安置、集镇迁建、专业项目处理、库底清理等工作的汇报，专家组针对各工程实施进展情况进行了询问和讨论。专家组认为，溪洛渡水电站移民搬迁安置工作基本结束，部分移民工程滞后，通过特殊措施方案处理后，不影响下闸蓄水。

2013 年 4 月 23 日，四川省扶贫和移民工作局提交了《金沙江溪洛渡水电站工程蓄水四川库区建设征地移民安置专项验收报告》。报告中关于移民安置专项验收的结论为：“溪洛渡水电站四川库区建设征地移民安置工程程序较完善，移民已完成搬迁。移民房屋后续建设和移民工程迁（复）建完建工程正在按照地方政府和有关单位的承诺及部署进一步抓紧落实。截至 2013 年 4 月 23 日，有关县级政府对淹没线下暂时居住的移民采取妥善处理措施、安排好移民建房期间的生活、完成码头桥梁水下工程施工、处理好库周居民出行等问题做出了具体安排和出具了承诺意见，并由移民综合监理出具了确认意见。验收委员会同意通过溪洛渡水电站工程蓄水四川库区建设征地移民安置专项验收”。

2013 年 4 月 26 日，云南省移民开发局向金沙江溪洛渡水电站工程蓄水验收委员会报送了《云南省移民开发局关于溪洛渡水电站工程蓄水云南库区移民安置专项验收的报告》（云移发〔2013〕117 号）。报告结论意见是：“经过昭通市、玉溪市及相关县（区）政府自验初验和相应整改落实、库区市县人民政府自验初验和相应的整改落实，溪洛渡水电站云南库区移民搬迁任务和库底清理工作已基本完成，满足工程蓄水移民安置专项验收条件，同意通过溪洛渡水电站工程蓄水云南库区建设征地移民安置专项验收。”

（三）综合验收结论

溪洛渡水电站工程蓄水验收委员会 2013 年 4 月 28 日的验收鉴定书中有关移民搬迁和库底清理的验收意见为：“溪洛渡水电站库区移民搬迁任务和库底清理工作已基本完成，且分别通过了四川、云南两省政府所组织的移民安置专项验收委员会的验收，均有同意通过溪洛渡水电站工程蓄水库区建设征地移民安置专项验收的结论。上报的移民安置专项验收资料齐备，符合国家关于水电工程移民阶段性验收的有关规定。溪洛渡水电站库区移民搬迁和库底清理工作满足工程蓄水条件。”

（中国水电顾问集团成都勘测设计研究院有限公司 代 磊 江燮华 高双林）

鲁地拉水电站工程完成蓄水移民安置专项验收

鲁地拉水电站位于云南省丽江市永胜县东风乡和大理白族自治州宾川县钟英乡交界的金沙江干流上，为云南金沙江中游河段梯级水电开发的第七个梯级，装机容量2160MW。建设征地涉及丽江市的永胜县和大理州的鹤庆县、宾川县3个县，总面积65.34km²，涉及耕（园）地3.34万亩，房屋面积162.76万m²，零星树木共计62.25万株，企事业单位98家，等级公路71.82km，大中桥梁11座，10kV以上等级输电线路93.20km，通信线路光缆55.24km，电缆68.03km，广播电视网络线缆152.11km，水文站1座，文物古迹6处，金矿3处。

2013年5月，云南省移民开发局在昆明主持召开了金沙江鲁地拉水电站工程蓄水建设征地移民安置专项验收委员会会议，通过了工程蓄水移民安置专项验收，并形成验收意见。

（一）建设征地移民搬迁安置、专业项目处理及库底清理完成情况

《鲁地拉水电站工程下闸蓄水移民安置规划设计专题报告》提出的工程蓄水阶段任务包括：库区移民搬迁安置任务为22 897人，其中永胜县19 732人，鹤庆县3165人；宾川县主要涉及枢纽工程建设区，搬迁安置已完成。

截至2013年5月，实际搬迁完成6031户23 248人，其中5846户入住已建成新居或正在新建的房屋，185户实行周转安置并落实周转安置措施。农村移民安置点村内供水、电力及道路等基础设施基本完成。迁建集镇2个，集镇安置点配套基础设施大部分已完成，部分未完工项目已采用了临时措施。专业项目处理涉及企事业单位93家，基本完成迁建或者进行补偿处理；库区涉及的等级公路、电力通信、水文站功能实现恢复，满足库周居民基本生活的需要；3处文物抢救性考古发掘已完成，3个文物建筑进行迁移重建不受水电站工程蓄水影响。

永胜县、鹤庆县、宾川县库底清理工作已基本完成，满足下闸蓄水要求。丽江市人民政府和大理州人民政府分别组织相关单位对辖区内的库底清理工作进行了初验，验收鉴定书均同意通过验收。

（二）蓄水阶段移民专项验收情况

2013年5月上旬，宾川县、鹤庆县和永胜县人民政府分别组织了本辖区范围内的鲁地拉水电站工程蓄水阶段建设征地移民安置与库底清理自验工作，形成自验报告验收结论为：鲁地拉水电站工程蓄水建设征地移民安置虽然还存在需解决的移民生产生活保障较多困难及问题，但不影响鲁地拉水电站下闸蓄水进程，能够满足下闸蓄水条件。

2013年5月中旬，大理白族自治州和丽江市人民政府分别对鲁地拉水电站建设涉及宾川、鹤庆、永胜三县的水库淹没影响区、移民安置区、专业项目改（复）建等移民工作进行了专项检查验收，形成专项验收报告。验收结论为：宾川、鹤庆、永胜三县基本完成鲁地拉水电站工程蓄水建设征地移民安置工作，具备下闸蓄水的条件，同意鲁地拉水电站工程下闸蓄水。

（三）综合评价

鲁地拉水电站建设征地区涉及拆迁实物指标数量与规划设计总量基本一致，房屋补偿单价和零星树木补偿单价根据实施阶段的价格水平进行了调整。

水库淹没影响区实施搬迁年和规划水平年为同一年，实际搬迁安置人口数量比规划水平年计算人口数量增加了351人，增幅为1.50%，主要是由于库区近年婚嫁比例明显高于非移民区水平，搬迁人口总体变化趋势基本符合国家现行水电移民政策。

水库淹没影响区规划集中移民安置点共有20个，其中：集镇移民安置点2个，分别为涛源集镇和姜寅移民安置点；农村集中移民安置点18个。移民安置实施阶段，由于工程建设变更、移民意愿变化、安置点建设用地征迁困难及移民分户造成安置容量紧张等原因，永胜县涛源集镇增加了1个小米地片区，农村移民安置点增加了1个橄榄坪集中安置点；鹤庆县姜寅移民安置点和永胜县小官庄移民安置点因移民意愿发生变化而使得安置点位置发生改变，4个100人以下的移民安置点根据当地移民意愿调整为分散安置点，基本符合库区实际情况。

水库淹没影响区涉及的专业项目的处理方案与规划设计基本一致，仅交通工程中增加了鲁地拉电站库区左岸淹没公路改造工程太极至金龙段。

（四）综合验收结论

鲁地拉水电站工程蓄水建设征地移民安置专项验收委员会2013年5月29日的验收鉴定结论意见为：“经过库区各县、州（市）人民政府自验初验和相应的整改落实，鲁地拉水电站移民搬迁任务和库底清理

工作已基本完成，已基本达到工程蓄水移民安置专项验收要求，移民安置专项验收委员会同意通过鲁地拉水电站工程蓄水建设征地移民安置专项验收。”

（中国水电顾问集团西北勘测设计研究院有限公司 辛乾龙 张 民 王传明）

仙游抽水蓄能电站移民安置实施情况

仙游抽水蓄能电站位于福建省仙游县，是福建省第一座抽水蓄能电站，装机容量1200MW；2008年3月，项目通过国家发展改革委核准，2009年1月开工建设。

（一）建设征地影响情况

仙游抽水蓄能电站工程建设征地影响涉及仙游县西苑乡的前洋村、广桥村、半岭村以及度尾镇的后浦村共2个镇4个村，征地总面积为5214.10亩，其中永久征收（划拨）4467.3亩（耕地714.2亩、园地152.1亩、林地3156.9亩），临时征用746.8亩；搬迁人口393人，影响各类房屋面积14740m^{2}以及部分专项设施。建设征地范围内无具开采价值的重要矿产资源和具有保存价值的文物古迹。

建设过程中，根据实际情况对施工总布置进行了优化，实物指标发生了较大的变化，电站建设征地总面积调整为4927.84亩，其中永久征收4128.04亩（耕地858.5亩、园地212.9亩、林地2660.5亩），临时征用799.8亩；搬迁人口365人，影响各类房屋面积17117m^{2}以及部分专项设施。

（二）移民安置规划情况

1. 规划设计过程　2004年移民安置规划设计工作启动。2006年4月，设计院完成《福建仙游抽水蓄能电站可行性研究报告》，同年5月，水电水利规划设计总院在北京组织审查并通过了该报告。2006年9月，国家出台《大中型水利水电工程建设征地补偿和移民安置条例》（国务院471号令）。根据新条例的规定，2007年9月补充编制了《福建仙游抽水蓄能电站移民安置规划大纲》。2007年10月，该大纲通过审查。2007年12月，《福建仙游抽水蓄能电站移民安置规划报告》通过水电水利规划设计总院会同福建省移民开发局的核定。2008年3月，国家发展改革委核准福建仙游抽水蓄能电站项目。

2. 移民安置规划方案　仙游抽水蓄能电站规划水平年共需生产安置835人、搬迁安置399人。经与地方政府充分沟通，在征求移民意愿的基础上，确定生产安置主要采取仙游县境内有偿划拨和调剂耕地的方式进行有土安置，搬迁采取外迁集中安置与库周后靠安置相结合的方式进行。上库前洋村移民392人全部迁往县综合农场安置点，并从农场划拨137亩耕地、392亩果园进行生产安置；广桥村需生产安置274人，规划从相邻的西苑村调剂耕地120亩、从西苑农场划拨耕地72亩进行安置；下库半岭村需搬迁安置7人、生产安置170人，考虑在本村生活安置，规划从西苑村调剂耕地119亩、在本村开垦果园102亩进行生产安置。

3. 移民安置规划调整情况　2008年，随着建设征地移民安置工作的全面深入，移民思想观念明显转变，移民安置意愿发生重大变化，普遍要求调整原规划安置点和搬迁安置方式，并提交了书面申请书。仙游县人民政府在召开多次库区移民群众及移民代表座谈会、走访移民户的基础上，经多次部门协调会议，提出了移民安置规划调整方案。2011年，受项目业主委托，设计院编制完成《福建仙游抽水蓄能电站建设征地移民安置规划调整报告》，并通过了水电水利规划设计总院会同福建省移民开发局的审定。

仙游抽水蓄能电站实施阶段搬迁移民75户365人，生产安置人口892人。生活安置由原县综合农场集中安置点和下水库搬迁后靠库周安置点两个集中安置点，调整为全部搬迁到鲤南镇温泉服务区安置点进行集中安置。结合移民生活安置点调整对生产安置方案也做了相应调整，库周生产安置仍以大农业安置为主，辅以适合库区发展形式的手工加工业进行安置。外迁安置点由以农业安置为主的生产安置方式调整为通过就业培训到企业务工的二、三产业安置方式进行安置。

（三）移民安置实施情况

2007年3月，仙游县人民政府与项目业主签订了建设征地移民安置任务及补偿投资包干协议书，7月成立仙游县抽蓄移民办。

移民安置房的建设于2008年1月开始，2009年1月全面竣工交付使用。2008年11月，67户移民户签订了搬迁协议书，并于2009年春节搬迁进入鲤南镇温泉生活服务区金苑新村居住。2011年6月，剩余的8户移民签订了移民搬迁安置协议书，并选好在鲤南镇温泉生活服务区金苑新村预留的移民安置房，移民搬迁安置任务全面完成。后期扶持人口核定工作与搬迁安置同步推进，2008年12月上报水利部，2009年9月通过水利部核准，移民同时享受后期扶持直补政策。2011年12月，在仙游县人民政府完成了水库下闸蓄水自验工作的基础上，莆田市库区移民开发局组织了初步验收，2012年4月，仙游抽水蓄能电站通过福建省移民局组织的移民安置下闸蓄水验收。

（四）移民安置实施效果

（1）区位优势明显。规划调整的鲤南镇温泉服务区安置点位于仙游县城市规划区范围内，离县城仅1km，是仙游工业企业发展的中心地带，为鲤南工业园区的公共配套中心。安置点地势平坦，交通网络完善，与原规划的县综合农场安置点相比，具有明显的区位优越性，满足了搬迁移民要求城镇近郊安置的意愿。

(2) 基础设施及社会服务设施完善。调整后的鲤南服务区小区功能合理、配套齐全，融居住、休闲、购物于一体。从对外交通、给排水、供电、区内道路、电信、电视等各项基础设施，比原住村有了很大改善，相比原规划的农村集中安置点也更加完善；子女可在温泉中心小学及鲤南东屏中学就读，符合移民的意愿要求。

(3) 充分利用区位优势，拓展无土安置就业空间。调整后的鲤南服务区安置点虽不具备有土安置条件，但工业园区用工容量大，经协商后，优先录用外迁移民做劳务用工。同时，地方政府对移民采取一系列的政策扶持及职业技能培训，使外迁移民由过去单一的农业生产者改变为具备多种职业技能的现代生产者。据2009年的初步调查，从事二、三产业安置的外迁移民，人均纯收入可达4115元，高于审定规划报告规划水平年（2008年）3510元的收入目标，远高于搬迁前移民收入水平。

（五）存在问题

仙游抽水蓄能电站移民安置，实施阶段由有土安置全部调整为外迁无土安置，改变了移民祖祖辈辈形成的就业方式。移民在安置初期就业适应能力和抗风险能力较弱，且二、三产业就业存在不稳定因素，需经过较长时间地磨合，才能融入社会经济发展较快的城市生活。必须以可持续发展为目标，建立和完善移民培训体系，加强移民职业教育和技能培训，多渠道、多产业、多形式引导移民发展生产。同时，应建立跟踪服务工作体系，及时帮助他们解决转移就业过程中的困难和问题，有效促进就业增收。对符合养老保障条件的移民，直接纳入城乡居民社会养老保险范围，确保移民安居乐业、社会长治久安。

（中国水电顾问集团华东勘测设计研究院
有限公司　郁志坚　朱　健
福建省水利水电勘测设计研究院　张昌雄）

缅甸滚弄水电站建设用地范围确定与实物指标调查

（一）建设用地范围确定

建设用地范围包括水库淹没影响区和枢纽工程建设区两部分。

枢纽工程建设区范围根据工程占地的实际情况确定，处理原则为按照工程实体的实际占地，考虑施工等因素确定，这一点在中国和缅甸是一致的。

水库淹没影响区范围是指水库直接淹没区和因水库蓄水而引起的水库影响区。水库直接淹没区包括正常蓄水位以下部分和水库以上不确定的淹没部分。正常蓄水位的选择主要是考虑经济、社会等影响综合确定。滚弄水电站为怒江出国后的第一个梯级，要求水库淹没范围不涉及中国，综合比选确定正常蓄水位为519m。

水库淹没影响区确定的难点主要是明确正常蓄水位以上部分。国内的做法是，按照GB 50201—1994《防洪标准》和DL/T 5376—2007《水电工程建设征地处理范围界定规范》规定，正常蓄水位以上部分主要是水库洪水回水区域，应考虑不同淹没对象设计洪水标准，考虑泥沙的淤积水平，计算设计洪水回水水面线，分析回水终止末端，综合确定。而缅甸由于水文资料缺乏，暂未采用通过水文资料来计算洪水而确定水库淹没处理范围，一般按正常蓄水位来确定，即人口、房屋、土地、专业项目等淹没对象的淹没水位为正常蓄水位。国际上的通行做法，也是不计算回水，在一定的范围内，根据淹没对象的不同增加3～5m的安全超高，但安全值具体加高多少没有一个合理的规定。

滚弄水电站，按正常蓄水位确定范围不够完善，没有考虑正常蓄水位以上部分；按照国际上的通行做法，坝前回水不明显的地段是比较安全的，但在库尾回水比较明显的地方又不够安全（以20年一遇洪水为例，水库末端的回水计算高程为529.8m，高出正常蓄水位10.8m）。由于该电站位于中国过境边上，国内在该区域有一系列的水文资料，故按照国内的做法是相对安全可行的。

1. 水库淹没设计洪水标准　根据国内GB 50201—1994《防洪标准》和DL/T 5376—2007《水电工程建设征地处理范围界定规范》，滚弄水电站水库淹没对象的设计洪水标准采用：①耕（园）地按5年一遇洪水标准；②林草地、其他土地按水库正常蓄水位；③农村居民点按20年一遇洪水标准；④达巴桥按50年一遇洪水标准；⑤简易公路和小型铅锌矿均按20年一遇洪水标准。水库淹没回水计算的泥沙淤积水平按20年。

2. 建设用地范围确定成果

(1) 水库淹没范围：按前述确定的水库淹没处理设计洪水标准，根据不同淹没对象相应的设计洪水回水外包线，作为水库淹没处理范围。经分析计算确定，滚弄水电站水库淹没影响区建设用地总面积23.207km^2。

（2）枢纽工程建设区：根据本阶段滚弄水电站施工总布置图确定枢纽工程建设区范围。枢纽工程建设区永久用地包括水工枢纽建筑物、业主营地等；临时用地主要包括各施工工厂、仓库、承包商生活营地、料场、渣场及其他临时用地。枢纽工程建设区与水库淹没区（以坝轴线、水库淹没线、坝轴线上游天然水边线为界）重叠部分，列入枢纽工程建设区处理。滚弄电站枢纽工程建设区用地总面积 5.47km^2，其中永久用地 1.96km^2，临时用地 3.51km^2。

（二）实物指标调查

1. 工作程序　国际的一般做法是由业主、政府、与利益不相关的第三方（NGO 组织）和主要的利益者共同参与调查确认。国内主要是由地方政府、业主、设计单位、实物指标所有者共同参与调查确认。在国内，设计单位可以理解为 NGO 组织，但是，国内设计院做缅甸项目的设计，就不能代表利益不相关的第三方。滚弄水电站实物调查前，缅甸政府要求缅甸的亚洲公司参与作为组织方，缅甸的 BANCA 公司作为利益不相关的第三方参与调查。

滚弄水电站的实物指标调查程序是将确定的建设用地范围同缅方有相关经验和资质的咨询机构进行讨论，报缅甸中央政府审批，同时由项目业主向缅甸中央政府申请开展实物指标调查工作。在获得缅甸中央政府的正式批文后，组成联合调查工作组对实物指标开展调查。与国内开展调查不同，在缅甸开展实物指标调查需包括：项目业主，缅甸中央政府代表，建设用地区地方政府代表，后勤保障机构亚洲公司（由于缅甸地广人稀，社会经济发展水平相对落后，当深入一些人烟稀少的地区开展现场工作时，燃油以及食物等资源较为匮乏，所以在有些地区开展调查工作时，须有专门的后勤保障机构负责联合调查组的安全保卫、后勤保障等相关工作），缅甸咨询机构（BANCA 公司），中方设计单位。

在调查过程中，缅甸中央政府以及项目业主负责调查的全面组织工作，协调有关各方的关系；建设用地区地方政府和后勤保障机构（亚洲公司）负责具体的调查实施工作；为了能够更加真实、客观地反映移民的安置意愿，在调查过程中邀请缅甸咨询机构 BANCA 公司作为独立第三方的角色，对移民安置意愿以及当地的社会经济情况进行调查，并完成水库建设对当地社会影响评价工作。中方设计单位作为中方的咨询机构参与调查，BANCA 公司与中方设计单位负责确定调查范围，并对实物指标调查工作进行具体的技术指导。

实物指标调查由被调查人及联合调查组对调查成果进行签字确认。在实物指标调查结束后，由中方设计单位会同亚洲公司以及缅方咨询机构 BANCA 公司共同完成实物指标调查成果汇总，并提交相关材料报缅甸中央政府进行审批。

2. 调查内容及方法　实物指标是指建设用地处理范围内的人口、土地、建筑物、构筑物、其他附着物、矿产资源、文物古迹、具有社会人文性和民族习俗性的场所等的数量、质量、权属和其他属性等指标。滚弄水电站项目，除土地政策与国内不同外，其他基本相同，故主要介绍土地调查和其他调查。

（1）土地调查：在国内，权属落实到各集体经济组织，实测不小于 1：2000 的土地利用现状图进行现场调查，由地方政府按权属进行分解细化，以村民组或土地所有者为最小单位进行。在缅甸，农用土地属于国家所有，任何个人及团体只有土地使用权。滚弄水电站库区多数土地没有使用者，只有少量的橡胶园地有使用者，故调查不需要对大部分的土地进行细化，只需要对少部分橡胶园地进行备注说明使用者。

缅甸交通不便，国家测绘力量薄弱，采用实测 1：2000土地利用现状图的能力不足。滚弄水电站的调查利用库区 1：5000 地形图，结合现场查勘，实地全面复核修正地类界线，各地类按照缅甸土地法的规定计列。

（2）其他调查：按照国内做法，对动迁移民，其人口、房屋及附属建筑物等个人财产逐户调查；农副业设施、零星树木、坟墓等项目，按所有者为单位逐项调查。缅甸是对涉及的人口按村庄以户为单位进行全面调查。建筑物、构筑物、其他附着物、具有社会人文性和民族习俗性的场所，也是按村庄以户为单位进行全面调查。此外，对淹没前社会经济基线调查，缅甸项目与国内有一定的区别，调查内容主要为家庭资产、家庭消费和收入水平、家庭成员的健康状况等方面，调查方法为发放调查表，由各村村干组织各户家庭如实填写事先制定的社会经济基线调查表格；而国内则可直接在涉及地区的统计部门查到相应地区的生活水平状况。

3. 实物指标调查成果　经调查统计，电站建设用地总面积 28.677km^2，其中陆地 19.381km^2，水域 9.296km^2；农用地 1755.23hm^2，耕地 232.75hm^2（其中，水田 71.98hm^2，旱地 160.77hm^2）；经济林 303.26hm^2，灌木林 1219.22hm^2；建设用地 11.73hm^2；沙滩和水域 1101.14hm^2。建设用地共涉及人口 64 户 418 人，房屋总面积 10 104.48m^2；铅锌矿厂 2 座；简易学校 1 个，校舍 50.56m^2；寺庙 1 座 21.42m^2；教堂 1 座 75.6m^2；公路桥（达巴桥）1 座 200m，简易公路 10.6km。

（中国水电顾问集团昆明勘测设计研究院有限公司　杨海青　侯志强　袁　宇）

《水电工程建设征地移民安置验收规程》编制简介

2013年6月8日，由水电水利规划设计总院（以下简称水规总院）、中国水电工程顾问集团公司起草的能源行业标准《水电工程建设征地移民安置验收规程》正式发布，标准编号是NB/T 35013—2013，批准日期2013年6月8日，实施日期2013年10月1日。

建设征地移民安置验收是水电工程验收的重要组成部分，越来越受到国家投资、能源主管部门和工程建设各有关方面的高度重视，但长期无统一的验收技术标准。为做好这一工作，国家发展改革委在2008年以发改办工业〔2008〕1242号文安排制定《水电工程建设征地移民安置专项验收规程》。按照这一安排，中国水电工程顾问集团公司、水规总院组织力量，进行该验收技术标准编制。

2010年初，编制组起草提出了编制工作大纲，并于同年2月4日在北京召开了评审会议。2010年12月，编制组提出了《水电工程建设征地移民安置专项验收规程（初稿）》。

2011年2月初，初稿在征求中国水电顾问集团成都、中南等7个勘测设计研究院意见后，进行修改完善，于2011年3月底形成了征求意见稿。

2011年4月初，水规总院科技质量部以《关于〈水电工程建设征地移民安置专项验收规程〉征求意见的函》（水电规科〔2011〕18号）正式具文征求相关单位意见。征求意见单位共41家，包括：广西电力工业勘察设计研究院等12家设计单位，中国华电集团公司等12家水力发电企业单位，国务院南水北调工程建设委员会办公室等17家主管能源、移民的政府单位。到2011年6月底，共收到11家单位反馈的意见，包括设计单位6家（中国水电顾问集团成都、中南、昆明、西北、华东勘测设计研究院和中水东北勘测设计研究有限公司），5家政府单位（贵州省能源局、青海省移民局、吉林省移民办、云南省移民开发局、四川省扶贫和移民局），共77条建议或意见。

2011年7～9月，编制组根据收集到的意见，对征求意见稿进行了修改和完善，形成了送审稿。2011年9月，水规总院在杭州召开了该送审稿的讨论会，特邀了四川省扶贫移民工作局、云南省移民开发局、青海省移民安置局、浙江省移民办、中国长江三峡集团公司、云南金沙江中游水电开发有限公司、中国大唐集团公司、龙滩水电开发有限公司，以及中国水电顾问集团西北、成都、华东、贵阳、昆明、中南、北京勘测设计研究院等单位的专家和代表参加。会后又对该送审稿作了修改和完善。

2011年10月，水电工程规划水库环保标准化技术委员会召开《水电工程建设征地移民安置专项验收规程（送审稿）》审查会。会议通过了该送审稿审查，提出了修改意见，并建议标准名称删去“专项”两字，变成《水电工程建设征地移民安置验收规程》。编制组根据审查意见对该送审稿进行修改、完善，于2011年12月完成《水电工程建设征地移民安置验收规程（报批稿）》。随后，水规总院按程序将其上报。2013年6月，国家能源局批准发布。

《水电工程建设征地移民安置验收规程》是根据《大中型水利水电工程建设征地补偿和移民安置条例》（国务院令第471号）、《国家能源局关于印发水电工程验收管理办法的通知》（国能新能〔2011〕263号）、DL/T 5123《水电站基本建设工程验收规程》、DL/T 5064《水电工程建设征地移民安置规划设计规范》等有关法规及技术标准，结合水电工程建设征地移民安置工作实际制定的，主要内容包括：水电工程建设征地移民安置验收的基本要求，主要依据和必备资料，验收工作组织、步骤和内容，争议和遗留问题处理，阶段性验收及竣工验收应具备的条件等。该规程的制定颁布，规范了水电工程建设征地移民安置验收工作，填补了国内水电工程建设征地移民安置验收技术标准的空白。

（中国水电工程顾问集团有限公司　彭幼平）

“水电工程征地移民独立评估指标体系研究”通过验收

随着水电工程征地移民工作的重要性和复杂性日益突显，水电工程征地移民独立评估工作的作用也就愈加重要。为了更好地开展征地移民独立评估工作，规范征地移民独立评估的对象和内容，需要建立一套全面而科学的评价指标体系。为此，中国水电工程顾问集团有限公司特组织相关单位开展“水电工程征地移民监测评估指标体系研究”。

本课题研究由中国水电顾问集团北京勘测设计研究院组织牵头，与协作单位中国水电顾问集团华东勘测设计研究院、中国水电顾问集团昆明勘测设计研究院配合共同完成。

2011年11月，课题组编写完成工作大纲，确定研究的内容与方法，并拟定出研究报告的主要章节。

2012年3月，课题组成员在昆明对工作大纲进行了讨论和完善，随后开展了相应的资料收集和调研工作；5月，编制完成了案例分析报告，并提出初步研究成果；10月，编制完成《水电工程征地移民独立评估指标体系研究报告（讨论稿）》；12月，编制完成《水电工程征地移民独立评估指标体系研究报告（咨询稿）》，并在北京进行专家咨询。

2013年1月，根据北京专家咨询意见，对研究报告进行第一次修改完善；3月，结合具体工程案例，对研究报告进行第二次修改完善；5月，综合多次咨询、讨论的情况，对成果进行了再次的修改完善，编制完成了《水电工程征地移民独立评估指标体系研究报告（送审稿）》。

2013年12月6日，中国水电工程顾问集团有限公司在北京主持召开了"水电工程征地移民独立评估指标体系研究"项目验收会，研究成果顺利通过审查。专家组一致认为本课题首次在国内建立了一套系统的水电工程建设征地移民安置独立评估指标体系，明确了各级各类指标的含义、监测方法、权重参考值等技术指标，填补了水电工程移民安置独立评估技术指标的空白。

该研究的主要创新点如下：

（1）首次在国内建立了一套系统的水电工程建设征地移民安置独立评估指标体系，明确了各级各类指标的含义、监测方法、权重参考值等技术指标，填补了水电工程移民安置独立评估技术指标的空白。

（2）将国际先进的移民IRR理论、风险理论、移民环境影响理论、社会网络理论等引入移民独立评估指标体系中，并综合运用德尔菲法、AHP层次分析法、模糊综合评价法等方法建立了水电工程移民安置独立评估指标体系。

（3）指标体系涵盖内容全面、可操作性强，将定性指标逐层量化分解，准确、详细地解释独立评估指标体系各指标含义、计算公式及监测方法，并给出了各指标的筛选方法、权重计算方法、综合评价方法及权重参考值。

该项研究成果已应用于溪洛渡、景洪、桐柏等工程，效果良好，可为水电工程移民安置独立评估的相关规程规范、移民安置独立评估工作提供技术支撑，推广应用前景广泛，社会效益显著。

（中国水电顾问集团北京勘测设计研究院
有限公司　刘玉颖　冯　涛）

14

农村水电及电气化

农村水电建设

2013年农村水电发展总体情况

2013年，全国农村水电全年完成投资263亿元，新增装机246万kW，总装机容量达到7119万kW，年发电量2200多亿千瓦时，各项工作取得明显成效。

（一）农村水电电源建设

1. 装机容量　2013年，农村水电全年新增电站389座，投产发电设备容量246万kW。新增装机主要集中在我国西南和华中地区。

2013年农村水电新增装机按规模划分，1万kW（含）～5万kW（含）的占新增装机总量的65%；0.1万kW（含）至1万kW的占总量的27%；0.1万kW以下的占总量的8%。

截至2013年年底，全国共有农村水电站46849座，农村水电装机容量达7119万kW，占全口径水电总装机容量的25.4%（2013年农村水电统计数据与第一次全国水利普查数据进行了校核）。农村水电广泛分布在31个省（自治区、直辖市）和新疆生产建设兵团，从各省年末发电设备拥有量看，云南省和四川省超过了1000万kW，分别达到1056万kW和1029万kW，位列全国前两名，广东省和福建省超过了700万kW。

2. 发电量　2013年，全国农村水电发电量达2233亿kW·h，占全口径水电发电量的24%，占全国总发电量的4.14%（比上年下降0.23个百分点）。2013年农村水电发电量较2012年增加近60亿kW·h，同比增长3%；年平均利用小时数为3137h，较上年减少了171h。

3. 开发率　截至2013年，全国农村水电已开发量占我国农村水能资源技术可开发量的55.6%，较去年增长了4.3个百分点。其中，山东、天津、广东、福建、浙江、广西、安徽、湖南、江西等9个省（自治区、直辖市）的已开发率突破了70%。开发率较高的省份主要集中在我国东部、东南沿海、中部地区；而我国东北、西北、西南地区开发程度相对较低、开发潜力较大，其中西藏、黑龙江、内蒙古、新疆、山西、吉林、河北、陕西、青海等9个省（自治区）开发率尚不足40%。

（二）农村水电配套电网建设

1. 设施建设　2013年，全国农村水电配套电网新增110kV及以上变电站64座，变电容量472万kVA；新增35(63)kV变电站158座，变电容量129万kVA；新增配电变压器23 595台，容量443万kVA。新投产10kV及以上高压线路1.9万km，低压线路4.3万km。

截至2013年年底，全国农村水电配套电网已投入运行110kV及以上变电站634座，变电容量3496万kVA；35(63)kV变电站3061座，变电容量1928万kVA；配电变压器40万台，容量4038万kVA；10kV及以上高压线路44万km，低压线路120万km。

2013年全国农村水电新增110kV及以上变电容量较2012年增加55%，新增35(63)kV变电容量较2012年增加32%，新增配电变压器容量较2012年增加72%。

2. 供用电　2013年，全国有农村水电的县共1542个，其中以农村水电供电为主的县有384个。有农村水电的县主要集中在我国的西部、西南部、中部和南部地区，四川省最多，有143个，云南省118个，湖南省94个，广东省90个。有农村水电网的县450个，其中县城电网为农村水电网的县137个，农村水电网供电乡镇5245个。

2013年，农村水电网全年网内发电量达633亿kW·h。农村水电网全年输出网外电量217亿kW·h，购电量1295亿kW·h，其中购入网外电量672亿kW·h。全年购电的平均电价为0.328元/（kW·h），与2012年相比，上升了0.002元/（kW·h）。有农村水电的县城居民平均到户电价0.478元/（kW·h）；农村居民平均到户电价0.493 0元/（kW·h）。与2012年相比，县城居民到户电价提高了0.008元/(kW·h)，农村居民到户电价提高了0.007元/(kW·h)，分别提高了1.7%和1.4%。

（三）完成投资

2013年，全国农村水电建设完成投资263亿元，其中，农村水电站建设完成投资198亿元。农村水电站完成投资按区域分布：东部13.9亿元，占7%；中部39.2亿元，占19.8%；西部144.9亿元，占73.2%。

在本年完成总投资（含水利系统枢纽建设投资）中财政资金达到40.8亿元，占11.8%，银行贷款

120.6亿元，占34.9%，自筹资金184.4亿元，占53.3%。从完成投资的财政资金构成看，中央资金最多，占82.8%，省级资金占12.9%，市县财政资金占4.3%。

2013年，农村水电建设中央资金完成投资33.8亿元，比2012年增加了3.6亿元，上升11.9%。农村水电完成的中央投资占总投资9.8%，较上年增长1.6个百分点，为近年来占比最高的一年。中央投资1元钱，带动其他投资9元。

与2012年相比，省级财政资金的占比下降，降低了1.6个百分点；市县财政资金同样占比下降，降低了0.6个百分点。从各省完成投资的财政资金情况看，西藏、新疆、山西、福建等省区的财政资金占完成投资的一半以上；海南、甘肃、广东、贵州、云南等省的财政资金占比较小，不足5%。

（四）经营

2013年，全国农村水电全年发售电总收入1289亿元，上交税金115.7亿元。截至2013年底，农村水电固定资产6737.6亿元，其中农村水电站4806亿元，农村水电配套电网552亿元。

截至2013年底，全国农村水电独立核算单位共28 322个，其中有88%的企业为非国有企业。农村水电从业人数达65万人，其中，技术人员19万人。

与2012年相比，农村水电发售电收入增加了5亿元，增长0.4%。农村水电站固定资产增加了75亿元，增长了1.6%。

（水利部农村水电及电气化发展局　曲　鹏）

2013年水电农村电气化建设情况

（一）“十二五”水电新农村电气化建设

1. 完成情况

2011～2013年，国家发展改革委、水利部共下达水电新农村电气化项目中央预算内投资15亿元，占规划中央投资的29%，其中2011年4亿元，2012年5亿元，2013年6亿元。这些投资均由各省份全部分解到项目，26个省（区、市）和新疆生产建设兵团共下达728个建设项目。2013年，新开工电气化项目182个，“十二五”以来累计开工建设728个项目，装机容量188万kW，其中282个项目已投产发电，新增装机36万kW。云南、江西、重庆、广西等增加了省级配套资金，湖南、甘肃、吉林首次落实了省级配套资金。

2. 主要工作

（1）全面启动建设。在认真总结和汲取“十一五”电气化建设经验的基础上，水利部努力抓好《“十二五”全国水电新农村电气化规划》的落实工作，确保“十二五”期间建成300个水电新农村电气化县。

（2）加强项目管理。为保证电气化项目顺利实施，2013年水利部制定了水电新农村电气化中央投资计划日常管理考核规定。经沟通，中国农业发展银行印发了《关于做好小水电代燃料等农村水电建设贷款管理的意见》（农发银发〔2013〕87号），对电气化项目给予信贷支持，提供优惠政策。

（3）开展督促检查。为进一步加快电气化建设进度，2013年水利部对各省份规划执行情况进行了分析评估，对各省份“十二五”水电新农村电气化规划执行情况进行分析统计。为确保“十二五”期末建成300个水电新农村电气化县，将电气化规划县调整到330个。对已下达投资计划的电气化项目进行全面检查，对申报项目的前期工作进行严格审查，并督促各地在确保工程质量和安全的情况下加快建设进度，落实地方配套资金。

（二）农村水电直供电片区电网改造规划编制工作

完成了全国农村水电直供电片区电网改造规划。2013年5月，18个省份向水利部报送了电网改造规划，从6月起开始组织有关人员编制全国规划，2013年底全国规划初稿已完成。初步确定338个农村水电直供电片区电网纳入改造规划，涉及241个县，668个乡镇，651万人。

（水利部农村水电及电气化发展局　程　骏）

2013年小水电代燃料工程建设情况

2013年，小水电代燃料工作扎实推进，项目管理进一步规范，一大批项目建成投产。

（一）建设规模不断扩大

《2009～2015年全国小水电代燃料工程规划》实施以来，中央投资持续增加，地方配套资金落实力度加大，小水电代燃料工程建设规模不断扩大，山区百姓受益范围持续扩大。

2013年，国家下达小水电代燃料建设投资计划13.1亿元，其中中央投资6亿元。新开工建设29个小水电代燃料项目，计划新增代燃料装机9万kW，解决7.5万户、28万农民的生活燃料问题，保护森林面积100万亩。2009～2013年小水电代燃料工程建设共涉及22个省（自治区、直辖市）和新疆生产建设兵团的228个县（市、区、旗），271个项目，累计下达项目计划总投资53.7亿元，其中中央投资

21亿元，建设代燃料装机70.2万kW，可解决60.9万户、230万农民的生活燃料问题，保护森林面积850万亩。

截至2013年底，有145个项目已建成发电，新增代燃料装机35.6万kW，解决了19.4万户、74万农村居民的生活燃料问题，保护森林面积270多万亩。

（二）项目管理继续加强

一是加强了政策推动。2013年，水利部召开了政策研讨会，推广云南省先进工作经验，指导和推动各地出台政策。继湖北、河南和云南，重庆市水利局、江西省水利厅分别与市、省发改和财政部门联合出台了省级小水电代燃料管理办法，对小水电代燃料项目前期工作、项目投资、资金管理、建设管理、项目验收、国有资产管理以及电站上网电价等提出了明确要求，对落实代燃料项目管理体制和机制提出了具体措施。中国农业发展银行出台了《关于做好小水电代燃料等农村水电建设贷款管理的意见》，对小水电代燃料、水电新农村电气化、农村水电增效扩容改造等农村水电建设项目以及地处西藏和四川、云南、甘肃、青海四省藏区的农村水电建设贷款提出了专项管理措施，为解决农村水电建设贷款难题创造了良好的政策环境。

二是优化了工程布局。2013年，水利部在继续实施的《2009～2015年小水电代燃料工程规划》中，重点突出集中连片、整村整乡推进工程建设，在规划范围县内优选了一批条件好的县，准备开展小水电代燃料生态示范县试点建设。经对各地报送的实施方案审核汇总分析，初步提出了“十二五”和“十三五”小水电代燃料示范县建设目标。同时，为配合《中国农村扶贫开发纲要（2011～2020年）》的实施，经商国家发展改革委同意，在《2009～2015年全国小水电代燃料工程规划》实施总规模不变的情况下，增补了第二批25个贫困县作为小水电代燃料工程建设实施县，在《2009～2015年全国小水电代燃料工程规划》后两年着重开展集中连片扶贫开发区域内项目建设，重点安排14个集中连片特困区域内符合小水电代燃料工程建设要求的项目。

三是加强了项目管理。2013年，水利部进一步加强了对小水电代燃料在建项目建设进度的信息报送和汇总分析工作，及时掌握项目建设进展及存在的问题，实行分类指导，督促项目及时开工和加快建设。同时，组织工作人员先后赴河北、贵州、重庆、湖南、云南等省开展检查调研，了解项目进展和政策执行情况，摸清了存在问题，与地方共同研究并提出了推进工作的措施和办法，促进了项目建设与管理。

四是健全了技术标准体系。2013年，水利部发布实施了《小水电代燃料生态效益计算导则》，至此小水电代燃料工程建设技术标准体系基本完备，有力保障了小水电代燃料工程建设与管理的规范化和标准化。水利部组织对各有关省（自治区、直辖市）从事小水电代燃料工程建设与管理工作的有关管理人员、技术人员和项目法人单位人员160多人进行了培训，为加强小水电代燃料工程建设与管理，提高工程质量，确保工程实施效果发挥了重要作用。

五是开展了项目中期评估和后评价。2013年，水利部组织各地开展了《2009～2015年全国小水电代燃料工程规划》实施情况中期评估工作，完成了《2009～2015年全国小水电代燃料工程规划》中期评估报告；根据评估结果，指导各地加强2014～2015年项目储备，与国家发展改革委沟通协调，及时增补了规划替补县。同时，配合相关部门开展了小水电代燃料已建项目后评价工作，为明确今后一段时期小水电代燃料工程建设与管理工作重点与方向、完善小水电代燃料工程建设与管理将发挥重要作用。

（水利部农村水电及电气化发展局　赵　虹）

农 村 水 电 管 理

2013年农村水电行业安全监管工作情况

2013年，水利部农村水电及电气化发展局认真贯彻落实党中央、国务院关于加强安全生产的一系列方针政策，按照水利部党组的决策部署，落实农村水电安全生产“双主体”责任，强化农村水电安全基础管理，规范安全生产行为，努力促进农村水电站安全生产工作的规范化、标准化。

推进安全生产“双主体”责任全覆盖，主动接受社会监督。一是逐站落实农村水电安全生产“双主体”责任，确保责任到人。二是通过加强领导，认真组织，主动沟通、协调，加强督办等措施，进一步理顺安全监管体制，加强安全监管，确保监管到位。

2013年全国农村水电安全监管覆盖率达到99.1%，基本实现农村水电安全监管“全覆盖”。三是进行责任人公示。在水利部网站，对全国19821座500kW及以上已建农村水电站安全生产“双主体”责任人进行了公示；以水利部文件，对全国1391座1万kW及以上已建农村水电站“双主体”责任人进行了公告。

加大安全生产监督检查力度，狠抓隐患排查治理。一是深入开展全国农村水电安全生产大检查。及时消除事故隐患，确保在建和已建农村水电站度汛安全和工程安全。二是开展重点督查。派出督查组，对内蒙古、辽宁、河北、浙江、陕西等地的农村水电安全生产情况进行督查。

强化安全生产基础，推进农村水电标准化建设。一是颁布了《农村水电站安全生产标准化达标评级实施办法（暂行）》。为强化安全基础管理，规范安全生产行为，促进农村水电站安全生产工作的规范化、标准化提供了制度保障。二是开展标准化建设的宣贯培训。对办法的制定和标准化电站创建进行了宣贯培训。三是推进管理标准化建设。积极推广浙江温州、吉林长白模式，推动农村水电站管理标准化建设和安全生产标准化建设。

（水利部农村水电及电气化发展局　吕　燕）

2013年水能资源管理工作情况

（一）全力推进中小河流水能资源开发规划

2013年，水利部农村水电及电气化发展局加强对规划工作的信息跟踪、技术服务和督查指导。建立了信息报送制度，聘请了咨询专家，并组织举办了两期培训班，培训学员243名。全年，局领导分别带队赴四川、江西、陕西、云南、湖北、湖南等六省调研指导中小河流水能资源开发规划工作，督促加快工作进度，确保规划工作质量。12月16日，在贵阳组织召开了中小河流水能资源开发规划工作座谈会，总结交流了一年多来的规划工作情况，讨论了存在问题，督促工作严重滞后省份加快进度，提出了下一阶段工作任务和要求。截至2013年底，全国20个省份上报了1859条拟修编水能资源开发规划的中小河流名录。14个省份成立了省级规划工作领导小组，20个省份制定了省级工作大纲或实施方案。全国已有1053条中小河流水能资源开发规划开始编制或是修订，共落实规划编制经费2800多万元。

（二）启动绿色小水电典型培育与评价试点工作

2013年，根据水利部水生态文明建设总体要求，总结各地农村水电开发促进生态环境保护的经验和做法，印发了《选择和培育典型开展绿色小水电评价试点的函》（水电能函〔2013〕6号）。计划用2～3年时间，应用绿色小水电评价标准和方法开展评价试点，培育和树立一批绿色小水电站，总结那些采取水生态修复工程措施与非工程措施取得良好成效的水电站的主要经验和做法，发挥示范带动作用，为推进绿色小水电建设打基础。截至2013年底，14个省（区、市）已结合自身实际，选择了具有一定代表性的90多座水电站作为建设典型。已先期组织开展了河南、广西两省（区）12座水电站的评价试点工作。典型培育和评价试点工作，将打造一批环境友好、社会和谐、经济合理、管理规范的绿色小水电建设典型，树立小水电清洁可再生能源正面形象，营造绿色小水电建设的良好氛围。

（三）加强地方水能资源管理立法指导

继贵州、湖南、吉林、辽宁、广东、河北、湖北等七省出台专门的水能资源开发利用管理条例之后，2013年广西颁布实施了《广西壮族自治区水能资源开发利用管理条例》。浙江水电条例、重庆农村水电条例列入省（市）人大立法计划，江西省小水电办法列入了省政府立法计划，并开展了立法调研、专题论证和征求意见等工作。

（水利部农村水电及电气化发展局　何　峰）

水利部发布《农村水电站安全生产标准化达标评级实施办法（暂行）》

水利部于2013年9月25日以水电〔2013〕379号文，印发《农村水电站安全生产标准化达标评级实施办法（暂行）》。全文如下：

农村水电站安全生产标准化达标评级实施办法（暂行）

第一章　总　　则

第一条　为进一步落实农村水电站安全生产主体责任，规范农村水电站安全生产标准化建设达标评级工作，根据《国务院关于进一步加强企业安全生产工作的通知》（国发〔2010〕23号）、《国务院安委会关于深入开展企业安全生产标准化建设的指导意见》（安委〔2011〕4号）、水利部《关于印发水利行业深入开展安全生产标准化建设实施方案的通知》（水安监〔2011〕346号）和《水利部关于印发〈水利安全生产标准化评审管理暂行办法〉的通知》（水安监〔2013〕189号），结合我国农村水电行业特点，制定本办法。

第二条 已投入运行、单站装机容量为5万kW及以下水电站的安全生产标准化达标评级工作，适用本办法。

第三条 各级水行政主管部门负责农村水电站安全生产标准化达标评级管理和监督。

第四条 农村水电站企事业单位是安全生产标准化建设工作的责任主体，应严格执行安全生产法律法规和技术标准，保障安全投入，规范运行管理，加强教育培训，确保农村水电站安全管理达标。

第五条 农村水电站安全生产标准化评审项目包括：安全生产目标、组织机构和职责、安全生产投入、法律法规与安全管理制度、教育培训、生产设备设施、作业安全、隐患排查和治理、重大危险源监控、职业健康、应急救援、事故报告及调查处理、绩效评定和持续改进等13类。

生产设备设施、作业安全、事故报告及调查处理等3类评审项目中设置否决项。

第六条 安全生产标准化等级是体现农村水电站安全生产管理水平的重要标志，可作为业绩考核、行业表彰、信用评级以及市场竞争能力评价的重要参考依据。

第二章 标准化等级与管理

第七条 农村水电站安全生产标准化达标评级依据《农村水电站安全生产标准化评审标准》（以下简称《评审标准》，见附件1）进行评分，评审得分＝（实得分/应得分）×100。其中，实得分为评分项目实际得分之和，应得分为对应评分项目的标准分值之和。

第八条 依据评审得分，农村水电站安全生产标准化等级分为一级、二级和三级。分级标准如下：

一级：评审得分大于等于90分；

二级：评审得分小于90分、大于等于75分；

三级：评审得分小于75分、大于等于65分；

评审得分小于65分或存在否决项的，为不达标。

第九条 水利部安全生产标准化评审委员会负责农村水电站安全生产标准化一级评审的指导、管理和监督，具体工作由水利部农村水电及电气化发展局承担。

各省、自治区、直辖市人民政府水行政主管部门可结合实际制定本地区评审细则，开展农村水电站安全生产标准化二级、三级的评审工作。

第十条 农村水电站安全生产标准化一级等级证书有效期为5年；二级、三级等级证书有效期为3年。有效期满前3个月，农村水电站企事业单位应重新申报。

第十一条 农村水电站企事业单位应按照《评审标准》每年开展安全生产自查自评，并针对自查发现问题及时整改，自评和整改结果作为申报依据。

第三章 评 审

第十二条 农村水电站安全生产标准化达标评级主要包括自评、申报、组织评审单位受理审查、开展外部评审、审定评审结果、公示公告与颁证等环节。

第十三条 申请安全生产标准化达标评级的农村水电站企事业单位应当具备以下基本条件：

（一）企业营业执照或事业单位法人证书合法有效；

（二）坝高15m以上或库容100万m^3以上水库大坝按规定注册登记；

（三）按照《农村水电站技术管理规程》（SL 529—2011）实施技术管理；

（四）评审前一年内未发生人身死亡的生产安全责任事故、较大以上电力设备事故或发生事故后已按“四不放过”原则完成处理，未发生对社会造成重大不良影响的安全生产事件；

（五）近3年内无违反安全生产法律法规行为。

第十四条 农村水电站企事业单位应按照本办法要求，组织开展安全生产标准化建设，自主开展等级评定，形成自评报告（格式见附件2）。

自评报告主要内容包括单位概况、安全生产管理状况、基本条件的符合情况、自主评定工作开展情况、自评打分表（作为附件）、自主评定结果、发现的主要问题、整改计划和措施、整改完成情况等。

第十五条 在自评基础上，农村水电站企事业单位向有管辖权的人民政府水行政主管部门提出达标评级的书面申请。申请材料包括申请表（见附件3）和自评报告。

第十六条 农村水电站企事业单位申报安全生产标准化达标评级的，按照分级管理权限，经县级及以上人民政府水行政主管部门逐级同意后，分别上报至组织一、二、三级评审的水行政主管部门。

第十七条 组织评审的水行政主管部门自收到农村水电站企事业单位申请材料之日起，应在5个工作日内完成材料审核，并将结果告知申请单位。主要审核：

（一）农村水电站是否符合申请条件；

（二）自评报告是否符合要求，内容是否完整。

对符合申请条件但材料不完整或存在疑问的，要求申请单位予以补充或说明。申请单位在接到告知15个工作日内未提供补充或说明材料的，视为放弃申请。对不符合申请条件的，退回申请材料。同一单位再次提出申请时间间隔应不少于半年。

第十八条 审核通过的，通知农村水电站企事业单位委托评审机构开展外部评审工作。

第十九条 评审机构接受农村水电站企事业单位委托后应按照《评审标准》对农村水电站进行现场评审打分，并在现场评审结束后15个工作日内向委托单位出具评审报告（格式见附件4）。

评审报告主要内容包括被评审单位概况、安全生产管理及绩效、评审情况、得分情况、评审打分表（作为附件）、存在的主要问题及整改建议、推荐性评审意见、现场评审人员组成及分工等。

第二十条 农村水电站安全生产标准化一级的评审机构由水利部认定并公布，二、三级的评审机构由省级人民政府水行政主管部门认定并公布。

第二十一条 承担农村水电站安全生产标准化一级的评审机构应当具备以下条件：

（一）具有独立法人资格，能够客观、公正、独立、规范地开展达标评级工作；

（二）有与其开展工作相适应的固定工作场所、办公设备和管理制度等基础条件；

（三）具有农村水电站安全生产标准化达标评级所需专业技术力量，拥有10名以上符合条件的行业评审专家，其中水工、金结、机电专业均不少于2名专家；

（四）在省级以上区域具有较高的行业公信度，并经主管单位批准。

农村水电站安全生产标准化二级和三级的评审机构应具备的条件由省级人民政府水行政主管部门参照本条件制定。

第二十二条 从事农村水电站安全生产标准化达标评级的评审专家应参加水利部组织的安全生产标准化培训并考试合格，取得评审机构颁发的聘书，身体健康，能胜任现场评审工作，并具备以下条件之一：

（一）具有国家承认的大学本科（含）以上学历，取得相关专业工程技术类中级（含）以上技术职称；

（二）具有注册安全工程师或安全评价师资格；

（三）具有5年以上水电领域相关专业或安全管理现场工作经历，并经所在单位确认后推荐。

第二十三条 受委托的评审机构应组成评审组，开展现场评审工作。评审组不少于5人（一般不超过7人），其中评审专家不少于3人。可指定1名评审专家担任评审组长。

评审机构、专家与被评审单位存在利害关系的，应当回避。

第二十四条 评审机构现场工作程序：

（一）评审组召开工作安排会议，明确评审目的、依据、范围、程序、方法和分工等内容；

（二）听取申请单位汇报，了解其安全工作情况；

（三）对照评审标准，现场查证查看，形成评审记录，提出整改意见和建议；

（四）召开有申请单位相关人员参加的总结会议，通报评审工作情况和推荐性评审意见。

第二十五条 组织评审的水行政主管部门对评审机构出具的评审报告进行审定，达到申请等级的，应在指定媒体进行公示，公示期为7个工作日。公示无异议的，由组织评审的水行政主管部门公告、颁发证书和牌匾（证书、牌匾式样见附件5、6）；公示有异议的，由组织评审的水行政主管部门核查处理。

未达到申请等级的，经申请单位同意，限期整改后申请重新评审；或根据实际达到的等级，按本办法的规定，由相应的水行政主管部门进行审定。

第二十六条 安全生产标准化二、三级电站名单，应在公告的同时报水利部备案。

第四章 整 改

第二十七条 经评审不达标的农村水电站，必须针对存在问题及时进行整改，整改合格后重新申请评审。

第二十八条 取得安全生产标准化等级证书的农村水电站，发生以下情况之一的，由发证部门撤销其安全生产标准化等级。

（一）在评审过程中弄虚作假、申报材料严重失实的；

（二）发生较大及以上生产安全责任事故或出现重大安全事故险情的；

（三）迟报、漏报、谎报、瞒报生产安全事故的；

（四）发生违反安全生产法律法规的严重事件。

第二十九条 被撤销安全生产标准化一级或二级的农村水电站，自撤销之日起，须按降低至少一个等级重新申请评审；且自撤销之日起满一年后，方可申请按被降低前的达标级别评审。

被撤销安全生产标准化三级的农村水电站为不达标，按照第二十七条规定处理。

第三十条 农村水电站安全生产标准化达标单位在运行有效期内，发生如洪水、地震等重大自然灾害或安全事故的，应对重要设备设施进行检测，存在安全隐患的要及时处理，在恢复发电后半年内提出复评申报。

第三十一条 评审机构应对评审结果负责。评审过程中发生下列行为之一的，由相应的水行政主管部门核实后取消其评审资格，不得再从事农村水电站安全生产标准化评审工作。

（一）出具虚假或严重失实的评审报告的；

（二）泄露被评审单位的经济技术或商业秘密的；

（三）发生其他违法、违规行为，情节严重的。

第三十二条 评审专家存在下列行为之一的，由水利部核实后通知相关评审机构予以解聘，5年内不得从事农村水电站安全生产标准化评审工作。

（一）隐瞒与被评审单位利害关系，影响评审公正性的；

（二）泄露被评审单位的经济技术或商业秘密的；

（三）发生其他违法、违规行为，情节严重的。

第五章 其 他

第三十三条 农村水电站企事业单位直接负责多座水电站运行管理的，可以合并申请安全生产标准化达标评级，其生产设备设施和作业安全部分分值按容量与得分的加权平均值确定。有一座水电站存在否决项的，该单位不得评为达标。

第三十四条 本办法自颁布之日起实施。

附件：

1. 农村水电站安全生产标准化评审标准（略）
2. 农村水电站安全生产标准化自评报告（格式）（略）
3. 农村水电站安全生产标准化评审申请表（略）
4. 农村水电站安全生产标准化评审报告（格式）（略）
5. 农村水电站安全生产标准化证书式样（略）
6. 农村水电站安全生产标准化牌匾式样（略）

水利部农村水电及电气化发展局关于选择和培育典型开展绿色小水电评价试点的函

2013年9月27日，水利部农村水电及电气化发展局以水电能函〔2013〕6号，发出《水利部农村水电及电气化发展局关于选择和培育典型开展绿色小水电评价试点的函》。正文如下：

为贯彻落实《水利部关于加快推水生态文明建设工作的意见》（水资源〔2013〕1号），加强农村水能资源管理，丰富和深化“四个水电”建设内容，全面推进绿色水电建设工作，实现小水电科学开发和可持续利用，拟在全国选择和培育绿色小水电典型，开展绿色小水电评价试点工作。现就有关要求通知如下：

一、选择和培育绿色小水电典型

（一）各单位应鼓励有基础、有条件的水电站积极参与，认真做好绿色小水电典型的选点、审核工作。

（二）每个省（自治区、直辖市）可选择符合选点条件开发方式具有代表性的5～10个典型水电站，相对集中在1～2个流域。

（三）选点条件

1. 符合流域综合规划、河流水能资源开发规划和国家基本建设程序。

2. 单站装机容量在1000kW以上的已建水电站。

3. 环境友好，按规定泄放生态基流，重视水生态环境改善、景观协调和水土保持。

4. 社会和谐，重视惠及当地民生和改善公共服务，具有一定综合利用功能，近3年内未引发重大移民安置纠纷，减水河段、库区等工程影响区域内未发生重大以上水事纠纷。

5. 经济合理，能够维持长期稳定运行。

6. 管理规范，落实安全生产“双主体”责任，实现安全生产标准化。近3年内未发生较大以上生产安全事故或存在严重安全隐患。

（四）各单位应对本区域范围内的典型电站材料进行审核把关，并签署审核意见，确保绿色小水电典型材料翔实可靠，审核意见客观公正。

（五）选定的电站应按照绿色小水电典型材料编写提纲（见附件1）形成书面材料，并附有关材料（见附件2）。所有材料均需提供电子版。

（六）经省级水行政主管部门审核通过并盖章的绿色小水电典型材料和审核意见，请于10月底前提交水利部水电局。

（七）各单位应认真做好绿色小水电典型的宣传工作，发挥好示范引领作用，同时配合做好绿色小水电评价试点工作。

二、绿色小水电评价试点

拟对各地选择和培育的典型电站，按照《绿色小水电评价管理办法（试行）》开展绿色小水电评价试点，对达到《绿色小水电评价标准（试行）》的典型电站，授予“绿色小水电站”称号。对已命名的绿色小水电站，各级水行政主管部门应积极争取中央投资、上网电价、信贷扶持和生态补偿等激励政策，调动电站业主的积极性、主动性和创造性，切实保护生态环境，为建设美丽中国做出贡献。

附件（略）

广西壮族自治区水能资源开发利用管理条例

2013年7月19日，广西壮族自治区人民代表大会常务委员会以十二届第9号公告公布了《广西壮族自治区水能资源开发利用管理条例》。全文如下：

第一章 总 则

第一条 为了规范水能资源开发利用管理，实现水能资源可持续利用，根据《中华人民共和国水法》、《中华人民共和国可再生能源法》等有关法律、行政法规，结合本自治区实际，制定本条例。

第二条 本自治区行政区域内水能资源的开发利用、管理和保护，适用本条例。

本条例所称水能资源，是指蕴藏在江河、水库水体中可以用于水力发电的能量资源。

第三条 水能资源的开发利用管理应当在保护生态环境的前提下，坚持统一规划、合理开发、分级管理的原则。

第四条 县级以上人民政府应当加强对水能资源的管理，保障水能资源科学、有序开发利用，保证水资源及生态环境安全。

第五条 县级以上人民政府水行政主管部门负责本行政区域内水能资源开发利用的管理工作，其所属的水能资源管理机构负责水能资源开发利用的具体管理工作。

县级以上人民政府发展改革、工业和信息化、国土资源、环境保护、住房城乡建设（规划）、交通运输、农业、林业、安全生产监管、渔业、移民、地震、电力等有关部门在各自的职责范围内负责水能资源开发利用、管理和保护的相关工作。

第六条 县级以上人民政府水行政主管部门应当切实履行水能资源开发利用的管理职责，加强对水能资源开发利用规划、项目建设质量和安全生产情况的监督检查，为水能资源开发利用项目业主提供业务指导和服务，受理单位和个人的投诉，及时查处违法行为。

第二章 规划和开发管理

第七条 自治区人民政府水行政主管部门应当组织开展水能资源普查和调查评价，编制全区中小水电水能资源开发利用规划；环境保护部门应当组织对规划中的环境影响评价文件进行审查；发展改革部门应当组织相关部门对规划进行审查，并报自治区人民政府批准，经自治区人民政府批准后，应当向社会公布。

经批准的水能资源开发利用规划，在实施过程中确需调整或者修改的，应当按照原编制审批程序办理。

第八条 编制水能资源开发利用规划应当优先考虑保护生态环境，兼顾社会效益和经济效益，经过科学论证，征求有关单位和公众的意见。

水能资源开发利用规划应当服从流域综合规划和区域综合规划，与经济社会发展规划、城乡规划、能源发展规划、土地利用总体规划和环境保护规划相协调，与防洪、供水、灌溉、耕地保护、渔业、航运、生态用水以及水土保持等方面的需要相适应。

第九条 在自然保护区的核心区域和缓冲区、地质灾害危险区以及法律、法规和规章规定不得从事建设活动的其他区域内，禁止规划设置水能资源开发利用项目。

第十条 水能资源开发利用项目应当严格按照水能资源开发利用规划进行。不符合水能资源开发利用规划的项目，任何单位和个人不得开发利用，有关部门不得审批或者核准。

第十一条 水能资源属于国家所有。县级以上人民政府水行政主管部门应当按照管理权限对申请水能资源开发利用的项目是否符合水能资源开发利用规划依法进行审查并签署意见。

有多人申请同一个水能资源开发利用项目的，应当依法通过招标方式确定开发利用人。

第十二条 水能资源的开发利用，由县级以上人民政府水行政主管部门按照以下权限管理：

（一）装机容量大于或者等于4000kW、小于或者等于5万kW的，水库总库容大于或者等于1000万m^3的，由自治区人民政府水行政主管部门负责；

（二）装机容量大于或者等于1000kW、小于4000kW的，水库总库容大于或者等于100万m^3、小于1000万m^3的，由设区的市人民政府水行政主管部门负责，报自治区人民政府水行政主管部门备案；

（三）装机容量大于或者等于100kW、小于1000kW的，水库总库容小于100万m^3的，由县级人民政府水行政主管部门负责，报上一级人民政府水行政主管部门备案。

水能资源开发利用项目装机容量大于5万kW、小于25万kW的，由自治区人民政府水行政主管部门会同发展改革部门负责管理。

跨行政区域河流的水能资源开发利用，由其共同的上一级人民政府水行政主管部门负责管理，报自治区人民政府水行政主管部门备案；国家管理的河流的水能资源开发利用，按照国家有关规定执行。

第十三条 本条例施行前已建成或者在建的水能资源开发利用项目，其项目业主应当自本条例施行之日起到有管理权限的人民政府水行政主管部门办理水能资源开发利用项目的备案手续。

第十四条 经审查符合水能资源开发利用规划的项目，应当在3年内开工建设。主体工程3年内未开工或者开工后累计停工1年以上的，水行政主管部门出具的审查意见自行失效。因不可抗力造成开工建设迟延的除外。

第十五条 水能资源开发利用项目可以转让。未动工或者虽已动工但投入资金未达到建设项目总投资额的25%的，不得转让。

水能资源开发利用项目业主转让水能资源开发利用项目，应当自签订转让合同之日起 30 日内到有管理权限的水行政主管部门办理变更手续。

第三章 项目建设和运行管理

第十六条 水能资源开发利用项目建设应当符合法律、法规的规定和行业技术标准，保证工程质量与安全。

鼓励水能资源开发利用项目业主采用先进的技术、设备，提高水能资源利用率，并按照国家规定淘汰落后的技术、工艺和设备。

第十七条 水能资源开发利用项目建设，应当按照项目基本建设程序，向有管理权限的人民政府发展改革、国土资源、环境保护、水行政主管部门等有关部门申请办理项目建设审批或者核准、土地使用、环境影响评价、地质灾害危险性评估、初步设计审批、水资源论证等手续。

第十八条 水能资源开发利用项目建设应当依法实行项目法人责任制、招标投标制、工程监理制、合同管理制、工程质量终身负责制等制度。工程项目的勘测、设计、施工、监理应当由具备相应资质的单位承担。

项目法人在主体工程招标工作完成并与施工、监理单位签订合同后，应当向有质量监督管理权的人民政府水行政主管部门申请办理质量监督手续，并接受监督。

第十九条 水能资源开发利用项目建设工程应当按照国家有关规定进行验收。县级以上人民政府水行政主管部门应当按照管理权限组织蓄水验收和竣工验收。

未经验收或者验收不合格的，不得投入生产运行。

第二十条 水能资源开发利用项目业主和其委托的经营者是项目工程防汛安全的直接责任人，应当制订水能资源开发利用项目工程安全度汛、工程汛期调度运用计划和防洪抢险应急预案，报有管辖权的人民政府防汛指挥机构审批后执行，确保工程安全和公共安全。

第二十一条 水能资源开发利用项目业主和其委托的经营者是项目的安全生产责任主体，应当建立健全管理制度，定期进行安全检查并按照规定报送相关统计数据，严格按照有关规定运行管理，接受水行政主管部门、安全生产监管部门、电力监管部门的监督管理。

第二十二条 县级以上人民政府水行政主管部门应当加强对已建成的水能资源开发利用项目实施安全管理年检，安全管理年检不得收费。水能资源开发利用项目未经安全管理年检或者年检不合格的，不得投入生产运行。

水能资源开发利用项目经有资质的检测机构按照国家有关规定对大坝、闸门、压力管、压力容器、机电设备和起重设备等进行安全鉴定和检测合格后，由有管理权限的县级以上人民政府水行政主管部门发放安全管理年检合格证。

第二十三条 水能资源开发利用项目生产运行管理从业人员应当具有相关专业技术或者经过专业培训，持证上岗。

第四章 项目开发利用保护

第二十四条 县级以上人民政府水行政主管部门和环境保护、农业、林业、交通运输、渔业等有关部门应当按照各自职责，加强对所在地水能资源开发利用项目的水环境影响的动态监督管理，维护水能资源开发利用和防洪、供水、灌溉、航运、渔业以及生态环境的安全。

第二十五条 水能资源开发利用项目业主应当严格按照已批复的项目环境影响评价文件的要求，采取环境保护等措施，保护植被，防止水土流失和水体污染，保护生态环境。

水能资源开发利用项目对生态环境造成破坏的，县级以上人民政府水行政主管部门应当责令水能资源开发利用项目业主限期治理或者采取其他补救措施，所需费用由项目业主承担。

第二十六条 各级人民政府应当保护水能资源开发利用项目业主的合法权益，任何单位和个人不得非法干扰其正常生产运行。

第二十七条 水能资源开发利用项目业主和其委托的经营者，应当服从县级以上人民政府有关行政主管部门和流域管理机构对水资源的统一配置，按照已批复下泄流量的要求生产运行，确保下游居民和单位的生活、生产以及生态和航运的用水流量和用水安全。

第二十八条 水能资源开发利用项目建设使用土地和需要进行移民安置的，水能资源开发利用项目业主应当根据国家和自治区的有关规定办理相关手续，并做好征用土地补偿和移民安置工作。

第二十九条 水能资源开发利用项目并网发电的接入系统，由电网企业按照国家有关规定进行建设和管理。

电网企业应当全额收购其电网覆盖范围内水能资源开发利用项目并网发电的上网电量。

第三十条 县级以上人民政府价格主管部门应当按照合理补偿成本、合理确定收益、依法计入税金、坚持公平负担、促进电力建设的原则，制定水能资源开发利用项目上网电价。

第五章 法 律 责 任

第三十一条 县级以上人民政府水行政主管部门

或者其他有关部门及其工作人员，在水能资源开发利用管理工作中有下列行为之一的，由其上级行政主管部门或者本级行政主管部门、监察部门责令改正；情节严重的，对直接负责的主管人员和其他直接责任人员依法给予处分；构成犯罪的，依法追究刑事责任：

（一）未按照规定编制、调整或者修改水能资源开发利用规划的；

（二）审批或者核准不符合水能资源开发利用规划的水能资源开发利用项目的；

（三）未依法履行水能资源开发利用建设项目验收职责的；

（四）未按照规定履行安全管理年检职责的；

（五）未按照规定履行对水能资源开发利用项目破坏生态环境行为的监管职责的；

（六）利用职务便利收受他人财物或者谋取其他利益的；

（七）其他玩忽职守、徇私舞弊、滥用职权行为。

第三十二条 违反本条例第十条规定，开发利用不符合水能资源开发利用规划的水能资源的，由县级以上人民政府水行政主管部门责令停止违法行为，限期拆除违法建（构）筑物，恢复原状；逾期不拆除的，强行拆除，所需费用由违法者承担，并处1万元以上10万元以下罚款。

第三十三条 违反本条例第十五条第一款规定的，由县级以上人民政府水行政主管部门按照下列规定处罚：

（一）转让未动工的水能资源开发利用项目的，对转让方处10万元以上20万元以下罚款；

（二）转让已动工但投入资金未达到建设项目总投资额25%的水能资源开发利用项目的，对转让方处1万元以上10万元以下罚款。

违反本条例第十五条第二款规定，转让水能资源开发利用项目未办理变更手续的，由县级以上人民政府水行政主管部门责令停止施工、限期补办变更手续，并对转让方处1万元以上5万元以下罚款。

第三十四条 违反本条例项目建设和运行管理规定的，由县级以上人民政府水行政主管部门依据管理权限按照下列规定处罚：

（一）未经验收或者验收不合格即投入生产运行的，责令停止生产运行，限期改正，有违法所得的，并处没收违法所得；逾期不改正的，并处5万元以上10万元以下罚款。

（二）未经安全管理年检或者安全管理年检不合格继续生产运行的，责令停止生产运行，限期改正；逾期不改正的，并处1万元以上5万元以下罚款。

第三十五条 违反本条例第二十七条规定，未按照已批复下泄流量的要求生产运行的，由县级以上人民政府水行政主管部门按照管理权限责令限期改正，采取补救措施；逾期不改正的，责令停止生产运行，并处2万元以上10万元以下罚款。

第三十六条 违反本条例规定，给他人造成损失的，依法承担赔偿责任。

违反本条例规定的其他行为，法律、行政法规已有法律责任规定的，从其规定。

第六章 附 则

第三十七条 本条例自2013年10月1日起施行。

（水利部农村电气化研究所提供）

福建省人民政府关于进一步规范水电资源开发管理的意见

福建省人民政府于2013年7月19日以闽政〔2013〕31号文，发出了《关于进一步规范水电资源开发管理的意见》。全文如下：

2005年以来，全省组织开展小水电清理整顿，工作取得积极成效，小水电无序开发的现象得到遏制。为巩固清理整顿成果，促进生态水电发展，提高小水电建设、运行管理水平，现提出如下意见：

一、认真做好违规小水电清理整顿后续工作

积极推进327座违规小水电清理整顿后续工作，对符合防洪安全和生态环保要求的项目，各级各部门应予办理发电业务许可证、电量上网、电价审批等相关手续。对符合防洪安全但不符合生态环保要求的，由各设区市政府组织进一步充分论证提出具体处理意见，责令项目业主限期整改，整改后符合要求的由设区市政府予以认定，有关部门按本款第一条予以补办相关手续。整改后仍不符合生态环保要求又不能进一步整改的，由设区市政府依法依规予以处置。

二、严格控制影响生态环保的新建水电项目

水电站开发建设必须符合流域综合规划和流域规划环评要求。不符合规划或位于未经规划流域的水电站开发项目，各级各部门不得审批建设。继续严格控制以发电为主的水电站新建项目，除以防洪、供水、灌溉等为主兼顾发电的水资源开发项目外，未经省发展改革委会同省经贸委、水利厅、环保厅联合审查同意，市、县政府及其部门不得出具新建水电站项目相关核准、审批（审查）文件。各级各部门要加强对新建水电项目的监管，依法对项目建设存在的违法违规行为进行处理。对未经核准以及未按核准文件要求进行建设的项目，应停止建设、限期整改。对拒不整改或整改后仍达不到要求的项目，项目所在地县（市、区）政府要依法依规责令其腾空库容，停止运行，直至限期拆除。

三、稳步推进现有水电站技术改造

支持现有水电站对引水建筑物、发电厂房、机电设备、送出工程、下泄流量监控装置等进行技改，实施增效扩容，消除安全隐患，提高水电能效，改善水环境。新上技改项目应符合保证大坝运行工况不变、不增加水库库区淹没、不改变水库主要特性、不增加污染物排放、满足最小下泄生态流量等条件。

1万kW及以上水电站技改后装机规模不大于原装机容量的10%，1万kW以下水电站技改后装机规模不大于原装机容量的20%，由水电站建设和行业管理部门直接审批初步设计，发展改革部门不再办理核准手续。技改后装机容量变动超过上述幅度的水电项目，由发展改革部门牵头召开专题论证会议，实行项目集中会审、分别审批（核准）的办法，进一步简化审批（核准）手续。

对运行时间已达到设计年限、且不符合生态环保要求的水电站，有关部门不得受理延续运行年限的申请，不得批准其进行技改，由当地政府依法依规组织拆除。

四、规范水电站上网电价审批

物价部门依据项目核准（审批）文件、并网批复、购售电合同和有关成本资料，审批水电站上网电价。对福建省人民政府《关于印发〈加强水能资源开发利用管理规定（试行）〉的通知》（闽政〔2005〕15号）出台之前各级审批的小水电项目，符合安全论证和环保要求的，物价部门直接审批上网电价；闽政〔2005〕15号文出台之后属越权审批的水电项目，由省发展改革委审查后出具意见，物价部门审批上网电价。

五、大力发展生态水电

各级环保部门要科学核定水电站最小生态下泄流量，水利部门、经贸部门分别牵头指导和督促各水电站安装最小生态下泄流量在线监控装置，确保监控设施正常运转，最小生态下泄流量落实到位。水电站业主应严格执行最小生态下泄流量规定，服从流域的统一调度。对不执行最小生态下泄流量要求的水电站，环保、经贸、电力等部门可以采取罚款、扣减上网电费、解列等经济手段制裁。有关市、县要适时组织受石材行业或历史遗留问题影响的水电站库区进行清淤，并及时清理垃圾漂浮物，确保水体清洁。

优化电站梯级调度，发挥电站径流调控效应，通过蓄丰补枯，有效提高枯水期流量。科学运用雨情水情信息，合理安排水电站发电计划，提高水能利用率，充分发挥我省水能资源的综合效益。当发电与流域生活、生态用水需要发生冲突时，应优先保证流域生活、生态用水需要。

优先支持水电站开展碳汇金融，水电行业管理部门要加强政策宣传与引导；金融机构要积极创新碳权质押融资贷款，积极开发碳汇金融理财产品，为水电企业提供融资、担保等服务。

六、进一步理顺水电项目管理机制

省水利厅承担总装机容量5万kW及以下水电站建设和行业管理职能，省经贸委承担总装机容量5万kW以上水电站建设和行业管理职能。涉及水电站运行管理，按照省政府办公厅《关于加强水电站运行管理的通知》（闽政办〔2011〕146号）执行。

支持水电行业协会开展行业统计、信息收集、政策咨询、技术培训等活动，推动协会发挥技术支撑、沟通协调作用。水电行业协会要加强行业自律，根据行业发展形势和要求制定行规行约，建立健全行业自律管理约束机制。

（水利部农村电气化研究所提供）

农 村 水 电 改 造

加大投入　创新机制　全面推进农村水电增效扩容改造

财政部副部长　刘　昆

［编者按：本文是财政部副部长刘昆2013年7月5日在全国农村水电增效扩容改造工作会议上的讲话摘要］

一、农村水电增效扩容改造试点工作成效显著

为贯彻落实2011年中央一号文件和节能减排工作要求，财政部、水利部于2011年7月印发了《农村水电增效扩容改造财政补助资金管理暂行办法》，在浙江和重庆两省市以及湖北、湖南、广西、陕西所属部分县市开展农村水电增效扩容改造试点。截至2012年底，中央财政投入12亿元，带动地方政府、企业、金融机构等投入25亿元，用了不到两年的时

间，完成了733座农村水电站增效扩容改造，大幅提升了装机容量和发电量，恢复和增强了防洪、灌溉、供水等综合功能，取得了明显的经济效益和社会效益，并为今后全面推进工作积累了宝贵经验。

一是提升发电能力，促进了节能减排。733座老旧农村水电站改造后，装机容量从改造前的86.8万kW增加到114.6万kW，增长32%；年发电量从27.2亿kW·h增加到41.3亿kW·h，增长52%。巩固和新增发电量相当于每年替代140万t标准煤，减少排放二氧化碳350万t、二氧化硫3.1万t及其他有害气体和粉尘，节能减排效果明显。

二是发展当地经济，实现了支农惠农。农村水电增效扩容改造试点带动了上下游相关产业，促进了周边地区经济发展。改造试点带动机电设备制造和安装业实现产值约30亿元，创造了2万多个就业岗位。改造试点改善了本地区农民生产生活条件，增加了农民收入，提升了农村水电站服务农村公益事业的能力，特别是181座农村集体所有制水电站改造后实力增强，盘活和壮大了农村集体经济。

三是消除安全隐患，发挥了综合效益。各地根据农村水电站实际情况，有针对性地采用新技术、新材料、新工艺，对机电设备、金属结构、送出工程等进行重点改造，提高了水电站自动化、信息化和现代化水平，消除了各类安全隐患，保障了公共安全和生产安全。通过改造挡水、泄水和输水系统，巩固和恢复库容14.7亿m^3，有效发挥了农村水电站防洪、灌溉、供水等综合效益。通过增设生态流量泄放设施，优化水电站调度，加强环保措施，改善了383条中小河流生态环境。

四是创新投入机制，拓宽了融资渠道。在中央财政资金带动下，试点省（区、市）按照1∶1或者1∶0.5的标准进行配套，两年累计安排10亿元，加上中央财政12亿元，财政补助总额占改造总投资的60%，同时带动企业、金融机构等社会主体累计投入15亿元，为改造项目实施提供了有力的资金保障。如浙江省富阳市规定，当地的增效扩容改造试点项目除国家、省两级补助外，剩余投资全部由当地财政配套；陕西省通过召开银企对接会等方式，拓宽项目融资渠道，为项目多元化融资进行了有益尝试。

五是形成政策合力，积累了改造经验。试点省（区、市）结合当地实际，出台了税费、土地、电价等保障措施，项目单位加快建设进度。如重庆市出台了一系列政策，明确对增效扩容改造项目新增发电量按每度电2分钱的标准给予补贴，对项目建设给予税费减免、土地划拨等优惠；浙江省将增效扩容改造电站电价提高了0.03元/(kW·h)；湖北省将农村小水电最低上网电价从0.245元/(kW·h)提高到0.252元/(kW·h)，其中47个增效扩容改造试点项目上网电价平均达到0.27元/(kW·h)；重庆青烟洞水电站为化解改造施工与供电矛盾，错峰开展项目施工与机电设备安装等工作，既保障了供电要求，又确保工程按期完工。

二、充分认识全面推进农村水电增效扩容改造的重要性和紧迫性

农村水电事业直接关系到我国农村经济社会发展、山区生态建设和环境保护。改革开放以来，我国农村水电建设蓬勃发展，目前全国已建成农村水电站45000多座，装机容量6500多万千瓦，超过3个三峡电站的装机容量，年发电量近2200亿kW·h，约占全国水电的30%，在增加能源供应、减排温室气体、保护生态环境等方面发挥了积极作用，为农村发展、农民增收和民生改善做出了重要贡献。但也要看到，由于承担公益性任务较多、上网电价偏低和体制机制不顺等多方面原因，早期建设的农村水电站无力依靠自身积累进行改造升级，设备设施老化，能效逐年衰减，不仅浪费宝贵的水能资源，影响综合效益的发挥，还存在不少安全隐患。据统计，我国1995年底前建成投运且具有增效扩容改造潜力的农村水电站仍有4000多座，装机容量近700万kW。对这些老旧电站全面进行增效扩容改造，不仅能提高水能资源利用效率，促进节能减排，保护河流生态环境，还能消除公共安全隐患，让当地群众得到更多实惠，是一项投资少见效快、一举多得、利国惠民的德政工程和民生工程。

（1）全面推进农村水电增效扩容改造，是巩固农村水电发展成果、保障电站安全运行的必然要求。目前，1995年底前建成投运的农村水电站，平均运行年限在25年左右，有的长达30～40年。受当时设计水平和施工技术制约，加上长期以来缺乏投入，不少电站的发电及防洪、灌溉、供水等功能正在丧失，还普遍存在坝体、坝基渗漏，泄洪建筑物破损，挡水、引水设施失修，压力管道老化锈蚀等问题，在当前极端气候事件频发多发的情况下，极易诱发公共安全事故。近年来，国家大规模实施病险水库除险加固，部分水电站大坝稳定、基础防渗、泄洪安全等问题得到解决，但发电设施方面的安全隐患依然存在，如果不抓紧进行改造，不仅已有的成果保不住，可能还会付出很大的代价。

（2）全面推进农村水电增效扩容改造，是优化能源结构、建设生态文明的迫切需要。合理开发利用水电资源可以有效缓解我国能源供应紧张局面，减少污染排放，优化能源结构。农村水电是我国水电开发利用的重要组成部分。对1995年底前建成投运的农村水电站全面推进增效扩容改造，不仅可巩固现有发电

能力，还可使发电量平均提高 40%以上，新增水电发电量 100 多亿千瓦时。巩固和新增的发电量相当于每年节约 1100 万 t 标准煤、减排二氧化碳 2800 万 t。同时，通过增设生态流量泄放设施，优化梯级电站调度运行，改善河流生态环境；改造后扩大就近供电范围，促进山区农民以电代柴，有利于巩固退耕还林成果，保护山区生态环境。

(3) 全面推进农村水电增效扩容改造，是促进城乡一体化、全面建成小康社会的重要举措。农村水电是我国农村重要的生产生活基础设施。农村水电供电范围涉及全国 1/2 区域、1/3 县市、3 亿多农民。但 1995 年底前建成投运农村水电站老化，供电能力下降，安全有隐患，防洪、灌溉、供水等综合功能退化，对这类电站全面推进增效扩容改造，提高农村电气化水平，一方面增强防洪抗旱能力和农业灌溉能力，改善农村生产条件，另一方面促进农村生产生活方式转变，使封闭的山区有了电、供了水、通了路、改了厨，有利于加快城乡一体化步伐。不仅如此，这类电站往往地处山区、贫困地区，是当地经济的重要支撑，全面推进增效扩容改造有利于促进当地将资源优势转化为经济优势，增加农民收入，促进脱贫致富，助推实现全面小康的战略目标。

三、全面推进农村水电增效扩容改造的目标要求及政策要点

按照国务院领导批示精神，财政部、水利部决定继续采取中央财政补助的方式，全面推进农村水电增效扩容改造。

(一) 全面推进农村水电增效扩容改造的总体要求和目标任务

全面推进农村水电增效扩容改造的总体要求，即全面贯彻落实党的十八大精神和国务院节能减排总体工作部署，积极践行可持续发展治水思路，牢固树立民生水利发展理念，以政策集成、整体推进、统筹兼顾、综合改造为原则，以提高综合能效和安全性能为目的，以机电设备和配套设施更新改造为重点，以体制改革和机制创新为保障，把增效扩容改造与节能减排、民生改善、生态建设有机结合起来，全面推进，提高水能资源利用效率，促进农村水电可持续发展，更好地惠及民生。

目标任务是：从 2013 年起，到 2015 年底前，中央财政投入 80 亿元，带动地方政府、社会投资 140 亿元，完成 1995 年底前建成投产的 4000 多座老旧农村水电站增效扩容改造，使装机容量从 680 万 kW 增加到 810 多万千瓦，年发电量从 220 亿 kW·h 增加到 320 亿 kW·h。今年已经批复广东等 20 个省（区、市）和新疆生产建设兵团的实施方案，中央财政补助资金已预拨 17.9 亿元，力争开工 2600 个项目，投产 500 个项目。其余省份前期工作到位、具备条件后，将尽快批复实施方案并启动改造工作。

(二) 准确理解和把握农村水电增效扩容改造的政策要点

按照新一届政府转变职能、加快审批制度改革的有关要求，财政部、水利部改变以往层层报项目、层层批项目的传统做法，创新了管理方式。中央层面主要是制定政策、规划和标准，明确地方目标任务，以省为单位进行监督和绩效考核。具体组织实施工作，包括项目选择和资金分配由地方负责。

(1) 以省为平台，实行整体推进。农村水电增效扩容改造不仅涉及项目自身改造，而且涉及流域治理、资源开发、环境保护等方面，需要统一规划、整体开发、集中改造。从试点情况看，以省为单位整体推进，同一河流或区域的农村水电梯级联合开发，可以大大提高农村水力发电潜力和水资源综合利用效益。重庆市 476 个电站分布在 202 条河流上，通过整体规划改造，实现梯级联合调度，效益提升了 10%以上。湖北省通山县九宫梯级电站由 7 级 8 站组成，试点时全部纳入改造范围，建设了梯级调度中心，实现了自动化远程调度，水能资源综合利用效率提高了 20%以上。鉴于此，全面推进农村水电增效扩容改造时继续采用以省为单位整体推进的办法。

(2) 资金包干使用，明确各方责任。财政部、水利部主要是将补助条件、标准公开，目标量化，并根据批复的实施方案进行监督和绩效评价。方案编制、项目审批、资金管理等交给地方，实行地方负责制。在批复的目标任务和资金安排总规模内，地方可根据实际情况对项目进行适当调整。试点表明，这一机制实现了权责一致，有利于调动各地积极性，因地制宜推进工作。从今年批复 20 个省（区、市）和新疆生产建设兵团的实施方案情况看，地方热情高涨，工作效率高。2013 年启动改造工作的省份和新疆生产建设兵团已全部完成整体规划和初步设计，并做好了招投标和工程详细规划的各项准备工作。

(3) 创新支持方式，发挥政策合力。中央财政延续试点补助政策，按改造后装机容量定额补助，补助标准为东部地区 700 元/kW，中部地区 1000 元/kW，西部地区 1300 元/kW，且单个项目中央财政补助资金不得超过改造总投资的 50%。地方政府也要加大支持力度，继续按照 1∶1 或者 1∶0.5 进行配套的做法落实，并鼓励银行等金融机构及其他社会主体加大投资，多渠道保障改造资金需求。同时，各地方还要积极研究制定电价、税收等优惠政策，健全运行维护机制，形成政策合力，保证电站改造后持续健康运行。

（4）制定统一标准，确保项目质量。为保证改造工程进度、质量、安全和实施效果，水利部、财政部制定了《农村水电增效扩容改造项目建设管理指导意见》，对项目审批、招投标、工程监理、质量安全管理及监督检查等多个环节提出了具体要求。水利部印发了《农村水电增效扩容改造项目初步设计指导意见》、《农村水电增效扩容改造项目机电设备选用指导意见》、《农村水电增效扩容改造项目验收指导意见》等文件，形成了包括工程设计、装备选用、建设运营管理、项目验收的一整套制度体系，统一了技术标准和管理规范，保证项目质量。

（5）开展绩效考评，实行全程监控。为加强对项目监督管理，确保财政资金安全有效，在签订责任书、明确目标任务、发挥地方政府和项目单位的主观能动性的同时，对组织实施工作全程监督指导，建立了农村水电增效扩容改造绩效评价制度，加强事后考核验收、绩效评价。根据财政部、水利部印发的《农村水电增效扩容改造绩效评价暂行办法》，对改造工作组织、建设管理、资金管理、工程验收、改造效果及长效机制落实情况进行定性定量评价，评价结果与中央财政补助资金挂钩。对优秀的省（区、市）进行通报表扬，并按中央财政补助资金总额1%给予奖励；对不合格的省（区、市）给予通报批评，并扣减中央财政补助资金总额的10%。

四、统筹协调，精心组织，高质量完成农村水电增效扩容改造任务

从试点情况看，农村水电增效扩容改造工作中存在有待改进之处。比如，有的地方没有从全流域角度调整完善电站的规划布局，对流域生态环境保护不够；有的地方前期工作不扎实，纳入实施方案的部分项目条件不成熟，积极性不高，工作进展慢，还有部分积极性高的项目没有纳入实施方案，要求补充进来；有的地方保障措施落实不到位，配套资金偏少，电价、土地、税费等优惠政策不落实，在减员增效、电站运营体制等方面没有实质性改观。上述问题应引起高度重视。

首先，在指导思想上，要协调好水电开发与生态环境的关系。我国水电开发成绩显著，但过分追求投资效益、综合利用效率低下、过度开发造成环境破坏等问题不容忽视。全面推进农村水电增效扩容改造，不是简单的设备更新和单纯的发电能力提升，不能片面追求发电效益，必须综合考虑河流及周边生态环境保护和治理，统筹好发电效益与防洪、灌溉、供水、生态等综合效益，平衡好项目单位与库区群众利益及生态环境等多方面关系。项目改造要与河流生态等规划相衔接，优化电站布局，合理确定改造后电站功能。尤其是一些河流早期制定的规划思路不能适应新时期要求，有必要在实施增效扩容改造时，按照人与自然和谐、人与水和谐的生态文明理念进行修订和完善。

其次，在政策支持上，要处理好中央资金统筹以及与地方配套政策的关系。地方政府要以增效扩容改造为契机，加大资金整合力度，统筹安排增效扩容改造、病险水库除险加固、中小河流治理等专项资金以及水电新农村电气化、小水电代燃料等中央基建投资，提高资金使用效率，全面提升本地区农村水电建设水平。试点时改造的733座电站中有168座已完成病险水库除险加固，提升了财政资金使用效益。全面推进农村水电增效扩容改造工作时，要继续朝这个方向去努力。同时，地方配套资金要足额保证，配套政策要落实到位。增效扩容改造项目中央财政补助主要起引导作用，地方要按照批复的实施方案落实地方配套资金，研究制定相关税收、土地、电价等优惠政策，政策上形成合力，为本地区项目改造和后期运营创造良好环境，促其健康发展，更好地惠及民生，更好地服务本地经济发展。

第三，在项目实施上，要处理好政府与市场的关系。按照新一届政府转变职能、减少审批的要求，在全面推进农村水电增效扩容改造工作中，要正确处理政府与市场的关系，使政府管理“有形之手”与市场“无形之手”相协调。政府及部门的角色是制定政策、明确标准，要减少行政审批，符合条件的项目原则上都应纳入改造范围。要平等对待各种产权主体，鼓励金融机构对增效扩容改造项目给予支持；通过举办专门培训班、编印相关资料、组织专家现场指导等多种方式进行技术指导。项目单位是农村水电增效扩容改造的责任主体，应切实抓好项目建设的工程质量、工程进度和生产安全，努力探索符合农村小水电企业特点的运营管理模式。

第四，在组织管理上，要处理好上下级之间、政府各部门之间的关系。财政、水利等部门要密切协作，与其他有关部门共同努力打造高效工作平台，各司其职，各负其责，形成齐抓共管的良好工作格局。财政部门要主动与水利等部门沟通协调，充分听取部门意见，对水利等部门牵头的规划编制、项目实施等工作，要积极配合、大力支持。要勇于创新，充分调动各方面积极性，推动形成中央、地方、企业、社会多元化资金投入格局。要加强财政政策的综合集成，集中资金办大事，提高财政资金使用效果。财政、水利部门要加强与本地区发改、物价、国土、环保、农业、林业、金融等部门的协调，加强与相关政策的衔接，合力推进工作。

农村水电增效扩容改造的重点与全面推进的具体要求

水利部副部长　胡四一

［编者按：本文是水利部副部长胡四一 2013 年 7 月 5 日在全国农村水电增效扩容改造工作会议上的总结讲话的摘要，标题为编者所加］

一、关于农村水电增效扩容改造的重点

农村水电增效扩容改造专业性强，技术要求高，工程面广。既要扩容增效，又要改善河流生态；既要确保质量进度，又要保证安全；既要完成改造任务，又要建立良性运行机制，是一个系统工程。从某种意义上说，比新建电站还复杂，难度还大。我们要突出重点，抓住主要矛盾，确保达到预期效果。

一是合理扩增容量。要以河流综合规划、防洪规划和水能资源开发利用规划为指导，根据水能资源条件和当地电力需求，通过技术和经济论证，有针对性地对水电站挡水、泄水、输水设施进行改造升级，在不增加机组台数的前提下，更新和改造水轮发电机组及相关设备设施，合理扩增水电站装机容量，确保水能资源科学有效利用。

二是全面提高能效。要严格按照《小型水电站技术改造规范》和《农村水电增效扩容改造项目机电设备选用指导意见》等要求进行改造，功率小于 3000kW 的水轮发电机组额定工况下的综合效率要达到 75%以上，3000～10 000kW 的要达到 81%以上，大于 10 000kW 的要达到 88%以上；综合控制系统要达到遥信、遥测、遥控、遥调的要求，确保改造后电站技术先进、高效节能、环境友好、安全可靠。

三是改善河流生态。要以增效扩容改造为契机，重新修订原有河流水能资源开发规划，促进水电站布局进一步优化。因地制宜增设生态泄流设施，加强对运行状态的监督检查，保障厂坝间河道生态流量。优化流域梯级调度，改善河流生态环境。

四是发挥综合功能。在扩大容量，增加效益的同时，还要充分挖掘工程潜力，与江河治理、除险保安、民生改善等结合起来，最大限度地恢复和提高防洪、灌溉、供水等水资源综合利用功能，协调好与当地经济发展、农民利益的关系，让农村水电增效扩容改造切实惠及当地群众。

五是强化质量安全。要严格执行基本建设管理的各项制度和技术标准，对改造工程设计、施工、设备制造和安装调试实施全过程有效管理，严格质量监督，确保工程质量。要落实好改造期间的安全防护措施和防汛度汛等应急预案，确保施工安全、度汛安全和生产安全。

六是确保工期进度。要科学制定项目实施计划，改造工程量大的项目要尽早启动。统筹改造施工和生产运行，充分利用枯水季节，合理安排工期。抓住招投标、主机设备制造等制约工期的重点环节，合理衔接相关程序，为改造施工争取更多时间，确保如期完成改造任务。

七是完善体制机制。要积极推进农村水电体制机制改革，加强安全监管和运行管理，内抓管理深挖潜力，外拓市场增创效益，争取对增效扩容项目实行“新电新价”，确保改造后的电站长期稳定运行和良性发展。要鼓励农民以多种形式参与水电站改造，建立改造收益合理分配机制，使当地群众直接受益。

二、关于全面推进的具体要求

3 年要完成 4000 多座水电站改造任务，设备供货集中，有效施工期短，组织协调难度大，资金筹措压力大。我们要以此次会议为契机，按照刘昆副部长的讲话精神，统筹协调，狠抓落实，精心组织，全力推进。

一是切实加强组织领导。按照财政部、水利部与有关省（区、市）人民政府签订的责任书，农村水电增效扩容改造实行地方负责制，由地方水利、财政部门负责组织，项目单位具体实施。为保证农村水电增效扩容改造全面推进任务如期完成，各地要细化实施方案，加强组织领导、完善协调机制、落实责任分工。所有项目都要有明确的政府责任人、部门责任人和项目责任人，形成一级抓一级、层层抓落实的工作格局。各级水利部门要加强与财政部门的协调配合，统筹谋划、科学安排、强化指导，及时发现和解决试点过程中遇到的困难和问题，全力做好项目的组织实施。

二是及时落实配套资金。增效扩容改造资金以地方配套和项目单位自筹为主，国家财政给予定额补助。各地的实施方案都明确了地方财政配套额度，各项目单位也制定了资金筹措的具体方案。各级水利部门要积极配合财政部门协调落实地方财政配套资金，并向贫困地区、惠农作用明显等项目适当倾斜，协助并督促项目单位落实自筹资金，确保改造资金及时足额到位。

三是着力强化监督检查。水利部有关司局要各负其责，加强对项目建设管理、资金使用等情况的监督检查。督促、指导各地严格落实项目法人责任制、招标投标制和建设监理制，保证工程质量、进度和安全。要建立和完善安全生产体系，逐站落实安全生产责任主体和监管主体。地方各级水利部门要会同财政部门，督促有关单位严格执行各项财务制度，严禁挤占、滞留、挪用财政资金，保证专款专用，确保工程安全、资金安全和干部安全。

四是积极做好指导服务。各级水利部门要认真研判项目实施各阶段的工作重点和制约工期的主要因素，积极主动开展服务。对分布相对集中、规模较小的项目，可实行打捆招标选择施工和监理队伍，采购主要设备、原材料等。及时组织专家和咨询单位赴基层开展技术服务，帮助项目单位制定科学的项目改造流程，指导做好施工组织、设备安装调试、项目法人验收和绩效评价等工作。

五是大力开展培训宣传。试点期间，各级水利部门会同财政部门培训了大批技术和管理骨干，在完成试点任务过程中发挥了重要作用。全面推进阶段，要进一步加大对基层水利部门、项目单位技术和管理人员的培训力度，不断提高基层建设和管理水平。要广泛宣传增效扩容改造在节能减排、除险保安、改善生态、服务“三农”和促进地方社会经济发展等方面的重要作用，争取社会各界的大力支持和积极参与，为农村水电增效扩容改造营造良好氛围。

六是抓紧抓好年度工作。今年是农村水电增效扩容改造全面推进的第一年，各省实施方案已经水利部、财政部批复，中央财政补助资金已经下达，各地要抓紧将中央和地方财政补助资金尽快分解到位，细化实施方案，制定年度实施计划，加快关键环节工作，广东、湖南、江西、湖北、四川、福建和广西等7个改造任务重的省份，今年大部分项目要开工建设，江苏、宁夏要确保当年开工当年建成，其余省份要争取项目全部开工。今年没有启动的省份要进一步做好项目前期工作，积极落实配套资金、支持政策和保障措施，抓紧完善省级实施方案，争取明年启动实施。

2013年农村水电增效扩容改造情况

2011～2012年在浙江、重庆、湖北、湖南、广东、广西、陕西等6个省（自治区、直辖市）开展的农村水电增效扩容改造试点任务圆满完成。733座试点电站改造完成后，装机容量从86.7万kW增加到114.2万kW，年发电量将从27.2亿kW·h增加到41.2亿kW·h，分别比改造前增长了32%和51%，并在消除电站安全隐患、促进水资源综合利用、强农惠农、改善河流生态环境等方面取得了显著效益。国务院领导对试点工作给予充分肯定，并要求“在先行试点基础上继续扩大改造范围”。

2013年，农村水电增效扩容改造全面实施，主要工作情况如下：

（1）开展了试点资金管理使用情况调研，会同财政部联合印发了绩效评价办法，并抽查审定了各地试点绩效评价结果，清算中央补助资金尾款8041万元，试点期间累计安排中央财政补助资金12.3亿元。浙江、湖北、湖南、重庆、陕西等5个省（直辖市）绩效评价为优秀，兑现中央财政奖励资金1136万元。

（2）会同财政部对各省实施方案进行审查，联合批复2013年启动省份的实施方案，联合在福建漳州召开工作会议。启动了广东等20个省份和新疆兵团的改造工作，涉及项目3500个，改造前装机632万kW，前3年年均发电量203亿kW·h，改造后装机容量将达到754万kW，年发电量将达到294亿kW·h；改造总投资198亿元，其中中央补助71亿元。2013年已下达17.9亿元并提前下达了2014年资金30.2亿元。

（3）加强工作指导和督促，建立了信息报送制度，召开了工作座谈会，正式出版了《农村水电增效扩容改造项目建设与管理》教材，举办了2次、360多人·次增效扩容改造培训，全力推进项目实施。

（4）举办了两期“小水电大事业”——农村水电增效扩容纪实图片展。

（水利部农村水电及电气化发展局　张　翔）

15

人物、机构与学术团体

人　　物

中国工程院院士胡春宏

胡春宏，男，1962 年 4 月生，浙江慈溪人，汉族，中共党员；现任中国水利水电科学研究院副院长、教授级高级工程师、博士生导师，流域水循环模拟与调控国家重点实验室副主任，国际泥沙研究培训中心副主任兼秘书长，世界泥沙研究学会秘书长，中国水利学会泥沙专业委员会主任，国务院三峡办三峡工程泥沙专家组副组长；2013 年当选中国工程院院士。

胡春宏 1982 年 7 月获武汉水利电力大学治河专业学士学位，1985 年 7 月获清华大学水力学及河流动力学专业硕士学位，1989 年 6 月获清华大学水力学及河流动力学专业博士学位。

胡春宏长期从事泥沙运动力学、河床演变与河道整治等领域的理论与应用研究。先后主持与承担国家重点基础研究发展规划（973）项目、国家科技攻关项目、国家自然科学基金项目、国际合作项目和省部级重大科研项目等 80 余项。建立了江河水沙调控与泥沙优化配置理论与模型，有效解决了黄河口流路稳定与治理、黄河下游萎缩性河道治理与塑造中水河槽、黄河中游三门峡水库运用方式调整与降低潼关高程、塔里木河干流河道治理与输水堤防建设、官厅水库疏浚整治与恢复向北京供水等江河治理中的工程技术难题，推动了我国工程泥沙技术走向国际。

胡春宏发表论文 200 余篇，出版专著 6 部；获国家科技进步二等奖 3 项、省部级科技进步奖 12 项；是国家杰出青年科学基金、中国青年科技奖和钱宁泥沙科学奖获得者，入选“新世纪百千万人才工程”国家级人选，2002 年获国务院政府特殊津贴。

（中国水利水电科学研究院）

中国工程院院士钮新强

钮新强，男，1962 年 7 月生，浙江省湖州市人，博士，教授级高级工程师，全国工程设计大师；现任水利部长江水利委员会长江勘测规划设计研究院院长、国家大坝安全工程技术研究中心主任，中国水力发电学会高坝通航专业委员会副主任委员，中国水利水电勘测设计协会副理事长；国务院政府津贴专家，百千万人才国家级人选；2013 年当选中国工程院院士。

钮新强于 1983 年获华东水利学院学士学位，1989 年获河海大学硕士学位，2005 年获华中科技大学博士学位。

钮新强长期从事水利水电工程的设计与研究工作，是三峡、南水北调中线工程设计研究的主要负责人之一，主持和参与主持了 10 余项国家重大水利水电工程设计，负责完成了国家科技攻关及三峡等工程专项科研达 30 余项，在大型船闸、升船机及大型水工结构工程方面攻克了多项关键技术难题，做出了创造性成就和突出贡献。创新性地提出了“全衬砌船闸”新型结构，建立了全衬砌船闸设计理论、方法和技术体系，主持设计成功世界首座全衬砌船闸——三峡双线五级船闸，使我国的船闸设计和建设技术一步跨进了世界先进行列；研发的巨型水轮发电机组蜗壳“组合埋设”技术，提出蜗壳外围混凝土结构整体刚度控制设计理论，替代传统的裂缝宽度控制理论，实现了蜗壳埋设技术的重大突破，在三峡电站等工程 70 余台巨型机组推广应用，效益显著；研发的地下电站“超大浅埋洞室稳定控制”技术，创造性提出了根据“稳定拱”来确定洞室最小埋置深度的设计新思想，建立了相应的设计方法和标准，实现了确定最小埋置深度从经验到理论的跨越，突破了现行规范中上覆岩体厚度不小于 2 倍洞径的限制，解决了三峡地下电站大型洞室围岩稳定技术难题；研究提出的“盾构隧洞预应力复合衬砌”新型水工输水隧洞，应用于南水北调中线穿越黄河工程，解决了高压内水外渗，避免隧洞围土破坏而导致结构失稳，以及适应游荡性河势引起的隧洞纵向动态大变形等关键技术难题。

钮新强出版专著 7 部，主（参）编规范规程 5 部，发表论文 60 余篇；获国家科技进步二等奖 5 项，省部级科技进步特等奖 3 项、一等奖 6 项，全国优秀工程设计金奖 1 项；获国家发明专利授权 5 项；获 FIDIC（国际咨询工程师协会）百年优秀咨询工程师、潘家铮奖、全国优秀科技工作者、全国五一劳动奖章、全国先进工作者等荣誉。

（长江勘测规划设计研究院）

中国工程院院士聂建国

聂建国，男，1958 年 8 月生，湖南衡阳人，现任清华大学土木工程系教授、博士生导师、结构工程研究所所长、结构工程与振动教育部重点实验室主任、土木工程系和建设管理系学术委员会主任，是教育部长江学者特聘教授、中国钢结构协会钢—混凝土组合结构分会常务副理事长、中国建筑学会建筑结构分会副理事长，2013 年当选中国工程院院士。

聂建国于 1982 年获湖南大学土木工程系工学学士，1984 年 12 月获郑州大学（原郑州工学院）结构工程专业工学硕士，1991 年 12 月获南斯拉夫铁托格勒大学结构工程专业技术科学博士。

聂建国主要从事钢—混凝土组合结构的研究与应用工作，提出了广义组合结构思想并付诸工程实践，解决了大型复杂工程结构中的多项关键技术难题；研发的叠合板组合梁、组合板、大跨交叉组合梁楼盖、新型组合节点等是对传统组合结构的重要发展，叠合板组合梁成功应用于北京国贸桥、深圳彩虹桥等 100 余项工程；完成大量组合结构的试验研究和分析，拓展了其研究应用范围，发展了相关设计计算方法，其中折减刚度法是对组合梁设计理论和方法的重要发展；多项成果被现行国家标准 GB 50017—2003《钢结构设计规范》、JGJ 99—1998《高层民用建筑钢结构技术规程》等所采纳，对促进组合结构的发展起到了重要作用。他主持国家杰出青年科学基金、国家自然科学基金重点项目以及为工程建设服务的项目等 30 余项。

聂建国出版专著 1 本，编著 2 本，发表期刊论文 180 余篇，会议论文 50 余篇，其中在国际土木工程领域著名期刊“JOURNAL OF STRUCTURALENGINE ERING-ASCE”等发表论文 16 篇；研究成果获国家技术发明一等奖 1 项，国家科技进步二等奖 1 项，省、部级科技进步奖一等奖 3 项、二等奖 8 项、三等奖 2 项；还获得光华工程科技奖、“国氏”博士后奖、全国优秀博士后荣誉称号等。

（本年鉴编辑部摘编）

机　构

水电建设单位情况一览表

单位名称	地址	邮政编码
国家电网公司	北京市西城区西长安街 86 号	100031
国网新源控股有限公司	北京市西城区白广路二条 1 号	100761
中国南方电网有限责任公司	广东省广州市珠江新城华穗路 6 号	510623
南方电网调峰调频发电公司	广东省广州市龙口东路 32 号	510630
中国华能集团公司	北京市西城区复兴门内大街 6 号	100031
中国大唐集团公司	北京市西城区广宁伯街 1 号	100033
中国华电集团公司	北京市西城区宣武门内大街 2 号	100031
中国国电集团公司	北京市西城区阜成门北大街 6—8 号	100034
中国电力投资集团公司	北京市西城区金融大街 28 号院 3 号楼	100033
中国长江三峡集团公司	北京市海淀区玉渊潭南路 1 号	100038
中国长江电力股份有限公司	湖北省宜昌市西坝建设路 1 号	443002
国家开发投资公司	北京市西城区西直门南小街 147 号	100034
大唐国际发电股份有限公司	北京市西城区广宁伯街 9 号	100033

续表

单位名称	地址	邮政编码
汉能控股集团有限公司	北京市朝阳区安立路0一A号	100107
雅砻江流域水电开发有限公司	四川省成都市双林路288号	610051
华能四川水电有限公司	四川省成都市人民南路四段47号华能大厦	610041
国电大渡河流域水电开发有限公司	四川省成都市高新区天韵路7号	610041
华电四川发电有限公司	四川省成都市高新区蜀绣西路100号	610041
国电四川发电有限公司	四川省成都市天晖北路9号	610041
四川华电杂谷脑水电开发有限公司	四川省成都青羊工业园区（东区）同城路8号B16	610009
国电四川发电有限公司南桠河水电分公司	四川省成都市高新区天晖北街9号	610041
中国水电建设集团四川电力开发有限公司	四川省成都市高新区天府二街139号	610041
四川美姑河水电开发有限公司	四川省成都市清江东路1号温哥华广场21楼	610072
国投云南大朝山水电开发公司	云南省昆明市官渡区新昆洛路新亚洲城星都国际63栋	650231
华能澜沧江水电有限公司	云南省昆明市官渡区世纪城中路1号	650214
云南金沙江中游水电开发有限公司	云南省昆明市红塔东路6号	650228
云南华电怒江水电开发公司	云南省昆明市滇池路1189号A座	650228
中电投云南国际电力投资有限公司	云南省昆明市滇池路1302号	650228
贵州乌江水电开发有限责任公司	贵州省贵阳市新华路9号	550002
贵州黔源电力股份有限公司	贵州省贵阳市南明区都司高架路46号	550028
龙滩水电开发有限公司	广西南宁市民族大道126号	530022
广西桂冠电力股份有限公司	广西南宁市民族大道126号	530022
五凌电力有限公司	湖南省长沙市天心区五凌路188号	410004
湖南澧水流域水利水电开发有限责任公司	湖南省长沙市香樟路393号	410014
湖北清江水电开发有限责任公司	湖北省宜昌市东山大道95号清江大厦	443000
汉江水利水电集团有限责任公司	湖北省丹江口市环形路3号	442700
陕西汉江投资开发有限公司	陕西省西安市高新区沣惠南路32号	710065
国投甘肃小三峡发电有限责任公司	甘肃省兰州市七里河区敦煌路353号	730050
黄河上游水电开发有限责任公司	青海省西宁市五四西路43号	810008
青海省水利水电集团有限责任公司	青海省西宁市昆仑路18号	810001
国电新疆吉林台水电开发有限公司	新疆伊犁哈萨克自治州尼勒克县	835716
国电新疆开都河流域水电开发有限公司	新疆库尔勒市人民东路华誉商务大厦14楼	841000
国电阿克苏河流域水电开发有限公司	新疆阿克苏市塔中路7号金地美居大厦4楼408室	843000
福建省尤溪流域水电开发有限公司	福建省尤溪县城关镇解放路63号	365100
中国水电顾问集团投资有限公司	北京市朝阳区慧忠里103号洛克时代中心A座9A层	100101
华能西藏发电有限公司	四川省成都市双流县西航港黄河中路二段388号A2栋	610200
广东省粤电集团有限公司	广东省广州市天河东路2号粤电广场	510630

（本年鉴编辑部）

水电设计单位情况一览表

序号	单位名称	主要领导及总工	在职职工人数	地址	邮编	电话	传真	网址
1	中国水电工程顾问集团有限公司	总经理：王斌 总工程师：周建平，卢红伟	193	北京市西城区六铺炕北小街2号	100120	010-51973300	010-82084665	http：//www.hydrochina.com.cn/
2	中国水利水电建设工程咨询公司	总经理：王斌 总工程师：钱钢粮、杨泽艳	193	北京市西城区六铺炕北小街2号	100120	010-51973300	010-82084665	http：//www.hydrochina.com.cn/ZX/
3	水电水利规划设计总院	院长：晏志勇(兼) 常务副院长：王民浩	108	北京市西城区六铺炕北小街2号	100120	010-51973283		http：//www.creei.com/
4	中国水电顾问集团北京勘测设计研究院有限公司	总经理：郝荣国 总工程师：吕明治	959	北京市定福庄	100024	010-51972599	010-65766934	http：//www.bhidi.com/
5	中国水电顾问集团华东勘测设计研究院有限公司	总经理：张春生 总工程师：吴关叶	3798	浙江省杭州市上塘路	310014	0571-56738888	0571-56738301	http：//www.ecidi.com/
6	中国水电顾问集团西北勘测设计研究院有限公司	总经理：马海晨 总工程师：姚栓喜	2402	陕西省西安市丈八东路18号	710065	029-88290001	029-88290006	http：//www.nwh.cn/
7	中国水电顾问集团中南勘测设计研究院有限公司	总经理：冯树荣 总工程师：罗俊军(兼)	2340	湖南省长沙市圭塘	410014	0731-5584080	0731-5075441	http：//www.msdi.cn/
8	中国水电顾问集团成都勘测设计研究院有限公司	总经理：章建跃 总工程师：王仁坤、余挺	1871	四川省成都市浣花北路1号	610072	028-87399333	028-87399557	http：//www.chidi.com.cn/
9	中国水电顾问集团贵阳勘测设计研究院有限公司	总经理：潘继录 总工程师：范福平	1519	贵州省贵阳市观山湖区兴黔路16号	550081	0851-5388599	0851-5388999	http：//www.ghidri.com.cn/
10	中国水电顾问集团昆明勘测设计研究院有限公司	总经理：冯峻林 总工程师：张宗亮	1585	云南省昆明市人民东路115号	650051	0871-3062050	0871-3135723	http：//www.khidi.com/

（中国水力发电工程学会　殷利利）

水利设计单位情况一览表

序号	单位名称	主要领导及总工	在职职工人数	地　址	邮编	电　话	传　真	网　址
1	水利部水利水电规划设计总院	院长：刘伟平 总工程师：朱党生	186	北京市西城区六铺炕北小街2-1号	100120	010-63206688	010-62070508	www.giwp.org.cn
2	水利部长江水利委员会长江勘测规划设计研究院	院长：钮新强 总工程师：杨启贵	3130	湖北省武汉市解放大道1863号	430010	027-82829200 027-82827793	027-82829202	www.cjwsjy.com.cn
3	黄河勘测规划设计有限公司（原黄委设计院）	董事长：李文学 总工程师：景来红	1853	河南省郑州市金水河路109号	450003	0371-66026449 0371-66023520	0371-66023384	www.yrec.cn
4	中水淮河规划设计研究院	董事长：万隆 总工程师：何华松	209	安徽省蚌埠市凤阳西路41号	233001	0552-3092542 0552-3092539	0552-3092421	www.cwhh.com.cn
5	中水珠江规划勘测设计有限公司（原珠委设计院）	总经理：游赞培 总工程师：林少明	550	广东省广州市天河区天寿路105号天寿大厦1102房	510610	020-87117779	020-87117050	www.prpsdc.com
6	中水东北勘测设计研究有限责任公司（原东北院）	总经理：金正浩 总工程师：苏加林	1600	吉林省长春市朝阳区工农大路888号	130021	0431-85092001 0431-85607262	0431-85092000	www.neidri.com
7	中水北方勘测设计研究有限责任公司（原天津院）	总经理：张和平 总工程师：杜雷功	1129	天津市河西区洞庭路60号	300222	022-28702818 022-28702222	022-28343991	www.tidi.ac.cn

（中国水利水电勘测设计协会）

水利水电施工单位情况一览表

序号	单位名称	主要领导及总工	地　址	邮编	电　话	传　真	网　址
一	中国水利水电建设股份有限公司	董事长：范集湘 总工程师：宗敦峰	北京市海淀区车公庄西路22号	100048	010-58382678	010-58382888	http://www.sinohydro.com

续表

序号	单位名称	主要领导及总工	地址	邮编	电话	传真	网址
1	中国水利水电第一工程局有限公司	执行董事、总经理：茹彩江	吉林省长春市绿园区锦西路933号	130062	0431-87987316	0431-87991536	http：//1j.sinohydro.com
2	中国水利水电第二工程局有限公司	执行董事、总经理：常满祥 总工程师：梁宏生	北京市西城区六铺炕南小街1号	100120	010-58689270	010-62018014	http：//2j.sinohydro.com
3	中国水利水电第三工程局有限公司	执行董事、总经理：张育林 总工程师：王鹏禹	陕西省西安市二环北路东段609号	710016	029-86178686	029-86178686-8511	http：//3j.sinohydro.com
4	中国水利水电第四工程局有限公司	执行董事、总经理：王维斌 总工程师：席浩	青海省西宁市八一中路19号西宁海关旧楼	810007	0971-7924621	0971-8149160	http：//4j.sinohydro.com
5	中国水利水电第五工程局有限公司	执行董事、总经理：贺鹏程 总工程师：吴高见	四川省成都市一环路东四段8号	610066	028-84461307	028-84422633	http：//5j.sinohydro.com
6	中国水利水电第六工程局有限公司	执行董事、总经理：厉建平 总工程师：杨成文	辽宁省沈阳市浑南新区新隆街2号	110179	024-23786630	024-23786800	http：//6j.sinohydro.com
7	中国水利水电第七工程局有限公司	执行董事、总经理：申茂夏 总工程师：向建	四川省成都市解放路二段329号	610081	028-87912035	028-87912515	http：//7j.sinohydro.com
8	中国水利水电第八工程局有限公司	执行董事、总经理：朱素华 总工程师：涂怀健	湖南省长沙市城南中路2号	410007	0731-82822169	0731-85563353	http：//8j.sinohydro.com
9	中国水利水电第九工程局有限公司	执行董事、总经理：陈学云 总工程师：王军	贵州省贵阳市金阳新区观山路3号	550081	0851-7980581	0851-7980582	http：//9j.sinohydro.com
10	中国水利水电第十工程局有限公司	执行董事、总经理：杜学泽 总工程师：陈茂	四川省成都市十二桥路七号	610072	028-87772278	028-87716129	http：//10j.sinohydro.com
11	中国水利水电第十一工程局有限公司	执行董事、总经理：孙玉民 总工程师：杨和明	河南省郑州市高新技术开发区莲花街9号	450001	0371-86019001	0371-86019003	http：//11j.sinohydro.com
12	中国水利水电第十二工程局有限公司	执行董事、总经理：孙阳 总工程师：沈益源	浙江省杭州市环城北路141号	310004	0571-28906018	0571-28906018	http：//12j.sinohydro.com

续表

序号	单位名称	主要领导及总工	地　址	邮编	电　话	传　真	网　址
13	中国水利水电第十三工程局有限公司	执行董事、总经理：何占颂 总工程师：杨涛	天津市华苑产业区榕苑路2号	300384	022-58569000	022-58569002	http：//13j.sinohydro.com
14	中国水利水电第十四工程局有限公司	执行董事、总经理：洪坤 总工程师：和孙文	云南省昆明市环城东路395号	650041	0871—3335216	0871-3333460	http：//14j.sinohydro.com
15	中国水电建设集团十五工程局有限公司	董事长：王增发 总工程师：何小雄	陕西省西安市高新科技路16号	710065	029—88758206	029-88758100	http：//15j.sinohydro.com
16	中国水利水电第十六工程局有限公司	执行董事、总经理：林文进 总工程师：吴秀荣	福建省福州市湖东路82号	350003	0591-87821294	0591-87853663	http：//16j.sinohydro.com
17	中国水利水电基础局有限公司	执行董事、总经理：赵存厚 总工程师：肖恩尚	天津市武清区雍阳西道86号	301700	022-29341551	022-29345523	http：//jc.sinohydro.com
二	中国葛洲坝集团公司	总经理：聂凯 总工程师：江小兵	湖北省宜昌市清波路1号	443002	0717-6713010	0717-6718330	http：//www.cggc.cn
三	中国人民武装警察部队水电指挥部(中国安能建设总公司)	主任(总经理)：岳曦 政委(党委书记)：胡汉武	北京市丰台区莲花池南里13号	100055	010-83999999	010-83999951	
1	中国人民武装警察部队水电第一总队(江南水利水电工程公司)	总队长(总经理)：范天印 政委(党委书记)：刘跃龙	广西南宁市	530028	0771-5751000	0771-5751000	
2	中国人民武装警察部队水电第二总队(江夏水电工程公司)	总队长(总经理)：邹永明 政委(党委书记)：卢伟	江西省南昌市	330096	0791-7662000	0791-7662000	
3	中国人民武装警察部队水电第三总队(安蓉建设总公司)	总队长(总经理)：周庆丰 政委(党委书记)：翟从福	四川省成都市	610036	028-82863000	028-82863000	

（中国水利水电建设股份有限公司　中国葛洲坝集团公司
中国人民武装警察部队水电指挥部）

学 术 团 体

中国水力发电工程学会 2013年工作情况

2013年，中国水力发电工程学会（以下简称水电学会）着力推动创新发展和自身能力建设，积极落实年初制定的工作安排，较好地完成了全年工作任务。

（一）大型会议及其他重要活动

（1）成功举办2013年中国水电新春恳谈会暨水力发电科学技术奖颁奖典礼。2013年1月24日，水电学会与武警水电指挥部共同举办这一中国水电界延续多年的重要活动。来自全国的水电工作者代表欢聚一堂，共话水电发展成就，共叙团结合作友情，共谋长远发展大计。会议颁发了2012年度水力发电科学技术奖。会议既节俭又庄重、热烈。

（2）组织会员单位赴马来西亚出席2013世界水电大会。该大会于2013年5月21～24日在马来西亚沙捞越古晋市召开，有60多个国家的政府、行业组织以及国际金融组织、学术界的500多位代表出席。中国水力发电工程学会理事长张基尧率团参加了本次大会。大会期间，张基尧和晏志勇应邀出席国际水电协会（IHA）顾问理事会和高级咨询会议；晏志勇以“中国水电的发展与回顾”为题，代表中国水电界做了首场主题报告；中国专家周世春、李翀、施国庆分别在“水资源与能源政策”、“气候变化与水电”、“与项目影响社区携手共建”专题讨论会上做了发言。经商谈，2015年世界水电大会将在中国北京召开。水电学会秘书处除了完成参会组团事务外，事先进行了参加大会宣传方案策划，专门为本次会议编写和印制了“中国水电新进展”英文材料，与学会宣传册一起在大会展览厅分发，广为宣传中国水电的成就。通过参加此次世界水电大会，进一步提升了中国水电的国际形象和国际影响。

（3）与潘家铮水电科技基金共同组织开展了2013大学生暑期水电社会实践教育活动。为进一步加大对水电水利专业优秀学生的培养力度，经潘家铮基金理事会研究决定，自2013年起组织潘家铮水电奖学金受奖院校和科研院所中的获奖学生和其他优秀学生开展暑期社会实践活动。2013年首次活动为期11天，共有来自11所高等院校的15名学生参加，活动地点在溪洛渡、向家坝水电站。为了组织好这次活动，学会秘书处多次开会研究制定活动方案，并编制了《活动手册》；常务副秘书长吴义航亲自带队并授课，派出雷定演担任指导员。活动得到了中国长江三峡集团公司的大力支持，三峡工程建设管理局和溪洛渡、向家坝水电站两个项目建设部，对本次活动进行了精心安排并提供了热情周到的服务。学生们通过专家讲座、工程现场讲解和跟班实习等形式，开阔了眼界，充实丰富了水电各方面知识，更加坚定了对水电事业的信心和热爱，达到了预期目的。

（4）与国际水电协会合作，成功举办了《水电可持续性评估规范》培训班。该培训班于2013年9月15～18日在北京举办。IHA派出了Cameron Ironside和DouglasSmith两位专家，进行了为期三天的讲课。两位外国专家结合规范内容和实践案例，交互式地进行了深入浅出的讲解，并辅以案例分析进行随堂练习；学员表现非常活跃，随堂提问积极，师生互动频繁，培训效果良好。此外，培训班还邀请了三位中国专家授课，介绍《水电可持续性评估规范》在我国的试点情况，总结我国在推进发展绿色可持续性水电过程中取得的实践经验和存在的问题，提出进一步推进我国绿色水电评估与生态文明建设措施。参加本次培训班的学员有来自中国水利部、各大电力集团公司、流域水电开发企业、设计院、科研院所、设备制造企业、水力发电厂等43个单位共67人。

（5）与中国大坝协会合作，共同主办召开了水电2013大会——中国大坝协会2013学术年会暨第三届堆石坝国际研讨会。这次水电大会于2013年11月1～3日在云南昆明召开，由华能澜沧江水电有限公司、中国水电顾问集团昆明勘测设计研究院、中国水利水电科学研究院等单位承办，有国内近600位专家学者以及来自30多个国家和地区的100多名代表参加。大会围绕水库大坝建设管理、水电开发的新技术、新理念，以及水库大坝与水电可持续发展等热点问题进行研讨。会议开设了7个技术分会和3个专题研讨会，举办了“水库大坝与环境保护论坛”和“非洲水库大坝与水电可持续发展圆桌会议”。

（6）组织水电行业专家编纂完成《水力发电实用手册》。该手册对我国水电的资源及开发情况、建设成就、科技进步、水电经济、移民和环保、设备制造、科研机构和高等院校等资料和统计数据进行汇编，使之成为一本对广大水电科技工作者和管理人员均适用的实用性工具书。编纂工作从年初开始策划，7月中旬编制完成工作大纲，9月底完成初稿，11月中旬定稿后交出版社，计划2014年1月出版发行，并在2014年新春联谊会上赠送。这是水电学会连续出版并赠送会员的第6本有关水力发电工程的科技著述和书籍。

此外，年初还首次编印出版了《中国水力发电信息(2012年报)》，并挂网供会员下载。

(7)配合中国工程院、国家电网公司等单位，组织召开了“学习和弘扬潘家铮院士科技创新精神座谈会”，以纪念潘家铮院士逝世一周年。张基尧理事长出席会议并讲话。水电学会和中国水利水电出版社共同主编的《永远的潘家铮》纪念文集在会上首发。

(8)组织召开了水电工程水库淹没和移民管理研讨会。2013年9月5日，中国水力发电工程学会和中国长江三峡集团公司，在成都共同组织召开了该研讨会，近20个单位的50余名领导专家参加了会议。会议就在政府主导、业主参与的大前提下，如何创新思路、提升移民管理的科学化水平进行了探讨，对移民管理系统后期建设和推广应用提出建议。水电移民管理政策关系到移民切身利益，关系到社会长治久安，本次会议效果良好。

(9)向国家能源局报送了《关于云南水电消纳有关问题的报告》，为解决云南水电送出受阻和减少水电弃水建言献策，起到了良好效果。近年来，云南一些大型水电站的相继建成，但外送电力通道不足且用电负荷消纳方案不落实，影响了相关电站的投产发电，一些电站被迫弃水。2013年4月，中国电力联合会预测：“预计今年汛期，云南省当日最大弃水容量将达到700万kW。在汛期能够满负荷发电的情况下，相当于每天浪费约1.7亿kW·h电。”行业内有关单位和社会对此忧心忡忡、反映强烈。水电学会与中国华能、大唐、华电集团公司和云南金沙江中游水电开发公司协商，开展了金沙江中游梯级水电站电价形成机制及电量消纳研究，走访了南方电网公司、云南电网公司和有关建设单位，在此基础上，形成了建议意见。水电学会理事长张基尧亲自安排，向国家能源局报送了由南方电网公司编写的《关于云南水电消纳有关问题的报告》，受到国家发展改革委、国家能源局的重视。经过多次协调并经云南省和南方电网公司、有关企业等单位的努力，初步解决了这一问题，最终弃水电量未超过100万kW。

(10)配合国家能源局和中国能源报社，编制完成了《中国能源装备年鉴》水电篇的编写工作。该年鉴由国家能源局、国家发改委能源研究所和中国能源报社联合发起，能源行业有关全国学会参加编制。其水电篇回顾和总结了建国以来我国水电装备制造所取得的巨大成就，统计发布了主要设备制造企业和2010年以来的生产经营情况、重要科技成果和技术进步等。2013年8月29日，主办单位在北京联合召开“中国能源装备自主创新报告会”和《中国能源装备年鉴》首发仪式。学会作为该年鉴参编单位和会议支持单位参加了会议。

(二)积极开展科技评价，发挥科技和学术交流的重要作用

2013年，水电学会在开展科技评价和以学术交流为平台、推进科技进步方面做了一些工作，主要如下：

(1)办好水力发电科学技术奖。到2012年底，该奖已评三次。三年申报的成果总数近400个，共评选出135个获奖项目，其中有2项在2013年获得国家科技进步奖。2013年，水力发电科学技术奖评审工作从5月份组织申报，经过奖励工作办公室形式审查，第一轮80位专家函审，11月14日第二轮31位专家会议评审和11月26日第三轮25位奖励委员会委员审议，最终评出2013年度水力发电科学技术奖54个拟授奖项目(其中特等奖2项、一等奖7项、二等奖11项、三等奖34项)，评审结果在中国水电网发布了公告，接受社会监督。

此外，2013年还编印了《水力发电科学技术奖获奖项目成果汇编(2013年度)》，以便更好地宣传、推广获奖科技成果。

(2)继续组织办好潘家铮奖学金的评奖、颁奖。水电学会秘书处受潘家铮基金奖励办公室委托，2013年继续组织本年度潘家铮奖学金的申报、评审工作，9月初开始，10月底结束。共有18家高校和科研院所的51名本科生、研究生荣获2013年潘家铮奖学金。11月8日在大连理工大学隆重举行了颁奖典礼。

(3)积极做好科技人才举荐。2013年根据中国科学技术协会(以下简称中国科协)的通知要求，水电学会及时做好两院院士增补遴选工作，按要求将提名的2名中国工程院院士候选人的材料报送中国科协参加评选。此外，2013年水电学会还推荐了3名中国青年奖候选人和2名光华奖候选人。

(4)积极开展科技成果评价工作。2013年，水电学会受理承担了8个单位的26项成果的鉴定评价工作，还为30多个由企业集团组织鉴定项目的鉴定选派专家。

(5)持续做好技术咨询工作，不断拓展服务领域。2013年3月，与青海黄河上游水电开发有限责任公司签订“黄河上游流域梯级水电站优化调度研究——梯级水电站群发电量预测及评价系统研究”合同；5月，与成都动能科技有限公司签订“黄河上游梯级水

电站群发电量及评价系统开发技术服务合同”。后一项目已全部完成，等待验收。全年新签科技服务合同近500万元，科技服务范围和领域不断拓展。

由水电学会负责编制的国家标准《大中型水电工程建设风险管理规范》和电力行业标准《流域梯级水电站集中控制运行规程》，在2013年完成报批工作，正式发布。

(6)积极参加工程教育专业认证工作。为了促进工程教育质量的提高，推进工程教育教学改革，构建我国工程教育质量监控体系，进一步提升我国工程教育的国际竞争力，教育部于2006年正式启动了工程教育专业认证试点工作。2012年我国已经加入《华盛顿协议》。我国工程教育专业认证的目标是：促进我国工程教育的改革，加强工程实践教育，进一步提高工程教育的质量；建立与注册工程师制度相衔接的工程教育专业认证体系；吸引工业界的广泛参与，进一步密切工程教育与工业界的联系，提高工程教育人才培养对工业产业的适应性；促进我国工程教育参与国际交流，实现国际互认。2013年，水电学会派3人参与了水利类专业认证工作，并争取在中国科协挂号，作为参与认证工作的学会之一。

(7)受中国科协委托，2013年水电学会承担了“老科学家学术成长资料采集工程”任务，具体负责潘家铮院士的资料采集，要求到2014年10月结题。这是一项系统性的庞大工程，工作量非常大，学会已安排人员开展工作，努力按照中国科协要求做好工作。

(8)组织各专委会开展好各专业学术交流活动。据不完全统计，2013年水电学会所属30个专业委员会共举办各种学术交流活动45次(其中包括13个专委会召开的学术年会)，参加人数4200人；举办培训班13次，参加培训人员2032人。但有8个专委会全年未召开学术年会或举办学术交流活动，必须引起重视并采取措施解决。

(9)指导和参加地方水力发电学会活动。2013年5月，湖北省学会第七次会员代表大会召开，学会常务副秘书长吴义航到会祝贺并做了专题学术报告；6月，南方九省(区)水力发电学会联络暨学术交流会议在广州市召开，学会常务副理事长兼代秘书长李菊根到会指导并发表讲话；7月，由青海省水力发电工程学会、湖南省水力发电工程学会、广东省水力发电工程学会联合主办的“2013年水电工程施工技术交流会”在青海西宁召开，学会副秘书长李新参加了会议；9月，水力发电工程学会北方省(市、区)第二十八次联系网工作会议在天津召开，学会副秘书长李新到会。一年来各地方水力发电学会活动很丰富，但各地方活动很不均衡，少数地方学会甚至全年都没有开展一次活动，有待解决。

(10)与其他单位合作，积极开展国际国内学术交流活动。除前述重要学术交流活动外，2013年8月，配合中国工程院和大连理工大学，成功举办第167场中国工程科技论坛暨2013水安全与水利水电可持续发展高端论坛，有13位中国科学院和中国工程院院士出席会议并做学术报告；9月，与国际水利学与环境工程学会(IAHR)中国分会、水利学会水工水力学专委会联合举办第六届全国水力学与水利信息学学术大会，学会副秘书长张博庭到会并做主题报告。

(三)做好科普和水电宣传，改善水电发展环境

2013年学会的科普和水电宣传工作主要是围绕着年初的计划和中国科协的要求展开。主要有全国科技周、科普日活动，水电科普论坛和组建水利水电科普传播团队等工作。

(1)2013年科技周期间，水电学会响应中国科协的号召，联合清华大学水利系，在5月19～25日，向社会公众开放了清华大学的“地质之角”和正在进行白鹤滩水电站水力模型试验的水力模型实验室。

(2)组织参与2013年全国科普日活动，并获得了2013年全国科普日优秀特色活动的表彰。2013年全国科普日活动于9月14～20日举行。水电学会及时申报了重点活动任务，决定与中国大坝协会共同主办一场水利水电科普论坛，具体题目为“水库大坝、气候变化与防灾减灾”。论坛邀请了《人民日报》、新华社、中央人民广播电台等业内外20余家媒体记者参加现场交流。国内外知名的专家到场开展科普讲座，内容为社会关注的热点，并回答了听众的各种疑问。此次科普活动的效果十分显著。

(3)与中国大坝协会联合举办“水库大坝与生态环境论坛”。2013年11月3日，在云南昆明举行的“水库大坝与环境保护论坛”，邀请国际大坝委员会名誉主席LuisBerga先生，国际水电协会执行主任RichardTaylor先生，中国水力发电工程学会副秘书长张博庭，中国大坝协会常务理事、中国水力发电工程学会理事吴世勇，云南省社会科学研究院特约研究员张建新等五位专家做了《水电开发、环境保护与气候变化》、《国际水电开发与环保问题》、《水电开发、环境保护与生态文明》、《水电与环保的见闻与思考》、《再论怒江水电开发的巨大生态环境效益》专题报告，还当面回答了国内记者们关于水电开发与生态环境保护的各种提问。来自新华社、中国新闻社、云南电视台等10多家媒体的记者参加了论坛交流，并对论坛的内容进行了报道。

(4)组建了水电行业的科普传播团队。根据中国科协要求，水电学会在原来的科普宣传工作委员会基础上，组建了“水利水电科学传播团队”，共有21名成员，首席专家是中国水利水电科学研究院的陈祖煜

院士。该科学传播团队已正式上报中国科协。

(5)继续办好中国水电手机报，促进水电健康发展；配合《中国能源报》做好水电专家的采访报道工作。维护好学会“中国水电网”网站，进一步改进和完善功能设置，致力打造我国水电行业门户网站，发挥网络宣传的重要作用。

(四)组织建设和秘书处自身能力建设

2013年1月，在厦门召开全国各省级学会、各专业委员会秘书长及信息员工作会议，对上年工作进行总结和对2013年学会重点工作做出了部署；3月，召开各省级学会会员管理系统培训班，主要就中国科协提供的会员管理系统开通和使用进行培训，全面提高会员管理的系统化、信息化、规范化水平。

水电学会秘书处按照中国科协和民政部有关要求，努力加强自身能力建设。定期召开秘书长办公会和秘书处全体人员工作会议，落实和完成好年度各项工作任务；加强财务管理，做好会费及创收项目费用收缴，保证秘书处工作正常运转；对所有会员单位通信联系方式进行复核，做好秘书处人员新老交替工作；开展党的群众路线教育实践活动，开好党员民主生活会，认真做好秘书处党支部工作；进一步加强内部管理，补充和完善各项规章制度，积极参与并努力争取早日通过民政部的评估。

(中国水力发电工程学会秘书处)

中国水力发电工程学会分支机构情况表

专委会名称	主任委员	秘书长	专业内容	挂靠单位
水能规划及动能经济专业委员会	王　斌	钱钢粮	水能规划及动能经济	水电水利规划设计总院
水库专业委员会	王　斌	李明传	水库移民安置、水电工程征地、区域经济发展规划等	水电水利规划设计总院
环境保护专业委员会	彭　程	顾洪宾	环境影响评价、咨询，环境保护设计，水土保持方案设计	水电水利规划设计总院
水文泥沙专业委员会	陈五一	谭　建	水文、泥沙专业的学术交流和技术总结	中国水电顾问集团成都勘测设计研究院
地质及勘探专业委员会	彭土标	张东升	水电水利工程地质、测绘、物探、钻探、岩土试验专业的学术交流	水电水利规划设计总院
水工及水电站建筑物专业委员会	王柏乐	党林才	水工	水电水利规划设计总院
水工水力学专业委员会	刘之平	章晋雄	水工水力学	中国水利水电科学研究院
高坝通航工程专业委员会	李　云	李　云	通航技术交流、通航科技发展战略及政策咨询、委托项目论证	南京水利科学研究院
碾压混凝土筑坝专业委员会	梅锦煜	郑桂斌	碾压混凝土筑坝技术(坝工、材料、运行、建设管理等)	中国人民武装警察部队水电指挥部
混凝土面板堆石坝专业委员会	周建平	杨泽艳	混凝土面板堆石坝设计、施工、材料、变形观测、运行管理等技术交流、咨询	水电水利规划设计总院
水工金属结构专业委员会	龚建新	林朝晖	闸门及启闭设备、通航设备的设计、安装、调试	水电水利规划设计总院
水力机械专业委员会	赵　琨	戴康俊	水力机械设计、试验、安装、运行、改造	水电水利规划设计总院
电气专业委员会	李定中	于庆贵	电气一次专业	水电水利规划设计总院
自动化专业委员会	吴维宁	刘观标	水电电气二次技术及相关内容	南京南瑞集团公司(国网电力科学研究院)

续表

专委会名称	主任委员	秘书长	专业内容	挂靠单位
继电保护专业委员会	许可达	文伯瑜	发电机、变压器和高压线路的继电保护	国务院三峡工程建设委员会办公室
施工专业委员会	郑　平	郑　平	大坝浇筑填筑、混凝土生产、砂石料开采加工三大系统及设备	中国水利水电建设集团公司
工程造价专业委员会	王民浩	郭建欣	工程造价、工程经济技术管理	水电水利规划设计总院
信息化专业委员会	汪小刚	钟　卫	计算机及自动化技术在水电工程规划、设计、施工及电站运行中的应用	中国水利水电科学研究院
水电站运行管理专业委员会	李向荣	裴哲义	水电站运行管理、水库经济运行	国家电力调度通信中心
电网调峰与抽水蓄能专业委员会	林铭山	吕明治	开展抽水蓄能电站建设必要性、经济合理性及优化布局的研讨，介绍先进技术，组织学术交流，承接站点规划和技术咨询服务	中国水电顾问集团北京勘测设计研究院
大坝安全监测专业委员会	张秀丽	许传桂	水库、大坝的安全监测技术与安全管理	国家能源局大坝安全监察中心
水电控制设备专业委员会	王德宽	刘同安	水轮机调速、励磁装置，自动化元件，智能仪表	中国水利水电科学研究院
抗震防灾专业委员会	李同春	张燎军	大型水利水电工程、大电网的抗震、防灾技术、预案、对策研究	河海大学
电力系统自动化专业委员会	毕亚雄	李平诗	水电厂自动化系统，自动调压、调频装置，水电长距离输电稳定装置	中国长江电力股份有限公司
梯级调度控制专业委员会	袁　杰	侯保民	流域梯级调度控制、流域水资源运用	中国长江电力股份有限公司
机械疏浚专业委员会	王杨群	王　究	机械疏浚与吹填学术交流，推广先进经验，介绍新的技术、材料、设备、产品	水利部综合事业局
小水电专业委员会	李如芳	徐锦才	小水电方面学术交流、技术咨询、继续教育	水利部农村电气化研究所
水电监理专业委员会	陈东平	孙玉生	水电监理经验与技术交流，监理技术与理论研究	华北电力大学
水电建设管理专业委员会	毛亚杰	毛亚杰	水电建设管理经验与技术交流	中国水力发电工程学会
风险管理专业委员会	孙家康	时　斌	风险管理理论研究，水电施工单位实施风险管理规划，组织专业培训，开展行评行检	江泰保险经纪有限公司
国际河流水电开发生态环境研究工作委员会	王　斌	周世春	澜沧江开发的研究、监测、收集信息，建立监测站，对其水情进行分析评价	中国水电工程顾问集团公司

（中国水力发电工程学会秘书处　殷利利）

各省、市、自治区水力发电工程学会组织情况表

名称	会员总数	理事长	秘书长	办事机构地点	邮编	学术专业设置	会刊学报
北京市水力发电工程学会	1200	李志谦	徐力波	北京市定福庄中国水电顾问集团北京勘测设计研究院	100024	无	无
天津市水力发电工程学会	1297	何志华	何琴雯	天津市河西区洞庭路60号 中水北方勘测设计研究有限责任公司	300222	施工及基础处理专委会、水电成套设备专委会、水工专委会、机电专委会、大坝安全监测与管理专委会、动能经济及抽水蓄能专委会、勘测专委会	《水利水电工程设计》
河北省水力发电工程学会	175	赵国防	回士光	河北省石家庄市富强大街3号	050011	无	无
山西省水力发电工程学会	684	李　力	刘改元	山西省太原市新建北路45号	030002	水电电气自动化专委会、水工建筑及水力机械专委会、水电站运行管理专委会、农村水电电气化专委会、抽水蓄能电站专委会	《电力学报》、(双月刊)、《山西省水力发电工程学会简报》
江苏省水力发电工程学会	835	朱跃龙	陈守伦	江苏省南京市西康路1号 河海大学水电馆306室	210098	水工结构专委会、水工水力学专委会、水电站电气及自动化专委会、仪器仪表专委会、小水电专委会、泵站及流体机械专委会、水资源及环境专委会	无
上海市水力发电工程学会	255	陆忠民	毛影秋	上海市逸仙路388号 上海勘测设计研究院有限公司	200434	无	《上海水利水电技术》、《上海市水力发电工程学会会讯》
浙江省水力发电工程学会	1451	许文斌	吕　峰	浙江省杭州市梅花碑7号	310009	水能规划及动能经济专委会、水工及水电站建筑专委会、水电站运行管理专委会、中小水电开发与管理专委会、施工专委会、机电设备专委会、地质勘测及技术处理专委会、计算机运行及信息专委会、大坝安全监测专委会	《浙江水利水电》(内刊、学会通讯)
安徽省水力发电工程学会	764	杜贵和	谢　辉	安徽省合肥市黄山路9号 安徽省电力公司	230022	水工专委会、小水电专委会、水电站运行专委会	无

续表

名称	会员总数	理事长	秘书长	办事机构地点	邮编	学术专业设置	会刊学报
福建省水力发电工程学会	1189	李立新	陈瑞兴	福建省福州市五四路111号宜发大厦5层	350003	水能规划及动能经济专委会、工程勘查专委会、水工及水电站建筑物专委会、水力机械及金属结构专委会、水电站电气及自动化专委会、施工机械及施工管理专委会、水电建设管理专委会、水电站运行管理专委会、农村电气化专委会、水库经济专委会、水电站经济及水库调度专委会	《福建水力发电》
河南省水力发电工程学会	1004	张全良	景来红	河南省郑州市金水路109号	450003	水能规划及动能经济专委会、水工及水电站建筑物专委会、水电站电气及自动化专委会、施工机械及施工管理专委会、水电站运行管理专委会、水工金属结构专委会、中小型水电专委会、地质专委会、青年工作委员会	无
湖北省水力发电工程学会	5650	常晓林	赵英林	湖北省武汉市武昌 武汉大学工学部第八教学楼	430072	水能规划及动能经济专委会、水工及水电站建筑物专委会、水工水力学专委会、水利水电工程施工专委会、水电站电气及及自动化专委会、水电站运行管理专委会、水力机械专委会、中小水电专委会	《水电与新能源》
湖南省水力发电工程学会	3467	苏祥林	方　芳	湖南省长沙市雨花区香樟东路16号 中国水电顾问集团中南勘测设计研究院	410014	水电站运行管理专委会、施工专委会、小水电及农村电气化专委会、水能规划与动能经济专委会、库区经济专委会、水工及水电站建筑专业委员会、勘测专业委员会、水电水利信息技术专业委员会、环境保护专委会、新能源专业委员会	《中南水力发电》
广东省水力发电工程学会	1690	洪荣坤	夏红梅	广东省广州市天河东路2号粤电广场 广东省粤电集团有限公司	510630	水能利用专委会、水工及水电站建筑专委会、水电建设管理及施工专委会、水电站运行与自动化专委会、风电及新能源专委会、中国水力发电工程学会贯流式水电站专委会	无
广西水力发电工程学会	3435	李一平	崔露军	广西南宁市民主路6号 广西电网公司	530023	水能规划及动能经济专委会、地质勘测专委会、水工及水电站建筑物专委会、水力机械专委会、金属结构专委会、水电站电气及自动化专委会、施工机械及施工管理专委会、水电建设管理专委会、水电站运行管理专委会、小水电及农村电气化专委会、水库经济专委会、水电厂防汛及水库调度专委会、计算机应用专委会、工程造价专委会、电气及自动化专委会	《红水河》

续表

名称	会员总数	理事长	秘书长	办事机构地点	邮编	学术专业设置	会刊学报
四川省水力发电工程学会	3168	陈云华	吴世勇	四川省成都市双林路288号二滩大厦	610051	地质勘探专委会、运行专委会、工程造价专委会、施工专委会、水工专委会、规划专委会、水机专委会	《四川水力发电》
贵州省水力发电工程学会	2072	熊　宇	陈贤明	贵州省贵阳市新华路9号乌江水电开发有限责任公司	550002	水资源及水能规划专委会、地质与勘探专委会、水工及水电站建筑物专委会、水电站建设及工程经济专委会、金属结构及水力机械专委会、施工管理专委会、水库经济专委会、水电站运行管理专委会、小水电技术专委会、环境与资源专委会	《贵州水力发电》
云南省水力发电工程学会	2181	汤寿泉	栗　冰	云南省昆明市拓东路73号 云南电网公司3号楼203室	650011	水工及水电站建筑物专委会、水能规划及动能经济专委会、水电站电气及自动化专委会、水力机械及金属结构专委会、施工机械及施工管理专委会、水电站运行管理专委会、工程经济定额预算专委会、地质及勘测专委会	《云南水力发电》
陕西省水力发电工程学会	5629	马海晨	郭廷才	陕西省西安市丈八东路18号 中国水电顾问集团西北勘测设计研究院	710065	水工专委会、规划动能经济专委会、工程地质勘测专委会、小水电专委会、机电运行专委会、水电站施工专委会、工程造价专委会、通航专委会、水电站自动化专委会、水库及环保专委会、风电与新能源专委会、青年工作委员会、资询委员会、科普工作委员会	《西北水力发电》[西北五省(区)联合办刊]
甘肃省水力发电工程学会	1685	赵德武	胡金荣	甘肃省兰州市七里河区敦煌路353号 国投甘肃小三峡发电有限责任公司	730050	水能规划与动能经济专委会、地质与勘探专委会、水力机械专委会、水电站运行管理专委会、小水电专委会、水工与施工专委会、风力发电专委会	《西北水力发电》[西北五省(区)联合办刊]
宁夏水力发电工程学会	474	田军仓	王红雨	宁夏银川市贺兰山西路539号 宁夏大学土木与水利工程学院	750021	水电站运行专委会、水力机械气蚀磨损专委会、电气自动化专委会、水工专委会、水电施工专委会	《西北水力发电》[西北五省(区)联合办刊]
青海省水力发电工程学会	1018	谢小平	曹光明	青海省西宁市五四西路43号－5 黄河上游水电开发公司	810008	水电工程经济定额预算专委会、小水电专委会、水工专委会、水能经济专委会	《青海水力发电》

续表

名称	会员总数	理事长	秘书长	办事机构地点	邮编	学术专业设置	会刊学报
新疆水力发电工程学会	217	张　剑	赵　华	新疆乌鲁木齐市黑龙江路19号 水利部新疆水利水电勘测设计研究院	830000	水利水电工程大坝专委会、水电站机电及自动化技术专委会、岩石力学与工程专委会、水利水电工程招标投标专委会、水能规划与动能经济专委会、水电工程经济专委会、水工与施工专委会、水库与环保专委会、金属结构水工机械专委会、水库经济专委会	《新疆水利水电》

（中国水力发电工程学会秘书处　殷利利）

中国大坝协会2013年工作情况

2013年，中国大坝协会认真贯彻落实党的十八大会议精神，努力增强主动服务、主动参与、主动承担的意识，推动各项工作规范化、正规化和制度化，会员单位发展达到170个；致力于宣传中国大坝建设成就和打造国内外交流平台，协会中英文网站累积点击率分别达到29万多次和2.3万余次，接待了来自美国、德国、日本、西班牙等30多个国家的100多人次的来访，组织国内100多位专家出访了西班牙、美国、韩国、埃塞俄比亚、肯尼亚等国家，扩大在国际坝工界的影响力，社团工作迈上新台阶。

（一）加大力度，拓展渠道，高效推进水库大坝科普宣传

1. 积极引领舆论导向　汪恕诚理事长、陆佑楣院士等各位领导先后接受媒体专访，对中国的水电开发、水库大坝的生态功能、人水和谐理念、水资源管理制度等多个公众关心的议题发表讲话；陈厚群院士、马洪琪院士、陈祖煜院士、张楚汉院士等专家就水库大坝与抗震安全、水库触发地震、水库大坝与可持续发展等问题，撰写了科普论文；各有关会员单位领导和专家结合工程进展和发展规划，广泛宣传水库大坝的战略重要性，增进了公众对水库大坝的了解，引领舆论导向，对水库大坝健康发展起到了积极的作用。

2. 举办科普论坛

(1)2013年9月14日全国科普日时，中国大坝协会和中国水力发电工程学会在北京联合举办了以“水库大坝：气候变化与防灾减灾”为主题的水库大坝与环境保护科普论坛。清华大学教授王兆印、中国水利水电科学研究院副总工程师程晓陶、中国水力发电工程学会副秘书长张博庭三位特邀专家，分别从建坝与防御西南地质灾害、水库大坝在流域综合管理中的作用、水电开发与地质灾害等方面，用大量科学实验结果和事实，阐述了自己的观点；中国大坝协会副理事长贾金生，与三位专家一起回答了与会记者的提问。《人民日报》、新华社、《经济日报》、《中国能源报》、《中国水利报》、《中国电力报》、《中国科学报》、《第一财经日报》、《经济观察报》、《能源》杂志等媒体，与各位专家一起就水电开发、大坝建设对经济社会发展的作用、对生态环境的影响以及如何让公众更好、更真实了解水电开发和大坝建设等问题，进行了深入交流。论坛收效良好。

(2)2013年11月3日，中国大坝协会与中国水力发电工程学会在云南昆明联合主办了“水库大坝与环境保护论坛”。此次论坛邀请国际大坝委员会名誉主席Luis Berga先生，国际水电协会执行主任Richard Taylor先生，中国水力发电工程学会副秘书长张博庭，中国大坝协会常务理事、中国水力发电工程学会理事吴世勇，云南省社会科学研究院特约研究员张建新等五位专家分别围绕可持续发展的水电、水电发展与环境保护、水电开发、大坝建设与生态文明建设、美国水电考察启示、怒江水电开发等相关话题做主题发言。新华社、中国新闻社、云南电视台等14家媒体的记者和有关单位代表出席了论坛，并就相关热点话题进行现场问答。会后，各家媒体对论坛成果进行了报道。

3. 组织编写《科学世界》专刊　《科学世界》专刊主要在科技界发行，印刷发行近5万份，同时通过制作网络专题发布，读者约40万人。2013年，协会秘书处积极联络国家电网公司等会员单位组织编写新的专刊。其中，国家电网公司牵头组织编写的《科学世界》特高压输电专刊计划于2014年1月出版。

4. 组建协会通讯员队伍　2013年，中国大坝协会面向各会员单位广泛发展通讯员。通过各会员单位推荐，目前形成了一支由35人组成的协会通讯员队

伍。为了鼓励通讯员积极投稿、形成行业宣传合力，协会网站今年特别增设了“行业动态”专栏，以择优刊登通讯员稿件，报道来自各单位的行业最新动态。此外，协会秘书处还通过开通新浪微博“大坝无言”进行平面媒体宣传、制作多媒体材料等方式，积极完善与新闻媒体的链接，着力拓展宣传渠道，以有效促进水库大坝科学知识的宣传。

5. 与媒体合作加强宣传 2013 年，协会秘书处不断加强与报纸、杂志、电视台及网站等大众传媒的合作，加大对协会开展的相关活动的报道，并积极参与媒体开展的专题报道。在组织中国专家团出访美国参加国际大坝委员会第 81 届年会后，协会与水利部宣传中心、《中国水利报》合作，共同编写刊发了《风险管理——国际大坝安全管理新理念》和《中国在国际坝工舞台——从参与者到引领者》两篇专稿。11 月在昆明组织召开水电 2013 大会——中国大坝协会 2013 学术年会暨第三届堆石坝国际研讨会期间，积极邀请和组织新华社、中国新闻社、中央电视台《朝闻天下》栏目、云南电视台、《中国日报》、《中国能源报》、《云南日报》等多家媒体的记者对会议进行了跟踪报道，原创发稿量达 20 余篇，并被广泛转载。

（二）搭建平台，促进创新，推动国内大坝建设的技术进步

1. 汪闻韶院士青年优秀论文奖评选 中国大坝协会秘书处组织评选了第三届汪闻韶院士青年优秀论文奖，并在 2013 学术年会开幕式上进行颁奖。经网评、专家会评和网络公示，本届共评选出优秀论文 3 篇。获奖论文的第一作者分别是武汉大学的李典庆、大连理工大学邹德高和中国水利水电科学研究院商峰。

2. 组织召开学术会议

（1）主办水库大坝新技术推广研讨会。2013 年 6 月 20～21 日，由中国大坝协会主办的水库大坝新技术推广研讨会，在广西桂林召开。会议注册代表逾 200 名，分别来自中国大坝协会各会员单位及其他相关企业、设计施工单位、科研机构和高校等。研讨会收集论文近 50 篇，25 位专家做了报告，围绕大坝数学化设计、施工与运行管理、胶凝砂砾石筑坝技术进展、堆石混凝土筑坝技术进展、水下检测修补加固技术进展、高坝筑坝技术进展、智慧城市水资源管理等议题展开了研讨，并就水利水电工程新技术、新产品、新工艺和新理念进行了深入交流，进一步促成合作。

（2）组织召开水电 2013 大会。2013 年 11 月 1～3 日，水电 2013 大会——中国大坝协会 2013 学术年会暨第三届堆石坝国际研讨会在云南昆明召开。会议由中国大坝协会和中国水力发电工程学会共同主办，有国内近 600 位专家学者以及来自 30 多个国家和地区的 100 多名代表参加。大会围绕水库大坝建设管理、水电开发的新技术、新理念，以及水库大坝与水电可持续发展等热点问题进行研讨。中国大坝协会理事长、水利部原部长汪恕诚主持大会开幕式。巴西大坝委员会主席 Erton Carvalho 先生、国际大坝委员会荣誉主席 Cassio B. Viotti 先生和 Luis Berga 先生、国际水电协会执行主任 Richard Taylor 先生应邀出席了会议。开幕式上，颁发了第三届堆石坝国际里程碑工程奖和第三届汪闻韶院士青年优秀论文奖。会议开设了 7 个技术分会和 3 个专题研讨会，举办了“水库大坝与环境保护论坛”和“非洲水库大坝与水电可持续发展圆桌会议”。本次会议共收到中外论文 160 余篇，共邀请了近 90 位国内外专家做会议发言，有 15 家单位参加了会间技术展览。

（三）水库大坝成就广受关注，我国专家国际影响进一步增强

随着我国坝工技术的进步和社会经济的发展，我国专家在国际坝工领域的影响日益增强，参与度越来越深，发挥的作用也日益重要。

（1）汪恕诚理事长获得国际大坝委员会终身成就奖。在 2013 年 8 月 16 日召开的国际大坝委员会第 81 届执行会上，中国大坝协会理事长、水利部原部长汪恕诚获国际大坝委员会终身成就奖。授奖仪式上，国际大坝委员会高度赞扬了汪恕诚对中国和世界大坝发展所做出的卓越贡献，赞扬他从事水利水电工作 40 多年来，作为水利水电专家和领导者，在倡导“人水和谐”和水利水电可持续发展理念方面所取得的富有影响的成果，高度评价了他在推动中国水库大坝安全建设、快速发展方面所取得的突出成就，并感谢他在促进国际合作、推进发展中国家水库大坝建设等方面做出的重大贡献。

（2）中国专家在国际大坝委员会新成立专委会中担任重要职务。2013 年 8 月在美国召开的国际大坝委员会第 81 届执行会上，新成立了胶结颗粒坝专委会和多功能大坝专委会，中国大坝协会副理事长贾金生和黄河勘测规划设计公司董事长李文学分别担任主席和副主席。这是继黄河水利科学研究院副院长江恩慧担任国际大坝委员会水库泥沙专委会主席、中国长江三峡集团公司董事长曹广晶担任国际大坝委员会水电站与水库综合运行管理专业委员会主席、中国水利水电科学研究院徐泽平博士担任国际土力学与岩土工程学会大坝技术委员会主席以后，中国专家的又一国际重要任职。

（四）积极参与国际大坝会有关活动，不断深化技术交流

中国大坝协会秘书处积极组织中国专家参加有关

大坝的国际会议和水事活动，宣传我国大坝建设的巨大成就以及新时期大坝建设的理念，深化技术交流。

(1)组织参加国际大坝委员会第81届年会。2013年8月12～16日，国际大坝委员会第81届年会在美国西雅图召开。这次年会由美国大坝协会承办，中国大坝协会和加拿大大坝协会等单位协办；主要包括执行会议、专委会会议、学术研讨会、技术展览等内容。中国大坝协会组织了以协会副理事长兼秘书长贾金生为团长的代表团参加了此次会议。代表团成员来自20多个单位，会前进行了细致的安排和分工，成立了专项任务工作组。在各专业委员会年度工作会议上，作为专委会主席，中国专家曹广晶、贾金生、江恩慧分别主持召开了水电站与水库联合运行专委会会议、胶结颗粒料坝专委会首次会议、泥沙专委会会议；作为专委会副主席，中国专家李文学、陈厚群、郭军分别出席了多功能大坝专委会、大坝抗震专委会和大坝水力学专委会的会议。在“时代的变迁——基础设施的开发和管理”专题研讨会上，中国专家周建平应邀做主旨报告。会议期间，中国大坝协会与美国及亚太地区国家委员会进行了座谈和交流。会后代表团考察了胡佛、Chi ckamaugu、Fontana等大坝。我国代表在本次会议期间，严格遵守外事纪律，积极参加各专业委员会会议、学术研讨会以及其他各项活动，完成了预定的任务。

(2)组织参加非洲2013水电大会。2013年4月16日，2013非洲国际水电研讨会在埃塞俄比亚首都亚的斯亚贝巴非盟总部会议中心隆重开幕。来自67个国家的600多名代表出席了研讨会。以中国水利水电科学研究院副院长汪小刚为团长的中国大坝协会代表团参加了会议。研讨会共分为20个专题，内容涵盖了非洲水资源开发、能力建设、大坝安全、水文与防洪、大坝新技术、水电开发与环境、小水电开发等。中国大坝协会代表团参加了研讨会的全部活动，并参观了大会的技术展览。应大会组委会邀请，中国大坝协会副秘书长徐泽平博士在专题研讨会上做混凝土面板堆石坝的技术发言，并代表中国大坝协会出席了非洲大坝安全及能力建设的专题讨论。会后代表团赴肯尼亚进行技术考察。

(3)参加韩国大坝委员会学术年会及第22届世界能源大会。应韩国大坝委员会主席的邀请，中国大坝协会副理事长兼秘书长贾金生于2013年10月11日赴韩参加了韩国大坝委员会2013年学术年会，并做了题为《中国的大坝建设成就》特邀报告。贾金生还代表世界水理事会，在第22届世界能源大会做了题为《储水设施与可持续发展》的会议报告。

(五)凝心聚力，建言献策，力争做好技术服务

中国大坝协会充分发挥社团组织的专家和资源优势，针对行业热点问题组织调查研究，并向政府有关部门建言献策；组织编写专业书籍和编译技术公报，为会员单位提供各类技术资料。

(1)建设国内外大坝数据库，支撑行业发展统计需求。在各有关单位的大力支持下，中国大坝协会秘书处完善了国内已建、在建30m以上大坝数据库(5590座)；建立了全国病险水库工程信息库(58662座)和国外溃坝信息库(1609座)。同时，为中国水力发电工程学会编辑出版的《中国水力发电手册》提供了世界主要国家水电开发状况，为其他国内有关单位提供了国际比较数据，并编写了国际水电发展状况及比较研究报告。

(2)协助部委和有关单位开展针对性的调研与研究工作。2012年，水利部联合国家能源局、国家电监会和国家安监总局共同开展了全国大型水库大坝的安全调研工作。受水利部安监司委托，中国大坝协会与中国水利水电科学研究院承担了具体的组织实施。2013年已完成《全国大型水库大坝安全调研总报告》(初稿)。另外，中国大坝协会组织专家，先后承担或者参与了国内水资源开发比较研究、国际水电开发比较研究、马来西亚水电开发及政策调研、全球水能资源情况调查分析、缅甸伊江上游水电开发咨询、胶凝砂砾石在岷江航电工程中的应用研究、布西水电站大坝安全评估及处理措施研究以及水库大坝安全标准比较研究等工作，完成的有关报告受到了委托单位的好评。

(3)出版《中国大坝建设60年》英文版。中国大坝协会组织编写的《中国大坝建设60年》中文版已于2012年12月底正式出版。2013年，秘书处对英文稿件进行收集、整理，组织专家审改，目前稿件已移交出版社校审，预计2014年出版。

(六)加强能力建设，促进社团制度化运行、规范化服务

1. 制度建设　2013年，中国大坝协会制定了档案管理制度、印章管理制度、学术自律规定等，进一步完善协会规范化、制度化运行；经民政部组织专家评审，中国大坝协会被评为3A级社会学术团体。协会秘书处根据评估专家建议，制定了相应的改进方案。

2. 能力建设　一年来，中国大坝协会秘书处全体工作人员逐步形成分工明确、精诚合作的团队，增强了责任心及工作能力，提高了办事效率；进一步提高英语听说读写能力，为会员单位提供服务的力度和水平都得到了提高。

(中国大坝协会秘书处)

中国水利学会 2013 年工作情况

(一)组织建设

(1)荣获中国科学技术协会能力提升专项"优秀科技社团奖"。2013 年,中国水利学会(以下简称学会)获得中国科学技术协会(以下简称中国科协)能力提升专项优秀社团三等奖第二年度奖补资金 100 万元。

1)围绕水利热点、难点和焦点问题,通过组织调研形成专家建议,并以此形成制度,充分发挥学会的智库作用,完成了中小河流治理专题调研报告。

2)针对比较薄弱的科普工作,从建立制度入手,通过创新水利科普工作政策制度研究,制定了《水利科学技术普及规划纲要》。

从 2012 开始水利科普动漫作品的制作与出版工作,截至 2013 年,完成 5 集剧本的编写和 3 集动画片的制作。

3)立足内部挖潜,提升学会品牌项目的影响力,在 2013 年 10 月底举办的中国水博览会上,设立 2013 年度大禹奖获奖展区,对获奖成果进行展示与推介。

(2)召开九届七次常务理事会议和九届四次理事会。2013 年,学会以通讯会议形式召开了九届七次常务理事会议,主要内容是增补理事和单位会员的批准,增补赵伟为学会副理事长。九届四次理事会上,通过关于中国水利学会城市水利专业委员会负责人变更为程静的提议,并同意赤峰市水利勘测设计院和新兴铸管股份有限公司成为中国水利学会单位会员。

(3)召开 2013 省级学会秘书长工作座谈会。2013 年 6 月,学会在山东省济南市召开了全国省级水利学会秘书长工作座谈会,主要内容是布置工作与交流经验。从承担政府职能、会员管理、加强自身建设三个方面进行了交流研讨。

(4)举办各级水利学会专兼职工作人员培训班。2013 年 7 月,学会在山东省青岛市举办了水利学会专兼职工作人员培训班。邀请了有关领导和专家就水利学会各级组织如何深化改革、承担职能、促进发展,以及如何更好地服务水利中心工作等方面进行授课。

(二)学术交流

(1)成功召开 2013 学术年会。2013 年 11 月 26～28 日,中国水利学会 2013 学术年会在广东省广州市举办。本届年会以"科技驱动,兴水惠民"为主题,邀请水利部副总工程师庞进武,香港大学副校长、教授李行伟等 10 位专家、学者做特邀报告。水利科技工作者以及国外友好学会的代表 500 余人出席会议。年会设有 5 个分会场,其中包括一个国际分会场。年会共收集 500 余篇论文,其中 300 余篇论文收录《中国水利学会 2013 学术年会论文集》并正式出版,54 篇论文被评为优秀论文。大会还颁发了 2013 年度大禹水利科技奖和优秀论文奖。年会同期召开了中国水利学会九届六次理事会全体会议。

(2)成功举办中国大运河水利遗产保护与利用战略论坛。2013 年 11 月 30 日至 12 月 1 日,学会作为主办单位之一,在浙江省绍兴市举办了中国大运河水利遗产保护与利用战略论坛,来自水利、文物、社会、历史、遥感、建筑等领域的专家、学者近 100 人参加此次论坛。本届论坛是我国开展大运河申遗工作以来,第一次以"中国大运河的水利遗产保护与利用"为主题的学术论坛。来自不同领域、不同学科的专家,分析了大运河水利遗产蕴藏的科学和文化价值,研究探讨了大运河水利遗产保护与利用的战略与技术,从不同视角和层面尤其是从水利工程可持续性与大运河历史、当前保护与开发利用的对策等方面,进行了深入的探讨和交流。

(3)参与举办第三届中国湖泊论坛。2013 年 10 月 24～25 日,学会作为协办单位参与中国科协主办的第三届中国湖泊论坛暨第七届湖北科技论坛。学会推荐南京水利科学研究院专家刘九夫参加会前调研工作,并推荐 15 篇论文。

(4)专委会学术交流活跃。2013 年,学会所属专委会开展了大量的学术交流活动。如学会农村水利专业委员会在福建三明举办了第五届海峡论坛"两岸乡村农田水利建设交流会",减灾专委会举办了"第三届信息化论坛",水工结构专业委员会在重庆市举办第十二届全国水工建筑物修补与加固技术交流会等活动,反映了各专业领域的学科发展方向和水平,体现了学会作为水利科技社团的学术引领作用。

(5)省级学会学术交流活动活跃。各省级学会围绕国家水利中心工作并结合当地社会经济发展对水利的需求,开展了形式多样的学术活动。江苏省水利学会举办了"第五届江苏水论坛";湖南省水利学会举办了"加强生态文明建设学术报告会",新疆水利学会举办了第五届新疆水利青年科技论坛;北京水利学会举办了"中美特大型城市水问题交流:挑战与应对";重庆、宁夏、江苏、湖南等省级水利学会都结合地方水利工作重点,举办了形式多样、内容丰富的学术交流活动。

中国水利学会 2013 年主要学术活动详见表 1。

表1 中国水利学会2013年主要学术活动一览表

序号	会议名称	主办单位	时间	规模（人）	地点
1	中国水利学会2013学术年会	中国水利学会	11月	600	广州
2	第二届青年治淮论坛	中国水利学会、水利部淮河水利委员会	11月	150	安徽
3	2013城市防洪国际论坛	中国水利学会、中国土木工程学会	6月	300	上海
4	全国第一届水利水电工程建设物联网云计算学术研讨会	中国水利学会、中国水力发电工程学会	12月	—	北京
5	第十二次水利水电地基与基础工程学术会议	地基与基础工程专委会	10月	150	西昌
6	河口专委会2013年会	河口治理与保护专委会	11月	100	广东
7	环境水利专委会2013年会	环境水利专委会	6月	94	合肥
8	第三届信息化论坛	减灾专委会	3月	80	宜昌
9	减灾专委会2013学术年会	减灾专委会	11月	120	广州
10	调水专业委员会2013年学术年会	调水专委会	10月11日	80	西安
11	《第十二届全国水工混凝土建筑物修补加固技术交流会论文集》论文交流会	水工结构专委会	10月	80	重庆
12	水库泥沙调度专题研讨会	泥沙专委会	9月	50	武汉
13	2013年水利统计专委会年会	水利统计专委会	11月	40	成都
14	水工建筑物修补与加固技术培训班	水工结构专业委员会	9月	5	北京
15	第五届江苏水论坛	江苏省水利学会	11月	200	省内
16	大连市科协2013年会水务分会场	大连市水务学会	8月	50	大连
17	大连市水务学会2013年会及论坛	大连市水务学会	11月	100	大连
18	福建省科协年会水利分会场	福建省水利学会	9月	100	福州
19	华东水利学会协作组年会	福建省水利学会	10月	60	江西
20	广西水文水资源学术研讨会	广西水利学会	2月	80	广西
21	第八次会员代表大会暨学术年会	广西水利学会	3月	150	广西
22	第三届广西水利科技青年论坛	广西水利学会	10月	100	广西
23	东三省水利学会2013年会	黑龙江省水利学会	9月	60	辽宁锦州
24	长江中下游河道变化特点及下阶段治理对策	湖北省水利学会	1月	40	武汉
25	第七届湖北科技论坛专题分论坛	湖北省水利学会	10月	200	武汉
26	加强生态文明建设学术报告会	湖南省水利学会	4月	300	长沙
27	江西省水利学会2013学术年会	江西省水利学会	11月	100	南昌
28	第五届新疆水利青年科技论坛	新疆水利学会	4～6月	150	乌鲁木齐
29	“水资源合理配置和高效利用，服务城乡发展”专题研讨会	重庆水利学会	6～7月	120	重庆 万州
30	水利安全生产科技培训	重庆水利学会	4月 10月	120 150	重庆
31	重庆水利学会2013学术年会	重庆水利学会	12月13日	150	重庆
32	中美特大型城市水问题交流：挑战与应对	北京水利学会	9月 16～18日	180	北京
33	京台大城市水资源管理论坛	北京水利学会	8月 19～24日	100	北京

(三)科学普及

1. 水利科普工作保障能力建设 2013年，学会申请了2013年国家财政项目“水利科普工作保障能力建设”。本项目通过调查研究，全面掌握我国水利科普保障能力现状和问题，分析了解我国水利科普能力建设需求，借鉴我国其他行业科普能力建设成功经验，构建水利科普能力建设方案，并提出对策建议。

2. 科普活动

(1)2013年，以中小学《水知识系列读本(共4本)》为基础，学会完成了3集水利科普动漫作品剧本的编写和3集动画片的制作。动画片以青少年和普通公众为主要对象，经过全新的构思和设计，把“知水、爱水、节水、护水”的理念融入到“小水滴家庭”的趣味动画作品中。

(2)2013年，学会及各分支机构结合世界水日、中国水周、全国科普日等主题活动开展形式多样的科普活动。在北京选择2所小学开办水课堂，通过播放动画、学生游戏、与小水滴对话等方式开展以“水与生产”为主题的水课堂教育。

(3)2013年，学会与北京水利学会合作，为北京市延庆县千家店镇山区学校的小学生们举办了一场主题为“节约保护水资源、建设水生态文明”的科普活动，并为学生们带去了《来自宇宙的水精灵》等科普读物，向小学生宣传水文化、水知识。

(4)2013年，学会与北京市西城区青少年科学技术馆合作，在市民尤其是中小学生中开展“哈乐，京城的水”活动，以使市民增强对家乡北京水资源的了解和热爱，树立生态道德情感，促进人水和谐。

(四)国际民间科技交流及外事管理

学会将“对外友好学会”交流作为开展国际民间科技交流的一个重要抓手，已形成固定交流机制。

2013年10月30日至11月2日，学会秘书长李赞堂赴香港特别行政区出席加拿大土木工程学会香港分会2013年会，与加拿大土木工程学会负责人共同探讨2014年与2015年在中国共同举办学术交流活动等合作事宜。

2013年5月22～26日，学会派出3人代表团赴韩国参加韩国水资源协会2013年会，2篇论文在会上进行了交流并被大会论文集收录。

(五)学术期刊管理

学会一直高度重视科技期刊管理，多渠道支持期刊的编辑出版工作和编辑部的能力建设，充分发挥科技期刊在学术交流中的重要作用。目前，由学会主办的科技期刊共计6种，分别是《水利学报》、《水科学进展》、《岩土工程学报》、《泥沙研究》、《灌溉排水学报》以及《中国防汛抗旱》。《水利学报》获得中国科协“精品科技期刊工程学术质量提升项目”资助，周期两年。根据中国科学技术信息研究所2013年检索报告，《水利学报》综合评分在水利工程类18种期刊中名列第1位，在全部1994种期刊中名列第42位。

(六)《通讯》与网站

《中国水利学会通讯》是了解水利和科技重要信息的载体，是反映水利学会工作动态的窗口，是水利学会专业委员会和省级学会交流工作的平台，每月一期，2013年发行12期。学会网站运行良好，信息量大，能及时更新。

(七)科技奖励与人才褒奖

1. 大禹水利科学技术奖奖励工作 2013年，学会完成了2013年度大禹水利科学技术奖的评审任务，最终有49项成果获奖。

2. 推荐中国工程院院士候选人 2013年3月4日，中国水利学会在北京召开2013年推荐两院院士候选人专家评审会。与会专家审查了推荐材料，经过无记名投票，武汉大学教授李义天被推荐参加2013年度中国工程院院士遴选。

3. 推荐第十三届中国青年科技奖候选人 根据中国科协《关于开展第十三届中国青年科技奖候选人推荐与评选工作的通知》要求，2013年，由学会和水利部联合推荐，清华大学水利水电工程系王进廷教授获得第十三届中国青年科技奖。

(八)水利标准化工作

2013年，在水利标准化工作主管部门的指导和各单位的大力支持下，学会标准化工作取得了新的成效。完成了水利技术标准年度工作计划；组织开展了《体系表》修订工作；完成了13个业务司局标准需求分析报告和1025份项目建议书的初审工作，组织完成了12个专业组的分组审查工作。

(九)技术职称考试及工程教育专业认证

1. 职称考试工作 2013年10月，学会配合水利部人事司、职改办，组织完成了2013年度水利部专业技术人员晋升职称考试工作。考试设有计算机知识和专业理论2个科目，共计5211人次报考。学会负责考试报名受理、组织试卷命题、试卷印刷、考务组织、阅卷登分、成绩统计以及合格证制作与发放等考务工作。

2. 工程教育专业认证工作 在学会的积极努力下，全国工程教育专业认证专家委员会水利类专业认证分委员会于2011年底正式得到批复，这是继机械类、计算机类和安全类专业认证分委员会后正式得到批准成立的第四个专业认证分委员会。截至2013年，学会认证专家已有48名，对14所高校的21个水利类专业点进行了认证，至此，水利类的四个专业均已开展了认证，已认证专业点占全部水利类专业点的16.8%，在全国各认证专业类中处于较高水平。

3. 技术培训工作

(1)2013 年，为落实水利部“水利专业技术人才知识更新工程”，学会开展专业技术培训活动，共举办和承办了各类水利专业培训班 18 期，培训专业技术人员约 2000 人·次。

(2)为加快落实最严格水资源管理制度，加强水资源论证工作，切实提高水资源论证从业人员业务能力和工作水平，经水利部水资源司和人事司核批，学会组织开展了“建设项目水资源论证”培训工作。2013 年共举办 4 期培训班，培训水资源论证从业人员 1500 余人。

(十)举办大型展会

2013 年 12 月 2～4 日，由中国水利学会、中国膜工业协会主办的 2013 中国水博览会暨中国国际膜与水处理技术及装备展览会在北京举行。来自 23 个国家和地区的 450 家展商带来了最新产品和技术参展，近 2 万名专业观众参观了展览。展会同期举办了第八届中国(国际)水务高峰论坛。

(中国水利学会秘书处)

第十九次中国水电设备学术讨论会在大连召开

2013 年 11 月 22～24 日，由中国动力工程学会水轮机专业委员会、中国水力发电工程学会水力机械专业委员会、中国电机工程学会水电设备专业委员会、水力机械专委会水力机械信息网和全国水利水电机电技术信息网联合主办的第 19 次中国水电设备学术讨论会在辽宁大连市召开。来自我国水电行业的水电设计研究院所、大专院校、发电厂以及水电设备制造企业等单位的专家、学者共 126 人参加会议，就水电发展战略、水力设计及选型、水电站稳定运行、结构设计及制造、空蚀与磨损、试验研究、安装与运行、状态检修、水电站改造等方面的问题进行了交流和探讨。

此次会议出版的论文集共收录论文 131 篇，共评选出 15 篇优秀论文。哈尔滨电机厂有限责任公司(以下简称哈电机公司)原副总工程师刘光宁撰写的《不同比速混流式水轮机的水力稳定性问题》和哈尔滨大电机研究所水轮机室贺丽萍等撰写的《冲击式水轮机内部流态的数值模拟》被评为优秀论文。会议进行了大会学术交流，中国水电工程顾问集团公司原副总工程师李定中，哈电机公司总经理助理、哈尔滨大电机研究所常务副所长李正，清华大学流体机械及工程研究所所长王正伟，哈尔滨工业大学能源科学与工程学院副院长王洪杰和哈电机公司副总工程师、哈尔滨大电机研究所副所长覃大清分别做了“我国抽水蓄能机组技术引进工作的十年回顾”、“水轮发电机组技术创新探讨”、“水力机械水机电结构耦合现象研究初探”、“SLA 在水轮机水力分析中的应用”和“我国近年参加国际电工委员会/水轮机技术委员会(IEC/TC4)的情况介绍”报告。

中国动力工程学会水轮机专委会秘书处设在哈尔滨大电机研究所，中国水力发电工程学会水力机械专业委员会、中国电机工程学会水电设备专业委员会的秘书处分别设在中国水电工程顾问集团公司和中国水利水电科学研究院。中国水电设备学术讨论会每两年召开一次，由三个学会轮流主办。会议期间，三个专业委员会分别召开工作会议，总结了前两年的工作，对下阶段的工作进行了安排。会议取得圆满成功。

(哈尔滨大电机研究所　王　波　范吉松)

全国水利水电施工技术信息网、中国水力发电工程学会施工专委会 2013 年年会暨土石坝工程施工专题技术交流会在成都召开

2013 年 9 月 24～27 日，全国水利水电施工技术信息网、中国水力发电工程学会施工专委会 2013 年年会暨土石坝工程施工专题技术交流会在成都召开。会议由全国水利水电施工技术信息网和中国水力发电工程学会施工专委会共同主办，中国水利水电第五工程局有限公司承办。来自各大水利水电施工、设计、业主等单位的领导、专家及代表共 110 余人参加。

交流会上，马洪琪院士做了《糯扎渡心墙堆石坝关键技术》的专题报告，钟登华院士做了《堆石坝施工仿真与实时监控技术及工程应用》的专题报告，中国水电顾问集团昆明勘测设计研究院严磊代表张宗亮大师做了《高土石坝工程全生命周期管理体系及关键技术》的专题报告。参会的各水电单位也分别就土石坝施工技术现状及发展趋势、堆石坝施工技术研究、高面板堆石坝施工关键技术、数字大坝系统在溧阳抽水蓄能电站中的应用、施工技术推动混凝土面板堆石坝技术发展、气候恶劣地区碾压沥青混凝土心墙快速施工技术、观音岩水电站心墙堆石坝反滤料碾压试验与分析、大坝过水建筑物混凝土抗冲磨保护技术研究、糯扎渡水电站大坝掺砾土料填筑工艺及方法研究、四川大渡河长河坝水电站大坝工程施工情况与重点技术等 10 多项课题进行了交流发言。

9 月 25～27 日，会议代表参观了中国水利水电第五工程局有限公司承建的长河坝水电站大坝工程并进行了现场交流。

(中国水利水电第五工程局有限公司　耿参博)

中國水力發電年鉴

16

统 计 资 料

2013 年全国水电增长情况表

全国及各省、自治区、直辖市	装机容量(万 kW)			发电量(亿 kW·h)		
	总量	水电	水电比上年增长(%)	总量	水电	水电比上年增长(%)
全　国	125 768	28 044	12.41	53 721	8921	4.27
北　京	792	101	−1.11	336	5	−36.50
天　津	1137	1		597	0.2	1.63
河　北	5220	181	1.06	2443	12	16.55
山　西	5767	243	0.02	2625	40	−9.57
内蒙古	8485	108		3623	36	23.39
辽　宁	3966	273	0.15	1573	79	23.20
吉　林	2518	445	0.72	773	125	57.42
黑龙江	2393	97	−0.96	844	29	62.92
上　海	2162			972		
江　苏	8241	114		4405	12	−2.94
浙　江	6478	986	0.22	2941	191	−12.95
安　徽	3933	283	1.49	1978	36	−1.07
福　建	4201	1285	12.78	1790	399	−16.15
江　西	1999	457	8.78	852	123	−15.69
山　东	7718	107.8	0.03	3597	4.5	282.47
河　南	6052	395	0.09	2811	115	−10.09
湖　北	5896	3616	0.57	2235	1175	−14.81
湖　南	3364	1401	2.05	1278	430	−3.74
广　东	8598	1319	1.01	3768	318	6.88
广　西	3140	1582	2.97	1219	462	−11.98
海　南	497	83	1.78	232	24	1.03
重　庆	1509	642	5.08	591	178	−15.37
四　川	6862	5266	32.84	2617	2023	30.95
贵　州	4476	1908	10.43	1674	422	−24.52
云　南	5979	4409	33.35	2148	1631	31.52
西　藏	110	58	7.42	23	14	−4.33
陕　西	2590	251	0.53	1253	71	−12.17
甘　肃	3489	755	3.52	1195	356	3.34
青　海	1710	1118	1.50	591	427	−6.81
宁　夏	2231	43		1121	19	−1.92
新　疆	4254	517	34.22	1613	164	17.57

（中国电力企业联合会）

2013年农村水电装机及发电量基本情况表

行政区划	2013年末 农村水电装机容量 (kW)	装机容量占全国比重 (%)	2013年末 农村水电年发电量 (万kW·h)	发电量占全国比重 (%)
全国	71 186 268	100	22 327 712	100
北京	42 920	0.06	2714	0.01
天津	5000	0.01	1265	0.01
河北	385 308	0.54	53 396	0.24
山西	185 891	0.26	34 093	0.15
内蒙古	93 475	0.13	16 780	0.08
辽宁	427 373	0.60	121 072	0.54
吉林	514 520	0.72	175 052	0.78
黑龙江	294 425	0.41	95 629	0.43
江苏	41 107	0.06	5039	0.02
浙江	3 900 471	5.48	961 125	4.30
安徽	1 031 035	1.45	226 471	1.01
福建	7 315 815	10.28	2 506 563	11.23
江西	3 065 626	4.31	867 572	3.89
山东	83 972	0.12	11 867	0.05
河南	479 492	0.67	76 926	0.34
湖北	3 373 583	4.74	730 672	3.27
湖南	5 860 837	8.23	1 853 617	8.30
广东	7 258 195	10.20	2 375 370	10.64
广西	4 184 546	5.88	1 265 028	5.67
海南	396 200	0.56	130 435	0.58
重庆	2 204 009	3.10	494 747	2.22
四川	10 290 616	14.46	3 912 582	17.52
贵州	2 968 370	4.17	783 632	3.51
云南	10 564 212	14.84	3 456 015	15.48
西藏	301 719	0.42	85 956	0.38
陕西	1 224 527	1.72	335 248	1.50
甘肃	2 270 258	3.19	796 950	3.57
青海	882 985	1.24	358 711	1.61
宁夏	5440	0.01	1800	0.01
新疆	1 079 086	1.52	429 488	1.92
新疆兵团	342 355	0.48	118 936	0.53
水利部直属	112 900	0.16	42 961	0.19

注 2013年农村水电统计数据与全国第一次水利普查数据进行了校核。

(水利部农村水电及电气化发展局 曲 鹏)

2013 年全国电源建设投资完成情况表

（单位：万元）

地区	本年计划投资	本年完成投资	其中				
			水电	火电	核电	风电	太阳能发电
全 国	42 284 864	38 719 325	12 229 379	10 161 773	6 601 906	6496 073	3 230 193
北 京	905 240	846 923		774 004		15 105	57 814
天 津	300 500	288 633		264 245		24 388	
河 北	686 269	671 920	57 078	250 648		232 934	131 260
山 西	1 392 159	979 263		455 526		498 837	24 900
内蒙古	3 032 272	1 589 163	159 781	310 427		707 214	411 742
辽 宁	1 096 549	1 212 145	3938	173 677	802 859	224 235	7436
吉 林	493 694	338 432	48 198	137 651		142 951	9631
黑龙江	747 009	588 503	32 521	302 626		252 551	9846
上 海	220 108	260 579		217 425		24 634	18 520
江 苏	2 622 576	1 782 086	130 225	961 139	283 336	235 580	171 805
浙 江	1 912 718	2 364 287	76 600	1 551 938	702 169	33 542	38
安 徽	1 063 489	1 269 309	69 642	1 109 834		89 833	
福 建	1 755 567	1 671 496	132 872	29 123	1 440 762	68 738	
江 西	959 694	524 332	149 762	327 016		47 553	
山 东	1 456 470	1 119 882		297 188	234 723	547 246	31 684
河 南	201 175	368 391	2808	342 376		23 207	
湖 北	591 213	714 165	79 422	466 704		166 275	1765
湖 南	1 024 650	357 819	175 032	108 591	34 720	39 476	
广 东	2 652 443	2 676 257	134 979	316 340	2 100 179	104 451	20 308
广 西	820 888	773 804	106 377	61 085	573 988	32 354	
海 南	472 094	463 764	34 595		429 169		
重 庆	843 348	490 955	165 761	304 236		20 958	
四 川	4 911 608	5 598 825	5 546 412			25 953	26 460
贵 州	1 733 803	1 118 170	360 952	467 323		289 895	
云 南	3 460 411	4 586 332	4 122 799			384 330	79 203
西 藏	393 154	347 150	318 788			11 600	16 762
陕 西	538 684	517 885	5372	186 478		326 035	
甘 肃	1 417 805	1 139 008	128 032	119 742		274 825	616 409
青 海	927 053	625 239	1752	11 814		36 597	575 076
宁 夏	630 427	545 826		40 718		260 863	244 244
新 疆	3 021 794	2 888 782	185 680	573 899		1 353 912	775 291

（中国电力企业联合会）

2013年水电施工企业完成产值及工程量表

单位名称	企业总产值（亿元）	企业建筑业总产值（亿元）	实物工程量					
			土方（万 m^3）	石方（万 m^3）	混凝土（万 m^3）	金属结构安装（t）	水电机组投产	
							数量（台）	装机容量（万 kW）
中国水利水电建设集团公司	1507.4	964.6	34 489	18 054	4396	517 813	83	1712.2
中国葛洲坝集团公司	595.98	487.88	11 570	7714	1810	186278	14	615
中国人民武装警察部队水电指挥部（中国安能建设总公司）	60.73	60.73	1949	376	305	19 582	1	4

（中国水利水电建设集团公司 中国葛洲坝集团公司 中国人民武装警察部队水电指挥部）

2013年大中型水电厂生产运行情况表

一、抽水蓄能电厂

	电厂名称	总装机容量（万 kW）	机组台数（台）	年发电量（亿 kW·h）	年抽水电量（亿 kW·h）	等效可用系数（%）	各类工况运行总时间（h）	各工况启动次数（次）	启动成功率（%）
1	十三陵蓄能电厂	80.00	4	4.41	6.00	91.59	6146.15	1731	99.83
2	潘家口蓄能电厂	27.00	3	1.28	1.78	92.56	3946.54	1152	99.57
3	张河湾蓄能电厂	100.00	4	2.48	3.10	93.69	2648.81	982	99.80
4	西龙池蓄能电厂	120.00	4	1.14	1.63	92.6	1138.57	419	99.52
5	蒲石河抽水蓄能电厂	120.00	4	15.96	19.51	89.24	12 670.54	3919	99.77
6	白山抽水蓄能电站	30.00	2	2.92	3.87	93.53	4681.93	654	99.54
7	宜兴抽水蓄能电厂	100.00	4	9.20	11.28	92.5	8493.48	2780	99.89
8	天荒坪抽水蓄能电厂	180.00	6	16.36	20.43	89.73	12 603.69	3172	99.87
9	桐柏抽水蓄能电厂	120.00	4	10.96	13.15	89.62	8276.82	2230	99.69
10	仙游抽水蓄能电厂	120.00	4	0.86	1.03	77.19	317.5	113	99.12
11	琅琊山抽水蓄能电厂	60.00	4	4.72	5.83	93.42	6791.57	1992	100.00
12	响水涧抽水蓄能电厂	100.00	4	6.25	7.65	90.31	5703.36	1611	99.88
13	响洪甸蓄能电厂	8.00	2	1.33	1.62	85.27	6052.19	1471	99.93
14	泰山抽水蓄能电厂	100.00	4	3.26	3.99	90.59	3155.59	1354	99.63
15	宝泉蓄能电厂	120.00	4	2.37	3.01	90.88	2624.62	809	98.64
16	回龙抽水蓄能电厂	12.00	2	1.35	1.82	90.03	5626.42	2245	99.64
17	白莲河蓄能电厂	120.00	4	0.77	0.97	91.67	839.5	305	99.34
18	黑麋峰抽水蓄能电厂	120.00	4	1.56	1.84	92.82	1262.36	436	95.64
19	广州蓄能水电厂	240.00	8	15.02	19.40	91.60	1434.10	4688	99.64
20	惠州蓄能水电厂	240.00	8	11.15	13.85	93.54	1041.75	3609	99.89

续表

二、常规水电厂

序号	电厂名称	发电运行情况				水库运行情况			
		总装机容量（万 kW）	年发电量（亿 kW·h）	平均耗水率［m^3/（kW·h）］	等效可用系数（%）	年入库总水量（亿 m^3）	发电用水量（亿 m^3）	年末水位（m）	年末库容（亿 m^3）
21	北京华电	5.20	0.01	10.75	99.08	3.72	0.13	138.03	12.41
22	太平哨发电厂	16.10	4.62	11.62	97.74	76.49	53.69	191.50	0.19
23	桓仁水电厂	22.25	5.70	8.47	94.95	66.11	48.27	297.75	7.19
24	白山发电厂	170.00							
	白山站	150.0	34.51	3.67	75.98	115.35	122.02	408.82	44.70
	红石站	20.0	33.27	17.65		140.33	132.90	290.01	1.63
25	丰满发电厂	101.75	28.02	6.95	95.47	232.48	239.83	255.00	56.65
26	松江河水力发电公司	51.00			96.13				
	小山	16.00	4.05	4.09		16.72	16.58	682.93	0.98
	双沟	28.00	5.34	4.20		22.52	22.43	584.94	3.53
	石龙	7.00	1.81	12.50		22.57	22.57	478.56	0.30
27	尼尔基发电厂	25.00	9.995	15.70		247.96	156.90	214.57	57.66
28	新安江水力发电厂	85.00	22.56	5.34	89.79	98.13	120.44	96.03	116.40
29	富春江水力发电厂	36.00	9.51	28.90	89.59	381.37	274.81	23.07	4.45
30	乌溪江水力发电厂	37.2	7.49	3.46	88.96	21.02	25.89	209.99	8.92
31	沙溪口水力发电厂	30.00	9.42	18.89	95.86	193.90	183.90	86.94	1.37
32	牛头山水电站	11.50	3.50	2.09	93.29	6.16	6.21	322.39	0.47
33	古田梯级电站	27.60	11.00	1.38	95.68	13.52	15.16	364.56	1.25
34	闽东水电厂	32.00	6.97	0.66	84.54	4.68	4.57	741.23	1.44
35	华安水力发电厂	6.00	4.22	9.03	92.20	72.81	38.06	93.94	0.05
36	安砂水力发电厂	12.50	4.88	6.31	80.85	36.71	30.79	261.74	5.38
37	池潭水力发电厂	10.00	4.30	8.17	93.46	37.80	35.18	270.00	4.30
38	棉花滩水电厂	60.00	17.25	4.44	86.23	79.53	76.58	267.99	13.90
39	白沙水电厂	7.00	1.98	6.82	86.04	12.99	13.50	251.40	0.87
40	高砂水电公司	5.00	1.89	40.19	94.45	80.34	75.82	102.95	
41	照口水电厂	6.00	2.31	44.78	87.64	109.89	103.63	97.50	0.26
42	万安水力发电厂	53.30	12.98	18.08	89.54	247.24	234.75	95.58	10.73
43	上犹江水电厂	7.20	2.69	8.51	94.86	24.03	22.88	191.81	4.74
44	小浪底水电站	180.00	78.18	3.78	90.13	306.31	295.36	256.26	56.09
45	西霞院水电站	14.00	6.70	32.26	94.09	322.12	216.16	133.48	1.19
46	三峡水力发电厂	2250.00	828.27	4.40	94.68	3678.12	3643.92	173.29	376.24

续表

	电厂名称	发电运行情况				水库运行情况			
		总装机容量（万 kW）	年发电量（亿 kW·h）	平均耗水率［m^3/（kW·h）］	等效可用系数（%）	年入库总水量（亿 m^3）	发电用水量（亿 m^3）	年末水位（m）	年末库容（亿 m^3）
47	葛洲坝水力发电厂	273.50	158.60	20.60	96.21	3685.44	3271.74	64.77	6.87
48	隔河岩电厂	121.20	18.63	3.91	89.84	74.47	72.91	191.11	24.59
49	高坝洲电厂	27.00	7.14	11.09	93.56	81.48	79.24	77.04	3.25
50	水布垭电厂	184.00	21.21	2.4	89.34	59.53	50.8	385.67	34.74
51	老渡口水电站	9.00	1.51	5.22	96.21	7.73	7.87	469.99	1.39
52	堵河水电站	5.00	0.82	10.15	96.5	8.99	8.30	387.60	0.33
53	鄂坪水电站	11.40	1.68	4.20	97.93	7.28	7.07	538.40	2.04
54	白沙河水电站	5	0.38	4.69	100.00	1.26	1.80	433.86	1.61
55	陡岭子水电站	7.05	0.89	6.77	96.2	6.14	6.03	253.04	2.26
56	龙桥电站	6.00	1.74	4.00	96.30	7.50	6.97	577.90	0.18
57	五强溪水电厂	120.00	52.61	8.16	92.23	542.42	429.18	107.17	29.16
58	凌津滩水电厂	27.00	11.23	44.91	93.87	591.23	504.47	50.83	1.44
59	碗米坡水电厂	24.00	6.66	11.22	97.73	75.89	74.73	247.62	2.50
60	近尾洲水电站	6.32	3.13	57.32	94.89	288.62	179.32	66.00	1.54
61	洪江水力发电厂	27.00	10.45	17.81	94.56	206.36	186.17	189.46	1.88
62	马迹塘水电厂	5.55	1.85	75.10	96.70	203.41	139.10	55.65	0.13
63	东坪水电站	7.20	2.32	52.46	92.28	128.07	121.53	96.05	0.14
64	株溪口水力发电厂	7.40	2.51	55.09	96.75	145.71	138.34	87.28	0.32
65	巫水白云水电站	5.4	0.71	5.83	100	4.81	4.16	504.66	0.76
66	江垭水电站	30.00	6.33	4.74		29.01	29.99	210.86	8.41
67	皂市水电站	12.00	2.44	8.28		24.23	20.24	122.23	5.99
68	新丰江电厂	35.50	12.00	5.44		81.21	65.26	112.93	96.73
69	枫树坝电厂	17.60	6.65	6.34		42.42	42.19	159.23	12.08
70	南水电厂	8.70	2.92	3.45		12.13	10.02	211.81	7.62
71	长湖电厂	7.60	1.62	13.31		66.61	21.61	57.13	0.95
72	长潭电厂	6.00	1.64	10.33		21.80	16.93	148.17	1.16
73	青溪电厂	14.40	4.33	20.14		90.47	87.18	71.22	0.52
74	白石窑水电厂	9.20	3.50	39.40	92	177.47	144.69	36.5	1.08
75	飞来峡水利枢纽	14.00	5.70	35.10	62.67	375.64	200.13	22.86	4.13
76	濛里水电厂	5.00	2.00	57.33	97	150.99	117.87	44.95	0.67
77	广西长洲水电厂	63.00	31.87	36.18	92.81	1527.17	1153.64	20.45	18.36
78	大广坝水电厂	24.00	4.96	6.29	95	38.15	31.16	139.62	14.58

续表

	电厂名称	发电运行情况				水库运行情况			
		总装机容量（万 kW）	年发电量（亿 kW·h）	平均耗水率［m^3/（kW·h）］	等效可用系数（%）	年入库总水量（亿 m^3）	发电用水量（亿 m^3）	年末水位（m）	年末库容（亿 m^3）
79	江口水电厂	30.00	8.63	3.74	95.89	31.07	32.29	285.79	3.98
80	渡口坝水电站	12.90	1.40	1.25	84.66	2.08	1.75	543.96	0.32
81	二滩水电厂	330.00	152.22	2.36	90.13	417.82	359.77	1198.14	56.04
82	官地水力发电厂	240.00	99.16	3.43	84.94	377.40	340.79	1327.74	6.97
83	锦屏二级水电站	240.00	103.91	1.33	93.33	308.96	139.26	1642.97	0.11
84	锦屏一级水电站	240.00	25.48	2.21	95.72	181.20（投产后计入）	59.36	1839.70	48.91
85	溪洛渡水力发电厂	924.00	111.80	2.44	95.01	808.74	270.86	557.08	66.32
86	向家坝水力发电厂	480.00	183.78	4.14	96.41	1169.14	734.55	378.95	48.71
87	瀑布沟水电站	360.00	132.61	2.72	94.66	362.95	354.43	841.49	43.23
88	深溪沟水电站	66.00	28.69	13.09	95.37	357.38	347.80	657.17	0.31
89	龚嘴电站	77.00	43.09	8.22	92.35	413.87	360.14	526.75	0.78
90	铜街子水电站	62.50	32.35	10.75	92.14	420.69	375.59	472.97	0.67
91	冶勒水电站	24.00	5.00	0.76	88.29	4.02	3.78	2642.66	2.27
92	栗子坪水电站	13.20	2.93	1.32	90.72	3.89	3.88	2000.00	
93	姚河坝电站	13.20	5.27	1.50	97.42	8.60	7.88	1674.27	
94	南桠河发电厂	12.00	5.12	1.60	96.01	9.07	8.22	1368.50	
95	太平驿电站	26.00	12.40	3.53	92.26	86.65	43.75	1078.00	0.01
96	东西关电站	18.00	8.97	18.32	94.07	283.73	168.67	247.82	2.00
97	青居电站	13.60	4.70	35.17	91.42	271.52	169.23	261.72	0.69
98	雨城电站	6.00	2.45	27.00	91.02	100.88	66.03	597.17	0.08
99	铜头电站	8.00	4.34	5.40	94.20	33.16	23.45	756.10	0.09
100	小关子电站	16.00	7.72	2.70	92.98	28.48	20.85	986.71	
101	硗碛电站	24.00	8.57	0.83	96.02	7.12	7.11	2131.55	1.78
102	宝兴电站	19.50	8.318	1.30	96.87	11.36	10.81	1347.11	
103	冷竹关电站	18.00	9.45	1.08	95.14	11.48	9.89	1759.59	
104	小天都电站	24.00	10.53	1.10	92.19	11.48	11.13	2150.12	
105	水牛家电站	7.00	2.32	1.90	98.47	4.74	4.42	2267.83	1.30
106	自一里电站	13.00	6.23	0.90	99.06	5.61	5.60	2033.31	0.00

续表

	电厂名称	发电运行情况				水库运行情况			
		总装机容量（万 kW）	年发电量（亿 kW·h）	平均耗水率[m^3/(kW·h)]	等效可用系数（%）	年入库总水量（亿 m^3）	发电用水量（亿 m^3）	年末水位（m）	年末库容（亿 m^3）
107	木座电站	10.00	4.66	1.50	98.75	7.60	6.99	1542.06	0.00
108	阴坪电站	10.00	4.62	1.90	100	10.19	8.77	1241.97	0.01
109	宝珠寺水力发电厂	70.00	19.11	4.45	92.38	101.00	85.02	583.88	18.37
110	紫兰坝水电开发公司	10.20	3.50	23.53	84.31	102.47	82.36	487.70	0.30
111	红叶二级水电站	9.00	8.06	3.00	97.46	26.85	24.17	2085.69	0.00
112	薛城水电站	13.80	6.35	2.78	91.62	18.74	17.69	1706.24	0.01
113	狮子坪水电站	19.50	7.66	1.02	96.17	8.04	7.80	2506.94	0.67
114	古城水电站	16.80	4.52	2.77	95.16	13.58	12.50	1553.41	0.01
115	宁郎电站	11.40	1.21	—	82.18	—	—	1854.40	0.01
116	瓦屋山水电站	26.00	6.34	1.56	94.43	10.78	9.89	1072.80	4.52
117	水津关水电站	6.30	2.70	33.32	90.96	126.03	89.93	548.10	0.06
118	洛古水电站	11.00	5.16	1.16	96.81	8.81	5.97	2042.48	0.27
119	联补水电站	13.00	6.34	0.95	97.50	9.12	6.03	1671.69	0.02
120	地洛水电站	10.00	5.15	1.34	93.23	11.59	6.90	1215.21	0.02
121	泸定水电站	92.00	37.31	5.98	46.48	259.37	223.29	1377.15	2.11
122	楼方水电站	5.60	1.49	7.76	97.08	12.33	11.53	701.80	0.07
123	毛尔盖水电站	42.60	13.43	1.87	93.94	25.82	25.18	2116.43	3.85
124	圣达（沙湾）水电站	48.00	19.98	17.62	91.30	383.08	352.15	429.75	0.20
125	大金坪水电站	12.90	4.41	2.21	71.26	17.46	9.75	1208.00	
126	洪一水电站	8.00	3.57	1.37	90.36	7.20	4.68	1529.00	
127	五一桥水电站	13.70	6.68	1.97	94.00	15.84	13.07	2422.02	
128	柳坪水电站	12.00	4.86	5.41	90.07	29.58	26.28	1778.70	
129	色尔古水电站	15.00	5.41	4.44	92.55	26.54	24.03	1872.46	0.04
130	四川龟都府水电站	6.30	3.06	34.00	55.45	141.00	104.00	534.00	0.21
131	四川晴朗水电站	18.00	6.09	1.15	38.63	8.28	7.01	2656.50	
132	四川可河水电站	7.20	2.61	1.07	41.35	4.41	2.80	1410.00	
133	乌江渡发电厂	128.00	23.84	3.59	92.42	85.44	85.54	747.39	16.11
134	东风发电厂	69.50	19.24	3.44	91.33	64.65	66.17	958.55	6.67
135	洪家渡电站	60.00	11.15	3.36	92.91	20.05	37.48	1088.11	15.48

续表

电厂名称		发电运行情况				水库运行情况			
		总装机容量（万 kW）	年发电量（亿 kW·h）	平均耗水率[m^3/(kW·h)]	等效可用系数（%）	年入库总水量（亿 m^3）	发电用水量（亿 m^3）	年末水位（m）	年末库容（亿 m^3）
136	索风营电站	60.00	13.49	5.36	94.05	60.61	72.28	836.59	1.66
137	构皮滩水电站	300.00	57.02	2.46	90.43	137.29	140.45	598.23	30.78
138	思林水电站	105.00	27.96	5.74	91.60	159.94	160.39	435.52	10.39
139	沙沱电站	112.00	17.43	6.47	56.93	128.34	112.79	361.59	6.75
140	大花水水电站	20.00	5.50	2.99	96.66	17.70	16.44	856.99	1.77
141	格里桥水电站	15.00	4.36	4.10	95.30	19.75	17.87	717.88	0.67
142	光照发电厂	104.00	13.13	2.90	92.75	31.91	38.10	730.47	24.48
143	普定发电公司	8.40	1.87	8.65	97.85	14.79	16.18	1132.23	1.60
144	引子渡水电站	36.00	4.44	4.52	97.88	18.58	20.08	1055.13	1.52
145	贵州鱼塘电站	7.50	2.03	7.95	85.36	16.59	16.16	462.79	0.86
146	董箐发电厂	88.00	15.85	3.35	95.14	52.83	53.04	486.52	8.09
147	天生桥水力发电总厂（二级）	132.00	47.11	2.25	90.27	106.10	106.10	641.20	0.10
148	红枫水力发电总厂	36.82	4.07	11.20	97.8	31.30	22.83	1233.65	3.11
149	三板溪水电厂	100.00	24.43	2.94	95.99	72.45	71.81	469.52	33.31
150	白市水电站	42.00	7.17	9.89	93.34	103.49	70.86	290.36	3.65
151	挂治水电厂	15.00	3.86	18.61	91.65	72.04	71.98	321.19	0.39
152	石垭子水电站	14.00	2.82	3.93	95.54	11.02	11.07	527.51	2.06
153	双河口水电站	12.00	1.98	6.10	97.86	11.51	12.05	576.41	1.65
154	团坡水电站	8.00	1.48	3.35	97.52	5.72	4.97	804.08	0.00
155	金安桥水力发电厂	240.00	117.92	3.40	86.88	484.8	401.66	1416.76	8.21
156	大盈江水电站	10.80	4.38	8.36	94.53	61.67	40.09	788.00	
157	大寨水力发电厂	6.00	2.04	2.40	97.58	6.63	4.91	1481.32	
158	螺丝湾水电站	6.00	2.01	2.44	92.22	7.59	4.89	2258.59	
159	鲁布革水力发电厂	60.00	20.73	1.28	91.17	29.94	26.44	1128.39	0.68
160	以礼河发电厂	32.15	8.33	0.34	92.30	2.28	2.84	2208.55	1.68
161	绿水河发电厂	6.55	1.69	1.52	94.17	4.04	2.57	476.60	0.00
162	阿海水电站	160.00	75.99	4.70	94.17	487.43	356.95	1503.09	7.87
163	鲁地拉水电厂	108.00	9.83	5.93	29.87	369.41	58.28	1159.96	0.48

续表

	电厂名称	发电运行情况				水库运行情况			
		总装机容量（万 kW）	年发电量（亿 kW·h）	平均耗水率[m^3/（kW·h）]	等效可用系数（%）	年入库总水量（亿 m^3）	发电用水量（亿 m^3）	年末水位（m）	年末库容（亿 m^3）
164	天花板水电站	18.00	4.38	4.35	86.86	19.86	19.26	1069.69	0.63
165	小岩头水电站	12.99	2.29	5.80	79.73	13.28	13.26	1279.29	0.02
166	柴石滩水电站	6.00	0.82	5.80	95.70	5.36	4.78	1642.26	3.63
167	赛珠水电站	10.20	2.90	0.63	92.22	2.03	1.82	1812.20	0.01
168	铅厂水电站	11.40	2.33	3.65	83.44	8.55	8.31	1227.50	0.19
169	庙林水电站	6.50	2.96	4.31	92.61	15.60	12.76	814.82	0.10
170	普渡河六级水电站	9.60	2.23	5.25	92.93	11.73	11.73	1087.95	0.08
171	泗南江水电站	20.10	9.22	1.22	91.34	12.91	11.26	882.30	1.30
172	代古寺电站	8.7	3.01	5.82	100	19.12	17.89	1705.50	
173	凉风壳电站	5.25	0.58	8.55	100	4.92	4.92	1468.53	
174	青铜峡水电厂	30.90	12.78	21.77	90.49	286.34	278.60	1156.00	0.36
175	班多水电厂	36.00	12.91	10.21	90.05	174.62	131.87	2759.77	0.11
176	龙羊峡水电厂	128.00	69.63	3.12	92.94	186.74	216.94	2584.00	189.26
177	拉西瓦水电厂	350.00	114.46	1.91	90.96	218.15	218.15	2447.41	9.46
178	李家峡水电厂	160.00	67.13	3.23	86.45	222.16	216.92	2179.88	16.45
179	公伯峡水电厂	150.00	58.97	3.78	94.84	222.83	222.84	2004.48	5.40
180	苏只水电厂	22.50	10.35	21.16	94.20	220.24	219.12	1899.73	0.44
181	积石峡水电站	102.00	35.54	6.38	87.53	226.83	226.76	1847.77	1.59
182	金沙峡水电站	7.00	2.49	6.42	89.98	15.10	15.10	2164.30	0.03
183	直岗拉卡水电公司	15.20							
184	盐锅峡水电厂	47.12	25.90	10.79	96.67	279.50	279.37	1619.46	0.31
185	八盘峡水电厂	22.00	10.62	28.12	92.62	306.76	306.41	1577.89	0.19
186	库什塔依水电站	10.00	3.50	6.00	92	21.62	21.00	1305.00	1.50
187	沙尔布拉克水电站	5.0	0.04	—	—	0.83	0.85	791.88	0.48

（各发电公司、各水电厂提供资料）

2013年全国已建在建抽水蓄能装机情况

截至2013年底，全国已建、在建抽水蓄能装机3578.5万kW，其中：投产容量2154.5万kW，在建容量1424万kW；属国家电网公司经营区域的投产、在建容量分别为1674.5万、1056万kW（其中属国网新源控股有限公司的投产、在建容量分别为1637万、906万kW），属南方电网经营区域的投产、在建容量分别为480万、248万kW，详见表1。

表1 全国已建、在建抽水蓄能装机情况表

地区	序号	电站名称	机组构成（台×万kW）	装机容量（万kW）	投产容量（万kW）	在建容量（万kW）
全　国				3578.5	2154.5	1424
华北地区	1	河北丰宁抽水蓄能电站	6×30	180		180
	2	北京十三陵抽水蓄能电站	4×20	80	80	
	3	河北潘家口抽水蓄能电站	3×9	27	27	
	4	山东泰山抽水蓄能电站	4×25	100	100	
	5	河北张河湾抽水蓄能电站	4×25	100	100	
	6	山西西龙池抽水蓄能电站	4×30	120	120	
	7	北京密云水电站（非新源）		2.2	2.2	
	8	河北岗南水电站（非新源）		1.1	1.1	
	9	呼和浩特抽水蓄能电站（非新源）	4×30	120		120
	华北地区合计			730.3	430.3	300
东北地区	1	吉林敦化抽水蓄能电站	4×35	140		140
	2	黑龙江荒沟抽水蓄能电站	4×30	120		120
	3	吉林白山抽水蓄能电站	2×15	30	30	
	4	辽宁蒲石河抽水蓄能电站	4×30	120	120	
	东北地区合计			410	150	260
华东地区	1	安徽绩溪抽水蓄能电站	6×30	180		180
	2	浙江仙居抽水蓄能电站	4×37.5	150		150
	3	福建仙游抽水蓄能电站	4×30	120	120	
	4	安徽佛子岭抽水蓄能电站	2×8	16		16
	5	浙江天荒坪抽水蓄能电站	6×30	180	180	
	6	浙江桐柏抽水蓄能电站	4×30	120	120	
	7	安徽响洪甸抽水蓄能电站	2×4	8	8	
	8	江苏宜兴抽水蓄能电站	4×25	100	100	
	9	安徽琅琊山抽水蓄能电站	4×15	60	60	
	10	安徽响水涧抽水蓄能电站	4×25	100	100	
	11	江苏溧阳抽水蓄能电站（非新源）	6×25	150		150
	12	江苏沙河抽水蓄能电站（非新源）	2×5	10	10	
	13	浙江溪口抽水蓄能电站（非新源）	2×4	8	8	
	华东地区合计			1202	706	496

续表

地区	序号	电站名称	机组构成（台×万 kW）	装机容量（万 kW）	投产容量（万 kW）	在建容量（万 kW）
华中地区	1	江西洪屏抽水蓄能电站	4×30	120		120
	2	河南回龙抽水蓄能电站	2×6	12	12	
	3	湖南黑麋峰抽水蓄能电站	4×30	120	120	
	4	河南宝泉抽水蓄能电站	4×30	120	120	
	5	湖北白莲河抽水蓄能电站	4×30	120	120	
	6	湖北天堂抽水蓄能电站（非新源）		7	7	
	7	四川寸塘口抽水蓄能电站（非新源）		0.2	0.2	
	华中地区合计			499.2	379.2	120
西藏	1	羊卓雍抽水蓄能电站		9	9	
南方电网	1	广州抽水蓄能电站	8×30	240	240	
	2	惠州抽水蓄能电站	8×30	240	240	
	3	清远抽水蓄能电站	4×32	128		128
	4	深圳抽水蓄能电站	4×30	120		120
	南方电网合计			728	480	248

（本年鉴编辑部）

2013 年全国电力统计基本数据一览表

项　　目	单位	2013 年	2012 年	比上年增长（%）
一、发电量	亿 kW·h	53 721	49 865	7.73
水电	亿 kW·h	8921	8556	4.27
其中：抽水蓄能	亿 kW·h	107	93	14.68
火电	亿 kW·h	42 216	39 255	7.54
核电	亿 kW·h	1115	983	13.41
风电	亿 kW·h	1383	1030	34.17
太阳能发电	亿 kW·h	84	36	132.96
其他	亿 kW·h	2.8	4.8	−41.73
6000kW 及以上火电厂发电量	亿 kW·h	42 134	39 160	7.59
燃煤	亿 kW·h	39 776	37 104	7.20
其中：煤矸石发电	亿 kW·h	1042	746	39.74
燃气	亿 kW·h	1156	1092	5.86
其中：煤层气发电	亿 kW·h	27	15	83.01
燃油	亿 kW·h	52	54	−3.75
其他	亿 kW·h	1120	911	23.01

续表

项　　目	单位	2013 年	2012 年	比上年增长（%）
其中：余温、余压、余气发电	亿 kW·h	737	594	24.05
垃圾焚烧发电	亿 kW·h	176	120	46.53
秸秆、蔗渣、林木质发电	亿 kW·h	207	196	5.43
二、全社会用电量	亿 kW·h	53 423	49 658	7.58
A. 全行业用电合计	亿 kW·h	46 634	43 423	7.40
第一产业	亿 kW·h	1027	1004	2.28
第二产业	亿 kW·h	39 332	36 725	7.10
其中：工业	亿 kW·h	38 657	36 117	7.03
1. 轻工业	亿 kW·h	6431	6036	6.54
2. 重工业	亿 kW·h	32 226	30 081	7.13
第三产业	亿 kW·h	6275	5694	10.21
B. 城乡居民生活用电合计	亿 kW·h	6789	6235	8.89
其中：城镇居民	亿 kW·h	3860	3570	8.13
乡村居民	亿 kW·h	2926	2665	9.92
三、发电装机容量	万 kW	125 768	114 676	9.67
水电	万 kW	28 044	24 947	12.41
其中：抽水蓄能	万 kW	2153	2033	5.91
火电	万 kW	87 009	81 968	6.15
核电	万 kW	1466	1257	16.62
风电	万 kW	7652	6142	24.57
太阳能发电	万 kW	1589	341	365.79
其他	万 kW	8.2	20.5	−59.79
6000kW 及以上火电厂装机容量	万 kW	86 473	81 426	6.20
燃煤	万 kW	79 450	75 382	5.40
其中：煤矸石发电	万 kW	2062	1574	31.01
燃气	万 kW	4252	3717	14.38
其中：煤层气发电	万 kW	95	29	228.00
燃油	万 kW	293	301	−2.82
其他	万 kW	2478	2025	22.36
其中：余温、余压、余气发电	万 kW	1610	1256	28.20
垃圾焚烧发电	万 kW	359	251	42.67

续表

项 目	单位	2013年	2012年	比上年增长（%）
秸秆、蔗渣、林木质发电	万kW	509	518	－1.68
四、35kV及以上输电线路回路长度	km	1 554 236	1 479 791	5.03
1. 交流	km	1 534 248	1 462 901	4.88
其中：1000kV	km	1936	639	202.78
750kV	km	12 666	10 088	25.56
500kV	km	146 166	137 104	6.61
330kV	km	24 065	22 701	6.01
220kV	km	339 075	318 217	6.55
110kV	km	545 815	517 983	5.37
35kV	km	464 525	456 168	1.83
2. 直流	km	19 988	16 890	18.34
其中：±800kV	km	6904	5314	29.93
±660kV	km	1400	1400	0.00
±500kV	km	10 653	9145	16.48
±400kV	km	1031	1031	0.00
五、35kV及以上变电设备容量	万kVA	483 427	445 902	8.42
1. 交流	万kVA	470 047	433 223	8.50
其中：1000kV	万kVA	3900	1800	116.67
750kV	万kVA	6500	5320	22.18
500kV	万kVA	90 112	83 396	8.05
330kV	万kVA	8575	7714	11.16
220kV	万kVA	155 699	144 228	7.95
110kV	万kVA	161 661	149 231	8.33
35kV	万kVA	43 600	41 534	4.98
2. 直流	万kVA	13 380	12 678	5.53
其中：±800kV	万kVA	4654	4360	6.74
±660kV	万kVA	948	948	0.00
±500kV	万kVA	7637	7230	5.64
±400kV	万kVA	141	141	0.00
六、新增发电设备能力	万kW	10 222	8315	22.94
水电	万kW	3096	1676	84.71

续表

项　　目	单位	2013 年	2012 年	比上年增长（%）
其中：抽水蓄能	万 kW	120	165	−27.27
火电	万 kW	4175	5236	−20.26
其中：燃煤	万 kW	3447	4788	−28.00
其中：煤矸石发电	万 kW	61	156	−61.15
燃气	万 kW	440	247	78.03
其他	万 kW	273	201	35.89
其中：余温、余压、余气发电	万 kW	182	105	74.56
垃圾焚烧发电	万 kW	34	20	71.33
秸秆、蔗渣、林木质发电	万 kW	56	75	−25.13
核电	万 kW	221		
风电	万 kW	1487	1296	14.77
太阳能发电	万 kW	1243	107	1058.12
七、火电机组退役和关停容量	万 kW	803	616	30.40
八、年底主要发电企业电源在建规模	万 kW	15 950	16 235	−1.75
水电	万 kW	5129	6648	−22.86
火电	万 kW	5953	5166	15.24
核电	万 kW	3387	3383	0.12
风电	万 kW	1457	971	49.96
九、新增直流输电线路长度及换流容量				
1. 线路长度	km	4846	2090	131.85
其中：±800kV	km	3623	2090	73.35
±660kV	km			
±500kV	km	1223		
±400kV	km			
2. 换流容量	万 kVA	1370	1890	−27.51
其中：±800kV	万 kVA	1050	1440	−27.08
±660kV	万 kVA			
±500kV	万 kVA	320	450	−28.89
±400kV	万 kVA			
十、新增交流 110kV 及以上输电线路长度及变电设备容量				

续表

项 目	单位	2013 年	2012 年	比上年增长（%）
1. 线路长度	km	59 604	64 179	−7.13
其中：1000kV	km	1298		
750kV	km	2218	741	199.33
500kV	km	7469	4747	57.33
330kV	km	1598	219	629.54
220kV	km	21 498	26 431	−18.66
110kV（含 66kV）	km	25 523	32 040	−20.34
2. 变电设备容量	万 kVA	28 577	28 835	−0.90
1000kV	万 kVA	2100		
750kV	万 kVA	1180		
500kV	万 kVA	5580	7200	−22.50
330kV	万 kVA	573	372	54.03
220kV	万 kVA	10 398	11 269	−7.73
110kV（含 66kV）	万 kVA	8746	9994	−12.49
十一、本年完成电力投资	亿元	7728	7393	4.53
1. 电源投资	亿元	3872	3732	3.75
其中：水电	亿元	1223	1239	−1.28
火电	亿元	1016	1002	1.37
核电	亿元	660	784	−15.84
风电	亿元	650	607	6.95
太阳能发电	亿元	323	99	227.26
2. 电网投资	亿元	3856	3661	5.33
送变电	亿元	3768	3458	8.95
其中：直流	亿元	354	278	27.66
交流	亿元	3413	3180	7.32
其他	亿元	89	203	−56.36
十二、单机 6000kW 及以上机组平均单机容量				
水电：单机容量	万 kW/台	5.91	5.77	0.13
机组台数	台	3998	3530	468 台
机组容量	万 kW	23 617	20 377	3240 万 kW
火电：单机容量	万 kW/台	11.75	11.80	−0.05
机组台数	台	7223	6805	418 台
机组容量	万 kW	84 891	80 302	4589 万 kW

续表

项 目	单位	2013 年	2012 年	比上年增长（%）
十三、6000kW 及以上电厂供热量	万 GJ	324 128	307 749	5.32
十四、6000kW 及以上电厂发电标准煤耗	g/(kW·h)	301.60	304.81	−3.21g/(kW·h)
十五、6000kW 及以上电厂供电标准煤耗	g/(kW·h)	320.97	324.63	−3.66g/(kW·h)
十六、6000kW 及以上电厂厂用电率	%	5.05	5.10	
水电	%	0.33	0.33	
火电	%	6.01	6.08	
十七、6000kW 及以上电厂利用小时	h	4521	4579	−58h
水电	h	3359	3591	−231h
其中：抽水蓄能	h	513	592	−79h
火电	h	5021	4982	38h
核电	h	7874	7855	19h
风电	h	2025	1929	95h
太阳能发电	h	1342	1423	−81h
十八、6000kW 及以上电厂燃料消耗				
发电消耗标煤量	万 t	122 127	114 770	6.41
发电消耗原煤量	万 t	185 782	178 968	3.81
供热消耗标煤量	万 t	12 834	12 247	4.79
供热消耗原煤量	万 t	19 168	18 447	3.91
十九、6000kW 及以上电厂热效率				
电厂热效率	%	42.38	41.91	
电厂供热效率	%	86.17	85.74	
电厂能源转换总效率	%	45.42	45.03	
二十、供、售电量及线损				
供电量	亿 kW·h	48 412	44 798	8.07
售电量	亿 kW·h	45 180	41 781	8.13
线损电量	亿 kW·h	3232	3018	7.09
线路损失率	%	6.68	6.74	
二十一、发用电设备比				
发电设备容量：用电设备容量		1 ∶ 3.51	1∶3.47	
二十二、电力弹性系数				
电力生产弹性系数		1.0	0.7	
电力消费弹性系数		0.98	0.73	

注 1. 2013 年，全国基建新增生物质发电装机容量 92 万 kW，同比下降 7.12%；年底 6000kW 及以上生物质电厂装机容量 868 万 kW，同比增长 12.82%；全年 6000kW 及以上生物质电厂发电量 383 亿 kW·h，同比增长 21.06%。
2. 风电、太阳能发电装机容量和发电量等指标均为并网口径。
3. 35kV 及以上变电设备容量包括换流站两端变压器容量，±800kV 和±400kV 输电线路长度不含接地极长度。
4. 2013 年风光储电站的发电装机容量和发电量分别纳入相应发电类型统计，2012 年风光储电站全部纳入其他发电类型统计。

（中国电力企业联合会）

2013 年全国水电 40MW 及以上容量机组运行可靠性综合指标

	机组容量(MW)	台数	台年数	平均容量(MW/台)	利用小时UTH	可用小时		不可用小时及次数						降低出力等效停运小时	等效可用系数EAF(%)	等效强迫停运率EFOR(%)
						运行SH	备用RH	计划停运		非计划停运		强迫停运				
								次数	小时	次数	小时	次数	小时			
水电轴流机组	全部	140	138.16	105.59	4085.56	5131.26	2985.87	1.64	633.52	0.19	9.81	0.14	9.61		92.66	0.19
	40～99	68	67.84	59.3	3946.42	4672.05	3485.96	2	570.57	0.27	31.42	0.19	31.15		93.13	0.66
	150	11	10.89	150	4342.27	5450.68	2564.80	1.29	738.21	0.09	6.31	0.09	6.31		91.5	0.12
	200	7	7	200	4022.62	5093.96	2948.62	2.14	716.77	0.29	0.65	0.29	0.65		91.81	0.01
水电混流机组	全部	537	530.67	217.02	3495.84	4641.54	3393.12	1.68	717.86	0.14	7.7	0.08	4.58	8.53	91.62	0.10
	44～99	224	219.17	61.1	3353.97	4787.35	3362.41	1.67	606.88	0.05	3.36	0.02	0.54	73.68	92.19	0.01
	150	19	19	150	3298.56	4365.90	3609.39	1.79	783.91	0.21	0.8	0.05	0.01		91.04	
	200	11	11	200	1980.72	2496.45	5641.61	1.18	620.79	0.09	1.15	0.09	1.15		92.9	0.05
	250	18	18	250	2545.24	4003.25	4373.27	1	383.48						95.62	
	300	136	134.91	529.28	3703.86	4867.76	3122.10	1.82	761.22	0.25	9.27	0.18	5.04		91.2	0.10
抽水蓄能机组	全部	81	81	247.78	1281.90	1427.64	6594.92	6.3	710.18	2.2	28.57	1.79	7.6		91.57	0.53
	40～99	9	9	63.33	2314.59	3027.22	4909.43	3.33	802.03	2.11	21.32	2.11	21.32		90.6	0.70
	150	6	6	150	1924.20	1912.25	6274.31	8.67	572.59	0.67	0.85	0.67	0.85		93.45	0.04
	200	4	4	200	1301.21	1536.54	6487.00	6.25	736.04	0.75	0.43	0.75	0.43		91.59	0.03
	250	16	16	250	1180.04	1250.08	6789.17	9.31	716.96	1	3.8	1	3.8		91.77	0.30
	300	46	46	300	1225.76	1375.11	6635.39	5.52	711.90	2.96	39.49	2.24	9		91.42	0.65
全部机组		758	749.83	199.73	3256.94	4259.18	3781.86	2.18	708.65	0.37	10.7	0.28	5.47	6.56	91.71	0.13

（中国电力企业联合会）

大 事 记

2013年大事记

一 月

1月2日 国务院办公厅以国办发〔2013〕2号文印发《实行最严格水资源管理制度考核办法》。《办法》规定，各省、自治区、直辖市人民政府是实行最严格水资源管理制度的责任主体，政府主要负责人对本行政区域水资源管理和保护工作负总责。考核内容为最严格水资源管理制度目标完成、制度建设和措施落实情况。这是落实《国务院关于实行最严格水资源管理制度的意见》的一项重要举措。

1月7日 国家发展改革委、财政部、水利部联合印发了《关于水资源费征收标准有关问题的通知》。自2006年《取水许可和水资源费征收管理条例》（国务院令第460号）颁布以来，各地积极推进水资源费改革，对促进水资源节约、保护、管理与合理开发利用发挥了积极作用，但仍存在水资源费标准分类不规范、征收标准特别是地下水征收标准总体偏低、水资源状况和经济发展水平相近地区征收标准差异过大、超计划或者超定额取水累进收取水资源费制度未普遍落实等问题。为进一步明确标准，规范行为，三部委研究制定了该《通知》。

1月7日 全国能源工作会议在北京召开。会议从增加国内能源有效供给、大力发展新能源和可再生能源、控制能源消费总量、加强能源科技创新、深化能源体制改革、推进国际能源互利合作、加快实施能源民生工程、加强能源行业管理等八个方面对2013年工作进行总体部署。其中提出要积极发展水电，协调发展风电，大力发展分布式光伏发电，全年新增水电装机容量2100万kW、风电装机容量1800万kW、光伏发电装机容量1000万kW。

1月7～9日 国家电网公司第二届职工代表大会第三次会议暨2013年工作会议在北京召开。会议回顾了公司发展历程，分析形势，部署2013年任务。总经理刘振亚作了题为《再接再厉推进“两个转变”，为全面建成“一强三优”现代公司而奋斗》的工作报告。2012年，公司各方面工作取得新成绩、新突破。会议提出，2013年将继续加快特高压电网建设，推动电网规划和特高压项目纳入国家规划。预计至2020年，国家电网将投资1.2万亿元建特高压9.45万km，变电容量3.2亿kVA，换流容量4.6亿kW。

1月11日 经国际电工委员会（IEC）理事局批准，国家电网公司副总经理舒印彪正式出任IEC副主席。这是继2012年其担任IEC三大核心机构之一——市场战略局召集人之后，国家电网公司在参与国际标准化组织活动中取得的又一历史性突破。IEC成立于1906年，是目前世界上最具权威的三大国际标准化机构之一，目前，全球共有164个国家加入。

1月12日 国家能源局以国能新能〔2013〕20号文批复甘肃省抽水蓄能电站选点规划，同意昌马（拟装机容量120万kW）和大古山（120万kW）为甘肃省2020年新建抽水蓄能电站推荐站点。

1月15日 绩溪抽水蓄能电站工程在工地现场举行了隆重的开工仪式。绩溪抽水蓄能电站位于安徽省绩溪县伏岭镇境内，是一座日调节纯抽水蓄能电站，总装机容量1800MW，属一等大（1）型工程。

1月15日 中国大唐集团公司2013年工作会议在北京召开。会议全面总结了2012年工作，确定了2013年工作的总体思路、奋斗目标和重点工作。公司总经理陈进行作题为《深入贯彻落实党的十八大精神，为加快推进集团公司做强做优而努力奋斗》的工作报告。2012年，集团公司利润总额创近五年最好水平，全面和超额完成了国务院国资委年度考核指标和各项任务目标。

1月17～18日 中国华能集团公司2013年工作会议在北京召开。会议总结2012年工作，研究部署2013年工作。总经理曹培玺作了题为《加快转型升级，提高质量效益，扎实创建具有国际竞争力的世界一流企业》的工作报告。2012年，公司境内外全资及控股电厂装机容量达到13 508万kW，同比增长7.7%；完成发电量6087亿kW·h，其中国内发电量5972亿kW·h，同比增长0.79%；完成煤炭产量6859万t，同比增长7.1%；完成合并营业收入2777亿元，同比增长3.5%；供电煤耗316.52g/(kW·h)，同比下降2.16g/(kW·h)；厂用电率4.84%，同比下降0.24个百分点。

1月17～18日 中国电力投资集团公司2013年工作会议在北京召开。会议总结了2012年工作，研究部署2013年工作。陆启洲作了题为《加快转变发展方式，提高增长质量效益，在十八大精神指引下坚定不移推进三步走战略》的工作报告。2012年，集团公司电力装机突破8000万kW，煤炭产能7410万t，电解铝产能277.3万t；全年完成发电量3493.93亿kW·h、煤炭产量6046.02万t、电解铝产量269.27万t、铁路运量920.75万t；营业收入1794亿元，增长13.76%；利润总额53.28亿元，创历史最好水平；资产负债率得到有效控制，下降1.23个百分点。

1月18日 国家科学技术奖励大会在人民大会堂隆重举行，水电科学技术有6个项目获奖。其中“水利水电工程渗流多层次控制理论与应用”、“高坝动静力超载破损机理与安全评价方法”、“高坝泄洪消能防护和雾化安全技术与应用”和“高土石坝抗震设计理论研究与工程应用”4项目获得国家科学技术进步二等奖；“高水头大流量泄水建筑物分级防冲防蚀成套技术”与“大型水电工程地下洞室热湿环境调控关键技术、系列产品研发及应用”2项目获国家技术发明二等奖。

1月19～20日 中国华电集团公司2013年工作会议在北京隆重召开。会议总结2012年工作，部署2013年任务。总经理云公民作了题为《高扬华电旗帜，加快转型升级，全力推进公司可持续发展》的工作报告。2012年公司实现销售收入1821亿元，同比增长11.3%；完成发电量4323亿kW·h，同比增长3.44%；装机容量超过1亿kW；控股煤炭产能4620万t/a，同比增长80%；供电煤耗316.81g/（kW·h），同比下降4.32g/（kW·h）；二氧化硫排放绩效2.3g/（kW·h），同比下降4.2%。

1月24日 2013年中国水电新春恳谈会暨水电科技奖颁奖典礼在北京友谊宾馆举行。共有94个单位的领导、专家和来宾，近400人出席大会。在2013年新春佳节即将到来之际，来自全国的水电工作者代表欢聚一堂，畅叙友情，共谋发展。这次聚会既是中国水电界延续多年的新春恳谈会，也是表彰2012年度水电科技奖的盛典。

1月24～25日 中国南方电网有限责任公司2013年工作会议暨二届一次职工代表大会在广州召开。董事长赵建国作了题为《凝聚智慧、攻坚克难，持续推动创建国际先进电网企业工作》的讲话。总经理钟俊作了题为《推进全面创先工作、提高发展质量效益，为公司新一轮发展奠定坚实基础》的工作报告。会议提出了继续坚持稳中求进，持续推动创先和管理提升工作的工作思路和目标，强调抓好八方面的重点工作，全力推动各项工作目标完成。

1月24～26日 水电水利规划设计总院会同云南省发展改革委、省能源局在昆明主持召开了澜沧江上游黄登水电站可行性研究报告审查会议。会议经讨论和审议，认为报告达到了可行性研究阶段勘测设计工作内容和深度的要求，基本同意该报告。黄登水电站位于云南省怒江州兰坪县境内，是澜沧江上游古水—苗尾河段规划中的第6个梯级，水库总库容为16.70亿m^3，电站装机容量190万kW，多年平均年发电量85.70亿kW·h。其碾压混凝土坝最大坝高203m，居世界同类型大坝前列。

1月29～30日 中国电力建设集团有限公司在北京召开2013年工作会议。会议全面总结2012年工作，安排部署2013年工作。范集湘作了题为《坚持市场需求导向，锐意改革创新进取，加快转变发展方式，着力提高质量效益》的工作报告。2012年公司营业收入、实现利润、新签合同金额同比增长10.3%、38.9%、47%，资产总额、合同存量同比增长21.11%、23.3%，集团公司成功跨入世界500强。

二 月

2月1日 中国水电工程顾问集团有限公司召开2013年度工作会议。会议回顾总结2012年工作，研究确定当前形势下的工作思路，安排部署2013年工作。总经理王斌作了题为《转型升级，创新驱动，加快构筑全产业价值链服务平台》的工作报告。2012年水电顾问集团取得全面发展和重点突破，营业收入、利润总额、新签合同金额同比增长17.89%、13.81%、62.06%，经营业绩再创历史新高。

2月1～2日 中国长江三峡集团公司2013年工作会暨一届三次职代会在湖北宜昌三峡坝区召开。会议总结2012年工作，分析面临的形势，部署2013年工作。董事长曹广晶发表讲话。总经理陈飞作了题为《深化改革，强化管理，做强做优，为全面建成小康社会做出新贡献》的工作报告。会议指出，2013年要创新工作思路，推进管理提升，加强作风建设，不断提高发展的质量和效益，加快建设国际一流清洁能源集团。

2月1～3日 中国葛洲坝集团公司五届二次、集团股份公司二届二次职工代表大会暨2013年工作会议在湖北宜昌召开。会议全面总结2012年工作成绩，深入谋划2013年工作，共商企业发展大计。公司总经理、集团股份公司董事长丁焰章发表重要讲话。集团股份公司总经理张金泉作了题为《调结构、强管理、稳增长，为圆满实现2013年各项工作目标而努力奋斗》的工作报告。2012年，集团（股份）公司资产总额快速增长、市场签约首破千亿元大关、完成产值创新高、实现利润逆势攀升、合同储备上新台阶。

2月7日 国家能源局以发改办能源〔2013〕364号文同意澜沧江古水水电站开展前期工作。古水水电站装机容量初步定为180万kW，由华能澜沧江水电有限公司负责建设和管理。

2月21～22日 中国国电集团公司一届五次职工代表大会暨2013年工作会在北京召开。会议总结回顾十年成就和2012年工作，部署2013年重点任务。总经理朱永芃作了题为《坚持转型战略，深化改革创新，为全面建成一流综合性电力集团而奋斗》的工作报告。经10年努力，公司可控装机突破1.2亿kW，是成立之初的5.4倍；资产总额超过7200亿元，净资产接近1200亿元，营业收入超过2300亿元，分别是成立之初的 11 倍、6 倍和 9 倍；供电煤耗下降 56g/(kW·h)。2012 年，利润总额同比增长约一倍，净利润增长超过一倍，净资产收益率增长 3.41 个百分点。

2 月 27 日　国家发展改革委以发改能源〔2013〕379 号文核准海南琼中抽水蓄能电站项目。该电站位于海南省琼中县南渡江南源黎田河上游，距海口市、三亚市直线距离分别为 106、110km，距昌江核电站直线距离 98km，安装 3 台 20 万 kW 可逆式抽水蓄能机组，总装机容量 60 万 kW，总投资约 39.95 亿元。

2 月 28 日　国家能源局以发改办能源〔2013〕412 号文核准澜沧江里底水电站项目。里底水电站安装 3 台 14 万 kW 轴流转桨式水轮发电机组，总装机容量 42 万 kW，年均发电量为 17.53 亿 kW·h。该项目由华能澜沧江水电有限公司负责建设和管理。

三　月

3 月 1 日　国家能源局以发改办能源〔2013〕528 号文同意句容抽水蓄能电站开展前期工作。该工程初定建设 6 台 22.5 万 kW 的可逆式抽水蓄能机组，总装机容量 135 万 kW，由国家电网公司全资建设。

3 月 8 日　国家能源局印发《水电工程质量监督管理规定》和《水电工程安全鉴定管理办法》。根据《规定》，我国水电工程质量监督实行分级、属地管理，监督机构分总站、分站、站三级设置。《办法》对安全鉴定工作组织、参建单位职责、蓄水安全鉴定等问题做了详细规定。

3 月 8 日　水利部网报道：继 2012 年底国务院批复长江、辽河流域综合规划后，日前，国务院批复了黄河、淮河、海河、珠江、松花江、太湖流域综合规划。至此，七大流域综合规划（修编）全部得到国务院批复。近年来，为适应流域治理、开发与保护面临的新形势和新要求，按照国务院的统一部署，水利部会同国家发展改革委、国土资源部、环境保护部、住房和城乡建设部、交通运输部、农业部、国家林业局、中国气象局、国家能源局、国家海洋局等 10 个部门，组织流域管理机构、有关地方、科研技术单位和各方面专家，全面开展了七大江河流域综合规划修编工作。

3 月 12～17 日　西藏尼洋河多布水电站可行性研究报告审查会议在成都召开。审查认为，报告的内容和工作深度满足水电工程可行性研究报告编制规程的要求，同意该报告。多布水电站是尼洋河流域综合治理与保护规划控制性工程和优选项目，是西藏自治区“十二五”能源发展规划重点开工投产项目和国家“十二五”支持西藏经济社会发展重点项目之一，总装机容量 12 万 kW。

3 月 26 日　水利部、国家统计局发布了《第一次全国水利普查公报》。这次普查标准时点为 2011 年 12 月 31 日，时期资料为 2011 年度。通过普查，查清中国江河湖泊的基本情况，获得了涉水资源的环境以及经济社会信息，填补了中国与水有关的国情国力信息空白，如第一次查清了流域面积在 50km^2 以上河流的条数和长度，第一次查清了 9000 多万个小微型水电站、水闸、泵站、地下水井、农村供水工程数量和分布情况，第一次查清了 50 亩以上灌区数量和面积，第一次查清了青海湖、西藏纳木错、新疆艾比湖等西部重要湖泊容积。

3 月 28 日　官地水电站最后一台机组顺利通过 72h 连续带负荷试运行，正式并网发电。至此，官地水电站历时近 9 年建设，全部建成投产，比计划工期整体提前 3 个月，成为四川省“十二五”期间首座完建的大型水电站。该电站位于四川省凉山彝族自治州西昌市和盐源县交界处雅砻江干流上，总装机容量为 240 万 kW，多年平均发电量 117.76 亿 kW·h，是国家“西电东送”重点工程。

3 月 29 日　中国电力企业联合会标准化管理中心在北京召开了电力行业标准《流域梯级水电站集中控制规程》（送审稿）审查会。该标准由中国水力发电工程学会组织行业近 10 家单位的 20 余名专家，历时一年多编制完成；与会专家进行了认真审查，认为内容全面，要求合理，可操作性强。会议通过了送审稿的审查，建议编写组按照与会专家的审查意见尽快修改完善和完成报批工作。

3 月 30 日　由中国电力建设集团有限公司承建的加纳布维水电站首台水轮发电机组（3 号机）正式投产发电。该电站位于加纳北部和科特迪瓦交界处，装机 3 台，总容量 40 万 kW，年发电量 10 亿 kW·h。

四　月

4 月 1 日　南水北调中线兴隆水利枢纽工程正式下闸蓄水。兴隆水利枢纽工程位于潜江与天门交界处，主要作用是枯水期抬高汉江水位，改善两岸灌区的引水条件和汉江通航条件，兼顾发电。工程由 56 孔泄水建筑物、通航建筑物、电站厂房、鱼道和两岸连接交通桥组成，水库总库容 4.85 亿 m^3，最大下泄流量 19400m^3/s，规划灌溉面积 327.6 万亩，装机容量 4×1 万 kW，设计通航标准 1000t 级。

4 月 1 日　三峡升船机顶部机房最后一仓混凝土浇筑完毕。至此，三峡升船机顶部机房全线达到 218.15m 设计完建高程。三峡升船机顶部机房布置在 196m 高程左右 4 个筒体之上，每个机房长 119m，宽 20m，高 22.15m，左右机房各安装一台用于齿条螺母柱施工和平衡重挂装的桥机。

4月7日　柳树沟水电站工程首台机组（1号机）通过72h试运行，正式并网发电。柳树沟水电站位于新疆巴音郭楞自治州境内，是开都河中游河段水电开发规划中的第8个梯级水电站，设计安装2台9万kW水轮发电机组。

4月7日　锁儿头水电站首台机组成功并网发电。该电站位于甘肃省舟曲县县城上游约500m处，是白龙江尼什峡至沙川坝河段上规划的第13个梯级电站，安装3台单机容量为2.2万kW的混流式水轮发电机组，总装机容量6.6万kW。工程于2007年12月开工建设，建设中经受了“5·12”汶川特大地震和“8·8”舟曲特大山洪泥石流的考验。

4月11日　浙北—福州特高压交流输变电工程建设动员大会在福建福州和浙江杭州同时举行。该工程是国家电网公司的第三个1000kV特高压交流工程，连接浙江与福建两省，是华东特高压主网架的重要组成部分。

4月12日　向家坝水电站拦河大坝全线封顶，达到384m设计高程。该大坝为混凝土重力坝，最大坝高162m，全长896.26m，2007年10月1日开始浇筑，共浇筑了1002万m^3混凝土。

4月16日　仙游抽水蓄能电站1号机组通过电站启动验收委员会验收，投入商业运行。该电站位于福建省仙游县度尾镇，是福建省第一座抽水蓄能电站，具有周调节功能，由国网新源公司控股投资建设，安装4台由我国自行设计制造的单机容量为30万kW的可逆式抽水蓄能机组。

4月20日　四川省雅安市芦山县发生7.0级地震，川渝地区在大坝中心注册和备案的90座水电站大坝基本正常，震中附近的铜头、雨城、宝兴、小关子、硗碛水电站泄洪设施完好，并降至低水位运行。

4月22日　国家发展改革委以发改办能源〔2013〕899号文，批复同意易贡藏布忠玉水电站项目开展前期工作。忠玉水电站初拟装机容量80万kW，是国家《“十二五”支持西藏经济社会发展建设项目规划方案》重点项目，也是藏中电网难得的具有年调节性能的水电站，建成后不仅每年可提供35亿kW·h优质电能，同时可使其下游各梯级电站保证出力增加100%以上。

4月22日　国家能源局以国能新能〔2013〕167号文批复浙江省抽水蓄能电站选点规划，同意将长龙山（拟装机容量210万kW）、宁海（140万kW）、缙云（180万kW）、磐安（100万kW）和衢江（120万kW）作为浙江省2020年新建抽水蓄能电站推荐站点。为保证蓄能电站持续健康发展，将泰顺、天台、建德和桐庐作为浙江省抽水蓄能电站储备站点。

4月24～26日　水电工程质量监督总站质量监督巡查组对白鹤滩筹建工程开展了质量监督第一次巡视检查。这是水电水利规划设计总院受国家能源局委托成立水电工程质量监督总站以来开展的第一次工程质量监督检查工作。

4月25～26日　水电水利规划设计总院会同重庆市发展改革委、贵州省发展改革委在重庆主持召开了重庆蟠龙抽水蓄能电站可行性研究报告审查会议。审查认为，报告满足可行性研究阶段勘测设计工作内容和深度的要求，基本同意该报告。蟠龙抽水蓄能电站位于重庆市西南部綦江区中峰镇境内，距重庆市主城区直线距离约80km，装机容量120万kW。

4月26日　白市水电站2号机组完成72h试运行移交电厂。此前，1、3号机分别于4月13日和22日完成72h试运行。至此，白市水电站3台机组全部投产发电。该电站位于贵州省天柱县境内沅水干流上游河段清水江的下游，为沅水干流上的第4个梯级，以发电为主，共安装3台单机容量为14万kW的水轮发电机组。

4月26日　多诺水电站首台机组并网运行。该电站位于四川省阿坝州九寨沟县境内，是白水江河干流水电规划“一库七级”开发方案的龙头水库梯级电站，开发任务主要为发电，兼顾九寨沟县城市建设、景观用水和下游环境生态用水，装设2台单机容量为5万kW的混流式水轮发电机组。

五　月

5月11日　沙沱水电站首台机组（2号机）顺利通过72h试运行转入商业运行。该电站位于贵州省沿河县，是贵州境内乌江干流开发选定方案中的最后一级（第9级），以发电为主，其次航运，兼顾防洪等综合效益。电站安装4台单机容量为28万kW的水轮发电机组。

5月13日　水利部以水建管〔2013〕231号文公布了全国656座大型水库大坝安全责任人名单。要求进一步完善水库大坝安全责任制，确保水库工程的安全运行和综合效益的充分发挥。

5月14日　财政部、水利部以财建〔2013〕194号文联合下发《关于扩大农村水电增效扩容改造实施范围的通知》。2011～2012年财政部、水利部在浙江、重庆、湖北、湖南、广西和陕西等6省（自治区、直辖市）开展了农村水电增效扩容改造试点，改造后的电站装机容量增加32%，年发电量提高52%，成效显著。在此基础上，财政部、水利部决定扩大农村水电增效扩容改造实施范围，对全国1995年及以前投运、单站装机容量5万kW以下的农村水电站实施增效扩容改造。计划2013年启动一批，2014年再启动一批，2015年底前全面完成。

5月15日　国务院以国发〔2013〕19号文下发《关于取消和下放一批行政审批项目等事项的决定》，在决定取消和下放的117项审批项目中能源类项目数量居首，主要河流以外建设的水电站、风电站、分布式燃气发电项目以及部分煤矿、电网、油气管输等项目，都将交由地方政府投资部门核准。

5月16日　阿海水电站3号机组通过72h试运行，各项指标优良，移交电厂投产发电。

5月16～18日　受水利部委托，水电水利规划设计总院在北京主持召开白鹤滩、乌东德水电站水土保持方案报告书技术审查会议。审查组认为，白鹤滩、乌东德水电站的水土保持方案报告书编制依据充分，内容全面，重点突出，项目概况介绍清楚，分析方法正确，水土流失防治责任范围、防治目标明确，分区防治措施基本可行，基本达到了水电工程可行性研究阶段的设计深度。

5月17日　国家海洋科技中心正式发布《中国海洋能发展年度报告（2012）》。调查显示，我国近海海洋可再生资源理论蕴藏量约16.7亿kW，技术开发量达6亿kW，相当于27个三峡水电站的装机容量，具有很好的开发利用前景。

5月21～24日　国际水电协会（IHA）2013世界水电大会在马来西亚召开。本次大会是历届IHA世界水电大会与会代表最多的一次，60多个国家的政府官员、企业代表、非政府组织代表、金融界人士、科研人员和专家学者共500余人参加会议。中国水力发电学会理事长张基尧率团参加了这次盛会，参与本次大会的中国代表达40余人。大会的主题是“推进可持续水电发展”，分不同专题召开讨论会和交流会议。会后，部分与会代表实地考察了由中国企业承建的马来西亚巴贡水电站和沐若水电站。

5月21日　龙开口水电站首台机组（2号机）顺利完成72h试运行并移交电厂，正式投产发电。该电站是中国华能集团公司在金沙江中游建设的第一个水电项目，位于金沙江中游云南省大理白族自治州鹤庆县境内，为金沙江中游河段水电规划中的第6个梯级；水库总库容5.58亿m^3，安装5台单机36万kW机组，年发电量74亿kW·h。电站于2007年9月开始筹建，2009年1月21日实现大江截流，2012年11月25日顺利下闸蓄水。

5月23～25日　水电水利规划设计总院会同四川省发展改革委、能源局在成都主持召开了四川雅砻江两河口水电站可行性研究报告审查会议。审查认为，报告达到了可行性研究阶段勘测设计工作内容和深度的要求，基本同意该报告。两河口水电站位于四川省甘孜藏族自治州雅江县境内，为雅砻江中、下游的“龙头”水库。水库总库容108亿m^3，具有多年调节性能。电站装机容量300万kW，多年平均年发电量约110亿kW·h。土心墙堆石坝最大坝高295m。

5月27日　国家发展改革委以发改能源〔2013〕990号文对澜沧江苗尾水电站项目核准进行了批复，同意建设苗尾水电站。电站安装4台35万kW混流式水轮发电机组，总装机容量140万kW，年均发电量59.99亿kW·h。该项目由华能澜沧江水电有限公司负责建设和管理。

5月29日　丰宁抽水蓄能电站开工建设。该项目由国网新源控股有限公司负责建设、运营、管理，建成后将成为目前世界装机容量最大的抽水蓄能电站。丰宁抽水蓄能电站规划总装机容量360万kW，分两期建设。一期建设规模为180万kW，安装6台单机容量为30万kW的可逆式抽水蓄能机组，总投资99.47亿元，建设工期为86个月，首台机组发电工期为66个月。

5月30日　向家坝水电站右岸地下厂房最后一台80万kW机组（5号机）顺利完成72h试运行，比合同工期提前93d实现并网发电。至此，向家坝水电站右岸地下厂房4台单机容量80万kW的机组全部投产发电。

5月30日　达克曲克水电站主体工程开工。该电站位于和田县喀什塔什乡境内，是和田地区玉龙喀什河“两库五级”水电规划开发方案的第4个梯级，总装机容量7.5万kW。项目由华电新疆发电有限公司、新疆投资发展（集团）有限责任公司、新疆生产建设兵团第十四师国资委三家组成的新疆华电和田水电有限责任公司投资开发经营。计划2015年上半年第一台机组投产发电。

六　月

6月6日　国家能源局综合司发出通知，公布电力行业372座注册和备案的水电站大坝运行单位的安全责任人名单。要求进一步完善水电站大坝安全责任制，确保大坝运行安全和社会公共安全。

6月7日　渡口坝水电站最后一台机组完成72h试运行并网发电，至此，该电站两台机组全部投产发电。渡口坝水电站位于重庆市奉节县境内梅溪河上游，总装机容量12.9万kW。

6月13日　沙沱水电站第四台机组顺利通过72h试运行后，直接转入商业运行。至此，该电站4台机组全部投产。沙沱水电站位于贵州省沿河县境内的乌江干流上，为乌江干流贵州境内规划开发的9个梯级电站的最后一级，总装机容量112万kW，工程总投资106.64亿元。前3台水轮发电机组分别于2013年5月11日、14日和26日相继建成投入商业运行。

6月18日 国家电网公司组织实施了向家坝—上海±800kV特高压直流输电示范工程过负荷运行，成功将四川地区的704万kW电力高效输送至2000km外的上海，刷新了单回输电工程输送功率的世界纪录。本次过负荷运行按照双极“640万kW满负荷4h+704万kW过负荷2h”的方式安排，在两侧换流站环境温度均超过35℃高温的严酷条件下，对两端交、直流主设备和系统进行了严格考核。本次过负荷运行的成功完成，进一步验证了特高压直流输电的技术可行性和设备可靠性，标志着国家电网公司在超远距离、超大规模输电技术方面取得全面突破。

6月21日 中国共产党的优秀党员，我国杰出的水利水电工程专家和工程教育家，水利水电事业的主要开拓者之一，中国科学院、中国工程院院士，清华大学原副校长张光斗先生，于13时42分在北京逝世，享年101岁。

6月24日 阿海水电站4号机组顺利结束72h试运行，无缝交接投入商业运行。该电站位于云南省丽江市玉龙县与宁蒗县交界的金沙江中游河段，是金沙江中游河段“一库八级”水电开发方案的第4个梯级，安装5台单机容量为40万kW的水轮发电机组。

6月24日 国家发展改革委以发改办能源〔2013〕1493号文，同意新疆阜康抽水蓄能电站开展前期工作。阜康抽水蓄能电站初定总装机容量120万kW，位于新疆昌吉州阜康市境内白杨河上，距乌鲁木齐市约130km；估算总投资为71亿元，由国家电网公司全资建设。

6月24日 国家发展改革委以发改办能源〔2013〕1494号文，同意西藏玉曲河扎拉水电站开展前期工作。扎拉水电站装机容量初步定为81万kW，由中国大唐集团公司负责建设和管理。复函要求，要高度重视电站建设的移民安置和生态环境保护工作，制定切实可行的生态保护和移民安置措施。加强与移民的沟通，充分尊重少数民族的宗教、文化、习俗，结合藏区惠民政策，采取多种措施，尽可能增加移民收入。

6月25日 “2013中国能源年度人物”颁奖典礼暨能源中国梦研讨会在京举行。中国华能集团公司总经理曹培玺当选本年度中国能源年度人物。中国能源年度人物评选是中国能源报主办的一项公益性活动，自2011年开始，每年举办一次。

6月25日 糯扎渡水电站5号机组顺利通过72h试运行，顺利移交业主投入商业运营。

6月27日 界竹口水电站正式蓄水发电。该水电站是国电电力发展股份有限公司在福建省境内投建的首个水电项目，位于永泰县赤锡乡大樟溪干流上，总装机容量6万kW。

6月26～28日 水电水利规划设计总院会同四川省发展改革委、能源局在成都主持召开了四川大渡河金川水电站可行性研究报告审查会议。审查认为报告达到了可行性研究阶段勘测设计工作内容和深度的要求，一致同意通过该报告。金川水电站位于四川省阿坝藏族羌族自治州金川县境内的大渡河上游河段，是审定的《四川省大渡河干流水电规划调整报告》中的第6个梯级，主要开发任务为发电，水库正常蓄水位2253m，相应库容约4.88亿m^3，总装机容量86万kW，多年平均年发电量35.46亿kW·h。

七 月

7月5日 财政部、水利部在福建召开全国农村水电增效扩容改造工作会议，对前期试点情况进行总结，并对全面实施农村水电增效扩容改造进行了动员部署。会议确定，从2013年起，到2015年底前，中央财政投入约80亿元，带动地方政府、社会投资约140亿元，完成1995年底前建成投产的4000多座老旧农村水电站增效扩容改造，使装机容量从680万kW增加到810多万kW，年发电量从220亿kW·h增加到320亿kW·h。

7月9日 敦化抽水蓄能电站工程开工建设。该电站总装机容量140万kW，安装4台单机容量35万kW的可逆式抽水蓄能机组。该工程是目前我国已开工中水头最大的抽水蓄能电站（高压管道最大静水头795m、机组额定水头655m），地处严寒地区，工程设计、建设施工和建筑物防冰冻与运行方式面临严寒气候的严峻挑战，国产化机组制造难度大。

7月9日 雅砻江锦屏水电工程锦屏山隧道荣获中国土木工程詹天佑奖。

7月13日 国务院以国发〔2013〕27号文发布《国务院关于取消和下放50项行政审批项目等事项的决定》。其中，涉及水电的有：水电站大坝运行安全信息化验收和安全监测系统检查验收，电力二次系统安全防护规范和方案审批，电力行业信息系统安全保护、网络与信息安全应急预案审批，电力安全生产标准化达标评级审批等4项取消；电力业务许可证核发1项，与供电营业区的设立、变更审批及供电营业许可证核发整合为一项行政许可，下放区域能源监管机构。

7月15日 溪洛渡水电站首台机组右岸13号机组顺利结束72h试运行，正式投产发电。溪洛渡水电站位于四川省雷波县和云南省永善县接壤的金沙江峡谷段，以发电为主，兼有拦沙、防洪和改善下游航运等综合利用，左、右两岸各布置一座地下厂房，各安装9台单机容量77万kW的巨型水轮发电机组，总装机容量 1386 万 kW，仅次于三峡水电站和伊泰普水电站。工程于 2005 年底正式开工，2007 年实现截流。

7 月 18 日 国家发展改革委发布《分布式发电管理暂行办法》，鼓励企业、专业化能源服务公司和包括个人在内的各类电力用户投资、建设、经营分布式发电项目，并对用户给予一定补贴。

7 月 21 日 鲁地拉水电站首台机组（1 号机）通过 72h 试运行，成功并网发电，转入商业运行。该电站位于云南省永胜县与宾川县交界处的金沙江干流中游河段上，装有 6 台单机容量为 36 万 kW 的水轮发电机组，多年平均年发电量 99.57 亿 kW·h。

7 月 25 日 海勃湾水利枢纽大坝工程全部完工。该水利枢纽位于黄河干流内蒙古境内，为我国独一无二的“沙漠水库”，是黄河内蒙古段唯一一座调节控制性水利工程，主要由河床电站、泄洪闸、土石坝等建筑物组成。水库正常蓄水位 1076.m，总库容 4.87 亿 m^3，电站总装机容量 9 万 kW。

7 月 27 日 岗曲河水电站 2 号机组完成 72h 试运行投产发电。此前，1 号机组于 7 月 21 日顺利完成 72h 试运行，至此两台机组都投入商业运行。岗曲河一级水电站地处云南迪庆州香格里拉县北部，装机容量 2×3 万 kW，年平均发电量为 2.571 亿 kWh。

7 月 28 日 溪洛渡水电站 10 号机投产发电移交仪式在施工现场指挥部顺利完成。7 月 24 日 19 时，10 号机组顺利完成 72h 试运行，按照电网调度的指令，10 号机组暂时停机转入热预备状态，仍由施工单位代管。

7 月 29 日 溪洛渡左岸地下电站 6 号机组正式交付电厂投入商业运行。该机组是由哈尔滨电机厂有限责任公司制造的 77 万 kW 空冷机组，于 2011 年 10 月 27 日开始安装；2013 年 7 月 27 日顺利通过 72h 试运行，29 日正式交付电厂投入商业运行。

7 月 31 日 溪洛渡左岸地下电站 8 号机组顺利通过 72h 试运行。该机组是上海福伊特水电设备有限公司生产制造的 77 万 kW 空冷机组，其首次运用于大型水轮发电机组的独有工艺结构，给机组安装创精品目标带来了挑战。8 号机组于 2010 年 6 月 15 日开始安装，2013 年 7 月 28 日下午 16 时正式进入 72h 试运行。

八 月

8 月 1 日 溪洛渡水电站首批机组投产运行仪式在溪洛渡工地举行。溪洛渡水电站是世界第三、国内第二大水电站，左、右岸地下厂房各安装 9 台 77 万 kW 机组，首批发电的 4 台机组分别是左岸 6、8 号机组和右岸 13、10 号机组，已投产机组在当前水头下每天可生产 5376 万 kW·h 电力。

8 月 1 日 南水北调中线一期陶岔渠首枢纽工程通过蓄水验收。验收委员会一致认为，陶岔渠首枢纽工程施工、设备制造和安装质量满足相关标准和设计要求，满足蓄水要求，同意工程通过蓄水验收。陶岔渠首工程是南水北调中线的“水龙头”，2010 年 3 月开工，2012 年 9 月 24 日，提前半年实现大坝达到设计高程目标。

8 月 5 日 由中国水利水电建设股份有限公司总承包、中国水利水电第十四工程局有限公司具体实施的加蓬大布巴哈水电站，继首台机组 7 月 12 日圆满完成 72h 试运行后，第 4 台机组顺利完成了 72h 试运行，在一个月内实现了 4 台机组全部投运。大布巴哈水电站位于加蓬共和国境内的奥果维河上，分两期实施。一期装机 4 台，总装机容量 16 万 kW，是目前加蓬最大的水电站。

8 月 6 日 龙开口水电站 4 号机组顺利通过 72h 试运行投产发电。此为 3 个月内投产的第 3 台机组，其中 2、1 号机分别已于 5 月和 6 月投产发电。龙开口水电站位于云南省大理州鹤庆县龙开口镇境内，是金沙江中游河段水电规划“一库八级”开发方案的第 6 级电站，安装 5 台单机容量为 36 万 kW 的混流式水轮发电机组。

8 月 8 日 呼和浩特抽水蓄能电站上水库，开始初期试验性蓄水，标志着呼和浩特抽水蓄能电站建设取得重大进展。施工单位攻克了高寒地区沥青混凝土生产、施工一系列技术难题，较好地完成了上水库沥青混凝土的施工任务。

8 月 9 日 亭子口水利枢纽首台机组经过 72h 试运成功正式并网发电。该枢纽位于四川省苍溪县境内，是国家完善长江防洪体系六大重点工程之一，为嘉陵江干流唯一的控制性骨干工程，具有防洪、灌溉、城乡供水、清洁环保发电、航运、拦沙减淤、梯级补偿等综合利用效益。大坝为混凝土重力坝，坝轴线总长 995.4m，最大坝高 115m，电站装机容量 4×27.5 万 kW。2009 年 11 月 25 日正式开工建设，总工期为 72 个月，提前 5 个月实现首台机组发电。

8 月 13 日 鲁地拉水电站 2 号机组顺利完成 72h 试运行，正式投入商业运行。

8 月 13 日 雅砻江流域水电开发公司和中国葛洲坝集团股份公司在成都签订两河口水电站开挖工程施工合同。此举标志着该电站正式进入主体工程施工新阶段。两河口水电站位于四川省甘孜州雅江县境内的雅砻江干流上，为雅砻江中下游梯级电站的“龙头”水库电站工程，采用土心墙堆石坝，最大坝高达 305m，居世界同类坝型前列。

8 月 15 日 国际上最大非营利性自然环境保护

组织之一的大自然保护协会（TNC）公开表示，“从全球各地的情况来看，水电开发仍然是一种处于主导地位的清洁能源。”TNC 的上述表态，在全球环保组织中尚不多见，此前对水电项目多有抨击，尤其是在“小南海”项目上，曾多次表示反对。

8 月 15 日 为贯彻落实党中央、国务院建设生态文明的重大战略部署，国家电网公司印发电能替代实施方案，在公司经营区域全面启动电能替代工作。方案要求公司所属各单位充分发挥电能便捷、安全、清洁、高效等优势，面向终端能源消费市场，不断提高电能占终端能源消费比重，破解城市雾霾难题。方案提出，在公司经营区域全面实施电能替代，力争到 2015 年累计实现替代电量 1000 亿 kW・h。

8 月 12～16 日 国际大坝委员会第 81 届年会在美国西雅图召开。来自世界各地 60 多个国家和地区的 1100 余水电专家和代表参加了会议。年会由美国大坝委员会承办，会议交流的主题为“时代的变迁——基础设施的开发和管理”。在执行会议上，国际大坝委员会主席阿德姆・诺伯瑞宣布授予中国大坝协会理事长、水利部前部长、中国水力发电工程学会名誉理事长汪恕诚国际大坝委员会终身成就奖。

8 月 16 日 中国水电建设集团国际工程有限公司与乌干达能源矿产部正式签署卡鲁玛水电站 EPC 项目合同，合同总金额约为 16.9 亿美元。该项目位于乌干达西北部，距离首都坎帕拉约 270km，工程内容主要包括大坝、水道系统、地下厂房以及配套电力输出工程，项目总装机容量 60 万 kW，工期 5 年，建成后将成为东部非洲最大的水电站。

8 月 21～23 日 受国家能源局委托，水电水利规划设计总院会同江西省发展改革委、能源局，在南昌主持召开了江西赣江井冈山水电站可行性研究报告审查会议。经讨论和审议，认为报告达到了可行性研究阶段勘测设计工作内容和深度的要求。井冈山水电站位于江西省吉安市境内的赣江中游河段上，工程开发任务主要为发电、航运，水库总库容 2.967 亿 m^3，电站装机容量 13.3 万 kW。

8 月 23 日 国家能源局以国能新能〔2013〕309 号文，复函山西省发展改革委和水电水利规划设计总院，同意山西省抽水蓄能电站选点规划成果及审查意见，确定垣曲（120 万 kW）和浑源（120 万 kW）站点为山西省 2020 年新建抽水蓄能电站的推荐站点，交城（120 万 kW）站点作为后备站点。

8 月 24 日 溪洛渡水电站右岸电站 11 号机组顺利完成 72h 试运行，并移交电厂正式并入南方电网投入商业运行。

8 月 27 日 国家发展改革委以发改价格〔2013〕1651 号文印发《关于调整可再生能源电价附加标准与环保电价的有关事项的通知》，将向除居民生活和农业生产以外的其他用电征收的可再生能源电价附加标准由原每千瓦时 0.8 分钱提高至 1.5 分钱。价格调整由 9 月 25 日起执行。可再生能源附加的上调将有力的支撑可再生能源的发展和即将启动的国内光伏市场。

8 月 28 日 国务院三峡工程建设委员会第十八次全体会议在北京召开。中共中央政治局常委、国务院副总理、国务院三峡工程建设委员会主任张高丽主持会议。他强调，各有关部门和地方一定要精心组织、科学安排，高标准高质量高水平做好各项工作，确保三峡工程长期安全运行和发挥经济社会综合效益，造福子孙后代，为经济持续健康发展做出贡献。中共中央政治局委员、国务院副总理、国务院三峡工程建设委员会副主任汪洋出席会议。

8 月 29 日 嘉陵江亭子口水利枢纽 2 号机组 72h 试运成功，进入商业化运营。在首台机组投产 8d 后，2 号机组也迅速投产，这比国家批复计划提前 6 个月。嘉陵江亭子口水利枢纽位于广元苍溪县境内，是嘉陵江干流唯一的控制性骨干工程、西部大开发重点工程、四川“再造一个都江堰灌区”骨干工程。

8 月 29 日 丹江口水库大坝加高工程顺利通过蓄水验收。验收委员会认为，丹江口大坝加高工程在不影响大坝运行情况下，完成了初期大坝混凝土缺陷检查处理和大坝加高，工程满足蓄水要求，同意通过蓄水验收。该项工程于 2005 年开工，坝顶高程已由 162m 加高至 176.6m，正常蓄水位将从 157m 提高至 170m，库容相应从 174.5 亿 m^3 增至 290.5 亿 m^3。

8 月 30 日 锦屏一级水电站首批两台 60 万 kW 的机组投产发电。该电站位于四川省凉山彝族自治州木里县、盐源县境内，安装 60 万 kW 机组 6 台，总容量 360 万 kW，多年平均年发电量 166.2 亿 kW・h。水库总库容 77.6 亿 m^3，调节库容 49.1 亿 m^3，属年调节水库。混凝土双曲拱坝坝高 305m，为世界第一高坝。

8 月 31 日 由东方电气集团东方电机有限公司承制的巴西 JIRAU（杰瑞）左岸电站首台机组成功完成调试和试运行，移交电厂正式投入商业运行。该机组额定出力 7.5 万 kW，是目前世界上单机容量最大的贯流式水轮发电机组。其成功投运，标志着东方电机在超大型灯泡贯流式水轮发电机机组的设计、制造领域达到了世界先进水平。

8 月 中国水电行业首套具有“CHINACODE”标识的《中国电力行业标准（英文版）》由中国水利水电出版社正式出版。这套标准由中国水电工程顾问集团有限公司、水电水利规划设计总院组织资深专家整理翻译，有 30 项标准，涉及水电工程规划、勘测、设计和施工等。这对于提高中国工程技术标准的国际认可度、提升中国水电科技的国际影响力、增强中国企业在国际市场的竞争力具有重要作用。

九　月

9月3日　云南普洱—广东江门±800kV直流输电工程开始向广东送电。这是中国南方电网有限责任公司建设的第二个特高压直流输电工程，线路全长1413km，额定输送容量500万kW。

9月5日　水电工程水库淹没和移民管理研讨会在中国长江三峡集团公司召开。中国水力发电工程学会常务副理事长兼秘书长李菊根主持会议。会议总结了西电东送战略实施以来水电工程及其移民工作的成就，分析了当前水电工程移民工作的问题，并就在新形势下如何做好水电工程移民工作进行了研讨。

9月6日　中国水利电力对外公司与乌干达能源及矿产开发部成功签署了伊辛巴水电站项目EPC总承包合同，合同总金额为5.68亿美元，工期40个月。伊辛巴水电站项目位于乌干达境内白尼罗河上，距首都坎帕拉120km，总装机容量18.3万kW。

9月9日　国务院总理李克强签署国务院令，公布了《长江三峡水利枢纽安全保卫条例》，自2013年10月1日起施行。条例规定，三峡枢纽安全保卫区的范围包括三峡枢纽及其周边特定区域，分为陆域、水域和空域安全保卫区。国家统一领导三峡枢纽安全保卫工作。条例明确了从中央、湖北省、宜昌市到三峡枢纽运行管理单位的四级安保工作协调机制，确定了牵头责任主体和重点职责。同时，对可能发生的各种违法行为，条例规定了相应的法律责任。

9月10日　向家坝水电站库水位达到设计最终蓄水目标——高程380m，库容蓄水总量达到51.6亿m^3。向家坝水电站水库蓄水分3个阶段进行：第一阶段2012年10月10日左岸导流底孔正式下闸，水库开始蓄水至354m高程；第二阶段2013年7月5日，库水位抬升至370m高程；第三阶段，9月上旬水位抬升至正常蓄水位——380m高程。

9月11日　金沙江溪洛渡向家坝水电站珍稀特有鱼类增殖放流站秋季放流活动在向家坝安边镇烧瓦坨码头举行。本次放流鱼类包括达氏鲟、胭脂鱼、岩原鲤、厚颌鲂、长薄鳅、中华倒刺鲃，共计六个品种大规格鱼苗11.4万余尾。

9月11日　±800kV云广直流首次正式转入孤岛运行方式。这是特高压直流在世界上首次正式采用孤岛运行方式，标志着南方电网直流运行控制技术达到一个新的高度。孤岛运行方式是在直流系统送端与若干电厂形成相对独立的“孤岛”系统，即与大电网交流系统不联网、直接通过直流系统将电力送往受端。云广直流正式转入孤岛运行，将小湾、金安桥电厂的水电通过云广直流直接送到广东电网，满负荷输电能力达500万kW，增加高峰时段送电能力70万kW，每日增加外送电量2040万kW·h。

9月13日　峡江水利枢纽首台机组顺利完成72h试运行。该工程共装设9台单机4万kW的灯泡贯流式水轮发电机组，转轮直径7.8m，为亚洲转轮直径最大的灯泡贯流式机组。计划2013年投产2台机组，至2015年9台机组将全部投产发电。

9月14日　中国水力发电工程学会和中国大坝协会举办“全国科普日——水库大坝：气候变化与防灾减灾”科普论坛。与会专家就我国水库大坝建设及水电开发对应气候变化、减少地质灾害的重要作用作了报告，并对我国水利水电开发的水资源调控、生态环境、经济效益和发展前景等问题进行了客观阐述和解答。

9月15～18日　国际咨询工程师联合会（FIDIC，菲迪克）在西班牙巴塞罗那召开2013年年会暨FIDIC成立百年庆典大会。为宣传百年以来全球工程咨询业取得的巨大成就，表彰咨询工程师为促进人类经济社会发展和改善生活质量做出的杰出贡献，FIDIC在全球94个国家和3个地区性成员协会范围内首次开展了“FIDIC百年工程项目奖”评选活动，共有36个项目和6名咨询工程师获奖。中国有长江三峡水利枢纽、红水河龙滩水电站工程、京沪高速铁路等13个建设项目和长江勘测规划设计研究院院长钮新强等3名咨询工程师获奖，是获奖数量最多的国家。

9月16日　国家能源局以国能新能〔2013〕349号文，复函黑龙江省发展改革委和水电水利规划设计总院，同意黑龙江省抽水蓄能电站选点规划成果及审查意见，确定尚志（100万kW）和五常（120万kW）站点为黑龙江省2020年新建抽水蓄能电站推荐站点，依兰（120万kW）站点作为后备站点。

9月16日　葛洲坝水电站10号机组水轮机增容改造工程开工，标志着该电站机组增容改造工程全面启动。1988年建成投产的葛洲坝水电站，装机21台，总容量271.5万kW。三峡电站投产后，一些时段下泄流量高于葛洲坝满负荷发电时的流量，葛洲坝水电站不得不弃水。中国长江三峡集团公司经组织专家研究论证，决定对葛洲坝水电站19台12.5万kW机组分批改造，将单机容量提高到15万kW。全部改造完工后，新增发电能力47.5万kW。此前，已完成3、14号机组的增容改造试验。

9月17日　法国阿尔斯通全球最大的水电设备生产基地在中国天津开业。天津新基地拥有一流的设备，总占地面积达250 000m^2，拥有约2000名员工，其中包括400多名工程师，年均可交付26台套水轮发电机组。阿尔斯通是全球领先的水电设备供应商和服务提供商，在水电领域有超过百年的经验，具备雄厚的专业技术实力，拥有全球超过25%的水电装机容量；近期向中国向家坝水电站提供了4台80万kW级机组。

9月18日 溪洛渡左岸电站9号机组圆满完成72h试运行正式投产发电。这是继6、8号机组之后，溪洛渡左岸电站第三台投入商业运营的77万kW机组。该机组由上海福伊特公司生产制造，葛洲坝集团机电建设有限公司安装。

9月21日 糯扎渡水电站4号机顺利完成72h试运行，正式投入商业运行，提前9d成功实现了合同要求的发电工期投产目标。

9月22日 中共中央政治局委员、国务院副总理汪洋到中国水科院考察调研，看望慰问水利科技人员，调研水利科技创新情况，并与中国水科院部分院士、专家、学者座谈。汪洋强调，要从战略全局出发，充分认识加快水利科技进步的重要性和紧迫性，加快水利科技创新，促进科学治水、科教兴水。水利部部长陈雷陪同调研并主持座谈会。

9月22日 溪洛渡右岸电站12号机组顺利完成72h试运行，并移交电厂正式投入商业运行。溪洛渡右岸电站共设有9台（10～18号）单机容量为77万kW的水轮发电机组，13、10、11号机已分别于7月15日、7月24日和8月24日投产发电。该机组由东方电气集团东方电机有限公司设计制造，中国水利水电第八工程局有限公司安装。

9月24日 由中国国家电网公司（SGCC）、国际电工委员会（IEC）、德国电气工程师协会（VDE）联合主办的2013国际智能电网论坛在德国柏林隆重开幕。本次论坛的主题是“智能电网高层视野”。来自亚洲、欧洲、南北美洲、非洲的40个国家的500多名代表相聚柏林，共同交流智能电网发展成果，研讨未来电网发展方向。

9月24日 亚曼苏水电站举行开工奠基仪式。该水电站位于新疆托什干河左岸，距乌什县城约22km，总装机容量24.4万kW，由华能新疆能源开发有限公司投资，工程概算总投资19.98亿元。主体工程计划2014年4月全面开工，2017年6月投产发电。

9月25日 皖电东送淮南—上海1000kV特高压交流示范工程投运。至此，国家电网“两交两直”特高压输电格局形成。该工程是世界首个同塔双回路特高压交流输电工程，起于安徽淮南变电站，止于上海沪西变电站，变电容量2100万kVA，线路全长2×648.7km，途经安徽、浙江、江苏、上海四省（市），先后跨越淮河和长江，全线同塔双回路架设。工程于2011年10月开工，完全由我国自主设计、制造和建设。

9月26日 凉风壳水电站2号机组通过投产前72h试运行并归调。此前，于9月21～22日相继实现了首台机组和3号机组正式并网发电，至此，该电站3台机组全部投产发电。凉风壳水电站位于甘肃省舟曲县境内，装机容量为3×1.75万kW，年发电量2.41亿kW·h，由国电陕西水电公司投资建设。在建设期间，经历了“5·12”汶川地震、舟曲特大泥石流和岷县地震等自然灾害。

9月30日 国家发展改革委以发改价格〔2013〕1942号文发出《关于调整发电企业上网电价有关事项的通知》，决定在保持销售电价水平不变的情况下适当调整电价水平。此次电价调整的目的是进一步贯彻落实《国家发展改革委关于调整可再生能源电价附加标准与环保电价有关事项的通知》。电价调整自2013年9月25日起执行。

9月30日 从中国长江三峡集团公司获悉，2013年1～3季度，三峡水库防洪度汛累计拦蓄洪量107.8亿m^3，累计为下游补水210亿m^3。前三季度，三峡水库累计来水3062亿m^3，与2012年同期相比减少16.6%，较多年均值偏少13%。面对此种情况，三峡水库持续为下游补水，累计补水147d，补水总量约210亿m^3。

十 月

10月2日 鲁地拉水电站3号机组顺利完成72h试运行，移交电厂，投入商业运行。

10月4日 吉隆口岸水电站1号机组正式运行发电。该电站位于西藏日喀则地区西南边境的吉隆县吉隆河，总装机容量4000kW；建成后，将该县的宗噶镇和吉隆镇电站并网构成县局域网，可解决县城及宗噶镇、吉隆镇25个行政村2738户、10 094人的生产、生活用电，并且为吉隆口岸开放后的商业发展及管理机构等提供安全、可靠的电力保障。

10月8日 国家发展改革委以发改能源〔2013〕1968号文件核准云南金沙江中游电站送电广西直流输电工程。该工程西起云南丽江、东至广西柳州，全长1139km，直流电压±500kV，设计输送容量320万kW。

10月10日 国务院三峡工程建设委员会办公室和湖北省政府在宜昌市联合召开16省市对口支援湖北三峡移民工作座谈会。受援双方开展了广泛交流和项目对接，围绕库区产业发展、民生保障、生态环境保护等方面共商合作。1992年以来，湖北省三峡库区和移民安置区已与16省市的50多个城市建立了对口支援与经济协作关系。2008～2012年，共落实对口支援资金294.7亿元。座谈会后，受援双方签订了45个对口支援项目合作协议，协议资金240.33亿元。

10月12日 溪洛渡右岸电站送电广东±500kV同塔双回直流输电工程开始向广东送电。该工程起于云南昭通盐津牛寨换流站，途经贵州、广西，止于广东从化从西换流站，直流线路全长2×1251km，单回容量320万kW，双回共计640万kW。

10月15日 溪洛渡左岸电站5号机组顺利移交溪洛渡电厂，进入正式运行阶段。5号机组于9月26日进入有水调试阶段，10月12日下午16时进入72h试运行。试运行结束之后，5号机组短时停机消缺完成后，于当日晚21时开机并网，带53.5万kW负荷，正式进入商业运行。

10月16日 水利部、教育部联合召开全国水利职业教育工作视频会议。这是两部落实十八大关于加快发展现代职业教育要求，扎实推进党的群众路线教育实践活动，深化水利职业教育改革发展、加强水利人才队伍建设、服务水利和三农的重要举措。近年来，水利职业院校规模不断壮大，高职高专院校从3所发展为24所，独立设置的水利中职学校42所。年招生规模达到12万人，在校生35万人，比“十五”末增长30%。

10月16～18日 受国家能源局委托，水电水利规划设计总院会同山东省发展改革委在济南主持召开了山东沂蒙抽水蓄能电站可行性研究报告审查会议。会议一致认为报告满足可行性研究阶段的工作内容和设计深度要求，并形成了审查意见初稿。山东沂蒙抽水蓄能电站位于山东省临沂市费县境内，装机容量120万kW。

10月19日 锦屏二级水电站4号机组顺利完成72h试运行，经调度批准，不停机直接投入商业运行。至此，锦屏二级水电站第二批（3、4号）机组均已顺利投产发电，圆满完成工程年度建设目标。

10月21日 国家能源局综合司、工业和信息化部办公厅发出《关于规范电力用户与发电企业直接交易的通知》。要求认真纠正各种变相的让利优惠行为，加强监督管理，维护市场秩序，保护企业合法权益，保证电力用户与发电企业直接交易工作健康有序发展。

10月21日 溪洛渡水电站14号机组完成72h试运行。经研究决定：试运行结束后不停机，直接进入正式运行。这是溪洛渡水电站第9台正式投产的机组。该机组由东方电气集团东方电机有限公司设计制造，中国水利水电第八工程局有限公司安装。

10月23日 国际水电协会（IHA）举行董事会，选举产生了6名副主席。中国长江三峡集团公司副总经理林初学位列其中，成为IHA新一届董事会副主席。IHA成立于1995年，旨在全方位提升水力发电的贡献和推进水电的可持续性发展，拥有来自80多个国家的知名水电机构会员和一些个人会员，与联合国、世界银行、世界能源理事会、世界水委员会、国际大坝委员会等国际机构保持紧密联系。

10月23日 中国长江三峡集团公司与俄罗斯水电公司签署了关于共同开发黑龙江（俄罗斯称阿穆尔河）俄方侧支流水电及相关研究工作的合作协议。俄罗斯水电公司是俄罗斯最大的水力发电企业。自2011年4月中国长江三峡集团公司与俄罗斯水电公司签署在水电领域加强交流与合作的战略合作协议以来，双方进行了多次技术交流与合作，并在股权投资和项目开发方面进行了深入探讨。

10月24日 向家坝左岸1号机组顺利完成72h试运行，正式移交向家坝电厂管理。这是左岸第一台进入商业运行的机组，由哈尔滨电机厂有限责任公司生产制造，中国水利水电第四工程局有限公司安装调试。向家坝电站左、右岸各安装4台世界单机容量最大的80万kW水轮发电机组。向家坝左岸1号机组投产发电，使我国水轮发电机制造水平由70万kW级跃升到80万kW级。

10月28日 夹岩水利枢纽工程动工。该枢纽工程是一座以城乡供水和灌溉为主、兼顾发电并为区域扶贫开发及改善生态环境创造条件的综合性大型水利枢纽工程，坝址位于乌江一级支流六冲河中游、毕节市内七星关区与纳雍县交界的潘家岩脚处。坝型为混凝土面板堆石坝，最大坝高154m，总库容13.25亿m^3。输水干、支渠总长度1008km，坝后及渠首电站装机容量7.5万kW，设计灌溉面积90.2万亩。

10月30日 哈密南—郑州±800kV特高压直流双极低端顺利通过大负荷及过负荷试验，宣告工程第一阶段系统调试任务圆满完成。这标志着“疆电外送”首个特高压高速通道就此打开。

10月31日 中央编办以中央编办发〔2013〕130号文，印发了《中央编办关于国家能源局派出机构设置的通知》。国家能源局在华北、东北、西北、华东、华中、南方设置6个区域监管局，在山西、山东、甘肃、新疆、浙江、江苏、福建、河南、湖南、四川、云南、贵州12个省（自治区）设立监管办公室。根据全国人大十二届一次会议通过的国务院机构改革和职能转变方案，国家电监会和国家能源局进行撤并，组建新的国家能源局，国家电监会18个派出机构也整建制划入国家能源局。

10月31日 《中国电力建设报》报道：截至2013年9月底，中国水电顾问集团公司及其所属全民所有制企业全部完成公司制改建工作，按照公司法设立为有限责任公司并取得了新的工商营业执照，中国水电顾问集团公司名称变更为中国水电工程顾问集团有限公司。

10 月 31 日 中国葛洲坝集团股份有限公司、阿根廷电力工程有限公司、阿根廷水利有限公司三家公司按 54%、36%和 10%的份额组成的联营体，与阿根廷联邦计划、公共投资和服务部在阿根廷圣克鲁斯省咖拉法德市签订了圣克鲁斯河内斯托·基什内尔总统和豪尔赫·塞配尼克省长水电站项目合同，合同金额 40 多亿美元，折合人民币约 287.82 亿元。该水电站位于阿根廷南部的圣克鲁斯省，装机容量 174 万 kW。

十一月

11 月 1～3 日 水电 2013 大会——中国大坝协会 2013 学术年会暨第三届堆石坝国际研讨会在昆明举行，来自 30 多个国家和地区的 600 多名专家学者围绕水库大坝建设管理、水电开发新技术、新理念，以及水库大坝与水电可持续发展等热点问题进行研讨。大会由中国大坝协会和中国水力发电工程学会联合主办。会议共收到中外论文 160 余篇，有 14 家单位参加了会间技术展览。本次会议还揭晓了第三届堆石坝国际里程碑工程奖和第三届汪闻韶院士青年优秀论文评选结果。马来西亚巴贡（Bakun）、巴西韶西马（Sao Simao）、中国九甸峡、墨西哥拉耶斯卡（La Yesca）、老挝南俄二级（Nam Ngum 2）5 座大坝被评为堆石坝国际里程碑工程。

11 月 3 日 桃源水电站首台机组完成 72h 试运行，进入商业运营。该电站是沅水干流梯级开发的第 14 级电站，位于湖南省桃源县城漳江镇，安装 9 台单机容量 2 万 kW 的贯流式机组，项目由中国水电顾问集团投资有限公司控股投资建设。

11 月 3 日 尼勒克一级水电站 1 号机组顺利通过 72h 带负荷试运行，至此，该电站 4 台机组全部并网发电。该电站是喀什河流域规划中第 5 级电站，总装机容量 24 万 kW，多年平均发电量 12.89 亿 kW·h，自 10 月 26 日开始至 11 月 3 日共 8d，先后完成了 2、3、4、1 号机组 72h 带负荷试运行，实现了 2013 年投产发电目标。

11 月 5 日 小山口二级水电站首台机组顺利通过 72h 并网发电。该电站是新疆开都河梯级开发规划中的第 11 级，由小山口水电站尾水渠直接引水，装机 3×1.65 万 kW。

11 月 6 日 中国葛洲坝集团公司三峡分公司收到中国长江三峡集团国际招标有限公司中标通知书，中标向家坝水电站右岸坝后厂房项目，中标金额 5.81 亿元。向家坝水电站右岸坝后电站布置于右岸非溢流坝段下游、消力池右导墙与排沙洞泄槽之间区域，安装 3 台单机容量为 45 万 kW 机组，计划 2016 年 6 月底首台机组发电，2016 年 12 月底 3 台机组全部发电，工程竣工。

11 月 8 日 国务院以国发〔2013〕44 号发布关于取消和下放一批行政审批项目的决定。其中水利部的“大中型水利工程移民安置规划编制和移民安置监督评估专业技术人员资格认定”被列为取消项目。

11 月 12 日 国家能源局以国能新能〔2013〕409 号文，复函吉林省发展改革委和水电水利规划设计总院，同意吉林省抽水蓄能电站选点规划成果及审查意见，确定蛟河（120 万 kW）和桦甸（120 万 kW）站点为吉林省 2020 年新建抽水蓄能电站推荐站点，通化（80 万 kW）站点作为后备站点。

11 月 12 日 三峡梯调通信中心成都调控中心顺利实现对向家坝水电站机组远程调度、监视和控制。此前，2013 年 7 月 24 日，成都调控中心顺利实现对溪洛渡右岸电站机组远程调度、监视和控制。这标志着长江干流（金沙江下游）梯级电站“调控一体化”管理模式顺利实施，金沙江下游两个梯级电站的联合优化运行得以实现。

11 月 12 日 贵州洪渡河高生水电站工程可行性研究报告技术审查会在贵阳召开。会议认为报告满足可行性研究阶段规程规范要求，同时也提出了审查修改意见。高生水电站位于贵州省务川县境内洪渡河下游，工程主要任务是发电；水库总库容 1.28 亿 m^3，装机容量 10.6 万 kW。业主为贵州金元集团股份有限公司。

11 月 13～15 日 水电水利规划设计总院会同安徽省发展改革委、能源局在合肥主持召开了安徽金寨抽水蓄能电站可行性研究报告审查会议。审查认为，报告达到了可行性研究阶段勘测设计工作内容的深度要求，基本同意该报告。金寨抽水蓄能电站位于安徽省金寨县，电站装机容量 120 万 kW。

11 月 15 日 由环境保护部环境工程评估中心、中国长江三峡集团公司、北京师范大学和水电水利规划设计总院共同发起的水电环境研究院在北京成立。该院致力于构建“产、学、研、用”产业技术创新联盟，围绕水电开发环境管理政策与策略研究、水电开发生态效应研究、绿色水电技术研究、水电绿色发展评价四大研究方向，开展引领性、支撑性、前瞻性和创新性研究。

11 月 17 日 新疆阿勒泰地区哈巴河县吉勒布拉克水电站导流洞封堵闸门失控发生险情，致水库蓄水迅速由导流洞泄出。事故虽无人员伤亡，对电站主体工程尚无重大影响，但造成 7954 人、55 840 头（只）

牲畜受灾，946 头（只）牲畜失踪，1827 间房屋、454 个棚圈受损，51 125 亩草场受灾，31 637m³ 饲草被冲走，冲毁渠道 9.5km、道路 42.5km、桥梁 4 座。

11 月 19～21 日 水电水利规划设计总院会同福建省发展改革委、能源局在厦门主持召开了福建厦门抽水蓄能电站可行性研究报告审查会议。审查认为，报告达到了可行性研究阶段勘测设计工作内容的深度要求，基本同意该报告。厦门抽水蓄能电站站址位于福建省厦门市同安区汀溪镇境内，装机容量 140 万 kW。

11 月 21 日 旺村水利枢纽工程首台机组成功并网投运。旺村水利枢纽位于珠江流域桂江下游，距广西梧州市区 10km，为桂江开发的最末一个梯级；是一座以发电为主，结合航运，兼顾其他综合利用的枢纽工程。电站共安装 3 台单机容量为 2 万 kW 的灯泡贯流式水轮发电机组，水库正常蓄水位 18m，相应库容 1.078 亿 m³。2011 年 6 月，国电广西水电公司收购该项目，2012 年 6 月实现了船舶通航。

11 月 22～24 日 云南澜沧江乌弄龙水电站可行性研究报告审查会在昆明召开。会议认为可行性研究报告达到了可行性研究阶段勘测设计工作内容和深度的要求，基本同意该报告。乌弄龙水电站位于云南省迪庆藏族自治州维西县境内，是澜沧江上游云南省境内干流河段水电规划中的第 2 个梯级电站，水库总库容为 2.84 亿 m³，电站装机容量 99 万 kW。

11 月 24 日 岩滩水电站扩建工程首台 30 万 kW 发电机组在经过 72h 试运行后，正式投产发电，比计划发电工期提前 36d。岩滩水电站位于广西大化县境内红水河上，扩建工程装机 2×30 万 kW。

11 月 25 日 溪洛渡左岸电站 7 号机组 72h 试运行圆满结束，直接进入正式运行阶段。这是继 6、8、9、5 号机组之后，左岸电站第五台正式投产发电的机组。左岸电站 9 台机组由葛洲坝集团机电公司三峡机电安装处安装、调试。

11 月 25 日 中国水利水电建设股份有限公司在罗马尼亚首都布加勒斯特与罗马尼亚塔尼塔电站项目公司签署了《罗马尼亚塔尼塔一拉普斯泰斯提抽水蓄能电站项目合作意向书》，国务院总理李克强、罗马尼亚共和国总理维克托·蓬塔出席签字仪式。该抽水蓄能电站位于罗马尼亚索麦苏尔一卡尔德河上，总装机容量 100 万 kW。

11 月 25 日 国家能源局印发《关于明确下放电力业务许可证核发职责等事项的通知》，明确了电力业务许可证的核发职责，并要求各派出机构加快阳光许可信息平台建设，切实做到“发好证、管好证、用好证、服好务”。

11 月 26 日 锦屏一级水电站第 3 台机组（4 号机）完成 72h 试运行，投入正式运行。这是锦屏一级水电站在 8 月实现 6、5 号机组“双投”后的又一台 60 万 kW 机组发电。

11 月 27～29 日 水电水利规划设计总院会同陕西省发展改革委、能源局在西安主持召开了陕西镇安抽水蓄能电站可行性研究报告审查会议。审查认为，报告达到了可行性研究阶段勘测设计工作内容和深度的要求，基本同意该报告。陕西镇安抽水蓄能电站位于陕西省商洛市镇安县境内，距西安市公路里程约 134km，装机容量 140 万 kW。

11 月 28 日 中国水力发电工程学会在北京组织召开了“2013 全国大中型水电站风险管理年会暨灾害防治论坛”。论坛主要内容是推广介绍《大中型水电工程建设风险管理规范》（GB/T 50927—2013），研讨交流水电工程灾害防治经验，有 100 多位专家、学者参加。《大中型水电工程建设风险管理规范》由中国水力发电工程学会组织编制，是国内首个行业风险管理国家标准，它的发布与实施，标志着水电工程建设行业风险管理走上规范化、程序化、标准化的道路。

11 月 29 日 龙开口水电站 5 号机组顺利完成 72h 试运行后，正式移交电厂，这是该电站今年投产的第 4 台机组。龙开口水电站位于云南大理和丽江交界处的金沙江中游，是金沙江中游河段规划的第 6 个梯级，共安装 5 台单机容量为 36 万 kW 的水轮发电机组。

十二月

12 月 2 日 国务院以国发〔2013〕47 号文发布《政府核准的投资项目目录（2013 年本）》。该《目录》对水库、水电站、抽水蓄能电站、风电站的核准规定，与上本（2004 年本）有所不同，即：在跨界河流、跨省（自治区、直辖市）河流上建设的水库项目和在主要河流上建设的水电站项目由国务院投资主管部门核准，其余水库、水电站项目由地方政府核准；抽水蓄能电站由国务院行业管理部门核准；风电站由地方政府核准。

12 月 5 日 2012～2013 年度中国建设工程鲁班奖（国家优质工程）表彰大会在北京隆重召开，由中国水利水电第八、十四、七工程局有限公司承建的重庆乌江彭水水电站工程获中国建设工程鲁班奖（国家优质工程），由中水电海外投资有限公司投资建设的柬埔寨甘再水电站 BOT 项目获中国建设工程（境外工程）鲁班奖。

12 月 9 日 《人民日报》头版头条刊发重要新闻：习近平就南水北调东线一期工程正式通水做出重要指示，要求总结经验，加强管理，再接再厉，确保工程运行平稳、造福人民；李克强做出批示；张高丽做出部署。南水北调东线一期工程首次调水于2013年11月15日自江苏江都泵站开机引水，通过13级泵站提水北送，长江水流过穿黄隧洞，到达鲁北、冀东。按照计划，这次调水过程将于12月10日结束。

12月10日 旁多水利枢纽工程首台机组（4号机）顺利投产发电。该工程位于西藏自治区首府拉萨市以北直线距离63km的拉萨河上，是以灌溉、发电为主，兼顾防洪和供水的综合性控制工程，水库总库容12.3亿m^3，控制灌溉面积65万亩（其中新增35.96万亩），电站装机4台，总容量16万kW。工程总投资45.69亿元，2009年7月15日主体工程开工建设，2013年10月11日正式下闸蓄水。

12月11日 大华桥水电站可行性研究报告通过了由水电水利规划设计总院、云南省发展改革委、云南省能源局组织的专家审查。大华桥水电站位于云南省怒江州兰坪县兔峨乡境内澜沧江上游河段上，是澜沧江干流上游河段规划的八座梯级电站中的第6级。工程以发电为主，正常蓄水位1477m，相应库容2.93亿m^3，总装机容量90万kW，年发电量40.7亿kW·h。

12月13日 毛滩水电站1号机组顺利通过72h试运行，进入商业运行。毛滩水电站位于四川省夹江县青衣江干流上，总装机容量10.5万kW。

12月16日 溪洛渡水电站15号机组顺利完成72h试运行，并正式移交电厂运行管理，成为该电站本年度投产的第11台机组。

12月16日 湖北省巴东县发生5.1级地震，震源深度5km。这次地震震源距三峡大坝有100多公里，是近年中小区域内（离库岸比较近的区域）最大的地震，三峡坝区有震感，但未对三峡枢纽正常运行产生影响。监测显示，三峡枢纽建筑物各项指标均稳定在正常范围内，未收到库区发生大的滑坡的情况报告，水库的水位没有变化，电厂机组发电和船闸通航正常。

12月20日 三峡工程与生态环境研讨会在湖北宜昌市三峡大学举行。与会专家、学者围绕三峡工程低碳效益、三峡工程与中国的可持续发展、库区生态屏障构建、三峡工程生态调度、三峡与鱼类关系等话题展开讨论。会上，中国长江三峡集团公司环境保护委员会顾问王儒述透露，三峡工程已收回投资成本。截至2013年11月30日，三峡电厂累计发电7045亿kW·h，售电收入达1831亿元。此外，自2003年通航发电以来，三峡工程因发电、航运累计减排二氧化碳达5亿t。

12月21日 向家坝左岸2号机组在72h试运行后正式投产发电。该机组由哈尔滨电机厂有限责任公司制造生产，由中国水利水电第四工程局有限公司安装调试，是今年向家坝水电站投产的第3台机组。5月30日和10月24日，右岸5号机和左岸1号机投入商业运行。向家坝电站余下的左岸电站3、4号机组预计于2014年8月前投产。

12月22日 锦屏一级水电站3号机组顺利完成72h试运行，提前9d并网发电，实现2013年锦屏一级水电站机组一年“四投”的总目标。随着该机组的并网发电，雅砻江流域水电开发有限公司水电装机规模突破1000万kW，达1050万kW，公司发展规模和综合实力实现历史性跨越。

12月22日 糯扎渡水电站3号机组完成72h试运行，提前9d正式投产发电。至此，糯扎渡水电站运营装机容量达到455万kW，成为中国华能集团公司目前最大的水电站。

12月22日 中国水利水电第八工程局有限公司随着所承担的云南糯扎渡水水电站3号65万kW机组投产，在2013年共完成国内外水电工程装机投产30台、火电工程装机投产2台，总容量达1030.5万kW，创下水电行业单个企业年装机投产数量和容量世界纪录。特别是在溪洛渡水电站右岸电站，成功实现了单机容量77万kW机组“一年六投”目标，在糯扎渡水电站实现了单机容量65万kW机组“一年四投”目标。

12月23日 锦屏一级水电站大坝全线浇筑到顶。锦屏一级水电站大坝为混凝土双曲拱坝，坝高305m，为世界第一高拱坝，自2009年10月23日首仓混凝土开浇以来，历时50个月，完成大坝混凝土方量约515.20万m^3，垫座混凝土方量约56.56万m^3，合计571.76万m^3。

12月25日 国务院南水北调工程建设委员会办公室宣布，经过10年建设，南水北调中线一期工程主体工程今天全部完工，输水干线全线贯通。南水北调中线一期工程从河南与湖北交界处的丹江口水库引水，沿京广铁路西侧北上，经过河南、河北，抵达北京、天津，输水干线全长1432km，多年平均年调水量95亿m^3，可向沿线119个大中城市及县（市）提供生活、工业用水，兼顾农业用水。工程总投资2013亿元，于2003年12月开工。主体工程完工后，还将相继开展工程收尾、重要建筑物及全线渠道充水试验、通水验收等工作，计划2014年汛后通水。

12月25日 南方电网南澳±160kV多端柔性直流输电示范工程正式投运。该工程是世界上首个多端柔性直流输电工程，是我国在直流输电领域又一重大创新成果。所用技术为大规模间歇性清洁电源接入、多直流馈入、海上或偏远地区孤岛系统供电等提供了安全高效的解决方案，解决了风电接入中的难题，至少能提高风电利用率5%～10%。

12月26日　勐野江水电站2号机组顺利完成72h试运行，正式投产发电。此前两天（12月24日），首台1号机组进入商业运行。至此，该电站2台机组全部投产。勐野江位于云南省普洱市江城县和宁洱县界河勐野江下游河段，装机2×3.4万kW，平均年发电量3.072亿kW·h。

12月27日　中国水利水电建设股份有限公司2013年第二次临时股东大会在北京召开。会议表决通过《关于变更中国水利水电建设股份有限公司名称的议案》、《关于修改〈中国水利水电建设股份有限公司章程〉的议案》。同意将“中国水利水电建设股份有限公司”变更为“中国电力建设股份有限公司”。股东大会审议通过更名议案后，将上报国家工商管理局核准。

12月28日　柬埔寨额勒赛下游水电站4号机组（6.6万kW）顺利通过试运行，正式投产发电。柬埔寨额勒赛水电站分上下两级，总装机容量33.8万kW（2×10.3万kW＋2×6.6万kW），是中国华电集团公司境外最大水电项目。工程于2010年4月开工建设，2013年9月30日实现1号机组投产，10月25日、12月25日分别投产2、3号机组；12月28日4号机组投产，实现一年内4台机组全部投产的目标。

12月29日　溪洛渡水电站左岸4号机组在12月28日完成72h试运行后，今天正式移交电厂管理。这是溪洛渡电站今年投产的第12台机组。该机组由哈尔滨电机厂有限责任公司制造，葛洲坝集团机电建设有限公司承担安装调试任务。2013年，溪洛渡工程自7月15日首台机组正式投产，在不到半年时间内，左、右岸电站各安装投产6台77万kW机组，总容量达924万kW，投产密度和强度创世界第一；比2007年三峡工程创造的单个工程项目年装机投产容量世界纪录多424万kW。